3）鼻母音

an, am, en, em : /ɑ̃ アン/ an /ɑ̃ アン/, ensemble /ɑ̃sɑ̃bl アンサンブル/
in, im, yn, ym : /ɛ̃ アン(エン)/ vin /vɛ̃ ヴァン/, symbole /sɛ̃bɔl サンボル/
ain, aim, ein, eim : /ɛ̃ アン(エン)/ faim /fɛ̃ ファン/, plein /plɛ̃ プラン/
un, um : /œ̃ アン(エン)/ aucun /okœ̃ オカン/, parfum /parfœ̃ パルファン/
on, om : /ɔ̃ オン/ bon /bɔ̃ ボン/, nom /nɔ̃ ノン/

4）子音

c【e, i, y の前】 : /s ス/ ceci /səsi ススィ/, ciel /sjɛl スィエル/
c【上記以外】 : /k ク/ colline /kɔlin コリヌ/, cuir /kɥir キュイール/
ç : /s ス/ ça /sa サ/, façon /fasɔ̃ ファソン/
g【e, i, y の前】 : /ʒ ジュ/ ange /ɑ̃ʒ アンジュ/, région /reʒjɔ̃ レジョン/
g【上記以外】 : /g グ/ garçon /garsɔ̃ ガルソン/, gomme /gɔm ゴム/
h* : 発音しない hier /jɛr イエール/, hôtel /otɛl オテル/, ah /ɑ ア/
ch : /ʃ シュ/ chat /ʃa シャ/, chic /ʃik シク/
gn : /ɲ ニュ/ agneau /aɲo アニョ/, ligne /liɲ リニュ/
th : /t ト/ thé /te テ/, méthode /metɔd メトド/
ph : /f フ/ photo /fɔto フォト/, téléphone /telefɔn テレフォヌ/
qu : /k ク/ quai /ke ケ/, que /k(ə) ク/
il, ill : /(i)j (イ)ユ/ réveil /revɛj レヴェイユ/, fille /fij フィユ/
(ただし, ville /vil ヴィル/, tranquille /trɑ̃kil トランキル/)
s【母音字＋ s ＋母音字】: /z/ maison /mɛzɔ̃ メゾン/, chaise /ʃɛz シェーズ/
s【上記以外】 : /s/ sel /sɛl セル/, danser /dɑ̃se ダンセ/
ss【母音字＋ ss ＋母音字】: /s/ poisson /pwasɔ̃ ポワソン/

*h には, リエゾン, エリジヨン, アンシェヌマンを行う「無音の h」と, 行わない「有音の h」がある. この辞書では「無音の h」の h は薄く表記.

l' heure /lœr ルール/ (無音の h)
le héros /lə-ero ルエロ/, la honte /la-ɔ̃t ラオント/ (有音の h)

5）リエゾン (liaison)

語末の発音しない子音字を, 次の語の初めの母音字と連続させて読む.

un homme /œ̃-nɔm アンノム/ nous a

ただし, et の後ではリエゾンしない.

Nîmes et / Arles /nim-e-arl ニムエアルル/

6）アンシェヌマン (enchaînement)

語の末尾の子音字と, 次の語の初めの母音字を続けて

il aime /i-lɛm イレム/ avec eux /avɛ-kø アヴェク/

7）エリジヨン (élision)

母音で始まる語の前で, 語の末尾の母音字を省略し, アポストロフをつける.

ce + est → c'est /se セ/ la + école → l'école /le-kɔl レコル/

CROWN

Dictionnaire du français fondamental

ベーシッククラウン
仏和・和仏辞典

村松定史〔監修〕 三省堂編修所〔編〕

三省堂

監修	村松定史
編集	三省堂編修所
仏文校閲	富本ジャニナ
執筆協力	八木橋久実子
編集協力	稲岡祐子　佐藤吾郎　中川 亮　藤田拓也
データ編集	石川智彦　高山隆嗣
編集担当	奥山 道　廣瀬恵理奈
本文イラスト	内藤和美
装丁	吉野 愛

はじめに

昨今は，インターネットを通して，多様なフランス語に触れることができます．外国語学習に辞書が必要なことに変わりはありませんが，その内容は時勢に合わせた新しいものが求められます．

本書は，コミュニケーションを重視した，簡単で読みやすい初級仏和・和仏辞典です．『ベーシッククラウン』シリーズでは，初学者にとって重要なことをわかりやすく解説することを心がけ，読み書きする際や，とっさに話す際に役立つ知識が身につくよう編集されています．特に工夫した点は以下の通りです．

◆ 仏和

・冠詞表記

名詞の見出しは定冠詞つきで表記しました．冠詞まであわせて記憶することで，名詞の性数を自然に覚えて，発信力を高めようとのねらいで，類書にない工夫です．

・有音・無音の h

見出し語の「無音の h」は薄く表記しました．h の濃淡から，有音か無音かを感覚的に覚えることができます．これも類書にない新しい工夫です．

・見出し語選定

フランスや日本で発行された辞典にとどまらず，英語圏のフランス語辞典等を徹底分析．コーパス研究の成果も参考にしながら，初学者に必要十分な，約2万項目を収録．重要語は赤字で目立つようにしました．

・すぐに使える例文

生活に直結した現実味のある例文を中心に掲載．その多くは『クラウン仏和辞典 第7版』の基本例で構成されています．

◆ 和仏

・日常生活に必要な基本語約6千を収録しました．

・発信に役立つ類語コラムや語彙の増強に有用なイラストを掲載しました．

本書の監修は仏語仏文学者，翻訳家の村松定史先生に，仏文校閲は同じく翻訳家でもある富本ジャニナ先生にお願いしました．お二人のご尽力により，生きた現代フランス語を明快な日本語で学べる仕上がりになっております．そのほか，『クラウン仏和辞典 第7版』からの例文使用を快諾くださった編者の方々をはじめ，多くの協力を得て本書の刊行にたどり着きました．フランス語学習をさらに楽しくするツールの一つとして，本書が活用されることを願ってやみません．

2018年3月

三省堂編修所

主なコラム一覧

▶ 仏和

à
adieu
ailleurs
aimer
ancien
année
art
aujourd'hui
aussi
beaucoup
boire
bon
bonjour
carte
cinéma
comme
concours
connaître
croire
cuisson
de[1]
demi
depuis
des[1]
deuxième
devoir[1]
dont
du[2]
écouter
emprunter
enseignement
entendre
et
être
falloir
hier
laisser
le[1]
lequel
maman
matin
mieux
moins
mois
ne
non
nouveau
on
oui
papa
parce que
parmi
personne[2]
peut-être
plus[1]
plus[2]
prêter
puisque
que[2]
qui[2]
regarder
rez-de-chaussée
rien
saison
savoir
semaine
sembler
soir
te
tout
tu[1]
un
venir
voir

▶ 和仏

家
いくつか
以来
大きい
帰る
菓子
着る
-後
時間
たくさん
つぎ
つれてくる
できる
-に
値段
飲む
始める
ピアス
前
-まで
学ぶ
持って行く

イラスト一覧

▶ 仏和

autre
boire
celui
couvert[1]
écouter
emprunter
fer
flamboyant
fromage
immeuble
lis[1]
ordinateur
plat[2]
quart
séjour
véhicule
voir
voiture

▶ 和仏

アクセサリー
家
椅子
エビ
顔
家具
楽譜
家族
髪型
からだ
木
口
靴
車
サッカー
下着
自転車
台所
月
パン
服
風呂
文房具
帽子
野菜
指

発音解説

1） 母音

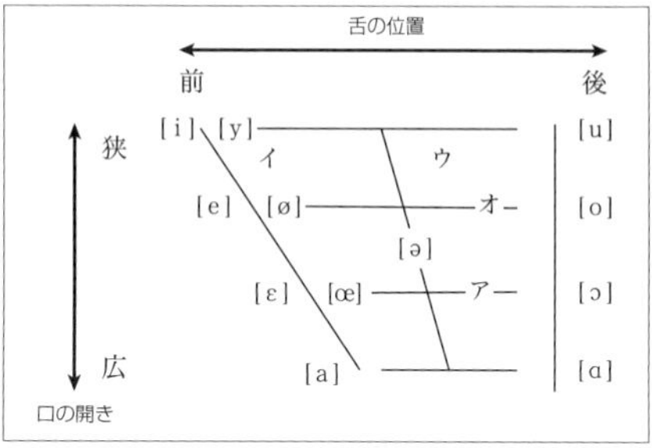

a） 口腔母音

/i/ ：日本語の「イ」よりも唇を左右に強く引き，舌は下前歯に押し付けて発音する：ici /isi/

/e/ と /ɛ/ ：日本語の「エ」よりも，唇を左右に引いて狭い口で発音すると /e/，リラックスして口を大きめに開けると /ɛ/ の音になる．意識して発音し分ける必要はないが，フランス語ではこれらを書き分ける．→ é /e/ / è /ɛ/ : élève /elɛv/

/a/ と /ɑ/ ：/a/ は舌を前寄りに，/ɑ/ では後ろ寄りにして，「ア」と発音する．ただし，現代フランス語ではほとんど /a/ と発音される：sac /sak/, café /kafe/, pas /pɑ/

/u/ ：唇を丸めて，少し斜め下方向に突き出す．舌の後方部分を引き，口の奥のほうで発音する：où /u/, douze /duz/

/o/ ：舌を後ろに引いて，/u/ のように少し口を開き，「オ」と発音する：beaucoup /boku/

/ɔ/ ：/o/ より口を開いて発音する：pomme /pɔm/

/y/ ：/u/ のように唇を丸めて突き出したまま，/i/ と発音する：utile /ytil/

/ø/ ：/e/ の舌の位置で，/o/ の唇をつくるように丸めて発音する：deux /dø/

/œ/ ：/ɛ/ の舌の位置，/ɔ/ の唇で発音する．/ø/ よりも，大きく口を開く：heure /œr/

/ə/ ：/œ/ を軽く短く発音する．/œ/ よりも口を閉じ気味にする：je /ʒə/

b） 鼻母音

鼻から呼気が漏れるように発音する．

/ɛ̃/ ：/ɛ/ の口で，息を鼻から抜きながら発音．/エン/ に近い音となる：enfin /ɑ̃fɛ̃/

/ɑ̃/ ：/ɑ/ の口で，息を鼻から抜きながら発音．/アン/ に近い音となる：enfant /ɑ̃fɑ̃/

/ɔ̃/ ：/o/ の口(/ɔ/ より狭い口)で，息を鼻から抜きながら発音．/オン/ に近い音となる：oncle /ɔ̃kl/

/œ̃/ ：/œ/ の口で息を鼻に抜いた発音だが，ほとんど代わりに /ɛ̃/ が用いられる．

2）半母音

/i/ /u/ /y/ の後ろに母音が続くと，それぞれ半母音 /j/ /w/ /ɥ/ になる.

/j/ : /i/ の口をつくった後，舌の山を上あごに近づけ，息の通路を狭くする．日本語の「ヤ行」に似た音となる：passion /pasjɔ̃/, famille /famij/

/w/ : /u/ のように唇を丸く突き出し，素早く次の母音に移るように発音する．日本語の「ワ行」に似た音となる：ouest/wɛst/

/ɥ/ : /y/ の口で唇を丸く突き出し，素早く次の母音に移るように発音する：nuit /nɥi/

3）子音

/p/ /b/ /k/ /g/ /m/ /n/ ：それぞれ日本語の，パ行，バ行，カ行，ガ行，マ行，ナ行の子音とほぼ同じ発音：paix /pɛ/, main /mɛ̃/

/t/ /d/ : 日本語の「タ」「テ」「ト」,「ダ」「デ」「ド」の子音とほぼ同じ発音：sentiment /sɑ̃timɑ̃/, dent /dɑ̃/

/ɲ/ : 日本語の「ニャ，ニュ，ニョ」に似た音．舌を上あごにつけるように発音する：gagner /gaɲe/

/f/ /v/ : 上の歯を下唇の内側に当てて発音する：photo /fɔto/, vrai /vrɛ/

/s/ :「サ」「ス」「ソ」の子音と同じ音．/si スィ/ が日本語に引っ張られ /ʃi シ/ にならないように：six /sis/

/z/ : /s/ と同じ口の構えで，声帯を震わせながら発音する：zéro /zero/

/ʃ/ :「シャ」「シュ」「ショ」の子音とほぼ同じ発音：chemin /ʃəmɛ̃/

/ʒ/ :「ジャ」「ジュ」「ジョ」の子音に似た音だが，舌先は上あごにつかない：juge /ʒyʒ/

/l/ : 上前歯の裏側に舌先を付けて発音する：lit /li/

/r/ : 舌先を下前歯につけ，舌の後ろを持ち上げることで，息の通路を狭くして摩擦音をつくる．うがいをするときのように喉で息をこする：leur /lœr/, rue /ry/

略語の説明

1. ロゴ類

名 名詞，男女両用の名詞
男 男性名詞
女 女性名詞
男複 男性複数形
女複 女性複数形
複 複数形
冠 冠詞
代 代名詞
形 形容詞
動 動詞
自 自動詞
他 他動詞

代動 代名動詞
非人称 非人称動詞
助動 助動詞
副 副詞
前 前置詞
接 接続詞
間 間投詞
疑問詞 疑問詞
関係詞 関係詞
接頭 接頭辞
不定詞 不定詞
直 直説法

接続法 接続法
条 条件法
命 命令法
主語 主語
属詞 属詞
人 人
物 物
過分 過去分詞
類語 類義語
派生 派生語

2. スピーチレベル

《話》 口語
《俗》 俗語
《文》 文語
《古》 古語

3. 専門分野

〔医〕医学
〔映〕映画
〔楽〕音楽
〔解〕解剖学
〔化〕化学
〔菓〕菓子
〔カト〕カトリック
〔魚〕魚類
〔キ教〕キリスト教
〔軍〕軍事
〔経〕経済

〔建〕建築
〔言〕言語学
〔宗〕宗教
〔情報〕情報・コンピュータ
〔ギ神〕ギリシア神話
〔植〕植物
〔数〕数学
〔生〕生物学
〔虫〕虫類
〔鳥〕鳥類
〔哲〕哲学

〔天〕天文学
〔電〕電子・電気
〔動〕動物
〔美〕美術・美学
〔物〕物理学
〔文法〕文法用語
〔法〕法律
〔料〕料理
〔ロ神〕ローマ神話

仏和辞典の使い方

1. 見出し語

1.1 見出し語はアルファベット順に配列しました.

1.2 見出し語は重要度の高い約11,000語(見出し語・成句を合わせて約20,000項目)を選びました. そのうち, 最重要語(赤色見出し, 2行取り)は約500語, 重要語(赤色見出し, 1行取り)は約1,000語としました.

1.3 同じ綴りでも語源の違うもの, または語源が同じでも語義が著しく異なる語は別の見出しとし, その右肩に番号をつけて区別しました.

1.4 名詞, 形容詞のうちで性・数によって変化するものについては, 変化する部分をイタリック体で示しました.

1.5 無音の h は薄い色で示しました.

2. 発音

2.1 見出し語にはカタカナ発音をつけました(動詞の活用形見出しや名詞, 形容詞の変化形見出しを除きます). 最重要語(約500語)には IPA (国際発音記号)も表示しています.

3. 品詞

3.1 品詞は 名 男 女 冠 代…などの記号で表示しました.

3.2 多品詞の語について, 2つ目以降の品詞の説明は ━ から始まります.

4. 訳語

4.1 語義は ❶❷❸…のように語義を分けて記述しました.

4.2 ❶❷❸…よりも小さな区分は (**a**), (**b**), (**c**), や ; を使用しました.

4.3 重要語を中心に約3,700語には対応する英語を表示しました.

5. 用例・成句

5.1 用例の開始は ● で示しました.

5.2 用例中の見出し対応部分はイタリック体で示しました.

5.2 成句は太字のイタリック体で示しました.

5.3 用例・成句中で、話し言葉や会話例には 会話 を表示しました.

6. 類義語・派生語

6.1 もとの語から意味が類推できる派生語には 派生 の印をつけました.

6.2 類義語には 類語 の印をつけました.

7. 動詞の活用

7.1 不規則に変化をする動詞には, 巻末の「動詞活用表」に対応する番号を 1 2…のように示しました.

7.2 重要な不規則変化動詞には直説法現在形の活用形, および現在分詞, 過去分詞を枠囲みで示しました.

8. 記号

(　)	訳語の意味限定，語の省略	(<　)	語源情報
[　]	直前の語との交換可能	(=　)	省略形，または全書形
《　》	訳語の説明	〈　〉	文型表示
	スピーチレベル	→	参照
〔　〕	専門分野	→	補足説明
〘　〙	結びつく前置詞の表示		

9. コラム・イラスト

9.1　重要な文法・語法や関連語の情報はコラムで表示しました.

9.2　関連する語彙の増強や見出し語の理解に有用なイラストを掲載しました.

A a

le **A**[1], **a**[1] /ア/ 男 ❶ フランス字母の第１字. ❷〔楽〕イ音, イ調.

de A à Z AからZまで, 初めから終わりまで, 一部始終.

A[2], **a**[2] /ア/ 《略》 ❶ **(A)** (Ampère)〔電〕アンペア; (Autoroute) 高速道路. ❷ **(a)** (are) アール.

a[3] →**avoir** 8

à /a ア/ 前 〈**à**+**le**→**au**; **à**+**les**→**aux**〉 ❶《場所・方向》(英 to) …に, …へ.
●Il est *à* la maison. 彼は在宅だ.
●aller *à* Paris [*au* Japon, *aux* États-Unis] パリ[日本, アメリカ合衆国]へ行く.

> **国名と前置詞**
>
> 子音で始まる男性国名(単数)は à と定冠詞 le の縮約形 au を用いる: au Japon, au Canada. 女性国名(単数)と母音で始まる男性国名(単数)は en を用い, 冠詞はつけない: en France, en Afghanistan. 複数国名は à と定冠詞 les の縮約形 aux を用いる: aux États-Unis, aux Philippines.

❷《時間》(英 at, in) …に, …の時に; …まで; …する[した]とき.
●*à* six heures 6時に.
●*à* Noël クリスマスに.
●du lundi *au* vendredi (毎週)月曜日から金曜日まで.
会話 *À* demain! また明日.
❸《数字とともに隔たりを表して》…のところに.
●C'est *à* vingt minutes [40km] de Paris. それはパリから20分[40キロ]のところにある.
❹《単位》…につき, …あたり; …ぎめ[単位]で;《人数を表して》…は[で].
●*à* l'heure 時間あたり.
●Nous y allons *à* trois. 我々はそこへ3人で行く.
❺《帰属》…の(もの).
●Ce stylo est *à* moi. このペンは私のです.
❻《動作の対象》…に, …を.
●Il a donné de l'argent *à* sa fille. 彼は娘にお金をあげた.
❼《所有》…を持った;《付属・特徴》…の入った, …つきの;《手段》…で, …を使って.
●une femme *aux* yeux bleus 青い目の女.
●café *au* lait カフェオレ.
●écrire *au* stylo ペンで書く.
❽《原因》…により, …で; …から.
●*à* la demande de… …の要請により.
❾《不定詞とともに》…するための, …すべき.
●maison *à* vendre 売家.

à la 形《女性形》…風の. ●pizza *à la napolitaine* ナポリ風のピザ.

avoir à 不定詞 …しなければならない. →**avoir**

C'est à 人 ***de*** 不定詞 (人)が…する番だ. ●*C'est à* toi *de* décider. 決めるのは君だよ.

de A à B AからBまで. ●aller *de* Lyon *à* Paris リヨンからパリまで行く.

être à… →❺, **être**

abaisser /アベセ/ 他 (英 lower) ❶をおろす, 下げる. ●*abaisser* des taxes 税金を下げる.
❷(人の品位)を落とす.

—s'abaisser 代動 ❶〔*à*, (する)まで〕身を落とす. ❷下がる; 低くなる.

l' **abandon** /アバンドン/ 男 (英 abandon) ❶(人・物の)放棄. ❷(競技での)棄権.

à l'abandon 放棄[放置]されて. ●jardin *à l'abandon* ほったらかしの庭園.

avec abandon だらしなく; 打ちとけて.

abandonner /アバンドネ/ 他 (英 abandon) ❶(人・土地・地位など)を捨てる, 見放す, あきらめる. ●Je ne t'*abandonnerai* jamais. 私は絶対に君を見捨てない. ●À cette vue, le courage l'a *abandonné*. それを見て彼は勇気がくじけた.
❷(権利など)を譲り渡す, 委ねる.

—s'abandonner 代動〔*à*〕(感情など)に)身を委ねる.

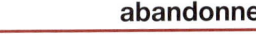

A

abat(s), abatte ... →**abattre** 9

abattre /アバトル/ 他 9 (英 destroy) ❶ を打ち倒す, 取り壊す. ●*abattre* un mur 壁を取り壊す. ❷ を屠(と)殺する. ❸ を撃ち殺す. ●C'est l'homme à *abattre*. あいつは消さなければ. ❹ (自尊心)をくじく; 意気消沈させる. 会話 Ne te laisse pas *abattre*! へこたれるな.

—s'abattre 代動 ❶ 倒れる. ❷〘*sur*, に〙襲いかかる.

l'**abbaye** /アベイ/ 女 大修道院.

l'**abbé** /アベ/ 男 ❶ 神父; …師. ●Monsieur l'*abbé* 神父さん. ❷ 僧院長.

abdiquer /アブディケ/ 他 (王位)を譲る.

— 自 譲位する.

l'**abeille** /アベイユ/ 女 (英 bee) ミツバチ.

la reine des abeilles 女王バチ.

l'**abîme** /アビム/ 男 深淵(えん); 深海; 破滅. ●au bord de l'*abîme* 破滅に瀕した.

abîmé(e) /アビメ/ 形 (物が)傷んだ, 破損した.

abîmer /アビメ/ 他 (英 damage) を傷める, 傷つける. ●Cette lessive *abîme* les mains. この洗剤は手を傷める.

—s'abîmer 代動 傷む. ●*s'abîmer* les mains [yeux] 手[目]を傷める.

l'**aboiement** /アボワマン/ 男 (犬の)ほえ声.

abolir /アボリール/ 他 33 を廃止する.

l'**abolition** /アボリスィヨン/ 女 廃止.

abominable /アボミナブル/ 形 忌まわしい; ひどく嫌な.

abondamment /アボンダマン/ 副 豊富に, 多量に.

l'**abondance** /アボンダンス/ 女 (英 abundance) たくさん, 多量, 豊富.

(*une*) ***abondance de ...*** 多量の….

Abondance de biens ne nuit pas. 《ことわざ》財産はいくらあっても害にはならぬ.

en abondance 豊富に[の], 多量に[の].

parler avec abondance よどみなく話す, とうとうと弁じる.

abondant(e) /アボンダン(ト)/ 形 (英 abundant) 多量の, 豊富な. ●récoltes *abondantes* 豊作.

abonder /アボンデ/ 自 多量にある; 〘*en*, に〙富む.

abonder dans le sens de 人 (人)に全面的に賛成する. 会話 Je ne peux qu'*abonder dans son sens*. 彼の意見を全面的に支持する.

abonné(e) /アボネ/ 形 〘*à*, に〙加入している; (の)購読者である. ●être *abonné à* un journal 新聞をとっている.

—l'abonné(e) 名 予約購読者, 加入者; 定期会員. ●Il n'y a plus d'*abonné au* numéro que vous avez demandé. おかけになった番号は現在使われておりません.

l'**abonnement** /アボヌマン/ 男 (ガス・水道・電気・電話の)加入契約; 予約購読.

abonner /アボネ/ 他 〈**abonner** 人 **à ...**〉…を(人)のために定期購読[予約]する.

—s'abonner 代動 (英 subscribe) 〘*à*, に〙(定期)購読[利用]を申し込む. ●*s'abonner à* un journal 新聞を定期購読する.

l'**abord** /アボール/ 男 (英 manner) ❶ 〈**d'abord**〉 まず, 第一に. →成句欄 ❷ (人に近づく)態度, 物腰. ●être d'un *abord* aimable 愛想のいい態度をしている. ❸《複》周囲, 付近. ●aux *abords* de ... …付近で, …の近くで.

au premier abord/ de prime abord ひと目見て, 一見したところ.

d'abord/ tout d'abord まず最初に, 何よりも. ●*D'abord*, nous avons fait des courses, puis nous avons pris une tasse de café. まず我々は買い物をし, それからコーヒーを1杯飲んだ.

aborder /アボルデ/ 他 (英 approach) ❶ (話をしようと)に近づく. ●*aborder* un passant pour demander son chemin 道をたずねるために通行人に話しかける. ❷ (問題など)に取りかかる, 着手する.

— 自 接岸する; 到着する.

aboutir /アブティール/ 自 33 ❶〘*à, en, dans*, に〙達する, 通じる; 〘*à*, (する)に〙至る. ❷ 成功する, うまくいく. ●Ses efforts n'*ont* pas *abouti*. 彼らの努力は報われなかった.

aboyer /アボワイエ/ 自 45 (英 bark) (犬が)ほえる; わめく.

abrégé(e) /アブレジェ/ 形 要約された.

—l'abrégé 男 (英 summary) 要約, 概要. ●en *abrégé* 簡略に, 要約すると.

abréger /アブレジェ/ 他 40 57 を略す, 短縮する, 要約する.

l' **abréviation** /アブレヴィヤスィヨン/ 女 短縮; 略語.

l' **abri** /アブリ/ 男 (英 shelter) 避難所.
• *abri* antiatomique 核シェルター.
à l'abri 安全な場所に; 保護されて.
• mettre des documents *à l'abri* 資料を安全な場所に置く.
• se mettre *à l'abri* de ... …から安全な場所に隠れる.

l' **abricot** /アブリコ/ 男 〔植〕アンズ(の実).
— 形 《不変》アンズ色の.

l' **abricotier** /アブリコティエ/ 男 〔植〕アンズの木.

abriter /アブリテ/ 他 ❶ を保護する, 防ぐ. • Elle m'*a abrité* sous son parapluie. 彼女は私に傘をさしかけてくれた. ❷ (人)を収容する.
— **s'abriter** 代動 〚*de*, から〛避難する, 身を防ぐ. • *s'abriter de* la pluie 雨宿りをする.

abrupt(e) /アブリュプト/ 形 ❶ 切り立っている, 険しい. ❷ がさつな, ぶっきらぼうな.
— l'**abrupt** 男 崖, 絶壁.

l' **absence** /アプサンス/ 女 (英 absence) ❶ 不在, 留守, 欠席; 欠如. • Il est venu en [pendant] mon *absence*. 私の留守の間に彼が来た. ❷ 放心; 物忘れ. • avoir des *absences* ぼんやりする; ど忘れする.
en l'absence de ... …がいない時に; …がいない[ない]ので.

absent(e) /アプサン(ト)/ 形 (英 absent) ❶〚*de*, に〛いない, 留守の, 欠席の.
• Le professeur était *absent* hier. 昨日先生はいなかった.
• Il est *absent de* l'école. 彼は学校にいない.
❷ 放心した, ぼうっとした. • avoir un air *absent* 放心した様子である.
❸ 欠けている.
— l'**absent(e)** 名 不在者, 欠席者.

s'absenter /アプサンテ/ 代動 欠席する; 〚*de*, を〛(一時)不在にする.

absolu(e) /アプソリュ/ 形 (英 absolute) ❶ 完全な, 絶対の. ❷ 断定的な.
— l'**absolu** 男 絶対.
dans l'absolu 絶対的に, 無条件に.

absolument /アプソリュマン/ 副 (英 absolutely) ❶《意味を強めて》絶対に; 全く. • C'est *absolument* faux. それはどう見ても間違いだ. • Je dois *absolument* la voir. どうしても彼女に会わなくては.
❷《返答として》もちろん. • *Absolument* pas. 絶対に違う.

absorber /アプソルベ/ 他 (英 absorb) ❶ を吸収する. ❷ を食べる, 飲む. ❸ を夢中にさせる, の心を奪う.
— **s'absorber** 代動 〚*dans*, に〛没頭する, 熱中する.

absten ... →**abstenir** 75

s'abstenir /アプストゥニール/ 代動 75 ❶〚*de*, (すること)を〛差し控える. ❷ (投票を)棄権する.

abstien ..., absti[î]n ... →**abstenir** 75

l' **abstraction** /アプストラクスィヨン/ 女 抽象(化); 抽象概念.
faire abstraction de ... …を考慮に入れない.

abstrait(e) /アプストレ(ト)/ 形 (英 abstract) 抽象的な; 難解な.
— l'**abstrait** 男 抽象(的観念).

absurde /アプスュルド/ 形 (英 absurd) 道理に合わない; ばからしい.
— l'**absurde** 男 不条理.

l' **absurdité** /アプスュルディテ/ 女 不条理, 非常識; ばかげたこと.

l' **abus** /アビュ/ 男 (英 abuse) 乱用, 悪用; 誤用. 会話 Il y a de l'*abus*. それは行きすぎだ.

abuser /アビュゼ/ 自 (英 abuse) 〈**abuser de ...**〉…を悪用[乱用]する.
• N'*abusez* pas *de* ce médicament. この薬は飲みすぎてはいけない.
会話 N'*abusez* pas! いい気になるな.
— 他 をだます.
— **s'abuser** 代動 思い違いをする. • si je ne *m'abuse* 私の思い違いでなければ.

l' **acacia** /アカスィア/ 男 〔植〕アカシア(属).

l' **académicien(*ne*)** /アカデミスィヤン(エヌ)/ 名 アカデミーフランセーズ会員; アカデミー会員.

l' **académie** /アカデミ/ 女 ❶ 学士院; **(A-)** アカデミーフランセーズ (=A-française). ❷ (フランスの)大学区.

académique /アカデミク/ 形 ❶ アカデミーフランセーズの. ❷《軽蔑的》アカデミー風の; 形式ばった.

A

l' **acajou** /アカジュ/ 男〔植〕マホガニー.
— 形 マホガニー色の, 赤茶色の.

accablant(e) /アカブラン(ト)/ 形 押し潰すような, 耐え難い, たまらない.

accabler /アカブレ/ 他 (英 overwhelm) を打ちのめす;〖*de*, で〗を悩ませる.

accaparer /アカパレ/ 他 ❶ を買占める; 独占する. ❷ (人)を忙殺する. ● Son travail l'*accapare*. 彼は仕事にかかりきりだ.

accéder /アクセデ/ 自 57 ❶〖*à*, に〗達する. ❷ 聞き入れる. ❸〔情報〕アクセスする.

l' **accélérateur** /アクセレラトゥール/ 男 (自動車の)アクセル.

l' **accélération** /アクセレラスィヨン/ 女 加速; スピードアップ.

accélérer /アクセレレ/ 他 57 (英 accelerate) を加速する; (仕事など)を促進する, スピードアップする.
— 自 加速する.
— **s'accélérer** 代動 速くなる, 速度が増す.

l' **accent** /アクサン/ 男 ❶ (英 accent) なまり. ❷ (英 stress)〔音声〕強勢;〔文法〕アクサン記号. ❸ 口調, 調子.
accent aigu アクサン・テギュ (´).
accent circonflexe アクサン・シルコンフレックス (^).
accent grave アクサン・グラーヴ (`).
mettre* [*faire porter*] *l'accent sur... …を強調する, 際立たせる.

accentuer /アクサンテュエ/ 他 ❶〔音声〕にアクセント[強勢]を置く;〔文法〕にアクサン記号をつける. ❷ を目だたせる, 強調する.
— **s'accentuer** 代動 強調される; はっきりする; 強まる.

acceptable /アクセプタブル/ 形 受け入れられる, まずまずの.

l' **acceptation** /アクセプタスィヨン/ 女 承諾, 同意; 受領.

accepter /アクセプテ/ 他 (英 accept) ❶ を受け入れる, に応じる; (人)を迎え入れる. ● *accepter* une invitation 招待に応じる.
❷ 〈**accepter de** 不定詞 [**que** 接続法]〉…することを承知する. ● Je n'*accepte* pas *qu*'il me parle ainsi. 彼が私にこんな口をきくのは我慢できない.
— **s'accepter** 代動 自分[互い](の欠点)を受け入れる.

l' **accès** /アクセ/ 男 (英 access) ❶ 入ること; 近づくこと. ● *accès* libre 出入り自由. ● *accès* interdit《掲示》立入り禁止.
❷ 入り口, 通路. ● *accès* réservé aux riverains《掲示》居住者のみ.
❸ (病気や感情の)発作, 爆発.
❹〔情報〕アクセス.
avoir accès à... …に行ける[入れる].
donner accès à... …へ通じる, …へ行けるようにする.
par accès 発作的に.

accessible /アクセスィブル/ 形 ❶ 近づきやすい; 手に入れやすい; わかりやすい.
❷ 気さくな.

accessoire /アクセソワール/ 形 付随的な, 副次的な.
— l'**accessoire** 男 ❶ 付属物[品]. ❷ (バッグ・靴などの)小道具.

l' **accident** /アクスィダン/ 男 (英 accident)
❶ 事故, 災難. ● *accident* de voiture 自動車事故.
❷ 偶然[不慮]のできごと.
avoir un accident 事故に遭う.
par accident 偶然に, たまたま.

accidenté(e) /アクスィダンテ/ 形 ❶ 事故に遭った. ❷ (土地が)起伏のある.
— l'**accidenté(e)** 名 事故の犠牲者.

accidentel(le) /アクスィダンテル/ 形 偶然の; 事故による.

l' **acclamation** /アクラマスィヨン/ 女 喝采, 歓呼の声.
élire par l'acclamation 満場の拍手で[投票によらずに]選出する.

accommoder /アコモデ/ 他 ❶〖*à*, に〗を適応させる. ❷ を調理する.
— **s'accommoder** 代動〖*à*, に〗順応する;〖*avec*, と〗折り合いをつける.

l' **accompagnement** /アコンパニュマン/ 男 同伴; 伴奏;〔料〕添え物.

accompagner /アコンパニェ/ 他 (英 accompany) ❶ に同伴する; つき添う; を送って行く;〔楽〕の伴奏をする. ● *accompagner* un malade 病人につき添う. ● Je vous *accompagne*? お送りしましょうか.
❷ 〈**accompagner A de B**〉 A に B を添える. ● rôti *accompagné de* haricots verts ローストビーフのインゲン豆

A

添え.

— s'accompagner 代動 〖*de*, を〗 伴う.

accomplir /アコンプリール/ 他 33 (英 accomplish) ❶ をやり遂げる, 果たす; 実現する. ●*accomplir* un projet 計画を実現する. ❷ を完了する, 終える.

— s'accomplir 代動 実現される.

l' **accomplissement** /アコンプリスマン/ 男 遂行; 達成, 実現.

l' **accord** /アコール/ 男 ❶ (英 agreement) 同意, 合意, 一致;〔文法〕一致. ●donner son *accord* 承認する, 同意する.
❷ 調和; 気の合うこと;〔楽〕和音.
d'accord. わかった, オーケー, いいよ.
d'un commun accord 全員一致で.
en accord avec... …と調和[一致]して.
être d'accord avec... …に同意する.
●Je *suis d'accord avec* toi. 私はあなたに賛成だ.
se mettre d'accord 同意する.

l' **accordéon** /アコルデオン/ 男 〔楽〕アコーディオン.

accorder /アコルデ/ 他 (英 grant) ❶〖*à*, に〗を認める, 許す; 与える. ❷〔楽〕を調律する.
accorder son attention à... …に注意を払う.

— s'accorder 代動 ❶〈s'accorder à [pour] 不定詞〉…することに意見が一致する. ❷〖*avec*, と〗一致[調和]する.

l' **accouchement** /アクシュマン/ 男 出産, 分娩.

accoucher /アクシェ/ 自 ❶〖*de*, を〗産む, 出産する; 考え出す. ❷ 思い切って話す. 会話 *Accouche!* 白状しろ.

s'accouder /アクデ/ 代動 肘をつく.

accour... →**accourir** 18

accourir /アクリール/ 自 18 《助動詞は多く être》駆けつける.

accoutumer /アクテュメ/ 他 〖*à*, に〗を慣らす.

— s'accoutumer 代動 〖*à*, に〗慣れる.

l' **accroc** /アクロ/ 男 かぎ裂き, 裂け目; 思わぬ障害.
sans accroc 何事もなく.

accrocher /アクロシェ/ 他 ❶ (フック・鉤(かぎ)などに)をかける, つるす; 鉤に引っかけて破く. ●*accrocher* un tableau au mur 壁に絵をかける.
❷ (車)に接触する, ぶつかる.
❸ (注意)を引く.
❹《話》をまんまと手に入れる.

— s'accrocher 代動 ❶〖*à*, に〗ひっかかる, しがみつく; あきらめない. ●*S'il s'accroche*, il réussira. あきらめなければ彼は成功するだろう. ❷《話》〖*avec*, と〗口論をする.

accroi[î]... →**accroître** 21

l' **accroissement** /アクロワスマン/ 男 増加, 増大.

accroître /アクロワトル/ 他 21 を増加[増大]させる.

— s'accroître 代動 増加[増大]する.

s'accroupir /アクルピール/ 代動 33 しゃがむ.

l' **accueil** /アクイユ/ 男 ❶ 受入れ; 応接, もてなし. ❷ 受付.
faire bon [mauvais] accueil à 人 (人)をあたたかく迎える[冷たくあしらう].

accueill... →**accueillir** 22

accueillir /アクイール/ 他 22 ❶ (英 welcome) を迎える, もてなす; (家に)を泊める. ❷ を受け入れる.

l' **accumulation** /アキュミュラスィヨン/ 女 積み重ね, 蓄積.

accumuler /アキュミュレ/ 他 を積み重ねる, 蓄積する.

— s'accumuler 代動 積もる, 積み重なる.

l' **accusation** /アキュザスィヨン/ 女 ❶ 非難. ❷〔法〕告訴, 告発.
mettre en accusation 糾弾する.

l' **accusé(e)** /アキュゼ/ 名 刑事被告人, 被告.

accuser /アキュゼ/ 他 (英 accuse) ❶〈accuser 人 de 名 [de 不定詞]〉…(すること)について(人)を非難する, 責める, 告発する.
❷ をはっきりと示す, 表す.
accuser réception de... …の受領を知らせる.

— s'accuser 代動 自らを責める;〖*de*〗(過ち, 罪を)認める.

acharné(e) /アシャルネ/ 形 ❶ 激しい, 執拗(しつよう)な. ❷〖*à*, に〗熱中した.

l' **acharnement** /アシャルヌマン/ 男 激烈さ; 執拗(しつよう)さ.

s'acharner /アシャルネ/ 代動 ❶〖*après*,

A

contre, sur, を〕しつこく攻撃する. ❷〔à, に〕熱中する.

l' **achat** /アシャ/ 男 (英 buying, purchase) ❶買うこと, 購入. ❷買った品物.

faire des achats 買い物をする.

pouvoir d'achat 購買力.

l' **acheminement** /アシュミヌマン/ 男 運搬, 輸送.

acheminer /アシュミネ/ 他 〔sur, vers, へ〕を発送する; 送る.

— s'acheminer 代動 〔vers, へ〕向かう.

acheter /アシュテ/ 他 1 (英 buy)

j'	achète	nous	achetons
tu	achètes	vous	achetez
il	achète	ils	achètent
現分	achetant	過分	acheté

❶を買う. ●*acheter* des tomates au marché 市場でトマトを買う.

❷〈acheter 物 à [pour] 人〉(物)を(人)に買ってあげる. ●J'*ai acheté* un cadeau *pour* elle. 私は彼女のためにプレゼントを買った.

❸〈acheter 物 ...〉(物)を(価格)で買う. ●*acheter* ... bon marché [cher] …を安く[高く]買う.

❹《話》を買収する.

— s'acheter 代動 買われる; 自分のために買う.

l' **acheteur(teuse)** /アシュトゥール(ズ)/ 名 買い手, 購入者.

l' **achèvement** /アシェヴマン/ 男 完成, 竣工.

achever /アシュヴェ/ 他 1 (英 complete, finish) ❶を終える, 完成させる; 〈achever de 不定詞〉…し終える. ●*achever* un roman 小説を完成する[仕上げる]. ❷を完全に打ちのめす, のとどめを刺す.

acide /アスィド/ 形 (英 acid) ❶すっぱい. ❷辛辣な. ❸酸(性)の.

— l'acide 男 酸. ●*acide* aminé アミノ酸. ●*acide* sulfurique 硫酸.

l' **acidité** /アスィディテ/ 女 酸味, すっぱさ.

l' **acier** /アスィエ/ 男 (英 steel) 鋼鉄; 鉄鋼業.

acier inoxydable ステンレス.

d'acier 鋼鉄のような.

l' **acompte** /アコント/ 男 前払い金, 手つけ金. ●verser un *acompte* 手つけ金[内金]を払う.

acoustique /アクスティク/ 形 聴覚の; 音響の.

— l'acoustique 女 音響.

acquér ... →**acquérir** 2

acquérir /アケリール/ 他 2 (英 acquire) を手に入れる; 獲得する. ●*acquérir* de l'expérience 経験を積む.

— s'acquérir 代動 (人が)獲得する; (ものが)獲得される.

acquerr ..., acquirent →**acquérir** 2

acquis(e) /アキ(ーズ)/ 形 獲得した, 後天性の.

— l'acquis 男 学識; 経験.

l' **acquisition** /アキズィスィヨン/ 女 手に入れること, 獲得; 購入物.

faire l'acquisition de ... …を手に入れる.

l' **acquittement** /アキトマン/ 男 ❶〔法〕無罪放免. ❷返済, 支払い.

acquitter /アキテ/ 他 ❶を無罪放免する. ❷(義務・債務などから人)を解放する; (負債)を返済する.

— s'acquitter 代動 〔de〕(義務などを)果たす.

l' **acrobate** /アクロバト/ 名 軽業師; 策士.

l' **acrobatie** /アクロバスィ/ 女 軽業, アクロバット; 術策.

l' **acte** /アクト/ 男 ❶(英 act) 行為. ❷〔法〕証書; 文書; 《複》(学会などの)議事録. ●*acte* de naissance [décès] 出生[死亡]証明書. ❸〔劇〕幕.

dont acte (証書の末尾で)上記のとおり相違ありません.

faire acte de ... …を示す, 発揮する. ●*faire acte de* bonne volonté やる気のあるところを示す.

passer à l'acte 行動に移す; 脅されて…する.

prendre acte de ... [que 直] …を法的に確認させる; (後日のために)はっきりと記憶にとどめる.

l' **acteur(trice)** /アクトゥール(トリス)/ 名 (英 actor, actresse) ❶役者, 俳優. ❷(事件などの)当事者.

actif(ve) /アクティフ(ーヴ)/ 形 (英 active) ❶活動的な, 活発な; 積極的な. ❷(薬などが)効能のある. ❸〔文法〕能動の.
entrer dans une phase active 核心に入る.
prendre une part active à... …に積極的に参加する.
— l'actif 男 ❶資産. ❷〔文法〕能動態.
à l'actif 〔文法〕能動態の.
avoir ... à son actif …を功績として持っている.

l'action /アクスィヨン/ 女 (英 action)
❶(実際の)行動; 行為; 活動. ●*action* politique 政治活動.
❷働き;〔物・化〕作用.
❸〔文学〕筋の運び; 筋.
❹訴訟.
❺株, 株式.
être en action 行動中の; (機械などが)作動中の.
mettre en action 作動させる, 実践する.
sous l'action de... …の作用で.

l'actionnaire /アクスィヨネール/ 名 株主.

active →**actif** の女性形.

activer /アクティヴェ/ 他 を活気づける; 速める; せきたてる.
— s'activer 代動 急ぐ; 熱心に働く.

l'activité /アクティヴィテ/ 女 (英 activity) 活動, 仕事; 活力, 活気. ●pratiquer une *activité* sportive スポーツをする. ●Ce quartier est plein d'*activité*. この界隈(わい)は活気に満ちている.
en activité (勤め人が)現職の; (工場などが)操業中の.
volcan en activité 活火山.

actrice →**acteur** の女性形.

l'actualité /アクテュアリテ/ 女 (英 actuality) ❶現状, 実状; 現代性.
❷時事(性);《複》ニュース. ●*actualité* sportive [politique] スポーツ界[政界]の動向.

actuel(*le*) /アクテュエル/ 形 (英 current) 現在の, 現代の; 今日的な.
à l'heure actuelle 現在は.

actuellement /アクテュエルマン/ 副 (英 at present) 現在, 目下.

l'adaptateur /アダプタトゥール/ 男 (電気機器の)アダプター.

l'adaptation /アダプタスィヨン/ 女 当てはめること; 適合, 適応; 脚色, 翻案.

adapter /アダプテ/ 他 (英 adapt) ❶〘à, に〙を当てはめる, 適合[順応]させる. ❷〘à, に〙を翻案する, 脚色する. ●*adapter* un roman *au* cinéma 小説を映画用に脚色する. ❸を取りつける.
— s'adapter 代動 〘à, に〙当てはまる; 適合[順応]する. ●*s'adapter aux* circonstances 状況に適応する.

l'addition /アディスィヨン/ 女 (英 addition) ❶(料理店などの)勘定(書). 会話 L'*addition*, s'il vous plaît. お勘定をお願いします. ●régler l'*addition* 勘定を払う.
❷加えること, 付加物;〔算〕足し算.

additionner /アディスィヨネ/ 他 (英 add) ❶〘à, に〙を添加する. ❷を合計する.
— s'additionner 代動 加わる.

l'adhérence /アデラーンス/ 女 接着, 粘着;〔医〕癒(ゆ)着.

adhérer /アデレ/ 自 57 ❶〘à, に〙粘着する, くっつく. ❷〘à〙(意見などに)同意する, 賛成する; (会・政党などに)加盟する.

adhésif(*ve*) /アデズィフ(ーヴ)/ 形 粘着性の. ●ruban *adhésif* 接着テープ, セロハンテープ.
— l'adhésif 男 粘着テープ.

l'adhésion /アデズィヨン/ 女 同意; 加盟, 加入.

adieu /アディユ/ 間 (英 good-bye)《長期または永遠の別れで》さようなら, さらば.
POINT また会う相手には au revoir や à bientôt が一般的.
— l'adieu 男 離別; (その)言葉.
dire adieu à... …に別れを告げる.
faire ses adieux à... …に別れの挨拶をする.

adjectif(*ve*) /アドジェクティフ(ーヴ)/ 形 形容詞の.
— l'adjectif 男 形容詞. ●*adjectif* interrogatif 疑問形容詞.

adjoint(*e*) /アドジョワン(ト)/ 形 補佐の.
— l'adjoint(*e*) 名 補助者; (市町村の)助役 (=〜 au maire).

admet →**admettre** 41

admettre /アドメトル/ 他 41 (英 admit)
❶(**a**) を受け入れる, が入ることを許す. ●Les chiens ne *sont* pas *admis* dans ce magasin. 当店では犬はお断り. (**b**) 〈**admettre** 人 **à** 不定詞〉 (人)が…することを許す.
❷(考え・事実)を認める; 〈**admettre que** 接続法〉 …ということを仮定する. ●*Admettons que* vous ayez raison. 仮にあ

A

なたが正しいとしよう.

admi[ĩ]... →**admettre** 41

l' **administrateur(*trice*)** /アドミニストラトゥール(トリス)/ 名 行政担当者; (会社・銀行の)支配人, 理事.

administratif(*ve*) /アドミニストラティフ(ーヴ)/ 形 行政の; 管理の.

l' **administration** /アドミニストラスィヨン/ 女 ❶経営, 管理; 行政. ●sous *administration* de... …の管理のもとで. ❷ **(A-)** 官公庁, 行政機関.

conseil d'administration 取締役[重役]会議; 理事[役員]会.

administrer /アドミニストレ/ 他 ❶を経営する; 管理する. ❷の行政を取りしきる. ❸を与える.

admirable /アドミラブル/ 形 感嘆すべき, すばらしい.

l' **admirateur(*trice*)** /アドミラトゥール(トリス)/ 名 感嘆者, 称賛者.

— 形 感嘆する.

l' **admiration** /アドミラスィヨン/ 女 称賛, 感嘆, 感嘆の的.

être [tomber] en admiration devant... …に感心する.

admirent →**admettre** 41 →**admirer**

admirer /アドミレ/ 他 (英 admire) ❶に感嘆する, 感心する. ●*admirer* un héros 英雄を尊敬する.
❷《皮肉》にほとほと感心する. ●J'*admire* ton inconscience. 《反語》君の無神経さには感心するよ.

admis(s)(...) →**admettre** 41

l' **admission** /アドミスィヨン/ 女 (入る[通る]ことの)許可.

l' **adolescence** /アドレサーンス/ 女 思春期.

l' **adolescent(*e*)** /アドレサン(ト)/ 名 (10代の)若者 (=《話》ado).

adopter /アドプテ/ 他 (英 adopt) ❶を養子にする. ❷(意見や計画)を採用する; 受け入れる. ●L'essayer, c'est l'*adopter*. 《広告で》一度お試しになるとこれなしではいられなくなります. ❸を可決する.

l' **adoption** /アドプスィヨン/ 女 ❶養子縁組み. ❷採用; 可決, 採択.

d'adoption 帰化した; 養子の.

adorable /アドラブル/ 形 かわいらしい, すばらしい.

l' **adoration** /アドラスィヨン/ 女 ❶熱愛.
❷礼拝; 崇拝.

être en adoration devant... …を崇拝する.

adorer /アドレ/ 他 (英 adore) ❶が大好きだ, 熱愛する. ●J'*adore* le champagne. シャンパンは大好きだ.
❷を崇拝する; 礼拝する.

adosser /アドセ/ 他 〖à, contre, に〗をもたせかける; 背にして置く.

—**s'adosser** 代動 〖à, contre, に〗寄りかかる.

adoucir /アドゥスィール/ 他 33 を和らげる; (苦痛など)を静める.

—**s'adoucir** 代動 和らぐ; 穏やかになる.

l' **adresse**[1] /adrɛs アドレス/ 女 (英 address) 住所, 宛て名; 〔情報〕アドレス.
●Donnez-moi votre *adresse*, s'il vous plaît. 住所を教えてください.
●*adresse* électronique 電子メールアドレス.

à l'adresse de... …宛ての, …に向けられた.

l' **adresse**[2] /アドレス/ 女 (英 skill) 器用さ, 巧妙さ; ずるさ.

avec adresse 器用に; 抜け目なく.

adresser /アドレセ/ 他 ❶〈adresser 物 à 人〉(人)に(手紙など)を送る, 差し出す.
❷〈adresser 人 à...〉…に(人)を差し向ける.
❸〈adresser...à 人〉(人)に(言葉など)をかける. ●*adresser* la parole à 人 (人)に話しかける.

—**s'adresser** 代動 ❶〖à, に〗話しかける; 問い合わせる. ●*S'adresser* ici. お問い合わせはこちらに. ❷〖à, を〗対象としている; (に)訴えかける.

adroit(*e*) /アドロワ(ト)/ 形 巧みな, 器用な.

adroitement /アドロワトマン/ 副 器用に; 抜け目なく.

adulte /アデュルト/ 形 (英 adult) おとなの, 成長した. ●Il est *adulte*. 彼はもう大人だ.

—l'**adulte** 名 成人.

l' **adultère** /アデュルテール/ 名 姦(かん)通者.

— 形 姦通の; 不義の.

—l'**adultère** 男 不貞, 不倫, 姦通.

advenir /アドヴニール/ 自 75 起こる, 生ずる.

POINT 不定詞と分詞 (advenant, advenu) および各時制の3人称にのみ用いる.

advienne que pourra 何が起ころうとも.

— 非人称 起こる, 偶発する.

Qu'est-il advenu de ...? …はどうなったか?

advenu, advien ... →**advenir** 75

l' **adverbe** /アドヴェルブ/ 男 〔文法〕副詞.

l' **adversaire** /アドヴェルセール/ 名 対戦相手; 相手方; 敵. ●vaincre son *adversaire* 相手を倒す.

adverse /アドヴェルス/ 形 反対の, 敵対する;〔スポーツ〕相手の.

advien ..., advint →**advenir** 75

l' **aération** /アエラスィヨン/ 女 換気; 換気装置.

aérer /アエレ/ 他 57 に風を通す, を換気する.

— **s'aérer** 代動 外気に当たる.

aérien(e) /アエリヤン(エヌ)/ 形 ❶ 空気の. ❷ 空中の, 航空の. ●compagnie *aérienne* 航空会社. ●force *aérienne* 空軍. ❸ 高架の.

l' **aérodrome** /アエロドロム/ 男 飛行場.

l' **aérogare** /アエロガール/ 女 (空港の)旅客ターミナル; (市内の)空港行きバスの発着所.

aéronautique /アエロノティク/ 形 航空(術)の.

— l'**aéronautique** 女 航空学; 航空術; 航空隊.

l' **aéroport** /aerɔpɔr アエロポール/ 男 (英 airport) 空港.

affable /アファブル/ 形 愛想のよい, 親切な.

affaiblir /アフェブリール/ 他 33 を弱くする, 衰弱させる.

— **s'affaiblir** 代動 弱くなる, 衰弱する.

l' **affaire** /アフェール/ 女 ❶ (英 affair, matter) 仕事, 用事; 関係のあること, 問題. 会話 C'est une autre *affaire*. それは別の問題だ, 話が別だ. ●*affaire* d'intérêt 利害問題. 会話 Occupe-toi de tes *affaires*. 他人のことにかまうな. ●le ministère des *Affaires* étrangères 外務省.

❷ (英 business) 事業; 商売, ビジネス; 経済状態. ●homme d'*affaires* 実業家, ビジネスマン.

❸ 事件; 訴訟; 取引. ●*affaire* de mœurs スキャンダル.

❹ 厄介ごと, 困難. ●tirer 人 d'*affaire* (人)を厄介ごとから抜け出させる.

❺ 《複》 身の回りの品, 所持品.

avoir affaire à 人 (人)とかかわる, (人)に話がある, (人)を相手にする.

être à son affaire 気に入ったことをしている, お手のものだ.

être dans les affaires ビジネスに携わっている.

faire l'affaire (de ...) (…に)ふさわしい, 似合う; 間に合う; 《話》 役に立つ.

faire une affaire よい取引をする.

会話 ***J'en fais mon affaire.*** 私に任せてください.

toutes affaires cessantes 直ちに.

affairé(e) /アフェレ/ 形 忙しい.

affaisser /アフェセ/ 他 をへこませる, 沈下させる.

— **s'affaisser** 代動 ❶ (地面などが)へこむ, 沈下する. ❷ (人が)倒れる.

affamé(e) /アファメ/ 形 飢えた.

— l'**affamé(e)** 名 飢えた人.

affamer /アファメ/ 他 を飢えさせる.

affecter[1] /アフェクテ/ 他 を装う; 〈**affecter de** 不定詞〉 …するふりをする.

affecter[2] /アフェクテ/ 他 〚à, に〛 (ものごと)を充てる; (人)を配属する.

affecter[3] /アフェクテ/ 他 を悲しませる.

— **s'affecter** 代動 〚*de*, を〛 深く悲しむ.

affectif(ve) /アフェクティフ(ーヴ)/ 形 感情的な; 情緒の.

l' **affection** /アフェクスィヨン/ 女 (英 affection) ❶ 愛情, 愛着. ●avoir de l'*affection* pour ... …が好きである. ❷ 病気, 疾病.

affectueusement /アフェクテュウーズマン/ 副 愛を込めて. ●*Affectueusement* vôtre 《手紙の結びで》 愛情を込めて.

affectueux(se) /アフェクテュウ(ーズ)/ 形 (英 affectionate) 愛情のこもった, 優しい.

affermir /アフェルミール/ 他 33 を固める, 強固にする.

— **s'affermir** 代動 強固になる.

l' **affiche** /アフィシュ/ 女 (英 poster) はり

A

紙, ポスター, ビラ, ちらし, 掲示 (=〜 murale). ●*affiche* publicitaire 広告ポスター.

être tête d'affiche (芝居で)主役を演じる.

afficher /アフィシェ/ 他 ❶(ポスターなど)を貼る, 掲示する, 表示する. ●Défense d'*afficher* 《掲示》はり紙禁止. ❷を見せびらかす.

— s'afficher 代動 ❶掲示される. ❷見せびらかす.

l' **affinité** /アフィニテ/ 女 類似関係. ●avoir des *affinités* avec ... …と類似している.

affirmatif(ve) /アフィルマティフ(ーヴ)/ 形 肯定の.

— l'affirmative 女 肯定. ●répondre par l'*affirmative* 肯定で答える.

dans l'affirmative もし賛成ならば.

l' **affirmation** /アフィルマスィヨン/ 女 断言; 肯定.

affirmer /アフィルメ/ 他 を断言する; はっきりと示す. ●Il *affirme* avoir dit la vérité. 彼は真実を述べたと主張している. ●*affirmer* que ... …だと断言する.

— s'affirmer 代動 際立つ, はっきり現れる.

affliger /アフリジェ/ 他 40 を深く悲しませる.

— s'affliger 代動 〚*de*, を〛深く悲しむ.

l' **affluence** /アフリュアンス/ 女 雑踏, 群集; 混雑.

heures d'affluence ラッシュアワー.

l' **affluent** /アフリュアン/ 男 支流, 分流.

affluer /アフリュエ/ 自 (血・液体が)どっと流れる; (人・お金などが)押し寄せる.

affoler /アフォレ/ 他 を動揺させる; 狂わせる.

— s'affoler 代動 取り乱す, 冷静さを失う.

affranchir /アフランシール/ 他 33 ❶を解放する. ❷に切手を貼る. ❸《話》(人)に秘密を知らせる.

— s'affranchir 代動 解放される.

l' **affranchissement** /アフランシスマン/ 男 ❶解放. ❷切手を貼ること.

affreux(se) /アフル(ーズ)/ 形 (英 awful) 恐ろしい; 見るに耐えない, おぞましい; ひどい; 不快な. 会話 Il fait un temps *affreux*. 嫌な天気だ.

l' **affront** /アフロン/ 男 侮辱. ●faire un *affront* à ... …を侮辱する.

affronter /アフロンテ/ 他 (敵・問題など)に立ち向かう.

— s'affronter 代動 衝突する.

afin /アファン/ 副 《次の表現で》

afin de 不定詞/***afin que*** 接続法 …するために, …できるために. ●Je vous écris *afin que* vous soyez rassuré. あなたが安心なさるように一筆したためます.

africain(e) /アフリカン(ケヌ)/ 形 アフリカの.

— l'Africain(e) 名 アフリカ人.

l' **Afrique** /アフリク/ 女 アフリカ. ●*Afrique* du Nord (**l'〜**) 北アフリカ. ●*Afrique* du Sud (**l'〜**) 南アフリカ共和国 (=République d'〜).

agacer /アガセ/ 他 52 をいらいらさせる. ●Ça m'*agace*! いらいらするなあ!

l' **âge** /ɑʒ アージュ/ 男 (英 age) ❶年齢.

●Quel *âge* as-tu? 歳はいくつ?

❷年代; (人生の)ある時期.

●l'*âge* ingrat 思春期(難しい年頃).

●bel *âge* 青春時代.

●*âge* adulte 成年.

●*âge* mûr 壮年.

❸時代.

●*âge* de fer [de bronze] 鉄器[青銅器]時代.

●*âge* d'or 黄金時代.

●notre *âge* 現代.

à l'âge de ... …歳で. ●Il est mort *à l'âge de* vingt ans. 彼は20歳で死んだ.

d'un âge avancé 年配の.

hors d'âge 古くなった; 年代物の.

pour son âge 年の割に.

prendre de l'âge 年をとる.

âgé(e) /アジェ/ 形 (英 old, elderly) ❶年を取った, 高齢の. ❷…歳の.

être âgé de ... ans …歳である.

l' **agence** /アジャーンス/ 女 (英 agency) 代理店; 支店. ●*agence* de voyages 旅行代理店. ●*agence* immobilière 不動産屋.

l' **agenda** /アジャンダ/ 男 手帳. ●*agenda* électronique 電子手帳.

s'agenouiller /アジュヌイエ/ 代動 ひざまずく; (権力に)絶対服従する.

A

agent[1] /アジャン/ 男 (英 agent) ❶ 代理人. ❷ 警官 (=～ de police); (官公庁の)職員.
agent commercial エージェント.

agent[2] /アジャン/ 男 作因; 〔文法〕動作主.

agglomération /アグロメラスィヨン/ 女 都市圏, 市街地; 集積, 固まり, 集塊.

agglomérer /アグロメレ/ 他 57 を寄せ集める; 固める.
— s'agglomérer 代動 寄り集まる.

aggravation /アグラヴァスィヨン/ 女 (状況・状態の)悪化, 深刻化.

aggraver /アグラヴェ/ 他 (病状など)を悪化させる; (刑・税金)を重くする.
— s'aggraver 代動 悪化する, 重くなる.

agile /アジル/ 形 機敏な, すばやい.

agilité /アジリテ/ 女 機敏; (頭の回転などの)すばやさ.

agir /アジール/ 自 33 ❶ (英 act) 行動する, 振る舞う. ● *agir* en toute liberté 思うままに振る舞う. ❷〘*sur*, に〙作用する, 効果を及ぼす. ❸〘*auprès de*, *sur*, に〙働きかける.
— s'agir 代動 《非人称》〈il s'agit de ...〉(英 concern) …(すること)が問題である; …に関することである; …することが必要である. ● *Il s'agit d'*une affaire personnelle. それは個人的な問題だ. ● Voilà ce *dont il s'agit*. それがまさに問題なのだ.
De quoi s'agit-il? 何のこと[話]ですか.

agitateur(***trice***) /アジタトゥール(トリス)/ 名 扇動者.

agitation /アジタスィヨン/ 女 激しい動き, 揺れ; (社会・精神の)動揺, 不安.

agité(***e***) /アジテ/ 形 動揺した, 不安な, 落ち着かない.
avoir le sommeil agité 落ち着いて眠れない.

agiter /アジテ/ 他 ❶ (英 shake) を振る, 揺する. ● *Agiter* avant l'emploi. 使用前によく振ってください. ❷ (英 agitate) (人)を扇動する; に揺さぶりをかける. ❸ (問題など)を討議する.
agiter un mouchoir (別れのしるしに)ハンカチを振る.
— s'agiter 代動 動揺する, 動き回る.

agneau /アニョ/ 男 (複 agneaux) (英 lamb) ❶ 子羊; 子羊の肉. ❷ 従順な人.
doux comme un agneau 子羊のようにおとなしい.

agonie /アゴニ/ 女 死に際, 断末魔; 最期.
être à l'agonie 死の淵(ふち)に立っている.

agrafe /アグラフ/ 女 留め具; ホック; クリップ; ホッチキスの針.

agrafer /アグラフェ/ 他 ❶ (クリップ・ホッチキスなどで)を留める[はさむ]; のホックをかける. ❷《話》を逮捕する.

agrandir /アグランディール/ 他 33 を大きくする, 拡大する.
— s'agrandir 代動 大きくなる.

agrandissement /アグランディスマン/ 男 ❶〔写〕引き延ばし. ❷ 拡大, 拡張.

agréable /アグレアブル/ 形 (英 pleasant) 快い, 気持ちのよい, 愉快な.
agréable à 名 [***à*** 不定詞] …に[して]快い. ● vin *agréable à* boire 飲みやすいワイン.
Il est agréable (***à*** 人) ***de*** 不定詞 [***que*** 接続法] …すること[であること]が(人にとって)うれしい.

agréablement /アグレアブルマン/ 副 快く, 気持ちよく.

agréer /アグレエ/ 他 (英 accept) を受け入れる, 承認する.
Veuillez agréer mes salutations distinguées [***l'expression de mes sentiments distingués***]. 敬具.
— 自〘à, の〙気に入る.

agrégation /アグレガスィヨン/ 女 ❶ (中・高等教育)教授資格(試験). ❷ 塊, 集団.

agrégé(***e***) /アグレジェ/ 形 教授資格を有した.
— agrégé(***e***) 名 (中学以上の)教授資格所有者.

agrément /アグレマン/ 男 ❶ 楽しみ, 魅力. ❷ 承諾, 承認.

agresser /アグレセ/ 他 を襲う, 攻撃する.

agressif(***ve***) /アグレスィフ(ーヴ)/ 形 攻撃的な, 挑発的な; 大胆な.

agression /アグレスィヨン/ 女 攻撃, 襲撃; 侵略.

agricole /アグリコル/ 形 (英 agricultural) 農業の.

agriculteur(***trice***) /アグリキュルトゥール(トリス)/ 名 農業従事者, 農業経営者.

agriculture /アグリキュルテュール/ 女 (英 agriculture) 農業.

A

ah /ア/ 間 (英 oh) ❶《喜び・苦悩・感嘆・同情・不満》ああ.
❷《文意の強調》ああ, そう.
❸《驚き・皮肉》ほう, はーん.
❹《焦燥》ああもう, ええい.
❺《肯定の強調》おお, そうだ.
Ah bon? 本当?

ai →**avoir** 8

l' **aide** /エド/ 女 (英 help, aid) 助け, 援助, 補助. ● *aide* humanitaire 人道的援助. ● apporter son *aide* à... …を助ける.
à l'aide de... …を使って, …のおかげで.
avec l'aide de... …の助けを借りて.
— l'**aide** 名 (英 assistant, helper) 手伝い, 助手.
派生 l'**aide-ménagère** 名 ホームヘルパー.

l' **aide-mémoire** /エドメモワール/ 男 《不変》便覧, 必携.

aider /エデ/ 他 (英 help) ❶ を助ける, 手伝う. ● Je peux vous *aider*? お手伝いしましょうか. 会話 Ça m'*a* beaucoup *aidé*. それはとても役に立った.
❷〈aider 人 à 不定詞〉(人)が…するのを助ける. ● Elle *aide* sa mère *à* faire le ménage. 彼女は母親の家事を手伝う.
***se faire aider par* [*de*]** 人 (人)の助けを得る.
— 自〘à, (するの)に〙役立つ.
— **s'aider** 代動〘*de*, を〙使う, 利用する.

aie →**avoir** 8

aïe /アイユ/ 間 (英 ouch) おお痛い!

aient, aies →**avoir** 8

l' **aigle** /エグル/ 男〔鳥〕ワシ(鷲); **(A-)**〔天〕鷲座.
— 女 鷲印の軍旗, 鷲の紋章.

aigre /エグル/ 形 酸っぱい; かん高い; 気むずかしい.

aigu(ë) /エギュ/ 形 (英 sharp, acute) ❶ 鋭い, 先のとがった. ❷ (苦痛などが)激しい. ❸ (聴力・知性が)優れた. ❹ (音が)鋭い.
— l'**aigu** 男〔楽〕高音.

l' **aiguille** /エギュイユ/ 女 ❶ (英 needle) (縫い)針 (=〜 à coudre); (編み)針 (=〜 à tricoter); (計器・時計などの)針. ❷ 針状のもの; 尖(せん)塔; 尖峰.
chercher une aiguille dans une botte de foin 無駄骨を折る.

aiguiser /エギゼ/ 他 ❶ を研ぐ, 鋭くする. ❷ を刺激する.

l' **ail** /アイユ/ 男 (複 **ails, aulx**) ニンニク.

l' **aile** /エル/ 女 ❶ (英 wing) 翼, 羽. ❷ (飛行機の)翼; (自動車の)泥よけ;〔建〕翼, 袖(そで);〔スポーツ〕(サッカーなどの)ウイング.
avoir des ailes 羽が生えている; 早く走る; (気持ちが)解放される.
d'une coup d'aile ひと飛びで, 一気に.
voler de ses propres ailes 自力でやる, ひとり立ちする.

aille →**aller** 3

ailleurs /アイユール/ 副 (英 elsewhere) ほかの場所で[に]. ● Elle avait l'esprit *ailleurs*. 彼女は心ここにあらずだった.
d'ailleurs (英 besides) それに, そもそも; ただし; 確かに…なのだが.
POINT 自らの主張を補強する根拠を導く: Je n'ai pas envie de sortir, d'ailleurs j'ai du travail. 私は外出したくない, それに仕事もある.
par ailleurs ほかの見地では, 他方では; それに, そのうえ; ほかの仕方で.

aimable /エマブル/ 形 (英 amiable, kind)〘*avec*, *envers*, *pour*, に対して〙愛想のよい, 親切な. ● Merci, vous êtes bien *aimable*. ご親切にありがとう.

aimablement /エマブルマン/ 副 愛想よく.

l' **aimant** /エマン/ 男 磁石.

aimer

/eme エメ/ 他 (英 love) ❶ を愛する, 好む; に恋する.
● *aimer* les enfants 子供好きである.
● Je n'*aime* pas les insectes. 私は虫が苦手だ.
● Il *aimait* sa femme avec passion. 彼は妻を熱愛していた.

参考 人が目的語の場合, 好きな程度は aimer が1番高く, 以下 aimer beaucoup > aimer bien の順になる. ただし aimer 以外は恋愛感情を表わさない: Je l'aime bien; c'est un bon copain. 彼のことは好きです. いい友だちです.

❷ (a)〈aimer 不定詞 [que 接続法]〉…するのを好む.
● J'*aime* voyager seul. 私は一人旅をするのが好きだ.

●Il *aime qu'*on lui dise tout. 彼は何でも打ち明けられるのを好む.
(**b**)《多くは 条 で》…してもらいたい, …したい.
●J'*aimerais* (bien) que tu viennes avec moi. 君に一緒に来て欲しいんだけど.
●J'*aimerais* bien une autre tasse de café. もう一杯コーヒーをいただきたいのですが.
aimer mieux A que B BよりもAの方が好きだ.
être aimé de... …に愛される. ●Mélanie *est aimée de* tout le monde. メラニーはみんなに愛されている.
J'aime à croire que... 私は…と考えたい.

aîné(e) /エネ/ 形 (英 elder) (最)年長の. ●sœur *aînée* 姉.
— l'aîné(e) 名 ❶長男[女]; (長)兄, (長)姉. ❷年長者. ●Il est mon *aîné* de cinq ans. 彼は私より5歳年上です.

ainsi /アンスィ/ 副 (英 thus, in this way) ❶この[その]ように. ●C'est *ainsi* qu'il est mort. こうして彼は死んだ.
❷そういうわけで.
❸たとえば.
ainsi donc だから.
ainsi que... …同様に, …のように.
●*ainsi que* vous le savez ご存じのように.
et ainsi de suite 以下同様.
Il en est ainsi. そういう事情である.
pour ainsi dire いわば, ほとんど.

l'air[1] /エール/ 男 (英 air) ❶空気; 風; 雰囲気.
❷空; 航空.
changer d'air 転地する; 気分転換する.
en l'air 空に向けて; 根拠のない; いい加減に.
en plein air 屋外で.
prendre l'air 外の空気を吸う.

l'air[2] /エール/ 男 (英 appearance, look) 様子, 態度; 表情.
avoir l'air 形 [***de*** 名] …のように見える.
●Elle *a l'air* fatigué(e) 彼女は疲れているようだ. →形容詞は主語に一致させることが多いが, air に一致させてもよい.
n'avoir l'air de rien 何でもない様子にみえる(が, 実はそうではない).
sans en avoir l'air それを見せることなく.

l'air[3] /エール/ 男 曲, メロディー.

l'airain /エラン/ 男《古》青銅.

l'aire /エール/ 女 ❶区域; 作業場. ❷〔数〕面積. ❸(ワシなどの)巣.

l'aisance /エザンス/ 女 容易さ, ゆとり.

l'aise /エーズ/ 女 気楽, くつろぎ, 自由; 快適.
aimer ses aises ぜいたくを好む.
être à l'aise [***à son aise***] くつろいでいる; 気が楽である; 裕福である.
être mal à l'aise [***à son aise***] 居心地[気分]が悪い; 窮屈である.
mettre 人 ***à l'aise*** [***son aise***] (人)をくつろがせる. ●*Mettez*-vous *à l'aise*. 楽にしてください.
vivre à l'aise ゆとりのある生活をする.

aisé(e) /エゼ/ 形 ❶やさしい, 容易な. ❷裕福な.

aisément /エゼマン/ 副 気楽に, たやすく.

ait →**avoir** 8

l'ajournement /アジュルヌマン/ 男 延期.

ajourner /アジュルネ/ 他 を延期する.

ajouter /アジュテ/ 他 (英 add) を加える, つけ加える. ●*ajouter* du sel à la soupe スープに塩を加える. ●Il *a ajouté* qu'il ne reviendrait pas. 彼は戻って来ないと言い足した.
— 自〔à, を〕増やす.
— s'ajouter 代動 つけ加わる.

l'ajustement /アジュストマン/ 男 調整, 整理.

ajuster /アジュステ/ 他〔à, に〕をぴったり合わせる, 調整する.
— s'ajuster 代動〔à, に〕ぴったりと合う, 一致する.

l'alarme /アラルム/ 女 警報; 不安.
donner l'alarme 警報を発する.

alarmer /アラルメ/ 他 を心配させる, 不安にさせる.
— s'alarmer 代動 心配する.

l'album /アルボム/ 男 アルバム; 絵本.

l'alcool /アルコル/ 男 (英 alcohol) アルコール, アルコール飲料.
alcool au volant (**l'～**) 飲酒運転.
sans alcool ノンアルコールの.

alcoolique /アルコリク/ 形 アルコール(中毒)の.
— l'alcoolique 名 アルコール中毒患

A

者.

l' **alcoolisme** /アルコリスム/ 男 アルコール中毒.

alentour /アラントゥール/ 副 周囲に, 付近に.

— les **alentours** 男 複 周辺, 付近.

aux alentours de... 《場所》…の周囲に, 《時間》…のころに.

alerte[1] /アレルト/ 間 気をつけろ, 危ない.

— l'**alerte** 女 警報; 警戒; 危険な兆し.

donner l'alerte 警告を与える, 警笛を鳴らす.

alerte[2] /アレルト/ 形 (年の割には)機敏な.

alerter /アレルテ/ 他 に警告する, 通報する, 知らせる.

l' **algèbre** /アルジェーブル/ 女 代数(学).

l' **Algérie** /アルジェリ/ 女 アルジェリア.

algérien(*ne*) /アルジェリヤン(エヌ)/ 形 アルジェリアの.

— l'**Algérien(*ne*)** 名 アルジェリア人.

l' **algue** /アルグ/ 女 〔植〕藻(も), 海藻(そう).

l' **alibi** /アリビ/ 男 アリバイ.

l' **aliénation** /アリエナスィヨン/ 女 ❶ 譲渡, 疎外. ❷ 精神錯乱 (=〜 mentale).

aliéné(*e*) /アリエネ/ 形 精神病の.

— l'**aliéné(*e*)** 名 精神病者.

l' **alignement** /アリニュマン/ 男 列, 整列; 追従.

aligner /アリニェ/ 他 ❶ を並べる, 整列させる. ❷〔*sur*, に〕を合わせる.

— **s'aligner** 代動 ❶ 並ぶ, 整列する. ❷〔*sur*, に〕同調する.

l' **aliment** /アリマン/ 男 食物; 栄養物.

● *aliment* de base 主食.

alimentaire /アリマンテール/ 形 食物の, 栄養の, 食べるための.

pension alimentaire 扶養手当.

l' **alimentation** /アリマンタスィヨン/ 女 ❶ 食料品; 栄養摂取. ● magasin d'*alimentation* 食料品店. ❷ 補給, 供給.

alimenter /アリマンテ/ 他 (英 feed) ❶ に食物[栄養]を与える; を養う. ❷ に供給する.

alimenter A en B AにBを供給する.

— **s'alimenter** 代動〔*de*, を〕食べる.

alla, allai (...), allas (...), allé(*e*) →**aller** 3

l' **allée** /アレ/ 女 (英 path) 並木通り; (庭園などの)小道, 通路.

allée et venue 往来; 《複》奔走.

l' **allégement** /アレジュマン/ 男 軽減, 削減.

alléger /アレジェ/ 他 40 57 を軽くする; 軽減する.

l' **allégorie** /アレゴリ/ 女 寓(ぐう)意; 寓話.

l' **allégresse** /アレグレス/ 女 大喜び, 歓喜.

l' **Allemagne** /アルマーニュ/ 女 ドイツ.

République fédérale d'Allemagne ドイツ連邦共和国. → 略 RFA.

allemand(e) /アルマン(ド)/ 形 ドイツの; ドイツ人[語]の.

— l'**Allemand(*e*)** 名 ドイツ人.

— l'**allemand** 男 ドイツ語.

aller

/ale アレ/ 自 3 (英 go) 《助動 être》

je	vais	nous	allons
tu	vas	vous	allez
il	va	ils	vont
現分	allant	過分	allé

❶ (**a**) 行く.

● Elle *va* au Japon [en France, aux États-Unis, à Paris]. 彼女は日本[フランス, アメリカ, パリ]に行く.

● *aller* chez un ami 友達の家へ行く.

(**b**) 〈**aller** 不定詞〉 …しに行く.

● Je *suis allé* chercher Marie à la gare. 私は駅にマリーを迎えに行った.

❷ 〈**aller** 不定詞〉 《近接未来》 …するところである; 必ず…する.

● Je *vais* arriver en retard. 着くのが遅くなります.

● Il *va* pleuvoir. 雨が降りそうだ.

● Elle *allait* sortir quand je suis entré. 私が入っていったとき, 彼女は外出しようとしていた.

❸ (物事などが)進行する; (人・物の)調子が…である.

● Tout *va* bien. 万事順調だ.

● Vous *allez* bien? お元気ですか.

会話 Comment *allez*-vous? —Je *vais* bien merci. お元気ですか. —ありがとう, 元気です.

❹ 〈**aller à** [**avec**]...〉 …に合う; (色・衣服などが)…に似合う.

● Cette robe *lui va* très bien. このドレスは彼女にとてもよく似合う.

❺ 〈**aller à** 人〉 (人)に都合がよい.

会話 À trois heures, au café, ça *te va*?

—Ça *me va*. 3時に喫茶店でどう. —いいよ.
aller bien 元気である, 調子がいい.
aller ensemble 一緒に行く; 調和する.
aller mieux (体調が)よくなる.
aller sur... (年齢)に近づく. ●J'*allais sur* mes vingt ans quand éclata la guerre. 戦争が勃(ぼっ)発した時, 私は20歳になろうとしていた.
Allez-y!/Vas-y! それ行け, お先にどうぞ.
Allons!/Allez!/Va! さあ, まあまあ; まったく. ●*Allez*, au revoir! じゃあ, また.
Allons-y! さあ(行こうか).
ça va 元気だ; うまくいく; 《都合が》よい.
会話 Comment ça *va*?—Ça *va*, et toi? どう, 元気かい. —うん, そっちは.
会話 Ça *va*, le travail? 仕事はうまく行っていますか.
会話 Le mardi 5, ça *me va*. 5日の火曜日は都合がいいです.
Il en va de A comme B Aの場合もBの場合と同じである.
Il va de soi que 直 …は言うまでもない.
会話 ***On y va?*** さあ, 行こうか.
Pour aller à..., s'il vous plaît (場所)に行きたいのですが.
Tu vas［***vous allez***］不定詞 《命令》…しろ[しなさい]. ●Écoute, tu *vas* obéir! いいか, 命令に従うんだぞ.
y aller そこへ行く; 《話》やる; (仕事などに)とりかかる.
— s'en aller 代動 ❶ 立ち去る, 行ってしまう.
会話 *Va-t'en!/Allez-vous-en!* あっちへ行ってしまえ!
❷ 消え去る; (時が)経過する; 死ぬ.
— l'aller 男 行くこと, 行き.
aller(***simple***) 片道切符.
aller(***et***) ***retour*** 往復(切符).
allèrent →**aller** 3
l' **allergie** /アレルジ/ 女 アレルギー. ●*allergie* aux pollens 花粉症.
allergique /アレルジク/ 形 ❶ アレルギー性の. ❷〘à, が〙大嫌いな.
allez →**aller** 3
l' **alliage** /アリヤージュ/ 男 合金.
l' **alliance** /アリヤーンス/ 女 (英 alliance) 同盟, 連合; 姻戚関係.
faire［***conclure***］***une alliance avec...*** …と同盟を結ぶ.
allié(e) /アリエ/ 形 同盟の; 姻戚関係のある.
— l'allié(e) 名 ❶ 同盟国; 姻戚. ❷《複》(**Alliés**) 連合軍.
allier /アリエ/ 他 を結びつける.
— s'allier 代動〘à, avec, と〙同盟[縁]を結ぶ.
alliez, allions →**aller** 3 →**allier**
allô, allo /アロ/ 間 (英 hello) 《電話で》もしもし.
l' **allocation** /アロカスィヨン/ 女 支給, 手当金.
allocation logement 住宅手当.
toucher les allocations 《話》手当を受け取る.
l' **allocution** /アロキュスィヨン/ 女 (短い)演説, 談話.
allonger /アロンジェ/ 他 40 ❶ (腕・足など)を伸ばす. ●*allonger* le bras (ものを取るために)腕を伸ばす.
❷ (人)を横たえる; 《話》(人)をぶちのめす.
❸ を長くする.
— 自 長くなる.
— s'allonger 代動 ❶ 長くなる, 伸びる. ●Au printemps, les jours *s'allongent*. 春になると日が伸びる.
❷ 体を伸ばす; 寝そべる. ●Je *m'allonge* sur le lit. ベッドに寝そべる.
allons →**aller** 3
allouer /アルエ/ 他 (手当など)を支給する; (時間)を与える.
allumer /アリュメ/ 他 ❶ (英 light) に火をつける; (明かり)をつける. ●*allumer* une cigarette たばこに火をつける. ●*allumer* la chambre 部屋の明かりをつける.
❷ (英 turn on) (テレビなど)をつける, のスイッチを入れる.
— s'allumer 代動 (火・明かりなどが)つく; (目などが)輝く.
l' **allumette** /アリュメット/ 女 (英 match) マッチ.
l' **allure** /アリュール/ 女 ❶ (英 pace) 速度, 速さ. ❷ (英 manner) 歩きぶり; (人の)態度, 振る舞い; (ものの)外観.
à toute allure 大急ぎで.
avoir de l'allure (態度などが)気品がある.
l' **allusion** /アリュズィヨン/ 女 ほのめかし, 暗示.
faire allusion à... …のことをほのめかす.

A

alors /alɔr アロール/ 副 ❶(英 then) その時, 当時.
●J'avais *alors* treize ans. 当時私は13歳だった.
❷(英 so) それで, だから.
●Les bus étaient en grève, *alors* nous avons pris un taxi. バスがストだった, それで私たちはタクシーに乗った.
❸《間投詞的に》じゃあ.
●*Alors*, on y va? では行こうか.
●Et (puis) *alors*? それから, だからどうした.
alors que 条 たとえ…でも.
alors que 直 …であるのに. ●Il commence à pleuvoir, *alors qu*'il faisait si beau ce matin. 朝はあんなに天気だったのに, 雨が降り出した.
Ça alors! まったくびっくりですね.
d'alors その当時の.

l' **alouette** /アルエト/ 女 ヒバリ.

alourdir /アルルディール/ 他 33 を重くする.
— **s'alourdir** 代動 重くなる.

les **Alpes** /アルプ/ 女 複 (les ～) アルプス山脈.

l' **alphabet** /アルファベ/ 男 (英 alphabet) アルファベット.

alphabétique /アルファベティク/ 形 アルファベット(順)の.

alpin(e) /アルパン(ピヌ)/ 形 アルプス山の; 〔スポーツ〕登山の.

l' **alpinisme** /アルピニスム/ 男 登山.

l' **alpiniste** /アルピニスト/ 名 登山家.

l' **Alsace** /アルザス/ 女 アルザス.

alsacien(*ne*) /アルザスィヤン(エヌ)/ 形 アルザスの.
— l'**Alsacien(*ne*)** 名 アルザスの人.

l' **altération** /アルテラスィヨン/ 女 ❶悪化, 変質. ❷〔楽〕変調(記号).

l' **alternance** /アルテルナンス/ 女 交代.
en alternance 交互に.

alternatif(*ve*) /アルテルナティフ(ーヴ)/ 形 ❶交互の. ❷二者択一の.
— l'**alternative** 女 ❶二者択一. ❷交代; 代替物, 代案.

alternativement /アルテルナティヴマン/ 副 交互に, 次々と.

alterner /アルテルネ/ 自 〘avec, と〙交代する.

l' **altesse** /アルテス/ 女 《敬称》殿下.
●son *Altesse* 殿下. ●Votre *Altesse*. 《呼びかけ》殿下.

l' **altimètre** /アルティメートル/ 男 高度計.

l' **altitude** /アルティテュド/ 女 海抜, 標高; 高度.
en altitude 高地[高所]で.
prendre [***perdre***] ***de l'altitude*** (飛行機が)上昇[下降]する.

l' **aluminium** /アリュミニヨム/ 男 アルミニウム.

alunir /アリュニル/ 自 33 月面着陸する.

l' **amabilité** /アマビリテ/ 女 親切, 優しさ; 《多く複数》親切な言葉.

amaigrir /アメグリル/ 他 33 を痩(や)せさせる.
— **s'amaigrir** 代動 痩せる.

l' **amalgame** /アマルガム/ 男 ❶〔化〕アマルガム. ❷混合, 雑多な寄せ集め.

l' **amande** /アマーンド/ 女 〔植〕アーモンド.
en amande (目が)アーモンド型の.

l' **amant** /アマン/ 男 愛人(男性); 《複》愛人同士. → 女性は maîtresse.
prendre un amant 男を作る.

l' **amarre** /アマール/ 女 もやい綱, 係留用ロープ.

l' **amas** /アマ/ 男 堆積, 山.

amasser /アマセ/ 他 を集める; 蓄積する.
— **s'amasser** 代動 たまる, 積み重なる.

l' **amateur**(***trice***) /アマトゥール(トリス)/ 名 → 女性にも男性形を用いることがある. 愛好家, アマチュア, 素人. ●grand *amateur* de cinéma 大の映画好き.
en amateur 素人として, 遊び半分に.
— 形 愛好家の; 素人の.

l' **ambassade** /アンバサド/ 女 (英 embassy) 大使館; 外交使節. ●*Ambassade* du Japon à Paris パリ日本大使館.

l' **ambassadeur**(***drice***) /アンバサドゥール(ドリス)/ 名 → 女性にも男性形を用いることがある. (英 ambassador) 大使; 使者.

l' **ambiance** /アンビヤーンス/ 女 雰囲気, 環境; 《話》楽しい雰囲気.
Il y a de l'ambiance. 雰囲気がいい, 活気がある.
musique d'ambiance バックグラウンドミュージック.

ambigu(ë) /アンビギュ/ 形 曖昧(あいまい)な,

両義的な.

l' **ambiguïté** /アンビギュイテ/ 女 曖昧(あいまい)さ.
 sans ambiguïté はっきりと.

ambitieux(se) /アンビスィユ(ーズ)/ 形
 ❶ 野心的な.
 ❷ 大胆な.

— l'**ambitieux(se)** 名 野心家.

l' **ambition** /アンビスィヨン/ 女 (英 ambition) 野心, 野望. ●avoir de l'*ambition* 野心を抱いている.

l' **ambre** /アンブル/ 男 ❶ 龍涎(りゅうぜん)香, アンバーグリス (=~ gris). → 香料. ❷ 琥珀(こはく) (=~ jaune).

l' **ambulance** /アンビュランス/ 女 救急車.

ambulant(e) /アンビュラン(ト)/ 形 巡回する, 歩き回る.
 会話 ***C'est un dictionnaire ambulant.*** まさに生き字引だ.

l' **âme** /アーム/ 女 (英 soul) ❶ 魂, 精神, 心. ❷ 《文》 人.
 de toute son âme 心の底から, 全力を尽くして.
 rendre l'âme 《文》 息を引き取る.

l' **amélioration** /アメリヨラスィヨン/ 女 (英 improvement) 改良; (健康・天気などの) 回復.

améliorer /アメリヨレ/ 他 (英 improve) を改良[改善]する; 〔情報〕 をアップグレードする. ●*améliorer* les relations entre deux pays 2国間の関係を改善する.

— **s'améliorer** 代動 よくなる, 改善される.

l' **aménagement** /アメナジュマン/ 男 整備, 改修.

aménager /アメナジェ/ 他 40 を改修する, 手直しする.

l' **amende** /アマーンド/ 女 罰金.
 faire amende honorable 自分の非を認めて謝罪する.

l' **amendement** /アマンドマン/ 男 〔法〕〔政〕 修正(案); (土壌の)改良(剤).

amener /アムネ/ 他 1 (英 bring) ❶ を連れて行く[来る]; 持って行く[来る]. ●L'autobus vous *amène* juste devant la gare. バスが駅の真ん前まで行きます. ❷ を引き起こす; 誘導する. ●*amener* la conversation sur un sujet 話をある話題の方に持って行く.
 ❸ 〈amener 人 à 不定詞〉 (人)に…させる.
 会話 ***Qu'est-ce qui vous amène?*** 何の用でお越しですか.

— **s'amener** 代動 《話》 やって来る.
 会話 Alors, tu *t'amènes*? それで, 君は来るの.

amer(ère) /アメール/ 形 ❶ 苦い.
 ●chocolat *amer* ビターチョコレート.
 ❷ (経験などが)つらい, 耐え難い.

amèrement /アメルマン/ 副 悲痛に; 手きびしく.

américain(e) /amerikɛ̃, -ɛn アメリカン(ケヌ)/ 形 (英 American) アメリカの.
 à l'américaine アメリカ風の[に].

— l'**Américain(e)** 名 アメリカ人.

— l'**américain** 男 アメリカ英語.

l' **Amérique** /アメリク/ 女 (英 America) (l'~) アメリカ(大陸).
 Amérique du Nord [Sud] (l'~) 北[南]米.
 Amérique latine (l'~) ラテンアメリカ.

amerrir /アメリール/ 自 33 〔空〕 着水する.

l' **amertume** /アメルテュム/ 女 苦さ, 苦しみ.

l' **ameublement** /アムブルマン/ 男 《集合的》 室内装飾; 家具.

l' **ami(e)** /ami アミ/ 名 ❶ (英 friend) 友達, 友人; 味方.
 ●*ami* d'enfance 幼友達.
 ●*ami* intime 親友.
 ●mes chers *amis* 《呼びかけ》 皆さん.
 ❷ 恋人, 愛人.
 ●petit(e) *ami(e)* 恋人, 彼氏[彼女].
 ❸ 愛好者.
 ●les *Amis* de la nature 自然愛好家.
 faux amis 〔言語〕 他言語の同形異義語.

— 形 友好の, 親しい.
 être ami(e) depuis... ans …年来の友である.

amiable /アミヤブル/ 形 和解の, 示談の上の.
 à l'amiable 示談で.

amical(ale) /アミカル/ 形 (男複 amicaux) (英 friendly) 友情のこもった, 友好的な.
 match amical 親善試合.

— l'**amicale** 女 親睦会.

amicalement /アミカルマン/ 副 友情を込めて; 親しげに.

A

Amicalement. 《手紙の結びで》愛情を込めて.

amicaux →amical の複数形.

l'**amidon** /アミドン/ 男 でん粉; (洗濯用の)のり.

l'**amiral** /アミラル/ 男 (複 amiraux) 海軍大将[将官].

l'**amitié** /アミティエ/ 女 (英 friendship) 友情; 友好関係; 好意. ●*Amitiés.* 《友人への手紙の最後に》友情のしるしとして. 会話 Mes *amitiés* à votre père [chez vous]. お父さん[お家の方]によろしく.

l'**amnésie** /アムネズィ/ 女 記憶喪失.

l'**amnistie** /アムニスティ/ 女 大赦, 特赦.

amoindrir /アモワンドリール/ 他 33 を小さくする; 弱くする.

—s'amoindrir 代動 小さくなる; 弱まる.

amollir /アモリール/ 他 33 を柔らかくする; (人)を柔弱にする.

—s'amollir 代動 ❶柔らかくなる. ❷和らぐ; 弱まる.

amonceler /アモンスレ/ 他 4 を積み上げる; (証拠など)を集める.

—s'amonceler 代動 積もる.

l'**amont** /アモン/ 男 川上, 上流.

amoral(*ale*) /アモラル/ 形 (男複 amoraux) 無道徳な.

l'**amorce** /アモルス/ 女 ❶点火装置. ❷(魚などの)えさ. ❸始まり, 糸口.

amorcer /アモルセ/ 他 52 ❶を開始する, の口火を切る. ❷に火薬をつめる. ❸(釣り針)に餌をつける.

amortir /アモルティール/ 他 33 ❶を和らげる, 緩和する. ❷を減価償却する; (負債)を償還する. ❸〔サッカー〕トラップする.

l'**amour** /アムール/ 男 (英 love) ❶愛, 愛情; 恋愛; 《複》恋愛関係, 情事. ●*amour* maternel 母性愛. ●premier *amour* 初恋. ●lettre d'*amour* ラブレター. ●L'*amour* est aveugle. 《ことわざ》恋は盲目.
❷《話》いとしい人(もの). ●mon *amour* ねえ, 君, あなた. →恋人・妻・夫などへの呼びかけ.
❸愛の神, キューピッド.
会話 ***À tes amours!*** 君の恋に乾杯. →くしゃみをした人に向かって言うこともある.
faire ... avec amour 愛情を込めて…する.
faire l'amour (***avec*** [***à***] ***...***) (…と)セックスする.
un amour de ... とてもかわいい….

amoureux(*se*) /アムル(ーズ)/ 形 ❶恋している; 恋愛の. ❷〘de, に〙惚(ほ)れている; 夢中だ. ●Il est *amoureux* d'elle. 彼は彼女に恋している.
tomber amoureux (***de ...***) (…に)惚れる, 恋に落ちる.

—l'amoureux(*se*) 名 恋人; 恋の相手.

l'**amour-propre** /アムルプロプル/ 男 (複 amours-propres) 自尊心, 誇り; うぬぼれ.

l'**ampère** /アンペール/ 男 〔電気〕アンペア.

l'**amphithéâtre** /アンフィテアートル/ 男 円形闘技場; 舞台正面の階段桟敷; 大講堂.

ample /アンプル/ 形 ゆったりした; 豊かな; 詳しい.

amplement /アンプルマン/ 副 十分に, たっぷりと.

l'**ampleur** /アンプルール/ 女 ❶ゆとり; 広々していること, 大きさ. ❷豊かさ.
de grande [***faible***] ***ampleur*** 規模の大きい[小さい].

l'**amplificateur** /アンプリフィカトゥール/ 男 (音響)増幅器, アンプ.

l'**amplification** /アンプリフィカスィヨン/ 女 拡大; 誇張.

amplifier /アンプリフィエ/ 他 を拡大する; 誇張する.

—s'amplifier 代動 拡大する.

l'**amplitude** /アンプリテュド/ 女 〔気象〕気温差; 〔物〕振幅.

l'**ampoule** /アンプル/ 女 ❶電球. ❷(注射液の)アンプル. ❸水ぶくれ, まめ.

amputer /アンピュテ/ 他 〔医〕を切断する; 削除する.

amusant(*e*) /アミュザン(ト)/ 形 (英 amusing) 面白い; 楽しい.
C'est amusant que 接続法 [***de*** 不定詞] …(する)のは楽しい.

l'**amusement** /アミュズマン/ 男 楽しみ, 娯楽, 気晴らし.

amuser /アミュゼ/ 他 (英 amuse) をおもしろがらせる, 楽しませる. ●*amuser* les yeux 目を楽しませる.
会話 ***Tu m'amuses.*** 笑わせるね.

—s'amuser 代動 楽しむ, 遊ぶ. 会話 *Amusez-vous* bien! せいぜい楽しんで

いらっしゃい, ごゆっくり.
s'amuser à 名 [***à*** 不定詞] …で[して]楽しむ.

l' **an** /ɑ̃ アン/ 男 (英 year) ❶ 年.
●Je suis resté deux *ans* à Paris. 私は2年間パリに滞在した.
●tous les deux *ans* 2年ごとに, 1年おきに.
❷ 歳, 年齢; 〈**avoir ... an(s)**〉 …歳である.
●Mon grand-père *a* soixante-dix *ans*. 祖父は70歳です.
●Elle *a eu* vingt *ans* hier. 彼女は昨日20歳になった.
bon an mal an (よい年も悪い年も)平均して.
Nouvel An (**le** 〜) 新年.
premier [***jour***] ***de l'an*** (**le** 〜) 元日.

l' **anachronisme** /アナクロニスム/ 男 時代錯誤.

l' **analogie** /アナロジ/ 女 類似.

analogue /アナログ/ 形 〘à, に〙 類似の, 似通った.

l' **analyse** /アナリーズ/ 女 ❶ 分析, 精神分析. ●faire l'*analyse* de... …を分析する. ❷ 概要, 要約.

analyser /アナリゼ/ 他 (英 analyze) を分析する. ●*analyser* une situation 情況を分析する.

analytique /アナリティク/ 形 分析的な.
派生 **analytiquement** 副

l' **ananas** /アナナ(ス)/ 男 〔植〕パイナップル.

l' **anarchie** /アナルシ/ 女 無政府状態; 無秩序.

l' **anarchisme** /アナルシスム/ 男 無政府主義.

anarchiste /アナルシスト/ 形 無政府主義の.
— l'**anarchiste** 名 無政府主義者.

l' **anatomie** /アナトミ/ 女 ❶ 解剖(学). ❷ 《話》体.

l' **ancêtre** /アンセトル/ 名 (英 ancestor) 先祖; 《複》祖先.

l' **anchois** /アンショワ/ 男 〔魚〕アンチョビー.

ancien(ne) /アンスィヤン(エヌ)/ 形 ❶ (英 ancient, old) 古い; 昔の, 古代の. ●bâtiment *ancien* 古い建物.
❷ (英 former) 元の, 前の. ●*ancien* élève 卒業生.
POINT un ancien ami は「かつての友人」の意で, 今は親しくない人を指す. 「古くからの友達」は un vieil ami もしくは un ami de longue date.
à l'ancienne 古風な; 時代遅れの.
Ancien Régime (**l'**〜) 旧体制, アンシャンレジーム.
— l'**ancien(ne)** 名 ❶ 先輩; 卒業生. ❷ (**Anciens**) 《複》古代の人々.

l' **ancienneté** /アンスィエヌテ/ 女 在職期間.
à l'ancienneté 年功による.

l' **ancre** /アーンクル/ 女 錨(いかり). ●jeter [lever] l'*ancre* 錨を降ろす[上げる].

ancrer /アンクレ/ 他 を錨(いかり)でとめる; 定着させる.
ancrer une idée dans l'esprit de 人 (人)の頭にある考えをたたき込む.

l' **âne** /アーヌ/ 男 ❶ (英 donkey) ロバ. ❷ 《話》ばか, あほう.
dos d'âne (道などの)でこぼこ.

anéantir /アネアンティール/ 他 33 ❶ を全滅させる. ❷ (精神的に)を打ちのめす, 疲れさせる.

l' **anecdote** /アネクドト/ 女 逸話, 奇談; 小話.

l' **anémone** /アネモヌ/ 女 〔植〕アネモネ.
anémone de mer イソギンチャク.

l' **ânesse** /アネス/ 女 雌ロバ.

l' **ange** /アンジュ/ 男 (英 angel) 天使; 天使のような人.
ange gardien 守護天使, ボディーガード.
avoir une patience d'ange すばらしく忍耐強い.
être aux anges 有頂天になっている.
Un ange passe. 天使が通る. → 気まずい沈黙が生じたときに言う.

angélique /アンジェリク/ 形 天使の.
— l'**angélique** 女 〔植〕アンゼリカ(の茎の砂糖漬け).

anglais(e) /ɑ̃glɛ, -ɛz アングレ(ズ)/ 形 英国(人)の; イングランド(人)の; 英語の.
filer à l'anglaise こっそり逃げ出す.
pommes à l'anglaise ゆでたじゃがいも.
— l'**Anglais(e)** 名 英国人, イングランド人.
— l'**anglais** 男 英語 (=langue 〜e).

A

l' **angle** /アングル/ 男 (英 angle) 角度; 角(かど), 隅. ● le magasin qui fait l'*angle*. 角にある店.
 angle aigu [***obtus***] 〔数〕鋭[鈍]角.
 angle droit 〔数〕直角.
 sous l'angle de ... …の観点からすると.

l' **Angleterre** /アングルテール/ 女 イングランド; イギリス.

anglophone /アングロフォン/ 形 英語を話す, 英語圏の.
 — l'**Anglophone** 名 英語を話す人.

angoissant(*e*) /アンゴワサン(ト)/ 形 不安を感じさせる, 気をもませる.

l' **angoisse** /アンゴワス/ 女 (英 anguish) 苦悩, 極度の不安.

angoisser /アンゴワセ/ 他 を不安にさせる; 悩ます.
 — 自 《話》不安になる.
 — **s'angoisser** 代動 心配する, 不安になる.

l' **anguille** /アンギイユ/ 女 ウナギ.
 会話 ***Il y a anguille sous roche.*** 怪しい, 何か隠し事があるようだ.

angulaire /アンギュレール/ 形 角(かど)の, 角度の.

l' **animal**[1] /アニマル/ 男 (複 **animaux**) (英 animal) 動物; 獣. ● *animaux* domestiques 家畜.

animal[2]**(*ale*)** /アニマル/ 形 (男複 **animaux**) 動物の; 動物的な.

l' **animateur(*trice*)** /アニマトゥール(トリス)/ 名 ❶ 推進者, リーダー. ❷(テレビなどの)司会者.

l' **animation** /アニマスィヨン/ 女 ❶ 活気, にぎわい. ❷(活動などの)推進. ❸ アニメーション.
 mettre de l'animation 活気を与える.

animaux →**animal** の複数形.

animé(*e*) /アニメ/ 形 ❶ 命のある; 動きのある. ❷ 活気のある.
 dessin animé アニメ, 漫画.

animer /アニメ/ 他 ❶ に生気を与える; 活気づける. ● *animer* la conversation 会話を活気づける. ❷(人)を駆り立てる. ❸(組織・活動)を推進する.
 — **s'animer** 代動 活気づく.

l' **animosité** /アニモズィテ/ 女 敵意, 憎悪.

les **annales** /アナル/ 女 複 年代記; (学会などの)年報, 紀要.

l' **anneau** /アノ/ 男 (複 **anneaux**) 輪, 環; 指輪.

l' **année** /アネ/ 女 (英 year) ❶ 年, 一年; (会計などの)年度. ● les *années* 60 1960年代. ● *année* dernière [prochaine] 去年[来年]. ❷ 歳; 年齢; 学年.
 POINT année は期間(年度, 学年など)を表す. an は年を数える単位.
 Bonne année! 新年おめでとう.
 d'année en année 年々.

annexe /アネクス/ 形 付属の.
 — l'**annexe** 女 ❶ 別館. ❷ 付録, 増補.

l' **annexion** /アネクスィヨン/ 女 併合.

annihiler /アニイレ/ 他 を壊滅させる, だめにする.

anniversaire /アニヴェルセール/ 形 記念(日)の.
 — l'**anniversaire** 男 (英 anniversary) 記念日; 誕生日 (=〜 de naissance).
 会話 ***Bon*** [***Joyeux***] ***anniversaire!*** 誕生日おめでとう.

l' **annonce** /アノーンス/ 女 ❶(英 announcement) 知らせ, 通知, アナウンス. ❷(英 advertisement) 広告 (=〜 publicitaire); 予告, 案内.

annoncer /アノンセ/ 他 52 ❶(英 announce) 〈**annoncer ... à** 人〉 (人)に…を知らせる; 〈**annoncer à** 人 **que** 直〉 (人)に…ということを知らせる. ● Il m'a *annoncé* son arrivée par lettre. 彼は手紙で来ることを知らせてきた. ❷(ものが)を予告する.
 — **s'annoncer** 代動 (…だと)予想される. 会話 Ça *s'annonce* bien. これは幸先がいい.

l' **annonceur(*se*)** /アノンスール(ズ)/ 名 広告主; スポンサー.

l' **annuaire** /アニュエール/ 男 電話帳 (=〜 téléphonique, 〜 du téléphone); 年報, 年鑑.

annuel(*le*) /アニュエル/ 形 (英 annual) 毎年の, 年1度の; 1年間の.

l' **annulaire** /アニュレール/ 男 薬指.

l' **annulation** /アニュラスィヨン/ 女 取り消し, 破棄.

annuler /アニュレ/ 他 を取消す, 無効にする.

anodin(*e*) /アノダン(ディヌ)/ 形 たいしたことのない; 害のない.

l' **anomalie** /アノマリ/ 女 異常.

anonyme /アノニム/ 形 匿名の; 作者不

明の.

— l'anonyme 名 匿名の人.

anormal(ale) /アノルマル/ 形 (男複 anormaux) 異常の; 常軌を逸した.

Il est anormal que 接続法 …はおかしい; 不当だ.

l' **anse** /アンス/ 女 (容器・かごの)柄, 取っ手.

l' **antagonisme** /アンタゴニスム/ 男 敵対, 対立(関係).

antagoniste /アンタゴニスト/ 形 対立する.

antarctique /アンタルクティク/ 形 南極の.

cercle polaire antarctique **(le 〜)** 南極圏.

— l'Antarctique 男 南極大陸; 南極海 (=l'océan A-).

l' **antécédent** /アンテセダン/ 男 ❶〔文法〕先行詞. ❷《複》前歴, 経歴; 病歴 (=〜s médicaux).

l' **antenne** /アンテヌ/ 女 アンテナ; 放送; 支部. ● *antenne* parabolique パラボラアンテナ.

avoir des antennes 情報源を持つ; 《話》第六感がある.

être sur l'antenne 放送中である.

hors antenne 放送されない.

passer sur l'antenne 放送される.

antérieur(e) /アンテリユール/ 形 ❶(英 prior, previous) 《時間》〖*à*, より〗先の, 前の. ❷《場所》前方の.

dans une vie antérieure 前世に.

futur[***passé***] ***antérieur*** 〔文法〕前未来[前過去].

l' **anthropologie** /アントロポロジ/ 女 人類学.

anti- /アンティ/ 接頭 「反…」,「対…」の意.

parti des antis **(le 〜)** 反対勢力.

antibiotique /アンティビオティク/ 形〔生化〕抗生の.

— l'antibiotique 男 抗生物質.

l' **antichambre** /アンティシャーンブル/ 女 控室, 次の間.

l' **anticipation** /アンティスィパスィヨン/ 女 前もってすること; 予想, 予測.

par anticipation 前もって, あらかじめ.

anticiper /アンティスィペ/ 他 を前もってする. ● *anticiper* un paiement (期限前に)支払いを済ます.

— 自 〖*sur*, を〗先回りする.

会話 ***N'anticipons pas!*** あまり先回りして考えるのはやめよう.

antidérapant(e) /アンティデラパン/ 形 (タイヤが)すべり止めの.

l' **antidote** /アンティドト/ 男 解毒剤.

l' **antinomie** /アンティノミ/ 女〔哲〕二律背反.

l' **antipathie** /アンティパティ/ 女 嫌悪, 反感. ● avoir de l'*antipathie* pour… …を毛嫌いする.

l' **antiquaire** /アンティケール/ 男 骨董(こっとう)屋.

antique /アンティク/ 形 古代(ギリシア・ローマ)の; 時代遅れの.

objets d'art antiques 骨董(こっとう)品.

l' **antiquité** /アンティキテ/ 女 ❶ **(l'〜)** 古代; **(l'A-)** 古代ギリシア・ローマ文明. ❷《複》古美術品.

de toute antiquité 大昔からずっと.

magasin d'antiquités 骨董(こっとう)品屋.

antiseptique /アンティセプティク/ 形 殺菌の, 消毒の.

— l'antiseptique 男 消毒薬, 防腐剤.

l' **antithèse** /アンティテーズ/ 女 正反対(のもの); 反対命題.

l' **antonyme** /アントニム/ 男 反意語.

l' **anxiété** /アンクスィエテ/ 女 ひどい心配, 不安. ● avec *anxiété* 不安な気持ちで.

être dans l'anxiété とても心配している.

anxieux(se) /アンクスィユ(ーズ)/ 形 ❶(英 anxious)〖*de*, を〗ひどく心配する, 不安な. ❷〖*de*, することを〗熱望している.

l' **août** /ウ(ト)/ (英 August) 男 8月.

en[***au mois d'***]***août*** 8月に.

apaiser /アペゼ/ 他 (人)を落ち着かせる; (痛み・不安・争いなど)を鎮める, 和らげる.

— s'apaiser 代動 落ち着く; 静まる, 和らぐ.

apathique /アパティク/ 形 無関心の, 無気力の.

apercevoir /アペルスヴォワール/ 他 63 (英 perceive) ❶をちらっと見る; が見える, 目にはいる. ❷(意図など)を理解する, 見抜く.

— s'apercevoir 代動 ❶(英 notice) 〈**s'apercevoir de** 名〉 …に気づく; 〈**s'apercevoir que** 直〉 …ということに気づく. ● Je ne *me suis* pas *aperçu*

A

*qu'*elle pleurait. 私は彼女が泣いていることに気づかなかった. ❷ 互いに気がつく. ❸ 目につく. ● Ça *s'aperçoit* à peine. それはほとんど目につかない.

l' **aperçu** /アペルスュ/ 男 概要, 概観.
donner un aperçu de ... …の概要を説明する.

l' **apéritif** /アペリティフ/ 男 食前酒, アペリティフ (=《話》apéro).

l' **aphasie** /アファズィ/ 女 失語症.

l' **aphorisme** /アフォリスム/ 男 金言, 警句.

l' **apiculture** /アピキュルテュール/ 女 養蜂.

apitoyer /アピトワイエ/ 他 45 〚*sur*, に対し〛の同情を引く.
— s'apitoyer 代動 〚*sur*, を〛気の毒に思う.

aplanir /アプラニール/ 他 33 を平らにする; (困難・障害)を取り除く.
— s'aplanir 代動 平らになる; (困難・障害が)なくなる.

aplatir /アプラティール/ 他 33 を平らにする; ぺちゃんこにする.
— s'aplatir 代動 平らになる; ぺちゃんこになる, うつ伏せに倒れる.
s'aplatir devant 人 (人)にぺこぺこする.

l' **aplomb** /アプロン/ 男 ❶ 垂直, 均衡. ● à l'*aplomb* de ... …に垂直に. ❷ 落ち着き, 冷静; ずうずうしさ. ● garder [perdre] son *aplomb* 落ち着きを保つ[失う].
d'aplomb 垂直に; 安定して; 好調で.

l' **apogée** /アポジェ/ 男 絶頂. ● à l'*apogée* de sa gloire [carrière] 栄光[経歴]の絶頂期に.

l' **apostrophe**¹ /アポストロフ/ 女 (荒っぽい)呼びかけ.

l' **apostrophe**² /アポストロフ/ 女 アポストロフ, 省略記号 (').

apostropher /アポストロフェ/ 他 に(荒っぽく)呼びかける.
— s'apostropher 代動 どなり合う.

l' **apôtre** /アポートル/ 男 ❶ (A-) 使徒. ❷ 伝道者.

apparai[î] ... →**apparaître** 16

apparaître /アパレートル/ 自 16 (英 appear) 《助動詞は普通 être》 ❶ 現れる; 明らかになる. ❷ 〈**apparaître à** 人 ...〉 (人)に…のように思える. ● Cette solution *nous apparaît* la meilleure. この解決が我々には最上に思える.
Il apparaît que 直 《非人称》…は明らかである, …と結論できる. → 主節が否定または疑問の場合は 接続法.

l' **appareil** /アパレユ/ 男 ❶ 装置, 器具, 機械; 写真機 (=～ photographique); 飛行機. ● *appareil* électrique 電気器具. ❷ 電話機 (=～ téléphonique). 会話 Qui est à l'*appareil*? 《電話で》どなたですか. ❸ (身体の)器官. ● *appareil* digestif 消化器官.

apparemment /アパラマン/ 副 見たところ; たぶん.

l' **apparence** /アパラーンス/ 女 (英 appearance) 見かけ, 外見; うわべ. ● en *apparence* 見かけは.
sauver les apparences うわべ[体裁]を繕う.

apparent(e) /アパラン(ト)/ 形 明白な, 目に見える; 見かけの.

l' **apparition** /アパリスィヨン/ 女 ❶ (英 appearance) 出現. ❷ 幽霊, 幻.
faire son apparition 現れる.

l' **appartement** /アパルトゥマン/ 男 (英 apartment) (数室からなる)アパルトマン, マンション.

l' **appartenance** /アパルトナーンス/ 女 属すること; 帰属.

appartenir /アパルトゥニール/ 自 75 (英 belong) ❶ 〚*à*, の〛ものである. ● *À* qui *appartient* cette maison? この家は誰のですか. ❷ 〚*à*, に〛所属する.
Il appartient à 人 ***de*** 不定詞 …するのは(人)のなすべきこと[権利]である.
— s'appartenir 代動 自由な時間が持てる.

apparu →**apparaître** 16

l' **appât** /アパ/ 男 餌; 誘惑.

appâter /アパテ/ 他 (動物)を餌でおびき寄せる; (人)を誘惑する.

appauvrir /アポヴリール/ 他 33 を貧しくする.
— s'appauvrir 代動 貧しくなる.

l' **appel** /アペル/ 男 ❶ 呼ぶこと, 合図; 点呼. ● faire l'*appel* 出席をとる. ❷ (電話の)呼び出し, 通話 (=～ téléphonique). ❸ 呼びかけること, 訴えること; 〔法〕上訴, 告訴.
faire appel à ... …に呼びかける; …を要求する.
sans appel 最終的な.

A

appeler /aple アプレ/ 他 4 (英 call)

j'	appelle	nous	appelons
tu	appelles	vous	appelez
il	appelle	ils	appellent
現分	appelant	過分	appelé

❶ を呼ぶ, 呼び出す.
● *Appelez* la police! 警察を呼んで.
❷〈appeler A B〉AをBと呼ぶ[名づける].
● Ils *ont appelé* leur fils Jean. 彼らは息子をジャンと名づけた.
❸ に電話する.
● Je *vous appellerai* demain. 明日お電話します.
❹〔à, に〕を任命する.
❺ (ものが)を必要とする, 引き起す; (人が)を喚起する.
● Ce problème *appelle* une solution urgente. この問題は緊急な解決を要する.
❻〔情報〕(プログラム)を呼び出す.
***appeler au secours* [*à l'aide*]** 助けを呼ぶ.
appeler l'attention de* 人 *sur... …に対して(人)の注意を促す.
— s'appeler 代動 (…という)名前である; (…と)呼ばれる.
● Comment ça *s'appelle* en français? これはフランス語で何と言いますか.
● Elle *s'appelle* comment?—Marianne. 彼女の名前は?—マリアンヌだよ.

l'**appellation** /アペラスィヨン/ 女 命名, 名称; 商標.

l'**appendice** /アパンディス/ 男 ❶ 付録, 補遺. ❷ 付属のもの. ❸〔解〕突起, 虫垂.

appesantir /アプザンティール/ 他 33 に重くのしかかる; (肉体や精神)を鈍くする.
— s'appesantir 代動 ❶ 重くなる. ❷〔sur, について〕くどくどしく説く.

appétissant(e) /アペティサン(ト)/ 形 食欲[欲望]をそそる.

l'**appétit** /アペティ/ 男 (英 appetite) 食欲.
Bon appétit! 《食事をする人に》たっぷり召し上がれ.
***couper* [*ouvrir*] *l'appétit à* 人** (人)の食欲をそぐ[そそる].

applaudir /アプロディール/ 他 33 (英 applaud) に拍手喝采(かっさい)する, を称賛する.
— 自 称賛する; 〔à, に〕賛成する.

l'**applaudissement** /アプロディスマン/ 男 《複》拍手喝采(かっさい).

l'**appli** /アプリ/ 女 《略》〔情報〕アプリ.

l'**application** /アプリカスィヨン/ 女 (英 application) ❶ 塗ること; 貼りつけ.
❷ 適用, 応用, 実施. ● mettre en *application* 応用する.
❸ 勤勉. ● travailler avec *application* まじめに働く.
❹〔情報〕アプリケーション.

appliqué(e) /アプリケ/ 形 ❶ 勤勉な; 注意深い. ❷ 応用した.

appliquer /アプリケ/ 他 (英 apply) ❶〔*sur*, *contre*, *à*, に〕を貼りつける; 塗る.
● *appliquer* du vernis *sur* un meuble 家具にニスを塗る. ❷〔à, に〕を適用する, 応用する.
— s'appliquer 代動 ❶ くっつく; 貼りつけられる. ❷ 適用される, あてはまる. ❸〔à, (するの)に〕身を入れる, 専念する.

l'**apport** /アポル/ 男 寄与, 貢献.

apporter /アポルテ/ 他 (英 bring) ❶ を持って来る[行く]. ● *Apportez*-moi un verre d'eau. 水を1杯持ってきて下さい.
❷ をもたらす; 与える. ● Ça m'a beaucoup *apporté*. そこから私はたくさんのものを得た.
apporter du soin à... …(するの)に気を配る.

l'**apposition** /アポズィスィヨン/ 女〔文法〕同格.

appréciable /アプレスィヤブル/ 形 評価できる; かなりの; 貴重な.

l'**appréciation** /アプレスィアスィヨン/ 女 評価, 見積り.

apprécier /アプレスィエ/ 他 ❶ (英 appreciate) を高く評価する, の真価を認める. ● Les vins français *sont* très *appréciés* au Japon. フランスワインは日本での評価が大変高い. ❷ を評価する, 測る.
***ne pas apprécier* 名 [*que* 接続法]** …を評価しない, 好まない.

appréhender /アプレアンデ/ 他
❶ (a) を恐れる; 心配する
(b)〈appréhender de 不定詞〉…するのを恐れる; 〈appréhender que (ne) 接続法〉…ではないかと恐れる.

A

❷ を逮捕する.

appréhension /アプレアンスィヨン/ 女 懸念, 不安.

apprendre /aprɑ̃dr アプラーンドル/ 他 60 ❶ (英 learn) (a) を学ぶ, 習う, 覚える; (聞いて)を知る.

● J'*apprends* le français à l'université. 私は大学でフランス語を習っている.

● J'*ai appris* cette nouvelle par la radio. 私はこのニュースをラジオで知った.

● J'*ai appris* qu'ils s'étaient mariés. 彼らが結婚したことを私は知った.

(b) 〈**apprendre à** 不定詞〉 …することを習う, …できるようになる.

● *apprendre* à lire et à écrire 読み書きを学ぶ.

❷ (英 teach) (a) 〈**apprendre ... à** 人〉 (人)に…を教える.

● Ma mère *m'a appris* le tennis. 私は母にテニスを習いました.

(b) 〈**apprendre à** 人 **que** 直〉 (人)に…ということを教える, 知らせる.

● On *m'a appris qu*'il était parti. 彼が出発したことを知った.

(c) 〈**apprendre à** 人 **à** 不定詞〉 (人)に…することを教える. 会話 Ça *t'apprendra* (à vivre). 身に染みるだろう; いい薬だ.

apprendre ... par cœur …を暗記する.

apprenti(e) /アプランティ/ 名 (職人の)見習い, 訓練生; 初心者.

apprentissage /アプランティサージュ/ 男 見習い(期間); (職業)訓練.

être en apprentissage 見習い中である.

faire l'apprentissage (経験を通して)知識を得る.

apprêter /アプレテ/ 他 を用意する, 準備する.

— **s'apprêter** 代動 〈s'apprêter à 名 [à 不定詞]〉 まさに…しようとしている, …する準備をする.

appris →**apprendre** 60

apprivoiser /アプリヴォワゼ/ 他 (動物)を飼いならす; (子ども)をおとなしくさせる; (人)を手なずける, 思いどおりにする.

— **s'apprivoiser** 代動 (動物が)飼いならされる; (人が)順応する.

approbation /アプロバスィヨン/ 女 賛成, 同意.

approchant(e) /アプロシャン(ト)/ 形 近い, 似通った.

quelque chose d'approchant 似たもの, そのようなもの.

approche /アプロシュ/ 女 ❶ 近づくこと, 接近. ❷《複》付近, 周辺, 進入.

à l'approche de .../aux approches de ... …が近づくと.

approcher /アプロシェ/ 他 ❶ (英 approach) 〘*de*, に〙 を近づける.

❷ に近づく; と親しくなる.

— 自 〘*de*, に〙 近づく.

会話 ***Toi, approche!*** こっち来い!

— **s'approcher** 代動 〘*de*, に〙 近づく.

会話 ***Approche-toi!*** こっちに来い!

approfondir /アプロフォンディール/ 他 33 ❶ を深くする. ❷ (知識・友情など)を深める, 掘り下げる.

approprié(e) /アプロプリエ/ 形 (＜ approprier) 適合した, 適切な.

approprier /アプロプリエ/ 他 〘*à*, に〙 を適合させる.

— **s'approprier** 代動 自分のものにする, 横領する.

approuver /アプルヴェ/ 他 (英 approve) ❶ に賛成する, 同意する. ● Je l'*approuve* sans réserve. 私は彼(女)に全面的に賛成します. ❷ 〈**approuver** 人 **de** 不定詞〉 (人)が…するのに賛成する; 〈**approuver que** 接続法〉 …であることに賛成する.

approvisionner /アプロヴィズィヨネ/ 他 〈**approvisionner A en B**〉 AにBを供給する.

— **s'approvisionner** 代動 〘*en*, を〙 仕入れる, 買い入れる.

approximatif(ve) /アプロクスィマティフ(-ヴ)/ 形 (英 approximate) おおよその, 概算の.

approximativement /アプロクスィマティヴマン/ 副 (英 approximately) おおよそ, ほぼ.

appui /アピュイ/ 男 (英 support) ❶ 支えること; 支え. ❷ 支持, 後援.

à l'appui de ... …を支え[証拠]として.

appuyer /アピュイエ/ 他 30 ❶ (英 rest) 〘*sur, contre, à*, に〙 をもたせかける, 押しつける. ● Elle *a appuyé* sa tête *contre* mon épaule. 彼女は私の肩に頭をもたせかけた.

❷(英 support) を支持する, 支援する.
● *appuyer* un candidat à une élection 選挙である候補者を応援する.
❸〖*sur*, に〗を基づかせる.
— 自 ❶〖*sur*, を〗強く押す. ● *appuyer sur* un bouton ボタンを押す.
❷〖*sur*, に〗支えられる.
❸〖*sur*, を〗強調する.
appuyer à gauche [***sur la gauche***] (車などが)左に寄る.
— **s'appuyer** 代動 ❶〖*à, contre, sur*, に〗もたれかかる, よりかかる. ● *s'appuyer contre* le mur 壁にもたれる. ❷〖*sur*, に〗頼る; 基づく. ❸《話》〈**s'appuyer de** 不定詞〉 我慢して…する; 〈**s'appuyer sur ...**〉 (仕事など)を背負い込む.

âpre /アープル/ 形 渋い; ざらざらした; 荒々しい; 厳しい.

après /aprɛ アプレ/ 前 (英 after) ❶《時間》(**a**) …のあとに, あとで; …の次に.
● *après* ça [cela] その次に.
● bien *après* mon départ 私が出発してからだいぶたって.
(**b**)〈**après** 不定詞〉 …したあとで, …してから. ● *après* manger 食べたあとで. → 不定詞を複合形にして, après avoir mangé も可.
❷《空間》…の後ろに[で].
● *Après* vous [toi]. どうぞ, お先に.
● La boulangerie est juste *après* la poste. パン屋は郵便局のすぐ先にある.
après que 直 [***que*** 接続法] …したあとで.
après quoi そのあとで.
après tout 結局.
d'après ... …によって, …によれば; …に基づいて, …にならって. ● *d'après* moi 私の考えでは. ● *d'après* ce qu'elle m'a dit 彼女が言ったところによれば. ● peindre *d'après* nature 写生する.
jour après jour 来る日も来る日も, 毎日毎日.
— 副 《時間・空間》(その)あとで, あとに; それから; (その)次に.
● un mois *après* 1か月後.
● courir *après* un voleur 泥棒を追いかける.
d'après すぐ次の. ● l'instant *d'après* すぐ次の瞬間.

après-demain /アプレドマン/ 副 (英 the day after tomorrow) 明後日.

après-midi /apremidi アプレミディ/ 男, 女 《複数不変》(英 afternoon) 午後.
● cet *après-midi* 今日の午後.
● trois heures de l'*après-midi* 午後の3時.
● demain *après-midi* 明日の午後.
dans l'après-midi 午後に.

âpreté /アプルテ/ 女 渋さ, すっぱさ; 激しさ.

a priori /アプリオリ/ 形 先験的な.
— 副 先験的に; 一見して; 原則としては.
● refuser ... *a priori* …をろくに検討もせず拒否する.
— **a priori** 男 《不変》先入観; 先験的概念.

apte /アプト/ 形 〖*à*, (するの)に〗適している.

aptitude /アプティテュード/ 女 (英 aptitude) 適性, 素質.
avoir de grandes aptitudes 素質に恵まれている.

aquarelle /アクワレル/ 女 水彩画(法).

aquarium /アクワリヨム/ 男 ❶ 水槽. ❷ 水族館.

aqueduc /アクデュク/ 男 水道橋; 水路.

arabe /アラブ/ 形 アラブ(人)の, アラビア(語)の.
— **Arabe** 名 アラブ人.
— **arabe** 男 アラビア語.

arabesque /アラベスク/ 女 唐草模様, アラビア模様, アラベスク.

Arabie /アラビ/ 女 アラビア半島.

araignée /アレニェ/ 女 クモ(蜘蛛).

arbitrage /アルビトラージュ/ 男 仲裁(裁判), 調停; 審判.

arbitraire /アルビトレール/ 形 勝手な, 恣意の.

arbitre /アルビトル/ 男 ❶ 仲裁人. ❷〔スポーツ〕審判.

arbitrer /アルビトレ/ 他 ❶ を調停する, 仲裁する. ❷〔スポーツ〕の審判をする.

arbre /アルブル/ 男 ❶(英 tree) 木, 樹木.
● *arbre* de Noël クリスマスツリー.
● *arbre* fruitier 果樹.
❷ 軸.
arbre généalogique 系統樹, 家系図.

A

C'est l'arbre qui cache la forêt. 《ことわざ》木を見て森を見ず.

l' **arc** /アルク/ 男 ❶弓; 弓形. ❷アーチ. ❸(円の)弧.
Arc de triomphe **(l'〜)** (パリの)凱旋門.

l' **arcade** /アルカード/ 女 《多く複数》アーケード.

l' **arc-en-ciel** /アルカンスィエル/ 男 (複 arcs-en-ciel) →発音は単複同じ. (英 rainbow) 虹.

archaïque /アルカイク/ 形 古風な, 古代の, 古臭い.

l' **arche** /アルシュ/ 女 アーチ.

l' **archéologie** /アルケオロジ/ 女 考古学.

l' **archet** /アルシェ/ 男 (弦楽器の)弓.

l' **archevêque** /アルシュヴェク/ 男 〔カト〕大司教; 〔プロテスタント〕大監督.

l' **archipel** /アルシペル/ 男 列島, 諸島.

l' **architecte** /アルシテクト/ 男 (英 architect) 建築家, 建築技師.
architecte d'intérieur インテリアデザイナー.

l' **architecture** /アルシテクテュール/ 女 ❶建築(学); 建築様式. ❷構造, 構成.

l' **archives** /アルシーヴ/ 女 《複》古文書, 記録.

arctique /アルクティク/ 形 北極の.
cercle polaire arctique **(le 〜)** 北極圏.
— l'**Arctique** 男 北極地方.

ardemment /アルダマン/ 副 熱心に, 熱烈に.

ardent(e) /アルダン(ト)/ 形 ❶熱烈な; 情熱的な. ❷燃えるように熱い.

l' **ardeur** /アルドゥール/ 女 熱意, 情熱.

l' **ardoise** /アルドワーズ/ 女 ❶スレート; 石盤. ❷《話》つけ, 借り.

l' **are** /アール/ 男 アール. →面積の単位; 100平方メートル.

l' **arène** /アレヌ/ 女 (円形の)闘技場; 闘牛場; 《複》(観客席も含めた)闘技場.

l' **arête** /アレート/ 女 ❶魚の骨. ❷稜(りょう), 辺; (山の)尾根.

l' **argent** /arʒɑ̃ アルジャン/ 男 ❶(英 money) お金, 貨幣; 財産.
●gagner beaucoup d'*argent* お金をたくさん稼ぐ.
●dépenser de l'*argent* お金を使う.
❷(英 silver) 銀.
●cuiller en *argent* 銀のスプーン.
argent de poche ポケットマネー.
argent liquide [***comptant***] 現金.
d'argent 銀製の; お金の, 財産の.
en avoir pour son argent 使ったお金に見合うものを得る.

argenté(e) /アルジャンテ/ 形 ❶銀色の. ❷《話》《否定辞とともに》お金のある.
en métal argenté 銀めっきした.

l' **argenterie** /アルジャントリ/ 女 銀食器.

argentin(e)[1] /アルジャンタン(ティヌ)/ 形 (音が)銀を鳴らすような.

argentin(e)[2] /アルジャンタン(ティヌ)/ 形 アルゼンチンの.
— l'**Argentin(e)** 名 アルゼンチンの人.

l' **Argentine** /アルジャンティヌ/ 女 アルゼンチン.

l' **argile** /アルジル/ 女 粘土.

l' **argot** /アルゴ/ 男 (英 slang) 隠語, 俗語.

l' **argument** /アルギュマン/ 男 ❶論拠, 理由. ❷要旨, あらすじ.

argumenter /アルギュマンテ/ 自 論証する; 〚*de*, を〛論拠にする.
— 他 を論証する.

aride /アリド/ 形 乾燥した; 無味乾燥な, 退屈な.

l' **aristocratie** /アリストクラスィ/ 女 貴族(階級).

aristocratique /アリストクラティク/ 形 貴族の.

arithmétique /アリトメティク/ 形 算術の, 算数の.
— l'**arithmétique** 女 算術, 算数.

l' **armagnac** /アルマニャク/ 男 アルマニャック. →コニャックに似た辛口のブランデー.

l' **armateur** /アルマトゥール/ 男 〔海〕船主.

l' **armature** /アルマテュール/ 女 (組織・理論などの)構造; 骨組み.

l' **arme** /アルム/ 女 ❶(英 weapon) 武器, 兵器; 手段. ●prendre les *armes* 武器を取る, 蜂起(ほうき)する.
❷《複》(英 arms) 軍隊.
❸《複》紋章.
arme à feu 火器.
armes blanches 刀剣類.
Aux armes! 武器を取れ.
déposer les armes 降伏する.
faire ses premières armes 初陣に出る, 初仕事をする.

passer l'arme à gauche 《話》死ぬ.

armé(e) /アルメ/ 形 ❶〘*de*, で〙武装した; (を)備えた. ❷〔建〕補強された.

l' **armée** /アルメ/ 女 ❶(英 army) 軍, 軍隊. ❷大勢, 群.

armée de l'air [***terre***] **(l'〜)** 空[陸]軍.

une armée de... …の大群.

l' **armement** /アルムマン/ 男 武装; 装備; 軍備.

armer /アルメ/ 他 (英 arm) ❶〘*de*, で〙を武装させる.

❷〔建〕を補強する.

— s'armer 代動 〘*de*, で〙武装する; (を)備えつける, 身につける.

l' **armistice** /アルミスティス/ 男 休戦協定; **(l'A-)** 第１次大戦休戦協定記念日. →11月11日.

l' **armoire** /アルモワール/ 女 (英 cupboard, closet) 衣装[洋服]ダンス; 食器棚.

armoire à glace 鏡つき洋服ダンス.

l' **armure** /アルミュール/ 女 甲冑(かっちゅう), よろいかぶと.

arnaquer /アルナケ/ 他 《話》(お金)をだまし取る.

l' **arobase** /アロバーズ/ 女 〔情報〕アットマーク《@》.

aromatique /アロマティク/ 形 香りのする, 芳香を放つ.

l' **arôme** /アロム/ 男 香気.

arracher /アラシェ/ 他 (英 tear, pull out) ❶を引き抜く, もぎ取る.

❷〘*à*, から〙を引き出す, 強奪する. 会話 Je vais *lui arracher* les yeux. 彼をうんと痛めつけてやる.

— s'arracher 代動 ❶〘*de*, *à*, から〙自分を無理に引き離す.

❷奪い合う.

❸《話》逃げ出す.

s'arracher les cheveux 《話》絶望する.

l' **arrangement** /アランジュマン/ 男 ❶整えること; 配列; 整理. ❷示談, 和解.

arranger /アランジェ/ 他 40 (英 arrange)

❶を整理する; 配列する.

❷の手はずを整える. ●J'*ai* tout *arrangé* pour la soirée. 私はパーティの用意をすべて整えた.

❸(争いなど)を解決する; 《話》を修理する. ●Tout *est arrangé*. すべては解決した.

❹を都合よく直す; 〔楽〕を編曲する.

❺(人)に都合がよい. ●Ça ne m'*arrange* pas. それは私には都合が悪い.

❻《話》を痛めつける.

— s'arranger 代動 ❶整えられる; うまくいく. 会話 Ça va *s'arranger*. 何とかなるでしょう.

❷〈**s'arranger pour** 不定詞〉…する準備をする, 都合をつける. ●*Arrangez-vous pour* partir ce soir. 今夜出発できるように準備しなさい.

❸〘*avec*, と〙和解する.

❹〘*de*, で〙済ます, 我慢する.

l' **arrestation** /アレスタスィヨン/ 女 検挙, 逮捕; 拘留. ●être [mettre] en état d'*arrestation* 拘留中である[拘留する].

l' **arrêt** /アレ/ 男 ❶(英 stop) 停止, 中止. ●sans *arrêt* 絶え間なく.

❷停留所.

❸逮捕.

arrêté(e) /アレテ/ 形 止まった; 決定した.

— l'arrêté 男 (行政機関の発する)条例, 法令.

arrêter /アレテ/ 他 (英 stop) ❶(**a**) を止める, やめる. ●*arrêter* un taxi タクシーを止める.

(**b**)〈**arrêter de** 不定詞〉…するのをやめる. ●Il n'*arrête* pas *de* parler. 彼は話しやめない.

❷を阻止する, さえぎる.

❸を逮捕する. ●*arrêter* un voleur 泥棒を捕まえる.

❹(日・計画など)を決める. ●Il *a arrêté* son choix. 彼は心を決めた.

— 自 止まる; やめる. ●*Arrête*! やめろ!

— s'arrêter 代動 ❶止まる, 終わる; 立ち止まる. ●*Arrêtez-vous* ici. ここで止まってください. ●Ma montre *s'est arrêtée*. 私の時計は止まった.

❷〈**s'arrêter de** 不定詞〉…するのをやめる.

les **arrhes** /アール/ 女 複 手つけ金, 予約金. ●verser des *arrhes* 手つけ金を払う.

l' **arrière** /アリエール/ 男 (英 back) ❶後ろ; (乗り物の)後部.

❷〔スポーツ〕後衛; 〔軍〕後方.

à l'arrière 後方へ.

en arrière 後ろに[へ, で].

en arrière de... …の後ろに[へ, で]; …より遅れて.

— 形 《不変》(英 rear) 後ろの.

A

siège arrière 後部座席.

arriéré(e) /アリエレ/ 形 発達の遅れた; 時代遅れの.

l' **arrière-grand-mère** /アリエルグランメール/ 女 (複 **arrière-grands-mères**) 曾祖母.

l' **arrière-grand-père** /アリエルグランペール/ 男 (複 **arrière-grands-pères**) 曾祖父.

les **arrière-grands-parents** /アリエルグランパラン/ 男複 曾祖父母.

l' **arrivée** /アリヴェ/ 女 (英 arrival) 到着; 〔スポーツ〕ゴール; 到着ロビー[ホーム].

arriver /arive アリヴェ/ 自 《助動 être》

❶ (英 arrive) 着く; やって来る; 行く.

● On *arrive* dans dix minutes. 今から10分したら到着します.

● La nuit *arrive*. 夜が来る.

会話 J'*arrive*! 今行きます!

❷〖à, に〗達する.

● L'eau m'*arrivait* aux genoux. 水は私の膝(ひざ)に達しようとしていた.

● *arriver* à l'âge de la retraite (定年)退職の年齢に達する.

❸ (英 happen) (**a**) 起こる, 生ずる.

● Qu'est-ce qui *est arrivé*? 何が起こったのか.

会話 Ça *arrive*. よくあることだ.

(**b**) 〈**Il arrive** 名 [**de** 不定詞] (**à** 人)〉《非人称》(人に)…が起こる.

● Il *m'arrive* souvent *d'*oublier mon parapluie. 私はよく傘を忘れる.

● Il *est arrivé* une catastrophe. 恐ろしいことが起こった.

arriver à 不定詞 …できるようになる.

● Je n'*arrive* pas à comprendre. 私にはどうしても分からない.

comme il arrive souvent よくあるように.

en arriver à... ついには…するに至る.

quoi qu'il arrive. 何が起ころうとも. ● Je vous soutiendrai, *quoi qu'il arrive*. どうなろうともあなたを支持します.

l' **arriviste** /アリヴィスト/ 名 出世を第一に考える人.

— 形 出世を第一に考える.

l' **arrogance** /アロガーンス/ 女 横柄, 尊大.

arrogant(e) /アロガン(ト)/ 形 横柄な, 尊大な, 傲慢(ごうまん)な.

arrondir /アロンディール/ 他 33 ❶を丸くする. ❷の端数を切り捨てる[切り上げる].

— **s'arrondir** 代動 丸くなる, 太る.

l' **arrondissement** /アロンディスマン/ 男 (パリなどの)区; 郡.

arroser /アロゼ/ 他 ❶ (英 water, sprinkle) に水をまく; (液体)をかける. ● *arroser* des fleurs 花に水をやる.

❷《話》を酒で祝う.

❸ (川が土地)を流れる.

会話 ***Ça s'arrose.*** お祝いだ, 飲もう.

se faire arroser びしょぬれになる.

l' **art** /アール/ 男 (英 art) ❶ 芸術; 《複》美術.

❷ 技術; 技巧.

arts martiaux 武術; 格闘技.

C'est tout un art. それにはこつがいる; 技術が必要だ.

l'art de... …するこつ.

POINT

le septième art 第7芸術, 映画.
le huitième art 第8芸術, テレビ.
le neuvième art 第9芸術, BD (漫画).

l' **artère** /アルテール/ 女 ❶〔解〕動脈. ❷ 幹線道路.

l' **artichaut** /アルティショ/ 男 〔植〕アーティチョーク, チョウセンアザミ.

avoir un cœur d'artichaut 浮気性である.

l' **article** /アルティクル/ 男 (英 article)

❶ 商品, 品物; 品目.

❷ (法律などの)条項, 項目.

❸ (新聞などの)記事, 論文. ● *article* de fond (新聞などの)論説記事.

❹〔文法〕冠詞. ● *article* défini [indéfini] 定[不定]冠詞.

à l'article de la mort 死ぬ間際に.

articles de toilette 洗面用品; 化粧品.

faire l'article 大々的に宣伝する.

l' **articulation** /アルティキュラスィヨン/ 女 ❶ 関節; 節. ❷ 明瞭に発音すること; 〔言〕調音.

articuler /アルティキュレ/ 他 をはっきりと発音する.

— **s'articuler** 代動 関節でつながる.

l' **artifice** /アルティフィス/ 男 策略, 手管; 《文》技巧.

feu d'artifice 花火.

artificiel(le) /アルティフィスィエル/ 形 ❶ (英 artificial) 人工の, 人為的な. ❷ 不自

然な.

l' **artisan(e)** /アルティザン(ザヌ)/ 名 職人.

l' **artiste** /アルティスト/ 名 (英 artist)
❶ 芸術家.
❷ 画家, 彫刻家.
❸ 俳優, 演奏者, 芸人.
❹ (優れた)職人;《皮肉》名人.
mener une vie d'artiste 芸術のために自由な生活をする.
— 形《文》芸術的な.

artistique /アルティスティク/ 形 芸術的な, 美術の.

as[1] →**avoir** 8

l' **as**[2] /アス/ 男 ❶(トランプ・サイコロなどの)1, エース, ポイント. ❷《話》頂点にいる人.
être plein aux as 《話》お金をたくさん持っている.

ascendant(e) /アサンダン(ト)/ 形 登っていく, 上向きの.
— l'**ascendant** 男 支配力, 影響.
— l'**ascendant(e)** 名 《多く複数》先祖.

l' **ascenseur** /アサンスール/ 男 (英 elevator) エレベーター. ●prendre l'*ascenseur* エレベーターに乗る.
renvoyer l'ascenseur 《話》お返しする.

l' **ascension** /アサンスィヨン/ 女 ❶ 上ること; 登山; 上昇. ●faire l'*ascension* d'une montagne 山に登る.
❷ **(l'A-)**〔キ教〕キリスト昇天. → 復活祭後40日目.
ascension professionnelle 昇進, 昇級.

asiatique /アズィアティク/ 形 アジアの.
***Sud-Est asiatique* (le 〜)** 東南アジア.
— l'**Asiatique** 名 アジア人.

l' **Asie** /アズィ/ 女 (英 Asia) アジア.
Asie du Sud-Est 東南アジア.

l' **asile** /アズィル/ 男 避難所, 隠れ家; 保護施設.
demander* [*accorder*] *l'asile politique 政治亡命を求める[受け入れる].

l' **aspect** /アスペ/ 男 ❶(英 appearance) 外観, 様相; 見かけ. ❷(英 aspect)(問題などの)側面, 視点.
à l'aspect de ... …を見て.
d'aspect agréable 容姿がいい.

l' **asperge** /アスペルジュ/ 女 ❶〔植〕アスパラガス. ❷《話》ひょろ長い人.

l' **asphalte** /アスファルト/ 男 アスファルト;《話》舗道.

l' **aspirateur** /アスピラトゥール/ 男 掃除機.
●passer l'*aspirateur* 掃除機をかける.

l' **aspiration** /アスピラスィヨン/ 女 ❶ 熱望, あこがれ. ❷ 息を吸いこむこと.

aspiré(e) /アスピレ/ 形〔言〕有音の;(帯)気音の.
h aspiré 有音の h.

aspirer /アスピレ/ 他 (空気・水など)を吸い込む. ●*aspirer* l'air frais 新鮮な空気を吸い込む.
— 自〘à, (すること)に〙あこがれる, 熱望する. ●Elle *aspire à* devenir médecin. 彼女は医者になりたがっている.

assailli(...) →**assaillir** 5

assaillir /アサイール/ 他 5 ❶ を襲う. ❷〈assaillir 人 de ...〉…で(人)を悩ます.
●*être assailli de* questions 質問責めにされる.

assainir /アセニール/ 他 33 を衛生的にする; 浄化する.

l' **assainissement** /アセニスマン/ 男 浄化; 健全化.

l' **assaisonnement** /アセゾヌマン/ 男 味をつけること; 調味料, 香辛料.

assaisonner /アセゾネ/ 他 に味をつける, 調味料を加える.

l' **assassin** /アササン/ 男 (英 murderer) 暗殺者, 刺客.
À l'assassin! 人殺し!

l' **assassinat** /アサスィナ/ 男 殺人; 暗殺.

assassiner /アサスィネ/ 他 を殺害する, 暗殺する.

l' **assaut** /アソ/ 男 襲撃, 攻撃.
donner l'assaut à ... …を襲撃する.
prendre d'assaut (場所に)殺到する.

l' **assemblage** /アサンブラージュ/ 女 組み合わせ, 組み立て; 寄せ集め.

l' **assemblée** /アサンブレ/ 女 ❶(英 gathering) 集まり, 集合, 集会. ❷(英 assembly) 議会.
assemblée générale 総会.

assembler /アサンブレ/ 他 を組み合わせる; 集める.
— **s'assembler** 代動 集まる.

asseoir /aswar アソワール/ 他 6 (英 sit) を着席させる.
●Elle *a assis* son bébé sur ses genoux. 彼女は子供を膝(ひざ)の上に座らせた.
faire asseoir ... …を座らせる.

A

— s'asseoir 代動

je m'assieds	nous nous asseyons
tu t'assieds	vous vous asseyez
il s'assied	ils s'asseyent
現分 s'asseyant	過分 assis

❶ 座る, 着席する.
● Il *s'assied* dans un fauteuil. 彼は肘(ひじ)かけ椅子に座る.
● *Asseyez-vous*. お座りください.
● *s'asseoir* sur ses talons しゃがむ.
❷《話》気に留めない.
会話 Le règlement, je *m'assieds* dessus! 規則なんて知ったことか.

l' **assertion** /アセルスィヨン/ 女 断言, 主張.

assey... →asseoir 6

assez /ase アセ/ 副 ❶ (英 enough) 十分に.
● Non merci, j'ai *assez* mangé. 結構です, もう十分食べました.
会話 *Assez*! Taisez-vous! もういい, 黙りなさい.
❷ (英 quite, rather) かなり.
● Ça a *assez* duré! それは延々と続いた.
❸ まあまあの.
● *assez* bien《成績表で》「良」.
● La maison est *assez* confortable. その家はまあ居心地がいい方だ.

assez de 名《無冠詞》十分の[かなりの]…. ● Avez-vous *assez* d'argent? —Oui, j'*en* ai *assez*. お金は十分持っていますか. —はい十分持っています.

assez A pour B Bにとって十分A. ● lit *assez* grand *pour* deux personnes 2人には十分の広さのベッド.

en avoir assez de... …(するの)にうんざりする. ● J'*en ai assez de* tes sermons. 説教はいい加減にしてくれ.

assidu(e) /アスィデュ/ 形 勤勉な, 熱心な; 欠かさずの.

l' **assiduité** /アスィデュイテ/ 女 ❶ 勤勉, 熱心さ. ❷《複》(女性に対して)しつこくつきまとうこと.

avec assiduité 熱心に.

assidûment /アスィデュマン/ 副 熱心に, 勤勉に; 欠かさず.

assied(s) →asseoir 6

assiéger /アスィエジェ/ 他 40 57 を取り囲む; 〔軍〕を包囲する; に殺到する.

assiér... →asseoir 6

l' **assiette** /アスィエト/ 女 (英 plate) 皿; 一皿分の料理. ● *assiette* à soupe スープ皿. ● *assiette* creuse [à soupe] 深皿. ● *assiette* plate 平皿.

ne pas être dans son assiette 《話》具合がよくない, 居心地が悪い.

assigner /アスィニェ/ 他 ❶ を割り当てる; 定める. ❷ を召喚する.

assigner 人 ***à un poste*** [***emploi***] (人)をあるポスト[職]にすえる.

assîmes →asseoir 6

l' **assimilation** /アスィミラスィヨン/ 女 同化; 吸収.

assimiler /アスィミレ/ 他 ❶ (食物)を吸収する; (知識など)を理解する. ● Il n'*assimile* rien. 彼はぜんぜん飲みこめてない. ❷ (移民など)を同化する. ❸〖à, と〗を同列におく, 同類とみなす.

— s'assimiler 代動 吸収される; 同化する. ● Les immigrés ont du mal à *s'assimiler* dans ce pays. 外国人移民はこの国に同化できない.

assirent, assis →asseoir 6

assis(e) /アスィ(ーズ)/ 形 (英 seated, sitting) 安定した; 座った. ● rester *assis* 座ったままでいる. ● *Assis*! (犬に)お座り!

place assise (立ち席に対して)座席.

l' **assistance** /アスィスタンス/ 女 ❶ 出席. ❷ 聴衆, 観衆. ❸ 救助, 救済; **(l'A- (publique))** 児童養護施設.

assistance respiratoire 人工呼吸.

assistant(e) /アスィスタン(ト)/ 形 補助[補佐]の.

— l'assistant(e) 名 ❶ 助手; 補佐. ❷《多く複数》出席者, 聴衆.

assistant social ソーシャルワーカー.

assister /アスィステ/ 自 〈**assister à ...**〉 ❶ (英 attend) …に出席する. ● *assister à* une conférence 講演会に出る.
❷ (英 witness) …を目撃する. ● J'*ai assisté à* un accident. 私は事故を目撃した.

— 他 を補佐する; つき添う.

assi[î]t →asseoir 6

l' **association** /アソスィヤスィヨン/ 女 (英 association) ❶ 会, 団体, 協会. ❷ 提携, 協同; 〖à, への〗参加, 参与.

association à but non lucratif 非営利団体, NPO.

association de consommateurs 消費者

団体.

associé(e) /アソスィエ/ 形 補助の, 共同の.

—l'associé(e) 名 共同出資者.

associer /アソスィエ/ 他 (英 associate) 〘à, に〙を結びつける; 参加させる. ●Il a *associé* son fils à ses travaux. 彼は息子を自分の仕事に加えた.

—s'associer 代動 〘à, avec, に〙参加[協力]する; (を)分かち合う.

assoir ... →**asseoir** 6

assombrir /アソンブリール/ 他 33 を暗くする; 曇らせる.

—s'assombrir 代動 暗くなる; 曇る.

assommer /アソメ/ 他 を打ちのめす; 《話》を圧倒する; うんざりさせる. ●*être assommé* par la chaleur 暑さでぐったりする.

assorti(e) /アソルティ/ 形 ❶つり合った, 調和した. ●une cravate *assortie* au costume スーツに合うネクタイ. ❷品物がそろった; いろいろ取り合わせた. ●hors-d'œuvre *assortis* 前菜の盛り合わせ.

l'**assortiment** /アソルティマン/ 男 ❶つり合い; 組み合わせ. ❷盛り合わせ料理; 一揃(そろ)い.

assortir /アソルティール/ 他 33 ❶〘à, に〙を合わせる. ❷〈assortir A de B〉AにBを添える.

assoupir /アスピール/ 他 33 を居眠りさせる.

—s'assoupir 代動 まどろむ.

assouplir /アスプリール/ 他 33 を柔らかくする; 穏やかにする.

—s'assouplir 代動 柔らかくなる; 和らぐ, 緩やかになる.

assourdir /アスルディール/ 他 33 ❶(人)の耳をろうする, 耳をつんざく. ❷(音)をかき消す, 弱める.

assoy ... →**asseoir** 6

assumer /アスュメ/ 他 を引き受ける; 受け入れる.

l'**assurance** /アスュランス/ 女 (英 assurance) ❶保険. ●contracter [prendre] une *assurance* 保険契約を結ぶ. ❷保証, 確約. ❸自信, 確信, 安心. ●avoir de l'*assurance* 自信がある. ●prendre de l'*assurance* 自信を得る.

assuré(e) /アスュレ/ 形 確実な, 確かな; 自信[確信]のある.

être assuré 保証されている.

mal assuré おぼつかない.

—l'assuré(e) 名 被保険者.

assurément /アスュレマン/ 副 確かに, 間違いなく; 《返答》そのとおりです.

assurer /アスュレ/ 他 (英 assure) ❶(**a**)〈**assurer à** 人 **que** 直〉(人)に…であると断言する, 確信させる. ●Elle *m'a assuré qu*'elle viendrait. 彼女は必ず来るからと言った.
(**b**)〈**assurer** 人 **de ...**〉(人)に…を保証する. ●Je vous *en assure*. それは請け合います. 会話 Je t'*assure*! まちがいないよ.
❷(業務など)を滞りなく行う.
❸に保険をかける.

— 自 《話》うまくやれる; よく見せる.

—s'assurer 代動 ❶〘contre, に対して〙保険に入る; 備える. ❷〈**s'assurer de** 名 [**que** 直]〉…を[…であることを]確かめる. ●Je vais *m'en assurer*. 確かめてみよう.

l'**astérisque** /アステリスク/ 男 星印, アステリスク《*》.

l'**asthme** /アスム/ 男 ぜんそく.

l'**astre** /アストル/ 男 天体, 星.

astreign ..., astrein ... → **astreindre** 19

astreindre /アストラーンドル/ 他 19〈**astreindre** 人 **à ...**〉…を(人)に強いる, 強制する.

l'**astrologie** /アストロロジ/ 女 占星学.

l'**astrologue** /アストロログ/ 男 占星学者.

l'**astronaute** /アストロノト/ 名 宇宙飛行士.

l'**astronome** /アストロノム/ 男 天文学者.

l'**astronomie** /アストロノミ/ 女 天文学.

astronomique /アストロノミク/ 形 ❶天文学の. ❷《話》天文学的な, 莫大な.

l'**astuce** /アステュス/ 女 悪賢さ, 抜け目のなさ; 《話》うまい手.

astucieux(se) /アステュスィユ(ーズ)/ 形 巧妙な, 抜け目のない.

l'**atelier** /アトリエ/ 男 ❶仕事場; 作業場; アトリエ. ❷班, 作業グループ.

en ateliers 各班にわかれて.

athée /アテ/ 形 無神論の.

—l'athée 名 無神論者.

Athènes /アテヌ/ アテネ. →ギリシアの

A

首都.

l' **athlète** /アトレト/ 名 (英 athlete) 陸上競技選手; アスリート.

— 男 (古代の)闘技(競技)者.

atlantique /アトランティク/ 形 大西洋の.

— l'**Atlantique** 男 大西洋 (= l'océan A-).

l' **atlas** /アトラス/ 男 地図帳.

l' **atmosphère** /アトモスフェール/ 女 (英 atmosphere) ❶ 雰囲気. ❷ 大気(圏).

l' **atome** /アトム/ 男 原子.

avoir des atomes crochus 親近感を持つ, 共感する.

atomique /アトミク/ 形 (英 atomic) 原子の, 原子力の.

l' **atout** /アトゥ/ 男 切り札; チャンス.

atroce /アトロス/ 形 残酷な; 《話》ひどい, すさまじい.

l' **atrocité** /アトロスィテ/ 女 残忍さ; 残虐行為; 《話》ひどいこと.

l' **attache** /アタシュ/ 女 ❶ 留めるもの. → クリップ, ピンなど. ❷ 縁, つながり.

attaché(e) /アタシェ/ 形 〖à, に〗愛着がある.

— l'**attaché** 男 (大・公使館の)館員.

attaché culturel (大使館の)文化担当官.

attaché de presse 報道担当官.

l' **attachement** /アタシュマン/ 男 〖à, pour, への〗愛着, 愛情; 没頭.

attacher /アタシェ/ 他 (英 attach) ❶ 〖à, に〗を結びつける, つなぐ; に愛着を抱かせる. ●*attacher* un chien à un arbre 犬を木につなぐ.

❷ を結ぶ, しばる, 留める.

attacher de l'importance à... …に重要性を認める.

— **s'attacher** 代動 ❶ (服などが)留められている, 締まる.

❷ 〈s'attacher à 名 [à 不定詞]〉 …(すること)に愛着を持つ; 打ち込む. ●Il *s'attache* trop à l'argent. 彼はお金に執着しすぎている.

l' **attaque** /アタク/ 女 (英 attack) ❶ 攻撃, 襲撃; 非難. ❷〔医〕発作.

aller [***monter***] ***à l'attaque*** 攻撃する.

lancer [***mener***] ***une attaque*** 攻撃を開始する.

attaquer /アタケ/ 他 (英 attack) ❶ を襲う, 攻撃する; 非難する. ❷ を傷める, 冒す, 侵す. ❸ に取り組む, 着手する.

— **s'attaquer** 代動 〖à, を〗攻撃[非難]する; (に)取り組む, 挑む.

s'attarder /アタルデ/ 代動 ❶〈s'attarder à 名 [à 不定詞]〉 …(すること)に手間取る, 遅くなる. ❷ (外に)遅くまでいる.

atteign ..., attein ... →**atteindre** 19

atteindre /アターンドル/ 他 19 (英 reach) ❶ に到着する, 到達する, 達成する. ●*atteindre* une limite 限度に達する. ●*atteindre* son but 目標に達する. ❷ (ものが人)に当たる; 被害を与える; 影響する. ❸ (人)に連絡をとる.

atteint(e) /アタン(ト)/ 形 ❶〖*de*〗(病気に)冒された. ❷《話》頭がおかしい.

l' **atteinte** /アターント/ 女 ❶ 傷つくこと; 侵害. ●*atteinte* à la vie privée プライバシーの侵害. ❷ 手の届くこと.

hors d'atteinte [***de l'atteinte***] ***de...*** …の届かない.

porter atteinte à... (名声など)を傷つける.

atteler /アトレ/ 他 4 (車・牛馬に)をつなぐ, しばりつける.

— **s'atteler** 代動 〖à〗(困難な仕事に)取りかかる.

attend (...) →**attendre** 28

attendant /アタンダン/ 《次の表現で》

en attendant さしあたり, 今の所は.

attendre /atɑ̃dr アタンドル/ 他 28

❶ (英 wait) (**a**) を待つ.

●Je vous *attends* à la sortie. 出口で待っています.

(**b**)〈attendre de 不定詞 [que 接続法]〉 …(するの)を待つ.

●*Attends* d'avoir vingt ans. 20歳になるまでお待ち.

(**c**)〈attendre A pour 不定詞〉 Aを待って…する.

●*attendre* le bon moment *pour* agir 好機の到来を待って行動を起こす.

❷〖*de*, に〗を期待する.

●Qu'*attendez*-vous *de* lui? いったい彼に何を期待しているのですか.

❸ を待ちうける, に用意されている.

●Le dîner nous *attend*. 食事ができています.

faire attendre 人 (人)を待たせる.

会話 Excusez moi de vous *avoir fait attendre*. お待たせしてすみません.

se faire attendre なかなか来ない.
•Vous *vous êtes fait attendre*. ずいぶん待ちましたよ[遅いじゃありませんか].
— 自 待つ; (物が)もつ.
•J'*ai attendu* (pendant) une heure. 私は1時間待った.
•Ces fruits sont trop mûrs, ils ne peuvent plus *attendre*. この果物は熟れすぎている, もうこれ以上もつまい.
Attendez* (*un peu*)*! ちょっと待って; 《脅しで》待ってろよ.
会話 ***Attendez voir.*** ちょっと待ってください(今思い出しますから); ええと.
en attendant さしあたり. →**attendant**
— s'attendre 代動 〈s'attendre à 名 [à 不定詞/à ce que 接続法]〉 …(することと)を予想する, 期待する.
•Je ne *m'attendais* pas *à* vous rencontrer ici. ここでお会いするとは思ってもいませんでした.
•Avec lui on peut *s'attendre à* tout. 彼のことだから何をしでかすかわからない.
Il fallait s'y attendre. そのくらい覚悟しておくべきだった.

attendrir /アタンドリール/ 他 33 ❶を感動させる, の同情を誘う. ❷(肉)を柔らかくする.
— s'attendrir 代動 〘*sur*, に〙感動する, 同情する. •*s'attendrir sur* le sort de 人 (人)の身の上に同情する.

l'**attendrissement** /アタンドリスマン/ 男 感動; 哀れみ.

attendu(e) /アタンデュ/ 形 期待した; 予期されている.
— 前 《次の表現で》
attendu que 直 …のゆえに.

l'**attentat** /アタンタ/ 男 テロ(行為); 侵犯. •*attentat* à la bombe 爆弾テロ. •commettre un *attentat* contre… …にテロを行う.

l'**attente** /アタート/ 女 ❶(英 waiting) 待つこと; 待ち時間. •salle d'*attente* 待合室. ❷(英 expectation) 予期, 期待. •contre toute *attente* すべての予想に反して. •répondre aux *attentes* de… …の期待に応える.
dans l'attente de vos nouvelles 《手紙で》お便りを楽しみにしつつ.

attentif(ve) /アタンティフ(ーヴ)/ 形 ❶(英 attentive) 注意深い, 熱心な. •écouter d'une oreille *attentive* じっと聞き入る. ❷〈attentif à 名 [à 不定詞]〉…(すること)に気をつけた.

l'**attention** /atɑ̃sjɔ̃ アタンスィヨン/ 女 (英 attention)
❶注意, 関心.
•*Attention* peinture fraîche 《掲示》ペンキ塗りたて.
•fixer son *attention* sur… …に注意を集中する.
会話 *Attention*! 気をつけろ, 危ない.
❷配慮.
•Je vous remercie de votre aimable *attention*. お心遣いありがとうございます.
à l'attention de… 《手紙で》…様宛.
avec attention 注意して. •écouter *avec attention* 注意して聞く.
faire attention à… …に気をつける.
•*Faites attention à* la marche. 足元に気をつけてください.
•*Faites attention à* [*de*] ne pas être en retard. 遅れないように気をつけなさい.
prêter attention à… …に注意を払う.

attentive →**attentif** の女性形.

attentivement /アタンティヴマン/ 副 注意深く.

atténuant(e) /アテニュアン(ト)/ 形 刑を軽くする.

atténuer /アテニュエ/ 他 を弱める; 緩和する, 軽減する.
— s'atténuer 代動 弱まる, 和らぐ.

atterrer /アテレ/ 他 を打ちのめす.

atterrir /アテリール/ 自 33 ❶着陸する; 上陸する. ❷《話》やっとたどり着く.

l'**atterrissage** /アテリサージュ/ 男 着陸; 上陸. •*atterrissage* forcé 緊急着陸.

l'**attestation** /アテスタスィヨン/ 女 証明書.

attester /アテステ/ 他 を証明する; 証言する. •*attester* l'innocence de 人 (人)の無罪を証明する.
— 自 〘*de*, を〙保障する.

attirer /アティレ/ 他 (英 attract) ❶を引きつける. ❷(注意など)を引く; (人)を誘惑する, 魅了する. •Ce quartier *attire* les jeunes. この地区は若者を引きつけている. •*attirer* l'attention de 人 sur… …について(人)の注意を促す. ❸〈attirer…à 人〉(人)に…をもたらす.
— s'attirer 代動 ❶引きつけ合う. ❷自ら招く.

A

l' **attitude** /アティテュド/ 女 (英 attitude) 姿勢; 態度.
prendre des attitudes 気取る.

l' **attraction** /アトラクスィヨン/ 女 ❶引力; 魅力; 引きつけるもの. ●*attraction* universelle 万有引力, 重力. ❷アトラクション. ●parc d'*attractions* 遊園地.

l' **attrait** /アトレ/ 男 魅力; 好み.

attraper /アトラペ/ 他 ❶(英 catch) を捕まえる. ●*attraper* des papillons 蝶(ちょう)を捕まえる. ❷(電車)に間に合う. ❸(態度など)を身につける. ❹《話》を叱りつける. ❺《話》を得る; (病気など)にかかる. ●*attraper* un rhume 風邪を引く. ❻をだます.

— **s'attraper** 代動 (病気が)うつる.

attrayant(*e*) /アトレイヤン(ト)/ 形 人を引きつける, 魅力的な.

attribuer /アトリビュエ/ 他 (英 attribute) 〈attribuer A à B〉 ❶AをBに与える, 割り当てる. ●Le numéro que vous avez demandé n'*est* plus *attribué*. おかけになった番号は現在使われておりません. ❷AをBに帰する; AをBのものだとする.
attribuer de l'importance à... …を大事だとみなす.

— **s'attribuer** 代動 自分のものとする.

l' **attribut** /アトリビュ/ 男 属性, 特質; 〔文法〕属詞.

l' **attribution** /アトリビュスィヨン/ 女 ❶割り当て, 付与. ❷《複》職権, 権限. ●Cela n'entre pas dans mes *attributions*. それは私の権限外のことだ.

attrister /アトリステ/ 他 を悲しませる.

— **s'attrister** 代動 〚*de*, (するの)を〛 悲しむ.

au /オ/ à+le.

l' **aube** /オーブ/ 女 (英 dawn) ❶夜明け, 黎明(れいめい)期. ❷〔カト〕アルバ. → 司祭がミサの時に着る白衣.
à l'aube de... …の始まりに.

l' **auberge** /オベルジュ/ 女 (田舎の)宿屋.
●*auberge* de jeunesse ユースホステル.
ne pas être sorti de l'auberge 《話》困難はまだ続く.

l' **aubergine** /オベルジヌ/ 女 〔植〕ナス.
— 形 《不変》ナス色の.

aucun(*e*) /オカン(キュヌ)/ 形 ❶(英 no, none, not any) 《否定文で》どんな…も…ない. ●*n'*avoir *aucune* chance まるで見込みがない. ●Ça *n'*a *aucune* importance. それはまったく重要ではない. ❷《肯定文で》どんな, 何の. ●Il lit plus qu'*aucun* autre enfant. 彼ほど字が読める子はほかにはいない.
会話 ***Aucune idée!*** まるでわからない.
en aucun cas いかなる場合でも(…ない).
— 代 《不定代名詞》 ❶《否定文で》だれ一人として(…ない); どれも(…ない).
❷《肯定文で》だれ(か); 何か.
aucun de... …のだれ[どれ]も(…ない).
●*Aucun* d'entre eux *ne* partira. 彼らは誰一人出かけないだろう.

aucunement /オキュヌマン/ 副 《否定》少しも, 全然.

l' **audace** /オダス/ 女 大胆; ずうずうしさ.
avoir l'audace de 不定詞 厚かましくも…する.

audacieux(*se*) /オダスィユ(ーズ)/ 形 大胆な; ずうずうしい.

— l'**audacieux(*se*)** 名 大胆な人; ずうずうしい人.

au-dedans, au-dehors → **dedans, dehors**

au-delà /オドゥラ/ 副 (英 beyond) その向こうに[で], その先に[で].
au(-)delà de... …の向こうに[で]; …の先に[で]; …を過ぎて. ●*au-delà des* mers 海の彼方に. ●Il a réussi *au-delà de* toute attente. 彼は期待をはるかに越えて成功した.

— l'**au-delà** 男 あの世.

au-dessous /オドゥス/ 副 (英 below) その下に; 下の方に; それ以下に. ●les gens qui habitent *au-dessous* すぐ下の階に住む人たち.
au-dessous de... …の下に; …以下.

au-dessus /オドゥスュ/ 副 (英 above) その上に; 上の方に; それ以上に. ●Notre chambre est *au-dessus*. 我々の寝室は上の階にある.
au-dessus de... …の上に; …以上の[に].

au-devant /オドゥヴァン/ 副 前に, 迎えに. ●aller *au-devant* du danger 危険に向かって行く.
aller au-devant de 人 (人)を迎えに行く.

l' **audience** /オディヤーンス/ 女 ❶会見; 〔法〕審問; 弁論. ❷《集合的》視聴者; 視聴率 (=taux d'〜).

faire de l'audience 多くの観客を集める.
audiovisuel(le) /オディオヴィズュエル/ 形 視聴覚の; 音声と映像による.
— **l'audiovisuel** 男 視聴覚メディア.
l' **auditeur(trice)** /オディトゥール(トリス)/ 名 ❶ (英 listener) 聴取者, 聞き手. ❷ 監査役.
auditif(ve) /オディティフ(ーヴ)/ 形 耳の, 聴覚の.
l' **audition** /オディスィヨン/ 女 ❶ 聴くこと; 聴覚. ❷ オーディション. ●passer une *audition* オーディションを受ける.
l' **auditoire** /オディトワール/ 男 聴衆.
auditrice →**auditeur** の女性形.
l' **augmentation** /オグマンタスィヨン/ 女 (英 increase) 増加; 値上げ, 上昇.
réclamer une augmentation 賃上げを要求する.
augmenter /オグマンテ/ 他 (英 increase) ❶ (物価・金額)を上げる; (人)の給料を上げる. ❷ を増やす. ●*augmenter* le nombre de ... …の数を増やす.
— 自 ❶ 値上りする, 上がる. ●Le prix des légumes a beaucoup *augmenté*. 野菜がひどく値上がりした. ❷ 増える.
aujourd'hui /oʒurdɥi オジュルデュイ/ 副 (英 today) 今日; 今日(こんにち)では.
●Il fait beau, *aujourd'hui*! 天気がいいな, 今日は.
●C'est tout pour *aujourd'hui*. 今日はこれでおしまい.
●*Aujourd'hui*, tout le monde a la télévision. 今日では誰もがテレビを持っている.
d'aujourd'hui 今日から; 現代の.
●Ce n'est pas *d'aujourd'hui* que je le connais. 彼と知り合ったのは昨日今日のことではない.
●le Japon *d'aujourd'hui* 現代の日本.

POINT
昨日 hier　一昨日 avant-hier
3日前 il y a trois jours
明日 demain　明後日 après-demain
3日後 dans trois jours

l' **aumône** /オモヌ/ 女 施し.
auparavant /オパラヴァン/ 副 (英 previously, beforehand) その前に, 以前; まず. ●un mois *auparavant* ひと月前に.
auprès /オプレ/ 副 〈auprès de ...〉 (英 beside) …のそばに; …と比べて; …に対して; …の考えでは; 目には. ●Il est toujours *auprès de* moi. 彼はいつも私のそばにいる.
auquel /オケル/ à+lequel. →**lequel**
aura, aurai ..., auras →**avoir** 8
au revoir /オルヴォワール/ 《間投詞的に》 さようなら. →**revoir**
aurez →**avoir** 8
l' **auriculaire** /オリキュレール/ 男 小指 (=doigt ～).
auriez, aurions, aurons[t] → **avoir** 8
l' **aurore** /オロール/ 女 ❶ 暁(あかつき)の光, 曙(あけぼの). ❷ オーロラ (=～ polaire).
à l'aurore (de la vie) (人生の)曙に[で].
aussi /osi オスィ/ 副 ❶《同等比較》〈aussi 形・副 que ...〉 (英 as ... as) …と同じくらい.
●Elle est *aussi* grande *que* moi. 彼女は私と同じくらい背が高い.
●Je me lève *aussi* tôt *que* lui. 私は彼と同じくらい早く起きる.
❷ (英 also, too) …もまた, 同様に.
●Elle parle *aussi* anglais. 彼女は英語も話す.
●Eux *aussi*, ils sont contents. 彼らも喜んでいる.

POINT 否定文では non plus を用いる: Moi non plus, je ne sais pas. 私も知らない.

❸ そんなに, それほど. ●un sujet *aussi* grave それほど重要な問題.
aussi bien (que ...) (…と)同様に.
aussi longtemps que ... …する限り.
aussi 形・副 que possible できる限り….
●Soyez prêts *aussi* tôt *que possible*. できるだけ早く準備してください.
non seulement ..., mais aussi ... …だけでなく…. ●Ce *n'est pas seulement* une question d'argent, *mais aussi* de temps. 単にお金だけでなく時間が問題だ.
— 接 したがって, だから.
aussitôt /オスィト/ 副 (英 immediately) 直ちに, すぐに. ●Il est sorti *aussitôt* après le dîner. 夕食の後すぐに彼は外出した.
aussitôt que ... (英 as soon as) …するとすぐに.

A

austère /オステール/ 形 厳しい, 厳格な; 簡素な.
派生 l'**austérité** 女 厳格.

l' **Australie** /オストラリ/ 女 (英 Australia) オーストラリア, 豪州.

australien(*ne*) /オストラリヤン(エヌ)/ 形 オーストラリアの.
— l'**Australien(*ne*)** 名 オーストラリアの人.

autant /オタン/ 副 (英 so much, so many) それだけ, それほど, それくらい. ●Il travaille *autant* que vous. 彼はあなたと同じくらい働く.
***autant* (*de*)…, *autant* (*de*)…** …するのと同じだけ…する.
autant de… 同じだけの…, それほどの….
autant de* 名《無冠詞》*que… …と同じだけの…. ●Il n'y a pas *autant de* pluie *que* l'année dernière. 去年ほど雨が降らない.
autant que possible できるだけ.
d'autant そのぶん, それだけ.
d'autant mieux que… …なだけよく[ますます].
d'autant plus* [*moins*] *… que… …なだけいっそう[ますます少なく]….
***d'autant que* 直** …だから.
en faire autant 同じだけのことをする.
pour autant それにもかかわらず.

l' **autel** /オテル/ 男〔カト〕祭壇.

l' **auteur** /オトゥール/ 男 ❶(英 author) (著)作者; 作家; 作詞家. ●droit d'*auteur* 著作権.
❷(何かをした)本人; 犯人. ●l'*auteur* de l'accident 事故を起こした張本人.

l' **authenticité** /オタンティスィテ/ 女 本物であること; 信憑(しんぴょう)性; 確実性.

authentique /オタンティク/ 形 本物の, 本当の, 偽りのない; 真正の.

l' **auto** /オト/ 女 自動車. →**automobile**

l' **autobiographie** /オトビヨグラフィ/ 女 自叙伝.

l' **autobus** /オトビュス/ 男 (英 bus) (市内の)バス.

l' **autocar** /オトカール/ 男 観光バス; 長距離バス.

l' **autochtone** /オトクトン/ 名 先住民, 原住民.
— 形 土着の, 原生の.

l' **auto-école** /オトエコル/ 女 自動車教習所.

l' **automate** /オトマト/ 男 ロボット.

automatique /オトマティク/ 形 (英 automatic) 自動(式)の; 自動的な, 無意識の.
— l'**automatique** 男 自動拳銃.
— l'**automatique** 女 オートマ車; オートメーション工学.

l' **automne** /ɔtɔn オトヌ/ 男 (英 fall, autumn) 秋.
●en *automne* 秋に. →**saison**
équinoxe d'automne 秋分.

automobile /オトモビル/ 形 自動車の.
course automobile カーレース.
— l'**automobile** 女 自動車; 自動車産業.

l' **automobiliste** /オトモビリスト/ 名 ドライバー, 自動車運転者.

autonome /オトノム/ 形 ❶自治の; 自立した. ❷〔情報〕オフラインの.

l' **autonomie** /オトノミ/ 女 自立; 自治(権).

l' **autorail** /オトライユ/ 男 ディーゼルカー.

l' **autorisation** /オトリザスィヨン/ 女 (英 authorization) 許可, 承諾; 認可.
●avoir l'*autorisation* de 不定詞 …する許可を得ている.
●demander [accorder] l'*autorisation* de 不定詞 …する許可を求める[与える].

autoriser /オトリゼ/ 他 (英 authorize) を認める, 許可する; 〈**autoriser** 人 **à** 不定詞〉(人)が…するのを許す. ●stationnement *autorisé* sauf le mardi《掲示》火曜日は駐車禁止.

autoritaire /オトリテール/ 形 独裁的な; 高圧的な.

l' **autorité** /オトリテ/ 女 (英 authority)
❶権威, 権威のあるもの[人].
❷権力, 権限; 《複》権力者, 当局(者).
***avoir de l'autorité sur* 人** (人)に対して権威を持つ.
***d'autorité* [*de sa propre autorité*]** 許可なしに.
faire autorité 権威がある.

l' **autoroute** /オトルート/ 女 (英 highway, freeway) 高速道路.

l' **auto-stop** /オトストプ/ 男 ヒッチハイク. ●faire de l'*auto-stop* ヒッチハイクをする.

l' **auto-stoppeur(*se*)** /オトストプール

(ズ)/ 名 ヒッチハイカー.

autour /オトゥール/ 副 (英 around, about) 周囲に, 近くに.

autour de... …の周囲に; …の近くに; (数値が)およそ. ●La Lune tourne *autour de* la Terre. 月は地球の周りを回る. ●Il a *autour de* trente ans. 彼はほぼ30歳だ.

tout autour 回りをぐるりと.

autre /otr オートル/ 形 (英 other; another) ❶ (a) **(un(e) autre ...)** ほかの, 別の….

●Je peux essayer *un autre* chapeau? 別の帽子を試していいですか.

●Il n'y a pas *d'autre* moyen. ほかの方法はない.

●*une autre* fois またの機会に, この次には.

(b) **(l'autre ...)** もう一方の….

●*l'autre* rive 向こう岸.

●*l'autre* fois《最近の過去の時点を指して》先日, この間.

(c) **(d'autres ...)** そのほかの….

●*d'autres* fois そのほかの時[機会]に.

(d) **(les autres ...)** そのほか(すべて)の…. ●Il est plus doué que *les autres* élèves. 彼はほかの生徒より才能がある.

❷《数詞・所有[不定]形容詞などとともに》ほかの.

●Nous avons encore deux *autres* filles. 私どもにはまだほかに2人娘がおります.

❸《属詞として》

●Il est devenu tout *autre*. 彼はすっかり変わった.

autre chose 別のこと; ほかのもの.

●*Autre chose*, Madame? ほかにご入用のものはありませんか.

autre ... que とは別の…. ●Avez-vous un *autre* stylo *que* celui-ci? このほかのペンはありますか.

会話 ***C'est autre chose.*** それは違う; 話が別だ.

d'autre part 他方では.

l'un(e) et l'autre... 両方の…. ●*l'un et l'autre* projets 両方の計画.

quelque chose d'autre ほかの何か.

quelqu'un d'autre 誰かほかの人.

qui d'autre? ほかの[に]だれか. ●*Qui d'autre* viendra? ほかに誰が来ますか.

quoi d'autre? ほかの何か.

rien d'autre ほかの何も…ない. ●Il n'y a *rien d'autre*. これ以外にはない.

— 代《不定代名詞》❶ (a) **(un(e) autre/d'autres)** ほかの人[もの].

●C'est une bonne idée, mais j'en ai *une autre*. それはいい考えだが私には別の考えがある.

●Certains buvaient, *d'autres* jouaient aux cartes. ある者は酒を飲み, ある者はトランプに興じていた.

(b) **(l'autre)** もう一方の人[もの].

●De mes deux fils, l'un est médecin, *l'autre* est avocat. 私の2人の息子のうち, 1人は医者でもう1人は弁護士です.

(c) **(les autres)** ほかのすべての人たち[もの]; 他人.

●Il ne faut pas compter sur *les autres*. 他人を当てにしてはならない.

❷《l'un(e), les un(e)s とともに》

(a) 〈**l'un ..., l'autre ...** [**les un(e)s ..., les autres ...**]〉 一方は…他方は….

●*Les uns* partent, *les autres* restent. 去るものもあれば居残るものもある.

(b)《代名動詞の相互的用法で》互いに.

●Ils se regardent *l'un l'autre*. 2人は互いに見つめ合っている.

de temps à autre ときどき.

d'une minute à l'autre すぐに.

l'un à côté de l'autre 並んで.

l'un et l'autre どちらも.

l'un ou l'autre どちらか.

ni l'un ni l'autre どちらも…ない.

会話 ***Une autre!*** 《飲み物の注文で》もう1杯.

autrefois /オトルフォワ/ 副 昔, 以前に.

d'autrefois 昔の.

autrement /オトルマン/ 副 ❶ 別のやり方で. ●Il n'a pas pu faire *autrement*. 彼はほかにどうしようもなかった. ❷ さ

A

もなければ.

autrement dit 言い換えれば.

autrement que … …とは違った方法で.

l'**Autriche** /オトリシュ/ 女 オーストリア.

autrichien(*ne*) /オトリシヤン(エヌ)/ 形 オーストリアの.

— l'**Autrichien(*ne*)** 名 オーストリア人.

l'**autruche** /オトリュシュ/ 女 ダチョウ.

politique de l'autruche 危険を直視しないこと.

autrui /オトリュイ/ 代 《不変》《不定代名詞》他人. → 前置詞の補語になる.

aux /オ/ à+les.

auxiliaire /オクスィリエール/ 形 補助の, 副の.

— l'**auxiliaire** 名 補助者, 助手.

— l'**auxiliaire** 男 〔文法〕助動詞 (= verbe ～).

auxquel(*le*)s /オケル/ à + lesquel(le)s. → auquel, à laquelle の複数.

avaient, avais, avait → avoir 8

l'**aval** /アヴァル/ 男 下流, 川下. ●*en aval de …* …の下流に.

l'**avalanche** /アヴァラーンシュ/ 女 雪崩(なだれ).

une avalanche de … 大量の….

avaler /アヴァレ/ 他 ❶ (英 swallow) を飲み込む; むさぼり食う. ●*avaler …* d'un trait …を一息に飲み込む. ❷ をむさぼり読む. ❸《話》(嘘など)をうのみにする.

avaler de travers むせる.

dur à avaler 信じがたい.

l'**avance** /アヴァーンス/ 女 ❶ (英 advance) 前進. ❷ (英 lead) 先行, 進んでいること. ●avoir [prendre] de l'*avance sur …* …をリードしている, …より進んでいる. ❸ 前払い; 投資. ❹《複》(交渉の)提言; (交際するために)言い寄ること.

à l'avance 先に.

d'avance 前もって; あらかじめ.

会話 Merci *d'avance.* 頼みますよ. → 前もって礼を言うとき.

en avance 先んじて.

faire des avances à 人 (人)に言い寄る.

faire une avance de … à 人 (人)に(金額)を前貸しする.

l'**avancement** /アヴァンスマン/ 男 前進, 進歩; 昇進.

avoir* [*obtenir*] *de l'avancement 昇進する.

avancer /アヴァンセ/ 他 52 (英 advance)

❶ を前に動かす. ●*avancer* le cou 首を伸ばす.

❷ (時間など)を早める; (時計)を進める. ●*avancer* sa montre d'une heure 時計を1時間進める.

❸ (意見など)を出す, 主張する.

❹ (仕事)をはかどらせる.

— 自 ❶ 進む, 進歩する; はかどる. ●Le bateau *avance* sur l'eau. 船は水上を進む. 会話 Et tes travaux, ça *avance*? 仕事はどう, はかどってる? ❷ (ものが)突き出る.

— **s'avancer** 代動 進む, はかどる; 突出る.

avant /avɑ̃ アヴァン/ 前 (英 before)

❶《時間》(a) 前に.

●Il est arrivé *avant* moi. 彼は私よりも先に着いた.

●*avant* dîner 夕食前に.

●*avant* cela それ以前に.

(b) までに, 以内に.

●*avant* le 10 mai, dernier délai 遅くとも5月10日までに.

●Rendez ces livres *avant* quinze jours. 2週間以内に本を返却しなさい.

❷《位置》の手前に.

●Notre maison est juste *avant* le pont. 私たちの家は橋のすぐ手前にある.

❸《序列》優先して.

●placer l'utile *avant* l'agréable 快適さよりも実用性を重んじる.

avant de 不定詞 …する前に. ●Il lit *avant de* dormir. 彼は眠る前に本を読む.

avant peu まもなく, すぐに.

***avant que* (*ne*)** 接続法 …する前に.

●Partez *avant qu*'il (*ne*) pleuve. 雨の降らないうちに行きなさい.

avant tout*/*avant toute chose 何よりもまず.

— 副 ❶《時間》(a) (その)前に, 先に; 以前は.

●Partez *avant*. 先に出発しなさい.

●Où habitiez-vous *avant*? 以前はどこに住んでいましたか.

(b) 〈期間 avant〉 …前に.

●quelques jours *avant* 数日前に.

❷《位置》手前に.
● N'allez pas jusqu'au terminus. Descendez deux stations *avant*. 終点まで行かないで, その2つ手前で降りなさい.
❸《序列》先に.
● Devant une porte, on fait passer les dames *avant*. ドアの前では女性を先に通すものだ.
bien avant 《時間的・空間的に》大分前に.
d'avant 前の. ● la semaine *d'avant* その前の週.
en avant 前方に; 先に. 会話 *En avant!* 前へ, 進め. ● mettre ... *en avant* …を前面に押し出す.
en avant de... …の前に.
— l'**avant** 男 前部; 〔海〕船首; (サッカーなどの)フォワード.
— 形 《不変》前の.

l' **avantage** /アヴァンタージュ/ 男 (英 advantage) ❶ 優位, 有利な点, 利点.
● avoir l'*avantage* sur son adversaire 敵に勝る.
❷ 利益; 特権.
❸ (テニスの)アドヴァンテージ.
à l'avantage de 人 (人)の有利なように.
avoir l'avantage de 名 [***de*** 不定詞] …の[…する]強みがある.
être [***se montrer***] ***à son avantage*** (人が)引き立って見える.

avantager /アヴァンタジェ/ 他 40 ❶ を有利にする. ❷ を引き立てる, よく見せる.

avantageux(se) /アヴァンタジュ(ーズ)/ 形 有利な; うぬぼれた.

l' **avant-dernier(ère)** /アヴァンデルニエ(ール)/ 名 (複 **avant-derniers**) 最後から2番目のもの[人].
— 形 最後から2番目の.

l' **avant-garde** /アヴァンガルド/ 女 前衛, アヴァンギャルド.
être à l'avant-garde de... …の先頭に立つ.

avant-hier /アヴァンティエール/ 副 (英 the day before yesterday) おととい.

l' **avant-propos** /アヴァンプロポ/ 男 《不変》序文, まえがき.

avare /アヴァール/ 形 ❶ (英 miserly) 欲張りの, けちな. ❷〔*de*, を〕惜しむ.
— l'**avare** 名 守銭奴, けち; **(l'A-)**「守銭奴」. → モリエールの喜劇.

l' **avarice** /アヴァリス/ 女 けち, 強欲.

avec /avɛk アヴェク/ 前 (英 with)

❶《同伴》…と一緒に, …と共に.
● Je suis allé au cinéma *avec* mon frère. 私は兄[弟]と一緒に映画に行った.
❷《手段・道具・材料》…によって, …を使って; …で.
● faire ... *avec* force 力ずくで…する.
● écrire *avec* un stylo 万年筆で書く.
● C'est fait *avec* du cuir. それは革でできている.
❸《条件》…をもってすれば.
● *Avec* le temps, tout s'arrangera. 時がたてば万事おさまるだろう.
❹《関係》…との, …に対して; …に味方して.
● son mariage *avec* Marc 彼女とマルクの結婚.
● Il est gentil *avec* moi. 彼は私に親切だ.
● être d'accord *avec* ... …と意見を同じくする.
❺《所持》…を持って[た]; …を伴う.
● sortir *avec* son parapluie 傘を持って出かける.
● homme *avec* un chapeau 帽子をかぶった男.
❻《様態》〈**avec** 名《無冠詞》〉(感情など)を抱いて. ● *avec* plaisir 喜んで.
● *avec* calme 冷静に.
❼ …と同時に.
● se lever *avec* le jour 夜明けとともに起きる.
avec cela [***ça***] 《話》さらに, その上.
avec cela [***ça***] ***que...*** 《話》その上…; 《憤慨して》ばかを言え. ● *Avec ça qu'*elle ne sait rien faire. しかも彼女は何一つできない.
会話 ***Et avec ça?/Et avec ceci?*** (店で)ほかには何か?
— 副 《話》いっしょに; それを持って[身につけて]; それでもって.
会話 Où est mon vélo?—Ton frère est parti *avec*. 私の自転車はどこ. —兄さんが乗っていったよ.

l' **avènement** /アヴェヌマン/ 男 即位; 到来.

l' **avenir** /アヴニール/ 男 (英 future) 未来, 将来(性).
à l'avenir 今後(は).
avoir de l'avenir 前途有望である.

A

dans un proche avenir 近い将来に.

l' **aventure** /アヴァンテュール/ 女 ❶(英 adventure) (思いがけない)出来事. ❷冒険, 危険な賭(かけ). ❸(英 affair) 情事 (=~ amoureuse).

à l'aventure 行き当たりばったりに.

d'aventure 偶然に.

dire la bonne aventure à 人 (人)の運勢を占う.

aventurer /アヴァンテュレ/ 他 を危険にさらす.

— **s'aventurer** 代動 危険を冒す.

aventureux(se) /アヴァンテュル(ーズ)/ 形 ❶冒険好きの, 向う見ずの. ❷危険に満ちた.

l' **aventurier(ère)** /アヴァンテュリエ(ール)/ 名 冒険家.

l' **avenue** /アヴニュ/ 女 (英 avenue) 並木道, 大通り.

l' **averse** /アヴェルス/ 女 (英 shower) 通り雨, にわか雨, 夕立.

l' **aversion** /アヴェルスィヨン/ 女 嫌悪, 反発.

avertir /アヴェルティール/ 他 33 (英 inform, warn) 〈**avertir** 人 **de** 名 [**de** 不定詞/ **que** 接続法]〉 (人)に…(であること)を知らせる; 警告する. ●*avertir* la police 警察に知らせる. ●J'*ai averti* ma mère *de* mon départ. 私は母に出発することを知らせた.

l' **avertissement** /アヴェルティスマン/ 男 知らせ; 注意, 警告.

l' **avertisseur** /アヴェルティスール/ 男 (自動車の)クラクション; 警報機, 警笛.

l' **aveu** /アヴ/ 男 (複 **aveux**) ❶告白; 自白. ❷承認, 許可.

de l'aveu de... …の証言によれば.

faire l'aveu de...à 人 (人)に…を告白する.

aveugle /アヴーグル/ 形 (英 blind) 盲目の; 盲目的な; 絶対的な. ●L'amour est *aveugle*. 愛は盲目. ●avoir une confiance *aveugle* en 人 (人)を全面的に信頼している.

en aveugle 後先のことを考えずに.

— l'**aveugle** 名 盲人, 目の不自由な人.

l' **aveuglement** /アヴグルマン/ 男 逆上, 無分別.

aveuglément /アヴグレマン/ 副 盲目的に, 無分別に.

aveugler /アヴグレ/ 他 の視界をくらませる; を失明させる.

aveuglette /アヴグレット/ 《次の表現で》

à l'aveuglette 手探りで; やみくもに.

avez →**avoir** 8

l' **aviateur(trice)** /アヴィアトゥール(トリス)/ 名 飛行士.

l' **aviation** /アヴィヤスィヨン/ 女 飛行, 航空; 航空機.

avide /アヴィド/ 形 ❶貪欲(どんよく)な; むさぼるような. ❷〚*de*, (すること)を〛渇望する.

l' **avidité** /アヴィディテ/ 女 渇望; 貪欲(どんよく). ●écouter avec *avidité* 熱心に耳を傾ける. ●manger avec *avidité* がつがつと食べる.

aviez →**avoir** 8

l' **avion** /avjɔ̃ アヴィヨン/ 男 (英 airplane) 飛行機.

●prendre l'*avion* 飛行機に乗る.

avion à réaction ジェット機.

en avion 飛行機で, 空路で.

par avion 航空便で.

avions →**avoir** 8

l' **avis** /アヴィ/ 男 ❶(英 opinion) 考え, 意見.

❷(英 notice) 告示 (=~ au public); 通知; 忠告.

à mon [***ton, son*** …] ***avis*** 私[君, 彼(女)…]の考えでは.

donner son avis 自分の意見を述べる.

être d'avis de 不定詞 [***que*** 接続法] …した方がよいと思う.

aviser /アヴィゼ/ 他 〈**aviser** 人 **de ...**〉 (人)に…を通知する.

— **s'aviser** 代動 〚*de*, (すること)〛を思いつく.

l' **avocat[1](e)** /アヴォカ(ト)/ 名 (英 attorney, lawyer) 弁護士; 弁護者.

se faire l'avocat de... …を擁護する, 支持する.

l' **avocat[2]** /アヴォカ/ 男 アボカド(の実).

l' **avoine** /アヴォワヌ/ 女 〔植〕カラスムギ(の実).

avoir /avwar アヴォワール/ 他 8 (英 have)

j'	ai	nous	avons
tu	as	vous	avez
il	a	ils	ont
現分	ayant	過分	eu

❶ (a) を持つ, 所有する.
● *avoir* une villa 別荘を持っている.
(b) (家族・友人など)がいる; (動物)を飼っている.
● *avoir* deux enfants 子供が 2 人いる.
● Nous *avons* un chat. 私たちは猫を 1 匹飼っている.
(c) を身につけている.
● *avoir* un pantalon beige ベージュのズボンをはいている.
会話 Tu *as* ton parapluie? 傘持った?
(d) (店などが品物)を置いている.
● Qu'est-ce que vous *avez* comme vin rouge? 赤ワインは何がありますか.
(e) 《時間・機会などについて》がある.
● Je n'*ai* rien ce soir. 今晩は何の予定もない.
● Je n'*ai* pas le temps d'y aller. 私はそこに行く時間がない.
❷ 《定型表現で特徴や状態を表す》 (a) (年齢が)…歳である; (特徴として)がある.
会話 Quel âge *avez*-vous? —J'*ai* vingt ans. おいくつですか—20 歳です.
● *avoir* du courage 勇気がある.
● *avoir* les yeux bleus 青い目をしている.
(b) の状態である.
● *avoir* faim [soif] 空腹だ[のどが渇いている].
● *avoir* chaud [froid] 暑い[寒い].
● *avoir* raison [tort] 正しい, もっともだ[間違っている].
● *avoir* mal à... …が痛い.
● Qu'*avez*-vous? どうしたのですか.
❸ を手に入れる; 買う.
● J'*ai* *eu* cette voiture pour un bon prix. 私はこの車を安く手に入れた.
❹ 《話》をだます, 負かす.

avoir (...) à 不定詞 …しなければならない(…がある). ● J'*ai* quelqu'un *à* voir. ちょっと人に会わないといけません.
avoir beau 不定詞 …しても無駄である. →**beau** の成句
en avoir pour... (それをするのに)…かかる. ● J'*en ai pour* cinq heures. それには 5 時間かかる.
n'avoir pas à 不定詞 …する必要はない. ● On *n'a pas à* lui répondre. 彼(女)には返事をするには及ばない.
n'avoir qu'à 不定詞 …しさえすればいい.

— 助動 《すべての他動詞, 大部分の自動詞の助動詞となり, 複合時制をつくる》
● Vous *avez* déjeuné? 昼食は済みましたか. → déjeuner の直説法複合過去形.
● Nous *aurons* terminé notre travail demain. 私たちは仕事を明日には終えているだろう. → terminer の直説法前未来形.

— **il y a** 《非人称》 ❶ …がある, 存在する.
● *Il y a* des livres sur la table. テーブルの上には本があります.
会話 Qu'est-ce qu'*il y a*? どうしたのですか.
❷ 《時間》…前(に), …がたっている.
● Il est arrivé *il y a* une semaine. 彼は 1 週間前に着いた.
● *Il y a* longtemps que je ne l'ai pas vu. もうしばらく彼に会ってない.
Il n'y a qu'à 不定詞 …するしかない.
Il y en a qui 直 …する人もいる. ● *Il y en a qui* viennent de très loin. 非常に遠くから来る人もいる.

— **l'avoir** 男 財産; 貸方.

avons →**avoir** 8

l' **avortement** /アヴォルトマン/ 男 ❶ 流産; 堕胎, 妊娠中絶. ❷ 失敗.

avorter /アヴォルテ/ 自 ❶ 流産する; 妊娠中絶する.
❷ 失敗に終わる.

avouer /アヴエ/ 他 (英 confess) を白状する, 認める. ● J'*avoue* qu'il a raison. 彼が正しいことは認めます.
— **s'avouer** 代動 〈s'avouer 形〉 自分が…であると認める.

l' **avril** /アヴリル/ 男 (英 April) 4 月.
en* [*au mois d'*] *avril 4 月に.
poisson d'avril エープリルフール. → 紙で作った魚を他人の背中にこっそり貼って, からかう習慣がある.

l' **axe** /アクス/ 男 ❶ 軸, 中心線.
❷ (思想などの)方向性, 基本方針.
❸ 幹線道路. ● les grands *axes* 主要道路.

l' **axiome** /アクスィヨム/ 男 〔数〕〔哲〕 公理; 《話》 自明の理.

ayant, ayez, ayons →**avoir** 8

l' **azote** /アゾト/ 男 〔化〕 窒素.

l' **azur** /アズュール/ 男 《文》 空色, 淡青色; 青空.
Côte d'Azur コートダジュール.

B

B b

le **B, b** /ベ/ 男 フランス字母の第2字.

le **bâbord** /バボール/ 男 (船の)左舷(げん).

le **bac**[1] /バク/ 男 ❶大きな容器. ●*bac* à fleurs (園芸用の)鉢. ❷渡し船.

le **bac**[2] /バク/ 男 《話》バカロレア, 大学入学資格. →**baccalauréat**

le **baccalauréat** /バカロレア/ 男 バカロレア. → 中等教育修了時の国家試験, 大学入学資格になる; 略 bac.

le(la) **bachelier(ère)** /バシュリエ(ール)/ 名 大学入学資格者, バカロレアの合格者.

la **bactérie** /バクテリ/ 女 バクテリア, 細菌.

le(la) **badaud(e)** /バド(ード)/ 名 やじ馬.

badiner /バディネ/ 自 冗談を言う, ふざける.

le **bagage** /バガージュ/ 男 ❶(英 baggage)《複》荷物. ●*bagages* à main 手荷物. ❷知識. ●un bon *bagage* technique 十分な専門知識.

faire ses bagages (旅行などのために)荷造りする.

la **bagarre** /バガール/ 女 乱闘, けんか, 争い. ●De violentes *bagarres* ont éclaté. 激しい乱闘が始まった.

bagarrer /バガレ/ 自 《話》争う, 闘う.

—se bagarrer 代動 《話》けんかをする, 殴り合う.

la **bague** /バグ/ 女 指輪.

la **baguette** /バゲト/ 女 ❶バゲット. → 棒状のフランスパン. ❷(英 stick) 細い棒, 鞭(むち);《複》箸(はし). ●*baguette* de chef d'orchestre (指揮者の)指揮棒.

bah /バ/ 間 (失望・無関心・驚きを表す)ああ, へえ. 会話 *Bah!* Ce n'est pas grand-chose. なんだ, 大したことない.

la **baie**[1] /ベ/ 女 湾.

la **baie**[2] /ベ/ 女 (窓・出入り口用の壁の)開口部; (大きな)窓, 出入り口.

la **baie**[3] /ベ/ 女 〔植〕漿果(しょうか), 液果; ブドウ・ミカンなどの果実.

la **baignade** /ベニャド/ 女 水浴(場). ●*Baignade* interdite 《掲示》遊泳禁止.

baigner /ベニェ/ 他 ❶(英 bathe) を水浴[入浴]させる. ❷を漬ける, 浸す.

— 自 漬かる, 浸る.

baigné de soleil 日の光を浴びて.

会話 ***Ça baigne (dans l'huile).*** うまく行っている.

会話 ***Tout baigne!*** それはすばらしい.

—se baigner 代動 水浴びをする; 泳ぐ. ●aller *se baigner* à la plage 海水浴に行く.

le(la) **baigneur(se)** /ベニュール(ズ)/ 名 水浴する人, 泳ぐ人.

— le **baigneur** 男 (水遊び用の)赤ちゃん人形.

la **baignoire** /ベニョワール/ 女 ❶浴槽(そう). ❷(劇場の)1階ボックス席.

le **bail** /バイユ/ 男 (複 **baux**) リース, 賃貸借契約(金).

le **bâillement** /バイユマン/ 男 あくび.

bâiller /バイエ/ 自 ❶あくびをする. ●*bâiller* d'ennui 退屈であくびをする. ❷半開きになっている.

le **bain** /バン/ 男 ❶(英 bath) 入浴, 風呂; 浴槽. ●le grand [petit] *bain* プールの深い[浅い]ところ. ❷(海)水浴. ●*bain* de mer [soleil] 海水浴[日光浴].

prendre un bain 風呂に入る, 入浴する.

le **baiser** /ベゼ/ 男 キス, 口づけ.

— 他 ❶《話》とセックスする. ❷《文》に口づけする. ❸《話》を一杯くわせる, だます. 会話 Je me suis fait *baiser*. だまされた, やられた.

la **baisse** /ベス/ 女 ❶低下. ●*baisse* de l'activité économique 経済活動の低下. ❷値段の下落, 値下げ.

à la baisse 下降気味の[で].

être en baisse 下落[下降, 減少]している.

baisser /ベセ/ 他 (英 lower) を低くする, 下げる, 降ろす.

baisser la tête おじぎをする, 首をうなだれる; 屈する.

baisser les yeux 目を伏せる, うつむく.

faire baisser la tension 緊張を和らげる.

— 自 低くなる, 下がる; 弱くなる. ●Le jour *baisse*. (日が落ちて)暗くなる.
— **se baisser** 代動 身をかがめる.
le **bal** /バル/ 男 舞踏会. ●aller au *bal* 踊りに行く.
bal costumé 仮装舞踏会.
la **balade** /バラド/ 女 《話》散歩.
se balader /バラデ/ 代動 《話》散歩する, ぶらつく.
le **balai** /バレ/ 男 ❶(英 broom) 箒(ほうき). ❷《複》《話》年齢.
donner un coup de balai 床をさっと掃く;《話》解雇する; (旧弊を)一掃する.
la **balance** /バランス/ 女 ❶はかり, てんびん; **(B-)** てんびん座. ❷均衡, バランス; 差引き残高. ●*balance* commerciale 貿易収支. ❸《隠語》密告者.
être (***du signe de la***) ***Balance*** てんびん座生まれである.
faire pencher la balance どちらか一方に加担する.
mettre en balance le pour et le contre 賛否両論をてんびんにかける.
balancer /バランセ/ 他 52 ❶を揺り動かす, 振る. ❷《話》を乱暴に投げる. ❸《話》をちくる, 密告する.
— 自 揺れる;《文》ためらう.
balancer entre le oui et le non イエスかノーかで迷う.
Ça balance! リズムがいい.
— **se balancer** 代動 体を揺する; ぶらんこで遊ぶ.
会話 ***Je m'en balance.*** どうでもいいさ.
la **balançoire** /バランソワール/ 女 ぶらんこ, シーソー. ●faire de la *balançoire* ぶらんこ[シーソー]で遊ぶ.
balayer /バレイエ/ 他 49 50 (英 sweep) を掃く, 掃除する; 一掃する; 〔情報〕をスキャニングする. ●J'*ai balayé* ma chambre. 私は部屋を掃除した.
le(la) **balayeur(se)** /バレイユール(ズ)/ 名 街路清掃人.
— la **balayeuse** 女 街路清掃車.
balbutier /バルビュスィエ/ 自 口ごもる.
— 他 を口ごもりながら言う.
le **balcon** /バルコン/ 男 ❶バルコニー(の手すり). ❷バルコニー席. → 劇場の2・3階席.
la **baleine** /バレヌ/ 女 クジラ(鯨).
rire comme une baleine 大笑い[ばか笑い]する.
la **ballade** /バラド/ 女 〔詩〕〔楽〕バラード.
la **balle** /バル/ 女 ❶(英 ball) (テニスなどの)ボール, 球(たま). → 空気でふくらませる大きなボールは ballon.
❷弾丸. ●être tué par *balles* 撃たれて死ぬ.
jouer à la balle 球技[ボール遊び]をする.
le **ballet** /バレ/ 男 バレエ.
le **ballon** /バロン/ 男 ❶(サッカー・バスケットボールなどの)ボール. → 小型のボールは balle. ●*ballon* de football サッカーボール. ❷風船.
❸気球. ●monter en *ballon* 気球に乗る.
jouer au ballon 球技[ボール遊び]をする.
mettre le ballon dans les buts ボールをゴールに入れる.
passer le ballon à... …にボールをパスする.
le **ballot** /バロ/ 男 ❶(商品の)包み. ❷《話》ばか(人).
balnéaire /バルネエール/ 形 海水浴の.
●station *balnéaire* 海水浴場.
la **balustrade** /バリュストラド/ 女 欄干(らんかん), 手すり.
le **bambou** /バンブ/ 男 竹.
pousses de bambou タケノコ(筍).
le **ban** /バン/ 男 ❶《話》手拍子, 喝采(かっさい). ❷《複》婚姻公示.
mettre 人 ***au ban de la société*** (人)を社会から追放する, つまはじきにする.
banal(e) /バナル/ 形 (男複 banals) 平凡な, ありふれた, 月並な.
pas [***peu***] ***banal*** 平凡[尋常]ではない.
会話 Ça, ce n'est pas *banal*! それは普通じゃない, 並はずれている.
la **banalité** /バナリテ/ 女 平凡さ, 陳腐; ありふれたこと.
échanger des banalités とりとめのない話[世間話]をする.
la **banane** /バナヌ/ 女 バナナ.
se prendre une (***peau de***) ***banane*** 《話》しくじる.
bananier(ère) /バナニエ(ール)/ 形 バナナの.
— le **bananier** 男 バナナの木.
le **banc** /バン/ 男 ❶(英 bench) ベンチ; 席. ●Il est assis sur un *banc* dans le jardin. 彼は公園のベンチに腰を降ろして

B

いる. ●*banc* des accusés 被告席.
❷ 群. ●*banc* de poissons 魚群.
❸ 堆積, 層. ●*banc* de sable 砂州.
se connaître sur les bancs de l'école 学校以来の知り合いである.

bancaire /バンケール/ 形 銀行の.
carte bancaire キャッシュカード.

le **bandage** /バンダージュ/ 男 包帯.

la **bande**[1] /バンド/ 女 ❶ 帯状のもの, バンド. ❷ 包帯. ❸ テープ, 映画(のフィルム). ❹ 車線.
bande dessinée 劇画, 漫画. →**BD**

la **bande**[2] /バンド/ 女 群, 団, グループ.
en bande 一団となって, 群れをなして.
faire bande à part 単独行動をとる.

le **bandeau** /バンド/ 男 (複 **bandeaux**) ヘアバンド, 目隠し布. ●avoir un *bandeau* sur l'œil 眼帯をつけている. ●mettre un *bandeau* à 人 (人)に目隠しをする.

bander /バンデ/ 他 に包帯する, 目隠しする.
avoir les yeux bandé 目隠しをされている.
— 自 《話》勃(ぼっ)起する.

le **bandit** /バンディ/ 男 強盗, 山賊.

la **banlieue** /バンリュ/ 女 郊外. ●habiter en *banlieue* 郊外に住む.

la **bannière** /バニエール/ 女 団旗; 旗.

bannir /バニール/ 他 33 を追放する.

la **banque** /バンク/ 女 (英 bank) 銀行(業). ●mettre son argent à la *banque* 銀行にお金を預ける. ●retirer de l'argent à la *banque* 銀行からお金を引き出す[下ろす]. ●ouvrir un compte en *banque* 銀行口座を開く.
banque de données データバンク.
banque du sang 血液銀行.

le **banquet** /バンケ/ 男 宴会, 祝宴.

la **banquette** /バンケト/ 女 (列車・バスなどの)座席.

le(la) **banquier(ère)** /バンキエ(ール)/ 名 銀行家.

la **banquise** /バンキーズ/ 女 浮氷塊.

le **baobab** /バオバブ/ 男 〔植〕バオバブ. →アフリカ産の大木.

le **baptême** /バテム/ 男 〔カト〕洗礼. ●recevoir le *baptême* 洗礼を受ける.

baptiser /バティゼ/ 他 ❶ に洗礼を施す. ❷ に洗礼名をつける; を命名する. ●On a *baptisé* cet enfant Georges. その子はジョルジュという洗礼名を授けられた.

le **baquet** /バケ/ 男 (木の)桶.

le **bar**[1] /バール/ 男 (<英) ❶ (バー・カフェの)カウンター. ❷ バー, 酒場.
派生 le **bar-tabac** 男 たばこ屋兼バー.

le **bar**[2] /バール/ 男 〔魚〕スズキの類.

la **baraque** /バラク/ 女 バラック, 小屋; 《話》ぼろ家.
casser la baraque 《話》(芝居などが)大当たりする; (怒って)計画をぶちこわす.

barbare /バルバール/ 形 ❶ 野蛮な. ❷ 粗野な; 残酷な.
— le(la) **barbare** 名 野蛮人.

la **barbarie** /バルバリ/ 女 未開, 野蛮; 残酷.

la **barbe** /バルブ/ 女 ❶ (英 beard) (頬(ほお)・あごの)ひげ. →口ひげは moustache. ❷ (動物・魚の)ひげ; (麦の)のぎ; (鳥の)羽枝(うし). ❸ 《複》ぎざぎざになった紙の縁.
à la barbe de 人 (人)の目の前で.
rire dans sa barbe 陰で笑う, ほくそえむ.

barbelé(e) /バルブレ/ 形 とげのある.
●fils de fer *barbelés* 有刺鉄線.
— le **barbelé** 男 《多く複数》有刺鉄線.

la **barbiche** /バルビシュ/ 女 山羊ひげ.

barbouiller /バルブイエ/ 他 を汚す; 塗りたくる.
barbouiller du papier 紙に書きなぐる.

barbu(e) /バルビュ/ 形 ひげの生えた.
— le **barbu** 男 ひげを生やした人.

le **baril** /バリ(ル)/ 男 小さな樽; バレル. →石油の容量単位; 約159リットル.

le **baromètre** /バロメトル/ 男 ❶ 気圧計; 晴雨計. ❷ バロメーター.

le(la) **baron(*ne*)** /バロン(ロヌ)/ 名 男爵(夫人).

baroque /バロク/ 形 ❶ 奇妙な. ❷ バロック様式の.
— le **baroque** 男 バロック様式[建築].

la **barque** /バルク/ 女 小舟, ボート. ●*barque* à moteur モーターボート.
mener 〔***conduire***〕 ***bien sa barque*** ものごとをうまく処理する.

le **barrage** /バラージュ/ 男 ❶ せき止めること; 障害物. ●*barrage* d'une rue 通行止めの柵(さく). ❷ ダム, 堰(せき).
barrage de police (検問用の)警察の非常線.

établir un barrage (*routier*) 道路を封鎖する.

la **barre** /バール/ 女 ❶ 棒; 舵(かじ)棒; 〔スポーツ〕クロスバー (=～ transversale). ❷ 証人席 (=～ des témoins). ❸ 横線, 棒じるし. ❹ (港口・河口の)砂州, 岩礁. ❺ 激痛.

avoir barre(*s*) *sur* 人 (人)に対して優位に立つ.

barre fixe 〔体操〕鉄棒.

barre oblique スラッシュ, 斜線《/》.

être à la [*tenir la*] *barre* 舵[指揮]を執る立場にある.

placer la barre trop haut ハードルを高くしすぎる.

(*à*) *toute barre* 《話》全速力で.

le **barreau** /バロ/ 男 (複 barreaux) ❶ 格子, 柵. ❷ (**le** ～) 《集合的》弁護士.

entrer [*être admis, être reçu*] *au barreau* 弁護士になる.

être derrière les barreaux 服役している.

barrer /バレ/ 他 ❶ を遮断(しゃだん)する; 妨げる. ●*barrer* une rue 通りをふさぐ. ❷ (文字など)を線を引いて抹消する, に横棒を引く. ❸ (船)の舵をとる.

— 自 舵をとる.

la **barricade** /バリカド/ 女 バリケード; 妨害物.

barricader /バリカデ/ 他 をバリケードでふさぐ; しっかり閉ざす.

— **se barricader** 代動 閉じこもる. ●*se barricader* dans sa chambre 自分の部屋に引きこもる.

la **barrière** /バリエール/ 女 ❶ 柵; (昔の市や城の)門. ❷ 障害物, 障壁. ●*barrières* tarifaires 関税障壁.

la **barrique** /バリク/ 女 大樽. → 約200リットル入り.

bas(**se**) /バ(ス)/ 形 ❶ (英 low) (高さの)低い. ●table *basse* 低いテーブル. ❷ (程度や規模が)低い, 小さい. ●enfant en *bas* âge 年端のいかない子, 幼児. ❸ (声や音程が)低い. ●à voix *basse* 小声で; 低い声で. ❹ (水位などが)低い. ❺ 低地の; 海に近い. ❻ (英 mean) (身分などの)低い, 下層の; 卑しい. ❼ (価値の)低い, 安物の. ❽ (時代的に)後代の.

au bas mot 最低でも, 少なくとも.

— 副 ❶ 低く, 下に. ❷ 小声で, 低音で. ●chanter *bas* 低音で歌う.

Bas les pattes! 触るな.

mettre bas (動物が)子を産む.

plus bas もっと下に; (通りの)もっと先に.

— le **bas** 男 ❶ (あるものの)下の部分, 低いところ. ❷ 靴下, ストッキング.

À bas...! …を倒せ!

au bas de... …の下[下部, 下位]に.

avoir des hauts et des bas 浮き沈みがある.

dans le bas de... …の下の[で], 下部に[で].

de bas en haut 下から上へ; じろじろと.

du bas 下の(方の). ●les chambres *du bas* 階下の部屋.

en bas 下で, 階下に[で]. ●On vous attend *en bas*. 下で待っています.

en bas de... …の下で; …より下で. ●note *en bas de* page 脚注.

la tête en bas さかさまに.

la **bascule** /バスキュル/ 女 計量台; (体重などをはかる)はかり; シーソー.

fauteuil à bascule ロッキング・チェア.

basculer /バスキュレ/ 自 傾く; 倒れる, ひっくり返る.

— 他 を傾ける, ひっくり返す.

la **base** /バズ/ 女 ❶ 土台, 基盤. ❷ 基礎; 根本原理. ●avoir des *bases* (solides) en... …の(しっかりとした)基礎がある. ❸ 基地. ●*base* navale 海軍基地.

à base de... …を基礎とする; …を主成分とする.

à la base 基本[根本]的に.

base de données データベース.

de base 基本となる, 下層の.

être à la base de... …の源である.

le **base-ball** /ベズボール/ 男 (＜英) 野球.

baser /バゼ/ 他 〖*sur*, に〗の基盤[基礎]を置く; 基地を置く.

— **se baser** 代動 〖*sur*, の上に〗基礎を置く. 会話 *Sur* quoi vous *basez-vous*? あなたの意見の根拠は何ですか.

le **bas-fond** /バフォン/ 男 ❶ (海や川の)浅瀬. ❷ 《複》(社会の)最下層(の人々).

la **basilique** /バズィリク/ 女 ❶ バジリカ聖

B

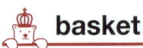

堂. → 由緒ある教会に教皇から与えられる称号. ❷ (古代ローマの)バジリカ会堂. → 裁判, 商取引に用いた. ❸ (初期キリスト教の)バジリカ会堂.

la **basket** /バスケト/ 女 (<英) ❶《話》《複》スニーカー. ❷ バスケットボール (=basket(-)ball).

le **basket(-)ball** /バスケトボール/ 男 (<英) バスケットボール.

basque[1] /バスク/ 形 バスク地方[人, 語]の.

— le(la) **Basque** 名 バスク人.

— le **basque** 男 バスク語.

la **basque**[2] /バスク/ 女 上着のすそ.

s'accrocher aux basques de... …につきまとう; しつこくせがむ.

basse /バス/ 形 bas の女性形.

— la **basse** 女 〔楽〕 ❶ 低音, バス. ❷ 低音[バス]歌手. ❸ ベース, コントラバス. ❹《複》(ピアノなどの)低音弦.

la **basse-cour** /バスクール/ 女 (複 basses-cours) 家禽飼育場.

la **bassesse** /バセス/ 女 卑劣(な行為).

le **bassin** /バサン/ 男 ❶ (公園などの)池, 貯水池; プール; 噴水盤. ● le grand *bassin* des Tuileries テュイルリー公園の大きな泉水. ❷ (港の)ドック. ❸ 盆地. ❹ 骨盤.

la **bastille** /バスティユ/ 女 ❶ (**B-**) (昔の)バスティーユ牢獄. ❷ 砦(とりで), 要塞.

place de la Bastille (パリの)バスティーユ広場.

le **bas-ventre** /バヴァントル/ 男 下腹.

bat →**battre** 9

la **bataille** /バタイユ/ 女 ❶ (英 battle) 戦い, 戦闘. ● gagner [perdre] une *bataille* 戦闘に勝つ[負ける]. ❷ 争い, けんか; 論争.

au plus fort de la bataille 戦いの真っ最中に.

bataille de boules de neige 雪合戦.

en bataille (髪が)ぼさぼさの.

le **bataillon** /バタイヨン/ 男 〔軍〕 大隊.

bâtard(e) /バタール(ド)/ 形 ❶ 私生の, 嫡出(ちゃくしゅつ)でない. ● enfant *bâtard* 私生児. ❷ 雑種の. ● chien *bâtard* 雑種犬.

— le(la) **bâtard(e)** 名 私生児, 庶子; 雑種犬.

— le **bâtard** 男 バタール (=pain ~). → バゲットより短く太いパン.

le **bateau** /bato バト/ 男 (複 **bateaux**) ❶ (英 ship) 船, ボート. ● prendre le *bateau* 船に乗る. ● voyage en *bateau* 船旅, 航海. ❷ 船形のもの.

bateau à voiles 帆船, ヨット.

faire du bateau ヨットを操縦する.

par bateau 船便で.

le **bateau-mouche** /バトムシュ/ 男 (複 **bateaux-mouches**) バトームーシュ. → パリのセーヌ川の観光船.

le **bâtiment** /バティマン/ 男 ❶ (英 building) 建物, 建築物; 建築業. ❷ (大型の)船. ● *bâtiment* de guerre 軍艦.

bâtir /バティル/ 他 33 ❶ を建てる, 築く. ❷ 〘*sur*, に基づいて〙 (理論など)を組み立てる, 築く. ❸ を仮縫いする.

le **bâton** /バトン/ 男 (英 stick, baton) 棒; 杖; 棒状のもの, スティック.

à bâtons rompus あれこれ脈絡なく.

bâton de rouge (à lèvres) 口紅.

mettre des bâtons dans les roues à... …のじゃまをする.

bats →**battre** 9

battant(e) /バタン(ト)/ 形 打つ, たたく; はためく.

le cœur battant 胸をときめかせて.

sous une pluie battante 土砂降りの中を.

— le **battant** 男 ❶ (戸・窓の)扉. ● porte à double *battant* [à deux *battants*] 両開きの戸. ❷ (鐘の)舌.

batte... →**battre** 9

le **battement** /バトマン/ 男 ❶ ぶつかること[音]; (雨の)打つ音; (心臓の)鼓動. ❷ 合間, 休憩[待ち]時間.

avoir... de battement …の休憩時間がある.

la **batterie** /バトリ/ 女 ❶ バッテリー, 蓄電池. ● recharger ses *batteries* 充電する. ❷ セット; 一式. ● *batterie* de cuisine 台所用品. ❸ 打楽器.

une batterie de... 一連の…, 一揃(そろ)いの….

batti[î]..., battons, battr... → **battre** 9

battre /バトル/ 他 9 ❶ (英 beat) を打つ, たたく, 殴る; にぶつかる. ● *battre*...

à mort …を殴り殺す. ●La pluie *bat* les vitres. 雨が窓ガラスをたたく.
❷ に打ち勝つ, を破る. ●L'équipe de France *a été battue*. フランスチームは敗れた.
❸ を歩き[探し]回る.
❹ (トランプ)を切る.
❺ をかき混ぜる; (太鼓)を鳴らす.
battre un record 記録を破る.
Il faut battre le fer pendant qu'il est chaud. 《ことわざ》鉄は熱いうちに打て.
se faire battre たたかれる.
— 自 ❶ ぶつかって音を立てる; 〚contre, に〛ぶつかる, 当たる; 〚de, を〛打つ; (太鼓が)鳴る. ●*battre des* cils まばたきをする. ●*battre des* mains 手をたたく, 拍手する. ●*battre des* ailes 羽をばたばたさせる.
❷ (心臓が)動悸(き)を打つ; 規則正しく揺れ動く.
battre de l'aile 《話》無駄なあがきをする, 不振である.
— **se battre** 代動 ❶ 殴り合う, 互いに闘う; 〚avec, contre, と〛戦う. ●Ils *se sont battus* à coups de poing. 彼らはこぶしで殴り合った.
❷ 自分の体をたたく; 自分の…を打つ.
会話 ***Je m'en bats l'œil!*** 私は全然かまわない[気にしない].

battu(e) /バテュ/ 形 ❶ 打ちのめされた, 敗北した. ❷ 踏み固められた.
avoir les yeux battus 眼の下に隈ができる.
avoir une mine de chien battu (負け犬のように)しょんぼりしている.

le **baume** /ボム/ 男 バルサム; 鎮痛剤; (ハッカなどの)芳香性の植物.

baux →**bail** の複数形.

bavard(e) /バヴァール(ド)/ (英 talkative) 形 おしゃべりな, 口の軽い.
être bavard comme une pie 本当におしゃべりだ.
— le(la) **bavard(e)** 名 《話》おしゃべり, 冗舌な人.

le **bavardage** /バヴァルダージュ/ 男 おしゃべり; 無駄話.

bavarder /バヴァルデ/ 自 〚avec, と〛おしゃべりする; 秘密を漏らす. ●*bavarder* de tout et de rien 色々なことをとりとめもなく話す.

la **bave** /バヴ/ 女 よだれ; (かたつむりなどの)粘液.

le **bazar** /バザール/ 男 ❶ (中近東の)市場, バザール. ❷ 店. ❸ 《話》乱雑. 会話 Quel *bazar*! なんて散らかっているんだ.

la **BD** /ベデ/ 女 《略》劇画, 漫画 (=bande dessinée). →**manga**

béant(e) /ベアン(ト)/ 形 (目などが)大きく開いた; ぽかんとした.

beau /bo ボ/ 形

	単数	複数
男性	beau /ボ/ *bel /ベル/	beaux /ボ/
女性	belle /ベル/	belles /ベル/

*母音または無音の h で始まる男性単数名詞の前では bel.

❶ (英 beautiful) 美しい, きれいな.
●*beau* paysage 美しい風景.
●*bel* homme [*belle* femme] 美男[美女].
❷ すばらしい, みごとな.
会話 Il est *beau*, ce costume. すてきだねその衣装.
❸ (天気が)よい.
●*beau* temps 晴天.
●Il fait *beau*. 天気がよい.
❹ (社会的・精神的に)優れた, 上流の; 気高い.
●*belle* action 立派な行為.
❺ 幸せな; 快い.
●dans ses *beaux* jours 全盛期に.
❻ (数量・程度の)大きな, 相当な.
●une *belle* somme かなりの金額.
●C'est un *bel* égoïste. 彼はひどいエゴイストだ.
❼ 立派な, 申し分のない, 大きな, 好ましい.
●*belles* tomates よくできたトマト.
●*beau* melon おいしそうなメロン.
❽ 《皮肉・反語》みごとな, 結構な. ●un *beau* travail 結構な仕事.
au beau milieu 真っただ中に.
avoir beau 不定詞 どんなに…しても無駄だ. 会話 J'*ai beau* dire. 何を言っても無駄だ.
bel et bien 実に, まったく.
C'est beau de 不定詞 …するのはすばらしいことだ. ●*Ce n'est pas beau de* mentir. 《子供に向かって》うそをつくの

B

はよくないことですよ.

le plus beau de… の肝心な部分. ● *Le plus beau de* l'histoire, c'est que… 傑作なのは…である.

***se faire beau* [*belle*]** 着飾る; 化粧をする.

un beau jour ある日.

— le **beau** 男 ❶ 美; 美しい[すばらしい]もの. ❷ 美点, 長所. ❸ 晴天.

C'est du beau! 《反語》困ったことをしてくれた.

être au beau fixe 安定した天気が続く; (関係が)いい感じで続いている.

beaucoup /boku ボク/ 副 (英 a lot) →比較級は plus. ❶《量》たくさん; 《程度》大変; 《頻度》頻繁に.

● s'intéresser *beaucoup* à… …にとても興味がある.

● Autrefois il voyageait *beaucoup*. 彼はかつてよく旅をした.

❷ 〈**beaucoup de** 名《無冠詞》〉多くの….

● *beaucoup de* choses たくさんの事柄.

● avec *beaucoup de* soin 十分注意して.

❸《名詞的に》多くの人, たくさんのこと[もの]; 大したこと, 大切なもの.

● *Beaucoup* pensent que… 多くの人が…だと思っている.

● Il y a *beaucoup* à voir. 見るべきものがたくさんある.

● C'est déjà *beaucoup*. それだけでも大したことだ.

❹《形容詞・副詞の比較級を強めて》はるかに, ずっと. 会話 C'est *beaucoup* mieux. その方が(前より)断然いいよ.

> **ポイント**
> beaucoup の前に très, si などの副詞はつけないが, vraiment, un peu などはつけることがある. また, 動詞が複合時制の場合, beaucoup は過去分詞の前におかれる: J'ai *beaucoup* dormi. 私はよく寝た.

compter pour beaucoup dans… …において重要である.

de beaucoup はるかに, ずっと. ● De nous deux, Jean est *de beaucoup* le plus jeune. 我々2人のうちジャンの方がずっと年下だ.

être pour beaucoup dans… …に大いに関係がある.

le **beau-fils** /ボフィス/ 男 (複 beaux-fils) 義理の息子, 婿(むこ).

le **beau-frère** /ボフレール/ 男 (複 beaux-frères) 義理の兄[弟].

le **beau-père** /ボペール/ 男 (複 beaux-pères) 義父, 義理の父.

la **beauté** /ボテ/ 女 ❶ (英 beauty) 美しさ, 美. ● *beauté* d'un paysage 風景の美しさ. ❷ 美人. ● concours de *beauté* 美人コンテスト. ❸《複》(女性の)魅力; (事物・作品などの)すばらしい点.

de toute beauté ものすごく美しい.

en beauté 見事に, すばらしく.

être en beauté 実に美しい.

grain de beauté ほくろ.

institut de beauté 美容院, ビューティーサロン.

produits de beauté 化粧品.

se faire une beauté 美しく化粧する[装う].

beaux →**beau** の男性複数形.

les **beaux-arts** /ボザール/ 男 複 芸術; (造形)美術.

***l'École des Beaux-Arts* [*les Beaux-Arts*]** (パリの)美術学校.

les **beaux-parents** /ボパラン/ 男 複 義理の父母; 舅(しゅうと)と姑(しゅうとめ).

le **bébé** /ベベ/ 男 (英 baby) ❶ 赤ちゃん. ❷ 甘えん坊. ● faire le *bébé* 赤ちゃんみたいにふるまう. ❸ ベビー人形.

attendre un bébé 妊娠している.

faire un bébé 子供をつくる.

jeter le bébé avec l'eau du bain 大事なものを無用なものといっしょに捨てる.

— 形 《不変》赤ちゃんのような.

le **bec** /ベク/ 男 ❶ (英 beak) (鳥の)くちばし; (ウサギなどの)口. ❷ 口, 尖(せん)端. ❸《話》(人間の)口.

avoir une prise de bec avec 人 (人)と口げんかをする.

bec à gaz ガスバーナー.

bec verseur 注ぎ口.

clouer le bec à 人 《話》(人を)黙らせる.

la **bêche** /ベシュ/ 女 シャベル.

bégayer /ベゲイエ/ 自 49 50 どもる, 口ごもる; 片言を言う.

— 他 を口ごもりながら言う.

beige /ベージュ/ 形 ベージュ色の，薄茶色の.
— le **beige** 男 ベージュ色.
le **bel**[1] /ベル/ 男 ベル. → 音の単位.
bel[2] →**beau** の男性第2形.
le **bêlement** /ベルマン/ 男 (羊やヤギの)メエという鳴き声.
bêler /ベレ/ 自 (羊・ヤギが)メエと鳴く.
belge /ベルジュ/ 形 (英 Belgian) ベルギー(人)の.
— le(la) **Belge** 名 ベルギー人.
la **Belgique** /ベルジク/ 女 (英 Belgium) ベルギー.
le **bélier** /ベリエ/ 男 雄羊; (**B-**) 〔天〕 雄羊座.
belle /ベル/ 形 →**beau** の女性形.
— la **belle** 女 美人.
la **belle-fille** /ベルフィユ/ 女 (複 **belles-filles**) 義理の娘，嫁(よめ).
la **belle-mère** /ベルメール/ 女 (複 **belles-mères**) 義母，義理の母.
belles →**beau** の女性複数形.
la **belle-sœur** /ベルスール/ 女 (複 **belles-sœurs**) 義理の姉[妹].
le **belvédère** /ベルヴェデール/ 男 展望台; ベネディクト会の(修道士).
le **bénéfice** /ベネフィス/ 男 ❶ もうけ，利益. ● faire un *bénéfice* 利益を上げる. ● *bénéfice* net 純益. ❷ 利点，特権.
au bénéfice de... …のために，…の得になるように.
le bénéfice du doute 疑わしきは罰せずの法則.
bénéficier /ベネフィスィエ/ 自 ❶ 〚*de*, の〛 恩恵に浴する; (から)利益を得る. ❷ 〚*à*, の〛 得になる，役に立つ.
le **Benelux** /ベネリュクス/ 男 ベネルクス (= les pays du ～). → ベルギー・オランダ・ルクセンブルグの3国の総称.
bénévole /ベネヴォル/ 形 ボランティアの.
— le(la) **bénévole** 名 ボランティア.
bén*in*(*igne*) /ベナン(ニニュ)/ 形 〔医〕 (腫瘍が)良性の.
bénir /ベニール/ 他 33 ❶ (人のため)に神の加護を祈る，を祝福する. ❷ に感謝する.
béni*t*(*e*) /ベニ(ト)/ 形 聖別された，神聖な.
le(la) **benjamin(*e*)** /バンジャマン(ミヌ)/ 名 末っ子; 最年少者.

la **béquille** /ベキユ/ 女 松葉杖(づえ); 支え.
le **berceau** /ベルソ/ 男 (複 **berceaux**) 揺りかご; 発祥の地，起源.
le **béret** /ベレ/ 男 ベレー帽 (=～ basque).
la **berge** /ベルジュ/ 女 土手.
le(la) **berger(*ère*)** /ベルジェ(ール)/ 名 羊飼い.
— le **berger** 男 羊の番犬，牧羊犬.
la **bergerie** /ベルジュリ/ 女 羊小屋.
Berlin /ベルラン/ 《固有》 ベルリン.
la **besogne** /ブゾニュ/ 女 (課せられた)仕事，労役.
aller vite en besogne 仕事を手っ取り早くやる.
le **besoin** /ブゾワン/ 男
❶ (英 need) 必要; 欲求.
❷ 《複》 (生活)必需品; 生活費.
❸ 《複》 便意.
❹ 不足，窮乏.
au besoin 必要な場合には，必要ならば.
avoir besoin de... …(すること)を必要とする. ● Il *a besoin d'*aide. 彼は助けを必要としている. ● J'*ai besoin de* lunettes pour lire. 読むのにはめがねがいる. ● Vous n'*avez* pas *besoin de* mettre la climatisation. エアコンを入れるには及びません.
dans le besoin お金に困って，貧しくて.
en cas de besoin 必要な場合には.
pour les besoins de la cause 自分の立場を守るために，自分の都合のいいように.
le **bétail** /ベタイユ/ 男 《集合的》 (鶏以外の)家畜.
la **bête** /ベト/ 女 ❶ (英 beast, animal) (人間以外の)動物; けもの，野獣 (=～ sauvage).
❷ 《話》 虫，昆虫. ● *bête* à bon Dieu てんとうむし.
❸ 《話》 お人よし; ばか.
bête à concours 《話》 点取り虫，がり勉.
travailler comme une bête あくせく働く.
— 形 《話》 愚かな，ばかげた.
bête comme ses pieds 《話》 ばかな.
会話 ***C'est bête comme chou*** [***tout bête***]. いとも簡単だ，そんなの朝飯前だ.
la **bêtise** /ベティーズ/ 女 愚かさ，軽率な言動; 取るに足りないこと.
avoir la bêtise de 不定詞 愚かにも…する.

dire des bêtises ばかなことを言う.
faire une bêtise へま[ばかなこと]をする.

B le **béton** /ベトン/ 男 コンクリート.
béton armé 鉄筋コンクリート.
en béton コンクリート製の; 確固とした.
● alibi *en béton* 確実なアリバイ.

beugler /ブグレ/ 自 (牛が)モーと鳴く.

le **beurre** /ブール/ 男 ❶ (英 butter) バター. ● manger du pain avec du *beurre* パンにバターを塗って食べる.
❷《話》お金.
au beurre (料理で)バターを使って.
compter pour du beurre 《話》数に入らない, 問題外だ.
mettre du beurre dans les épinards 《話》(臨時収入などが)暮らしを楽にする.

beurrer /ブレ/ 他 にバターを塗る.
— **se beurrer** 代動 《話》酔っ払う.

le **beurrier** /ブリエ/ 男 バター入れ.

le **biais** /ビエ/ 男 ❶ 斜め, 斜線. ❷ (性格・問題の)側面.
de* [*en*] *biais 斜めに; 遠回しに.

le **bibelot** /ビブロ/ 男 骨董(こっとう)品; (小型の)装飾品.

le **biberon** /ビブロン/ 男 哺乳びん.

la **bible** /ビブル/ 女 ❶ (la (sainte) B-) 聖書, バイブル. ❷ 権威のある書物.

la **bibliographie** /ビブリヨグラフィ/ 女 参考文献; 著述目録; 書誌学.

le(la) **bibliothécaire** /ビブリヨテケール/ 名 図書館員, 司書.

la **bibliothèque** /ビブリヨテク/ 女 (英 library) ❶ 図書館, 図書室; 書棚, 書斎.
● *bibliothèque* publique 公立図書館.
❷ 蔵書.
❸ 叢(そう)書, シリーズ.
❹〔情報〕ライブラリー.
rat de bibliothèque 本の虫.

le **biceps** /ビセプス/ 男 二頭筋; 力こぶ.

la **biche** /ビシュ/ 女 雌鹿.

bicolore /ビコロール/ 形 2色の.

la **bicyclette** /ビスィクレト/ 女 自転車.
aller à* [*en*] *bicyclette 自転車で行く.
faire de la bicyclette サイクリングをする.

le **bidet** /ビデ/ 男 ビデ.

le **bidon** /ビドン/ 男 ❶ (石油などを入れる) ブリキかん, 容器. ❷《話》うそ, ほら.
会話 Ce n'est pas du *bidon*. 冗談なんかじゃない. ❸《話》腹.
— 形 《不変》見せかけの, にせの.

bien

/bjɛ̃ ビヤン/ 副 (英 well, good) 《優等比較級は mieux, 同等比較級は aussi bien, 劣等比較級は moins bien》 ❶ よく, うまく, 立派に.
● Ça s'est *bien* passé. それはうまくいった.
● Elle travaille *bien*. 彼女はきちんと仕事をする.
会話 Tu as *bien* fait. よくやったね.
● assez *bien* まあまあよく.
❷ 非常に; ずっと.
● Il est *bien* malheureux. 彼は大変不幸だ.
● C'est *bien* possible. それは大いにありうることだ.
❸《強意》まさに, 確かに.
● C'est *bien* ça. そのとおり.
● C'est *bien* ce que je disais. ほら僕の言っていたとおりだろう.
❹ とにかく. ● Je l'espère *bien*. そうあって欲しいよ.
❺《譲歩》(**a**)《mais を伴い留保を表す》確かに…だ(が). ● J'ai *bien* téléphoné, *mais* vous n'étiez pas là. 確かに電話しましたよ, でもあなたはいませんでした.
(**b**)《mais とともに対立を強調する》(…ではなくて)むしろ…だ. ● Ce n'est pas un oubli, *mais bien* une erreur. それは失念というよりもむしろ過失だ.
❻《間投詞的に》よろしい, 結構.
● *Bien*, c'est fini pour aujourd'hui. よろしい今日はこれでおしまいにしよう.
● très *bien* とてもいい; かしこまりました.
❼《数量を示す言葉とともに》たっぷり; 少なくとも. ● *bien* trois heures たっぷり3時間. ● J'ai *bien* appelé dix fois. 私は少なくとも10回は電話をした.
aller bien 元気である. ● Comment allez-vous?—*Bien* merci. ご機嫌いかがですか—ありがとう元気です.
bien de... たくさんの…, 多くの….
● avoir *bien de* la chance チャンスに恵まれている, ついている. ● *bien des* choses たくさんの事柄.
会話 ***Bien entendu.*** もちろん, 当然.
bien plus さらにその上, それどころか.
bien que 接続法 …にもかかわらず.
● *Bien que* ce soit difficile, on va

quand même essayer. 難しいがとにかくやってみよう.

会話 ***Bien sûr.*** もちろん.

C'est bien fait (pour 人***)!*** (人がそうなるのは)当然だ; いい気味だ.

eh bien ええと; さて; あらあら! ●*Eh bien*, voici ce qui s'est passé. さて, 起こったのはこういうことだ. ●*Eh bien!* vous partez déjà? えっ, もう帰るんですか.

ou bien あるいは, または.

si bien que 直 《結果を表す》だから….
●Il arrivait toujours en retard, *si bien qu*'il a été renvoyé. 彼はいつも遅れてくるので, やめさせられてしまった.

tant bien que mal どうにかこうにか, まずまず.

— 形 《不変》 ❶ よい, 正しい; 満足な; 適切な.
●C'est (très) *bien*. (大変)結構です.
●Je cherche une personne *bien* pour garder mes enfants. 私は子供たちのお守りをしてくれる適当な人を探している.
❷ 元気な. ●Je ne me sens pas *bien*. 私は調子がよくありません.
❸ 〖*avec*, と〗 仲がよい. ●Elle n'est pas *bien avec* ses parents. 彼女は両親とうまくいっていない.
❹ 快い; 快適な; (容貌の)きれいな.
●Êtes-vous *bien* dans ces chaussures? この靴は履き心地がいいですか.
●Cette maison a l'air *bien*. あの家はきれいに見える.
❺ (成績評価で)優の. ●Très *bien* 「秀」. ●*Bien* 「優」. ●Assez *bien* 「良」.

— le **bien** 男 ❶ 善, 善行; **(le ～)** よいこと. ●le *bien* et le mal 善と悪. ❷ 利益; 幸福. ●C'est pour ton *bien*. 君のためを思ってのことだ. ❸ 《多く複数》 財産.

avoir du bien 財産を持っている.

en bien よい方へ; 善意で.

faire du bien à 人 (人)のためになる; (薬などが)(人)に効く. ●Buvez, ça *vous fera du bien*. 飲みなさい, 元気がつくから.

pour le bien de 人 (人)のために.
●C'est *pour votre bien*. これはあなたのためですよ.

bien-aimé(e) /ビヤンネメ/ 形 最愛の.

— le(la) **bien-aimé(e)** 名 いとしい人.

le **bien-être** /ビヤンネトル/ 男 満足[幸福]感; (物質的)充足.

la **bienfaisance** /ビヤンフザンス/ 女 善行, 慈善. ●association de *bienfaisance* 慈善団体[協会].

bienfaisant(e) /ビヤンフザン(ト)/ 形 ❶ 有益な, よく効く. ❷ 親切な, 慈善的な.

le **bienfait** /ビヤンフェ/ 男 恩恵; 効果; 《文》 善行; 好意.

le(la) **bienfaiteur(trice)** /ビヤンフェトゥール(トリス)/ 名 恩人, 慈善家.

— 形 慈善的な, 賛助する.

bienheureux(se) /ビヤンヌル(ーズ)/ 形 《文》 幸福な; 《話》 幸運な.

— le(la) **bienheureux(se)** 名 幸福な人.

bientôt

/bjɛ̃to ビヤント/ 副 (英 soon)

間もなく, すぐに; やがて.
●Nous arrivons *bientôt* à Paris. 私達は間もなくパリへ着く.
●C'est pour *bientôt*. それは近いうちのことだ.

会話 ***À (très) bientôt!*** 《あいさつ》 ではまた, 近いうちに.

C'est bientôt dit! 言うだけなら簡単だ!

la **bienveillance** /ビヤンヴェイヤンス/ 女 (目下の者に対する)好意, 親切.

bienveillant(e) /ビヤンヴェイヤン(ト)/ 形 親切な, 好意ある.

bienvenu(e) /ビヤンヴニュ/ 形 歓迎される, よい時に来た. ●remarque *bienvenue* 適切な意見.

— le(la) **bienvenu(e)** 名 歓迎される人[もの].

会話 ***Soyez [Vous êtes] le bienvenu [la bienvenue]!*** ようこそいらっしゃいました.

— la **bienvenue** 女 よい時に来ること; 歓迎.

Bienvenue! ようこそ, いらっしゃい.

souhaiter la bienvenue à 人 (人)を歓迎する.

la **bière**[1] /ビエール/ 女 (英 beer) ビール.

bière pression 生ビール.

la **bière**[2] /ビエール/ 女 棺, 柩(ひつぎ).

mettre 人 ***en bière*** (人)を棺に入れる.

le **bifteck** /ビフテク/ 男 (英 beefsteak) ステーキ.

la **bifurcation** /ビフュルカスィヨン/ 女 分岐;

B

分岐点.

bifurquer /ビフュルケ/ 自 分岐する, 2つに分かれる; 〖*vers*, へ〗方向を変える.

le **bijou** /ビジュ/ 男 (複 **bijoux**) (英 jewel) 宝石, 装身具, アクセサリー; 珠玉のごとき作品, 傑作. ● mettre [porter] des *bijoux* 装身具をつける[つけている].

la **bijouterie** /ビジュトリ/ 女 宝石[装身具]店.

le(la) **bijoutier**(**ère**) /ビジュティエ(ール)/ 名 宝石[装身具]商.

le **bilan** /ビラン/ 男 ❶ 貸借対照表, 決算(書), 明細書. ❷ 結果, 総括. ❸ 健康診査 (=〜 de santé). ● se faire faire un *bilan* de santé 健康診査を受ける.

déposer son bilan 倒産宣言をする.

faire le bilan de ... …を総括する, まとめる.

la **bile** /ビル/ 女 胆汁.

se faire de la bile 《話》気をもむ, 心配する.

bilingue /ビラング/ 形 2か国語の, 2か国語を話す.

— le(la) **bilingue** 名 2か国語を話す人, バイリンガル.

le **billard** /ビヤール/ 男 ❶ ビリヤード; 玉突き台, 玉突き場. ● faire une partie de *billard* ビリヤードをする. ❷《話》手術台. ● monter [passer] sur le *billard* 外科手術を受ける.

会話 ***C'est du billard.*** そんなのは簡単だ.

la **bille** /ビユ/ 女 ❶ ビリヤードの玉; ビー玉. ❷《話》頭, 顔.

reprendre [***récupérer***] ***ses billes*** 手を引く.

stylo-bille ボールペン.

le **billet** /bijɛ ビエ/ 男 (英 ticket) ❶ (乗り物・劇場の)切符, 券.

● *billet* d'avion 航空券.

● *billet* aller [aller-retour] 片道[往復]切符.

● composter son *billet* (自動改札機で)切符にパンチを入れる.

● Un *billet* pour Toulouse, s'il vous plaît. トゥールーズ行きの切符を1枚ください.

❷ 紙幣, 札(さつ) (=〜 de banque); 手形.

● payer en *billets* de cinquante euros 50ユーロ札で支払う.

billet doux ラブレター.

bimensuel(**le**) /ビマンスュエル/ 形 月2回の.

bio /ビヨ/ 形 《略》自然の, 有機の (= biologique).

la **biographie** /ビヨグラフィ/ 女 伝記.

biographique /ビヨグラフィク/ 形 伝記の.

la **biologie** /ビヨロジ/ 女 生物学.

biologique /ビヨロジク/ 形 生物学の; 自然の, 有機の.

bis¹ /ビス/ 副 第2の.

Bis! アンコール!

— le **bis** 男 アンコール.

bis²(**e**¹) /ビス(ーズ)/ 形 褐色の.

la **biscotte** /ビスコト/ 女 ラスク.

le **biscuit** /ビスキュイ/ 男 ❶ ビスケット. ❷ 素焼きの陶磁器.

la **bise**² /ビーズ/ 女 北[北東]から吹く寒風, 北風.

la **bise**³ /ビーズ/ 女 《話》(主に頬(ほお)にする)軽いキス. → 親しい間柄での挨拶で, 頬と頬を軽く合わせ口先で音をつくることが多い.

faire la bise à 人 《挨拶として》(人)の頬に軽くキスする.

grosses bises 《手紙の結びなどに》愛を込めて.

le **bisou** /ビズ/ 男 《話》キス. → bise よりくだけた表現.

bissextile /ビセクスティル/ 形 ***année bissextile*** うるう年.

bizarre /ビザール/ 形 奇妙な, 変な, おかしな. ● Il a toujours des idées *bizarres*. 彼はいつも妙なことを思いつく.

la **blague**¹ /ブラグ/ 女 ❶《話》うそ, 悪ふざけ. 会話 C'est de la *blague*! うそだろう! ❷ へま.

blague à part 冗談抜きに, 冗談はさておき.

dire une blague [***des blagues***] 冗談[でたらめ]を言う.

faire une blague à 人 (人)にいたずらをする[からかう].

Sans blague(***s***)***!*** まさか, 冗談だろう.

la **blague**² /ブラグ/ 女 たばこ入れ.

blaguer /ブラゲ/ 自 《話》冗談を言う.

le **blâme** /ブラム/ 男 非難, 叱責; 懲戒.

blâmer /ブラメ/ 他 を非難する; 〈**blâmer** 人 **de** [**pour**] 名 [**de** 不定詞]〉…のことで(人)を非難する, とがめる. ● On l'*a blâmé de* son imprudence. 彼は軽率さをとがめられた.

blanc(che) /blɑ̃, -ʃ ブラン(シュ)/ 形
❶ (英 white) 白い; (顔が)蒼白の.
• Il a les cheveux *blancs* 彼は白髪だ.
• Elle était *blanche* de peur. 彼女の顔は恐怖で蒼白だった.
❷ きれいな, 汚れていない; 何も書いていない.
• linge *blanc* 白い[清潔な]下着.
• page *blanche* 空白のページ.
❸ 空白の, 実質のない.
❹ 白人の.
blanc cassé 灰色[黄色]がかった白色の.
jeu blanc 〔テニス〕ラブゲーム.
nuit blanche 徹夜.
voter blanc 白票を投じる.
— le(la) **Blanc(che)** 名 白人.
— le **blanc** 男 ❶ 白, 白色.
• peindre en *blanc* 白く塗る.
❷ 白い衣服, 白布, リンネル[木綿]製品. → 下着・シーツ・食卓布など.
• être en *blanc* 白い服を着ている.
• laver séparément le *blanc* et les couleurs 白物と色物を分けて洗う.
❸ 白い部分; (印刷物などの)余白.
• laisser en *blanc* 空欄のままにしておく.
• laisser un *blanc* 余白を残す.
❹ 白ワイン (=vin ～).
❺ 卵の白身, 卵白 (=～ d'œuf); 鳥のささ身 (=～ de poulet); 白目 (=～ de l'œil).
chauffé à blanc 激烈な; (人を)熱狂させる.
Il y a eu un blanc (dans la conversation). 会話が途切れた, 気まずい沈黙が流れた.
— la **blanche** 女 ❶〔楽〕2分音符. ❷ (ビリヤードの)白球.

la **blancheur** /ブランシュール/ 女 白さ, 白い色; 無垢(むく).

blanchir /ブランシール/ 他 33 ❶ を白くする. ❷ を洗濯する. ❸ の疑いを晴らす.
blanchir de l'argent sale 不正な金を洗浄する, マネーロンダリングする.
— 自 〖de, で〗白くなる.

le **blanchissage** /ブランシサージュ/ 男 ❶ クリーニング. ❷ 精糖.

la **blanchisserie** /ブランシスリ/ 女 クリーニング店.

le(la) **blanchisseur(se)** /ブランシスール(ズ)/ 名 洗濯屋.

le **blason** /ブラゾン/ 男 紋章.

le **blé** /ブレ/ 男 ❶ (英 wheat) 小麦; (小麦の)粒.
❷《話》お金.
blond comme les blés 鮮やかな金髪の.

blême /ブレム/ 形 〖de, で〗青白い.
• *blême de* rage 怒りで顔面蒼白な.

blêmir /ブレミール/ 自 33 青ざめる, 青白くなる. • *blêmir* de colère 怒りで青くなる.

blessé(e) /ブレセ/ 形 負傷した; 感情を傷つけられた.
— le(la) **blessé(e)** 名 負傷者, けが人.
• L'accident a fait dix *blessés*. その事故で10人がけがをした.
blessé grave/grand blessé 重傷者.
blessé léger 軽傷者.

blesser /ブレセ/ 他 ❶ (英 wound) にけがをさせる, を負傷させる. • Il *a été* grièvement *blessé* dans un accident de voiture. 彼は自動車事故で重傷を負った. ❷ (精神的に)を傷つける; に不快感を与える.
— **se blesser** 代動 ❶ 〈se blesser à ...〉(身体の一部)をけがをする. • Hélène *s'est blessée à* la jambe. エレーヌは脚をけがした.
❷ 感情を害する, 気を悪くする.

la **blessure** /ブレスュール/ 女 (英 wound) 傷, けが; (精神的な)痛手, 打撃.

bleu(e) /blø ブル/ 形
❶ (英 blue) 青い.
• une robe *bleue* ブルーのドレス.
• ciel *bleu* 青空.
❷ 青ざめた.
• *bleu* de froid 寒さで真っ青になった.
❸ (肉の焼き方が)レアの. • bifteck *bleu* (レアより)生焼けのステーキ.
en être [en rester] bleu びっくり仰天する, 言葉を失う.
sang bleu 貴族の血.
— le **bleu** 男 ❶ 青, 青色.
• *bleu* ciel 空色, スカイブルー.
• *bleu* marine ネイビーブルー.
❷ (打ち身でできた)青あざ. ❸ 仕事着, つなぎの作業服 (=～ de travail). ❹《話》新参者, 新入生, 新兵. ❺ ブルー・チーズ.
❻ 青色塗料[顔料], 蛍光染料.

se faire un bleu à ... (身体の一部)にあざをつくる. ●*se faire un bleu au* bras 腕にあざをつくる.

B

bleuir /ブルイール/ [他] [33] を青くする.
— [自] 青くなる.

le **bloc** /ブロク/ [男] ❶ 塊. ●*bloc* de rocher 岩の塊. ❷ 一団, 組. ❸ (政治上の)連合. ❹ メモ帳.
à bloc 完全に.
en bloc ひとまとめにして, 総体的に.
faire bloc 結束する, 一体となる.

le **blocus** /ブロキュス/ [男] 封鎖; 経済封鎖 (= ~ économique).

blond(*e*) /ブロン(ド)/ [形] 金髪の, ブロンド色の. ●Il est *blond*. 彼は金髪だ.
— le(la) **blond(*e*)** [名] 金髪の人.
— la **blonde** [女] ❶ 黄色種のたばこ. ❷ (ラガー)ビール.
— le **blond** [男] ブロンド色.

bloquer /ブロケ/ [他] ❶ を動けない[動かない]ようにする; (道)をふさぐ. ●La route *est bloquée* par la neige. 道は雪で通れない. ❷ を締める. ❸ をひとまとめにする. ❹ (小切手の支払いなど)を停止する; (物価・賃金など)を凍結する.

se blottir /ブロティール/ [代動] [33] ❶ ちぢこまる. ❷ 〖*contre*, に〗寄り添う.

la **blouse** /ブルーズ/ [女] ❶ (英 smock) 上っ張り, 作業服; (子供の)スモック. ❷ (英 blouse) (女性用)ブラウス.

le **blouson** /ブルゾン/ [男] ジャンパー.

le **boa** /ボア/ [男] ボア. → 熱帯の大形ヘビ.

la **bobine** /ボビヌ/ [女] 糸巻, ボビン; コイル.

le **bœuf** /ブフ/ [男] ([複] **bœufs**) ❶ (英 ox, beef) 牛. ●élever des *bœufs* 牛を飼育する.
❷ 牛肉. ●manger du *bœuf* 牛肉を食べる. ●langue de *bœuf* 牛タン.

bohémien(*ne*) /ボエミアン(エヌ)/ [形] ジプシーの; 浮浪者の.
— le(la) **bohémien(*ne*)** [名] ジプシー; 浮浪者.

boi ... →**boire** [10]

boire

/bwar ボワール/ [他] [10]

je	bois	nous	buvons
tu	bois	vous	buvez
il	boit	ils	boivent
現分	buvant	過分	bu

❶ (英 drink) を飲む.
●*boire* de l'eau 水を飲む.
●Qu'est-ce que vous voulez *boire*? あなたは何を飲みたいですか.
●*boire* chaud [froid, glacé] 熱くして[冷やして, よく冷やして]飲む.

boire de l'eau　　prendre un médicament

POINT 薬を飲む場合は prendre.
❷ (酒)を飲む; に乾杯する.
❸ (水分)を吸い込む, 吸い取る.
boire les paroles de [人] (人)の言葉に聞き惚(ほ)れる.
boire un coup 一杯やる.
— [自] ❶ 飲む; 酒を飲む.
●Il aime bien *boire*. 彼は酒飲みだ.
❷ 乾杯する. ●*boire* à la santé de [人] (人)の健康を祝って乾杯する.
boire comme un trou 《話》 底なしに飲む.
boire tout son soûl 飲みたいだけ飲む.
boire un whisky sec ウイスキーをストレートで飲む.
— **se boire** [代動] (飲み物が)飲まれる, 飲める. ●La liqueur *se boit* au dessert. リキュールはデザートで飲む.
— le **boire** [男] 飲むこと, 飲み物.

le **bois**[1] /ボワ/ (英 wood) [男] ❶ 森, 林.
❷ 木; 材木. ●une maison en *bois* 木造の家.
❸ 薪.
❹ 《複》 (木)管楽器; (鹿などの)角.
avoir la gueule de bois 《話》 二日酔いである.
faire flèche [feu] de tout bois あらゆる手段を講じる.
toucher du bois (木でできたものに触れて)厄払いをする.

bois[2] →**boire** [10]

la **boisson** /ボワソン/ [女] 飲み物; アルコール飲料. ●Qu'est-ce que vous prenez comme *boisson*? お飲み物は何になさい

ますか.

boisson fraîche [***chaude***] 冷たい[温かい]飲み物.

boit →**boire** 10

la **boîte** /ボワトゥ/ 女 ❶(英 box) 〘à, de, の〙箱, 缶, 缶詰 (=~ de conserve).
● des tomates en *boîte* 缶詰のトマト.
❷ 郵便受け, ポスト (=~ aux lettres).
● mettre une lettre à la *boîte* (aux lettres) 手紙を投函(かん)する.
❸《話》(嫌な)仕事場; 学校.

boîte à musique オルゴール.

boîte à outils 道具[工具]箱.

boîte de nuit ナイトクラブ.

boîte postale (郵便局の)私書箱.

mettre 人 ***en boîte*** (人)をからかう, 一杯食わせる.

boiter /ボワテ/ 自 ❶ びっこをひく. ❷ ぐらつく, 不安定である.

boiteux(se) /ボワトゥ(ーズ)/ 形 ❶ 足の悪い, びっこの. ❷ ぐらつく, 不安定な.

— le(la) **boiteux(se)** 名 足の悪い人.

le **bol** /ボル/ 男 ❶ お椀(わん), ボウル, 鉢(はち).
❷《話》幸運. ● avoir du *bol* ついている.

en avoir ras le bol 《話》うんざりする.

prendre un (***bon***) ***bol d'air*** 《話》外の新鮮な空気を吸う.

le **bombardement** /ボンバルドマン/ 男 爆撃, 砲撃.

bombarder /ボンバルデ/ 他 ❶ を砲撃[爆撃]する. ❷〈bombarder 人 de ...〉(人)に…を投げつける, 浴びせる.

la **bombe**[1] /ボンブ/ 女 ❶ 爆弾. ● *bombe* atomique 原子爆弾. ❷ 噴霧器. → ヘアースプレーなど. ❸ (半球形の)乗馬帽.

la **bombe**[2] /ボンブ/ 女《話》宴会; どんちゃん騒ぎ.

bomber /ボンベ/ 他 をふくらませる.

bomber le torse [***la poitrine***] ふんぞり返って歩く.

— 自 ❶ ふくらむ, 張り出す. ❷ 突っ走る.

bon(*ne*)

/bɔ̃, -ɔn ボン(ヌ)/ 形 (英 good)

POINT 多くは名詞の前; 母音で始まる男性名詞の前ではリエゾンし鼻音でなくなる; 優等比較級は meilleur, 劣等比較級は moins bon.

❶ (性質が)よい, 親切な; お人好しの; 快い.
● *bonne* volonté 善意, 熱意, 誠意.
● *bonne* nouvelle よい知らせ.
● Le tabac n'est pas *bon* pour la santé. たばこは健康によくない.
❷ 正しい, 正確な.
● parler un *bon* français 正しいフランス語をしゃべる.
● *bonne* réponse 正解.
● C'est la *bonne* direction pour la gare? 駅へ行くにはこの道でいいのですか.
● le *bon* sens 常識, 分別.
❸ 良質の; (状態などが)良好な; 有効な.
● être en *bonne* santé 健康だ.
● La récolte a été *bonne* cette année. 今年は収穫がよかった.
● Le billet est encore *bon*. チケットはまだ有効期間内です.
❹ (味が)よい, おいしい.
● Ce fromage est très *bon*. このチーズはじつにうまい.
❺ 上等な, すぐれた.
● *bon* acteur うまい俳優.
❻〈bon à ...[à 不定詞]〉…[…するの]に適した, 役立つ. ● C'est *bon* à savoir. それは知っておいていい.
❼ 十分な, かなりの, たっぷり. ● J'ai passé une *bonne* heure au téléphone. 私はたっぷり1時間も電話をかけた. ● à une *bonne* distance de la ville 町からかなり離れた所に.

会話 ***À quoi bon ...?*** …は何になるのか?

Bon＋名詞

Bon anniversaire! 誕生日おめでとう.
Bon appétit! さあ召し上がれ.
Bon courage! 元気を出して頑張りなさい.
Bonne année! あけましておめでとう.
Bonne chance! 幸運を祈ります.
Bonne journée! よい一日を; 行ってらっしゃい.
Bonne nuit! おやすみなさい.
Bonnes vacances! よい休暇を.
Bon voyage! よい旅を.
Bon week-end! よい週末を.

Elle est (***bien***) ***bonne!*** 《話》それは面白い, 笑える話だ.

être bon en ... …が得意である. ● Il *est*

B

bon en physique. 彼は物理が得意だ.

être bon pour... …に向いている, 役に立つ; 《話》…を免れない.

— 副 ❶ ●Il fait *bon* dehors. 外は気持ちのよい天気だ. ❷〈Il fait bon 不定詞〉《非人称》…するのは気持ちがよい. ●*Il fait bon* dormir. 眠るのは気持ちのよいことだ.

sentir bon いい匂いがする. ●Ça *sent bon*. よい香りがする.

— 間 《同意・驚き・話題の転換など》よろしい, 結構, よし, へえ. ●Ah *bon*? ああそうなの?; 本当? ●Tu viens avec moi? *Bon*. Alors, je t'attends. 僕と一緒に行くかい? よし, じゃ待ってるよ.

— le(la) **bon(*ne*)** 名 善人. ●les *bons* et les méchants 善人と悪人.

— le **bon** 男 ❶ よいもの[こと], 長所. ❷ (お金・物との)引替券; 証書, 債券.

— la **bonne** 女 ❶《古》女中. ❷《話》面白い話.

le **bonbon** /ボンボン/ 男 キャンディー.
●*bonbon* à la menthe ミントキャンディー.

le **bond** /ボン/ 男 ❶ 跳ぶ[跳ねる]こと, バウンド. ●saisir l'occasion au *bond* チャンスに飛びつく. ❷ 飛躍, 躍進.

d'un bond 一跳びで.

faire des bonds 跳ね上がる.

faire faux bond à 人 (人)との約束をすっぽかす[破る].

faire un bond 急増する; (値段などが)跳ね上がる.

bondir /ボンディール/ 自 33 跳ぶ; 〖*sur*, に〗飛びかかる, 飛びつく.

le **bonheur** /ボヌール/ 男 (英 happiness, good luck) 幸福; 幸運. ●C'est un grand *bonheur* pour moi. それは私にとって大きな喜びです.

au petit bonheur (***la chance***) 思いつきで, 運任せで.

avoir le bonheur de 不定詞 幸運にも…する.

faire le bonheur de 人 (人)を幸せにする.

Le bonheur des uns fait le malheur des autres. 《ことわざ》ある人の幸せは他の人の不幸.

par bonheur 幸運にも.

porter bonheur à 人 (人)に幸福をもたらす.

le **bonhomme** /ボノム/ 男 (複 **bons-hommes**) ❶《話》《親しみ・軽蔑を込めて》男, やつ; 坊や. ❷ 簡略な人物画.

bonhomme de neige 雪だるま.

bonifier /ボニフィエ/ 他 を改良[改善]する.

— **se bonifier** 代動 改良される; (ワインが)熟成する.

le **bonjour** /bɔ̃ʒur ボンジュール/ 男 (英 good morning [afternoon]) **おはよう, こんにちは.**
●*Bonjour* Monsieur, comment allez-vous? こんにちは, ご機嫌いかがですか.

あいさつの表現

▶bonjour は朝と日中に使われる最も一般的なあいさつで, 日本語では「おはよう」「こんにちは」「ただいま」「おかえりなさい」「いらっしゃいませ」などに相当する.
▶bonsoir は夕方から就寝するまでの間に使われるあいさつで,「こんばんは」「さようなら」「おやすみなさい」「ただいま」「おかえりなさい」などに相当する.
▶bonne nuit「おやすみなさい」は, 寝る前のあいさつ.

会話 ***C'est simple comme bonjour!*** そんなの朝飯前だよ.

dire bonjour à 人 (人)にあいさつをする.
●Dites *bonjour* à vos parents. ご両親によろしくお伝えください.

bonne /ボヌ/ 形 bon の女性形.

— la **bonne** 女 《古》女中.

bonnement /ボヌマン/ 副 本当に.

tout bonnement 本当に, 間違いなく, まったく.

le **bonnet** /ボネ/ 男 ❶ 縁なし帽, 布帽子. ❷ (ブラジャーの)カップ.

le **bonsoir** /bɔ̃swar ボンソワール/ 男 (英 good evening) **こんばんは**; おやすみ, さようなら.

souhaiter le bonsoir à 人 (人)におやすみを言う.

la **bonté** /ボンテ/ 女 親切, 好意; 善良さ, 優しさ. ●Merci de toutes vos *bontés*. いろいろとお世話になりありがとう.

avec bonté 親切に.

avoir la bonté de 不定詞 親切にも…する.

le **bord** /ボール/ 男 ❶ (英 edge) 道端; 沿

岸, 岸. ●des vacances au *bord* de la mer 海辺で過ごすバカンス.
❷縁, へり, 端. ●le *bord* d'une table 机の縁.
❸船, 飛行機, 車.
à bord (船・飛行機に)搭乗して. ●monter *à bord* 搭乗する.
à ras bord(s)/à pleins bords なみなみと, 目一杯.
être au bord de... まさに…しようとしている. ●*être au bord des* larmes 今にも泣きそうである.
être du bord de 人 (人)と意見が同じである.
jeter... par-dessus bord 船外に投げ捨てる; かなぐり捨てる.

le **bordeaux** /ボルド/ 男 ❶ボルドー産ワイン (=vin de ～). ❷赤ワイン色, 赤紫色.

Bordeaux /ボルド/ 男 ボルドー. →Gironde 県の県庁所在地.

le **bordel** /ボルデル/ 男 《話》 ❶乱雑; 大混乱. ❷売春宿.

border /ボルデ/ 他 ❶〖de, で〗を縁取る, 囲む. ●L'allée *était bordée de* fleurs. 小道は花で囲まれていた. ❷に沿う, 沿って並ぶ[進む].
border un lit 毛布とシーツをマットレスの下に折り込む.

la **bordure** /ボルデュール/ 女 ❶縁, 縁飾り. ❷(歩道などの)縁石.
en bordure de... …の端[縁]に, …に沿って.

borgne /ボルニュ/ 形 ❶片目の. ❷いかがわしい.
— le(la) **borgne** 名 片目の人.

la **borne** /ボルヌ/ 女 ❶《複》限界, 限度. ●dépasser les *bornes* 限界を越える. ❷境界標[石]; 標石; 境界, 国境. ❸《話》キロメートル.

borné(e) /ボルネ/ 形 限られた; 偏狭な.

borner /ボルネ/ 他 ❶の境界を定める; (国など)の境となる. ❷を抑制する. ❸〖à, に〗を限定する.
— **se borner** 代動 〈se borner à 名 [à 不定詞]〉 …(する)にとどめる; 自分を抑える. ●Je *me borne à* citer les faits. 事実を述べることだけにとどめます.

le **bosquet** /ボスケ/ 男 小さな森(林), 植込み.

la **bosse** /ボス/ 女 ❶こぶ; (背骨・胸骨の)瘤(りゅう)起; 肉瘤. ❷(地面などの)凹凸(おうとつ), こぶ; ふくらみ.
avoir la bosse de... 《話》…の才能がある.
rouler sa bosse 《話》放浪する.

bosser /ボセ/ 自 《話》働く, 勉強する.
— 他 《話》を勉強する.

bossu(e) /ボスュ/ 形 せむしの; (動物が)こぶのある.
— le(la) **bossu(e)** 名 せむし.

la **botanique** /ボタニク/ 女 植物学.
— 形 植物学の.
jardin botanique 植物園.

la **botte**[1] /ボト/ 女 束.

la **botte**[2] /ボト/ 女 長靴, ブーツ.
cirer [lécher] les bottes de 人 《話》(人)にへつらう.
être à la botte de 人 (人)の言いなりになる.
être sous la botte 軍事制圧された.

le **bouc** /ブク/ 男 ❶雄ヤギ. ❷山羊ひげ.
bouc émissaire 身代わり, スケープゴート.

la **bouche** /ブシュ/ 女 ❶(英 mouth) (人間の)口; 口もと, 唇.
❷(ものの)口, 入り口. ●*bouche* de métro 地下鉄の入り口. ●*bouche* d'aération 通風口.
❸(馬・牛・魚などの)口.
❹《複》河口, 湾の入り口.
de bouche à oreille 口づてに, 内密に.
de bouche en bouche 口づてで, 口コミで.
faire la fine bouche (料理・芸術作品などに対して)通人ぶる; 鼻先であしらう.
会話 ***Ferme ta bouche!*** 黙りなさい.

bouché(e) /ブシェ/ 形 ❶ふさがれた, つまった. ❷《話》頭が鈍い.
avoir le nez bouché 鼻がつまっている.
ciel [temps] bouché どんよりした天気.

boucher[1] /ブシェ/ 他 ❶(英 plug) に栓をする, をつまらせる, ふさぐ. ●*boucher* un trou 穴をふさぐ.
❷を妨げる. ●*boucher* la vue 視界をさえぎる. ●*boucher* le passage 通るじゃまになる.
en boucher un coin à 人 《話》(人)をびっくり仰天させる.
— **se boucher** 代動 ❶ふさがれる, ふ

B

さがる.
❷ 自分の口をふさぐ.
se boucher les oreilles 耳をふさぐ, 聴こうとしない.

le **boucher**[2] /ブシェ/ 男 (英 butcher) (主に牛・羊の)肉屋.

la **boucherie** /ブシュリ/ 女 ❶ 肉屋の店; 《集合的》肉屋. ❷ 殺戮(りく).

le **bouchon** /ブション/ 男 ❶ (びんなどの)栓. ●ôter [remettre] le *bouchon* d'une carafe 水差しの栓を取る[はめる]. ❷ (パイプなどが)つまること, 交通渋滞; 障害物. ●un *bouchon* de 12 km 12キロの渋滞. ❸ (釣りの)浮き.

la **boucle** /ブクル/ 女 ❶ 締め金, バックル. ❷ (糸・ひもなどの)輪. ❸ 巻毛, カール (= ~ de cheveux). ❹ (川・道の)湾曲, カーブ.
boucles d'oreilles イヤリング, 耳飾り.

boucler /ブクレ/ 他 ❶ (バックルなどで)をとめる, 締める. ●*boucler* sa ceinture ベルトを締める. ❷ (警官や軍隊が)を包囲する. ❸ (競技場など)を一周する. ❹ 《話》を締めくくる; 決算する.
会話 ***Boucle-la!*** 黙ってろ!
— 自 (髪が)巻毛になる, カールする.

le **bouclier** /ブクリエ/ 男 楯(たて); 防御物.

le **bouddhisme** /ブディスム/ 男 仏教.

bouddhiste /ブディスト/ 形 仏教(徒)の.
— le(la) **bouddhiste** 名 仏教徒.

bouder /ブデ/ 自 ふくれる, すねる; 〚à, に〛嫌な顔をする.
— 他 にふくれ面を見せる, 不満を示す.

le **boudin** /ブダン/ 男 ❶ ブーダン. →豚の血と脂の腸詰. ❷ 丸く太い指.

la **boue** /ブ/ 女 ❶ 泥; 海底の泥. ❷ 汚辱; 辱め.
traîner 人 ***dans la boue*** / ***couvrir*** 人 ***de boue*** (人)を辱める.

la **bouée** /ブエ/ 女 浮標, ブイ.
bouée de sauvetage 救命ブイ; 頼みの綱.

boueux(se) /ブウ(ーズ)/ 形 泥だらけの; ひどく汚れた.

bouffer /ブフェ/ 他 《話》を(がつがつ)食う.

bouffon(ne) /ブフォン(ヌ)/ 形 滑稽(こっけい)な.
— le **bouffon** 男 道化師; 道化者.

bouger /ブジェ/ 自 40 ❶ (英 move) 身動きする, 動く. ●Ne *bouge* pas. じっとしていなさい. ●La terre a *bougé*. (地震で)地面が揺れた.
❷ 外出する.
❸ 《とくに否定形で》《話》変化する. ●Les couleurs ne *bougeront* pas. 色落ちしません.
❹ 活発な動きを見せる; (政治的に)立ち上がる, 行動する. ●C'est une ville qui *bouge*. 活気のある街だ.
— 他 《話》を動かす.
— **se bouger** 代動 《話》動く, 体を動かす.

la **bougie** /ブジ/ 女 ❶ ろうそく. ❷ (エンジンの)点火プラグ.

bouill... →bouillir 11

la **bouillabaisse** /ブイヤベース/ 女 ブイヤベース. →魚介類とニンニク, サフランなどを煮込んだプロヴァンス料理.

la **bouillie** /ブイイ/ 女 小麦粉を牛乳で煮た粥(かゆ).
réduire ... en bouillie …をどろどろにする; (人)をこてんぱんにやっつける.

bouillir /ブイール/ 自 11 (英 boil) ❶ 沸騰する. ❷ 煮える. ❸ 〚de〛(怒りなどのために)かっとなる, 頭にくる.
— 他 《話》を沸騰させる, 煮る.
bouillir d'impatience もどかしくていらいらする.
commencer à bouillir いまにも沸騰しそうである.
faire bouillir 沸かす, 沸騰させる.

la **bouilloire** /ブイヨワール/ 女 やかん, 湯沸かし.

le **bouillon** /ブイヨン/ 男 ❶ (野菜・肉を煮出した)スープ, 汁, ブイヨン. ❷ (沸騰による)泡. ●faire bouillir à gros *bouillons* ぐらぐら煮立たせる.
boire [***prendre***] ***un bouillon*** 《話》(水泳中に)おぼれかける; 商売で大損する.
bouillon de culture (細菌などの)培養基(液).

le(la) **boulanger(ère)** /ブランジェ(ール)/ 名 (英 baker) パン屋. ●acheter des croissants chez le *boulanger* クロワッサンをパン屋で買う.
Il vaut mieux aller au boulanger qu'au médecin. 《ことわざ》医者にかかるより栄養をとった方がよい.
— 形 パン屋の.

la **boulangerie** /ブランジュリ/ 女 (英 bakery) パン屋.
派生 la **boulangerie-pâtisserie** 女 パン・ケーキ店.

la **boule** /ブル/ 女 ❶ 球, 玉; 球形のもの; 《複》ペタンク. ● *boule* de neige 雪玉. ❷ 丸パン (=〜 de pain). ❸《話》頭, 顔.
avoir les boules 《話》いらだっている; おびえている.
être en boule 《話》怒っている.
faire boule de neige (計画・問題などが)雪だるま式に大きくなる.

le **bouleau** /ブロ/ 男 (複 bouleaux)〔植〕カバノキ, シラカバ.

le **bouledogue** /ブルドグ/ 男 (英 bulldog) ブルドッグ.

le **boulevard** /ブルヴァール/ 男 (英 boulevard) (並木のある)大通り. → 略 bd.

le **bouleversement** /ブルヴェルスマン/ 男 大混乱; 大変動; 動転. ● *bouleversement* politique 政治的激変.

bouleverser /ブルヴェルセ/ 他 ❶ (英 overwhelm) を覆す, めちゃめちゃにする, 激変させる. ❷ (人)を動転させる.

le **boulot** /ブロ/ 男 《話》仕事.

le **bouquet** /ブケ/ 男 ❶ 花束, 束, 房. ❷ (ワインなどの)芳香.
bouquet garni ブーケガルニ. → 香草の束; スープ・シチューなどに用いる.
会話 ***C'est le bouquet!*** 《皮肉》完璧だ; あんまりだ, ひどすぎる.

le **bouquin** /ブカン/ 男 《話》本; 古本.

le(la) **bouquiniste** /ブキニスト/ 名 古本屋.

bourdonner /ブルドネ/ 自 ぶんぶんいう.
avoir les oreilles qui bourdonnent 耳鳴りがする.

le **bourg** /ブール/ 男 (市場の立つ)町, 大きな村.

le(la) **bourgeois(e)** /ブルジョワ(ーズ)/ 名 ❶ 中産階級の人; 有産者, ブルジョワ. ❷ 俗物, 趣味の悪い人. ❸ (軍人に対して)一般人. ❹〔史〕(貴族に対する)平民, 商人階級.
grands bourgeois 大ブルジョワ, 大金持ち.
petits bourgeois プチブル, 小市民.
— 形 ❶ 中産階級の; 有産者の, ブルジョワの. ❷ 俗物的な.

la **bourgeoisie** /ブルジョワズィ/ 女 ❶ 中産[市民, 有産, ブルジョワ]階級. ❷〔史〕平民[商人]階級.

le **bourgeon** /ブルジョン/ 男 (植物の)芽.

le **bourgogne** /ブルゴーニュ/ 男 ブルゴーニュ・ワイン.

Bourgogne /ブルゴーニュ/ 女 ブルゴーニュ. → フランス中東部の地方.

le **bourreau** /ブロ/ 男 (複 bourreaux) ❶ 死刑執行人. ❷ 残忍な人; 冷血漢.

bourrer /ブレ/ 他 にものを詰め込む; 〈bourrer A de B〉 AにBを詰め込む. ● *bourrer* une valise スーツケースに一杯に詰め込む. ● *bourrer* un enfant *de* gâteaux 子供に菓子をたらふく食べさせる.
— 自 ❶ 胃にもたれる. ❷《話》急ぐ.
bourrer la gueule à 人 《話》(人)の顔をぶん殴る.
bourrer le crâne [le mou, la caisse] à 人 《話》(人)におかしなことを吹きこむ.
— **se bourrer** 代動 ❶〖*de*, を〗腹一杯食べる. ❷《話》酔っ払う.

la **Bourse** /ブルス/ 女 **(la 〜)** 証券取引所, 株式市場.
jouer en Bourse 投機する, 株をやる.

la **bourse** /ブルス/ 女 ❶ 奨学金. ❷ (昔の)財布; (自由に使える)お金.

boursier(ère) /ブルスィエ(ール)/ 形 ❶ 奨学金を受けている. ❷ 株式取引の.
— le(la) **boursier(ère)** 名 ❶ 給費生, 奨学生. ❷ 株式仲買人.

bous →**bouillir** 11

bousculer /ブスキュレ/ 他 ❶ を乱暴に押す, 突き飛ばす. ● se faire *bousculer* par la foule 群衆にもみくちゃにされる. ❷ を一変させる, 覆す. ❸ (人)をせきたてる.
— **se bousculer** 代動 ❶ 押し合いへし合いする. ❷《話》急ぐ.

la **boussole** /ブソル/ 女 羅針盤, 磁石.

le **bout**[1] /ブ/ 男 ❶ (英 end) 端, 先, 先端, 末端. ● nouer les deux *bouts* d'une ficelle ひもの両端を結ぶ. ❷ 終わり, 果て.
à bout 限界の; 疲れきった.
à tout bout de champ 始終, 何かにつけて.
au bout de... 《時間》…の後に. ● *au bout de* quelques instants 数分後に, 間もなく.

B

au bout du compte 結局は.
bout à bout 端と端を合わせて.
d'un bout à l'autre 端から端まで, 始めから終わりまで.
être à bout de... …が尽きた. ● *être à bout de* forces 精根使い果たす, へとへとになる.
jusqu'au bout 最後まで.
un bout de 名《無冠詞》少しばかりの….

bout[2] →**bouillir** 11

la **bouteille** /ブテイユ/ 女
❶ (英 bottle) びん.
● une *bouteille* de vin 1本のワイン.
● mettre en *bouteille(s)* びんに詰める.
❷ 酒.
❸ ボンベ.
● *bouteille* de gaz ガスボンベ.
boire à la bouteille らっぱ飲みする.
prendre de la bouteille (酒が)年数を経て味がよくなる; (人が)年をと(ってい)る.

la **boutique** /ブティク/ 女 (英 shop, store)
❶ 店, 売店. → magasin より小規模.
❷ ブティック. → 高級ブランド服の店.
boutique hors-taxe 免税店.
ouvrir [fermer] boutique 店を出す[店をたたむ].
parler boutique 《話》仕事[商売]の話をする.

le **bouton** /ブトン/ 男 ❶ (英 button, bud) 芽; (とくに)蕾(つぼみ).
❷ (衣服の)ボタン; (電気器具などの)ボタン, スイッチ.
❸ 取っ手, ノブ.
❹ 《話》吹き出物, にきび. ● avoir un *bouton* sur le nez 鼻に吹き出物ができている.

boutonner /ブトネ/ 他 のボタンをかける.
— 自 ❶ ボタンがかかる. ❷ 芽が出る; 吹き出物が出る.
— **se boutonner** 代動 ボタンで留まる.

la **boutonnière** /ブトニエール/ 女 ❶ ボタン・ホール. ❷ 切傷.

le **bowling** /ブリング/ 男 (<英) ボウリング(場).

la **boxe** /ボクス/ 女 ボクシング.

le **boyau** /ボワイヨ/ 男 (複 boyaux) ❶《多く複数》(動物の)腸; 《話》(人間の)腸. ❷ (ラケットや弦楽器の)ガット. ❸ ホース; (競技用自転車の)チューブなしのタイヤ. ❹ 細長い通路.

boycotter /ボイコテ/ 他 をボイコットする.

le **bracelet** /ブラスレ/ 男 腕輪, ブレスレット.

braconner /ブラコネ/ 自 密猟[漁]する.

le **braconnier** /ブラコニエ/ 男 密猟[漁]者.

la **braise** /ブレーズ/ 女 燠(おき), 炭火; 消し炭.

le **brancard** /ブランカール/ 男 ❶ 担架(の柄). ❷ 轅(ながえ). → 牛や馬に引かせるために車から伸びた2本の棒.
ruer dans les brancards (人が)反抗する, 激しく抗議する.

la **branche** /ブランシュ/ 女 ❶ (英 branch) 枝; 分枝. ❷ 枝状のもの. ❸ (系図の)枝; (学問などの)部門, 分野.

branché /ブランシェ/ 形 《話》事情に通じた; 流行最先端の.

brancher /ブランシェ/ 他 ❶〔*sur*, に〕をつなぐ; 導く. ❷《話》の興味を引く.
— **se brancher** 代動〔*sur*, に〕つながる.

brandir /ブランディール/ 他 33 を振りかざす.

branler /ブランレ/ 自 揺れる, ぐらぐらする.
— 他 ❶ を振る. ❷《話》をする, やる.
branler la tête 頭を振る.
— **se branler** 代動《話》オナニーをする.

braquer /ブラケ/ 他 ❶〔*sur*, へ〕(武器・視線など)を向ける. ❷ (自動車・飛行機)の方向を変える.
— 自 ハンドルを切る.
— **se braquer** 代動〔*contre*, に〕反対する, つむじを曲げる.

le **bras** /bra ブラ/ 男
❶ (英 arm) 腕; (服の)腕の部分.
● croiser les *bras* 腕を組む.
● porter un enfant dans ses *bras* 子供を抱く.
● les *bras* d'un fauteuil 椅子の肘かけ.
❷ 人手, 労働力; 協力(者).
● L'industrie du bâtiment manque de *bras*. 建築業界は人手が不足している.
❸ 力, 権力, 勢力.
● *bras* armé. 軍事力.
❹ 分流. ● *bras* de mer 海峡, 水道.

à bras 人力で，手動で．●pompe *à bras* 手動ポンプ．
à bras ouverts 双(もろ)手を広げて．●Il m'a reçu *à bras ouverts*. 彼は私を喜んで迎えてくれた．
au bras de 人 (人)の腕にすがっている．
avoir le bras long 影響力がある．
baisser les bras (試合で)降参する．
bras dessus, bras dessous 互いに腕を組んで．●Ils marchaient *bras dessus, bras dessous*. 彼らは腕を組んで歩いた．
bras droit 右腕，頼りになる人．
donner* [*offrir*] *le bras à 人 (歩く際に)(人)に腕を貸す．
se croiser les bras 手をこまねく，無為に過ごす．

le **brasier** /ブラズィエ/ 男 (燃えさかる)火；情熱，激情．

la **brasse** /ブラス/ 女 平泳ぎ (=～ coulée).
brasse papillon バタフライ．
nager la brasse 平泳ぎで泳ぐ．

la **brasserie** /ブラスリ/ 女 ❶ブラスリー，カフェ・レストラン．❷ビール醸造(工場).

brave /ブラヴ/ 形 ❶《名詞の後》勇敢な．●homme *brave* 勇敢な男．❷《名詞の前》律義(りちぎ)な，正直な，まじめな，人のいい．●C'est un *brave* homme [une *brave* femme]. 彼[彼女]は誠実な男性[女性]だ．
— le(la) **brave** 名 勇者．

bravement /ブラヴマン/ 副 勇敢に；きっぱりと．

braver /ブラヴェ/ 他 に勇敢に立ち向かう；公然と反抗する；を無視する．●*braver* l'opinion 世論を無視して行動する．

bravo /ブラヴォ/ 間 うまいぞ，いいぞ，おめでとう，ブラボー．
— le **bravo** 男 喝采(かっさい)，歓呼．

la **bravoure** /ブラヴール/ 女 勇気，勇敢．

la **brebis** /ブルビ/ 女 ❶雌羊．❷おとなしい[ひよわな]人．

la **brèche** /ブレシュ/ 女 (塀などの)割れ目，裂け目．
battre ... en brèche …を激しく攻撃する．
être toujours sur la brèche いつも第一線で活躍している．

bredouille /ブルドゥイユ/ 形 《不変》《話》
revenir* [*rentrer*] *bredouille 手ぶらで帰る；成果を得られずに終わる．

bref(ève) /ブレフ(ーヴ)/ (英 brief) 形 《多くは名詞の前》❶(時間が)短い．●La trêve a été *brève*. 休戦は短かった．❷(話・表現が)短い，簡単[簡潔]な；ぶっきらぼうな．●Soyez *bref*. 手短にお願いします．
d'un ton bref ぶっきらぼうな口調で．
en bref 要するに，簡潔に．
— 副 一言で言えば，要するに．

le **Brésil** /ブレズィル/ 男 ブラジル．

brésilien(ne) /ブレズィリヤン(エヌ)/ 形 ブラジルの．
— le(la) **Brésilien(ne)** 名 ブラジル人．

la **Bretagne** /ブルタニュ/ 女 ブルターニュ．→フランス北西端の地方；ケルト文化・言語圏に属する．

la **bretelle** /ブルテル/ 女 ❶負い皮，つりひも．❷《複》サスペンダー；肩ひも，ストラップ．❸(高速道路などへの)連絡道路 (=～ de raccordement).

breton(ne) /ブルトン(ヌ)/ 形 ブルターニュの．
— le **breton** 男 ブルトン語．
— le(la) **Breton(ne)** 名 ブルターニュの人．

brève →**bref** の女性形．

le **brevet** /ブルヴェ/ 男 ❶特許(証)，特許権．❷免(許)状，証書．
déposer un brevet 特許を登録する．

les **bribes** /ブリブ/ 女 複 断片．

le **bricolage** /ブリコラージュ/ 男 工作，日曜大工；やっつけ仕事．

bricoler /ブリコレ/ 自 ❶《話》日曜大工に凝る．❷あちこち仕事を変える．
— 他 (素人細工で)を修理する，こしらえる．

la **bride** /ブリド/ 女 ❶手綱．❷輪状のひも[糸]；ループ．
à bride abattue 全速力で．
lâcher la bride à.../laisser la bride sur le cou à ... …の手綱を緩める，…を自由にしてやる．
tenir ... en bride …の手綱を締める．

bridé(e) /ブリデ/ 形 《次の表現で》
yeux bridés (東洋人特有な)切れ長で細い目．

le **bridge**[1] /ブリヂ/ 男 (<英) (トランプの)ブリッジ．●faire un *bridge* ブリッジをする．

le **bridge**[2] /ブリヂ/ 男 〔歯〕ブリッジ．

brièvement /ブリエヴマン/ 副 手短に，簡

B

単に.

la **brièveté** /ブリエヴテ/ 女 《文》 ❶ (時の)短さ. ❷ (文章などの)簡潔さ.

la **brigade** /ブリガド/ 女 ❶ 旅団. ❷ (憲兵・警察の)班; (労働者の)組.

le **brigadier** /ブリガディエ/ 男 ❶ 騎兵[砲兵]伍長. ❷ (憲兵・工夫などの)班長.

brillamment /ブリヤマン/ 副 輝かしく; 目ざましく, 華々しく.

brillant(e) /ブリヤン(ト)/ 形 ❶ (英 brilliant) 光る, 輝く; 優秀な. ●soleil *brillant* 輝く太陽. ❷《否定を伴って》ぱっとしない. ●Sa santé n'est pas *brillante*. 健康が思わしくない. ●Ce n'est pas *brillant*. いいできではない.

— le **brillant** 男 ❶ 輝き, 華麗さ. ❷ (ブリリアント・カットの)ダイヤモンド.

briller /ブリエ/ 自 ❶ 光る; (顔などが)輝く. ●Le soleil *brille*. 太陽が輝いている. ●Ses yeux *brillaient* de joie. 彼の目は喜びで輝いていた.
❷〖*par*, で〗目立つ, 引き立つ.

briller par son absence その人がいないのでかえって目立つ.

le **brin** /ブラン/ 男 ❶ (糸・わらなどの) 1 本, 1 切れ, 切れ端. ❷ 新芽; 芽生え, 細い茎. ❸ (麻などの)繊維. ❹ 少量.

un brin de 名 《無冠詞》 少量の….

la **brioche** /ブリヨシュ/ 女 ❶〔菓〕ブリオッシュ. →卵・バターの入った丸いパン. ❷《話》太鼓腹.

prendre de la brioche 腹が出る.

la **brique** /ブリク/ 女 ❶ (英 brick) 煉瓦(れんが); 煉瓦形のもの. ●mur de [en] *brique(s)* 煉瓦の壁. ❷《話》 100 万旧フラン(の札束).

— 形 《不変》 煉瓦色の.

le **briquet** /ブリケ/ 男 ライター.

la **brise** /ブリーズ/ 女 そよ風, 微風.

briser /ブリゼ/ 他 ❶ を壊す, 砕く, つぶす. ●*briser* la glace 氷を砕く. ●*briser*... en mille morceaux …を粉々に砕く. ❷ を台なしにする, めちゃめちゃにする. ❸ (精神的に)を打ち砕く, 参らせる.

d'une voix brisée par l'émotion 感動で声を震わせて.

— 自 ❶ (波が)砕ける. ❷〖*avec*, と〗手を切る.

— **se briser** 代動 壊れる, 砕ける; 挫折する. ●Le vase *s'est brisé*. 花びんは割れた.

britannique /ブリタニク/ 形 イギリス(人)の, 英国の.

— le(la) **Britannique** 名 イギリス人.

le **broc** /ブロ/ 男 (洗面用の)水差し.

la **broche** /ブロシュ/ 女 ❶〔料〕焼き串. ❷ ブローチ.

la **brochette** /ブロシェト/ 女 〔料〕小さな焼き串; ブロシェット, 串焼き.

la **brochure** /ブロシュール/ 女 パンフレット.

broder /ブロデ/ 他 に刺繍(ししゅう)する; 《話》(話)に尾ひれをつける, を粉飾する.

la **broderie** /ブロドリ/ 女 刺繍(ししゅう).
●faire de la *broderie* 刺繍する.

la **bronche** /ブロンシュ/ 女 気管支.

broncher /ブロンシェ/ 自 《多くは否定形》(感情を)言動に表す, 身じろぎする.

sans broncher 不平を言わずに.

la **bronchite** /ブロンシト/ 女 気管支炎.

le **bronze** /ブロンズ/ 男 ❶ ブロンズ, 青銅.
❷ 青銅製品; (とくに)銅像.

bronzer /ブロンゼ/ 他 ❶ (日に肌)を焼く.
●Le soleil *a bronzé* son visage. 彼(女)の顔は日に焼けた. ❷ をブロンズのように仕上げる.

— 自 日焼けする.

— **se bronzer** 代動 肌を日に焼く.

la **brosse** /ブロス/ 女 ❶ (英 brush) ブラシ. ●*brosse* à cheveux ヘアブラシ.
●*brosse* à dents 歯ブラシ. ❷ 絵筆 (= ～ à peindre). ❸ 短く刈った髪.

brosser /ブロセ/ 他 ❶ にブラシをかける, をみがく. ❷ (絵筆で)を描く;〔スポーツ〕(ボール)をカットする.

— **se brosser** 代動 ❶ (自分の…に)ブラシをかける; (自分の…を)みがく. ❷《話》(当てにしていた物が)手に入らない.

la **brouette** /ブルエト/ 女 一輪手押し車.

le **brouillard** /ブルイヤール/ 男 (英 fog) 霧.

être dans le brouillard 五里霧中である.

brouiller /ブルイエ/ 他 ❶ をかき混ぜる.
❷ (電波)を妨害する. ❸ を濁らせる, 曇らせる. ❹ を混乱させる. ❺ を仲たがいさせる.

brouiller les pistes [cartes] 問題をややこしくする, わざとわかりにくくさせる.

— **se brouiller** 代動 ❶ 混ざる; 混乱する; 曇る. ❷〖*avec*, と〗仲たがいする.

le **brouillon**[1] /ブルイヨン/ 男 下書き, 草稿.

●faire le *brouillon* d'une lettre 手紙の下書きをする.

brouillon[2](***ne***) /ブルイヨン(ヌ)/ 形 物事を混乱させる, 雑な; いいかげんな.

la **broussaille** /ブルサイユ/ 女 《多く複数》 茂み, やぶ.

en broussaille もじゃもじゃの.

la **brousse** /ブルス/ 女 やぶの多い土地; (熱帯の)小灌(かん)木地帯.

brouter /ブルテ/ 他 (草・新芽)を食う.

broyer /ブロワイエ/ 他 45 ❶ を砕く, 粉にする. ❷ (事故などで)を押しつぶす, 砕く.

broyer du noir 《話》 落ち込む.

bruire /ブリュイール/ 自 12 《文》 ざわめく, 音を立てる.

bruiss... →**bruire** 12

le **bruit** /ブリュイ/ 男 ❶ (英 noise) 音, 物音, 騒音. ●Ne fais pas de *bruit*. 音をたてるな. ●Le *bruit* des voitures m'a empêché de dormir. 車の音で私は眠れなかった.

❷ (英 rumor) うわさ; 評判.

faire du bruit 音を立てる; 話題になる.

Le bruit court que... …といううわさがある.

sans bruit 音を立てずに, ひそかに.

brûlant(**e**) /ブリュラン(ト)/ 形 ❶ 焼けるような; (火傷しそうに)熱い.

❷ 熱烈な.

❸ うかつに触れられない, 危険な.

brûlé(**e**) /ブリュレ/ 形 焼けた, 燃えた, 焦げた.

— le(la) **brûlé**(**e**) 名 やけどした人.

— le **brûlé** 男 焦げたもの.

Ça sent le brûlé. 焦げ臭い; 《話》 雲行きが怪しい.

brûler /ブリュレ/ 他 (英 burn) ❶ を焼く, 燃やす; 焦がす, 煎る. ●*brûler* des papiers 書類を焼く. ●*brûler* du café コーヒーを煎る.

❷ をひりひりさせる, やけどさせる; (欲望などが)の身を焦がす. ●La fumée me *brûle* les yeux. 煙が目に入って痛いよ.

❸ (規則など)を無視する; (駅・信号)で停車しない. ●*brûler* un feu (rouge) 赤信号を無視する.

— 自 ❶ 燃える, 焼ける; 焦げる.

❷ (手などが)熱い; ひりひりする, 痛む.

❸ 《古風》 〚*pour*, に〛 恋焦がれる.

brûler de fièvre 熱で燃えるように熱い.

brûler d'envie de... …したくてうずうずする.

— **se brûler** 代動 やけどする; (日に)焼ける.

la **brûlure** /ブリュリュール/ 女 ❶ やけど. ❷ 焼け焦げ. ❸ (やけどのような)痛み.

avoir des brûlures d'estomac 胃がきりきり痛む, 胸やけがする.

la **brume** /ブリュム/ 女 もや, (薄い)霧; (海上の)霧.

brumeux(***se***) /ブリュム(ーズ)/ 形 ❶ もや[霧]の立ちこめた. ❷ 漠とした, 明晰でない.

brun(**e**) /ブラン(リュヌ)/ 形 ❶ (英 brown) 褐色の, 焦茶色の. ❷ 褐色の髪の.

— le(la) **brun**(**e**) 名 褐色の髪の人.

— le **brun** 男 褐色; 黒ビール.

brunir /ブリュニール/ 他 33 を褐色にする; (肌)を日に焼く.

— 自 褐色になる; 日焼けする.

— **se brunir** 代動 日焼けする, 肌を焼く.

brusque /ブリュスク/ 形 ❶ そっけない, 乱暴な, 粗暴な. ❷ 不意の, 突然の.

d'un ton brusque 無愛想に.

brusquement /ブリュスクマン/ 副 不意に, 急に.

la **brusquerie** /ブリュスクリ/ 女 ぶっきらぼう, 無愛想(な言動), 粗暴さ.

brut(**e**) /ブリュト/ 形 ❶ もと[自然]のままの. ●pétrole *brut* 原油. ●champagne *brut* 極辛口のシャンパン. ❷ (経費・税などを引かない)総計の; (包装の重さを含めた)風袋(ふうたい)込みの. ●salaire *brut* (税込みの)給与総額.

— 副 総計[総体]で, 風袋込みで.

brut*al*(***ale***) /ブリュタル/ 形 (男複 **brutaux**) ❶ 乱暴な, 粗野な. ❷ むき出しの, ありのままの; 手厳しい. ❸ 不意の, 急激な.

être brutal avec 人 (人)に対して乱暴[つっけんどん]である.

— le(la) **brut*al***(***ale***) 名 狂暴[乱暴]な人.

brutalement /ブリュタルマン/ 副 ❶ 乱暴に, 激しく. ❷ 突然, 不意に.

brutaliser /ブリュタリゼ/ 他 を虐待する

la **brutalité** /ブリュタリテ/ 女 ❶ 乱暴; 残忍さ; 《多く複数》 暴行. ❷ 荒々しさ, 急激さ.

brutaux →**brutal** の男性複数形.

la **brute** /ブリュト/ 女 野獣のような人間, 粗暴[残忍]な人.

B **Bruxelles** /ブリュ(ク)セル/ 女 《固有》ブリュッセル. →ベルギーの首都; 欧州連合本部がある.

bruyamment /ブリュイヤマン/ 副 騒々しく.

bruyant(e) /ブリュイヤン(ト)/ 形 騒々しい, やかましい.

la **bruyère** /ブリュイエール/ 女 〔植〕ヒース.

bu →boire 10

la **bûche** /ビュシュ/ 女 薪(まき).

bûche de Noël (la ～) 薪の形をしたクリスマスケーキ.

le(la) **bûcheron(*ne*)** /ビュシュロン(ヌ)/ 名 樵(きこり).

le **budget** /ビュヂェ/ 男 ❶(公の)予算, 予算案. ❷(個人・団体の)予算; 家計; 収支.

bue(s) →boire 10

la **buée** /ビュエ/ 女 水蒸気.

le **buffet** /ビュフェ/ 男 ❶食器棚, サイドボード. ❷(駅の)軽食堂, ビュッフェ (=～ de la gare). ❸(パーティなどの)立食テーブル; (立食の)料理.

le **buis** /ビュイ/ 男 〔植〕黄楊(つげ).

le **buisson** /ビュイソン/ 男 (灌(かん)木の)茂み, やぶ.

le **bulbe** /ビュルブ/ 男 球根.

la **Bulgarie** /ビュルガリ/ 女 ブルガリア.

le **bulldozer** /ブルドズール/ 男 (<英) ブルドーザー.

la **bulle** /ビュル/ 女 ❶あわ, 水泡, 気泡. ❷(漫画の)吹出し.

bulle de savon シャボン玉.

le **bulletin** /ビュルタン/ 男 ❶(公的な)報告書; 証明書. ❷(学会・団体などの)会報. ❸成績表. ❹(新聞などの)特別(解説)記事, ニュース. ❺投票用紙 (=～ de vote).

bulletin de consigne 手荷物の預かり証.

bulletin (de la) météo 天気予報.

bûmes →boire 10

le **bureau** /byro ビュロ/ 男 (複 bureaux)

❶会社, オフィス; 《複》役所.

● aller au [à son] *bureau* 出勤する.

● quartier de *bureaux* オフィス街.

❷(英 office) 事務室, 仕事部屋, 書斎.

● le *bureau* du directeur 所長[館長, 支配人]室.

❸(英 desk) 事務机; 〔情報〕デスクトップ.

❹(公共の)サービス機関; (役所の)仕事.

● le *bureau* des inscriptions (大学などの)登録事務所.

● *bureau* de vote 投票所; 選挙管理委員会.

❺(機関の)事務局; 部局.

● réunion du *bureau* 事務局会議.

bureau de change 両替所.

bureau de poste 郵便局.

bureau des renseignements 案内所.

bureau de tabac (切手・印紙なども売る)たばこ屋.

burent →boire 10

burlesque /ビュルレスク/ 形 滑稽(こっけい)な, おどけた, ばかげた.

bus[1] →boire 10

le **bus**[2] /bys ビュス/ 男 バス (=autobus).

● prendre le *bus* バスに乗る.

● Ce *bus* vous mène à la gare. このバスで駅に行けます.

le **buste** /ビュスト/ 男 ❶上半身; (女性の)胸. ❷半身像, 胸像.

le **but**[1] /ビュ(ト)/ 男 (英 aim, goal) ❶的; 目的, 目標, 狙い. ● L'argent est son seul *but*. お金が彼(女)の唯一の目的だ. ❷(サッカーなどの)ゴール, 得点.

dans le but de 不定詞 [***que*** 接続法] …する目的で.

de but en blanc 単刀直入に, あからさまに.

but[2] →boire 10

buter /ビュテ/ 自 ❶〚contre, sur, に〛ぶつかる, つまずく. ❷〚contre, に〛(建築物などが)寄りかかる.

— **se buter** 代動 ❶〚contre, に〛つまずく, ぶつかる. ❷頑固[反抗的]になる.

bûtes →boire 10

la **butte** /ビュト/ 女 ❶小さい丘. ❷(射撃の的を置く)的山(まとやま) (=～ de tir).

être en butte à ... …の的になる.

buvais, buvait →boire 10

la **buvette** /ビュヴェト/ 女 (劇場・駅などの)ビュッフェ, スタンド.

le(la) **buveur(*se*)** /ビュヴール(ズ)/ 名 酒飲み; 喫茶店の客; 〚de, を〛いつも飲む人.

buvez, buviez, buvions, buvons →boire 10

C c

le **C**¹, **c**¹ /セ/ 男 フランス字母の第３字.
C², **c**² 《略》 ❶ **(C)** (Celsius) 摂氏. ❷ **(c)** (centime) サンチーム.

ça /サ/ 代 (英 it, that, this)
❶《指示代名詞》それ, あれ, これ.
●Donne-moi ça. 私にそれを下さい.
●Ça m'étonne. それは驚きだ.
●Qu'est-ce que c'est que ça? それは何.
❷《非人称の主語》●Ça pique. 辛い; チクチクする.
●Ça m'agace de l'entendre. 彼(女)の言うことを聞いているといらいらする.
❸《強調》●Qui ça? いったい誰.
●Où ça? それはどこ.
avec ça その上, それに加えて.
会話 ***Ça alors!*** なんだって, おやまあ.
会話 ***Ça ne fait rien.*** なんともありません; 大丈夫です.
会話 ***Ça va?*** 調子はいいかい; 順調かい.
●Ça ne va pas? 具合が悪いのですか.
会話 ***Ça y est.*** これでよし; ほら, やっぱり.
会話 ***C'est ça.*** そうですよ.
c'est pour ça que... …なのはそのためだ.
comme ça こんな風に; まあまあだ.
会話 ***Et avec ça?*** (店員が客に)ほかには何か?
Pour ça そのために.

çà /サ/ 副 《次の表現で》
çà et là あちらこちらに.

la **cabane** /カバヌ/ 女 小屋, あばら屋.
le **cabaret** /カバレ/ 男 キャバレー, ナイトクラブ.
la **cabine** /カビヌ/ 女 ❶ 船室, キャビン; (飛行機の)操縦室. ❷ (海水浴場などの)更衣室; 試着室.
cabine téléphonique 公衆電話ボックス.
le **cabinet** /カビネ/ 男 ❶ 小部屋; 《複》洗面所, トイレ. ●*cabinet* de toilette 洗面所.
❷ 事務室; 診察室. ●*cabinet* d'avocat 弁護士事務所.
❸ 内閣; 政府; 官房.
le **câble** /カブル/ 男 ❶ ロープ. ❷ ケーブル, 被覆線; 電信, 電報. ❸ ケーブルテレビ.
cabrer /カブレ/ 他 (馬)を後脚で立ち上がらせる.
—se cabrer 代動 ❶ (馬が)後脚で立つ. ❷〖*contre*, に対して〗憤慨する, 反抗する.
le **caca** /カカ/ 男 《話》うんち.
la **cacahouète** /カカウェト/, **cacahuète** /カカユエト/ 女 落花生, ピーナッツ.
le **cacao** /カカオ/ 男 カカオの実[粉]; ココア.
le **cachemire** /カシュミール/ 男 カシミヤ.
le **cache-nez** /カシュネ/ 男 《不変》(長い)マフラー.

cacher /カシェ/ 他 (英 hide) ❶ を隠す; (視界)をさえぎる, 覆う. ●*cacher* de l'argent お金を隠す.
❷〈cacher 名 à 人/cacher à 人 que 直〉(人)に…を秘密にする.
cacher son jeu 手の内を隠す.
pour ne rien vous cacher 隠さずに言えば, 洗いざらい言うと.
—se cacher 代動 隠れる; 見えなくなる.
faire ... sans se cacher 隠さずに…をする, 堂々と…する.

le **cachet** /カシェ/ 男 (英 tablet) ❶ 薬包; 錠剤. ❷ (英 stamp) 印章, スタンプ, 判. ❸ (音楽家・講演者などの)謝礼金.
avoir du cachet 独特のスタイル[雰囲気]がある.
cacheter /カシュテ/ 他 ④ に封をする.
la **cachette** /カシェト/ 女 《話》隠れ場; 隠し場.
en cachette (de ...) (…に)気づかれずに; こっそりと.
le **cachot** /カショ/ 男 独房.
le **cactus** /カクテュス/ 男 サボテン.
le **cadavre** /カダヴル/ 男 (英 corpse) 死体, 屍(しかばね).

C

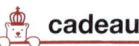

le **cadeau** /カド/ 男 (複 **cadeaux**) ❶ (英 gift, present) 贈り物. ● *cadeau* de Noël クリスマスプレゼント. ● Il m'a donné cette montre pour [en] *cadeau*. 彼はこの時計を贈り物として私にくれた.
❷ おまけ, サービス.
会話 ***C'est pas un cadeau.*** ありがたくない, わずらわしい.
faire cadeau à 人 ***de*** 物 (物)を(人)に贈る. ● Je *t'en fais cadeau*. 君にそれをプレゼントするよ.
ne pas faire de cadeau 手加減しない, 厳しい態度をとる.

la **cadence** /カダンス/ 女 調子, リズム; 律動; 韻律. ● à la *cadence* de 10 km par jour 1日に10キロのペースで.
en cadence 調子を合わせて.

cadet(te) /カデ(ト)/ 形 年下の, 末子の. →比較級・最上級はない. ● frère *cadet* 弟. ● sœur *cadette* 妹.
— le(la) **cadet(te)** 名 弟, 妹; 末子; 年下の人; 〔スポーツ〕少年組(の選手). ● Il est mon *cadet* de deux ans. 彼は私より2歳若い.
会話 ***C'est le cadet de mes soucis.*** そんなことはまったく気にしていない.

le **cadran** /カドラン/ 男 (時計・電話の)文字盤, ダイヤル. ● *cadran* solaire 日時計.

le **cadre** /カドル/ 男 (英 frame) ❶ 額縁, 枠; 骨組み. ● mettre une photo dans un *cadre* 写真を額に入れる. ❷ 限界, 環境. ● vivre dans un *cadre* luxueux ぜいたくな環境に暮らす. ❸ 幹部, 管理職. ● *cadre* moyen 中間管理者. ● *cadre* supérieur 上級管理者.
dans le cadre de... …の範囲[枠内]で.

le **cafard** /カファール/ 男 ゴキブリ.

le **café** /kafe カフェ/ 男
❶ (英 coffee) コーヒー; コーヒー豆.
● prendre du [un] *café* コーヒーを飲む.
● faire le [du] *café* コーヒーを煎れる.
● Vous voulez un *café*? コーヒーは一杯いかがですか.
❷ 喫茶店, カフェ.
● se donner rendez-vous dans un *café* カフェで会う約束をする.
café au lait カフェオレ.
café filtre ドリップコーヒー.
café noir (砂糖・ミルクなしの)ブラックコーヒー.
café soluble インスタントコーヒー.
— 形 《不変》コーヒー色の.

la **cafétéria** /カフェテリヤ/ 女 カフェテリア.

la **cafetière** /カフティエール/ 女 コーヒー沸かし.

la **cage** /カージュ/ 女 (英 cage) 鳥かご; (動物の)檻(おり); 枠; 〔スポーツ〕ゴール.
cage à lapins ウサギ小屋; 《複》《話》公営住宅.

le **cahier** /カイエ/ 男 (英 notebook) 帳面, ノート, 練習帳; 《雑誌名などとして》…手帳.
cahier d'appel 出席簿.

le **cahot** /カオ/ 男 車の揺れ, がたつき; (道路の)でこぼこ.

la **caille** /カイユ/ 女 〔鳥〕ウズラ.

le **caillou** /カイユ/ 男 (複 **cailloux**) ❶ 小石, 砂利. ❷ 《話》頭.

la **caisse** /ケス/ 女 ❶ (英 box) 箱(の中身); 車体; (機械装置の)外箱. ● *caisse* à outils 道具箱.
❷ (英 cash register) レジ, カウンター, 金庫. ● payer à la *caisse* レジでお金を払う. ● *caisse* enregistreuse キャッシュレジスター.
❸ 銀行, 公庫.
❹ 〔楽〕太鼓(の胴).
caisse de retraite 年金基金.
être à la caisse レジにいる, 精算している.
tenir la caisse 会計を預かる, レジ係をする.

le(la) **caissier(ère)** /ケスィエ(ール)/ 名 レジ係, 出納係.

calcaire /カルケール/ 形 石灰質の; カルシウムの.
— le **calcaire** 男 石灰岩.

le **calcium** /カルスィヨム/ 男 カルシウム.

le **calcul**[1] /カルキュル/ 男 計算; 計略; 予想. ● *calcul* mental 暗算.
d'après mes calculs 私の計算では, 私の予測では.
faire un mauvais calcul 見込み違いをする.
si on fait le calcul それを計算に入れれば.

le **calcul**[2] /カルキュル/ 男 〔医〕結石.

calculer /カルキュレ/ 他 (英 calculate) を計算する; 予測する; 工夫する. ● *calculer* vite et bien 早く正確に計算する.
calculer son coup よく考えて行動する.

la **cale**[1] /カル/ 女 船倉; 造船台.

la **cale**[2] /カル/ 女 楔(くさび); 支柱; 詰め木.

le **caleçon** /カルソン/ 男 トランクス, パンツ; スパッツ.

le **calendrier** /カランドリエ/ 男 (英 calendar) カレンダー, 暦(法); 日程[予定](表). ● *calendrier* d'examens 試験日程.

le **calibre** /カリブル/ 男 口径, 大きさ.

califourchon /カリフウルション/ 《次の表現で》
à califourchon 馬乗りになって, またがって.

câlin(e) /カラン(リヌ)/ 形 甘えた; 愛きょうのある.
— le **câlin** 男 愛撫(あいぶ).

calme /カルム/ 形 (英 calm, quiet) 穏やかな, 静かな; 落ち着いた; (事業などが)不活発な.
— le **calme** 男 静けさ; 凪(なぎ); 冷静さ, 落ち着き. ● Du *calme*! 落ち着いて! ● garder son *calme* 平静を保つ.

calmer /カルメ/ 他 (英 calm) を静める; 落ち着かせる; 和らげる.
calmer le jeu 事態を鎮静化する.
calmer les esprits 気持ちを落ち着かせる.
— **se calmer** 代動 静まる; 冷静になる; 和らぐ. ● *Calme-toi*. 落ち着いて.

la **calomnie** /カロムニ/ 女 誹謗(ひぼう), 中傷.

la **calorie** /カロリ/ 女 カロリー, 熱量.

le **calque** /カルク/ 男 透写; 模倣; 透写紙, トレーシングペーパー.

calquer /カルケ/ 他 を模倣する, まねる.

le **calvados** /カルヴァドース/ 男 カルヴァドス. → リンゴ酒を蒸留したブランデー.

le **calvaire** /カルヴェール/ 男 ❶ (**le C-**) カルバリオの丘. → キリストはりつけの地. ❷ キリストはりつけの図[像]. ❸ 《文》 長い苦難.

le(la) **camarade** /カマラド/ 名 仲間, 同僚; 同志. ● *camarade* de classe クラスメート, 級友.

le **Cambodge** /カンボヂ/ 男 カンボジア.

le **cambriolage** /カンブリヨラージュ/ 男 空き巣, 押込み強盗. → 行為.

cambrioler /カンブリヨレ/ 他 (英 burgle) に押込み強盗に入る.

le(la) **cambrioleur(se)** /カンブリヨルール(ズ)/ 名 空き巣, 押し込み強盗, 泥棒. → 人.

le **caméléon** /カメレオン/ 男 〔動〕 カメレオン.

le **camélia** /カメリア/ 男 〔植〕 ツバキ(の花).

le **camembert** /カマンベル/ 男 ❶ カマンベール. → 主にノルマンディーで作られる円形軟質のチーズ.
❷ 《話》 円グラフ.

la **caméra** /カメラ/ 女 (＜英) (映画・テレビ) カメラ. ● *caméra* vidéo ビデオカメラ.

le **caméscope** /カメスコプ/ 男 《商標》 (携帯用)ビデオカメラ.

le **camion** /カミヨン/ 男 (英 truck) トラック. ● *camion* frigorifique 冷凍車.

la **camionnette** /カミヨネト/ 女 小型トラック. → camion の指小語.

le **camouflage** /カムフラージュ/ 男 偽装, カムフラージュ.
tenue de camouflage 迷彩服.

camoufler /カムフレ/ 他 に偽装[迷彩]を施す; (感情など)を隠す.
— **se camoufler** 代動 〚*dans*, *sous*, *avec*, に〛 身を隠す.

le **camp** /カン/ 男 (英 camp) 野営, キャンプ; 収容所; 党派, 陣営. ● *camp* de réfugiés 難民収容所.
lever [《話》 ***ficher, foutre***] ***le camp*** 立ち去る, うせる.

campagnard(e) /カンパニャール(ド)/ 形 田舎(者)の.
— le(la) **campagnard(e)** 名 田舎の人.

la **campagne** /kɑ̃paɲ カンパニュ/ 女
❶ (英 country) 田舎, 田園; 農村.
● la ville et la *campagne* 都市と農村.
● à la *campagne* 田舎で.
❷ (英 campaign) キャンペーン, 社会[政治]運動; 遠征.
● *campagne* publicitaire 広告キャンペーン.
● *campagne* électorale 選挙運動.

camper /カンペ/ 自 (英 camp) 野営する; キャンプする; 仮住まいする.
— 他 ❶ を野営させる. ❷ を的確に表現する.
— **se camper** 代動 (人の前に)立ちはだかる, 断固とした態度をとる.

C

C

le(la) **campeur(*se*)** /カンプール(ズ)/ 名 キャンプをする人.

le **camping** /カンピング/ 男 (<英) キャンプ(生活); キャンプ場. ●faire du *camping* キャンプをする.

le **Canada** /カナダ/ 男 カナダ.

canadien(*ne*) /カナディアン(エヌ)/ 形 カナダ (Canada) の.

— le(la) **Canadien(*ne*)** 名 カナダ人.

la **canaille** /カナイユ/ 女 《集合的》悪党; 《話》いたずらっ子.

le **canal** /カナル/ 男 (複 canaux) ❶ (英 canal) 運河, 水路; 海峡. ❷ 導管. ❸ 仲介, 経路.

par le canal de... …を介して.

la **canalisation** /カナリザスィヨン/ 女 運河開設; 配管.

le **canapé** /カナペ/ 男 (英 sofa) ❶ ソファー, 長椅子. ❷〔料〕カナッペ.

le **canard** /カナール/ 男 ❶ (英 duck) アヒル; カモ(肉). ❷《話》調子はずれの音[声]. ❸《話》デマ, フェイクニュース; (ぼろ)新聞. ❹ (コーヒーやブランデーに浸した)角砂糖.

froid de canard 《話》厳しい寒さ.

le **canari** /カナリ/ 男〔鳥〕カナリア.

canaux →**canal** の複数形.

le **cancan** /カンカン/ 男 ❶《多く複数》陰口, 悪口. ●*colporter* des cancans 悪口を言いふらす. ❷ (フレンチ)カンカン.

le **cancer** /カンセール/ 男 (英 cancer) ❶ がん(癌); (社会をむしばむ)病根, 命取り. ●*cancer* du sein [du poumon] 乳[肺]がん.

❷ (**le C-**) かに座.

tropique du Cancer (**le 〜**) 北回帰線.

la **candeur** /カンドゥール/ 女 無邪気さ, 純真さ.

le(la) **candidat(*e*)** /カンディダ(ト)/ 名 候補者; 志願者; 受験者. ●se porter *candidat* à un poste 職に応募する.

la **candidature** /カンディダテュール/ 女 立候補(資格), 志願. ●poser sa *candidature* à un poste 職に応募する.

candide /カンディド/ 形 無邪気[純真]な.

la **canette, cannette** /カネト/ 女 (飲み物の)缶; 小びん.

le **canif** /カニフ/ 男 (折りたたみの)小型ナイフ.

la **canne** /カンヌ/ 女 ❶ 籐(とう)(などの幹); サトウキビ. ❷ (英 stick) 杖, ステッキ.

canne anglaise 松葉杖.

canne à pêche 釣り竿.

le **canoë** /カノエ/ 男 (<英) カヌー(競技).

le **canon**[1] /カノン/ 男 ❶ 大砲; 銃身, 砲身; (注射器などの)胴, 筒. ❷《話》グラス1杯のワイン.

le **canon**[2] /カノン/ 男 ❶ 規準, 標準; (人体の)美しさの基準. ❷〔楽〕カノン.

chanter en canon 輪唱する.

canon[3] /カノン/ 形《不変》《話》(美しさが)理想的な. ●Elle est *canon* 彼女はとてもセクシーで魅惑的だ.

le **canot** /カノ/ 男 (英 boat) ボート.

canot pneumatique ゴムボート.

canoter /カノテ/ 自 ボートをこぐ.

la **cantine** /カンティヌ/ 女 (英 canteen, cafeteria) ❶ (学校・工場などの)食堂. ❷ (特に兵隊の)旅行用トランク.

le **cantique** /カンティク/ 男 賛美歌.

le **canton** /カントン/ 男 ❶ (フランスの)小郡. → 選挙区になる arrondissement の下位行政区分. ❷ (スイスの)州. ❸ (鉄道・道路の)区間.

la **cantonade** /カントナド/ 女 舞台裏.

cantonal(*ale*) /カントナル/ 形 (男複 cantonaux) (フランスの)小郡の; (スイスの)州の.

le **caoutchouc** /カウチュ/ 男 ❶ (英 rubber) ゴム. ●en *caoutchouc* ゴム製の. ❷ ゴム製レインコート;《複》ゴム靴.

le **cap** /カプ/ 男 (英 cape) 岬; 針路; (**Le C-**) ケープタウン.

cap de Bonne Espérance (**le 〜**) 喜望峰. → アフリカ南西端の岬.

cap Horn (**le 〜**) ホーン岬. → 南米最南端の岬.

changer de cap 進路を変更する, 方向を変える.

de pied en cap つま先から頭まで.

mettre le cap sur... …の方に向かう.

passer [***doubler***] ***un cap*** 危機を脱する, 障害を乗り越える.

capable /カパブル/ 形 (英 capable) 〈**être capable de** 不定詞 [**de** 名]〉 …(すること)ができる; …するかもしれない. ●Je *suis* parfaitement *capable de* faire ce travail. 私はこの仕事を十分にこなせる.

capable de tout 何でもできる, 何をする

かわからない.

la **capacité** /カパスィテ/ 女 ❶(英 ability) 能力, 才能; 性能. ●*capacités* intellectuelles 知能, 知的能力.
❷(英 capacity) 容積.
de grande capacité 大勢収容できる.

la **cape** /カプ/ 女 袖(そで)なしマント.
rire sous cape ほくそ笑む.

le **capitaine** /カピテヌ/ 男 (英 captain) 大尉, 中隊長; 船長; 主将; (企業の)指導者.
●*capitaine* des pompiers 消防隊長.

capital[1](**e**[1]) /カピタル/ 形 (男複 capitaux) (英 capital) 主要な, 最重要の; 命[首]にかかわる.
Il est capital de 不定詞 [***que*** 接続法] … することが最も大切である.
lettre capitale 大文字.
peine capitale 極刑, 死刑.

le **capital**[2] /カピタル/ 男 (英 capital) 資本金; 財産; 《複》資本; 《総称的》資本家.

la **capitale**[2] /カピタル/ 女 (英 capital)
❶首都; 主要都市.
❷大文字.

le **capitalisme** /カピタリスム/ 男 資本主義; 《集合的》資本家, 資本主義国.

capitaliste /カピタリスト/ 形 資本家[主義]の.
— le(la) **capitaliste** 名 資本家; 《話》大金持ち.

la **capitulation** /カピテュラスィヨン/ 女 降伏(条約).

capituler /カピテュレ/ 自 降伏する.

le **caporal** /カポラル/ 男 (複 caporaux) 〔軍〕上等兵; 《古》伍長.
le petit Caporal ちび伍長. →ナポレオン1世のあだ名.

la **capote** /カポト/ 女 (自動車などの)幌(ほろ); (兵隊用の); 外套(とう); 《話》コンドーム.

capoter /カポテ/ 自 (車・船が)転覆する; 《話》失敗する.

le **caprice** /カプリス/ 男 (英 caprice) 気まぐれ, 移り気; 《複》急変. ●faire des *caprices* 気まぐれを起こす.

capricieux(**se**) /カプリスィユ(ーズ)/ 形 気まぐれ[移り気, わがまま]な, 不安定[不規則]な.

la **capsule** /カプスュル/ 女 ❶びんの口金, 栓. ❷〔薬〕カプセル; 〔植〕種嚢(のう), さや.
capsule spatiale 宇宙ロケット用カプセル.

capter /カプテ/ 他 ❶(電信・放送)を捕らえる; (水)を引く. ❷を巧みに手に入れる.

le(la) **captif**(**ve**) /カプティフ(ーヴ)/ 名 捕虜; 捕らわれた人.
— 形 捕虜の; 捕らわれた.

captiver /カプティヴェ/ 他 を魅了する; 《古》を捕虜にする.

la **captivité** /カプティヴィテ/ 女 捕らわれの状態.

la **capture** /カプテュール/ 女 捕獲(物); 捕らえた人; 逮捕.

capturer /カプテュレ/ 他 (英 capture) を捕らえる.

la **capuche** /カピュシュ/ 女 (コートなどの)フード.

le **capuchon** /カピュション/ 男 ❶(コートなどの)フード. →**capuche** ❷(万年筆などの)キャップ.

car[1] /カール/ (英 because, for) 接 《前文の理由・説明》というのは, なぜなら…だから. ●Il n'a pas pu venir, *car* il était malade. 彼は来られなかった, 病気だったので.
— le **car** 男 《不変》理由.

le **car**[2] /カール/ 男 長距離バス.

le **caractère** /カラクテール/ 男 (英 character) ❶性格, 性質; 気質; 特性, 特徴.
●avoir bon [mauvais] *caractère* 性格がよい[悪い].
❷文字; 活字.
●en gros [petits] *caractères* 大きな[小さな]文字で.
avoir du caractère 根性がある; しっかりしている.
avoir [***être d'***]***un caractère*** 形 …な性格だ.

caractériser /カラクテリゼ/ 他 (英 characterize) を特徴づける.
— **se caractériser** 代動 〚*par*, によって〛特徴づけられる.

caractéristique /カラクテリスティク/ 形 (英 characteristic) 特有の; 〚*de*, の〛特徴を示す.
— la **caractéristique** 女 特質, 特色.

la **carafe** /カラフ/ 女 (英 carafe) (食卓用の)水差し.
rester en carafe 《話》(車が)故障で動かない; 待ちぼうけにあう.
tomber en carafe (車が)故障する.

le **caramel** /カラメル/ 男 焼き砂糖, カラメ

C

ル(ソース); キャラメル.
— 形 《不変》 カラメル色の.
la **caravane** /カラヴァヌ/ 女 隊商, キャラバン; (旅行者などの)団体; キャンピングカー.

C

le **carbone** /カルボヌ/ 男 炭素; カーボン紙.
carboniser /カルボニゼ/ 他 を炭化する; 黒焦げにする.
le **carburant** /カルビュラン/ 男 エンジン用燃料. → ガソリンなど.
cardiaque /カルディアク/ 形 心臓(病)の.
— le(la) **cardiaque** 名 心臓病患者.
cardinal(ale) /カルディナル/ 形 (男複 cardinaux) 基本の, 枢要の.
nombre cardinal 基数.
points cardinaux 基本方位. → 東西南北.
— le **cardinal** 男 (複 cardinaux) 〔カト〕枢機卿(きょう).
le **carême** /カレム/ 男 〔カト〕四旬節.
la **caresse** /カレス/ 女 愛撫(あいぶ); 優しく触れること. ● faire des *caresses* (à ...) (人・動物を)なでる.
caresser /カレセ/ 他 (英 caress) ❶ を愛撫(あいぶ)する, 優しくなでる. ● *caresser* la tête d'un enfant 子供の頭をなでる. ❷ (計画など)を暖める, 抱く.
— **se caresser** 代動 愛撫し合う.
la **cargaison** /カルゲゾン/ 女 船荷.
une cargaison de 名 《無冠詞》《話》 多量[多数]の….
le **cargo** /カルゴ/ 男 (<英) 〔海〕貨物船.
la **caricature** /カリカテュール/ 女 (英 caricature) 風刺画; 滑稽(こっけい)な物まね; パロディー.
la **carie** /カリ/ 女 虫歯 (=〜 dentaire).
carié(e) /カリエ/ 形 虫歯になった.
le **carillon** /カリヨン/ 男 (英 bell, chime) ❶ カリヨン, 鐘楽. → 教会や市庁舎などの鐘(の音). 異なる音色の鐘を組み合わせる. ❷ (時計などの)チャイムの音.
carnassier(ère) /カルナスィエ(ール)/ 形 肉食性の.
— le **carnassier** 男 肉食獣.
le **carnaval** /カルナヴァル/ 男 (英 carnival) 〔カト〕謝肉祭, カーニバル. → 四旬節 (carême) 前に行われるお祭り.
le **carnet** /カルネ/ 男 ❶ (英 notebook) 手帳. ❷ (英 book) (切符・切手などの) 1 つづり. ● *carnet* de tickets 回数券.
carnet d'adresses 住所録.
carnet de notes (学校の)通知表.
la **carotte** /カロト/ 女 ❶ (英 carrot) ニンジン. ❷ (赤いニンジン形の)たばこ屋の看板.
Les carottes sont cuites! 《話》 万事休すだ.
— 形 《不変》 ニンジン色の.
la **carpe** /カルプ/ 女 〔魚〕コイ.
carré(e) /カレ/ (英 square) 形 正方形の; 四角い; 角張った; 平方の; 率直な, 明確な.
mètre carré 平方メートル.
— le **carré** 男 ❶ 正方形; 四角形のもの. ❷〔数〕2 乗. ● élever 4 au *carré* 4 を 2 乗する.
le **carreau** /カロ/ 男 (複 carreaux)
❶ (英 tile) タイル.
❷ (英 pane) 窓ガラス.
❸ (英 check) 《複》 チェック, 格子縞.
❹〔トランプ〕ダイヤ.
à carreaux 格子柄の; (紙が)方眼の.
rester sur le carreau 《話》 地面に倒れる; (試験などに)失敗する.
se tenir à carreau 《話》 用心する.
le **carrefour** /カルフール/ 男 (英 crossroad) 十字路, 交差点; 岐路.
carrément /カレマン/ 副 率直に, きっぱりと; 《話》 確実に, 間違いなく.
la **carrière**[1] /カリエール/ 女 (英 career) 職業; キャリア, 経歴.
faire carrière dans... …を天職とする, …で成功する.
militaire de carrière 職業軍人.
la **carrière**[2] /カリエール/ 女 石切場.
la **carrosserie** /カロスリ/ 女 (自動車の)車体.

la **carte** /kart カルト/ 女
❶ (英 card) (**a**) カード; 証明書.
● *carte* d'identité 身分証明書.
● *carte* d'abonnement 定期券.
● *carte* d'étudiant 学生証.
(**b**) クレジットカード (=〜 de crédit).
● acheter avec une *carte* de crédit クレジットカードで買う.
(**c**) 名刺.
(**d**) 絵葉書 (=〜 postale). ● envoyer une *carte* à 人 (人)に絵葉書を出す.
❷ メニュー.
● *carte* des vins ワインリスト.

menu と carte

menu はレストランの定食やコース料理の内容を記したもの，あるいは家庭での食事の献立のこと．carte は日本語で一般に「メニュー」と呼ばれるもので，その日にできる料理のリストやワインリストのこと．

❸ トランプ．●un jeu de *cartes* トランプ．
❹ 地図．
●chercher une ville sur la *carte* 地図である町を探す．
●*carte* de France フランス地図．
●*carte* routière 道路地図．
à la carte アラカルトで[の]，(定食でなく)一品料理を選んで．●manger *à la carte* 一品料理から選んで食事をする．
carte bleue クレジットカード，キャッシュカード．

le **carton** /カルトン/ 男 (英 cardboard) ❶ 厚紙[ボール紙](の箱)，ダンボール．●gobelet en *carton* 紙コップ．❷(デッサン用の)紙ばさみ．❸ 書類入れ．
carton rouge 〔サッカー〕レッドカード．

la **cartouche** /カルトゥシュ/ 女 ❶ 弾薬，薬包．❷ カートン．●une *cartouche* de cigarettes 1カートンのたばこ．❸ カートリッジ．

le **cas** /カ/ 男 (英 case) ❶ 場合，ケース．
●C'est un *cas* particulier. それは特別なケースだ．
❷ 事情；事由．
❸〔医〕症例；患者．
au cas [***dans le cas, pour le cas***] ***où*** 条 …の場合は，…すれば．●Prends un parapluie *au cas où* il se mettrait à pleuvoir. 雨が降り出したときのために傘を持っていきなさい．
cas de conscience 良心の問題．
cas urgent 急患，急病人．
dans ce cas-là その場合は．
en aucun cas いかなる場合も…ない．
en cas de... …の場合は．●*en cas d'urgence* 緊急の場合は．
en tout cas [***dans tous les cas***] とにかく．
faire grand [***peu***] ***cas de...*** …を非常に尊重する[あまり尊重しない]．

la **cascade** /カスカド/ 女 (英 waterfall) 滝；(スタントマンなどの)離れ業．
en cascade 次々と．

la **case** /カズ/ 女 ❶(引出しや箱などの)仕切り；(ノートなどの)升目；チェス盤の目．❷(熱帯地方の先住民の)小屋．
case départ 振り出し，スタート地点．
manquer une case 《話》頭が足りない，変である．

caser /カゼ/ 他 ❶(仕切りの中に)を入れる，片づける，しまう．❷《話》(人)を落ち着かせる，職につかせる，結婚させる．
— se caser 代動 《話》身を落ち着ける；職につく；結婚する．

la **caserne** /カゼルヌ/ 女 兵営；大きな建物．
caserne de pompiers 消防署．

le **casier** /カズィエ/ 男 (書類分類用の)整理棚；(集合住宅・研究室などの)郵便入れ；(エビをとるための)かご．
casier judiciaire 前科記録(簿)；前科記録保管所．

le **casino** /カズィノ/ 男 (＜イタリア) カジノ，公認賭博場．

le **casque** /カスク/ 男 (英 helmet) ヘルメット；ヘッドホン；(美容院の)ヘアドライヤー．

la **casquette** /カスケト/ 女 (英 cap) ひさしつきの帽子，制帽．

le **casse-croûte** /カスクルート/ 男 《不変》《話》軽い食事．

le **casse-noix** /カスノワ/ 男 《不変》クルミ割り(器)．

casser /カセ/ 他 ❶(英 break) を壊す，割る；使えなくする，駄目にする．●*casser* une assiette 皿を割る．●Il *a cassé* sa montre. 彼は時計を壊した．
❷ を取り消す；〔法〕を破棄する．
❸ を中断させる，妨げる．
casser du sucre sur le dos de 人 《話》(人)の陰口を言う．
casser la figure [***la gueule***] ***à*** 人 《話》(人)をぶん殴る．
casser la tête [***les pieds***] 《話》うんざりさせる，悩ませる．
casser les oreilles 《話》耳ががんがんする，騒音にうんざりする．
casser les prix 値段を大幅に下げる，価格を切り下げる．
— 自 壊れる，割れる，切れる，折れる．
à tout casser 《話》ものすごい，すばらしい；せいぜい．
Ça ne casse rien. たいしたことはない．

C

C

— se casser 代動 ❶ 壊れる, 割れる, 折れる. ●Je *me suis cassé* la jambe. 私は脚を折った.
❷ 懸命に努力する.
❸《話》行く, ずらかる. ●*Casse-toi!* とっとと失せろ.
se casser la figure [***gueule***]《話》転ぶ; 事故にあう; 自殺する.
se casser la tête [《俗》***le cul***]《話》頭を悩ます, 懸命になる.

la **casserole** /カスロル/ 女 ❶ (英 pan) シチュー鍋, 片手鍋. →和仏「台所」
❷《話》音程の狂ったピアノ[声].

le **casse-tête** /カステト/ 男 《不変》頭を悩ます仕事, 難問.

la **cassette** /カセト/ 女 ❶ カセットテープ. ❷《古》(宝石入れ用の)小箱.

le **cassis**[1] /カスィス/ 男 ❶〔植〕カシス(酒).
❷《話》頭.

le **cassis**[2] /カスィ(ス)/ 男 (道路の)排水溝.

la **cassure** /カスュール/ 女 裂け目; 亀裂.

les **catacombes** /カタコンブ/ 女 複 カタコンベ. → 初期キリスト教徒の地下埋葬所.

le **catalogue** /カタログ/ 男 (英 catalogue) 目録; カタログ.

la **cataracte**[1] /カタラクト/ 女 大滝; 激しい雨.

la **cataracte**[2] /カタラクト/ 女 白内障.

la **catastrophe** /カタストロフ/ 女 大惨事, 災難; 《話》困ったこと. ●Cette *catastrophe* a fait plus de mille morts. その災害で1000人以上の死者が出た. ●*Catastrophe!* J'ai oublié mon portefeuille! しまった, 財布を忘れた.
en catastrophe 緊急に.

le **catéchisme** /カテシスム/ 男 〔キ教〕教理問答集, 公教要理.

la **catégorie** /カテゴリ/ 女 (英 category) 部類, 種類.
hors catégorie 傑出した, 群を抜いた.

catégorique /カテゴリク/ 形 断定的な; 明確な.

la **cathédrale** /カテドラル/ 女 (英 cathedral) カテドラル, 大聖堂.

le **catholicisme** /カトリスィスム/ 男 カトリック; カトリックの教義.

catholique /カトリク/ 形 (英 Catholic) カトリックの; 《多くは否定形》《話》正統の, まっとうな.
pas très catholique 少し怪しい, うさんくさい.

— le(la) catholique 名 カトリック教徒.

le **cauchemar** /コシュマール/ 男 (英 nightmare) 悪夢; 《話》つきまとって苦しめるもの(人). ●faire des *cauchemars* 悪夢を見る.

la **cause** /コーズ/ 女 ❶ (英 cause) 原因, 理由.
❷ 利害, 立場; 主張.
❸〔法〕訴訟事件; 申立て.
à cause de ... …のせいで. ●Le train est en retard *à cause de* la neige. 雪のため列車は遅れている.
en cause 訴訟中の, 問題の.
Et pour cause! それもそのはずだ.
être en cause 当事者である, かかわっている; …がかかっている.
mettre ... en cause …を問題にする.
pour cause de ... …の理由で, …のために.

causer[1] /コゼ/ 他 (英 cause) の原因となる, を引き起こす. ●*causer* un accident 事故を起こす.

causer[2] /コゼ/ 自 (英 talk, chat) 《話》おしゃべりする. ●*causer* politique [travail] 政治[仕事]の話をする.
Assez causé! もうその話はよそう.

la **causerie** /コズリ/ 女 おしゃべり; 談話.

la **caution** /コスィヨン/ 女 保証(金).
sujet à caution 怪しい, 疑わしい.

la **cavalerie** /カヴァルリ/ 女 騎兵隊, 機甲部隊.

le(la) **cavalier(ère)** /カヴァリエ(ール)/ 名 騎乗者, 騎手; (舞踏会などの)パートナー.

— le cavalier 男 騎兵, 機甲部隊兵; 〔チェス〕ナイト.

— 形 乗馬(用)の; 失礼な; ぞんざいな.

la **cave** /カヴ/ 女 (英 cellar) 地下室, 地下倉庫; ワインセラー; 《集合的》ワイン.

la **caverne** /カヴェルヌ/ 女 ほら穴, 洞窟.

le **caviar** /カヴィヤル/ 男 〔料〕キャビア.

le **CD** /セデ/ 男 《略》《不変》シーディー.

ce[1] /s(ə) ス/ 代 《指示代名詞》→ 母音字の前では c' になる. (英 it, this, that)
❶ 〈**c'est .../ce sont ...**〉 それ[あれ]は…である.
●*C'est un étudiant.* あれは学生です.
会話 *C'est parfait!* 完璧だ.
❷《同一文章内の要素を指して》〈...,

c'est ...〉 …は…だ.
●Les fleurs, c'est pour toi. 花は君にだよ.
●Voir, c'est croire. 《ことわざ》百聞は一見に如(し)かず.
❸《関係代名詞の先行詞》〈**ce qui .../ce que ...**〉 …であるもの[こと].
●*Ce qui* importe avant tout, c'est le résultat. 何より大切なのは結果だ.
●Prenez *ce que* vous voulez. お好きなものをお取りください.
***c'est à* 人 *de* 不定詞** (人)が…する番である; …すべきである.
●*C'est à* elle *de* prendre cette décision. これは彼女が決めることだ.
c'est que ... …ということである; …というわけである.
●Pourquoi se tait-il?—*C'est qu*'il est timide. どうして彼は黙っているの. 一内気だから.
***c'est ... qui* [*que*] ...** 《強調構文》…なのは…だ. →主語の強調には qui; それ以外は que.
●*C'est* moi *qui* ai cassé le vase. 花びんを割ったのは私です.
●*C'est* Jean *qu*'elle aime. 彼女が愛しているのはジャンなのだ.
●*C'est* pour vous voir *que* je suis venu ici. 私がここへ来たのはあなたにお会いするためです.
n'est-ce pas? ね, そうでしょう. → **n'est-ce pas**
***Qu'est-ce qui* [*que*] ...?** 何が[何を]. → **qu'est-ce que, qu'est-ce qui**
***Qui est-ce qui* [*que*] ...?** だれが[だれを, だれに]. →**qui est-ce que, qui est-ce qui**
sur ce それによって, それでは.

ce[2] /s(ə) ス/ 《指示形容詞》(英 this, that)

	単数	複数
男性	ce /ス/ *cet /セト/	ces /セ/
女性	cette /セト/	

*母音または無音の h で始まる男性単数名詞の前では cet.

❶ この, その, あの.
●*cet* étudiant この男子学生.
●*cette* maison この家.
●*ces* enfants この子たち.
❷ 今の, 直前の.
●*ce* soir 今晩.
●*cet* hiver 今年の冬.
❸《感情を強調して》何という.

ceci /ススィ/ 代 《指示代名詞》(英 this) これ, このこと; 次のこと. →cela と対比.
●Elle préfère *ceci* à cela. 彼女はこれの方があれより好きだ.

la **cécité** /セスィテ/ 女 失明; 《文》盲目.

céder /セデ/ 他 57 (英 give up) 〖à, に〗を譲る; 売渡す. ●*céder* sa place à 人 (人)に席を譲る. ●*céder* le pas à ... (人)に先を譲る; (もの)を優先する. ●*Cède* maison avec jardin 《掲示》庭つき一戸建売出中.
— 自 (英 give in) 〖à, に〗譲歩する, 屈服する, 負ける; (圧力のために)曲がる. ●Il a *cédé* à la tentation. 彼は誘惑に負けた.

la **cédille** /セディユ/ 女 〔文法〕セディーユ. →c の下につけて a, o, u の前で /s/ と発音させるための符号; 例: ça.

la **ceinture** /サンテュール/ 女 (英 belt) 帯, ベルト; 腰, ウエスト; (環状の)道路, 地帯.
●*ceinture* de sécurité シートベルト, 安全ベルト. ●*ceinture* verte (都市を囲む)緑地帯.
faire ceinture/ se serrer la ceinture 食事を減らす; 財布のひもを締める.

cela /スラ/ 代 《指示代名詞》(英 this, that) ❶ それ, そのこと.
●J'ai expliqué tout *cela*. そのことはすべて説明しました.
●C'est *cela*. そのとおりです.
POINT 話し言葉では ça が代わりに用いられることが多い.
❷ それ, あれ; 以上のこと. →ceci と対比. ●Ceci est plus cher que *cela*. この方があれよりも値が高い.
après cela その後で.
cela dit そう言うと; それはそれとして.
cela fait そうすると, そうしてから.
comme cela こんな風に.
Quand* [*Où*] *cela? それはいつ[どこ]ですか.
sans cela そうでなければ.

célèbre /セレブル/ 形 (英 famous) 〖*par, pour*, で〗有名な.

célébrer /セレブレ/ 他 57 (英 celebrate)

(儀式など)を執り行う; 祝う.

la **célébrité** /セレブリテ/ 女 名声; 有名人.

le **céleri** /セルリ/ 男 〔植〕セロリ.

céleste /セレスト/ 形 空の, 天の; 天上の.

le **célibat** /セリバ/ 男 独身(生活).

célibataire /セリバテール/ 形 (英 single) 独身の.

— le(la) **célibataire** 名 独身の人.

celle /セル/ 代 《指示代名詞; 女性形》…のもの, …する人. →**celui**

cellulaire /セリュレール/ 形 細胞(状)の; 独房の.

téléphone cellulaire 携帯電話.

la **cellule** /セリュル/ 女 ❶ 小部屋; 独房. ❷ 細胞. ❸ 要素, 構成単位.

celui, *celle* /スリュイ, セル/ 代 《指示代名詞》(英 that)

	単数	複数
男性	celui /スリュイ/	ceux /ス/
女性	celle /セル/	celles /セル/

❶ 《de とともに》…のそれ.

● le père de Nathalie et *celui de* Jean ナタリーの父親とジャンの父親.

❷ 《関係代名詞とともに》…する人; …のもの.

● Éric, c'est *celui* qui a des lunettes. エリックというのはめがねをかけている人です.

● Je n'aime pas *ceux* qui mentent. 私は嘘をつく人間は嫌いだ.

celui-ci [***celle-ci, ceux-ci, celles-ci***] こちらのもの[人], 後者.

celui-là [***celle-là, ceux-là, celles-là***] あちらのもの[人], 前者.

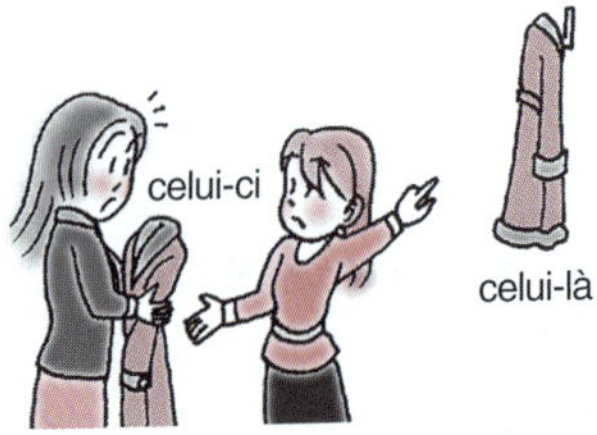

● *Celui-ci* est mon manteau et le tien est *celui-là*. こっちは私のコートで, あなたのはあっちです.

la **cendre** /サンドル/ 女 ❶ (英 ash) 灰. ❷ 《多く複数》死者の灰; 遺骨, 遺骸. ❸ (**les Cendres**) 〔カト〕灰の水曜日. → 四旬節 (carême) の初日.

le **cendrier** /サンドリエ/ 男 (英 ashtray) 灰皿.

censé(*e*) /サンセ/ 形 《不定詞と》…するとみなされている.

la **censure** /サンスュール/ 女 (英 censorship) 検閲(機関).

censurer /サンスュレ/ 他 を発禁にする, 削る; 検閲する.

cent[1] /サン/ 形 (英 hundred) 100 の, 100 番目の; たくさんの.

● deux *cents* personnes 200 人の人.

POINT 100 は un cent ではなく cent.

cent fois 百回も; 何度も.

cent fois mieux ずっといい, 百倍はいい.

faire les cent pas (その場を)行ったり来たりする.

— le **cent** 男 100(の数); 100 番地.

à cent pour cent 100 パーセントの, すっかり, 完全に.

avoir cent fois raison まったく正しい.

être cent pour cent sûr 100 パーセント自信がある, 絶対に間違いない.

le **cent**[2] /セント/ 男 ❶ サン, サンチーム. → 100 分の 1 ユーロ. ❷ セント. → 100 分の 1 ドル.

la **centaine** /サンテヌ/ 女 (およそ) 100; 100 歳. ● Une *centaine* de personnes a [ont] manifesté. 100 人ほどの人々がデモに参加した. ● plusieurs *centaines* d'euros 数 100 ユーロ.

centenaire /サントネール/ 形 100 年の, 100 年を経た, 100 歳[年目]の.

— le(la) **centenaire** 名 100 歳の人.

— le **centenaire** 男 百年祭.

centième /サンティエム/ 形 (英 hundredth) 100 番目の; 100 分の 1 の.

— le(la) **centième** 名 100 番目の人(もの).

— le **centième** 男 100 分の 1.

— la **centième** 女 〔劇〕100 回目の興行.

le **centime** /サンティム/ 男 サンチーム. → 100 分の 1 ユーロ.

le **centimètre** /サンティメトル/ 男 (英 centimeter) ❶ センチメートル. → 略 cm. ❷ メジャー, 巻尺.

central(*ale*) /サントラル/ 形 (男複 centraux) (英 central) 中央の, 主要な.

● personnage *central* du roman 物語の中心人物.

***Asie centrale* (l'～)** 中央アジア.

— le **central** 男 電話(交換)局; 中央処理装置[機関].

— la **centrale** 女 発電所. ● *centrale* électrique (電気)発電所. ● *centrale* nucléaire 原子力発電所.

le **centre** /サントル/ 男 (英 center) ❶ 中心, 中央. ● Il habite en plein *centre*. 彼は都会のど真ん中に住んでいる. ❷ 中心施設; (スポーツ)センター. ● *centre* commercial ショッピングセンター. ● *centre* culturel 文化センター. ❸ (政党の)中道派.

au centre de... …の真ん中に.

le **centre-ville** /サントルヴィル/ 男 (複 centre(s)-ville(s)) 中心街.

cependant /スパンダン/ 接 (英 however) しかしながら, にもかかわらず.

— 副 《古》その間に.

la **céramique** /セラミク/ 女 陶器; セラミックス.

— 形 陶器の; セラミックスの.

le **cercle** /セルクル/ 男 (英 circle) ❶ 円, 円形のもの; 輪. ● entourer d'un *cercle* 丸で囲む. ❷ 人の輪; サークル. ● le *cercle* de famille 一家勢ぞろい. ● *cercle* d'amis 交友の輪. ❸ 範囲; 〔地理〕圏.

***cercle polaire arctique* 〔*antarctique*〕** 北[南]極圏.

cercle vicieux 悪循環.

le **cercueil** /セルクィユ/ 男 棺.

la **céréale** /セレアル/ 女 (英 cereal) 穀物; 《複》シリアル.

cérébral(ale) /セレブラル/ 形 (男複 cérébraux) 脳の; 知的な.

la **cérémonie** /セレモニ/ 女 (英 ceremony) 儀式; 《多く複数》堅苦しい礼儀.

faire des cérémonies もったいつける.

sans cérémonie 格式ばらずに.

le **cerf** /セール/ 男 雄ジカ.

le **cerf-volant** /セルヴォラン/ 男 (複 cerfs-volants) クワガタムシ; 凧(たこ).

la **cerise** /スリーズ/ 女 (英 cherry) サクランボ.

***cerise sur le gâteau* (la ～)** さらに引き立たせるもの, 華を添えるもの.

— 形 《不変》サクランボ色の.

le **cerisier** /スリズィエ/ 男 サクラの木; (家具に用いる)桜桃材.

cerner /セルネ/ 他 (英 surround) ❶ を取り囲む; 包囲する. ❷ の輪郭をはっきりさせる, 範囲を定める.

certain(e) /セルタン(テヌ)/ 形 (英 certain, sure) ❶ 確実な. ● Leur victoire est *certaine*. 彼らの勝利は間違いない. ❷〈certain de 名 [de 不定詞/ que 直]〉…(であること)を確信して. ● Elle est *certaine qu'*ils viendront. 彼女は彼らが必ず来ると思っている. ❸《複数形を伴って》いくつかの, ある種の. ● *certaines* personnes ある人たち. ● dans *certains* de ces cas これらの例のうちいくつかでは. ❹ **(un(e) certain(e))** ある, いくらかの, 相当の. ● un *certain* M. Leblanc ルブランさんとかいう人.

au bout d'un certain temps しばらくして.

dans un certain sens ある意味では.

d'une certaine manière ある意味では, ある程度は.

***Il est certain que* 直・条** 《非人称》…なのは確実だ. → 主節が否定または疑問の場合は 接続法. ● *Il* n'est pas *certain qu'*il soit d'accord. 彼が賛成かどうかはっきりしない.

— 代 《不定》《複》ある人たち; いくつかのもの. ● *certains* d'entre vous あなたたちのうちの何人か.

Certains disent que... …と言う人もいる.

certainement /セルテヌマン/ 副 (英 certainly) ❶ 確実に, きっと. ❷《強い肯定》もちろん. ● Un café, s'il vous plaît. —*Certainement*, Madame. コーヒーを1つ頼みます. —かしこまりました.

certes /セルト/ 副 (英 indeed) 確かに, もちろん.

certes A mais B なるほどAであるがBだ.

le **certificat** /セルティフィカ/ 男 (英 certificate) 証(明)書; 資格証書.

● *certificat* de mariage 結婚証明書.

● *certificat* médical 診断書.

certifié(e) /セルティフィエ/ 形 中等教育

教員免状 (CAPES) を取得している.
— le(la) **certifié(e)** 名 中等教育教員資格者, CAPES 取得者.
certifier /セルティフィエ/ 他 (英 certify) を証明する, 保証する.

C

la **certitude** /セルティテュド/ 女 確実(性); 確信.
avoir la certitude de ... …(するの)を確信している.
le **cerveau** /セルヴォ/ 男 (複 cerveaux) (英 brain) ❶ 脳. 会話 Fais travailler ton *cerveau*. 頭を使いなさい. ❷ 頭脳, 知能; 頭のよい人. ❸ 中枢機関, 指導部.
fuite des cerveaux (la ～) 頭脳流出.
la **cervelle** /セルヴェル/ 女 脳みそ; 知能, 頭脳.
sans cervelle 軽率な.
se creuser la cervelle 脳みそをしぼる, 必死に考える.
ces /セ/ 形 《指示形容詞; ce の複数形》 こ(れら)の, そ(れら)の, あ(れら)の. →**ce**
la **cessation** /セサスィオン/ 女 停止, 中止.
cesse /セス/ 女 休止.
POINT 常に冠詞を伴わず, 否定表現に用いる.
n'avoir pas (point) de cesse que 接続法 …するまでやめない.
sans cesse 休みなく.
cesser /セセ/ 他 (英 cease) を中止する, 中断する, やめる.
— 自 終わる, やむ.
cesser de 不定詞 …するのをやめる.
ne (pas) cesser de 不定詞 絶えず…する.
●Il *n'a pas cessé de* pleuvoir. 雨が降りやまなかった.
le **cessez-le-feu** /セセルフ/ 男 《不変》 停戦(命令).
c'est-à-dire /セタディール/ 接 (英 that is to say) すなわち, 言いかえれば. →略 c.-à-d..
c'est-à-dire que 直 それはつまり…だ; 実はその…だ.
cet /セト/ 形 《指示形容詞; 男性形; 母音・無音の h で始まる男性名詞の単数形とともに用いる》 この, その, あの. →**ce**
cette /セト/ 形 《指示形容詞; 女性形》 この, その, あの. →**ce**
ceux /ス/ 代 《指示代名詞; 男性複数形》 …のもの; …する人. →**celui**
chacun(e) /シャカン(キュヌ)/ 代 《不定代名詞》 (英 each) ❶ おのおの, 各自.
●*chacun* des deux 二人とも.
❷ だれでも, それぞれ皆. →単独で用い, 女性形はない.
●comme *chacun* sait 誰もが知っているように.
Chacun pour soi et Dieu pour tous. 《ことわざ》 各人は己のため神は万人のため, 人のことは神に任せよ.
Chacun son goût [ses goûts]. 《ことわざ》 人それぞれに好みあり, たで食う虫も好き好き.
le **chagrin** /シャグラン/ 男 (英 sorrow) 心痛, 悲しみ; 悩み.
avoir du chagrin 悩んで[悲しんで]いる.
faire du chagrin à 人 (人)を悲しませる.
le **chahut** /シャユ/ 男 抗議騒動, やじ; 騒音.
faire du chahut 大騒ぎする.
la **chaîne** /シェヌ/ 女 ❶ (英 chain) くさり; 《複》 束縛.
❷ 連鎖, 一続き; 山脈. ●*chaîne* alimentaire 食物連鎖.
❸ チャンネル, 放送局.
❹ (店の)チェーン.
❺ (連続作業の)工程.
❻ 縦糸.
briser ses chaînes しがらみを断ち切る.
la **chair** /シェール/ 女 (英 flesh) 肉, 身; 果肉; 《文》 (精神に対し)肉体, 肉欲.
avoir la chair de poule 鳥肌が立つ.
bien en chair 丸々と太った, 肉づきのいい.
en chair et en os 生身の; 本人自ら.
la **chaire** /シェール/ 女 説教壇; 教授の職.
la **chaise** /ʃɛz シェーズ/ 女 (英 chair) (ひじかけがない)椅子.
●s'asseoir sur une *chaise* 椅子に座る.
chaise roulante 車椅子.
être assis entre deux chaises 《話》 ためらっている, 中途半端な状態にある.
le **châle** /シャール/ 男 ショール, 肩かけ.
le **chalet** /シャレ/ 男 山小屋, 山荘.
la **chaleur** /シャルール/ 女 ❶ (英 heat) 暑さ; 《複》 暑い時期. ●les grandes *chaleurs* うだるような暑さ.
❷ 熱さ; 〔物〕 熱; 熱烈さ.
❸ さかり, 交尾期.
Craint la chaleur 《注意書》 要冷蔵.
chaleureux(se) /シャルル(ーズ)/ 形 熱

烈な; 真心のこもった.

la **chaloupe** /シャルプ/ 女 大型ボート; ランチ.

la **chambre** /ʃɑ̃br シャーンブル/ 女

❶ (英 room, bedroom) 寝室; 部屋.
● *chambre* d'enfant 子供部屋.
● *chambre* à coucher 寝室.
● réserver une *chambre* dans un hôtel ホテルに1部屋とる.
❷ 法廷; (C-) 議会. ● *Chambre* haute [basse] (議会の)上院[下院].

chambre à ... euro(s) la nuit (ホテルの) 1晩…ユーロの部屋.

chambre double [à deux lits] (ホテルの)ダブル[ツイン]ルーム.

chambre simple (ホテルの)シングルルーム.

faire chambre à part 寝室を別にする.

garder la chambre (病気のため)家にいる.

le **chameau** /シャモ/ 男 (複 chameaux) ❶〔動〕ラクダ; フタコブラクダ. ❷《話》嫌なやつ. → 女性に対しても使う.

le **chamois** /シャモワ/ 男 〔動〕カモシカ(の皮).

le **champ** /シャン/ 男 ❶ (英 field) 畑; 《複》(町に対して)田畑, 田園.
● fleurs des *champs* 野に咲く花.
● *champ* de blé 麦畑.
❷ 場, 空間; (活動の)分野, 範囲.
● *champ* visuel 視野, 視界.
● *champ* de bataille 戦場.
● *champ* de courses 競技場, レース場.

laisser le champ libre à 人 (人)を自由に行動させる.

mourir [tomber] au champ d'honneur 名誉の戦死をする.

le **champagne** /シャンパニュ/ 男 シャンパン. → 発泡性の白ワイン.

— 形 シャンパン色の.

la **Champagne** /シャンパニュ/ 女 シャンパーニュ. → フランス東北部の旧地方名.

champêtre /シャンペトル/ 形 《文》田舎の, 田園の.

le **champignon** /シャンピニョン/ 男 (英 mushroom) ❶ キノコ, マッシュルーム; 菌類. ❷《話》(車の)アクセル. ● appuyer sur le *champignon* アクセルを踏む.

pousser comme des champignons 急速に発展する.

le(la) **champion(*ne*)** /シャンピヨン(ヨヌ)/ 名 (英 champion) チャンピオン; 一流選手; 《話》第一人者; 擁護者.

se faire le champion d'une cause ある主義を擁護する.

— 形 《話》すばらしい, 第一級の.

le **championnat** /シャンピヨナ/ 男 選手権(試合).

la **chance** /ʃɑ̃s シャーンス/ 女

❶ (英 chance) 運, 偶然; 幸運.
● mauvaise *chance* 不運.
❷《複》機会, 見込み, 可能性.
● Il a peu de *chances* de réussir. 彼は成功の可能性が少ない.

avoir de la chance (de 不定詞***)*** (…するとは)運がいい.

会話 Vous *avez de la chance!* ついてますね.

● Vous *avez de la chance de* pouvoir assister à ce concert. そのコンサートに行けるとはうらやましい.

avoir la chance de 不定詞 幸いにも…する. ● J'*ai eu la chance de* la rencontrer dans la rue. 運よく彼女に通りで出会えた.

会話 ***Bonne chance!*** 幸運を祈ります, がんばれ.

chance de sa vie (人にとっての)またとない機会.

coup de chance まぐれ当たり.

donner sa chance [ses chances] à 人 (人)にチャンスを与える.

Il y a des chances. 可能性は大いにある.
● *Il y a* de fortes *chances* (pour) que vous réussissiez. あなたが成功する可能性は大いにある.

par chance 運よく, 幸い.

会話 ***Pas de chance!*** ついてないね, お気の毒さま.

chanceler /シャンスレ/ 自 4 よろめく, ぐらつく.

le **chandail** /シャンダイユ/ 男 (厚手の)セーター.

le **chandelier** /シャンドリエ/ 男 燭(しょく)台, ろうそく立て.

la **chandelle** /シャンデル/ 女 ❶ ろうそく. ❷ (飛行機などの)急上昇. ● monter en

chandelle (飛行機が)急上昇する.
devoir une fière chandelle à 人 (人)に恩義がある.
Le jeu n'en vaut pas la chandelle. 《ことわざ》その賭(か)けはろうそく代にもならない; 骨折り損のくたびれもうけだ.
voir trente-six chandelles 《話》(頭を殴られて)目から火花が出る.

le **change** /シャンジュ/ 男 ❶ (英 exchange) 両替; 為替(かわせ)(相場). •opération de *change* 為替取引. ❷ 交換, 代わりの品. ❸ (赤ちゃんの)おむつ.
au cours actuel du change 現在の為替相場で.
donner le change à 人 (人)をだます.
gagner [perdre] au change 得な[損な]交換をする.

le **changement** /シャンジュマン/ 男 (英 change) 変更, 変化; 乗り換え. •rester sans *changement* (状況などが)依然として変わらない. •avec *changement* à Paris パリで乗り換えして.
changement d'air 生活環境の変化, 気分転換.
changement de vitesse (自動車の)変速(装置), ギアチェンジ.

changer /シャンジェ/ 他 40 (英 change)
❶ を変える.
❷ 〈changer A en B〉 AをBに変える. •Je voudrais *changer* ce billet *en* petite monnaie. この札を小銭に両替したいのですが.
❸ 〈changer A contre [pour] B〉 AをBと交換する, 取りかえる. •*changer* 100 euros *contre* des livres 100ユーロをポンドにかえる.
❹ 〈changer A de 名《無冠詞》〉 Aの … を変える. •*changer* 人 *de* poste (人)を転属させる, 配置がえする.
❺ (人)を着替えさせる.
— 自 ❶ 変わる, 変化する. •Rien n'a [n'est] *changé*. 何一つ変わっていない.
❷ 〖de, を〗 変える, 取りかえる. •*changer d*'adresse 引っ越す. •J'ai dû *changer* à Rome. 私はローマで乗り換えなくてはならなかった.
changer d'air 《話》気分転換をする; 旅に出る.
changer de place avec 人 (人)と席を替わる.
changer en bien [mal] よく[悪く]なる.
pour changer 《話》《皮肉》相変わらず.
— **se changer** 代動 着替える; 〖en, に〗変わる.

la **chanson** /ʃɑ̃sɔ̃ シャンソン/ 女 (英 song)
❶ 歌, シャンソン.
•chanter une *chanson* 歌を歌う.
•les paroles d'une *chanson* 歌の歌詞.
❷ (鳥などの)さえずり; (波・風などの)快い音.
❸ 《話》決まり文句, 口癖.
•C'est sa *chanson* habituelle. それが彼(女)の口癖だ.
chanson à succès ヒット曲.
chanson populaire 流行歌.

le **chant** /シャン/ 男 (英 song) 歌; 斉唱; 鳴き声.

le **chantage** /シャンタージュ/ 男 ゆすり, 恐喝. •faire du *chantage* ゆする, 恐喝する.

chanter /ʃɑ̃te シャンテ/ 自 ❶ (英 sing) 歌う; (鳥や虫が)鳴く; 音をたてる.
•*chanter* juste [faux] 調子をはずさずに[調子はずれに]歌う.
•Il *chante* très bien. 彼は歌がとても上手です.
❷ 《話》〖à〗 (人の)気に入る.
faire chanter 人 (人)を脅す.
— 他 ❶ を歌う.
•*chanter* une chanson d'amour ラブソングを歌う.
❷ 《話》についてつべこべ言う.
•Qu'est-ce que tu nous *chantes* là? 何を言ってるんだ.

le(la) **chanteur(se)** /シャントゥール(ズ)/ 名 (英 singer) 歌手.
— 形 歌う, よくさえずる.

le **chantier** /シャンティエ/ 男 工事現場, 作業場; 資材置場; 《話》散らかった場所.
•*chantier* de construction 建築現場.
•*Chantier* interdit au public 《掲示》工事中につき立ち入り禁止. •*chantier* naval 造船所.
en chantier 工事中の; 進行中の. •mettre ... *en chantier* …を実行に移す.

le **chanvre** /シャンヴル/ 男 〔植〕麻, 大麻(たいま).

le **chaos** /カオ/ 男 混沌, カオス.

le **chapeau** /シャポ/ 男 (複 chapeaux) (英 hat) 帽子(型のもの).
会話 ***Chapeau!*** すごい!; 脱帽だ!
chapeau de plage [***soleil***] 日よけ帽.
coup de chapeau (敬意を示す)帽子を持ち上げる挨拶.
tirer son chapeau à 人 (人)に脱帽する.

le **chapelet** /シャプレ/ 男 数珠(じゅず)(状のもの), ロザリオ(の祈り).
réciter [***dire***] ***son chapelet*** 祈りを唱える.

la **chapelle** /シャペル/ 女 礼拝堂; (教区をもたない)小教会; 祭室.

le **chapiteau** /シャピト/ 男 (複 chapiteaux) ❶〔建〕柱頭. ❷(サーカスの)テント.

le **chapitre** /シャピトル/ 男 (英 chapter) (本などの)章; 項目, 箇条.
au chapitre de .../ sur le chapitre de ... …に関して, …について.
avoir voix au chapitre 発言権がある.

chaque /シャク/ 形
❶(英 each) 各…の, おのおのの.
• *chaque* élève 生徒各自.
❷(英 every) 毎…, …ごとに.
• *chaque* jour 毎日.
• *chaque* dimanche 日曜ごとに.
à chaque instant いつも, ことあるごとに.
— 代 《不定》それぞれ(のもの).

le **char** /シャール/ 男 山車(だし); 戦車; (古代の)2輪馬車.

la **charade** /シャラド/ 女 ❶シャラード. → 言葉遊び. ❷ジェスチュアゲーム (=～ en action).

le **charbon** /シャルボン/ 男 (英 carbon, coal) 炭, 木炭, 石炭, 炭素. • faire cuire ... au *charbon* de bois …を炭火焼きにする.
être sur des charbons ardents 身を焼かれる思いである; 苦しい立場に立つ.

le(la) **charbonnier(ère)** /シャルボニエ(ール)/ 名 石炭商.

la **charcuterie** /シャルキュトリ/ 女 ❶豚肉製品. → ハムやソーセージなど. ❷豚肉店.

le(la) **charcutier(ère)** /シャルキュティエ(ール)/ 名 豚肉屋(の店主).

le **chardon** /シャルドン/ 男 〔植〕アザミ.

la **charge** /シャルジュ/ 女 ❶(英 load) 荷物; 重荷; 重圧. • porter une *charge* sur les épaules 荷を肩に担ぐ.
❷(英 charge) 負担, 税金. • enfants à *charge* 扶養すべき子.
❸役割, 地位, 責任, 職.
❹充電. • mettre une batterie en *charge* バッテリーに充電する.
❺(銃などに詰めた)火薬の量, 装薬.
❻攻撃; 〔法〕被告への攻撃.
avoir la charge de 不定詞 …する役目を与えられている.
charge irrégulière 〔スポーツ〕反則のタックル.
être à la charge de 人 (人)の世話になっている, (人)に支払いの義務がある.
prendre en charge 世話をする, 引き受ける.

chargé(e) /シャルジェ/ 形 ❶荷を積んだ; 一杯の; 責任のある. • une journée *chargée* (仕事で)多忙な1日. • un mot *chargé* de sens 深い意味のある言葉. • un regard *chargé* de menaces 威嚇するような視線. • être *chargé* de ... …に対して責任がある, …を担当している. ❷火薬の詰まった, 弾丸の入った. ❸(胃などが)重苦しい. ❹誇張された.
— le(la) **chargé(e)** 名 《役職名とともに》
chargé d'affaires 代理大使[公使].
chargé de cours (大学の)非常勤講師.

le **chargement** /シャルジュマン/ 男 荷物の積み込み, 装填; 充電.

charger /シャルジェ/ 他 40 ❶(英 load, charge) (乗り物)に荷物を積む.
• *charger* un camion de légumes トラックに野菜を積み込む.
❷〈charger 人 de ... [de 不定詞]〉(人)に…(すること)の責任を負わせる.
• *charger* Jeanne *de* poster une lettre ジャンヌに手紙の投函(かん)を頼む.
• Il *m'a chargé de* vous saluer. 彼からよろしくとのことです.
❸を装填する, 充電する.
— **se charger** 代動 〖*de*, を〗引き受ける; (の)世話をする. • Je *me charge d'*aller le chercher. 彼は私が迎えに行く.

le **chariot** /シャリョ/ 男 荷車, ワゴン; (機械の)移動台. • *chariot* à bagages (空港・駅などの)手荷物用カート.

charitable /シャリタブル/ 形 慈悲深い,

寛大な.
organisation charitable 慈善団体.

la **charité** /シャリテ/ 女 (英 charity) 慈悲; 慈善, 施し. ●faire la *charité* à ... …に施し物をする. ●fête de *charité* 慈善パーティー, チャリティーバザー.

le **charlatan** /シャルラタン/ 男 ぺてん師; やぶ医者.

charmant(e) /シャルマン(ト)/ 形 (英 charming) かわいい, 魅力的な, すてきな; 《皮肉》すごい.

le **charme** /シャルム/ 男 魅力; 《古》まじない. ●Elle n'est pas belle, mais elle a du *charme*. 彼女は美しくないが魅力がある. ●Le *charme* est rompu. 魔法が解けた.
être sous le charme de... …に魅せられている; 呪文にかかっている.
faire du charme à 人 (人)に色目を使う.

charmer /シャルメ/ 他 (英 charm) を魅了する, 楽しませる.

charnel(le) /シャルネル/ 形 肉欲の, 性的な.

la **charnière** /シャルニエール/ 女 ちょうつがい; 接点, かなめ.

la **charpente** /シャルパント/ 女 (建物の)骨組み; (人の)骨格; (劇などの)構成.

le **charpentier** /シャルパンティエ/ 男 (英 carpenter) 大工.

la **charrette** /シャレット/ 女 (英 cart) 2輪の荷車, 荷馬車.

la **charrue** /シャリュ/ 女 犂(すき).
mettre la charrue devant [avant] les bœufs 《ことわざ》牛の前に犂を置く; 本末を転倒する.

la **chasse** /シャス/ 女 (英 hunting)
❶ 狩猟; 狩猟場; 狩猟期; 獲物; 〘*à*〙…狩り. ●*chasse aux* sorcières 魔女狩り.
❷ 追跡, 追求.
❸ 排水(装置); (水洗便所の)タンク (=～ d'eau). ●actionner [tirer] la *chasse* (d'eau) (便所の)水を流す.
aller à la chasse (à...) (…を)狩りに行く.
être en chasse (雌が)発情している.
faire la chasse à... …を追いかける, 追跡する.
prendre en chasse 追跡する.

le **chasse-neige** /シャスネジュ/ 男 《不変》除雪車.

chasser /シャセ/ 他 (英 hunt, chase) を狩る; 追い出す. ●*chasser* un chien 犬を追い払う.

le(la) **chasseur(se)** /シャスール(ズ)/ 名 猟師, ハンター. 〘*de*, を〙追い求める人.
chasseur de têtes 〔経〕ヘッドハンター.
chasseur d'images 報道写真家.
— le **chasseur** 男 戦闘機; (ホテルなどの)ボーイ.

le **châssis** /シャスィ/ 男 枠; (自動車の)車台.

chaste /シャスト/ 形 貞節な; 清純な.

le(la) **chat[1](te)** /ʃa, ʃat シャ(ト)/ 名
❶ (英 cat) ネコ(科の動物).
●Le *chat* ronronne. 猫はごろごろのどを鳴らす.
❷ 鬼ごっこ(の鬼). ●jouer à *chat* 鬼ごっこをする.
❸ 〈langue de chat〉〔菓〕ラングドシャ. → 細長いクッキー.
avoir un chat dans la gorge 声がしゃがれる.
chat de gouttière 雑種の猫.
chat perché 高鬼(たかおに).
Il n'y avait pas un chat dehors. 表には人っ子一人いなかった.
mon (petit) chat/ma (petite) chatte ねえおまえ. → 子供・女性への呼びかけ.
N'éveillez pas le chat qui dort. 《ことわざ》寝ている猫を起すな; さわらぬ神にたたりなし.
Quand le chat n'est pas là, les souris dansent. 《ことわざ》猫がいないとネズミが踊る; 鬼のいぬ間に洗濯.

le **chat[2]** /チャット/ 男 〔情報〕チャット.
●participer à un *chat* チャットに参加する.

la **châtaigne** /シャテニュ/ 女 (英 chestnut) 栗(くり)の実.

le **châtaignier** /シャテニエ/ 男 〔植〕栗の木.

châtain /シャタン/ 形 → まれに女性形 châtaine /シャテヌ/ が用いられる. 栗色の; (髪が)栗色の.
— le **châtain** 男 栗色.

le **château** /シャト/ 男 (複 châteaux)
❶ (英 castle) 城(館); 宮殿; 大邸宅.
❷ ワインの産地.
bâtir des châteaux en Espagne 空中楼閣を築く, 実現不可能なことを計画する.

château fort 城塞.
vie de château 優雅な暮らし.
le(la) **châtelain(e)** /シャトラン(レヌ)/ 名 城主; 大邸宅の主人.
châtier /シャティエ/ 他 《文》を罰する, 懲らしめる; (文章)を練る.
le **châtiment** /シャティマン/ 男 《文》懲罰.
● *châtiment* corporel 体罰.
chatouiller /シャトゥイエ/ 他 (英 tickle) をくすぐる; に快感[快い刺激]を与える.

chaud(e) /ʃo, ʃod ショー(ド)/ 形

❶ (英 hot, warm) 熱い; 暑い; (衣服などが)暖かい.
● plat *chaud* 温かい料理.
● climat *chaud* 暑い気候.
● vêtement *chaud* 暖かい服.
❷ 熱心な; 激しい; 情熱的な.
● Je ne suis pas très *chaud* pour y aller. 《話》私はそこに行くことにはさほど熱心ではない.
● *chaude* discussion 白熱した議論.
point chaud 紛争地帯.
— 副 熱くして.
manger chaud 熱いうちに食べる.
— le **chaud** 男 熱; 暑さ; 暖かさ.
● Il fait très *chaud* aujourd'hui. 今日は非常に暑い.
à chaud 熱して; その場ですぐに.
au chaud 温かく[暖かく]して. ● rester bien *au chaud* chez soi 家で暖かくしている, 外に出ない.
avoir chaud (人が)暑い, 暑さを感じる.
● J'*ai chaud*. 暑い.
Ça fait chaud au cœur. 心温まる話だ.
Ça ne me fait ni chaud ni froid. どうでもいいことだ.
donner chaud à 人 (人)を熱くさせる.
reportage à chaud 現地報道.
la **chaudière** /ショディエール/ 女 ボイラー, 釜(かま).
le **chauffage** /ショファージュ/ 男 (英 heating) 暖房(装置).
chauffage central セントラルヒーティング.
chauffage par le sol 床暖房.
le **chauffe-eau** /ショフォ/ 男 《不変》(ガス・電気式)湯沸し器.
chauffer /ショフェ/ 他 (英 warm, heat) を温める, 熱する; (人)を熱中[興奮]させる.
— 自 暖かくなる; 熱くなる; 過熱する; (議論が)白熱する. ● mettre l'eau à *chauffer* 湯を沸かす, やかんを火にかける.
● Le soleil *chauffe* aujourd'hui. 今日は太陽がさんさんと照っている.
Ça chauffe. (議論などが)熱を帯びる; (場が)盛り上がる, 活気づく.
Ça va chauffer! えらいことになりそうだ.
— **se chauffer** 代動 体を暖める; (部屋を)暖房する.
le **chauffeur** /ショフール/ 男 (英 driver) (自動車の)職業運転手. → 女性についてもいう.
le **chaume** /ショム/ 男 (ムギなどの)切り株(畑); (屋根ふき用の)わら.
la **chaumière** /ショミエール/ 女 わらぶきの家.
la **chaussée** /ショセ/ 女 車道. ● *Chaussée* déformée 《掲示》路面凹凸(おうとつ)あり. ● *Chaussée* glissante 《掲示》スリップ注意.
le **chausse-pied** /ショスピエ/ 男 靴べら.
chausser /ショセ/ 他 (英 put on) (靴など)を履く; (人)に靴を履かせる; 《話》(自動車)にタイヤをつける. 会話 Vous *chaussez* du combien? 靴のサイズはいくつですか.
— 自 (靴が)足によく合う.
— **se chausser** 代動 〖*de*〗(靴を)履く; (靴を)買う. ● J'ai du mal à *me chausser*. この靴は足に合わない.
la **chaussette** /ショセト/ 女 (英 sock) 足首までの靴下, ソックス.
laisser tomber comme une vieille chaussette à 人 (人)を無情に見捨てる.
le **chausson** /ショソン/ 男 ❶ 室内履き, スリッパ, 運動靴, ダンス靴. ❷〔菓〕ショソン. → 果物の砂糖煮の入った半円形のパイ.
la **chaussure** /ショスュール/ 女 (英 shoe) 《多くは複数》靴; 靴製造業. ● *chaussures* à talons hauts ハイヒール. ● *chaussures* basses フラットシューズ.
trouver chaussure à son pied ぴったりなもの[相手]を見つける.
chauve /ショーヴ/ 形 (英 bald) はげた.
— le **chauve** 男 はげ頭の人.
la **chauve-souris** /ショヴスリ/ 女 (複 chauves-souris) コウモリ.
le **chauvinisme** /ショヴィニスム/ 男 盲目

的愛国主義.

la **chaux** /ショ/ 女 石灰.

le **chef** /シェフ/ 男 ❶(英 chief, head) 長, かしら, 指揮者.
❷料理長, シェフ (=~ de cuisine).
❸《話》第一人者.
chef de classe 学級委員.
chef de famille 家長, 一家の主.
chef de gare 駅長.
chef de gouvernement 首相.
chef d'entreprise 企業主, 社長.
chef d'équipe (スポーツチームなどの)監督; (工事の)班長.
chef de service 部長, 局長.
chef d'État 国家元首.
de son propre chef 自分の判断で, 自ら進んで.
en chef 長として; 長の.

le **chef-d'œuvre** /シェドゥーヴル/ 男 (複 chefs-d'œuvre) 傑作.

le **chef-lieu** /シェフリュー/ 男 (複 chefs-lieux) 県庁[郡庁]所在地.

le **chemin** /シュマン/ 男 (英 way, road)
❶道路; 道のり. ●*chemin* de terre (未舗装の)土の道.
❷手段, 方法.
Cela n'en prend pas le chemin. これは実現には程遠い.
chemin de fer 鉄道(会社).
en chemin 途中で.
être sur le bon chemin 正しい道筋をたどっている, 順調に進んでいる.
faire du chemin 遠くへ行く; 進歩する.
faire son chemin dans la vie 出世する.
poursuivre son chemin 道を進み続ける, 自分のやり方を貫く.
Tous les chemins mènent à Rome すべての道はローマに通ず. → 方法はいろいろある.

la **cheminée** /シュミネ/ 女 ❶(英 chimney) 煙突. ❷(英 fireplace) 暖炉, マントルピース.
cheminée d'aération 送風[排気]ダクト.

cheminer /シュミネ/ 自 (長い道のりを)歩く.

la **chemise** /シュミーズ/ 女 ❶(ワイ)シャツ; ブラウス.
❷(厚紙を2つに折った)書類ばさみ, ファイル.
chemise de nuit ネグリジェ.
être en bras de chemise 上着を脱いでいる.

le **chemisier** /シュミズィエ/ 男 (婦人用の)シャツブラウス.

le **chêne** /シェヌ/ 男 〔植〕カシワ, オーク(材); ナラ(材).
chêne vert トキワガシ.

le **chenil** /シュニル/ 男 (猟犬の)犬小屋, 養犬場.

le **chèque** /シェク/ 男 (英 check) 小切手; …用の券. ●*chèque* postal 郵便振替.
faire un chèque 小切手を切る.
toucher un chèque 小切手を換金する.

cher(ère)[1] /ʃɛr シェール/ 形 (英 expensive)
高価な, 高い.
●La vie est *chère* à Paris. パリは物価が高い.
●Ce n'est pas *cher*. それは高くない[安い].
— 副 高く, 高価に.
coûter [valoir] cher 高い, 高価である.

cher(ère)[2] /シェール/ 形
❶(英 dear) 愛する, 親愛な.
●Du calme, mes *chers* enfants. 子供たち, 静かにしなさい.
●(mes) *chers* auditeurs 聴衆の皆さん.
❷〚à〛(人にとって)大切な.
●Ce souvenir *m'*est *cher*. その思い出は私には大切なものだ.
Cher monsieur [Cher ami] 拝啓. → 親しみを込めた手紙の書き出し.
— le(la) **cher(ère)** 名 〈mon cher/ma chère〉《呼びかけ》いとしい人.

chercher /ʃɛrʃe シェルシェ/ 他
❶(英 look for, seek) を探す; (辞書で単語)を引く.
●Je *cherche* un emploi. 私は仕事を探しています.
●*chercher* un mot dans le dictionnaire. 辞書である単語を引く.
❷(英 try) 〈chercher à 不定詞〉 …しようと努める, 試みる.
●Il *cherche* à vous tromper. 彼はあなたをだまそうとしている.
●*chercher* à comprendre 理解しようと努める.
❸《話》(人)にけんかを売る.
aller chercher... …を迎え[探し]に行く,

呼びに[取りに]行く.
●Je *vais chercher* mon ami à la gare. 私は友人を駅に迎えに行く.
●*aller chercher* du pain パンを取り[買い]に行く.
ça va chercher dans... 《話》(値段や期間などが)…になる. ●Ça peut *aller chercher dans* les dix mille euros. それは1万ユーロはするかもしれない.
chercher des noises à 人 (人)にけんかを売る.
chercher ses mots 口ごもる.
venir chercher... …を迎え[探し]に来る, 呼びに[取りに]来る. ●*Venez me chercher* demain matin. 明朝迎えに来て下さい.

— se chercher 代動 互いに探し求める; 自分を知ろうと努める.

la **chère** /シェール/ 女 《文》食べ物, 料理.
bonne chère ごちそう.

chéri(e) /シェリ/ 形 いとしい, 最愛の.
— le(la) **chéri(e)** 名 最愛の人.
à notre père chéri 《墓で》敬愛する父に.
mon chéri/ ma chérie 《愛情をこめた呼びかけ》あなた, おまえ.

le **cheval** /シュヴァル/ 男 (複 **chevaux**) (英 horse) ❶馬; 馬肉; 乗馬. ●*cheval* de course 競走馬.
❷〔機〕馬力.
❸《話》働き者, 馬力のある人.
à cheval 馬で, 馬に乗って.
à cheval sur... …に馬乗りになって; (2つの期間・場所)にまたがって.
cheval à bascule 揺り木馬.
cheval d'arçons (体操の)鞍(あん)馬.
fièvre de cheval 高熱.
monter sur ses grands chevaux いきり立つ.

la **chevalerie** /シュヴァルリ/ 女 (中世の)騎士制度; 騎士道.

le(la) **chevalier(ère)** /シュヴァリエ(ール)/ 名 (中世の)騎士; 受勲者. ●*chevalier* de la Légion d'honneur レジオンドヌール勲章騎士章の受勲者.

le **cheval-vapeur** /シュヴァルヴァプール/ 男 (複 chevaux-vapeur) 〔機〕馬力.

chevaux →cheval の複数形.

la **chevelure** /シュヴリュール/ 女 (長く豊かな)髪.

le **chevet** /シュヴェ/ 男 枕もと; 〔建〕教会の後陣. ●lampe de *chevet* ナイトスタンド. ●table de *chevet* ナイトテーブル.

le **cheveu** /シュヴー/ 男 (複 **cheveux**) (英 hair) 《多く複数》髪の毛. ●se faire couper les *cheveux* 髪をカットしてもらう.
arriver comme un cheveu sur la soupe 間の悪いときにやってくる; (発言などが)的はずれである.
avoir les cheveux 形 …な髪をしている.
●Il *a les cheveux* noirs. 彼は髪が黒い.
se faire des cheveux (blancs) 髪が白くなるほど心配する.
tiré par les cheveux こじつけの, 強引な.

la **cheville** /シュヴィーユ/ 女 ❶くるぶし, 足首. ❷木くぎ, ボルト.
être en cheville avec 人 ***pour*** 不定詞 …する上で(人)と密接なつながりがある, 共同でする.
ne pas arriver à la cheville de 人 (人)の足元にも及ばない.

la **chèvre** /シェーヴル/ 女 (英 goat) (雌)ヤギ.
devenir chèvre かっとなる, 頭に来る.
— le **chèvre** 男 ヤギ乳製チーズ (=fromage de ~).

chez

/ʃe シェ/ 前 (英 at, in; to)
❶ …の家で[に].
●être [rester] *chez* soi 家にいる.
●Madame Dupont est *chez* elle? デュポン夫人はご在宅ですか.
❷ …の店で[に], 会社で[に].
●aller *chez* le dentiste 歯医者に行く.
●travailler *chez* Renault ルノーで働く.
●dîner *Chez* Paul ポールの店で夕食をとる.
❸ …の地方[国]で.
●Il pleut souvent *chez* nous. 我々の国では雨がよく降ります.
❹ …においては.
●*chez* les jeunes 若者の間では.
●*chez* Balzac バルザック(の作品)においては.
❺《ほかの前置詞とともに》
●Il habite tout près de *chez* moi. 彼は私の家のすぐ近くに住んでいる.
会話 ***Faites comme chez vous!*** おくつろぎください.
Je suis bien chez... 《電話で》…さんのお宅ですか.

passer* (*par*) *chez 人 (人)の家に立ち寄る. ● Je *passerai par chez* vous. お宅に寄って行きます.

le **chez-moi** /シェモワ/, **chez-soi** /シェソワ/ 名《不変》わが家, 住みか.

C

chic /シク/ 形 ❶(英 stylish) 粋(いき)な, しゃれた. ❷(英 nice)《話》親切な, 感じのいい.

— le **chic** 男 粋; こつ.

avoir le chic pour... …(するの)が非常にうまい. ● Elle *a le chic pour* m'embêter. 彼女は私を困らせるこつを心得ている.

— 間 ● *Chic* (alors)!《話》《喜び・満足を示して》しめた, やった, すてき.

la **chicane** /シカヌ/ 女 ❶へ理屈, 言いがかり. ❷ジグザグの通路; 障害物.

chicaner /シカネ/ 自 (裁判で)詭(き)弁を弄する; 〖*sur*, について〗言いがかりをつける.

le(la) **chien(*ne*)** /ʃjɛ̃, -ɛn シヤン(シエヌ)/ 名 (英 dog) 犬.

● tenir un *chien* en laisse 犬をつないでおく.

Attention, chien méchant 《掲示》猛犬注意.

C'est pas fait pour les chiens. それを大いに利用すべきである.

chien d'aveugle 盲導犬.

chien de chasse 猟犬.

chien de garde 番犬.

chien policier 警察犬.

chiens écrasés (新聞の)三面記事.

comme un chien (犬のように)ひどく.

● vivre *comme un chien* 犬のように暮らす, 孤独でみじめな暮らしをする.

... de chien 《話》大変な, 嫌な….

● C'est une vie *de chien*! みじめな生活だ.

● Quel temps *de chien*! 何てひどい天気だ.

s'entendre comme chien et chat 犬猿の仲である.

— 形《話》けちな, 意地悪な.

chier /シエ/ 自《話》糞をする.

faire chier 人 (人)をうんざりさせる.

● Ça me *fait chier*. それはうんざりだ.

le **chiffon** /シフォン/ 男 ❶ぼろ切れ, 雑巾(ぞうきん); 布巾(ふきん). ● passer un coup de *chiffon* sur... …に雑巾をかける. ❷《複》《話》(女性の)服, 装身具.

parler chiffons お洒落の話をする; つまらないおしゃべりをする.

le **chiffre** /シフル/ 男 ❶(英 figure) 数(字).

● numéro de 7 *chiffres* 7桁の数字.

● *chiffres* arabes アラビア数字.

● *chiffres* pairs [impairs] 偶[奇]数.

● *chiffres* romains ローマ数字.

❷(英 sum) 総額. ● *chiffre* d'affaires 総売上高.

❸(英 code) 暗号(課).

❹(氏名の頭文字などの)組み合わせ文字, 花文字.

en chiffres ronds 概算で.

le **Chili** /シリ/ 男 チリ.

la **chimie** /シミ/ 女 (英 chemistry) 化学.

chimique /シミク/ 形 化学の, 化学的な.

● produits *chimiques* 化学薬品.

le **chimiste** /シミスト/ 男 化学者.

la **Chine** /シヌ/ 女 (英 China) 中国. ● mer de *Chine* orientale (**la** 〜) 東シナ海.

● République populaire de *Chine* (**la** 〜) 中華人民共和国.

chinois(e) /ʃinwa, -az シノワ(ズ)/ 形 (英 chinese) 中国(人・語)の; 中国風の.

● caractères *chinois* 漢字.

● quartier *chinois* 中国人街.

— le(la) **Chinois(e)** 名 中国人.

— le **chinois** 男 中国語.

C'est du chinois. 《話》それはちんぷんかんぷんだ.

chirurgical(*ale*) /シリュルジカル/ 形 (男複 **chirurgicaux**) 外科の. ● acte *chirurgical* 外科的処置.

la **chirurgie** /シリュルジ/ 女 (英 surgery) 外科.

chirurgie esthétique 美容外科, 美容整形.

chirurgie réparatrice 形成外科.

le(la) **chirurgien(*ne*)** /シリュルジヤン(エヌ)/ 名 (英 surgeon) 外科医.

la **chlorophylle** /クロロフィル/ 女 葉緑素.

le **choc** /ショク/ 男 (英 shock)

❶衝突, 衝撃.

● Résiste aux *chocs* 《掲示》耐衝撃性.

❷対立.

❸ショック; 動揺. ● *choc* culturel カルチャーショック. ● *choc* pétrolier オイ

ルショック.
choc en retour 反動, あおり.
de choc 特別攻撃用の; 前衛的な; 人目を引く.
prix choc 衝撃的な値段, 安値.
sous le choc 衝撃で; 動揺して.
tenir le choc 《話》踏みとどまる, 持ちこたえる.

le **chocolat** /ショコラ/ 男 (英 chocolate) チョコレート; ココア. ● *chocolat* au lait ミルクチョコレート. ● *chocolat* chaud ホットチョコレート.
— 形 《不変》チョコレート色の.
être chocolat 当てがはずれる, してやられる.

le **chœur** /クール/ 男 (英 chorus) ❶ 合唱(団); (教会の)聖歌隊; 合唱曲. ❷ (教会の)内陣.
en chœur 声をそろえて, いっせいに.

choisir

/ʃwazir ショワズィール/ 他 33 (英 choose)

je	choisis	nous	choisissons
tu	choisis	vous	choisissez
il	choisit	ils	choisissent
現分	choisissant	過分	choisi

❶ (a) を選ぶ.
● *choisir* une cravate ネクタイを選ぶ.
● *choisir* entre plusieurs choses 《目的語なしで》いくつかの中から選ぶ.
(b) 〈choisir A comme B 《無冠詞》〉 AをBに選ぶ.
● Il a été *choisi comme* délégué. 彼は代表に選ばれた.
❷ 〈choisir de 不定詞〉 …することに決める.
● J'*ai choisi de* refuser. 私は断ることに決めた.
❸ 〖*si, quand, où*〗《間接疑問文を導いて》…か決める.
● *Choisissez si* vous partez ou non. 出発するのかしないのか, 決めなさい.
bien [***mal***] ***choisir*** 正しい[間違った]選択をする.
C'est à ... de choisir. 決めるのは…だ.
— **se choisir** 代動 自分のために…を選ぶ; 選び合う.

le **choix** /ショワ/ 男 (英 choice) ❶ 選ぶこと, 選択(の可能性). ● *choix* de vie 一生の選択, 一大決心. ● n'avoir pas le *choix* [d'autre *choix*] ほかに選択の余地はない.
❷ 選んだもの; 選集.
au choix 好みに応じて.
choix de ... えり抜きの…, …選集.
de choix えり抜きの, 特選の.
donner [***laisser***] ***le choix à*** 人 (人)に選択を任せる.
Il y a du choix. 品揃(ぞろ)えが豊富である.

le **choléra** /コレラ/ 男 〔医〕コレラ.

le **chômage** /ショマージュ/ 男 失業; 《話》失業手当; 操業停止. ● être au *chômage* 失業中である.

le(la) **chômeur**(**se**) /ショムール(ズ)/ 名 失業者.
— 形 失業した.

choquant(**e**) /ショカン(ト)/ 形 不愉快な, 無礼な.

choquer /ショケ/ 他 ❶ (英 shock) を不快にさせる, 怒らせる. ● Cette réponse m'a *choqué*. その返事は私を憤慨させた. ❷ (良識など)にそむく, 反する. ❸ にショックを与える.
— **se choquer** 代動 ❶ 衝突する. ❷ 〖*de*, に〗憤慨する.

la chose

/ʃoz ショーズ/ 女 (英 thing)

❶ もの.
● Je dois acheter quelques petites *choses*. ちょっと買い物をしないといけない.
❷ こと.
● La *chose* est décidée. そのことは決定済みだ.
● Je vais vous dire une *chose*. ちょっと言っておきたいことがあります.
❸ 《複》現実, 事態, ものごと.
● Ce sont des *choses* qui arrivent. こんなことがあったのです.
autre chose 別のこと[もの], 別問題.
● C'est tout *autre chose*. それはまったく別の話だ.
avant toute chose 何よりもまず.
会話 ***C'est bien peu de chose.*** たいしたことではない.
会話 ***C'est chose faite.*** それはもう済んだことだ.
会話 ***C'est la même chose.*** それは同じことです.
parler de chose(***s***) ***et d'autre***(***s***) 雑談をする.

quelque chose 何か, あるもの. →**quelque chose**
regarder les choses en face 現実を直視する.

C

— le **chose** 男 《話》あれ, 何とかさん. →名前を知らないときや避けるときに使う.
— 形 《不変》《次の表現で》
être* [*se sentir*] *tout chose 《話》なんだか居心地[気分]がよくない.

le **chou** /シュ/ 男 (複 **choux**) (英 cabbage) キャベツ; 《話》頭.
bête comme chou (問題が)ばかみたいに簡単な.
chou à la crème 〔菓〕シュークリーム.
faire chou blanc 失敗する.
mon* (*petit*) *chou 《話》《呼びかけ》あなた, おまえ.
— 形 《不変》《話》かわいい, すてきな, 優しい.

la **choucroute** /シュクルト/ 女 〔料〕シュークルート. →酢漬けキャベツ(煮).

chouette /シュエト/ 形 《話》すてきな, かっこいい.
— 間 やった; すごい.

le **chou-fleur** /シュフルール/ 男 (複 **choux-fleurs**) カリフラワー.

chrétien(***ne***) /クレティヤン(エヌ)/ 形 (英 Christian) キリスト教(徒)の.
— le(la) **chrétien**(***ne***) 名 キリスト教徒.

le **Christ** /クリスト/ 男 キリスト; **(c-)** キリストの十字架像.

le **christianisme** /クリスティアニスム/ 男 (英 Christianity) キリスト教.

le **chrome** /クロム/ 男 〔化〕クローム; 《複》(自動車の)クロームめっき部品.

chronique[1] /クロニク/ 形 慢性の; (悪いことが)長引いた.

la **chronique**[2] /クロニク/ 女 ❶ 年代記, 編年史. ❷ (新聞などの)コラム.

la **chronologie** /クロノロジ/ 女 年表, 年代順.

chronologique /クロノロジク/ 形 年代順の.

le **chrysanthème** /クリザンテム/ 男 〔植〕キク(菊)(の花).

chuchoter /シュショテ/ 自 ささやく, 耳打ちする; かすかな音をたてる.
— 他 をささやく, 耳打ちする.

chut /シュト/ 間 しっ!, 静かに!.

la **chute** /シュト/ 女 ❶ (英 fall) 落ちること, 落下.
●faire une *chute* 落ちる.
❷ 滝 (=~ d'eau).
❸ 没落, 陥落.
❹ 失敗; (物価の)下落.

ci /スィ/ 副 ❶〈ce [cet, cette, ces]... -ci〉この, こちらの. ●cet homme-*ci* この男の人. ●ce livre-*ci* この本. ❷《指示代名詞とともに》〈celui-ci, celle-ci, ceux-ci, celles-ci〉これ; これら(のもの). ●Je préfère cette robe-là à *celle-ci*. 私はこれよりもあのドレスの方が好きだ. ❸ ここに. ●*ci*-dessous 以下, 下記.
à cette heure-ci この時間には.
de ci de là あちこちに[で]; ときどき.
— 代 (英 this) 《指示》《話》《ça とともに》これ.
会話 ***Comme ci, comme ça*** まあまあです.

la **cible** /スィブル/ 女 (英 target) 的, 標的.
●être la *cible* de... …の的となる, 対象となる.

la **cicatrice** /スィカトリス/ 女 ❶ 傷痕. ❷ 心の傷.

ci-contre /スィコントル/ 副 反対側(のページ)に; 向かい合って.

ci-dessous /スィドス/ 副 下に, 下記に.

ci-dessus /スィドスュ/ 副 上に, 上記に.

le **cidre** /スィドル/ 男 シードル, リンゴ酒.

le **ciel** /スィエル/ (英 sky, heaven) 男 (複 **ciels, cieux**) →複数形は強意.
❶ 空; 天空.
❷ (複 **ciels**) 気候, 風土; 地方.
❸ 天国; 神.
à ciel ouvert 野外の[で].
dans le ciel 空に. ●Il n'y a pas un nuage *dans le ciel*. 空には雲ひとつない.
entre ciel et terre 宙ぶらりんで.
sous le ciel de... …の空の下, …の地で.
tomber du ciel 思いがけず手に入る; (人が)折よく現れる; 茫(ぼう)然とする.
— 形 《不変》空色の.
bleu ciel スカイブルーの.
— 間 《驚き・恐れ》おや, まあ; 《喜び》ありがたい.

le **cierge** /スィエルジュ/ 男 (教会用の)大ろうそく.

les **cieux** /スィユ/ 男 複 ciel の複数形.

la **cigale** /スィガル/ 女 〔虫〕セミ.

le **cigare** /スィガール/ 男 葉巻.

la **cigarette** /スィガレト/ 女 (英 cigarette) 紙巻たばこ.

ci-gît /スィジ/ 《墓碑に》…ここに眠る.

la **cigogne** /スィゴニュ/ 女 コウノトリ.

ci-inclus(e) /スィアンクリュ(ーズ)/ 形 《名詞の前では不変》同封の.

ci-joint(e) /スィジョワン(ト)/ 形 同封の, 添付の. ●Vous trouverez *ci-joint*… 《手紙で》…が同封されております.

le **cil** /スィル/ 男 まつ毛; 〔生〕繊(せん)毛.
●battre des *cils* まばたきをする.
faux cils つけまつげ.

la **cime** /スィム/ 女 頂上.

le **ciment** /スィマン/ 男 セメント.

le **cimetière** /スィムティエール/ 男 (英 cemetery) 墓地.
cimetière de voitures 廃車場.

le(la) **cinéaste** /スィネアスト/ 名 映画監督, 映画製作者.

le **ciné-club, cinéclub** /スィネクルブ/ 男 映画研究会, シネクラブ.

le **cinéma** /sinema スィネマ/ 男 (英 movie)
❶ 映画. → 芸術ジャンルとしての映画.
●acteur [actrice] de *cinéma* 映画俳優[女優].
❷ 映画館.
●aller au *cinéma* 映画を見に行く.
❸ 映画界.
●être dans le *cinéma* 映画界にいる, 映画の仕事をしている.
POINT 個々の作品は film: On passe un film de Kurosawa dans ce cinéma. この映画館では黒澤の映画をやっている.
❹ 《話》作りごと.
会話 C'est du *cinéma*. そんなことはでたらめだ.
cinéma d'animation アニメ映画.
faire du cinéma 映画の仕事をする; 《話》芝居がかったまねをする.

cinq /sɛ̃(k) サン(ク)/ 形 《不変》(英 five) 5の; 5人の; 5番目の.
— le **cinq** 男 《不変》5(の数字); 5日; 5番地.
●le *cinq* février 2月5日.

la **cinquantaine** /サンカンテヌ/ 女 (約)50; 50歳(代).

cinquante /sɛ̃kɑ̃t サンカント/ 形 (英 fifty) 《不変》50の; 50人の; 50番目の.
— le(la) **cinquante** 名 《不変》50(の数字); 50番地.
●*cinquante* et un 51.
●*cinquante*-deux 52.

cinquantième /サンカンティエム/ 形 50番目の; 50分の1の.
— le(la) **cinquantième** 名 50番目の人[もの].
— le **cinquantième** 男 50分の1.

cinquième /サンキエム/ 形 5番目の; 5分の1の.
— le(la) **cinquième** 名 5番目の人[もの].
— le **cinquième** 男 5分の1; (パリなどの)5区.
— la **cinquième** 女 第5学級. → 中等教育の第2学年; 12〜13歳に相当.

le **cirage** /スィラージュ/ 男 ワックス, 靴墨.

la **circonférence** /スィルコンフェランス/ 女 円周.

circonflexe /スィルコンフレクス/ 形
accent circonflexe 〔文法〕アクサンシルコンフレックス《^》.

la **circonscription** /スィルコンスクリプスィヨン/ 女 (行政上の)区画, 区分; 選挙区.

la **circonstance** /スィルコンスタンス/ 女 (英 circumstance) 《しばしば複数》事情, 事態; 状況, 情勢; 場合; 〔法〕情状. ●dans les *circonstances* présentes [actuelles] 現状では.
de circonstance 時宜にかなった; 状況に応じた; 一時的な.
en pareille circonstance このような場合には.
en toutes circonstances どのような場合でも.
étant donné les circonstances 状況から考えて.

circonstanciel(le) /スィルコンスタンスィエル/ 形 状況の.
complément circonstanciel 〔文法〕状況補語.

le **circuit** /スィルキュイ/ 男 ❶ (英 tour) 1周; 周遊旅行. ❷ (英 circuit) 〔電〕回路. ●*circuit* électrique 配線, 回線, 回路. ❸ サーキット. ●*circuit* automobile 自動車レース; サーキットコース. ❹ (経済

の)流通. ●*circuit* de distribution 流通経路.

circulaire /スィルキュレール/ 形 円(形)の; 周遊の, 循環の.

— la **circulaire** 女 回状, 通達.

la **circulation** /スィルキュラスィヨン/ 女 ❶ (英 traffic) 交通(量), 往来. ●Il y a très peu de *circulation* dans cette rue. この通りは車がごく少ない. ●*Circulation* interdite《掲示》通行禁止.
❷ (英 circulation) 循環; 流通. ●avoir une bonne [mauvaise] *circulation* 血行がいい[悪い].

disparaître de la circulation 消息がわからない.

mettre en circulation 流通させる; 広める.

circuler /スィルキュレ/ 自 ❶ (英 run, get around) (人や車が)往来する, 通行する. ●*Circulez*! (交通整理などで)止まらないで.
❷ (英 circulate) 循環する. ●Le sang *circule* dans le corps. 血液は体を循環する.
❸ (うわさなどが)流布する; (手から手へと)移る, 渡る; 流通する.

la **cire** /スィール/ 女 蝋(ろう), ワックス; 耳垢(あか).

cirer /スィレ/ 他 (英 wax) (ワックス・靴墨で)を磨く; に防水加工する.

n'en avoir rien à cirer かまわない, まったく気にかけない.

le **cirque** /スィルク/ 男 ❶ (英 circus) サーカス(団), サーカス小屋. ❷《話》ばか騒ぎ. ❸〔地〕(氷河によって削られた)圏谷. ❹ 円形闘技場.

le **ciseau** /スィゾ/ 男 (複 **ciseaux**) ❶《複》(英 scissors) はさみ. ●une paire de *ciseaux* はさみ1丁. ●*ciseaux* à ongles 爪切りばさみ. ❷ のみ, たがね.

la **citadelle** /スィタデル/ 女 (町を守る)城砦(さい); とりで.

citadin(e) /スィタダン(ディヌ)/ 形 都市の.

— le(la) **citadin(e)** 名 都会人.

la **citation** /スィタスィヨン/ 女 ❶ 引用(文). ❷〔法〕召喚; 召喚状 (=〜 à comparaître).

la **cité** /スィテ/ 女 ❶ (英 city) 都市; 中心地. ❷ 団地.

cité universitaire 大学寮.

île de la Cité **(l'〜)** (パリの)シテ島. → セーヌ川の中の島.

citer /スィテ/ 他 (英 quote) ❶ を引用する. ❷ (例など)を挙げる; 引き合いにだす. ●*citer*... en exemple …を例として挙げる. ❸〔法〕を召喚する.

le(la) **citoyen(ne)** /スィトワイヤン(エヌ)/ 名 (英 citizen) 市民, 公民; 国民.

la **citoyenneté** /スィトワイエンテ/ 女 市民権.

le **citron** /スィトロン/ 男 (英 lemon) レモン. ●*citron* pressé レモン果汁, レモンジュース.

citron vert ライム.

— 形《不変》レモン色の.

jaune citron レモンイエロー.

le **citronnier** /スィトロニエ/ 男 レモンの木.

la **citrouille** /スィトルイユ/ 女 ❶ カボチャ. ❷《話》でか頭; かぼちゃ頭.

avoir la tête comme une citrouille 心配ごとで頭が破裂しそうだ.

la **civière** /スィヴィエール/ 女 担架.

civil(e) /スィヴィル/ 形 (英 civil) ❶ 市民の. ❷ (軍人に対し)民間(人)の. ❸ 世俗の. ❹〔法〕民事の.

— le **civil** 男 俗人, 民間人(の生活);〔法〕民事.

dans le civil (兵士などに対して)普段は, 市民生活では.

policier en civil 私服警官.

poursuivre 人 ***au civil*** (人)を民事訴訟で追訴する.

soldat en civil 民兵.

la **civilisation** /スィヴィリザスィヨン/ 女 文明, 文化.

civiliser /スィヴィリゼ/ 他 ❶ を文明化する. ❷《話》(人)の行儀・態度にみがきをかける.

civique /スィヴィク/ 形 公民の, 市民の. ●avoir le sens *civique* 公徳心をもっている.

clair(e) /クレール/ 形 ❶ (英 bright, clear) 明るい; (空が)晴れた. ●par temps *clair* 晴れた日に.
❷ (英 light-colored) (色が)薄い, 淡い色の. ●bleu *clair* 空色(の).
❸ 光をよく透す, 透明な, 澄んだ. ●d'une voix *claire* 澄んだ声で, よく通る声で.
❹ (英 clear) 明らかな, 明白な; 理解しや

すい. ●Cette affaire n'est pas *claire*. この件にはどうも疑わしいところがある.

C'est clair comme de l'eau de roche. それは火を見るより明らかだ.

C'est clair et net. それは断言できる.

Il est clair que 直 …であることは明白だ.

— 副 はっきりと.

Il fait clair. (空などが)明るい.

voir clair はっきり見える, よく見える.

— le **clair** 男 (英 light) 光; 明るさ.

●*clair* de lune 月明かり.

au clair 明らかに, はっきりと. ●Il faut tirer cette affaire *au clair*. この事件を解明する必要がある. ●mettre ses idées *au clair* 考えをはっきりと[整理して]述べる.

en clair わかりやすく言えば, つまり; (暗号でなく)普通の言葉で.

le plus clair de ... …の大部分.

clairement /クレルマン/ 副 (英 clearly) はっきりと; 明瞭に.

la **clairière** /クレリエール/ 女 林間の空地.

le **clairon** /クレロン/ 男 (軍隊の)ラッパ; ラッパ手. ●boire au *clairon* ラッパ飲みをする.

la **clairvoyance** /クレルヴォワイヤンス/ 女 洞察力; 卓見.

clairvoyant(e) /クレルヴォワイヤン(ト)/ 形 洞察力のある, 先見の明がある.

la **clameur** /クラムール/ 女 騒ぎ, 怒号.

clandestin(e) /クランデスタン(ティヌ)/ 形 非合法の, 内密の. ●passager *clandestin* 密航者.

— le(la) **clandestin(e)** 名 密航者; 地下に潜っている人.

clandestinement /クランデスティヌマン/ 副 内密に, こっそりと.

claquer /クラケ/ 自 ❶(乾いた)音を出す, 鳴る; (人が体の一部を)鳴らす. ❷《話》(人が)くたばる; (計画が)だめになる; (ものが)壊れる.

— 他 ❶(戸や本)をばたんといわせる. ●*claquer* la porte en partant 戸をばたんと閉めて出て行く. ❷《話》をへとへとにさせる; (お金)を使い尽くす.

— **se claquer** 代動 へとへとに疲れる.

clarifier /クラリフィエ/ 他 を明確化する.

— **se clarifier** 代動 明確になる.

la **clarinette** /クラリネト/ 女 クラリネット(奏者).

la **clarté** /クラルテ/ 女 ❶(英 brightness) 明るさ, 光. ●à la *clarté* de la lampe ランプの明かりで. ❷(英 clearness) 澄んでいること. ❸明瞭さ, 明晰(せき).

la **classe** /klɑs クラス/ 女 (英 class)

❶学級, クラス; 学年.

●camarade de *classe* 同級生, クラスメート.

❷授業.

●une *classe* d'histoire 歴史の授業.

❸教室 (=salle de ～).

❹階級, 階層; 等級.

●*classe* ouvrière 労働者階級.

●*classe* affaires [économique] (航空機の)ビジネス[エコノミー]クラス.

aller en classe 登校する.

après la classe 放課後に.

avoir classe 授業がある. ●Les enfants n'*ont* pas *classe* le mercredi. 子供たちは水曜は学校がない.

avoir (de) la classe/être classe 洗練されている. ●une veste qui *a de la classe* 上品な上着.

de classe 優れた, 優秀な. ●acteur *de classe* 名優.

faire la classe (小中学校で)授業をする.

hors classe 別格の.

— 形 《話》しゃれた, 上品な; すごい.

会話 Elle est très *classe*. 彼女はとってもしゃれている.

Ça fait classe. びしっと決まっている.

le **classement** /クラスマン/ 男 ❶分類, 整理. ●*classement* alphabétique アルファベット順の分類. ❷格づけ; 順位, 席次.

classer /クラセ/ 他 ❶(英 classify) を分類する; 整理する. ●*classer* les plantes 植物を分類する. ❷を評価する. ❸を整理済みとする. ●C'est une affaire *classée* maintenant. その件は今棄却された, これは一件落着したばかりの事件だ.

— **se classer** 代動 〘*dans, parmi*, に〙分類される; (と)評価される. ●*se classer parmi* les meilleurs 最良のもののうちに数えられる.

le **classeur** /クラスール/ 男 ファイル.

●*classeur* à anneaux リングバインダー. → ルーズリーフをとじる輪のついたファイル.

C

le **classicisme** /クラスィスィスム/ 男 古典主義(的特徴).

classique /クラスィク/ 形 (英 classical) ❶ 古典(主義)的な. ❷ (教養・文化の基礎としての)ギリシア・ラテンの. ❸ 伝統的な; 模範的な. ❹ 学校用の.

C'est la question* [*la plaisanterie*] *classique. 月並みな質問[冗談]だ.

le **clavier** /クラヴィエ/ 男 ❶ (英 keybord) キーボード. ❷ 鍵盤.

la **clé** /クレ/ 女 ❶ (英 key) 鍵. ● fermer la porte à *clé* ドアに鍵をかける.
❷ 手がかり, 秘訣. ● la *clé* de l'énigme 謎を解く鍵.
❸ スパナ, レンチ.
❹ 〔楽〕管楽器のキー; 音部記号.
❺ 《形容詞的に》最も重要な. ● mot-*clé* キーワード. ● industrie-*clé* 基幹産業.

à la clé 結局, 最後に, 当然の結果として.

clé*(*s*) *en main 即入居可能な; (車などが)すぐに使える.

clé USB 〔情報〕USB メモリー.

mettre ... sous clé …を鍵をかけてしまっておく; (人)を監禁する.

la **clef** /クレ/ 女 →clé

la **clémence** /クレマンス/ 女 寛大, 寛容; (気候などの)穏やかさ.

clément(e) /クレマン(ト)/ 形 寛大な, 情深い; (気候などが)穏やかな.

le **clerc** /クレール/ 男 ❶ (法律事務所の)見習い. ❷ 聖職者.

le **clergé** /クレルジェ/ 男 《集合的》聖職者.

le **cliché** /クリシェ/ 男 ❶ ネガ; 写真. ❷ 型にはまった考え; 紋切り型.

le(la) **client(e)** /クリヤン(ト)/ 名 (英 client) 客, 顧客. ● Cet avocat a beaucoup de *clients*. あの弁護士は依頼人が多い.

la **clientèle** /クリヤンテル/ 女 (英 customers) ❶ 《集合的》客; 依頼人; 患者. ❷ 顧客; ひいき.

cligner /クリニェ/ 他 (目)を細める, ぱちぱちさせる.
— 自 まばたきする.

cligner de l'œil ウィンクする, めくばせする.

clignotant(e) /クリニョタン(ト)/ 形 まばたく, 点滅する.
— le **clignotant** 男 (自動車の)ウィンカー.

clignoter /クリニョテ/ 自 (目が)まばたく; (光が)点滅する.

le **climat** /クリマ/ 男 (英 climate) 気候, 風土; 雰囲気, 環境.

la **climatisation** /クリマティザスィヨン/ 女 エアコン; 空調 (=《話》clim).

climatiser /クリマティゼ/ 他 に空調を入れる, エアコンをつける.

le **climatiseur** /クリマティズール/ 男 エアコン, 空調機.

le **clin d'œil** /クランドゥイユ/ 男 (複 clins d'œil) めくばせ, ウインク; まばたき.

en un clin d'œil またたく間に.

la **clinique** /クリニク/ 女 (英 clinic) 診療所, 私立病院; 臨床医学[講義].
— 形 臨床の.

cliquer /クリケ/ 自 〔情報〕(マウスを)クリックする. ● *cliquer* sur une icône アイコンをクリックする.

la **cloche** /クロシュ/ 女 ❶ 鐘. ❷ 鐘型のガラス蓋. → 食器や食品を覆うカバー. ❸ 《話》無能なやつ. ❹ 《話》腹.

partir à la cloche de bois 《話》夜逃げする.

se taper* [*se tasser*] *la cloche たらふく食べる.

le **clocher**[1] /クロシェ/ 男 (教会の)鐘楼.

clocher[2] /クロシェ/ 自 《話》うまく行かない, 具合が悪い. ● Il y a quelque chose qui *cloche*. どうもどこかしっくりいかない.

la **clochette** /クロシェト/ 女 鈴; 釣鐘状の花.

le **cloître** /クロワトル/ 男 修道院; (修道院の)回廊.

clore /クロール/ 他 13 を閉じる, 囲う; (会議など)を終える.

clos[1] →clore 13

clos[2]**(e)** /クロ(ーズ)/ 形 《文》閉ざされた; 囲まれた; 終わった.

closi ... →clore 13

clôt →clore 13

la **clôture** /クロテュール/ 女 ❶ 囲い, 柵. ❷ 閉鎖; 閉店; (会などの)終わり, 終結, 閉会. ● la cérémonie de *clôture* des Jeux olympiques オリンピックの閉会式.

clôturer /クロテュレ/ 他 を囲む; に柵を設ける; を終える, 閉じる.

le **clou** /クル/ 男 ❶ (英 nail) くぎ, びょう. ❷ 《複》《話》(大きなびょうを路面に打った)横断歩道. ❸ 《話》(催し物の)呼び物.

● le *clou* de la soirée パーティーの目玉. ❹《話》質屋.
Des clous! 嫌なこった, おあいにくさま, どうせ無駄だよ.
ne pas valoir un clou 三文の値打ちもない.
clouer /クルエ/ 他 をくぎで留める; 串刺しにする.
clouer le bec à 人 (人)をぴしゃりと黙らせる.
le(la) **clown** /クルヌ/ 名 (<英) 道化師; ピエロ; お調子者.
faire le clown おどけて見せる.
le **club** /クルブ/ 男 (<英) (運動・社交・政治・芸術の)クラブ, 同好会. ● le *Club* alpin français フランス山岳会.
le **cobaye** /コバイユ/ 男 〔動〕モルモット; 《話》実験台.
le **cocher**[1] /コシェ/ 男 御者; **(le C-)** 〔天〕御者座.
cocher[2] /コシェ/ 他 にしるしをつける.
cochère /コシェール/ 形 《女性形のみ》
porte cochère (馬車の出入りできる)正門.
le **cochon** /コション/ 男 (英 pig; pork)
❶ 豚.
❷ 豚肉(料理).
écrit comme un cochon 悪筆である.
manger comme un cochon がつがつ食べる.
— le(la) **cochon(*ne*)** 名 《話》汚い人; 下品な人; 好色な人.
— 形 汚い; 下品な; 好色な.
cochon d'Inde 〔動〕テンジクネズミ, モルモット.
Petit cochon! 下品なやつだ, 嫌なやつだ.
la **cochonnerie** /コショヌリ/ 女 《話》不潔(なもの); 下品な言葉[行為]; がらくた.
le **cocktail** /コクテル/ 男 (<英) ❶ カクテル. ● *cocktail* de fruits [de crevettes] フルーツ[小エビの]カクテル. ❷ カクテルパーティー. ❸ 混ぜ合わせ, 寄せ集め.
cocktail Molotov 火炎びん.
le **coco**[1] /ココ/ 男 ココヤシの実.
beurre de coco ココナッツバター.
le **coco**[2] /ココ/ 男 ❶《幼児語》卵. ❷《親愛の呼びかけ》かわいい子. → 女性形は cocotte.
le **cocotier** /ココティエ/ 男 ココヤシの木.
la **cocotte** /ココト/ 女 シチュー鍋.

le **code** /コド/ 男 (英 code) ❶ 法典, 法規; 規範. ● *code* civil 民法典. ● *code* de la route 道路交通法.
❷ 暗号, 略号; コード. ● *code* confidentiel (d'identification) 暗証番号. ● *code* d'accès アクセスコード. ● *code* postal 郵便番号. ● *code* secret 暗号.
❸《複》《自動車》(ヘッドライトの)ロービーム.
le **cœur** /クール/ 男 ❶ (英 heart) 心臓; ハート型のもの; 〔トランプ〕ハート.
❷ 中心, 核心; (果物などの)芯. ● au *cœur* de ... …の中心に, …のさなかに.
❸ 心, 心情, 性格; 熱意; 勇気. ● avoir bon *cœur* 心が優しい. ● mettre tout son *cœur* dans ... …に気を入れる, 集中する.
à cœur joie 大喜びで; 心ゆくまで.
à cœur ouvert 率直に.
aller droit au cœur 胸を打つ, 感動させる.
avoir à cœur de 不定詞 …するのに熱中する.
avoir le cœur de 不定詞 …するだけの勇気がある.
avoir le cœur gros [***serré***] 悲しくて胸がいっぱいである.
avoir mal au cœur 吐き気がする.
avoir un cœur de pierre (石のように)心が冷たい.
de bon cœur 喜んで; 心から.
de tout son cœur 心から.
mon (***petit***) ***cœur*** 《呼びかけ》ねえ, あなた; ねえ, 君.
par cœur そらで, 暗記して; 完全に.
● connaître *par cœur* 隅々までよく知っている.
la **coexistence** /コエグズィスタンス/ 女 共存.
coexistence pacifique 平和共存. → 政治体制にかかわらず国同士が共存すること.
coexister /コエグズィステ/ 自 〖avec, と〗共存する.
le **coffre** /コフル/ 男 ❶ (ふたつきの)大箱; 金庫; (自動車の)トランク. ● *coffre* à outils 道具箱. ❷《話》胸; 声量.
avoir du coffre 声量がある; 体格がよい; 勇気がある.
coffres de l'État **(les 〜)** 国庫.

C

le **coffre-fort** /コフルフォール/ 男 (複 coffres-forts) 金庫.

le **coffret** /コフレ/ 男 小箱, 手箱; (CD などの)ケース(セット). ● *coffret* à bijoux 宝石箱.

le **cognac** /コニャク/ 男 コニャック.

la **cognée** /コニェ/ 女 斧(おの), まさかり.

cogner /コニェ/ 他 《話》 にぶつかる; (人)を殴る.

— 自 ❶(英 knock) 〚*sur*, *contre*, *à*, を〛 (何度も)強く打つ, たたく; ぶつかる. ● *cogner* à la porte ドアをノックする. ❷《話》(日差し・酒が)強い, きつい. ● Ça *cogne*! かんかん照りだ.

— **se cogner** 代動 〚*à*, *contre*, に〛 ぶつかる. ● *se cogner* la tête *contre*… …に頭をぶつける.

C'est à se cogner la tête contre les murs. もうどうしていいかわからない; あきれてものも言えない.

cohabiter /コアビテ/ 自 ❶〚*avec*, と〛 同棲(せい)[同居]する. ❷(ものが)共存する.

la **cohérence** /コエランス/ 女 (論理的な)一貫性, まとまり.

cohérent(e) /コエラン(ト)/ 形 首尾一貫した, まとまりのある; 〚*avec*, と〛 一致する, 矛盾しない.

la **cohésion** /コエズィヨン/ 女 〔物〕 凝集(力); 団結, まとまり.

la **coiffe** /コワフ/ 女 (古風な)かぶりもの, 婦人帽.

coiffer /コワフェ/ 他 ❶(人)の髪を結う, を散髪する. ● cheveux difficiles à *coiffer* セットの難しい髪. ● se faire *coiffer* par 人 (人)に整髪[散髪]してもらう. ❷(英 cover) 〚*de*, を〛 にかぶらせる. ● *coiffer* une fillette *d'*un béret 女の子にベレー帽をかぶらせる. ❸(英 head) を統括する. ❹《話》 を誘惑する. ❺(競走相手)を負かす.

coiffer 人 ***à l'arrivée*** [***au poteau***] (人)にわずかな差で勝つ, 土壇場で勝つ.

se faire coiffer au poteau 惜しいところで敗れる.

— **se coiffer** 代動 ❶〚*de*, を〛 かぶる. ❷髪をとく, 整髪する.

le(la) **coiffeur(se)** /コワフール(ズ)/ 名 (英 hairdresser) 理髪師, 美容師. ● aller chez le *coiffeur* 理髪店に行く.

— la **coiffeuse** 女 小型の化粧台.

la **coiffure** /コワフュール/ 女 ❶髪型. ❷美容, 理髪. ● salon de *coiffure* 美容院. ❸かぶりもの.

le **coin** /コワン/ 男 ❶(英 corner) 角(かど); (部屋の)片隅; 端, 口元. ● *coin* de la bouche 口の端, 口角. ❷街角; 近所; 一角. ● le café du *coin* 角の[どこかその辺の]カフェ. ❸楔(くさび); (貨幣の)鋳型, 刻印.

au coin du feu 炉端で; くつろいで.

coin perdu [***paumé***] 辺ぴなところ.

dans le coin この近所[界隈(わい)]に.

les quatre coins de… 《話》 …のいたる所で.

petit(s) coin(s) 《話》 トイレ.

rester dans son coin ひとりきりでいる; 自分の殻に閉じこもっている.

coincer /コワンセ/ 他 52 ❶を固定する; 動かなくする. ● Je *suis coincé* dans le trafic. 渋滞で身動きがとれない. ❷《話》 を追い詰める.

— 自 《話》(ドアなどが)動かなくなる.

— **se coincer** 代動 ❶(何かがはさまって)動かなくなる. ❷〚*dans*, に〛(指など)をはさむ. ● *se coincer* les doigts dans la porte ドアに指をはさまれる.

la **coïncidence** /コアンスィダンス/ 女 偶然の一致; (図形の)一致.

coïncider /コアンスィデ/ 自 〚*avec*, と〛 一致する; 同時に起こる.

le **col** /コル/ 男 ❶(英 collar) (衣服の)襟(えり). ❷(びんなどの)首; 〔解〕 頸(くび); 頸(けい)部. ❸峠.

col blanc ホワイト・カラー. → 事務職.

col bleu ブルー・カラー. → 現場職.

col ras du cou 丸首.

col roulé タートルネック.

col (en) V Vネック.

la **colère** /コレール/ 女 (英 anger) 怒り. ● être en *colère* 怒っている. ● se mettre en *colère* 怒る.

faire [***piquer***] ***une colère*** かんしゃくを起こす, 怒る.

mettre 人 ***en colère*** (人)を怒らせる.

passer sa colère sur… …に八つ当たりする.

la **colique** /コリク/ 女 下痢.

le **colis** /コリ/ 男 小包; 荷物. ● envoyer un *colis* postal 郵便小包を送る.

le(la) **collabo** /コラボ/ 名 《話》《軽蔑的》 対

独協力者 (=collaborateur).

le(la) **collaborateur(*trice*)** /コラボラトゥール(トリス)/ 名 ❶ 協力者, 共著者. ❷ (第2次大戦中の)対独協力者.

la **collaboration** /コラボラスィヨン/ 女 ❶ 〖avec, との〗協力, 共同. ● en *collaboration* (étroite) *avec* ... …と共同で, 協力して. ❷ 〖à, への〗投稿. ❸ (第2次大戦中の)対独協力.

collaborer /コラボレ/ 自 ❶ 〈collaborer avec A pour [à] B〉 BのためにAと協力する. ● J'ai *collaboré avec* eux à la réalisation de ce projet. 私はこの計画の実現のため彼らと協力した. ❷ 〖à, に〗投稿する. ❸ (第2次大戦中に)対独協力する.

le **collage** /コラージュ/ 男 ❶ のりづけ(すること). ❷ 〔美〕コラージュ, 貼つけ絵.

collant(*e*) /コラン(ト)/ 形 くっつく, 接着の; ぴったりと体に合う; 《話》しつこくつきまとう.

— le **collant** 男 (パンティー)ストッキング, タイツ.

la **colle** /コル/ 女 ❶ のり; 接着剤. ● *colle* blanche でんぷんのり. ❷ 《話》難問; 《学生》試験勉強, 居残り勉強. ● poser une *colle* 難問を出す.

collectif(*ve*) /コレクティフ(ーヴ)/ 形 集団の, 団体の. ● billet *collectif* 団体券. ● propriété *collective* 共有財産[地].

— le **collectif** 男 ❶ 〔文法〕集合名詞. ❷ (社会行動・組合などの)集団.

la **collection** /コレクスィヨン/ 女 (英 collection) 収集品, コレクション; (雑誌などの)バックナンバー集, 叢書(そうしょ); デザイナーの新作. ● faire (la) *collection* de ... …を収集する. ● timbre de *collection* 収集切手. ● voiture de *collection* クラシックカー.

collectionner /コレクスィヨネ/ 他 を収集する; 《話》をたくさん集める.

collective →**collectif** の女性形.

la **collectivité** /コレクティヴィテ/ 女 集団; 共同体.

collectivités locales **(**les ～**)** 地方自治体. → 市町村 (commune), 県 (département), 地域圏 (région) など.

le **collège** /コレジュ/ 男 ❶ 中学校, コレージュ. → 中等教育の前期課程の4年間; 11～15歳に相当. ❷ 《集合的》学校. ❸ (司教などの)会, 団体.

collège électoral (一選挙区の)全有権者.

le(la) **collégien(*ne*)** /コレジアン(エヌ)/ 名 コレージュの生徒. → 日本の中学生に相当.

C

le(la) **collègue** /コレグ/ 名 同僚.

coller /コレ/ 他 ❶ をのりで貼る; (ぴったり)をくっつける; 《話》(人)にうるさくつきまとう. ● *coller* un timbre sur une lettre 手紙に切手を貼る. ● *coller* son oreille à la porte ドアに耳を押しつける. ❷ 《話》を押しこむ; (人に嫌なこと)を押しつける. ❸ 《話》(人)に難問を出す; (生徒)を落第させる.

— 自 〖à, に〗ぴったりくっつく; 《話》うまくいく.

Ça colle. 《話》うまくいってる, 順調だ.

— **se coller** 代動 〖à, contre, に〗ぴったりと体を寄せる.

le **collier** /コリエ/ 男 ❶ (英 necklace) 首飾り, ネックレス; (犬などの)首輪. ● *collier* de fleurs 花の首飾り, 花輪. ❷ 頬(ほお)ひげ.

donner un coup de collier 《話》奮闘する.

la **colline** /コリヌ/ 女 (英 hill) 丘.

la **collision** /コリズィヨン/ 女 (車や武力などの)衝突.

collision en chaîne 玉突き事故.

entrer en collision 衝突する.

la **colombe** /コロンブ/ 女 ハト(鳩); ハト派(の人), 平和主義者. → 主に白い鳩を指し平和の象徴. 普通は pigeon.

le **colon** /コロン/ 男 ❶ 入植者, 植民地の白人. ❷ 《話》林間[臨海]学校の子供.

le **colonel** /コロネル/ 男 大佐.

colonial(*ale*) /コロニヤル/ 形 (男複 coloniaux) 植民地の.

la **colonie** /コロニ/ 女 ❶ (英 colony) 植民地. ❷ (在外)居留民団; 同郷のグループ. ❸ 林間[臨海]学校 (=～ de vacances). ❹ 〔動〕(集団をなす)群れ.

la **colonne** /コロヌ/ 女 (英 column) ❶ 円柱. ● *colonnes* des temples grecs ギリシア神殿の円柱. ❷ 円柱状のもの; 記念碑. ❸ (新聞などの)欄. ❹ (行事などの)列.

colonne vertébrale 脊柱.

coloré(*e*) /コロレ/ 形 色のついた; 色彩の豊かな.

colorer /コロレ/ 他 を着色する, 彩る.

●*colorer* ... en bleu …を青く染める.

— se colorer 代動 色づく, 染まる.

colossal(ale) /コロサル/ 形 (男複 **colossaux**) 巨大な; 大規模な.

C le **colosse** /コロス/ 男 巨像; (怪力のある)大男.

colporter /コルポルテ/ 他 《話》(うわさなど)を言いふらす.

le **combat**[1] /コンバ/ 男 (英 fight) ❶ 戦闘. ●mourir au *combat* 戦死する. ●*combat* aérien 空中戦. ●*combat* de rues 市街戦. ●*combat* naval 海戦. ❷ 試合; 戦い, 闘争. ●*combat* de catch プロレスの試合.

combat[2](s), **combatt ...** → **combattre** 9

le(la) **combattant(e)** /コンバタン(ト)/ 名 ❶ 戦闘員. ❷ 殴り合う人.

combattre /コンバトル/ 他 9 (英 fight) ❶ と戦う; 敵対[対立]する. ❷ に反対する.

— 自 戦う. ●*combattre* contre la maladie 病気と戦う. ●*combattre* pour la liberté 自由のために戦う.

— se combattre 代動 互いに戦う; 競い合う.

combien

/kɔ̃bjɛ̃ コンビヤン/ 副 (英 how many, how much)

❶《数量・程度について》(**a**) いくつ, どれくらい.

会話 *Combien* êtes-vous?—Nous sommes quatre. あなたがたは何人ですか. —4人です.

●Je vous dois *combien*? (金額について) おいくらですか.

(**b**) 〈**combien de** 名《無冠詞》〉 いくつの…, どのくらいの….

●Vous avez *combien d*'enfants? お子さんは何人いますか.

●C'est à *combien de* stations d'ici? ここからいくつ目の駅ですか.

❷《感嘆詞的に》〈**combien (de)** …〉 どれほど(の…), 何と(多くの…).

●*Combien* il a souffert! どんなに彼は苦しんだことか!

会話 ***Ça fait combien?*** / ***Combien ça coûte?*** いくらですか.

combien de fois 何回.

depuis combien de temps いつから.

●*Depuis combien de temps* êtes-vous à Paris? どれくらい前からパリにおいでですか.

pour combien de temps 《時間的に》どのくらい(の間).

— le combien 男 《不変》《話》何日; 大きさ.

●Nous somme le *combien*? —Nous sommes le 14 juillet. 今日は何日ですか. —7月14日です.

la **combinaison** /コンビネゾン/ 女 ❶ (英 combination) 組み合わせ, 結合, 配合. ●*combinaison* gagnante (くじの)当たり番号. ❷ 計略. ❸ つなぎ; (女性の)スリップ.

combinaison de plongée (***sous-marine***) ダイビングスーツ.

combinaison de ski スキーウェア.

combinaison spatiale 宇宙服.

combiner /コンビネ/ 他 ❶ (英 combine) を組み合わせる; 結合[配合]する. ❷ を考え出す, たくらむ.

le **comble** /コンブル/ 男 ❶ (英 height) 頂点, 絶頂. ●être à son *comble* 絶頂にある. ❷《多く複数》屋根; 屋根裏.

au comble de ... …の極みに, 絶頂に.

C'est le [un] comble! ひどすぎる, それはあんまりだ.

Le comble, c'est que ... さらにひどいことには…ということだ.

— 形 一杯の; 超満員の.

combler /コンブレ/ 他 (英 fill) を埋める; 補う; 満足させる, 満たす.

combler A de B AをBで一杯にする.

●*combler* 人 *de* cadeaux (人)に山ほど贈りものをする.

combustible /コンビュスティブル/ 形 燃焼性の.

— le combustible 男 燃料.

la **combustion** /コンビュスティヨン/ 女 燃焼.

la **comédie** /コメディ/ 女 (英 comedy) 喜劇; 《古》演劇, 戯曲, 劇場.

le(la) **comédien(ne)** /コメディヤン(エヌ)/ 名 (喜劇)俳優; 偽善者.

会話 ***Quel comédien tu fais!*** 君にはまんまと一杯食わされたよ.

comestible /コメスティブル/ 形 (英 edible) 食べられる, 食用の.

— les comestibles 男 複 食料品.

la **comète** /コメト/ 女 彗(すい)星.

comique /コミク/ 形 (英 comic) 喜劇の; 滑稽(こっけい)な.
— le(la) **comique** 名 喜劇俳優[作家]; 道化役.
— le **comique** 男 喜劇, 滑稽さ.

le **comité** /コミテ/ 男 (英 commitee) 委員会; 《集合的》委員. ● *comité* de gestion 管理委員会.
se réunir en petit comité 内輪で集まる.

le **commandant** /コマンダン/ 男 (英 commander) 指揮[司令]官; 艦長, 機長.
● *commandant* de bord (民間機の)機長.

la **commande** /コマンド/ 女 ❶(英 order) 注文(の品). ● passer une *commande* à 人 (人)に注文をする; (芸術家)に作品を依頼する. ❷操縦(装置). ● être aux [prendre les] *commandes* 操縦している[する]; 指揮をとっている[とる].
commande à distance リモート・コントロール, 遠隔操縦装置.

le **commandement** /コマンドマン/ 男 命令, 指揮(権); (宗教上の)掟(おきて), 戒律.
● prendre le *commandement* de... …の指揮をとる.

commander /コマンデ/ 他 ❶(英 command) を指揮する, 命令する.
● *commander* la retraite 退却を命じる.
❷(英 order) を注文する. 会話 Avez-vous déjà *commandé*? 注文はお済みですか.
❸(機械)を操作[運転]する.
— 自 ❶〖à, に〗指図する, 指揮する.
❷〖à, sur, を〗抑える, 抑制する.
commander à 人 ***de*** 不定詞 [***que*** 接続法] (人)に…するように命ずる.
sans vous commander さしつかえなかったら.

comme

/kɔm コム/ 接 (英 as, like)
❶ …のよう[な]に, …と同じように.
● Faites *comme* vous voulez. 好きなようにやりなさい.
● Il pense *comme* nous. 彼は私たちと同じように考えている.
❷ …として.
● *Comme* secrétaire, elle est excellente. 秘書として彼女はすばらしい.
● Qu'est-ce que vous avez *comme* dessert? デザートには何がありますか.
❸ …なので.
● *Comme* il pleuvait, j'ai pris la voiture. 雨が降っていたので, 車を使った.
❹(ちょうど)…のときに.
● Elle est entrée juste *comme* je sortais. ちょうど出かけるときに彼女がやってきた.
comme ça [***cela***] このように[な].
● quelque chose *comme* ça こんな感じのもの.
Comme ci, comme ça. まあまあです.
comme il faut 適切に, うまく.
comme si... あたかも…であるかのように. ● Il se comporte *comme s'*il avait toujours vingt ans. 彼はいつまでも20歳の青年であるかのように振る舞う.
● Ses yeux étaient rouges *comme si* elle avait pleuré. 彼女の目は泣いた後のように赤かった.
POINT 主節と同時のことには半過去, 主節より前のことには大過去.
comme tout 《話》非常に.
● Elle est gentille *comme tout*. 彼女はこの上なく優しい人だ.
tout comme まったく同じ仕方で.
— 副 (英 how) 何と; どんなに.
● *Comme* il fait beau! 何ていい天気なんでしょう.
● Tu sais *comme* elle est. 彼女がどんな人なのか知ってるでしょう.

commémorer /コメモレ/ 他 を記念する, 祝う.

le **commencement** /コマンスマン/ 男 (英 beginning) 初め, 始まり. ● au *commencement* 初めに, 最初は. ● dès le *commencement* 初めから.
Il y a un commencement à tout. 何事にも初めがある; 最初からうまくいくことはない.

commencer

/kɔmɑ̃se コマンセ/ 自 52
(英 begin) ❶ 始まる.
● Le concert va *commencer*. コンサートが始まるところだ.
● Elle *commence* demain chez Legrand. 彼女は明日からルグランの店で働く.
❷〈commencer à [de] 不定詞〉 …し始める.
● Il *commence* à neiger. 雪が降ってきた.

commencer par... (ものが)…で始まる; (人が)…から始める.
●Son nom *commence par* (un) Y. 彼(女)の名前はYで始まる.
●Avant de chercher un hôtel, *commençons par* manger. ホテルを探す前にまず食事をしよう.
— 他 を始める, に着手する.
●*commencer* la classe à 9 heures 9時に授業を始める.
pour commencer 手始めに.

comment /kɔmɑ̃ コマン/ 副 (英 how)
❶ どのように.
●Tu viens *comment*?—En métro. 何で来る?—地下鉄で.
●*Comment* dit-on ... en français? …をフランス語で何というのですか.
❷ どんな.
会話 *Comment* c'était à Paris? パリはどうだった.
会話 *Comment* est-il, ce type? あいつはどんな人なの?
❸ なぜ.
会話 *Comment* cela? どうしてそうなのですか.
❹《聞き返し》え, 何ですって?.
●*Comment*, il est mort? えっ, 彼が死んだって.
Comment allez-vous? ご機嫌いかがですか.
Comment ça va? どんな具合[調子]ですか.
Comment dire... 何と言うべきか, ええっと.
Comment faire? どうしよう[すればいいのだろう].
Comment vous appelez-vous [tu t'appelles]? お名前は?
— le **comment** 男《不変》方法, やり方.

le **commentaire** /コマンテール/ 男 ❶(英 comment) 注釈, 解説, コメント. ❷ 悪意の解釈, とりざた.
faire des commentaires sur... …について解説する; うわさする.
Sans commentaire! ノーコメント.

commenter /コマンテ/ 他 (英 comment) を解説する, 批評する.

le(la) **commerçant(e)** /コメルサン(ト)/ 名 (小売りの)商人.
— 形 商業の(盛んな); 商才に富んだ.

le **commerce** /コメルス/ 男 ❶(英 commerce) 商業, 商売, 取引. ●*commerce* international 国際取引. ●*commerce* extérieur 対外貿易. ❷ 商店. ●tenir [avoir] un *commerce* 店を経営する.
commerce de gros [détail] 卸[小]売業.
être dans le commerce (製品が)売られている.
faire du commerce (avec...) (…と)取引[商売]をする.

commercer /コメルセ/ 自 52 〘avec, と〙商売[貿易]する.

commercial(ale) /コメルスィヤル/ 形 (男複 **commerciaux**) 商業上の, 通商[貿易]の; 金もうけ主義の. ●anglais *commercial* ビジネス英語.
centre commercial ショッピングセンター.

commet(s), commett... → **commettre** 41

commettre /コメトル/ 他 41 (英 commit) (犯罪・過失など)を犯す. ●*commettre* une erreur ミスを犯す.
— **se commettre** 代動 (犯罪などが)行われる.

commi[î]..., commis[1] → **commettre** 41

le **commis**[2] /コミ/ 男 店員, アシスタント.

le **commissaire** /コミセール/ 男 ❶(英 superintendent) 警察署長, 警視. ❷ 委員, 役員;〔スポーツ〕(試合・競技の)監視員.
commissaire aux comptes (株式会社の)会計監査役.

le **commissariat** /コミサリア/ 男 警察署 (=~ de police).

la **commission** /コミスィヨン/ 女 ❶(英 message) 用事, 伝言. ●J'ai une *commission* pour vous. あなたに伝言があります. ❷ 手数料. ●toucher 10% de *commission* 10パーセントの手数料をとる. ❸《複》(毎日の)買い物; 食料品. ❹ 委員会. ●*commission* d'enquête 調査委員会. ●*Commission* des opérations de Bourse (フランスの)証券取引委員会. → 略 COB. ●*Commission* européenne 欧州委員会.
faire les [des, ses] commissions 買い物をする.

le **commissionnaire** /コミスィヨネール/

男 取次業者; 使い走りする人.

commode /コモド/ 形 ❶(a)便利な. (b)〈commode pour 名 [pour / à 不定詞]〉…(する)に都合のよい. ❷《多くは否定形》(性格が)気さくな.

会話 ***C'est trop commode.*** それは安易すぎるやり方だ.

— la **commode** 女 (整理)だんす.

commodément /コモデマン/ 副 便利に; 心地よく.

la **commodité** /コモディテ/ 女 ❶(英 convenience)《複》便利な設備. ❷便利; 好都合.

commun(e) /コマン(ミュヌ)/ 形 (英 common) ❶〖à, に〗共通の, 共同の. ●travail *commun* 共同作業.
❷一般の, 公共の.
❸普通の, 平凡な; 俗っぽい.

dans l'intérêt commun 公共の利益になるように, 互いの利益のために.

d'un commun accord 全員一致で; 合意の上で.

lieu commun 決まり文句; 月並みな考え.

— le **commun** 男 ❶共同. ❷平凡. ❸《複》付属建物.

en commun 共通して, 共同で. ●faire ... *en commun* …を一緒にする. ●transports *en commun* 公共交通機関.

hors du commun 並はずれた.

peu commun めずらしい, まれな.

la **communauté** /コミュノテ/ 女 ❶共同体. ●Les membres de cette *communauté* se soutiennent les uns les autres. その社会の人たちは互いに助け合っている. ❷(意見・趣味などの)共通性; (夫婦などの)共有財産.

vivre en communauté 共同生活をする.

la **commune** /コミュヌ/ 女 ❶市町村, 地方自治体. →フランスの最小行政単位. ❷(**la Commune (de Paris)**) (1871年の)パリコミューン.

la **communication** /コミュニカスィヨン/ 女 (英 communication)
❶(意志・情報などの)伝達.
❷連絡; 通知. ●J'ai une *communication* importante à vous faire. あなたに大事な知らせがある.
❸(電話の)通話.
❹(学会での)発表, 報告; 広報(活動).

communication longue distance 長距離電話.

demander communication d'une pièce 書類の提出を求める; 閲覧を要求する.

être en communication avec 人 (人)と連絡をとっている; 通話中である.

la **communion** /コミュニヨン/ 女 ❶(思想・感情の)一致. ❷〔カト〕聖体拝領.

faire sa (première) communion 初めて聖体拝領を受ける.

le **communiqué** /コミュニケ/ 男 公式声明, コミュニケ.

communiqué de presse プレスリリース.

communiquer /コミュニケ/ 他 (英 communicate) ❶を伝える, 伝達する; 見せる. ●*communiquer* une nouvelle ニュースを伝える. ❷を伝染させる.

— 自 〖avec, と〗連絡を取る, 意志を通じ合う, 通じている. ●*communiquer* par gestes 身ぶりで意志を伝える.

— **se communiquer** 代動 ❶伝わる, 伝染する; (火などが)広がる. ❷(部屋などが)一続きになっている. ❸伝え合う; 〖avec, a, と〗交渉をもつ, 親しくする.

le **communisme** /コミュニスム/ 男 共産主義.

le(la) **communiste** /コミュニスト/ 名 共産主義者.

— 形 共産主義の.

le **commutateur** /コミュタトゥール/ 男 (電気の)スイッチ.

compact(e) /コンパクト/ 形 緻密な, ぎっしり詰まった; 小型の.

la **compagne** /コンパニュ/ 女 (女性の)友達, 連れ;《文》妻, 愛人.

la **compagnie** /コンパニ/ 女 ❶(英 company) 一緒にいること, 同伴; つき合い. ●en *compagnie* de ... …と一緒に. ❷会社. ●*compagnie* aérienne 航空会社. ●*compagnie* d'assurances 保険会社.
❸劇団;〔軍〕中隊.

en bonne [mauvaise, joyeuse] compagnie よい[悪い, 愉快な]仲間と一緒に.

être de bonne compagnie (人が)育ちがよい; (物が)上等な; 人づき合いのよい.

tenir compagnie à 人 (人)のお相手をする.

le **compagnon** /コンパニョン/ 男 (英 companion) (男性の)連れ, 夫, 伴侶;《古風》仲間; (親方の下で働く)職人. ●*compa-*

gnon de route (旅の)道連れ.

comparai[î] ... →**comparaître** 47

la **comparaison** /コンパレゾン/ 女 (英 comparison) ❶ 比較, 対照. ●en *comparaison* de ... …と比較すれば. ●faire une *comparaison* entre A et B AとBを比較する. ●par *comparaison* avec ... …と比較すれば. ❷ たとえ; 直喩.

hors de comparaison 比較にならないほど優れた.

sans comparaison 比べようもなく, 文句なしに.

comparaître /コンパレトル/ 自 47 〔法〕出頭する; 現れる.

comparatif(ve) /コンパラティフ(ーヴ)/ 形 比較の, 比較に基づく.

— le **comparatif** 男 〔文法〕比較級.

au comparatif 比較級で.

comparatif d'infériorité [***de supériorité***] 〔文法〕劣等[優等]比較.

comparer /コンパレ/ 他 (英 compare) ❶ 〘avec, à, と〙を比較する. ●*comparer* une personne *avec* [*à*] une autre ある人を別の人と比較する.
❷ 〘à, に〙をたとえる; 〘à, と〙を対等に取り扱う. ●*comparer* la vie *à* un voyage 人生を旅にたとえる.

— **se comparer** 代動 比較される; 〘à, と〙自分を比較する; (に)自分をたとえる.

le **compartiment** /コンパルティマン/ 男 (列車の)コンパートメント, 仕切り.

comparu[û] ... →**comparaître** 47

la **comparution** /コンパリュスィヨン/ 女 (法廷への)出頭.

le **compas** /コンパ/ 男 コンパス, 羅針盤; 《話》《多く複数》(人の)脚, 足.

avoir le compas dans l'œil 《話》素早く正確に目測する.

la **compassion** /コンパスィヨン/ 女 《文》同情, 憐憫(れんびん).

compatible /コンパティブル/ 形 〘avec, と〙両立[適合]できる; 〔情報〕〘avec, と〙互換性のある.

compatir /コンパティール/ 自 33 〘à, avec, に〙同情する.

le(la) **compatriote** /コンパトリヨト/ 名 同国人; 同郷人.

la **compensation** /コンパンサスィヨン/ 女 補償, 埋め合わせ; (羅針盤の)調整. ●en *compensation* de ... …の代わりに, …の補償として.

compenser /コンパンセ/ 他 (英 compensate) を償う, 補う.

— **se compenser** 代動 埋め合わされる; 補い合う.

la **compétence** /コンペタンス/ 女 ❶ (判断・決定の)能力. ❷ 資格; 権限, 管轄.

avoir des compétences (専門的な)能力がある, 有能である.

compétent(e) /コンペタン(ト)/ 形 ❶ 有能な, 適任の. ❷ 権限を持つ.

compétitif(ve) /コンペティフ(ヴ)/ 形 競争に耐えられる.

la **compétition** /コンペティスィヨン/ 女 (英 competition) 競争, 対抗; 〔スポーツ〕対抗試合, 競技. ●*compétition* automobile 自動車レース.

avoir l'esprit de compétition 競争心旺盛である.

entrer en compétition avec ... …と競争する.

la **complaisance** /コンプレザンス/ 女 ❶ 心遣い, 好意; 媚(こび). ❷ 自己満足.

avoir la complaisance de 不定詞 親切に…する.

sourire de complaisance 愛想笑い.

complaisant(e) /コンプレザン(ト)/ 形 ❶ 親切な, 甘すぎる. ❷ 自己満足した.

— le(la) **complaisant(e)** 名 おべっか使い.

le **complément** /コンプレマン/ 男 (英 complement) ❶ 補充, 補足. ●*complément* d'information 追加[補足]情報.
❷ 〔文法〕補語.

complément circonstanciel 〔文法〕状況補語.

complément (d'objet) direct [***indirect***] 〔文法〕直接[間接](目的)補語.

complémentaire /コンプレマンテール/ 形 補足の, 追加の.

complet(ète) /コンプレ(ト)/ 形 (英 complete) ❶ 完全な, 全部そろった; 申し分のない; 完璧な. ●victoire *complète* 完全な勝利. ●œuvres *complètes* de Balzac バルザック全集.
❷ 満員の. ●*Complet* 《掲示》満室, 満員.

au complet/au grand complet 全員そろって; 完全に.

pain complet 全粒小麦粉のパン.
— le **complet** 男 (三つ揃(ぞろ)いの)背広, スーツ.

complètement /コンプレトマン/ 副 完全に, まったく, すっかり. ● *complètement* équipé 完全装備の.

compléter /コンプレテ/ 他 57 (英 complete) を完全なものにする, 補う.
● exercice à *compléter* 空白補充問題.
— **se compléter** 代動 互いに補う; 完全なものになる.

complexe /コンプレクス/ 形 複雑な.
● situation *complexe* 複雑な状況.
— le **complexe** 男 ❶ 複雑(なもの); コンプレックス. ● *complexe* d'infériorité 劣等感. ❷ コンビナート, 総合施設.
complexe routier 道路網.

la **complication** /コンプリカスィヨン/ 女 複雑さ; 《複》紛糾.

complice /コンプリス/ 形 共犯の; ひそかに同意を示す.
être complice de ... …に加担している.
— le(la) **complice** 名 共犯者, 加担者.

la **complicité** /コンプリスィテ/ 女 共謀, 加担, 助力; 〔法〕共犯.

le **compliment** /コンプリマン/ 男 (英 compliment) 賛辞, 挨拶, お世辞. 会話 Mes *compliments*. おめでとう, よくやった.
faire des compliments (***à*** 人) (人を)褒める, お世辞を言う. 会話 *Faites-lui mes compliments*. 彼によろしく伝えてください.

compliqué(e) /コンプリケ/ 形 複雑な, 面倒な; 気難しい.

compliquer /コンプリケ/ 他 (英 complicate) を複雑にする.
— **se compliquer** 代動 複雑になる; (自分にとって)複雑にする.
会話 ***Ça se complique.*** 事態がややこしくなる.

le **complot** /コンプロ/ 男 陰謀.

le **comportement** /コンポルトマン/ 男 (英 behavior) 行動, 振る舞い.

comporter /コンポルテ/ 他 (英 include) ❶ を含む, からなる. ❷ を伴う. ● Cette règle *comporte* des exceptions. この規則には例外があります.
— **se comporter** 代動 (英 behave) 行動する; (車などが)動く. ● Il *s'est comporté* d'une façon odieuse. 彼は不愉快な態度をとった.

composé(e) /コンポゼ/ 形 構成[合成]された, 複合の.
— le **composé** 男 組み合わせ; 〔化〕化合物; 〔文法〕複合語, 合成語.

composer /コンポゼ/ 他 ❶ を組み立てる, 構成する. ❷ を作曲する; (作品など)を書く. ● Qui *a composé* la musique du film? この映画音楽は誰の作曲ですか. ❸ を取り繕う.
composer un numéro ダイヤルする.
— 自 ❶ 〚avec, と〛妥協する. ❷ 組み立てる. ❸ 作曲する; 本を書く; 答案を書く.
— **se composer** 代動 〚de, で〛できている.

le(la) **compositeur(trice)** /コンポズィトゥール(トリス)/ 名 作曲家.

la **composition** /コンポズィスィヨン/ 女 ❶ 組み立て, 構成; 合成, 組成, 成分. ❷ 制作, 創作, 作曲; 作品; (学校の)作文, 試験. → 略 compo. ❸ 妥協, 示談.
composition florale フラワーアレンジメント.

compréhensible /コンプレアンスィブル/ 形 理解できる; 無理のない.

compréhensif(ve) /コンプレアンスィフ(ーヴ)/ 形 理解力のある.

la **compréhension** /コンプレアンスィヨン/ 女 (英 comprehension) 理解(力); 明快さ.
compréhension orale [***écrite***] 聞き[書き]取り.

compren ... →**comprendre** 60

comprendre

/kɔ̃prɑ̃dr コンプランドル/ 他 60 (英 understand) ❶ (**a**) を理解する.
● Vous *comprenez* le japonais? あなたは日本語がわかりますか.
(**b**) 〈**comprendre que** 直〉 がわかる.
● J'*ai compris qu*'il était fâché. 私には彼が怒っているのが分かった.
❷ (**a**) (人の言動・感情など)を納得する.
● Je vous *comprends*. ごもっともです.
(**b**) 〈**comprendre que** 接続法〉 …はもっともだと思う.
● Je *comprends que* vous soyez déçu. 私はあなたが失望しているのがよく分かります.
❸ を含む; からなる.
● Le prix *comprend* les taxes. この値段

C

は税込みだ.

bien* [*mal*] *comprendre よく理解する[誤解する]. ●Vous m'avez *mal compris*. あなたは私のことを誤解している.

se faire comprendre 自分の言いたいこと[気持ち]を人にわからせる. ●Je peux à peu près *me faire comprendre* en français. 私のフランス語はだいたいは通じる.

— se comprendre 代動 理解し合う; 理解される. ●Ça *se comprend*. それは理解できる, それは当然だ.

la **compression** /コンプレスィヨン/ 女 圧縮; 削減, 縮小.

compression numérique 〔情報〕圧縮.

compri[î] ... →**comprendre** 60

comprimé(e) /コンプリメ/ 形 圧縮された.

— le comprimé 男 錠剤.

comprimer /コンプリメ/ 他 を圧縮[縮小]する.

compris(e) /コンプリ(ズ)/ 形 ❶含まれた. ●service *compris* サービス料込み. ❷理解された. ●C'est *compris*?/*Compris*? わかったかい; いいだろうね.

non compris …を除いて.

tout compris すべて込みで; 全部含めての料金.

y compris …を含めて.

comprom ... →**compromettre** 41

compromettre /コンプロメトル/ 他 41 (人)を危険に巻き込む.

— se compromettre 代動 自分(の評判)を危うくする; 〚avec, と〛かかわり合いになる.

le **compromis**[1] /コンプロミ/ 男 妥協; 示談. ●trouver un *compromis* 和解[示談]にこぎつける. ●solution de *compromis* 妥協策.

compromis[2]**(e)** /コンプロミ(ーズ)/ 形 危うくなった, 巻き添えにされた.

la **comptabilité** /コンタビリテ/ 女 簿記, 会計; 会計課.

service comptabilité 経理部.

comptable /コンタブル/ 形 ❶〔商〕簿記の, 会計の. ❷〚de, à, envers, について〛責任ある. ❸〔文法〕可算の. ●nom *comptable* 可算名詞.

— le comptable 男 会計係.

le **comptant** /コンタン/ 男 現金. ●acheter ... au *comptant* 即金で…を買う.

— 形 《不変》現金の.

— 副 現金で. ●payer *comptant* 現金で払う.

le **compte** /コーント/ 男 ❶(英 calculation) 計算. ●faire le *compte* de ... …を数える, …を計算する.

❷(英 bill) 勘定.

❸(英 account) 口座. ●*compte* en banque 銀行口座.

❹考慮.

❺報告, 説明.

à bon compte 安い費用で.

à ce compte-là そういう事情なら, この分では.

à son compte 自分の責任[負担]で. ●travailler *à son compte* 独立して商売をしている, 自営業を営む.

compte à rebours カウントダウン.

compte*(*-*)*rendu 報告(書); 書評(欄).

compte tenu de ... …を考慮すると.

en fin de compte 要するに, 結局.

Le compte y est. 勘定[計算]が合っている; 《話》全部そろっている.

mettre A sur le compte de B AをBのせいにする.

pour le compte de 人 (人)のために; (人)に代わって; (人)の名義で.

prendre ... en compte …を考慮する; …の責任を負う.

rendre compte de ... …の報告[釈明]をする.

***se rendre compte de ...* [*que* 直]** …に気づく, …がわかる. ●Il *s'est rendu compte que* c'était très important. 彼はそれが重要であることを悟った.

sur le compte de ... …について.

tenir compte de ... …を考慮に入れる.

tout compte fait 結局, 要するに.

compter /コンテ/ 他

❶(英 count) を数える, 勘定する. ●*compter* de l'argent お金を勘定する.

❷(英 include) 〚*parmi*, の中に〛を数える, 含める, がある.

❸を計算[考慮]に入れる.

❹を見積もる; の代金を請求する.

❺(a)〈compter 不定詞〉…するつもりである. ●Je *compte* partir demain. 私は明日出発するつもりだ.

(b)〈compter que 直〉…と思う, 期待

する.

— 自 ❶ 数える. ●compter jusqu'à 10 10まで数える. ●compter sur ses doigts 指で[指折り]数える.

❷〘pour, にとって〙重要である; (の)価値がある. ●Ce qui compte, c'est… 大事なことは…だ.

❸〘sur, を〙当てにする; 〘avec, を〙考慮に入れる. ●Je compte sur toi. 当てにしているよ.

❹〘parmi, au nombre de, の中に〙数えられる.

à compter de… (日付)から. ●*à compter d'aujourd'hui* 今日から.

compter avec… …を考慮に入れる, 尊重する.

compter de tête 暗算する.

sans compter 名 [***que*** 直] …を数に入れないで.

y compter 当てにする. ●J'*y compte* bien! きっとそうなると期待しています. ●N'*y comptez* pas trop. それほど期待しないでください.

— **se compter** 代動 数えられる; 数に入る.

le **compteur** /コントゥール/ 男 メーター, 計量器. ●*compteur* d'eau [d'électricité, de gaz] 水道[電気, ガス]メーター. ●*compteur* de vitesse 速度計.

le **comptoir** /コントワール/ 男 (英 counter) カウンター.

le **comte** /コント/ 男 伯爵.

la **comtesse** /コンテス/ 女 伯爵夫人; (女性の)伯爵, 伯爵領を持つ婦人.

con(*ne*) /コン(ヌ)/ 形 《俗》ばかな. ●Il est vraiment *con*. 彼は本当にばかだ.

— le(la) **con(*ne*)** 名 《俗》ばか者.

— le **con** 男 《俗》女性器, 女陰.

conard(*e*) /コナール(ド)/ 形 《俗》ばかな.

— le(la) **conard(*e*)** 名 《俗》ばか者.

la **conasse** /コナス/ 女 《俗》ばかな女.

concave /コンカヴ/ 形 凹面の.

concéder /コンセデ/ 他 57 を譲渡する; 譲歩する.

la **concentration** /コンサントラスィヨン/ 女 ❶ 集中. ❷〔経〕(企業の)統合; 〔化〕濃縮.

camp de concentration 強制収容所.

concentrer /コンサントレ/ 他 ❶ を一箇所に集める, 集中する. ●*concentrer* son attention sur… …に注意を集中する. ❷(溶液)を濃縮する.

— **se concentrer** 代動 集中する.

le **concept** /コンセプト/ 男 概念.

la **conception** /コンセプスィヨン/ 女 ❶ 着想, 構想, 概念; 考え方. ❷ 受胎, 懐胎.

concernant /コンセルナン/ 前 …に関する.

concerner /コンセルネ/ 他 (英 concern) に関する, かかわる. ●mesures qui *concernent* les chômeurs 失業者に関する方策.

en ce qui concerne… …に関しては.

le **concert** /コンセル/ 男 ❶(英 concert) 演奏会, コンサート.

❷いっせいに起きる音. ●*concert* d'éloges 湧き上がる称賛の声.

de concert (***avec…***) (…と)いっせいに, 協力して.

la **concession** /コンセスィヨン/ 女 譲歩; (土地・権利の)委譲, 払い下げ. ●faire des *concessions* 譲歩する.

concevoir /コンスヴォワール/ 他 63 ❶(**a**) を理解する, わかる. ●Il *conçoit* la guerre comme un jeu. 彼は戦争をゲームのように考えている. (**b**)〈**concevoir que** 直 [接続法]〉…ということがわかる. ●Je *conçois que* vous êtes fatigué. お疲れのようですね. ❷(計画など)を思いつく; 言い表す. ●Ce projet d'urbanisme *est* mal *conçu*. この都市計画は構想が悪い. ❸(愛情・疑いなど)を抱く; (子)を宿す.

— **se concevoir** 代動 思いつかれる; 理解される. ●Cela *se conçoit* facilement. それはわかりやすい.

le(la) **concierge** /コンスィエルジュ/ 名 (アパートやビルの)門番, 管理人.

la **conciliation** /コンスィリヤスィヨン/ 女 和解, 調停.

concilier /コンスィリエ/ 他 ❶ を和解させる, 調停する. ❷〘avec, と〙を一致[両立]させる.

— **se concilier** 代動 ❶ 一致[両立]する. ❷(好意などを)得る.

concis(*e*) /コンスィ(ーズ)/ 形 簡潔な, 簡明な.

la **concision** /コンスィズィヨン/ 女 簡潔, 簡明.

le(la) **concitoyen(*ne*)** /コンスィトワイヤン(エヌ)/ 名 同じ町の市民; 同国[郷]人.

conclu (...), conclû ... →**conclure** [14]

concluant(e) /コンクリュアン(ト)/ [形] 決定的な.

C

conclure /コンクリュール/ [他] [14] ❶(契約)を結ぶ. •*conclure* un traité 条約を締結する. ❷(英 conclude) の結末をつける; を締めくくる.

— [自] 〚*de*, から〛結論を出す; (話を)終える; (…であると)結論する.

***conclure contre* [*en faveur de*] ...** …に決定的に不利[有利]になる.

conclure de A à B AからBという結論を引き出す.

conclure par ... …で終わる[話を終える].

pour conclure 結論すれば, 要するに.

la **conclusion** /コンクリュズィヨン/ [女] ❶結論; 結末.

❷(条約などの)締結.

❸《話》《副詞的用法》結論として.

(*en*) *arriver à la conclusion que ...* …という結論に達する.

en conclusion 結論として, 結局.

conçoi ... →**concevoir** [63]

le **concombre** /コンコンブル/ [男] キュウリ.

concombre de mer ナマコ.

la **concordance** /コンコルダンス/ [女] ❶一致, 符合; 〔文法〕一致. •*concordance* des temps 〔文法〕時制の一致. ❷(聖書, 文学作品などの)用語索引.

la **concorde** /コンコルド/ [女] 調和, 和合.

concorder /コンコルデ/ [自] (英 agree) 〚*avec*, と〛一致[符合]する.

concourir /コンクリール/ [自] [18] ❶〚*à*, をめざして〛協力する. ❷競争する, 競う.

le **concours** /コンクール/ [男] ❶(英 competition) 選抜試験. •*concours* d'entrée 入学試験.

試験

concours は合格者数があらかじめ決まっている選抜試験. examen は所定の点数以上を取れば合格する試験. épreuve は concours や examen を構成している筆記, 実技などの個々の試験のこと.

❷(英 aid) 協力; 援助. •avec le *concours* de ... …の協力を得て. •prêter son *concours* à ... …に協力する.

❸(状況などの)符合.

hors concours コンクールの対象外の, 特別参加の; 《話》別格の.

concouru (...), concourû ... → **concourir** [18]

concret(ète) /コンクレ(ト)/ [形] 具体[具象]的な; 実際[物質]的な.

— le **concret** [男] 具象, 具体的なこと. •le *concret* et l'abstrait 具象と抽象.

conçu ... →**concevoir** [63]

le **concubinage** /コンキュビナージュ/ [男] 同棲(せい), 内縁関係.

la **concurrence** /コンキュランス/ [女] (英 competition) 競争; 《集合的》競争相手.

concurrence déloyale 不正競争.

être en concurrence avec [人] (人)と張り合う; (人)に対して競争を挑む.

jusqu'à concurrence de ... …を限度として, …に達するまで.

prix défiant toute concurrence 破格の安値.

concurrent(e) /コンキュラン(ト)/ [形] 競争する, ライバルの.

— le(la) **concurrent(e)** [名] 競争相手, ライバル; 競技者.

la **condamnation** /コンダナスィヨン/ [女] ❶〔法〕刑(の宣告), 有罪判決; 非難. •*condamnation* à perpétuité [mort] 終身[死]刑. ❷(ドアなどを)閉め切ること.

condamner /コンダネ/ [他] (英 condemn) ❶に刑[有罪]を宣告する. •*condamner* [人] à une amende (人)に罰金刑を科す. ❷〈condamner [人] à [名] [à [不定詞]]〉(人)に…(すること)を余儀なくさせる. •*être condamné au* chômage 失業を余儀なくされている. ❸を非難する. ❹(医者が病人)を回復不能とみなす. ❺を封鎖する. •*condamner* une porte [une ouverture] 扉[入り口]を閉め切る.

— **se condamner** [代動] ❶〈se condamner à [不定詞]〉余儀なく…する. ❷非難される; 有罪を宣告される.

la **condition** /コンディスィヨン/ [女] (英 condition) ❶(必要)条件. •*condition* d'admission (dans ...) (…への)入会[入場, 入学]資格.

❷状態; 《複》状況, 事情. •en bonne [mauvaise] *condition* 調子のよい[悪い]. •*conditions* de travail 労働条件.

❸身分, 階級.

à condition de [不定詞]/***que*** [接続法] …と

いう条件で. ●Tu peux sortir *à condition de* rentrer [*que* tu rentres] avant minuit. 夜中の12時までに帰ってくるんだったら出かけてもいい.
dans ces conditions その条件では, そういうことならば.
sans condition(s) 無条件の[で, に].
conditionnel(le) /コンディスィヨネル/ 形 条件つきの;〔文法〕条件法の.
— le **conditionnel** 男 〔文法〕条件法.
les **condoléances** /コンドレアーンス/ 女 複 悔やみ; 弔詞. ●lettre de *condoléances* お悔やみ状.
Toutes mes condoléances. お悔やみ申し上げます.
le(la) **conducteur(trice)** /コンデュクトゥール(トリス)/ 名 運転手.
— 形 導く.
— le **conducteur** 男 (熱・電気などの)伝導体.
condui ... →**conduire** 15
conduire /コンデュイール/ 他 15 ❶(英 lead)〖*à, auprès de*, に〗(人)を連れていく, 導く, 案内する. ●Elle *conduit* sa fille à l'école. 彼女は娘を学校へ連れて行く. ●*Conduisez*-moi à la gare. 《タクシーで》駅へやって下さい. ●Cette politique nous *conduira au* désastre. こんな政策では我々はひどい目にあわされてしまう.
❷(英 drive) (乗り物)を運転[操縦]する. ●*conduire* une voiture 車を運転する.
❸を運ぶ.
❹を指導[指揮]する.
— 自 ❶(車を)運転する. ●*conduire* bien [mal] 運転がうまい[下手だ]. ●le permis de *conduire* 運転免許証.
❷〖*à*, に〗(道などが)通じる. ●Cette route *conduit à* Paris. この道はパリに通じる.
— **se conduire** 代動 (英 behave) ふるまう. ●*se conduire* bien [mal] 行儀がいい[悪い].
conduis, conduit[1] →**conduire** 15
le **conduit**[2] /コンデュイ/ 男 導管, パイプ; 管. ●*conduit* d'aération 通気管, 通風孔.
la **conduite** /コンデュイト/ 女 ❶(英 behavior) 振る舞い, 行動. ●bonne [mauvaise] *conduite* 品行のよさ[悪さ]. ❷(英 driving) 運転, 操縦. ●*conduite* à droite [gauche] (車の)右側[左側]通行. ❸経営, 指揮; 導くこと, 案内. ❹導管, 管. ●*conduite* d'eau [de gaz] 水道[ガス]管.
le **cône** /コヌ/ 男 円錐(すい)(形);〔植〕毬果(きゅうか).
la **confection** /コンフェクスィヨン/ 女 ❶(菓子・料理の)製作; 完成. ❷(既製服の)製造(業); 既製服.
confectionner /コンフェクスィヨネ/ 他 (料理・服など)を作る.
la **confédération** /コンフェデラスィヨン/ 女 連邦; 連盟; 同盟.
Confédération helvétique (la ～) スイス連邦.
la **conférence** /コンフェランス/ 女 (英 conference) 講演.
le(la) **conférencier(ère)** /コンフェランスィエ(ール)/ 名 講師, 講演者.
conférer /コンフェレ/ 他 57 (称号・勲章など)を授ける, 与える.
— 自 相談[協議]する.
confesser /コンフェセ/ 他 を白状する, 認める; 告解する.
— **se confesser** 代動 告白する;〖*de*, を〗白状する.
le **confesseur** /コンフェスール/ 男 〔カト〕聴罪司祭.
la **confession** /コンフェスィヨン/ 女 懺悔(ざんげ), 告解; (罪などの)白状, 告白; 信仰(告白).
la **confiance** /コンフィヤンス/ 女 ❶(英 trust) 信頼, 信用.
❷(英 confidence) 自信, 確信. ●perdre [reprendre] *confiance* (en soi) 自信を失う[取り戻す].
avec confiance 信頼して, 自信を持って.
avoir confiance en ... / faire confiance à ... …を信頼する. 会話 Faites-moi *confiance*. 私を信じなさい.
de confiance 信用できる; 信用して.
●personne *de confiance* 信頼できる人.
confiant(e) /コンフィヤン(ート)/ 形 ❶〖*dans, en*, を〗信用している; すぐ他人を信用する. ❷自信のある.
la **confidence** /コンフィダンス/ 女 打ち明け話; 秘密(の話). ●faire une *confidence* à 人 (人)に秘密を打ち明ける.
le(la) **confident(e)** /コンフィダン(ト)/ 名 打

ち明け話のできる相手.

confidentiel(*le*) /コンフィダンスィエル/ 形 内密の, 秘密の.

confier /コンフィエ/ 他 ❶〘à, に〙を委ねる, 預ける. ●J'ai *confié* ma clef à la concierge. 私は鍵を管理人の女性に預けた. ●*confier* A *aux* soins [à la garde] de B AをBの管理[保護]に委ねる. ❷〘à, に〙を打ち明ける. ●*confier* un secret à ... …に秘密を打ち明ける.

— se confier 代動 ❶〘à〙(人に)自分の意中[秘密]を打ち明ける. ❷〘*dans*, à, に〙頼む, 任せる.

confiner /コンフィネ/ 自 〘à, に〙隣接する, 境を接する.

la **confirmation** /コンフィルマスィヨン/ 女 ❶確認; (条約の)批准. ❷〔カト〕堅信(の秘跡).

confirmer /コンフィルメ/ 他 (英 confirm) 〈confirmer 名 [que 直]〉…(であること)を確認する; 確かだと言う, 保証する. ●Cela *confirme* notre hypothèse. それで我々の仮説の正しさが立証される.

— se confirmer 代動 《受動的に》確かになる.

Il se confirme que ... 《非人称》…であることが確認される.

la **confiserie** /コンフィズリ/ 女 (果物などを)砂糖漬けにすること; 砂糖漬け; 糖菓(店, 工場).

le(la) **confiseur(*se*)** /コンフィズール(ズ)/ 名 糖菓製造[販売]人, 菓子屋.

la **confiture** /コンフィテュール/ 女 ジャム. ●*confiture* de fraise(s) イチゴジャム. ●*confiture* d'orange オレンジジャム.

le **conflit** /コンフリ/ 男 (英 conflict) 紛争, 衝突, 葛藤. ●arbitrage d'un *conflit* 紛争の調停. ●*conflit* de générations 世代間の争い. ●*conflits* internationaux 国際紛争.

entrer en conflit avec ... …と対立状態になる, 不和になる.

le **confluent** /コンフリュアン/ 男 (川などの)合流点.

confondre /コンフォーンドル/ 他 61 ❶〈confondre A avec B〉AをBと混同する, 間違える. ●Il a *confondu* son parapluie *avec* le mien. 彼は自分の傘と私のとを間違えた. ❷を合わせる, 混ぜる.

— se confondre 代動 混ざる, 1つになる.

se confondre en remerciements [***excuses***] しきりに礼[詫び]を言う.

conforme /コンフォルム/ 形 ❶〘à, に〙一致[合致, 適合]した. ❷原文[原本]どおりの. ●photocopie certifiée *conforme* 原本と相違ないことを証されたコピー.

conformément /コンフォルメマン/ 副 〘à, に〙従って, 応じて.

conformer /コンフォルメ/ 他 〘à, に〙を一致[適合]させる.

— se conformer 代動 〘à, に〙順応する, 従う.

la **conformité** /コンフォルミテ/ 女 一致, 符合. ●en *conformité* avec ... …と一致して, 矛盾せずに.

le **confort** /コンフォール/ 男 (英 comfort) 快適さ, 安楽. ●avec tout le *confort* moderne 近代設備を完備した.

confortable /コンフォルタブル/ 形 (英 comfortable) 快適な, 設備の整った.

confortablement /コンフォルタブルマン/ 副 心地よく; 快適に.

le **confrère** /コンフレール/ 男 (英 colleague) 同僚, 同業者.

confronter /コンフロンテ/ 他 ❶〘*avec*, と〙を対決させる. ❷〘*avec*, と〙を比較[照合]する.

être confronté à ... …に直面する.

confus(*e*) /コンフュ(ーズ)/ 形 (英 confused) 混乱した; はっきりしない; 〘*de*, に〙当惑[恐縮]した.

会話 ***Je suis confus!*** 恐れ入ります, 申し訳ありません.

confusément /コンフュゼマン/ 副 雑然と; 漠然と.

la **confusion** /コンフュズィヨン/ 女 (英 confusion) 混同; 混乱; 当惑.

à ma grande confusion 大変恥ずかしいことに.

faire [***commettre***] ***une confusion de ...*** …を取り違える, 混同する.

le **congé** /コンジェ/ 男 ❶(英 holiday) 休暇, 休日. ●*congé* (de) maladie 病欠. ●*congé* (de) maternité 産休. ●*congés* payés 有給休暇. ●C'est son jour de *congé*. 彼(女)は今日休みです. ❷《古風》辞任, 解任, 解雇.

donner* (*son*) *congé à 人 (人)に解雇を言い渡す.
en congé 休みで, 休暇中で.
prendre congé* (*de 人) (人)に別れの挨拶をする.

congédier /コンジェディエ/ 他 (客など)を追い払う;《古風》を解雇する.

le **congélateur** /コンジェラトゥール/ 男 冷凍庫[機].

la **congélation** /コンジェラスィヨン/ 女 氷結, 凍結; (食品の)冷凍.
point de congélation de l'eau 水の氷点. →摂氏0度.
sac de congélation 冷凍用保存袋.

congeler /コンジュレ/ 他 1 (液体)を凍らせる; (食品)を冷凍する.
produits congelés 冷凍食品.
— se congeler 代動 凍る.

le **Congo** /コンゴ/ 男 コンゴ; **(le 〜)** コンゴ川.
***République démocratique du Congo* (la 〜)** コンゴ民主共和国. →旧ザイール.
***République du Congo* (la 〜)** コンゴ共和国.

le **congrès** /コングレ/ 男 (外交上・学術上の)会議; **(le C-)** (米国)連邦議会.

la **conjecture** /コンジェクテュール/ 女 (英 guess) 推測, 臆測.
se perdre en conjectures あれこれ推測する, 判断に迷う.

la **conjonction** /コンジョンクスィヨン/ 女 連結.

la **conjoncture** /コンジョンクテュール/ 女 (英 circumstances) 情勢, 局面; 経済情勢.

la **conjugaison** /コンジュゲゾン/ 女 〔文法〕(動詞の)活用(表). ●tableaux de *conjugaison* 動詞活用表.

conjugal(*ale*) /コンジュガル/ 形 (男複 conjugaux) 夫婦の, 婚姻上の. ●vie *conjugale* 夫婦生活.

conjuguer /コンジュゲ/ 他 ❶〔文法〕(動詞)を活用させる. ❷《文》を結びつける; (力など)を合わせる.
— se conjuguer 代動 〔文法〕(動詞が)変化する.

connais (...), connaiss ... →connaître 16

la **connaissance** /コネサーンス/ 女 ❶ (英 knowledge) 知識; 認識. ●avoir des *connaissances* en ... …についての知識をもっている.
❷ 知り合い, 知人; 面識.
à ma connaissance 私の知る限りでは.
***connaissance de soi* (la 〜)** 自覚, 自己認識.
en* (*toute*) *connaissance de cause よく事情を心得て.
faire la connaissance de 人/***faire* [*lier*] *connaissance avec*** 人 (人)と知り合いになる. ●Je suis heureux de *faire votre connaissance*. お近づきになれて幸いです.
perdre* [*reprendre*] *connaissance 意識を失う[取り戻す].
prendre connaissance de ... …をよく読む; 調べる.
sans connaissance 気絶して, 意識を失って.
venir à la connaissance de 人 (人)の知るところとなる, 耳に入る.

le(la) **connaisseur(*se*)** /コネスール(ズ)/ 名 通(つう), 玄人(くろうと), 鑑定人. →女性にも男性形を使うことが多い.

connaît ... →connaître 16

connaître /kɔnɛtr コネトル/ 他 16 (英 know)

je	connais	nous	connaissons
tu	connais	vous	connaissez
il	connaît	ils	connaissent
現分	connaissant	過分	connu

❶ (a) を知っている.
●Tu *connais* cet auteur? 君はその作家のことは知ってるかい.
●Il ne *connaissait* pas cette nouvelle. 彼はそのニュースを知らなかった.
POINT savoir も「知っている」の意味だが,「人」「場所」「作品」などを目的語にとれるのは connaître のみ.
(b)〈connaître ... à 人〉(人)に…があることを知っている.
●Je ne *lui connaissais* pas ces talents. 彼にそんな才能があるとは知らなかった.
❷ と知り合いである.
●Enchanté de vous *connaître*! お知り合いになれてうれしいです.
❸ をよく知っている, できる.
●*connaître* son métier 自分の仕事に精通している, 仕事がよくできる.

C

●*connaître* le français フランス語ができる.
❹ (a)《人が主語で》を経験する.
●Il *a connu* la faim dans son enfance. 彼は子供の頃に飢えを経験した.
(b)《ものごとが主語で》を味わう, 獲得する.
●Cette chanson *a connu* un succès mondial. この歌は世界中でヒットした.

ポイント
connaître は節や中性代名詞 le を直接目的語とすることができない. その場合は savoir を使う: Savez-vous qu'il est malade?—Oui, je le sais. 彼が病気だということを知っていますか. —ええ, 知っています.

connaître 人 ***de vue*** [***nom***] (人)の顔[名前]は知っている.
en connaître un bout 詳しい, 博識である.
faire connaître … ***à*** 人 (人)に…を紹介する.
ne connaître … ***que de nom*** の名前だけ知っている.
se faire connaître 有名になる; 名を名乗る. ●Une chanteuse qui commence à *se faire connaître*. 有名になりだした女性歌手.
— se connaître 代動 自己を知る; 知り合う; (…と)知られる.
●On *se connaît* depuis longtemps. 私たちはずっと前から知り合いだ.
s'y connaître en... …に詳しい.
●Il *s'y connaît en* peinture. 彼は絵画に詳しい.

connard(e) →**conard**

connasse →**conasse**

connecter /コネクテ/ 他 〔電〕を接続する.
connecté オンラインの.
non connecté オフラインの.
— se connecter 代動 〘à, に〙接続する. ●*se connecter* à Internet インターネットに接続する.

la **connerie** /コヌリ/ 女 《話》ばかなこと.
●J'en ai marre de ces *conneries*. こんなばかげたことはもう飽き飽きだ.

connu(e) /コニュ/ 形 知られている, 既知の; 〘*pour*, で〙有名な; 月並みな.
●C'est bien *connu*. それは周知のことだ.
— le **connu** 男 既知のこと.

connu[û]... →**connaître** 16

conquérant(e) /コンケラン(ト)/ 形 征服する; (異性の心を)とらえる; 《話》自信たっぷりの.
— le(la) **conquérant(e)** 名 征服者; 異性を誘惑する人, 男[女]たらし.

conquér... →**conquérir** 2

conquérir /コンケリール/ 他 2 (英 conquer) ❶ を征服[支配]する. ❷ (人の心)をつかむ, 魅惑する.
— se conquérir 代動 獲得される.

conquerr... →**conquérir** 2

la **conquête** /コンケト/ 女 征服(したもの); 獲得物; 人の心をつかむこと; 《話》ものにした男[女]. ●faire la *conquête* de... …を征服する, 勝ち取る.

conqui[î]... →**conquérir** 2

consacré(e) /コンサクレ/ 形 ❶ 聖なる, 聖別された. ❷ 〘à, に〙捧げられた, 当てられた.

consacrer /コンサクレ/ 他 ❶ 〘à, に〙を捧げる; (時間や労力)を割く, あてる.
●L'après-midi *est consacré à* la sieste. 午後は昼寝にあてられている.
❷《文》を聖別する.
— se consacrer 代動 〘à, に〙身を捧げる.

la **conscience** /コンスィヤンス/ 女 (英 conscience, consciousness) ❶ (a) 意識.
●*conscience* de soi 自意識. ●*conscience* professionnelle プロ意識, 職業的良心. (b)〈**avoir conscience de** 名 [**de** 不定詞/ **que** 直]〉…を意識する.
●Il n'a pas *conscience de* ses défauts. 彼は自分の欠点を自覚していない.
❷ 良心, 信条. ●avoir de la *conscience* 良心がある.
avoir... sur la conscience …を気に病む, …が良心をさいなむ.
perdre [***reprendre***] ***conscience*** 意識を失う[取り戻す].
prendre conscience de... …に気づく, …を自覚する.

consciencieux(se) /コンスィヤンスィユ(ーズ)/ 形 (英 conscientious) 良心的な, 丹念な.

conscient(e) /コンスィヤン(ト)/ 形 (英 conscious) 〘*de*, を〙意識している, 自覚

した. ●jeune fille *consciente de* sa beauté 自分の魅力を心得ている女の子.

— le **conscient** 男 〔心〕意識.

la **conscription** /コンスクリプスィヨン/ 女 徴兵.

le **conscrit** /コンスクリ/ 男 徴兵適齢者.

consécutif(*ve*) /コンセキュティフ(ーヴ)/ 形 ❶引き続く, 相次ぐ. ●pendant trois jours *consécutifs* 3日連続で. ❷〘à, の〙結果として生じた.

le **conseil** /コンセイユ/ 男 (英 advice, counsil) ❶忠告, 助言. 会話 C'est un *conseil* d'ami. これは友人としての忠告だ. ●demander *conseil* à 人 (人)に助言を求める. ●donner des *conseils* à 人 (人)に助言する.

❷相談役, 顧問. ●Il est de bon *conseil*. 彼はよき助言者だ; 彼は思慮分別がある.

❸会議, 評議会. ●*conseil* d'administration 取締役会. ●*conseil* de classe (中学·高校の)学級会議. → 教師と父母, 生徒代表の話し合い. ●*Conseil* de sécurité (国連の)安全保障理事会. ●*Conseil* des ministres (大統領主催の)閣議. ●*Conseil* d'État コンセイユ·デタ, 国務院. ●*conseil* général (フランスの)県議会.

conseiller[1] /コンセイエ/ 他 (英 advise) ❶(a)〈**conseiller** 名 **à** 人〉(人)に…を勧める. ●Le médecin *m'a conseillé* le repos. 医者は私に休みを取るように言った.

(b)〈**conseiller à** 人 **de** 不定詞〉(人)に…するように勧める.

❷に助言を与える, を指導する.

le(la) **conseiller**[2]**(*ère*)** /コンセイエ(ール)/ 名 助言者, 顧問; 議員. ●*conseiller* d'orientation 進路[就職]指導員. ●*conseiller* d'État 国務院評議官. ●*conseiller* général 県会議員. ●*conseiller* municipal 市[町, 村]会議員.

le **consentement** /コンサントマン/ 男 同意, 承諾.

consentir /コンサンティール/ 自 48 (英 consent)〈**consentir à** 名 [**à** 不定詞]〉…(すること)に同意する. ●Les parents *consentent au* mariage. 両親は結婚に同意している.

— 他 を認める, 許可する.

la **conséquence** /コンセカンス/ 女 (英 consequence) 結果, 帰結; 重要性; 結論.

en conséquence したがって, その結果.

en conséquence de ... …にしたがって, …の結果として.

sans conséquence 取るに足りない.

tirer à conséquence (多くは否定形)重大な結果をもたらす.

conséquent(*e*) /コンセカン(ト)/ 形 首尾一貫した; 一致した;《話》重要な, 大きな.

par conséquent したがって, だから.

le(la) **conservateur(*trice*)** /コンセルヴァトゥール(トリス)/ 名 ❶管理者; 学芸員; 司書. → 女性にも男性形を用いることがある. ❷保守主義者.

— 形 (英 conservative) 保守的な.

— le **conservateur** 男 (食品の)保存添加物.

la **conservation** /コンセルヴァスィヨン/ 女 保存, 保管. ●en bon état de *conservation* 保存状態のよい.

le **conservatoire** /コンセルヴァトワール/ 男 芸術[音楽]学校. ●le *Conservatoire* (パリなどの)国立音楽院.

la **conserve** /コンセルヴ/ 女 (英 canned food) 缶詰, びん詰(食品);《多く複数》保存食品.

mettre en conserve 缶詰[びん詰]にする; いつまでもとっておく.

conserver /コンセルヴェ/ 他 (英 preserve) を保存する, 貯蔵する; 失わずにいる, 保ち続ける. ●*conserver* son calme 静かにしている. ●À *conserver* au froid《掲示》要冷蔵.

— **se conserver** 代動 もつ, 保存される.

considérable /コンスィデラブル/ 形 (英 considerable) かなりの, 著しい; 重要な. ●succès *considérable* 大成功.

considérablement /コンスィデラブルマン/ 副 著しく, 大いに.

la **considération** /コンスィデラスィヨン/ 女 ❶(英 consideration) 考慮, 配慮. ❷《多く複数》〘*sur*, に関する〙考察. ❸《文》尊重, 尊敬.

en considération 考慮して. ●prendre ... *en considération* …を考慮する.

mériter considération (事柄が)一考に値する.

considérer /コンスィデレ/ 他 57 ❶(英

consider) を考察[検討]する. ❷〈**considérer que** 直〉…と考える, 思う. →主節が否定または疑問の場合は 接続法. ●Je *considère qu*'il a raison. 私は彼の言うとおりだと思う. ❸〈**considérer A comme B**〉AをBとみなす. ●Je le *considère comme* mon fils. 私は彼を自分の息子のように思っている. ❹ を注視する.

Considérant que… …を考慮して, …をかんがみて.

—se considérer 代動 〘*comme*, と〙 自分をみなす, 自分を高く買う; 検討[考察]される; 自分を見つめる; 互いに見つめる.

la **consigne** /コンスィーニュ/ 女 ❶ (英 checkroom) 手荷物一時預かり所. ●*consigne* automatique (空港・駅などの)コインロッカー. ❷ (容器などの)保証金. ❸ 命令; 外出禁止. ●donner les *consignes* 命令を出す.

consigner /コンスィニェ/ 他 ❶ の外出[通行, 立ち入り]を禁じる. ❷ (容器など)の保証金をとる. ❸ を一時預けにする. ❹ を書き留める.

la **consistance** /コンスィスタンス/ 女 固さ, 粘り気, 密度; 堅実[確実]さ.

manquer de consistance (ソースが)さらっとしている, とろみがない; (考え・人・文章・映画などが)中身がない.

prendre consistance (液体が)固まる; 確かになる.

sans consistance 確実性のない; 一貫性のない.

consister /コンスィステ/ 自 (英 consist) ❶ 〘*en*, から〙 なる, 成り立つ. ●Cet appartement *consiste en* cinq pièces. このアパルトマンは5部屋より成る. 会話 En quoi *consiste* votre travail? あなたのお仕事はどういったものなのですか. ❷ 〘*en*, *dans*, に〙 ある. ●Le bonheur *consiste dans* la santé. 幸福は健康にある. ❸〈**consister à** 不定詞〉…することにある, …である.

la **consolation** /コンソラスィヨン/ 女 慰め(になるもの).

lot* [*prix*] *de consolation 残念賞.

consoler /コンソレ/ 他 (英 console) ❶ (人)を慰める. ●Ma mère m'a *consolé* de mon échec [d'avoir échoué]. 母が私の失敗(したこと)を慰めてくれた. ❷ (苦痛など)を和らげる.

—se consoler 代動 気を取り直す; 〘*avec*, が〙 慰めになる.

consolider /コンソリデ/ 他 を強化[補強]する. ●*consolider* son avance リードを広げる; ますます優勢に立つ.

le(la) **consommateur(*trice*)** /コンソマトゥール(トリス)/ 名 消費者; (レストランなどの)客.

la **consommation** /コンソマスィヨン/ 女 消費; (カフェでの)飲食物. ●faire une grande *consommation* de… …を大量に消費する.

date limite de consommation 消費期限. →略 DLC.

produits de consommation 消費材.

le **consommé** /コンソメ/ 男 〔料〕 コンソメ.

consommer /コンソメ/ 他 を消費する; 飲食する; (車がガソリン)を食う.

— 自 飲食する; 消費する. ●À *consommer* de préférence avant le… 《表示》…までにお召し上がりください.

—se consommer 代動 食べられる; (…して)食べる, 飲む. ●Ce plat *se consomme* chaud. この料理は熱いうちに食べます.

la **consonne** /コンソヌ/ 女 〔言〕 子音.

la **conspiration** /コンスピラスィヨン/ 女 陰謀, 共謀.

conspirer /コンスピレ/ 自 〘*contre*, に対して〙 陰謀を企てる.

constamment /コンスタマン/ 副 (英 constantly) 絶えず, いつも.

la **constance** /コンスタンス/ 女 不変性; 頑固さ, 粘り強さ. ●travailler avec *constance* 粘り強く働く.

constant(*e*) /コンスタン(ト)/ 形 不変の, 一定の; 粘り強い.

la **constatation** /コンスタタスィヨン/ 女 確認; 証明; 確認された事実.

constater /コンスタテ/ 他 (英 notice, certify) を認める, 確認する; 証明する. ●Vous pouvez *constater* par vous-même. どうぞご自分の目で確かめてください.

la **constellation** /コンステラスィヨン/ 女 星座.

consterner /コンステルネ/ 他 を茫(ぼう)然とさせる, 悲しませる.

constituer /コンスティテュエ/ 他 (英 constitute) ❶ を構成する, の構成要素を成す. ●groupe de rock *constitué* de quatre musiciens 4人のミュージシャンからなるロックグループ. ❷ を設立する. ❸〔法〕を任命[指名]する.

— se constituer 代動 構成される; 自分を…とする.

la **constitution** /コンスティテュスィヨン/ 女 (英 constitution) ❶ 設立; 構成. ❷《多くは C-》憲法; 政体. ❸ 体質.

constitutionnel(*le*) /コンスティテュスィヨネル/ 形 憲法の, 合憲[立憲]的な.

le(la) **construc*teur*(*trice*)** /コンストリュクトゥール(トリス)/ 名 建造者, 建築家; 製造業者. ●*constructeur* automobile 自動車メーカー.

la **construction** /コンストリュクスィヨン/ 女 (英 construction) 建築(産業), 建造(物); 構造.

construi ... →**construire** 15

construire /コンストリュイール/ 他 (英 build, construct) 15 ❶ を建築[建設]する. ●*construire* une maison (業者が)家を建てる. ●se faire *construire* une maison (業者に依頼して)自分の家を建てる.
❷(作品, 理論など)を作る. ●un devoir bien *construit* よく練られたレポート.
❸ を作図する.

faire construire (自分の)家を建てる.

— se construire 代動 自分の…を建てる; 作られる; 使われる.

construit →**construire** 15

le **consul** /コンスュル/ 男 領事; (古代ローマの)執政官; 〔史〕(革命時の)統領.

le **consulat** /コンスュラ/ 男 領事館; 領事の職.

la **consultation** /コンスュルタスィヨン/ 女 相談; 参照; 診察. ●heures de *consultation* 診察[診療]時間.

consulter /コンスュルテ/ 他 (英 consult) ❶ に相談する. ●*consulter* un ami 友人に相談する. ●*consulter* un médecin 医者に診(み)てもらう.
❷ を調べる, 参照する. ●*consulter* un dictionnaire 辞書を引く.

— 自 (医者が)診察する.

— se consulter 代動 慎重に考える; 相談し合う; 参照される[できる].

le **contact** /コンタクト/ 男 ❶(英 contact) 接触; 〖*avec*〗(人との)交際, 親密な関係; 連絡.
❷ 接触, スイッチ. ●couper le *contact* スイッチを切る. ●mettre le *contact* スイッチを入れる.

au contact de ... …と接触で, …とのつき合いで.

avoir un bon* [*mauvais*] *contact avec 人 (人)と仲がよい[悪い].

en contact avec ... …と接触して. ●entrer [se mettre] *en contact avec* 人 (人)と連絡をとる.

garder le contact avec 人 (人)と交際を続ける.

perdre* (*le*) *contact 交際[連絡]が途絶える.

prendre contact avec 人 (人)と連絡をとる.

contacter /コンタクテ/ 他 (英 contact) と連絡をとる, 接触する. ●*contacter* Noémie par téléphone 電話でノエミと連絡をとる.

contagieux(*se*) /コンタジュ(ーズ)/ 形 伝染性の; 感染する.

— le(la) **contagieux(*se*)** 名 伝染病患者.

la **contagion** /コンタジヨン/ 女 伝染(病), 感染; 伝播.

la **contamination** /コンタミナスィヨン/ 女 (病原菌の)伝染; 汚染.

contaminer /コンタミネ/ 他 に感染させる, を汚染する; (人)に悪影響を及ぼす.

le **conte** /コント/ 男 (英 tale) 短い物語.

conte de fée おとぎ話; すばらしい出来事.

la **contemplation** /コンタンプラスィヨン/ 女 熟視; 熟考; 瞑(めい)想.

rester en contemplation devant ... …をじっと眺める.

contempler /コンタンプレ/ 他 を熟視する; うっとりと眺める; について考え込む; 瞑(めい)想する.

— se contempler 代動 自分に見とれる; 互いに見つめ合う.

contemporain(e) /コンタンポラン(レヌ)/ 形 同時代の; 現代の. ●auteur *contemporain* 現代作家.

— le(la) **contemporain(e)** 名 同時代人.

C

la **contenance** /コントナンス/ 女 ❶容積; 面積. ❷態度; 落ち着き. ● perdre *contenance* 取り乱す, 落ち着きをなくす.
se donner une contenance 平静を装う.

conten ... →contenir 75

contenir /コントニール/ 他 75 ❶(英 contain) を含む, 中に収める; (容積が)…である. ● Ce fromage *contient* quarante pour cent de matière grasse. このチーズは脂肪分を40%含んでいる. ❷を抑制する.
— **se contenir** 代動 自制する.

content(e) /コンタン(ト)/ 形 (英 pleased, satisfied) 〚de, に〛満足である; (が)うれしい; 〈content de 不定詞 [que 接続法]〉 …してうれしい. ● Je suis très *content*. 私はとてもうれしい. ● Elle est *contente de* ses enfants. 彼女は子供に満足している. ● Je suis *content que* vous soyez là. あなたがここ[そこ]にいて私はうれしい.
avoir l'air content 満足そうである, うれしそうである.
être content de soi うぬぼれている, 自己満足する.
会話 ***Je suis content pour toi.*** よかったね.
non content de 不定詞 …するだけでは飽き足らず.
— son **content** 男 満足するだけのもの.
avoir son content de ... 欲しいだけ…がある.

le **contentement** /コンタントマン/ 男 満足(させること).

contenter /コンタンテ/ 他 (英 satisfy) を満足させる.
— **se contenter** 代動 〚de, (する)だけで〛満足[我慢]する. ● Il *s'est contenté d'*un morceau de pain. パン1切れだけで彼は満足[我慢]した.

contenu(e) /コントニュ/ 形 含まれた, 抑えられた.
— le **contenu** 男 内容; 中身.

conter /コンテ/ 他 を語る, 話す.
en conter à 人 (人)をだます.

la **contestation** /コンテスタスィヨン/ 女 異議(の申し立て), 異論. ● Il n'y a aucune *contestation* possible. 議論の余地はない.

contester /コンテステ/ 他 (英 contest) ❶に異議を申し立てる, 抗議する. ❷〈contester que 接続法〉 …を疑う.
— 自 抗議する; (社会体制に)反抗する.

le **contexte** /コンテクスト/ 男 文脈, 文章の前後関係; 状況, 背景.

contien ... →contenir 75

contigu(ë) /コンティギュ/ 形 〚à, に〛隣接している.

conti[î]n ... →contenir 75

le **continent** /コンティナン/ 男 大陸; (英国に対して)ヨーロッパ大陸.

continental(ale) /コンティナンタル/ 形 (男複 continentaux) 大陸の.
climat continental 〔気〕大陸性気候.

continu(e) /コンティニュ/ 形 連続した, 途切れない.
— le **continu** 男 連続.
en continu 連続して, 続けて.
journée continue 昼休み短縮勤務システム.

la **continuation** /コンティニュアスィヨン/ 女 継続.
Bonne continuation! (そのまま)頑張ってください.

continuel(le) /コンティニュエル/ 形 連続的な, 頻繁な.

continuellement /コンティニュエルマン/ 副 絶えず, しばしば.

continuer /コンティニュエ/ 他 (英 continue) ❶を続ける, 継続する, 引き継ぐ. ● *continuer* sa lecture 読書を続ける. ❷〈continuer à [de] 不定詞〉 …し続ける. ● La pluie *continue à* [*de*] tomber. 雨は降り続いている.
— 自 続く; (仕事・話などを)続ける; (道などが)続いている. ● *Continuez*, je vous prie. (話などを)どうかお続け下さい.
— **se continuer** 代動 続けられる; 延びる, 広がる.

la **continuité** /コンティニュイテ/ 女 連続(性), 継続; 連なり.

la **contorsion** /コントルスィヨン/ 女 (体の一部を激しく)ねじる[ゆがめる]こと; しかめ面.

le **contour** /コントゥール/ 男 輪郭; (川や道路の)蛇行.

contourner /コントゥルネ/ 他 ❶を迂回する. ❷(困難など)をかいくぐる, 回避する.

contracter[1] /コントラクテ/ 他 を収縮[緊張]させる.
— **se contracter** 代動 縮まる, 収縮する; 緊張する.
contracter[2] /コントラクテ/ 他 を契約する; (病気)にかかる; (習慣)をつける. ●Il a *contracté* la grippe. 彼はインフルエンザにかかった.
la **contraction** /コントラクスィヨン/ 女 収縮, ひきつり; 〔文法〕縮約.
contraction de texte 文章の要約.
la **contradiction** /コントラディクスィヨン/ 女 ❶ 矛盾. ●Il y a *contradiction* entre A et B./A est en *contradiction* avec B. AとBは矛盾している. ❷ 反対, 反論. ●esprit de *contradiction* (何にでも反対する)あまのじゃく.
contradictoire /コントラディクトワール/ 形 矛盾する, 相容れない; 対立した.
débat contradictoire 討論会.
contraign ..., contrain ... →**contraindre** 19
contraindre /コントラーンドル/ 他 19 (英 compel) 〈**contraindre A à B**〉 AにBを強制する; 〈**contraindre A à** 不定詞〉 Aに…するよう強いる. ●Il *a été contraint à* démissionner. 彼は辞職せざるを得なかった.
— **se contraindre** 代動 ❶ 〈**se contraindre à** 不定詞〉 努めて[無理に]…する. ❷ 我慢する.
contrains →**contraindre** 19
la **contrainte** /コントラント/ 女 強制; 窮屈さ, 気兼ね.
agir sous la contrainte 強制的に行動させられる.
contraire /コントレール/ 形 (英 contrary, opposite) ❶ 逆の, 相反する; 〘à, に〙 反対の.
❷ 不利な; 〘à, に〙 有害な.
— le **contraire** 男 反対のこと[人]; 〔言〕反意語. ●C'est tout le *contraire*. それは全く逆だ.
au contraire 反対に; 《bien, tout と》 全く逆に.
au contraire de ... …とは違って.
contrairement /コントレルマン/ 副 〘à, に〙 反対に, 反して; 〘à, とは〙 逆に.
contrarier /コントラリエ/ 他 ❶ (ものごと)を妨げる, じゃまする. ❷ (ものごとが人)を不安にさせる, いらいらさせる.
le **contraste** /コントラスト/ 男 対照, コントラスト.
par contraste 逆に, それに対して.
contraster /コントラステ/ 自 〘avec, と〙 対照をなす.
le **contrat** /コントラ/ 男 (英 contract) 契約; 契約書; 協定. ●*contrat* de travail 雇用契約, 労働契約. ●*contrat* de louage 賃貸契約.
contrat à durée déterminée 期間限定雇用契約. → 略 CDD.
contrat à durée indéterminée 無期限雇用契約. → 略 CDI.
la **contravention** /コントラヴァンスィヨン/ 女 違警罪; (主に交通法規の)違反(調書); 罰金.
contre /コーントル/ 前 (英 against) ❶ 《対立・敵対》 …に反して, …に反対して; …に対して; 〔スポーツ〕…対…. ●Je suis *contre* la peine de mort. 私は死刑に反対だ. ●Il est fâché *contre* vous. 彼はあなたに腹を立てている. ●La France jouera *contre* l'Espagne. フランス(チーム)はスペインと対決する.
❷ 《予防・防止》 …を避けて, …に備えて. ●se protéger *contre* le froid 寒さから身を守る.
❸ 《接触》 …にぴったり触れて, …のそばに. ●se cogner la tête *contre* le mur 壁に頭をぶつける. ●Il l'a serrée *contre* lui. 彼は彼女を抱きしめた. ●pousser la table *contre* la fenêtre テーブルを窓の方に寄せる.
❹ 《交換》 …と引換えに. ●échanger A *contre* B AとBを交換する.
❺ 《割合》 …に対して.
— 副 (それに)反対して; (それに)向かって. ●Je suis *contre*. 私は反対だ.
par contre それに反して; その代わりに.
— le **contre** 男 《不変》 反対; 欠点.
la **contrebande** /コントルバンド/ 女 密輸入(品).
contrecœur /コントルクール/ 《次の表現で》
à contrecœur いやいや, しぶしぶ.
le **contrecoup** /コントルク/ 男 (出来事の)はね返り, 余波.
contredi[î] ... →**contredire** 37
contredire /コントルディール/ 他 37 ❶ に反対する, 反論を加える. ❷ (ものが)と矛盾する.

— se contredire 代動 矛盾したことを言う.

la **contrée** /コントレ/ 女 国, 地方.

C

contrefai ... →contrefaire 31

contrefaire /コントルフェール/ 他 31 をまねる; 偽造する.

le(la) **contremaître(*sse*)** /コントルメトル(メトレス)/ 名 職工長; 監督.

le **contresens** /コントルサンス/ 男 ❶ 反対の意味に解すること; 誤解, 誤訳, 誤読. ❷ 逆方向.

à contresens 間違って; 逆方向に.

le **contretemps** /コントルタン/ 男 不測の出来事[事態], 思いがけない事故.

à contretemps 間の悪いときに.

le(la) **contribuable** /コントリビュアブル/ 名 納税者.

contribuer /コントリビュエ/ 自 〈contribuer à 名 [à 不定詞]〉 …(するの)に貢献[寄与]する; 出資する. ●*contribuer au* succès 成功に貢献する.

la **contribution** /コントリビュスィヨン/ 女 ❶ 貢献, 協力. ●apporter sa *contribution* à ... …に貢献[協力]する. ❷ 分担金. ❸《多く複数》税金;《複》税務署. ●*contributions* directes [indirectes] 直[間]接税.

mettre ... à contribution …を頼りにする, …の力を借りる.

le **contrôle** /コントロル/ 男 ❶ (英 check) 点検, 検査, 監視, 検査所. ●*contrôle* de police (警察の)職務質問, 身元検査. ●*contrôle* des billets (鉄道・劇場などの)検札. ●*contrôle* sanitaire 衛生検査, 検疫. ❷ (英 control) 制御, 抑制; 調整, 管理. ●perdre le *contrôle* de son véhicule 車のハンドルを取られる. ❸ テスト. 会話 On a un *contrôle* de maths. 数学のテストがある.

sous contrôle médical 医師の指導のもとで.

contrôler /コントロレ/ 他 ❶ (英 check) を点検[検査]する, 取締まる. ●*contrôler* les billets 検札[改札]する. ❷ (英 control) を制御する, 支配する.

— se contrôler 代動 自制する, 感情を抑える.

le(la) **contrôleur(*se*)** /コントロルール(ズ)/ 名 改札[検札]係; (列車の)車掌; 検査官; 航空管制官.

la **controverse** /コントロヴェルス/ 女 議論, 論争.

controversé(*e*) /コントロヴェルセ/ 形 論争の的となった.

la **contusion** /コンテュズィヨン/ 女 打撲傷.

convain ... →convaincre 73

convaincant(*e*) /コンヴァンカン(ト)/ 形 説得力のある.

convaincre /コンヴァーンクル/ 他 73 ❶ (**a**) を説得する, 納得させる. (**b**)〈convaincre 人 de 名 [de 不定詞]〉 (人)に…(すること)を納得させる. ●Je l'*ai convaincu de* rester. 私は彼にとどまるように説得した. (**c**)〈convaincre 人 que 直〉 (人)に…であることを説得する[納得させる]. ❷〈convaincre 人 de ...〉 (人)に…を認めさせる.

— se convaincre 代動 納得[確信]する.

la **convalescence** /コンヴァレサーンス/ 女 回復期. ●être en *convalescence* 回復期にある.

le(la) **convalescent(*e*)** /コンヴァレサン(ト)/ 名 回復期にある人, 病み上がりの人; 治りかけの人.

— 形 回復期にある, 病み上がりの; 治りかけの.

conven ... →convenir 75

convenable /コンヴナブル/ 形

❶ (英 suitable) 〚*pour*, に〛 適当な, ふさわしい.

❷ (英 decent) 礼儀正しい.

❸《話》かなりよい, まともな.

la **convenance** /コンヴナーンス/ 女 ❶《複》礼儀作法. ●C'est contraire aux *convenances*. それは作法に反している. ❷ 都合. 会話 Choisissez un jour à votre *convenance*. 都合のよい日を選んでください.

pour convenances personnelles 一身上の都合で.

convenir /コンヴニール/ 自 75 ❶ (英 suit) 〚à, に〛 都合がよい, ふさわしい.

●Ça *me convient* tout à fait. これはまさに私にぴったりだ.

●si l'heure *vous convient* その時間で都合がよければ.

●Ces chaussures *conviennent* à la marche. この靴は歩くのに適している.

❷〈convenir de 名 [de 不定詞/ que 直]〉《通常助動詞は avoir, être は格式語》…(すること)について取り決める, 意見が一致する, …(すること)を認める.
●*convenir d'*une date 期日を取り決める.
— 非人称 ❶〈Il convient de 不定詞 [que 接続法]〉…するのが望ましい, …すべきである. ●*Il convient de* faire remarquer... はっきりさせておくが….
❷〈Il est convenu de 不定詞 [que 直]〉…と決められている. ●*Il a été convenu qu'*on se réunirait demain. 明日集まることに決まった.
— **se convenir** 代動 互いに気が合う, 似合う.

la **convention** /コンヴァンスィヨン/ 女 協定; 《多く複数》慣例; (臨時的な)議会. ●*convention* collective 労働協約. ●*conventions* sociales (**les** 〜) 社会的慣習.

la **convergence** /コンヴェルジャーンス/ 女 (一点への)集中, 収斂(れん).

converger /コンヴェルジェ/ 自 40 〖*vers, sur*, に〗集中する; 一致する.

la **conversation** /コンヴェルサスィヨン/ 女 (英 conversation) ❶ 会話, おしゃべり.
❷ 言葉遣い.
❸ 話し合い.
avoir de la conversation 話し上手である.
dans la conversation courante 日常会話で.
en (***grande***) ***conversation*** 話の最中で.
faire la conversation avec [***à***] 人 (人)と会話する.

la **conversion** /コンヴェルスィヨン/ 女 改宗, 改心; 〖*en*, への〗転換, 変換.

convertir /コンヴェルティール/ 他 33 〖*à*, に〗を改宗させる; 〖*en*, に〗を変換[転換]する.

convexe /コンヴェクス/ 形 凸(とつ)状の.

la **conviction** /コンヴィクスィヨン/ 女 (英 conviction) 確信, 自信; 《複》信念; 《話》真剣さ. ●parler avec *conviction* 自信を持って話す.

convien ..., convi[î]n ... → convenir 75

le(la) **convive** /コンヴィーヴ/ 名 (食事への)招待客, 会食者.

la **convocation** /コンヴォカスィヨン/ 女 呼び出し通知, 出頭命令(書); (会議などの)招集.

le **convoi** /コンヴォワ/ 男 (人・車の)列; 列車; 葬列.

convoiter /コンヴォワテ/ 他 を切望する.

convoquer /コンヴォケ/ 他 (会議など)を招集する; に出頭を命ずる. ●*convoquer* 人 à une réunion (人)を会議に召集する.

la **convulsion** /コンヴュルスィヨン/ 女 痙攣(けいれん).

cool /クール/ 形 《不変》(<英)《話》かっこいい, すごくいい.

coopératif(ve) /コオペラティフ(ーヴ)/ 形 協調的な; 共同の.
— la **coopérative** 女 協同組合.

la **coopération** /コオペラスィヨン/ 女 (英 cooperation) 協力; 海外協力.

coopérer /コオペレ/ 自 57 〖*à*, に〗協力する.

la **coordination** /コオルディナスィヨン/ 女 調整, 整理; 〔文法〕等位(法).

coordonner /コオルドネ/ 他 を調整する; 連携させる.

le **copain** /コパン/ 男 (英 pal, friend) 《話》仲間, 友達; 恋人. → 女性形は copine /コピヌ/. ●son (petit) *copain* 彼女のボーイフレンド.

la **copie** /コピ/ 女 (英 copy) ❶ 写し, コピー; 模倣, 複製. ❷ (宿題・試験などの)答案; 原稿.

copier /コピエ/ 他 (英 copy) を書き写す, コピーする; (人の宿題など)を写す, カンニングする; まねる, 模倣する. ●*copier* des documents 資料をコピーする.

copieux(se) /コピユ(ーズ)/ 形 たくさんの, たっぷりの.

la **copine** /コピーヌ/ 女 (英 pal, friend) 《話》仲間, 友達; 恋人. → 男性形は copain.

le **coq**[1] /コク/ 男 (英 cock) 雄鶏; (鳥の)雄; 風見鶏.
coq gaulois (**le** 〜) ガリアの雄鶏. → フランスのシンボル.
être comme un coq en pâte 何不自由なく暮らす, ぬくぬくと暮らす.
passer du coq à l'âne 話題がとぶ, とりとめのない話をする.

le **coq**[2] /コク/ 男 (船の)料理人, コック.

C

la **coque** /コク/ 女 (木の実・卵の)殻.
● *coque* de noix クルミの殻.
œuf à la coque 半熟卵.

le **coquelicot** /コクリコ/ 男 〔植〕ヒナゲシ, コクリコ.

la **coqueluche** /コクリュシュ/ 女 百日咳(ぜき); 人気者.
être la coqueluche de ... …にもてはやされる.

coquet(*te*) /コケ(ト)/ 形 ❶ おしゃれな; こぎれいな. ❷ (女性が)色気がある. ❸ 《話》かなりの額[量]の.
— la **coquette** 女 色っぽい女.

la **coquetterie** /コケトリ/ 女 おしゃれ, 粋なこと.
avoir une coquetterie dans l'œil 《話》軽い斜視である.

le **coquillage** /コキヤージュ/ 男 貝; 貝殻.

la **coquille** /コキーユ/ 女 (英 shell) (卵・くるみなどの)殻, 貝殻; 自分の殻; 〔料〕コキーユ. ● *coquille* d'œuf 卵の殻.
coquille de noix 小船.
coquille Saint-Jacques ホタテガイ.
rentrer dans sa coquille 自分の殻に閉じこもる.
sortir de sa coquille 自分の殻から出る; 世間に出る.

coquin(*e*) /コカン(キヌ)/ 形 いたずらな.
— le(la) **coquin(*e*)** 名 いたずらっ子.

le **cor** /コール/ 男 角笛, ホルン.

le **corail** /コライユ/ 男 (複 **coraux**) サンゴ; (ホタテ貝などの)赤身.

le **corbeau** /コルボ/ 男 (複 **corbeaux**) カラス.

la **corbeille** /コルベイユ/ 女 (英 basket) (取っ手のない)かご; 〔情報〕ゴミ箱; 〔劇〕二階正面さじき. ● *corbeille* à pain パンかご. ● *corbeille* à papier(s) 紙くず入れ.

la **corde** /コルド/ 女 (英 rope) ❶ 綱, 縄, ひも, ロープ. ● *corde* à linge 洗濯ひも. ● attacher ... avec une *corde* ロープで…を縛る. ● grimper [monter] à la *corde* ロープをよじ登る. ❷ (楽器の)弦; 弦楽器; (弓の)弦(つる), ガット. ❸ (心の)琴線. ● instruments à *cordes* 弦楽器.
avoir plusieurs cordes à son arc いろいろな手段を心得ている.
corde à sauter 縄跳びの縄.
corde lisse [***à nœuds***] (登山用の)ザイル[結び目のついたロープ].
être sur la corde raide 綱渡りをする; 危ない橋を渡る.
Il pleut [***Il tombe***] ***des cordes.*** どしゃ降りである.
tenir la corde 順調にやる, 限度をわきまえる.
tirer sur la corde やりすぎる, 度を越す.
toucher la corde sensible de 人 (人)の心の琴線に触れる.

cordial(*ale*) /コルディヤル/ 形 (男複 **cordiaux**) (英 cordial) 心からの, 真心のこもった.

cordialement /コルディヤルマン/ 副 心から, 誠意を込めて.
cordialement (***vôtre***) / ***bien cordialement*** 《手紙の結びで》敬具.

cordiaux →**cordial** の複数形.

le **cordon** /コルドン/ 男 ❶ ひも. ● *cordon* de sonnette 呼び鈴のひも. ❷ 〔解〕索, 帯, 腱(けん). ● *cordon* ombilical 〔解〕臍帯(さいたい), へその緒.
cordon littoral 沿岸州, 沿岸砂洲.
tenir les cordons de la bourse 財布のひもを握っている.

la **cordonnerie** /コルドヌリ/ 女 靴修理店[業]; 靴店.

le(la) **cordonnier(*ère*)** /コルドニエ(ール)/ 名 靴の修理屋; 靴屋.
Les cordonniers sont les plus mal chaussés. 《ことわざ》靴屋が一番ひどい靴をはいている; 紺屋の白袴(しろばかま), 医者の不養生.

la **Corée** /コレ/ 女 (英 Korea) 朝鮮.
Corée du Nord 北朝鮮.
Corée du Sud 韓国.

coréen(*ne*) /コレアン(エヌ)/ 形 (英 Korean) 朝鮮[韓国]の.
— le(la) **Coréen(*ne*)** 名 朝鮮[韓国]人.
— le **coréen** 男 朝鮮[韓国]語.

la **corneille** /コルネイユ/ 女 〔鳥〕ハシボソガラス.

le **cornet** /コルネ/ 男 ❶ 円錐(すい)形の紙製の容器; (アイスクリームの)コーン. ● *cornet* de glace アイスクリームのコーン. ❷ 〔楽〕コルネット.

la **corporation** /コルポラスィヨン/ 女 《一般に》同業組合, ギルド.

corporel(*le*) /コルポレル/ 形 体の.
lait corporel ボディ・ローション.

le **corps** /コール/ 男 ❶ (英 body) 体, 身

体, 肉体. ●robe près du *corps* 体にぴったりしたドレス.
❷ 胴体; 本体.
❸ 死体, 遺体.
❹ 物体.
❺ 集団, 団体; 〔軍〕部隊.
à corps perdu 身の危険を顧みずに, がむしゃらに.
avoir du corps (ワインが)こくがある.
corps à corps 体と体をぶつけて, 取っ組み合って.
corps et âme 肉体と精神; 身も心も.
disparaître corps et biens 影も形もなくなる.
donner corps à ... …に実体を与える, 実現する.
faire ... à son corps défendant しぶしぶ…する, 嫌々ながら…する.
prendre corps 現実味を帯びる, 具体化する.

correct(e) /コレクト/ 形 ❶ 正しい, 正確な. ❷ 礼儀正しい. ●être *correct* avec 人 (人)に対して礼儀正しい. ❸ ほどほどの.

correctement /コレクトマン/ 副 正確[的確]に; 礼儀正しく.
vivre correctement 堅実に暮らす; まっとうに暮らす.

la **correction** /コレクスィヨン/ 女 (英 correction) ❶ 訂正, 修正; 添削. ●faire des *corrections* sur un texte 文章を修正[訂正]する, 原稿を校正する. ❷ 正確さ; 礼儀正しさ. ❸《話》体罰; 矯正.
recevoir une bonne correction 体罰を受ける; 痛い目にあう.

la **corrélation** /コレラスィヨン/ 女 相互関係.
mettre en corrélation 関連づける.

la **correspondance** /コレスポンダーンス/ 女 ❶ 一致, 対応; 調和. ❷ (乗り物の)連絡, 乗り換え. ❸ 文通, 通信.
cours par correspondance 通信教育[講座].
vols en correspondance 乗り継ぎ便, 連絡便.

le(la) **correspondant(e)** /コレスポンダン(ト)/ 名 ❶ 文通相手; (電話の)相手. ❷ 通信員, 特派員. ●*correspondant* à l'étranger 海外特派員.

correspondre /コレスポーンドル/ 自 61 ❶ (英 correspond) 〔à, に〕対応[一致]する. ●L'an un de l'ère Meiji *correspond à* l'an 1868. 明治元年は1868年に当たる. ❷ 〔à, avec, に〕つながっている; 〔avec, と〕連絡する. ●Ce train *correspond avec* le TGV pour Marseille. この列車はマルセイユ行きの新幹線と接続している.
— se correspondre 代動 一致[対応]する; 通じ合う; (互いに)つながっている.

le **corridor** /コリドール/ 男 廊下, 回廊; 〔地〕回廊地帯.

corriger /コリジェ/ 他 40 (英 correct) ❶ を訂正する, 直す; 添削する. ●*corriger* un devoir 宿題を添削する. ❷ を矯正する, に体罰を加える.
corriger 人 ***de ...*** (人)に…を改めさせる.
— se corriger 代動 〈se corriger de ...〉(自分の欠点などを)改める, 直す.

corrompre /コローンプル/ 他 66 (英 corrupt) を買収する; 堕落させる.
— se corrompre 代動 腐る; 堕落する.

la **corruption** /コリュプスィヨン/ 女 買収, 贈賄; 堕落; 腐敗.

le **corsage** /コルサージュ/ 男 ブラウス.

corse /コルス/ 形 コルシカの.
— la **Corse** 女 《固有》コルシカ島.
— le(la) **Corse** 名 コルシカの人.
— le **corse** 男 コルシカ語.

le **corset** /コルセ/ 男 コルセット.

le **cortège** /コルテージュ/ 男 行列; 随行員; (何かに)伴うもの.
cortège funèbre 葬列.

la **corvée** /コルヴェ/ 女 嫌な[辛い]仕事; 雑役. ●être de *corvée* de vaisselle 皿洗い当番である.

le **cosmétique** /コスメティク/ 男 《多く複数》化粧品.
— 形 化粧用の; うわべだけの.

cosmique /コスミク/ 形 宇宙(規模)の.

le(la) **cosmonaute** /コスモノト/ 名 (特に旧ソ連の)宇宙飛行士.

cosmopolite /コスモポリト/ 形 国際性の豊かな, 国際的な.
— le(la) **cosmopolite** 名 国際人.

le **cosmos** /コスモス/ 男 ❶ (秩序ある体系としての)宇宙. ❷ 〔植〕コスモス.

le **costume** /コステュム/ 男 (英 costume,

suit) ❶ 服装.
❷ スーツ, 背広.

la **cote** /コト/ 女 ❶ 相場. ❷ 評価, 評点. ❸ 寸法; 標高; 水位. ● *cote* d'alerte 警戒水位.
avoir la cote (auprès de...) 《話》(…に)人気がある.
cote de popularité 人気度.

la **côte** /コト/ 女 ❶ (英 rib) 肋(ろっ)骨; 《複》わき腹; あばら肉. ● *côte* de veau 子牛の骨つきあばら肉.
❷ (英 slope) 斜面, 坂; 《複》(ブドウ畑のある)丘陵.
❸ (英 coast) 海岸.
côte à côte 横に並んで.
***Côte d'Azur* (la 〜)** コートダジュール, 紺碧(こんぺき)海岸. → トゥーロンからニース周辺にいたる地中海岸.
se tenir les côtes 《話》腹を抱えて笑う.

le **côté** /コテ/ 男 (英 side) ❶ (建物などの)側面, 側(がわ). ● sortir par le *côté* nord 北側から外に出る. ● place *côté* fenêtre [couloir] (乗り物の)窓側[通路側]の座席.
❷ 方向. ● De quel *côté* est le centre de la ville? 町の中心はどっちですか.
❸ (物事の)側面; (敵・味方の)側, 陣営.
● prendre ... du bon *côté* …のよい面を見る.
❹ わき(腹).
❺ 血筋; 〔幾〕(多角形の)辺; (多面体の)面.
à côté (de...) (…の)隣[近く]; (…に)味方して; (…を)それて. ● Le garage est *à côté du* jardin. 車庫は庭の横にある.
d'à côté そばの.
de ce côté-ci こちら側では; この点に関しては.
de ce côté-là そちら側では; その点に関しては.
de côté 斜めに.
de l'autre côté 反対側に; 一方, 反対に.
de mon côté 私としては.
du côté de... …のそばに, …に関しては.
d'un côté..., de l'autre... 一方では…, 他方では….
laisser... de côté …をわきに放っておく.
mettre... de côté …をとっておく.
par certains côtés ある面では, ある意味では.

le **coteau** /コト/ 男 (複 coteaux) 小さな丘; 丘の斜面(の耕地).

la **cotisation** /コティザスィヨン/ 女 会費, 分担金.

cotiser /コティゼ/ 自 割り前[分担金, 会費]を払う.
— **se cotiser** 代動 お金を出し合う, カンパする.

le **coton** /コトン/ 男 (英 cotton) 綿, 木綿; 脱脂綿.
filer un mauvais coton 《話》体調が悪い; 難しい状況にある.
— 形 《不変》《話》難しい, 厄介な.

le **cou** /ク/ 男 (英 neck) 首; びんの首.
● porter ... au *cou* [autour du *cou*] 首に…をかける, 巻く.
jusqu'au cou 首まで; すっかり.
sauter [se jeter] au cou de... …に抱きつく; …の首に跳びつく.

couchant(e) /クシャン(ト)/ 形 (日が)沈む.
soleil couchant 夕日.
— le **couchant** 男 日暮れ; 夕空; 《文》西(方).

la **couche** /クシュ/ 女 ❶ 層; 階層. ● *couche* d'ozone オゾン層. ● *couches* sociales 社会階層. ❷ おむつ; 《複》分娩(べん).

coucher /kuʃe クーシェ/ 他

❶ (英 put to bed) (人)を**寝かせる**.
● On *couche* les enfants de bonne heure. 子供は早く寝かせる.
❷ (もの)を横にする.
● Le vent *a couché* les blés. 風で小麦がなぎ倒された.
❸ を記入する; (色)を塗る.
— 自 (英 sleep) 寝る; 泊まる.
● Nous *avons couché* à l'hôtel. 私たちはホテルに泊まった.
coucher avec 人 《話》(人)と肉体関係をもつ.
— **se coucher** 代動
❶ (英 go to bed) **寝る**.
● Bonne nuit, je vais *me coucher*. おやすみ, もう寝ます.
❷ (太陽などが)沈む.
● Le soleil *se couche* à l'ouest. 太陽は西に沈む.
❸ 身をかがめる.
— le **coucher** 男 就寝; 日没.
● Ici, le *coucher* est à dix heures. ここ

の就寝時間は10時です.

À prendre au coucher 《注意書》就寝時に服用のこと.

au coucher du soleil 日没時に.

la **couchette** /クシェト/ 女 (船・汽車などの)簡易寝台.

le **coucou** /クク/ 男〔鳥〕カッコウ; ハト時計.

— 間 おーい, ここだよ; ほら. 会話 *Coucou*, c'est moi! やあ, 僕だよ!

coud... →coudre 17

le **coude** /クド/ 男 (英 elbow) ❶ 肘.

❷ 曲り角; 湾曲部.

donner un coup de coude à 人 (人)に肘でつついて合図する.

être au coude à coude 並んでいる; 団結している.

lever le coude 酒飲みである.

se serrer les coudes 助け合う.

sous le coude 未決のままの, 待機中の.

le **cou-de-pied** /クドピエ/ 男 (複 cous-de-pied) 足の甲.

coudre /クードル/ 他 17 (英 sew) を縫う.

● *coudre* un bouton à une veste 上着にボタンを縫いつける.

— 自 縫う, 編物をする.

coudre à la main [***à la machine***] 手で[ミシンで]縫う.

coulant(e) /クラン(ト)/ 形 (液体が)さらっとした; (固形物が)とろっとした; 《話》(人が)気さくな.

couler /クレ/ 自 (英 flow) 流れる; 漏れる; (船が)沈む; (会社などが)破産する.

● La Seine *coule* vers l'ouest. セーヌ川は西に向って流れている. ● Le sang a *coulé*. 流血を見た, 死傷者が出た. ● robinet qui *coule* 水の漏れる蛇口.

avoir le nez qui coule 鼻水を垂らす.

— 他 ❶ を流す; (型に)を流し込む.

❷ (時間)を過ごす. ● *couler* des jours heureux 幸せな日々を送る.

❸ (船)を沈める; (人)を破滅させる; (会社)を破産させる.

couler à flots (ワインなどが)たっぷりふるまわれる.

couler de source (物事が)必然の成り行きをたどる; (言葉などが)すらすらと出てくる.

— **se couler** 代動 ❶ そっともぐり込む.

❷ 破産する.

se la couler douce のんびりと幸せに暮らす.

la **couleur** /kulœr クルール/ 女 (英 color)

❶ 色.

● crayon de *couleur* 色鉛筆.

● De quelle *couleur* est votre voiture? あなたの車は何色ですか.

❷ 絵の具; 精彩; 〔美〕色調, 色彩.

● boîte de *couleurs* 絵の具箱.

● *couleurs* à l'eau [à l'huile] 水彩[油]絵の具.

❸ 顔色, 肌の色.

● perdre [reprendre] ses *couleurs* 色を失う[血色を取り戻す].

❹ 《複》チームカラー; (国)旗.

avoir des couleurs 顔色[血色]がいい.

couleur locale 地方色; 《同格で形容詞的に》地方色豊かな.

en couleurs カラーの. ● téléviseur (*en*) *couleur* カラーテレビ.

ne jamais voir la couleur de... (口先ばかりで)…の実物を見ることがない.

prendre des couleurs 日焼けする; 色がつく.

la **coulisse** /クリス/ 女 《多く複数》舞台裏, 舞台脇; 内幕; (敷居などの)溝.

le **couloir** /クロワール/ 男 ❶ (英 corridor) 通路, 廊下.

❷ (陸上・水泳などの)コース.

bruits de couloir(s) (非公式の場で飛び交う)うわさ.

couloir aérien 航空路.

couloir d'autobus バスレーン.

le **coup** /ク/ 男 ❶ (英 knock, blow) (**a**) 打つこと, 殴打. ● frapper trois *coups* à la porte ドアを3回ノックする. ● Il m'a donné un *coup*! 彼が私をぶった.

(**b**) (精神的な)衝撃. ● Ça lui a fichu un *coup*. それは彼にはショックだった.

❷ 〈**un coup de...**〉 (**a**) …による一撃.

● donner [recevoir] *un coup de* pied 足で蹴る[蹴られる].

(**b**) …のすばやい使用. ● donner *un coup de* brosse à un vêtement 服にブラシをさっとかける. ● donner *un coup de* téléphone [fil] à 人 (人)に電話をかける.

(**c**) (瞬間的な)動作, 現れ. ● *un coup*

d'œil 一瞥(べつ). ●*coup de* vent 突風.
❸ 打つ音, 鳴る音; 発射, 弾. ●tirer un *coup* de fusil 銃を撃つ.
❹ (危険な)行為, しわざ; 悪巧み; 《話》計画.
❺ 《話》度, 回; 一杯. ●ce *coup*-ci 今回は. ●à chaque *coup* 毎回. ●boire [prendre] un *coup* (酒を)一杯やる.

à coup sûr 必ず, 間違いなく.
après coup 後で, その後.
attraper [***prendre***] ***le coup*** こつをつかむ.
avoir le coup こつを心得ている, 能力がある.
coup de bol [***chance***] 思いがけない幸運, つき.
coup d'État クーデター.
coup double 一石二鳥.
dans le coup 事情に明るい; (計画などに)加わっている.
donner un coup de main (***à*** 人) (人に)手を差しのべる.
du coup そのために, だから; その途端に. ●On a bavardé pendant une heure, *du coup*, j'ai raté mon train. 1時間もおしゃべりしたので私は電車に乗り遅れた.
d'un seul coup 一度で, 一挙に; 突然.
du premier coup 一度で; 最初から.
en prendre un sacré coup (車などが)ひどい損傷を受ける.
marquer le coup (出来事を)記念する, 祝う.
pour le coup 今度こそ; 今のは.
sous le coup de... …の影響下に; …に脅かされて.
sur le coup すぐに; 即座に.
sur un coup もうけ仕事に加わっている.
tenir le coup (人が)耐える; (ものが)長持ちする.
tout à coup いきなり.
tout d'un coup 一挙に; 突然.
valoir le coup やってみる価値がある.

coupable /クパブル/ 形 (英 guilty) 『*de*, の』罪のある, 有罪の.
— le(la) **coupable** 名 犯人, 罪人.

la **coupe**[1] /クプ/ 女 (英 cup) カップ, グラス; 賞杯. ●une *coupe* de champagne グラス一杯のシャンパン.
coupe du monde (**la** ～)〔スポーツ〕ワールドカップ.

la **coupe**[2] /クプ/ 女 ❶ (英 cutting) (髪の)カット; 伐採;〔服〕裁断;〔トランプ〕カードを切ること. ●robe de belle *coupe* 美しい仕立てのドレス. ❷ 切り口, 断面図.
être sous la coupe de 人 (人)の言いなりである, 支配下に置かれている.
faire des coupes dans... …を削減する. ●*faire des coupes* claires [sombres] *dans...* …を大幅に削減する.

le **coupe-papier** /クプパピエ/ 男 《不変》ペーパーナイフ.

couper /クペ/ 他 (英 cut) ❶ を切る; 刈る; 裁断する. ●*couper*... en deux …を2つに切る.
❷ を中断する; (電気など)を止める; さえぎる. ●*couper* la parole à 人 (人)の話をさえぎる. ●*couper* la route à 人 (人)の行く手をさえぎる. 会話 Ne *coupez* pas! (電話で)そのままお待ちください.
❸ を削除する; 仕切る.
❹ (道などが)を横切る, に交わる.
❺ (酒)を水で割る.
couper 人 ***de...*** …から(人)を切り離す.
couper le contact スイッチを切る, 接触を断つ.
Coupez! (撮影などで)カット!
se faire couper les cheveux 髪を切ってもらう.
— 自 ❶ (刃物が)切れる.
❷ 横切る.
●*couper* à travers champs 野原を横切る.
❸〔トランプ〕カードを切る.
— **se couper** 代動 ❶ 自分の…を切る, けがをする. ●*se couper* les cheveux [les ongles] 髪[爪]を切る. ●Je *me suis coupé* avec un couteau de cuisine. 私は包丁でけがをした.
❷ (道が)交差する.
❸ 《話》うっかり本音がでる.
❹ (人と)手を切る.

le **couple** /クプル/ 男 (英 couple) ❶ カップル. ❷ 番(つがい).

le **couplet** /クプレ/ 男 (歌の)1節; 《複》歌; 《話》十八番, 持説.

la **coupole** /クポル/ 女 丸屋根, 丸天井; (**la C-**) フランス学士院; (特に)アカデミーフランセーズ.

la **coupure** /クピュール/ 女 ❶ 切り傷. ❷

停電; 断水; 切断. ●Il y aura une *coupure* d'eau de 14 à 16 heures. 14時から16時まで断水します. ❸削除. ❹(雑誌などの)切抜き. ❺紙幣. ●petites [grosses] *coupures* 小額[高額]紙幣.

la **cour** /クール/ 女 ❶(英 court) 中庭; (学校の)校庭.
❷宮廷; 《集合的》廷臣, 取り巻き.
❸裁判所; 裁判官. ●*cour* de justice 法廷.
cour des comptes 会計検査院.
faire la cour à une femme 女性を口説く.

cour ... →courir 18

le **courage** /クラージュ/ 男 (英 courage) 勇気, 元気; 熱意, やる気.
●avoir du *courage* 勇気がある.
●perdre *courage* やる気をなくす.
avoir le courage de 不定詞 …する勇気がある.
会話 ***Courage!/Bon Courage!*** がんばれ, しっかり.

courageusement /クラジュズマン/ 副 勇敢に.

courageux(se) /クラジュ(ーズ)/ 形 勇敢な, 元気な, 熱心な.

couramment /クラマン/ 副 すらすらと, 流暢(ちょう)に; 一般に, 普通に.
couramment employé よく使われる.

courant[1]**(e)** /クラン(ト)/ 形 ❶(英 current) 流れている(ような). ❷(英 usual) 普通の, 日常の. ●langage *courant* 日常語. ❸現在の; 当面の.

le **courant**[2] /クラン/ 男 ❶流れ; 電流. ●*courant* d'air すきま風. ❷(世の)風潮; (心の)動き. ●le *courant* surréaliste シュールレアリズム運動.
dans le courant du mois [***de la semaine***] 今月[今週]中に.
être au courant de... …を知っている; …の事情に通じている.
Le courant passe. 《話》話が通じる.
se tenir au courant de... …について知る, 情報を得る.
tenir [***mettre***] ***A au courant*** (***de B***) (Bについて)Aに知らせる. ●Je *te tiendrai au courant*. また後で連絡します.

courbe /クルブ/ 形 曲った, カーブした.
― la **courbe** 女 (英 curve) 曲線, グラフ.

courber /クルベ/ 他 を曲げる; かがめる.
― **se courber** 代動 曲がる; 《文》頭を下げる.

le(la) **coureur(se)** /クルール(ズ)/ 名 ❶走る人; (競)走者. ●*coureur* automobile レーサー. ●*coureur* de fond 長距離走者. ❷遊び好きな人, 漁色家.

la **courge** /クルジュ/ 女 カボチャ.

courir /kurir クリール/ 自 18

je	cours	nous	courons
tu	cours	vous	courez
il	court	ils	courent
現分	courant	過分	couru

❶(英 run) 走る.
●Il *court* très vite. 彼は大変足が速い.
❷(**a**) 急いで行く, 駆け寄る[回る].
●*courir* chez le docteur 医者に駆けこむ.
●Il *a couru* toute la journée pour trouver ce CD. 彼はこの CD を見つけるため1日中走り回った.
(**b**) 〈**courir** 不定詞〉 …しに駆けつける, 急いで…しに行く.
●*courir* acheter du pain 大急ぎでパンを買いに行く.
❸(**a**) 流れる; (流れるように)動く.
●faire *courir* sa plume sur le papier 紙にペンを走らせる.
(**b**) (うわさなどが)広まる.
(**c**) (時が)経過する; (期間などが)続く.
●l'année qui *court* 今年.
●le mois qui *court* 今月.
courir après... …を追いかける, 追い回す. ●*courir après* le succès 成功を追い求める. ●*courir après* une femme 女の尻を追い回す.
courir partout pour... …のために駆けずり回る.
faire... en courant 大急ぎで…する, 慌てて…する.
Le bruit court que... …といううわさが流れている. ●*Le bruit court qu*'il est mort. 彼は死んだといううわさが流れている.
― 他 ❶に頻繁に出入する.
●*courir* les magasins ショッピングをして回る.
❷(競走など)に出場する.

● *courir* le Grand Prix グランプリに出走する.
❸ (名声)を追求する; 追い回す.
● *courir* les filles 女を追い回す.
❹ を駆け回る.
● *courir* le monde 世界を駆けめぐる.
❺ (危険)を冒す.
● C'est un risque à *courir*. それはあえて冒さなくてはならないリスクだ.
● *courir* un danger 危険を冒す.
❻《話》(人)をうんざりさせる.
会話 Tu me *cours*! うるさいな.
courir les rues (みんなに)知れ渡っている.

la **couronne** /クロンヌ/ 女 ❶ 冠. ● *couronne* de lauriers 月桂冠.
❷ (**a**) 冠状のもの. ● *couronne* funéraire [mortuaire] (棺(ひつぎ)や墓の上に置く)花輪. (**b**) (大都市の)都市圏. (**c**) 歯冠. → 歯茎から出ているエナメル質の部分.
❸《多くは C-》王位, 王権; 王国. ● la *Couronne* d'Angleterre イギリス王室.
❹ (王冠の図柄のある)クラウン貨幣; (デンマーク, ノルウェーの)クローネ; (スウェーデン, アイスランドの)クローナ.

couronner /クロネ/ 他 に王冠をいただかせる, を即位させる; に賞を与える.
et pour couronner le tout (皮肉で)その上, おまけに.

courons, courr... →courir 18

le **courrier** /クリエ/ 男 ❶ (英 mail) 郵便(物). ❷ (新聞名の)…通信; (新聞の)…欄.
● *courrier* des lecteurs 投書欄. ● *courrier* du cœur 身の上相談欄.
courrier électronique 電子メール.
par retour du courrier 折り返しで.

la **courroie** /クロワ/ 女 (皮)ひも; (機械の)ベルト.
courroie de transmission 伝導ベルト; 伝達[仲介]役.

cours[1] →courir 18

le **cours**[2] /クール/ 男
❶ (英 course) 講義, 授業; 各種学校; (大学の)課程, 科.
● *cours* de vacances 夏期講座.
● faire [donner] un *cours* (sur ...) (…について)講義する.
● suivre des *cours* (de ...) (…の)授業を受ける.
❷ 流れ; (天体の)運行; (時・事件などの)推移, 経過.
● *cours* d'eau 河川.
● avoir un *cours* rapide 流れが速い.
❸ (貨幣の)流通; 相場.
❹ 大通り. → 主として固有名詞に用いる.
au cours de ... …の間に, …の途中で.
● *au cours de* la journée 日中.
avoir cours (貨幣などが)流通している.
cours du change 為替相場, 交換レート.
donner libre cours à ... …に好きなようにさせる; …をぶちまける, 発散させる.
en cours 進行中の, 現行の.
en cours de 名《無冠詞》…が進行中の; …の間に.

la **course** /クールス/ 女
❶ (英 run) 走ること.
❷ (英 race) 競走; 競争; 《複》競馬.
● *course* à pied 徒競走. ● *course* de fond 長距離走. ● *course* au pouvoir (**la ~**) 権力争い.
❸《多く複数》買い物.
❹ (英 course) 歩き回ること, 行程.
❺ (ものの)動き; (時間の)経過; (人の)歩み; (機械の)運動.
à* [*en*] *bout de course がたが来ている; 疲れ果てている.
être dans la course 事情に通じている.
faire des* [*les, ses*] *courses 買い物をする.
● On va *faire des courses*? 買い物に行きましょうか.
payer* (*le prix de*) *la course (タクシーなどの)運賃を払う.

le(la) **coursier(ère)** /クルスィエ(ール)/ 名 使い走り.

court[1] →courir 18

court[2]**(e)** /kur, kurt クール(クルト)/ 形 (英 short)
❶ (長さが)短い.
● avoir les cheveux *courts* 短い髪をしている.
● homme de *courte* taille 背の低い人.
❷ (時間が)短い, 早い.
● En hiver, les jours sont *courts*. 冬は日が短い.
❸《話》足りない.
aller au plus court 近道をする.
prendre au plus court 一番手っとり早い方法をとる.
— 副 短く; 突然, 急に.

● Il a arrêté *court* son cheval. 彼は急に馬を止めた.

couper court à ... …をやめさせる. ● Le président *a coupé court à* la discussion. 議長は討論を打ち切った.

être à court de ... …がない, 欠乏している.

● Il *est* maintenant *à court d'*argent. 彼は今お金に困っている.

● *être à court d'*idées いい考えが浮かばない.

faire court 簡潔にする, 短くする.

prendre 人 ***de court*** (人)の不意をつく.

tourner court 急に方向を変える; 突然打ち切りになる.

tout court 単に; ちょっと. ● Elle a répondu non, *tout court*. 彼女はただ「ノン」とだけ答えた.

le **court**[3] /クール/ 男 (<英) テニスコート.

le **court-circuit** /クルスィルキュイ/ 男 (複 courts-circuits)〔電〕ショート.

le **courtisan** /クルティザン/ 男 廷臣, 宮廷人.

courtiser /クルティゼ/ 他 に言い寄る.

courtois(e) /クルトワ(ーズ)/ 形 丁寧な, 礼儀正しい; (中世の)宮廷風の.

la **courtoisie** /クルトワズィ/ 女 (女性に対しての)丁寧さ, 礼儀正しさ.

cous ..., cousi ... →coudre 17

le **couscous** /クスクス/ 男 クスクス. →砕いた小麦を蒸して肉や野菜の煮込みと食べるアラビア料理.

le(la) **cousin**[1]**(e)** /クザン(ズィヌ)/ 名 (英 cousin) いとこ, 従兄弟[姉妹]; 《形容詞的に》《話》よく似た.

le **cousin**[2] /クザン/ 男〔虫〕イエカ(家蚊).

le **coussin** /クサン/ 男 (英 cushion) クッション. ● *coussin* d'air エアクッション.

le **coût** /ク/ 男 費用. ● *coût* de la vie 生活費. ● *coût* de production 生産費. ● *coût* fixe 固定費用.

le **couteau** /クト/ 男 (複 couteaux) (英 knife) ❶ 包丁, ナイフ;〔美〕パレットナイフ. ● *couteau* à pain パン切りナイフ. ● *couteau* de cuisine 料理包丁. ❷〔貝〕マテガイ, カミソリガイ.

être à couteau(x) tiré(s) avec 人 (人)と敵対している, 反目している.

mettre le couteau sous [sur] la gorge 脅迫する.

coûter
/kute クテ/ 自

❶ (英 cost) (**a**) (値段が)…である.

● Ça *coûte* cinq euros. 5ユーロします.

● Combien ça *coûte*? いくらになりますか.

● *coûter* cher 高い, 高くつく.

(**b**) 〈**coûter à** 人 **...**〉 (人)に(費用)がかかる.

会話 Ça *m'a coûté* zéro euro, zéro centime. それには一文の金もかからなかった.

❷〘à, にとって〙困難だ, つらい.

● Cette erreur *lui a* beaucoup *coûté*. その過ちは彼(女)にとって高くついた.

coûte que coûte 何が何でも. ● Il lui fallait *coûte que coûte* ce manteau de cuir. 彼女は何としてもその皮のコートが欲しかった.

Il en coûter à 人 ***de*** 不定詞 …するのが(人)にとってつらい. ● *Il m'en coûte de* refuser. 断るのはつらい.

— 他 〈**coûter ... à** 人〉 (損害・苦痛など)を(人)に生じさせる.

● Cela *m'a coûté* beaucoup de sacrifices. そのために私はさんざん苦労させられた.

coûter les yeux de la tête 目玉が飛び出るほど高い.

coûteux(se) /クトゥ(ーズ)/ 形 高価な, 費用のかかる; 高くつく.

la **coutume** /クテュム/ 女 慣習;〔法〕慣習法.

la **couture** /クテュール/ 女 (英 sewing, dressmaking) 裁縫, 仕立; 婦人服仕立て業; 縫い目. ● faire de la *couture* 裁縫をする.

haute couture オートクチュール, 高級婦人服(店).

sans couture(s) 縫い目のない, シームレスの.

le **couturier** /クテュリエ/ 男 高級婦人服デザイナー.

la **couturière** /クテュリエール/ 女 女性の婦人服仕立屋[デザイナー]; (婦人服飾店の)縫い子, お針子.

le **couvent** /クヴァン/ 男 修道院; (修道女の経営する)寄宿女学校.

entrer au couvent 修道院に入る, 尼僧に

なる.

couver /クヴェ/ 他 (鳥が卵)を抱く.

le **couvercle** /クヴェルクル/ 男 (英 lid, cover) ふた.

C

le **couvert**[1] /クヴェール/ 男 食卓用具; (1人分の)食器一揃(そろ)い; (揃いの)スプーンとナイフとフォーク. ●mettre le *couvert* 食器をセットする.

couvert[2]**(e)** /クヴェール(ト)/ 形 (英 covered) ❶〔*de*, で〕覆われた.
❷ 曇った; 帽子をかぶった, 衣服をまとった.
❸ 庇(ひ)護された.

la **couverture** /クヴェルテュール/ 女 ❶ 毛布, かけぶとん.
❷ (本の)表紙, カバー.
❸ 屋根; 口実, 隠蔽(ぺい); 保証金.

couvr ... →**couvrir** 46

couvrir /クヴリール/ 他 46 ❶ (英 cover) に覆いをかける;〔*de*, *avec*, で〕を覆う, 覆い隠す; 埋める. ●*couvrir* son visage *de* ses mains 顔を手で覆う. ●*couvrir* chaudement un enfant 子供に厚着させる.
❷ (音など)をかき消す.
❸ をかばう, 保護する; (金銭的に)を保証する; (出費)を賄う.
❹ (ある距離)を進む; (ある領域)を扱う.

— **se couvrir** 代動 ❶ 身をくるむ. ●*Couvre-toi* bien. しっかり着込みなさい.
❷〔*de*, で〕覆われる; (天候が)曇る.
❸〔*de*, で〕身を守る.

couvrir ... →**couvrir** 46

le **crabe** /クラブ/ 男 (英 crab) カニ.

cracher /クラシェ/ 自 ❶ 唾[痰(たん)]を吐く. ❷《話》〔*sur*, に〕つばをかける; (を)軽蔑する; (人の)悪口を言う.
ne pas cracher sur ... …を嫌いな方ではない.
— 他 を吐き[吹き]出す; (悪口など)を吐く.

la **craie** /クレ/ 女 (英 chalk) チョーク; 白亜.

craign ..., crain ... →**craindre** 19

craindre /クラーンドル/ 他 19 ❶ (英 fear, be afraid) を恐れる, 心配する.
●*craindre* la mort 死を恐れる.
●Il n'y a rien à *craindre*. 何も怖がる[心配する]ことはない.
❷ (**a**) 〈**craindre de** 不定詞〉 …することを恐れる, 心配する.
(**b**) 〈**craindre que** (**ne**) 接続法〉 …ではないかと心配する[思う]. → 主節が肯定の場合, 虚辞の ne を入れることが多い.
(**c**) 〈**craindre pour ...**〉 …を気遣う.
❸ (ものが湿気など)を嫌う; (人が煙など)に弱い, が苦手である.
Il est à craindre que ne 接続法 …の恐

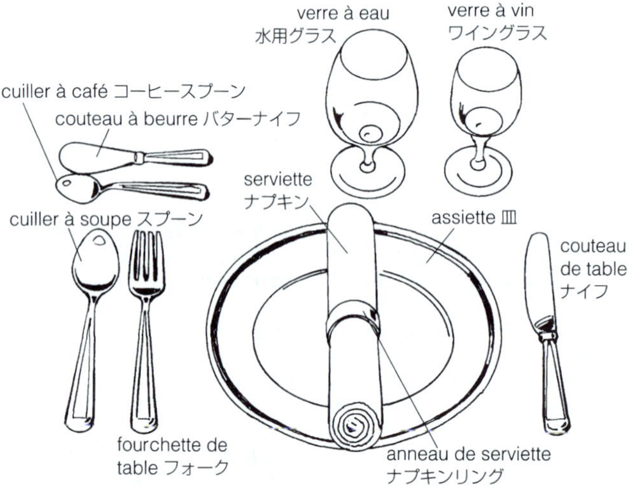

couvert

れがある.

crains, craint →craindre 19

la **crainte** /クラーント/ 女 (英 fear) 恐れ; 畏敬; 心配.

de [dans la, par] crainte de... …するといけないから.

sans crainte 遠慮せずに, ためらわずに. • Soyez *sans crainte*. 心配いらないよ.

craintif(ve) /クランティフ(ーヴ)/ 形 臆病な, おどおどした.

la **crampe** /クラーンプ/ 女 痙攣(けいれん); 《話》うるさい人[こと]. • avoir des *crampes* d'estomac 胃痙攣になる. • avoir une *crampe* au mollet 足がつる.

le **crampon** /クランポン/ 男 ❶〔建〕かすがい;〔スポーツ〕スパイク. • chaussures à *crampons* スパイクシューズ. ❷《話》うるさくつきまとう人.

cramponner /クランポネ/ 他 《話》(人)にうるさくつきまとう; をかすがいで留める.

— **se cramponner** 代動 〖à, に〗しがみつく.

le **crâne** /クラーヌ/ 男 (英 skull) 頭蓋(骨); 《話》頭; 頭脳.

n'avoir rien dans le crâne 頭が空っぽである.

le **crapaud** /クラポ/ 男 ❶ヒキガエル. ❷《話》醜男(ぶおとこ); 子供, がき.

craquer /クラケ/ 自 (英 crack) ❶(かりっ・ぽきっといって)折れる, 破れる, きしむ. • faire *craquer* ses doigts 指をぽきぽき鳴らす. • Ma veste *craque* aux coutures 上着が縫い目にそってびりっと破けた. ❷力尽きる; (精神的に)まいる; 《話》(欲望などに)負ける. 会話 Je *craque*! もうだめだ. ❸(計画などが)破綻[失敗]する.

— 他 を折る, 破る, 壊す; 《話》(お金)を浪費する.

la **crasse** /クラス/ 女 ❶垢(あか), 汚れ, かす. ❷卑劣な行為[やり口].

crasseux(se) /クラス(ーズ)/ 形 垢だらけの, 非常に汚い.

la **cravate** /クラヴァト/ 女 (英 tie) ネクタイ. • en *cravate* ネクタイ着用で.

le **crayon** /クレヨン/ 男 (英 pencil) 鉛筆. • écrire au *crayon* 鉛筆で書く. • *crayon* de couleur 色鉛筆.

coup de crayon デッサン, スケッチ.

la **créance** /クレアンス/ 女 信任; 債権(証書).

le(la) **créancier(ère)** /クレアンスィエ(ール)/ 名 債権者, 借金取り.

— 形 債権を持つ.

le(la) **créateur(trice)** /クレアトゥール(トリス)/ 名 〔宗〕創造主; **(le C-)** 神; 創始者. • les *créateurs* d'entreprise 企業の創設者.

créateur de mode ファッションデザイナー.

— 形 創造的な, 創造する.

la **création** /クレアスィヨン/ 女 (英 creation) ❶(神による)創造; **(la C-)** 天地創造; 森羅万象. ❷創設; 創作. ❸初演.

la **créature** /クレアテュール/ 女 被造物; 人間; 女性.

la **crèche** /クレシュ/ 女 ❶託児所. →3歳以下の子供を預かる. • mettre son bébé à la *crèche* 子供を託児所に預ける. ❷キリスト生誕場面の群像模型.

le **crédit** /クレディ/ 男 (英 credit) ❶信用(取引), 貸つけ; 預金; 《多く複数》予算額; 金融機関, 銀行. ❷《文》人望, 評判.

à crédit 分割払いで, クレジットで.

avec une carte de crédit クレジットカードで.

faire crédit à 人 (人)に信用で売る.

crédule /クレデュル/ 形 軽々しく信ずる, お人よしの.

la **crédulité** /クレデュリテ/ 女 信じやすさ, 盲信.

créer /クレエ/ 他 (英 create)
❶(神が)を創造する.
❷を創造[創作]する; 引き起こす, 生み出す. • *créer* des emplois 雇用を生み出す.
❸を初演する.

— **se créer** 代動 (自分に)作り出す; 作り出させる; 創造される.

la **crème** /クレム/ 女 (英 cream) 乳脂, クリーム. • *crème* à raser シェービングクリーム. • *crème* (au) caramel カスタードプリン.

crème fraîche 生クリーム.

— 形 《不変》クリーム色の.

la **crémerie** /クレムリ/ 女 牛乳[乳製品]販売店.

changer de crémerie 《話》場所を変える; よそへ行く.

la **crêpe**[1] /クレプ/ 女 〔菓〕クレープ.

retourner 人 ***comme une crêpe*** (人)の考えを簡単に変えさせる.

le **crêpe**[2] /クレプ/ 男 〔服〕クレープ, 縮み, ちりめん; (靴底につける)クレープゴム.

C

le **crépuscule** /クレピュスキュル/ 男 たそがれ(時); 《文》末期, 凋(ちょう)落期. ● au *crépuscule* 夕暮れに, 夕刻に.

le **cresson** /クレソン/ 男 〔植〕クレッソン. → 水生植物; サラダや料理のつけ合わせに使う.

la **crête** /クレト/ 女 鶏冠(とさか); (山の)稜(りょう)線; (屋根の)棟; (塀の)最上端.

creuse → **creux** の女性形.

creuser /クルゼ/ 他 (英 dig) を掘る, 彫る; くぼませる; (問題など)を深く掘り下げる.

creuser les reins 腰を反らせる.

— 自 穴を掘る; (問題などを)掘り下げる; 《話》空腹にさせる. ● L'exercice, ça *creuse*! 体を動かすとおなかが減るよ.

— **se creuser** 代動 掘られる; へこむ, くぼむ.

se creuser la cervelle 《話》知恵を絞る.

creux(se) /クル(ーズ)/ 形 (英 hollow) ❶ 中が空の, うつろな. ❷ くぼんだ. ❸ 内容のない; (時期などが)利用者の少ない. ● heures *creuses* すいている時間帯. ● période *creuse* すいている時期; シーズンオフ.

— 副 うつろに. ● sonner *creux* うつろに響く.

— le **creux** 男 くぼみ, 穴; (波の)谷間; (活動の)停滞期.

avoir un (petit) creux 《話》小腹がすいている.

creux de la main 手のひら.

être au creux de la vague (価格などが)底をつく; (経済などが)停滞している.

la **crevasse** /クルヴァス/ 女 割れ目, 亀裂; (氷河の)クレバス; 《複》ひび, あかぎれ.

crever /クルヴェ/ 自 ① (英 puncture) ❶ 破裂する. ❷〖de, のため〗死にそうである; (動植物が)死ぬ, 枯れる. 会話 Je suis *crevé*. 疲れて死にそうだ.

— 他 を破裂[パンク]させる; 《話》をへとへとにさせる.

la **crevette** /クルヴェト/ 女 (英 shrimp) 小エビ.

le **cri** /クリ/ 男 (英 cry) ❶ 叫び. ❷ 泣き声; (鳥・獣・虫の)鳴き声.

cri du cœur 本心.

***dernier cri* (le 〜)** 最新の型.

pousser un cri 叫び声を上げる. ● *pousser des cris* de joie 歓喜の叫びを上げる.

criant(e) /クリヤン(ト)/ 形 目に余る, 言語道断な; 明らかな.

criard(e) /クリヤール(ド)/ 形 (子供などが)騒々しい; (声などが)甲高い, 耳障りな. ● couleur *criarde* けばけばしい色.

le **crible** /クリブル/ 男 ふるい, 選別機.

passer au crible 慎重に検討する.

crier /クリエ/ 自 (英 cry, shout) ❶ 叫ぶ, 大声を出す, わめく. ● *crier* de douleur 痛みで悲鳴を上げる.

❷〖*après, contre*, を〗どなりつける, 攻撃[非難]する; 〖*à*, だと〗叫ぶ, 言いたてる, 告発する.

❸ (戸などが)きしむ; (色などが)目障りである.

— 他 ❶ と叫ぶ. ● *crier* un ordre 大声で命令する.

❷ 〈crier que 直〉 …だと大声で言う; 〈crier à A de 不定詞 [que 接続法]〉 A に…するように大声で言う.

le **crime** /クリム/ 男 (英 crime) 犯罪; 殺人; 〔法〕重罪; 《話》重大な過失. ● *crimes* et délits 重罪と軽罪. ● *crime* de guerre 戦争犯罪.

会話 ***Ce n'est pas un crime!*** 大したことではないよ.

criminel(le) /クリミネル/ 形 罪のある, 重罪の; 〔法〕刑事犯の.

— le(la) **criminel(le)** 名 犯人, 殺人犯; 〔法〕刑事犯. ● *criminel* de guerre 戦争犯罪人.

la **crinière** /クリニエール/ 女 (馬などの)たてがみ; (かぶとの)飾り毛; 《話》ゆたかな髪.

la **crise** /クリーズ/ 女 (英 crisis) 危機; 恐慌; 発作; 《話》(発作的な)興奮. ● *crise* cardiaque 心臓発作. ● *crise* économique 経済危機. ● en (état de) *crise* 危機に瀕して.

être pris d'une crise de rire 大笑いする.

piquer une [sa] crise 《話》かっとなる.

crisper /クリスペ/ 他 (筋肉)を痙攣(けいれん)させる; 握り締める; 《話》をいらだたせる.

— **se crisper** 代動 痙攣する; (顔が)ひきつる; 緊張する; 《話》いらだつ.

le **cristal** /クリスタル/ 男 (複 cristaux) ❶ 水晶; クリスタルガラス; 《複》クリスタル製品. ❷ 結晶.
cristal liquide 液晶. ●écran à *cristaux liquides* 液晶画面.
de [***en***] ***cristal*** クリスタルガラスの; (クリスタルガラスのように)透明な, 澄んだ.

le **critère** /クリテール/ 男 (判断の)基準.

la **critique** /クリティク/ 女 (英 criticism) 批評, 批判; 評論; 非難. ●*critique* littéraire (la ～) 文芸批評.
faire la critique de... …の批評[批判]をする.
— le(la) **critique** 名 評論家, 批評家.
— 形 (英 critical) 危機的な; 批判的な.
esprit critique 批判精神; 難癖をつける性格.

critiquer /クリティケ/ 他 (英 criticize) を非難する; 批評する.

croasser /クロアセ/ 自 (カラスが)カーカー鳴く; 悪口を言う.

le **croc** /クロ/ 男 (ものをつる)鉤(かぎ); (犬などの)牙(きば); 《話》(人の)歯.
avoir les crocs 《話》おなかがぺこぺこだ.

le **crochet** /クロシェ/ 男 ❶ 小鉤(かぎ); 鉤型のもの; 鉤針. ❷ (**a**) 回り道. (**b**) ブラケット《[ ]》.
faire du crochet 鉤針編みをする.
vivre aux crochets de 人 (人)に養ってもらう, たかって暮らす.

le **crocodile** /クロコディル/ 男 〔動〕ワニ, クロコダイル; ワニ革.
larmes de crocodile うそ泣き.

croire /クロワール/ 他 20 (英 believe)

je	crois	nous	croyons
tu	crois	vous	croyez
il	croit	ils	croient
現分	croyant	過分	cru

❶ 〈croire que 直〉 …だと思う. ●Je *crois que* c'est vrai. それは本当だと思う. 会話 Il n'est pas là? — Je *crois que* si. 彼はいませんか—いると思います. 会話 Je *crois que* oui. そうだと思います.

POINT 主節が疑問または否定のとき, 従属節の動詞は接続法が多い: Je ne crois pas qu'il soit honnête. 彼が正直だとは思いません.

❷ を信じる, 信用する; 〈croire 不定詞〉 …であると信じる, 思い込む.
❸ 〈croire A 属詞〉 Aを…だと思う; 〈croire 属詞 que 接続法 [de 不定詞]〉 …(すること)は…だと思う. ●Je te *croyais* parti. 君は行ってしまったと思っていたよ. ●J'*ai cru* nécessaire *de* l'aider. 彼(女)を助ける必要があると私は思った.
❹ を想像する, 思い描く.
On croirait que... まるで…のようだ.
— 自 ❶ 〘à, を〙 信じる. ❷ 〘*en*, (の存在)を〙 信じる; 信仰をもつ. ●*croire en* Dieu 神を信じる.
会話 ***Croyez-moi.*** 本当ですよ.
会話 ***Je vous crois!*** そのとおりだ, まったくそうだ.
Veuillez croire à mes sentiments dévoués. 《手紙の末尾で》敬具.
— **se croire** 代動 自分を…と思う; 自信をもつ, うぬぼれる (=s'en ～). ●Il *se croit* malin. 彼は自分のことを利口だと思っている.

croi[î]s →**croire** 20

la **croisade** /クロワザド/ 女 〔史〕十字軍; 改善運動.

croisé(e) /クロワゼ/ 形 十字形の, 交差した; (服が)ダブルの.
— le **croisé** 男 (中世の)十字軍兵士.
— la **croisée** 女 交差点; (十字形の枠のある)ガラス窓.

le **croisement** /クロワズマン/ 男 (英 crossing) ❶ 交差点, 十字路. ❷ 交差; 異種交配.

croiser /クロワゼ/ 他 ❶ (英 cross) (十字形に)を組む, 交差させる; と交差する.
❷ とすれ違う.
❸ を異種交配させる.
croiser les doigts (中指を人差し指の上に重ねて)指を交差させる; 幸運を祈る.
— 自 (船が)巡航する.
— **se croiser** 代動 交差する; すれ違う.
se croiser les bras 腕組みをする; 手をこまねいて傍観している.

la **croisière** /クロワズィエール/ 女 (英 cruising) ❶ 船旅, クルージング. ❷ 巡航.
vitesse [***rythme***] ***de croisière*** (船, 飛行機の)巡航速度; (車の)経済速度.

croiss ... →**croître** 21

la **croissance** /クロワサーンス/ 女 (英 growth) 成長, 発育; 発展.
en pleine croissance めざましい発展を遂げている.

C le **croissant**[1] /クロワサン/ 男 ❶ クロワッサン.
❷ 三日月, 上弦[下弦]. ● *croissant* de lune 三日月. ● en *croissant* 三日月形の.
❸ 新月旗. → 特にトルコの旗.

croissant[2]**(e)** /クロワサン(ト)/ 形 成長する, 増大する.
aller croissant 増加する, 増大する.

croit → croire 20

croît(...) → croître 21

croître /クロワトル/ 自 21 成長する, 増大する; 〖en, が〗大きくなる. ● *croître en* nombre [volume] 数[量]が増える.

la **croix** /クロワ/ 女 (英 cross) ❶ 十字架. ❷ 勲章; 十文字, × 印.
Chacun a [porte] sa croix. 人は誰も十字架を背負っている, 苦難に耐えて生きている.

la **croquette** /クロケト/ 女 〔料〕コロッケ.
croquettes pour chiens [chats] (粒状の)ドッグ[キャット]フード.

le **croquis** /クロキ/ 男 クロッキー, スケッチ; 下書き.

la **crosse** /クロス/ 女 笏杖(しゃくじょう), 司教杖.

la **crotte** /クロト/ 女 糞(ふん).

crouler /クルレ/ 自 崩壊する; (計画などが)失敗する; ゆらぐ.
crouler sous le poids de... …の重みで押しつぶされる, 倒れる.

la **croûte** /クルト/ 女 ❶ パン[パイ, チーズ]の皮. ● *croûtes* de pain パンくず. ❷ かさぶた; 《話》下手な絵; 《話》頑固者; 《話》めし.
casser la croûte 《話》食う.
croûte terrestre 地殻.

croyable /クロワイヤブル/ 形 《主に否定・疑問文で》信じられる.
Ce n'est pas croyable! そんなばかな, うそでしょう.

croyai... → croire 20

la **croyance** /クロワイヤンス/ 女 〖à, en, dans, を〗信じること; (…の)信仰, 信念.

le(la) **croyant(e)** /クロワイヤン(ト)/ 名 信者.
— 形 信仰する.

croyons, croyez, cru[1] → croire 20

cru[2]**(e)** /クリュ/ 形 ❶ (食物が)生の; 未加工の. ● jambon *cru* 生ハム. ❷ どぎつい, けばけばしい; (言葉が)露骨な; (話が)きわどい.
monter à cru 裸馬に乗る.
— 副 むき出しに, ずけずけと.
— le **cru** 男 生(の食物).

le **cru**[3] /クリュ/ 男 ワインの産地; 特産ワイン.
du cru その土地の.
grand cru 極上銘柄ワイン.

crû → croître 21

la **cruauté** /クリュオテ/ 女 残酷; 《多く複数》残忍な行為.

la **cruche** /クリュシュ/ 女 ❶ 壺(つぼ), 水差し(1杯分の量). ❷ 《話》ばか.

crucial(ale) /クリュスィアル/ 形 (男複 cruciaux) 決定的な, 最重要な.

crucifier /クリュスィフィエ/ 他 を磔刑(たっけい)に処する; 《文》を苦しめる.

le **crucifix** /クリュスィフィ/ 男 《不変》キリストの十字架像.

les **crudités** /クリュディテ/ 女複 生野菜, 野菜サラダ. ● assiette de *crudités* 生野菜の盛り合わせ.

crue[1] → croire 20 → croître 21

la **crue**[2] /クリュ/ 女 (河川などの)増水, 最高水位.
en crue 増水した.

cruel(le) /クリュエル/ 形 (英 cruel) 残酷[残忍]な, むごい; 厳しい, 辛い.

cruellement /クリュエルマン/ 副 残酷に; ひどく.

crûmes, crus, crût(...) → croire 20 → croître 21

crur..., crus(s...), crut → croire 20

crûr..., crûs(s...) → croître 21

le **crustacé** /クリュスタセ/ 男 (食用の)エビ(海老), カニ(蟹); 《複》〔動〕甲殻類.

la **crypte** /クリプト/ 女 (教会の)地下納骨[礼拝]堂.

le **cube** /キュブ/ 男 (英 cube) 立方体, 正六面体(のもの); 〔数〕3乗.
— 形 立方の.
mètre cube 立方メートル.

cubique /キュビク/ 形 立方体の; 〔数〕立方の, 3乗の.

racine cubique 立方根.

— la **cubique** 女 3次曲線.

le **cubisme** /キュビスム/ 男 〔美〕立体派, キュビスム.

cueill ... →cueillir 22

cueillir /クイール/ 他 22 (英 pick, gather) (花・果実など)を摘む; 《話》(人)を捕まえる.

la **cuiller, cuillère** /キュイエール/ 女 (英 spoon) スプーン.

le **cuir** /キュイール/ 男 (英 leather) 皮, 革; 革製品; 皮膚.

de* [*en*] *cuir 皮[革]製の.

cuir ... →cuire 15

la **cuirasse** /キュイラス/ 女 (胴)よろい; (精神的に)身を守るもの, 防壁.

défaut de la cuirasse (攻撃されると)弱い所.

cuire /キュイール/ 他 15 (英 cook) (食物)を煮る, 焼く; (肌など)を焼く.

- *cuire* ... à la vapeur …を蒸す.
- *cuire* ... au four オーブンで焼く.
- *cuire* à feu doux [à petit feu] 弱火で調理する.
- *cuire* au beurre [à l'huile] バター[油]でいためる.

— 自 (食物が)煮える, 焼ける, 調理される; 《話》(暑さで)参る; ひりひり痛む.

会話 On *cuit* ici! ここは暑くてうだりそうだ.

faire cuire ... …を煮る, 焼く.

— **se cuire** 代動 ***se* (*faire*) *cuire au soleil*** 《話》日焼けする.

cuis (...) →cuire 15

la **cuisine** /キュイズィヌ/ 女 (英 kitchen, cooking)

❶ 料理(法).

- faire la *cuisine* 料理をする.
- manger de la *cuisine* française フランス料理を食べる.
- *cuisine* épicée スパイスのきいた料理.

❷ 台所, キッチン.

- Le dîner se préparait dans la *cuisine*. 夕食は台所で準備されていた.

❸ 《話》小細工.

cuisiner /キュイズィネ/ 他 (料理)を作る; 《話》を厳しく尋問する.

— 自 料理する.

le(la) **cuisinier(ère)** /キュイズィニエ(ール)/ 名 (英 cook) 料理人, コック.

— la **cuisinière** 女 レンジ. →オーブンつき.

la **cuisse** /キュイス/ 女 (英 thigh) 腿(もも); 〔料〕もも肉; 《話》《多く複数》股, 尻.

la **cuisson** /キュイソン/ 女 (食物を)煮る[焼く]こと; (れんが・陶器などを)焼くこと.

cuisson à la vapeur 蒸し調理.

会話 ***Quelle cuisson?*** (レストランで)どのように調理いたしましょう.

POINT レアは saignant, ミディアムは à point, ウェルダンは bien cuit.

temps de cuisson 加熱[調理]時間.

cuit[1] (...) →cuire 15

cuit[2](e[1]) /キュイ(ト)/ 形 (＜cuire の過去分詞) 煮えた, 焼けた.

bien cuit よく焼いた, ウェルダンの.

C'est du tout cuit. 成功間違いなしだ.

être cuit 《話》失敗した. 会話 C'est *cuit*! もうだめだ.

la **cuite[2]** /キュイト/ 女 《話》酔い.

le **cuivre** /キュイーヴル/ 男 ❶ (英 copper) 銅; 《多く複数》銅[真鍮(ちゅう)]製品; 銅版画. ❷ 《複》金管楽器.

cuivre jaune 真鍮, 黄銅.

le **cul** /キュ/ 男 ❶ 《話》(人・動物の)尻.
❷ (びんなどの)底; (車の)後部.
❸ 性交, セックス.
❹ 《話》ばか, 間抜け.

à coups de pied au cul 無理やりに.

avoir cul entre deux chaises ためらっている, 中途半端な状況にある.

avoir du cul 運がいい.

coller au cul うるさくつきまとう.

de cul わいせつな.

en tomber* [*rester*] *sur le cul 尻もちをつく; 仰天する.

être cul et chemise 切っても切れない, 切り離せない.

faire* [*boire*] *cul sec 一気に飲み干す, 一気飲みをする.

Mon cul! 絶対に違う!, だめだ!

la **culbute** /キュルビュト/ 女 でんぐり返り; 転落; 《話》倒産.

le **cul-de-sac** /キュドサク/ 男 (複 **culs-de-sac**) 袋小路, 行き止まり.

culinaire /キュリネール/ 形 料理の. • art *culinaire* **(l'～)** 料理法.

culminant(e) /キュルミナン(ト)/ 形 絶頂の.

point culminant 最高峰; 絶頂, 頂点.

la **culotte** /キュロト/ 女 (英 pants, panties)

❶ (婦人・子供用の)パンツ, パンティー, ショーツ.
❷ 半ズボン. ●*culotte* de cheval 乗馬ズボン.
baisser sa culotte 《話》用を足す; 屈辱を受ける.
faire [chier] dans sa culotte 《話》(思わず失禁するほど)こわい思いをする.
porter la culotte (女性が)家のことを取り仕切る.

la **culpabilité** /キュルパビリテ/ 女 有罪(性), 罪状. ●sentiment de *culpabilité* 罪悪感.

le **culte** /キュルト/ 男 ❶ 崇拝.
❷ 礼拝, 祭礼. ●lieu de *culte* 礼拝所, 教会.
派生 le **film-culte** 男 熱狂的ファンのいる映画.

le(la) **cultivateur(*trice*)** /キュルティヴァトゥール(トリス)/ 名 耕作者; 農夫, 農婦.

cultivé(*e*) /キュルティヴェ/ 形 耕された; 教養のある. ●terres *cultivées* 耕作地.

cultiver /キュルティヴェ/ 他 (英 cultivate)
❶ を耕す; 栽培する. ●*cultiver* la terre 土地を耕す.
❷ (才能など)を磨く, 養う; (友情)を育む.
— se cultiver 代動 耕される; 教養を身につける.

la **culture** /キュルテュール/ 女 (英 culture)
❶ 文化; 教養; 行動様式. ●Il manque de *culture*. 彼には教養がない.
❷ (能力などの)練磨.
❸ 耕作; 《複》耕作地; (細菌などの)培養.
culture générale 一般教養.
culture physique 体育.

culturel(*le*) /キュルテュレル/ 形 文化の.

cumuler /キュミュレ/ 他 を併せ持つ; 兼任する.

la **cure**[1] /キュール/ 女 (英 cure) 治療, 療法.
●faire une *cure* à... …で療養する.
faire une cure de... …をたっぷり食べる[楽しむ].

la **cure**[2] /キュール/ 女 (教区の)主任司祭の職; 司祭館.

le **curé** /キュレ/ 男 主任司祭; 《話》坊さん.

le **cure-dent(s)** /キュルダン/ 男 つまようじ.

le **cure-oreille** /キュロレイユ/ 男 耳かき.

curer /キュレ/ 他 を掃除する.
— se curer 代動 (自分の歯・耳などを)掃除する.

curieux(*se*) /キュリユ(ーズ)/ 形
❶ (英 curious) (**a**) 好奇心の強い, 詮索(せんさく)好きな.
●esprit *curieux* 好奇心.
(**b**) 〈être curieux de 不定詞〉 …したがる.
●Je *serais curieux de* voir [savoir]. 見たい[知りたい]ものだ.
❷ 《多くは名詞の前》奇妙な.
Ce qui est curieux, c'est que... 奇妙なのは…ということだ.
curieux de tout 何でも知りたがる.
— le(la) **curieux(*se*)** 名 好奇心の強い人, やじ馬.
venir en curieux ちょっと見に来る.

la **curiosité** /キュリヨズィテ/ 女 (英 curiosity) ❶ 好奇心, 詮索(せんさく)癖. ●par *curiosité* 好奇心から. ❷ 見所, 名所; 《複》骨董(こっとう)品.

le **curry** /キュリ/ 男 (<英) カレー粉; カレー料理.

le **curseur** /キュルスール/ 男 〔情報〕(画面上の)カーソル.

la **cuve** /キューヴ/ 女 (ワインの)醸造桶(おけ); 大桶.

la **cuvette** /キュヴェト/ 女 ❶ 洗面器; 便器.
❷ 〔地理〕盆地.

le **CV** /セヴェ/ 男 《不変》履歴書.

le **cycle** /スィクル/ 男 ❶ (英 cycle) 循環(期), 周期. ●*cycle* économique 景気循環.
❷ 教育課程.
❸ 二輪車. → 自転車・オートバイ.

le **cyclisme** /スィクリスム/ 男 自転車競技; サイクリング.

cycliste /スィクリスト/ 形 (英 cycling, cyclist) 自転車(競技)の.
— le(la) **cycliste** 名 自転車乗り.

le **cygne** /スィニュ/ 男 白鳥.

le **cylindre** /スィラーンドル/ 男 筒; 円筒(状のもの); (ピストンの)シリンダー.

le **cyprès** /スィプレ/ 男 イトスギ(糸杉). → 喪の象徴.

D d

le**D, d** /デ/ 男 ❶フランス字母の第4字. ❷ローマ数字の500.

d' 前置詞・冠詞の de の省略形.

d'abord /ダボール/ →**abord**

d'accord /ダコール/ →**accord**

le**dahlia** /ダリア/ 男〔植〕ダリア.

daigner /デニェ/ 他〈daigner 不定詞〉…してくださる.

d'ailleurs /ダイユール/ それに, その上, さらには. →**ailleurs**

la**dalle** /ダル/ 女 舗石, 敷石; (大理石・コンクリート・ガラスなどの)平板. ● *dalle funéraire* 墓石.

avoir [crever] la dalle 《話》腹ぺこだ.

que dalle まったく, 全然.

se rincer la dalle 飲む, 一杯やる.

la**dame** /dam ダム/ 女 (英 lady)

❶婦人, 女性.

● Qui est cette *dame*? あの(女の)方はどなたですか.

● vêtements pour *dames* 婦人服.

❷既婚の女性; 《話》うちのかみさん.

❸貴婦人, 上流婦人 (=grande 〜).

● la première *dame* de France フランス大統領夫人.

❹(トランプ・チェスの)クイーン; 《複》チェッカー.

● *dame* de pique スペードのクイーン.

dame de compagnie (病人や老人を)介護する婦人.

Notre(-)Dame 聖母マリア.

le**dancing** /ダンスィング/ 男 (＜英) ダンスホール.

le**Danemark** /ダヌマルク/ 男 デンマーク.

le**danger** /ダンジェ/ 男 (英 danger) 危険; 危機.

Danger de mort 《掲示》生命の危険あり.

être en danger 危険である, 危機に瀕している.

être hors de danger 危機を脱している.

Il y a (du) danger à 不定詞 …するのは危険だ.

(Il n'y a) pas de danger! 《話》心配無用.

sans danger 危なげなく.

dangereusement /ダンジュルズマン/ 副 危険なほどに, 命にかかわるほど.

dangereux(se) /ダンジュル(ーズ)/ 形 (英 dangerous) 危険な, 有害な; 油断のならない.

Il est dangereux de 不定詞 《非人称》…するのは危険だ.

danois(e) /ダノワ(ーズ)/ 形 デンマーク(Danemark)の.

— le(la) **Danois(e)** 名 デンマーク人.

— le **danois** 男 ❶デンマーク語. ❷グレートデーン. →大型の番犬.

dans /dɑ̃ ダン/ 前 (英 in, into) ❶《場所》(**a**)…の中に[で, へ].

● habiter *dans* Paris パリ(の市内)に住む.

● *dans* la main 手の中に.

● aller faire des courses *dans* le centre 中心街に買い物に行く.

● Je l'ai lu *dans* le journal. 私はそれを新聞で読んだ.

(**b**)《起点》…の中から.

● boire *dans* un verre グラスから飲む.

● Prenez un verre *dans* l'armoire. 戸棚からコップを1つ出しなさい.

(**c**)《分野・範囲》…において, …の範囲内で.

● travailler *dans* l'enseignement 教育界で働く, 教職についている.

● *dans* un rayon de 10 kilomètres 半径10キロ以内に.

❷《時間》(**a**)《現在を基点として》…後に.

● Je reviendrai *dans* huit jours. 一週間後に戻ります.

(**b**)《期間》…の間に, …のころに.

● *dans* la matinée 午前中に.

● *dans* le mois 今月中に.

❸《状態》…の状態に.

● être *dans* une situation dangereuse 危険な状態にある.

● *dans* les circonstances présentes 現状においては.

❹《準拠・目的》…に従って; …のために.

●agir *dans* les règles 規則に従って行動する.

❺〈dans les ...〉《概数》およそ…, 約…. ●Ça coûte *dans les* 500 euros. だいたい500ユーロします.

D

la **danse** /ダンス/ 女 (英 dance) ダンス, 踊り; ダンス音楽.

danse classique クラシックバレエ.

danser /dɑ̃se ダンセ/ 自 (英 dance)

❶ 踊る.

●*danser* en musique 音楽に合わせて踊る.

●Voulez-vous *danser* (avec moi)?/ Vous *dansez*? 踊りませんか.

❷ 揺れる.

●Le bateau *dansait* sur les flots. 船は波に揺れていた.

― 他 (ワルツなど)を踊る.

●*danser* le tango タンゴを踊る.

le(la) **danseur(se)** /ダンスール(ズ)/ 名 ダンサー, 舞踊家.

danseuse étoile プリマバレリーナ.

d'après /ダプレ/ …によって, …によれば; …に基づいて, …にならって. →**après**

●*d'après* ce qu'elle m'a dit 彼女が言ったところによれば.

peindre d'après nature 写生する.

la **date** /ダト/ 女 (英 date) ❶ 日付; (年)月日. ●*date* de naissance 生年月日.

❷ 年代, 時代; (画期的な)事件.

de longue date 古くからの. ●un ami *de longue date* 昔からの友達.

faire date 時代を画する.

dater /ダテ/ 他 に日付を書き入れる; (事件・作品など)の年月日を推定する.

― 自 ❶『*de*, に』さかのぼる. ❷ 時代遅れになる.

à dater de... 《時間》…から.

Ça ne date pas d'hier [***d'aujourd'hui***]. 昨日今日のことではない.

le **dauphin** /ドファン/ 男 イルカ.

la **daurade** /ドラド/ 女 〔魚〕(ヨーロッパ)タイ.

d'autant /ドタン/ そのぶん, それだけ. → **autant**

davantage /ダヴァンタージュ/ 副 (英 more) それ以上に, もっと, さらに. ●Je n'en sais pas *davantage*. これ以上のことは知りません.

davantage de 名 《無冠詞》…よりたくさんの.

davantage que... …よりもいっそう.

de[1] /də ドゥ/ 前 →de+le=du; de+les=des; de+des=de; 母音および無音の h の前では d'.

❶ (英 of) 《属性・部分》…の.

(**a**) 《所属》〈**A de B**〉 BのA.

●le chapeau *de* Pierre ピエールの帽子.

(**b**) 《素材・用途》

●un vase *de* cristal クリスタルの花びん.

(**c**) 《内容》…の(入った).

●une tasse *de* café 1杯のコーヒー.

●un sac *d'*oignon タマネギ1袋.

(**d**) 《数量・程度》…の, …だけ.

●Le prix d'entrée est *de* 20 euros. 入場料は20ユーロです.

(**e**) 《部分》…のうちの.

●un *de* mes amis 私の友達の1人.

(**f**) 《性質》…の.

●*De* quelle couleur est votre voiture? あなたの車は何色ですか.

❷ (英 from, by) (**a**) 《起点・出身》…から, …産の.

●rentrer *de* l'école 学校から帰る.

●le vin *d'*Italie イタリアワイン.

●Vous êtes *d'*où? 出身はどちらですか.

●Je suis *de* Lyon. 私はリヨンの出身です.

●arriver *du* Japon 日本から到着する.

POINT 女性国名では定冠詞が省略される: arriver de France フランスから到着する.

(**b**) 《原因・手段・様態》…のせいで.

●mourir *de* froid 凍え死ぬ.

(**c**) 《受動態の動作主補語》…によって.

●*de* qui [quoi]...? だれ[何]によって…?

●Il est respecté *de* tous. 彼はみんなに尊敬されている.

(**d**) 《様態》…で.

●répondre *d'*une voix douce 優しい声で答える.

❸ (英 about) 《対象・主題》 (**a**) 《主題》…について.

●Que pensez-vous *de* cela? そのことについてどうお考えですか?

(**b**) 《対象》…へ, に.

●s'approcher *de* la gare 駅に近づく.

●*de* ce côté こちらの方に.

●l'amour *de* la musique 音楽への愛.

❹《期間・時間》…の間に.
● travailler *de* nuit 夜働く, 夜間作業をする.
● *de* nos jours 現代では.
❺《文法的な用法》(**a**)《不定詞の前》…すること; …して.
● Il est facile *de* critiquer. 批判するのはたやすい.
● finir *de* manger 食べ終える.
● Je suis très heureux *de* vous voir. お会いできて大変幸せです.
(**b**)《形容詞・過去分詞の前》
● quelque chose *d'*intéressant 何か面白いこと.
● Rien *de* spécial. 特別なことは何もない.
POINT quelqu'un, quelque chose, rien などを形容詞で修飾する場合, de を間に挟む.
(**c**)《同格》…という.
● la ville *de* Paris パリの街.
de A à B AからBまで. ● *du* matin *au* soir 朝から晩まで.
de A en B AからBへと. ● voyager *de* ville *en* ville 町から町へと旅する.

de[2] /də ドゥ/ 冠
❶ → 不定冠詞の複数形 des は「形容詞＋名詞」の前では de になる.
● *de* belles fleurs 美しい花.
❷ → 直接目的語につく不定冠詞・部分冠詞は否定文では de になる.
● Il n'y a plus *de* vin. もうワインがない.

le **dé**[1] /デ/ 男 さいころ. ● jouer aux *dés* さいころ遊びをする.
Les dés sont jetés. さいは投げられた.

le **dé**[2] /デ/ 男 指ぬき (=～ à coudre).

déballer /デバレ/ 他 ❶ の荷ほどきをする; (箱などから品物)を取り出す. ❷《話》(知っていること)をぶちまける.

débarbouiller /デバルブイエ/ 他 (顔)を洗う.
—se débarbouiller 代動 (自分の)顔を洗う.

le **débarcadère** /デバルカデール/ 男 船着場, 桟橋; 荷揚げ場

le **débarquement** /デバルクマン/ 男 陸揚げ, 荷揚げ; 上陸.

débarquer /デバルケ/ 他 (乗客)を降ろす; (荷物)を陸揚げする.
— 自 ❶ 上陸する; (船・飛行機から)降りる. ❷《話》不意に来る; 近況に疎(うと)い.
会話 ***Tu débarques ou quoi!*** えっ, 知らないの.

débarrasser /デバラセ/ 他 (英 clear) を片づける; (じゃまな物)を取りのける.
débarrasser A de B AからBを取り除く, 厄介払いする.
débarrasser la table 食卓を片づける.
—se débarrasser 代動 〚de, を〛厄介払いする, 捨てる. ● Je *me suis* enfin *débarrassé de* ma vieille voiture. 私はやっと古い車を処分した.

le **débat**[1] /デバ/ 男 (英 debate) 討論(会), 議論.

débat[2](**s**), **débatt ...** → **débattre** 9

débattre /デバトル/ 他 9 ❶ を討論する.
● *débattre* un projet ある計画案を討議する. ❷ について話し合う, 交渉する.
— 自 〚*de, sur*, について〛討論する.
—se débattre 代動 もがく; 〚*contre*, と〛闘う.

débattu →**débattre** 9

la **débauche** /デボーシュ/ 女 放蕩(とう), 不品行; 《話》暴飲暴食; 〚*de*, の〛濫用.

le **débit**[1] /デビ/ 男 ❶ 売れ行き, 小売り(店). ● *débit* de boissons 酒・飲料販売店.
❷ (水・ガス・電気・通信の)流量, 交通[輸送]量.
❸ 話し方, 口調.

le **débit**[2] /デビ/ 男 〔商〕借り方, 払うべきお金.

débiter /デビテ/ 他 ❶ を売る, 小売する. ❷ を単調に語る. ❸ (木材・石材など)を切る. ❹ (定時間にガス・液体など)を排出する, 供給する.

le(la) **débiteur(*trice*)** /デビトゥール(トリス)/ 名 債務者; (精神的に)負い目のある人.
— 形 負債の(ある).

déblayer /デブレイエ/ 他 49 50 (じゃまな物)を取り除く.

débloquer /デブロケ/ 他 ❶ (歯止めやブレーキ)を外す. ❷ (障害)を取り除く; (商品など)を放出する.
— 自 《話》たわごとを言う.
—se débloquer 代動 (状況などが)打開される, 停滞から脱する.

le **débordement** /デボルドマン/ 男 (河川

の)氾濫(はんらん); (言葉・感情の)爆発.

déborder /デボルデ/ 自 ❶ 氾濫(はんらん)する; 〘de, から〙あふれ出る, はみ出る.
● L'eau *débordait de* la baignoire. 湯が浴槽からあふれ出ていた.
❷〘de, で〙一杯である.
● *déborder de* santé 健康に満ちあふれている.
— 他 からはみ出す.

le **débouché** /デブシェ/ 男 ❶ (商品の)販路, 市場. ❷ 就職口.

déboucher /デブシェ/ 他 の栓を抜く; 詰まったものを取り除く.
— 自 ❶〘sur, dans〙(広い場所に)出る. ❷〘sur, に〙(結果が)行き着く, 到達する.
ne déboucher sur rien 何もならない.

debout /ドゥブー/ 副 →次の語とリエゾンしない. ❶ (英 standing) 立って.
● être *debout* 立っている.
● se mettre *debout* 立ち上がる.
❷ 起きて.
会話 ***Debout!*** 立て; 起きろ.
mettre ... debout (計画などを)軌道に乗せる.
tenir debout 《多くは否定形》しっかり立っている; 筋が通っている.
— 形 《不変》立った, 起きた, 倒れないでいる.

déboutonner /デブトネ/ 他 (服)のボタンを外す.
— **se déboutonner** 代動 (自分の服の)ボタンを外す; 《話》本心を打ち明ける.

le **débris** /デブリ/ 男 破片, かけら; 《文》《多く複数》残骸.

débrouillard(e) /デブルイヤール(ヤルド)/ 形 《話》機転のきく; 抜け目のない.
— le(la) **débrouillard(e)** 名 機転のきく人; 抜け目のない人.

débrouiller /デブルイエ/ 他 ❶ (もつれ)をほどく. ❷ (紛糾など)を解決する.
— **se débrouiller** 代動 《話》(困難などを)切り抜ける, うまくやる. 会話 Je *me débrouillerai* pour trouver du travail. なんとかして仕事を見つけよう.

le **début** /デビュ/ 男
❶ (英 beginning) 初め, 始まり, 冒頭.
● *début* de l'année 年の初め.
❷ 《多く複数》初舞台, デビュー.
● faire ses *débuts* sur la scène 初舞台を踏む.
❸ 《副詞的に》…の初めに.
au début 最初は.
dès le début 初めから.
du début à la fin 初めから終わりまで.
en début de 名 《無冠詞》 …の初めに.
Il y a* [*Il faut*] *un début à tout. 何事にも初めがある.

le(la) **débutant(e)** /デビュタン(ト)/ 名 初心者; 新人.
— 形 デビューしたての.

débuter /デビュテ/ 自 始まる, スタートする, デビューする.
débuter au théâtre 初舞台を踏む.

deçà /ドゥサ/ 副 こちら[手前]に.
***en deçà* (*de ...*)** (…の)こちら側に, (…の)手前に.
deçà* (*et*) *delà あちこちに.

la **décadence** /デカダーンス/ 女 衰退, 退廃, デカダンス.

le **décalage** /デカラージュ/ 男
❶ (位置・時間の)差異; (時間の)変更.
● *décalage* horaire 時差.
❷ ずれ; 食い違い, 不一致.

décéder /デセデ/ 自 57 《助動 être》死去する, 逝去する. ● M. Leblanc, *décédé* le 14 mai. ルブラン氏, 5月14日死去.

déceler /デスレ/ 他 1 を見つけ出す, 見抜く.

le **décembre** /desɑ̃br デサーンブル/ 男 (英 December) 12月.
en* [*au mois de*] *décembre 12月に.

la **décennie** /デセニ/ 女 10年間.

décent(e) /デサン(ト)/ 形
❶ 礼儀にかなった, しかるべき.
● tenue *décente* きちんとした身なり.
❷ 適当な.

la **déception** /デセプスィヨン/ 女 失望, 落胆, 幻滅(の種).

décerner /デセルネ/ 他 (賞など)を授与する.

le **décès** /デセ/ 男 《特に公用文で》死亡.
● fermé pour cause de *décès* 《掲示》喪中のため休み.

décevant(e) /デスヴァン(ト)/ 形 期待はずれの.

décevoir /デスヴォワール/ 他 63 (英 disappoint) を失望させる, の期待を裏切る.

décharger /デシャルジェ/ 他 40 ❶ (英 unload, relieve) から荷を降ろす; 心の重

荷を降ろす. ●*décharger* un camion トラックの荷を降ろす.
❷ から弾丸を抜き取る; を発砲する, 放電させる.
❸〈décharger A de B〉 AにBを免れさせる.

— se décharger 代動 (重荷を)降ろす.

se décharger de... sur 人 …を(人)に任せる[押しつける, 転嫁する].

déchausser /デショセ/ 他 ❶ の靴を脱がせる. ❷ (木・壁・歯)の根元を裸にする.

— se déchausser 代動 ❶ 靴を脱ぐ. ❷ 根元が露出する.

la **déchéance** /デシェアンス/ 女 ❶ 落ちぶれること. ❷ 失権, 廃位; 失効.

le **déchet** /デシェ/ 男 《主に複数》 屑(くず), 滓(かす); 廃棄物. ●*déchets* radioactifs 放射性廃棄物.

déchiffrer /デシフレ/ 他 を解読する; (謎・人の気持ち・意図・性格など)を見抜く; 〔楽〕を初見で演奏する.

déchirer /デシレ/ 他 (英 tear) ❶ を(引き)裂く, 破る. ●Il *a déchiré* la lettre sans la lire. 彼はその手紙を読まずに破った.
❷ (胸など)を引き裂く, ひどく悲しませる.
❸ (国・集団)を分裂させる.

déchirer... en deux [***morceaux***] …を二つに[ずたずたに]切る.

— se déchirer 代動 ❶ 破れる, 裂ける. ❷ はげしくけなし合う. ❸ 切り傷を負う.

la **déchirure** /デシリュール/ 女 裂け目, 破れ目.

déchirure musculaire 肉離れ.

décidé(e) /デスィデ/ 形 ❶ 決然とした, 断固とした. ❷ 明らかな. ❸ 決まった.
会話 C'est *décidé*. よし決まりだ.

être décidé à... …する決心である.

décidément /デスィデマン/ 副 《文頭で》確かに, まったく, やっぱり.

décider /デスィデ/ 他 (英 decide) ❶ (**a**) を決める. ●On *a décidé* la restauration du château. 城館の修復が決まった.
(**b**)〈décider de 不定詞 [que 直/接続法]〉…することを決める. ●Nous *avons décidé de* retarder notre départ. 私たちは出発を延ばすことに決めた.
❷〈décider 人 à 名 [à 不定詞]〉(人)に…することを決心させる.

être décidé à 不定詞 …する決心をした. ●Je *suis décidé à* partir coûte que coûte. どんなことがあっても出発することに決めた.

— 自 〖*de*, を〗決める; (の)決定を下す.

C'est à lui de décider. 決めるのは彼だ.

— se décider 代動 ❶ 決める. 会話 Allez, *décide-toi*! さあ, はやく決めて.
❷〈se décider à 名 [à 不定詞]〉…(すること)を決心する. ●Il *s'est* enfin *décidé à* signer. 彼はついに署名する決心をした. ❸〈se décider pour 名〉…の方に決める.

décimal(ale) /デスィマル/ 形 (男複 décimaux) 〔数〕❶ 10進法の. ❷ 小数の.

— la décimale 女 小数位の数. ●jusqu'à la deuxième *décimale* 小数第2位まで.

décisif(ve) /デスィズィフ(ーヴ)/ 形 ❶ 決定的な. ❷ 断固とした.

la **décision** /デスィズィヨン/ 女 決定; 決心; 決断力.

prendre la décision de 不定詞 …することを決定する.

prendre une décision 決心する, 決定する.

la **déclaration** /デクララスィヨン/ 女 ❶ 表明, 声明, 公表; 宣言(書). ❷ 恋の告白 (= ~ d'amour). ❸ 届出, 申告. ●*déclaration* de vol 盗難届. ●*déclaration* en douane 税関での申告.

faire une [***sa***] ***déclaration à*** 人 (人)に愛を告白する.

déclarer /デクラレ/ 他 (英 declare) ❶ (感情・意志・真実など)をはっきりと知らせる, 言い渡す, 表明する. ●*déclarer* son amour à 人 (人)に愛の告白をする.
❷ を申告する, 届け出る. ●*déclarer* une naissance 出生の届け出をする.
●Avez-vous quelque chose à *déclarer*? 《税関で》何か申告するものがありますか.

— se déclarer 代動 ❶ (災害が)発生する, 起こる.
❷ (自分のことを)言明する; 恋を告白する.

se déclarer pour... [***contre...***] …に賛成

[反対]を言明する.

déclencher /デクランシェ/ 他 ❶ を始動させる; の止め装置をはずす. ❷ を(突然)引き起こす.

— se déclencher 代動 始動する; 引き起こされる.

D

le **déclin** /デクラン/ 男 (日が)傾くこと; 衰退, 凋落.

être sur le déclin 傾いている, 衰退している.

décliner /デクリネ/ 自 (日が)傾く; (体力・才能などが)衰える, 下り坂になる.

— 他 ❶《文》を辞退する. ❷ を述べる. ❸〔文法〕(格により)の語尾を変化させる.

déçoi ... →**décevoir** 63

le **décollage** /デコラージュ/ 男 (英 take-off) 離陸.

au décollage 離陸時に.

décoller /デコレ/ 自 ❶ (飛行機が)離陸する. • L'avion va *décoller*. 飛行機は間もなく離陸する. ❷《話》《多くは否定形》立ち去る.

— 他 をはがす, 離す.

décoller 人 ***de ...*** 《話》(人)を(テレビや本)から遠ざける.

— se décoller 代動 はがれる.

décommander /デコマンデ/ 他 ❶ の注文を取り消す. ❷ (人)に招待の取り消しを知らせる.

décomposer /デコンポゼ/ 他 ❶ を分解する. ❷ (顔)をゆがめさせる. ❸ (肉など)を腐らせる.

— se décomposer 代動 ❶ 分解される; 腐る. ❷ (顔が)ゆがむ.

déconseiller /デコンセイエ/ 他 をやめさせる; 《不定詞を伴って》しないように勧める.

le **décor** /デコール/ 男 ❶ (劇・映画などの)舞台装置, 背景. ❷ (家屋・室内の)装飾. ❸ 自然の景観; 周囲の環境.

aller [***foncer***] ***dans le décor*** 《話》(運転を誤って)道路わきに突っ込む.

faire partie du décor 目立たない.

la **décoration** /デコラスィヨン/ 女 ❶ 装飾, 飾りつけ; 装飾品. ❷ 勲章.

décorer /デコレ/ 他 (英 decorate) ❶〖avec, de, で〗を飾る, 装飾する. ❷〖de, という名の勲章を〗に授ける.

découd (...) →**découdre** 17

découdre /デクードル/ 他 17 の縫い目を解(ほど)く.

en découdre (***avec ...***) (…と)けんかする.

— se découdre 代動 ほころびる.

découler /デクーレ/ 自 〖de, から〗生じる; 〖de, に〗由来する.

le **découpage** /デクパージュ/ 男 ❶ (紙・菓子・肉などを)切ること; 切り抜き(絵). ❷〔映〕コンテ.

faire des découpages 切り絵をする.

découper /デクペ/ 他 (英 curve, cut) ❶ を切り分ける. • *découper* un poulet 若鶏の肉を切り分ける. ❷ を(輪郭をなぞって)切り抜く.

— se découper 代動 〖sur, に〗くっきりと浮き上がって見える.

découragé(e) /デクラジェ/ 形 (英 discouraged) 落胆した; がっかりした.

décourageant(e) /デクラジャン(ト)/ 形 ❶ 落胆させる, 意欲をそぐ. ❷ (人が)期待はずれの.

le **découragement** /デクラジュマン/ 男 落胆, 失望.

décourager /デクラジェ/ 他 40 (英 discourage) ❶ を落胆させる, の気力を失わせる. ❷〈**décourager** 人 **de** 不定詞〉(人)に…することを思い止まらせる.

— se décourager 代動 意気消沈する, 気力をなくす.

décous ... →**découdre** 17

décousu(e) /デクズュ/ 形 ❶ ほころびた. ❷ 支離滅裂な.

découvert(e[1]**)** /デクヴェル(ト)/ 形 ❶ むき出しの; 無帽の; (額が)はげ上がった. ❷ 発見された.

à visage découvert 率直に, あからさまに.

la **découverte**[2] /デクヴェルト/ 女 (英 discovery) 発見; 探険. • partir à la *découverte* de ... …の探険に出発する.

découvr ... →**découvrir** 46

découvrir /デクヴリール/ 他 46 (英 discover) ❶ を発見する; 見つける. ❷ を遠くに見る, 見晴らす. ❸ の覆いを取る, を露(あら)わにする.

faire découvrir la musique à 人 (人)に音楽の手ほどきをする.

— se découvrir 代動 ❶ 帽子を脱ぐ, 衣服(の一部)を脱ぐ; ふとんをはぐ, 自分の…を露わにする. ❷ (空が)晴れる. ❸ 自己を発見する.

décrasser /デクラセ/ 他 の垢(あか)を落とす, を洗う.

le **décret** /デクレ/ 男 〔政〕デクレ. → 大統領や首相が署名した執行命令.

décret ministériel 政令.

décréter /デクレテ/ 他 57 ❶(政令として)を布告する. ❷ を宣言する.

décri ... →**décrire** 26

décrire /デクリール/ 他 26 (英 describe) ❶ を描写する, 言い表す. ●*Décrivez* ce que vous avez vu. あなたが見たことを話してみて下さい. ❷(曲線など)を描く.

décrocher /デクロシェ/ 他

❶(かけてあった物)を外す.

●*décrocher* un tableau 絵を外す.

❷(受話器)を外す; (電話)を取る.

会話 Ne *décroche* pas! (受話器を)取らないで!

❸《話》を獲得する, 手に入れる.

●*décrocher* le premier prix 1等賞を勝ち取る.

— 自 ❶《話》興味をなくす; 仕事をやめる, 脱落する. ❷(こっそり)撤退する; (敵との)接触を断つ.

déçu(e) →**décevoir** 63

dédaigner /デデニェ/ 他 ❶ を軽蔑する; (悪口など)を無視する. ❷ を断る, 退ける; 〈**dédaigner de** 不定詞〉 …することを潔しとしない.

dédaigneux(*se*) /デデニュ(ーズ)/ 形 軽蔑的な, 横柄な.

le **dédain** /デダン/ 男 軽蔑; 横柄.

prendre ... en dédain …を軽蔑する.

dedans /ドゥダン/ 副 (英 inside, within) 中に.

●La boîte est vide, il n'y a rien *dedans*. 箱は空で, 中には何もない.

●Préférez-vous déjeuner *dedans* ou dehors? 昼食は家の中でしますか, それとも戸外で.

de [du] dedans 中から.

en dedans (de ...) (…の)中に, 内側に.

être en plein dedans 真っただ中にいる.

là-dedans その中に; そこに.

— le **dedans** 男 内部, 内側.

au-dedans / au dedans 内部に[で, が]; 心の中に[で].

la **dédicace** /デディカス/ 女 (著作の)献辞, 献呈の辞.

dédier /デディエ/ 他 ❶〖à, に〗(自分の著作)を献呈する. ❷《文》〖à, に〗を捧げる.

dédir ... →**dédire** 24

se dédire /デディール/ 代動 24 (約束を)守らない, 破る; 前言を翻(ひるがえ)す.

la **déduction** /デデュクスィヨン/ 女 ❶ 差し引き, 割引; 控除. ❷〔論〕演繹(えんえき), 推論.

dédui ... →**déduire** 15

déduire /デデュイール/ 他 15 ❶〖de, から〗を控除する, 割引する. ❷ を推論する; 演繹(えんえき)する.

tous frais déduits 経費を控除して.

la **déesse** /デエス/ 女 女神.

la **défaillance** /デファイヤーンス/ 女 ❶(一時的な)失神; 気力の緩(ゆる)み. ❷(組織などの)弱さ, 非能率, 無能. ❸ 機能低下.

avoir une défaillance めまいがする.

défaillance cardiaque 〔医〕心不全.

défaillir /デファイール/ 自 5 ❶ 体の力が抜ける, 気が遠くなる, 卒倒する. ❷(気力・体力が)衰える, 弱る.

défaire /デフェール/ 他 31 ❶(英 undo) を解く, ほどく. ●*défaire* un nœud 結び目を解く. ●*défaire* sa valise スーツケースを開けて中身を出す. ❷(整えた物)を乱す, 散らかす. ❸ を弱らせる, やつれさせる. ❹《文》を撃破する, やり込める.

défaire le lit ベッド・カバーを外す; (交換のため)シーツを取る.

— **se défaire** 代動 ❶ 解体する, 崩れる, ほどける. ❷〖de, を〗追い払う, 解雇する.

défais (...), défait (...) → **défaire** 31

la **défaite** /デフェト/ 女 (戦争・試合の)敗北; 失敗.

le **défaut** /デフォ/ 男 (英 default, defect) ❶ 欠点, 欠陥; きず. ●avoir de gros *défauts* ひどい欠点がある. ❷〖de〗(必要なものの)欠如, 不足. ❸〔情報〕既定値, デフォルト.

à défaut de ... …がなければ. ●*À défaut de* bus, nous prendrons un taxi. バスがなければタクシーに乗ろう.

être en défaut 間違っている.

faire défaut 欠けている.

sans défaut 欠点のない, 完全な.

défavorable /デファヴォラーブル/ 形 〖à, に〗好意的でない; 不利な, 都合の悪い.

défavoriser /デファヴォリゼ/ 他 を不利

にする.

défectueux(se) /デフェクテュウ(ーズ)/ 形 欠陥のある, 不完全な.

défendre /デファーンドル/ 他 28 (英 defend, protect, forbid)
❶ (a)〈défendre 名 à 人〉(人)に…を禁止する.
(b)〈défendre à 人 de 不定詞 [que 接続法]〉(人)に…することを禁止する.
● Le médecin *lui a défendu de* boire. 医者は彼(女)に酒を飲むことを禁じた.
❷〖*de*, から; *contre*, に対して〗を守る, 防ぐ, 擁護する.
● *défendre* ses idées 自分の思想を守る.
❸ を弁護する.
● *défendre* un accusé 被告を弁護する.
défendre son bifteck 《話》生活の糧を守る.
Il est* [*C'est*] *défendu de 不定詞 …するのを禁止する. ● *Il est défendu de* fumer. 喫煙を禁ず.
— se défendre 代動 ❶〖*de*, から; *contre*, に対して〗身を守る. ● *se défendre* du froid 寒さから身を守る.
❷ 弁解する.
❸〖*de*, を〗否認する; 自らに禁じる, 差し控える.
❹《話》〖*en*, *à*, を〗うまくやってのける.
Ça se défend! それはもっともだ.

la **défense** /デファーンス/ 女 (英 defence)
❶ 禁止.
❷ 防衛, 擁護; 身を守る術(すべ). ● légitime *défense* 正当防衛. ● instinct de *défense* 自己防衛本能.
❸ 弁護; 被告側.
❹〔スポーツ〕守備, ディフェンス;《複》(軍の)防御施設. ● jouer en *défense*〔スポーツ〕守備をする.
❺ (動物の)牙(きば).
défense de 不定詞 …するのを禁止する.
● *Défense de* fumer [stationner]《掲示》禁煙[駐車禁止].
La meilleure défense, c'est l'attaque. 最大の防御は攻撃である.
sans défense 無防備な.

le **défenseur** /デファンスール/ 男 ❶ 守る人, 擁護者;〔スポーツ〕ディフェンスの選手. →女性形として défenseure や défenseuse を用いることもある. ❷ 弁護人.

défensif(ve) /デファンスィフ(ーヴ)/ 形 防御の; 守勢の.
— la défensive 女 防御, 守勢.
être sur la défensive 身構えている.

défer ... →**défaire**

le **défi** /デフィ/ 男 ❶ 挑戦, 決闘の申し込み; 挑発(的態度). ❷〖*à*, への〗挑戦.
mettre 人 ***au défi de ...*** (人)に…できるかと挑発する.
relever un défi 挑戦に応じる.

la **défiance** /デフィヤーンス/ 女 疑念, 不信; 自信のなさ (=〜 de soi-même).

le **déficit** /デフィスィト/ 男 (英 deficit) 赤字, 欠損; 不足(額). ● être en *déficit* 赤字である.

défier /デフィエ/ 他 ❶〈défier 人 à ...〉(人)に…を挑(いど)む. ❷〈défier 人 de 不定詞〉…できるかと(人)を挑発する. ❸ (試練など)に耐えうる, 負けない.
— se défier 代動《文》〖*de*, を〗疑わしく思う, 怪しむ.

défigurer /デフィギュレ/ 他 の顔[容貌]を醜くする; をゆがめる.

le **défilé** /デフィレ/ 男 ❶ 縦列行進, 行列; 連続. ❷ (山間の)狭い道.
défilé de mode ファッションショー.

défiler /デフィレ/ 自 ❶ (英 parade) (縦列を作って)進む, 行進する. ❷ 続く, 相次いで来る.

défîmes →**défaire** 31

défini(e) /デフィニ/ 形 ❶ 限定された, 一定の; 明確な. ❷ 定義された.
article défini〔文法〕定冠詞.

définir /デフィニール/ 他 33 (英 define) ❶ を明確にする, 決定する. ❷ を定義する.
— se définir 代動 定義される.

définitif(ve) /デフィニティフ(ーヴ)/ 形 (英 definitive) 決定的な, 最終的な.
en définitive 結局(は), つまりは.

la **définition** /デフィニスィヨン/ 女 ❶ 定義. ❷〔テレビ〕(画像の)走査線数.
par définition 定義から, 本来.

définitive →**définitif** の女性形.

définitivement /デフィニティヴマン/ 副 決定的に, 最終的に; 結局.

défis (...), défi[î]t, défont →**défaire** 31

la **déformation** /デフォルマスィヨン/ 女 ❶ 変形. ❷ ゆがみ, 歪(わい)曲.

déformer /デフォルメ/ 他 ❶ を変形させる. ❷ をゆがめる, 歪(わい)曲する. ● *dé-*

former la vérité 真実をゆがめる.

— se déformer 代動 変形する; ゆがむ.

défunt(e) /デファン(ト)/ 形 《文》死亡した.

— le(la) défunt(e) 名 故人.

le **dégagement** /デガジュマン/ 男 ❶(障害物の)除去; (下敷きになった人などの)救出. ❷(蒸気・熱・ガスの)発散. ❸連絡通路. ❹(サッカー・ラグビーの)ロングパス, クリア.

dégager /デガジェ/ 他 40 ❶(英 free)〚de, から〛を解放する, 自由にする, 救い出す. ●*dégager* un blessé *des* décombres 負傷者を瓦礫(がれき)の下から救出する. ●*dégager* sa responsabilité *de* ... …の責任を免れる.
❷(場所)を空ける. ●*Dégagez* le passage. 通してください. 会話 *Dégage!* とっとと失せろ.
❸(襟ぐりなど)を大きく開ける.
❹を発散する, 放つ.
❺〚de, から〛(結論など)を引き出す.
dégager la balle 〔サッカー〕ボールをクリアする;〔ラグビー〕タッチに逃れる.
dégager une somme [***des crédits***] (お金[予算]を)(ある用途に)使えるようにする.

— se dégager 代動 ❶〚de, から〛自由になる; (約束を)免れる; (束縛から)抜け出す.
❷障害物がなくなる. ●Mon nez *se dégage*. 鼻づまりが治った. ●Le ciel *se dégage*. (雲・霧が散って)空が晴れてくる.
❸(匂い・ガスなどが)発散する.
❹(結論が)引き出される.
Il se dégage de A que B. AからBが明らかになる.

le **dégât** /デガ/ 男 (英 damage) 《多く複数》損害, 被害.
faire [***causer***] ***des dégâts*** 被害を与える.
会話 ***Il y a du dégât.*** とんだことになりましたね.
limiter les dégâts 《話》被害を最小限に食いとめる.

le **dégel** /デジェル/ 男 ❶雪解け, 解氷. ❷緊張緩和.

dégeler /デジュレ/ 他 1 ❶(氷結)を解かす. ❷(手足など)を暖める. ❸《話》の緊張を解く.
faire dégeler ... (食品など)を解凍する.

— 自 氷が解ける.
Il dégèle. 《非人称》氷[雪]が解ける.

dégénérer /デジェネレ/ 自 57 ❶(動植物が)退化する. ❷堕落する.
dégénérer en ... …(という状態)に堕する, 悪化する.

le **dégoût** /デグ/ 男 (英 disgust) 強い嫌悪; 不快感, 嫌気. ●*dégoût* de soi 自己嫌悪.
avoir du dégoût pour ... …が大嫌いである.

dégoûtant(e) /デグタン(ト)/ 形 ❶嫌な, 胸の悪くなるような, 汚い. ❷まずい.

dégoûté(e) /デグテ/ 形 ❶《話》〚de, に〛うんざりした. ❷気難しい.

— le(la) dégoûté(e) 名 気難しい人.
faire le dégoûté 気難しく振る舞う.

dégoûter /デグテ/ 他 (英 disgust) ❶をうんざりする; の食欲をなくさせる. ●Le poisson me *dégoûte*. 魚はごめんだ.
❷〈dégoûter 人 de 名 [de 不定詞]〉…(するの)を(人)が嫌うようにさせる.
Ça m'a dégoûté de ... …はもうこりごりだ.

— se dégoûter 代動 〚de, が〛嫌になる; うんざりする.

la **dégradation** /デグラダスィヨン/ 女 ❶(建物などの)破損, 損壊. ❷(状況の)悪化. ❸(地位・資格の)剥(はく)奪.

dégrader /デグラデ/ 他 ❶を破損する, に損害を与える. ❷の地位を下げる, を罷(ひ)免する. ❸を堕落させる, の品位を下げる.

— se dégrader 代動 ❶品位を落とす, 堕落する. ❷地位が下がる. ❸徐々に破損する; (状況などが)悪化する.

le **degré** /ドゥグレ/ 男 (英 degree)
❶(推移・価値の)段階[程度].
❷(温度・経度などの)度. → 普通 10 degrés は 10° と表記. ●Il fait 20 *degrés* dans la chambre. 部屋の中は20度だ. ●*degré* Celsius [centigrade] 摂氏温度.
❸〔数〕(方程式の)次数; (角の)度. ●angle de 45 *degrés* 45度の角.
❹〔法〕親等 (=〜 de parenté).
❺〔楽〕度.
à [***jusqu'à***] ***un certain degré*** ある程度まで(は).
par degré(s) 段階的に, だんだん.
prendre ... au premier degré 文字どおり

D

の意味で理解する.
prendre ... au second degré 裏の意味で理解する.

dégringoler /デグランゴレ/ 自 《助動詞に être も使用》《話》 ❶ 墜落する, 転落する. ❷ 没落する; (株が)暴落する.
― 他 《話》(転げるように)を駆け降りる.
● *dégringoler* un escalier 階段を駆け降りる.

dégueulasse /デグラス/ 形 《話》 胸のむかつくような, 不快な.

le **déguisement** /デギズマン/ 男 変装, 仮装; 《文》(感情の)ごまかし.

déguiser /デギゼ/ 他 ❶〘en, に〙を変装させる. ❷ を変える, 偽る. ● *déguiser* son écriture 筆跡を偽る. ❸《文》(感情など)を偽る, 隠す.
― **se déguiser** 代動 〘en, に〙変装する.

déguster /デギュステ/ 他 ❶ の味を見る. ❷ をおいしく食べる, 味わう. ❸《話》(殴打など)を食らう.

dehors /ドゥオール/ → 次の語とリエゾンしない. 副 (英 outside, out) 外に[で], 戸外に. ● Il fait froid *dehors*. 外は寒い. ● Je vous attendrai *dehors*. 外でお待ちします.
en dehors 外に; それ以上に.
en dehors de ... …の外に; …を除いて.
● être *en dehors du* sujet 本題からそれている.
jeter [mettre, foutre] ... dehors 《話》…を追い出す; 解雇する.
passer par dehors 外を回って行く.
― le **dehors** 男 ❶ 外部, 外側. ❷《多く複数》外観, 見かけ.
au-dehors [au dehors] 外に[外観は].

déjà /deʒa デジャ/ 副 (英 already) ❶ もう, すでに, とっくに.
● C'est *déjà* fini! それはもう終わったよ.
● Vous avez *déjà* dîné?—Non, pas encore. 夕食はもう済みましたか. —いいえ, まだです.
❷ 以前に, 前に.
● Je vous ai *déjà* dit cela. そのことは前にあなたに言いました.
❸《話》《強調》それだけでもう.
● C'est *déjà* quelque chose! それだけでも大したものだ.
❹《話》《聞き直す時に》えーと.
● C'est combien, *déjà*? いくらでしたっけ.

le **déjeuner** /deʒœne デジュネ/ 男 (英 lunch)
❶ 昼食.
❷《ベルギー, カナダ》朝食.
petit déjeuner 朝食.
prendre son déjeuner 昼食を取る.
― 自 ❶ (a) 昼食を食べる.
● On *déjeune* au restaurant tunisien? あのチュニジア料理レストランで昼食を食べようか.
(b)《ベルギー, カナダ》朝食を食べる.
❷〈déjeuner de ...〉 昼食[朝食]に…を食べる.
● J'ai *déjeuné* d'un sandwich. 私はサンドイッチで昼食を済ませた.

de la /ドゥラ/ 冠 《部分冠詞の女性形》→ 巻末文法: 冠詞

delà /ドゥラ/ 前 《次の表現で》
au(-)delà その向こうに[で], その先に[で].
au(-)delà de ... …の向こうに[で], …の先に[で]; …を過ぎて. ● C'est *au-delà de* mes forces. それは私の限界を越えている.
par(-)delà その向こう側に[で].
par(-)delà ... …の向こうに[で]; …以前に.

le **délai** /デレ/ 男 (英 deadline) ❶ 期間, 期限. ❷ 猶予. ● respecter [tenir] les *délais* 期限を守る.
à bref délai 短期日内に, 間もなく.
délai de réflexion クーリングオフ. → 契約の解除ができる期間.
dernier délai 最終期限.
sans délai 猶予なしに, 直ちに.

délaisser /デレセ/ 他 を見捨てる, なおざりにする.

la **délégation** /デレガスィヨン/ 女 《集合的に》代表団; 委員会.

délégué(e) /デレゲ/ 形 (権限を)委任[委託]された, 代表の.
― le(la) **délégué(e)** 名 代表者; 代理人.

déléguer /デレゲ/ 他 57
❶ (人)を代表として送る.
❷ を委任する, 委嘱する. ● *déléguer* ses pouvoirs à 人 (人)に権限を委任する.

la **délibération** /デリベラスィヨン/ 女 討議, 審議. ● après mûre *délibération* 十分な熟慮の末に.

délibéré(e) /デリベレ/ 形 断固とした; 意図的な.
d'une façon délibérée はっきり[きっぱり]と; 故意に.
délibérément /デリベレマン/ 副 ❶ 断固として. ❷ 熟考の上で, 故意に.
délibérer /デリベレ/ 自 57 〚sur, de, について〛討議する.
délicat(e) /デリカ(ト)/ 形 (英 delicate) ❶ 繊細な, 優美[優雅]な. ●parfum *délicat* de la rose. ほのかなばらの香り.
❷ 過敏な, きゃしゃな, 虚弱な; 鋭敏な. ●peau *délicate* デリケート[過敏]な肌.
❸ 難しい, 微妙な. ●problème *délicat* 微妙な問題.
❹ 思いやりのある.
d'un geste délicat 慎み深い態度で.
peu délicat 無神経な.
— le(la) **délicat(e)** 名 繊細[デリケート]な人, 気難しい人.
faire le délicat いちいち注文をつける.
la **délicatesse** /デリカテス/ 女 (英 delicacy) ❶ 繊細さ, 精巧; 優雅さ, 洗練されていること. ❷ 心遣い(のこまやかさ), 思いやり. ❸ 敏感さ; 脆(もろ)さ, ひ弱さ.
avec délicatesse 慎重に.
manquer de délicatesse デリカシーを欠く.
le **délice** /デリス/ 男 《不変》 恍惚(こうこつ)とした喜び(を生むもの).
— les **délices** 女 複 無上の喜び[悦楽].
faire les délices de 人 (人)を大いに喜ばせる; に深く愛される.
délicieux(se) /デリスィユ(ーズ)/ 形 (英 delicious, delightful) ❶ とてもおいしい. ❷ とても心地よい, とても感じのよい, 非常に魅力的な.
délier /デリエ/ 他 ❶ (結び目, ひもなど)を解く, ほどく. ❷ を自由にする; 〚de, から〛を解放する. ●*délier* 人 d'une obligation (人)を義務から解放する.
délier la langue à 人 (酒などが)(人)をしゃべらせる.
— **se délier** 代動 (ひもなどが)解ける; 解放される.
la **délimitation** /デリミタスィヨン/ 女 (境界などの)画定, 範囲の限定.
délimiter /デリミテ/ 他 の境界を定める; 範囲を限定する.
le(la) **délinquant(e)** /デランカン(ト)/ 名 軽犯罪者.
— 形 軽罪を犯した. ●jeunesse *délinquante* 非行少年.
le **délire** /デリール/ 男 ❶ 精神錯乱, 妄想(もうそう). ❷《話》うわごと, ばかげたこと. ❸ 熱狂; 逆上.
en délire 熱狂した.
délirer /デリレ/ 自 ❶ 精神が錯乱する, うわごとを言う. ❷《話》熱狂する. ❸《話》たわごとを言う.
délirer de colère 怒りで逆上する.
délirer de joie 有頂天になる.
le **délit** /デリ/ 男 軽(犯)罪. → 重罪 (crime) と違警罪 (contravention) の中間の罪.
●commettre un *délit* 違法行為をする.
●*délit* sexuel 性犯罪.
la **délivrance** /デリヴランス/ 女 ❶ 解放(感), 救助. ❷ 交付; 引き渡し.
délivrer /デリヴレ/ 他 ❶ (英 free) 〚de, から〛を解放する; 救出する. ❷ を交付する, 引き渡す.
— **se délivrer** 代動 ❶ 〚de, を〛免れる; (から)解放される. ❷ 交付される, 引き渡される.
déloger /デロジェ/ 他 40 〚de, から〛を立ち退かせる; 追い払う; (獲物)を狩り出す.
déloyal(ale) /デロワイヤル/ 形 (男複 déloyaux) 不誠実な; 不正な, 卑怯(ひきょう)な.
le **déluge** /デリュージュ/ 男 ❶ (D-) ノア (Noé) の大洪水 (=〜 universel). ❷ 大洪水[豪雨].
remonter au déluge 過去にさかのぼって話を始める.
demain /ドゥマン/ 副 (英 tomorrow)
❶ 明日. ●Venez *demain* matin. 明朝いらっしゃい.
❷ やがて, 近い将来.
Ce n'est pas demain la veille. 《話》それはすぐに起こることではない.
— le **demain** 男 明日; (近い)将来.
会話 ***À demain!*** 《あいさつ》また明日.
la **demande** /ドゥマンド/ 女 (英 demand)
❶ 依頼, 要求, 申し込み; 結婚申し込み (=〜 en mariage).
❷ 要求[依頼]書, 願書; 要求[依頼]物.
❸ 注文, 請求; 〔経〕需要.
***à* [*sur*] *la demande* (*de...*)** …の求め[要望・依頼]によって.
faire sa demande en mariage 求婚す

D

る.

faire une demande à 人 (人)にある要求をする.

demander /ドゥマンデ/ 他 (英 ask)
❶ (a) 〈demander 名 à 人〉 (人)に…を頼む, 依頼する. ●Je *te demande* pardon. 許してください.
(b) 〈demander à 不定詞〉 …することを求める.
(c) 〈demander à 人 de 不定詞〉 (人)に…してくれと頼む, したいと言う. ●Je *te demande de* m'aider. 私を助けてください.
❷ を尋ねる, 問う. ●*demander* son chemin à ... …に道を尋ねる.
❸ を期待する, 要求[請求]する. ●C'est trop *demander*. それは要求しすぎだ.
❹ (ものが)を必要とする. ●Cela *demande* réflexion. それは熟考を要する.
❺ (人)を呼んでもらう, 訪ねる.

demander des nouvelles de 人 (人)の消息を尋ねる.

会話 ***Je demande à voir!*** 見てみないと信じられないな.

会話 ***Je ne t'ai rien demandé!*** おまえには何も訊(き)いてないよ.

ne pas demander mieux (***que de*** 不定詞 [***que*** 接続法]) これ[…する]以上の望みはない, 喜んで同意する.

— **se demander** 代動 自問する, 不思議に思う. ●Je *me demande* pourquoi. なぜだろうと私は自問する[不思議に思う].

le(la) **demandeur(se)** /ドゥマンドゥール(ズ)/ 名 頼む人; 申請者, 質問者.

démanger /デマンジェ/ 他 40 をかゆがらせる.
— 自 むずがゆい.

Ça me démange de 不定詞 《話》私は…したくてむずむずしている.

La langue me démange. 《話》話したくてむずむずする.

la **démarche** /デマルシュ/ 女 (英 walk, gait) ❶ (ある目的のための)奔走, 運動. ❷ (行動の)仕方, 態度; 進め方, 手続き. ❸ 足取り, 歩きぶり. ●avoir une *démarche* pesante 重い足取りである.

faire une démarche auprès de 人 (人)に頼み込む, 働きかける.

le **démarrage** /デマラージュ/ 男 (乗り物の)発進; 始動; 〔情報〕起動.

démarrer /デマレ/ 自 (英 start) ❶ 発車する, 始動する. ●La voiture ne veut pas *démarrer*. 車はなかなか発進しようとしない.
❷ 《話》(事業などが)うまく行き出す, スタートする.
— 他 《話》を始める; 〔情報〕(ソフトなど)を起動させる.

le **démêlé** /デメレ/ 男 《主に複数》もめごと, 葛藤(かっとう), 紛争.

le **déménagement** /デメナジュマン/ 男 引っ越し, 移転; 《話》引っ越し荷物. ●faire un *déménagement* 引っ越しをする.

déménager /デメナジェ/ 自 40 ❶ 引っ越す. ●Il *a déménagé* dans le Midi. 彼は南フランスに引っ越した. ❷ 《話》たわごとを言う.
— 他 (家具)を移す.

la **démence** /デマンス/ 女 ❶ 精神錯乱, 気違いじみた行為. ❷ 〔法〕心神喪失; 〔医〕認知症.

le **démenti**[1] /デマンティ/ 男 否定, 否認.

opposer un démenti formel à ... …をきっぱり否定する.

démenti[2] →**démentir** 48

démentir /デマンティール/ 他 48 (英 deny)
❶ を打ち消す, 否認する. ❷ に反する, と矛盾する.
— **se démentir** 代動 《主に否定文》弱まる, 消える.

démesuré(e) /デムズュレ/ 形 度を越した, 並はずれた; とてつもない.

démettre /デメートル/ 他 41 ❶ を脱臼(だっきゅう)させる. ❷ を解任する.
— **se démettre** 代動 ❶ 脱臼(だっきゅう)する. ❷ 〚de, を〛辞任する, やめる.

la **demeure** /ドゥムール/ 女 《文》住まい, 住居.

à demeure (ある場所に)長く, 恒久的に.

mettre 人 ***en demeure de*** 不定詞 (人)に…するように強く命じる, 催促する.

demeurer /ドゥムレ/ 自 ❶ 《助動 être》(ある場所に)とどまる; (同じ状態の)ままでいる. ●Son nom *demeurera* dans l'histoire. 彼(女)の名は歴史に残るだろう.
❷ (英 reside) 《助動 avoir》住む, 滞在する.

en demeurer là そこでやめる, そこまでにしておく.

demi(e) /d(ə)mi ドゥミ/ 形 (英 half)
半分の; 中途半端な.
... et demi …半.
●un mètre et *demi* 1メートル半.
●un mois et *demi* 1か月半.
POINT demi(e) は先行する名詞の性に一致するが, 常に単数形である: Il est huit heures et demie. 8時半です.
— le(la) **demi(e)** 名 半分.
— le **demi** 男 ❶ 2分の1.
●quatre et *demi* 4と2分の1.
●trois *demis* 2分の3.
❷ 大コップ一杯の生ビール; (サッカー・ラグビーの)ハーフバック.
●Un *demi*, s'il vous plaît. 生ビールを1杯下さい.
à demi 半ば, ほとんど; 中途半端に. ●*à demi* nu 半裸の. ●bouteille *à demi* pleine 半分まで入っているびん.
— la **demie** 女 30分過ぎ, 半.
●Nous partirons à la *demie*. 半になったら出かけよう.
— 副 半ば, ほとんど.
●*demi*-cuit 半煮えの.
démi[î] ... →**démettre** 41
demie →**demi** の女性形.
la **demi-heure** /ドゥミウール/ 女 半時間, 30分. ●une *demi*-heure 半時間.
démilitariser /デミリタリゼ/ 他 を非軍事化[武装解除]する.
démis (...) →**démettre** 41
demi-sel /ドゥミセル/ 形 《不変》(バターやチーズが)薄塩の.
la **démission** /デミスィヨン/ 女 (英 resignation) 辞職, 辞任; 辞表. ●donner sa *démission* 辞表を出す, 辞職する.
démissionner /デミスィヨネ/ 自 辞職する; 放棄する, やめにする.
— 他 《話》を辞職させる.
le **demi-tour** /ドゥミトゥール/ 男 半回転.
faire demi-tour Uターンする; 引き返す.
la **démocratie** /デモクラスィ/ 女 (英 democracy) 民主主義; (代議制の)民主政体; 民主主義国.
démocratique /デモクラティク/ 形 (英 democratic) 民主主義の; 民主的な; 民衆(大衆)の.
démocratiquement /デモクラティクマン/ 副 民主(主義)的に.
démocratiser /デモクラティゼ/ 他 を民主化する; 大衆化する.
démodé(e) /デモデ/ 形 流行遅れの; 時代錯誤の.
la **démographie** /デモグラフィ/ 女 人口統計学; 人口(数).
la **demoiselle** /ドゥモワゼル/ 女 未婚の女性; お嬢さん, 娘さん, 令嬢.
démolir /デモリール/ 他 33 (英 demolish) ❶ を壊す, 解体する. ●*démolir* un vieux bâtiment 古い建物を取り壊す. ❷ (学説など)を覆(くつがえ)す. ❸ 《話》(人)をやっつける, 打ちのめす; (人)の信用を失わせる; 健康を損なう.
la **démolition** /デモリスィヨン/ 女 (建物の)取り壊し; 解体.
le **démon** /デモン/ 男 ❶ 悪魔; 堕天使; **(D-)** 魔王. ❷ 悪魔みたいな人間; (熱中させる)魔力.
démonstratif(ve) /デモンストラティフ(ーヴ)/ 形 ❶ 説得力のある. ❷ (人が)感情をあらわにする. ❸〔文法〕指示の.
adjectif [pronom] démonstratif 指示形容詞[代名詞].
— le **démonstratif** 男〔文法〕指示詞.
la **démonstration** /デモンストラスィヨン/ 女 ❶ 証明. ❷ 商品の使用法の実演. ❸ 《多く複数》(感情の)表現[表明].
démonstration de force 〔軍〕示威行動.
faire une démonstration 証明する.
démonter /デモンテ/ 他 ❶ (機械など)を分解する. ❷ (人)を狼狽(ろうばい)させる, 混乱させる. ❸ を落馬させる.
— **se démonter** 代動 ❶ 狼狽する. ●sans *se démonter* 落ち着き払って. ❷ 分解される.
démontrer /デモントレ/ 他 〈**démontrer que** 直〉を証明する; 明らかにする, 示す.
démoraliser /デモラリゼ/ 他 をがっかりさせる.
— **se démoraliser** 代動 気力を失う, がっかりする.
la **dénégation** /デネガスィヨン/ 女 否認, 拒絶.
dénigrer /デニグレ/ 他 を悪く言う, けなす, 中傷する.
dénombrer /デノンブレ/ 他 を数える, 数え上げる.
le **dénominateur** /デノミナトゥール/ 男

〔数〕分母.
dénominateur commun 共通分母; 共通点.

dénommer /デノメ/ 他 ❶を名づける. ❷〔法〕を指名する.

dénoncer /デノンセ/ 他 52 ❶(罪人·不正)を告発[密告]する; 暴く. ●*dénoncer* 人 à la police (人)を警察に密告する. ❷〔法〕の破棄を通告する.

—se dénoncer 代動 自首する.

la **dénonciation** /デノンスィヤスィヨン/ 女 ❶告発, 密告. ❷(協定などの)破棄通告.

dénoter /デノテ/ 他 (特徴によって)を示す[表す].

le **dénouement** /デヌマン/ 男 (事件などの)解決, 結末; (物語などの)大詰め.
dénouement heureux ハッピーエンド.

dénouer /デヌエ/ 他 ❶(結び目)をほどく, 解く. ❷を解決する.

—se dénouer 代動 ❶ほどける, 解ける. ❷(問題が)解決する.

la **denrée** /ダンレ/ 女 《多く複数》食料品 (=～s alimentaires); 飼料.

dense /ダンス/ 形 ❶濃い, 濃密な; 密集した. ●brouillard *dense* 濃霧. ❷密度が高い.

la **densité** /ダンスィテ/ 女 ❶濃さ, 濃密さ. ❷〔物〕密度; 比重.

la **dent** /ダン/ 女 (英 tooth) ❶歯; 牙(きば).
●J'ai mal aux *dents*. 私は歯が痛い.
●se brosser [se laver] les *dents* 歯をみがく.
❷(歯車などの)歯.
❸鋸(きょ)歯状のもの; (葉の縁の)ぎざぎざ; (山の)尖(せん)峰.
avoir la dent 《話》腹ぺこである.
avoir la dent dure (envers...) (…を)酷評する.
avoir les dents longues 《話》野心的である.
brosse à dents 歯ブラシ.
dent de lait 乳歯.
dent de sagesse 親知らず.
dent gâtée [cariée] 虫歯.
en dents de scie ぎざぎざの.
être sur les dents ものすごく忙しい; 神経をとがらせている; 疲れ果てている.
faire ses dents (子供の)歯が生える.
garder une dent contre... …に恨みを持つ.
grincer des dents 歯ぎしりする.
parler entre ses dents もぐもぐとしゃべる.
se mettre... sous la dent …を食べる, 口にする.

dentaire /ダンテール/ 形 歯の, 歯科の.

denté(e) /ダンテ/ 形 ぎざぎざのある.
roue dentée 歯車.

dentelé(e) /ダントレ/ 形 (縁が)ぎざぎざの, 鋸(きょ)歯状の.

la **dentelle** /ダンテル/ 女 レース; 《複》レース飾り, レース細工.
crêpe dentelle 薄焼きのクレープ.
de [en] dentelle レース製の.
ne pas faire dans la dentelle 《話》細かい所にこだわらない, おおざっぱにやる.

le **dentifrice** /ダンティフリス/ 男 歯磨き.
●pâte *dentifrice* 歯磨き粉.

le(la) **dentiste** /ダンティスト/ 名 歯医者, 歯科医.

dénué(e) /デニュエ/ 形 〘*de*, を〙欠いた, ない. ●*dénué de* bon sens 良識のない.

le **dénuement** /デニュマン/ 男 貧窮(ひんきゅう), 欠乏; (精神的な)貧困.

le **dépannage** /デパナージュ/ 男 故障を直すこと; (自動車·機械などの)(応急)修理; 〔情報〕トラブルシューティング.
camion de dépannage レッカー車.

dépanner /デパネ/ 他 ❶の故障を直す; (乗物)を修理のため牽引(けんいん)する. ❷《話》(人)を窮状から救い出す.

le(la) **dépanneur(se)** /デパヌール(ズ)/ 名 修理工.

— la dépanneuse 女 (故障車を牽引(けんいん)する)レッカー車.

le **départ** /depar デパール/ 男
❶(英 departure) 出発; 発車; (スポーツ競技の)スタート.
●les *départs* en vacances 休暇への出発.
●*départ* d'une course 競走のスタート.
❷(駅の)発車ホーム, 乗車口.
●quai de *départ* 発車ホーム.
❸初め, 出だし.
❹辞職, 辞任; 解雇.
au départ 初めは.
dès le départ 最初から.
donner le départ スタートの合図をする.

être sur le départ まさに出発しようとしている.
faux départ 〔スポーツ〕フライング.
point de départ 出発点, 初め; (ことの)起こり.
prendre le départ スターを切る.
● L'affaire *a pris* un bon *départ*. 事業は好調な出だしを切った.

le **département** /デパルトゥマン/ 男 (英 department) ❶ (フランスの)県; 《複》(パリに対して)地方. ● *département* d'outre-mer 海外県.
❷ 部門, 部局; 課, 部; (大学の)学科; (行政組織の)省. ● *département* d'État (米国の)国務省.

départemental(ale) /デパルトゥマンタル/ 形 (男複 départementaux) 県の.
— la **départementale** 女 県道 (= route ~ale). → 略 R.D..

dépasser /デパセ/ 他 (英 pass, exceed) ❶ を追い越す, 通り過ぎる. ● défense de *dépasser* 《掲示》追い越し禁止. ● Elle *a dépassé* un camion à toute allure. 彼女は全速力でトラックを追い越した.
❷ (ある量・限界)を越える, 超過する. ● ne pas *dépasser* la dose prescrite 《注意書》処方された量を守ること.
❸ を上回る; の理解を越える. ● Cela *dépasse* mes forces. それは私の手に負えない. ● *dépasser* l'attente de 人 (人)の予想を越える.
dépasser les bornes [***la mesure***] 度を越す, 行きすぎる.
— 自 はみ出る, 飛び出している.
— **se dépasser** 代動 自分の限界を乗り越える.

dépayser /デペイゼ/ 他 (環境・習慣の変化で)の居心地を悪くさせる, を途方に暮れさせる.

la **dépêche** /デペシュ/ 女 ❶ 電報. ❷ 公用文書.

dépêcher /デペシェ/ 他 (英 dispatch) 《文》(使者など)を急いで送る.
— **se dépêcher** 代動 急ぐ; 〈se dépêcher de 不定詞〉 急いで…する.
● *Dépêchez-vous!* 急ぎなさい.
● Je *me suis dépêché de* manger. 私は急いで食事をした.

dépend (...) → **dépendre** 28

la **dépendance** /デパンダーンス/ 女 ❶ 依存(関係), 従属(関係). ❷ 属国, 属領. ❸ 《複》付属物. ❹ 依存.
être sous [***dans***] ***la dépendance de...*** …に従属[依存]している.
tenir ... sous sa dépendance …を支配下に置く.

dépendant(e) /デパンダン(ト)/ 形 〖de, に〗属した; 依存する.

dépendre[1] /デパーンドル/ 自 28 (英 depend on) 〖de, に〗よる; (…)次第である; 依存[従属, 所属]する. ● Cela *dépend de* vous. それはあなた次第です.
Ça dépend. それは場合によりけりである.
Il dépend de A de 不定詞 [***que*** 接続法] …はA次第である.
ne dépendre que de soi-même 自立している.

dépendre[2] /デパーンドル/ 他 28 (つるしてあるもの)を下ろす, 外す.

la **dépense** /デパーンス/ 女 (英 expense) お金を使うこと; 出費, 支出; 消費(量); 費用.
faire la dépense de... …の費用を支払う, …を買う.
regarder à la dépense 倹約する.

dépenser /デパンセ/ 他 (英 spend) ❶ (お金)を使う. ● Il *a dépensé* beaucoup d'argent pour ce voyage. 彼はこの旅行にたくさんお金を使った. ❷ を消費する; (時間・力)を使う.
dépenser sans compter 惜しげもなくお金を使う.
— **se dépenser** 代動 ❶ 使われる. ❷ 力を尽くす, 努力する; 体を動かす, 運動する.

dépister /デピステ/ 他 (跡をたどって)を探し出す; 見つけ出す.

le **dépit** /デピ/ 男 悔しさ, 恨み, 遺恨.
en dépit de... …にもかかわらず; …をものともせず, …を無視して. ● *en dépit du* bon sens 良識を無視して, ひどい仕方で.

le **déplacement** /デプラスマン/ 男 (英 displacement) ❶ 移動.
❷ 出張, 旅行; 通勤.
❸ 人事異動.
Ça vaut le déplacement. 行くだけの価値はある.
être en déplacement (***pour affaires***) 出

張中である.

déplacer /デプラセ/ 他 52 ❶ を移動させる, の位置を変える, を動かす. ●*déplacer* une table テーブルの位置を変える. ❷ を配置転換する, 左遷する. ❸ (興行などが人)を呼び寄せる.

D

déplacer le problème [***la question***] 問題をずらす[はぐらかす].

— se déplacer 代動 ❶ 移動する. ●*se déplacer* en voiture 車で行く. ❷ 旅行する, 出向く.

sans se déplacer その場を離れずに, その場で.

déplair ... →**déplaire** 53

déplaire /デプレール/ 自 53 〖*à*〗(人の)気に入らない, 嫌われる.

n'en déplaise à ... 《皮肉》…のお気には召すまいが, …にもかかわらず. ●*ne vous (en) déplaise* 申しにくいことだが, 気の毒だが.

— se déplaire 代動 ❶ 気に食わない, 居心地が悪い, 退屈する. ❷ 互いに気に入らない.

déplais (...) →**déplaire** 53

déplaisant(e) /デプレザン(ト)/ 形 不(愉)快な, 気に入らない; 感じの悪い.

le **déplaisir** /デプレズィール/ 男 不満; 不(愉)快.

déplaît →**déplaire** 53

déplier /デプリエ/ 他 (折り畳んだもの)を広げる; (手足)を伸ばす; (小包)をほどく.

— se déplier 代動 広がる; 開く.

déplorable /デプロラーブル/ 形 とても残念な, 嘆かわしい; ひどく悪い.

déplorer /デプロレ/ 他 を残念に思う, 不満に思う; 嘆く.

déployer /デプロワイエ/ 他 45 ❶ を広げる; (商品など)を並べる. ❷ (勇気・力など)を発揮する; (軍隊)を展開させる.

rire à gorge déployée 大口を開けて笑う.

— se déployer 代動 広げられる; 広がる; 発揮される.

déplu (...), déplû ... →**déplaire** 53

déporter /デポルテ/ 他 ❶ を強制収容所へ送る. ❷ (車・船・飛行機など)の方向をそらせる.

— se déporter 代動 (車・弾丸などの方向が)それる.

déposer /デポゼ/ 他 ❶ (英 put down) (持っていた物)を置く, 下ろす; 捨てる; (人)を降ろす. ●*Déposez* votre valise ici. ここにあなたの荷物を置きなさい. ●défense de *déposer* des ordures 《掲示》ごみ捨て禁止. ●J'ai ma voiture, je vous *déposerai* à la gare. 車がありますから, 駅で降ろしてあげましょう. ❷ (お金など)を預ける. ●*déposer* de l'argent à la banque 銀行に預金する. ❸ を提出する, 申し立てる; 証言する. ❹ を取り除く, 取りはずす. ❺ (皇帝など)を廃位にする. ❻ を沈殿させる.

déposer les armes 戦いをやめる.

— 自 ❶ (液体が)滓(かす)を沈殿させる. ❷ 証言をする.

— se déposer 代動 沈殿する, たまる.

le **dépôt** /デポ/ 男 (英 deposit) ❶ 預けること, 委託; 預金. ❷ 置くこと; 保管所, 倉庫, 車庫. ●*dépôt* d'ordures ごみ捨て場. ❸ 提出, 申し立て; (商標の)登録. ❹ 沈殿物, 滓(かす).

dépouiller /デプイエ/ 他 ❶ (動物・木)の皮をはぐ. ❷ 〈**dépouiller** 人 **de ...**〉(人)から…を取り上げる, むしり取る. ❸ (資料など)を検査[検討]する.

dépouiller le scrutin 開票する.

dépourvu(e) /デプルヴュ/ 形 〖*de*, を〗持っていない.

prendre 人 ***au dépourvu*** (人)の不意をつく.

déprécier /デプレスィエ/ 他 ❶ の価値を下げる. ❷ を過小評価する; 軽視する; 貶(おとし)める.

— se déprécier 代動 価値が落ちる[下がる].

la **dépression** /デプレスィヨン/ 女 ❶ 意気消沈, 鬱(うつ)病[状態] (=～ nerveuse). ●faire de la *dépression* ひどく落ち込む. ●faire une *dépression* 鬱病になる. ❷ (気圧などの)低下; 低気圧. ❸ (市況の)不振, 不景気 (=～ économique). ❹ くぼ地 (=～ de terrain).

depuis /dəpɥi ドゥピュイ/

前 (英 since, for)

❶ 《時間・期間》…以来, …(前)から.

POINT depuis は過去のある時点から; 未来に関しては à partir de.

●*depuis* longtemps ずっと前から.

●Il ne conduit plus *depuis* son accident. 事故以来彼は運転しない.

● *Depuis* quand tu la connais? きみはいつから彼女を知っていますか.

❷ (場所・範囲)…から.

● *Depuis* le couloir, on entend tout. 廊下からは丸聞こえだ.

❸ (序列)…から.

● articles *depuis* 10 euros 10ユーロ以上の商品.

depuis A jusqu'à B AからBまで. ● *depuis* le début *jusqu'à* la fin 初めから終わりまで.

depuis le temps que... ずっと前から…なのだから.

depuis peu ごく最近.

depuis que 直 …して以来. ● *Depuis que* je suis étudiant, j'habite ici. 私は学生になってからここに住んでいる.

depuis A que... A(過去の時点)に…して以来. ● *Depuis* quatre ans *qu'*il était parti... 4年前に彼が出て行って以来….

depuis toujours 昔から.

— 副 それ以来.

● Je l'ai vu l'an dernier, mais pas *depuis*. 彼には去年会ったが, その後は会っていない.

le(la) **député(e)** /デピュテ/ 名 (英 deputy) ❶ 使節, 代表. ❷ 国民議会議員; 代議士; (下院)議員.

le(la) **déraciné(e)** /デラスィネ/ 名 祖国[故郷]を喪失した人, 根なし草.

déraciner /デラスィネ/ 他 ❶ を根こそぎにする; (悪習など)を根絶する. ❷ (祖国・故郷から人)を引き離す.

dérailler /デライエ/ 自 ❶ (列車の車両が)脱線する. ❷ 《話》(機械などの)調子が狂う; (人の)頭がおかしくなる.

déraisonnable /デレゾナーブル/ 形 筋道の通らない, 不条理な; 無分別な.

le **dérangement** /デランジュマン/ 男 ❶ 乱れ, 混乱; 不調; 障害. ❷ わざわざ行く[来る]こと, 出張. ❸ (仕事などの)じゃま.

en dérangement (機械などが)故障した.

déranger /デランジェ/ 他 40 (英 disturb) ❶ (人)のじゃまをする, に迷惑をかける.

● Cet accident a *dérangé* ses projets. その事故で彼(女)の計画は狂った.

● Je ne vous *dérange* pas? おじゃまじゃありませんか.

❷ を乱す.

❸ (機械, 体調など)を狂わせる, 損(そこ)なう.

Ne pas déranger 《ホテルで》起こさないで下さい.

— **se déranger** 代動 ❶ 席を立つ, 仕事を中断する. ❷ (仕事などに)出かける.

Ne vous dérangez pas. どうぞそのままで.

le **dérapage** /デラパージュ/ 男 ❶ 車輪のスリップ. ❷ (スキーの)横滑り, デラパージュ. ❸ 状況[情勢]の悪化.

déraper /デラペ/ 自 ❶ (車の車輪などが)スリップする; 〔スキー〕横滑りする, デラパージュする. ❷ (事態が)急激に悪化する; 抑制がきかなくなる; (物価が)急騰する.

Ça dérape. (道路が)スリップしやすい.

dérégler /デレグレ/ 他 57 (調子)を狂わせる, 乱す.

— **se dérégler** 代動 調子が狂う, 乱れる; 堕落する.

la **dérision** /デリズィヨン/ 女 嘲(あざけ)り, 愚弄(ぐろう).

tourner... en dérision …をばかにする.

dérisoire /デリゾワール/ 形 あまりにも少ない[安い], 話にならない; ばからしい.

dérivé(e) /デリヴェ/ 形 派生した, 二次的な.

— le **dérivé** 男 ❶ 派生語 (=mot ~). ❷ 二次製品 (=produit ~).

dériver /デリヴェ/ 自 ❶ 〚*de*, から〛派生する, 由来する; 生じる. ❷ 方向をはずれる; (船や飛行機が)漂流する.

— 他 (水の流れ)を変える.

dériver un cours d'eau 水の流れを変える.

dernier(ère) /デルニエ(ール)/ 形 (英 last) ❶ (**a**) 最後の. ● Décembre est le *dernier* mois de l'année. 12月は1年の最後の月だ.

(**b**) この前の; 最新の. ● la semaine *dernière* 先週. ● l'an *dernier* / l'année *dernière* 去年. ● *dernières* nouvelles 最新のニュース.

❷ 極端な. ● affaire de la *dernière* importance 非常に重要な問題; (文脈により)最もつまらない問題.

❸ 最下等[最低]の. ● être *dernier* en classe クラスのびりである. ● arriver *dernier* びりで着く.

à la dernière minute / au dernier moment ぎりぎりになって, 土壇場で.
ces derniers jours [temps] 最近, 近頃.
― le(la) **dernier(ère)** 名 最後のもの; 末っ子. ●Vous êtes le *dernier*. あなたが最後です.
ce dernier / cette dernière 《直前の名詞を受けて》後者. ●Il habitait avec son père et son frère; *ce dernier* était infirme. 彼は父と兄と一緒に住んでいた. その兄は病弱だった.
en dernier 最後に.
être le dernier à 不定詞 / ***être le dernier*** 関係詞 (人が)…する資格が一番ない, 最も…しそうにない.
habiter au dernier 最上階に住む.
le dernier des... …のうちで最も甚(はなは)だしい[一番下等な]もの.
le dernier des derniers この上なくひどい人.
― la **dernière** 女 (芝居などの)最終日[公演]; 《話》(新聞の)最終版; 最新のニュース.

dernièrement /デルニエルマン/ 副 最近, 先ごろ, この間, この前.

dérobé(e) /デロベ/ 形 盗まれた, 隠された; 隠れた, 秘密の.
à la dérobée ひそかに, こっそりと.

dérober /デロベ/ 他 ❶〖à, から〗をこっそり盗む, くすねる.
❷〖à, から〗を隠す, かくまう, 守る.
❸《文》をそらす, 遠ざける.
― **se dérober** 代動 ❶〖à, を〗逃れる; 返答[反応]を避ける, 逃げる, 期待に応じない.
❷(人から)身体を離す, 離れる.
❸《文》(地面・足もとが)崩れる; (膝(ひざ)の力が)抜ける.

le **déroulement** /デルルマン/ 男 ❶(巻いてあるものを)広げる[解く]こと; 解ける[広がる]こと; (丘・波などの)広がり. ❷展開; (事件などの)継起[推移].
veiller au bon déroulement de... …がうまくいくように気を配る.

dérouler /デルレ/ 他 ❶(巻いてあるもの)をほどく. ❷を繰り広げる, 展開する.
― **se dérouler** 代動 ❶(巻いたものが)ほどける, 広げられる. ❷広がる, 展開される; 行われる.

la **déroute** /デルト/ 女 敗走, 惨敗.
mettre en déroute 敗走させる.

dérouter /デルテ/ 他 ❶(船や飛行機)の行き先を変更させる. ❷を当惑させる, 途方に暮れさせる.

derrière
/dɛrjɛr デリエール/ 前 (英 behind)
❶ … の後ろに[で]; 背後で, 陰で.
●*derrière* une maison 家の後ろに[裏に].
❷ … に続いて, … の次に, … のあとに.
avoir 人 ***derrière soi*** (人)に支持されている. ●Il *a* tout le monde *derrière lui*. 彼にはみんながついている.
de derrière... …の背後から. ●Il est sorti *de derrière* le mur. 彼は塀の陰から出て来た.
être derrière 人 (人)の後ろについている; (人)を支持している; 見張っている.
faire... derrière 人 (人)に隠れて[の背後で]…する.
par derrière... …の背後で.
― 副 後ろで[に], 背後で[に].
●regarder *derrière* 後ろを見る.
●monter [se mettre] *derrière* (車の)後部座席に乗る.
(sens) devant derrière さかさまに.
●mettre un pull *sens devant derrière* セーターを後ろ前に着る.
là derrière そこの後ろ[裏]で.
par derrière 背後から. →**par-derrière**
― le **derrière** 男 ❶後部, 裏; (建物の)裏側, 裏口. ●le *derrière* d'une maison 家の裏手.
❷尻. ●tomber sur le *derrière* 尻餅(もち)をつく.

des[1] /デ/ 冠 《不定冠詞 un, une の複数形》→**un** ❶いくつかの, 何人かの, ある. ●un stylo et *des* crayons 1本のペンと数本の鉛筆.

ポイント
▶否定文の直接目的語では des は否定の冠詞 de となる: Elle a des frères. →Elle n'a pas de frères.
▶書き言葉では, 複数名詞の前に形容詞が来ると des は de に変わる: des arbres →de grands arbres. ただし形容詞が名詞と一体となった複合語の場合は不変: des jeunes filles.
▶前置詞 de のあとでは des は省略される: avoir besoin de vacances. バカンスが必要だ.

❷《多数を強調》いくつも(の), 多くの; 相当な.
❸《固有名詞の単数形の前で》…のような人[もの]; …の作品; …家の人々. ●*des* Bourbon ブルボン王家の人々.
❹《話》《数形容詞の前で誇張的に》●gagner *des* deux mille euros par semaine 週に何と2000ユーロも稼ぐ.

des[2] /デ/ 《前置詞 de と定冠詞複数形 les との縮約形》…の; …から. →**de**
●Il arrive *des* États-Unis. 彼がアメリカからやって来る.

dès /デ/ 前 (英 from) ❶《時間》…からすぐに, …の時から早速. ●*dès* ce moment この時からすぐ. ●*dès* son enfance 早くも子供のころから. ❷《場所》…から, …を過ぎると.
dès le début 初めから.
dès l'instant [***le moment***] ***où*** 直 …するとすぐ.
dès lors その時から; 結果として.
dès lors que 直 …である以上; …や否や.
dès que 直 …するや否や; (因果関係を示して)…の瞬間から, いったん…すると.

le **désaccord** /デザコール/ 男 ❶不和, 仲たがい. ●être [se trouver] en *désaccord* avec A sur B Bに関してAと意見が対立している. ❷不調和. ❸(事柄の)不一致.

désagréable /デザグレアーブル/ 形 (英 disagreeable) 不愉快な, 嫌な; 感じの悪い.

désagréablement /デザグレアブルマン/ 副 不愉快に.

désapprouver /デザプルヴェ/ 他 に反対する, を認めない; 非難する.

le **désarmement** /デザルムマン/ 男 武装解除; 軍備縮小; 〔海〕艤(ぎ)装解除.

désarmer /デザルメ/ 他 ❶(人)から武器を取り上げる. ❷(人)を無防備にする, 怒る気をなくさせる. ❸(船)の艤(ぎ)装を解く.
— 自 ❶軍備を撤廃[縮小]する. ❷(感情が)静まる.
ne pas désarmer 《話》あきらめない.

le **désarroi** /デザロワ/ 男 (精神的な)動揺, 混乱.
être en plein désarroi 気が動転している; (国・経済が)混乱している.

le **désastre** /デザストル/ 男 ❶災害; 惨禍. ❷破綻; 《話》完全な失敗, 惨憺(たん)たる結果.

désastreux(se) /デザストル(ーズ)/ 形 ひどい, 惨憺(たん)たる; 壊滅的な.

le **désavantage** /デザヴァンタージュ/ 男 不利; 欠点; 不利な点.
tourner au désavantage de ... (状況が)…に不利になっていく.

désavantager /デザヴァンタジェ/ 他 40 を不利にする.

désavantageux(se) /デザヴァンタジュ(ーズ)/ 形 不利な.

désavouer /デザヴエ/ 他 ❶を否認する, 取り消す. ❷を認めない, 非難する.

la **descendance** /デサンダンス/ 女 ❶《集合的》子孫. ❷《文》家系, 出身.

descendant(e) /デサンダン(ト)/ 形 下って行く, 下降する.
— le(la) **descendant(e)** 名 子孫[後裔(こうえい)].

descendre

/desɑ̃dr デサーンドル/ 自 28 《助動 être》(英 go down, descend)
❶降りる, 下りる, 低くなる.
●*descendre* à la cave 地下室に降りる.
●Tout le monde *descend*! 《車内放送》皆さん降りてください.
●Les fleuves *descendent* vers la mer. 川は海に向かって流れ下る.
●route qui *descend* doucement 緩やかな下りの道.
●Le thermomètre *est descendu* au-dessous de zéro. 温度計は零下に下った.
❷〚*de*, から〛下車する, 降りる.
●*descendre du* métro 地下鉄を降りる.
❸泊る.
●Dans quel hôtel *êtes*-vous *descendu*? どのホテルにお泊まりですか.
❹南下する; (都会から地方へ)行く.
●*descendre* à Marseille マルセイユへ下る.
❺〚*de*, の〛血筋である, 出身である.
●Il *descend d'*une famille noble. 彼は貴族の出だ.
— 他 《助動 avoir》❶を降ろす.
●Voulez-vous *descendre* mes valises? 私のスーツケースを降ろしてくれませんか.
❷を下りる. ●Nous *avons descendu*

D

la montagne. 私たちは山を下った.
❸《話》を射ち落とす; (人)を射ち殺す.
descendre ... en flammes 《話》(人)をこき下ろす, やっつける; (飛行機)を撃ち落とす.

la **descente** /デサント/ 女 (英 descent)
❶下降, 降りること. ❷下り坂, 下り. ❸(警察の)手入れ; 臨検. ❹侵攻, 襲来. ❺下ろすこと.
à la descente de ... …から降りた際に.
descente de bain 浴室用足ふき, バス・マット.
faire une descente 《話》(他人の家を)不意に襲う, 押しかける.

descriptif(ve) /デスクリプティフ(ーヴ)/ 形 描写的な.
— le **descriptif** 男 (建物の)見取り図; 仕様書.

la **description** /デスクリプスィヨン/ 女 描写, 記述. ●faire la *description* de ... …を描写する.

le **déséquilibre** /デゼキリブル/ 男 ❶不均衡, アンバランス. ●être en *déséquilibre* 不均衡である. ❷精神不安定 (=～ mental).

déséquilibré(e) /デゼキリブレ/ 形 アンバランスな; 精神異常の.
— le(la) **déséquilibré(e)** 名 精神異常者.

déséquilibrer /デゼキリブレ/ 他 の均衡[バランス]を失わせる; (人)を狂わせる.

désert(e) /デゼール(ト)/ 形 (英 deserted) 無人の, 住む人もない; 寂しい. ●île *déserte* 無人島.
— le **désert** 男 ❶砂漠. ❷無人の地; (楽しみ・潤いが)何もない所.
prêcher dans le désert (誰も耳を貸さないような)むなしい説教をする; 馬の耳に念仏.

désespérant(e) /デゼスペラン(ト)/ 形 絶望的な, がっかりさせる; 嫌な, 困った.

désespéré(e) /デゼスペレ/ 形 (英 desperate) ❶絶望的な. ❷必死の, 死にもの狂いの. ❸残念な, 遺憾な.
— le(la) **désespéré(e)** 名 絶望者.

désespérément /デゼスペレマン/ 副 ❶絶望的に; 取り返しのつかないほど. ❷比類なく. ❸必死に, 夢中で, 死にもの狂いで.

désespérer /デゼスペレ/ 他 57 (英 despair) を絶望させる; ひどく悲しませる, がっかりさせる.
— 自 絶望する. ●C'est à *désespérer*. それは絶望的だ.
désespérer de ... …(すること)をあきらめる.
— **se désespérer** 代動 絶望する.

le **désespoir** /デゼスポワール/ 男 (英 desperation) 絶望, 落胆.
en désespoir de cause やむなく.
être au désespoir de ... …を大変残念に思う.

le **déshabillé** /デザビエ/ 男 (婦人用の軽い)部屋着.
en déshabillé 部屋着姿で.

déshabiller /デザビエ/ 他 (英 undress) の服を脱がせる.
— **se déshabiller** 代動 服を脱ぐ; 上着・手袋などを脱ぐ.

déshabituer /デザビテュエ/ 他 〈déshabituer 人 de ...〉 (人)に…の習慣を失わせる.
— **se déshabituer** 代動 『*de*, の』習慣を失う; (を)やめる.

le **déshonneur** /デゾヌール/ 男 不名誉, 恥, 面(つら)汚し.

déshonorer /デゾノレ/ 他 の名誉を傷つける.
— **se déshonorer** 代動 名誉を失墜する.

la **désignation** /デズィニャスィヨン/ 女 ❶指定. ❷名称. ❸選出, 指名.

désigner /デズィニェ/ 他 ❶を指し示す; (言葉などが)を示す, 意味する. ●*désigner* ... du doigt …を指で示す. ❷を選ぶ, 指名する. ●*désigner* 人 par son nom (人)を名指しする.
être tout désigné pour ... …にうってつけだ.

la **désillusion** /デズィリュズィヨン/ 女 幻滅, 失望.

désinfectant(e) /デザンフェクタン(ト)/ 形 消毒の.
— le **désinfectant** 男 消毒剤[薬] (=produit ～).

désinfecter /デザンフェクテ/ 他 (傷口・衣服)を消毒[殺菌]する.

désintéressé(e) /デザンテレセ/ 形 私心のない; 無欲な; 公平な.

désintéresser /デザンテレセ/ 他 (人)に

借金を返す, 弁償する.

— se désintéresser 代動 〖*de*, に〗 無関心になる, 無視する.

le **désir** /デズィール/ 男 (英 desire) 欲望, 願望; 性欲. ● *désir* de réussir 出世欲, 野心. ● prendre ses *désirs* pour des réalités 願望を現実と取り違える.

désirable /デズィラブル/ 形 望ましい, 必要な; 性欲をそそる.

désirer /デズィレ/ 他 (英 desire) ❶ を欲する, 望む. 会話 Vous *désirez*? / Que *désirez*-vous? (店で)何にいたしましょうか.
❷ に欲情を抱く.
laisser à désirer もうひとつだ, 物足りない.
se faire désirer 《話》(人を待たせて)やきもきさせる.

désireux(se) /デズィル(ーズ)/ 形 〖*de*, が〗 欲しい, したい. ● Elle est *désireuse de* plaire 彼女は人に好かれたがっている.

désobéir /デゾベイール/ 自 33 〖*à*, に〗 背(そむ)く, 従わない.

la **désobéissance** /デゾベイサンス/ 女 不服従, 反抗; 違反.

désolant(e) /デゾラン(ト)/ 形 ❶ とても悲しい, 痛ましい. ❷ 嫌な.

désolé(e) /デゾレ/ 形 (英 sorry) ❶ 残念だ, 申し訳ない. 会話 *Désolé*! すみません.
❷ 《文》荒涼とした.
être désolé de 不定詞 [***de*** 名] …して[…が]残念だ, すみません. ● Je *suis désolé d*'arriver en retard. 遅刻してすみません.

désoler /デゾレ/ 他 をひどく悲しませる.

— se désoler 代動 悲しむ, 残念に思う.

le **désordre** /デゾルドル/ 男 (英 disorder) ❶ 無秩序, 乱雑; 騒動, 乱れ, 混乱. ● être en *désordre* 散らかっている. ● mettre ... en *désordre* …を散らかす. ❷ 《多く複数》暴動, 騒ぎ.
dans le désordre 無秩序に.

désormais /デゾルメ/ 副 これからは, 今後は; その時から, それ以後. ● Le magasin sera *désormais* ouvert jusqu'à 20h. 当店は今後20時まで営業します.

desquels, desquelles /デケル/ 代 → 前置詞 de と lesquels, lesquelles との縮約形. → **lequel**

dessécher /デセシェ/ 他 57 ❶ を乾燥させる; 干上がらせる. ❷ をやつれさせる; (心)から潤いを失わせる.

— se dessécher 代動 ❶ 乾燥する, 干からびる. ❷ やつれる.

le **dessein** /デサン/ 男 《文》計画, 意図.
à dessein 故意に, わざと.

dessers, dessert[1] → **desservir** 69

le **dessert**[2] /デセール/ 男 (英 dessert) デザート(の時間). ● Qu'est-ce qu'il y a comme *dessert*? 《レストランで》デザートは何がありますか.

desserv ... → **desservir** 69

desservir /デセルヴィール/ 他 69 ❶ (交通機関・電話などが)に通じている, 連絡している. ❷ から食事を片づける. ❸ に損をさせる.

le **dessin** /デサン/ 男 (英 drawing, sketch)
❶ 素描, デッサン.
❷ 図案.
❸ 輪郭, 線.
dessin animé アニメーション.
faire un dessin à 人 《話》(人)に事細かに説明する. ● Tu veux que je *te fasse un dessin*? もっと詳しい説明が必要かい. 会話 Inutile de *faire un dessin*! (図を描く必要ないほど)事は明々白々だ.

le(la) **dessinateur(trice)** /デスィナトゥール(トリス)/ 名 ❶ デッサン画家, 漫画家, イラストレーター. ❷ デザイナー. ● *dessinateur* de mode ファッションデザイナー.

dessiner /デスィネ/ 他 (英 draw) ❶ (線で)を描く, デッサンする; (図面)を引く. ❷ の輪郭を浮き出させる.
dessiner ... à grands traits …を大まかにデッサンする.

— se dessiner 代動 ❶ くっきりと現れる. ❷ 形をなす, 概略がはっきりする.

dessous /ドゥス/ 副 (英 under, below) (その)下に, 下方に. ● Le chat est sur la table et le chien est *dessous*. 猫はテーブルの上におり, 犬は下にいる.
en dessous 下側に, 下で, 階下に; ひそかに. ● Les toilettes sont juste *en dessous*. トイレはすぐこの下です.
en dessous de ... …の下に; …の階下に; …以下に.

D

être en dessous de tout 箸にも棒にもかからない, どうしようもない.

— 前 …の下に.

de dessous... …の下から.

— le **dessous** 男 ❶下; 下の階. ❷(足・靴の)裏. ❸《複》裏面, 裏側. ❹《複》(女性の)下着.

avoir le dessous (戦い・議論で)劣勢である, やりこめられる.

là-dessous その下に.

par-dessous (その)下に[を].

dessus /ドゥスュ/ 副 (英 above, on) (その)上に, 上方に, 表(おもて)に. ●Ce banc est propre, vous pouvez vous asseoir *dessus*. このベンチはきれいですからその上に腰を下ろしてもかまいません.

avoir le nez dessus すぐそばにいる, 目の前にある.

bras dessus bras dessous 腕を組んで.

ci-dessus この上に, 上記に.

en dessus 上(方)に, 表に.

là-dessus その上に; そこで; それについて.

mettre la main dessus 捕える, つかむ; 見つける.

mettre le doigt dessus 当てる, 図星を指(さ)す.

mettre le nez dessus 鼻を近づける; 嗅(か)ぎつける.

par-dessus (その)上に[を].

sens dessus dessous 上下逆さまに.

tomber dessus 襲いかかる.

— 前 …の上に.

de dessus... …の上から.

— le **dessus** 男 ❶上部, 上; 上の階. ❷(布などの)表. ❸覆い, カバー.

avoir le dessus (戦闘・議論などで)優勢である, 勝つ.

dessus du panier 最良のもの, エリート.

prendre le dessus 優勢になる; 元気になる.

reprendre le dessus 再び優勢になる; (病人が)元気になる; (不幸や悲しみから)立ち直る.

le **destin** /デスタン/ 男 ❶運命, 宿命; 巡(めぐ)り合わせ. ❷前途.

le(la) **destinataire** /デスティナテール/ 名 (英 addressee) (郵便の)受取人; 〔情報〕受信者.

la **destination** /デスティナスィヨン/ 女 ❶行き先; 宛て先. ●à *destination* de... …行きの. ❷用途.

la **destinée** /デスティネ/ 女 ❶(英 destiny, fate) 運命, 宿命; 定め. ❷《文》生涯, 生活.

destiner /デスティネ/ (英 destine) 他 ❶〔à, のために〕を予定する, 用意する. ●*destiner* une somme à... …のためにある金額をとっておく. ●*destiner* un poste à 人 (人)のためにあるポストを用意しておく. ❷〔à, に〕を向ける; 充てる, 宛てる.

— **se destiner** 代動 〔à, を〕志す, 目指す.

la **destruction** /デストリュクスィヨン/ 女 ❶破壊; 根絶. ❷(契約などの)破棄.

désunir /デズュニール/ 他 33 (人)を不和にする, 離反させる.

détaché(e) /デタシェ/ 形 ❶無関心な. ❷全体から分離した. ❸(公務員が)出向中の.

le **détachement** /デタシュマン/ 男 ❶心の離反, 無関心. ❷〔軍〕分遣隊; (公務員の)出向.

détacher[1] /デタシェ/ 他 (英 detach) ❶(**a**)をほどく, 解き放つ; 外す. ●*détacher* ses cheveux 髪をほどく. (**b**)〔*de*, から〕を(切り)離す. ●*détacher* une fleur *de* sa tige 茎から花をもぎとる. ❷(音)を区切って発音する. ❸を派遣する.

— **se détacher** 代動 ❶〔*de*, から〕ほどける; 離れる, はずれる. ●Le chien *s'est détaché*. 犬の鎖がはずれた. ❷はっきり目立つ; 浮かび出る. ❸〔*de*, から〕遠ざかる; (に)関心をなくす, 愛情が薄れる.

détacher[2] /デタシェ/ 他 の染(し)みを抜く.

le **détail** /detaj デタイユ/ 男 (英 detail) ❶細部; 詳細; 部分. ❷小売り, ばら売り. ●vendre au *détail* 小売りする; ばら売りする.

会話 ***C'est un détail!*** そんなことはどうでもいい.

en détail 詳しく.

faire le détail de... …の詳細を述べる.

ne pas faire le détail 細かいことにこだわらない.

détecter /デテクテ/ 他 を探知する, 検出する.

déteign ... →**déteindre** [19]

déteindre /デターンドル/ [自] [19] ❶ 色があせる; 〖*sur*, に〗色が移る. ❷〖*sur*〗(人に)影響を及ぼす.

détendre /デターンドル/ [他] [28] (張っていたもの)を緩める; (精神などの緊張)を緩める, 和らげる.

— **se détendre** [代動] 緩む; (緊張が)緩和する; リラックスする.

détendu(e) →**détendre** [28]

détenir /デトゥニール/ [他] [75] ❶ を保持する. ❷ を拘留する, 捕虜にする.

la **détente** /デタ―ント/ [女] ❶ くつろぎ, 息抜き. ●avoir besoin de *détente* 息抜きが必要である. ❷ 緊張緩和, デタント. ❸ (銃の)引き金.

le(la) **détenteur(*trice*)** /デタントゥール(トリス)/ [名] 保持者, 保有者.

la **détention** /デタンスィヨン/ [女] ❶ 保持. ❷ 拘留, 抑留; 監禁.

détention provisoire 拘留.

détenu(e) /デトゥニュ/ [形] 拘留された; 留置された.

— le(la) **détenu(e)** [名] 拘留された人; 留置された人.

détériorer /デテリヨレ/ [他] を傷める, 悪化させる, 駄目にする.

— **se détériorer** (物が)傷む; 悪化する.

déterminant(e) /デテルミナン(ト)/ [形] 決定する; 決定的な.

— le **déterminant** [男] 〔文法〕限定詞 [辞].

la **détermination** /デテルミナスィヨン/ [女] ❶ 決定, 確定. ❷ 決意; 断固たる態度. ❸〔文法〕限定.

déterminé(e) /デテルミネ/ [形] ❶ 決まった. ●à une heure *déterminée* 決まった時刻に. ❷ 断固とした. ●d'un ton *déterminé* 決然たる口調で.

déterminer /デテルミネ/ [他] (英 determine) ❶ を決定する, 明確化する; 測定する. ●*déterminer* la date d'un rendez-vous 会う日を決める.
❷〈déterminer [人] à [名] [à [不定詞]]〉(人)に…の[…する]決心をさせる.
❸ の原因となる.
❹〔文法〕を限定する.

— **se déterminer** [代動] 〖à, (すること)に〗決める, 決心する; 決定される.

déterrer /デテレ/ [他] ❶ (地中から)を掘り出す. ❷ (隠されていたもの)を発見する.

détestable /デテスタブル/ [形] 嫌な, 不快な, ひどい.

détester /デテステ/ [他] (英 detest) をひどく嫌う, 厭(いや)がる.

détien ..., déti[î]n ... →**détenir** [75]

la **détonation** /デトナスィヨン/ [女] 爆音, 爆発音.

le **détour** /デトゥール/ [男] (英 bend, curve) ❶ 回り道. ●faire un *détour* 回り道する. ❷ 曲がりくねり, 曲がり角. ❸ 婉(えん)曲な言い回し.

Ça vaut le détour. 足を運ぶ価値がある.

sans détour 率直な[に].

détourner /デトゥルネ/ [他] (英 divert) ❶ の方向を変える; そらす. ●*détourner* la conversation 話をそらす. ●*détourner* les yeux [le regard] 視線をそらす. ❷〈détourner [人] de [名] [de [不定詞]]〉(人)に…(すること)を思いとどまらせる. ❸ を横領する.

détourner un avion 飛行機をハイジャックする.

— **se détourner** [代動] ❶ 顔をそむける. ❷〖*de*, から〗離れてゆく.

la **détresse** /デトレス/ [女] ❶ (孤立無援の)苦悩, 悲嘆. ❷ 苦境, 窮乏; 遭難.

signal de détresse 遭難信号. →S.O.S. のこと.

le **détroit** /デトロワ/ [男] 海峡.

détromper /デトロンペ/ [他] (人)に誤りを悟らせる.

— **se détromper** [代動] 誤りに気づく.
会話 ***Détrompe-toi!*** それは違う, 目を覚ましなさい.

détrui ... →**détruire** [15]

détruire /デトリュイール/ [他] [15] (英 destroy) ❶ を破壊する, 壊す.
❷ を損ねる.
❸ を殺す, 絶滅させる.

— **se détruire** [代動] 自殺する, 自滅する.

la **dette** /デト/ [女] (英 debt) ❶ 借金, 負債. ●*dette* de l'État 国債. ●faire des *dettes* 借金する. ❷ 恩, 恩義.

être en dette avec [envers] ... …に借金[借り, 恩義]がある.

le **deuil** /ドゥイユ/ [男] (英 mourning) ❶ 死別の悲しみ, 近親の死. ❷ 喪, 喪服.

avoir le cœur en deuil 悲嘆に暮れている.
être en deuil 喪に服している.
faire son deuil de... …をあきらめる.

deux /dø ドゥ/ 形 《不変》(英 two) → 母音, 無音の h の前では /z/ でリエゾン.
❶ 2の; 2人の; 2番目の.
❷ 両方の.
● *deux* côtés de la rue 通りの両側.
❸ わずかな, 少しの.
de deux choses l'une 2つのうち1つ.
tous les deux jours 1日おきに.
— le **deux** 男 《不変》2(の数字), 2日; 2番地.
à deux 2人で;〔テニス〕ジュース.
À nous deux! さしの勝負だ.
Ça fait deux. その2つは別のものだ.
deux à* [*par*] *deux 2人[2つ]ずつ.
en deux 2つに. ● couper *en deux* 2つに切る.
en moins de deux 《話》たちまち, あっという間に.
Jamais deux sans trois. 《ことわざ》2度あることは3度ある.
les deux/ tous* [*toutes*] *les deux 両方とも. ● Il est méchant ou bête? —*Les deux*. 彼は意地悪なのかばかなのか—両方だ.

deuxième /ドゥズィエム/ 形 (英 second) 2番目の.
croire en une deuxième vie 来世を信じる.
— le(la) **deuxième** 名 2番目の人[もの].
— le **deuxième** 男 3階 (=～ étage); (パリなどの)2区 (=le ～ arrondissement).
POINT 1階は rez-de-chaussée, 2階は premier étage.
— la **deuxième** 女 ❶ 2等 (=～ classe). ❷ 第2学級. → 後期中等教育の第1学年; 15～16歳に相当.

deuxièmement /ドゥズィエムマン/ 副 2番目に, 第2に.

le **deux-points** /ドゥポワン/ 男 《不変》コロン (:).

dev ... → **devenir** 75 → **devoir** 23

devai ... → **devoir** 23

dévaliser /デヴァリゼ/ 他 から持ち物を奪い取る.
dévaliser un magasin 《話》店の品を大量に買い込む.

dévaloriser /デヴァロリゼ/ 他 ❶ の価値を低下させる. ❷ (価値・信用)を落とす; 軽んじる.
— **se dévaloriser** 代動 価値が下がる.

la **dévaluation** /デヴァリュアスィヨン/ 女 平価切下げ.

dévaluer /デヴァリュエ/ 他 (平価)を切下げる.
— **se dévaluer** 代動 (平価が)切下げられる; 価値が下がる.

devancer /ドゥヴァンセ/ 他 52 ❶ に先立つ, 先行する. ❷ に打ち勝つ. ❸ の先回りをする.

devant[1] /d(ə)vɑ̃ ドゥヴァン/ 前 (英 in front of, before)
❶ 《空間的》…の前に[で, を]; …の面前で.
● Je t'attendrai *devant* la sortie. 出口の前で待ってるよ.
● Ce n'est pas à dire *devant* les dames. それは女性の前で言うべきではない.
❷ …の前方へ[を], …の先に, …の前途に.
● Regardez *devant* vous. 前を見なさい.
● Il a un bel avenir *devant* lui. 彼の前途は洋々としている.
● *devant* le danger 危険に直面して.
avoir du temps* [*de l'argent*] *devant soi 時間[金]の余裕がある.
de devant... …の前から. ● Ôtez-vous *de devant* la fenêtre. 窓の前からさがって下さい.
— 副 ❶ 先に, 先頭に立って.
● s'asseoir *devant* 一番前に座る.
● Passez *devant*. お先にどうぞ.
❷ 前方に.
● être loin *devant* はるか前方にある[いる].
● monter *devant*. (車の)前の座席に乗る.
comme devant 《文》以前どおり, 相変わらず.
(***sens***) ***devant derrière*** 後ろ前に.
— le **devant** 男 前方, 前面; (建物の)表(おもて).
● *devant* d'une voiture 車の前部.
● *devant* d'une maison 家の正面.
***prendre les devants* [*le devant*]** 他人に先んずる; 先手を打つ.

devant[2] →**devoir** の現在分詞.

la **devanture** /ドゥヴァンテュール/ 女 店頭, ショー・ウインドー.

en* [*à la*] *devanture (ショー・ウインドーに)展示してある.

dévaster /デヴァステ/ 他 を荒廃させる, にひどい損害を与える.

le **développement** /デヴロプマン/ 男 (英 development) ❶ 発展, 発育. ● pays en voie de *développement* 発展途上国. ❷ (出来事の)進展, 展開. ❸ (フィルムの)現像.

en plein développement めざましく発展している; 育ち盛りの.

développer /デヴロペ/ 他 (英 develop) ❶ を発達させる, 進展させる. ● *développer* l'intelligence 知能を発達させる. ● *développer* la production 生産を増進させる. ❷ (考えなど)を展開する. ❸ 〔写〕(フィルム)を現像する. ❹ 〔軍〕を展開させる.

— se développer 代動 発展する, 発育する. ● L'enfant *se développe* rapidement. 子供の発育は早い.

deven ... →**devenir** 75

devenir[1] /ドゥヴニール/ 自 75 (英 become) 《助動 être》 (…に)なる. ● Je voulais *devenir* avocat 私は弁護士になりたかった.

devenir grand 背が高くなる.

devenir vieux 年をとる.

Il devient de plus en plus difficile de 不定詞 《非人称》…するのがますます難しくなっている.

会話 ***Que devenez-vous?*** 調子はどうですか.

le **devenir**[2] /ドゥヴニール/ 男 変転, 生成; 未来.

devez →**devoir** 23

la **déviation** /デヴィヤスィヨン/ 女 ❶ 回り道, 迂(う)回(路). ❷ (行為などの)逸脱. ❸ 《医》 湾曲.

devien ... →**devenir** 75

dévier /デヴィエ/ 他 をそらせる, 迂(う)回させる.

— 自 〘*de*, から〙(方向が)それる.

deviez →**devoir** 23

devi[î]n ... →**devenir** 75

deviner /ドゥヴィネ/ 他 (英 guess) ❶ を見抜く, 言い当てる, 推察する. ● *deviner* un secret 秘密を見破る. ● *Devine*, si tu peux. できるなら当ててごらん.
❷ を(どうにか)見分ける.
❸ (謎)を解く.

Tu devines le reste. あとは想像できるでしょう.

— se deviner 代動 (どうにか, かすかに)見分けられる.

la **devinette** /ドゥヴィネト/ 女 なぞなぞ. ● poser une *devinette* à 人 (人)になぞなぞを出す.

devions →**devoir** 23

la **devise**[1] /ドゥヴィーズ/ 女 ❶ 標語; スローガン. ❷ モットー.

la **devise**[2] /ドゥヴィーズ/ 女 外貨, 外国為替 (=〜s étrangères).

dévisser /デヴィセ/ 他 (ねじくぎ)を抜く; (ふた)を回して開ける.

— 自 滑落する.

— 代動 ***se dévisser la tête* [*le cou*]** 《話》 首をねじって後ろを向く.

dévoiler /デヴォワレ/ 他 ❶ の覆いを取る. ❷ を暴露する, 明らかにする.

— se dévoiler 代動 ❶ ヴェールを脱ぐ. ❷ 明らかになる, 現れる.

devoir[1] /d(ə)vwar ドゥヴォワール/ 他 23

je	dois	nous	devons
tu	dois	vous	devez
il	doit	ils	doivent
現分	devant	過分	*dû

*男性複数は dus, 女性単数は due, 女性複数は dues.

❶ (英 have to, must) 〈**devoir** 不定詞〉 (**a**) 《義務》…しなければならない.
● Je *dois* téléphoner à ma mère. お母さんに電話しなければ.
● Tu ne *dois* pas montrer du doigt! (人などを)指で指してはいけません.

ポイント

devoir の否定形は「…してはいけない」といった禁止の表現.「…しなくてもよい」「…する必要はない」は ne pas avoir besoin de 不定詞.
Tu ne dois pas faire ça. 君はそれをしてはならない.
Tu n'as pas besoin de faire ça. 君はそれをしなくてもよい.

D

(**b**)《条件法過去形で》《話者の意思》…すべきであったのに.
● Tu *aurais dû* téléphoner. 電話すべきだったのに.
(**c**)《可能性・推定》…するに違いない, きっと…だろう, …するはずだ.
● Elle *doit* être arrivée. 彼女はもう着いているはずだ.
(**d**)《必然》必ず…する(宿命だ).
● Cela *devait* arriver! そうならざるをえなかったんだ.
(**e**)《意向・未来》…するつもりである, …することになっている.
● Je *devais* partir le lendemain. 私は翌日出発するつもりだった.
❷ (英 owe) (**a**)〈**devoir ... à** 人〉(人)に…を借りている; (人)に…の恩義がある.
● Je *lui dois* cent euros. 私は彼(女)に100ユーロの借りがある.
● Je *vous dois* combien? おいくらですか.
(**b**)〈**devoir à** 人 **de** 不定詞〉…するのは(人)のおかげである.
● Je *te dois d'*avoir réussi. 私が成功したのは君のおかげだ.

— se devoir 代動 ❶〖à, に〗尽くすべき義務がある.
● Un médecin *se doit à* ses patients. 医者は患者に尽くす義務がある.
❷〈**se devoir de** 不定詞〉…する義務がある.
comme il se doit 当然ながら;《話》予想されたように.

le **devoir**[2] /ドゥヴォワール/ 男 (英 duty) ❶ 義務, 本分. ● faire son *devoir* 義務を果たす, やるべきことをやる. ❷ 宿題; 課題. ● faire ses *devoirs* 宿題をやる.
Il est de mon devoir de 不定詞 …するのは私の義務だ.
par devoir 義務感から.

devons →devoir 23

dévorer /デヴォレ/ 他 ❶ をむさぼり食う; むさぼり読む. ❷ を焼き尽くす, 使い果たす, すっかり失わせる. ❸ を苦しめる.
dévorer 人 ***des yeux*** (人)を食い入るように見つめる.

dévot(e) /デヴォ(ト)/ 形 信心深い, 敬虔(けいけん)な.
— le(la) **dévot(e)** 名 信心家.

dévoué(e) /デヴエ/ 形〖à, に〗献身的な; 忠実な.

le **dévouement** /デヴマン/ 男 献身.

se dévouer /デヴエ/ 代動 ❶ 献身する;〖à, に〗身を捧げる. ❷ (人の嫌がることを)引き受ける.

devr ... →devoir 23

le **diable**[1] /ディヤーブル/ 男 (英 devil) ❶ 悪魔; (**D-**) 魔王, サタン. ❷ やんちゃ坊主. ❸ 人間, やつ.
à la diable 大急ぎで, いいかげんに.
au diable (vauvert) 大変遠くに.
avoir le diable au corps 《話》冷酷無情である; 精力的である; 激しい恋をしている; 平然と悪事を行う.
C'est bien le diable si ... もし…ならまったく不思議だ[驚きだ, 大変だ].
C'est le diable. 困ったことになった.
de tous les diables 極度の, ものすごい.
diable de ... 《話》奇妙な, 嫌な.
du diable 酷い, ものすごい.
en diable ひどく.
envoyer ... au diable [à tous les diables] 《話》…を追い払う.
tirer le diable par la queue ひどくお金に困っている.
— 間 ❶《驚き・称賛・憤慨・不安など》うへっ, あれっ, ちくしょう. ● Que *diable*! まったく, ちぇっ. ❷《疑問詞の後で》《強調》一体全体. ● Où *diable* est-il allé? 一体あいつはどこに行ったんだろう.

le **diable**[2] /ディヤーブル/ 男 2輪の手押し車.

diabolique /ディアボリク/ 形 悪魔の; 悪魔のような.

le **diagnostic** /ディヤグノスティク/ 男 ❶ 診断. ❷ 判断.

diagnostiquer /ディヤグノスティケ/ 他 と診断する.

la **diagonale** /ディヤゴナル/ 女 対角線.
en diagonale 斜めに.
lire en diagonale 《話》斜め読みする.

le **diagramme** /ディヤグラム/ 男 図, 図表, グラフ. ● *diagramme* en bâtons 棒グラフ.

le **dialecte** /ディヤレクト/ 男 方言.

le **dialogue** /ディヤローグ/ 男 ❶ 対話; (一致点を見出すための)話し合い. ❷ (劇, 映画の)せりふ.

dialoguer /ディヤロゲ/ 自 対話する; (交渉の為に)話し合う.

le **diamant** /ディヤマン/ 男 (英 diamond) ダイヤモンド; ガラス切り.

le **diamètre** /ディヤメトル/ 男 直径, 径.

la **diarrhée** /ディヤレ/ 女 下痢. ●avoir la *diarrhée* 下痢をする.

le(la) **dictateur(*trice*)** /ディクタトゥール(トリス)/ 名 独裁者.

la **dictature** /ディクタテュール/ 女 独裁, 専制.

la **dictée** /ディクテ/ 女 (英 dictation) ❶ 書き取り. ❷ 口述. ●écrire une lettre sous la *dictée* de 人 (人)の口述で手紙を書き取る.

dicter /ディクテ/ 他 ❶ を書き取らせる, 口述する. ●*dicter* une lettre à sa secrétaire 秘書に手紙を口述する. ❷〖à〗(人に)を指示する.

le **dictionnaire** /ディクスィヨネール/ 男 (英 dictionary) 辞書, 辞典, 事典. ●consulter un *dictionnaire* 辞書を引く. ●*dictionnaire* électronique 電子辞書. ●*dictionnaire* encyclopédique 百科事典.

C'est un vrai dictionnaire [***dictionnaire vivant***]. 《話》彼は生き字引だ.

le **dièse** /ディエーズ/ 男 〔楽〕嬰(えい)記号, シャープ《#》.

— 形 嬰記号[シャープ]のついた.

la **diète**[1] /ディエト/ 女 食餌(しょくじ)療法; 節食; 絶食.

être à la diète 減食[絶食]している.

la **diète**[2] /ディエト/ 女 (昔のスイスなどの)議会. ●la *Diète* du Japon 日本の国会.

le **dieu** /ディユ/ 男 (複 **dieux**) (英 god) → 女性形は déesse. ❶ **(D-)** (一神教, 特にキリスト教の)神. ●*Dieu* le père 父なる神.

❷ **(d-)** (多神教の)神; 神像.

❸ 神のごとき人物[物].

Dieu merci. 《安堵(ど)から》ありがたい.

Dieu seul le sait. 神のみぞ知る.

le bon Dieu 《話》神様.

Mon Dieu!/ Ah, mon Dieu! 《驚き・失望などから》ああ, ちぇっ, わあ.

la **différence** /ディフェラーンス/ 女 (英 difference) ❶ **(a)** 違い, 相違(点).

(b) 〈**différence de** 名《無冠詞》〉…の違い. ●*différence* d'opinions 意見の違い.

❷ 《数量の》差, 差額; 年齢差.

à la différence de ... …と違って.

faire de la différence entre A et B AとBとを区別する.

faire la [***une***] ***différence*** 違いに気づく; 差をつける.

différencier /ディフェランスィエ/ 他 を区別[識別]する.

— **se différencier** 代動 ❶〖de, と〗区別される. ❷ (細胞などが)分化する.

le **différend** /ディフェラン/ 男 (意見や利害の)対立.

avoir un différend avec 人 (人)と意見が衝突する.

différent(e) /ディフェラン(ト)/ 形 (英 different) ❶〖de, とは〗異なった, 別の. ●Mon opinion est *différente* de la sienne. 私の意見は彼(女)のと異なっている.

❷ 《複数名詞の前で》色々な, さまざまな. ●pour *différentes* raisons さまざまな理由で.

à différentes reprises 何回かにわたって.

différer /ディフェレ/ 他 57 を延期する.

— 自 ❶〖de, と〗違う, 異なる. ❷〖sur, について〗意見を異にする.

difficile /ディフィスィル/ 形 (英 difficult) ❶ **(a)** 困難な; 〈**difficile à** 不定詞〉…するのが難しい.

●C'est trop *difficile* pour moi. それは私には難しすぎる.

●C'est *difficile* à comprendre. それは理解しにくい.

(b) 〈**Il est difficile de** 不定詞〉《非人称》●*Il est difficile de* trouver un taxi dans ce quartier. この界隈(わい)でタクシーを見つけるのは困難だ.

❷ 気難しい.

— le(la) **difficile** 名 気難しい人.

faire le [***la***] ***difficile*** 何かとケチをつける.

difficilement /ディフィスィルマン/ 副 やっとのことで; なかなか…しない.

la **difficulté** /ディフィキュルテ/ 女 (英 difficulty) ❶ **(a)** 困難. **(b)** 〈**difficulté à** 不定詞〉…することの難しさ.

❷ 障害, 困ったこと.

avec difficulté やっとのことで, 苦労して.

avoir de la difficulté à .../ avoir des difficultés pour ... …するのに苦労する.

D

● Il *a de la difficulté* à s'exprimer. 彼は自分の考えがうまく言い表せない.
avoir des difficultés avec 人 (人)とうまく行かない.
être [***se trouver***] ***en difficulté*** 困っている, 苦境に陥っている.
faire des difficultés pour 不定詞 …するのに難色を示す, 文句を言う.
sans difficulté 難なく.

diffuser /ディフュゼ/ 他 ❶を放送する; (情報・思想)を広める. ● *diffuser* ... en direct [différé] (番組)を生放送[録画放送]する.
❷(光・熱)を放つ, 拡散させる.

la **diffusion** /ディフュズィヨン/ 女 ❶放送.
❷広めること, 普及.
❸(映画・書籍等の)配給.
❹(光・熱などの)拡散, 散乱.

digérer /ディジェレ/ 他 57 (英 digest) ❶を消化する. ● Il *digère* mal. 彼は消化不良だ. ❷《話》(知識など)を身につける, 消化する. ❸《話》を我慢(がまん)する.

digestif(ve) /ディジェスティフ(ーヴ)/ 形 消化の, 消化を助ける.
trouble digestif 消化不良.
— le **digestif** 男 食後酒.

la **digestion** /ディジェスティヨン/ 女 消化.

digne /ディーニュ/ 形 (英 worthy) ❶〈digne de 名 [de 不定詞]〉…(する)に値する, ふさわしい. ● *digne d*'éloges 称賛に値する. ❷威厳のある.
digne de ce nom その名にふさわしい.
digne de foi 信じるに値する.

la **dignité** /ディニテ/ 女 ❶立派さ, 誇り, 品位. ❷高位.
avec dignité 立派に.
manquer de dignité 品位に欠けている.

la **digue** /ディグ/ 女 堤防.

le **dilemme** /ディレム/ 男 ジレンマ, 板挟み. ● sortir du *dilemme* ジレンマから抜け出す.

le **dimanche** /ディマンシュ/ 男 (英 Sunday) 日曜日.
● habits [costumes, vêtements] du *dimanche* 晴れ着.
du dimanche 素人(しろうと)の, 未熟な.
● peintre *du dimanche* 日曜画家.

la **dimension** /ディマンスィヨン/ 女 ❶大きさ, 寸法, サイズ. ● *dimension* réelle 原寸. ❷(物事の)側面; (ことの)重大さ; 規模. ● de grande *dimension* 大規模の. ● de petite *dimension* 小規模の. ❸〔数〕次元. ● espace en deux [trois] *dimensions* 2次元[3次元]空間.
à la dimension [***aux dimensions***] ***de...*** …に相応(ふさわ)しい, 適応した.
prendre la dimension [***les dimensions***] ***de...*** …の大きさ[寸法]を計る; 価値[実力]を知る; (事柄が)…(の規模)になる, …の様相を帯びる.

diminuer /ディミニュエ/ 他 (英 reduce, diminish) ❶を減らす, 小さくする; 短縮する; 弱める. ● *diminuer* les prix 値下げする. ❷(人)の値打ちを下げる, をけなす. ❸《話》(人)の給料を下げる.
— 自 《減少した後の状態を示す時は助動詞に être をとる》減少する, 短くなる, 弱まる. ● Ma douleur *a diminué*. 私の苦痛は和らいだ.

le **diminutif** /ディミニュティフ/ 男 ❶愛称.
❷〔文法〕指小語[辞]. → 小ささや愛着を示す接尾語: maison 家 →maisonnette 小さな家.

la **diminution** /ディミニュスィヨン/ 女 (英 reduction) 減少, 低下, 短縮.

la **dinde** /ダンド/ 女 七面鳥(雌);《話》間抜け女.

le **dindon** /ダンドン/ 男 七面鳥(雄);《話》間抜け男 (=〜 de la farce).

le **dîner** /ディネ/ 男 (英 dinner) 夕食; 晩餐(さん).
● Le *dîner* est à huit heures. 夕食は8時です.
au dîner 夕食で.
— 自 (英 dine) 夕食をとる.
● Je *dîne* à huit heures. 私は8時に夕食をとる.
● *dîner* en ville 外食する.

le(la) **diplomate** /ディプロマト/ 名 (英 diplomat) 外交官.
— 形 駆け引きのうまい.

la **diplomatie** /ディプロマスィ/ 女 (英 diplomacy) ❶外交(術); 外交官の職. ❷駆け引きの巧(たく)みさ.

diplomatique /ディプロマティク/ 形 ❶外交(上)の. ❷駆け引きにたけた, 外交的な.
langage diplomatique 外交[社交]辞令.

le **diplôme** /ディプローム/ 男 (英 certificate) ❶卒業証書 (=〜 de fin d'études); 免状,

証書. ● *diplôme* d'infirmier 看護師の免状. ❷ 資格試験; (免状の取得のための)試験.

diplômé(*e*) /ディプロメ/ 形 (正式の)資格[免状]を持っている.

— le(la) **diplômé(*e*)** 名 有資格者, 免状所有者; 大学高等教育免状 (D.E.S.) 取得者.

dire

/dir ディール/ 他 24 (英 say)

je	dis	nous	disons
tu	dis	vous	dites
il	dit	ils	disent
現分	disant	過分	dit

❶ (**a**) と言う, を述べる.
● *dire* son avis 意見を述べる.
● *Dis* bonjour à ta tante. 伯母さんにこんにちはを言いなさい.
● J'ai quelque chose à vous *dire*. 話したい[言っておきたい]ことがあります.
● Qu'est-ce que vous *avez dit*? なんとおっしゃいましたか.
(**b**)〈**dire** (**à** 人) 不定詞 [**que** 直]〉(人に)…だと言う.
● Elle *m'a dit* avoir mal à la tête. 彼女は頭が痛いと私に言った.
(**c**)〈**dire A** 属詞〉 Aが…であると言う.
● On la *dit* coupable. 人は彼女に罪があると言っている.
❷〈**dire à** 人 **de** 不定詞 [**que** 接続法]〉…するように言う, 命じる.
● Allez *lui dire de* m'attendre [qu'il m'attende]. 私を待つようにと彼(女)に言って下さい.
❸ と思う.
会話 Qu'est-ce que tu *dis* de ça? それをどう思う?
❹ の気に入る; を思い出させる.
会話 Ça me *dit*. それがいい[気に入った].
● Ça vous *dit* [*dirait*] de prendre un verre? 一杯やりませんか?
● Ça me *dit* quelque chose. それには何か心当たりがある.
● Ça ne me *dit* rien. 気が向かない; それを聞いても何も思い出さない.
❺ を(取り)決める.
● Alors, c'est *dit*. では話は決まった.
● à l'heure *dite* 約束の時間に.
❻ を表す, 示す.

à vrai dire*/*à dire vrai 実を言えば.
c'est-à-dire すなわち.
comment dire 《挿入句で》どう言えばいいか.
comme on dit いわゆる.
dire du bien [***mal***] ***de...*** …のことをよく[悪く]言う.
会話 ***Dis*** [***Dites***] (***donc***)***!*** ねえ, ちょっと; まさか.
会話 ***Disons*** そうだな, とにかく; 例えば.
on dirait 名 [***que*** 直] まるで…のようだ.
● *On dirait* un fou. まるで狂人のようだ.
On dit que... うわさでは…だ, …という話だ. ● *On dit qu*'il va bientôt se marier. 彼は近く結婚するそうだ.
pour ainsi dire [***autant dire***] いわば, まるで. ● L'affaire est, *pour ainsi dire*, réglée. 事件は解決したも同然だ.
pour tout dire 要するに, つまり.
vouloir dire 意味する. ● Qu'est-ce que ça *veut dire*? それはどういう意味ですか.

— **se dire** 代動 ❶ 言われる; (言葉が)用いられる.
会話 Ça ne *se dit* pas. そう言うものじゃない, そういう言い方をするものじゃない.
会話 Comment ça *se dit* en français? それはフランス語では何と言いますか.
❷ 思う.
❸ 自分が…だと言う.
● Il *se dit* médecin. 彼は自称医者だ.
❹ 互いに言う.

— le **dire** 男 《複》意見; 供述.

direct(*e*)

/ディレクト/ 形 (英 direct)
❶ まっすぐな; 近道の; 直通[直行]の.
● ligne *directe* 直線. ● C'est le chemin le plus *direct* jusqu'à la gare. これが駅まで1番の近道だ. ● vol *direct* pour Londres ロンドン行きの直行便.
❷ 直接の; 率直な; 露骨な. ● mon chef *direct* 私の直接の上司. ● Il a été très *direct* avec nous. 彼は我々に対して実にざっくばらんだった.
❸ 正の(向きの), 順の.
complément d'objet direct 〔文法〕直接目的(補)語.

— le **direct** 男 ❶〔ボクシング〕ストレー

D

ト.
❷ (テレビ・ラジオの)生放送.
❸ 直通[直行]列車 (=train ～).
en direct 生(なま)放送の[で]. ●*en direct* de Washington ワシントンから生中継で.

D

directement /ディレクトゥマン/ 副 (英 straight) まっすぐに; 直接に.

le(la) **directeur(trice)** /ディレクトゥール(トリス)/ 名 (英 director, manager) 長, 校長, 所長, 局長, 部長, 理事.
directeur d'école 小学校の校長.
directeur de journal (新聞の)編集長.
président-directeur général 社長. → 略 P.-D.G..
— 形 指導的な.

la **direction** /ディレクスィヨン/ 女 (英 direction, management) ❶ 方向; 方針.
●Vous n'êtes pas dans la bonne *direction*. 方向を間違っていますよ.
❷ 指導, 管理.
❸ 経営陣, 指導部; (官庁の)部, 局.
❹ (車の)ステアリング.
changer de direction 方向を変える.
dans toutes les directions 四方八方に.
en direction de... …の方向に; (乗り物が)…行きの.
prendre la direction de... …の指揮を執(と)る.
sous la direction de... …の指導の下に; (オーケストラが)…の指揮による.

directrice →**directeur** の女性形.

dirent →**dire** 24

dirigeant(e) /ディリジャン(ト)/ 形 指導する.
— le(la) **dirigeant(e)** 名 指導者.

diriger /ディリジェ/ 他 40 (英 direct) ❶ を指揮[指導, 監督]する. ❷ を管理する; (会社)を経営する. ❸ を導く, 向ける, 送る. ●*diriger* son attention sur... …に注意を向ける. ●*diriger* une critique contre... …に批判を向ける.
— **se diriger** 代動 〘*vers*, に〙 向かって行く, 向く.

dis, disai... →**dire** 24

discerner /ディセルネ/ 他 を見分ける, 判別[識別]する; (姿・形・音など)を認める.
●*discerner* le vrai du faux 真と偽とを見分ける.

le **disciple** /ディスィプル/ 男 弟子, 信奉者.

la **discipline** /ディスィプリーヌ/ 女 ❶ 規律.
❷ 科目, 学科.

le **discours** /ディスクール/ 男 (英 speech)
❶ 演説, スピーチ; 談話. ●faire [prononcer] un *discours* スピーチをする.
❷ (無駄な)おしゃべり. 会話 Assez de *discours*, des faits! おしゃべりはもういいから, 事実を話してくれ.
❸ 〔文法〕 話法. ●*discours* direct [indirect] 直接[間接]話法.
❹ ディスクール, 言説.
❺ 論.
tenir un discours à 人 (人)に話をする.

discret(ète) /ディスクレ(ト)/ 形 (英 discreet) ❶ 控え目な, 慎み深い, 慎重な.
❷ 秘密を守る, 口が堅い. ❸ 地味な, 目立たない.

discrètement /ディスクレトマン/ 副 控え目に, ひそかに; 目立たずに.

la **discrétion** /ディスクレスィヨン/ 女 ❶ 慎み, 控え目, 遠慮. ●avec *discrétion* 慎み深く. ❷ 口の堅さ, 秘密厳守.
à discrétion 思うままに, 好きなだけ.

la **discrimination** /ディスクリミナスィヨン/ 女 差別. ●*discrimination* raciale 人種差別.

la **discussion** /ディスキュスィヨン/ 女
❶ 議論, 話し合い.
●être en *discussion* 審議中である.
❷ 口論.

discuter /ディスキュテ/ 他 (英 discuss)
❶ を討議する, 論議する, 検討する.
❷ に異議を唱える.
— 自 ❶ 〘*de, sur*, について〙 議論する.
❷ 文句を言う.
❸ 《話》 話す, しゃべる.
Des goûts et des couleurs, on ne discute pas. 《ことわざ》 人の好みに口出し無用; 蓼(たで)食う虫も好き好き.
discuter le coup [***le bout de gras***] 《話》 おしゃべりする.
discuter politique [***affaires***] 政治[ビジネス]の話をする.
— **se discuter** 代動 討議[論議, 検討]される. ●Cela peut *se discuter*. それは議論の余地がある.

dise(...), disiez, disions → **dire** 24

disjoign..., disjoin... → **disjoindre** 38

disjoindre /ディスジョワンドル/ 他 38 〔*de*, から〕を引き離す, 分離する.
— se disjoindre 代動 分離する.
disloquer /ディスロケ/ 他 を解体[分解]する, ばらばらにする.
— se disloquer 代動 はずれる, 解体[分解]する.
disons →**dire** 24
disparais(...) →**disparaître** 16
disparaître /ディスパレートル/ 自 16 (英 disappear) 《完了を表すときは助動詞に être をとることもある》
❶ 見えなくなる.
❷ (物が)なくなる; (人が)いなくなる, 姿を消す. ● Mes lunettes *ont disparu*. 私のめがねがなくなった.
disparaître de la circulation 《話》消息が不明になる.
faire disparaître 隠す, 消し去る, なくす; 捨てる.
la **disparition** /ディスパリスィヨン/ 女 (英 disappearance) ❶ 消えること, 紛失, 行方不明. ❷《婉曲》消滅, 滅亡; 死去. ● menacé [en voie] de *disparition* (動物が)絶滅の危機にある; (言語・文化などが)消滅しつつある.
disparu(e) /ディスパリュ/ 形 見えなくなった; 行方不明の; 消滅した, 死んだ.
— le(la) **disparu(e)** 名 行方不明者; 死者.
dispenser /ディスパンセ/ 他 ❶〈dispenser A de 名 [de 不定詞]〉 A に…(すること)を免除する. ● On *a dispensé* cet élève *des* cours d'éducation physique. その生徒は体育の授業を免除された. ❷《文》(惜しみなく)を施す.
Je vous dispense de... …はご遠慮ください.
— se dispenser 代動 〔*de*, を〕免れる, しないで済ます.
disperser /ディスペルセ/ 他 をまき散らす, ちりぢりにする; (注意・努力)を分散する. ● *disperser* son attention 気を散らせる.
— se disperser 代動 ちりぢりになる; 気を散らす.
disponible /ディスポニーブル/ 形 (英 available) ❶ 自由に使える, 空いている; 入手できる.
❷ 暇がある; 休職中の.
● Êtes-vous *disponible* demain? 明日お時間ありますか.
disposer /ディスポゼ/ 他 (英 dispose) を並べる, 配置する.
— 自 〔*de*, を〕自由に使える; 意のままにする.
— se disposer 代動 ❶ 配置される, 並ぶ. ❷〔*à*〕…するつもりになる.
le **dispositif** /ディスポズィティフ/ 男 ❶ 装置. ● *dispositif* d'alarme 警報装置. ❷ 対策, 措置; (部隊の)配置.
la **disposition** /ディスポズィスィヨン/ 女 ❶ 配置. ❷ (人・物を)自由に使えること. ❸《複》準備, 手はず. ❹〔*à*, の〕傾向, 性向. ❺ 気持ち. ❻《複》素質, 才能.
à la disposition de... …の自由に使えるように.
être dans de bonnes [mauvaises] dispositions pour... …するのによい[悪い]状態にある.
prendre des [ses] dispositions 対策をとる, 準備をする.
la **disproportion** /ディスプロポルスィヨン/ 女 不釣合い, 不均衡.
la **dispute** /ディスピュト/ 女 (英 argument) 口論, 言い争い; けんか.
disputer /ディスピュテ/ 他 (英 fight) を争う; 《話》を叱(しか)る. ● se faire *disputer* par 人 (人)からお叱りを受ける.
— se disputer 代動 (英 quarrel) ❶〔*avec*, と〕口論する. ● Je *me suis disputé avec* mes parents. 私は両親と言い争った. ❷ (試合が)行われる.
le **disque** /ディスク/ 男 (英 disk) ❶ レコード; CD. ❷ 円盤(状のもの), ディスク.
changer de disque 《話》話題を変える.
disque dur 〔情報〕ハードディスク.
mettre [passer] un disque CD をかける.
la **dissertation** /ディセルタスィヨン/ 女 小論文, レポート.
dissimuler /ディスィミュレ/ 他 (英 conceal) ❶ を隠す; (感情)を偽る. ❷ (物など)を隠す, 目立たなくする.
— se dissimuler 代動 隠れる.
dissiper /ディスィペ/ 他 ❶ を晴らす; (疑念・不安)を消し去る. ❷ の気を散らす. ❸《文》を浪費する.
— se dissiper 代動 晴れる; 気が散る.
la **dissolution** /ディソリュスィヨン/ 女 ❶ (議

会などの)解散; (契約などの)解消. ❷ 溶解.

dissolv ..., dissou ... →**dissoudre** 62

dissoudre /ディスードル/ 他 62 ❶ を溶解させる, 溶かす (=faire ～). ❷ (議会など)を解散する; (契約など)を解消する.

— se dissoudre 代動 ❶ 溶解する. ❷ 解散[解消]する.

D

dissuader /ディスュアデ/ 他 〈**dissuader** 人 **de** 不定詞〉 (人)に…することを思いとどまらせる.

la **distance** /ディスタンス/ 女 ❶ 距離; (時間・空間の)隔(へだ)たり. ●communication longue *distance* (電話で)長距離通話.
❷ 差異, 違い, ギャップ.

à distance (遠く)距離を隔てて; 年月を隔てて. ●commande à *distance* リモートコントロール.

garder [***conserver, prendre***] ***ses distances*** 人との間に距離を置く; 一線を画す.

tenir 人 ***à distance*** (人)と距離を置く, つき合わない.

tenir la distance 持ちこたえる, 持久力がある.

distant(e) /ディスタン(ト)/ 形 ❶〖*de*, から〗(距離的に)離れている, 隔たった. ❷〖*de*, から〗(時間的に)隔たった. ❸ よそよそしい, 冷ややかな.

la **distillation** /ディスティラスィヨン/ 女 蒸留(物).

distiller /ディスティレ/ 他 ❶ を蒸留する. ❷ を滴らせる.

distinct(e) /ディスタン(クト)/ 形 ❶ はっきりした, 明瞭な. ❷〖*de*, とは〗違った, 異なった.

la **distinction** /ディスタンクスィヨン/ 女 ❶ 区別, 識別; 違い. ●faire la *distinction* entre le bien et le mal 善悪を区別する. ●sans *distinction* 区別なく. ❷ 気品; 洗練. ❸ 栄誉; 勲章.

distingué(e) /ディスタンゲ/ 形 気品のある, 上品な; 《手紙で》格別の.

Je vous prie d'agréer, Monsieur, mes salutations distinguées. 《手紙の末尾で》敬具.

distinguer /ディスタンゲ/ 他 (英 distinguish) ❶ を区別する, 識別する. ●*distinguer* A de [d'avec] B AとBとを区別する.
❷ を見分ける, 聞きとる, わかる.

— se distinguer 代動 ❶〖*de*, と〗区別される, 異なる. ❷《ときに悪い意味で》抜きん出る, 目立つ.

la **distraction** /ディストラクスィヨン/ 女 (英 leisure) ❶ 気晴らし; 娯楽, 趣味. ❷ 不注意(によるミス); 放心.

avoir des distractions 気晴らしをする; 時折ぼんやりする.

par distraction うっかりして; 気晴らしに.

distrai ... →**distraire** 72

distraire /ディストレール/ 他 72 ❶ (人)の気をそらせる; じゃまをする. ●*distraire* l'attention de 人 (人)の注意をそらす.
❷ (人)の気を晴らす, を楽しませる. ●*distraire* 人 de ses soucis (人)の心配を紛らわす.

— se distraire 代動 ❶〖*de*, から〗気を紛らす; 気晴らしをする. ❷ うっかりする.

distrait(e) /ディストレ(ト)/ 形 (英 inattentive) ぼんやりした, 不注意な.
●d'un air *distrait* ぼんやりした様子で.

d'une oreille distraite うわの空で.

— le(la) distrait(e) 名 ぼんやりした人.

distraitement /ディストレトマン/ 副 ぼんやりと, うわの空で.

distray ... →**distraire** 72

distribuer /ディストリビュエ/ 他 (英 distribute) ❶ を配る, 供給する. ●Le facteur *distribue* le courrier. 郵便配達が郵便を配る.
❷ を割り当てる, 配置する.
❸ (愛想など)をふりまく.

le(la) **distributeur**(***trice***) /ディストリビュトゥール(トリス)/ 名 配布[分配]者, 配給業者.

— le distributeur 男 (自動)販売機 (=～ automatique).

la **distribution** /ディストリビュスィヨン/ 女 ❶ 配ること, 分配; 配給. ❷ 配役, 割り当て. ❸ 配分, 配置; 間取り.

distribution des prix 賞の授与; 学校の終業式[賞授与式].

dît (...) →**dire** 24

dit[1]**(e)** /ディ(ト)/ 形 ❶ 言われた. ❷ 決められた. ❸ …と呼ばれた; 通称…という, いわゆる.

à l'heure dite 約束の時間に.
autrement dit 言い換えれば, つまり.
ceci* [*cela*] *dit こう言った後で, こうは言ったものの, それはさておき.
会話 ***C'est dit./ Voilà ce qui est dit.*** それで決まりだ, 話は決まった.
entre nous soit dit ここだけの話だが.
— le **dit** 男 格言; (中世の)物語詩.

dit², **dites** →**dire** 24

le **divan** /ディヴァン/ 男 (背もたれ・肘かけのない)長椅子; ソファーベッド (=～(s)-lit(s)).

la **divergence** /ディヴェルジャーンス/ 女 (意見などの)相違.

diverger /ディヴェルジェ/ 自 40 ❶(道などが)分岐する. ❷(意見などが)分かれる, 相違する.

divers(e) /ディヴェール(ス)/ 形 (英 various, diverse) 《多く複数》色々な, さまざまな, 各種の, 異なる. ●les *diverses* formes de la vie さまざまな生活様式.
faits divers (新聞の)三面記事.
— 形 《不定》《名詞の複数形の前》数々の, いくつもの. ●*Diverses* personnes 何人もの人.

la **diversité** /ディヴェルスィテ/ 女 多様性, 相違.

divertir /ディヴェルティール/ 他 33 (人)を愉快にする, の気を晴らす.
— **se divertir** 代動 楽しむ, 気晴らしをする.

le **divertissement** /ディヴェルティスマン/ 男 ❶気晴らし, 娯楽. ❷〔楽〕嬉(き)遊曲, ディヴェルティメント.

divin(e) /ディヴァン(ヴィヌ)/ 形 ❶神の. ❷崇高な; (この上なく)素晴らしい.

la **divinité** /ディヴィニテ/ 女 ❶神性; (多神教の)神. ❷崇拝の対象; 美女.

diviser /ディヴィゼ/ 他 (英 divide) ❶を分ける, 分割する, 割る. ●*diviser* une pomme en quatre りんごを4つに割る. ●*diviser* 4 par 2 4を2で割る. ❷(人の間)を裂く, 割る.
— **se diviser** 代動 〘*en*, に〙分かれる, 割れる.

le **diviseur** /ディヴィズール/ 男 〔数〕除数, 約数.

la **division** /ディヴィズィヨン/ 女 ❶分けること, 分割. ●*division* du travail 分業. ❷〔数〕割り算. ●faire une *division* 割り算をする.
❸分裂, 対立.
❹区分; (分類上の)部門, 局; 〔軍〕師団; 〔スポーツ〕リーグ. ●*division* commerciale (企業の)商業部門.
❺(定規などの)目盛り.

le **divorce** /ディヴォルス/ 男 離婚.

divorcer /ディヴォルセ/ 自 52 〘*avec*, *de*, *d'avec*, と〙離婚する.

dix /di, dis ディ(ス)/ 形 《不変》(英 ten)
❶10の; 10人の; 10番目の.
❷《不特定の数の強調》いくつもの. ●en *dix* lignes たった数行で. ●*dix* fois 何度も.
— le **dix** 男 《不変》10(の数字); 10日; 10番地.
●avoir *dix* sur *dix* 10点満点を取る.

dix-huit /dizɥit ディズュイト/ 形 《不変》(英 eighteen) 18の; 18人の; 18番目の.
— le **dix-huit** 男 《不変》18(の数字); 18日; 18番地.

dix-huitième /ディズュイティエム/ 形 (英 eighteenth) 18番目の; 18分の1の.
— le(la) **dix-huitième** 名 18番目の人[もの].
— le **dix-huitième** 男 18分の1; (パリなどの)18区.

dixième /ディズィエム/ 形 (英 tenth) 10番目の; 10分の1の.
— le(la) **dixième** 名 10番目の人[もの].
— le **dixième** 男 10分の1; (パリなどの)10区.

dix-neuf /diznœf ディズヌフ/ 形 《不変》(英 nineteen) 19の; 19人の; 19番目の.
— le **dix-neuf** 男 《不変》19(の数字); 19日; 19番地.

dix-neuvième /ディズヌヴィエム/ 形 (英 nineteenth) 19番目の; 19分の1の.
— le(la) **dix-neuvième** 名 19番目の人[もの].
— le **dix-neuvième** 男 19分の1; (パリなどの)19区.

dix-sept /disɛt, dissɛt ディ(ス)セト/ 形 《不変》(英 seventeen) 17の; 17人の; 17番目の.
— le **dix-sept** 男 《不変》17; 17日; 17番地.

D

dix-septième /ディ(ス)セティエム/ 形 (英 seventeenth) 17番目の; 17分の1の.

— le(la) **dix-septième** 名 17番目の人[もの].

— le **dix-septième** 男 17分の1; (パリなどの)17区.

D

la **dizaine** /ディゼンヌ/ 女 (英 (about) ten) ❶ 約10.
❷ (ひとまとめにした)10; 10個[人].
❸〔カト〕ロザリオ一連 (=〜 de chapelet).

une dizaine de 名《無冠詞・複数》約10の….

docile /ドスィル/ 形 素直な, 従順な.

docilement /ドスィルマン/ 副 素直に, 従順に.

le **docteur** /ドクトゥール/ 男 (英 doctor) ❶ 医学博士 (=〜 en médecine); 医者. ●aller chez le *docteur* 医者に行く. ❷ 博士.

le **doctorat** /ドクトラ/ 男 ❶ 博士号; (博士の)学位. ❷ (法学・医学の)博士号取得のための資格審査試験.

la **doctrine** /ドクトリヌ/ 女 教義; 学説, 主義.

le **document** /ドキュマン/ 男 ❶ 資料, 文献, 文書, 記録. ❷ 証拠書類[物件].

documentaire /ドキュマンテール/ 形 資料の, 資料になる; 記録に基づく.

à titre documentaire ご参考までに.

— le **documentaire** 男 記録映画, ドキュメンタリー (=film 〜).

la **documentation** /ドキュマンタスィヨン/ 女 資料収集;《集合的》参考資料.

le **doigt** /ドワ/ 男 (英 finger) ❶ 指. ●*doigts* de pieds 足の指. ●petit *doigt* 小指. ●compter ... sur les *doigts* …を指折り数える.
❷ 指(1本)の幅, 少量. ●un *doigt* de ... ごく少量の….

à un doigt [deux doigts] de … …のすぐ近くに.

croiser les doigts 幸運を祈る. → 人差し指と中指を交差させるしぐさ.

filer [glisser] entre les doigts de 人 (人)の手からこぼれ落ちる; 逃げる.

lever le doigt (発言権を求めて)指を挙げる.

会話 ***Mon petit doigt me l'a dit.*** (子供に)隠しごとをしてもちゃんとわかっているよ.

montrer ... du doigt …を指さす, 批判する.

obéir au doigt et à l'œil 言いなりになる.

se mettre le doigt dans l'œil (jusqu'au coude)《話》とんだ勘違いをする.

toucher du doigt ... …を指で触れる; 把握する.

dois, doit, doiv ... →**devoir** 23

le **dollar** /ドラール/ 男 (<英) ドル. → 米国・カナダなどの通貨単位.

le **domaine** /ドメヌ/ 男 (英 field) ❶ 領域, (専門)分野, 範囲. ●dans tous les *domaines* あらゆる領域[分野]にわたって.
❷ 所有地, 領地. ●*domaine* aérien 領空. ●*domaine* maritime 領海.
❸ 公有財産. ●tomber dans le *domaine* public (著作権が切れて)公有財産となる.
❹〔情報〕ドメイン.

Ce n'est pas de mon domaine. それは私の領分でない.

le **dôme** /ドーム/ 男 (英 dome) 円屋根, ドーム.

domestique /ドメスティク/ 形 (英 domestic) ❶ 家庭の, 家の. ●travaux *domestiques* 家事.
❷ 飼いならされた. ❸ 国内の.

— le(la) **domestique** 名 使用人.

le **domicile** /ドミスィル/ 男 住居, 自宅; 住所.

à domicile 自宅で[へ]. ●travailler à *domicile* 自宅で働く.

domicile légal 本籍.

élire domicile 居を構える.

jouer à domicile〔スポーツ〕ホームで戦う.

dominant(e[1]**)** /ドミナン(ト)/ 形 支配的な, 優勢な; 主要な.

gène dominant〔生〕優性遺伝子.

la **dominante**[2] /ドミナント/ 女 支配的な特色, 基調.

la **domination** /ドミナスィヨン/ 女 ❶ 支配, 統治; 支配力, 影響力. ●exercer sa *domination* sur ... …に影響力を行使する.
❷ (スポーツなどで)優位, リード.

dominer /ドミネ/ 他 ❶ を支配する; 圧倒する. ❷ を見おろす, 見渡す. ●La terrasse *domine* la mer. テラスから海が見下ろせる.

— 自 ❶ 支配する; 圧倒する. ❷ 優位である.

— se dominer 代動 自制する.

le **dommage** /ドマージュ/ 男 (英 damage)
❶ 損害, 損失, 被害.
❷ 残念なこと, 困ったこと.

C'est dommage de 不定詞 [***que*** 接続法]. …する[である]ことは残念だ. ● *C'est dommage que* vous ne puissiez pas venir. あなたが来られないのは残念です.

s'en tirer sans dommage(s) 何事もなく切り抜ける.

dompter /ドンテ/ 他 ❶ (動物)をならす, 調教する. ❷ を屈服させる; (感情)を抑える.

le **don** /ドン/ 男 (<ラテン) (英 gift) ❶ 与えること, 贈与; (臓器の)提供. ● *don* d'organe 臓器の提供. ❷ 贈り物; 寄付(金), 寄贈(品). ❸ 《文》 天賦(てんぷ)の才能.

avoir le don de 不定詞 …する才能がある.

C'est un don du ciel. それは天の恵みだ.

faire don de ... à 人 (人)に…を贈与する.

donc /ドン(ク)/ 接 (英 so, therefore, indeed) ❶ それゆえ, したがって.
❷ さて, ところで.

— 副 ❶ だから; つまり, 要するに. ● Il est malade, *donc* il ne pourra pas venir. 彼は病気だ. だから来られないだろう.
❷ 《疑問・命令・驚きなどの強調》 いったい, へえ, おい.
❸ 《中断した話を元に戻す》 さて, ところで.

Allons donc! まさか; 《皮肉に》 へえ, おやおや.

Comment donc? どういうこと?

Dis [***Dites***] ***donc!*** ねえ, ちょっと; まさか.

Quoi donc? 何なんだ.

le **donjon** /ドンジョン/ 男 (城の)主塔.

donné(e[1]**)** /ドネ/ 形 (英 given) ❶ 定められた, 決まった, 一定の. ❷ 〔数〕 (仮定・前提として)与えられた. ❸ 《話》 非常に安い.

à un moment donné ある瞬間に, 突然.

étant donné 名 [***que*** 直] …から見て, …である以上; …が与えられたとすると.

la **donnée**[2] /ドネ/ 女 データ, 資料.
● base de *données* データベース.

donner /ドネ/ 他 (英 give) ❶ 〔à, に〕を与える, あげる, 差し出す; 支払う.
● *Donne-moi* ça! それをちょうだい.
● Combien *m'en donnes*-tu? これにいくら出すかい.
❷ (会など)を催す; (映画など)を上演[上映]する.
❸ (結果・収穫など)を産出する; 引き起こす; (ある状態)にする.
● Cet arbre *donne* beaucoup de fruits. この木にはたくさん実がなる.
● Ça *donne* soif. それはのどが渇く.
❹ を伝える; 《話》 を密告する. ● *donner* son adresse à 人 (人)に住所を知らせる.
❺ 〈**donner ... à** 人〉 (人)を…だと推定する. ● Je *lui donne* 40 ans. 彼は40歳ぐらいだと思う.

donner A à 不定詞 Aを…してもらうために渡す.

donner à 不定詞 ***à*** 人 (人)に…するものを与える; (人)に…させる. ● *Donnez-moi à* boire. 何か飲物をください.

donner de ses nouvelles 近況を伝える.

— 自 ❶ 〔*sur*, に〕 面している, 通じる.
● porte qui *donne sur* la rue 通りに通じる扉.
❷ 〔*contre*, *sur*, に〕 ぶつかる.
❸ (活発に)活動する, 効果を生む.
❹ 〔*dans*, *à*, *sur*, に〕 のめり[はまり]込む, 陥る; (を)好む.

— se donner 代動 ❶ 〔à, に〕 一身を捧げる, 専心する. ● *se donner au* travail 仕事に専心する.
❷ 自分に与える; 手に入れる. ● *se donner* la mort 自殺する.
❸ 互いに与える. ● *se donner* la main 握手する, 手を取り合う.

se donner la peine de 不定詞 …するのに苦労する, 労を惜しまず…する.

dont /ドン/ 代 《関係代名詞》
POINT de qui, duquel, de quoi など前置詞 de＋関係代名詞と同じ役割.
❶ (英 whose, of whom, of which) その. ● les enfants *dont* la mère travaille 母親が働いている子供たち.
❷ 《de を必要とする動詞・形容詞の補語として》 ● la maladie *dont* elle souffre 彼女のかかっている病気.

D

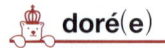

参考
口語では, dont と que はしばしば混同される.
C'est le monsieur dont je vous ai parlé. こちらは私があなたにお話しした男性です.
C'est le garçon que je t'ai parlé. これが君に話した少年さ.

❸《動作主・原因・手段などを示して》それによって, それで;《起源を示して》そこから. ●la famille *dont* il est issu 彼の(出た)家柄.
❹《部分を示して》そのうちの;《動詞を省略して》そのうちには…が含まれる. ●Ils ont trois fils, *dont* deux sont mariés. 彼らには息子が3人いて, そのうち2人は結婚している.

doré(e) /ドレ/ 形 (英 golden) ❶金箔(ぱく)をはった; 金色の; 輝かしい. ❷〔料〕卵黄を塗った; きつね色に焼いた. ❸日焼けした.
— le **doré** 男 金めっき, 金箔(ばり).

dorénavant /ドレナヴァン/ 副 今後(は), これからは.

dorer /ドレ/ 他 ❶に金箔(ぱく)をはる, 金めっきする. ❷を金色にする. ❸をこんがり焼く.
— 自 金色になる; こんがり焼ける.
dorer la pilule à 人 《話》(人)を甘い言葉で釣る, 丸め込む.
— **se dorer** 代動 金色になる; 日焼けする.

dorm ... →**dormir** 48

dormir /dɔrmir ドルミール/ 自 48 (英 sleep) ❶眠る.
●*Avez-vous bien dormi?* よく眠れましたか.
●Ça m'empêche de *dormir*. (コーヒー・心配事など)そのせいで僕は眠れないよ.
❷《比喩的に》眠っている, 活動しない, 活用されない.
●Le village *dort* sous la neige. 村は雪の下でひっそりと眠っている.
à dormir debout ありそうもない, 筋の通らない.
avoir envie de dormir 眠い.
dormir debout 眠たくてしようがない.
dormir d'un sommeil léger 眠りが浅い.
dormir son [du] dernier sommeil 《文》最後の眠りにつく, 永眠する.
dormir tranquille (危険や心配なしに)安眠する.
parler en dormant 寝言を言う.

dors, dort →**dormir** 48

le **dortoir** /ドルトワール/ 男 ❶(寄宿舎などの)共同寝室, 大寝室. ❷**(banlieue(-)dortoir)** 郊外のベッドタウン.

le **dos** /ド/ 男 (英 back) ❶背中. ●J'ai mal au *dos*. 背中[腰]が痛む. ●se coucher sur le *dos* 仰向けに横になる.
❷(着物・椅子・本などの)背.
❸(手足の)甲.
❹(紙の)裏面; (刀剣などの)峰. ●voir au *dos* (ページの)裏面を見よ.
❺〔スポーツ〕背泳 (=nage sur le ～).
à dos 背後に.
avoir bon dos (非難などに)平然としている; いい口実になる.
avoir le dos large (非難などに)平然としている.
avoir [porter] ... sur son dos 《話》…を背負い込んでいる, …にいつも悩まされる.
dos à dos 背中合わせに.
en avoir plein le dos うんざりしている.
être toujours sur le dos de 人 (人)をいつも監視する.
faire ... dans le dos de 人 (人)のいない所で…をする.
faire le gros dos (猫が)背を丸くする.
mettre ... sur le dos de 人 …を(人)に負わせる. ●Il *s'est mis* une sale affaire *sur le dos*. 彼は嫌な仕事を引き受けてしまった.
tomber sur le dos de 人 (人)に後ろから襲いかかる; を突然訪ねる.
tourner le dos à ... …に背を向ける.

la **dose** /ドーズ/ 女 ❶(薬の1回分の)服用量, 含有量, 分量. ●*dose* mortelle 致死量. ●*dose* quotidienne de sel 1日の塩分摂取量. ❷《話》程度, 量.
à petites doses 少しだけ.

le **dossier** /ドスィエ/ 男 (英 file) ❶関係書類, 関連ファイル. ●*dossier* médical (病院の)診察記録, カルテ. ●être sélectionné sur *dossier* 書類選考される.
❷(椅子などの)背, 背もたれ.
❸問題, 案件.
❹〔情報〕フォルダ, ファイル.
connaître ses dossiers 精通している.

la **dot** /ドト/ 女 (嫁入りなどの)持参金.
la **douane** /ドゥワヌ/ 女 (英 customs) ❶ 税関. ❷ 関税 (=droit de ～).
exempté de douane 免税の.
passer* (*à*) *la douane 税関を通る.
douanier(ère) /ドゥワニエ(ール)/ 形 税関の; 関税の.
— le **douanier** 男 税関職員.
double /ドゥブル/ 形 (英 double, twice)
❶ 二倍の; 二重の; 二つ(分)の.
●fermer une porte à *double* tour 鍵を二重にかける.
❷ 裏表のある.
à double tranchant 両刃の.
faire coup double 一石で二鳥を得る.
faire double emploi 重複する.
faire ... en double exemplaire …を２部つくる.
mener une double vie 二重生活を送る.
— 副 ２倍に; 二重に.
— le **double** 男 ❶ ２倍. ●gagner le *double* de ... …の２倍を得る.
❷ 写し, 複製(品), コピー. ●se faire faire un *double* de clé 合鍵を作ってもらう.
❸〔スポーツ〕ダブルス. ●faire un *double*/jouer en *double* ダブルスを行う.
●*double* dames [mixte] 女子[ミックス]ダブルス.
❹〔情報〕バックアップ.
en double 二重に; 重複して.
doubler /ドゥブレ/ 他 (英 double)
❶ を２倍[二重]にする, ２度繰り返す.
●*doubler* sa fortune 財産を倍にする.
❷ (衣服)に裏をつける. ❸ (車など)を追い抜く. ●*doubler* un camion トラックを１台追い越す. ❹ (役者)の代役を務める; (映画)の吹き替えをする.
— 自 ２倍[二重]になる.
— **se doubler** 代動 〖*de*, を〗伴う, 兼ね備える.
la **doublure** /ドゥブリュール/ 女 ❶ (衣服などの)裏地. ❷ (演劇などの)代役, スタントマン.
douce →**doux** の女性形.
doucement /ドゥスマン/ 副 (英 gently)
❶ そっと, 静かに. ●parler *doucement* (小声で)静かにしゃべる.
❷ 優しく; 緩やかに. ●*Doucement*! もっとゆっくり, 落ち着いて.
❸ どうにかこうにか.
会話 ***Doucement avec ...!*** …はほどほどにね.
la **douceur** /ドゥスール/ 女 (英 sweetness)
❶ 柔らかさ, 滑らかさ; 甘美さ.
❷ 穏やかさ, 優しさ.
❸ 甘さ; 《複》甘いもの, 菓子.
en douceur 静かに, そっと, ゆっくりと.
●Ça s'est passé *en douceur*. 何事もなく過ぎた.
prendre 人 ***par la douceur*** (人)を優しく扱う; 優しく説得する.
la **douche** /ドゥシュ/ 女 (英 shower)
❶ シャワー; シャワー設備. ●prendre une *douche* シャワーを浴びる.
❷ 《話》にわか雨.
❸ 《話》(興奮などを)冷ますこと, 幻滅.
douche écossaise 温水と冷水を交互に浴びるシャワー; よいことに続いて悪いことが来ること.
faire l'effet d'une douche froide 冷や水を浴びせる, 興奮を冷ます.
doué(e) /ドゥエ/ 形 〖*en*, *pour*, の〗才能に恵まれた; 〖*de*, が〗生まれながらに備わった.
la **douleur** /ドゥルール/ 女 (英 pain) ❶ (肉体的)苦痛, 痛み. ●ressentir une *douleur* aiguë [sourde] dans l'épaule 肩に鋭い[鈍い]痛みを覚える. ❷ (精神的)苦しみ.
douloureusement /ドゥルルズマン/ 副 痛そうに, 苦しく.
douloureux(se) /ドゥルル(ーズ)/ 形
❶ (肉体的に)痛い, 苦しい.
❷ (精神的に)つらい, 苦しい.
❸ 悲痛な.
— la **douloureuse** 女 《話》勘定書, 請求書.
le **doute** /ドゥト/ 男 (英 doubt) ❶ 疑い, 疑惑, 迷い. ●avoir des *doutes* sur [au sujet de] ... …について疑う. ●mettre ... en *doute* …を疑う.
❷〔哲〕懐疑.
hors de doute 疑う余地のない.
Il n'y a pas de doute que 直 [(*ne*) 接続法] …ということに間違いはない.
sans aucun* [*nul*] *doute 間違いなく.
sans doute たぶん, おそらく.
douter /ドゥテ/ 自 (英 doubt) 〖*de*, を〗疑う.

à n'en pas douter 疑いもなく, 確かに.
ne douter de rien 自信満々である, 怖いもの知らずである.
— 他 ❶ を疑わしく思う.
❷ 〈**douter que** 接続法〉 …かどうか怪しむ. ●Je *doute qu'*il fasse beau demain. 明日天気になるかどうか疑わしい.
— **se douter** 代動 ❶『*de*, を』予期する, 気づく.
❷ 〈**se douter que** 直 [条]〉 …でないかと思う.
●Je *me doutais qu'*il était là. 私は彼がいるだろうと思っていた.
●Je ne *me doutais* pas *qu'*il partirait ce matin. 私は彼が今朝出発するなんて思ってもいなかった.
Je m'en doutais (bien)! そんなことだろうと思っていたよ.

D

doux(ce) /ドゥ(ス)/ 形 (英 sweet, soft, easy) ❶ 甘い, 味のいい. ●pêche *douce* 甘い桃. ●Je n'aime pas le vin *doux*. 甘口ワインは好きではない.
❷ (気候が)穏やかな, 温暖な. ●Il fait *doux* aujourd'hui. 今日は天気が穏やかだ.
❸ (性質などが)優しい, 愛情のこもった.
❹ 心地よい, 柔らかい.
❺ 緩やかな, なだらかな; (薬の効果が)きつくない. ●en pente *douce* 緩やかな坂で.
eau douce 淡水, 真水.
— 副 穏やかに; おとなしく.
filer doux 《話》おとなしく服従する.
会話 ***Tout doux!*** まあまあ落ち着いて, もっと穏やかに.
— le(la) **doux(ce)** 名 おとなしい人, 優しい人.
— le **doux** 男 甘さ, 快さ, 穏やかさ, 弱音.
— la **douce** 女 (**ma douce**) ねえ, 君[おまえ]. → 妻・恋人に対する愛情を込めた呼びかけ.
en douce 《話》こっそりと, 何食わぬ顔で.

la **douzaine** /ドゥゼヌ/ 女 (英 dozen) ダース, 12; 約12. ●demi-*douzaine* 半ダース.
à la douzaine ダース単位で; 《話》ざらに, ありふれた.
une douzaine de 名 《無冠詞》 約12の….

douze /duz ドゥーズ/ 形 《不変》 (英 twelve) 12の; 12人の; 12番目の.
— le **douze** 男 《不変》 12(の数字); 12日, 12番地.

douzième /ドゥズィエム/ 形 (英 twelfth) 12番目の; 12分の1の.
— le(la) **douzième** 名 12番目の人[もの].
— le **douzième** 男 12分の1; (パリなどの)12区.

le(la) **doyen(ne)** /ドワイヤン(エヌ)/ 名 ❶ 最年長者 (=〜 d'âge); 最古参(者). ❷〔カト〕首席司祭.

la **dragée** /ドラジェ/ 女 ❶ ドラジェ. → 糖衣をかけたアーモンド菓子. ❷〔薬〕糖衣錠剤.
tenir la dragée haute à 人 《話》(人)の欲しがるものを与えない, 高く支払わせる.

le **dragon** /ドラゴン/ 男 ❶ 竜, ドラゴン.
❷ 《話》(厳格な)監視人.

draguer /ドラゲ/ 他 ❶ 《話》(異性)を引っかける, ナンパする. ❷ (港湾)を浚渫(しゅんせつ)する.

dramatique /ドラマティク/ 形 (英 dramatic) ❶ 劇的な, 危険な, 重大な. ●Ce n'est pas *dramatique*! 大したことじゃないよ. ❷ 演劇の. ●artiste *dramatique* 舞台俳優. ●auteur *dramatique* 劇作家.
— la **dramatique** 女 (テレビ, ラジオの)ドラマ番組 (=émission 〜).

le(la) **dramaturge** /ドラマテュルジュ/ 名 劇作家, 脚本家.

le **drame** /ドラム/ 男 (英 drama) ❶ 劇的事件, 惨劇, 悲劇. ❷〔文学〕正劇. → 悲劇に喜劇的性格も加味した戯曲.
会話 ***Ce n'est pas un drame!*** 大したことじゃないよ.
drame lyrique 歌劇, オペラ.
faire un drame [des drames] 騒ぎを起こす.

le **drap** /ドラ/ 男 ❶ (英 sheet, cloth) シーツ (=〜 de lit). ❷ ラシャ, 毛織物; ウール.
être dans de beaux [jolis, mauvais, vilains] draps 《話》苦境に陥る, 進退窮まる.
se mettre entre deux draps [dans les draps] ベッドにもぐり込む, 就寝する.

le **drapeau** /ドラポー/ 男 (複 drapeaux) (英 flag) ❶ 旗; 国旗, 軍旗. ●*drapeau* tricolore 三色旗. → 青, 白, 赤のフランス国旗.
❷ 標識; 《比喩的に》旗印, 象徴.
❸ 《複》軍隊.
être sous les drapeaux 兵役に服する.

dresser /ドレセ/ 他 (英 raise, lift) ❶ を立てる, まっすぐにする, 起こす. ●*dresser* la tête 頭を上げる. ❷ を建てる, 組み立てる, 据えつける. ●*dresser* une statue 彫像を建てる. ❸ を製作する. ❹ (動物)を調教する; (人)を仕込む, 訓練する.
dresser A contre B AをBと対立させる, けんかさせる.
dresser la table [***le couvert***] 食卓を整える[食器を並べる].
dresser l'oreille 耳をそばだてて聞く.
— **se dresser** 代動 ❶ 起き上がる, 立ち上がる; (山などが)聳(そび)える. ❷ 〖contre, に対して〗立ち上がる, 反抗する.
se dresser sur la pointe des pieds 爪先立ちする.

la **drogue** /ドログ/ 女 麻薬, ドラッグ.
prendre de la drogue 麻薬を吸う.

droguer /ドロゲ/ 他 (人)に大量に薬を飲ませる.
— **se droguer** 代動 麻薬を飲む[吸う].

droit[1](e) /drwa, -at ドロワ(ト)/ 形
❶ (英 straight) まっすぐな; 垂直な; 直立した.
●route *droite* まっすぐな道.
●ligne *droite* 直線.
●angle *droit* 直角.
❷ (英 right) (人・行い・判断などが)正しい, 健全な.
❸ 右の; 右手の.
●écrire avec sa main *droite* 右手で書く.
— **droit** 副 ❶ まっすぐに, 一直線に.
●aller tout *droit* まっすぐ行く.
❷ 直接に; まさしく.
❸ 正しく.
— le **droit** 男 ❶ 直角 (=angle 〜). ❷ 〔ボクシング〕右(のパンチ).
au droit de ... …と直角を成して.
— la **droite** 女 ❶ 右側, 右手.
●à ma *droite* 私の右に.
❷ 〔政〕右派, 右翼.
❸ 直線 (=ligne 〜).
❹ 〔ボクシング〕右(手).
à droite 右(手)に, 右側に[を]. ●tourner *à droite* 右に曲がる.
de droite à gauche 右から左に; あらゆるところを[に].
garder [***tenir***] ***sa droite*** 右側通行をする.

le **droit[2]** /ドロワ/ 男 ❶ (英 right) 権利. ●*droit* d'auteur 著作権. ●*droits* de l'homme 人権.
❷ 法律(学). ●*droit* civil 民法. ●*droit* pénal 刑法.
❸ 税, 納付金; 料金.
avoir droit à ... …に対して権利がある.
avoir le droit de 不定詞 …する権利がある. ●Vous *avez le droit de* demander un congé. あなたには休暇を求める権利があります.

droitier(ère) /ドロワティエ(ール)/ 形 ❶ 右利きの. ❷ 右派の.
— le(la) **droitier(ère)** 名 ❶ 右利きの人. ❷ 《話》右翼.

la **droiture** /ドロワテュール/ 女 正しさ, 実直さ.

drôle /ドロール/ 形 (英 funny, odd)
❶ 滑稽(こっけい)な, おどけた.
●histoire *drôle* 滑稽な話.
❷ 奇妙な, おかしな, 変な.
❸ 《話》大した, すごい.
avoir un drôle d'air 奇妙にみえる, 滑稽な感じがする.
Ce n'est pas drôle. 不愉快だ, つらい.
un(***e***) ***drôle de*** 名 《無冠詞》 変な[妙な]…. ●*une drôle d'*idée おかしな考え.
●*un drôle de* type 妙なやつ, 変人.
— 副 ***Cela me fait drôle.*** 《話》そいつは妙な感じだ.
— le(la) **drôle** 名 変な人物, おかしな人物.

du[1] /デュ/ 《前置詞 de+le の縮約形》…の; …から.

du[2] /デュ/ 冠 《部分冠詞の男性形; 女性形は de la》 ❶ (英 some (of), any) いくらかの. ●manger *du* riz [pain] ご飯[パン]を食べる. ●boire *du* vin ワイン(のある量)を飲む.

POINT 直接目的語につく部分冠詞は, 否定文では de となる. Il n'y a plus de vin dans la bouteille. ビンにはもうワインはない.

D

D

❷《固有名詞に付けて, その人の作品(の一部)を表す》●lire *du* Molière モリエールの作品を読む.

dû(*due*) /デュ/ 形 (<devoir の過去分詞) ❶借りとなっている;〔*à*, に〕支払う[支払われる]べき. ❷〔*à*, に〕起因する, 帰する.

en bonne et due forme 書式にかなった, 正式の.

— le **dû** 男 支払われるべきもの, 借金.

le **duc** /デュク/ 男 ❶公爵;〔史〕(公国の)君主. ❷フクロウ, ミミズク.

la **duchesse** /デュシェス/ 女 ❶公爵夫人. ❷《話》お高くとまった女.

le **duel** /デュエル/ 男 決闘; 戦い. ●provoquer [appeler] 人 en *duel* (人)に決闘を挑む.

la **dupe** /デュプ/ 女 だまされた人, だまされやすい人. →男について言う場合も女性名詞.

— 形 〔*de*, に〕だまされた, だまされやすい.

duquel /デュケル/ 代 《前置詞 de と lequel の縮約形》→**lequel**

dur(e) /デュール/ 形 (英 hard, rough) ❶固い, 硬い. ●beurre *dur* 固いバター. ❷難しい; 困難な; つらい. ●C'est trop *dur* pour moi. 私には難しすぎる. ❸〔*avec, envers, pour*〕(人に対して)厳しい, 無情な;《非人称構文で》辛い, こらえがたい. ●Il est *dur* de perdre sa mère. 母親を失うのはつらいことだ. ❹〔*à*, に対して〕抵抗力が強い, 負けない.

C'est un enfant très dur. 手に負えない子供だ.

coup dur 手痛い打撃, 試練, 災難; 激戦, 危険な作戦[行動].

dur à 不定詞 …しがたい. ●escalier *dur* à monter 登るのが大変な階段.

être dur d'oreille 耳がほとんど聞こえない.

— 副 《話》激しく, ひどく.

croire à... dur comme fer …を盲目的に信じる.

— le **dur** 男 ❶固いもの. ❷《話》頑丈な[我慢強い]男, したたか者.

C'est un dur à cuire. 《話》あいつはしたたか者だ.

dur de dur 《話》タフの中のタフ, 不屈の男.

en dur 耐久の, 永続する.

— la **dure** 女 地面.

à la dure 厳しく.

durable /デュラーブル/ 形 長続きのする.

durant /デュラン/ 前 (英 during) …の間中(ずっと), …を通じて. ●Il a plu *durant* la nuit. 一晩中雨が降った.

parler une heure durant 1時間ずっと話す.

travailler un mois durant 1か月間働く.

durcir /デュルスィール/ 他 33 を固くする, 厳しくする, 強硬にする.

— 自 固くなる, 厳しくなる, 強硬になる.

— **se durcir** 代動 固くなる, 厳しくなる, 強硬になる.

dure →**dur** の女性形.

la **durée** /デュレ/ 女 (英 duration) 期間, 持続期間. ●de courte *durée* 短期間の. ●pendant une *durée* d'un mois 1か月の間.

durement /デュルマン/ 副 手荒く, 激しく; 冷酷に.

durent →**devoir** 23 →**durer**

durer /デュレ/ 自 (英 last) 続く, 持続する; 長く続く, 長持ちする. ●Cette mode ne *durera* pas. この流行はあまり長続きしないだろう.

la **dureté** /デュルテ/ 女 ❶固さ, 硬さ. ❷厳しさ; 苛酷さ; 冷酷; (態度・意見の)強硬さ. ●traiter 人 avec *dureté* (人)を冷たくあしらう.

dus(...), dut →**devoir** 23

le **duvet** /デュヴェ/ 男 ❶(鳥・動植物の)綿毛, ダウン. ❷(生え初めの)薄ひげ, うぶ毛. ❸寝袋, シュラーフザック.

dynamique /ディナミク/ 形 (英 dynamic) ❶力強い, 精力的な, 活動的な. ❷(動)力学の; 動的な.

— la **dynamique** 女 ❶〔物〕動力学. ❷推進力, 活発さ.

en dynamique 動きつつある, 進歩しつつある.

la **dynamite** /ディナミト/ 女 ダイナマイト; 危険なもの[人物]. ●faire sauter ... à la *dynamite* …をダイナマイトで爆破する.

la **dynastie** /ディナスティ/ 女 王朝; (名高い)家系.

la **dysenterie** /ディサントリ/ 女 〔医〕赤痢.

E e

le**E, e** /ウ/ 男 ❶ フランス字母の第5字. ❷〔楽〕ホ音, ホ調. ❸《略》**(E)** 東 (=est); 閣下, 猊(げい)下 (=Excellence). ❹《略》**(e)** 電子. ❺《略》**(e-)** 電子の, オンラインの (=électron). ●*e*-book 電子ブック. ●e-mail 電子メール.

l'**eau** /オ/ 女 (英 water) (複 **eaux**) ❶ 水. ●boire de l'*eau* 水を飲む. ●un verre d'*eau* コップ1杯の水. ●*eau* de source 湧き水. ●*eau* minérale ミネラルウォーター. ●*eau* potable 飲料水. ❷ 雨; 《多く複数》噴水; 温泉; 鉱泉. ●*eaux* thermales 温泉. ❸ 化粧水, 薬用液. ●*eau* de Cologne オーデコロン. ●*eau* de toilette オードトワレ. ❹ 水分, 液体; 分泌物; 《複》羊水.
aller sur l'eau 浮かぶ; 航海する.
cuire à l'eau ゆでる.
dans ces eaux-là だいたい, およそ.
eau chaude 湯.
laver à grande eau 徹底的に洗う, 洗い流す.
nager entre deux eaux 曖昧(あいまい)な立場をとる.
prendre l'eau 水を通す, 水がしみこむ.
se mettre à l'eau 水の中に浸かる, 泳ぐ; 思い切った決断をする.
tomber à l'eau 《話》(計画などが)流れる, おじゃんになる.

l'**eau-de-vie** /オドゥヴィ/ 女 (複 **eaux-de-vie**) (英 brandy) 蒸留酒, ブランデー.

l'**ébauche** /エボシュ/ 女 ❶ 下書き; 草案. ❷ きざし; 始まり.

ébaucher /エボシェ/ 他 ❶ の下書きをする; ざっと輪郭を作る. ❷ わずかに…する.

l'**ébéniste** /エベニスト/ 名 高級家具職人.

éblouir /エブルイール/ 他 33 の目をくらます, をだます.

éblouissant(e) /エブルイサン(ト)/ 形 まぶしい; (美しくて)まぶしいばかりの.

l'**éblouissement** /エブルイスマン/ 男 ❶ (強い光で)目がくらむこと, めまい. ❷ 驚嘆; 感嘆.

l'**éboulement** /エブルマン/ 男 土砂崩れ.

s'ébouler /エブレ/ 代動 崩れ落ちる.

ébouriffer /エブリフェ/ 他 の髪を乱す.

l'**ébranlement** /エブランルマン/ 男 震動, 揺れ; 動揺.

ébranler /エブランレ/ 他 を動揺させる, 揺さぶる; (勇気・健康など)を損なう, ぐらつかせる.
— s'ébranler 代動 ❶ 動き出す. ❷ 揺れる; 動揺する.

l'**ébullition** /エビュリスィヨン/ 女 沸騰.
être en ébullition 騒然としている, 沸き返っている.

l'**écaille** /エカーイユ/ 女 ❶ うろこ; (植物・蝶(ちょう)などの)鱗片(りんぺん); (物の表面からはげ落ちる)剥(はく)片. ❷ べっ甲.

l'**écailler**[1] **(ère)** /エカイエ(ール)/ 名 牡蠣(かき)売り.

écailler[2] /エカイエ/ 他 のうろこを落す; 殻を開ける; (剥(はく)片として)をはげ落ちさせる.
— s'écailler 代動 (うろこ状に)はげ落ちる. ●La peinture *s'écaille*. 塗料がはげる.

écarlate /エカルラト/ 形 深紅の.

l'**écart** /エカール/ 男 (英 gap) ❶ 隔たり, 差; (標準からの)ずれ. ❷ 逸(そ)れること; 逸脱.
à l'écart (de ...) (…から)離れて.
écart de conduite 過ち.
faire le grand écart 《バレエ》180度開脚をする.
faire un écart 大きく方向を変える.
mettre 人 ***à l'écart*** (人)をわきに追いやる.
rester à l'écart 近づかない; 参加しない.

écarter /エカルテ/ 他 ❶ の間を離す, を開ける, かき分ける. ●*écarter* les rideaux カーテンを開ける. ❷〔*de*, から〕を遠ざける, 離す, 追い払う, 排除する.
— s'écarter 代動 ❶〔*de*, から〕遠ざか

る, 離れる. 会話 *Écartez-vous!* どいてください. ❷ 間が離れる, 四散する.

ecclésiastique /エクレズィヤスティク/ 形 教会の; 聖職者の.

— **l'ecclésiastique** 男 聖職者.

l' **échafaud** /エシャフォー/ 男 死刑[台].
• monter à l'*échafaud* 死刑台に上がる.

E

l' **échafaudage** /エシャフォダージュ/ 男 (建築用の)足場; 積み上げ.

l' **échalote** /エシャロト/ 女 〔植〕エシャロット.

l' **échange** /エシャーンジュ/ 男 (英 exchange) ❶ 交換; (手紙・資料などの)やり取り. ❷《多く複数》交易, 貿易 (=〜s commerciaux).
échange de vues 意見の交換.
en échange (***de...***) (…の)代わりに, 交換として.

échanger /エシャンジェ/ 他 40 (英 exchange) ❶ (**a**) を交換する, 取り替える. • *échanger* des places 席を交換する. (**b**) 〈**échanger A contre B**〉 AをBと交換する. ❷ を交わし合う.
échanger des balles (テニス・卓球で)ラリーをする.
Ni repris ni échangé. 《掲示》返品, お取り替えはできません.

l' **échantillon** /エシャンティヨン/ 男 (商品の)見本, サンプル; 代表例.

l' **échappement** /エシャプマン/ 男 ❶〔機〕排気. • gaz d'*échappement* 排気ガス. ❷〔情報〕エスケープ(キー).

échapper /エシャペ/ 自 (英 escape)
❶〖à, から〗逃れる; 免れる. • *échapper* à l'impôt 免税される; 税金を払わない.
❷〖à〗(人に)見落とされる; 理解を越える, 忘れられる. • Son nom *m'échappe*. 彼の名前を度忘れした.
❸〖à〗(人が)うっかり漏らす[示す].
❹〖*de*, から〗滑り落ちる.
laisser échapper 取り逃がす; 見落とす.
— 他 《次の表現で》
l'échapper belle かろうじて助かる.
— **s'échapper** 代動 ❶〖*de*, から〗逃げる. ❷ (水・煙などが)出る, 漏れる. ❸〔スポーツ〕(特に自転車競技で)他を振り切る.

l' **écharpe** /エシャルプ/ 女 マフラー, スカーフ; つり包帯.
avoir le bras en écharpe 三角巾で腕をつっている.

échauffer /エショフェ/ 他 を温める, 熱する.

— **s'échauffer** 代動 〔スポーツ〕ウォーミングアップをする; 熱気を帯びる.

l' **échéance** /エシェアンス/ 女 支払い期日; 決着のつく日.
à longue [***brève***] ***échéance*** 長期間[短期間]で.
venir à échéance 満期になる.

échéant(e) /エシェアン(ト)/ 形 〔法〕期限の.
le cas échéant 万一の場合.

l' **échec** /エシェク/ 男 ❶ (英 failure) 失敗, 挫折. • subir un *échec* 失敗をこうむる. • La peur de l'*échec* le hantait. 失敗しはしないかという恐怖心が彼にとりついていた. ❷ (英 chess) 《複》チェス; チェスの駒; 〔チェス〕王手.
Échec au roi! チェック!, 王手!
Échec et mat! チェックメイト!, 王手詰み!
jeu d'échecs チェス盤.
jouer aux échecs チェスをする.

l' **échelle** /エシェル/ 女 (英 ladder) ❶ はしご. • *échelle* d'incendie 避難ばしご. ❷ 階段, 等級. • être au sommet de l'*échelle* (地位などの)頂点にいる.
❸ 規模.
❹ 縮尺; 目盛り.
à l'échelle 形 [***de*** 名] …の規模で.
• problème à *l'échelle* nationale 国家的規模の問題.

l' **échelon** /エシュロン/ 男 ❶ (はしごの)横木. ❷ 段階, 階級.

échelonner /エシュロネ/ 他 を等間隔に並べる, 分けて行う.

— **s'échelonner** 代動 等間隔を置く.

l' **échine** /エシヌ/ 女 背骨, 背; (豚の)背肉.
courber [***plier***] ***l'échine*** 服従する.

l' **échiquier** /エシキエ/ 男 ❶ チェスボード, 碁盤. • en *échiquier* 碁盤目に. ❷ 勝負の舞台. ❸ (**É-**) (イギリスの)財務省.

l' **écho** /エコ/ 男 ❶ こだま; 反響, 反応. ❷ うわさ.
se faire l'écho de... (考えなど)に共鳴する; (うわさ)を広める.

échouer /エシュエ/ (英 fail) 自 ❶〖à, *dans*, に〗失敗する. • *échouer* à un examen 試験に失敗する. • faire

échouer ...(陰謀・計画など)を失敗させる. ❷(ある場所に)舞い込む; (仕方なく)とどまる.
❸(船が)座礁する.
— s'échouer 代動 座礁する.
éclabousser /エクラブセ/ 他 に水[泥]を跳ねかける; (人)の評判を傷つける.
l'éclair /エクレル/ 男 (英 lightning, flash) ❶稲妻, 閃(せん)光; (目などの)輝き; (頭の)ひらめき. ❷〔菓〕エクレア.
en un éclair あっという間に.
— 形 《不変》電撃の, あっという間の.
fermeture éclair 《商標》ファスナー, ジッパー.
l'éclairage /エクレラージュ/ 男 照明, 採光; 〔画〕光の当て方; 観点.
● apporter un nouvel *éclairage* sur ... …に新たな観点をあてる.
l'éclaircie /エクレルスィ/ 女 雲の切れ目; 晴れ間.
éclaircir /エクレルスィール/ 他 33 (英 clear up) ❶を明るくする, はっきりさせる. ❷(疑問など)を明らかにする. ❸を薄める, まばらにする.
— s'éclaircir 代動 ❶明るくなる. ❷はっきりする. ❸薄くなる.
s'éclaircir la voix (のどの通りをよくするために)せき払いをする.
éclairé(e) /エクレレ/ 形 照明された; 見識[教養]のある.
éclairer /エクレレ/ 他 (英 light) ❶を照らす. ●*éclairer* bien [mal] 光が明るい[暗い].
❷(表情など)を明るくする. ● Un sourire *a éclairé* son visage. 彼(女)の顔は微笑で輝いた.
❸(問題など)を明らかにする; 教える.
— s'éclairer 代動 ❶明るくなる; (明かりが)灯る; 自分(の足元)を照らす.
● *s'éclairer* à la bougie ろうそくをつける. ❷(表情などが)晴れやかになる; (疑問などが)解ける. ● Tout *s'éclaire*! すべてが明らかになってきた.
l'éclat /エクラ/ 男 ❶(爆発などによる)破片. ❷爆発音, 大きな音[声]. ● rire aux *éclats* 大声で笑う. ❸輝き; 閃(せん)光; 鮮やかな色; 華々しさ.
donner de l'éclat à ... …に華を添える.
faire un éclat 騒ぐ; 騒ぎを起こす.
éclatant(e) /エクラタン(ト)/ 形 (音が)響きわたる; 光り輝く, 鮮やかな; 輝かしい; 明白な.
éclater /エクラテ/ 自 (英 burst) ❶爆発する, 破裂[さく裂]する; 分裂する. ● Une bombe *a éclaté*. 爆弾が破裂した. ❷響き渡る, とどろく. ❸(戦争などが)勃(ぼっ)発する. ● La guerre *a éclaté* en 1914. 戦争は1914年に勃発した. ❹(感情を)爆発させる, 突然…する. ● *éclater* en sanglots わっと泣き出す. ❺はっきり現れる.
éclater de 名 《無冠詞》 突然…する; …で満ちあふれている. ● *éclater de* rire 爆笑する; 笑い出す.
— s'éclater 代動 《話》夢中になって楽しむ.
l'éclipse /エクリプス/ 女 ❶〔天〕食. ● *éclipse* de lune 月食. ● *éclipse* de soleil 日食. ❷(有名人などの)活動の中断; (名声などの)かげり.
à éclipses 点滅する.
éclore /エクロール/ 自 13 → 助動詞は多くは être. (卵・ひなが)かえる; 開花する.
éclôt → **éclore** 13
l'écluse /エクリューズ/ 女 水門.
écœurer /エクレ/ 他 に吐き気を催させる; 嫌気を起こさせる; 《話》のやる気を失わせる.

l'école /ekɔl エコル/ 女 (英 school)

❶(**a**) 学校, 小学校 (=〜 primaire).
● aller à l'*école* 学校に行く.
● *école* communale [publique] 公立小学校.
● *école* privée [libre] 私立校.
(**b**)《集合的》生徒および教職員; 授業.
● Il n'y a pas *école* aujourd'hui. 今日は学校は休みだ.
❷(特殊な高等教育を行う)学校; (**É-**) 各種学校.
● grandes *écoles* グランドゼコール. → 大学 (université) とは別に, 独自の入試があり, 高度に専門化された教育を行なうエリート養成機関.
● l'*École* normale supérieure 高等師範学校.
● l'*École* polytechnique 理工科大学.
❸流派, 学派.
école de conduite 自動車学校. 類義 **auto-école** 女

E

école maternelle 幼稚園.

l' **écolier(ère)** /エコリエ(-ル)/ 名 小学生.

l' **écologie** /エコロジ/ 女 生態学, 自然環境保護(運動).

écologique /エコロジク/ 形 生態学の; 自然環境保護の.

l' **écologiste** /エコロジスト/ 名 環境保護論者 (=《話》écolo).

E

économe /エコノム/ 形 倹約家の; 出し惜しみをする.

— l'**économe** 名 (学校・病院などの)会計係.

l' **économie** /エコノミ/ 女 (英 economy)

❶ 経済.

❷ 倹約, 節約.

•faire des *économies* de... …を節約する.

❸《複》貯金, 貯え.

•avoir des *économies* 貯金がある.

•faire des *économies* 貯金をする.

faire des économies de bouts de chandelle 《話》徹底的に倹約する.

faire l'économie de... …を節約する; …を避ける.

par économie 節約のため.

économique /エコノミク/ 形 (英 economic) ❶ 経済の.

❷ 安上がりの, 経済的な. •classe *économique* (飛行機の)エコノミークラス.

— l'**économique** 男《集合的》経済(現象).

économiser /エコノミゼ/ (英 save) 他 を節約する; を貯金する. •*économiser* sur le chauffage 暖房代を節約する.

l' **économiste** /エコノミスト/ 名 経済学者, 経済の専門家.

l' **écorce** /エコルス/ 女 樹皮; (果物の)皮.

écorcher /エコルシェ/ 他 ❶ の皮をはぐ; をすりむく, に(すり)傷をつける. ❷《話》を不正確に発音する. •Il *écorche* l'allemand. 彼はひどいドイツ語を話す.

écorcher les oreilles de 人 (人)に耳障りな音を出す.

— **s'écorcher** 代動 皮膚をすりむく.

l' **écorchure** /エコルシュール/ 女 かすり傷.

l' **Écosse** /エコス/ 女 スコットランド.

l' **écot** /エコ/ 男 (会食の)各自の勘定.

écouler /エクレ/ 他 を売りさばく; 流通させる.

— **s'écouler** 代動 流れる; (時などが)過ぎる.

l' **écoute** /エクート/ 女 (ラジオ・電話を)聞くこと. •être à l'*écoute* ラジオ[電話]を聞いている.

être à l'écoute de... …の言うことを聞く.

mettre 人 ***sur écoute*** (人)の電話を盗聴する.

écouter /ekute エクテ/ 他 (英 listen to)

❶ (a) を聞く, に耳を傾ける.

•Elle *écoute* la radio. 彼女はラジオを聞いている.

POINT écouter は「注意して聞く」, entendre は「自然と聞こえてくる」.
▶J'aime écouter la musique à fond. 私は大音量で音楽を聴くのが好きだ.
▶J'entends la musique de mon voisin. お隣の音楽が聞こえる.

(b)〈écouter 人〉(人)の言うことを聞く. •Je vous *écoute*. お話を伺いましょう.

(c)〈écouter A 不定詞 [不定詞 A]〉A が…するのを聞く.

•J'*écoute* Anne chanter. / J'*écoute* chanter Anne. 私はアンヌが歌うのを聞いている.

❷ (人の言うこと)を聞き入れる.

•J'*ai écouté* ses conseils. 私は彼(女)の忠告を聞き入れた.

•Cet enfant n'*écoute* jamais. この子供は言うことを全然聞かない.

❸ (感情など)に従う.

Écoute!/Écoutez! 《注意を促して》ねえちょっと, いいですか.

écouter... jusqu'au bout (人)の言うことを最後まで聞く.

— **s'écouter** 代動 聞かれる; 本心に従う.

l' **écouteur** /エクトゥール/ 男 イヤホン，ヘッドホン，受話器.

l' **écran** /エクラン/ 男 (英 screen) ❶スクリーン; 映画. ●le grand *écran* 大型スクリーン; 映画. ●vedette de l'*écran* 映画スター. ❷ディスプレイ，画面. ●*écran* tactile タッチパネル. ❸ついたて; 幕.
écran solaire 日焼け止めクリーム.
faire écran à ... …を見えなくする; …の理解を妨げる.

écraser /エクラゼ/ 他 (英 crush) ❶を押しつぶす，粉々にする; (車が)をひく. ●*écraser* des pommes de terre じゃがいもを押しつぶす. ●se faire *écraser* par une voiture 車にひかれる. ❷を徹底的に打ち負かす; に重くのしかかる; を圧迫する. ❸〔情報〕を消去する，上書きする.
Écrase! 《話》もういい; 黙れ.
écraser le coup 水に流す.
— **s'écraser** 代動 ❶つぶされる，ぺちゃんこになる; (飛行機が)墜落する. ●La voiture *s'est écrasée* contre un arbre. 車は木に激突してぺちゃんこになった. ❷《話》黙って引き下がる.

l' **écrevisse** /エクルヴィス/ 女 ザリガニ.

s'écrier /エクリエ/ 代動 (英 cry out) 叫ぶ，大声を上げる.

l' **écrin** /エクラン/ 男 宝石箱.

écrir ... →**écrire** 26

écrire /ekrir エクリール/ 他 26 (英 write)

j'	écris	nous	écrivons
tu	écris	vous	écrivez
il	écrit	ils	écrivent
現分	écrivant	過分	écrit

❶ を書く.
●*Écrivez* votre nom. 名前を書きなさい.
●Rousseau *écrit* que ... ルソーは…と述べている.
❷(a)〘à, に〙(手紙)を書き送る.
●*écrire* une longue lettre 長文の手紙を書く.
(b)〈écrire (à 人) de 不定詞 [que ...]〉(人に)…するように[…と]手紙を書く.
●J'*ai écrit à* mes parents de m'envoyer de l'argent. 私は両親にお金を送ってくれるよう手紙で頼んだ.
●Il nous *a écrit qu*'il avait été malade. 彼は病気だったと私たちに手紙で知らせてきた.
❸ を著作する，作曲する.
— 自 ❶書く，著述する.
●Il *écrit* dans les journaux. 彼は新聞にものを書いている.
●*écrire* au stylo ペンで書く.
❷〈écrire à 人〉(人)に手紙を書く. ●Je *t'écrirai*. 君に手紙を送るよ.
écrire bien [**mal**] 字[文章]が上手だ[下手だ]; (ペンなどが)よく書ける[書けない].
— **s'écrire** 代動 書かれる; 手紙のやりとりをする. ●Ça *s'écrit* comment? / Comment ça *s'écrit*? どうつづるのですか? ●Elles *s'écrivent* souvent. 彼女らは文通をしている.

écris →**écrire** 26

écrit(e) /エクリ(ト)/ 形 (<écrire の過去分詞) (英 written) ❶書かれた; 文書による. ❷神の摂理によって定められた.
— l' **écrit** 男 ❶文書; 作品，著作. ●par *écrit* 文書で. ❷筆記試験. ●être bon à l'*écrit* 筆記でよい点をとる.

l' **écriteau** /エクリト/ 男 (複 **écriteaux**) 掲示，標識.

l' **écriture** /エクリテュール/ 女 (英 writing)
❶文字，字[書]体.
❷筆跡. ●Il a une belle *écriture*. 彼は字がうまい.
❸文体; 書くこと，エクリチュール.
❹(**Écriture(s)**) 聖書.
❺〔法〕文書.
❻《多く複数》〔経〕簿記.

écriv ... →**écrire** 26

l' **écrivain(e)** /エクリヴァン(ヴェン)/ 名 (英 writer) 作家; 文筆家. →伝統的には女性にも男性形を用いる.

l' **écrou** /エクル/ 男 ナット.

s'écrouler /エクルレ/ 代動 崩れる; 挫折する; (人が)倒れる.

l' **écueil** /エクイユ/ 男 暗礁; 危険物; 障害.

l' **écume** /エキュム/ 女 (英 foam) 泡; あく; 唾の泡; (馬の)汗.

l' **écureuil** /エキュルイユ/ 男 リス.

l' **écurie** /エキュリ/ 女 ❶厩舎(きゅうしゃ)，馬小屋; 《話》汚い場所. ❷《集合的》(同一馬主に属する)競走馬全体，(オートレースで)同一チームに属する全選手[全車].

l' **édifice** /エディフィス/ 男 (大)建築物.

édifier /エディフィエ/ 他 ❶を建てる，築き上げる. ❷ を教化する, に本当のことを知らせる.

éditer /エディテ/ 他 を出版する; 校訂する;〔情報〕を編集する.

l' **éditeur(trice)** /エディトゥール(トリス)/ 名 (英 publisher) ❶ 出版社, 発行者; 編者. ❷〔情報〕エディタ.

l' **édition** /エディスィヨン/ 女 (英 publishing) ❶ 出版; 出版界[業]; 出版社 (=maison d'~).
❷ (本やレコードの)発行; (映画などの)製作;〔情報〕(データの)編集.
❸ 版; 校訂(本). ●dernière *édition* 最新版. ●*édition* électronique 電子出版. ●*édition* revue et corrigée 改訂版.

l' **éditorial** /エディトリヤル/ 男 (複 **éditoriaux**) (<英) 社説, 論説.

éditrice →**éditeur** の女性形.

l' **éducation** /エデュカスィヨン/ 女 (英 education) ❶ 教育; 訓練.
❷ しつけ, 礼儀.
avoir de l'éducation しつけのよい.
éducation physique et sportive 体育.
manquer d'éducation 態度の悪い.

éduquer /エデュケ/ 他 を教育する, しつける; 訓練する.
bien [***mal***] ***éduqué*** 育ちのよい[悪い].

effacer /エファセ/ 他 52 (英 erase) を消す; 忘れさせる;〔情報〕を消去する. ●*effacer* le tableau avec une éponge スポンジで黒板を消す.
— s'effacer 代動 消える; わきへ寄る. ●Les mauvais souvenirs *s'effacent* avec le temps. 嫌な思い出は時とともに消える.

effarer /エファレ/ 他 をおびえさせる; ぎょっとさせる, びっくりさせる.

effaroucher /エファルシェ/ 他 (動物)をおびえさせる; (人)をおじけづかせる.

effectif(ve) /エフェクティフ(ーヴ)/ 形 実際の, 現実の; 有効な.
— l'effectif 男 (集団の)実数; 定員数; 人数.

effectivement /エフェクティヴマン/ 副 実際に, 事実; (同意・肯定で)確かに, まったくそのとおり; なるほど. 会話 Il mange beaucoup. —Oui, *effectivement*. 彼はよく食うね. —うん, まったくだ.

effectuer /エフェクテュエ/ 他 (英 carry out) を実行する.
— s'effectuer 代動 実行される, 行われる.

l' **effervescence** /エフェルヴェサーンス/ 女 沸騰; 興奮, 騒ぎ.
être en effervescence 興奮で沸き立っている.

l' **effet** /エフェ/ 男 (英 effect) ❶ 結果; 効果, 効き目. ●rapport de cause à *effet* 因果関係. ●*effet* de serre (大気の)温室効果.
❷ 印象; (芸術的)効果. ●faire bon [mauvais] *effet* (sur 人) (人に)よい[悪い]印象を与える.
❸〔商〕手形 (=~ de commerce).
❹《複》衣類, 身の回り品.
❺ (球の)ひねり.
à cet effet そのため.
avoir pour effet de... …する効果を生む.
en effet 確かに, 実際; そのとおり;《前文について》何しろ.
faire (***de l'***)***effet*** 感銘を与える; 見栄えがする.
prendre effet (法律が)発効する.
sous l'effet de... …の影響下に.

efficace /エフィカス/ 形 (物が)有効な, 能率的な; (人が)有能な, 役に立つ.

l' **efficacité** /エフィカスィテ/ 女 効果, 効き目; 効力; 効率.

effleurer /エフルレ/ 他 を軽く触れる, かすめる; (心)をよぎる.

l' **effondrement** /エフォンドルマン/ 男 崩壊, 瓦(が)解; 落胆; 暴落.

s'effondrer /エフォンドレ/ 代動 ❶ 崩壊する; 暴落する. ❷ 倒れる; がっくりする. ●*s'effondrer* dans un sofa ソファーに倒れ込む. ●*s'effondrer* en larmes 泣き崩れる.

s'efforcer /エフォルセ/ 代動 52 (英 strive) 〈**s'efforcer de** 不定詞〉 …しようとする. ●Il *s'est efforcé de* me convaincre. 彼は私を説得しようと努力した.

l' **effort** /エフォール/ 男 (英 effort) 努力.
●avec *effort* 苦労して.
●sans *effort* やすやすと.
faire l'effort de 不定詞 …しようと努力する.
faire un effort 努力する. ●Il *a fait un effort* pour finir à l'heure. 時間どおりに終わろうと彼は努力した.

effrai... →**effrayer** 49 50

effrayant(*e*) /エフレイヤン(ト)/ 形 恐ろしい, ぞっとするような;《話》ものすごい.

effrayer /エフレイエ/ 他 49 50 (英 frighten) をおびえさせる, 怖がらせる.

— s'effrayer 代動 〚*de*, に〛おびえる.

l' **effroi** /エフロワ/ 男 《文》恐怖.

effronté(*e*) /エフロンテ/ 形 ずうずうしい, 厚かましい.

— l'effronté(*e*) 名 ずうずうしい人.

l' **effronterie** /エフロントリ/ 女 ずうずうしさ, 押しの強さ.

effroyable /エフロワイヤブル/ 形 恐ろしい, ぞっとさせる;《話》すさまじい, ひどい.

égal(*ale*) /エガル/ 形 (男複 **égaux**) (英 equal) ❶ 等しい, 同等の;〚*à*, に〛等しい. ● Trois plus deux est *égal à* cinq. 3+2=5. ● à prix *égal* 同じ値段で.
❷ 平等な, 対等な. ● Les citoyens sont *égaux* devant la loi. 市民は法の前では平等である.
❸ むらのない, 一様の.
❹ どうでもよい. 会話 Ça m'est *égal*. どちらでもいい; 気にしない.

— l'égal(*ale*) 名 対等[同等]の人[物].

d'égal à égal 対等に.

sans égal 比類のない.

également /エガルマン/ 副 (英 equally) 等しく; 同様に;《話》…もまた. ● J'irai *également*. 私も行きます.

égaler /エガレ/ 他 (英 equal) に等しい; 匹敵する. ● Deux plus deux *égalent* quatre. 2+2=4.

égaliser /エガリゼ/ 他 を等しくする; 平らにする, ならす.

— 自 〔スポーツ〕同点にする.

l' **égalité** /エガリテ/ 女 (英 equality) 等しさ, 同等; 平等; 一定であること.

être à égalité 〔スポーツ〕同点である; 引き分けである.

signe d'égalité 等号.

l' **égard** /エガール/ 男 (英 regard) 《成句でのみ》考慮;《複》敬意.

à cet égard その点については.

à l'égard de... …に対しての; …に関しては.

à tous (les) égards あらゆる点で.

avoir égard à... …を考慮する.

sans égard pour... …を考慮[配慮]せずに.

égarer /エガレ/ 他 ❶ を錯乱させる. ❷ が紛失する.

— s'égarer 代動 道に迷う.

égaux →**égal** の複数形.

égayer /エゲイエ/ 他 49 50 (英 cheer up) を陽気にする, 楽しくさせる.

l' **église** /エグリーズ/ 女 (英 church)
❶ 教会.
● aller à l'*église* 教会(のミサ)に行く.
❷ **(É-)** (教団としての)教会;《集合的》キリスト教徒.
● *Église* catholique カトリック教会.
homme d'Église 聖職者.

l' **égoïsme** /エゴイスム/ 男 エゴイズム, 利己主義.

égoïste /エゴイスト/ 形 (英 egoistic) 利己主義の.

— l'égoïste 名 利己主義者, エゴイスト.

égorger /エゴルジェ/ 他 40 ののどを切って殺す.

l' **égout** /エグ/ 男 下水道.

égratigner /エグラティニェ/ 他
❶ をひっかく.
❷ を皮肉る.

— s'égratigner 代動 ひっかき傷を負う.

l' **égratignure** /エグラティニュール/ 女 かすり傷, ひっかき傷.

sans une égratignure かすり傷ひとつ負わずに.

l' **Égypte** /エジプト/ 女 エジプト.

égyptien(*ne*) /エジプスィヤン(エヌ)/ 形 エジプトの.

— l'Égyptien(*ne*) 名 エジプトの人.

— l'égyptien 男 (アラビア語の)エジプト方言; (古代)エジプト語.

eh /エ/ 間 (英 hey) 《呼びかけ》ねえ;《注意の喚起》おい;《聞き返し》えっ;《驚き》おや;《感嘆》まあ;《喜び》うわあ;《激励》さあ. ● *Eh*! vous, là-bas! ちょっと, そこの人.

Eh bien おや; まあなんと; それでは; ところが.

l' **élaboration** /エラボラスィヨン/ 女
❶ (案などを)練り上げること; 推敲(こう).
❷〔生理〕同化, 消化.

élaborer /エラボレ/ 他 を周到に準備する; 推敲(こう)する;〔生理〕を同化[消化]する.

— s'élaborer 代動 仕上げられる, 練られる.

l' **élan** /エラン/ 男 ❶ 跳躍; 飛躍; はずみ, 勢い. ● prendre son *élan* 跳躍する. ❷ (感情などの)高揚; 衝動. ❸〔動〕ヘラジカ.

élancé(e) /エランセ/ 形 すらりとした.

élancer /エランセ/ 自 52 ずきずき痛む, うずく.

— s'élancer 代動 ❶ 突進する, 駆け出す. ● *s'élancer* à la poursuite de... …を追って駆け出す. ❷ そびえる, そそり立つ.

élargir /エラルジール/ 他 33 (英 widen) を広げる; 大きく見せる. ● *élargir* le débat 議論の範囲を拡大する.

— s'élargir 代動 広くなる.

élastique /エラスティク/ 形 柔軟な; 弾性のある, 伸縮する.

— l'élastique 男 ゴム; ゴムひも[帯]. ● en *élastique* ゴム製の.

l' **électeur(*trice*)** /エレクトゥール(トリス)/ 名 選挙者[人], 有権者.

l' **élection** /エレクスィヨン/ 女 選挙. ● se présenter aux *élections* 選挙に立候補する.

électoral(*ale*) /エレクトラル/ 形 (男複 électoraux) 選挙の. ● droit *électoral* 選挙権.

l' **électricien(*ne*)** /エレクトリスィヤン(エヌ)/ 名 電気技師; 電気屋.

l' **électricité** /エレクトリスィテ/ 女 (英 electricity) 電気, 電力; 電灯.

allumer [***éteindre***] ***l'électricité*** 電気をつける[消す].

électricité statique 静電気.

会話 ***Il y a de l'électricité dans l'air.*** ぴりぴりした雰囲気である.

panne d'électricité 停電.

électrique /エレクトリク/ 形 (英 electric) 電気の, 電動の. ● atmosphère *électrique* しびれるような雰囲気.

l' **électron** /エレクトロン/ 男 電子.

électronique /エレクトロニク/ 形 (英 electronic) 電子の; 電子工学の.

— l'électronique 女 電子工学.

l' **électrophone** /エレクトロフォヌ/ 男 レコードプレーヤー.

élégamment /エレガマン/ 副 優美に; 手際よく.

l' **élégance** /エレガンス/ 女 ❶ 趣味のよさ, 上品, おしゃれ. ● manquer d'*élégance* 上品さに欠けている. ❷《多く複数》上品な言動. ❸ (証明などの)鮮やかさ, 手際のよさ.

élégant(e) /エレガン(ト)/ 形 (英 elegant) ❶ 趣味のいい, 上品な; おしゃれな. ❷ 手際のいい, しゃれた.

l' **élégie** /エレジ/ 女 哀歌, 悲歌.

l' **élément** /エレマン/ 男 ❶ 要素, 部品. ❷ (集団内の)構成員, 分子. ❸《複》初歩, 基礎; (自然界の)基本要素; 〔化〕元素; (集合の)元. ❹ (生物の)本来の住みか, 領分; 《転じて》人の活動領域, 本領.

être dans son élément 自分の得意分野にいる.

élémentaire /エレマンテール/ 形 (英 elementary) ❶ 初等の, 基礎の. ❷ 基本的な, 本質的な; 簡単な. ❸〔化〕元素の.

l' **éléphant** /エレファン/ 男 象. ● *éléphant* d'Afrique アフリカゾウ.

l' **élevage** /エルヴァージュ/ 男 (英 breeding) 飼育, 牧畜, 養殖. ● *élevage* de poulets 養鶏. ● faire de l'*élevage* 牧畜をする.

élevage des vins ワインの熟成.

l' **élévation** /エレヴァスィヨン/ 女 ❶ 上昇; 向上; 昇進. ❷ (持ち)上げること. ❸ 建設, 建立. ❹〔数〕累乗; 立面図.

l' **élève** /エレーヴ/ 名 (英 pupil, student) ❶ 生徒; 学生. → 通常, 小学生から高校生まで; 大学生は étudiant.
❷ 弟子.

élevé(e) /エルヴェ/ 形 (英 high) ❶ (高さ, 値段, 程度が)高い; 高尚な. ❷ 育てられた.

bien [***mal***] ***élevé*** 育ちのよい[悪い].

élever /エルヴェ/ 他 1 (英 raise) ❶ を上げる; (精神など)を高める. ● *élever* le niveau 水準を高める.
❷ を育てる; 教育する. ● Elle *a élevé* seule cinq enfants. 彼女は1人で5人の子供を育てた.
❸ を建設する, 建てる; 昇進させる.

élever la voix 声を張り上げる; 発言する.

élever le ton 語気を強める.

— s'élever 代動 ❶ 上がる, 上昇する; 昇進する.
❷ 建つ, そびえ立つ.
❸ (声・意見などが)生じる, 沸き起こる; 〚*contre*, に〛抗議する, 反対する.

l' **éleveur(*se*)** /エルヴール(ズ)/ 名 (家畜の)飼育業者.

éligible /エリジブル/ 形 被選挙資格のある.

l' **élimination** /エリミナスィヨン/ 女 ❶除去, ふるい分け;〔数〕消去(法). ❷〔生理〕排泄(せつ).

procéder par élimination 消去法を用いる.

éliminer /エリミネ/ 他 ❶を除去する;(志願者)をふるい落とす;〔スポーツ〕(相手)を敗退させる. ❷〔生理〕を排泄(せつ)する.

Éliminé! 失格です.

élir ... →**élire** 39

élire /エリール/ 他 39 (英 elect) ❶を選挙で選ぶ. ●Il *a été élu* président. 彼は大統領に選出された. ❷《成句表現のみ》を選択する.

élire domicile 居を定める.

élis (...) →**élire** 39

l' **élision** /エリズィヨン/ 女〔文法〕母音(字)省略, エリジヨン. →例: le+ami →l'ami.

élit →**élire** 39

l' **élite** /エリト/ 女《集合的》精鋭, エリート.

d'élite 一流の, 選ばれた. ●tireur *d'élite* 一流の射撃手.

elle /ɛl エル/ 代《人称代名詞; 3人称単数女性》(英 she, it)

❶《主語》彼女は;(女性名詞を受けて)それは.

●*Elle* ne pense qu'à elle. 彼女は自分のことしか考えない.

●*Elle* vous plaît, cette robe? その服, お気に召しましたか.

❷《強勢形》彼女;(女性名詞を受けて)それ.

●C'est *elle* que j'avais invitée. 私が招待したのは彼女だ.

●Il vient avec *elle*. 彼は彼女と来る.

elle-même /エルメム/ 代《人称代名詞》(英 herself, itself) (複 **elles-mêmes**) 彼女自身;(女性名詞を受けて)それ自体. →3人称女性 elle の強勢形.

elles /エル/ 代《人称代名詞》彼女たち;(女性名詞を受けて)それら. →3人称女性複数形・主語・強勢形. →**elle**

l' **ellipse**[1] /エリプス/ 女〔数〕楕(だ)円.

l' **ellipse**[2] /エリプス/ 女〔文法〕省略. →文中の1語あるいは数語を省略すること.

l' **éloge** /エロージュ/ 男 賛辞, 称賛. ●être digne d'*éloges* 称賛に値する.

éloge funèbre 弔辞.

faire l'éloge de ... …を称賛する.

éloigné(e) /エロワニエ/ 形 ❶(空間的に)遠い, 離れた. ●ville *éloignée* de dix kilomètres 10キロ離れた町. ❷(時間的に)遠い, 隔たった; 異なった. ●dans un avenir *éloigné* ずっと先の将来に.

l' **éloignement** /エロワニュマン/ 男 ❶遠ざけること; 隔たり. ❷時の隔たり.

éloigner /エロワニエ/ 他 (英 move away) ❶〚de, から〛を遠ざける, 引き離す. ❷を延期する, 間を置く.

éloigner les moustiques 蚊を寄せつけない.

— s'éloigner 代動 〚de, から〛遠ざかる, 離れる. ●*Éloignez-vous de* la bordure du quai. ホームの端から離れてください.

l' **éloquence** /エロカーンス/ 女 ❶雄弁. ●avec *éloquence* 雄弁に. ❷(身振りなどの)説得力.

éloquent(e) /エロカン(ート)/ 形 ❶雄弁な. ❷(数字・データなどが)説得的な.

élu(e) /エリュ/ 形 選ばれた; 選挙された.

élucider /エリュスィデ/ 他 を明らかにする, 解明する.

élurent, élus (...), élut, élût (...) →**élire** 39

l' **émail** /エマイユ/ 男 (複 **émaux**) ❶ほうろう, エナメル. ❷(歯の)エナメル質. ❸七宝(しっぽう)(細工品).

en émail エナメル加工の; エナメル質の.

l' **e-mail** /イメル/ 男 (<英) Eメール.

l' **émanation** /エマナスィヨン/ 女 ❶発散, 発散物; 臭気. ❷〚de, の〛発露, 発現.

l' **émancipation** /エマンスィパスィヨン/ 女 解放, 自由化;〔法〕後見[親権]解除.

émanciper /エマンスィペ/ 他 を解放する, 自由にする;〔法〕の後見[親権]を解除する.

— s'émanciper 代動 《話》自由奔放に振る舞う.

émaner /エマネ/ 自 〚de, から〛発散する; 発する, 由来する.

émaux →**émail** の複数形.

l' **emballage** /アンバラージュ/ 男 包装, 荷造り; 包装[梱包(こんぽう)]材料. ●papier d'*emballage* 包装紙.

sous emballage 包装した; 荷造りをした.

emballer /アンバレ/ 他 ❶を包装[荷造り]する. ❷《話》を喜ばせる, 熱狂[興奮]させる. ❸《話》(人)を車に乗せる.

E

emballé sous vide 真空パックの.
— s'emballer 代動 《話》夢中になる, 興奮する; (馬が)暴走する.
l'**embarcadère** /アンバルカデール/ 男 桟橋, 埠頭(ふとう).
l'**embargo** /アンバルゴ/ 男 (<スペイン) 通商禁止, 発行停止.
l'**embarquement** /アンバルクマン/ 男 ❶ 乗船, 搭乗. ●carte d'*embarquement* 搭乗券. ❷ 荷積み.
embarquer /アンバルケ/ 他 (英 embark) ❶ (船・飛行機・車に)を乗せる. ❷《話》〖*dans*, に〗を巻き込む. ❸《話》を持ち去る, かっぱらう.
— 自 乗船する, 搭乗する.
— s'embarquer 代動 ❶ (船・飛行機などに)乗り込む. ❷〖*dans*〗(厄介なことに)手を出す.
l'**embarras** /アンバラ/ 男 (英 embarrassment) ❶ 困惑, 窮地. ❷ 面倒, 厄介. ❸ 車の渋滞.
avoir l'embarras du choix (たくさんあるので)選択に迷う.
dans l'embarras お金に困った.
embarras gastrique 腹痛, 消化不良.
embarrassant(e) /アンバラサン(ト)/ 形 じゃまな; 厄介な, 困った.
embarrasser /アンバラセ/ 他 (英 embarrass) ❶ (人)を困らせる, 悩ませる. ●Cette question m'*embarrasse*. この質問には悩まされる; 返答に困る. ❷ のじゃまをする.
être embarrassé (***avec ...***) (…で)困惑した.
— s'embarrasser 代動 ❶〖*de*, を〗持て余す, 背負い込む. ❷《多くは否定形》〖*de*, を〗気にする.
l'**embauche** /アンボシュ/ 女 採用; 職.
entretien d'embauche (就職の)面接.
embaucher /アンボシェ/ 他 (人)を雇う; 《話》を呼び寄せる.
— 自 〖*à*〗(仕事に)とりかかる.
embaumer /アンボメ/ 他 ❶ を香りで満たす. ❷ (死体)に防腐処置を施す.
— 自 香気を放つ.
embellir /アンベリル/ 他 33 (英 beautify) をより美しくする[見せる]; 粉飾する.
— 自 美しくなる. →助動詞は avoir または être; être は変化した状態を示す.
embêtant(e) /アンベタン(ト)/ 形 《話》うんざりする; 面倒な, 困った.
embêter /アンベテ/ 他 (英 bother) 《話》を困らせる; うんざりさせる.
— s'embêter 代動 《話》うんざりする.
l'**emblème** /アンブレム/ 男 紋章; 象徴.
emboîter /アンボワテ/ 他 〖*dans*, に〗をはめ込む, 接合する.
— s'emboîter 代動 はまる, 接合する.
l'**embonpoint** /アンボンポワン/ 男 肥満.
●avoir de l'*embonpoint* 肥満気味である.
l'**embouteillage** /アンブテヤージュ/ 男 ❶ 交通渋滞. ❷ 瓶詰めにすること.
embraser /アンブラゼ/ 他 ❶ を真っ赤に染める. ❷ に火をつける, 燃やす.
embrasser /アンブラセ/ 他 (英 kiss, embrace) ❶ に接吻(せっぷん)する, キスをする; 抱擁する. ❷ (全体)を一望する. ❸《文》を選ぶ, 奉じる.
Je t'embrasse. 《手紙で》愛を込めて.
— s'embrasser 代動 キスしあう.
l'**embrayage** /アンブレイヤージュ/ 男 (自動車の)クラッチ(をつなぐこと).
embrouiller /アンブルイエ/ 他 をもつれさせる; 混乱[紛糾]させる; (人の頭)を混乱させる.
— s'embrouiller 代動 (頭が)混乱する.
l'**émeraude** /エムロド/ 女 エメラルド.
— 形 《不変》エメラルドグリーンの, 鮮緑色の.
émerger /エメルジェ/ 自 40 水面に現れる, 頭を出す; 浮かび出る, 頭角を現す.
émerveiller /エメルヴェイエ/ 他 を感嘆させる.
— s'émerveiller 代動 〈s'émerveiller de [devant] 名 [de 不定詞/que 接続法]〉…(であること)に感嘆する.
émet(s), émett ... →**émettre** 41
émettre /エメトル/ 他 41 ❶ (光・音)を発する. ❷ を述べる, 発表する. ❸ (貨幣・小切手など)を発行する. ❹ を放送[発信]する.
— 自 放送する. ●*émettre* sur ondes courtes 短波放送する.
émeus, émeut →**émouvoir** 27
l'**émeute** /エムート/ 女 騒乱, 暴動.
émeuv ... →**émouvoir** 27
l'**émigration** /エミグラスィヨン/ 女 (他国への)移住; 《集合的》移民.

l'**émigré(e)** /エミグレ/ 名 (他国への)移民.
émigrer /エミグレ/ 自 (他国へ)移住する.
émîmes →émettre 41
éminent(e) /エミナン(ト)/ 形 すぐれた, 卓越した.
émis (...) →émettre 41
l'**émission** /エミスィヨン/ 女 (英 broadcast) ❶ 放送, 番組. ●*émission* en direct 生放送. ❷ (紙幣·公債などの)発行. ❸ (光·熱などの)放出; (尿などの)排出.
émit, émît (...) →émettre 41
emmêler /アンメレ/ 他 をもつれさせる, 混乱させる.
— s'emmêler 代動 もつれる.
emménager /アンメナジェ/ 自 40 〖*dans*〗(新居に)入居する, 引っ越す.
emmener /アンムネ/ 他 1 (英 take) を連れて行く; (物)を持って行く. ●Il *emmène* son fils au cinéma. 彼は息子を映画へ連れて行く. 会話 Voulez-vous que je vous *emmène*? (車に)乗りますか, 送りましょうか.
emmerder /アンメルデ/ 他 《話》をうんざりさせる.
会話 ***Je t'emmerde!*** おまえなんかくそくらえだ.
— s'emmerder 代動 《話》うんざりする, 退屈する.
l'**émoi** /エモワ/ 男 《文》動揺; 興奮; (深い)感動. ●en *émoi* 動揺している, 騒然としている.
l'**émotion** /エモスィヨン/ 女 (喜怒哀楽などの)心の動き, 感動, 動揺.
se remettre de ses émotions 興奮がさめる, パニックがおさまる.
émouv ... →émouvoir 27
émouvoir /エムヴォワール/ 他 27 (英 move) (心)を動かす, 感動させる; 興奮[動揺]させる.
émouvoir 人 ***jusqu'aux larmes*** (人)の涙を誘う.
— s'émouvoir 代動 感動する; 興奮[動揺]する.
sans s'émouvoir 平然と.
s'emparer /アンパレ/ 代動 ❶〖*de*, を〗奪う, 占領する. ❷〖*de*, を〗いきなりつかむ; (人の)心をとらえる. ●La peur *s'est emparée d*'elle. 彼女は突然こわくなった.
l'**empêchement** /アンペシュマン/ 男 障害; 不都合.
en cas d'empêchement 都合の悪い場合には.
empêcher /アンペシェ/ 他 (英 prevent) ❶ (a) を妨げる. ●*empêcher* le mariage 結婚を妨げる.
(b) 〈**empêcher A de** 不定詞〉 Aが…するのを妨げる. ●Le bruit des voitures m'a *empêché de* dormir. 車の音で私は眠れなかった.
(c) 〈**empêcher que (ne)** 接続法〉 …とはならないようにする.
❷ 〈**Il n'empêche que** 直〉 《非人称》 それでもやはり…だ. ●*Il n'empêche qu'*il a tort. やっぱり彼が悪い.
n'empêche 《話》それでもやはり, それにしても.
— s'empêcher 代動 〈**s'empêcher de** 不定詞〉 …することを我慢する.
ne (pas) pouvoir s'empêcher de 不定詞 …せずにはいられない.
l'**empereur** /アンプルール/ 男 (英 emperor) 皇帝; **(l'E-)** ナポレオン1世. → 女性形は impératrice.
empiler /アンピレ/ 他 を積み重ねる.
— s'empiler 代動 積み重なる.
l'**empire** /アンピール/ 男 ❶ 帝国; 植民地(帝国); 帝政. ●le Premier *Empire* 第一帝政. →ナポレオン1世の. ●le Second *Empire* 第二帝政. →ナポレオン3世の. ❷ 支配権, 支配力.
pas pour un empire (どんなに褒美をくれても)絶対に…しない.
sous l'empire de ... …に支配される; とりつかれる.
empirer /アンピレ/ 自 悪化する.
l'**emplacement** /アンプラスマン/ 男 ❶ 敷地, 用地. ❷ (建物などの)跡.
l'**emplette** /アンプレト/ 女 《古風》買い物; 買った品物.
emplir /アンプリール/ 他 33 《文》を埋め尽くす; 一杯にする, 満たす.
— s'emplir 代動 〖*de*, で〗一杯になる, 満たされる.
l'**emploi** /アンプロワ/ 男 ❶ (英 use) 使用; 用法. ❷ (英 employment) 仕事, 職. ●être sans *emploi* 失業中である. ●offre d'*emploi* 求人. ❸ (芝居の)役柄.
emploi du temps 時間割.
faire double emploi 重複する.

mode d'emploi 使用法; 使用説明書.

emploi ..., employ ... →employer [30]

l' **employé(e)** /アンプロワイエ/ [名] (英 employee) 従業員, 事務員; (工場労働者に対して)会社員, サラリーマン.
- *employé* de banque 銀行員.
- *employé* de municipal 地方公務員.

employer /アンプロワイエ/ [他] [30]
❶ (英 use) を用いる, 使用する.
- *employer* la force 武力を行使する.

❷ (英 employ) を雇う; 採用する.
- Cette entreprise *emploie* des centaines de personnes. この企業は数百人の従業員を使っている.

bien employer (時間・お金が)利用できる; (言葉・表現が)適切である.

mal employer 誤用する.

— s'employer [代動]
❶ 使われる, 用いられる.
- Ce mot ne *s'emploie* plus. この語は今はもう使われない.

❷ 〈s'employer à [名] [à [不定詞]]〉 …(するの)に献身[努力]する.

l' **employeur(se)** /アンプロワイユール(ズ)/ [名] 雇主.

l' **empoisonnement** /アンポワゾヌマン/ [男] ❶ 中毒; 毒殺. ❷ 《話》 煩わしさ, 面倒.

empoisonner /アンポワゾネ/ [他] ❶ に毒を盛る, を毒殺する. ❷ を悪臭で満たす; 汚染する. ❸ 《話》 をうんざりさせる. ❹ (人・精神)を毒する.

— s'empoisonner [代動] ❶ 毒を飲む; 服毒自殺をする; 食中毒になる. ❷ 《話》 うんざりする.

emporté(e) /アンポルテ/ [形] かっとなりやすい.

— l'emporté(e) [名] かっとなりやすい人.

l' **emportement** /アンポルトマン/ [男] 逆上, 激怒.

emporter /アンポルテ/ [他] (英 take (away)) ❶ を持って行く, 運ぶ. ● J'*emporte* un parapluie. 私は傘を持って行く. ● plats à *emporter* テイクアウト. ❷ を取り去る, 連れ去る, 奪い取る. ● Le vent *emporte* les feuilles mortes. 風が枯葉を運び去る.
❸ (情熱などが人)を駆り立てる, 興奮させる.

emporter la bouche [***la gueule***] (料理が)ひりひりするほど辛い.

l'emporter sur ... …で優位に立つ, 勝つ.

se laisser emporter par ... …に駆られる.

— s'emporter [代動] 〔contre, に〕 逆上する, かっとなる.

l' **empreinte** /アンプラーント/ [女] ❶ 痕跡; (貨幣などの)刻印. ❷ 指紋 (=〜s digitales); 足跡 (=〜s de pas).

l' **empressement** /アンプレスマン/ [男] 熱心さ, 特別の好意.

avec empressement 熱心に; 献身的に.

s'empresser /アンプレセ/ [代動] ❶ (英 hasten) 〈s'empresser de [不定詞]〉 急いで…する. ❷ 〔*auprès de, autour de*, の〕 ご機嫌をとる.

emprisonner /アンプリゾネ/ [他] ❶ を投獄する. ❷ の自由を奪う.

l' **emprunt** /アンプラン/ [男] (英 loan) ❶ 借金, 負債. ❷ 国債, 公債 (=〜 d'État, 〜 public). ❸ 借用, 借用語.

d'emprunt 借りものの; 見せかけの.

emprunter /アンプランテ/ [他] (英 borrow) ❶ 〔à, から〕 を借りる; 借金する.
- J'*ai emprunté* cent euros à un ami. 私は友人から100ユーロ借りた.
- mot *emprunté* à l'anglais 英語からの借用語.

借りる, 貸す

emprunter は無料で物品を借りたり, 金銭を借りる場合に用いる. 家賃を払って部屋を借りたり, 車をレンタルで借りるなどの「賃借りする」は louer.「貸す」は prêter,「賃貸しする」は「賃借りする」と同じく louer.

❷ (道)を取る, 利用する. ● *Empruntez* le passage souterrain 《掲示》 地下道をお

通りください.

émû(e) /エミュ/ 形 (英 moved) 深く感動した, 心を動かされた.

dire d'une voix émue 上ずった声で言う.

émû ..., émurent, émus(...), émut →émouvoir 27

en[1] /アン/ 前 (英 in, to) ❶《場所》…で, …に, …(の方)へ; …の中で[に].
- vivre *en* France. フランスで暮らす.

❷《関係》…に関して, …について, …において.
- Il est fort *en* français. 彼はフランス語が得意だ.

❸《時間》…に; (所要時間が)…かかって.
- *en* 2020 2020年に.
- *en* trois jours 3日で.

❹《方法・手段》…に乗って, …で.
- voyager *en* avion [train] 飛行機[列車]で旅行する.

❺《状態・形状》…の状態で[に], …になって[た].
- être *en* colère 怒っている.

❻《服装》…を着て.
- s'habiller *en* blanc 白い服を着る.

❼《材料》…でできた, …からなる.
- montre *en* or 金時計.

❽《変化》…に(変える).
- traduire *en* anglais 英語に翻訳する.

❾ …として.
- *en* cadeau 贈り物として.

❿《目的》…のために.
- *en* reconnaissance de ... …を感謝して.

⓫《ジェロンディフ》〈**en**＋現在分詞〉(**a**)《同時性》…しながら; …する時に, …するにつれて.
- travailler *en* chantant 歌いながら仕事をする.

(**b**)《原因・手段》…したために, …することによって.
- Il s'est blessé *en* tombant. 彼は転んでけがをした.

(**c**)《条件》…すれば.

(**d**)《譲歩・対立》…としても, …とは言え.

en[2] /アン/ 代 ❶《名詞の代用》それを[の].
- As-tu un stylo?—Oui, j'*en* ai un. ペン持ってる?—ああ, あるよ. → 数量表現とともに.
- Voulez-vous des cerises? Il y *en* a encore. サクランボはいかが? まだありますよ. → ある量のものを受ける.

❷《関係代名詞 qui の先行詞》…するところの人.
- Il y *en* a qui ont plus de 80 ans. 中には80歳以上の人もいた.

❸《副詞的》そこから (=de là).
- Connaissez-vous Marseille? —J'*en* viens. マルセイユはご存知ですか?—そこから来ました[そこの出身です].

❹《de＋名詞などの代用》それについて, そのことを (=de cela); そのせいで.
- J'*en* suis fier. それを誇りに思っている.
- J'ai la valise mais je n'*en* ai pas la clef (=je n'ai pas la clef de la valise). スーツケースはあるがその鍵がない.

encadrer /アンカドレ/ 他 ❶ を額縁に入れる; 囲む; 両側から挟む. ❷ を統率する. ❸ に耐える, 我慢する. 会話 Je ne peux pas l'*encadrer*. あいつには我慢できない.

encaisser /アンケセ/ 他 ❶ を領収する; (小切手など)を現金化する. ❷《話》(打撃など)を受ける. ❸《話》《多くは否定形》(人)を我慢する.

enceinte[1] /アンサーント/ 形 《女性形のみ》妊娠している. ● être *enceinte* de cinq mois 妊娠5か月である.

tomber enceinte 妊娠する.

l' **enceinte**[2] /アンサーント/ 女 ❶ 囲い; 城壁. ❷ 構内, 室内. ● dans l'*enceinte* de ... …の構内で. ❸ (ステレオの)スピーカーユニット[システム] (=～ acoustique).

l' **encens** /アンサン/ 男 香(こう).

encenser /アンサンセ/ 他 ❶ に香(こう)をささげる. ❷ をほめそやす, へつらう.

l' **encensoir** /アンサンソワール/ 男 〔カト〕つり香炉(こうろ).

encercler /アンセルクレ/ 他 を包囲する; (丸く)囲む.

l' **enchaînement** /アンシェヌマン/ 男 ❶ 連鎖, つながり; 関係. ❷〔音声〕アンシェヌマン. → 語の末尾の子音と次の語の冒頭の母音をつなげて一つの音節として発音すること.

enchaîner /アンシェネ/ 他 ❶ を鎖でつなぐ. ❷《文》を束縛する; 従わせる. ❸ (話)に脈絡をつける.

― 自 話をつなぐ.

会話 ***On enchaîne.*** (話題で)次に移ろう.

― **s'enchaîner** 代動 つながる, 関連し

合う.

enchanté(e) /アンシャンテ/ 形 ❶ 満足した, とてもうれしい. ❷ 魔法にかけられた.

会話 ***Enchanté (de faire votre connaissance).*** はじめまして.

enchanter /アンシャンテ/ 他 ❶ を魅惑する; 大いに喜ばせる. ❷《文》を魔法にかける.

Ça ne m'enchante guère. それには全然乗り気がしない.

l' **enchanteur(teresse)** /アンシャントゥル(トレス)/ 名 魔法使い.

— 形 うっとりさせる.

l' **enchère** /アンシェール/ 女 (競売での)せり上げ;《複》競売. ●mettre ... aux *enchères* …を競売にかける.

enclin(e) /アンクラン(リヌ)/ 形〈enclin à ... [à 不定詞]〉傾向がある, 癖がある.

●Il est *enclin à* prendre des risques. 彼は危険を冒す傾向がある.

enclore /アンクロール/ 他 13 を囲う, 囲む.

enclos(e) /アンクロ(ズ)/ 形 囲まれた; 囲いのある.

— l'**enclos** 男 囲われたところ.

enclos (...), enclôt →enclore 13

l' **encombre** /アンコーンブル/ 男《古》障害, じゃま.

sans encombre 無事に, つつがなく.

l' **encombrement** /アンコンブルマン/ 男 ❶ 混雑; 交通渋滞. ●être pris dans un *encombrement* 交通渋滞に巻き込まれた. ❷ (家具などの占める)空間, 寸法.

encombrer /アンコンブレ/ 他 ❶ (場所)をふさぐ, じゃまになる. ●*encombrer* le passage 通り道をふさぐ. ❷〖*de, avec,* で〗をいっぱいにする.

— **s'encombrer** 代動〖*de,* を〗たくさん抱え込む.

encontre /アンコーントル/《次の表現で》

à l'encontre de ... …に逆らって, 反対して.

aller à l'encontre de ... (決定など)に反対する.

encore

/ɑ̃kɔr アンコール/ 副

❶ (英 still) まだ; (否定文中で)まだ…しない.

●Il fait *encore* jour. 外はまだ明るい.

●Il n'a pas *encore* dix ans. 彼はまだ10歳にならない.

❷ (英 again) 再び, また.

●*encore* une fois もう一度.

●Vous reprendrez *encore* de la soupe? スープをもっとおあがりになりますか.

❸ もっと;《比較級の前で程度を強める》さらに, なおいっそう.

●C'est *encore* mieux [pire]. こちらの方がもっとよい[悪い].

❹ …ではあるが; やはり; それにしても. → 文頭に置かれ, 主語と動詞が倒置される.

●*Encore* faut-il qu'il le fasse. やはり彼は実際にやってみる必要がある.

会話 ***Encore!*** (驚いて・いらだって)またか!

et encore《疑って》それもどうだか.

pas encore まだである. ●Êtes-vous prêt?—*Pas encore*. 用意ができましたか. —まだです.

si encore もし…すれば; せめて…ならば.

●*Si encore* elle se taisait. せめて彼女が沈黙を守っていてくれたなら.

l' **encouragement** /アンクラジュマン/ 男 励まし(の言葉); 助成.

encourager /アンクラジェ/ 他 40 (英 encourage) ❶ を勇気[元気]づける. ●Ce succès l'a *encouragé*. その成功が彼を勇気づけた. ❷ を奨励[助成]する.

encourager 人 ***à*** 不定詞 (人)を励まして…させる.

l' **encre** /アンクル/ 女 (英 ink) ❶ インク. ❷ (イカ・タコの)墨.

faire couler de l'encre (新聞などに)書きたてられる, 議論を巻き起こす.

l' **encrier** /アンクリエ/ 男 インク壺(つぼ).

l' **encyclopédie** /アンスィクロペディ/ 女 ❶ 百科事典. ❷ (l'E-) 百科全書. → 1751-72年にディドロ Diderot らによって編まれた.

s'endetter /アンデテ/ 代動 借金する.

endommager /アンドマジェ/ 他 40 に損害を及ぼす.

endormir /アンドルミール/ 他 69

❶ を眠らせる. ●Ce livre m'*endort*. この本は眠くなる.

❷ を退屈させる.

❸ (苦痛など)を和らげる, 弱める.

❹《話》を甘い言葉でだます.

— **s'endormir** 代動 眠り込む, 寝つく.

●Le bébé *s'est endormi* tout de suite. 赤ん坊はすぐに眠り込んだ.

Ce n'est pas le moment de nous endormir. ぼやぼやしている場合じゃないぞ.

endosser /アンドセ/ 他 ❶ を羽織る, 着る. ❷ の責任を負う. ❸ (小切手・手形)を裏書きする.

endosser l'uniforme [***la soutane***] 軍隊[教会]に入る.

endroit /アンドロワ/ 男 (英 place)
❶ 場所; (人の住む)土地.
● au même *endroit* 同じ場所に.
● chercher un *endroit* pour se garer 駐車する場所を探す.
❷ (もの・身体・心などの)個所, 部分.
❸ (布地などの)表, 表面.

à l'endroit 表にして; 正しい方向に.
par endroits あちこちに.

enduir ... →**enduire** 15

enduire /アンデュイール/ 他 15 〚*de*, を〛に塗る.

enduire une surface de ... 表面を…で覆う.

— s'enduire 代動 〚*de*, を〛体に塗る.

enduis[**t**](**...**) →**enduire** 15

enduit /アンデュイ/ 男 塗料; うわ薬.

endurance /アンデュラーンス/ 女 耐久力; 忍耐力.

épreuve [***course***] ***d'endurance*** (自動車の)耐久レース.

endurcir /アンデュルスィール/ 他 33 ❶ (肉体)を鍛える. ❷ (精神)を鍛える, 無感覚にする.

— s'endurcir 代動 ❶ 自分を鍛える. ❷ 〚*à*, に〛無感覚になる.

endurer /アンデュレ/ 他 に耐える.

énergie /エネルジ/ 女 (英 energy) (肉体の)力; 精神力, 気力; 〔物・生理〕エネルギー.
● avec *énergie* 精力的に.
● *énergie* nucléaire 原子力エネルギー.
● *énergie* solaire 太陽エネルギー.

énergique /エネルジク/ 形 (英 energetic) ❶ 精力的な, エネルギッシュな. ❷ 断固とした. ❸ 強い効果がある.

énergiquement /エネルジクマン/ 副 精力的に.

énerver /エネルヴェ/ 他 をいらだたせる, の神経を高ぶらせる. ● Ça m'*énerve*! まったく頭に来るよ! ● Il est *énervé*. 彼はいらだっている.

— s'énerver 代動 いらだつ, 興奮する.

enfance /アンファーンス/ 女 (英 childhood) ❶ 幼少期, 子供時代. ● J'ai passé mon *enfance* en Corse. 私は幼少期をコルシカ島で過ごした.
❷ 《集合的》子供, 児童.

dans son enfance 子供の頃に.
petite enfance 乳児期.
retomber en enfance (老人が)ぼける.

enfant /ɑ̃fɑ̃ アンファン/
名 《男女同形》(英 child)
❶ (大人に対して)子供; 〔法〕未成年者.
● un *enfant* et une *enfant* 男の子と女の子.
● *enfant* gâté 甘やかされた子供.
❷ (親に対して)子.
● Ils ont trois *enfants*. 彼らには子供が3人います.
❸ 〚*de*, の〛生まれの人, 市民.
● *enfant de* Paris パリっ子.
❹ (**mon enfant, mes enfants, les enfants**) ねえ君. → 年少者への親しみを込めた呼びかけ.

enfant légitime 嫡出(ちゃくしゅつ)子.
enfant unique ひとりっ子.
faire l'enfant 子供じみたことをする.
● Ne *faites* pas *l'enfant*. 子供みたいなことをしてはいけません.
jardin d'enfants 保育園.

— 形 《不変》子供っぽい.

enfantillage /アンファンティヤージュ/ 男 子供っぽい言動.

enfantin(**e**) /アンファンタン(ティヌ)/ 形
❶ 子供の; 子供っぽい, 幼稚な.
❷ 子供でもわかる, 簡単な.

enfer /アンフェール/ 男 ❶ 地獄; 《複》(古代信仰で)死後の世界. ❷ 地獄のような場所[状態].

d'enfer 《話》ものすごい, 恐ろしい.

enfermer /アンフェルメ/ 他 (英 lock up) ❶ 〚*dans*, に〛を閉じ込める. ● *enfermer ... dans* sa chambre …を部屋に閉じ込める. ❷ をしまう.

— s'enfermer 代動 〚*dans*, に〛閉じこもる. ● *s'enfermer dans* le silence 沈黙のうちに閉じこもる, 頑として口を利かない.

enfiler /アンフィレ/ 他 ❶ に糸を通す. ❷ 《話》(服)に腕[足]を通す, を急いで着る[はく]. ❸ (狭い道)に入り込む.

E

enfiler A dans B AにBを突っ込む.

— s'enfiler 代動 《話》たらふく食べる.

enfin

/ɑ̃fɛ̃ アンファン/ 副 (英 at last, finally)

❶ ついに, やっと, とうとう.

● Elle est *enfin* arrivée. 彼女はやっと到着した.

❷ (列挙の最後で)最後に.

● Il est allé d'abord à la poste, ensuite au marché et *enfin* chez son ami. 彼はまず郵便局へ行き, 次に市場, そして最後に友人の家に行った.

❸ 要するに, 結局.

● Mais *enfin*, que faut-il faire? だが結局どうすればいいのか.

❹ 《前言の訂正》むしろ; とにかく.

● C'est un réactionnaire, *enfin*, disons un conservateur. あれは反動だ, というよりまあ保守だな.

enfin bref 要するに.

mais enfin でも(とにかく); 《あきれて》まったくもう.

enflammer /アンフラメ/ 他 ❶ に火をつける, を燃え上がらせる. ❷ に炎症を起こさせる. ❸ を興奮させる.

— s'enflammer 代動 ❶ 燃え上がる. ❷ 炎症を起こす. ❸ 興奮する.

enfler /アンフレ/ 他 を腫れ上がらせる, ふくらませる.

— 自 腫れる, ふくれる.

l' **enflure** /アンフリュール/ 女 腫れ, むくみ.

enfoncer /アンフォンセ/ 他 52 (英 drive in) ❶ を打ち込む, 突っ込む; (帽子)を深くかぶる. 会話 *Enfoncez*-vous bien ça dans le crâne. このことをしっかりと頭にたたき込んでください. ● *enfoncer* son chapeau sur sa tête 帽子をぐいと目深にかぶる.

❷ (人)を中傷する.

❸ を押し破る; 突破する.

— 自 沈む, はまり込む.

— s'enfoncer 代動 〘*dans*, に〙はまり込む, 沈む. ● Ses pieds *s'enfonçaient dans* le sable. 彼(女)の足は砂に潜り込んだ.

enfouir /アンフイール/ 他 33 を埋める; しまい込む, 隠す.

— s'enfouir 代動 潜る, 隠れる.

enfreign ..., enfrein ... → **enfreindre** 19

enfreindre /アンフラーンドル/ 他 19 《文》(法規)に違反する.

enfui[î](...) → **enfuir** 35

s'enfuir /アンフュイール/ 代動 35 (英 run away) 逃げる, 逃げ去る; 《文》(時が)過ぎ去る. ● *s'enfuir* à toutes jambes 一目散に逃げ出す.

enfumer /アンフュメ/ 他 を煙でいぶす.

l' **engagement** /アンガジュマン/ 男 ❶ 約束. ● Sans *engagement* de votre part (カタログなどで)購入の義務なし. ❷ 契約; 兵役志願. ❸ (知識人・芸術家らの)社会参加, アンガージュマン. ❹〔スポーツ〕エントリー; 試合開始.

prendre l'engagement de ... …すると約束する.

engager /アンガジェ/ 他 40 (英 engage, hire) ❶ を雇う. ● *engager* un cuisinier コックを雇う. ❷ (契約などが)を拘束する. ● Ça n'*engage* à rien. 何の義務も負わせません. ❸〈engager 人 à 名 [à 不定詞]〉(人)に…を[するよう]勧める. ❹ を始める. ● *engager* la conversation 会話を始める. ❺ を質[抵当]に入れる. ❻ を差し込む; (車など)を進入させる.

— s'engager 代動 ❶〈s'engager à 不定詞〉…すると約束する[誓う]; …する義務[責任]を負う. ❷ 志願する. ● *s'engager* dans l'armée 軍に志願する. ❸〘*dans*, に〙入り込む;〔スポーツ〕エントリーする. ❹〘*dans*〙(知識人らが政治[社会]に)参加する, アンガージュマンする. ❺ 始まる.

engendrer /アンジャンドレ/ 他 を引き起こす; 生じさせる; 《文》(男・雄が子)を作る.

l' **engin** /アンジャン/ 男 ❶ 道具, 機械. ❷ 兵器, 武器. ❸ ミサイル, ロケット. ❹ 《話》(何だか分からない)もの.

englober /アングロベ/ 他 をひとまとめに扱う; 含める.

engloutir /アングルティール/ 他 33 を飲み込む; (海が船など)を飲み込む; (人がお金)を浪費する.

— s'engloutir 代動 飲み込まれる.

engourdir /アングルディール/ 他 33 をしびれさせる.

— s'engourdir 代動 しびれる.

l' **engrais** /アングレ/ 男 肥料.

engraisser /アングレセ/ 他 ❶ を太らせ

る. ❷ を肥沃(よく)にする.
— 自 太る.

l' **engrenage** /アングルナージュ/ 男 ❶ 歯車装置, ギア. ❷ 泥沼.
être pris dans l'engrenage 身動きできない状況になる.

engueuler /アングレ/ 他 《話》をどなりつける; ののしる.
— **s'engueuler** 代動 ののしり合う.

énigmatique /エニグマティク/ 形 なぞの, なぞめいた, 不可解な.

l' **énigme** /エニグム/ 女 なぞ; なぞなぞ遊び; 不思議なこと.

enivrer /アンニヴレ/ 他 (英 intoxicate) を酔わせる; 陶酔させる.
— **s'enivrer** 代動 〚*de*, に〛酔う.

enjamber /アンジャンベ/ 他 をまたぐ, またぎ越す.

l' **enjeu** /アンジュ/ 男 (複 **enjeux**) 賭(か)け金; 賭けられているもの; 争点. ●L'*enjeu* des prochaines élections, c'est l'avenir de la démocratie. 次期選挙の争点, それは民主主義の未来だ.

enlacer /アンラセ/ 他 52 を抱きしめる; (ひも・つるが)に絡みつく.
— **s'enlacer** 代動 抱き合う.

l' **enlèvement** /アンレヴマン/ 男 ❶ 誘拐. ❷ 取り上げること; 除去.

enlever /アンルヴェ/ 他 1 (英 remove)
❶〚*de*, から〛を取り除く, どける, 消し去る. ●*Enlevez* ces bagages qui empêchent de passer. この荷物をどけなさい, 通るのにじゃまだから.
❷〚*à*, から〛を奪う, 取り上げる. ●Ça *lui a enlevé* tout espoir. それで彼はすべての希望を失った.
❸ を脱ぐ; (身につけているもの)をはずす.
❹ を運び出す, 持ち去る.
❺ を誘拐する, 連れ去る.
— **s'enlever** 代動 取り除かれる, 消え去る. ●Cette tache *s'enlève* avec de l'eau. この染みは水で取れる.

l' **ennemi(e)** /エヌミ/ 名 (英 enemy) ❶ 敵; 敵軍[兵]; 敵国. ❷〚*de*, が〛嫌いな人; (の)妨げ. ●être *ennemi de*... …の妨げとなる.
se faire des ennemis 敵をつくる.
— 形 敵の.

l' **ennui** /アンニュイ/ 男 ❶ 心配(事), 悩み; 面倒. ●L'*ennui*, c'est que... 問題なのは…である. ❷ 退屈.
avoir des ennuis 問題をかかえている.
C'est à mourir d'ennui. 死ぬほど退屈だ.
faire 〔***causer***〕 ***des ennuis à***... …に迷惑をかける.

ennuyé(e) /アンニュイエ/ 形 (英 worried, bothered) 〚*de*, で〛困った.

ennuyer /アンニュイエ/ 他 30 (英 worry, bore) を困らせる, 心配させる; うるさがらせる; 退屈させる.
●Ça m'*ennuie* de te le dire, mais... これはあまり言いたくないけど.
●si cela ne vous *ennuie* pas trop もしご迷惑をかけるのでなければ.
— **s'ennuyer** 代動 ❶ 退屈する.
●*s'ennuyer* à mourir 死ぬほど退屈である.
❷〚*de*, が〛いないのが寂しい.

ennuyeux(se) /アンニュイユ(ーズ)/ 形 (英 worrying, boring) 嫌な, 困った; 退屈な.

l' **énoncé** /エノンセ/ 男 ❶ 文, 文面. ❷ 表明. ❸〔言〕発話.

énoncer /エノンセ/ 他 52 (はっきりと)を述べる, 陳述する.

énorme /エノルム/ 形 並はずれた, 巨大な; ばく大な; 《話》大した.
C'est énorme. そいつは何とも驚いた[あきれた].

énormément /エノルメマン/ 副 並はずれて, 途方もなく.
énormément de 名 《無冠詞》 非常に多くの….

s'enquérir /アンケリール/ 代動 2 〚*de*, について〛調査する, 尋ねる.

l' **enquête** /アンケト/ 女 調査, アンケート; (警察の)捜査; 〔法〕証人尋問. ●faire une *enquête* 調査[捜査]を行う.

enquêter /アンケテ/ 自 〚*sur*, について〛調査する.

enqui[î]... →**enquérir** 2

enragé(e) /アンラジェ/ 形 ❶ 怒り狂った, 激した; 〚*de*, に〛熱狂的な. ❷ 狂犬病にかかった.
— l' **enragé(e)** 名 熱中した人, …狂.

enrager /アンラジェ/ 自 40 ひどく悔しがる; 激怒する.

l' **enregistrement** /アンルジストルマン/ 男
❶ 登記, 登録.
❷ 記録, 録音, 録画; (録音・録画された)テ

E

ープ，ディスク，フィルム．
❸ 手荷物を預けること；チェックイン(カウンター)．●se présenter à l'*enregistrement* チェックインカウンターに行く．

enregistrer /アンルジストレ/ 他 (英 record, register) ❶ (機械で)を記録する；録音[録画]する．●*enregistrer* un match de football (sur DVD) サッカーの試合を(DVD に)録る．❷ (手荷物)を預ける．●faire *enregistrer* ses bagages (空港で)荷物をチェックインする．❸ を銘記する．❹ を登録[登記]する．

s'enrhumer /アンリュメ/ 代動 風邪をひく．

enrichir /アンリシール/ 他 33 (英 enrich) ❶ を金持ちにする，富ませる；〖*de*, で〗を充実させる，飾る．❷ (ウラン)を濃縮する．
— s'enrichir 代動 金持ちになる，豊かになる．

enroué(*e*) /アンルエ/ 形 声がしわがれた．

enrouler /アンルレ/ 他 ❶〖*sur*, *autour de*, に〗を巻きつける．❷ を丸める．
— s'enrouler 代動 ❶ 巻きつく．❷〖*dans*, に〗くるまる．●*s'enrouler dans* une couverture 毛布にくるまる．

l' **enseignant(*e*)** /アンセニャン(ト)/ 名 教員，教師．
— 形 教師の．

l' **enseigne** /アンセニュ/ 女 (商売を示す)看板．
être logé à la même enseigne 同じ苦境にある．

l' **enseignement** /アンセニュマン/ 男 ❶ 教育；授業；教職．●*enseignement* des langues 言語教育．●*enseignement* primaire [secondaire, supérieur] 初等[中等，高等]教育．●*enseignement* professionnel 職業教育．

参考
enseignement primaire 初等教育．
▸école primaire 小学校．
enseignement secondaire 中等教育．
▸collège 中学校，lycée 高校．
enseignement supérieur 高等教育．
▸université 大学，grande école グランドゼコール．

❷ 教訓．
être dans l'enseignement 教員である．

enseigner /アンセニェ/ 他 (英 teach) を教える，の授業をする．●Il *enseigne* le français à l'université. 彼は大学でフランス語を教えている．
enseigner ... à 人 (人)に…を教える．
enseigner à 人 ***à*** 不定詞 [***que*** 直] (人)に…することを教える．

ensemble /ɑ̃sɑ̃bl アンサーンブル/ 副 (英 together) ❶ 一緒に，みんなそろって；まとめて．
●Nous avons dîné *ensemble*. 我々は一緒に夕食をした．
❷ 同時に．
●Les coureurs doivent partir *ensemble*. 走者は同時にスタートしなければならない．
aller ensemble 一緒に行く；調和する．
●Ces deux couleurs *vont* très bien *ensemble*. この2つの色はとてもよく合う．
être bien* [*mal*] *ensemble 相性がいい[悪い]．●Ils *sont* très *bien ensemble*. 彼らはとても仲がいい．
tous ensemble みんな[すべて]がいっせいに．
— l'ensemble 男 ❶ 全体，総計．●l'*ensemble* des employés d'une entreprise 一企業の全従業員．●un *ensemble* d'articles ひとまとまりの品々．
❷ (ものの)集合，セット；(人の)集団；調和，まとまり．●*ensemble* décoratif 室内装飾品一式．●Les meubles du salon constituent un bel *ensemble*. 客間の家具は見事な調和をなしている．
❸〔服〕アンサンブル．
❹〔楽〕アンサンブル，重唱，合奏．
dans l'ensemble 全体として．●*Dans l'ensemble*, les résultats sont plutôt positifs. 全体として成績はむしろいい方だ．
d'ensemble (見解などが)総体的な，全般の．●vue *d'ensemble* 概観．
grand ensemble 集合住宅群，団地．
l'ensemble de 名 すべての….

ensemencer /アンスマンセ/ 他 52 に種をまく．

ensevelir /アンスヴリール/ 他 33 《文》❶ を埋没させる，飲み込む．❷ を埋葬する．

ensoleillé(e) /アンソレイエ/ 形 日当たりのよい.

ensuite /アンスュイト/ 副 (英 then, next) 次に, それから, そのあと[後ろ]で[に].
●Je le reçois d'abord et je vous verrai *ensuite*. まず彼に会ってから, それからあなたのところに行きます.
会話 Et *ensuite*? それで, その次は?

s'ensuivre /アンスュイーヴル/ 代動 71 → 不定詞と3人称でのみ用いられる; 複合形は en と suivre が離れてその間に助動詞が入ることが多い. 〘*de*, の〙結果として起こる[生じる].
et tout ce qui s'ensuit その他いろいろ.
Il s'ensuit que 直 《非人称》…という結果になる.

entamer /アンタメ/ 他 ❶ に着手する, を始める; の最初の一片を切り取る; (酒など)の口を開ける, に手をつける. ❷ に傷をつける.

entasser /アンタセ/ 他 を積み重ねる; 詰め込む, 押し込める.
— **s'entasser** 代動 (ごみなどが)積み重なる; 〘*dans*, に〙詰め込まれる.

entendre /ɑ̃tɑ̃dr アンターンドル/ 他 28

j'	entends	nous	entendons
tu	entends	vous	entendez
il	entend	ils	entendent
現分	entendant	過分	entendu

❶ (英 hear) (**a**) が聞こえる, を聞く.
●Je vous *entends* mal. あなたの声がよく聞こえません.
(**b**)〈**entendre A** 不定詞〉Aが…するのが聞こえる.
●On *entend* les merles siffler. ツグミがさえずるのが聞こえる.
POINT entendre は「自然と聞こえてくる」, écouter は「注意して聞く」.
❷ 《文》(英 understand) を理解する, 分かる. →**entendu**
●*entendre* le japonais 日本語が分かる.
❸ (英 mean)〈**entendre A par B**〉BでもってAを意味する.
●Qu'*entendez*-vous *par* là? それはどういう意味ですか.
à l'entendre, ... それを聞く限り….
entendre dire que 直 …と言われているのを耳にする. ●J'ai *entendu dire* qu'elle avait divorcé. 彼女が離婚したと私は耳にした.
entendre parler de ... …のこと[うわさ]を耳にする. ●Je n'ai pas vu ce film, mais j'*en ai entendu parler*. その映画は見ていないがうわさは聞いたよ.
laisser entendre à 人 ***que ...*** (人)に…だと分からせる.
ne rien vouloir entendre まったく耳を貸そうとしない.
— **s'entendre** 代動 ❶ 聞こえる; 理解される.
●Sa voix *s'entend* de loin. 彼(女)の声は遠くからでも聞こえる.
●Cela *s'entend* facilement. それは簡単に分かることだ.
❷ 理解し合う, 仲がよい.
●On *s'entend* bien. 私たちは仲よくやっている.
❸ 自分の言うことを理解している, 言いたいことは…である.
●Je *m'entends* ... つまり….
❹〘*en, à*, に〙詳しい.
s'entendre bien [***mal***] ***avec*** 人 (人)と仲がよい[悪い]. ●Je *m'entends bien avec* mes voisins. 私は隣人たちと仲がいい.

entendu(e) /アンタンデュ/ 形 (英 agreed) ❶ 分かった, 了解済みの. ●C'est *entendu*!/*Entendu*! 了解! ❷ わけ知りの, したり顔の.
bien entendu もちろん.

l' **entente** /アンターント/ 女 ❶ 相互理解.
●vivre en bonne *entente* 仲よく暮らす.
❷ 合意, 協調; 協定[協約].

l' **enterrement** /アンテルマン/ 男 ❶ 埋葬; 葬式[葬儀]. ❷ 廃棄.
faire [***avoir***] ***une tête d'enterrement*** ふさぎこんで見える.

enterrer /アンテレ/ 他 (英 bury) ❶ を埋葬する. ●On l'*a enterré* hier. 彼は昨日埋葬された. ❷ を埋める; 葬り去る.
enterrer sa vie de garçon (結婚直前に)男だけのパーティーをする.
会話 ***Tu nous enterreras tous!*** おまえは長生きするだろうよ.
— **s'enterrer** 代動 《話》引きこもる.

l' **en-tête** /アンテト/ 男 レターヘッド, 頭書. → 便箋(せん)上部に印刷された社名・住所

E

など.

entêté(e) /アンテテ/ 形 頑固な.

entêter /アンテテ/ 他 (匂い・酒などが)の頭をくらくらさせる.

— s'entêter 代動 〖dans, に〗固執する.

l' **enthousiasme** /アントゥズィヤスム/ 男 熱狂, 狂喜; 感激.

enthousiaste /アントゥズィヤスト/ 形 熱狂的な.

E

entier(ère) /アンティエ(ール)/ 形 (英 entire, whole) → しばしば tout をつけて意味を強める. ❶ 全体の, 全部の; まるごと.
●la France *entière* フランス全土.
●vider une bouteille tout *entière* 瓶1本を丸ごと空ける.
❷ 無傷の; 完全な.
●pain *entier* 全粒パン.
❸ 一徹な.

— l'entier 男 全体.

en entier すっかり, 完全に.

entièrement /アンティエルマン/ 副 (英 entirely) まったく, すっかり, 完全に.
●Je suis *entièrement* d'accord. 私はまったく賛成だ.

entonner /アントネ/ 他 を歌い出す.

l' **entonnoir** /アントノワール/ 男 漏斗(じょうご).

l' **entorse** /アントルス/ 女 ❶ 捻挫(ねんざ).
●se faire une *entorse* au poignet 手首をくじく. ❷ 歪(わい)曲.

faire une entorse à... (規則など)をねじまげる.

l' **entourage** /アントゥラージュ/ 男 周囲の人たち, 取り巻き.

entourer /アントゥレ/ 他 (英 surround) ❶ (山や川が)を取り囲む; 〖de, で〗を囲む.
●Une belle haie *entourait* le champ. 美しい垣が畑を取り囲んでいた. ❷ (人)を取り巻く; 面倒を見る, 援助する.

— s'entourer 代動 〖de, に〗取り巻かれる.

l' **entracte** /アントラクト/ 男 幕間(まくあい), 休憩時間.

l' **entraide** /アントレド/ 女 助け合い, 相互扶助.

s'entraider /アントレデ/ 代動 助け合う.

les **entrailles** /アントライユ/ 女 複 内臓, はらわた.

l' **entrain** /アントラン/ 男 活気, 元気.

l' **entraînement** /アントレヌマン/ 男 ❶ 訓練, トレーニング; (馬の)調教. ●manquer d'*entraînement* 練習をしていない. ❷ 熱中.

entraîner /アントレネ/ 他 (英 drag, carry away) ❶ を引っ張って行く; 運び去る.
●Il m'a *entraîné* vers la sortie. 彼は私を出口まで連れて行った. ❷ (a) 〖dans, に〗を引きずり込む, 誘惑する. (b) 〈entraîner 人 à 不定詞〉 (人)に…をさせる.
❸ を訓練する, トレーニング[コーチ]する; 〖à〗に…の訓練をさせる. ●boxeur bien *entraîné* よく鍛えられたボクサー. ❹ 《物が主語》(結果として)をもたらす.

se laisser entraîner 引きずられる; (感情に)駆られる.

— s'entraîner 代動 トレーニングする; 〈s'entraîner à 不定詞〉 …できるよう練習する.

l' **entraîneur(se)** /アントレヌール(ズ)/ 名 〔スポーツ〕コーチ, トレーナー; (馬の)調教師.

l' **entrave** /アントラヴ/ 女 じゃま物; 束縛; (動物・奴隷の)足かせ.

entraver /アントラヴェ/ 他 を妨げる; 足かせをはめる.

entre /アーントル/ 前 (英 between) ❶ (2つの人・物・時間)の間に[で, の]. ●*entre* la mairie et la poste 市役所と郵便局の間に. ●*entre* neuf et dix heures 9時から10時の間に. ●*entre* les deux guerres 両大戦間に.
❷ 《複数(代)名詞を伴って》…の中に[で, の], …の中から. ●choisir *entre* plusieurs options 複数の選択肢の中から選ぶ.
❸ 《無冠詞名詞・人称代名詞を伴って》お互いに, お互いの間で. ●Ils se disputent *entre* eux. 彼らは互いに言い争っている.

d'entre... …のうちの; …から.

entre autres とりわけ.

entre nous 私たちの間の; ここだけの.

entrebâiller /アントルバイエ/ 他 を少し開ける.

l' **entrecôte** /アントルコト/ 女 (牛の)リブロース.

l' **entrée** /アントレ/ 女 (英 entrance) ❶ 入ること; 入場, 入学; 入場料[許可].
●*Entrée* libre/*Entrée* gratuite 《掲示》ご自由にお入りください; 入場無料.
●*Entrée* interdite 《掲示》立入り禁止.

❷ 入り口，玄関．●*entrée* de service 通用口．
❸〔料〕アントレ．→ 前菜と主菜の間に出る料理．
❹〔情報〕入力．
à son entrée (人が)入ってくると．
faire son entrée (舞台に)登場する．

entrelacer /アントルラセ/ 他 52 を組み[絡み]合わせる．
— s'entrelacer 代動 絡み合う．

entremêler /アントルメレ/ 他 を混ぜる．

l' **entremets** /アントルメ/ 男〔料〕アントルメ．→ チーズのあとに出す甘いもの．

entrepren ... →**entreprendre** 60

entreprendre /アントルプラーンドル/ 他 60 ❶ (**a**) に取りかかる，着手する．(**b**)〈**entreprendre de** 不定詞〉…しようと試みる[企てる]．❷《話》(長々と話して人)を説得しようとする．

l' **entrepreneur**(*se*) /アントルプルヌール(ズ)/ 名 (建築などの)請負業者．

entrepri[î] ... →**entreprendre** 60

l' **entreprise** /アントルプリーズ/ 女 (英 enterprise) ❶ 企業，会社．
❷ 企て，計画．
petites et moyennes entreprise 中小企業．→ 略 PME.

entrer /ɑ̃tre アントレ/ 自 (英 enter)《助動 être》
❶ (人・物が)入る，入ってくる．
● Le vent *entre* par la fenêtre 窓から風が入ってくる．
● Défense d'*entrer*《掲示》立入り禁止．
● *Entrez!* お入りください．
❷〈**entrer à [dans] ...**〉(学校や組織など)に入る．
● *entrer au* lycée 高校に入学する．
❸〈**entrer dans [en] ...**〉…に取りかかる; …の状態になる; …の時期に入る．
● *entrer dans* une discussion 討論に入る．
● *entrer en* guerre 戦争を始める．
❹ (人の考えなどに)同意する，共感する．
● *entrer* dans les vues de ... …の見解に同意する．
❺〘*dans*, に〙含まれる; 関係がある．
● Cela n'*entre* pas *dans* mes projets. それは私の計画には入っていない．
❻《話》〘*dans*, に〙ぶつかる．
● La voiture a dérapé et *est entrée dans* un arbre. 車はスリップして立木にぶつかった．
faire entrer ... …を中へ通す; 密輸する．
— 他《助動 avoir》❶ を入れる．
❷〔情報〕を入力する．●*entrer* des données データを入力する．

entre-temps /アントルタン/ 副 その間に．

entretenir /アントルトゥニール/ 他 75 (英 keep, maintain) ❶ を維持する，持続させる; 手入れ[管理]をする．●*entretenir* sa santé 健康を保つ．❷ を養う．❸〈**entretenir** 人 **de ...**〉(人)に…のことを話す．
entretenir des rapports suivis avec 人 (人)と絶え間なく連絡をとる．
— s'entretenir 代動〘*de*, について〙と語り合う．

l' **entretien** /アントルティヤン/ 男 (英 maintenance) ❶ 手入れ; 維持(費)，持続; 扶養，養育費．❷ 会談[対談]，会見; 面接．●*entretien* télévisé テレビ対談．● passer un *entretien* 会談をする．

entretien ..., entreti[î]n ... → **entretenir** 75

entreverr ..., entrevi[î] ..., entrevoi ... →**entrevoir** 77

entrevoir /アントルヴォワール/ 他 77 をかすかに見る; 垣間(かいま)見る，ちらっと見る; かすかに見てとる．● Je commence à *entrevoir* la vérité. 私は真実がすこしずつ見えてきた．

entrevoy ..., entrevu(...) → **entrevoir** 77

l' **entrevue** /アントルヴュ/ 女 会談．● avoir une *entrevue* avec ... …と会見する．

entrouvrir /アントルヴリール/ 他 46 をわずかに開く．

l' **énumération** /エニュメラスィヨン/ 女 列挙，一覧表．

énumérer /エニュメレ/ 他 57 を列挙する．

envahir /アンヴァイール/ 他 33 (英 invade) に侵入[侵略]する; 一杯に広がる，を覆い尽くす; (感情などが人)を満たす; とらえる．● Les forces allemandes *ont envahi* le territoire polonais. ドイツ軍はポーランド領土に侵入した．

l' **envahissement** /アンヴァイスマン/ 男 ❶ 侵略，侵入．❷ 氾濫(はんらん); (感情などが)心を満たすこと.

l' **envahisseur** /アンヴァイスール/ 男 侵略者.

l' **enveloppe** /アンヴロプ/ 女 (英 envelope) ❶ 封筒; 《文》外観, うわべ; 包むもの, カバー. ●mettre une lettre dans une *enveloppe* 手紙を封筒に入れる. ❷ (官庁などの)総予算.

E

envelopper /アンヴロペ/ 他 (英 wrap, envelop) ❶ を包む, くるむ. ●Elle *a enveloppé* son bébé dans une couverture. 彼女は赤ん坊を毛布にくるんだ. ❷ 《文》を包み隠す.

— s'envelopper 代動 〖*dans*, に〗くるまる.

envenimer /アンヴニメ/ 他 を悪化させる, 化膿(のう)させる.

— s'envenimer 代動 化膿する; 悪化する.

l' **envergure** /アンヴェルギュール/ 女 ❶ (鳥や飛行機の)翼の全幅. ❷ 度量; 規模, スケール.

d'envergure*/ *de grande envergure (人が)器の大きい; (計画などが)大規模な.

prendre de l'envergure (企業・事業が)拡張する, 発展する.

enverr ... →**envoyer** 29

l' **envers**[1] /アンヴェール/ 男 (英 back) 裏, 裏面[裏側].

à l'envers 裏返しに. ●J'ai mis mon pull *à l'envers*. 私はセーターを裏返しに着た.

envers du décor 舞台裏; 内幕.

envers[2] /アンヴェール/ 前 (英 towards) …に対して. ●être gentil *envers* les femmes 女性に対して優しい.

envers et contre tous [***tout***] どんな事があっても.

l' **envie** /アンヴィ/ 女 (英 envy, wish) ❶ 欲望. ●Ça me donne *envie* de pleurer. それは私の涙を誘う.
❷ 羨(せん)望, ねたみ.
❸ 《複》ささくれ.

avoir envie de 名 [***de*** 不定詞] …が欲しい; …したい; (人に)欲望を抱く. ●J'*ai envie de* dormir. 私は眠い.

faire envie à... …の欲望をそそる, 気を引く.

envier /アンヴィエ/ 他 をうらやむ, ねたむ.

Je vous envie de 不定詞 …なのであなたがうらやましい.

n'avoir rien à envier à... …と似たりよったりである.

environ /アンヴィロン/ 副 (英 about) およそ, 約. ●C'est à 100 km *environ* d'ici. ここからおよそ100キロです.

— les **environs** 男 《複》付近, 近郊. ●Qu'y a-t-il à voir dans les *environs*? この辺りには何か見る所はありますか.

aux environs de... …の周辺に; …の頃に; およそ. ●*aux environs de* 1000 euros およそ1000ユーロ.

l' **environnement** /アンヴィロヌマン/ 男 環境, 周囲, 状況.

environnemental(ale) /アンヴィロヌマンタル/ 形 (男複 **environnementaux**) 環境(上)の.

environner /アンヴィロネ/ 他 を取り囲む.

envisager /アンヴィザジェ/ 他 40 ❶ を検討する. ❷ 〈**envisager** 名 [**de** 不定詞/ **que** 接続法]〉 を計画する, …することを考える. ❸ 〖*comme*, だと〗をみなす.

l' **envoi** /アンヴォワ/ 男 送ること, 発送; 派遣; 発送品. ●faire un *envoi* de vivres 食糧を発送する.

coup d'envoi 〔サッカー〕キックオフ. ●donner *le coup d'envoi* キックオフする.

envoi ... →**envoyer** 29

l' **envol** /アンヴォル/ 男 飛翔(しょう), 離陸.

prendre son envol 離陸する.

s'envoler /アンヴォレ/ 代動 ❶ (英 fly away) 飛び立つ, 離陸する; 《話》急に姿を消す. ●Les corbeaux *se sont envolés* au bruit de mes pas. 私の足音にカラスは飛び立った. ❷ 吹き飛ばされる; 《文》永遠に過ぎ[消え]去る.

envoy ... →**envoyer** 29

l' **envoyé(e)** /アンヴォワイエ/ 名 派遣員, 使者.

envoyé spécial 特派員.

envoyer /アンヴォワイエ/ 他 29 (英 send)

j'	envoie	nous	envoyons
tu	envoies	vous	envoyez
il	envoie	ils	envoient
現分	envoyant	過分	envoyé

❶ (a) (物)を送る, 発送する.
●*envoyer* une lettre par avion 手紙を

航空便で出す.
(**b**) (人)を送り出す, 派遣する.
● Elle *envoie* ses enfants à l'école. 彼女は子供を学校へやる.
(**c**) 〈envoyer 人 不定詞〉(人)を…しに行かせる. ● J'*enverrai* mon fils chercher du pain. 息子をパンを買いにやりましょう.
❷ を投げる; 届かせる; (合図など)を送る.
❸ (人)を打ち倒す.
会話 ***Envoie-moi un mot.*** 手紙を書いてね.
envoyer chercher ... …を呼びにやる.
envoyer 人 ***sur les roses*** 《話》(人)を追い払う.
— **s'envoyer** 代動 ❶ 互いに送り合う.
❷ 《話》食べる, 飲む.

épais(se) /エペ(ス)/ 形 (英 thick) ❶ (**a**) 厚い; ずんぐりした. ● livre *épais* 部厚い本.
(**b**) 〖*de*, の〗厚さの. ● mur *épais de* trente centimètres 厚さ30センチの壁.
❷ 濃厚[濃密]な; 深い. ● sauce *épaisse* 濃いソース.
❸ 鈍い, 粗野な.

l' **épaisseur** /エペスール/ 女 (英 thickness) ❶ 厚さ, 厚み; 奥行き. ● La neige a un mètre d'*épaisseur*. 雪は1メートルの深さだ.
❷ 濃さ, 濃厚[濃密]さ; 深み.

épancher /エパンシェ/ 他 《文》(胸の思い)を告白する.
— **s'épancher** 代動 (人に)心情を吐露する; あふれ出す; 〔医〕(血などが)あふれ出る.

s'épanouir /エパヌイル/ 代動 ❶ (花が)開く; (顔が)喜びにあふれる. ❷ (才能などが)花開く, のびのびと育つ.

l' **épargne** /エパルニュ/ 女 貯蓄, 貯金; 節約.

épargner /エパルニエ/ 他 ❶ (出し惜しみ)をする; (貯金・貯蓄)をする.
❷ 〈épargner ... à 人〉(人)に…を免れさせる.
épargner sur la nourriture 食費を節約する.
— **s'épargner** 代動 惜しむ, 免れる.

éparpiller /エパルピエ/ 他 を散乱[分散]させる, ばらまく.
— **s'éparpiller** 代動 散る; 気が散る.

épars(e) /エパル(ス)/ 形 散らばった.

épatant(e) /エパタン(ト)/ 形 《話》すごい, すばらしい.

l' **épaule** /エポール/ 女 (英 shoulder) 肩; 〔料〕肩肉.
avoir la tête sur les épaules 《話》良識がある.
hausser [***lever***] ***les épaules*** 肩をすくめる. → 軽蔑・無関心・あきらめ・皮肉をあらわす.
Tout repose sur vos épaules. すべてはあなたの肩にかかっている.

épauler /エポレ/ 他 ❶ を援助する. ❷ (銃など)を肩にあてがう.

l' **épave** /エパーヴ/ 女 ❶ 漂流物. ❷ 負け犬, 落ちぶれた人.

l' **épée** /エペ/ 女 剣.
会話 ***C'est un coup d'épée dans l'eau.*** それは完全に無駄な努力だ.

épeler /エプレ/ 他 ④ (語)のつづりを言う.

éperdu(e) /エペルデュ/ 形 〖*de*, で〗我を忘れた; (感情・態度が)激しい.

éperdument /エペルデュマン/ 副 激しく.

l' **éperon** /エプロン/ 男 ❶ 拍車. ❷ (山脈・海岸などの)突出部. ❸ (昔の軍船の攻撃用)衝角.

l' **épervier** /エペルヴィエ/ 男 〔鳥〕ハイタカ.

éphémère /エフェメール/ 形 つかの間の, はかない.
— l' **éphémère** 男 〔虫〕カゲロウ.

l' **épi** /エピ/ 男 ❶ 穂. ❷ (頭髪の)逆毛(さかげ).
❸ エピ. → 小麦の穂の形をしたパン. (=~ de cheveux).
en épi 斜めに.

l' **épice** /エピス/ 女 香辛料, スパイス.

l' **épicerie** /エピスリ/ 女 食料品販売(店). → 時に日用雑貨も扱う; 食料品. ● acheter des conserves à l'*épicerie* 食料品店で缶詰を買う.
rayon épicerie 食料品コーナー.

l' **épicier(ère)** /エピスィエ(ール)/ 名 食料品店主.

l' **épidémie** /エピデミ/ 女 流行病; (風俗・風習などの)大流行.

épier /エピエ/ 他 (動静)を探る; 見張る.

l' **épinard** /エピナール/ 男 〔植〕ホウレンソウ; 《複》ホウレンソウの葉.

l' **épine** /エピーヌ/ 女 とげ.

épineux(se) /エピヌー(ズ)/ 形 (生物が)とげのある; (問題・事情が)厄介な.

— l'**épineux** 男 とげのある植物.

l'**épingle** /エパングル/ 女 (英 pin) ピン, 留め針. ●*épingle* à cheveux ヘアピン. ●*épingle* de nourrice 安全ピン.

être tiré à quatre épingles おめかしをしている.

monter … en épingle …を際立たせる.

tirer son épingle du jeu 状況が悪くならないうちに逃げ出す.

E

l'**épisode** /エピゾード/ 男 挿話, エピソード; ささいな出来事; (ドラマなど続きものの) 1 話[1 回].

roman 〔***film***〕 ***à épisodes*** 連続ものの小説[映画].

l'**épithète** /エピテート/ 女 ❶〔文法〕付加形容詞 (=adjectif ～). → 名詞に直接つくもの; yeux bleus の bleus. ❷ (ほめたりけなしたりする)呼び方, 形容.

éplucher /エプリュシェ/ 他 (英 peel) ❶ (野菜・果物)の皮をむく, 要らないところを取り除く. ●*éplucher* des pommes de terre じゃがいもの皮をむく. ❷ を丹念に調べる; 間違いを探す.

l'**éponge** /エポンジュ/ 女 スポンジ; 《形容詞的に》タオル(地); 〔動〕海綿動物.

jeter l'éponge 降参する, 負けを認める.

passer l'éponge sur ... (過去や誤り)を忘れる, 水に流す.

éponger /エポンジェ/ 他 40 (水分)をふき取る; 吸収する.

éponger une dette 借金を返す.

— **s'éponger** 代動 自分の…をふく.

l'**époque** /エポク/ 女 (英 epoch) (歴史上の)時代; (ある特定の)時期, ころ. ●les chansons de l'*époque* 当時の歌.

à cette époque (***-là***) その当時.

à l'époque 当時は.

à l'époque de ... …時代に.

à notre époque 現代では.

Belle Époque (**la ～**) よき時代, ベルエポック. → 20世紀初頭のフランス.

d'époque 時代ものの.

épouse → **époux** の女性形.

épouser /エプゼ/ 他 (英 marry) ❶ と結婚する. ●Il *a épousé* ma sœur. 彼は私の姉[妹]と結婚した. ❷ (考えなど)を支持する. ❸ (形・動き)にぴったり合う.

épousseter /エプステ/ 他 4 のほこりを払う.

épouvantable /エプヴァンターブル/ 形 (英 terrible) 恐ろしい, 身の毛もよだつ; ひどい.

avoir un caractère épouvantable 機嫌が悪い.

l'**épouvantail** /エプヴァンタイユ/ 男 かかし; こけおどし; おぞましい人[物].

l'**épouvante** /エプヴァント/ 女 激しい恐怖.

épouvanter /エプヴァンテ/ 他 をおびえさせる; 不安にする.

l'**époux**(***se***) /エプ(ーズ)/ 名 (英 spouse) 〔法〕配偶者; 《複》夫婦. ●les *époux* Durand デュラン夫妻.

— l'**époux** 男 夫. → 普通は mari を用いる. ●Voulez-vous prendre pour *époux* Jean Legrand? あなたはジャン・ルグランをあなたの夫とすることを誓いますか.

— l'**épouse** 女 妻. → 普通は femme を使うが紛らわしい場合は épouse を用いる.

s'éprendre /エプラーンドル/ 代動 60 《文》惚(ほ)れる, 夢中になる.

l'**épreuve** /エプルーヴ/ 女 ❶ (英 trial) 《多く複数》試練; 試金石. ❷ (英 test) 試験, テスト; 実験. ●corriger les *épreuves* d'un examen テストの答案を採点する. ●*épreuve* orale [écrite] 口頭[筆記]試験. ●*épreuve* d'endurance 耐久テスト. ❸ (英 event) (スポーツの)競技, 試合. ❹ 校正刷り; (写真の)プリント.

à l'épreuve de ... …に耐える. ●*à l'épreuve du* feu 不燃性の, 耐火性の.

à toute épreuve (友情などが)ゆるぎない, 石のように固い.

épreuve contre la montre タイムトライアル.

mettre ... à l'épreuve …を試す.

éprouver /エプルヴェ/ 他 ❶ (英 feel) (感情・感覚)を感じる, 抱く. ●Il *éprouvait* un amour ardent pour elle. 彼は彼女に熱烈な愛情を抱いていた. ❷ (英 test) を試す, テストする; (人)を試練にかける, つらい目にあわせる. ●Il *a été* très *éprouvé* par la mort de sa femme. 彼は妻の死でひどくつらい思いをした.

l'**éprouvette** /エプルヴェット/ 女 試験管.

épuisé(***e***) /エピュイゼ/ 形 疲れきった;

売り切れた.

épuiser /エピュイゼ/ 他 (英 exhaust) ❶ を使い尽くす. ●*épuiser* une mine 鉱山を掘り尽くす. ❷ をくたくたにさせる. ●Son bavardage m'*épuise*. 彼(女)のおしゃべりにはまったく疲れる.

—s'épuiser 代動 ❶ 底をつく. ❷ 〈s'épuiser à 不定詞〉 へとへとになる; (…して)疲れ切れる.

épurer /エピュレ/ 他 ❶ を浄化[精製]する. ❷ を追放[粛清]する.

l'**équateur** /エクワトゥール/ 男 ❶ 赤道. ❷ (É-) エクアドル.

sous l'équateur 赤道上で.

l'**équation** /エクワスィヨン/ 女 方程式.

l'**équerre** /エケール/ 女 直角定規, 三角定規.

d'équerre 直角に[の].

équestre /エケストル/ 形 乗馬の; 騎馬の.

l'**équilibre** /エキリーブル/ 男 (英 balance) 均衡; (絵画・建築における)調和; バランス; 精神の安定, 平静 (=～ mental).

●garder l'*équilibre* バランスを保つ.

●perdre l'*équilibre* バランスを失う.

en équilibre 釣り合って; バランスのとれた. ●mettre ... *en équilibre* …を釣り合わせる. ●se tenir *en équilibre* sur un pied 片足でバランスを保つ.

équilibrer /エキリブレ/ 他 を釣り合わせる; 安定させる.

—s'équilibrer 代動 釣り合う.

l'**équinoxe** /エキノクス/ 男 〔天〕昼夜平分時. →1年のうちで昼夜の時間が等しい日.

●*équinoxe* de printemps 春分.

●*équinoxe* d'automne 秋分.

l'**équipage** /エキパージュ/ 男 《集合的》(船・飛行機の)乗組員[乗務員], クルー.

l'**équipe** /エキプ/ 女 (英 team) ❶ (作業などの)組, 班; (遊びの)仲間. ●travailler en *équipe* 組になって働く.

❷ (スポーツの)チーム. ●l'*équipe* de France de football サッカーのフランス代表チーム. →ユニホームの色にちなんで愛称は les Bleus.

faire équipe avec 人 (人)と組む.

l'**équipement** /エキプマン/ 男 装備, 設備; 装備を施すこと. ●*équipement* électrique 電気器具. ●*équipements* collectifs 公共設備.

équiper /エキペ/ 他 (英 equip) に装備を施す, 設備を備える.

—s'équiper 代動 〖de, en〗(自分の)装備[設備]を整える.

équitable /エキタブル/ 形 公正[公平]な.

l'**équitation** /エキタスィヨン/ 女 乗馬, 馬術. ●faire de l'*équitation* 乗馬をする.

l'**équité** /エキテ/ 女 公正[公平]さ. ●avec *équité* 公平に, 公正に.

équiva ... →**équivaloir** 74

équivalent(e) /エキヴァラン(ト)/ 形 等価値の; 〖à, に〗等しい. ●diplôme étranger *équivalent au* baccalauréat バカロレアと同等の外国の卒業証書.

—l'équivalent 男 同等の人[もの]; 同義語.

équivaloir /エキヴァロワル/ 自 74 〖à, と〗価値[効果]が等しい.

équivoque /エキヴォク/ 形 ❶ 曖昧(あいまい)な. ❷ 疑わしい, いかがわしい.

—l'équivoque 女 (解釈上の)曖昧さ.

sans équivoque はっきりした.

l'**érable** /エラブル/ 男 〔植〕カエデ.

érafler /エラフレ/ 他 にかすり傷をつける.

—s'érafler 代動 自分の…をすりむく.

l'**ère** /エール/ 女 紀元; 時代; 〔地〕代.

●400 avant notre *ère* 紀元前400年.

●en l'an 1600 de notre *ère* 紀元1600年に.

ère chrétienne キリスト紀元, 西暦.

ériger /エリジェ/ 他 40 を建立[建造]する.

—s'ériger 代動 〖en, のように〗振る舞う.

l'**ermitage** /エルミタージュ/ 男 人里離れた所.

l'**ermite** /エルミト/ 男 隠者; 〔宗〕隠修士.

érotique /エロティク/ 形 性愛の; 官能的な.

errant(e) /エラン(ト)/ 形 放浪する, さまよう.

l'**erratum** /エラトム/ 男 (＜ラテン) (複 **errata**) 誤植.

errer /エレ/ 自 放浪する, さまよう.

l'**erreur** /エルール/ 女 (英 error) 誤り, 間違い; 間違った考え; 過失, 失敗. ●faire *erreur* 間違える. ●faire [commettre] une *erreur* (sur ...) (…について)過ちを犯す. ●par *erreur* 誤って. ●sauf *erreur* 間違っていなければ.

erroné(e) /エロネ/ 形 間違った, 誤った.

érudit(e) /エリュディ(ト)/ 形 博識な.
— l'**érudit(e)** 名 博識な人, 碩学(せきがく).
l'**érudition** /エリュディスィヨン/ 女 学識, 博学.
l'**éruption** /エリュプスィヨン/ 女 ❶ 噴火. ❷〔医〕発疹(しん).
es →être 25
ès /エス/ 前 →en les の縮約形. (学位などが)…における, …の分野で. ●docteur ès sciences 理学博士. →後には複数名詞が来る.
l'**escabeau** /エスカボ/ 男 (複 escabeaux) 脚立.
escalader /エスカラデ/ 他 をよじ登る, 乗り越える.
l'**escale** /エスカル/ 女 寄港[航](地); 寄港[航]時間. ●faire *escale* (à ...) (…に)寄港[航]する. ●vol sans *escale* 直行便.
l'**escalier** /エスカリエ/ 男 (英 stair) 階段. ●monter [descendre] l'*escalier* [les escaliers] 階段を上がる[下りる].
escalier mécanique [***roulant***] エスカレーター.
escamoter /エスカモテ/ 他 ❶(手品などで)を隠す; くすねる. ❷(突起部)を引っ込める; 収納する. ❸(厄介なこと)を避ける.
l'**escargot** /エスカルゴ/ 男 カタツムリ, エスカルゴ.
avancer comme un escargot ゆっくりと進む.
escarpé(e) /エスカルペ/ 形 急斜面の, 切り立った.
l'**escient** /エスィヤン/ 男 《次の表現で》
à bon escient 分別をもって, 適切に.
à mauvais escient 間違って, 軽率に.
l'**esclavage** /エスクラヴァージュ/ 男 奴隷の身分[状態]; 奴隷制度; 束縛, 隷属(状態). ●réduire ... en *esclavage* …を隷属状態に追いやる.
l'**esclave** /エスクラーヴ/ 名 奴隷; 〖*de*, の〗とりこ, 言いなりになる人.
— 形 〖*de*, の〗奴隷の, とりこになった, 縛られた.
l'**escompte** /エスコント/ 男 〔商〕手形割引; 値引き.
l'**escorte** /エスコルト/ 女 護衛; エスコート; お供.
faire escorte à 人 (人)につき添う.
sous bonne escorte 厳重な警備のもとに.
escorter /エスコルテ/ 他 を護衛[護送]する; 送って行く.
l'**escrime** /エスクリム/ 女 フェンシング.
l'**escroc** /エスクロ/ 男 詐欺師, ぺてん師.
escroquer /エスクロケ/ 他 をだまし取る.
escroquer ... à 人/ ***escroquer*** 人 ***de ...*** (人)から…をだまし取る.
l'**escroquerie** /エスクロクリ/ 女 詐欺, ぺてん.
l'**espace** /エスパス/ 男 (英 space) ❶ 場所, 空間, スペース; 宇宙. ●*espace* libre 空いている場所. ●lancer une fusée dans l'*espace* 宇宙にロケットを打ち上げる.
❷ 距離; 間隔.
en l'espace de ... …の間に. ●*en l'espace de* trois minutes 3分以内に.
espace vert (都市の)緑地.
laisser un espace 間隔を開ける.
espacer /エスパセ/ 他 52 の間隔を開ける.
— **s'espacer** 代動 間隔が開く.
l'**Espagne** /エスパニュ/ (英 Spain) 女 スペイン.
espagnol(e) /エスパニョル/ (英 Spanish) 形 スペインの.
— l'**Espagnol(e)** 名 スペイン人.
— l'**espagnol** 男 スペイン語.
l'**espèce** /エスペス/ 女 (英 species) ❶ (**a**) 種類; (生物の)種(族). ●*espèce* humaine 人類.
(**b**)〈espèce de ...〉《軽蔑的》…のやつめ!. 会話 *Espèce de* maladroit! 不器用なやつだなあ.
❷《複》現金. ●payer en *espèces* 現金で支払う.
une espèce de ... 一種の…. ●Ton ami est *une espèce de* fou. 君の友人は狂人みたいなやつだ.
l'**espérance** /エスペランス/ 女 (英 hope) 希望, 期待(感). ●au-delà de toute *espérance* (成功などが)すべての予想を上回って. ●contre toute *espérance* 予想に反して.
espérance de vie 平均余命.
espérer /エスペレ/ 他 57 (英 hope) ❶ を希望[期待]する. ●J'*espère* une augmentation de salaire. 私は賃上げを希望する. 会話 Ce n'est pas à cause de

moi, j'*espère*. それが私のせいではないとよいけど.
❷〈espérer 不定詞 [que 直]〉 …であればよいと願う. → 主節が否定または疑問の場合は 接続法. ● *espérer* réussir 成功を願う. ● J'*espère que* tout ira bien. 私は万事うまくいくだろうと思っている.
会話 ***J'espère bien.*** そうであればいいと思います.

espiègle /エスピエグル/ 形 いたずらな.
— l' **espiègle** 名 いたずら者.

l' **espion(*ne*)** /エスピヨン(ヌ)/ 名 スパイ, 諜(ちょう)報部員.

l' **espionnage** /エスピヨナージュ/ 男 スパイ行為, 諜(ちょう)報活動. ● roman d'es*pionnage* スパイ小説.

espionner /エスピヨネ/ 他 をスパイする; (人の行動)を見張る, 探る.

l' **espoir** /エスポワール/ 男 (英 hope) ❶ 希望, 期待. ❷ 期待の的, ホープ. ● C'est notre dernier *espoir*. それが我々の最後の望みだ.
avoir l'espoir de 不定詞 …することを期待する.
sans espoir (愛や状況が)絶望的な.

l' **esprit** /エスプリ/ 男 ❶ (英 spirit) 精神(の持ち主); 〚de, の〛精神. ● *esprit de* compétition 競争心. ● Les grands es*prits* se rencontrent. 《ことわざ》優れた頭脳を持つ人は同じような考え方をする.
❷ (英 mind) 頭(脳), 知力; 意識. ● avoir l'*esprit* ailleurs 別のことを考えている; 上の空である. ● Ça ne m'était pas venu à l'*esprit*. それは頭に浮かばなかった.
❸ 才気, 機知; 才覚; 気性, 気質. ● avoir de l'*esprit* 才気がある.
❹ 霊(魂); (妖)精.
avoir l'esprit large 寛大な考え方をする.
avoir mauvais esprit ものごとに否定的である.
perdre l'esprit 発狂する.

l' **esquisse** /エスキス/ 女 ❶ 概要, 草案, 草稿; 〔画〕素描, 下絵. ❷ 気配.

esquisser /エスキセ/ 他 ❶ を素描する, 下描きする. ❷ (身ぶり)をわずかに示す; …しかける.
esquisser un geste かすかな動作をする.

esquiver /エスキヴェ/ 他 を巧みに避ける[かわす].
— **s'esquiver** 代動 ひそかに逃げ出す.

l' **essai** /エセ/ 男 (英 try, trial) ❶ 試し, 試験, 実験; 試み. ● *essai* nucléaire 核実験. ● faire plusieurs *essais* 数回試みる. ● prendre ... à l'*essai* …を仮採用する.
❷ エッセー, 随筆.
❸ 試技; 〔ラグビー〕トライ. ● marquer un *essai* トライを決める.

l' **essaim** /エサン/ 男 (古い巣を出て新しい巣を作る)ミツバチの群れ; (活気のある)群衆.

l' **essayage** /エセイヤージュ/ 男 試着. ● cabine d'*essayage* 試着室.

essayer /エセイエ/ 他 49 50 (英 try) ❶ を試してみる. ● *essayer* des chaussures 靴を試しにはいてみる.
❷〈essayer de 不定詞〉 …しようと試みる, 努力する. ● J'*essaierai de* venir. 来られるよう努めましょう.
会話 ***Essayez un peu.*** やれるものならやってごらん(できはしないよ).
— **s'essayer** 代動 〚à, (すること)に〛挑む, 実際にやってみる.

l' **essence** /エサーンス/ 女 ❶ (英 gasoline) ガソリン; (植物の)精油, エキス. ❷ (英 essence) 本質; エッセンス. ❸ (樹木の)種類.
essence ordinaire (ガソリンの)レギュラー.
essence sans plomb 無鉛ガソリン.
prendre de l'essence ガソリンを入れる.

essentiel(*le*) /エサンスィエル/ 形 (英 essential) 本質的な, きわめて重要な; 〚à, *pour*, にとって〛必要不可欠な.
— l' **essentiel** 男 重要なこと, 要点; 〚de, の〛大部分.
L'essentiel est de 不定詞 もっとも大事なのは…することである.

essentiellement /エサンスィエルマン/ 副 本質的に; 何よりも, ぜひとも.

l' **essor** /エソール/ 男 (鳥が)飛び立つこと; 飛躍, 発展.
prendre son essor (鳥が)飛び立つ; (企業が)急速に発展する.

essoufflé(e) /エスフレ/ 形 息切れした.

essouffler /エスフレ/ 他 《多くは受動態》を息切れさせる.
— **s'essouffler** 代動 息が切れる; 失速する.

l' **essuie-glace** /エスュイグラス/ 男 (自動

車の)ワイパー.

l' **essuie-mains** /エスュイマン/ 男 《不変》 手ふき.

essuyer /エスュイエ/ 他 30 ❶ (英 wipe) をふく, ぬぐう. ●*essuyer* la vaisselle 食器をふく. ❷ (嫌な目)にあう; (被害)を被る.

essuyer les plâtres (壁も乾かない)新築の家に入る; 真っ先に不便を味わう.

— **s'essuyer** 代動 自分の…をふく. ●*s'essuyer* les mains 自分の手をふく. ●*Essuyez-vous* les pieds avant d'entrer. 《掲示》 入る前に靴の泥を落としてください.

est[1] →être 25

l' **est**[2] /ɛst エスト/ 男 (英 east)

❶ 東, 東部[東方].

❷ **(l'E-)** フランス東部; 東欧諸国.

●habiter dans l'*Est* フランス東部地方(アルザス・ロレーヌ地方)に住んでいる.

●les pays de l'*Est* 東欧諸国.

à l'est de... …の東に. ●L'Allemagne se situe *à l'est de* la France. ドイツはフランスの東に位置する.

vent d'est 東風.

— 形 《不変》 東の. ●la banlieue *est* de Paris パリ東部郊外.

l' **estampe** /エスターンプ/ 女 版画.

est-ce que /エスク/ 《主語と動詞を倒置しない疑問文を作る》 →巻末文法: 文の種類 ●*Est-ce que* tu aimes la musique? 音楽は好きですか.

esthétique /エステティク/ 形 審美的な, 美に関する; 美しい; 美容の.

chirurgie esthétique 美容整形外科[手術].

— l'**esthétique** 女 美学, 美しさ.

estimable /エスティマブル/ 形 ❶ 尊敬すべき, すぐれた. ❷ まあまあの.

l' **estimation** /エスティマスィヨン/ 女 見積り, 評価; 算定, 推定.

l' **estime** /エスティム/ 女 尊敬; 評価. ●Il a baissé dans mon *estime*. 私の中で彼の評価は下がった.

à l'estime 概算で.

estimer /エスティメ/ 他 ❶ (英 estimate) (価値)を評価する, 見積もる; (距離など)を概算する. ●Ses services n'*ont* pas *été estimés* à leur juste valeur. 彼(女)の奉仕[仕事]は正当に評価されなかった.

❷ を高く評価する, 尊敬する.

❸ 〈estimer 不定詞 [que 直]〉 …すると[…だと]考える. ●Il *estime* avoir raison. 彼は自分が正しいと思っている.

— **s'estimer** 代動 〈s'estimer 形〉 自分を…だと思う. ●*Estimez-vous* heureux de ne pas avoir été puni. 罰せられなかったことを喜びなさい.

estival(ale) /エスティヴァル/ 形 (男複 estivaux) 夏の. ●station *estivale* 避暑地.

l' **estomac** /エストマ/ 男 胃(の辺り).

avoir l'estomac dans les talons 《話》 腹がぺこぺこだ.

l' **estrade** /エストラド/ 女 壇, 演壇.

l' **estuaire** /エステュエール/ 男 (湾状の大きな)河口.

et /エ/ →後続の母音とリエゾンしない. 接 (英 and) ❶ そして, …と. ●Pierre *et* Jean ピエールとジャン.

POINT 3つ以上のものを並べる場合は, 最後にだけ et を入れる: A, B et C.

❷ それから; そうすれば; …なので[だから]. ●Il est rentré chez lui *et* s'est couché. 彼は家に戻り, それから寝た. ●Prenez de l'aspirine, *et* vous irez mieux. アスピリンを飲みなさい, そうすれば楽になりますよ. ●Il a trop bu *et* il a mal à la tête. 彼は飲みすぎたので頭が痛い.

❸ 《強調》 ところで; それにもかかわらず, そのくせ. ●*Et* ta femme, comment va-t-elle? ところで奥さんは元気かい?

Et alors? それで?, だから?

l' **étable** /エタブル/ 女 牛小屋.

établir /エタブリール/ 他 33 (英 establish) ❶ を置く, 設置する; 確立[樹立]する. ●Il *a établi* son domicile à Paris. 彼はパリに居を定めた. ●*établir* un record 記録を打ち立てる, 樹立する. ❷ を作成[制定]する. ❸ を確証する, 明らかにする. ●*établir* l'innocence de 人 (人)の無実を立証する.

— **s'établir** 代動 ❶ 居を定める; 開業する. ❷ 生じる.

s'établir à son compte 独立して商売を始める.

l' **établissement** /エタブリスマン/ 男 (英 establishment) ❶ 施設; 企業; 学校 (=

～ scolaire). ●*établissement* public 公共施設. ❷ 設立, 確立; 作成. ❸ 立証, 証明. ❹ (ほかの土地への)定住.

l' **étage** /エタージュ/ 男 ❶ (英 floor) (家屋の)階. → 2 階以上を指す.
●premier *étage* 第 1 階, 日本の 2 階. → 1 階ずつずれ, 日本の 1 階は rez-de-chaussée.
●C'est à quel *étage*? それは何階ですか.
❷ (重なったものの)段.
à l'étage 階上に[で].

l' **étagère** /エタジェール/ 女 棚, 飾り棚, 棚板.

l' **étai** /エテ/ 男 (仮の)支柱, つっぱり; 《文》(社会などの)支え.

étaient →**être** 25

l' **étain** /エタン/ 男 錫(すず), 錫製品.
●en [d'] *étain* 錫製の.

étais, était →**être** 25

l' **étalage** /エタラージュ/ 男 (商品などの)陳列; 陳列棚, ショーウインドー.
faire étalage de ... …をひけらかす, 見せびらかす.

étaler /エタレ/ 他 ❶ を広げる, 広げて見せる; ひけらかす. ❷ を薄く塗り広げる; (時間的)に割り振る.
se faire étaler (試験などに)失敗する.
— **s'étaler** 代動 ❶ 広がる. ❷ 《話》倒れる, 横になる.

étanche /エターンシュ/ 形 液体・気体を通さない, 防水[気密性]の.
étanche à l'air 空気を通さない, 気密の.

l' **étang** /エタン/ 男 (英 pond) 池.

étant →**être** 25

l' **étape** /エタプ/ 女 (英 stage) ❶ 1 日の行程; (自転車競技などの) 1 走行区間. ❷ 休憩(地), 宿泊(地). ❸ (発展・進歩の)段階.
brûler les étapes 途中を飛ばして先に進む.
faire étape (***à ...***) (…に)ちょっと立ち寄る, 休憩する.

l' **état** /エタ/ 男 (英 state) ❶ 状態, 容体.
●*état* d'urgence 緊急事態.
●en bon [mauvais] *état* いい[悪い]状態で.
❷ 身分, 法的地位.
●*état* civil 戸籍.
❸ (**É-**) 国家, 政府; 州.
●chef d'*État* 国家元首.
●coup d'*État* クーデター.
à l'état neuf 新品同様の状態で.
en l'état もとの状態に[で].
être dans tous ses états 《話》ひどく動揺している.
être en [***hors d'***]***état de ...*** …できる[できない]状態にある.
faire état de ... …を考慮する; …をよりどころにする.

les **États-Unis** /エタズュニ/ 男複 (英 United States) アメリカ合衆国, 米国.

et cætera, et cetera /エトセテラ/ (<ラテン) 副 等々, など, その他. → 普通 etc. と略す.

l' **été**[1] /ete エテ/ 男 (英 summer) 夏.
en été 夏に. →**saison**
●*En été*, il fait chaud. 夏は暑い.
vacances d'été 夏休み.

été[2] /エテ/ →**être** 25

éteign ..., étein ... →**éteindre** 19

éteindre /エターンドル/ 他 19 (英 put out, extinguish) (火・テレビなど)を消す.
●*éteindre* l'électricité [le gaz] 電気[ガス]を消す.
— 自 明かりを消す. ●N'oubliez pas d'*éteindre* avant d'aller vous coucher. 寝る前に電気を消し忘れないように.
— **s'éteindre** 代動 (火や明かりが)消える; 《文》息が絶える.

éteint(e) /エタン(ト)/ 形 消えた; 弱まった, 生彩[活気]のない.

étend (...) →**étendre** 28

étendre /エターンドル/ 他 28 ❶ (英 spread, extend) を広げる, 伸ばす; (勢力など)を拡張する. ●*étendre* le linge 洗濯物をつるす. ❷ (人)を横たえる; (試験で)を落とす. ●se faire *étendre* 敗れる; (試験で)失敗する. ❸ を塗る; (液体)を薄める.
— **s'étendre** 代動 ❶ 広がる; 横たわる, 倒れる. ●Une plaine *s'étendait* devant nous. 私たちの前に平野が広がっていた. ❷ 〖*sur*, について〗延々と話す.
会話 Ne *nous étendons* pas là-dessus. そのことに触れるのはやめましょう.

étendu(e) /エタンデュ/ 形 ❶ 広い; 広げた, 伸びた. ❷ 横になった, 倒れた.

l' **étendue** /エタンデュ/ 女 (英 extent) 広が

り，広さ[面積]; 範囲，規模; (時間的な)長さ.

éternel(le) /エテルネル/ 形 (英 eternal) ❶ 永遠の，不朽の. ❷《名詞の前》果てしない. ❸《名詞の前》例の，いつもの.

éternellement /エテルネルマン/ 副 永遠に; 果てしなく，いつまでも.

E

éterniser /エテルニゼ/ 他 をだらだら長引かせる.

— s'éterniser 代動 だらだら長引く; 《話》長居する.

l' **éternité** /エテルニテ/ 女 永遠(性)，不滅; 来世; 長い時間. ●Ça a duré une *éternité*. それはずいぶん長いこと続いた.

l' **éternuement** /エテルニュマン/ 男 くしゃみ(すること).

éternuer /エテルニュエ/ 自 くしゃみをする.

êtes →être 25

l' **Éthiopie** /エティオピ/ 女 エチオピア.

l' **éthique** /エティク/ 女 倫理学[観].

l' **ethnie** /エトニ/ 女 民族. → 一つの言語・文化を共有する集団: 人種 race とは別の概念.

l' **ethnologie** /エトノロジ/ 女 民族学.

étiez →être 25

étinceler /エタンスレ/ 自 4 〚de, で〛輝く，きらめく.

l' **étincelle** /エタンセル/ 女 火花; 輝き，ひらめき.

faire des étincelles 華々しい成果を上げる.

étions →être 25

étiqueter /エティクテ/ 他 4 に札[ラベル・付箋(せん)]をつける.

l' **étiquette** /エティケト/ 女 ❶ (英 label) 値札，荷札，名札，ラベル; レッテル; (党派などへの)所属. ❷ (公式の場での)礼儀作法，エチケット.

l' **étoffe** /エトフ/ 女 ❶ 生地[布地]. ❷ 素質.

avoir l'étoffe de... …の素質[才能]がある.

l' **étoile** /エトワル/ 女 (英 star)
❶ 星; 星回り，運勢.
❷ スター.
❸ 星形のもの; 星印.

dormir* [*coucher*] *à la belle étoile 野宿する.

étoile de mer 〔動〕ヒトデ.

étonnant(e) /エトナン(ト)/ 形 (英 surprising) 驚くべき，あきれた; すばらしい. ●Cela n'a rien d'*étonnant*. 驚くことは何もない.

l' **étonnement** /エトヌマン/ 男 (英 surprise) 驚き.

étonner /エトネ/ 他 (英 surprise) を驚かせる. ●Cette nouvelle nous a *étonnés*. この知らせは我々を驚かせた.

Ça m'étonne. それは意外だ.

Ça m'étonnerait. まさか，そんなばかな (←もしそうなら驚く).

Ça ne m'étonne pas. それには驚きませんよ; 当たり前のことでしょ，そんなことだと思った.

être étonné de 名 [***de*** 不定詞] …に[…して]驚く.

— s'étonner 代動 〈s'étonner de 名 [de 不定詞]〉 …に[して]驚く. ●Je *me suis étonné de* son ignorance. 私は彼(女)の無知に驚いた.

étouffant(e) /エトゥファン(ト)/ 形 窒息しそうな，息苦しい.

étouffer /エトゥフェ/ 他 ❶ を窒息させる，息苦しくさせる. ●La chaleur m'*étouffe*. 暑さで息が詰まりそうだ. ❷ (事件など)をもみ消す; 抑圧する.

— 自 窒息する，息苦しい.

会話 ***Ce n'est pas la politesse qui l'étouffe!*** 礼儀なんか彼は気にもとめない.

— s'étouffer 代動 窒息する. ●*s'étouffer* en mangeant のどにものを詰まらせる.

l' **étourderie** /エトゥルドリ/ 女 軽率; 軽はずみ.

l' **étourdi(e)** /エトゥルディ/ 名 軽率な人，そそっかしい人.

— 形 軽率な，そそっかしい.

étourdir /エトゥルディール/ 他 33 ❶ をぼうっとさせる，の目を回させる. ●L'altitude m'*étourdit*. 高さでめまいがする. ❷ をうるさがらせる.

— s'étourdir 代動 気を紛らす; 〚de, に〛酔う.

l' **étourdissement** /エトゥルディスマン/ 男 めまい.

étrange /エトランジュ/ 形 (英 strange) 奇妙な，不思議な. ●Il est [c'est] *étrange* de 不定詞 [que 接続法] …であるのは奇

妙だ. ●Cela n'a rien d'*étrange*. それについては少しも不思議ではない.

étranger(ère) /エトランジェ(ール)/ 形 ❶ (英 foreign) 外国(人)の; (英 strange) よその, 外部の. ●se sentir *étranger* 自分をよそ者に感じる. ❷〔à, には〕関係のない, 関心が全然ない. ●Son visage ne m'est pas *étranger*. 彼の顔には見覚えがある.

— **l'étranger(ère)** 名 外国人; 部外者.

— **l'étranger** 男 外国.

à l'étranger 外国に. ●voyager *à l'étranger* 外国旅行をする.

étrangler /エトラングレ/ 他 (英 strangle) の首を締める, を絞殺する; の息を詰まらせる; (自由など)を抑圧する.

— **s'étrangler** 代動 のどが詰まる.

être /ɛtr エートル/ 自 25 (英 be)

je	suis	nous	sommes
tu	es	vous	êtes
il	est	ils	sont
現分	étant	過分	été

❶ …である; …になる.
●Je *suis* étudiant. 私は学生です.

参考 属詞が職業, 身分, 資格, 国籍を表す名詞の場合はふつう無冠詞: Il est avocat. 彼は弁護士です. ただし, 主語が ce の場合は冠詞をつける: C'est un avocat. あの人は弁護士です.

❷ …にいる, …(の状態)である; 《話》(過去時制で)…へ行った(ことがある).
●Il *est* à la maison. 彼は家にいる.
●On *est* vendredi. 今日は金曜だ.
会話 *Avez*-vous déjà *été* à Paris? パリに行ったことがありますか.

❸ 《文》存在する, 生きている.
●raison d'*être* 存在理由.
●Je pense, donc je *suis*. 我思う, 故に我あり. → デカルトの言葉.

❹ (a) 〈**être à ...**〉 …のものである.
●*À* qui *sont* ces gants?—Ils *sont* à moi. この手袋は誰のですか. —私のです.

(b) 〈**être à** 不定詞〉 …されるべきである; …しているところ[…の予定]だ.
●Cette voiture *est à* vendre. この車売ります.

❺ 〈**être de ...**〉 …起源[出身]である, …の一員である, …の性質[特徴]をもっている; (数量・値段が)…である.
●Le taux de chômage *est de* 10%. 失業率は10%だ.

❻ 〈**être en ...**〉 …の状態にある, …を着ている, …でできている.
●*être en* deuil 喪中である.
●*être en* costume スーツを着ている.

❼ 〈**en être à ...**〉 …まで進んでいる, …するまでになる.
●On *en est* où? (授業などで)どこまで進みましたか.

❽ 〈**y être**〉 用意ができている, 分かる, 合っている, 関係がある.
会話 Ça *y est*. うまくいった, そういうこと; ほらね.
会話 J'*y suis*! 分かった.

— 非人称 ❶ 《時間》
●Il *est* trois heures. 3時です.

❷ 〈**Il est** 形 **de** 不定詞 [**que ...**]〉 …するのは…だ.
●*Il est* inutile *de* le faire. それをしても無駄だ.

❸ 〈**Il en est ...**〉 事情は…である.
●*Il en est* ainsi de ... …についての事情はこのとおりだ.

Il était une fois... 昔あるところに…がいました.

— 助動 〈**être** 過分〉 ❶ 《aller や venir など移動や変化を表す自動詞とすべての代名動詞の複合時制を作る》
●Nous *sommes* arrivés hier. 私たちは昨日到着した.
●Je *suis* allé en France pour la première fois. 私は初めてフランスに行った.
●Elle s'*est* levée tard. 彼女は遅く起きた.

❷ 《受動態を作る》
●Il *a été* accusé de meurtre. 彼は殺人罪で起訴された.

— **l'être** 男 (英 being) 生物, 人間; やつ; 存在.

être humain 人間.

***Être suprême* (l'〜)** 神.

être vivant 生物.

étreign ..., étrein ... → étreindre 19

étreindre /エトランドル/ 他 19 を抱きしめる, つかむ; の心を締めつける.

— **s'étreindre** 代動 抱き合う.

E

l' **étreinte** /エトラント/ 女 抱きしめること, 抱擁; 締めつけ.

l' **étrenne** /エトレンヌ/ 女 《多く複数》お年玉, 年末の心づけ. →使用人や配達員などに与える.

l' **étrier** /エトリエ/ 男 鐙(あぶみ). →馬具.
mettre le pied à l'étrier 動き出す, 成功の緒につく.

étroit(e) /エトロワ(ト)/ 形 (英 narrow) ❶ 狭い, 窮屈な; 偏狭な. ❷ 密接[緊密]な.
à l'étroit 狭いところに, 窮屈に.
être étroit d'esprit/ avoir l'esprit étroit 視野[考え]のせまい.

étroitement /エトロワトマン/ 副 窮屈に; 厳格に; 親密[緊密]に.

l' **étude** /エテュド/ 女 (英 study) ❶ 勉強, 研究(論文); 練習; (中学などの)自習室 (= salle d'～); 自習時間; 《複》学校教育, 学業.
●faire des *études* 勉強[研究]している.
❷ 調査, 検討.
●*étude* de marché 市場調査.
❸〔楽〕練習曲.
❹ (公証人などの)事務所.

l' **étudiant(e)** /etydjɑ̃, -ɑ̃t エテュディヤン(ト)/ 名 (英 student) (とくに大学の)学生.
●*étudiant* en lettres 文学部の学生.
●*étudiant* de première année 新入生.
— 形 学生の. ●vie *étudiante* 学生生活.

étudier /エテュディエ/ 他 (英 study) ❶ を勉強する, 学ぶ; の練習をする; を研究する.
●*étudier* les mathématiques 数学を勉強する.
❷ を調査[検討]する. ●J'*ai étudié* votre cas. あなたのケースを精査しました.
— 自 勉強[研究]する, 学ぶ. ●*étudier* en France フランスで学ぶ.

l' **étui** /エテュイ/ 男 容器, 箱. ●un *étui* à lunettes めがねケース.

l' **étymologie** /エティモロジ/ 女 語源(学).

étymologique /エティモロジク/ 形 語源(学)の.

eu(e) →**avoir** 8

euh /ウー/ 間 うーむ, えーと, えっ. →困惑・驚き・疑問などを示す.

eurent →**avoir** 8

l' **euro** /ørɔ ウーロ/ 男 ユーロ. →欧州連合通貨: 2002年より欧州加盟国で流通.
●payer en *euros* ユーロで払う.
●un menu à 35 *euros* 35ユーロのコース料理.

l' **Europe** /ウロプ/ 女 ヨーロッパ, 欧州.
Europe centrale 〔***occidentale***〕 **(l'～)** 中央[西]ヨーロッパ.
Europe de l'est **(l'～)** 東欧.

européen(ne) /ウロペアン(エヌ)/ 形 (英 European) ヨーロッパ[欧州]の.
— l'**Européen(ne)** 名 ヨーロッパ人.

eus, eut, eût →**avoir** 8

eux /ウー/ 代 《人称代名詞; 3人称男性複数・強勢形》(英 them) 彼ら, それら. →**lui**
●J'y vais avec *eux*. 私は彼らと一緒にそこへ行く.

l' **évacuation** /エヴァキュアスィヨン/ 女 ❶ 退去, 避難, 撤退. ❷ 排水, 排出; 排泄(せつ).

évacuer /エヴァキュエ/ 他 (英 evacuate) ❶ を退去[避難]させる; (土地など)から退去[撤退]する. ❷ を排出する.

s'évader /エヴァデ/ 代動 脱走[逃亡]する; 〖*de*, から〗逃避する, 気を紛らす.

l' **évaluation** /エヴァリュアスィヨン/ 女 評価, 見積り.

évaluer /エヴァリュエ/ 他 (英 evaluate) を評価する, 見積る; 推定する.

l' **évangile** /エヴァンジル/ 男 **(É-)** 福音, キリストの教え, 福音書.
C'est parole d'évangile. これは絶対的真理だ.

s'évanouir /エヴァヌイール/ 代動 33 (英 faint) 気絶する; 消え失せる.

l' **évanouissement** /エヴァヌイスマン/ 男 失神; 消滅.

l' **évaporation** /エヴァポラスィヨン/ 女 蒸発, 気化.

s'évaporer /エヴァポレ/ 代動 蒸発する; 消え失せる.

l' **évasion** /エヴァズィヨン/ 女 脱走, 逃亡; 現実逃避, 気分転換. ●rechercher l'*évasion* dans la drogue 薬物に逃げ込もうとする.

l' **éveil** /エヴェイユ/ 男 (感情・能力などの)目覚め, 芽生え.
donner l'éveil à 人 (人)に注意を喚起する.
être en éveil (人が)用心している.

éveiller /エヴェイエ/ (英 awaken) 他 《文》を目覚めさせる; (感情など)を呼び起こす.

— s'éveiller 代動 目を覚ます.
ᐧ**événement, évènement** /エヴェヌマン/ 男 (英 event) 出来事, (大)事件.
ᐧ**éventail** /エヴァンタイユ/ 男 扇, 扇子; 選択の幅, 品揃(ぞろ)え.
en éventail 扇形の.
éventer /エヴァンテ/ 他 (扇などで)をあおぐ; (秘密)を暴く.
— s'éventer 代動 自分をあおぐ; (食物などが)変質する, 気が抜ける.
ᐧ**éventualité** /エヴァンテュアリテ/ 女 可能性; 起こり得る事態.
éventuel(*le*) /エヴァンテュエル/ 形 起こり得る, 不測の.
éventuellement /エヴァンテュエルマン/ 副 場合によっては, もしかしたら.
ᐧ**évêque** /エヴェク/ 男 (英 bishop) (カトリックの)司教.
évidemment /エヴィダマン/ 副 (英 of course) 《多く文頭で》もちろん; 明らかに. 会話 N'oubliez pas de payer. —*Évidemment*! お金を払うのを忘れないで. —もちろん.
bien évidemment 当然だ, もちろん.
ᐧ**évidence** /エヴィダンス/ 女 明白な事実, わかりきったこと.
de toute évidence 間違いなく.
en évidence はっきりと.
évident(e) /エヴィダン(ト)/ 形 (英 obvious) 明らかな, 間違いない.
会話 ***Ce n'est pas évident!*** 簡単ではない.
Il est évident que 直 …は明らかである.
ᐧ**évier** /エヴィエ/ 男 (英 sink) (台所の)流し. ●faire la vaisselle dans l'*évier* 流しで皿洗いをする.
évincer /エヴァンセ/ 他 52 (策を弄して人)を押しのける.
éviter /エヴィテ/ 他 (英 avoid) ❶ を避ける. ●Elle m'*évite* ces jours-ci. 近頃彼女は私を避けている. ●*éviter* le sucre 砂糖を控える.
❷〈éviter de 不定詞 [que (ne) 接続法]〉…するのを避ける. ●*Évitez de* sortir. 外へ出ないようになさい.
éviter ... à A/éviter à A de 不定詞 Aに…を免れさせる.
— s'éviter 代動 避け合う.
ᐧ**évocation** /エヴォカスィヨン/ 女 (記憶などを)呼び起こすこと, 喚起.
évoluer /エヴォリュエ/ 自 (英 evolve) 変化する, 進展[発達]する; 動き回る.
●Voyons comment les choses vont *évoluer*. 事態がどう展開していくか見守ろう.
ᐧ**évolution** /エヴォリュスィヨン/ 女 ❶ 変化; 進化, 発展, 進行. ❷《複》動き.
évolution des espèces **(l'～)** 〔生〕種の進化.
évoquer /エヴォケ/ 他 (英 evoke)
❶ を思い起こす, 描き出す; 想起させる.
❷ に言及する.
❸ (死者の霊など)を呼び出す.
ᐧ**ex** /エクス/ 名 《話》元夫[元妻], 別れた恋人.
exact(e) /エグザ(クト)/ → 男性形も /クト/ を発音することがある. 形 (英 exact, punctual) 正確な; 精密[厳密]な; 時間を守る.
●Ce n'est pas le terme *exact*. それは的確な言葉ではありません.
●C'est *exact*!/*Exact*! そのとおり.
exactement /エグザクトマン/ 副 (英 exactly) 正確に, まさしく; 《単独で》そのとおり. ●C'est *exactement* la même chose. それはまさに同じこと[もの]だ.
ᐧ**exactitude** /エグザクティテュド/ 女 正確さ, 精密さ; 時間厳守.
ᐧ**exagération** /エグザジェラスィヨン/ 女 誇張; 過度, 極端.
exagéré(e) /エグザジェレ/ 形 度を越した; 誇張した, 大げさな.
exagérer /エグザジェレ/ 他 57 を誇張する. ●Ce rapport *exagère* les dégâts. この報告書は損害を誇張している.
— 自 誇張する; やりすぎる.
会話 Tu *exagères*! いくらなんでもそれはないでしょう.
ᐧ**exaltation** /エグザルタスィヨン/ 女 (精神の)大きな高揚, 興奮.
exalter /エグザルテ/ 他 を高揚させる, 興奮[熱狂]させる; (感情など)をかき立てる.
— s'exalter 代動 興奮する.
ᐧ**examen** /エグザマン/ 男 (英 examination) ❶ 試験, テスト. → examen は点数をみる能力試験; concours は定員の決まっている選抜試験.
●*examen* écrit [oral] 筆記[口述]試験.
●passer un *examen* 試験を受ける.
❷ 検査, 調査; 検討. ●*examen* médical

E

[de santé] 健康診断.
mettre 人 ***en examen*** (人)を取り調べる.
l' **examinateur(trice)** /エグザミナトゥール(トリス)/ 名 (とくに口述試験の)試験官.
examiner /エグザミネ/ 他 (英 examine) を検査[調査]する, 検討する; 診察する, 観察する. ●Il m'a *examiné* de la tête aux pieds. 彼は私を頭のてっぺんから足の先までじろじろ見た.
l' **exaspération** /エグザスペラスィヨン/ 女 激怒, いらだち.
exaspérer /エグザスペレ/ 他 57 をひどくいらだたせる.
exaucer /エグゾセ/ 他 52 (神が)の願いを聞き入れる; (望み)をかなえる.
l' **excédent** /エクセダン/ 男 超過(分); 黒字. ●*excédent* de bagages 制限超過手荷物.
excéder /エクセデ/ 他 57 ❶(数・量)を超過する. ❷をいらだたせる.
l' **excellence** /エクセラーンス/ 女 《文》優れていること, 卓越.
par excellence この上なく; 特別に.
Son Excellence (大臣や司教に対する尊称)閣下, 猊(げい)下. → 直接呼びかける時は Votre Excellence.
excellent(e) /エクセラン(ト)/ 形 (英 excellent) 秀でた, すばらしい, 見事な. → 比較級, 最上級はない. ●film *excellent* 優れた映画. ●Il parle un *excellent* français. 彼は見事なフランス語を話す.
exceller /エクセレ/ 自 〖*dans*, *en*, *à*, に〗すぐれている, 上手である.
l' **excentricité** /エクサントリスィテ/ 女 突飛さ, 風変わり; 《多く複数》奇行.
excentrique /エクサントリク/ 形 ❶突飛な, エキセントリックな. ❷中心から離れた.
— l'**excentrique** 名 奇人, 変人.
excepté /エクセプテ/ 前 (英 except) …を除いて, …のほかは.
excepter /エクセプテ/ 他 〖*de*, から〗を除く, 除外する.
l' **exception** /エクセプスィヨン/ 女 除外; 例外, 異例(のこと).
à l'exception de... …を除いて.
à quelques exceptions près わずかな例外を除けば.
d'exception 特別の.
L'exception confirme la règle. 《ことわざ》規則があればこその例外.
par exception 例外的に.
sans exception 例外なく.
exceptionnel(le) /エクセプスィヨネル/ 形 (英 exceptional) 例外的な, 異例の; 並はずれた, まれに見る.
exceptionnellement /エクセプスィヨネルマン/ 副 例外的に, 並はずれて.
l' **excès** /エクセ/ 男 (英 excess, surplus) 行きすぎ, やりすぎ, 過度; 《複》食べすぎ, 不摂生. ●*excès* de vitesse スピードの出しすぎ.
à l'excès 過度に.
sans excès 適度に.
excessif(ve) /エクセスィフ(ーヴ)/ 形 行きすぎの, 度を越えた, 極端な; 《名詞の前》非常な.
excessivement /エクセスィヴマン/ 副 むやみに, やたらと.
excitant(e) /エクスィタン(ト)/ 形 (食品などが)刺激[興奮]性の; 刺激的な, わくわくさせる.
— l'**excitant** 男 興奮剤.
l' **excitation** /エクスィタスィヨン/ 女 興奮; 〖*à*, への〗刺激, そそのかし.
exciter /エクスィテ/ 他 (英 excite) ❶を興奮させる, 刺激する; (感情・欲望)をかき立てる, 引き起こす. ●*exciter* l'appétit 食欲をそそる.
❷〈*exciter* 人 *à*...〉(人)を … するようにそそのかす.
— **s'exciter** 代動 興奮する, 怒り出す; 《話》〖*sur*, *à propos de*, に〗夢中になる. ●Il *s'excite* toujours en parlant. 彼はいつも話していると興奮する.
l' **exclamation** /エクスクラマスィヨン/ 女 (喜びや驚きの)叫び.
point d'exclamation 感嘆符 (!).
s'exclamer /エクスクラメ/ 代動 (英 exclaim) (驚きや喜びで)声をあげる.
exclu(e) /エクスクリュ/ 形 (<exclure の過去分詞) 除名された; 論外の; 除いた.
Il n'est pas exclu que 接続法 …ということはありうる.
— l'**exclu(e)** 名 除名[除外]された人.
exclu[û](...) →**exclure** 14
exclure /エクスクリュール/ 他 14 (英 exclude) ❶〖*de*, から〗を追放[排除]する, 除名する; 拒否する. ❷《ものが主語》と相容れない.

—s'exclure 代動 脱会する; 両立しない.

exclusif(ve) /エクスクリュズィフ(ーヴ)/ 形 独占的な, 専売の; 排他的な.

l' **exclusion** /エクスクリュズィヨン/ 女 除名, 追放; 放校.
à l'exclusion de... …を除いて.

exclusivement /エクスクリュズィヴマン/ 副 もっぱら, ひたすら.

l' **exclusivité** /エクスクリュズィヴィテ/ 女 (販売・上映・出版などの)独占権; 専売品.
en exclusivité 独占的に, ロードショーで[の].

l' **excursion** /エクスキュルスィヨン/ 女 遠足, ハイキング. ●partir en [faire une] *excursion* 遠足する; 小旅行に出かける.

l' **excuse** /エクスキューズ/ 女 言い訳, 弁解; 口実; 《複》わび(の言葉).
faire des excuses/présenter ses excuses 謝る, わびる.

excuser /エクスキュゼ/ 他 (英 excuse) を許す, 大目に見る; 弁護する, かばう.
会話 ***Excusez-moi.*** すみません; よろしいですか. ●*Excusez*-moi, vous avez l'heure s'il vous plaît? すみません, 時間を教えていただけますか.

—s'excuser 代動 ❶〈s'excuser de...[de 不定詞]〉…(すること)をわびる. ●*s'excuser d'*arriver en retard 遅刻したことを謝る. ●Je *m'excuse de* mon retard. 遅れてすみません. ●Je *m'excuse de* vous déranger. ご迷惑をかけて申し訳ありません. ●Je *m'excuse de* l'avoir fait あのようなことをしてすみません.
❷言い訳する.

exécrer /エグゼ[クセ]クレ/ 他 57 を激しく憎む, 毛嫌いする.

exécuter /エグゼキュテ/ 他 (英 execute, carry out) ❶を実行する; 実施する. ❷を制作する; 演奏する, 演じる. ❸を処刑する.

—s'exécuter 代動 (命じられたことを)実行する.

exécutif(ve) /エグゼキュティフ(ーヴ)/ 形 行政の, 法の執行に関する.

—l'exécutif 男 行政権.

l' **exécution** /エグゼキュスィヨン/ 女 ❶実行, 実現; 執行. ●mettre...à *exécution* (計画など)を実行する.
❷演奏.
❸処刑 (=～ capitale).

l' **exemplaire**[1] /エグザンプレール/ 男 (英 copy) (書籍・書類の)冊[部]; 同種の人[もの].

exemplaire[2] /エグザンプレール/ 形 模範的な; 見せしめの.

l' **exemple** /エグザーンプル/ 男 (英 example) ❶例; 前例.
❷手本, 模範; 見せしめ.
donner l'exemple 手本を示す.
par exemple たとえば.
pour l'exemple 見せしめに.
prendre exemple sur... …を手本とする.

exempt(e) /エグザン(ト)/ 形 〖*de*, を〗免除された.

exempter /エグザンテ/ 他 〖*de*, を〗から免除する.

exercer /エグゼルセ/ 他 52 (英 exercise) ❶を鍛える, 訓練する. ●*exercer* ses muscles [sa mémoire] 筋肉[記憶力]を鍛える. ❷(影響など)を及ぼす; (権利)を行使する; (才能)を発揮する. ❸(職業)を営む; (職務)を行う.

—s'exercer 代動〈s'exercer à 名 [à 不定詞]〉練習をする; 行使される. ●Il *s'exerce* pour le championnat. 彼は選手権大会にそなえて練習している.

l' **exercice** /エグゼルスィス/ 男 ❶(英 exercise) 練習; 運動 (=～ physique); 《複》練習問題(集). ●*exercice* de style 文体練習. ●faire de l'*exercice* 運動をする.
❷(英 practice) 行使; 営業.
en exercice 現職の.

exhaler /エグザレ/ 他 (香り・蒸気)を発散する.

l' **exhibition** /エグズィビスィヨン/ 女 ❶ひけらかし; 露出. ❷ショー, 見世物. →**exposition**

exhorter /エグゾルテ/ 他 〖*à*, を〗に勧める.

exigeant(e) /エグズィジャン(ト)/ 形 要求の多い; (仕事などが)厳しい.

l' **exigence** /エグズィジャーンス/ 女 《多く複数》要求; 《複》要求額; (性格の)気難しさ.

exiger /エグズィジェ/ 他 40 (英 demand) ❶〈exiger de 不定詞 [que 接続法]〉…する[である]ように要求する. ●J'*exige que* vous le fassiez. あなたがそれを実行することを要求します. ❷(ものが)をぜ

ひ必要とする.

exigu(ë) /エグズィギュ/ [形] 狭い.

l' **exil** /エグズィル/ [男] (英 exile) 国外追放, 亡命. ●en *exil* 亡命中である.

exiler /エグズィレ/ [他] を国外に追放する.

— **s'exiler** [代動] 亡命する; 隠棲(いんせい)する.

E

existant(*e*) /エグジスタン(ト)/ [形] 現行の; 実在の.

l' **existence** /エグズィスタンス/ [女] (英 existence) ❶ 存在, 実在. ❷ 生活.

l' **existentialisme** /エグズィスタンスィヤリスム/ [男] 〔哲〕実存主義[哲学].

exister /エグズィステ/ [自] (英 exist) 存在する; 生きる; (…にとって)重要である.

会話 ***Ça existe*** そういうものもある, そんな人もいる.

— [非人称] 〈Il existe ...〉 …がある. ●*Il n'existe* pas de beauté absolue. 絶対的な美というものは存在しない.

l' **exode** /エグゾド/ [男] 集団移住; 大移動; (集団的な)避難. ●*exode* rural (戦後の)農村の過疎化.

exotique /エグゾティク/ [形] (西洋以外の)外国(産)の, 異国風の.

expansif(*ve*) /エクスパンスィフ(ーヴ)/ [形] 外向的[開放的]な.

l' **expansion** /エクスパンスィヨン/ [女] 発展, 拡大.

expatrier /エクスパトリエ/ [他] (資本など)を国外に移す.

— **s'expatrier** [代動] 故国を去る.

expédier /エクスペディエ/ [他] ❶ (英 send) を発送する, 送る. ●*expédier* un colis par la poste [par avion] 小包を郵送する[航空便で送る]. ❷《話》(人)を厄介払いする; さっさと片づける.

l' **expédit*eur*(*trice*)** /エクスペディトゥール(トリス)/ [名] 差出人, 発送人.

l' **expédition** /エクスペディスィヨン/ [女] ❶ 発送, 発送品; 派遣. ❷ 探検(隊).

l' **expérience** /エクスペリヤンス/ [女] (英 experience) ❶ 経験, 体験. ●avoir de l'*expérience* en ... …の経験がある. ❷ 実験; 試み. ●*expériences* sur les animaux 動物実験. ●faire une *expérience* 実験する.

faire l'expérience de ... …を経験する; …を試す.

par expérience 経験によって.

expériment*al*(*ale*) /エクスペリマンタル/ [形] ([男複] expérimentaux) 実験に基づく; 実験的な.

expérimenté(*e*) /エクスペリマンテ/ [形] 経験豊富な, 老練な.

expérimenter /エクスペリマンテ/ [他] を試験する, 実験する; 身をもって知る.

expert(*e*) /エクスペル(ト)/ [形] 〖en, à, に〗精通[熟練]した.

— l' **expert(*e*)** [名] 専門家, エキスパート; 鑑定人.

l' **expiration** /エクスピラスィヨン/ [女] ❶ 息を吐くこと. ❷ 期限満了.

expirer /エクスピレ/ [自] 息を引き取る, 死ぬ; 期限が切れる.

— [他] (息など)を吐き出す.

explétif(*ve*) /エクスプレティフ(ーヴ)/ [形] 〔文法〕虚辞の.

l' **explication** /エクスプリカスィヨン/ [女] (英 explanation) ❶ 説明, 解説; 解釈. ❷ 釈明; 議論.

avoir une explication avec [人] (人)と議論[口論]する.

explicite /エクスプリスィト/ [形] 明白な, 明瞭(りょう)な, はっきりと述べられた.

expliquer /エクスプリケ/ [他] (英 explain) を説明する; (考えなど)の理由[原因]を明かす. ●*Explique*-moi pourquoi! 理由を説明してくれ. ●Il m'a *expliqué* la situation actuelle. 彼は私に現状を説明した.

— **s'expliquer** [代動] ❶ 自分の考えを説明する, 釈明する; (理由などが)理解できる, 説明がつく. ●*s'expliquer* bien [mal] うまく説明できる[できない]. ❷ 話し合う; 《話》けんかする.

Tout s'explique! すべてがはっきりしたぞ.

l' **exploit** /エクスプロワ/ [男] 偉業, 快挙, 功績.

l' **exploitation** /エクスプロワタスィヨン/ [女] ❶ 開発; 経営, 営業. ❷ 開拓地, 農場 (= ~ agricole). ❸ 利用, 搾取.

exploiter /エクスプロワテ/ [他] (英 exploit) ❶ を開発[開拓]する; 経営する. ●*exploiter* une terre 土地を開墾する. ❷ を活用[利用]する; 搾取する, つけ込む. ●*exploiter* ses employés 従業員を搾取する.

l' **explorateur(trice)** /エクスプロラトゥール(トリス)/ 名 探検家.

l' **exploration** /エクスプロラスィヨン/ 女 探検, 探索; 調査.

explorer /エクスプロレ/ 他 を探検する, 細かく調査する;〔医〕を(精密)検査する.

exploser /エクスプロゼ/ 自 爆発[破裂]する; 感情を爆発させる.
●laisser *exploser* sa colère 怒りをあらわにする.

explosif(ve) /エクスプロズィフ(ーヴ)/ 形 爆発する; (状況が)爆発寸前の.
— l'**explosif** 男 爆発物.

l' **explosion** /エクスプロズィヨン/ 女 爆発; (感情の)爆発; 急激な増加.

l' **exportateur(trice)** /エクスポルタトゥール(トリス)/ 名 輸出国, 輸出業者.
— 形 輸出する. ●pays *exportateur* de blé 小麦の輸出国.

l' **exportation** /エクスポルタスィヨン/ 女 輸出;《複》輸出品.
faire de l'exportation 輸出業をしている.

exporter /エクスポルテ/ 他 (英 export) を輸出する. ●Ce pays *exporte* des céréales. この国は穀物を輸出する.

l' **exposé**[1] /エクスポゼ/ 男 (英 exposition) (研究などの)発表, 報告. ●faire un *exposé* sur... …について発表する.

exposé[2]**(e)** /エクスポゼ/ 形〘à, に〙さらされた, 向いた; 展示された. ●maison *exposée au* sud 南向きの家.

exposer /エクスポゼ/ 他 ❶(英 expose) を展示[陳列]する; 説明する. ●On *expose* en ce moment des Cézanne dans ce musée. この美術館では今セザンヌ展をやっている. ❷〘à, に〙を向ける; (危険などに)をさらす.
— **s'exposer** 代動〘à, (すること)に〙身をさらす; 危ない橋を渡る. ●*s'exposer au* soleil 日光浴する.

l' **exposition** /エクスポズィスィヨン/ 女 ❶ 展覧[博覧]会; 展示. ●l'*Exposition* universelle 万国博覧会.
❷ (家の)向き; (光に)さらすこと.

exprès[1]**(esse)** /エクスプレス/ 形 厳しく定められた.

exprès[2] /エクスプレス/ 形《不変》速達の.
envoyer une lettre exprès 手紙を速達で出す.
— l'**exprès** 男 速達(便).

exprès[3] /エクスプレ/ 副 わざと, 故意に; わざわざ.
faire exprès de 不定詞 わざと…する.
fait exprès (わざとしたかのように)間の悪いこと.

l' **express**[1] /エクスプレス/ 男 (<英)《古風》急行列車 (=train ～).
— 形《不変》急行の, 高速の.

l' **express**[2] /エクスプレス/ 男 エスプレッソコーヒー (=café ～).

l' **expression** /エクスプレスィヨン/ 女 (英 expression) 表現, 言い回し; 表情, 表出.
expression toute faite 決り文句.
réduire ... à sa plus simple expression …を最小限まで削減する.

exprimer /エクスプリメ/ 他 (英 express) を表現する, 示す. ●Son regard *exprimait* l'inquiétude. 彼(女)の目は不安を表わしていた.
— **s'exprimer** 代動 自分の考えを述べる.
si je peux m'exprimer ainsi あえて言えば.

exproprier /エクスプロプリエ/ 他〔法〕を収用[接収]する.

expulser /エクスピュルセ/ 他〘*de*, から〙を追い出す, 退去させる.

l' **expulsion** /エクスピュルスィヨン/ 女 追放, 放校.

exquis(e) /エクスキ(ーズ)/ 形 大変おいしい; 快い, 物腰のやわらかな.

l' **extase** /エクスターズ/ 女 うっとりした状態, 忘我. ●être en *extase* devant... …にうっとりとしている.

s'extasier /エクスタズィエ/ 代動〘*devant, sur*, に〙うっとりする, 夢中になる.

l' **extension** /エクスタンスィヨン/ 女 伸ばすこと, 広がり, 拡大.
par extension 意味が転じて.

exténuer /エクステニュエ/ 他 をひどく疲れさせる, 憔悴(しょうすい)させる.
— **s'exténuer** 代動〈s'exténuer à 不定詞〉…してへとへとになる.

extérieur(e) /エクステリユール/ 形 (英 exterior) 外(側)の, 外部の; 対外的な; 外面的な. ●politique *extérieure* 対外政策.
— l'**extérieur** 男 外部, 外側; 屋外, 外国; 外観;《複》(映画の)野外ロケ.
à l'extérieur 外で[に].

E

de l'extérieur 外部の; 外から.

exterminer /エクステルミネ/ 他 を皆殺しにする, 撲滅[根絶]する.

externe /エクステルヌ/ 形 外部の, 外面の.

— l'**externe** 名 通学生.

l' **extincteur** /エクスタンクトゥール/ 男 消火器.

l' **extinction** /エクスタンクスィヨン/ 女 (火・明かりを)消すこと; 絶滅.

avoir une extinction de voix 声が出ない.

extorquer /エクストルケ/ 他 〖à, から〗を強奪する.

l' **extra** /エクストラ/ 男 《不変》 ❶ 特別のごちそう. ❷ (ボーイなどの)臨時の仕事.

se faire [s'offrir] un extra 奮発してごちそうを食べる.

— 形 《不変》 極上の; 《話》 すごい. →extraordinaire の略.

l' **extraction** /エクストラクスィヨン/ 女 引き抜くこと, 摘出; 採掘, 抽出; 《文》 家柄.

extrai ... →**extraire** 72

extraire /エクストレール/ 他 72 (英 extract) ❶ を引き抜く, 摘出する; 採掘する. ❷ 〖*de*, から〗を抽出する, 抜粋する. ❸ 〔数〕(根など)を求める.

— **s'extraire** 代動 《話》〖*de*, から〗やっと抜け出す.

l' **extrait** /エクストレ/ 男 (英 extract) ❶ 抜粋; 抄本. ● *extrait* d'acte de naissance 出生証明書.
❷ エキス.

extraordinaire /エクストラオルディネール/ 形 (英 extraordinary) 異常な, 信じられない; 並はずれた; 特別[臨時]の; 《話》 すごい.

par extraordinaire 万一, 例外的に.

extraordinairement /エクストラオルディネルマン/ 副 臨時に; 桁はずれに; 奇妙にも.

l' **extravagance** /エクストラヴァガーンス/ 女 常軌を逸したこと, 異常さ; 奇行, たわごと.

extravagant(e) /エクストラヴァガン(ト)/ 形 常軌を逸した, 突飛な.

— l'**extravagant(e)** 名 非常識な人, 変人.

extray ... →**extraire** 72

extrême /エクストレム/ 形 (英 extreme) ❶ 《名詞の前》 末端の, 最後の.
❷ 《名詞の後》 ぎりぎりの; 極端な, 過激な.

— l'**extrême** 男 極端.

à l'extrême 極端に.

d'un extrême à l'autre 極端から極端へと.

extrêmement /エクストレムマン/ 副 (英 extremely) きわめて.

l' **Extrême-Orient** /エクストレモリヤン/ 男 極東.

l' **extrémité** /エクストレミテ/ 女 ❶ 端, 末端; 《複》 手足. ❷ 《文》 窮地, 極限状態. ❸ 《文》《複》 極端な手段[行動].

à la dernière extrémité 臨終の際に.

F f

le **F**[1], **f**[1] /エフ/ 男 ❶ フランス字母の第6字. ❷〔楽〕ヘ音.

F[2], **f**[2] /エフ/ 《略》 ❶ **(F)** (farad) 〔電〕ファラッド; (Fahrenheit) 華氏.
❷ **(F2)** フランス第2. → フランスのテレビ局.
❸ **(f)** (forte) 〔楽〕フォルテ; (fonction) 関数.

la **fable** /ファーブル/ 女 寓(ぐう)話; 物笑いの種.

le(la) **fabricant(*e*)** /ファブリカン(ト)/ 名 (英 maker) 製造業者.

la **fabrication** /ファブリカスィヨン/ 女 製造; 生産. ● de *fabrication* française フランス製の.

la **fabrique** /ファブリク/ 女 製造所.
marque de fabrique 商標.

fabriquer /ファブリケ/ (英 manufacture, make) 他 ❶ を製造する, 作る. ● *fabriquer* en série 大量生産する.
❷ を偽造する.
❸ 《疑問文で》《話》 をする, やる.
会話 Qu'est-ce qu'il *fabrique*? やつは一体何をやっているんだ.

fabuleux(*se*) /ファビュルー(ーズ)/ 形 想像を絶する; 《文》 想像上の, 伝説の, 神話の.

la **fac** /ファク/ 女 《話》 大学, 学部 (=faculté).
à la fac 大学に.

la **façade** /ファサード/ 女
❶ (英 front) (建物の)正面.
❷ (英 appearance) うわべ, 外見.
❸ 《話》 顔.

la **face** /ファス/ 女 ❶ (英 face) 顔.
❷ 面; 側面; 体面. ● sauver [perdre] la *face* 面目を保つ[失う].
❸ 硬貨の表.
de face 正面の[から].
en face (de ...) (…の)正面の[に]; 向かいの[に]. ● Le musée est situé *en face de* la fontaine. 美術館は噴水の向いにある. ● le café d'*en face* 真向かいのカフェ.
face à ... …に面した; …に直面した.
face à face 向かい合って.
faire face à ... …と向き合う; …に取り組む.
l'un en face de l'autre / en face l'un de l'autre お互いに向き合って.
pile ou face (コインの)裏か表か.

fâché(*e*) /ファシェ/ 形 ❶ (英 angry) 〖*contre*, に対して〗 怒った. ● Il est *fâché contre* vous. 彼はあなたに腹を立てている.
❷ 〖*avec*〗 (人と)仲たがいした.
❸ (英 sorry) 〈être fâché de ...[que 接続法]〉 …(であること)を残念に思っている.
❹ 《話》 〈ne pas être fâché de ...〉 …(であること)をひそかに喜ぶ.

fâcher /ファシェ/ 他 (英 make angry) を怒らせる. ● Tu *as fâché* ton père. おまえは父さんを怒らせたよ.
— se fâcher 代動 (英 get angry) ❶ 〖*contre*, に〗 腹を立てる. ● Ne vous *fâchez* pas pour si peu. そんなちょっとしたことで怒りなさんな.
❷ 〖*avec*, と〗 仲たがいする.

fâcheux(*se*) /ファシュ(ーズ)/ 形 困った, 不都合な; 遺憾な.

facile /fasil ファスィル/ 形 (英 easy)
❶ **(a)** 簡単な, やさしい, 楽な.
● travail *facile* やさしい仕事.
(b) 〈facile à 不定詞〉 …するのは容易だ, 簡単に…できる.
● voiture *facile à* conduire 運転の楽な車.
● C'est un homme *facile à* tromper. あの男は簡単にだませる.
❷ 協調的な, 気安い.
● avoir un caractère *facile* 気さくな性格である.
❸ 安易な, 軽い.
● plaisanterie *facile* 安っぽい冗談.
C'est [Il est] facile de 不定詞 …するのはやさしい. ● *Il* n'*est* pas *facile de* piloter un avion. 飛行機の操縦は簡単では

ない.

会話 ***C'est un peu facile*** それは少し都合がよすぎる, 話ができすぎだ.

***facile comme tout* [*bonjour*]** いとも簡単な, 朝飯前の.

facile d'accès 楽に行ける; 簡単に手に入る.

— 副 《話》少なくとも; 優に. ● Ça doit coûter cinq cent euros *facile*. それは優に500ユーロはするだろう.

F

facilement /ファスィルマン/ 副 (英 easily) 容易に, 簡単に. ● J'ai trouvé *facilement* votre maison. お宅はすぐに見つかりました.

la **facilité** /ファスィリテ/ 女 ❶ 容易さ, 安易. ❷《多く複数》便宜, 手段.
❸ 能力, 才能; 自在さ.

avoir de la facilité* [*beaucoup de facilité*] *pour... …の才能がある.

d'une grande facilité d'emploi すごく使いやすい, ユーザーフレンドリーな.

faciliter /ファスィリテ/ 他 を容易にする, 助ける.

— **se faciliter** 代動 自分の…を楽にする.

la **façon** /fasɔ̃ ファソン/ 女 (英 way, manner)
❶〖*de*, する〗方法, 仕方.
● une *façon de* voir ものの見方.
❷《複》(その人独特の)振る舞い, 態度.
● Ses *façons* étaient agréables. 彼(女)の態度は気持ちがよかった.
❸ 仕立て, デザイン; 手間賃; 《形容詞的に》…風の.
● tailleur de *façon* classique クラシックな仕立ての婦人スーツ.

à sa façon 自分のやり方で.

会話 ***C'est une façon de parler.*** それはことばのあやだ.

de cette façon そんな風に; そうすれば.
● Ne parlez pas *de cette façon*. そんなしゃべり方をしてはいけません.

de* [*d'une*] *façon 形 …な仕方で.
● *d'une façon* générale 一般的には.
● Il parle *d'une façon* naturelle. 彼はごく自然に話す.

de façon à 不定詞 …できるように.

de toute façon どっちみち.

de toutes les façons ともかく; あらゆる手段で.

d'une certaine façon ある意味では.

d'une façon ou d'une autre ぜひなんとかして; どちらにしても.

sans façon 素直に; 遠慮なく. 会話 Non merci, *sans façon*. 《断るときに》本当にもう結構です.

façonner /ファソネ/ 他 を作る; 細工する; 《文》(人間)を鍛える, 作り上げる.

le **fac-similé** /ファクスィミレ/ 男 複製, 複写.

le **facteur**[1] /ファクトゥール/ 男 要因; 〔数〕因数.

facteur[2]**(*trice*)** /ファクトゥール(トリス)/
❶ 郵便配達員. ❷ 楽器製造業者.

factice /ファクティス/ 形 作り物の, まがいの; 不自然な.

la **facture** /ファクテュール/ 女 (英 bill) 請求書; 送り状. ● payer la *facture* 勘定を支払う.

facultatif(*ve*) /ファキュルタティフ(ーヴ)/ 形 任意の, 随時の. ● arrêt *facultatif* (バスの)随時停車.

la **faculté** /ファキュルテ/ 女 (英 faculty)
❶ 能力, 才能; 機能; 可能性.
❷ 学部, 大学. → 略 fac. ● être inscrit à la *faculté* 大学に登録している.

fade /ファド/ 形 味のない, まずい; (色が)くすんだ, あせた.

faible /フェブル/ 形 (英 weak)
❶ 弱い, もろい. ● enfant *faible* ひ弱な子. ● économiquement *faible* 経済的弱者の, 所得の低い.
❷ (意志の)弱い, 甘い.
❸ 能力の乏しい, できの悪い. ● Je suis *faible* en français. 私はフランス語が苦手だ.
❹ かすかな, わずかな. ● Il ne reste qu'un *faible* espoir. わずかな希望しか残っていない.

— le(la) **faible** 名 弱者; 意志薄弱な人.

— le **faible** 男 嗜好(しこう).

avoir un faible pour... …に目がない, (人)に甘い.

faiblement /フェブルマン/ 副 弱く, かすかに.

la **faiblesse** /フェブレス/ 女 (英 weakness)
❶ 弱さ. ● tomber de *faiblesse* 衰弱して[病気で]倒れる.
❷ 能力の乏しさ. ● *faiblesse* d'un argument 論拠の薄弱さ.

❸ 気の弱さ, 弱点.
❹ (程度・数量の)弱さ, 少なさ.

faiblir /フェブリール/ 自 33 ❶ 弱くなる, 衰える. ❷ 気がくじける.

la **faïence** /ファイヤンス/ 女 陶器.

faillai ..., faillant →**faillir**

la **faille**[1] /ファイユ/ 女 欠点; 断層.
sans faille (友情などが)揺るぎない; (論理などが)欠点のない.

faille[2], **failli[î](...)** →**falloir** 32

faillir /ファイール/ 自
POINT 不定詞・複合時制以外はまれ.
❶《不定詞と》危うく…しそうになる, もう少しで…するところだ.
• Il *a failli* se faire écraser par une voiture. 彼は危うく車にひかれるところだった.
❷《文》〖à, に〗背く, 怠る.
• *faillir à* son devoir 義務を果たさない.

la **faillite** /ファイイト/ 女 破産, 破綻(はたん); 失敗, 挫折.
en faillite 破産した.
faire faillite (企業が)破産する; (計画などが)破綻をきたす.

la **faim** /fɛ̃ ファン/ 女 (英 hunger)
❶ 空腹, 飢え.
• mourir [crever] de *faim* 《話》空腹で死にそうだ.
❷ 飢饉(ききん).
avoir faim 空腹である. • J'*ai* très *faim*. 腹ぺこだよ.
manger à sa faim 腹いっぱいに食べる.
rester sur sa faim まだおなかがすいている; 満足がいかない, 物足りなさが残る.

le(la) **fainéant(e)** /フェネアン(ト)/ 名 怠け者.
— 形 怠け者の.

faire /fɛr フェール/ 他 31

je	fais	nous	faisons /フゾン/
tu	fais	vous	faites
il	fait	ils	font
現分	faisant /フザン/	過分	fait

❶ (英 do) をする, 行う.
• Que *fais*-tu ce soir? 今晩何をするの?
• Que *fait*-il? 彼の仕事はなんですか.
❷ (学問・音楽・スポーツなど)をする; 演奏する.
• *faire* de l'allemand ドイツ語を勉強する.
• *faire* du violon バイオリンを弾く.
POINT 多くは部分冠詞とともに用いる.
❸ を演じる, のふりをする.
• Ne *fais* pas l'enfant. そんな子供みたいなことをするのはやめなさい.
❹〈faire A de B〉 BをAにする.
• On *a fait de* ce terrain vague un parking. あの空地は駐車場になった.
❺ (英 make) を作る, 製作する.
• *faire* de la confiture [un film] ジャム[映画]をつくる.
❻《数量を伴って》(**a**) (計算・金額が)…になる; (値段で)を売る.
会話 Ça *fait* combien? —Ça *fait* cent euros, Madame. いくらになりますか. —100ユーロです, 奥さん.
(**b**) (計算が)…になる; (量・長さなどが)…である.
• Deux et deux *font* quatre. 2+2=4.
• Quelle taille *faites*-vous? —Je *fais* du 42. サイズはいくつですか. —42です.
❼ (ある距離)を進む.
• *faire* 100km/h 時速100キロで進む.
❽《使役》〈**faire** 不定詞〉 …させる, してもらう.
(**a**)《不定詞が自動詞の場合》
• *faire* venir le médecin 医者に来てもらう.
(**b**)《不定詞が他動詞の場合》〖*à, par*, に〗
• Je *ferai* faire cette réparation *à* [*par*] un spécialiste. 私はこの修理を専門家にやらせるつもりだ.
ça fait que ... それはつまり…ということだ.
会話 ***Ça ne fait rien.*** 《謝罪などに対して》かまいません; 大したことではありません.
faire quelque chose à 人 (人)の心を揺さぶる.
faire tout [***quelque chose, beaucoup***] ***pour ...*** …のために何でも[何か, 大いに]する. • Puis-je *faire quelque chose pour* vous? 何かお役に立てることがありますか.
会話 ***Qu'est-ce que ça fait?*** それがどうしたっていうの.

— 自 ❶《ほかの動詞に代わって》
会話 As-tu payé la note? —Non, c'est lui qui l'a *fait*. あなたが払ったのですか.

F

—いいえ, 彼が払いました.
❷ 行動する.
● *faire* vite すばやく行う.
❸ …のように見える.
● *faire* jeune [vieux] 若く[老けて]見える.
❹ 《話》大[小]便をする.
faire bien de 不定詞 …することはいいことだ. ● Tu *as bien fait de* refuser. 君は断ってよかったよ.
faire mieux de 不定詞 …する方がよい. ● Vous *feriez mieux de* changer de voiture. 車を買い換えた方がいいですよ.
Faites comme chez vous. 楽にしてください.
Rien n'y fait. どうしようもない.
— 非人称 《天候・明暗などを表す》
● Il *fait* nuit. 夜になる[である], 暗くなってきた.
● Il *fait* chaud [frais, du vent]. 暑い[涼しい, 風がある].
cela [***ça***] ***fait A que...*** …してからA(期間)になる. ● *Ça fait* trois heures *qu*'il est parti. 彼が出かけてから3時間になる.
Il fait bon [***beau, mauvais***] 不定詞 …するのは快適だ[楽しい, つらい]. ● *Il fait bon* s'étendre sur l'herbe. 草の上に横になるのはいい気持ちだ.
— **se faire** 代動
❶ (**a**) 自分のために…をつくる; 《話》稼ぐ.
● *se faire* des amis 友達をつくる.
● *se faire* un café 自分でコーヒーを入れる.
● Il *se fait* dix mille euros par mois. 《話》彼は月に1万ユーロ稼ぐ.
(**b**) 作られる.
● Rome ne *s'est* pas *faite* en un jour. 《ことわざ》ローマは一日にしてならず.
❷ 礼儀にかなう; 流行する.
● Ça ne *se fait* pas. そういうことはしないものです.
❸ 《形容詞を伴って》…になる.
● *se faire* vieux 老けてくる, 年をとる.
● Il *se fait* tard. (夜)遅くなる.
❹ 〘à, に〙慣れる.
● On *se fait à* tout. 人は何にでも慣れるものだ.
❺ 《不定詞と》…される; してもらう.
● *se faire* couper les cheveux 髪を切ってもらう.
Comment ça se fait? いったいどうして.
● *Comment ça se fait* que tu saches ça? どうしてきみはそれを知っているのか.
s'en faire 心配する; 気に病む. ● Ne *t'en fait* pas! 心配しないで.
— le **faire** 男 《文》行為, 行動; (芸術上の)手法, 技巧.

fais, faisai ... →**faire** 31

le(la) **faisan(e)** /フザン/ 名 キジ(雉).

le **faisceau** /フェソ/ 男 (複 **faisceaux**) 束; ひとまとまり; 〔物〕光線束, ビーム.

faisiez, faisions, faisons →**faire** 31

le **fait**[1] /フェ/ 男 (英 fact) ❶ (**a**) 事実, 事柄; 出来事. ● juger sur les *faits* 事実にもとづいて判断する. ● C'est un *fait*. それは事実です, 本当です. ● Le *fait* est que... 実は…です.
(**b**) 〈le fait de 不定詞 [que 直/接続法]〉…ということ. ● *Le fait de* s'excuser ne suffit pas. 謝るということだけでは十分でない.
❷ 《文》行為.
❸ 本題; 話題.
aller (***droit***) ***au fait*** 本題[核心]に入る.
au fait ところで.
C'est un fait que 直 …なのは事実[本当]だ.
de ce fait そういうわけで.
de fait 事実上の; 実際(は).
du fait de [***que***] ***...*** …のために, …の理由で.
en fait 実際(に)は.
en fait de... …として.
fait accompli 既成事実.
fait divers ゴシップ; 三面記事.
les faits et gestes (全)行動; (人の行動の)一部始終.
prendre 人 ***sur le fait*** (人)の悪事の現場を押さえる.
tout à fait まったく; 《受け答えで》まさにそのとおりです.

fait[2](**e**) /フェ/ 形 ❶ (英 made) 作られた; 行われた; 手入れをした, 化粧した. ❷ 成熟した. ❸ 《話》追い詰められた; 酔っ払った.
C'est bien fait pour toi! いい薬だ, ざまあ見ろ.

fait pour... …向きにできた, …(するの)に適した.

tout fait 既製の, できあいの.

fait[3] →**faire** 31

le **faîte** /フェト/ 男 てっぺん, 頂上.

faites →**faire** 31

la **falaise** /ファレーズ/ 女 (特に海岸の)断崖(だんがい); 絶壁.

fall... →**falloir** 32

falloir /falwar ファロワール/ 非人称 →3人称のみ. 32 (英 have to, must)

il	faut	過分	fallu

❶〈Il faut 不定詞 [que 接続法]〉
(**a**) …しなければならない, …すべきだ.
● *Il faut* partir. 出発しなければならない.
(**b**) …に違いない.
● *Il faut* être fou pour rouler aussi vite. そんなに車をとばすなんて頭がおかしいに違いない.
(**c**) 必ず…する.
❷〈Il ne faut pas 不定詞 [que 接続法]〉 …してはならない.
● *Il ne faut pas* faire ça. それをしてはいけません.

ポイント
Il ne faut pas は禁止の表現.「しなくてもよい」は ne pas avoir besoin de.
▶Tu n'as pas besoin de faire ça. 君はそれをしなくてもよい.

❸〈Il faut...〉 …が必要である, かかる.
● *Il faut* 12 heures pour aller de Tokyo à Paris. 東京からパリに行くには12時間かかる.

comme il faut きちんと, 申し分なく;《形容詞的に》きちんとした, 立派な. ● Il s'exprime *comme il faut*. 彼は立派に自分の考えを述べる.

Il faut voir! 《留保を示して》見てみないとね, さあどうだかね.

Il ne fallait pas! そんなことしなくてよかったのに.

s'il le faut [***fallait***] 必要とあれば.

— 代動 《非人称》〈Il s'en faut de...〉 …だけ足りない. ● *Il s'en faut de* trois euros. 3ユーロ不足だ.

Il s'en faut (***de beaucoup***) ***que*** 接続法/***Loin*** [***Tant***] ***s'en faut que*** 接続法 …どころではない, …どころかその反対だ.

falsifier /ファルスィフィエ/ 他 を偽造する; 歪(わい)曲する.

fameux(**se**) /ファム(ーズ)/ 形 (英 famous) ❶《名詞の前で》例の. 会話 C'est ça, ta *fameuse* robe? これかい, 例のご自慢のドレスは.
❷《話》とびきりの, ひどい; すばらしい.
❸ 有名な, 名高い.

pas fameux 《話》ぱっとしない, かんばしくない.

familial(**ale**) /ファミリヤル/ 形 (男複 familiaux) 家族の, 家庭の. ● allocations *familiales* 家族手当, 扶養手当.

se familiariser /ファミリヤリゼ/ 代動 〔avec, に〕慣れる; (と)親しくなる.
派生 la **familiarisation** 女

la **familiarité** /ファミリヤリテ/ 女 親しさ, 親密さ;《複》なれなれしい態度.

familiaux →**familial** の複数形.

familier(**ère**) /ファミリエ(ール)/ 形 (英 familiar) ❶(**a**) 慣れ親しんだ. ● voix *familière* 聞き慣れた声.
(**b**)〔à〕(人に)なじみの.
❷ なれなれしい, 親しげな.
❸ (表現が)くだけた. ● mot *familier* 話し言葉.

— le(la) **familier**(**ère**) 名 親しくしている人; 常連.

familièrement /ファミリエルマン/ 副 親しく; くだけた言葉で.

la **famille** /famij ファミーユ/ 女 (英 family)
❶ 家族(の人), 家庭; 子供たち (=petite ~).
● la *famille* Dubois デュボワ一家.
● Toute la *famille* était là. 家族全員がいた.
❷ 親族; 家柄.
● J'ai de la *famille* aux États-Unis. 私はアメリカに親戚(しんせき)がいる.
● nom de *famille* 名字, 姓.
● *famille* royale 王家.
❸ グループ; 一派.

C'est de famille. 《話》それは家族の血筋なの.

en famille 家族で[の].

être [***faire partie***] ***de la famille*** 家族同然である.

F

famille nombreuse 大家族.
(***des***) ***familles*** 家族での, 気取らない, 健全な.

la **famine** /ファミーヌ/ 女 飢饉(ききん); 飢え.

fanatique /ファナティク/ 形 (英 fanatic) 狂信的な; 〖*de*, に〗熱狂的な.
— le(la) **fanatique** 名 狂信者; 熱狂的愛好者, ファン.

faner /ファネ/ 他 (刈り草)を乾かす; (花など)をしおれさせる.
— **se faner** 代動 しおれる.

la **fanfare** /ファンファール/ 女 楽隊, ブラスバンド; ファンファーレ.
annoncer en fanfare 大々的に発表する.

la **fantaisie** /ファンテズィ/ 女 ❶ 気まぐれ. ❷ 奇抜さ, 独創性; (創作上の奔放な)空想力.
avoir la fantaisie de 不定詞 気まぐれに…する.
bijoux (***de***) ***fantaisie*** イミテーションの宝石[装身具].

fantasque /ファンタスク/ 形 気まぐれな; 風変わりな.

fantastique /ファンタスティク/ 形 ❶ (英 fantastic) 空想上の, 架空の; 幻想的な. ❷ 《話》途方もない; すばらしい.

le **fantôme** /ファントーム/ 男 幽霊, 亡霊.
— 形 幽霊の, 幻の; 有名無実の, 非実在の.

le **faon** /ファン/ 男 子鹿.

la **farce**[1] /ファルス/ 女 ❶ (英 practical joke) いたずら. ● faire une *farce* à 人 (人)にいたずらする.
❷ 笑劇; 茶番劇.

la **farce**[2] /ファルス/ 女 〔料〕詰め物.

le(la) **farceur**(**se**) /ファルスール(ズ)/ 名 いたずら好き; ほら吹き.
— 形 冗談好きの.

farcir /ファルスィール/ 他 33 〔料〕に(ひき肉などの)詰め物をする.
— **se farcir** 代動 《話》(嫌なことを)抱え込む, 嫌々する; たらふく食う.
会話 ***Il faut se le farcir!*** 奴にはうんざりする.

le **fard** /ファール/ 男 化粧(品). ● *fard* à paupières アイシャドー.
parler sans fard 率直に話す.
piquer un fard 《話》ぽっと頬(ほお)を染める, 顔を赤らめる.

le **fardeau** /ファルド/ 男 (複 fardeaux) 重荷; 負担; 辛いこと.

farder /ファルデ/ 他 に化粧する.
— **se farder** 代動 化粧する.

la **farine** /ファリーヌ/ 女 (英 flour) (穀物の)粉; 小麦粉 (=〜 de froment [blé]). ● *farine* complète 全粒小麦粉. ● *farine* de sarrasin そば粉.

farouche /ファルシュ/ 形 ❶ 人に馴(な)れていない; 人見知りする. ❷ 激しい.

le **fascicule** /ファスィキュル/ 男 分冊.

la **fascination** /ファスィナスィヨン/ 女 魅惑.

fasciner /ファスィネ/ 他 を魅惑する.

le **fascisme** /ファシスム/ 男 ファシズム.

fasse(...) →faire 31

le **faste**[1] /ファスト/ 男 豪華, 豪奢(ごうしゃ).

faste[2] /ファスト/ 形 運の向いた.
jour faste 吉日.

fastidieux(**se**) /ファスティディユ(ーズ)/ 形 退屈な, うんざりする.

fastueux(**se**) /ファステュ(ーズ)/ 形 豪華な, ぜいたくな.

fatal(***ale***) /ファタル/ 形 (男複 fatals) ❶ 運命の, 宿命の; 避け難い, 必然的な. 会話 C'était *fatal*. 避けられなかったんだ.
❷ 〖*à*〗(人に)致命的な, 害のある. 会話 Erreur *fatale*! 致命的なミスだよ.
femme fatale 男を破滅させる女, 妖婦(ようふ).
Il est fatal que 接続法 …は避けられない, 必然である.

fatalement /ファタルマン/ 副 否応なく, どうしても; 宿命的に.

la **fatalité** /ファタリテ/ 女 (英 fate) 運命, 宿命; 不可避性.

fatigant(**e**) /ファティガン(ト)/ 形 (英 tiring, tiresome) 疲れさせる; うんざりさせる.

la **fatigue** /ファティーグ/ 女 (英 fatigue) 疲れ, 疲労. ● tomber [être] mort de *fatigue* 死ぬほど疲れる.

fatigué(**e**) /ファティゲ/ 形 (英 tired) 疲れた. ● Je ne suis pas *fatigué*. 私は疲れてはいない. ● se sentir *fatigué* 疲労を覚える.
être fatigué de... …に飽きた, うんざりした.

fatiguer /ファティゲ/ 他 (英 tire) を疲れさせる; うんざりさせる, 酷使する. ● Ce travail me *fatigue* beaucoup. この仕事で私はくたくただ.

— se fatiguer 代動 《話》〘*de*, に〙 疲れる; うんざりする; (自分の)…を疲れさせる. ●Je *me fatigue des* pommes de terre. じゃがいもにはもうあきあきした.

se fatiguer à 不定詞 懸命に[苦労して]…する.

le**faubourg** /フォブール/ 男 ❶ (都市の)周辺部, 郊外.
❷ (パリなどの昔城壁外だった)街; (街路名として)…通り.

faucher /フォシェ/ 他 を鎌で刈る; なぎ倒す; 《話》 を盗む.

la**faucheuse** /フォシューズ/ 女 刈り取り機.

la**faucille** /フォスィユ/ 女 半月形の鎌.

le**faucon** /フォコン/ 男 〔鳥〕 ハヤブサ, タカ; (政治の)タカ派.

faudra, faudrait →**falloir** 32

faufiler /フォフィレ/ 他 を仮縫いする.

— se faufiler 代動 (巧みに)忍び込む, すり抜ける.

le**faune**[1] /フォーヌ/ 男 〔ロ神〕 牧神, 半獣神. → ギリシア神話の Pan.

la**faune**[2] /フォーヌ/ 女 《総称》 動物相.

la faune et la flore de... (場所)の動物相と植物相, 動植物.

fausse →**faux**[1] の女性形.

faussement /フォスマン/ 副 誤って, 間違って; 偽って. ●*faussement* intéressé 興味のあるような振りをして.

fausser /フォセ/ 他 (英 distort) をゆがめる, ねじ曲げる; (判断)を狂わせる.

fausser compagnie à 人 (人)に挨拶せずに突然いなくなる.

la**fausseté** /フォステ/ 女 誤り; 不正確; 不誠実.

faut →**falloir** 32

la**faute** /フォト/ 女 ❶ (英 mistake) 過ち, 間違い, 過失.
●faire [commettre] une *faute* 過ちを犯す.
●*faute* d'orthographe つづり間違い.
●*faute* professionnelle 業務上過失.
❷ (英 fault) 落ち度, 責任.
●C'est (de) ta *faute*. それは君のせいだ.

faute de... …がないので. ●*faute d'*argent 資金不足で. ●*faute de* temps 時間がないので.

faute de mieux 次善の策として.

faute de quoi (前文を受けて)さもないと.

par sa faute 彼の落ち度で.

prendre 人 ***en faute*** (人)の違反の現場をおさえる.

sans faute 間違いなく.

le**fauteuil** /フォトゥイユ/ 男 (英 armchair) 肘(ひじ)かけ椅子.

dans un fauteuil やすやすと, 楽々と.

fauteuil à bascule ロッキング・チェア, 揺り椅子.

fautif(ve) /フォティフ(ーヴ)/ 形 過ちを犯した; 間違いのある, 欠陥のある.

— le(la) fautif(ve) 名 過ちを犯した人.

fauve /フォヴ/ 形 ❶ 淡黄褐色の. ❷ 〔美〕 フォーヴィスム[野獣派]の.

— le fauve 男 ❶ (ネコ科の)野獣, 猛獣 (=bête 〜). → ライオン・トラなど. ❷ 淡黄褐色. ❸ (**les Fauves**) フォーヴィスムの画家.

faux[1]**(sse)** /フォ(ス)/ 形 ❶ (英 false) 間違った, 誤った. 会話 C'est *faux*! それは間違いだ, それは嘘だ.
❷ にせの; 見せかけだけの. ●*faux* passeport 偽造パスポート. ●*faux* nom 偽名.
❸ 根拠のない; 調子の狂った; 基準からはずれた; 不誠実な.

faire un faux pas つまずく, 失敗する.

Il est faux de 不定詞 [***que*** 接続法] …は間違い[嘘]だ.

— 副 間違って; 不正確に. ●chanter *faux* 調子はずれに歌う.

— le faux 男 虚偽; にせもの; (文書などの)偽造.

la**faux**[2] /フォ/ 女 (長柄の)鎌.

le**faux-monnayeur** /フォモネイユール/ 男 にせ金作り.

la**faveur** /ファヴール/ 女 (英 favor) ❶ 特別のはからい, 優遇. ●billet de *faveur* 優待券.
❷ 人気, 好評. ●gagner la *faveur* du public 大衆の支持を得る.

à la faveur de la nuit 夜に乗じて.

en faveur de 人 (人)に有利になるように.

favorable /ファヴォラーブル/ 形 〘à, に〙 好意的な, 好都合な, 有利な. ●Il est *favorable à* mon projet. 彼は私の計画に好意的だ.

favorablement /ファヴォラブルマン/ 副 好意的に, 有利に.

favori(te) /ファヴォリ(ト)/ 形 (英 favorite)

F

お気に入りの; (馬が)本命の.
— le(la) **favori(*te*)** 名 《古風》お気に入りの人.
— le **favori** 男 本命馬; 《複》頬(ほお)ひげ.
favoriser /ファヴォリゼ/ 他 ❶(英 favor) を優遇する. ❷ を促進する, 助ける.
favorite →**favori** の女性形.
le **fax** /ファクス/ 男 ファックス.
fébrile /フェブリル/ 形 (少し)熱のある; 熱に浮かされたような, ひどく興奮した.

fécond(e) /フェコン(ド)/ 形 肥沃(よく), 繁殖力のある; 豊かな; 〖*en*, に〗富んだ.
la **fécondité** /フェコンディテ/ 女 多産性; 肥沃(よく); 豊かさ.
fédéral(*ale*) /フェデラル/ 形 (男複 **fédéraux**) 連邦の; 連盟[連合]の.
la **fédération** /フェデラスィヨン/ 女 連邦; 連盟, 連合団体.
la **fée** /フェ/ 女 (英 fairy) 妖精(ようせい). ●un conte de *fées* おとぎ話.
féerique /フェ(エ)リク/ 形 妖精の; 夢のように素晴らしい.
feign ... →**feindre** 19
le(la) **feignant(e)** /フェニャン(ト)/ 名 《話》怠け者.
— 形 ぐうたらな.
feindr ... →**feindre** 19
feindre /ファンドル/ 他 19 (病気など)を装う; のふりをする.
feindre de 不定詞 …するふりをする.
類義 **faire semblant de ...**
feins, feint →**feindre** 19
feint(e) /ファン(ト)/ 形 見せかけの.
— la **feinte** 女 〔スポーツ〕フェイント; 《話》見せかけ.
fêler /フェレ/ 他 にひびを入れる.
— **se fêler** 代動 ひびが入る.
les **félicitations** /フェリスィタスィヨン/ 女 複 (英 congratulations) 祝辞.
avec les félicitations du jury (学校などで)最優等の成績で.
Mes* [*Toutes mes*] *félicitations! おめでとう.
féliciter /フェリスィテ/ 他 (英 congratulate) を祝福する, 祝う; 誉める. 会話 Je vous *félicite*! おめでとう. ●On l'a *félicité* d'avoir été si patient. 彼は我慢強かったとほめられた.
— **se féliciter** 代動 ❶〖*de*, を〗喜ぶ, よかったと思う.
❷〈se féliciter que 接続法〉…であることを喜ぶ.
la **fêlure** /フェリュール/ 女 ひび, 割れ目.
la **femelle** /フメル/ 女 (英 female) 雌.
— 形 雌の.
prise femelle コンセント.
féminin(e) /フェミナン(ニヌ)/ 形 (英 feminine) 女性(用)の; 女性的な; 女性に関する; 〔文法〕女性(形)の.
— le **féminin** 男 〔文法〕女性(形).
au féminin 〔文法〕女性形の.
le **féminisme** /フェミニスム/ 男 フェミニズム.
féministe /フェミニスト/ 形 フェミニズムの.
— le(la) **féministe** 名 フェミニスト.

la **femme** /fam ファム/ 女 ❶(英 woman)
(**a**) 女, 女性; 成人[一人前]の女.
●vêtements de *femme* 婦人服.
●jeune *femme* 若い女性(既婚の).
(**b**)《女性形のない職業名詞とともに》
●*femme* médecin 女医.
●*femme* écrivain 女流作家.
❷(英 wife) 妻.
●Paul et sa *femme* ポールとその妻.
❸《形容詞的に》女らしい.
femme au foyer 専業主婦.
femme d'affaires 女性実業家.
femme de ménage 家政婦.
fendre /ファンドル/ 他 28 (縦に)を割る, ひびを入れる; 押し分けて進む.
fendre la foule 人混みを押し分けて進む.
fendre le cœur* [*l'âme*] *à 人 (人)の胸を張り裂けさせる.
— **se fendre** 代動 割れる.
se fendre de ... 《話》…にお金を気前よく使う.
***se fendre la gueule* [*poire*]** 《話》大笑いする.

la **fenêtre** /f(ə)nɛtr フネトル/ 女 (英 window) ❶ 窓.
●ouvrir [fermer] la *fenêtre* 窓を開ける[閉める].
❷ のぞき窓.
●enveloppe à *fenêtre* 窓つき[すかし]封筒.
❸〔情報〕ウインドウ; 〖*sur*, への〗窓, 展望; 〔宇宙〕(ロケットの)打ち上げ時間帯.
C'est une fenêtre ouverte sur ... 《比喩

的》それは…への窓である，展望を開いてくれる.

fenêtre à guillotine 上げ下げ窓.

jeter l'argent par les fenêtres お金を浪費する.

regarder* [*sauter*] *par la fenêtre 窓から眺める[飛び降りる].

le **fenouil** /フヌイユ/ 男 〔植〕ウイキョウ，フェンネル.

la **fente** /ファント/ 女 割れ目，裂け目；すき間；〔服〕スリット.

féodal(ale) /フェオダル/ 形 (男複 féodaux) 封建制の；封建的な.

la **féodalité** /フェオダリテ/ 女 封建制度[体制].

le **fer** /フェール/ 男 (英 iron) 鉄；アイロン (= ～ à repasser)；鉄分；《複》鉄鎖；産科用鉗子(かんし).

chemin de fer 鉄道.

croire ... dur comme fer …をかたくなに信じる.

de fer 鉄製の；堅固な. ●avoir une santé de *fer* 頑健である.

donner un coup de fer à ... …にアイロンをかける.

fer à cheval 蹄鉄(ていてつ).

fera, ferai (...), feras →faire 31

le **fer-blanc** /フェルブラン/ 男 (複 fers-blancs) ブリキ.

ferez →faire 31

férié(e) /フェリエ/ 形 祝日[祭日]の.

jour férié 祝日，祭日；(日曜日も含めた)休日.

feriez, ferions →faire 31

ferme[1] /フェルム/ 形 (英 firm) 堅い，引き締まった；しっかりした；断固とした；変わることのない. ●poisson à chair *ferme* 身の固い魚. ●marcher d'un pas *ferme* しっかりした足どりで歩く.

avec la ferme intention de 不定詞 …する断固たる意志で.

— 副 しっかりと，熱心に.

la **ferme**[2] /フェルム/ 女 (英 farm) 農場，農園；農家.

fermé(e) /フェルメ/ 形 (英 closed) 閉じた；休業中の；閉鎖的な；〖à，に対して〗閉ざされた.

fermement /フェルムマン/ 副 しっかりと；断固として.

la **fermentation** /フェルマンタスィヨン/ 女 発酵.

fermenter /フェルマンテ/ 自 発酵する.

fermer /fɛrme フェルメ/ 他 (英 close)

❶ を閉める，閉じる；閉店[休業]する.

●*fermer* une porte à clef ドアに鍵をする.

●*fermer* son bureau le dimanche 日曜は事務所を閉める.

❷ (水道・電気など)を止める，消す.

●*fermer* le robinet (水道の)蛇口を閉める.

❸ (通行など)をふさぐ，閉鎖する.

●*fermer* un aéroport 空港を閉鎖する.

❹ (心・可能性など)を閉ざす.

fermer boutique 店じまいをする.

fermer sa gueule 《話》黙る.

fermer sa porte à ... 《比喩的》…に門戸を閉ざす.

会話 ***La ferme!/Ferme-la!*** 黙れ.

— 自 閉まる，閉店する.

●Les banques *ferment* à 16 heures. 銀行は午後4時に閉まる.

— **se fermer** 代動 閉まる；ふさがる；〖à，に対して〗閉鎖される；(自らを)閉ざす.

●Les frontières *se sont fermées* à l'immigration. 国境は移民に対し閉鎖された.

la **fermeté** /フェルムテ/ 女 (精神の)強さ，毅然(きぜん)とした態度；(腕前の)確かさ；(物の)固さ.

la **fermeture** /フェルムテュール/ 女

❶ 閉鎖；閉店.

❷ 閉める装置.

***fermeture éclair* [*glissière*]** ファスナー.

le(la) **fermier(ère)** /フェルミエ(ール)/ 名 (英 farmer) 農夫，農婦.

— 形 農地の，農場の；農場産の.

le **fermoir** /フェルモワール/ 男 (本・バッグ・首

飾りなどの)留め金, かけ金.

féroce /フェロス/ 形 獰猛(どうもう)な; 冷酷な; はげしい.

la **férocité** /フェロスィテ/ 女 (動物の)獰猛(どうもう)さ; 残酷さ, 冷酷さ.

ferons, feront →faire 31

la **ferraille** /フェライユ/ 女 くず鉄; 《話》小銭.

ferré(e) /フェレ/ 形 ❶ 鉄道の. ●voie *ferrée* 鉄道. ❷ 鉄具[金具]のついた. ❸ 《話》〖*sur*, に〗詳しい.

F

ferrer /フェレ/ 他 に鉄具をつける.

ferroviaire /フェロヴィエール/ 形 (<イタリア) 鉄道の.

fertile /フェルティル/ 形 肥沃(よく)な; 豊かな; 〖*en*, に〗富む.

fertiliser /フェルティリゼ/ 他 を肥沃(よく)にする.

la **fertilité** /フェルティリテ/ 女 肥沃(よく); 豊かさ.

fervent(e) /フェルヴァン(ト)/ 形 熱烈な, 熱心な.

la **ferveur** /フェルヴール/ 女 熱意, 情熱.
●avec *ferveur* 熱心に.

la **fesse** /フェス/ 女 《複》❶ 尻. ❷ 性的行為.
会話 ***Gare tes fesses.*** もっと詰めてくれ.
histoires de fesses 猥談(わいだん).
serrer les fesses 《話》歯を食いしばる; 怖じ気づく.

le **festin** /フェスタン/ 男 大宴会, 祝宴; ごちそう.

le **festival** /フェスティヴァル/ 男 音楽祭, 演劇祭, 映画祭.

la **fête** /フェト/ 女 (英 feast) ❶ 祭, 祝日, 祭日; (復活祭, 特にクリスマスの)休暇.
●Le 14 juillet est la *fête* nationale. 7月14日は国祭日だ.
❷ 祝宴; 聖人の祝日.
❸ お祭り騒ぎ; 楽しみ, パーティー.
●faire une *fête* パーティーをする.
atmosphère de fête お祭りムード.
会話 ***Ça va être ta fête.*** これからがお楽しみだ, ひどい目にあうぞ.
faire fête à 人 (人)を大歓迎する.
faire la fête 多いに楽しむ.
会話 ***Je ne suis pas à la fête.*** 僕には遊びじゃないんだよ; 騒ぐ気分ではないんだ.
se faire une fête de... …することを楽しみにする.

fêter /フェテ/ 他 (英 celebrate) を祝う; (人)を歓迎する. 会話 Il faut *fêter* ça! お祝いしなくっちゃね.

le **fétiche** /フェティシュ/ 男 お守り, マスコット.

le **feu** /フ/ 男 (複 feux) ❶ (英 fire) 火; 暖炉; 花火; 火事.
●allumer un *feu* 火をつける.
●prendre *feu* 火がつく.
会話 Avez-vous du *feu*? 火[ライター]を持っていますか.
●faire cuire à *feu* doux [vif] 弱火[強火]で調理する.
●mettre le *feu* à... …に火をつける, 火事にする.
❷ 信号; (車などの)ライト; 照明.
●*feu* orange 黄信号.
●*feu* rouge 赤信号.
●*feu* vert 青信号; ゴーサイン.
❸ 発砲.
●faire *feu* (銃を)撃つ.
●coup de *feu* 発砲, 銃撃.
Au feu! 火事だ!
dans le feu de la discussion 議論が白熱して.
en feu 火に包まれている; 真っ赤になっている.
faire du feu 火をおこす.
feu d'artifice 花火.
会話 ***Il n'y a pas le feu!*** 落ち着くんだ.
mettre ... sur le feu …を火にかける.
tuer ... à petit feu …をなぶり殺しにする.

le **feuillage** /フイヤージュ/ 男 (英 foliage) 《集合的》(樹木全体の)葉.

la **feuille** /フイユ/ 女 ❶ (英 leaf) (植物の)葉. ●des *feuilles* mortes 枯葉.
❷ (英 sheet) 紙片; 書類. ●une *feuille* de papier 紙1枚.
❸ (金属などの)薄片; 《話》耳.
feuille de paye [paie] 給与明細書.
trembler comme une feuille (恐怖や寒さで木の葉のように)打ち震える.

le **feuillet** /フイエ/ 男 (ノートなどの)1枚. → 裏表2ページ分.

feuilleter /フイユテ/ 他 4 (新聞・雑誌)のページをめくる.

le **feuilleton** /フイユトン/ 男 連載小説; 連続ドラマ.

le **feutre** /フートル/ 男 フェルト; フェルト

ペン.

la **fève** /フェーヴ/ 女 ❶ そら豆(の実). ❷(公現祭のお菓子 (galette des Rois) に入れる)小さな人形.

le **février** /フェヴリエ/ 男 (英 February) 2月.

en [***au mois de***] ***février*** 2月に.

fiable /フィアブル/ 形 信頼できる, 安全な.

les **fiançailles** /フィヤンサーユ/ 女 複 婚約; 婚約の式[期間].

le(la) **fiancé(e)** /フィヤンセ/ 名 婚約者.

se fiancer /フィヤンセ/ 代動 52 〚à, avec, と〛婚約する.

la **fibre** /フィブル/ 女 (英 fiber) 繊維, ファイバー; 《文》心の琴線, 気質. ● *fibre* de verre グラスファイバー. ● *fibre* optique 光ファイバー.

avoir la fibre maternelle 母性にあふれている.

ficeler /フィスレ/ 他 4 をひもでくくる.

la **ficelle** /フィセル/ 女 ❶(英 string) ひも, 操り糸. ❷ 秘訣(ひけつ). ❸ フィセル. → 細長い棒パン.

connaître les ficelles 《話》こつを心得ている.

tirer les ficelles 《話》陰で糸を引く, 黒幕として指揮する.

la **fiche** /フィシュ/ 女 (英 card) ❶(分類用)カード. ● *fiche* d'état civil 身分登記カード. ● *fiche* d'inscription 登録証.
❷(電気の)差し込み, プラグ.

ficher[1] /フィシェ/ (=fiche). 他 《話》 ❶ をする, やる. ● Il n'a rien *fiché* [*fichu*] de la journée. 彼は一日中なにひとつしなかった. 会話 Qu'est-ce que tu *fiches*? 何やっているの.
❷(乱暴に)を置く.

ficher ... en colère …を怒らせる.

ficher le camp 《話》立ち去る.

— **se ficher** 代動 《話》〚de, を〛からかう, ばかにする, 問題にしない. ● Je *me fiche de* ce qu'on dit. 人の言うことなんか気にしない. ● Je *m'en fiche*! どうでもいい.

se ficher dedans 間違える, 思い違いをする.

ficher[2] /フィシェ/ 他 (カードに)を記載する; (ブラックリストに)を載せる.

le **fichier** /フィシエ/ 男 カード[ファイル]ボックス; 《集合的》索引カード; 〔情報〕ファイル.

le **fichu**[1] /フィシュ/ 男 フィシュ. → 婦人用の3角形のスカーフ.

fichu[2]**(e)** /フィシュ/ 形 (＜動詞 ficher の過去分詞) 《話》だめになった; 《名詞の前で》嫌な, すごい.

bien fichu 体格[体調]がよい.

mal fichu [***pas bien fichu***] 気分がすぐれない.

fictif(ve) /フィクティフ(ーヴ)/ 形 架空の, 虚構の.

la **fiction** /フィクスィヨン/ 女 作り話, 虚構.

fidèle /フィデル/ 形 (英 faithful)
❶〚à, に〛忠実な, 誠実な; (を)固く守る.
❷ 正確な.

— le(la) **fidèle** 名 信徒, 信者; 支持者; 常連.

fidèlement /フィデルマン/ 副 忠実に.

la **fidélité** /フィデリテ/ 女 ❶〚à, に対する〛忠実さ; 貞節 (=〜 conjugale).
❷ 正確さ.

carte de fidélité ポイントカード.

fier[1]**(ère)** /フィエール/ 形 (英 proud)
❶ 誇りをもった, 堂々とした; 〈être fier de ...〉 …を誇らしく思う, 自慢する.
● Il *est fier d'*avoir réussi. 彼は成功したのが自慢だ.
❷《文》高慢な, 尊大な.

fier comme un coq [***paon***] 非常に高慢な.

se fier[2] /フィエ/ 代動 〚à, を〛信用する, 信頼する.

fièrement /フィエルマン/ 副 誇りを持って.

la **fierté** /フィエルテ/ 女 誇り, 自尊心; 自慢(の種); 高潔さ.

la **fièvre** /フィエーヴル/ 女 (英 fever) 熱; 熱病; 興奮. ● avoir (de) la *fièvre* 熱がある.

fièvre jaune 黄熱病.

fiévreux(se) /フィエヴル(ーズ)/ 形 熱のある; 熱狂的な.

figer /フィジェ/ 他 40 を凝結させる, 固まらせる; 動けなくする.

— **se figer** 代動 凝結する; 動かなくなる.

la **figue** /フィグ/ 女 イチジク(の実).

le **figuier** /フィギエ/ 男 〔植〕イチジク(の木).

le(la) **figurant(e)** /フィギュラン(ト)/ 名 (劇・映画の)端役, エキストラ.

la **figure** /フィギュール/ 女 (英 face, figure) ❶ (英 face) 顔; 顔つき, 表情. ● Il a une bonne *figure*. 彼はいい顔つきをしている.
❷ 図(形); 挿絵.
❸ (重要)人物, 著名人.
❹ (スケートの)フィギュア.
faire bonne figure 愛想がよい.
figure de proue (船の)船首像.

F

figuré(e) /フィギュレ/ 形 比喩(ひゆ)的な; 形[図, 記号]で表された.
— le **figuré** 男 比喩的な意味 (=sens ～).
au propre comme au figuré (言葉の)本来の意味と比喩的な意味の両方で.

figurer /フィギュレ/ 他 (英 represent) (図・形・記号で)を描く; (象徴的に)を表す.
— 自 (英 appear) 〖*sur*〗(リストなどに)記載されている, 姿を見せる.
— **se figurer** 代動 想像する; 思う.
Figurez-vous que 直 《話》実のところ…なんですよ.

le **fil** /フィル/ 男 (英 thread, wire) ❶ 糸; 金属線; 電線, コード; 電話. ● *fil* électrique 電線.
❷ (話・思想などの)流れ, 筋道; (川や時間の)流れ.
❸ (マメのさやの)筋; (刃物の)刃.
au fil de… …に沿って, …につれて.
avoir… au bout du fil …と電話中である.
de fil en aiguille 少しずつ, 次から次へと.
donner du fil à retordre à… …を困らせる.
ne tenir qu'à un fil 危うくなっている.

le **filament** /フィラマン/ 男 (電球の)フィラメント.

la **file** /フィル/ 女 (英 line) (縦)列, 行列; 車線. ● *file* d'attente 順番待ちの行列.
à la file 一列になって, 縦に並んで.
en file indienne (縦列で)前後に密接して.

filer /フィレ/ 自 ❶《話》急いで行く[立ち去る]; 逃げ出す.
❷ (お金が)すぐになくなる; (網目が)ほどける; (ストッキングなどが)伝線する; (液体が)糸を引く.
filer à l'anglaise こっそり逃げ出す.
filer doux 《話》静かにしている; (文句を言わず)従う.
— 他 ❶ を紡ぐ, (糸)を出す; (船が速力)を出す. ❷ を尾行する; 《話》を与える.
filer 物 ***à*** 人 《話》(人)に(物)をあげる.
filer le parfait amour 《話》変わらぬ愛を抱き続ける[確かめ合う]; (恋人同士が)幸せの絶頂にある.

le **filet** /フィレ/ 男 (英 net, filet) ❶ 網(製品); 網の買い物袋 (=～ à provisions). ● pêcher des poissons au *filet* 網で魚を取る.
❷〔スポーツ〕(テニスなどの)ネット.
❸ ヒレ(肉); (3枚におろした魚の)切り身.
travailler sans filet (サーカスで)保護ネットなしに芸をする; 危険を冒す.

filial(ale) /フィリヤル/ 形 (男複 filiaux) (親に対して)子としての.
— la **filiale** 女 子会社.

la **fille** /fij フィユ/ 女
❶ (英 daughter) 娘.
● *fille* unique 1人娘.
● *fille* aînée 長女.
❷ (英 girl) 女の子, 女子.
● Elle est très bonne *fille*. 彼女は実に気立てのいい娘だ.
● école de *filles* 女子校.
jeune fille (若い)娘, 未婚の女.

la **fillette** /フィエト/ 女 少女, 小娘.

le(la) **filleul(e)** /フィユル/ 名 (名づけ親にとっての)名づけ子.

le **film** /フィルム/ 男 (英 movie, picture, film) ❶ 映画(作品); (映画・写真の)フィルム. ● *film* d'animation アニメ映画.
● *film* policier 刑事[探偵]映画.
❷ (事件の)展開.
❸ 薄膜, 薄皮; (食品包装用の)ラップ (=～ alimentaire [plastique]).

filmer /フィルメ/ 他 を映画に撮る, 撮影する.

le **fils** /fis フィス/ 男
❶ (英 son) 息子.
● *fils* unique 1人息子.
● *fils* aîné 長男.
● Il est bien le *fils* de son père. 彼は父親にそっくりだ.
❷〖*de*, の〗子孫.
Fils de Dieu [***de l'homme***] **(le ～)**〔キ教〕キリスト.

le **filtre** /フィルトル/ 男 (英 filter) フィルター; (たばこの)フィルター; 濾過(ろか)器; ドリップコーヒー.

filtrer /フィルトレ/ 他 (英 filter) を濾過(ろか)する, 濾(こ)す; 検閲する.

— 自 しみ出る; (光・うわさなどが)漏れる.

fîmes →**faire** 31

la **fin**[1] /fɛ̃ ファン/ 女 (英 end, finish) ❶ 終わり; 結末; 最後.
• du début (jusqu')à la *fin* 初めから終わりまで.
• *fin* de semaine 週末. 類義 **week-end**
❷ 死; 破滅.
• Sa *fin* était proche. 彼(女)の死は間近だった.
❸《多く複数》目的, 意図;〔法〕理由.
à la fin 最後に(は), ついに, とうとう.
à la fin de … …の終わりに. • Ils se marient *à la fin du* film. 2人は映画の終わりには結婚する.
en fin de 名《無冠詞》…の終わりに.
• *en fin de* journée [*de* semaine] 1日[週]の終わりに.
en fin de compte 結局のところ.
mettre fin à ... …を終わらせる. • *mettre fin à* une mauvaise habitude 悪習を改める.
prendre fin 終わる; (契約などが)切れる.
sans fin 果てしなく, 無限の[に]. • une lutte *sans fin* contre le terrorisme テロとの終わりなき戦い.

fin[2]**(e)** /ファン(フィヌ)/ 形 ❶ (英 thin) 細かい; 細い; 薄い; ほっそりした. • Une pluie *fine* tombait sans arrêt. 細かい雨が絶え間なく降っていた.
❷ 純度の高い, 極上の.
❸ (英 fine) 鋭敏な; 繊細な;《名詞の前》熟練の, 抜け目のない.
— 副 完全に.

final(***ale***[1]) /フィナル/ 形 (男複 **finals, finaux**) 終わりの, 最後の.

la **finale**[2] /フィナル/ 女 〔スポーツ〕決勝戦.

finalement /フィナルマン/ 副 (英 finally) 最後に, 結局.

la **finance** /フィナーンス/ 女 ❶《複》財政;《話》(個人・グループの)財政状態; 資金.
❷ 金融業(界), 財界(の仕事).
finances publiques 国家財政.

le **financement** /フィナンスマン/ 男 出資, 融資, 資金調達[供給].

financer /フィナンセ/ 他 52 (事業)に出資[融資]する.

financier(***ère***) /フィナンスィエ(ール)/ 形 (英 financial) 財政上の; 金融の.
— le **financier** 男 財界人, 金融資本家[業者].

fine[1] →**fin** の女性形.

la **fine**[2] /フィヌ/ 女 極上のブランデー.

finement /フィヌマン/ 副 細かく; 精巧に; 鋭敏に; 巧妙に.

la **finesse** /フィネス/ 女 ❶ 精巧さ, 鋭敏さ, 繊細さ. ❷ 細かさ, 薄さ;《複》微妙な[難しい]点.

fini(***e***) /フィニ/ 形 ❶ (英 finished, over) 終わった. ❷ 完成した;《悪い意味で》この上ない. ❸ だめになった, 使い古された; 有限な.

finir

/finir フィニール/ 他 33 (英 finish, end)

je	finis	nous	finissons
tu	finis	vous	finissez
il	finit	ils	finissent
現分	finissant	過分	fini

❶ (**a**) を終える.
• Je *finis* mon travail à 18 heures. 私は仕事を18時に終えます.
(**b**) 〈**finir de** 不定詞〉 …し終える.
• *Finissez* vite *de* mettre la table. 食卓の準備を早くやってしまいなさい.
❷ (**a**) をやめる.
• *Finissez* vos taquineries. からかうのはやめなさい.
(**b**) 〈**finir de** 不定詞〉 …するのをやめる.
• *Finissez de* faire du bruit. 騒がしくするのはやめなさい.
❸ (飲食物)を平らげる.
• *finir* son assiette 皿を平らげる.
❹《話》を最後まで使う.
— 自 ❶ 終わる.
• Les cours *finissent* à six heures. 授業は6時に終わる.
❷ 死ぬ.
• *finir* dans un accident 事故で死ぬ.
❸ (ある結果に)なる. → bien, mal や前置詞句を伴う.
• L'histoire *finit* bien. その話はハッピーエンドだ.
en finir (***avec ...***) (…と)縁を切る; (ものごとに)けりをつける. • *en finir avec* un travail 仕事の片をつける.
finir par 不定詞 ついに…する; 最後には…する. • Il *a fini par* comprendre. 彼はとうとう理解した.
pour finir 結局は.

finlandais(*e*) /ファンランデ(ーズ)/ 形 フィンランドの.
— le(la) **Finlandais(*e*)** 名 フィンランド人.
la **Finlande** /ファンラーンド/ 女 フィンランド.
firent →faire 31
la **firme** /フィルム/ 女 商社, 会社.
fis →faire 31
le **fisc** /フィスク/ 男 《集合的》税務署, 税務官庁.
fisc*al*(*ale*) /フィスカル/ 形 (男複 fiscaux) 税務上の.
fiss ... →faire 31
la **fissure** /フィスュール/ 女 ひび.
fit, fît(es) →faire 31
fixe /フィクス/ 形 一定の, 不変の; (場所が)動かない. ● manger à heure *fixe* 決まった時間に食事する.
beau fixe 持続的晴天.
prix fixe 定価.
— 間 〔軍〕《号令》気をつけ.
— le **fixe** 男 固定給.
fixement /フィクスマン/ 副 じっと.
fixer /フィクセ/ 他 ❶ (英 fix) を固定する; 決める. ● *fixer* un tableau au mur 絵を壁にかける.
❷ をじっと見つめる. ● *fixer* les yeux sur... …を見つめる.
❸ (考えなど)をはっきりさせる; 〚*sur*〛(人に)をはっきり知らせる.
❹ に色止めをする, を定着させる.
fixer son attention sur... …に注意を注ぐ.
ne pas être fixé (sur...) (…について)決めていない.
— **se fixer** 代動 ❶ 定住[定着]する. ❷ 〚*sur*, に〛決める.
le **flacon** /フラコン/ 男 (香水などの)小びん; フラスコ.
flagrant(*e*) /フラグラン(ト)/ 形 明白な.
flagrant délit 〔法〕現行犯.
le **flair** /フレール/ 男 (犬の)嗅覚; 勘.
avoir du flair pour... …について勘が鋭い.
flairer /フレレ/ 他 を嗅ぎつける; (人が危険など)に感づく.
flamand(*e*) /フラマン(ド)/ 形 フランドル(Flandre)の.
— le(la) **Flamand(*e*)** 名 フランドル人.
— le **flamand** 男 フラマン語. → オランダ語方言; ベルギーの公用語の1つ.
le **flamant** /フラマン/ 男 〔鳥〕フラミンゴ.
le **flambeau** /フランボ/ 男 (複 flambeaux) 松明(たいまつ).
flamber /フランベ/ 自 燃え上がる.
— 他 をさっと炙(あぶ)る, 火に通す; 〔料〕をフランベにする.
flamboyant(*e*) /フランボワイヤン(ト)/ 形 ❶《文》燃え上がるような; 輝く. ❷〔建〕フランボワイヤン様式の.
— le **flamboyant** 男 〔建〕フランボワイヤン様式.

flamboyer /フランボワイエ/ 自 45 燃え上がる; 火のように輝く.
la **flamme** /フラム/ 女 (英 flame) 炎; 情熱.
● être en *flammes* 炎に包まれている.
● *flamme* olympique オリンピック聖火.
la **flammèche** /フラメシュ/ 女 火花, 火の粉.
le **flanc** /フラン/ 男 わき腹; 側面.
à flanc de coteau [colline] 丘の斜面に.
être sur le flan 《話》へとへとに疲れている, 病床にある.
tirer au flanc 《話》(仕事などを)さぼる.
la **Flandre** /フラーンドル/ 女 フランドル地方. → フランス北部からベルギー, オランダにいたる地域.
la **flanelle** /フラネル/ 女 フランネル, フラノ.
flâner /フラネ/ 自 ぶらつく, 散歩する; のらくらする.
flanquer /フランケ/ 他 《話》をたたき[投げ]つける; (平手打ちなど)を食らわせる; (恐怖など)を与える.
flanquer 人 ***à la porte*** (人)を追い出す.
la **flaque** /フラク/ 女 水たまり.

flatter /フラテ/ 他 ❶(英 flatter) にお世辞を言う; (自尊心)を満足させる. ● Vous me *flattez*! 《謙遜して》お口がお上手なこと.
❷ を実際より美しく見せる.
❸ (動物)をなでる.
— **se flatter** 代動 〔*de*, で〕得意になる, 満足する.

la **flatterie** /フラトリ/ 女 へつらい, お世辞.

flatteur(se) /フラトゥール(ズ)/ 形 へつらう; 人を喜ばせる; 美化する.
— le(la) **flatteur(se)** 名 おべっか使い.

le **fléau** /フレオ/ 男 (複 **fléaux**) わざわい, 大災害.

la **flèche** /フレシュ/ 女 (英 arrow) ❶ 矢; 矢印. ❷ (教会の)尖(せん)塔.
faire flèche de tout bois 使えるものは何でも使う.
monter en flèche 急上昇する.
partir comme une flèche 大急ぎで出発する.

fléchir /フレシール/ 他 33 を曲げる; 譲歩させる.
— 自 たわむ, 曲がる; (気持ちや態度が)和らぐ; (価格が)下がる; 弱まる.

flétrir /フレトリール/ 他 33 をしおれさせる; 《文》の新鮮さを失わせる.

la **fleur** /flœr フルール/ 女 (英 flower)
❶ 花; 花模様[飾り].
● cueillir des *fleurs* 花を摘む.
● une robe à *fleurs* 花柄のドレス.
❷ 盛り.
● mourir à [dans] la *fleur* de l'âge 若い盛りに死ぬ.
❸ 清純さ, 処女性.
❹ 親切, 贈り物; 《複》賛辞.
comme une fleur 《話》楽々と, 難なく.
en fleur(s) 花が咲いている. ● Les cerisiers sont *en fleur(s)*. 桜の花が咲いている.
faire une fleur à ... 《話》(見返りなしに)…に特典を与える.

fleurir /フルリール/ 自 33 花が咲く.
— 他 を花で飾る.

le(la) **fleuriste** /フルリスト/ 名 花屋.

le **fleuve** /フルーヴ/ 男 (英 river) 大きな川, 大河.

flexible /フレクスィブル/ 形 しなやかな; (性格などが)柔軟な.
horaire flexible フレックスタイム.
— le **flexible** 男 ホース.

la **flexion** /フレクスィヨン/ 女 (手足を)曲げること; 〔言〕屈折.

le **flic** /フリク/ 男 《話》警官, でか.

flirter /フルルテ/ 自 〘*avec*〙(異性と)つき合う, いちゃつく; (政敵などに)接近する.

le **flocon** /フロコン/ 男 ❶ (羊毛・絹・木綿の)ふわふわした塊; わた雪の小片 (=〜 de neige). ❷ 《複》(穀物の)フレーク. ● *flocons* d'avoine オートミール. ● *flocons* de maïs コーンフレーク.

la **floraison** /フロレゾン/ 女 開花(期).

floral(ale) /フロラル/ 形 (男複 **floraux**) 花の.

la **flore** /フロール/ 女 植物相.
flore intestinale 〔生理〕腸内細菌叢(そう).

le **flot** /フロ/ 男 (英 flood) ❶ 多量の流れ. ❷ 人や感情の波; 《複》《文》波; 海.
à flot (船が)浮かんで; 《話》経済的に安定した.
remettre à flot (企業が)財政難から立ち直る.
un flot de [des flots de] ... 多量の….

la **flotte** /フロト/ 女 ❶ 船団, 艦隊; 海軍. ❷ 《話》水; 雨.

flotter /フロテ/ 自 ❶(英 float) 浮かぶ, 漂う; たなびく; 揺れ動く. ● *flotter* à la surface de l'eau 水の表面に浮かぶ. ❷ (人が)だぶだぶの服を着ている.

le **flotteur** /フロトゥール/ 男 浮き; (水上機の)フロート.

flou(e) /フル/ 形 (輪郭や色の)ぼやけた, はっきりしない.
— le **flou** 男 不明確さ; 〔美〕ぼかし.
flou artistique 〔写〕ソフトフォーカス; 故意にぼかすこと.

la **fluctuation** /フリュクテュアスィヨン/ 女 《多く複数》変動.

fluide /フリュイド/ 形 (英 fluid) 流れるような; 流動的な.
— le **fluide** 男 流体; 霊力.

la **flûte** /フリュト/ 女 ❶ (英 flute) フルート(奏者); 笛. ❷ (小形の)細長いパン; 細長いグラス.
— 間 《話》ちぇっ, 畜生.

le(la) **flûtiste** /フリュティスト/ 名 フルート奏者.

fluvial(ale) /フリュヴィヤル/ 形 (男複 **fluviaux**) (河)川の.

le **flux** /フリュ/ 男 ❶満ち潮. ❷〔医〕(体液の)流出.
flux menstruel 月経.
le flux et le reflux (潮の)満ち引き; (ものごとの)浮き沈み.
un flux de 名《無冠詞》大量の….

la **foi** /フォワ/ 女 ❶(英 trust) 信頼. ❷(英 faith) 信仰; 信念. ❸《文》誓約; 貞節.
avoir foi en... …を信じる.
être de bonne foi 誠意がある.
être de mauvaise foi 不誠実である.
faire foi de... …を証明する.
会話 ***Ma foi!*** 《納得して》そうね, 確かに.
sans foi ni loi 神も人も恐れない.

le **foie** /フォワ/ 男 (英 liver) 肝臓; 肝(きも), レバー.
avoir les foies とても怖い.
foie gras フォアグラ.

le **foin** /フォワン/ 男 干し草, 秣(まぐさ).
faire du foin 《話》騒ぎを起こす.
rhume des foins 花粉症.

la **foire** /フォワール/ 女 (英 fair) (農村での)市(いち), 定期市, 縁日; 見本市.
faire la foire 《話》どんちゃん騒ぎをする.

la **fois** /フォワ/ 女 ❶(英 time) 度, 回.
● encore une *fois* もう一度.
● deux *fois* 二度.
● C'est la première *fois* qu'elle va au théâtre. 彼女が芝居に行くのはこれが最初だ.
❷ …倍.
● 3 *fois* 5 font 15. 3×5=15.
à la fois 一度に, 同時に.
bien des fois 《話》何度も.
chaque fois que 直 …するたびに.
des fois 《話》時々.
pour une fois 一回だけ, 今度だけ.
une fois 過分 一度…すると.
une fois que 直 一度…すると.

foisonner /フォワゾネ/ 自 たくさんある; 〚*de, en*, に〛富んでいる.

fol /フォル/ →**fou** の男性第２形.

la **folie** /フォリ/ 女 ❶狂気(の沙汰), 精神錯乱. ● C'est de la *folie*! それは狂気の沙汰だ.
❷ 無分別な言動; ばく大な出費.
à la folie 熱烈に.
avoir la folie de 不定詞 愚かにも…する.
faire une folie 浪費する.

le **folklore** /フォルクロール/ 男 (＜英) 民間伝承; 民俗学[芸能].

folklorique /フォルクロリク/ 形 ❶民間伝承の; 民俗芸能の. ❷《話》見かけだけの.

folle /フォル/ →**fou** の女性形.

foncé(e) /フォンセ/ (英 dark) 形 (色が)濃い, 暗い.

foncer[1] /フォンセ/ 自 52 《話》急ぐ; 〚*sur, contre*, に〛飛びかかる, 突き進む.

foncer[2] /フォンセ/ 自 52 (色が)濃くなる.

la **fonction** /フォンクスィヨン/ 女 ❶(英 post) 職; 《多く複数》職務. ● *fonction* publique 公職.
❷(英 function) 機能, 役割.
❸〔数〕関数; 〔言〕(語の)機能.
de fonction 公用の.
en fonction de... …に応じて.
être fonction de... …次第である.
faire fonction de... …の役割を果たす; 代理を務める.

le(la) **fonctionnaire** /フォンクスィヨネール/ 名 (国家)公務員, 官僚. ● haut *fonctionnaire* 高級官僚.

fonctionnel(*le*) /フォンクスィヨネル/ 形 機能的な.

le **fonctionnement** /フォンクスィヨヌマン/ 男 機能の仕方, 作動.

fonctionner /フォンクスィヨネ/ 自 (英 work, function) (機械・器官が)作動する; (組織・制度が)機能する; 《話》仕事をする.

le **fond**[1] /フォン/ 男 ❶(英 bottom) 底; どん底. ● le *fond* d'une marmite 鍋の底.
❷ 奥; (心などの)奥底. ● Merci du *fond* du cœur. 心からありがとう.
❸ 核心; 背景, 下地; 内容; 〔法〕本質. ● de *fond* 本質的な, 基本的な.
❹〔スポーツ〕持久力, 耐久力; 長距離走.
à fond 徹底的に; 完全に. ● respirer à *fond* 深呼吸をする.
au fond/dans le fond 《話》結局; 実のところ.
au fond de... …の底に; 奥に.
avoir un bon fond (人が)根はいい.
de fond en comble 徹底的に.
fond de teint (化粧の)ファンデーション.
fond sonore [***musical***] バックグランドミュージック.
le fond et la forme 内容と形式.
toucher le fond 底に着く; (心理的, 物質

的に)どん底に陥る.

fond[2] →**fondre** 61

fondamental(ale) /フォンダマンタル/ 形 (男複 fondamentaux) 基本的な, 根本的な.

le(la) **fondateur(trice)** /フォンダトゥール(トリス)/ 名 創設[創立]者.

— 形 創設の, 創立の.

la **fondation** /フォンダスィヨン/ 女 ❶ 創立. ❷ 財団; 基金. ❸《複》基礎(工事).

le **fondement** /フォンドマン/ 男 ❶ 基礎. ❷ 根拠. ●sans *fondement* 根拠なしに.

fonder /フォンデ/ 他 (英 found) ❶ の基礎を築く, を設立する. ❷ に根拠を与える.

fonder A sur B BにAの根拠をおく.

fonder tous ses espoirs sur ... …に全ての希望を託す.

— **se fonder** 代動 〘*sur*, に〙根拠を置く.

fondre /フォンドル/ 他 61 (英 melt) を溶かす; 鋳造する.

— 自 ❶ 溶ける;《話》痩(や)せる. ❷〘*sur*, に〙襲いかかる.

fondre en larmes [***en pleurs***] 泣きくずれる.

— **se fondre** 代動 溶け込む.

se fondre dans le décor (物が)背景と調和する; (人が)目立たない.

le **fonds** /フォン/ 男 ❶ (英 fund) 《多く複数》資金, 資本; 基金;《複》現金. ●*fonds* publics 公債.

❷ 営業権 (=〜 de commerce).

❸ (図書館などの)蔵書; (**le fonds ...**) …コレクション.

fondu(e) /フォンデュ/ 形 溶けた.

— la **fondue** 女〔料〕フォンデュ.

font →**faire** 31

la **fontaine** /フォンテーヌ/ 女 (英 fountain) 噴水; 給水所, 水くみ場; 泉.

la **fonte** /フォント/ 女 溶けること; 鋳造; 鋳鉄. ●en *fonte* 鋳鉄製の.

le **foot** /フト/ 男 (<英)《話》サッカー (= football).

le **football** /フトボル/ 男 (<英) サッカー. ●jouer au *football* サッカーをする.

le(la) **footballeur(se)** /フトボルール(ズ)/ 名 サッカーの選手.

forain(e) /フォラン(レヌ)/ 形 市(いち)の. ●fête *foraine* 縁日のお祭り.

— le(la) **forain(e)** 名 行商人 (= marchand 〜).

la **force** /フォルス/ 女 (英 force, strength) ❶ (肉体的な)力;《複》体力. ●Je n'ai plus de *force* dans les bras. もう腕に力が入らない.

❷ 精神力, 気力;《複》能力. ●C'est un travail au-dessus de ses *forces*. それは彼(女)の手にあまる仕事だ.

❸ (物の)力, 強さ; 強度; 効力.

❹ (作品や論理の)力強さ.

❺ 武力;《複》軍隊. ●*forces* armées 軍隊.

à force de 名《無冠詞》[***de*** 不定詞] たくさん…したので.

dans la force de l'âge 人生の絶頂期に.

de force 無理やり.

de toutes ses forces 全力で.

en force 大勢で.

par la force des choses 事の成り行きで.

tour de force 離れ業, 至難の業.

forcé(e) /フォルセ/ 形 ❶〈être forcé de 不定詞〉…せざるを得ない.

❷ (英 compelled, forced) 強いられた.

❸ わざとらしい, 不自然な.

atterrissage forcé 不時着.

会話 ***C'est forcé!*** それは当然だよ.

forcément /フォルセマン/ 副 (英 inevitably) 当然, 必然的に.

pas forcément 必ずしも…ではない.

会話 Je dois venir?—Pas *forcément*. 私も行かないとだめかな. —いや, そうとも限らない.

forcer /フォルセ/ 他 52 (英 compel, force) ❶〈forcer 人 à 名 [à 不定詞]〉(人)に…(すること)を強いる, 強制する.

●*forcer* un enfant à manger 子供に無理やり食べさせる.

❷ をこじ開ける.

❸ の限度を越す, に無理をさせる.

❹ (称賛や尊敬の念)を否応なくいだかせる.

forcer la main à ... …に行動を強いる.

— 自 無理をする;〘*sur*, を〙使いすぎる.

sans forcer 無理をしないで, 楽に.

— **se forcer** 代動 無理をする; 我慢して…する. ●*se forcer* à se lever tôt 無理をして早起きする.

forestier(ère) /フォレスティエ(ール)/ 形 森林の.

F

la **forêt** /フォレ/ 女 (英 forest) 森林; (マストなどの)林立. ●se promener en *forêt* 森を散歩する.

le **forfait**[1] /フォルフェ/ 男 《文》大罪.

le **forfait**[2] /フォルフェ/ 男 ❶ 請負契約; 一括代金.
❷ パッケージツアー.

le **forfait**[3] /フォルフェ/ 男 棄権. ●déclarer *forfait* 〔スポーツ〕棄権する.

la **forge** /フォルジュ/ 女 鍛冶(かじ)(場); 溶鉄炉.

forger /フォルジェ/ 他 40 (英 forge) を鍛える; でっち上げる.
C'est en forgeant qu'on devient forgeron. 《ことわざ》習うより慣れろ.

le **forgeron** /フォルジュロン/ 男 鍛冶(かじ)屋.

se formaliser /フォルマリゼ/ 代動 〚de, で〛気を悪くする.

le **formalisme** /フォルマリスム/ 男 形式主義.

la **formalité** /フォルマリテ/ 女 (英 formality) 形式, 手続き; 儀礼; 形式だけの行為.

le **format** /フォルマ/ 男 (本・写真などの)判; 大きさ; 〔情報〕フォーマット.

la **formation** /フォルマスィヨン/ 女
❶ (英 formation) 形成, 養成, 育成.
●stage de *formation* 講習会, 研修.
●*formation* permanente 生涯教育.
❷ 組織.

la **forme** /フォルム/ 女 ❶ (英 form) 形; 形態. ●plat de *forme* ovale 楕円形の皿.
❷ 形式; (法律上の)手続き; 《複》礼儀.
❸ 体調; 《複》(よい)体の線, 体つき.
❹ 〔文法〕…形.
dans les formes 正式に, しきたりに従って.
en bonne (et due) forme 正式に, 適正な手続きを踏んで.
en forme 元気な. ●Je suis *en* pleine *forme*. 絶好調だ.
en forme de 名 《無冠詞》 …の形に.
pour la forme 形式上.
prendre des formes 《話》太る.
prendre forme 形をとる, 具体化する.
sous forme de 名 《無冠詞》 …の形で.

formel(le) /フォルメル/ 形 明確な, はっきりした; 形式上の.

formellement /フォルメルマン/ 副 明確に.

former /フォルメ/ 他 (英 form) ❶ を形づくる, 作る, 編成する.
●*former* une équipe チームを作る.
❷ をなす, 構成する.
❸ (人間)を育成する; 鍛える.
❹ (考え・計画など)を抱く.
●*former* le projet de 不定詞 …する計画を抱く.
Les voyages forment la jeunesse. 《ことわざ》かわいい子には旅をさせよ.

— se former 代動 ❶ 自己を形成する, 教養[技術]を身につける. ❷ 形成される; 〚en, の〛形をなす.

formidable /フォルミダーブル/ 形 (英 tremendous) ものすごい; 《話》すばらしい.
●film *formidable* すごくいい映画.

le **formulaire** /フォルミュレール/ 男 申込用紙, 申請書.

la **formule** /フォルミュル/ 女 ❶ 申込書; 表現(形式); 決まり文句. ●*formule* de politesse (手紙などの)決まり文句.
❷ 方式, 方法; (数学の)公式. ●*formule* de paiement 支払い方法.
❸ 〔スポーツ〕フォーミュラカー.

formuler /フォルミュレ/ 他 (明確に)を述べる, 表明する; (書式などに従って)を作成する.

fort(e)

/fɔr, -ɔrt フォール(フォルト)/ 形

❶ (英 strong) 強い, たくましい; (特に女性が)太った.
●homme grand et *fort* 大きくてたくましい男.
●femme *forte* 大柄な[太った]女性.
❷ 強烈な; (においや味が)きつい.
●douleur très *forte* 激痛.
●café *fort* 濃いコーヒー.
❸ (効果が)強力な, 丈夫な.
●colle *forte* 強力な接着剤.
●papier *fort* 丈夫な紙.
❹ 〚en, à, sur, に〛秀でた, 得意な.
●Cet élève est *fort en* mathématiques. あの生徒は数学に強い.
❺ 有力な, 権力的な.
●monnaie *forte* 強力な通貨.
❻ 《多くは名詞の前で》(数量が)大きい, ばく大な.

会話 ***C'est plus fort que moi.*** そうせざるを得ない, 我慢できない.

会話 ***C'est trop fort!*** それは行きすぎだ.

会話 ***C'est un peu fort.*** ちょっとやりす

ぎだ.

fort de... …の数の. ●une équipe *forte de* 15 personnes 15人のチーム.

— 副 強く, 激しく.

●frapper *fort* à la porte ドアを強くノックする.

●Ça sent très *fort*. それはにおいがとてもきつい.

Ça ne va pas fort. 《話》調子がよくない.

faire fort 《話》大がかりにやる; 目立つ.

y aller fort 《話》誇張する, 度が過ぎる.

— le **fort** 男 ❶強い人, 強者. ❷要塞.

au plus fort de... …の真っ盛りに, 最中に.

fortement /フォルトマン/ 副 強く; 激しく; 非常に.

la **forteresse** /フォルトレス/ 女 要塞(のような難関).

le **fortifiant** /フォルティフィヤン/ 男 強壮剤, 栄養剤.

fortifier /フォルティフィエ/ 他 (体)を丈夫にする, 強くする; (感情など)を強める; 要塞化する.

— **se fortifier** 代動 (健康・精神が)強くなる.

la **fortune** /フォルテュヌ/ 女

❶(英 fortune) 財産.

●avoir de la *fortune* 財産がある, 大金持ちだ.

❷《文》運命.

coûter une (petite) fortune 非常に高くつく.

de fortune その場しのぎの.

faire fortune ひと財産つくる; 成功する.

fortuné(e) /フォルテュネ/ 形 裕福な.

le **forum** /フォロム/ 男 (＜ラテン) 広場. →古代ローマの集会所; 討論会, シンポジウム.

Forum des Halles **(Le ～)** フォロム・デ・アル. →パリ1区のショッピング・センター.

la **fosse** /フォス/ 女 (英 pit) 穴; 墓穴; 〔地〕海溝; 〔解〕窩(か), 腔(こう).

le **fossé** /フォセ/ 男 (英 ditch) 溝, 堀, 隔たり.

fossé entre les générations 世代の断絶, ジェネレーションギャップ.

la **fossette** /フォセト/ 女 えくぼ.

le **fossile** /フォスィル/ 男 化石.

— 形 化石の. ●combustible *fossile* 化石燃料.

fou /フ/ 形

	単数	複数
男性	fou /フ/ *fol /フォル/	fous /フ/
女性	folle /フォル/	folles /フォル/

*母音または無音の h で始まる男性単数名詞の前では fol.

❶(英 mad, crazy) 気の狂った; 気違いじみた. ●Il est devenu *fou*. 彼は発狂した.

❷〚de, に〛夢中な. ●Hélène est *folle de* lui. エレーヌは彼に夢中になっている.

❸大変な; 調子の狂った. ●Il y a un monde *fou* sur la plage! 海辺はすごい人出だ.

C'est fou ce que 直***!*** 《感嘆》なんて…だろう.

— le(la) **fou(*folle*)** 名 狂人; 〚de〛…狂.

comme un fou 必死になって.

faire le fou 《話》はしゃぐ.

— le **fou** 男 ❶(宮廷の)道化. ❷ビショップ. →チェスの駒(こま).

la **foudre** /フドル/ 女 (英 lightning) 雷; 《複》激怒, 非難. ●frappé par la *foudre* 雷に打たれた.

coup de foudre 一目惚(ぼ)れ.

s'attirer les foudres de... …の怒りを招く.

foudroyant(e) /フドロワイヤン(ト)/ 形 電撃的な.

foudroyer /フドロワイエ/ 他 45 を雷で打つ; (感電や発作などで)を即死させる.

foudroyer... du regard …をにらみつける.

le **fouet** /フエ/ 男 鞭(むち)(打ちの刑); 〔料〕泡立て器.

coup de fouet 刺激, カンフル剤.

donner un coup de fouet à... …を活気づける.

fouetter /フエテ/ 他 ❶を鞭(むち)で打つ; 《文》(雨などが)を激しくたたく.

❷〔料〕を泡立てる.

Il n'y a pas de quoi fouetter un chat. 大した失敗ではない (←猫を鞭で打つほどのこともない).

la **fougère** /フジェール/ 女 〔植〕シダ.

la **fougue** /フーグ/ 女 血気, 熱気.

la **fouille** /フイユ/ 女 《複》(考古学・土木工事

の)発掘; 捜査; 検査.

fouiller /フイエ/ (英 search) 他 ❶ を丹念に[くまなく]調べる, の身体[所持品]検査をする.
❷ を発掘する.
— 自 〖dans, の中を〗 探し回る.
— **se fouiller** 代動 自分の体[ポケット]を探る.

le **fouillis** /フイイ/ 男 《話》 雑然とした堆積(たいせき)[群].

F

fouiner /フイネ/ 自 《話》 探し回る, 詮索(せんさく)する.

le **foulard** /フラール/ 男 (英 scarf) スカーフ.

la **foule** /フル/ 女 (英 crowd) 人込み, 群衆.
en foule どっと, 大量に.
une foule de 名 《無冠詞》 大量の….

la **foulée** /フレ/ 女 走者の歩幅.
dans la foulée 連続して.

fouler /フレ/ 他 を捻挫(ねんざ)させる.
fouler aux pieds 軽蔑(けいべつ)する, 足蹴(あしげ)にする.
— **se fouler** 代動 (…を)捻挫する.
ne pas se fouler pour 不定詞 《話》 苦もなく…とする.

la **foulure** /フリュール/ 女 (軽い)捻挫(ねんざ); 筋違い.

le **four** /フール/ 男 ❶ オーブン, 天火, かまど; 窯.
❷ 《話》 (興行などの)失敗.
four à micro-ondes 電子レンジ.
petits fours 〔菓子〕 プチフール. → ひと口ケーキ.

la **fourche** /フルシュ/ 女 ❶ (農業用)フォーク, 熊手; (自転車の)前輪フォーク. ❷ 分岐点.

la **fourchette** /フルシェト/ 女 ❶ (英 fork) フォーク(形の道具).
❷ (数値の)幅.
avoir un bon coup de fourchette 《話》 食欲がある.

le **fourgon** /フルゴン/ 男 有蓋(ゆうがい)トラック, バン; 有蓋貨車.
fourgon mortuaire 霊柩(れいきゅう)車.

la **fourmi** /フルミ/ 女 (英 ant) 〔虫〕 アリ(蟻).
avoir des fourmis dans les jambes (しびれたりして)足がちくちくする.

fourmiller /フルミエ/ 自 (アリのように)うようよ群がる; たくさんある; 〖de, で〗 いっぱいである.

la **fournaise** /フルネーズ/ 女 《話》 とても暑い場所.

le **fourneau** /フルノ/ 男 (複 fourneaux) (英 stove) (料理用)レンジ, 炉; (パイプの)火皿.
être aux fourneaux 料理をしている.
haut fourneau 高炉, 溶鉱炉.

fournir /フルニール/ 他 33 (英 supply) ❶ 〖à, に〗 を提供[支給]する. ● *fournir* des renseignements à ... …に情報を提供する.
❷ 〈fournir A en [de] B〉 A(人・店)にB(品物)を供給する[納める].
❸ (努力・仕事)をする.
— **se fournir** 代動 (食糧・日用品の)買い物をする.

le(la) **fournisseur(*se*)** /フルニスール(ズ)/ 名 行きつけの商人, 納入業者.
fournisseur d'accès (à Internet) (インターネットの)プロバイダー.

la **fourniture** /フルニテュール/ 女 ❶ 《複》 必需品, 納入品.
❷ 供給(品).

le **fourreau** /フロ/ 男 (複 fourreaux) 鞘(さや), ケース.
robe [jupe] fourreau 〔服〕 シース・ドレス[スカート].

fourrer /フレ/ 他 ❶ 《話》 を突っ込む.
❷ 《話》 (うっかり・むぞうさに)を押し込む.
❸ に(毛皮の)裏地をつける.
— **se fourrer** 代動 《話》 もぐり込む.
se fourrer le doigt dans l'œil (jusqu'au coude) ひどい勘違いをする.

la **fourrure** /フリュール/ 女 毛皮(の服); (動物の見事な)毛並み.

foutre /フトル/ 他 9 《話》 をする, やる; 置く. → **ficher**
会話 ***Fous-moi la paix!*** かまわないでくれ.
foutre le camp 逃げ出す.
会話 ***Va te faire foutre!*** あっちへ行け.
— **se foutre** 代動 《話》 〖de, を〗 ばかにする.
会話 ***Je m'en fous!*** そんなことはどうでもいい.

le **foyer** /フォワイエ/ 男 ❶ (英 home) 家庭, 家族(の住居).
❷ 集会所, 会館; 寮.
❸ 中心, 源; 焦点. ● *foyer* d'incendie 火事の火元.

❹ 炉, 暖炉; 火室.

le **fracas** /フラカ/ 男 激しい音.
avec perte et fracas 荒っぽく, 乱暴に.

fracasser /フラカセ/ 他 を砕く.
— se fracasser 代動 砕ける.

la **fraction** /フラクスィヨン/ 女 (全体の)一部分; 〔数〕分数.
une fraction de seconde ほんの少しの間.

la **fracture** /フラクテュール/ 女 骨折.
fracture sociale 社会的断絶.

fracturer /フラクテュレ/ 他 (英 fracture) (骨)を折る; こじ開ける.
— se fracturer 代動 (骨が)折れる; (自分の…を)骨折する.

fragile /フラジル/ 形 (英 fragile) 壊れやすい, もろい; 弱い, 虚弱な.
• Attention *fragile* 《注意書》ワレモノ注意.
• avoir l'estomac *fragile* 胃が弱い.

la **fragilité** /フラジリテ/ 女 壊れやすさ; (身体・精神の)弱さ.

le **fragment** /フラグマン/ 男 破片; (文芸作品の)断片, 一節.

fraîche →**frais** の女性形.

fraîchement /フレシュマン/ 副 最近; 《話》冷ややかに, 冷淡に.

la **fraîcheur** /フレシュール/ 女 涼しさ; 新鮮さ, みずみずしさ; 冷淡さ.

fraîchir /フレシール/ 自 33 涼しく[肌寒く]なる.

frais[1] (***fraîche***) /フレ(シュ)/ 形 ❶ (英 cool) 涼しい, ひんやりとした; (食物が)冷たい; 冷ややかな, 冷淡な.
• boisson *fraîche* 冷たい飲み物.
❷ (英 fresh) 新しい, 新鮮な; (食べ物が)生の, 最近の; 若々しい, さわやかな.
• crème *fraîche* 生クリーム.
• impression *fraîche* 新鮮な印象.
— 副 涼しく, 冷たく.
— le frais 男 冷気. • prendre le *frais* 涼む. • garder au *frais* 《掲示》冷暗所で保管してください.

les **frais**[2] /フレ/ (英 expense, fee) 男 複 費用, 出費. • *frais* de scolarité 授業料.
à peu de frais お金をかけずに.
arrêter les frais 無駄な骨折りをやめる.
aux frais de... …の費用で.
se mettre en frais 大出費をする; 大いに努力する.

tous frais compris 諸経費込みで.

la **fraise**[1] /フレーズ/ 女 (英 strawberry) ❶ イチゴ(の実). • *fraise* des bois 野イチゴ.
❷ 《話》顔.
ramener sa fraise 何にでも口を挟む, 出しゃばる, いい格好をしたがる.
sucrer les fraises (老齢, 病気のために)手足が震える, 老いぼれている.

la **fraise**[2] /フレーズ/ 女 フライス(盤); (歯科医の使う)バー.

le **fraisier** /フレズィエ/ 男 〔植〕イチゴ(の木).

la **framboise** /フランボワーズ/ 女 (英 raspberry) キイチゴの実.

le **franc**[1] /フラン/ 男 フラン. → スイスの通貨単位; ユーロ導入以前のフランス・ベルギーの通貨単位; 略 F, f.
franc suisse スイスフラン. → 略 FS.

franc[2] (***che***) /フラン(シュ)/ 形 ❶ (英 frank) 率直な, 正直な.
❷ 混じりけのない; 《名詞の前, 悪い意味で》正真正銘の.
❸ 〚*de*, を〛免れた.
pour être franc avec vous あなたに正直に申しますと.

français(e) /frɑ̃sɛ, -ɛz フランセ(ーズ)/ 形

(英 French) フランス(人・語)の; フランス的な.
• Elle est *française*. 彼女はフランス人だ.
• cuisine *française* フランス料理.
à la française フランス流の. • jardin *à la française* フランス式庭園.
— le(la) Français 名 フランス人. • Il parle avec une *Française*. 彼はフランスの女性と話をしている.
— le français 男 フランス語. • apprendre le *français* フランス語を学ぶ.

la **France** /フラーンス/ 女 フランス.

• aller en *France* フランスに行く.
• venir de *France* フランスからやって来る; フランス出身である.
France 2 [***3***] フランス第2[3]. → フランス国営テレビのチャンネル.

franche →**franc**[2] の女性形.

franchement /フランシュマン/ 副 (英 frankly) ❶ 率直に(言えば); きっぱりと.
• *Franchement*, ton attitude est insupportable. はっきり言って, 君の態度は我

慢ならない.
❷《形容詞の前で》本当に.
franchir /フランシール/ 他 33 を越える; (困難など)を突破[克服]する.
franchir le cap de la soixantaine 60の坂を越える.
la **franchise** /フランシーズ/ 女 ❶ 率直さ.
●en toute *franchise* 率直に.
❷ 免税.
❸〔経〕フランチャイズ.

F

franco- /フランコ/ 接頭 「フランスの」の意.
franco-français フランス人同士の; 《話》フランス人固有の.
le(la) **francophile** /フランコフィル/ 名 フランス(人)好きの人, フランス(人)びいきの人.
— 形 フランス(人)好きの, フランス(人)びいきの.
le(la) **francophone** /フランコフォヌ/ 名 フランス語を話す人, フランス語圏の人.
— 形 フランス語を話す, フランス語圏の.
la **frange** /フラーンジュ/ 女 房飾り; おかっぱ(の前髪); 少数派.
frappant(e) /フラパン(ト)/ 形 強い印象を与える.
la **frappe** /フラプ/ 女 ❶ キーをたたくこと.
❷〔軍〕攻撃.
frapper /フラペ/ 他
❶ (英 strike) を打つ, たたく, 殴る.
●*frapper* le ballon du pied gauche ボールを左足で蹴る.
●*frapper* 人 au visage (人)の顔を殴る.
❷ (光・音などが)に当たる.
❸ を驚かす; (心)を打つ.
❹ (病気・不幸などが)を襲う.
❺ を鋳造する; (飲み物)を氷で冷やす.
— 自 (英 knock) 〘à, を〙たたく, ノックする. 会話 On a *frappé*. 誰かがノックした.
frapper dans ses mains 手をたたく; 手拍子をとる.
— **se frapper** 代動 《話》気にやむ, ひどく心配する.
fraternel(le) /フラテルネル/ 形 兄弟[姉妹]の; 親密な.
la **fraternité** /フラテルニテ/ 女 (英 fraternity) 友愛.
la **fraude** /フロード/ 女 (英 fraud) 不正[不法]行為.
en fraude 不正に; こっそりと.
fraude fiscale 脱税.
frauder /フロデ/ 他 に不正行為を働く, をごまかす.
frauder le fisc 脱税行為をする.
— 自 不正行為を行う.
le(la) **fraudeur(se)** /フロドゥール(ズ)/ 名 不正を働く人.
— 形 不正を働く.
frayer /フレイエ/ 他 49 50 《文》(道)を切り開く.
— 自 〘avec, と〙交際する.
— **se frayer** 代動 自ら(道を)切り開く.
fredonner /フルドネ/ 他 (歌などを)口ずさむ, ハミングで歌う.
le **frein** /フラン/ 男 (英 brake) ブレーキ, 抑制. ●donner un coup de *frein* à ... …にブレーキ[歯止め]をかける.
freiner /フレネ/ (英 brake) 他 にブレーキをかける; を抑制[抑止]する; (人)の行動を抑える.
frêle /フレル/ 形 きゃしゃな.
frémir /フレミール/ 自 33 〘de〙(喜び・恐怖・寒さに)震える; 沸騰し始める.
le **frémissement** /フレミスマン/ 男 震え; (木の葉・風の)そよぎ, ざわめき.
la **frénésie** /フレネズィ/ 女 熱狂, 夢中.
fréquemment /フレカマン/ 副 しばしば, 頻繁に.
la **fréquence** /フレカンス/ 女 頻繁さ, 頻発, 頻度; 周波数.
modulation de fréquence FM, 周波数変調.
fréquent(e) /フレカン(ト)/ 形 (英 frequent) 頻繁な, よく見られる[起こる].
fréquenté(e) /フレカンテ/ 形 人通りの多い.
bien [***mal***] ***fréquenté*** 客層のいい[悪い].
fréquenter /フレカンテ/ 他 ❶ (場所)によく行く, 頻繁に通う. ●À cette époque, il *fréquentait* les bars. その頃彼はよくバーに通っていた.
❷ (人)とつき合う, 交際する.
— **se fréquenter** 代動 (お互い)つき合いがある.
le **frère** /frɛr フレール/ 男 (英 brother)
❶ 兄, 弟; 兄弟.
●Elle a deux petits *frères*. 彼女には弟が二人いる.
●Avez-vous des *frères*? 兄弟はいますか.

❷ (兄弟のような)親友.
● vieux *frère* 《親友への呼びかけで》 やあ君.
❸〔宗〕(同じ宗派に属する)兄弟; 修道士.
frère aîné/ grand frère 兄.
frère cadet/ petit frère 弟.
— 形 《男》 兄弟のような, 親密な.

le **fret** /フレト/ 男 商品の運賃; 積荷, 荷物.

frétiller /フレティエ/ 自 ぴちぴちはねる; (犬が)しっぽを振る; 小躍りする.
frétiller d'impatience 我慢できずにそわそわする.

friand(e) /フリヤン(ド)/ 形 〖de, が〗 大好きな.

la **friandise** /フリヤンディーズ/ 女 甘いもの, 砂糖菓子.

la **friche** /フリシュ/ 女 耕されていない土地.
en friche 未開発の.

la **friction** /フリクスィヨン/ 女 ❶ (体・頭の)マッサージ, 摩擦.
❷ 不和, 軋轢(あつれき).

frictionner /フリクスィヨネ/ 他 (体・頭)をマッサージ[摩擦]する.
— **se frictionner** 代動 (自分の体を)マッサージ[摩擦]する.

le **frigidaire** /フリジデール/ 男 (英 refrigerator) 《商標》 冷蔵庫.
mettre ... au frigidaire …を冷蔵庫にいれる.

le **frigo** /フリゴ/ 男 《話》 冷蔵庫. 類義 **réfrigérateur**

frigorifier /フリゴリフィエ/ 他 を冷凍[冷蔵]する.

frileux(se) /フリル(ーズ)/ 形 寒がりの.

le(la) **fripon(ne)** /フリポン(ポヌ)/ 名 いたずらっ子.
— 形 (表情が)いたずらっぽい.

frire /フリール/ 他 34 (油で)を揚げる, フライにする (=faire ～).
— 自 フライ[揚げ物]になる.

friser /フリゼ/ 他 ❶ (髪)をカールする.
❷ もう少しで…になる.
— 自 (髪が)カールしている.

le **frisson** /フリソン/ 男 (英 shiver) 震え; 悪寒(おかん).
donner le frisson à 人 (人)に戦慄を感じさせる; (人)をぞくぞくさせる.

frissonner /フリソネ/ 自 〖de, で〗 震える, 身震いする.

frit(e) /フリ(ト)/ 形 (英 fried) 油で揚げた, フライにした.
— la **frite** 女 《複》 フライドポテト.
avoir la frite 《話》 調子がいい.

la **friture** /フリテュール/ 女 ❶ 揚げ物, フライ(用の小魚); フライ用の油.
❷ (ラジオや電話の)雑音.

frivole /フリヴォル/ 形 くだらない, 取るに足らない; 軽薄な, 浮ついた.

la **frivolité** /フリヴォリテ/ 女 軽薄さ; くだらなさ; くだらないこと[もの].

F

froid(e) /frwa, -ad フロワ(ド)/ 形 (英 cold)
❶ 寒い, 冷たい.
● hiver *froid* 寒い冬.
● Cette soupe est *froide*. このスープは冷えている.
❷ 冷淡な, 冷酷な.
● cœur *froid* 冷ややかな心(の人).
❸ 冷静な.
● rester *froid* devant le danger 危険を前にして冷静である.
● Ça me laisse *froid*. 私はそんなことに関心がない.
d'un ton froid 冷たい口調で.
garder la tête froide 冷静さを保つ.
— 副 冷えたままで, 温めずに.
● manger [boire] *froid* 冷たいものを食べる[飲む].
— le **froid** 男
❶ 寒さ, 冷たさ, 寒気.
● *froid* vif 厳しい寒さ.
● mourir de *froid* 凍死する.
❷ 冷凍(技術).
❸ 冷淡.
à froid 温めずに; (スポーツの試合などで)立ちあがり早々; 冷静に. ● blaguer à *froid* 何くわぬ顔で冗談を言う.
attraper [prendre] froid 風邪をひく.
avoir froid 寒さを感じる, 寒気がする.
会話 Tu as *froid*? 寒いですか.
donner [faire] froid dans le dos 背筋を凍らせる.
en froid (avec 人***)*** (人と)仲たがいしている.
Il fait froid. 寒い.
vague de froid 寒波.

froidement /フロワドマン/ 副 冷ややかに, 冷静に.

la **froideur** /フロワドゥール/ 女 冷たさ, 冷淡.

froisser /フロワセ/ 他 ❶ (布や紙)をしわ

くちゃにする.

❷(人)の感情を害する.

— se froisser 代動 ❶(布や紙が)しわくちゃになる.

❷〖*de*, に〗気を悪くする.

❸ 自分の…を痛める, くじく.

se froisser un muscle 打撲する, 捻挫(ねんざ)する.

frôler /フロレ/ 他 ❶ に軽く触れる, をかすめる. ❷(危険など)を危うく免れる.

le **fromage** /frɔmaʒ フロマージュ/ 男 (英 cheese)

チーズ.

● *fromage* bien fait よく熟したチーズ.

● omelette au *fromage* チーズ入りオムレツ.

faire un fromage de... 《話》…を大げさに扱う.

fromage blanc クリームチーズ.

plateau de fromages チーズの盛り合わせ.

le **froment** /フロマン/ 男 《文》〔農〕小麦.

froncer /フロンセ/ 他 52 にしわを寄せる; 〔服〕にギャザーをつける. ● *froncer* les sourcils 眉をひそめる.

le **front** /フロン/ 男 ❶(英 forehead) (人・動物の)額. ❷(英 front) 建物などの; 正面. ❸〔軍〕戦線, 前線; 〔気〕前線. ● *front* de mer 海岸線.

de front 真正面から; 同時に, 横に並んで.

faire front à... …に正面から向き合う.

la **frontière** /フロンティエール/ 女 (英 frontier) 国境; 境界, 限界.

— 形 国境の.

frotter /フロテ/ 他 (英 rub) をこする; ふき掃除をする.

frotter une allumette マッチをこする.

— 自 〖*contre*, と〗こすれる.

— se frotter 代動 ❶ 自分の…をこする; 〖*à*, *contre*, に〗体をこすりつける.

❷〖*à*, と〗かかわりあう.

se frotter les mains (満足気に)手をこすり合わせる.

fructueux(se) /フリュクテュウ(ーズ)/ 形 実り多い.

le **fruit**[1] /frɥi フリュイ/ 男 (英 fruit)

❶ 果物, 果実.

● *fruit* mûr 熟した果実.

● produire des *fruits* 実がなる.

❷ 成果, 利益, 結果.

● Cette découverte est le *fruit* de dix ans de recherches. この発見は10年にわたる研究の成果である.

❸《複》収穫物.

fruits confits 砂糖漬けの果物.

fruits de mer 海の幸.

fruit sec ドライフルーツ.

porter ses fruits 成果を得る.

le **fruit**[2] /フリュイ/ 男 〔建〕(外壁面の)傾斜.

fruitier(ère) /フリュイティエ(ール)/ 形 果実のなる. ● arbre *fruitier* 果樹.

— le(la) **fruitier(ère)** 名 果物屋.

frustrer /フリュストレ/ 他 を失望させる; 欲求不満を起こさせる.

派生 la **frustration** 女

fugitif(ve) /フュジティフ(ーヴ)/ 形 逃げた, 逃走中の; つかの間の.

— le(la) **fugitif(ve)** 名 逃亡者.

la **fugue** /フュグ/ 女 家出; 〔楽〕フーガ, 遁走(とんそう)曲. ● faire une *fugue* 家出する.

fuir /フュイール/ 自 35 ❶(英 flee) 逃げる, 逃走する; 《文》流れ[走り]去る. ● Il *a fui*

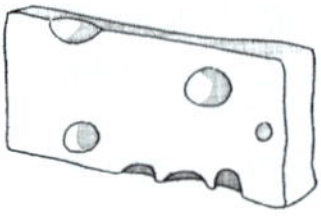

emmenthal
エメンタール

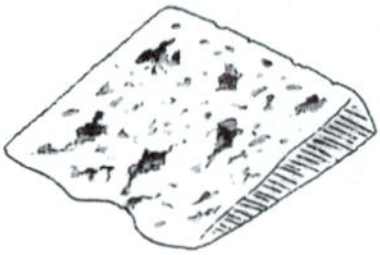

bleu d'Auvergne
ブルードーベルニュ

camembert
カマンベール

pont-l'évêque
ポンレベック

fromages

de son pays. 彼は自分の国から逃げ出した. ❷ (英 leak) (水・ガス・容器が)漏れる.
— 他 (人・危険など)を避ける.
fuir ... comme la peste …を疫病(やくびょう)神のように避ける.

la **fuite** /フュイト/ 女 ❶ (英 escape) 逃走, 脱走. ❷ (水やガスの)漏れ; (秘密の)漏洩(ろうえい).
délit de fuite 〔法律〕ひき[あて]逃げ罪.
mettre ... en fuite …を逃げ出させる.
prendre la fuite 逃げ出す.

la **fumée** /フュメ/ 女 (英 smoke) (たばこの)煙; 湯気.
Il n'y a pas de fumée sans feu 《ことわざ》火のないところに煙は立たない.
partir [*s'en aller*] *en fumée* むなしく消え去る.

fumer /フュメ/ 自 ❶ (英 smoke) たばこを吸う; 煙を出す. 会話 Vous *fumez*? たばこを吸いますか.
❷ 湯気を立てる.
— 他 (たばこ)を吸う; 燻(くん)製にする.

fûmes →être 25

le(la) **fumeur**(*se*) /フュムール(ズ)/ 名 喫煙者.

fumeux(*se*) /フュム(ーズ)/ 形 ぼんやりした, 曖昧(あいまい)な.

funèbre /フュネーブル/ 形 葬式の; 死の; 陰鬱(うっ)な.

les **funérailles** /フュネライユ/ 女 複 (大規模な)葬式, 葬儀.

funéraire /フュネレール/ 形 葬式の, 埋葬の; 墓の.

funeste /フュネスト/ 形 災い[死]をもたらす, 有害な; 不吉な.

le **funiculaire** /フュニキュレール/ 男 ケーブルカー.

le **fur** /フュール/ 男 《次の表現で》
au fur (*et*) *à mesure* それに応じて, 次第に.

furent →être 25

la **fureur** /フュルール/ 女 ❶ (英 fury) 激しい怒り, 激怒; 《文》(風雨・戦いなどの)激しさ. ● avec *fureur* 激しく. ❷ 熱狂.
faire fureur 大人気となる, 大反響を呼ぶ.

furieux(*se*) /フュリユ(ーズ)/ 形 (英 furious) ❶ 〈furieux de 名 [de 不定詞/que 接続法]〉 激怒した. ● Il est *furieux de* cette réponse. 彼はこの返答に激怒している.
❷ (欲望などが)激しい; 猛烈な.

fus →être 25

le **fuseau** /フュゾ/ 男 (複 fuseaux)
❶〔織〕錘(つむ), 紡錘(すい).
❷ 先の細いズボン; スキーズボン (=pantalon ～).
fuseau horaire 同一標準時帯.

la **fusée** /フュゼ/ 女 (英 rocket) ロケット(弾); 打ち上げ花火; のろし.
fusée de détresse 遭難信号花火.

le **fuselage** /フュズラージュ/ 男 (飛行機の)胴体.

le **fusible** /フュズィーブル/ 男 〔電〕ヒューズ.

le **fusil** /フュズィ/ 男 (英 gun) 銃, 小銃.
changer son fusil d'épaule 考え[方針]をがらりと変える.

fusiller /フュズィエ/ 他 を銃殺する.
fusiller 人 *du regard* (人)をにらみつける.

la **fusion** /フュズィヨン/ 女 ❶ 融解, 溶解. ❷ 合併; (人・心の)融和.

fuss ..., fut, fût[1] →être 25

le **fût**[2] /フュ/ 男 幹; 〔建〕柱身; 酒樽.

fûtes →être 25

futile /フュティル/ 形 くだらない; 軽薄な.

futur(*e*) /フュテュール/ 形 (英 future)
❶ 未来の. ● vie *future* 来世.
❷ 《名詞の前》将来の. → 地位・身分などを表す. ● C'est un *futur* champion. 彼は未来のチャンピオンだ.
— le(la) **futur**(*e*) 名 《話》未来の夫[妻].
— le **futur** 男 未来, 将来; 〔文法〕未来時制[形].
futur proche (le ～) 近い将来; 〔文法〕近接未来.

fuy ... →fuir 35

F

G g

G

le **G, g**[1] /ジェ/ 男 フランス字母の第７字.

g[2] 《略》**(g)** (gramme) グラム.

la **gabardine** /ガバルディヌ/ 女 〔織〕ギャバジン(のレインコート).

gâcher /ガシェ/ 他 ❶(事物)を台なしにする, 浪費する. ❷(漆喰(しっくい)やモルタル)をこねる.

gâcher le métier 不当に低い賃金で働く.

gâcher une vie 無駄に過ごす.

le **gâchis** /ガシ/ 男 ❶瓦礫(がれき)の山. ❷混乱; 浪費.

la **gaffe** /ガフ/ 女 ❶《話》へま, 失策.

• faire une *gaffe* へまをする.

❷鉤竿(かぎざお). → 舟の接岸などに用いる.

faire gaffe à... 《話》…に注意する.

le **gage** /ガージュ/ 男 担保, 抵当; 質, 質草; (ゲームの)罰(に出す品); 保証, 証拠. • en *gage* de notre amitié 私たちの友情のあかしに. • mettre ... en *gage* …を質に入れる.

gagnant(e) /ガニャン(ト)/ 形 (賭(かけ)などに)勝利した, 当りの.

— le(la) **gagnant(e)** 名 勝者, 勝ち馬, 当せん者.

le **gagne-pain** /ガニュパン/ 男 《不変》生活手段, 稼ぎ道具.

gagner /ガニェ/ 他 ❶(英 gain) を得る, 稼ぐ; もうける.

• Il *gagne* trois mille euros par mois. 彼は月に3000ユーロ稼ぐ.

• *gagner* de la place 場所をあける.

• *gagner* du temps 時間を稼ぐ; 時間を節約する.

• *gagner* sa vie [son pain] 生計を立てる.

❷に勝つ.

• *gagner* la bataille 戦闘に勝つ.

❸(場所)に到達する.

❹(感情・眠気などが)を襲う; (病気などが)に伝わる.

• Le cancer *gagne* l'estomac. 癌(がん)が胃に転移する.

— 自 ❶勝つ; (くじに)当る; 〖*sur*, に〗勝つ.

❷稼ぐ; 〖à, (すること)で〗得をする.

❸〖*en*, の点で〗よくなる; 〖*sur*, に〗(病気・思想などが)広がる.

y gagner 得をする. 会話 Qu'est-ce que j'*y gagne*? 俺に何の得になるんだ.

gai(e) /ゲ/ 形 (英 cheerful, merry) 陽気な, 愉快な; (色彩などが)鮮やかな; (天気や空が)明るい; ほろ酔い機嫌の.

gaiement /ゲマン/ 副 陽気に, 快活に.

la **gaieté** /ゲテ/ 女 陽気さ, 快活さ; ほろ酔い機嫌; (部屋や色彩の)明るさ; 《複》《皮肉に》面白い点.

gaillard(e) /ガイヤール(ヤルド)/ 形 (人が)元気な; (態度が)活発な.

— le **gaillard** 男 屈強な男, 活発な男.

le **gain** /ガン/ 男 ❶利益, もうけ, 収入. ❷(時間などの)節約; 獲得. • Ça permet un *gain* de temps. それは時間の節約になる.

avoir [***obtenir***] ***gain de cause*** (裁判で)勝訴する; (議論で)優位に立つ.

la **gaine** /ゲヌ/ 女 ❶(刀剣類の)鞘(さや); ケース, カバー. ❷コルセット, ガードル.

le **gala** /ガラ/ 男 (公式の)大祭典; (格式ばった)レセプション; 特別上演.

galant(e) /ガラン(ト)/ 形 ❶(女性に)親切な, 礼儀正しい. ❷色恋に関する; 色っぽい.

la **galanterie** /ガラントリ/ 女 (女性に対する)親切.

la **galère** /ガレル/ 女 ガレー船; 《複》ガレー船を漕(こ)ぐ刑; 苦役; 苛酷な状況[職業].

galérer /ガレレ/ 自 57 《話》つらい目に遭う, 苦労する.

la **galerie** /ガルリ/ 女 ❶回廊; (教会の)回廊, 廊下.

❷(美術品などの)陳列室, 画廊.

❸アーケード(のある商店街).

❹《集合的》観客. • amuser la *galerie* 観客を楽しませる.

❺地下道, 坑道, もぐら(など)の穴.

❻ルーフキャリア. → 車の屋根につける荷台.

galerie marchande ショッピングモール

［センター］; 商店街.

le **galet** /ガレ/ 男 (海岸や川原の)丸い小石, 砂利; (家具の)キャスター.

le **gallicisme** /ガリスィスム/ 男 ガリシスム, フランス語特有の慣用語法.

le **galon** /ガロン/ 男 (服やカーテンの)縁取り; 飾りひも; 《複》〔軍〕階級章.

prendre du galon 昇進する, 出世する.

le **galop** /ガロ/ 男 (馬の)ギャロップ. → 最も速い走り方.

au galop 全速で.

galop d'essai (馬の)試走; (機械の)試運転; 模擬試験.

galoper /ガロペ/ 自 (馬が)ギャロップで走る; 《話》(人が)急ぐ.

le **galopin** /ガロパン/ 男 《話》(街を走り回る)いたずらっ子; 腕白小僧.

gambader /ガンバデ/ 自 跳びはねる, はしゃぎ回る.

le(la) **gamin(e)** /ガマン(ミヌ)/ 名 《話》子供, 少年(女); 《話》(小さな)息子［娘］, がき.

la **gamme** /ガム/ 女 〔楽〕音階; あらゆる段階［範囲, 種類］; (製品などの)シリーズ.

haut ［***bas***］ ***de gamme*** 高級［低級］の. → haut, bas は不変. ●voiture *haut de gamme* 高級車.

le **gang** /ガング/ 男 (＜英) ギャング団.

le **gangster** /ガングステール/ 男 (＜英) ギャング(の一員).

le **gant** /ガン/ 男 (英 glove) 手袋; (スポーツ, 化粧などに用いる)特殊な手袋.

●*gants* de boxe ボクシンググローブ.

aller comme un gant à ... …にぴったり合う.

le **garage** /ガラージュ/ 男 (英 garage) 車庫, ガレージ; 自動車修理工場.

le(la) **garagiste** /ガラジスト/ 名 自動車修理工場主［修理工］.

le(la) **garant(e)** /ガラン(ト)/ 名 保証人.

être ［***se porter***］ ***garant de ...*** …を保証する.

la **garantie** /ガランティ/ 女 (品質や権利などの)保証; (事実・人物などの)保証. ●sans *garantie* 保証なしで. ●sous *garantie* 保証の下で.

garantir /ガランティール/ 他 33 (英 guarantee) を保証する; 〘de, から〙を保護する.

garantir à 人 ***que*** 直 (人)に…であることを保証する, 請け合う.

le **garçon** /garsɔ̃ ガルソン/ 男 (英 boy)

❶ 男の子, 少年.

●un *garçon* de douze ans 12歳の男の子.

会話 Tu es un grand *garçon* maintenant. (子供を叱るときに)もうお兄ちゃんでしょ.

❷《所有形容詞とともに》《話》息子. 類義 **fils**

●Mon *garçon* ira au collège cet automne. うちの男の子は秋から中学だ.

❸ 若者; 独身の男性.

●C'est un *garçon* sérieux. あれはまじめな青年だ.

❹ (喫茶店などの)ボーイ.

●*Garçon*, un café, s'il vous plaît. ボーイさん, コーヒーを1杯頼みます. → 現在では呼びかけるときは monsieur の方が普通.

garçon d'honneur (結婚式で)新郎の付き添い役.

garçon manqué おてんば娘.

le(la) **garde**[1] /ガルド/ 名 付き添い人, ベビーシッター.

— le **garde** 男 番人, 監視人; 衛兵.

la **garde**[2] /ガルド/ 女 《集合的》衛兵(隊).

la **garde**[3] /ガルド/ 女 ❶ 保管, 管理; 保護; 監視; 見張り. ●*garde* d'enfants ベビーシッター. ●*garde* du corps ボディーガード. ●confier ... à la *garde* de 人 …を(人)に預ける.

❷ (剣の)つば; 〔製本〕見返し.

❸ (ボクシングなどの)構え, ガード.

être de garde 当番である.

être ［***se tenir***］ ***sur ses gardes*** 警戒している.

prendre garde à ... …に気をつける.

●*Prenez garde aux* voitures. 車に気をつけなさい.

le(la) **garde-barrière** /ガルドバリエール/ 名 踏切番.

le **garde-boue** /ガルドブー/ 男 《不変》(車輪の)泥よけ.

le **garde-chasse** /ガルドシャス/ 男 《複 gardes-chasse(s)》 密猟監視人.

le **garde-fou** /ガルドフ/ 男 手すり, 欄干(らんかん), ガードレール.

le(la) **garde-malade** /ガルドマラド/ 名 《複 gardes-malades》 看護人; (病人の)付

き添い人.

garder /ガルデ/ 他 (英 guard, keep)
❶(人)の世話をする; (家畜など)の番をする; (人)の身柄を拘束する; (場所など)を見張る; (建物など)を管理する. ●Un chien *garde* la maison. 犬が家の番をしている.
❷を保存[保管]する; 取っておく; (場所)を離れない; (秘密など)を守る; (人)をひきとめる; 失わない. ●Voulez-vous me *garder* ma place? 私の席を取っておいてくれませんか.

G

— se garder 代動 ❶保存できる, 保つ. ●Ça *se garde* bien. これは持ちがいい.
❷〈se garder de 不定詞〉 …しないようにに気をつける.
❸〔*de*, に〕用心する.

la **garde-robe** /ガルドローブ/ 女 《集合的》(個人の)持ち衣装, ワードローブ.

le(la) **gardien(*ne*)** /ガルディヤン(エヌ)/ 名 番人, 管理人, 守衛; 看守 (=〜 de prison); 擁護者.
gardien de but ゴールキーパー.

la **gare**[1] /gar ガール/ 女 (英 station) 駅, 停車場.
●*gare* d'arrivée 到着駅.
●*gare* de départ 出発駅.
●*gare* terminus 終着駅.
entrer en gare (電車が)駅に到着する.
●Le rapide en provenance de Marseille *entrera en gare* à huit heures vingt. マルセイユからの特急は8時20分に駅に入ります.
gare routière (長距離)バス発着所.

gare[2] /ガール/ 間 →garer の命令形. 危ない, 気をつけろ.
Gare à ... …に注意せよ.

garer /ガレ/ 他 を駐車させる; 車庫に入れる.
— se garer 代動 ❶《話》駐車する; わきに寄る. ❷〔*de*, を〕避ける.

se gargariser /ガルガリゼ/ 代動 ❶うがいをする. ❷《話》〔*de*, *avec*, を〕喜ぶ, うれしがる.

la **gargouille** /ガルグイユ/ 女 (屋根の)雨水落し, ガーゴイル, 怪物などをかたどった吐水口.

garni(*e*) /ガルニ/ 形 ❶野菜などをつけ合わせた. ❷中身の詰まった; 〔*de*, を〕備えた.

garnir /ガルニール/ 他 33 ❶〈garnir A de B〉 AにBを入れる, 備えつける, 添える. ❷(ものが)を満たす; 飾る.
— se garnir 代動 〔*de*, で〕埋まる; 《話》一杯にする.

la **garniture** /ガルニテュール/ 女 ❶〔料〕つけ合せ(の野菜). ❷(道具や置物などの)一揃(そろ)い, 一式; 備品; 補強材, 詰め物; 〔機〕パッキング.

la **Garonne** /ガロヌ/ 女 **(la 〜)** ガロンヌ川. →ピレネー山脈に発し, ジロンド川に注ぐ.

le **gars** /ガ/ 男 《話》少年, 若者, 男.

le **gaspillage** /ガスピヤージュ/ 男 (財力・才能などの)無駄使い, 浪費.

gaspiller /ガスピエ/ 他 (英 waste) を無駄使いする, 浪費する.

le(la) **gastronome** /ガストロノム/ 名 美食家, 食通.

la **gastronomie** /ガストロノミ/ 女 美食(学).

gâté(*e*) /ガテ/ 形 腐った, 傷んだ; 甘やかされた; 《話》運がいい; 《皮肉に》ひどい目に遭う. ●enfant *gâté* 甘やかされた子.
dent gâtée 虫歯.

le **gâteau** /gɑto ガトー/ 男 (複 **gâteaux**) (英 cake)
❶菓子, ケーキ.
●*gâteau* aux amandes アーモンド入りの菓子.
●*gâteau* d'anniversaire 誕生日ケーキ.
❷一定型に圧縮した塊.
C'est du gâteau. それは簡単だ.
gâteaux secs クッキー・ビスケット類.
— 形 《不変》《話》(親などが)子供に甘い.
C'est un papa gâteau. 彼は子供に甘い父親だ.

gâter /ガテ/ 他 を損なう, だめにする; 《多くは受動態で》を腐らせる, 傷める; 甘やかす; (過分の贈り物をして)を喜ばす.
Ce qui ne gâte rien. それはなおさら結構なことだ.
— se gâter 代動 痛む, 腐る; 台なし[だめ]になる; (天気や状況が)悪化する.

gauche /goʃ ゴーシュ/ 形
❶(英 left) 左の.
●côté *gauche* d'un chemin 道の左側.
●la rive *gauche* de la Seine セーヌ左岸.

❷(英 awkward) 不器用な; ぎこちない.
● geste *gauche* ぎこちない身振り.
du côté gauche 左側の; 左寄りの.
— la **gauche** 女 ❶ 左, 左側.
● Il est assis à la *gauche* de sa mère. 彼は母親の左側に座っている.
● Vous trouverez l'hôpital sur votre *gauche*. 左手に病院が見つかるでしょう.
❷〔政〕左派.
● Il est de [à] *gauche*. 彼は左翼[左寄り]だ.
à gauche 左に; 左翼に. ● Tournez à *gauche*. 左に曲がりなさい.
de gauche à droite 左から右に.
— le **gauche** 男〔ボクシング〕左パンチ.
gauchement /ゴシュマン/ 副 不器用に, ぎこちなく.
le(la) **gaucher(ère)** /ゴーシェ(ゴシェール)/ 名 左ききの人.
— 形 左ききの.
la **gaucherie** /ゴシュリ/ 女 ぎこちなさ, 不器用さ; 不手際.
la **gaufre** /ゴフル/ 女〔菓〕ゴーフル, ワッフル.
la **Gaule** /ゴール/ 女 ゴール地方, ガリア. → 古代ローマ時代のケルト人居住地域; 現代のフランス・ベルギーなど.
la **gaule** /ゴール/ 女 長い棒, 竿(さお); 釣竿.
gaulois(e) /ゴロワ(ーズ)/ 形 ガリア[ゴール](Gaule)地方の, ガリア人[語]の; 陽気でみだらな.
— le(la) **Gaulois(e)** 名 ガリア人.
— le **gaulois** 男 ガリア語.
— la **gauloise** 女 ゴロワーズ. → フランスたばこの商品名.
le **gaz** /ガーズ/ 男 (英 gas) 気体, ガス; 毒ガス;〔車・空〕混合気;《多く複数》体内ガス, 腸ガス, おなら. ● *gaz* d'échappement 排気ガス. ● mettre les *gaz* アクセルを全開にする.
la **gaze** /ガーズ/ 女 (綿や絹の)薄布, 包帯, ガーゼ.
gazeux(se) /ガズ(ーズ)/ 形 気体の, ガス(性)の; (水などが)炭酸ガスを含んだ.
● boisson *gazeuse* 炭酸飲料.
le **gazon** /ガゾン/ 男 (英 lawn) 芝; 芝生.
gazouiller /ガズイエ/ 自 (小鳥が)さえずる; (幼児が)片言でしゃべる.
le **geai** /ジェ/ 男〔鳥〕カケス.
le(la) **géant(e)** /ジェアン(ト)/ 名 巨人, 大男[女]; 巨大企業;《文》巨匠.
— 形 巨大な.
à pas de géant 非常に速く (←大股で).
会話 ***C'est géant!*** そいつはすごい.
geign ..., geindr ... →**geindre** 19
geindre /ジャンドル/ 自 19 うめく, うなる;《話》ぐちをこぼす, 泣言を言う.
geins, geint →**geindre** 19
le **gel** /ジェル/ 男 ❶ 氷点下の寒さ, 厳寒, 結氷(期), 凍結. ❷〔化〕ゲル; ジェル.
la **gélatine** /ジェラティヌ/ 女〔化〕ゼラチン.
gelé(e) /ジュレ/ 形 凍った; (人が)凍えた, 凍傷にかかった.
la **gelée** /ジュレ/ 女 氷点下の気温; 霜; (肉などの)煮こごり, ジュレ; ゼリー.
geler /ジュレ/ 他 1 を凍らせる, 氷結させる; 凍傷にかからせる; (人)をこごえさせる; (事態)を凍結[停止]する.
— 自 凍る; こごえる; 凍傷にかかる.
Il gèle... 《非人称》(気温が)氷点下に下がる, 凍る.
— **se geler** 代動《話》こごえる, 寒い.
gémir /ジェミール/ 自 33 (苦痛に)うめく;〖de, sur, を〗嘆く; (重圧の下などで)苦しむ; (鳥が)淋しげに鳴く; (物が)きしむ; (風が)うなる.
le **gémissement** /ジェミスマン/ 男 うめき声, 嘆き; (風の)うなり.
gênant(e) /ジェナン(ト)/ 形 (ものが)じゃまな; (人・事柄が)迷惑な, わずらわしい.
la **gencive** /ジャンスィヴ/ 女〔解〕歯茎, 歯肉;《話》あご, 歯.
le **gendarme** /ジャンダルム/ 男 憲兵.
la **gendarmerie** /ジャンダルムリ/ 女 ❶《集合的》憲兵(隊). → 軍に直属する警察機構.
❷ 憲兵隊の兵舎[本部].
le **gendre** /ジャンドル/ 男 (英 son-in-law) 娘の夫, 婿.
la **gêne** /ジェヌ/ 女 (肉体的な)不自由, 不快; (呼吸などの)困難; 気詰り, 迷惑, 面倒; (金銭上の)困難.
être dans la gêne お金に困っている.
gêné(e) /ジェネ/ 形 (<gêner の過去分詞) 困惑した, 遠慮した; (お金などに)困った.
la **généalogie** /ジェネアロジ/ 女 家系, 血統; 系図.
gêner /ジェネ/ 他 (英 bother) ❶ (肉体的に)を窮屈にする, 不快にする.
❷ を妨げる, じゃまする, に迷惑をかける.

● Je ne voudrais pas (vous) *gêner*. ご迷惑をかけたくありません.
❸ に気詰りを感じさせる.
❹ (人)を金銭的に困らせる.
— **se gêner** 代動 遠慮する. ● Ne vous *gênez* pas! ご遠慮なく. → 多く皮肉として使う.

général(ale) /ジェネラル/ 形 (男複 **généraux**) (英 general) ❶ 一般的な.
● culture *générale* 一般教養.
❷ 全体の; (職務の全般を)総括する.
❸ (病気などの)全身性の.
— le **général** 男 ❶ 普遍. ● en *général* 一般に[の].
❷ 将軍, 将官.
— la **générale** 女 (舞台の)総稽古.

généralement /ジェネラルマン/ 副 (英 generally) 一般に, 普通.
généralement parlant 一般的に言って.

généraliser /ジェネラリゼ/ 他 (英 generalize) を一般化する; 普及させる, 広げる.
— **se généraliser** 代動 広がる, 普及する.

la **généralité** /ジェネラリテ/ 女 一般性; 《複》総論; 一般論.

générateur(trice) /ジェネラトゥール(トリス)/ 形 〖*de*, を〗生む.
— le **générateur** 男 発電機 (=〜 électrique).
— la **génératrice** 女 直流発電機.

la **génération** /ジェネラスィヨン/ 女 世代; 同一世代の人々; 〔生〕生殖; (科学技術・機械の進歩の)世代.

génératrice → **générateur** の女性形.

généreux(se) /ジェネル(ーズ)/ 形 気前のいい; 寛大な; 豊かな; 肥沃(よく)な.

la **générosité** /ジェネロズィテ/ 女 ❶ 気前のよさ; 寛大. ❷ 《複》施し; (気前のよい)贈り物.

la **genèse** /ジュネーズ/ 女 起源, 形成過程; 〔生〕発生; (**la G-**) 〔聖〕創世記.

génétique /ジェネティク/ 形 遺伝に関する, 遺伝子の.
— la **génétique** 女 遺伝学.

génétiquement /ジェネティクマン/ 副 遺伝(子)的に.

Genève /ジュネーヴ/ 《固有》ジュネーヴ. → スイスの都市.

génial(ale) /ジェニャル/ 形 (男複 **géniaux**) 天才的な; 《話》みごとな, すばらしい.

le **génie** /ジェニー/ 男 (英 genius) ❶ 才能, 天分; 天才(的人物). ❷ 妖精; 守護神; 精.
avoir le génie de ... …の才能がある.
de génie 天才的な.
génie civil 土木工学.

le **génocide** /ジェノスィド/ 男 皆殺し, 民族大虐殺.

le **genou** /ジュヌ/ 男 (複 **genoux**) (英 knee) 膝(ひざ).
être à genoux devant ... …にひざまずいている.
faire du genou à 人 (人)に足をからめていちゃつく.
se mettre à genoux ひざまずく.

le **genre** /ジャンル/ 男
❶ (英 kind) 種類.
● *genre* humain 人類.
● dans le *genre* その種のものでは.
❷ 流儀, やり方.
● *genre* de vie 生活様式.
❸ 態度, 身なり; 品; 趣味.
● Ce n'est pas mon *genre*. わたしの好みのタイプじゃない.
❹ 〔生〕属; 〔文法〕性.
avoir bon [mauvais] genre 品がよい[悪い].
ne pas être du genre à 不定詞 …するようなタイプではない.
se donner un genre 気取る.

les **gens** /ジャン/ 男 複 (英 people)
❶ 人々.
● Il y a beaucoup de *gens* dans les rues. 通りにはたくさんの人がいる.
● petites *gens* 庶民. → 直前にくる形容詞は女性形.
❷ 〈gens de 名 《無冠詞》〉 …の人.

gentil(le) /ジャンティ(ユ)/ 形 ❶ (英 kind) 親切な, 優しい. 会話 C'est *gentil*. どうもご親切に. ● Sois *gentil* avec elle. 彼女に優しくしなさい.
❷ かわいい.
❸ (子供が)おとなしい.
❹ 《名詞の前》(金額が)かなりの.
C'est gentil à toi [de ta part] de 不定詞 …してくれてありがとう.

le **gentilhomme** /ジャンティヨム/ 男 (複 **gentilshommes**) 貴族.

la **gentillesse** /ジャンティエス/ 女 親切, 親

切な言動.

avoir la gentillesse de 不定詞 親切にも…してくれる.

gentiment /ジャンティマン/ 副 やさしく, 親切に; おとなしく.

le(la) **géographe** /ジェオグラフ/ 名 地理学者.

la **géographie** /ジェオグラフィ/ 女 (英 geography) 地理(学).

géographique /ジェオグラフィク/ 形 (英 geographic) 地理(学)の.

la **geôle** /ジョル/ 女 《文》牢獄.

la **géologie** /ジェオロジ/ 女 地質(学).

géologique /ジェオロジク/ 形 地質学の[に関する].

le **géomètre** /ジェオメートル/ 男 幾何学者; 測量技師.

la **géométrie** /ジェオメトリ/ 女 (英 geometry) 幾何学(書); (部品などの)幾何学的配列.

à géométrie variable 可変的な.

géométrique /ジェオメトリク/ 形 幾何学の; 幾何学的な; 整然とした.

la **gérance** /ジェランス/ 女 管理.

le **géranium** /ジェラニオム/ 男 〔植〕ゼラニウム.

le(la) **gérant(e)** /ジェラン(ト)/ 名 (英 manager) 支配人, 管理人.

la **gerbe** /ジェルブ/ 女 (刈取った小麦などの)束; 花束.

gercer /ジェルセ/ 他 52 (皮膚)にひびを切らせる.

— 自 ひびが切れる.

— **se gercer** 代動 ひびが切れる.

la **gerçure** /ジェルスュール/ 女 (皮膚の)あかぎれ; ひび割れ.

gérer /ジェレ/ 他 57 (英 manage) を管理[運営]する; (問題など)に取り組む.

germain(e) /ジェルマン(メヌ)/ 形 ゲルマニアの, ゲルマン民族の.

— le(la) **Germain(e)** 名 ゲルマン人.

germanique /ジェルマニク/ 形 ゲルマン人の; ドイツ(語文化圏)の.

le **germe** /ジェルム/ 男 ❶芽. ❷芽ばえ; 原因. ❸〔生〕胚(はい); 〔医〕細菌.

germer /ジェルメ/ 自 発芽する; 芽を出す; (感情などが)芽ばえる.

le **gérondif** /ジェロンディフ/ 男 〔文法〕ジェロンディフ. →en＋現在分詞.

le **geste**[1] /ジェスト/ 男 (英 gesture) ❶身振り, しぐさ.

● faire un *geste* de la main 手を振る.

● s'exprimer par *gestes* 身振りで表現する.

❷行為.

faire un geste 人助けをする.

la **geste**[2] /ジェスト/ 女 〔中世文学〕(ジャンルとしての)武勲詩.

gesticuler /ジェスティキュレ/ 自 盛んに身振りをする.

la **gestion** /ジェスティヨン/ 女 管理, 経営, 運営.

le **gibier** /ジビエ/ 男 ❶《集合的》(猟の)獲物, 狩猟鳥獣. ❷獲物の肉.

gibier à plume 野鳥. →ウズラ, キジなど.

gros gibier 大きな獲物. →鹿や猪など.

la **gifle** /ジフル/ 女 平手打ち; 屈辱.

● donner [flanquer] une *gifle* à ... …に平手打ちをする.

une paire de gifles 往復びんた.

gifler /ジフレ/ 他 (人の頬(ほお))を張る.

gigantesque /ジガンテスク/ 形 (英 gigantic) 巨大な, 巨人のような.

le **gigot** /ジゴ/ 男 〔料〕(羊・子羊の)もも肉.

le **gilet** /ジレ/ 男 (英 vest) (背広などの)チョッキ, ベスト; (婦人用)カーディガン.

gilet de sauvetage (救命用の)ライフジャケット.

le **gingembre** /ジャンジャンブル/ 男 〔植〕ショウガ, ジンジャー.

la **girafe** /ジラフ/ 女 (英 giraffe) 〔動〕キリン.

peigner la girafe 《話》だらだらと無用な仕事をする, 何もしない.

la **girouette** /ジルエト/ 女 風見(かざみ), 風向計; くるくる意見の変わる人, 風見鶏.

le **gisement** /ジズマン/ 男 鉱脈; 鉱床.

le(la) **gitan(e)** /ジタン(タヌ)/ 名 (スペインの)ジプシー.

— 形 ジプシーの.

— la **gitane** 女 ジターヌ. →フランスたばこの商品名.

le **gîte** /ジト/ 男 宿; (ノウサギなどの)巣[ねぐら].

— la **gîte** 女 〔海〕(船の)傾斜.

donner de la gîte (船が)傾く.

le **givre** /ジヴル/ 男 霧氷; 霜.

la **glace** /グラス/ 女 ❶(英 ice) 氷; アイスクリーム. ● mettre de la *glace* dans un verre グラスに氷を入れる. ● *glace*

G

à la vanille バニラアイスクリーム.
❷(英 glass) (厚)板ガラス; (車の)ガラス窓; 鏡, 姿見. ●*glace* d'une vitrine ショーウインドーのガラス.
briser* [*rompre*] *la glace (会話の初めの)堅苦しさをほぐす.
rester de glace 冷淡である.
glacé(e) /グラセ/ 形 ❶凍った, 冷えきった. ❷冷淡な, よそよそしい. ❸(布地などの)艶のある, 光沢をつけた.
glacer /グラセ/ 他 52 ❶を凍らせる; 冷やす. ❷(気持ち)を縮み上がらせる, ぞっとさせる.

G

glacial(*ale*) /グラスィアル/ 形 (男複 **glacials, glaciaux**) ❶凍りつくような; 寒冷の. ❷冷淡な, 冷やかな.
le **glacier**[1] /グラスィエ/ 男 氷河.
le **glacier**[2] /グラスィエ/ 男 アイスクリーム屋.
la **glacière** /グラスィエール/ 女 氷室, アイスボックス; 冷蔵庫; とても寒い場所.
le **glaçon** /グラソン/ 男 氷, 氷塊.
le **gland** /グラン/ 男 〔植〕どんぐり.
la **glande** /グランド/ 女 〔解〕腺(せん); 《話》腫れ物.
avoir les glandes 怒る.
glapir /グラピール/ 自 33 (キツネなどの動物が)鋭い声で鳴く; (人が)金切り声をあげる.
la **glissade** /グリサード/ 女 滑ること.
faire des glissades sur la glace 氷の上を滑る.
glissant(e) /グリサン(ト)/ 形 滑りやすい; つるつるした.
glisser /グリセ/ 自 ❶滑る(ように進む); (床・道路などが)滑りやすい; 滑り落ちる. ●Le savon m'a *glissé* des mains. 石けんが手から滑り落ちた. 会話 Attention, ça *glisse*! 気をつけて, 滑るよ! ❷〘*sur*, に〙深入りしない.
— 他 を滑り込ませる, 差し込む; そっと知らせる.
glisser un mot à l'oreille de 人 (人)にそっと耳打ちする.
— **se glisser** 代動 〘*dans*, に〙忍び込む, そっと入る; 滑り込む; 知らぬ間に入り込む.
global(*ale*) /グロバル/ 形 (男複 **globaux**) 全体の, ひとまとめにした; グローバルな, 地球規模の.
le **globe** /グローブ/ 男 ❶地球(儀). ❷球; 球形のガラス蓋(ぶた); (球形の)電灯の笠(をかぶった電球).
mettre ... sous globe (物を)大事に保存する.
le **globule** /グロビュル/ 男 血球; 〔生理〕小球. ●*globules* rouges [blancs] 赤血球[白血球].
la **gloire** /グロワール/ 女 ❶(英 glory) 名誉, 栄光; 名声. ❷高名な人, 名士.
faire la gloire de ... …の評判を高める.
(***faire ...***) ***pour la gloire*** 見返りを求めずに(…する).
rendre gloire à ... …をたたえる.
glorieux(*se*) /グロリユ(ーズ)/ 形 名誉ある, 輝かしい; 栄光に満ちた.
glorifier /グロリフィエ/ 他 を賛美する, ほめたたえる.
— **se glorifier** 代動 〘*de*, を〙自慢にする.
le **glossaire** /グロセール/ 男 (巻末の)用語解説, 語彙集.
glouton(*ne*) /グルトン(トヌ)/ 形 むさぼり[がつがつ]食う.
— le(la) **glouton(*ne*)** 名 大食い.
la **glu** /グリュ/ 女 ❶鳥もち; にかわ; 《話》しつこくつきまとう人. ❷接着剤.
gluant(e) /グリュアン(ト)/ 形 ねばねばした; (人が)しつこい.
le **gobelet** /ゴブレ/ 男 コップ, タンブラー. ●*gobelet* en papier 紙コップ.
le **godet** /ゴデ/ 男 ❶受け皿; グラス; (小型)コップ. ❷(服の)皺(しわ), ひだ, フレアー.
le **golf** /ゴルフ/ 男 (＜英) ゴルフ(場).
le **golfe** /ゴルフ/ 男 (大きく開いた)湾.
la **gomme** /ゴム/ 女 (英 eraser) ❶消しゴム. ❷ゴム. → 樹皮から分泌する乳状液.
à la gomme 《話》下らない.
mettre la gomme 《話》車のエンジンを目一杯ふかす, 全力を出す.
le **gond** /ゴン/ 男 肘金(ひじがね), 蝶番(ちょうつがい)の受金.
la **gondole** /ゴンドル/ 女 (ヴェネチアの)ゴンドラ.
gonfler /ゴンフレ/ 他 ❶(英 pump up) (空気やガスなどを入れて)をふくらませる. ●*gonfler* les joues 頬(ほお)をふくらませる.
❷の水かさを増す; (計算など)を水増しす

る, 誇張する.
❸《話》をうんざりさせる. 会話 Il est *gonflé*! 彼は厚かましい.
— 自 ふくらむ, かさを増す; (手足などが)はれる.
— **se gonfler** 代動 ふくらむ, はれる, かさを増す; 〖*de*, で〗(心が)一杯になる. ●Son cœur *se gonfle d'*espoir. 彼(女)の心は希望にふくらむ.

le **gonfleur** /ゴンフルール/ 男 空気入れ, ポンプ.

la **gorge** /ゴルジュ/ 女 (英 throat) ❶のど; 咽喉(いんこう). ●avoir mal à la *gorge* のどが痛い.
❷《文》胸, 乳房.
❸ 峡谷; (滑車などの)溝.
会話 ***Cela m'est resté dans* [*en travers de*] *la gorge.*** それを受け入れることはできない.
faire des gorges chaudes de... 《話》…をあからさまにからかう.
rire à gorge déployée 大声で笑う, 腹の底から笑う.

la **gorgée** /ゴルジェ/ 女 (飲み物の)一口, 一飲み.

gorger /ゴルジェ/ 他 40 に無理やり食べさせる; 〖*de*, で〗を満たす.
— **se gorger** 代動 〖*de*, を〗一杯食べる[飲む]; 一杯になる.

le **gorille** /ゴリーユ/ 男 ゴリラ; 《話》(要人につく)ボディーガード.

le **gosier** /ゴズィエ/ 男 のど, 咽頭; 声(帯).
à plein gosier 声を張り上げて.
avoir le gosier sec 《話》のどがからからである.

le(la) **gosse** /ゴス/ 名 (英 kid) 《話》子供, がき.

gothique /ゴティク/ 形 (英 Gothic) 〔美〕ゴシック様式の.
— le **gothique** 男 ゴシック様式.
— la **gothique** 女 ゴシック書体.

le **goudron** /グドロン/ 男 タール; アスファルト.

le **gouffre** /グフル/ 男 淵(ふち), 深淵(えん); 深い穴; (海の)渦(巻); (金銭を)吸込むもの; 浪費家. ●Cette voiture est un vrai *gouffre*! この車は本当に燃費が悪い.
être au bord du gouffre 危機に瀕(ひん)している.

le **goulot** /グロ/ 男 (びんなどの)首.

goulu(e) /グリュ/ 形 大食の; 貪欲(どんよく)な.

gourd(e) /グール(グルド)/ 形 かじかんだ.

la **gourde** /グルド/ 女 水筒; ひょうたん; 《話》間抜け.

gourmand(e) /グルマン(ド)/ 形 食い道楽の, 食いしん坊の; 物欲しげな, 貪欲(どんよく)な.
— le(la) **gourmand(e)** 名 食いしん坊, 美食家.

la **gourmandise** /グルマンディーズ/ 女 食いしん坊, 食道楽, 大食; 《複》ごちそう, 甘いもの.

le **gourmet** /グルメ/ 男 グルメ, 食通.

le **goût** /グー/ 男 (英 taste) ❶味, 風味; 味覚. ●avoir bon [mauvais] *goût* (食物・飲物が)おいしい[まずい]. ●Ces tomates n'ont pas de *goût*. このトマトは味がない.
❷趣味, センス, 美的感覚. ●de bon [mauvais] *goût* 趣味のいい[悪い].
❸〖*de*, *pour*, に対する〗好み; 《しばしば複数》好み, 性向. ●avoir le *goût* de... (人が)…の傾向がある, …好きである.
❹〖*à*, への〗意欲.
à son goût …の好み[判断]で.
avoir du goût センスがある.
avoir un goût 《話》変な味がする.
***Des goûts et des couleurs* (*on ne discute pas*).** 《ことわざ》たで食う虫も好きずき.
prendre goût à... …が好きになる.

goûter /グテ/ 他 を味わう, の味をみる; を楽しむ, めでる; 《文》を評価する.
●*goûter* une sauce ソースの味をみる.
— 自 〖*à*, の〗味をみる; 〖*de*, を〗試食[試飲]する; おやつを食べる.
●*Goûtez à* ce plat. この料理の味をみてください.
●Voulez-vous *goûter de* notre vin? うちのワインを試してみませんか?
— le **goûter** 男 おやつ.

la **goutte** /グト/ 女 (英 drop) しずく; (飲食などの)少量. ●pleuvoir à grosses *gouttes* 大粒の雨が降る.
avoir la goutte au nez 鼻水が出る.
une goutte de... 1滴ほどの…; 《複》点眼[鼻]薬.

la **gouttière** /グティエール/ 女 ❶樋(とい).
❷副木(そえぎ). → 骨折した手足を固定する.

le **gouvernail** /グヴェルナイユ/ 男 (船・飛行機の)舵(かじ); 指導.

le **gouvernant** /グヴェルナン/ 男 統治者, 支配者.

— la **gouvernante** 女 家政婦.

le **gouvernement** /グヴェルヌマン/ 男 ❶(英 government) 政府, 内閣, 政権.
• former le *gouvernement* 組閣する.
❷ 政治形態, 政体.
❸ 統治, 支配.

gouvernemental(ale) /グヴェルヌマンタル/ 形 (男複 gouvernementaux) 政府(側)の.

G

gouverner /グヴェルネ/ 他 ❶ を統治する, 支配する. • *gouverner* un pays [un peuple] 国[国民]を治める. ❷ (船)の舵(かじ)をとる; を操る.

— **se gouverner** 代動 (国家・国民が)自ら統治する.

le **gouverneur** /グヴェルヌール/ 男 総裁; 司令官; (アメリカ合衆国の)州知事; (植民地の)総督.

la **grâce** /グラース/ 女
❶(英 grace) 優雅さ, しとやかさ.
• avec *grâce* 優雅に.
❷ 厚意, 恩恵; (神の)恩寵; 猶予, 許し; 〔法〕特赦.
❸ 感謝(の祈り).
à la grâce de Dieu 運を天に任せて.
De grâce! お願いだから.
demander grâce 許しを乞う.
faire ... de [avec] bonne [mauvaise] grâce 熱心に[嫌々]…する.
faire grâce à 人 ***de...*** (人)に…を許してやる, 免じてやる.
grâce à... …のおかげで. • *Grâce à* elle, tout s'est bien passé. 彼女のおかげですべてうまく行きました. • *Grâce à* mon travail, j'ai appris beaucoup de choses. 仕事のおかげで, 私はたくさんのことを学びました.

gracieux(se) /グラスィユ(ーズ)/ 形 ❶(英 graceful) 優雅な, しとやかな. ❷ 無料の.
à titre gracieux 無料で[の].

le **grade** /グラド/ 男 (英 rank) ❶ 階級. → とくに軍隊の階級. ❷ (大学の)学位.
monter en grade 昇進する.

graduel(le) /グラデュエル/ 形 (英 gradual) 漸進的な, 段階的な.

graduer /グラデュエ/ 他 を漸進させる; 少しずつ程度を上げる; に目盛をつける.

le **grain** /グラン/ 男 (英 grain) ❶ 穀粒; 穀物; 種子. ❷ 粒状の(果)実; (砂やほこりなどの)粒; きめ. ❸ にわか雨; スコール.
avoir un (petit) grain 少し頭が変だ.
grain de beauté ほくろ.
un grain de... ごくわずかの….

la **graine** /グレヌ/ 女 (英 seed) 種, 種子.
casser la graine 《話》食う.
en prendre de la graine 手本にする.

le **graissage** /グレサージュ/ 男 注油, グリースを塗ること.

la **graisse** /グレス/ 女 ❶ 脂肪, 油. ❷ グリース.

graisser /グレセ/ 他 にグリース[油]を塗る, 油をさす.
graisser la patte à... …を買収する.

graisseux(se) /グレス(ーズ)/ 形 油で汚れた; 脂肪質の.

la **grammaire** /グラメール/ 女 (英 grammar) 文法; 文法書.

le(la) **grammairien(ne)** /グラメリヤン(エヌ)/ 名 文法家[学者].

grammatical(ale) /グラマティカル/ 形 (男複 grammaticaux) 文法(上)の; 文法(の規則)にかなった.

grammaticalement /グラマティカルマン/ 副 文法的に, 文法上.

le **gramme** /グラム/ 男 ❶ グラム. → 単位. ❷ 微量. • Il n'a pas un *gramme* de courage. 彼には勇気のかけらもない.

grand(e)
/grɑ̃, -ɑ̃d グラン(ド)/ 形 (英 grand, tall, big, great) ❶ 大きい, 背が高い.
• *grande* maison 大きな家.
• homme *grand* 背の高い人.
❷ 年長の, 大人になった.
• *grand* frère 兄.
• *grandes* personnes (子供から見ての)大人.
❸ (寸法などが)広い, 大きい; 長い.
• Cette veste est trop *grande* pour moi. このジャケットは私には大きすぎます.
❹ (程度の)大変な, ひどい.
• avec *grand* plaisir 大喜びで.
❺ 重要な, 主要な. • *grandes* écoles グランドゼコール.
❻ 偉大な, 高級な. • *grand* homme 偉人.

❼(数量などが)たっぷり. ●attendre un *grand* mois たっぷりひと月待つ.
grand magasin デパート.
— 副 大きく; 広く.
grand ouvert 大きく開いた. ●Les fenêtres sont *grandes* [*grand*] ouvertes. 窓は大きく開かれている.
— le(la) **grand(e)** 名 年長の子供; 上級生; (子供から見ての)大人.
— le **grand** 男 《ときには G-》大国; 大企業; 大物; 偉大なもの.

grand-chose /グランショーズ/ 代 《不定代名詞》《否定形でのみ》大したこと[もの](ではない). ●Il n'en sortira pas *grand-chose* de bon. そこからいい結果が得られることはない.

la **Grande-Bretagne** /グランドブルタニュ/ 女 グレートブリテン(島), イギリス.

la **grandeur** /グランドゥール/ 女 ❶大きさ, 規模; 重大さ. ●être de la même *grandeur*. 同じ大きさである. ❷偉大さ; 高貴; 栄華, 権勢.
grandeur nature 実物大の.
ordre de grandeur およその大きさ[程度].

grandiose /グランディオズ/ 形 雄大な, 荘厳な, 堂々たる.
— le **grandiose** 男 雄大[荘厳]さ.

grandir /グランディール/ 自 33
❶(英 grow) 大きくなる, 成長する. ●Cet arbre *a grandi*. この木は大きくなった.
❷(英 increase) 増大する, 広がる.
— 他 を大きく見せる; (人)を立派に見せる.
sortir grandir de ... …を経て人間的に成長する.
— **se grandir** 代動 自分を大きく[高く]見せる.

la **grand-mère** /grɑ̃mɛr グランメール/ 女 (複 grand(s)-mères) (英 grandmother) 祖母; 《話》老婆.

le **grand-père** /grɑ̃pɛr グランペール/ 男 (複 grands-pères) (英 grandfather) 祖父; 《話》老人.

les **grands-parents** /グランパラン/ 男 複 (英 grandparents) 祖父母.

la **grange** /グランジュ/ 女 (農家の)納屋, 穀倉.

le **granit, granite** /グラニト/ 男 花崗(こう)岩.

granulé(e) /グラニュレ/ 形 顆(か)粒状の.
— le **granulé** 男 顆粒剤.

graphique /グラフィク/ 形 線・図形などで表した.
— le **graphique** 男 図表, グラフ.
●*graphique* en barres 棒グラフ.

la **grappe** /グラプ/ 女 (英 cluster) (花・果実の)房; ひと塊, 群.

gras(se) /グラ(ス)/ 形 ❶(英 fat) 脂肪質の, 脂肪の多い; 脂で汚れた; ねっとりした. ❷太った, 肥満した; 肉太の, 分厚い.
faire la grasse matinée 朝寝坊する.
— le **gras** 男 (肉の)脂身.
en (caractères) gras ゴシック体で.

la **gratification** /グラティフィカスィヨン/ 女 特別手当, 心づけ; 〔心〕満足感.

gratifier /グラティフィエ/ 他 ❶(気前よく)与える. ●*gratifier* A de B AにBを快く与える. ❷〔心〕に満足感を与える.

le **gratin** /グラタン/ 男 〔料〕グラタン; 《話》上流階級.

gratis /グラティス/ 副 (<ラテン) 無料で.
— 形 《不変》無料の.

la **gratitude** /グラティテュド/ 女 感謝(の気持ち).

le **gratte-ciel** /グラトスィエル/ 男 《不変》摩天楼, 超高層ビル.

gratter /グラテ/ 他 ❶(英 scratch) をかく, ひっかく, の表面をこする; を削り取る. ❷《話》にちくちくする, かゆみを与える. 会話 Ça (me) *gratte*. かゆい. ❸《話》を追抜く.
— 自 〘à, を〙引っかく; 《話》働く.
— **se gratter** 代動 (自分の体を)かく.
●*se gratter* la tête 頭をかきむしる.

le **grattoir** /グラトワール/ 男 字消しナイフ.

gratuit(e) /グラテュイ(ト)/ 形 無料の, 無償の; 根拠のない; 動機のない. ●à titre *gratuit* 無料で. ●entrée *gratuite* 《掲示》入場無料.

gratuitement /グラテュイトマン/ 副 ただで; 何の根拠もなしに.

grave /グラーヴ/ (英 serious) 形 ❶重大な, 深刻な; (態度などの)重々しい, おごそかな, まじめな. 会話 Ce n'est pas *grave*. 大したことではない.
❷(音の)低い.
accent grave アクサン・グラーヴ. → à, è,

ù などの ` の記号.

— le **grave** 男 低音(域).

gravement /グラヴマン/ 副 重く, 深刻に; おごそかに.

graver /グラヴェ/ 他 を刻む, 彫る; (心などに)を刻み込む.

le(la) **graveur(se)** /グラヴール(ズ)/ 名 版画家, 彫版師.

— le **graveur** 男 (CD や DVD の)レコーダー.

le **gravier** /グラヴィエ/ 男 《集合的》砂利; 小石.

G

gravir /グラヴィル/ 他 33 を(よじ)登る; はい上がる.

la **gravitation** /グラヴィタスィヨン/ 女 重力, 引力.

la **gravité** /グラヴィテ/ 女 重大さ, 重要性; 重々しさ, 荘重さ; 〔物〕重力.

centre de gravité 〔物〕重心.

la **gravure** /グラヴュール/ 女 版画; 彫版(術); 複製(術), 複製画.

le **gré** /グレ/ 男 好み; 意向, 好意.

à son gré …の好みのままに; …の意見では.

au gré de... …のままに.

bon gré mal gré 仕方なく.

contre le gré de... …の意に反して.

de gré ou de force 有無を言わさず.

grec(*grecque*) /グレク/ 形 (英 Greek) ギリシアの, ギリシア人[語]の.

— le(la) **Grec(*Grecque*)** 名 ギリシア人.

— le **grec** 男 ギリシア語.

la **Grèce** /グレス/ 女 (英 Greece) ギリシア.

gréco-romain(e) /グレコロマン(メヌ)/ 形 ギリシア・ローマの.

la **greffe**[1] /グレフ/ 女 接木(つぎき); 接ぎ穂; 〔医〕(臓器の)移植.

le **greffe**[2] /グレフ/ 男 (裁判所の)書記課.

greffer /グレフェ/ 他 《sur, に》を接木(つぎき)する; 〔医〕(臓器など)を移植する.

— **se greffer** 代動 つけ加わる; 〖*sur*, と〗結びついている.

la **grêle**[1] /グレル/ 女 ひょう, あられ.

grêle[2] /グレル/ 形 ひょろ長い, 痩(や)せっぽちの; (声・音が)か細い.

intestin grêle 小腸.

grêler /グレレ/ 非人称 ひょう[あられ]が降る.

le **grêlon** /グレロン/ 男 あられ[ひょう]の粒.

grelotter /グルロテ/ 自 (寒さや恐怖で)震える.

la **grenade** /グルナド/ 女 ❶ ザクロの実. ❷ 手榴(りゅう)弾.

le **grenadier** /グルナディエ/ 男 ザクロの木.

le **grenier** /グルニエ/ 男 (英 attic) 屋根裏部屋; (屋根裏の)穀物倉; 穀倉地帯.

la **grenouille** /グルヌイユ/ 女 カエル; カエルの肉.

grecque →**grec** の女性形.

le **grésil** /グレズィル/ 男 (粒の小さい)あられ.

grésiller /グレズィイエ/ 自 (フライパンなどが)じゅうじゅういう; (ラジオなどが)ざあざあという音を出す.

la **grève** /グレヴ/ 女 ストライキ.

● être en *grève* ストライキ中である.

● faire (la) *grève*/se mettre en *grève* ストライキをする.

● *grève* générale ゼネスト.

le(la) **gréviste** /グレヴィスト/ 名 スト参加者.

gribouiller /グリブイエ/ 自 《話》なぐり書きする.

le **grief** /グリエフ/ 男 不満, 苦情.

faire grief à 人 ***de...*** …のことで(人)を非難する.

grièvement /グリエヴマン/ 副 (傷が)ひどく. ● *grièvement* blessé 重傷を負った.

la **griffe** /グリフ/ 女 ❶ (獣や鳥の)かぎ爪; (宝石を指輪などにとめる)爪. ● rentrer ses *griffes* 爪を引っ込める. ● sortir ses *griffes* 爪を出す. ❷ サイン; (服の裏側に縫いつけられた)デザイナー名; (メーカーの)マーク.

griffer /グリフェ/ 他 を爪でひっかく.

grignoter /グリニョテ/ 他 を少しずつかじる[食べる]; を(少しずつ)減らす.

— 自 少しずつかじる; ちびちびもうける.

● *grignoter* entre les repas 間食する.

le **gril** /グリル/ 男 (肉や魚の)焼網, グリル; (ステーキ用の溝つきの)鉄板.

être sur le gril 《話》(焦りや心配で)じりじりしている.

la **grillade** /グリヤード/ 女 焼いた肉.

le **grillage** /グリヤージュ/ 男 (窓などの)鉄格子; 金網.

la **grille** /グリーユ/ 女 鉄格子(の門); (公園などの)鉄柵; (オーブンの)網; (クロスワードの)格子; 一覧表.

le **grille-pain** /グリユパン/ 男 《不変》パン焼き器; トースター (=~ électrique).

griller /グリエ/ 他 ❶(英 grill) (グリルで)を焼く. ●*griller* de la viande 肉を網焼きにする.
❷(太陽などが)を熱く照りつける; (熱気・寒さが植物)を枯らす.
❸〔電〕《話》をショートさせる, 焼き切る.
— 自 ❶(グリルで)焼ける.
❷〖*de*〗(…で, …が欲しくて, …したくて)じりじりする.
faire griller (グリルで)焼く.
griller un feu rouge 《話》信号無視する.

le **grillon** /グリヨン/ 男 〔虫〕コオロギ.

la **grimace** /グリマス/ 女 ❶しかめ面, 渋面(じゅうめん). ●faire la *grimace* しかめ面をする. ❷《複》(道化などの)おかしな顔.

grimacer /グリマセ/ 自 52 顔をしかめる (=〜 de dégoût).

grimper /グランペ/ 自 《助動詞は普通 avoir だが être を用いることもある》 ❶〖*à*, *dans*, *sur*, に〗よじ登る, はい上がる. ●*grimper sur* un arbre 木によじ登る.
❷(道が)急な上りになる.
❸(つる植物が)上まではう.
❹《話》(電車などに)とび乗る.
❺《話》急上昇する. ●Les prix *grimpent* depuis un mois. 1か月来, 物価が急に上がっている.
— 他 (努力して)を登る.

grincer /グランセ/ 自 52 きしむ; きいきいいう. ●*grincer* des dents 歯ぎしりする.

grincheux(se) /グランシュ(ーズ)/ 形 気難しい.
— le(la) **grincheux(se)** 名 がみがみ言う人.

la **grippe** /グリプ/ 女 (英 influenza) 流行性感冒, インフルエンザ. ●attraper la *grippe* 流感にかかる. ●avoir la *grippe* 流感にかかっている.
prendre ... en grippe …が急に嫌いになる, 堪えがたくなる.

grippé(e) /グリペ/ 形 流感にかかった.

gris(e) /グリ(ズ)/ 形 ❶(英 gray) 灰色の. ●étoffe *gris* perle パールグレーの生地. ●cravate *gris*-bleu ブルーグレーのネクタイ.
POINT 色彩を示すほかの形容詞・名詞で限定される場合には不変.
❷曇った; 白髪混じりの; 陰気な; 《話》ほろ酔いの.
aux cheveux gris 白髪の.
— le **gris** 男 灰色.

grisâtre /グリザートル/ 形 灰色がかった; 憂鬱(うつ)な, 暗い.

griser /グリゼ/ 他 を軽く酔わせる; 陶酔させる.
— **se griser** 代動 軽く酔う.

grisonner /グリゾネ/ 自 (髪・ひげが)半白になり始める.

la **grive** /グリーヴ/ 女 ツグミ.

grogner /グロニェ/ 自 (豚・猪・熊が)鳴く; 《話》〖*après*, *contre*〗(人に)ぶつぶつ不平を言う.

grommeler /グロムレ/ 自 4 ぶつぶつ不平を言う, 口の中でもぐもぐ言う.

gronder /グロンデ/ 他 (子供)を叱る.
se faire gronder 叱られる.
— 自 ❶うなる, とどろく. ❷切迫している.

gros(se)

/gro, -os グロ(ース)/ 形 《多く名詞の前で》
❶(英 fat) 太った; 厚い; 大きな.
●Il est trop *gros*. 彼は太りすぎだ.
●*gros* livre ぶ厚い本.
●*gros* chien 大きな犬.
❷(a)(数量・程度などが)並はずれた, ひどい.
●*grosse* somme 多額.
●avoir une *grosse* faim ひどく腹がへる.
(b)(人について)大変な; 金持ちの.
●*gros* buveur 大酒飲み.
❸粗い, 粗悪な; 下品な; (天候が)荒れた.
●*gros* rouge 安い赤ワイン.
●*gros* mot 下品な言葉.
●La mer est *grosse*. 海は荒れている.
❹〈**gros comme ...**〉…大の大きさの.
●pierre *grosse comme* le poing こぶし大の石.
❺《話》たっぷり, 優に(…以上).
●un *gros* kilo たっぷり1キログラム.
❻〈**gros de** 名《無冠詞》〉…でいっぱいの, …を含んだ.
会話 ***C'est un peu gros!*** ちょっとやりすぎだ.
gros comme une maison 《話》見え見えの.
— 副 太く, 大きく, 多く.
●écrire *gros* 大きな字で書く.
— le(la) **gros(se)** 名 《話》太った人; 《話》《しばしば複数》偉い人, 金持ち.

mon gros やあ，きみ．→親しみの呼びかけ; 太っていなくてもよい．

— le gros 男 ❶〈le gros de ...〉…の主要な部分; 山場．
● *le gros des* hommes 大部分の人たち．
❷〔商〕卸．

en gros おおざっぱに． ● raconter une histoire *en gros* 話の大筋を話す．

la **groseille** /グロゼイユ/ 女 スグリの実．

grosse →**gros** の女性形．

la **grossesse** /グロセス/ 女 妊娠(期間)．

G

la **grosseur** /グロスル/ 女 大きさ，太さ，厚み; できもの; 肥満．

grossier(ère) /グロスィエ(ール)/ 形 ❶粗野な，無作法な; 下品な． ❷粗雑な，粗悪な; (無知などが)ひどい，甚だしい．

grossièrement /グロスィエルマン/ 副 大ざっぱに; 粗野に; 甚だしく; 下品に．

la **grossièreté** /グロスィエルテ/ 女 粗野; 無作法[野卑](な言動); 粗雑さ．

grossir /グロスィル/ (英 increase) 自 33 (英 enlarge, grow) 太る，大きくなる; (量が)増大する; (数・強さが)増える; 大げさになる．

— 他 を大きくする，大きく見せる，拡大する; (数・強さ)を増やす; 誇張する．

le **grossissement** /グロスィスマン/ 男 太ること，肥満; 増大; 拡大; 誇張．

grotesque /グロテスク/ 形 珍妙[奇妙]な，グロテスクな，滑稽(こっけい)な．

la **grotte** /グロト/ 女 洞窟，洞穴．

grouiller /グルイエ/ 自 ❶うごめく． ❷〖*de*, で〗一杯である．

— se grouiller 代動 《話》急ぐ．

le **groupe** /グルプ/ 男 ❶(英 group) 群れ，集まり．
● en *groupe* 集団で．
❷集団，グループ; (同種のものの)集まり．
● *groupe* sanguin 血液型．
❸〔数〕群．

le **groupement** /グルプマン/ 男 集めること; 団体．→groupe より大きい; 集合，統合．

grouper /グルペ/ 他 (英 group) を集める; 1つにまとめる; 分類する．

— se grouper 代動 集まる．

le **gruau** /グリュオ/ 男 (複 **gruaux**) オートミール; 上質の小麦粉．

la **grue** /グリュ/ 女 ❶ツル(鶴)． ❷起重機，クレーン．

le **gué** /ゲ/ 男 浅瀬． ● passer (une rivière) à *gué* 川の浅瀬を渡る．

la **guenille** /グニユ/ 女 ❶《多く複数》ぼろ着． ❷ぼろ．

la **guêpe** /ゲプ/ 女 スズメバチ; したたかな女．

guère /ゲール/ 副 (英 hardly) ❶〈ne ... guère〉ほとんど…ない，あまり…ない．
❷〈ne ... guère moins [plus]〉…よりも少なく[多く]…であることはまずない．
❸〈ne ... guère que〉ほとんど…だけだ． ● Il n'y a *guère* que lui qui ... …するのは彼だけである．
❹〈ne ... plus guère〉もはやほとんど…ない． ● Cette expression n'est plus *guère* employée. この表現はもうあまり使われない．

le **guéridon** /ゲリドン/ 男 (1本脚の)小型円テーブル．

guérir /ゲリール/ 他 33
❶(英 cure) (病人，病気)を治す．
❷〈guérir 人 de ...〉(人)の…を治す．

— 自 〖*de*〗(病気が)治る．

— se guérir 代動 (病気が)治る．

la **guérison** /ゲリゾン/ 女 (病気などの)回復，治癒(ゆ); (悪癖などの)矯正(きょうせい)，治ること．

la **guerre** /ゲール/ 女 (英 war) 戦争; けんか． ● *guerre* civile 内戦． ● la Première [Deuxième/Seconde] *Guerre* mondiale 第1次[第2次]世界大戦．

de bonne guerre 正々堂々と．

de guerre lasse 根負けして．

faire la guerre à ... …と戦争をする．

partir en guerre contre ... …と戦争を始める; …を非難する．

guerrier(ère) /ゲリエ(エール)/ 形 《文》戦争の; 好戦的な．

— le guerrier 男 (昔の)戦士; 《集合的》軍人．

le **guet** /ゲ/ 男 見張り．

faire le [être au] guet 見張る．

le **guet-apens** /ゲタパン/ 男 (複 **guets-apens**) 待ち伏せ; 罠(わな)．

tomber dans un guet-apens 待ち伏せされる; 罠にはまる．

la **guêtre** /ゲトル/ 女 ゲートル．

guetter /ゲテ/ 他 ❶を狙う; (機会)をうかがう． ❷(人)をおびやかす． ❸を待ちかまえる．

la **gueule** /グル/ 女 (英 mouth) ❶(獣・魚の)口;《話》(人間の)口. ❷顔, 面(つら); 格好.
avoir de la gueule (品物, 作品が)格好がいい, 見栄えがする.
avoir la gueule de bois 《話》二日酔いである.
avoir une bonne [sale] gueule いい[嫌な]顔をする.
en prendre plein la gueule さんざん殴られる; ぼこぼこにされる.
faire la gueule 嫌な顔をする.
se casser la gueule 転ぶ, 失敗する.
se jeter dans la gueule du loup 不用意に危険に身をさらす.
会話 *(Ferme) ta gueule!* だまれ!

le **guichet** /ギシェ/ 男 (英 window) (役所, 切符売場などの)窓口.
jouer à guichets fermés 完売札止めで公演する.

le **guide** /ギド/ 男 (英 guide) 案内人, ガイド; 案内書, ガイド[ハンド]ブック.
● Suivez le *guide*! 《ガイドの案内》ついて来てください.
● *guide* touristique 旅行ガイドブック.
— la **guide** 女 ガールスカウト.

guider /ギデ/ 他 ❶(英 guide) を案内する; 導く; 誘導する.
❷を指導する. ● se laisser *guider* par son instinct 本能のなすがままにする.

le **guidon** /ギドン/ 男 (自転車やオートバイなどの)ハンドル.
avoir le nez [la tête] dans le guidon (周りが見えないほど)忙しい, 集中している.

la **guigne** /ギニュ/ 女 《話》不運.

le **guignol** /ギニョル/ 男 指人形芝居(の劇場); 道化者;《話》滑稽(こっけい)な人.
会話 *C'est du guignol!* それはお笑いだ.
faire le guignol ふざける.

le **guillemet** /ギユメ/ 男 《多く複数》引用符号, ギユメ. → « ».
● mettre un mot entre *guillemets* 単語に引用符[ギユメ]をつける.

la **guillotine** /ギヨティヌ/ 女 ギロチン, 断頭台; (ギロチンによる)死刑.
une fenêtre à guillotine 上げ下げする窓.

la **guirlande** /ギルランド/ 女 (花・葉・紙を長くつないだ)花飾り, 花づな(模様).

la **guise** /ギーズ/ 女 《次の表現で》
à sa guise 思うままに, 好きなように.
en guise de ... …として; …の代りに.

la **guitare** /ギタール/ 女 (英 guitar) ギター.
● jouer de la *guitare* ギターを弾く.

le(la) **guitariste** /ギタリスト/ 名 ギター奏者.

la **gym** /ジム/ 女 《話》体操, 体育 (=gymnastique).

le **gymnase** /ジムナズ/ 男 ❶体育館. ❷ギムナジウム. → ドイツ・スイスの高等中学校.

le(la) **gymnaste** /ジムナスト/ 名 体操選手.

la **gymnastique** /ジムナスティク/ 女 体操, 体育;《話》軽業のような動作; 精神的[知的]努力, 訓練.

la **gynécologie** /ジネコロジ/ 女 婦人科学.

G

H h

le **H**[1], **h**[1] /アシュ/ 男 フランス字母の第８字.
h aspiré [*muet*] 有音[無音]の h (アッシュ). →有音はリエゾン, エリジヨンしない.

H[2], **h**[2] 《略》 ❶ (**H**) (hydrogène) 〔化〕水素. ❷ (**h**) (heure) 時; (hecto-) ヘクト.

ha[1] /ア, ハ/ 間 ❶ あっ, ああ. →驚き・苦痛など. ❷ はっはっは. →笑い声.

ha[2] /エクタール/ 《略》(hectare) ヘクタール.

habile /アビル/ 形 (英 skilled, clever) 巧みな, 器用な; 手際のよい.
● Il est *habile* de ses mains. 彼は手先が器用だ.

habilement /アビルマン/ 副 巧みに, 上手に.

l' **habileté** /アビルテ/ 女 (英 skill) 巧妙さ, 器用さ. ● avec *habileté* 巧みに.

habiliter /アビリテ/ 他 〈**habiliter** 人 **à** 不定詞〉〔法〕(人)に…する資格を与える.

habillé(e) /アビエ/ 形 〔*de*, *en*, の〕服装[格好]をした; 正装した.
bien [***mal***] ***habillé*** 着こなしのよい[悪い].

l' **habillement** /アビユマン/ 男 衣服; 服装; 衣料業界.

habiller /アビエ/ 他 (英 dress) ❶ に服を着せる. ● Elle *a habillé* son bébé. 彼女は赤ん坊に服を着せた.
❷ (**a**) 〈**habiller** 人 **de** ...〉 (人)に…の服を着せる.
(**b**) 〈**habiller** 人 **en** ...〉 (人)に…の服装をさせる.
❸ (服が)に似合う.
❹ 〔*de*, で〕を覆う.

— **s'habiller** 代動 ❶ (**a**) 服を着る, 着替えをする.
● *s'habiller* chaudement 暖かい服装をする.
(**b**) 〔*de*, の〕服装をする.
(**c**) 正装する.
❷ 服を仕立てさせる.

l' **habit** /アビ/ 男 (英 clothes, dress) ❶ 《複》服, 衣服. ❷ 燕尾服.
L'habit ne fait pas le moine. 《ことわざ》人は見かけによらぬもの.

habitable /アビタブル/ 形 住める.

l' **habitant(e)** /アビタン(ト)/ 名 (英 inhabitant) ❶ 住民; 居住者. ❷ 地元の人.
● loger chez l'*habitant* 地元の民家に泊まる.

l' **habitat** /アビタ/ 男 (動植物の)生息地; 居住様式[条件], 住環境.

l' **habitation** /アビタスィヨン/ 女 住居; 住まい; 住むこと, 居住.

habiter /abite アビテ/ 自 (英 live) 〔*à*, に〕住む.
● *habiter à* la campagne いなかに住む.
● *habiter* en ville 街に住む.
● Elle *habite* avec sa sœur. 彼女は姉[妹]といっしょに住んでいる.

— 他 ❶ (英 inhabit) に住む.
● *habiter* la province 地方に住む.
❷ 《文》(感情などが)に取り憑(つ)く.

l' **habitude** /アビテュド/ 女 (英 habit)
❶ 習慣, 慣れ.
● l'*habitude* du tabac 喫煙の習慣.
❷ 《多く複数》風習, 習わし.
avoir l'habitude de 名 [***de*** 不定詞] …する[の]習慣がある; …(すること)に慣れている.
comme d'habitude いつものように (=《話》comme d'hab).
d'habitude 普段は.
par habitude 習慣で.
perdre l'habitude de 不定詞 …する習慣がなくなる.
prendre l'habitude de 不定詞 …することが習慣になる.

habitué(e) /アビテュエ/ 形 〔*à*, に〕慣れた.

— l'**habitué(e)** 名 常連.

habituel(le) /アビテュエル/ 形 (英 usual) 習慣的な, いつもの.
派生 **habituellement** 副

habituer /アビテュエ/ 他 (英 accustom) 〔*à*, (すること)に〕を慣らす; に習慣をつけさせる.

— s'habituer 代動 〖à, (すること)に〗 慣れる. ●*s'habituer à* parler en public 人前で話すことに慣れる.

la **hache** /アシュ/ 女 斧(おの), 鉈(なた).

hacher /アシェ/ 他 (食材)を細かく切る, みじん切りにする; (肉)をひく.

hacher menu 細かく刻む.

le **hachis** /アシ/ 男 〔料〕ひき肉; みじん切りにしたもの.

le **hachoir** /アショワール/ 男 刻み包丁; 肉ひき器.

hagard(e) /アガール(ガルド)/ 形 取り乱した; おびえた.

haï →haïr 36

la **haie** /エ/ 女 ❶ 垣根; 生け垣. ❷〔スポーツ〕ハードル; 障害物. ●course de *haies* ハードル競技. ❸ 人垣.

le **haillon** /アイヨン/ 男 《複》ぼろ着. ●un SDF en *haillon* ぼろを着たホームレス.

haïmes →haïr 36

la **haine** /エヌ/ 女 (英 hate, hatred) 憎しみ; 嫌悪.

●avoir [éprouver] de la *haine* pour… …を憎む.

haineux(se) /エヌ(ーズ)/ 形 執念深い; 憎しみのこもった; 悪意に満ちた.

haïr… →haïr 36

haïr /アイル/ 他 36 (英 hate) を憎む, 嫌う, 嫌悪する.

— se haïr 代動 憎み合う.

hais[t], haïs(s…), haït(es) →haïr 36

le **hâle** /アル/ 男 日焼け.

l' **haleine** /アレヌ/ 女 ❶ 呼吸, 息; 吐く息. ❷ 息の長さ; 根気.

à perdre haleine 息が切れるほど.

avoir l'haleine fraîche (口臭のしない)さわやかな息をしている.

être hors d'haleine 息切れする.

reprendre haleine ひと息つく.

tenir 人 ***en haleine*** (人)を魅了する; はらはらさせる.

haletant(e) /アルタン(ト)/ 形 息を切らした.

haleter /アルテ/ 自 1 息を切らす.

le **hall** /オール/ 男 (<英) ロビー, ホール; (駅の)コンコース. ●*hall* d'arrivée [de départ] 到着[出発]ロビー.

la **halle** /アル/ 女 卸売市場; 《複》中央市場.

l' **hallucination** /アリュスィナスィヨン/ 女 幻覚, 錯覚.

le **halo** /アロ/ 男 (太陽・月・光源のまわりの)かさ; 光輪; (写真・テレビの)ハレーション.

la **halte** /アルト/ 女 休止; 休息.

faire halte 休憩する.

Halte! 《号令》止まれ.

Halte aux essais nucléaires! 核実験反対!

le **hamac** /アマク/ 男 (<スペイン) ハンモック.

le **hamburger** /アンブルグール/ 男 (<英) ハンバーグ; ハンバーガー.

le **hameau** /アモ/ 男 (複 hameaux) 小さい集落.

l' **hameçon** /アムソン/ 男 釣針.

la **hanche** /アンシュ/ 女 《多く複数》腰.

tour de hanches 腰回り, ヒップ.

le **handicap** /アンディカプ/ 男 (<英) ハンディキャップ; 不利な条件, 障害. ●avoir un sérieux *handicap* 重度の障害がある.

handicapé(e) /アンディカペ/ 形 障害をもった.

— le(la) handicapé(e) 名 障害者.

l' **hangar** /アンガール/ 男 納屋(なや), 物置, 倉庫; (飛行機の)格納庫.

le **hanneton** /アヌトン/ 男 〔虫〕コガネムシ.

hanter /アンテ/ 他 ❶ (幽霊が)に出る. ❷ (妄想・考えが)につきまとう, 取り憑(つ)く.

la **hantise** /アンティーズ/ 女 強迫[固定]観念.

happer /アペ/ 他 (動物が口で)をくわえ取る.

la **harangue** /アラング/ 女 演説; 《話》お説教.

harasser /アラセ/ 他 を疲れ果てさせる.

le **harcèlement** /アルセルマン/ 男 嫌がらせ, ハラスメント; 執拗(しつよう)な攻撃.

●*harcèlement* sexuel セクシャルハラスメント.

harceler /アルスレ/ 他 1 を執拗(しつよう)に攻撃する; 〖de, で〗を悩ます.

hardi(e) /アルディ/ 形 (英 bold) 大胆な, 思いきった.

— 間 **(H-!)** がんばれ.

la **hardiesse** /アルディエス/ 女 大胆さ, 勇敢さ.

hardiment /アルディマン/ 副 大胆にも; 勇敢に.

le **hareng** /アラン/ 男 〔魚〕ニシン.

H

hargneux(se) /アルニュ(ーズ)/ 形 つっけんどんな; けんか腰の.

le **haricot** /アリコ/ 男 インゲンマメ. ● *haricot* vert サヤインゲン.

courir sur le haricot à 人 《話》(人)をうんざりさせる.

l' **harmonie** /アルモニ/ 女 (英 harmony) ❶(音・色・形の)調和, 均整. ● être en *harmonie* avec ... …と調和する.
❷(意見・感情の)一致.
❸〔楽〕和声.

harmonieux(se) /アルモニユ(ーズ)/ 形 調和のとれた; 耳に快い.

harmoniser /アルモニゼ/ 他 を調和させる; 調整する.
— s'harmoniser 代動 〖avec, と〗調和する.

harnacher /アルナシェ/ 他 に馬具をつける; (人)に物々しい服装をさせる.

le **harnais** /アルネ/ 男 ❶馬具一式. ❷ハーネス. → 登山家などの安全ベルト.

la **harpe** /アルプ/ 女 ハープ, 竪琴(たてごと).

le **harpon** /アルポン/ 男 銛(もり).

le **hasard** /アザール/ 男 (英 chance, hazard) ❶偶然, 運; 偶然の出来事.
● Quel *hasard* de vous rencontrer ici! こんなところでお会いするなんて偶然ですね.
❷(ゴルフコースの)ハザード.

à tout hasard 念のために, 万一に備えて.
au hasard 手当たり次第に, 無作為に.
par hasard 偶然に; はからずも.

hasarder /アザルデ/ 他 を思い切ってする[言う].
— se hasarder 代動 ❶〈se hasarder à 不定詞〉 思い切って…する. ❷危険に身をさらす.

hasardeux(se) /アザルドゥ(ーズ)/ 形 危険な, 無鉄砲な.

la **hâte** /アト/ 女 (英 haste) ❶急ぐこと.
● à la *hâte* 大急ぎで.
❷〈avoir hâte de 不定詞〉 急いで…する, 早く…したい.
● J'*ai hâte de* le revoir. 早く彼に再会したい.

en (toute) hâte 大急ぎで.
sans hâte 急がずに; 慎重に.

hâter /アテ/ 他 《文》の時期を早める.
— se hâter 代動 急ぐ.
se hâter de 不定詞 急いで…する.

hâtif(ve) /アティフ(ーヴ)/ 形 早い; (野菜・果物が)早生(わせ)の; 急いでやった; 性急な.

la **hausse** /オス/ 女 (英 rise) ❶上昇; 値上がり. ❷(大砲などの)照準器.

être à la hausse 上昇の傾向がある.
être en hausse 上昇している, 値上がりしている.

hausser /オセ/ 他 (英 raise)
❶を高くする, 上げる.
❷(値段など)を上げる.
❸(音・声)を上げる; 強める. ● *hausser* la voix 声を高める, 大声をあげる.

hausser les épaules 《軽蔑・あきらめ・無関心》肩をすくめる.

— se hausser 代動 高くなる, 上がる.
● *se hausser* sur la pointe des pieds つま先で立つ.

haut(e) /オー(ト)/ 形 (英 high) ❶(高さが)高い; 上の. ● la plus *haute* montagne du Japon 日本で1番高い山.
❷〈haut de ...〉 …の高さがある. ● un mur *haut de* 2 mètres 高さ2メートルの塀.
❸高級な; 上流の. ● *haute* couture オートクチュール.
❹(数値・価値が)高い; (程度・品質が)高い; (声・音が)大きい. ● de *haut* niveau 高水準の.
❺高地の, 内陸の; (川の)上流の.
❻(水位が)高い; (水深が)深い, 潮が満ちている.
❼古い, 初期の.

— 副 ❶高く, 上に. ● voir plus *haut* もっと上を見る.
❷(価格・地位・程度が)高く.
❸大声で. 会話 Parlez un peu plus *haut*, s'il vous plaît. もう少し大きな声で話してください.

haut la main 楽々と, 堂々と.
Haut les mains! 手を上げろ.
plus haut (書物で)前の方で; (時代が)逆上って.

— le haut 男 ❶上部, 高所.
❷〈数値 de haut〉 …の高さの. ● Ce mur a deux mètres de *haut*. 塀は高さ2メートルだ.
❸トップ, 上層部.

de haut 高い所から; 横柄に.
de [du] haut en bas 上から下まで.
d'en haut 上から.

du haut de... …の上から.
en haut 上に, 上の階に; 高く.
tomber de (son) haut びっくり仰天する.

hautain(e) /オタン(テヌ)/ 形 高慢な, 横柄な.

le **hautbois** /オボワ/ 男 〔楽〕オーボエ.

haute →**haut** の女性形.

hautement /オトマン/ 副 高度に, きわめて.

la **hauteur** /オトゥール/ 女 (英 height) ❶ (**a**) 高さ. ● une tour d'une *hauteur* de 300 mètres 300メートルの高さの塔. (**b**) 〈**avoir** 数値 **de hauteur**〉 …の高さである. ● Cette tour a cent mètres de *hauteur*. この塔は100メートルの高さだ.
❷ 高台.
❸ 卓抜さ, 気高さ.
❹ 尊大, 傲慢(ごうまん). ● parler avec *hauteur* 偉そうに話す.
❺ 音の高さ.
à la hauteur de... …の高さ[レベル]に; …の位置に[の]; …に対処しうる.
prendre [perdre] de la hauteur 上昇[下降]する.

le **haut-parleur** /オパルルール/ 男 スピーカー, 拡声器.

hé /エ, ヘ/ 間 《擬音》 ❶《呼びかけ・驚きなど》おい, ねえ. ● *Hé* oui! 《強調》そうですとも. ● *Hé* non! 《強調》いや, いいえ.
❷《皮肉・ためらい・同意など》へえ; まあ. ● *Hé! Hé!* ええ, おやおや.

hebdomadaire /エブドマデール/ 形 週(ごと)の, 週1回の.
— l'**hebdomadaire** 男 週刊紙[誌] (= 《話》 hebdo).

héberger /エベルジェ/ 他 40 を泊める; に宿泊所[避難所]を提供する.

hébété(e) /エベテ/ 形 ぼうっとした, 腑(ふ)抜けたような.

hébraïque /エブライク/ 形 ヘブライ(人・語)の.

l' **hébreu** /エブル/ 男 (複 **hébreux**) ❶ (**H-**) ヘブライ人. → 女性形は Juive, Israélite. ❷ ヘブライ語.
会話 ***C'est de l'hébreu*** それはまったくちんぷんかんぷんです.
— 形 《男》ヘブライの. → 女性形は, 人に関しては juive, israélite, ものに関しては hébraïque.

hect(o)- /エクト(ト)/ 接頭 「100」の意.

l' **hectare** /エクタール/ 男 ヘクタール. → 面積の単位: 略 ha.

hein /アン/ 間 (英 eh, what) ❶ (相手の言葉を聞き返して)えっ, なんですって. 会話 *Hein*? Qu'est-ce que tu dis? え, いま何て言ったの.
❷ (同意を促したり念を押して)そうでしょう. 会話 Ça suffit, *hein*! これで十分でしょう, ねえ.

hélas /エラス/ 間 (英 alas) ああ, 残念, 悲しいかな. ● *Hélas* oui [non]! 残念ながら, そうですね[そうではありません].

héler /エレ/ 他 57 (遠くから)を呼ぶ, 呼びとめる.

l' **hélice** /エリス/ 女 プロペラ; スクリュー; 〔数〕螺線(らせん).

l' **hélicoptère** /エリコプテル/ 男 (英 helicopter) ヘリコプター (=《話》 hélico).

l' **héliport** /エリポル/ 男 ヘリポート.

helvétique /エルヴェティク/ 形 《行政文書や凝った表現で》スイスの.

l' **hématie** /エマティ/ 女 赤血球.

l' **hémisphère** /エミスフェール/ 男 (天体・地球の)半球. ● *hémisphère* Nord 北半球. ● *hémisphère* Sud 南半球.

l' **hémorragie** /エモラジ/ 女 ❶ 出血. ❷ (資本や頭脳の)大量流出.

hennir /エニール/ 自 33 (馬が)いななく.

hep /エプ/ 間 《呼びかけ》おおい.

l' **herbage** /エルバージュ/ 男 (自然の)牧草地.

l' **herbe** /エルブ/ 女 (英 grass, herb) 草, 牧草. ● arracher une *herbe* 草を引きぬく.
couper l'herbe sous le(s) pied(s) de 人 (人)を出し抜く, 押しのける.
en herbe (麦などが)まだ青い; 将来の.
fines herbes 〔料〕香草, ハーブ.
mauvaise herbe 雑草.

herbeux(se) /エルブ(ーズ)/ 形 草の生い茂った.

l' **herbier** /エルビエ/ 男 植物標本, 押し葉(花).

héréditaire /エレディテール/ 形 ❶ 世襲の, 相続の; 先祖代々の. ❷ 遺伝の.

l' **hérédité** /エレディテ/ 女 ❶ 世襲(性); 〔法〕相続(権). ❷ 遺伝, 遺伝性気質[体質].

l' **hérésie** /エレズィ/ 女 ❶ (カトリックか

H

ら見た)異端. ❷ 異説; 《話》常識はずれ.

l' **hérétique** /エレティク/ 名 (カトリックから見て)異端の人; 異説を唱える人.

— 形 (カトリックから見て)異端の; 異説を唱える.

hérissé(e) /エリセ/ 形 ❶(毛・羽が)逆立った. ❷(とがったものが)突き出た; とげのある.

hérisser /エリセ/ 他 ❶(毛・羽)を逆立てる. ❷(とがったものが)に立ち並ぶ; 〖de〗(とがったもので)を覆う. ❸ を怒らせる.

— **se hérisser** 代動 ❶(毛・羽が)逆立つ, 逆立てる. ❷ 怒る; いらだつ.

H

le **hérisson** /エリソン/ 男 ❶〔動〕ハリネズミ. ❷ 気難しい人.

l' **héritage** /エリタージュ/ 男 遺産; 相続, 伝承.

- en *héritage* 遺産として.
- faire un *héritage* 遺産を相続する.
- laisser ... en *héritage* à 人 (財産)を(人)に遺産として残す.

hériter /エリテ/ 自 (財産を)相続する; (伝統などを)受け継ぐ; 〖de〗(人から)譲り受ける.

— 他 を相続する.

l' **héritier(ère)** /エリティエ(ール)/ 名 相続人; 後継者.

hermétique /エルメティク/ 形 ❶密封[閉]の. ❷ 難解な, 不可解な.

être hermétique à ... …を理解できない.

l' **héroïne**[1] /エロイヌ/ 女 《héros の女性形》 ❶(英 heroine) 女性の英雄.
❷ 女主人公; 中心的女性.

l' **héroïne**[2] /エロイヌ/ 女 〔化〕ヘロイン.

héroïque /エロイク/ (英 heroic) 形 ❶ 英雄的な, 雄々しい. ❷ 思い切った, 大胆な.

l' **héroïsme** /エロイスム/ 男 勇壮さ, 偉大さ.

le **héron** /エロン/ 男 〔鳥〕アオサギ.

le **héros** /エロ/ 男 (英 hero) ❶ 英雄, 勇士.
❷ 主人公, 主役.
❸〔神話〕(半神半人の)英雄, 神人.

mourir en héros 英雄のような死に方をする.

l' **hertz** /エルツ/ 男 〔電〕ヘルツ. → 振動数・周波数の単位; 略 Hz.

hésitant(e) /エズィタン(ト)/ 形 ためらいがちな, 優柔不断な; はっきりしない.

l' **hésitation** /エズィタスィヨン/ 女 ためらい, 躊躇(ちゅうちょ). ● sans *hésitation* ためらうことなく; すらすらと.

hésiter /エズィテ/ 自 (英 hesitate) ❶ (**a**) ためらう; 〖sur, について〗迷う. ● Il n'y a pas à *hésiter*. ためらう余地はない.
(**b**) 〈**hésiter entre A et B**〉 AとBの間で揺れる. ● *hésiter entre* le cinéma et le théâtre 映画と芝居の間で(どちらに行こうか)迷う.
❷ 言いよどむ; 〈**hésiter à** 不定詞〉 …するのをためらう.

hétérogène /エテロジェヌ/ 形 不均質の, 異質の.

le **hêtre** /エトル/ 男 〔植〕ブナ(の木).

heu /ウー/ 間 ❶(言いよどんで)えー, えーと. ❷(軽蔑・疑い・困惑を表して)ふうん, へえ.

l' **heure** /œr ウール/ 女 (英 hour, o'clock, time)

❶(時の単位の)時間.
- une demi-*heure* 30分.
- habiter à une *heure* de Paris パリから1時間のところに住んでいる.

❷ 時刻; 時(じ).
- Il est deux *heures*. 2時です.
- À quelle *heure* se lève-t-elle? 彼女は何時に起きますか.

会話 Quelle *heure* est-il? / Vous avez [Tu as] l'*heure*? 何時ですか.

❸ 定刻.
- commencer avant [après] l'*heure* 定刻前[過ぎ]に始める.
- Il est [C'est] l'*heure* de rentrer. 帰る時間だ.

❹ 労働[授業]時間.
- pendant l'*heure* de français フランス語の授業時間中に.

❺ 時期, 時代; 現在.
- vivre à l'*heure* atomique 原子力時代に生きる.

à la première heure 夜明けに.

à l'heure 定刻に; 1時間あたり. ● Il est toujours *à l'heure*. 彼はいつも時間を守る.

à l'heure actuelle 今現在.

à l'heure qu'il est 今この時に.

会話 ***À tout à l'heure.*** ではまたあとで.
→ 同じ日にもう一度会う予定.

à toute heure いつでも.

de bonne heure 朝早く; 早い時期に.
heure d'été サマータイム.
mettre ... à l'heure …の時刻を合わせる. ● *mettre* sa montre *à l'heure* 時計を合わせる.
tout à l'heure ついさっき; まもなく.
toutes les 数詞 ***heures*** …時間おきに.
24 heures sur 24 (店などが)24時間営業の.

heureusement /ウルズマン/ 副 (英 fortunately) ❶ 幸いにも, 運よく; 〈**heureusement que** 直〉 幸いにも. ● *Heureusement que* j'étais là. 幸いにも私は居合わせた.
❷ 首尾よく.

heureux(se) /œrø, -øz ウル(ーズ)/ 形 (英 happy, lucky)
❶ 幸せな, 幸福な.
● Je me sens *heureux*. 私は幸せな気持ちだ.
❷ 〈**heureux de** 名 [**de** 不定詞/ **que** 接続法]〉 …でうれしい, 喜んでいる.
● Très *heureux de* vous connaître. お目にかかれてうれしく思います, はじめまして.
● Je suis *heureux que* vous ayez réussi. あなたが成功してうれしい.
❸ 運がいい, ついている.
● Il est *heureux* au jeu. 彼は賭(か)け事ではついている.
❹ 好ましい.
● un *heureux* résultat よい結果.
C'est (encore) heureux que 接続法 …なのは運がいい.
par un heureux hasard 幸運のめぐり合わせで.
— l'**heureux(se)** 名 幸福な人.
faire un heureux 人を喜ばせる.

le **heurt** /ウール/ 男 衝突; 対立.

heurter /ウルテ/ 他 (英 run into, shock) ❶ にぶつかる, 衝突する; 〖à, contre, に〗をぶつける. ● La voiture *a heurté* un arbre. 車は木にぶつかった.
❷ (人)を傷つける, 怒らせる.
❸ (良識など)に反する.
— 自 《文》〖à〗 (ドアなどを)たたく; 〖contre, に〗 ぶつかる, 衝突する.
— **se heurter** 代動 ❶ 〖à, に〗 ぶつかる. ❷ 〖à〗 (障害に)遭う. ❸ 互いに対立[反目]する.

hex(a)- /エグザ/ 接頭 「6」の意.

l' **hexagone** /エグザゴヌ/ 男 6角形; **(l'H-)** フランス本土.
— 形 6角形の.

l' **hiatus** /イヤテュス/ 男 ❶〔音声〕母音接続[衝突]. ❷ 断絶.

l' **hibernation** /イベルナスィヨン/ 女 冬眠; 《比喩的》冬眠状態.

hiberner /イベルネ/ 自 冬眠する.

le **hibou** /イブ/ 男 (複 **hiboux**) 〔鳥〕ミミズク.

hideux(se) /イドゥ(ーズ)/ 形 醜悪な, ぞっとする, いまわしい.

hier /jɛr イエル/ 副 (英 yesterday) ❶ きのう, 昨日.
● Il est parti *hier* soir pour Paris. 彼は昨晩パリへ出発した.
● journal d'*hier* 昨日の新聞.

POINT
今日 aujourd'hui　明日 demain
翌日 le lendemain　前日 la veille

❷ つい最近.
● Je le connais d'*hier* à peine. 彼とは最近知り合ったばかりだ.
avant-hier おととい.
ne pas dater d'hier 昔(から)のことである.

la **hiérarchie** /イエラルシ/ 女 階級[階層]制, ヒエラルキー; 分類体系.

hiérarchique /イエラルシク/ 形 階級制の; 序列のある.

l' **hilarité** /イラリテ/ 女 歓喜, 爆笑.

hindou(e) /アンドゥ/ 形 ヒンズー教(徒)の.
— l'**Hindou(e)** 名 ヒンズー教徒; 《古》インド人.

hippique /イピク/ 形 馬の, 馬術の.

l' **hippodrome** /イポドロム/ 男 競馬場; 馬場.

l' **hippopotame** /イポポタム/ 男 〔動〕カバ(河馬).

l' **hirondelle** /イロンデル/ 女 (英 swallow) 〔鳥〕ツバメ.
Une hirondelle ne fait pas le printemps. 《ことわざ》ツバメ一羽で春と思うな(一部がすべてではない).

hispanique /イスパニク/ 形 スペイン(人)の; (中南米の)スペイン語圏の.

hisser /イセ/ 他 を高く掲げる; 巻き上げ

る; 引き[持ち]上げる. ● *Hissez* les voiles! (船の)帆を張れ.

— se hisser 代動 〚*sur*, に〛 よじ登る; 〚*à*〛 (高い地位に)はい上がる.

— 間 ● Oh! *Hisse*! よいしょ, オーエス.

l' **histoire** /istwar イストワール/ 女 ❶ (英 history) 歴史.
● *histoire* de France フランスの歴史.
● écrire sa propre *histoire* 自伝を書く.
❷ (英 story) 物語, 話.
● raconter une *histoire* お話をする.
● l'*histoire* d'un film 映画の筋.
❸ 《多く複数》 作り話, でたらめ.
会話 Tout ça, ce sont des *histoires*! そんな事はみんな嘘っぱちだ.
❹ 出来事.
● Il m'est arrivé une drôle d'*histoire*. 私の身に妙なことが起った.
C'est toute une histoire. 話せば長いことになる; これは厄介だ.
C'est une [***toute***] ***autre histoire.*** それはまったく別の話[別問題]だ.
histoire de 不定詞 《話》 ただ…するために.
sans histoire(***s***) 無事に.

l' **historien**(***ne***) /イストリアン(エヌ)/ 名 歴史家, 歴史学者.

historique /イストリク/ 形 (英 historical) ❶ 歴史の, 歴史学の.
❷ 歴史上の, 実在の.
❸ 歴史的な.

— l'historique 男 時代順の記録, 沿革.
faire l'historique de ... …の歩みをたどる.

l' **hiver** /ivɛr イヴェル/ 男 (英 winter) 冬.
● vacances d'*hiver* 冬休み.
● en *hiver* 冬に. →**saison**
● Vous allez à la montagne cet *hiver*? この冬は山に行きますか.

hivernal(***ale***) /イヴェルナル/ 形 (男複 hivernaux) 冬の.

le **hochement** /オシュマン/ 男 頭を縦[横]に振ること (=〜 de tête).

hocher /オシェ/ 他 (頭)を縦[横]に振る.

le **hockey** /オケ/ 男 (<英) (フィールド)ホッケー (=〜 sur gazon).

holà /オラ, ホラ/ 間 おい, ちょっと. → 呼びかけ・注意の喚起・制止.

— le holà 男 《不変》 ***mettre le holà à ...*** (事態)を収拾する.

hollandais(***e***) /オランデ(ズ)/ 形 オランダ(人・語)の.

— le(la) **Hollandais**(***e***) 名 オランダ人.

— le **hollandais** 男 オランダ語.

la **Hollande** /オランド/ 女 オランダ.
→**Pays-Bas**

le **homard** /オマール/ 男 〔動〕オマールエビ, ロブスター.

l' **homicide** /オミスィド/ 男 殺人(罪).
● *homicide* volontaire 殺人.

l' **hommage** /オマージュ/ 男 ❶ (**a**) 敬意, 尊敬. ● en *hommage* de ma reconnaissance 私の感謝のしるしとして.
(**b**) 《複》 《手紙など》 (男性から既婚女性への)賛辞.
❷ 献呈.
en hommage à ... …に敬意を表して.
rendre hommage à ... …に敬意を表す; …をたたえる.

l' **homme** /ɔm オム/ 男 (英 man) ❶ 人間, 人類.
● l'origine de l'*homme* 人間の起源.
❷ 男性; (一人前の)男.
● vêtements d'*homme* 紳士服.
● C'est déjà un *homme*. あれはもう一人前の男だ.
❸ 《多く所有形容詞とともに》 夫, 愛人.
● Marie et son *homme* マリーとその夫[愛人].
❹ 〈**homme de** 名 《無冠詞》〉 …の人.
→ 職業や身分を指す.
● *homme de* lettres 文学者.
● *homme d'*affaires 実業家.
● *homme d'*État (国政に携わる)政治家.
d'homme à homme 男同士で; 率直に.
grand homme 偉人.
homme de (***grande***) ***valeur*** (大変)優れた人物.
homme politique 政治家.
jeune homme 若い男, 青年.

homogène /オモジェヌ/ 形 均質の, 同質の.

l' **homologue** /オモログ/ 名 同等の身分[地位]の人. ● Le Premier ministre a rencontré son *homologue* anglais. 首相はイギリスの首相と会見した.

— 形 同等の, 等しい; 同類の, 同族の.

homonyme /オモニム/ 形 〔言〕同形異義の.

l' **homosexuel(*le*)** /オモセクシュエル/ 名 同性愛の人.
— 形 同性愛の人.
la **Hongrie** /オングリ/ 女 ハンガリー.
hongrois(*e*) /オングロワ(ーズ)/ 形 ハンガリーの.
— le(la) **Hongrois(*e*)** 名 ハンガリー人.
— le **hongrois** 男 ハンガリー語.
honnête /オネト/ 形 (英 honest)
❶ 誠実な, 正直な.
● commerçant *honnête* 正直な商人.
❷ (行為・事物が)正しい, まともな.
❸ まずまずの, 妥当な.
honnêtement /オネトマン/ 副 ❶ 誠実に, 正直に(言って). ❷ 相応に.
l' **honnêteté** /オネトテ/ 女 誠実, 正直.
● avoir l'*honnêteté* de 不定詞 正直に…する.
l' **honneur** /オヌル/ 男 (英 honor)
❶ 名誉, 面目; 信用.
❷ 栄誉; 尊敬.
❸ 《複》 敬意のしるし, 儀礼; 栄達.
avoir l'honneur de 不定詞 …する光栄に浴する; 謹(つつし)んで…する.
C'est tout à son honneur. それは彼の名誉となる.
d'honneur 名誉ある, 名誉にかかわる.
en l'honneur de ... …に敬意を表して, …を祝って.
faire honneur à ... (ものが)…の名誉となる; (人が)…に忠実である.
rendre honneur à 人 (人)に敬意を表する.
honorable /オノラブル/ 形 ❶ 名誉ある, 尊敬すべき. ❷ かなりの, 相当な.
honoraire /オノレール/ 形 名誉職の.
honorer /オノレ/ 他 ❶ を敬う; の名誉となる. ❷ (契約・約束)を守る; (手形・小切手)を支払う.
honorifique /オノリフィク/ 形 名誉上の.
à titre honorifique 肩書だけの.
la **honte** /オント/ 女 (英 shame) ❶ (**a**) 恥, 不名誉. 会話 C'est une *honte*! それは恥ずべきことだ.
(**b**) 〈C'est une honte de 不定詞〉 …するのは恥だ. ● *C'est une honte de* dire cela. そんなことを言うのは恥だ.
❷ 恥ずかしさ, 羞恥(しゅうち)心.
avoir honte de ... …(するの)が恥ずかしい. ● Il *a honte de* sa conduite. 彼は自分の振る舞いを恥じている.
faire honte à ... …に恥をかかせる.
honteusement /オントゥズマン/ 副 不名誉にも; 恥ずかしいほどに.
honteux(*se*) /オントゥ(ーズ)/ 形 (英 shameful, ashamed) ❶ 恥ずべき, 不名誉な, 卑怯(ひきょう)な. 会話 C'est *honteux*! まったく恥ずかしい.
❷ 〖*de*, (すること)が〗 恥ずかしい.
❸ 隠している, 隠れた.
Il est* [*C'est*] *honteux de 不定詞 [***que*** 接続法] …は恥ずべきことだ.
l' **hôpital** /ɔpital オピタル/ 男 (複 hôpitaux) (英 hospital) (公立)病院, 診療所.
entrer à l'hôpital 入院する.
hôpital de jour 外来病院.
quitter* [*sortir de*] *l'hôpital 退院する.
hôpitaux →**hôpital** の複数形.
le **hoquet** /オケ/ 男 しゃっくり.
avoir le hoquet しゃっくりをする.
horaire /オレール/ 形 時間あたりの, 時間の.
● salaire *horaire* 時間給.
● décalage *horaire* 時差.
— l'**horaire** 男 (英 timetable) ❶ (乗り物の)時刻表. ● *horaires* des trains (列車の)時刻表.
❷ 時間割, 日程.
❸ 労働[勤務]時間.
— l'**horaire** 名 《話》 時間給労働者.
la **horde** /オルド/ 女 (暴徒などの)群れ.
l' **horizon** /オリゾン/ 男 ❶ 地平線, 水平線.
❷ 眺望, 視界, 視野.
❸ (将来の)展望, 見通し.
❹ (思考・活動の)範囲, 領域.
à l'horizon 地平線上に; 近い将来に.
changer d'horizon 環境を変える.
faire un tour d'horizon de ... …を概括的に検討する.
horizontal(*ale*) /オリゾンタル/ 形 (男複 horizontaux) 水平の.
— l'**horizontale** 女 水平直線.
à l'horizontale 水平に, 横に.
horizontalement /オリゾンタルマン/ 副 水平に, 横に.
horizontaux →**horizontal** の複数形.
l' **horloge** /オルロジュ/ 女 (英 clock) (駅などの)大時計; かけ[置]時計.
être réglé comme une horloge (生活習

慣が)時計のように規則正しい.

l' **horloger(*ère*)** /オルロジェ(ール)/ 名 時計商; 時計製造業者.

l' **horlogerie** /オルロジュリ/ 女 時計製造業; 時計店.

hormis /オルミ/ 前 《文》…を除いて, …以外は.

l' **hormone** /オルモヌ/ 女 〔生化〕ホルモン.

l' **horoscope** /オロスコプ/ 男 星占い.

l' **horreur** /オルル/ 女 (英 horror) ❶ 恐怖.
● film d'*horreur* ホラー映画.
❷ 嫌悪, 憎しみ.
❸ 残酷さ; 醜悪さ.
❹ 不快なもの; 残虐行為.
avoir horreur de... …が大嫌いである.
faire horreur à... …をうんざりさせる.

horrible /オリブル/ 形 (英 horrible) ❶ 恐ろしい, ぞっとする. ❷ ひどい, ものすごい.

horriblement /オリブルマン/ 副 恐ろしく, 極端に.

horrifier /オリフィエ/ 他 をぞっとさせる, に恐怖[嫌悪]を抱かせる.

hors /オール/ 前 (英 outside)
❶〈hors de...〉…の外に; …からはずれた; …をこえた.
● Il a sauté *hors du* lit. 彼はベッドの外に飛び出した.
❷《無冠詞名詞を伴って》…をはずれた.
● *hors de* question 論外の.
● *hors d'*usage 使用不能の.
● *hors* (*de*) service 故障中の, 使用できない.

le **hors-bord** /オルボール/ 男 《不変》船外機, モーターボート.

le **hors-d'œuvre** /オルドゥーヴル/ 男 《不変》オードヴル, 前菜.

le **hors-jeu** /オルジュ/ 男 《不変》〔スポーツ〕オフサイド.

le **hors-la-loi** /オルラロワ/ 男 《不変》アウトロー; 無法者.

l' **hortensia** /オルタンスィア/ 男 〔植〕セイヨウアジサイ.

l' **horticulteur**(***trice***) /オルティキュルトゥール(トリス)/ 名 園芸家.

l' **horticulture** /オルティキュルテュール/ 女 園芸.

l' **hospice** /オスピス/ 男 ホスピス; 老人ホーム.

hospitalier(***ère***) /オスピタリエ(ール)/ 形 病院[医療]の; もてなすのが好きな, 人を歓待する.

hospitaliser /オスピタリゼ/ 他 を入院させる.

l' **hospitalité** /オスピタリテ/ 女 歓待; もてなし.

hostile /オスティル/ 形 ❶ 敵意をもった; 敵対する.
❷〚à, に〛反対の.

l' **hostilité** /オスティリテ/ 女 敵意, 憎しみ; 《複》敵対[戦闘]行動.

le **hot-dog** /オトドグ/ 男 (＜英) ホットドッグ.

l' **hôte**(***sse***) /オト(オテス)/ 名 (英 host) ❶ (客を迎える)主人, ホスト. ❷ (もてなしを受ける)客; 住人.
hôtesse de l'air (女性の)キャビンアテンダント.

l' **hôtel** /otɛl オテル/ 男 (英 hotel)
❶ ホテル.
● loger dans un *hôtel* ホテルに泊まる.
❷ 公共建造物.
❸ (貴族などの)邸宅, 館.
hôtel de ville 市役所. 類義 **mairie**

l' **hôtel-Dieu** /オテルディユ/ 男 (複 **hôtels-Dieu**) (パリなどの)市立病院.

l' **hôtelier**(***ère***) /オトゥリエ(ール)/ 名 ホテル経営者.
— 形 ホテルの.

l' **hôtesse** /オテス/ 女 →**hôte**

le **houblon** /ウブロン/ 男 〔植〕ホップ.

la **houille** /ウイユ/ 女 石炭.
houille blanche 水力発電.
houille d'or 太陽エネルギー.

houiller(***ère***) /ウイエ(ール)/ 形 石炭の; 炭田の.
— la **houillère** 女 炭坑, 炭鉱.

la **houle** /ウール/ 女 波のうねり; 大波.

houleux(***se***) /ウル(ーズ)/ 形 波の高い, うねりのある; 騒然とした.

la **houppe** /ウプ/ 女 (前髪の)房.

le **hourra** /ウラ/ 男 歓呼, 歓声, 万歳.
— 間 万歳.

la **housse** /ウス/ 女 カバー, 覆い.

le **houx** /ウ/ 男 〔植〕ヒイラギ(柊).

le **hublot** /ユブロ/ 男 (船・飛行機の)円窓; (洗濯機の)覗(のぞ)き窓.

les **huées** /ユエ/ 女 複 やじ, 罵声.

huer /ユエ/ 他 をやじる, ののしる.

l' **huile** /ユイル/ 女 (英 oil) ❶ 油, オイル. ❷ 油絵の具; 油絵. ❸《話》《多く複数》お偉方, 有力者.
jeter de l'huile sur le feu 火に油を注ぐ.

huiler /ユイレ/ 他 に油をさす, 油を塗る.
— **s'huiler** 代動 体に油[オイル]を塗る.

huileux(se) /ユイル(ーズ)/ 形 油性の, 油を含んだ; 脂ぎった.

le **huis clos** /ユイクロ/ 男〔法〕非公開審理, 傍聴禁止.
à huis clos 非公開で, 内々で.

l' **huissier** /ユイスィエ/ 男 ❶(官庁・議会・大学などの)守衛, 受付. ❷ 執行官, 執達吏(しったつり).

huit /ɥit ユイ(ト)/ 形《不変》(英 eight) 8つの; 8人の; 8番目の.
— le **huit** 男《不変》8(の数字), 8日; 8番地.
dans huit jours (今日から数えて)1週間後に.
en huit 1週間おいた後の.

la **huitaine** /ユイテヌ/ 女 ❶ 約8. ❷(約)1週間.
sous huitaine 1週間の期限で.

huitième /ユイティエム/ 形 (英 eighth) 8番目の, 8分の1の.
— le(la) **huitième** 名 8番目の人[もの].
— le **huitième** 男 8分の1; (パリなどの)8区 (=le 〜 arrondissement).

l' **huître** /ユイトル/ 女〔貝〕カキ.

hum /ウム, フム/ 間 ふむ, うーん. → 疑惑・いらだち・ためらいなどを表す.

humain(e) /ユマン(メヌ)/ 形 (英 human) ❶ 人間の, 人間固有の. ❷ 人間味のある, 人間的な.
C'est humain. 人間だから無理もない.
être humain 人間.
— l'**humain** 男 人間;《複》《文》人類.

l' **humanisme** /ユマニスム/ 男 ❶ 人間主義, ヒューマニズム. ❷(ルネサンスの)ユマニスム, 人文主義.

humaniste /ユマニスト/ 形 人間主義の; ユマニスムの; 古典に精通した.
— l'**humaniste** 名 ❶ ヒューマニスト, 人間主義者. ❷ ユマニスト, 人文主義者.

humanitaire /ユマニテール/ 形 人道(主義)的な.

l' **humanité** /ユマニテ/ 女 (英 humanity) ❶ 人類. ❷ 人間味, 人情.

humble /アンブル/ 形 ❶ 謙虚な, へりくだった. ❷(多く名詞の前で)みすぼらしい, 取るに足らない.
à mon humble avis 卑見ながら.

humblement /アンブルマン/ 副 謙遜して; 控えめに.

humecter /ユメクテ/ 他 を湿らせる.

humer /ユメ/ 他 (空気・風)を吸い込む.

l' **humeur** /ユムール/ 女 (英 humor) ❶ 機嫌, 気分. ❷ 気質, 性格. ❸《文》不機嫌; 気まぐれ.
être de bonne [*mauvaise*] *humeur* 上機嫌[不機嫌]である.
être d'humeur à 不定詞 …したい気分である.

humide /ユミド/ 形 (英 moist, humid) 湿った, ぬれた; 湿気の多い.

l' **humidité** /ユミディテ/ 女 湿気; 湿度.

humiliant(e) /ユミリヤン(ト)/ 形 屈辱的な; 侮辱的な.

l' **humiliation** /ユミリヤスィヨン/ 女 屈辱, 侮辱.

humilier /ユミリエ/ 他 を辱める, 侮辱する.

l' **humilité** /ユミリテ/ 女 謙虚, 謙遜.
en toute humilité 謙遜して.

l' **humour** /ユムール/ 男 (<英) ユーモア. • avoir de l'*humour* ユーモアのセンスがある. • *humour* noir ブラックユーモア.

le **hurlement** /ユルルマン/ 男 遠吠え; 叫び声.

hurler /ユルレ/ 自 ❶(犬やオオカミが)遠吠えする; (人が)わめく, どなる; (風が)うなる. • *hurler* de rire 大声で笑う. ❷ 不調和になる.

la **hutte** /ユト/ 女 掘っ立て小屋, 仮小屋.

hybride /イブリド/ 形 雑種の; 混合の, 折衷の.
— l'**hybride** 男〔生〕雑種.

l' **hydravion** /イドラヴィヨン/ 男 水上飛行機.

l' **hydrogène** /イドロジェヌ/ 男〔化〕水素.

hydrophile /イドロフィル/ 形 吸水性の.
coton hydrophile 脱脂綿.

l' **hygiène** /イジエヌ/ 女 (英 hygiene) 衛生.

hygiénique /イジエニク/ 形 衛生上の; 健康によい.

H

papier hygiénique トイレットペーパー.

l' **hymne** /イムヌ/ 男 賛歌. ● *hymne* national 国歌.

hyper- /イペル/ 接頭 「超」,「過度」の意.

l' **hypermarché** /イペルマルシェ/ 男 大型スーパーマーケット.

l' **hypertension** /イペルタンスィヨン/ 女 〔医〕高血圧(症).

l' **hypnose** /イプノーズ/ 女 催眠(状態).

hypnotiser /イプノティゼ/ 他 に催眠術をかける; を魅了する, 陶酔させる.

l' **hypocrisie** /イポクリズィ/ 女 偽善; 偽善的言動.

H

hypocrite /イポクリト/ 形 偽善的な; 誠実でない.

— l'**hypocrite** 名 偽善者.

l' **hypothèque** /イポテク/ 女 抵当(権), 担保.

l' **hypothèse** /イポテーズ/ 女 仮説, 仮定; 推測.

dans l'hypothèse où 条 仮に…である場合; もし…なら.

en toute hypothèse いずれにせよ.

hypothétique /イポテティク/ 形 仮定的な; 当てにならない; 仮説による, 仮定の.

l' **hystérie** /イステリ/ 女 〔精医〕ヒステリー; 極度の興奮.

l' **hystérique** /イステリク/ 名 ヒステリックな人; ヒステリーの患者.

— 形 ヒステリックな; ヒステリーの.

I i

le **I, i** /イ/ 男 ❶ フランス字母の第９字. ❷ ローマ数字の１.
mettre les points sur les i 細かいところまで説明する, はっきりと主張する.

ibidem /イビデム/ 副 (<ラテン) 同書[同章, 同節]に. → 引用の出典を示す.

ici /isi イスィ/ 副 (英 here)
❶ 《場所》 ここに, ここで.
● Je descends *ici*. 私はここで降ります.
● Voulez-vous signer *ici*? ここにサインしてくれますか.
● Viens *ici*! こっちへ来て[来い].
❷ (電話・放送で)こちらは(…です).
● *Ici* Paris. 《放送などで》 こちらはパリです.
d'ici ここから, ここの; 今から. ● Sortez d'*ici*! 出て行きなさい. ● Le musée d'Orsay est loin *d'ici*? オルセー美術館はここから遠いですか.
***d'ici* (*à*)...** 今から…までに. ● *d'ici* (à) jeudi 今から火曜日の間に. ● *d'ici* (à) une semaine 今から一週間後に.
d'ici là そのときまでに.
d'ici peu まもなく.
ici et là あちこちに[で].
ici même まさにここ[この場所]で.
jusqu'ici 今まで; ここまで.
par ici こちらへ; ここで[に]. 会話 Passez *par ici*. こちらへどうぞ.
près d'ici この近くに[で, の].

l' **icone** /イコヌ/ 男, 女 〔情報〕 アイコン.

l' **icône** /イコヌ/ 女 ❶ (ギリシア正教の)イコン, 聖人画. ❷ 〔情報〕 アイコン. → **icone**

idéal(*ale*) /イデアル/ 形 (英 ideal) (男複 **idéaux, idéals**) 理想的な.
— l' **idéal** 男 理想.
L'idéal serait de 不定詞 [***que*** 接続法] …するのが理想だ.

l' **idéalisme** /イデアリスム/ 男 理想主義.

idéaux → **idéal** の複数形.

l' **idée** /イデ/ 女 (英 idea) ❶ 思いつき, 着想, アイディア; およその見当. ● As-tu une *idée* de l'endroit où on passera les vacances? どこで休暇を過ごすかいい考えがあるかい.
❷ 考え, 思考; 意見. ● *idée* fixe 固定観念.
❸ 空想; 《複》 思想.
à l'idée de 不定詞 [***que*** 接続法] …を考えると.
avoir dans l'idée que 直 …と思う.
changer d'idée 考えを変える.
Quelle idée! 何てばかな考えだ.
se changer les idées 気分転換する.
***se faire des idées* (*sur*...)** (…について)錯覚する, 思い違いをする.
se faire une idée de... …について印象を抱く.
venir à l'idée 思い浮かぶ. ● Cela ne m'est jamais *venu à l'idée*. そんなことは僕には思いつかなかった.

idem /イデム/ 副 (<ラテン) ❶ 同じく. → 同一の著者を指す. ❷ 《話》 同様に.

l' **identifiant** /イダンティフィヤン/ 男 〔情報〕 ユーザー ID, ログイン名.

identifier /イダンティフィエ/ 他
❶ (英 identify) を識別[特定]する; の身元を確認する.
❷ 〈identifier A à [avec] B〉 A を B と同一視[混同]する.
objet volant non identifié 未確認飛行物体, UFO. → 略 OVNI.
— **s'identifier** 代動 〚à, *avec*, と〛 一体化する; 〔心〕 同一視[化]する.

identique /イダンティク/ 形 (英 identical) 同じ; 〚à, と〛 同一の.

l' **identité** /イダンティテ/ 女 (英 identity)
❶ 身分, 身元. ● pièce d'*identité* 身分証明書.
❷ 一致, 同一性.

l' **idéologie** /イデオロジ/ 女 イデオロギー.

l' **idiot(*e*)** /イディヨ(ト)/ 名 (英 idiot) ばか.
— 形 (英 idiotic) ばかな.

l' **idiotie** /イディヨスィ/ 女 ばかげたこと[もの], 愚かさ.

l' **idole** /イドル/ 女 偶像; アイドル.

I

ignoble /イニョブル/ 形 卑劣な, 下劣な; ひどく汚い.

l' **ignorance** /イニョラーンス/ 女 〘de, を〙 知らないこと; 無知, 無学.

dans l'ignorance de... …について知らない.

l' **ignorant(e)** /イニョラン(ト)/ 名 無知な人; 無学な人.

— 形 無知な; 無学な.

ignorer /イニョレ/ 他 (英 ignore) ❶ 〈ignorer 名 [que 直/接続法]〉 …(ということ)を知らない. ●J'*ignore* complètement ce qui est arrivé. 何が起こったのか私は全然知らない. ❷(人)を無視する.

I

il /il イル/ 代 《人称代名詞; 3人称単数男性・主語》(英 he, it)

❶(a) 彼は.

●Regardez ce garçon; *il* est très mignon. あの男の子をごらんなさい, 彼はとてもかわいい.

(b)《男性名詞を受けて》それは.

●J'ai un stylo. *Il* est noir. 私はペンを持っている. それは黒い色をしている.

❷《非人称構文の主語》(a)《時刻》

●*Il* est trois heures. 3時です.

(b)《天候》

●*Il* fait beau. いい天気だ.

(c)《その他》

●*Il* est arrivé un accident. 事故が起こった.

❸〈Il est 形 de 不定詞 [que 直/接続法]〉《非人称》…(するの)は…だ. ●*Il est* [C'est] honteux *de* mentir. うそをつくのは恥ずかしいことだ. →口語では C'est を多く用いる.

l' **île** /イル/ 女 (英 island) 島.

illégal(ale) /イ(ル)レガル/ 形 (男複 illégaux) 違法の, 不法の.

illégalement /イ(ル)レガルマン/ 副 不法に.

illégitime /イ(ル)レジティム/ 形 ❶不法の; 根拠のない. ❷結婚によらない.

l' **illettré(e)** /イ(ル)レトレ/ 名 読み書きのできない人.

— 形 読み書きのできない.

illicite /イ(ル)リスィト/ 形 不法な, 不正な.

illimité(e) /イ(ル)リミテ/ 形 無制限の.

illisible /イ(ル)リズィーブル/ 形 読めない, 読みづらい; 読むに耐えない.

l' **illumination** /イ(ル)リュミナスィヨン/ 女 ❶照明; 《複》イルミネーション. ❷ひらめき.

illuminer /イ(ル)リュミネ/ 他 ❶(英 illuminate) を照らす; イルミネーションで飾る. ❷(表情など)を明るくする, 輝かせる.

— **s'illuminer** 代動 輝く.

l' **illusion** /イ(ル)リュズィヨン/ 女 錯覚, 幻覚; 幻想.

faire illusion 幻惑する.

perdre ses illusions 幻滅する.

se faire des illusions 幻想を抱く, 考え違いをする.

l' **illustration** /イ(ル)リュストラスィヨン/ 女 ❶(英 illustration) 挿絵, イラスト. ❷例証, 説明.

illustre /イ(ル)リュストル/ 形 著名な, 有名な.

illustré(e) /イ(ル)リュストレ/ 形 挿絵[写真]入りの.

— l' **illustré** 男 グラビア雑誌, 絵入り雑誌[新聞].

illustrer /イ(ル)リュストレ/ 他 (英 illustrate) ❶に挿絵[写真, 図版]を入れる. ❷を例証する, 明らかにする.

— **s'illustrer** 代動 《文》有名になる.

l' **îlot** /イロ/ 男 小島; (孤立した木や家の)小さな群[塊].

ils /イル/ 代 《人称代名詞; 3人称複数男性・主語》(英 they) ❶彼らは; それらは.

●*Ils* ont trois enfants. 彼らには子供が3人いる.

POINT 男性名詞・女性名詞の混ざった集合を指す場合にも使う.

❷《話》《政府や権力者集団などに対して》やつらは, 連中は.

il y a /イリヤ/ …がある, 存在する. →**avoir** の成句

l' **image** /イマージュ/ 女 (英 image) ❶絵, 写真, 映像; (鏡などの)像. ●L'*image* est nette [floue]. 画像がはっきりしている[ぼやけている]. ❷そっくりの人; 象徴; 比喩; イメージ.

être l'image de 人 (人)にそっくりである.

image de marque (企業の)ブランドイメージ; (人の)好感度.

sage comme une image (子供が)絵のようにおとなしくじっとしている.

se faire une image 形 (***de***...) (…につい

て)…な印象を持つ.

imaginaire /イマジネール/ 形 (英 imaginary) 想像上の, 架空の.

l'**imagination** /イマジナスィヨン/ 女 (英 imagination) 想像(力), 空想(力).

imaginer /イマジネ/ 他 ❶ (英 imagine) (**a**) を想像[仮定]する, 思う. ● Tu *imagines* la scène! 情景が思い浮かぶでしょ. (**b**) 〈**imaginer A B**〉 AをBだと思う. ● Je l'*imaginais* plus âgée. 私は彼女がもっと年をとっていると思っていた. ❷ 〈**imaginer de** 不定詞〉 …することを考えつく.

imaginer que ... …と思う.

— s'imaginer 代動 ❶ 自分を…と想像する. ❷ 思い描く, 想像する. ❸ 思い込む. ● Elle *s'imagine* que tout le monde l'adore. 彼女は皆が彼女にあこがれていると思い込んでいる.

imbécile /アンベスィル/ 形 (英 stupid, foolish) ばかな, 愚かな.

— l'imbécile 名 ばか, 愚か者.

imbiber /アンビベ/ 他 〈**imbiber A de B**〉 AにBを染み込ませる.

— s'imbiber 代動 〚*de*, を〛 吸い込む.

l'**imitateur(*trice*)** /イミタトゥール(トリス)/ 名 模倣者; ものまねをする人.

l'**imitation** /イミタスィヨン/ 女 模倣; 模造品, 偽物.

imiter /イミテ/ 他 ❶ (英 imitate) をまねる, 模倣する; に似せる, を模造[偽造]する. ❷ を手本にする.

immaculé(e) /イマキュレ/ 形 汚点一つない.

immangeable /アンマンジャブル/ 形 食べられない, まずい.

l'**immatriculation** /イマトリキュラスィヨン/ 女 (名簿などへの)登録.

immatriculer /イマトリキュレ/ 他 を登録する, 入学させる.

immédiat(e) /イメディヤ(ト)/ 形 (英 immediate) 即時の, 即座の; 直接の.

— l'immédiat 男 ***dans l'immédiat*** さしあたり.

immédiatement /イメディヤトマン/ 副 (英 immediately) すぐに, 即座に.

immense /イマーンス/ 形 (英 immense) 広大な; 莫大な.

immensément /イマンセマン/ 副 途方もなく, 非常に.

immerger /イメルジェ/ 他 40 (水に)を沈める.

l'**immeuble** /イムブル/ 男 (英 building) (都会の大きな)建物, ビル, マンション; 〔法〕不動産.

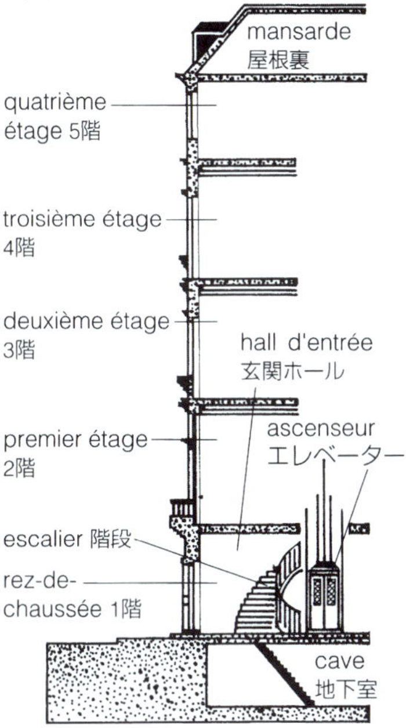

immeuble

l'**immigrant(e)** /イミグラン(ト)/ 名 (他国からの)移民.

l'**immigration** /イミグラスィヨン/ 女 (他国からの)移住.

immigré(e) /イミグレ/ 形 (他国から)移住した.

— l'immigré(e) 名 移民.

immigrer /イミグレ/ 自 (他国から)移住する.

imminent(e) /イミナン(ト)/ 形 間近に迫った, 切迫した, 目前の.

immobile /イモビル/ 形 (英 still) 動かない.

immobilier(*ère*) /イモビリエ(ール)/ 形 不動産の.

— l'immobilier 男 不動産(業).

immobiliser /イモビリゼ/ 他 を動かなくする, 固定する; 〔経〕を固定資産にする.

I

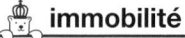

— s'immobiliser 代動 動かなくなる, 止まる.

l' **immobilité** /イモビリテ/ 女 不動(の状態).

immoral(ale) /イモラル/ 形 (男複 immoraux) 不道徳な, 背徳的な.

immoraux →**immoral** の複数形.

immortel(le) /イモルテル/ 形 不死[不滅]の, 不朽の.

l' **immunité** /イミュニテ/ 女 (外交官・議員の)免責特権;〔医〕免疫(性).

l' **impact** /アンパクト/ 男 ❶ 衝撃, 影響力, インパクト, 効果. ❷ 衝突.

impair(e) /アンペール/ 形 (英 odd) 奇数の.

I

— l'impair 男 ❶ 奇数(番号). ❷《話》へま. ●commettre un *impair* へまをやる.

impardonnable /アンパルドナブル/ 形 許すことのできない; 許しがたい.

imparfait(e) /アンパルフェ(ト)/ 形 (英 imperfect) 不完全な.

— l'imparfait 男〔文法〕半過去.

l' **impartialité** /アンパルスィヤリテ/ 女 公平, 公正.

l' **impasse** /アンパス/ 女 ❶ (英 dead end) 袋小路, 行き止まり. ❷ 行き詰まり.

faire l'impasse* [*une impasse*] *sur... 《話》(試験でヤマを張って)…を勉強しない.

impassible /アンパスィブル/ 形 平然とした.

impatiemment /アンパスィヤマン/ 副 待ちかねて, いらいらして.

l' **impatience** /アンパスィヤーンス/ 女 辛抱できないこと.

avec impatience 待ち焦がれて.

impatient(e) /アンパスィヤン(ト)/ 形 待ちきれない.

être impatient de 不定詞 …したくてうずうずしている.

impatienter /アンパスィヤンテ/ 他 をいらいらさせる.

— s'impatienter 代動 〖*de, contre*, に〗いらだつ.

impeccable /アンペカブル/ 形 欠点のない; 完璧な.

impénétrable /アンペネトラブル/ 形 ❶〖à, の〗入り込めない, 貫通できない. ❷ 不可解な.

impératif(ve) /アンペラティフ(ーヴ)/ 形 ❶ (英 imperative) 命令的な; 強制力をもつ. ❷ 差し迫った. ❸〔文法〕命令法の.

— l'impératif 男〔文法〕命令法.

l' **impératrice** /アンペラトリス/ 女 皇后; 女帝. →empereur の女性形.

imperceptible /アンペルセプティブル/ 形 知覚できない, かすかな.

l' **imperfection** /アンペルフェクスィヨン/ 女 欠陥.

impérial(ale) /アンペリヤル/ 形 (男複 impériaux) 皇帝の, 帝国の.

— l'impériale 女 (バス・電車の)屋上席.

l' **impérialisme** /アンペリヤリスム/ 男 帝国主義(政策).

impérialiste /アンペリアリスト/ 形 帝国主義の.

— l'impérialiste 名 帝国主義者.

impérieux(se) /アンペリユ(ーズ)/ 形 ❶ 高圧的な, 横柄な, いばった. ❷ 緊急の; 絶対的な.

impérissable /アンペリサブル/ 形 不滅の.

l' **imperméable** /アンペルメアブル/ 男 (英 raincoat) レインコート.

— 形 ❶ 防水性の. ❷〖à, を〗感じない.

impersonnel(le) /アンペルソネル/ 形 個性[人間味]のない;〔文法〕非人称の.

l' **impertinence** /アンペルティナーンス/ 女 失礼; 無礼な言葉[行為].

impertinent(e) /アンペルティナン(ト)/ 形 無礼な, 失礼な.

imperturbable /アンペルテュルバブル/ 形 動じない, 平然とした.

l' **impétuosité** /アンペテュオズィテ/ 女 激しさ.

impitoyable /アンピトワイヤブル/ 形 情け容赦のない, 冷酷な.

implacable /アンプラカブル/ 形 容赦しない, 冷酷な; 執拗(しつよう)な, 避けがたい.

implanter /アンプランテ/ 他 ❶ (英 implant) を導入する. ❷ を根づかせる.

— s'implanter 代動 定住する.

implicite /アンプリスィト/ 形 暗黙の.

impliquer /アンプリケ/ 他 ❶ (英 implicate) を巻き添えにする. ❷〈impliquer...[que 直/接続法]〉…(であること)を前提とする.

implorer /アンプロレ/ 他 (許し・助け)を懇

願する.

l' **impoli(e)** /アンポリ/ 名 無作法な人, 失礼な人.

— 形 無作法な, 失礼な.

l' **impolitesse** /アンポリテス/ 女 無作法, 無礼;《多く複数》失礼な行為.

l' **importance** /アンポルターンス/ 女 (英 importance) 重要性, 重大さ. ●accorder beaucoup [peu] d'*importance* à ... …を重要視する[ほとんど重視しない].
●avoir de l'*importance* 重要である.
会話 C'est sans *importance*. / Ça n'a pas d'*importance*. 大したことではない.
d'importance 重要な.

important(e) /ɛ̃pɔrtɑ̃, -ɑ̃t アンポルタン(ト)/ 形 (英 important) ❶ 重要な, 大事な.
●C'est très *important* pour moi. それは私には大変重要です.
●point *important* 要点.
❷ (数量・規模が) 大きな, 著しい.
●pertes *importantes* 莫大な損害.
❸ 要職にある, 影響力のある.
●personnage *important* 要人.
❹ 偉そうな, いばった.
Il est important de 不定詞 [***que*** 接続法] …(する)ことが重要である. ●*Il est important de* comprendre la base. 基本を理解することが大切です.

— l' **important(e)** 名 偉そうにする人.
faire l'important 偉そうにする.

— l' **important** 男 重要[肝心]なこと.
L'important est 名 [***de*** 不定詞 / ***que*** 接続法] 重要[肝心]なのは…だ.

l' **importation** /アンポルタスィヨン/ 女 輸入;《複》輸入品.

importer[1] /アンポルテ/ 他 (英 import) を輸入する.

importer[2] /アンポルテ/ 自 《不定詞・分詞・3人称のみ》(英 matter) 〖à〗(人にとって) 重要である.
Il importe (***à*** 人) ***de*** 不定詞 [***que*** 接続法] 《非人称》…することは(人にとって)重要である.
n'importe comment どんな風にでも, でたらめに.
n'importe lequel [***laquelle***] どれでも.
n'importe où どこでも.
n'importe quand いつでも.
n'importe quel [***quelle***] ***...*** どんな…でも.
●Venez à *n'importe quelle* heure. 何時でもいいのでいらっしゃい.
n'importe qui 誰でも; 凡庸な人物.
n'importe quoi 何でも. ●faire [dire] *n'importe quoi* めちゃくちゃなことをする[言う].
Qu'importe! / Peu importe! どうでもいいよ.

l' **importun(e)** /アンポルタン(テュヌ)/ 名 しつこい人, うるさい人, じゃまになる人.

— 形 しつこい, うるさい, じゃまになる.

importuner /アンポルテュネ/ 他 《文》をうるさがらせる.

imposant(e) /アンポザン(ト)/ 形 ❶ 堂々とした, 威厳のある. ❷ (数量が) 圧倒的な.

imposer /アンポゼ/ 他 (英 impose)
❶〈imposer ... à 人〉…を(人)に課す, 強いる, 押しつける. ●*imposer* des conditions à ... …に条件をつける.
●*imposer* ses idées [sa présence] à ... …に考えを強要する.
❷〈imposer à A de 不定詞〉…することをAに強要する.
❸ に課税する.

— 自〈en imposer à 人〉(人)に畏敬の念を起こさせる.

— **s'imposer** 代動 ❶ 当然必要である. ❷ 認められる. ❸〖*de*, (すること)を〗自分に強いる.
会話 ***Je ne voudrais pas m'imposer.*** おじゃまでなければいいのですが.

l' **impossibilité** /アンポスィビリテ/ 女〈impossibilité à 不定詞〉…することが不可能であること; 不可能性; 不可能な事柄.
être dans l'impossibilité de 不定詞 …することができない.

impossible /アンポスィブル/ 形
❶ (英 impossible) 不可能な, ありえない;〈impossible à 不定詞〉…することはできない. ●Ce n'est pas *impossible*. それは十分あり得る.
❷ 非常に困難な.
❸《話》考えられない, とんでもない.
❹《話》(人が) 手に負えない, 耐えがたい.
Il est [《話》 ***C'est***] ***impossible*** (***à*** 人) ***de*** 不定詞 [***que*** 接続法] (人にとって)…は不可能だ.

— l' **impossible** 男 不可能なこと.
demander [***tenter***] ***l'impossible*** 無理なことを要求する[試す].

I

faire l'impossible あらゆることをしてみる.

l' **imposteur** /アンポストゥール/ 男 詐欺師, ぺてん師.

l' **imposture** /アンポステュール/ 女 《文》詐欺, ぺてん.

l' **impôt** /アンポ/ 男 (英 tax) 税金, 税.
● *impôt* sur le revenu 所得税.
● payer des *impôts* 税金を払う.

impotent(e) /アンポタン(ト)/ 形 手足が不自由な, 麻痺(まひ)した.

— l'**impotent(e)** 名 手足の不自由な人.

impraticable /アンプラティカブル/ 形 (道などが)通れない, 実現[適用]不可能な.

imprégner /アンプレニェ/ 他 57 〈imprégner A de B〉 AにBをしみ込ませる.

— **s'imprégner** 代動 〖de, が〗しみ込む, 影響を受ける.

l' **impression** /アンプレスィヨン/ 女 (英 impression) ❶ 印象, 感じ; 《複》感想. ❷ 印刷, プリント; 版.

avoir l'impression de 名 [***de*** 不定詞/***que*** 接続法] …のような気がする.

faire (***une***) ***bonne*** [***mauvaise***] ***impression à...*** …によい[悪い]印象を与える.

faire impression (***sur...***) (…に)感銘を与える.

impressionnant(e) /アンプレスィヨナン(ト)/ 形 (英 impressive) 印象的な, 衝撃的な; 著しい.

impressionner /アンプレスィヨネ/ 他 ❶ (英 impress) に強い印象を与える; を感動させる; 動揺させる. ❷〔写〕を感光させる.

l' **impressionnisme** /アンプレスィヨニスム/ 男〔美〕印象主義, 印象派.

imprévu(e) /アンプレヴュ/ 形 (英 unexpected) 思いがけない, 意外な.

— l'**imprévu** 男 想定外の出来事. ● en cas d'*imprévu* 万一の場合は. ● sauf *imprévu* 不測の事態を除いて.

l' **imprimante** /アンプリマーント/ 女 プリンター.

imprimé(e) /アンプリメ/ 形 (英 printed) 印刷された; プリントの.

— l'**imprimé** 男 印刷物, 刊行物; 記入用紙; プリント布地.

imprimer /アンプリメ/ (英 print) 他 ❶ (英 print) を印刷する, 出版する. ● Ce roman *a été imprimé* à dix mille exemplaires. この小説は1万部刷られた. ❷ をプリントする; (図柄・模様など)を刷る. ❸《文》(跡)を残す; (強い感情)を心に刻む, 抱かせる. ● souvenirs *imprimés* dans la mémoire 記憶に刻み込まれた思い出. ❹ (運動など)を伝える.

l' **imprimerie** /アンプリムリ/ 女 印刷所; 印刷(術).

en caractères [***lettres***] ***d'imprimerie*** 活字体で.

l' **imprimeur** /アンプリムール/ 男 印刷業者[屋]; 印刷工.

improbable /アンプロバブル/ 形 ありそうもない.

impropre /アンプロプル/ 形 不適切な; 〖à, に〗適していない.

improviser /アンプロヴィゼ/ 他 ❶ (詩・曲など)を即興で作る[演奏する]. ● *improviser* à la guitare 即興でギターを弾く. ❷ を即席で作る. ● *improviser* un repas あり合わせの食事を作る.

improviste /アンプロヴィスト/ 《次の表現で》

à l'improviste 不意に, 突然; 即興で.

imprudemment /アンプリュダマン/ 副 軽率に, 不用意に.

l' **imprudence** /アンプリュダーンス/ 女 軽率(な行為), 無謀さ.

imprudent(e) /アンプリュダン(ト)/ 形 (英 careless) 軽率な, 無謀な.

— l'**imprudent(e)** 名 軽率[不注意]な人.

l' **impuissance** /アンピュイサーンス/ 女 無力, 無能; インポテンツ.

impuissance à 不定詞 …する力がないこと.

impuissant(e) /アンピュイサン(ト)/ 形 無力な, 無能な; 〖à〗…する力のない; インポテンツの.

l' **impulsif(ve)** /アンピュルスィフ(ーヴ)/ 名 衝動的な人.

— 形 衝動的な.

l' **impulsion** /アンピュルスィヨン/ 女 ❶ 推進力, 衝撃, 刺激. ● sous l'*impulsion* de... …が推進して. ❷ (精神の)衝動.

impur(e) /アンピュール/ 形 不純な, 混ぜ物のある; 〔宗〕不浄な.

imputer /アンピュテ/ 他 ❶ 〈imputer A à B〉 AをBのせいにする; Aの責任をB

に負わせる. ❷〘à, に〙を繰り入れる.

inabordable /イナボルダブル/ [形] 近寄りがたい; 値が高くて手が出せない.

inacceptable /イナクセプタブル/ [形] 承認[承諾]できない.

inaccessible /イナクセスィブル/ [形] 近寄れない; 理解しがたい; 〘à, に〙動じない.

inachevé(e) /イナシュヴェ/ [形] 未完成の.

inactif(ve) /イナクティフ(ーヴ)/ [形] ❶何もしない, 無為の; 不活発な. ❷効力のない. ❸職業をもたない.

— l'**inactif(ve)** [名] 《多く複数》非就業者.

inadmissible /イナドミスィブル/ [形] (英 inadmissible) 受け入れられない, 容認しがたい.

l'**inadvertance** /イナドヴェルターンス/ [女] 不注意(による過失). ● par *inadvertance* 不注意で.

inaperçu(e) /イナペルスュ/ [形] 人目につかない, 気づかれない. ● passer *inaperçu* 見過ごされる.

inapte /イナプト/ [形] 〘à, に〙向かない, 適さない.

l'**inaptitude** /イナプティテュド/ [女] 〘à, に対する〙不適性, 兵役不適格.

inattendu(e) /イナタンデュ/ [形] (英 unexpected) 思いがけない, 意外な.

— l'**inattendu** [男] 思いがけないこと, 意外な出来事.

l'**inauguration** /イノギュラスィヨン/ [女] 開会[落成・除幕・開通](式).

inaugurer /イノギュレ/ [他] ❶(落成[開会・除幕・開通・就任]式)を行う. ❷を始める; 《話》を最初に[初めて]使う.

l'**incandescence** /アンカンデサーンス/ [女] 白熱.

incapable /アンカパブル/ [形] ❶(英 incapable) 〈**incapable de** [不定詞] [**de** [名]]〉…(すること)ができない. ● Il est *incapable de* se tenir debout. 彼は立っていることができない. ❷無能な, 役に立たない.

— l'**incapable** [名] 無能な人; 〔法〕無能力者.

l'**incapacité** /アンカパスィテ/ [女] 〈**incapacité de** [不定詞]〉…できないこと.

incarner /アンカルネ/ [他] ❶を具現する. ❷(役)を演じる.

— **s'incarner** [代動] 具現される.

incassable /アンカサブル/ [形] 壊れない.

l'**incendiaire** /アンサンディエール/ [名] 放火犯人.

— [形] ❶火災を起こさせる. ❷扇動的な.

l'**incendie** /アンサンディ/ [男] (英 fire) 火事. ● *incendie* criminel 放火.

incendier /アンサンディエ/ [他] ❶に放火する; を焼き払う. ❷《話》を非難する.

incertain(e) /アンセルタン(テヌ)/ [形] ❶(英 uncertain) 不確かな, はっきりしない. ❷〘de, について〙確信がない.

l'**incertitude** /アンセルティテュド/ [女] (英 uncertainty) ❶不確かさ, 不確実性. ❷ためらい.

être dans l'incertitude 不安である.

incessant(e) /アンセサン(ト)/ [形] 絶え間ない.

l'**incident** /アンスィダン/ [男] ❶(一般に困った)出来事, 支障. ❷紛争; (政治・社会上の)混乱.

sans incident 何事もなく.

l'**incitation** /アンスィタスィヨン/ [女] 〘à, への〙扇動, 激励; 〔法〕教唆.

inciter /アンスィテ/ [他] 〈**inciter** [人] **à ...**〉(人)を…する気にさせる.

l'**inclinaison** /アンクリネゾン/ [女] 傾き, 傾斜.

l'**inclination** /アンクリナスィヨン/ [女] ❶性向, 好み. ● avoir de l'*inclination* pour ... …が好きである. ❷お辞儀, 会釈.

incliner /アンクリネ/ [他] を傾ける.

incliner [人] ***à ...*** (人)を…(するよう)に仕向ける, …する気にさせる.

— [自] 〘à, vers, へ〙心が傾く, …する気になる. ● *incliner* à penser [croire] que ... …と考えてしまう.

— **s'incliner** [代動] 身をかがめる, お辞儀をする; 〘devant, に〙屈服する.

inclu[û] ..., incluant →**inclure** [14]

inclure /アンクリュール/ [他] [14] (英 include) を含める, 同封する; 含む.

inclus(e) /アンクリュ(ーズ)/ [形] 含まれた; 同封された.

incolore /アンコロール/ [形] 無色の.

incomber /アンコンベ/ [自] 《3人称のみ》〘à, に〙(義務・責任などが)かかる, 課せられる.

Il incombe à [人] ***de*** [不定詞] …するのは(人)の責任[役目]だ.

incommode /アンコモド/ 形 不便な, 使いにくい.

incommoder /アンコモデ/ 他 (人)を不快にする, に迷惑をかける.

incomparable /アンコンパラブル/ 形 比類のない.

incompatible /アンコンパティブル/ 形 ❶〖avec, と〗相いれない, 両立しない. ❷〔情報〕互換性のない.

incompétent(e) /アンコンペタン(ト)/ 形〖en, について〗無能な, 知識[資格]のない.

incomplet(ète) /アンコンプレ(ト)/ 形 不完全な.

incompréhensible /アンコンプレアンスィブル/ 形 理解できない, 不可解な.

I

inconcevable /アンコンスヴァブル/ 形 考えられない, 想像もつかない, 驚くべき.

Il est inconcevable que 接続法 《非人称》…とはとても考えられない.

inconnu(e) /アンコニュ/ 形 ❶(英 unknown)〖de, à, に〗知られていない, 未知の; よくわからない, 不明の. ❷ 名前のわからない, 無名の.

― l'**inconnu(e)** 名 知らない人; 無名の人.

― l'**inconnu** 男 未知(のもの).

― l'**inconnue** 女〔数〕未知数; 未知の要素.

inconsciemment /アンコンスィヤマン/ 副 無意識に, 知らずに.

inconscient(e) /アンコンスィヤン(ト)/ 形 ❶(英 unconscious) 無意識の. ❷〖de, に〗無自覚の, 無分別な.

― l'**inconscient(e)** 名 意識[自覚]のない人.

― l'**inconscient** 男〔心〕無意識.

inconsolable /アンコンソラブル/ 形 慰めようがない.

incontestable /アンコンテスタブル/ 形 議論の余地のない. ● Il est *incontestable* que … …ということは明白だ.

l'**inconvénient** /アンコンヴェニヤン/ 男 (英 inconvenience) 不都合; 難点, 短所.
● les avantages et les *inconvénients* 長所と短所.

incorporer /アンコルポレ/ 他 ❶〖à, dans, に〗を加える, 入れる. ❷ を混入する. ❸ (新兵)を部隊に編入する.

incorrect(e) /アンコレクト/ 形 不正確な, 間違った; 無作法な.

incorrectement /アンコレクトマン/ 副 不正確に; 無作法に.

incorrigible /アンコリジブル/ 形 矯正できない, 直しがたい.

l'**incrédule** /アンクレデュル/ 名 疑い深い人, 神を信じない人.

― 形 疑い深い, 神を信じない.

incroyable /アンクロワイヤブル/ 形 ❶ (英 unbelievable) 信じられない. ❷ 驚くべき; ひどい.

Il est incroyable de 不定詞 [***que*** 接続法] …(する)とは信じられない.

incroyablement /アンロワイヤブルマン/ 副 信じられないほど.

inculper /アンキュルペ/ 他 〈inculper 人 de ...〉(人)を…の容疑で取り調べる, 告訴する.

inculte /アンキュルト/ 形 ❶ 耕されていない. ❷ 教養のない.

incurable /アンキュラブル/ 形 不治の.

l'**incursion** /アンキュルスィヨン/ 女 (一時的な)侵入; 乱入.

l'**Inde** /アンド/ 女 インド.

indécis(e) /アンデスィ(ーズ)/ 形 ❶ 決心がつかない. ❷ 未決定の, 未解決の. ❸ 曖昧(あいまい)な, ぼんやりした.

l'**indécision** /アンデスィズィヨン/ 女〖sur, についての〗不決断, 優柔不断.

indéfini(e) /アンデフィニ/ 形 (英 indefinite) ❶ 際限のない. ❷ 漠然とした, 不確定の. ❸〔文法〕不定の.

indéfiniment /アンデフィニマン/ 副 際限なく, 無限に, いつまでも.

indélicat(e) /アンデリカ(ト)/ 形 ❶ 無作法な. ❷ 不正直な.

l'**indemnité** /アンデムニテ/ 女 (英 compensation) ❶ 補償金, 賠償金; 違約金. ❷ 手当.

indéniable /アンデニヤブル/ 形 否定できない, 明白な.

indépendamment /アンデパンダマン/ 副〖de, と〗無関係に; (の)ほかに.

l'**indépendance** /アンデパンダーンス/ 女 独立, 自立(心).

indépendant(e) /アデパンダン(ト)/ 形 ❶ (英 independent) 独立[自立]した. ❷〖de, から〗独立した; (とは)無関係の.
● *indépendant de* sa volonté 自分の意思とは関係ない.

indescriptible /アンデスクリプティブル/ 形

表現できない, 言い表せない.

ˡ**index** /アンデクス/ 男 ❶人差し指. ❷(本の)索引, インデックス.

mettre ... à l'index …をブラックリストに載せる, 排斥する.

indicateur(*trice*) /アンディカトゥール(トリス)/ 形 指示する.

—ˡ**indicateur(*trice*)** 名 密告者; (警察への)情報提供者.

—ˡ**indicateur** 男 ❶案内書; 時刻表. ❷指示器. ●*indicateur* de vitesse 速度計.

indicatif(*ve*) /アンディカティフ(ーヴ)/ 形 〘*de*, を〙指示する, 示す.

à titre indicatif ご参考までに.

—ˡ**indicatif** 男 ❶〔文法〕直説法. ❷(放送番組の)テーマ音楽.

indicatif téléphonique 市外局番.

ˡ**indication** /アンディカスィヨン/ 女 ❶(英 indication) 指示; 《多く複数》指図, 情報. ❷表示. ❸〔法〕表示; (薬などの)適応症の指示.

ˡ**indice** /アンディス/ 男 ❶徴候, しるし; 手がかり. ❷〔数・経〕指数, 率. ●*indice* des prix 〔経〕価格指数.

indicible /アンディスィブル/ 形 《文》言語を絶する.

indien(*ne*) /アンディヤン(エヌ)/ 形 ❶インド(Inde)(人)の. ❷アメリカ先住民の, インディオの.

—ˡ**Indien(*ne*)** 名 インド人; アメリカ先住民; インディオ.

indifféremment /アンディフェラマン/ 副 無差別に, 区別なく.

ˡ**indifférence** /アンディフェラーンス/ 女 ❶〘*à*, *devant*, *pour*, に対する〙無関心, 無頓着, 無感動. ❷冷淡.

avec indifférence 無頓着に; 冷淡に.

indifférent(*e*) /アンディフェラン(ト)/ 形 ❶(英 indifferent) 〘*à*, に〙関心がない. ●Elle est restée *indifférente* à mes prières. 彼女は私の懇願に無関心だった. ❷〘*à*〙(人の)興味をひかない; (にとって)どうでもよい. ●Cela *m'*est complètement *indifférent*. そんなことは私にはまったくどうでもよい.
❸冷淡な.

Il est indifférent à 人 ***de*** 不定詞 〔***que*** 接続法〕《非人称》(人)にとって…することはどうでもよい.

—ˡ**indifférent(*e*)** 名 冷淡な人.

indigène /アンディジェヌ/ 形 (とくに植民地の)現地人の, 土着(民)の.

—ˡ**indigène** 名 先住民, 現地人. →蔑称; 現在では autochtone を使う.

indigent(*e*) /アンディジャン(ト)/ 形 《古風》赤貧の, 非常に貧しい.

indigeste /アンディジェスト/ 形 消化しにくい; 読みづらい.

ˡ**indigestion** /アンディジェスティヨン/ 女 消化不良. ●avoir une *indigestion* 消化不良である.

avoir une indigestion de ... …には飽き飽きする.

ˡ**indignation** /アンディニャスィヨン/ 女 憤慨, 憤り.

indigne /アンディニュ/ 形 ❶値しない; 〘*de*, に〙ふさわしくない. ❷非難されるべき.

indigner /アンディニェ/ 他 を憤慨させる, 怒らせる.

—**s'indigner** 代動 〘*de*, *contre*, に〙憤慨する.

indiquer /アンディケ/ 他 ❶(英 indicate) を指す, 指し示す. ●L'aiguille d'une boussole *indique* le nord. コンパスの針は北を指す.
❷を教える; 示す, 表す. 会話 Pourriez-vous m'*indiquer* l'heure? 時間を教えてくださいませんか.
❸(日時)を定める, 指定する.

indiquer à 人 ***comment...*** (人)に…するやり方を教える.

indirect(*e*) /アンディレクト/ 形 (英 indirect) 間接の; 遠回しの. ●d'une manière *indirecte* 遠回しに.

indirectement /アンディレクトマン/ 副 間接に.

indiscret(*ète*) /アンディスクレ(ト)/ 形 ❶無遠慮な, ぶしつけな. 会話 Vous êtes marié, si ce n'est pas *indiscret*? 失礼ですが結婚していらっしゃいますか.
❷口の軽い, 秘密を守らない.

—ˡ**indiscret(*ète*)** 名 無遠慮な人.

indiscrètement /アンディスクレトマン/ 副 無遠慮に.

ˡ**indiscrétion** /アンディスクレスィヨン/ 女 ❶不謹慎, 無遠慮(な言動). ❷口の軽さ, うっかり秘密を漏らすこと.

sans indiscrétion さしつかえなければ.

indiscutable /アンディスキュタブル/ 形 議論の余地のない, 明白な, 確実な.

indispensable /アンディスパンサーブル/ 形 〚à, に〛ぜひ必要な; 欠かせない.

Il est indispensable de 不定詞 [***que*** 接続法]《非人称》…することはぜひ必要だ.

indisponible /アンディスポニブル/ 形 ❶ 自由に使用[処分]できない. ❷ 手が空いていない, 多忙な.

indisposer /アンディスポゼ/ 他 の気分を悪くする; 〚*contre*, に対して〛に悪い感情を抱かせる.

indistinct(*e*) /アンディスタン(クト)/ →男性形も /クト/ を発音することがある. 形 はっきりしない, ぼんやりした, 不明瞭な.

I

l' **individu** /アンディヴィデュ/ 男 ❶ (英 individual) 個人. ❷《軽蔑的》人, やつ, 男. →単数では男性に対してのみ. ❸〔生〕個体.

l' **individualisme** /アンディヴィデュアリスム/ 男 個人主義.

individuel(*le*) /アンディヴィデュエル/ 形 (英 individual) 個人の; 個性的な, 個別の.

chambre individuelle 個室.

l' **Indochine** /アンドシヌ/ 女 インドシナ(半島).

l' **Indonésie** /アンドネズィ/ 女 インドネシア.

indu(*e*) /アンデュ/ 形 常識はずれの. ●à une heure *indue* 常識はずれの時間に, 夜遅くに.

indubitable /アンデュビタブル/ 形 疑う余地のない; 確かな.

induire /アンデュイール/ 他 15 《文》 ❶ 〚*de*, から〛を帰納する; (結論)を下す; (結果として)をもたらす.
❷ を誘導する. ●*induire* 人 en erreur (人)をだます; 誤らせる.

l' **indulgence** /アンデュルジャーンス/ 女 寛大さ, 寛容. ●avec *indulgence* 寛大に. ●sans *indulgence* 情け容赦なく.

indulgent(*e*) /アンデュルジャン(ト)/ 形 寛容な, 甘い.

se montrer indulgent (***pour ...***) (…に対して)寛大さを示す.

industrialiser /アンデュストリヤリゼ/ 他 を工業[産業]化する.

— **s'industrialiser** 代動 工業[産業]化される.

l' **industrie** /アンデュストリ/ 女 ❶ (英 industry) 工業, 産業. ●*industrie* automobile 自動車産業.
❷ (製造業の)工場.

industriel(*le*) /アンデュストリエル/ 形 (英 industrial) 産業の, 工業の; 工場生産の.

— l'**industriel(*le*)** 名 (製造業の)企業家, 工場経営者.

inédit(*e*) /イネディ(ト)/ 形 ❶ 未刊の; 未公開の. ❷ 新機軸な, 前代未聞の.

— l'**inédit** 男 未発表の作品.

inégal(*ale*) /イネガル/ 形 (男複 inégaux) ❶ 等しくない, 不均衡な. ❷ 不規則な, むらのある. ❸ 平坦でない.

l' **inégalité** /イネガリテ/ 女 ❶ 不平等, 不均衡. ❷ むらがあること, 不規則. ❸ 起伏, 凹凸(おうとつ).

inespéré(*e*) /イネスペレ/ 形 思いがけない.

inestimable /イネスティマブル/ 形 評価を絶した, 貴重な.

inévitable /イネヴィタブル/ 形 ❶ (英 inevitable) 避けられない, 必然的な. ❷《ふざけて》お決まりの.

inévitablement /イネヴィタブルマン/ 副 必然的に, 不可避的に.

inexact(*e*) /イネグザ(クト)/ →男性形も /クト/ を発音することがある. 形 ❶ 不正確な, 間違った. ❷ 時間を守らない.

l' **inexactitude** /イネグザクティテュド/ 女 不正確さ; 誤り; (人が)時間に正確でないこと.

l' **inexpérience** /イネクスペリヤーンス/ 女 無経験, 不慣れ, 未熟.

inexpérimenté(*e*) /イネクスペリマンテ/ 形 無経験な, 未熟な; まだ試していない.

inexplicable /イネクスプリカブル/ 形 説明できない; 不可解な.

inexprimable /イネクスプリマブル/ 形 表現しようのない, 言語に絶する.

infâme /アンファーム/ 形 おぞましい, 下劣な; 不快な, 汚らしい.

l' **infamie** /アンファミ/ 女 ❶ 恥辱, 汚辱. ❷《文》卑劣さ; 卑劣な行為.

l' **infanterie** /アンファントリ/ 女 歩兵隊.

infatigable /アンファティガブル/ 形 疲れを知らない.

infect(*e*) /アンフェクト/ 形 (英 horrible)《話》(におい・味などが)胸が悪くなるよう

な; ひどい; 下劣な.

infecter /アンフェクテ/ 他 (細菌・ウイルスなどに)を感染させる; (傷)を化膿(のう)させる; 悪臭などで満たす.

— s'infecter 代動 (伝染病に)感染する; (傷が)化膿する.

infection /アンフェクスィヨン/ 女 ❶ 化膿; 感染, 伝染(病). ❷ 悪臭(を放つこと).

inférieur(e) /アンフェリユール/ 形 (英 lower, inferior) 〚à, より〛 ❶ 下の, 低い; 下流の. ●terre *inférieure au niveau de la mer* 海面より低い土地.
❷ 劣った, 下等な.
❸ 少ない.

— inférieur(e) 名 目下の者, 部下.

infériorité /アンフェリヨリテ/ 女 (英 inferiority) 劣ること; 劣等; 弱点.

infernal(ale) /アンフェルナル/ 形 (男複 infernaux) ❶ 地獄の; 地獄のような.
❷ 《話》 すさまじい; 耐えがたい.

infidèle /アンフィデル/ 形 ❶ 〚à, に〛 不誠実な, 不貞な, 浮気な. ❷ ありのままでない, 不正確な.

— infidèle 名 浮気な人.

infime /アンフィム/ 形 ごくわずかの, 微細な.

infini(e) /アンフィニ/ 形 (英 infinite) 無限の; 無数の.

— infini 男 無限.

à l'infini 無限に.

un nombre infini de 名 《無冠詞》 無数の….

infiniment /アンフィニマン/ 副 無限に; 非常に.

infinitif(ve) /アンフィニティフ(ーヴ)/ 形 (英 infinitive) 〔文法〕 不定詞の.

— infinitif 男 不定詞.

infirme /アンフィルム/ 形 (英 disabled) 〚de, に〛 障がいのある.

— infirme 名 身体障がい者.

infirmerie /アンフィルムリ/ 女 医務室, 保健室.

infirmier(ère) /アンフィルミエ(ール)/ 名 (英 nurse) 看護士.

infirmité /アンフィルミテ/ 女 身体障がい, 体の不自由.

inflammable /アンフラマブル/ 形 引火性の, すぐに燃える.

inflammation /アンフラマスィヨン/ 女 〔医〕 炎症.

inflation /アンフラスィヨン/ 女 〔経〕 インフレーション; (事物や人員の)激増, 氾濫(はんらん).

inflexible /アンフレクスィブル/ 形 心を動かされない, 強情な, 不屈の; 厳しい.

infliger /アンフリジェ/ 他 40 (罰など)を科する, 加える; 押しつける.

influence /アンフリュアーンス/ 女 ❶ (英 influence) 〚sur, に対する〛 影響, 感化, 作用. ●avoir de l'*influence sur* 人 (人)に影響力がある. ❷ 影響力, 勢力.

sous l'influence de... …の力で; …に影響されて.

influencer /アンフリュアンセ/ 他 52 に影響[作用]を及ぼす, 左右する.

influent(e) /アンフリュアン(ト)/ 形 (英 influential) 影響力のある, 有力な.

influer /アンフリュエ/ 自 (英 influence) 〚sur, に〛 影響を及ぼす.

information /アンフォルマスィヨン/ 女
❶ (英 information) 情報.
❷ 《多く複数》 (テレビ・ラジオの)ニュース. ●regarder les *informations* (テレビで)ニュースを見る.
❸ 報道.

bulletin d'informations ニュース番組.

informatique /アンフォルマティク/ 女 情報科学, 情報処理.

— 形 情報科学[処理]の; コンピューターの.

informe /アンフォルム/ 形 形のはっきりしない, 不完全な; 不格好な, 醜い.

informer /アンフォルメ/ 他 (英 inform)
❶ に知らせる, 通知する; 〈informer A de [sur] B〉 AにBを知らせる, Bについて情報を与える.
❷ 〈informer A que 直〉 Aに…ということを知らせる. ●On *m'a informé que* ma valise avait été retrouvée. 私は荷物が見つかったという通知を受けた.

— s'informer 代動 〚de, sur, について〛 問い合わせる, 照会する, 情報を得る.

infortune /アンフォルテュヌ/ 女 《文》 (思いがけない)不幸, 災難; 不運.

infraction /アンフラクスィヨン/ 女 〚à, に対する〛 違反, 侵害. ●être en *infraction* 違反している.

infrarouge /アンフラルージュ/ 男 赤外線.

— 形 赤外線の.

infuser /アンフュゼ/ 他 を煎じる; 熱湯に浸す.

— 自 (茶などの成分が液の中に)出る.
● laisser *infuser* (茶葉などに)お湯を注いでしばらくおく.

l' **infusion** /アンフュズィヨン/ 女 煎じること; 煎じ薬; ハーブティー.

s'ingénier /アンジェニエ/ 代動 〘à, しようと〙工夫を凝らす.

l' **ingénieur(*e*)** /アンジェニユール/ 名 (英 engineer) 技師, 技術者, エンジニア. → 伝統的には女性にも男性形を用い, 女性を示す場合は femme ingénieur とすべきとされるが, une ingénieur(e) も用いられる.

ingénieux(*se*) /アンジェニユ(ーズ)/ 形 創意工夫に富んだ; 器用な, 巧みな.

l' **ingéniosité** /アンジェニヨズィテ/ 女 創意工夫, 巧妙さ, 器用さ.

ingrat(*e*) /アングラ(ト)/ 形 ❶(英 ungrateful) 《envers, に対して》恩知らずな. ❷(労力などに)報いるところの少ない. ❸(顔などが)不器量な, 感じの悪い.
— l'**ingrat(*e*)** 名 恩知らず.

l' **ingrédient** /アングレディヤン/ 男 (混合物の)成分, 含有物; (料理などの)原料.

inhabitable /イナビタブル/ 形 住めない, 住みにくい.

inhabité(*e*) /イナビテ/ 形 人の住まない, 無人の.

inhabituel(*le*) /イナビチュエル/ 形 いつもとは違う, 珍しい.

inhérent(*e*) /イネラン(ト)/ 形 〘à, に〙本質的に属する, 固有の.

inhumain(*e*) /イニュマン(メヌ)/ 形 無情な, 非人間的な; 人間離れした.

l' **inimitié** /イニミティエ/ 女 《文》敵意, 反目.

initi*al*(*ale*) /イニスィヤル/ 形 (男複 initiaux) 最初の, 冒頭の.
— l'**initial** 女 イニシャル, 頭文字.

l' **initiation** /イニスィヤスィヨン/ 女 〘à, の〙入門, 手ほどき.

l' **initiative** /イニスィヤティヴ/ 女 ❶発意, 主導権; 率先した行動. ❷進取の気性, 自発性.
à* [*sur*] *l'initiative de... …の提案で.
avoir de l'initiative 主導権を握る.
avoir l'esprit d'initiative 物事に率先して取り組む性格だ.
de sa propre initiative 自発的に.
prendre l'initiative de... 率先して…する.
syndicat d'initiative 観光協会. 類義 **office du tourisme**

initier /イニスィエ/ 他 (英 initiate) 〈**initier** 人 **à ...**〉(人)に…の手ほどきをする.
— **s'initier** 代動 〘à, の〙初歩を学ぶ.

injecter /アンジェクテ/ 他 を注射する; (液・気体)を注入する.

l' **injection** /アンジェクスィヨン/ 女 注射(液); 注入; 噴射.

l' **injure** /アンジュール/ 女 罵詈雑言(ばりぞうごん); 悪口.
faire injure à ... …侮辱する.

injurier /アンジュリエ/ 他 (英 insult) をののしる, 侮辱する.
— **s'injurier** 代動 ののしり合う.

injurieux(*se*) /アンジュリユ(ーズ)/ 形 侮辱的な.

injuste /アンジュスト/ 形 (英 injust) 不当[不正]な.

l' **injustice** /アンジュスティス/ 女 (英 injustice) 不当, 不正(行為); 不公平.

inné(*e*) /イ(ン)ネ/ 形 生まれつきの, 先天的な.

l' **innocence** /イノサンス/ 女 ❶無罪, 無実. ❷無邪気, 無垢(むく).
en toute innocence 無邪気に, 悪気なく.

innocent(*e*) /イノサン(ト)/ 形 (英 innocent) ❶無実[無罪]の, 潔白な. ❷無邪気な, 無垢(むく)な; 単純な. ❸罪のない.
— l'**innocent(*e*)** 名 無実の[潔白な]人.
faire l'innocent しらをきる, しらばくれる.

innombrable /イ(ン)ノンブラブル/ 形 数え切れない, 無数の.

l' **innovation** /イノヴァスィヨン/ 女 革新, 改革.
派生 **innover** 他 自

inoffensi*f*(*ve*) /イノファンスィフ(ーヴ)/ 形 無害の, 罪のない.

l' **inondation** /イノンダスィヨン/ 女 (英 flood) 洪水, 氾濫(はんらん), 浸水.

inonder /イノンデ/ 他 (英 flood) ❶に洪水を起こす, を水浸しにする; ずぶ濡れにする. ● La fuite d'eau *a inondé* toute la maison. 水漏れで家中が水浸しになった. ❷を一杯にする; 〘*de*, で〙あふれさせる. ● La joie *inondait* son cœur. 彼(女)の心は喜びであふれていた.

inopiné(*e*) /イノピネ/ 形 (英 unexpected) 思いがけない.

inoubliable /イヌブリヤブル/ 形 忘れられない.

inouï(e) /イヌイ/ 形 (英 incredible) 驚くべき, 信じられない, 途方もない.

l' **inox** /イノクス/ 男 ステンレス.

inoxydable /イノクスィダブル/ 形 酸化しない, 錆(さ)びない.

— l' **inoxydable** 男 ステンレス.

inquiet(ète) /アンキエ(ト)/ 形 (英 anxious) ❶(a) 心配な, 不安な. (b)〈être inquiet de 名 [de 不定詞]〉…が心配だ. (c)〈être inquiet que 接続法〉…ではないかと心配だ. ❷《文》落ち着かない.

— l' **inquiet(ète)** 名 心配性の人.

inquiétant(e) /アンキエタン(ト)/ 形 心配させるような, 憂慮すべき.

inquiéter /アンキエテ/ 他 57 ❶(英 worry) を心配させる, 不安にする. ●Ta santé m'*inquiète*. 君の健康が心配だ. ❷(人)をつけ回す.

— **s'inquiéter** 代動 ❶〖de, のことを〗心配する. ●Ne vous *inquiétez* pas. 心配しないでください. 会話 *T'inquiète!* 心配しないで. ❷〖de, について〗問い合わせる.

l' **inquiétude** /アンキエテュド/ 女 (英 worry) 心配, 不安, 懸念. ●fou d'*inquiétude* 心配でたまらない.

insaisissable /アンセズィサブル/ 形 捕えられない, 捕えどころのない.

insatiable /アンサスィヤブル/ 形 飽くことを知らない, 貪欲(どんよく)な.

l' **inscription** /アンスクリプスィヨン/ 女 ❶(英 enrollment) 登録, 入学手続き; 参加申し込み; 記入. ❷掲示; 落書き. ❸碑文.

inscri ... →**inscrire** 26

inscrire /アンスクリール/ 他 26 ❶(英 register) を登録する. ●On a *inscrit* mon nom sur la liste des reçus (à l'examen). 私の名前は合格者名簿に記載された. ●*inscrire* un enfant à l'école 子供を学校に入れる.
❷を記入する; (石などに)刻む.

— **s'inscrire** 代動 〖à, に〗登録する, 加入する.

s'inscrire en faux contre ... …を否認する.

l' **insecte** /アンセクト/ 男 (英 insect) 昆虫.

l' **insecticide** /アンセクティスィド/ 男 殺虫剤.

— 形 殺虫の.

insensé(e) /アンサンセ/ 形 常軌を逸した, 非常識な, ものすごい.

— l' **insensé(e)** 名 常軌を逸した[非常識な]人.

insensible /アンサンスィブル/ 形 ❶〖à, に〗無感覚な, 鈍感な. ❷感じられないほどの.

insensiblement /アンサンスィブルマン/ 副 目に見えないほど, 少しずつ.

inséparable /アンセパラブル/ 形 〖de, から〗切り離せない; (人が)別れられない.

insérer /アンセレ/ 他 57 (英 insert) ❶を挿入する. ❷(記事)を掲載する, つけ加える.

— **s'insérer** 代動 〖dans, の中に〗組み込まれる; (人が)溶けこむ, 同化する.

l' **insigne** /アンスィニュ/ 男 徽(き)章, バッジ.

insignifiant(e) /アンスィニフィヤン(ト)/ 形 取るに足りない, くだらない.

insinuer /アンスィニュエ/ 他 (英 imply) をほのめかす.

— **s'insinuer** 代動 〖dans, に〗潜り込む; (液体が)染み込む.

l' **insistance** /アンスィスタンス/ 女 しつこさ. ●avec *insistance* 執拗(しつよう)に.

insister /アンスィステ/ 自 ❶(英 insist) 〖sur, を〗強調する; (に)固執する. ●Il faut *insister sur* ce point. この点を強調しなければならない.
❷〈insister pour 名 [pour 不定詞/pour que 接続法]〉…(すること)をしつこく要請する. ●Il *insiste pour* vous parler. 彼はあなたと話すと言い張っています. ●Sa mère *insiste pour qu'*il poursuive ses études. 彼の母は彼が勉強を続けるように言い張る.
❸《話》続ける.
会話 ***N'insiste pas!*** (わかったから)もう言うな.

l' **insolation** /アンソラスィヨン/ 女 日射病.

l' **insolence** /アンソラーンス/ 女 横柄, 無礼(な言動).

insolent(e) /アンソラン(ト)/ 形 ❶無礼な; 横柄な. ❷これ見よがしの, ひけらかすような; 途方もない.

— l' **insolent(e)** 名 無礼な人.

insolite /アンソリト/ 形 異様な, 突飛な.

→最近ではよい意味で使われる.

insomnie /アンソムニ/ 女 不眠(症).
● avoir des *insomnies* 不眠症である.

insouciant(e) /アンススィヤン(ト)/ 形 のんきな; [*de*, を] 気にかけない.

inspecter /アンスペクテ/ 他 ❶ (英 inspect) を検査する; 細かく調べる. ❷ を監督する, 視察する.

inspecteur(trice) /アンスペクトゥール(トリス)/ 名 ❶ (英 inspector) 検査[視察]官, 視学官. ❷ 私服刑事 (=～ de police).

inspection /アンスペクスィヨン/ 女 検査, 視察, 監督; 検査院.

inspiration /アンスピラスィヨン/ 女 ❶ インスピレーション, 霊感; 思いつき, ひらめき. ● avoir de l'*inspiration* ひらめく. ❷ 示唆; 影響. ❸ 息を吸いこむこと.

inspirer /アンスピレ/ 他 (英 inspire) ❶ (作品・感情など)を産み出させる. ❷ (人)に霊感を与える; (人)の創作意欲を刺激する.
— 自 息を吸う.
— **s'inspirer** 代動 [*de*, から] 着想を得る.

instabilité /アンスタビリテ/ 女 不安定.

instable /アンスタブル/ 形 不安定な, 変わりやすい.
— **instable** 名 気が変わりやすい人; 情緒不安定な人.

installation /アンスタラスィヨン/ 女 ❶ 取りつけ. ❷ 設備. ❸ 居を構えること. ❹ 〔情報〕インストール.

installer /アンスタレ/ 他 ❶ (英 install) を設置する, 取りつける; 開設する.
● faire *installer* l'électricité 電気を引く.
❷ に必要な設備を施す.
● Son appartement *est* bien *installé*. 彼(女)のアパルトマンは設備がよい.
❸ (ある場所に)(人)を落ち着かせる, 住まわせる, 座らせる, 寝かせる.
❹ 〔情報〕をインストールする.
— **s'installer** 代動 ❶ 落ち着く, 住む, 居を定める; 座る.
● *s'installer* à Paris パリに居を構える.
❷ (医師・弁護士などが)開業する; 設置される.
❸ (考えなどが)定着する, 根を下ろす; (状態に)陥る.

instance /アンスターンス/ 女 ❶ 《多く複数》懇願, 切望. ❷ 決定機関; 上層部. ❸ 〔法〕訴訟手続き; 審理. ● être en *instance de divorce* 離婚訴訟中である.
être en instance de 名 《無冠詞》 まさに…しようとしている.
sur les instances de... …に懇願されて.

instant /アンスタン/ 男 (英 instant, moment) 瞬間, 一瞬; そのとき. ● en un *instant* 一瞬にして. 会話 Un *instant*, s'il vous plaît! ちょっと待ってください.
à l'instant すぐに; たった今.
à l'instant où 直 …のまさにそのときに.
à tout instant 絶えず.
dans un instant 間もなく, すぐに.
dès l'instant que [***où***] 直 …の瞬間から; …である以上.
de tous les instants 絶えず, 不断の.
pour l'instant 今のところ.

instantané(e) /アンスタンタネ/ 形 瞬間的な, 即時の, インスタントの.
— **instantané** 男 スナップショット.

instantanément /アンスタンタネマン/ 副 瞬く間に; 即座に.

instaurer /アンストレ/ 他 の基礎を築く, を設立[創始]する.
— **s'instaurer** 代動 確立される, 作り出される.

instinct /アンスタン/ 男 ❶ (英 instinct) 本能. ❷ 直観, 勘. ❸ 天分; 才能; 《複》《軽蔑的》本性, 衝動.
d'instinct 本能的に.

instinctif(ve) /アンスタンクティフ(ーヴ)/ 形 本能[無意識]的な; 衝動的な.

instituer /アンスティテュエ/ 他 (英 institute) (制度など)を制定する; 確立する.

institut /アンスティテュ/ 男 研究所, 学院.
● l'*Institut* de France フランス学士院.
→科学, 芸術など5つのアカデミーからなる.

instituteur(trice) /アンスティテュトゥール(トリス)/ 名 (英 teacher) (小学校の)先生, 教諭.

institution /アンスティテュスィヨン/ 女 ❶ (英 institution) 制度, 機構; 《複》体制. ❷ 設立. ❸ (私立の)学校. ❹ 《話・皮肉》慣例, しきたり.

instructif(ve) /アンストリュクティフ(ーヴ)/ 形 ためになる, 勉強に役立つ.

instruction /アンストリュクスィヨン/ 女 ❶ (英 education) 教育. ❷ 教養, 知識. ● avoir de l'*instruction* 教養がある.

❸《複》指示;(商品の)使用法, 説明書.
❹〔法〕予審.
❺〔情報〕命令, インストラクション.

instruire /アンストリュイール/ 他 15 ❶(英 teach)(人)を教育する;〖sur, について〗に教える. ❷〈instruire 人 de ...〉(人)に…を知らせる. ❸〔法〕の予審を行う.

— s'instruire 代動 ❶学ぶ, 勉強する. ●Il *s'est* beaucoup *instruit* au contact des autres. 彼はほかの人たちとの接触から多くのことを学んだ. ❷《文》〖*de*, について〗問い合わせる, 調べる.

instrui ... →instruire 15

l' **instrument** /アンストリュマン/ 男 ❶(英 instrument)道具, 器具; 手段. ❷楽器(= ～ de musique). ●*instrument* à cordes 弦楽器.

insu /アンスュ/ 前 《次の表現で》
à l'insu de 人 (人)に知らせずに;(人)の知らない間に.

l' **insuccès** /アンスュクセ/ 男 不成功.

insuffisamment /アンスュフィザマン/ 副 不十分に.

l' **insuffisance** /アンスュフィザーンス/ 女 ❶不足, 不十分;《複》欠陥. ❷〔医〕機能不全. ●*insuffisance* cardiaque 心不全.

insuffisant(e) /アンスュフィザン(ト)/ 形 不十分な, 不足な; 能力[才能]のない.

insulaire /アンスュレール/ 形 島の, 島に住む.

— l'insulaire 名 島民.

l' **insulte** /アンスュルト/ 女 侮辱, 無礼(な言動).

insulter /アンスュルテ/ 他 (英 insult)を侮辱する, をののしる. ●se faire *insulter* (par ...)(…に)侮辱される.

— 自《文》〖*à*, を〗嘲(あざけ)る.

insupportable /アンスュポルタブル/ 形 (英 unbearable)耐えられない, 我慢できない.

s'insurger /アンスュルジェ/ 代動 40 反乱を起こす, 反抗する, 激しく抗議する.

l' **insurrection** /アンスュレクスィヨン/ 女 反乱, 蜂起(ほうき).

intact(e) /アンタクト/ 形 もとのままの, 無傷の.

intégral(ale) /アンテグラル/ 形 (男複 intégraux)全部の, 完全な;〔数〕積分の.

— l'intégrale 女 全集, 全作品.

l' **intégration** /アンテグラスィヨン/ 女 同化.

intégrer /アンテグレ/ 他 57 (全体の中に)を組み込む, 同化させる.

— 自《話》《学生》(高等専門学校に)入る.

— s'intégrer 代動 〖*à*, *dans*, に〗溶け込む, 同化する.

intellectuel(le) /アンテレクテュエル/ 形 (英 intellectual)知的な, 知能の, 頭脳的な; 理知的な.

— l'intellectuel(le) 名 知識人, インテリ.

l' **intelligence** /アンテリジャーンス/ 女 (英 intelligence) ❶知能, 知性; 頭のよさ. ❷頭のいい人. ❸〖*de*, の〗理解, 把握; 才覚; こつ. ❹《複》内通.
avoir l'intelligence de 不定詞 気をきかせて…する.
d'intelligence 共謀の.
faire preuve d'intelligence 知性[才気]を示す.
vivre en bonne [mauvaise] intelligence avec ... …と仲よく[仲悪く]暮らす.

intelligent(e) /アンテリジャン(ト)/ 形 (英 intelligent) ❶頭のいい, 賢い. ●enfant *intelligent* 頭のいい子供. ❷知的な, 知能が高い. ●réponse *intelligente* 賢い返事.

intelligible /アンテリジブル/ 形 理解できる, わかりやすい; 聞き取れる, 明瞭な.

les **intempéries** /アンタンペリ/ 女 複 悪天候.

l' **intendant(e)** /アンタンダン(ト)/ 名 ❶経理[会計]係. ❷(大きな家・財産の)管理人.

intense /アンターンス/ 形 強度の, 激しい.

intensif(ve) /アンタンスィフ(ーヴ)/ 形 集中的な, 徹底的な.

intensifier /アンタンスィフィエ/ 他 を強める, 増大させる.

— s'intensifier 代動 強くなる, 激しくなる.

l' **intensité** /アンタンスィテ/ 女 強さ, 激しさ.

l' **intention** /アンタンスィヨン/ 女 (英 intention)意図, 狙い; 故意.
à l'intention de 人 (人)のために.
avoir l'intention de 不定詞 …するつもりである. ●Avez-vous l'intention d'y aller? あなたはそこに行くつもりですか.
dans l'intention de 不定詞 …する目的で.

I

intentionné(e) /アンタンスィヨネ/ 形
bien* [*mal*] *intentionné 好意的な[悪意のある].

intercaler /アンテルカレ/ 他 を挿入する, 差し込む, 加える.

— s'intercaler 代動 挿入される, 入り込む, 加わる.

intercepter /アンテルセプテ/ 他 ❶ を途中で捕える[奪う]; 横取りする. ❷ をさえぎる, 遮断(しゃだん)する.

interdi ... →interdire 37

l' **interdiction** /アンテルディクスィヨン/ 女 禁止. ● *Interdiction* de stationner《掲示》駐車禁止.

interdire /アンテルディール/ 他 37 (英 prohibit) ❶ を妨げる, 禁止する. ● *interdire* un film 映画の上映を禁じる.
❷〈**interdire** 名 **à** 人/**interdire à** 人 **de** 不定詞/**interdire que** 接続法〉(人)に…(すること)を禁じる. ● *interdire* l'alcool à 人 (人)にアルコールを禁じる.

interdit(e) /アンテルディ(ト)/ 形 ❶ (英 prohibited) 禁じられた. ● film *interdit* aux moins de 18 ans 18歳未満お断りの映画.
❷ 驚いた, 狼狽(ろうばい)した.
Il est interdit de 不定詞 [***que*** 接続法] …することは禁止されている.

intéressant(e) /ɛ̃terɛsɑ̃, -ɑ̃t アンテレサン(ト)/ 形 ❶ (英 interesting) 面白い, 興味深い.
● Ce film est très *intéressant*. この映画は大変面白い.
● personnalité *intéressante* 興味深い人物.
❷ 有利な, 得な.
Il est* [*C'est*] *intéressant de 不定詞 …するのは面白い.

— l'intéressant 男 興味深い点.

— l'intéressant(e) 名《次の表現で》
faire l'intéressant 《軽蔑的》目立とうとする.

intéressé(e) /アンテレセ/ 形 ❶ 打算的な, 自分の利益しか考えない. ❷ 利害関係のある, 関与している.

— l'intéressé(e) 名 利害関係者, 当事者.

intéresser /アンテレセ/ 他 (英 interest) ❶ (a) (人)の興味[関心]を引く. ● Votre projet nous *intéresse* beaucoup. あなたの計画に我々は大いに関心があります.
(b)〈**intéresser** 人 **à ...**〉(人)に…への興味を起こさせる.
❷ (ことが)…に関係する, かかわる.
❸〈**intéresser** 人 **à** [**dans**] **...**〉…の利益に(人)をあずからせる, (人)に…の利害を共にさせる.

— s'intéresser 代動 〘*à*, に〙関心がある; 興味を抱く. ● Je ne *m'intéresse* pas à la politique. 私は政治に関心がない.

l' **intérêt** /アンテレ/ 男 (英 interest)
❶ 興味, 関心. ● prendre [perdre] *intérêt* à ... …に興味を持つ[失う].
❷ おもしろさ; 重要性.
❸ 同情, 好意.
❹ 利益, 得. ● *intérêt* public 公益.
❺ 利子, 利息; 私利私欲, 打算.
avec intérêt 興味を持って.
avoir intérêt à 不定詞 …する方がいい.
dans l'intérêt de 人 (人)の利益になるように.

intérieur(e) /アンテリユール/ 形 ❶ (英 interior) 内側の, 内部の. ● poche *intérieure* d'une veste 背広の内ポケット.
❷ 国内の.
❸ 内的な, 精神の.

— l'intérieur 男 ❶ 内側, 内部. ❷ 屋内, 室内, インテリア. ❸ 国内; 内陸.
***à l'intérieur* (*de ...*)** (…の)中[内]に.
● Nous avons rendez-vous *à l'intérieur du* restaurant. 我々はレストランの中で会う約束をしている.

l' **intérim** /アンテリム/ 男 (<ラテン) 代理[代行](期間); 臨時雇用.

l' **interjection** /アンテルジェクスィヨン/ 女 〔文法〕間投詞.

l' **interlocuteur(*trice*)** /アンテルロキュトゥール(トリス)/ 名 話し相手.

l' **intermède** /アンテルメド/ 男 ❶ 中断, 小休止. ❷ 幕間(あい)の寸劇[音楽].

intermédiaire /アンテルメディエール/ 形 (英 intermediate) 中間の. ● trouver une solution *intermédiaire* 妥協案を見い出す.

— l'intermédiaire 名 仲介者, 調停者; 〔商〕仲買人.

— l'intermédiaire 男 中間(状態); 仲介, 仲立ち.
par l'intermédiaire de ... …を介して, …

を通じて.

sans intermédiaire 直接に.

interminable /アンテルミナブル/ 形 果てしない, 限りがない.

l' **internat** /アンテルナ/ 男 ❶ 寄宿制度;《集合的》寄宿生; 寄宿舎. ❷(病院の)インターン期間[試験].

international(*ale*) /アンテルナスィヨナル/ 形 (男複 internationaux) 国際的な. ●relations *internationales* 国際関係.

— l'**international(*ale*)** 名〔スポーツ〕国際試合出場選手.

interne /アンテルヌ/ 形 内(部)の; 内的な; 体内の.

— l'**interne** 名 寄宿生; (病院の)インターン.

interner /アンテルネ/ 他 (犯罪者・精神病者など)を収容[監禁]する.

l' **Internet** /アンテルネト/ 男 (<英) インターネット. ●sur *Internet* インターネット上で.

l' **interpellation** /アンテルペラスィヨン/ 女 (不意に)呼びとめること; 職務質問, 尋問; (議会での)釈明要求, 質問.

interpeller /アンテルプレ/ 他 ❶(不意に)に呼びかける. ❷(警官が)を職務質問する; 連行する. ❸(大臣・政府)に釈明を求める, 質問をする.

interposer /アンテルポゼ/ 他 を間に置く; 介在させる.

— **s'interposer** 代動 間に入る; 仲裁する.

l' **interprétation** /アンテルプレタスィヨン/ 女 ❶ 解釈, 説明. ❷ 演奏; 演技.

l' **interprète** /アンテルプレト/ 名 ❶(英 interpreter) 通訳. ❷ 演奏家; 役者. ❸ 解釈者; 代弁者.

interpréter /アンテルプレテ/ 他 57 ❶(英 interpret) を解釈する. ❷ を演じる, 演奏する; 歌う.

— **s'interpréter** 代動 解釈される.

interrogatif(*ve*) /アンテロガティフ(ーヴ)/ 形 ❶ 問いかけるような. ❷〔文法〕疑問の.

— l'**interrogatif** 男 疑問詞.

— l'**interrogative** 女 疑問文[節].

l' **interrogation** /アンテロガスィヨン/ 女 ❶(英 interrogation) 質問, 問い. ❷〔文法〕疑問(文). ❸(学校の)テスト.

l' **interrogatoire** /アンテロガトワール/ 男 尋問.

interroger /アンテロジェ/ 他 40 (英 question) (人)に尋ねる, 質問する; を尋問する. ●Il a été *interrogé* par la police. 彼は警察に尋問された.

— **s'interroger** 代動 〖*sur*, に関して〗自問する, 疑問を抱く.

interromp ... →**interrompre** 66

interrompre /アンテローンプル/ 他 66 ❶(英 interrupt) (ものごと)を中断する, 止める. ●La neige *a interrompu* la circulation. 雪で交通が途絶えた. ❷(人)の話をさえぎる.

interrompre A dans B AのB(行動)をじゃまする.

— **s'interrompre** 代動 ❶(話を)中断する. ❷(ものごとが)途切れる.

s'interrompre de 不定詞 …するのをやめる.

l' **interrupteur(*trice*)** /アンテリュプトゥール(トリス)/ 名 話のじゃまをする人.

— l'**interrupteur** 男 スイッチ, 開閉器.

l' **interruption** /アンテリュプスィヨン/ 女 中断, 中止; (話の)妨害.

sans interruption ひっきりなしに, 途切れることなく.

l' **intervalle** /アンテルヴァル/ 男 (英 interval) 間隔, 隔たり; 間, 合間. ●à 6 jours d'*intervalle* 6日おきに.

dans l'intervalle その間に.

par intervalles ときどき; ところどころ.

interven ... →**intervenir** 75

intervenir /アンテルヴニール/ 自 75 (助動 être) ❶(英 intervene) 〖*dans*, に〗介入[干渉]する, 口出しする; 出動する. ●Les pompiers *sont intervenus* pour éteindre l'incendie. 消防隊が消火に出動した.
❷〖*dans*, に〗発言する.
❸ 仲裁する, とりなす.
❹〔医〕手術する.
❺(事件などが)起こる, 生じる; (要因などが)働く.

l' **intervention** /アンテルヴァンスィヨン/ 女 ❶ 干渉; 介入. ❷ 仲裁, とりなし. ❸(討論などでの)発言. ❹ 作用, 働き. ❺ 手術 (=〜 chirurgicale).

intervien ... →**intervenir** 75

l' **interview** /アンテルヴィユ/ 女 (<英) イン

I

タビュー. ●accorder une *interview* à... …のインタビューに応じる.

intervi[î]n ... →**intervenir** 75

intestin /アンテスタン/ 男 (英 intestine) 腸.

gros intestin 大腸.

intestin grêle 小腸.

intime /アンティム/ 形 (英 intimate) ❶親密な, 非常に親しい. ●avoir des relations *intimes* avec... (異性)と親密な関係である. ❷私的な, 秘めた; 内輪の, くつろいだ. ❸心の奥の.

— **intime** 名 親友; 内輪の人.

intimement /アンティムマン/ 副 心の奥から; 親しく.

I

intimider /アンティミデ/ 他 を気後れさせる, おじけづかせる; 脅す, 威圧する.

intimité /アンティミテ/ 女 ❶親密さ, 仲のよさ. ❷私生活. ❸(場所などの)快適さ, くつろげること.

dans la plus stricte intimité ごく内輪で.

dans l'intimité 私生活では; 内輪で.

intituler /アンティテュレ/ 他 にタイトルをつける.

— **s'intituler** 代動 …という題名である.

intolérable /アントレラブル/ 形 我慢できない; 許しがたい.

intonation /アントナスィヨン/ 女 抑揚, イントネーション; 口調.

intoxication /アントクスィカスィヨン/ 女 ❶中毒. ●*intoxication* alimentaire 食中毒. ❷(精神の)麻痺(まひ); 洗脳.

intoxiquer /アントクスィケ/ 他 (人)を中毒させる; (人)の精神を毒する.

— **s'intoxiquer** 代動 中毒になる.

intransigeant(*e*) /アントランズィジャン(ト)/ 名 非妥協的な人, 強硬な人.

— 形 非妥協的な, 強硬な.

intransitif(*ve*) /アントランズィティフ(ーヴ)/ 形 〔文法〕自動(詞)の.

intrépide /アントレピド/ 形 大胆[不敵]な, 勇敢な.

intrigue /アントリグ/ 女 ❶陰謀, 策略. ❷(小説・劇の)筋.

intriguer /アントリゲ/ 他 を妙だと思わせる, 不思議がらせる.

— 自 策をめぐらす.

introduction /アントロデュクスィヨン/ 女 ❶(産物・思想などの)導入. ❷(人を)招き入れること. ❸序文; 入門(書). ❹(講演・音楽などの)導入部. ❺(ものを)差し込むこと, 挿入.

introdui ... →**introduire** 15

introduire /アントロデュイール/ 他 15 (英 introduce) ❶(人)を招き入れる; 紹介する. ●On l'*a introduit* dans le salon. 彼は客間に通された. ❷を導入する, 輸入する. ❸を差し込む; 挿入する.

— **s'introduire** 代動 〚*dans*, に〛入り込む, 忍び込む.

introuvable /アントルヴァブル/ 形 ❶見つからない. ❷珍しい; 比類のない.

intuitif(*ve*) /アンテュイティフ(ーヴ)/ 形 直観的な; 勘のよい.

intuition /アンテュイスィヨン/ 女 直感, 勘; 予感. ●avoir de l'*intuition* 直感が鋭い. ●avoir l'*intuition* de... …を予感する.

inusable /イニュザブル/ 形 すり切れない.

inusité(*e*) /イニュズィテ/ 形 (言葉などが)使われていない, 廃(すた)れた.

inutile /イニュティル/ 形 (英 useless) 〚*à*, の〛役に立たない, 無駄な.

Il est* [*C'est*] *inutile de 不定詞 [***que*** 接続法] …するには及ばない; …しても無駄だ.

inutilement /イニュティルマン/ 副 無駄に.

inutilité /イニュティリテ/ 女 無益, 無効; 無駄(な言葉).

invalide /アンヴァリド/ 形 (老齢・けがなどで)働けない, 体が不自由な.

— **invalide** 名 (老齢・けがなどで)働けなくなった人.

— **invalide** 男 ❶傷痍(い)軍人. ❷(**les Invalides**) (パリの)廃兵院, アンヴァリッド記念館.

invariable /アンヴァリヤブル/ 形 ❶変わらない. ❷〔文法〕不変化の.

invariablement /アンヴァリヤブルマン/ 副 変わることなく, 相変わらず.

invasion /アンヴァズィヨン/ 女 ❶侵略(者たち); 侵入, 乱入. ❷蔓延(まんえん); 氾濫(はんらん).

inventaire /アンヴァンテール/ 男 目録(作成); 在庫品調べ, 棚卸し. ●faire un *inventaire* 目録を作成する.

inventer /アンヴァンテ/ 他 (英 invent) を発明する; 考え出す; (話など)をでっち上げる. ●*inventer* un médicament 薬を発明する.

ne pas avoir inventé la poudre [***le fil à couper le beurre***] 《話》利口な方ではない.

l' **inventeur(*trice*)** /アンヴァントゥール(トリス)/ 名 (英 inventor) 発明者[家].

l' **invention** /アンヴァンスィヨン/ 女 (英 invention) ❶ 発明(品). ❷ 創意, 独創; 工夫. ❸ でっち上げ; つくり話. ❹〔楽〕インヴェンション.

inverse /アンヴェルス/ 形 (英 opposite) 逆の, 反対の. ●dans l'ordre *inverse* 逆の順番で. ●en sens *inverse* (de ...) (…と)反対方向に. ●dans le sens *inverse* des aiguilles d'une montre 反時計周りに.

— l'**inverse** 男 逆(のこと); 反対. ●à l'*inverse* (de ...) (…とは)逆に.

inverser /アンヴェルセ/ 他 を逆にする.

l' **inversion** /アンヴェルスィヨン/ 女 〔文法〕(語順の)倒置.

l' **investigation** /アンヴェスティガスィヨン/ 女 調査; 探究, 捜査.

investir /アンヴェスティル/ 他 33 ❶ を投資する; 〖*dans*, に〗(精力・情熱)を注ぐ.
●*investir* des capitaux *dans* une entreprise 企業に資本を投資する.
❷〈investir A de B〉 AにB(権限などを)与える.
❸ を包囲する, 占拠する.

— **s'investir** 自 代動 〖*dans*, に〗精力を注ぐ, 打ち込む.

l' **investissement** /アンヴェスティスマン/ 男 ❶ 投資. ❷ 包囲.

invincible /アンヴァンスィブル/ 形 ❶ 不敗の, 無敵の. ❷ 克服できない, 抗(あらが)えない.

invisible /アンヴィズィブル/ 形 ❶ 目に見えない. ●*invisible* à l'œil nu 肉眼では見えない.
❷ (人が)姿を見せない.

l' **invitation** /アンヴィタスィヨン/ 女
❶ (英 invitation) 〖*à*, への〗招待(状).
●lettre [carton] d'*invitation* 招待状.
❷ 〖*à*, への〗勧め, 勧誘, 勧告.
à [***sur***] ***l'invitation de*** 人 (人)に招かれて; 勧められて.

invité(e) /アンヴィテ/ 形 招待された.

— l'**invité(e)** 名 招待客, お客. 会話 Ce soir vous êtes mon *invité*. あなたは今晩はお客様です(私が払います).

inviter /ɛ̃vite アンヴィテ/ 他 (英 invite)
❶ 〖*à*, に〗を招待する, 誘う.
●Il nous a *invités* *à* son mariage. 彼は結婚式に私たちを招待した.
❷〈inviter 人 à ... [à 不定詞]〉
(**a**) (人)に…するように促す, 勧める.
●Je vous *invite à* bien m'écouter. どうか私の話をよく聞いてください.
(**b**) 《ものが主語》(人)に…する気を起こさせる.
●Ce beau temps *invite à* la promenade. この好天気では散歩がしたくなる.
会話 Je vous *invite*! / C'est moi qui *invite*. ごちそうしますよ.

involontaire /アンヴォロンテール/ 形 (英 unvoluntary) 無意識の, 意図しない.

involontairement /アンヴォロンテルマン/ 副 無意識に, うっかり.

invoquer /アンヴォケ/ 他 ❶ を引き合いに出す, の力に頼る. ❷ に加護を祈る.

invraisemblable /アンヴレサンブラブル/ 形 ❶ (英 unlikely) 本当らしくない, ありそうもない. ❷ 《話》途方もない.

ira(s), irai (...) →aller 3

l' **Irak** /イラク/ 男 イラク.

l' **Iran** /イラン/ 男 イラン.

irez, iriez, irions →aller 3

irlandais(e) /イルランデ(ーズ)/ 形 アイルランドの.

— l'**Irlandais(e)** 名 アイルランド人.

— l'**irlandais** 男 アイルランド語.

l' **Irlande** /イルランド/ 女 アイルランド.
●l'*Irlande* du Nord 北アイルランド.
●la République d'*Irlande* アイルランド共和国.

l' **ironie** /イロニ/ 女 (英 irony) 皮肉, 反語; 皮肉なめぐりあわせ.

ironique /イロニク/ 形 皮肉な.

irons, iront →aller 3

irréfléchi(e) /イレフレシ/ 形 軽率な, 思慮の足りない.

irréfutable /イレフュタブル/ 形 反論できない.

l' **irrégularité** /イレギュラリテ/ 女 ❶ (形状の)不均整; 不規則(性). ❷ 不正(行為); 違反.

irrégulier(ère) /イレギュリエ(ール)/ 形 ❶ (英 irregular) 不規則な; 整ってない. ❷ 不正規の; 不法な. ❸ 移り気の; (行動・

成績が)一定しない.

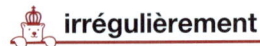

irrégulièrement /イレギュリエルマン/ 副 不規則に; 不揃(ぞろ)いに.

irrémédiable /イレメディヤブル/ 形 取り返しのつかない; 不治の; 復旧不可能な.

irréparable /イレパラブル/ 形 修理できない; 取り返しのつかない, 償うことのできない.

irréprochable /イレプロシャブル/ 形 非の打ちどころのない, 申し分のない.

irrésistible /イレジスティブル/ 形 ❶ 抵抗できない; 抑えがたい. ❷ (人が)どうしようもなく魅力的な. ❸ たまらなくおかしい.

l' **irrigation** /イリガスィヨン/ 女 灌漑(かんがい).

I

irritable /イリタブル/ 形 怒りっぽい, 短気な.

l' **irritation** /イリタスィヨン/ 女 ❶ いらだち, 怒り. ❷ (軽い)炎症, ひりひりすること.

irriter /イリテ/ 他 (英 irritate) ❶ をいらだたせる, 怒らせる. ● *J'ai été irrité* par son attitude. 私は彼の態度に立腹させられた.

❷ に(軽い)炎症を起こさせる, をひりひりさせる.

— **s'irriter** 代動 〖*de*, で〗 いらいらする, 怒る.

l' **islam** /イスラム/ 男 イスラム教, 回教; **(l'I-)** イスラム世界[文化圏].

islamique /イスラミク/ 形 イスラム教の, 回教の.

isolant(*e*) /イゾラン(ト)/ 形 孤立させる; 〔電〕絶縁する.

— l' **isolant** 男 絶縁体.

isolant thermique 断熱材.

isolé(*e*) /イゾレ/ 形 (英 isolated) ❶ 孤立した; 人里離れた. ❷ 孤独な; 単独の. ● se sentir *isolé* 孤独に感じる. ❸ 特殊な.

l' **isolement** /イゾルマン/ 男 孤立; 孤独; 隔離.

isoler /イゾレ/ 他 ❶ を孤立させる, 引き離す. ❷ (病人など)を隔離する. ❸ を断熱する; に防音加工する; 〔電〕を絶縁する; (細菌など)を分離抽出する.

— **s'isoler** 代動 ひとりきりになる; 引きこもる.

l' **Israël** /イスラエル/ 男 イスラエル.

israélien(*ne*) /イスラエリヤン(エヌ)/ 形 (現代)イスラエルの.

— l' **Israélien(*ne*)** 名 イスラエル人.

israélite /イスラエリト/ 形 ユダヤ教の, イスラエルの.

— l' **Israélite** 名 ユダヤ教徒[人]; (古代の)イスラエル人.

issu(*e*) /イスュ/ 形 〖*de*〗 …出身の, …生まれの; 〖*de*, から〗 生じた, 起こった.

l' **issue** /イスュ/ 女 ❶ (英 exit) 出口. ● *issue* de secours 非常口.

❷ 解決策.

❸ 結末, 結果.

à l'issue de... …の終わりに, …の結果.

sans issue 出口のない; 行き詰まった.

l' **Italie** /イタリ/ 女 (英 Italy) イタリア.

italien(*ne*) /イタリヤン(エヌ)/ 形 (英 Italian) イタリアの.

— l' **Italien(*ne*)** 名 イタリア人.

— l' **italien** 男 イタリア語.

l' **italique** /イタリク/ 男 〔印〕イタリック; 斜体活字. ● en *italique(s)* イタリック体で.

— 形 イタリック体の.

l' **itinéraire** /イティネレール/ 男 道順, ルート, 旅程.

l' **ivoire** /イヴォワール/ 男 (英 ivory) 象牙(細工品); (歯の)象牙質. ● en *ivoire* 象牙の. ● tour d'*ivoire* 象牙の塔. → 現実逃避するように専念することを象徴.

Côte d'Ivoire **(la 〜)** コートジボワール共和国.

ivre /イーヴル/ 形 (英 drunk) 酔った; 〖*de*, に〗 夢中の.

ivre de colère 怒り狂った.

ivre mort 泥酔した.

l' **ivresse** /イヴレス/ 女 酔い; 夢中, 陶酔.

l' **ivrogne** /イヴロニュ/ 名 酔っ払い.

J j

le **J, j** /ジ/ 男 フランス字母の第10字.

la **jacinthe** /ジャサーントゥ/ 女 〔植〕ヒヤシンス.

le **jade** /ジャドゥ/ 男 〔鉱物〕ひすい; ひすい細工.

jadis /ジャディス/ 副 《文》かつて, 昔.

jaillir /ジャイール/ 自 33 (英 spurt out) ほとばしる, 噴き出す; (光などが)発する; 急に現れる; そびえ立つ.

la **jalousie** /ジャルズィ/ 女 (英 jealousy) ❶ 嫉妬(心); 羨(せん)望. ❷ よろい戸, ブラインド.

jaloux(se) /ジャルー(ズ)/ 形 (英 jealous) ❶ 嫉妬深い; 〖*de*, を〗ねたんでいる.
● J'étais *jaloux de* lui [*de* ses succès]. 私は彼[彼の成功]をねたんでいた.
❷ 《文》〖*de*, に〗執着している, 恋々としている.

— le(la) **jaloux(se)** 名 嫉妬深い人, やきもちやき.

jamais

/ʒamɛ ジャメ/ 副 ❶ (英 never) 《否定》
(**a**) 〈**ne ... jamais**〉 決して…ない, 一度も…ない.
● Je *ne* reviendrai *jamais*. 二度と来ません.
● Il *n'*est *jamais* allé au théâtre. 彼は一度も芝居に行ったことがない.
(**b**) 《ne を伴わずに》 決して.
● Elle va de temps en temps au théâtre, mais *jamais* au cinéma. 彼女はときどき芝居には行くが決して映画は見に行かない.
❷ (英 ever) (**a**) 《過去》 これまでに.
● Avez-vous *jamais* vu ça? これを見たことがありますか.
(**b**) 《未来・仮定》 いつか.
● Reviendra-t-elle *jamais*? いつか彼女は戻って来るだろうか.

à* (*tout*) *jamais 永久に.

jamais de la vie 決して(…ない). 会話 Tu me prêtes ton vélo?—*Jamais de la vie*! 自転車を貸してくれる?—絶対に嫌.

plus jamais もう二度と(…ない). ● Ne faites *plus jamais* ça. もう二度とそんなことをしないでください.

plus que jamais かつてないほど. ● Elle est *plus* belle *que jamais*. 彼女はかつてないほど美しい.

presque jamais めったに(…ない).

si jamais... 万一…なら. 会話 *Si jamais* tu recommences, gare à toi. もしまたやったら, 承知しないぞ.

la jambe

/ʒɑ̃b ジャーンブ/ 女 (英 leg) ❶ (人間の)脚, 足, 下肢.
● croiser les *jambes* 足を組む.
● Il s'est cassé la *jambe* au ski. 彼はスキーで足を折った.
● ne plus tenir sur ses *jambes* もう立っていられない.
❷ 脚力.
● Il n'a plus de *jambes*. 彼はもう歩けない.
❸ (馬の)後脚.
❹ (ズボンの)脚の部分; (物の)脚部.

à toutes jambes 全速力で. ● s'enfuir *à toutes jambes* 《話》全速力で逃げ去る.

***faire une belle jambe* (*à* 人)** 《話》(人にとって)何の役にも立たない.

***tenir la jambe à* 人** 《話》(人)を引きとめて長話をする, うるさがらせる.

le **jambon** /ジャンボン/ 男 (英 ham) ハム; 豚のもも肉.

jambon cru 生ハム.

le **jambonneau** /ジャンボノ/ 男 (複 **jambonneaux**) (豚のすね肉で作る)小さなハム.

le **janvier** /ジャンヴィエ/ 男 (英 January) 1月.

en* [*au mois de*] *janvier 1月に.

le Japon

/ʒapɔ̃ ジャポン/ 男 (英 Japan) 日本.
● au *Japon* 日本に[で].

japonais(e)

/ʒapɔnɛ, -ɛz ジャポネ(ーズ)/ 形 (英 Japanese) 日本の.

— le(la) **Japonais(e)** 名 日本人.

— le **japonais** 男 日本語.

la **jaquette** /ジャケト/ 女 ❶ モーニングコート; スーツの上着, ジャケット. ❷ (本の)カバー; (CD などの)ジャケット.

le **jardin** /ʒardɛ̃ ジャルダン/ 男 (英 garden)
❶ 庭, 庭園.
● faire [soigner] son *jardin* 庭の手入れをする.
❷ 公園 (=〜 public).
● le *jardin* du Luxembourg リュクサンブール公園.
会話 ***C'est mon jardin secret.*** それは私の胸に秘めた思いだ.
jardin botanique 植物園.
jardin d'enfants 保育園.
jardin zoologique 動物園. 類義 **zoo**

jardinier(ère) /ジャルディニエ(ール)/ 形 庭の; 園芸の.
— le(la) **jardinier(ère)** 名 園芸家, 植木屋.
— la **jardinière** 女 ❶ 植木鉢, プランター. ❷ つけ合わせ野菜 (=〜 de légumes).

le **jargon** /ジャルゴン/ 男 俗語, 業界[専門]用語; わけのわからない言葉, 崩れた[なまった]言葉.

jaser /ジャゼ/ 自 悪口[陰口]を言う; 秘密を漏らす.

le **jasmin** /ジャスマン/ 男 〔植〕ジャスミン(の花); ジャスミン香水.

jaunâtre /ジョナートル/ 形 黄色っぽい; 黄ばんだ.

jaune /ʒon ジョヌ/ 形 (英 yellow) ❶ 黄色い.
● fleurs *jaune* d'or 黄金色の花.
● dents *jaunes* 黄ばんだ歯.
❷ (皮膚が)黄色の.
● la race *jaune* 黄色人種.
— 副 《次の表現で》
rire jaune 苦笑い[作り笑い]する.
— le(la) **Jaune** 名 黄色人種.
— le **jaune** 男 ❶ 黄色.
● s'habiller en *jaune* 黄色の服を着る.
❷ 卵の黄身.

jaunir /ジョニール/ 他 33 を黄色くする.
— 自 黄色くなる, 黄ばむ.

la **jaunisse** /ジョニス/ 女 〔医〕黄疸(おうたん).
en faire une jaunisse ひどくうらやむ[がっかりする].

le **jazz** /ヂャズ/ 男 (<英) 〔楽〕ジャズ.

je /ʒə ジュ/ 代 《人称代名詞; 1人称単数・主語; 母音および無音の h の前では j'》→巻末文法: 代名詞 (英 I) 私は[が].
● *Je* suis infirmière. 私は看護士です.
● *J'*habite à Osaka. 私は大阪に住んでいる.
— le **je** 男 《不変》私; 〔哲〕自我.

le **jean** /ジン/ 男 (<英) 〔服〕ジーンズ.

le **jersey** /ジェルゼ/ 男 ジャージー; (ジャージー編みの)セーター.

le **Jésus(-Christ)** /ジェジュ(クリ)/ 男 イエスキリスト.

le **jet**[1] /ジェ/ 男 投げること, 投てき; 投げた距離; 噴出. ● *jets* d'eau 噴水.
d'un (seul) jet 一気に. ● écrire *d'un seul jet* 一気に書く.
du premier jet 一度で.

le **jet**[2] /ジェト/ 男 (<英) ジェット(機).

la **jetée** /ジュテ/ 女 波止場, 防波堤; (空港の)ボーディングブリッジ.

jeter /ジュテ/ 他 4 ❶ (英 throw) を投げる, 投げつける. ● *jeter* une balle ボールを投げる.
❷ を捨てる. ● *jeter* les restes à la poubelle 残り物をごみ箱に(投げ)捨てる.
❸ (体の一部)をさっと動かす.
❹ (声・言葉)を発する.
❺ (音や光)を放つ.
❻ (ある状態に人)を追いやる; (感情)を引き起こす. ● *jeter* ... dehors …を追い出す.
en jeter 《話》しゃれている, かっこいい, すごい, すてきだ.
jeter ... à la tête de 人 (人)に面と向かって…を言う[投げつける].
jeter un coup d'œil (à ...) (…を)ちらりと見る.
— **se jeter** 代動 ❶〔*à, dans*, に〕身を投げる, 飛び込む; 〔*sur*, に〕飛びかかる; 〔*contre*, に〕ぶつかる.
❷ (川が)流れ込む, 合流する.
se jeter à l'eau 水に飛び込む; 思いきったことをする.

le **jeton** /ジュトン/ 男 (ゲーム機や公衆電話の)専用コイン; (ゲームの)点札; (クロークなどの)番号札.
avoir les jetons 《話》びくびくする.
faux jeton 《話》腹黒い, 偽善的だ.

le **jeu** /ジュー/ 男 (複 **jeux**) (英 play, game)
❶ 遊び, ゲーム. ● *jeu* de mots 言葉遊

び. ●*jeu* vidéo テレビゲーム.
❷ 競技;《複》競技大会. ●*Jeux* Olympiques オリンピック大会.
❸ 賭(か)け事.
❹ 演技, 演奏.
❺ (肉体・想像力の)動き, 働き.
❻ (器具の)遊び, ゆとり.
❼ カード[駒]一揃(そろ)い, 一式; 手の内.
●*jeu* de cartes 1組のトランプ; トランプゲーム.
cacher son jeu 手の内を見せない.
Ce n'est pas du jeu. それはルール違反だ.
C'est un jeu d'enfant. それは子供のお遊びだ, ひどく簡単だ.
entrer dans le jeu de... …の企てに参加する.
être en jeu 賭けられている; 危険にさらされている.
faire [jouer, sortir] le grand jeu《話》持っている力をすべて出す, 全力を尽くす.
hors jeu (ボールが)アウトで; (選手が)オフサイドで.
mettre ... en jeu …を賭ける, 危険にさらす; 作用させる. ●*mettre* sa vie *en jeu* 命を危険にさらす.

le **jeudi** /ʒødi ジュディ/ 男 (英 Thursday) 木曜日.

jeun /ジャン/ 《次の表現で》
à jeun 何も食べずに; (酒飲みが)まだ飲まずに. ●prendre ... *à jeun* 空腹時に…を食べる.

jeune /ʒœn ジュヌ/ 形 (英 young) ❶ (**a**) 若い, 幼い.
●*jeune* homme 青年.
●*jeune* arbre 若木.
●Tu es trop *jeune* pour boire de l'alcool. 酒を飲むのは君にはまだ早い.
(**b**) 年下の.
●*jeune* frère 弟.
❷ 新しい.
●*jeunes* mariés 新婚夫婦.
●fromage *jeune* (よく熟していない)新しいチーズ.
❸ 若手の;《話》未熟[うぶ]な.
●être *jeune* (dans le métier) まだ(その職業で)新米である.
❹《名詞の後》若々しい; 若者向き[向け]の.
●Malgré son âge, il est resté *jeune* d'esprit. 年に似ず彼は精神的に若い.
●visage *jeune* 若々しい顔.
plus jeune que 人 ***de ... an(s)*** (人)より…歳若い. ●Elle est *plus jeune que* moi *de* deux ans. 彼女は私より2つ若い.
— 副 若く. ●faire *jeune* 若く見える.
●mourir *jeune* 若くして死ぬ. ●s'habiller *jeune* 若い格好をする.
— le(la) **jeune** 名 青少年, 若者.

la **jeunesse** /ジュネス/ 女 (英 youth)
❶ 青少年期, 青春時代, 若いころ; 若さ, 未熟さ.
●dans ma *jeunesse* 私の若い時分に.
❷《集合的》青少年, 若者たち;《複》青[少]年団.

la **joaillerie** /ジョアイユリ/ 女 宝石細工術; 宝石商[店];《集合的》宝石類.

le(la) **joaillier(ère)** /ジョアイエ(ール)/ 名 宝石細工職人; 宝石商.

la **joie** /ジョワ/ 女 (英 joy, pleasure) ❶ (**a**) 喜び, うれしさ. ●*joie* de vivre 生きる喜び. ●être fou de *joie* 狂喜している.
(**b**) 〈**avoir (la) joie de** 不定詞 [**de** 名]〉…(すること)に喜びを見出す.
❷ 喜びの種;《多く複数》楽しみ.
à sa grande joie 大変うれしいことに.
avec joie 喜んで.
会話 ***C'est pas la joie!*** 嫌だ, やりたくない.
se faire une (telle) joie de 名 [***de*** 不定詞] …するのを楽しみとする.

joign ..., join ... →**joindre** 38

joindre /ジョワーンドル/ 他 38 (英 join)
❶ を合わせる, 結合する;〖*à*, に〗を結びつける, つけ加える. ●Le canal *joint* les deux océans. その運河は2つの大洋をつないでいる. ●Je *joins* à ma lettre les photos du pique-nique. ピクニックの写真を同封します.
❷ (人)と連絡をとる, 会う;《文》(人)を結びつける.
joindre les deux bouts《話》帳尻を合わせる.
— **se joindre** 代動 結合する;〖*à*, に〗仲間入りする, 加わる. 会話 Voulez-vous *vous joindre à* nous? 我々とご一緒しませんか.

joint(e) /ジョワン(ト)/ 形 合わさった, 結合した; つけ加えられた, 添付された.

la **jointure** /ジュワンテュール/ 女 関節; (板な

J

どの)継ぎ目, 合わせ目.

joli(e) /ʒɔli ジョリ/ 形 (英 pretty, nice)《名詞の前》
❶ きれいな, かわいい; すてきな.
●C'est très *joli* à voir. それは見た目がとてもきれいだ.
●*jolie* fille かわいい娘.
●*jolie* villa すてきな別荘.
❷《話》大した, かなりの.
●toucher une *jolie* somme かなりの金を手に入れる.
❸ 面白い, 気の利いた.
●*joli* mot 気の利いた文句; 警句.
会話 ***C'est du joli (travail)!***《しばしば皮肉》それは見事な仕事だ, それはすばらしい.
Tout ça c'est bien joli mais... 大変結構なのですが, ….
— le **joli** 男 きれいなこと[もの]; 面白いところ; 《皮肉》ひどい話.
faire du joli《話》厄介なことをする.
— le(la) **joli(e)** 名 ***mon joli*** [***ma jolie***]《親しみを込めた呼びかけ》あなた[君].

joliment /ジョリマン/ 副 ❶ きれいに. ❷《話》相当に, とても.

le **jonc** /ジョン/ 男 ❶〔植〕イグサ. ❷(宝石や装飾のない)指輪, 腕輪.

la **jonction** /ジョンクスィヨン/ 女 接合; 接続, 連絡; 合流; 合流点. ●à la *jonction* des deux routes 2つの道路の交差点で.

jongler /ジョングレ/ 自 軽業[曲芸]をする; 〖*avec*, を〗巧みに扱う.

le(la) **jongleur(se)** /ジョングルール(ズ)/ 名 軽業[曲芸]師.

la **joue** /ジュー/ 女 (英 cheek) 頬(ほお).
●*joue* contre *joue* 頬と頬を寄せ合って.

jouer /ʒwe ジュエ/ 自 (英 play)
❶ 遊ぶ; (スポーツの)試合をする.
●Les enfants *jouent* dans le jardin. 子供たちは庭で遊んでいる.
●La France *jouera* demain contre l'Espagne. フランス(チーム)は明日スペインと試合をする.
❷ (a)〈jouer à ...〉…をして[で]遊ぶ; (ゲーム・スポーツなど)をする.
●*jouer aux* cartes トランプをする.
●*jouer au* tennis テニスをする.
(b)〈jouer à ...〉…を真似る[気取る], …ごっこをする.
●*jouer à* l'imbécile ばかのふりをする.
❸ 演技をする, 出演する.
●Qui *joue* dans ce film? この映画には誰が出ていますか.
❹〈jouer de ...〉(楽器を)演奏する; (道具などを)使う.
●*jouer du* piano ピアノを弾く.
●*jouer de* ses relations コネを利用する.
❺〈jouer avec ...〉…をもてあそぶ, …と遊ぶ.
●Marie *joue avec* sa poupée. マリーは人形で遊んでいる.
❻〈jouer (sur ...)〉(…に)賭(か)ける, 投機する.
●*jouer sur* un cheval《競馬で》ある馬に賭ける.
●C'est à vous de *jouer*. (ゲームで)あなたの番です.
会話 À qui de *jouer*? (トランプなどで)誰の番だっけ.
❼ 機能する; (板や戸が)ぐらぐらする; (光などが)ちらちらする.
pour jouer おもしろ半分に.
— 他 ❶ (遊び・スポーツ)をする.
●*jouer* un match de rugby ラグビーの試合をする.
●*jouer* une belle balle《テニスなどで》素晴らしい球を打つ.
❷ (曲)を演奏する; (ラジオ・CD) をかける.
●*jouer* une sonate ソナタを弾く.
●Il m'a *joué* un CD. 彼は私に CD を聞かせた.
❸ (役)を演じる; 上演[上映]する.
●Il *joue* (le rôle de) Hamlet. 彼はハムレット(役)を演じる.
❹ を真似る[気取る].
●*jouer* l'indifférence 無関心を装う.
❺ を賭ける, 危険にさらす.
●*jouer* dix euros sur un cheval ある馬に10ユーロ賭ける.
会話 ***Bien joué!*** ナイスプレー, お見事.
— **se jouer** 代動 ❶ (ゲーム・競技が)行われる; 上演[上映]される; 演奏される.
❷ (お金などが)賭けられる; (運命が)決まる.
❸〖*de*, を〗難なく片づける, 無視する.
se la jouer《話》格好をつける.

le **jouet** /ジュエ/ 男 (英 toy) おもちゃ.
être le jouet de 名 …のされるがままになる.

le(la) **joueur(se)** /ジュウール(ズ)/ 名 (英 player) ❶ 競技者, 選手; 演奏者.
●*joueur* de football サッカー選手.
❷ 遊び人, 賭(か)け事好き.
être beau [mauvais] joueur 負けっぷりが潔い[悪い].
— 形 遊び[賭博]好きの.

le **joug** /ジュ/ 男 (牛の)くびき; 《文》束縛, 支配.
tomber sous le joug de 名 (人)の支配下に落ちる.

jouir /ジュイール/ 自 33
❶ (英 enjoy) 〘de, を〙楽しむ.
POINT 日常語では性的快楽の意味が強い.
❷ 〘de, に〙恵まれる. ●Cette île *jouit* d'un climat doux. この島は穏やかな気候に恵まれている.
❸ 《話》性的快感を味わう.

la **jouissance** /ジュイサンス/ 女 ❶ 楽しみ, 享楽; 性的快感. ❷ (財産などの)所有; 使用(権).

le **joujou** /ジュジュ/ 男 (複 **joujoux**) 《幼児語》おもちゃ.
faire joujou avec 物 (物)で遊ぶ.

le **jour** /ʒur ジュール/ 男 (英 day)
❶ (a) (時間単位としての)日.
●Il y a sept *jours* dans une semaine. 1週間は7日あります.
●Il est parti pour trois *jours*. 彼は3日の予定で出発した.
(b) (日付・曜日などの)日.
会話 Quel *jour* sommes-nous? —Nous sommes lundi. 今日は何曜日ですか. —月曜日です.
●le *jour* d'avant その前日.
(c) (特定の)日.
●*jour* ordinaire 平日.
●*jour* ouvrable 平日, 就業日.
●*jour* férié/*jour* de fête 祭日.
●*jour* de congé 休暇.
●*jour* de l'an 元日.
●*jour* de Noël クリスマス.
(d) 1日分の量[仕事, 給料].
●deux *jours* d'eau 2日分の水.
(e) 都合のよい日.
●Quel est votre *jour*? ご都合のよい日はいつですか.
❷ 《複》日々, 生涯; 時代.
●traverser des *jours* difficiles 困難な日々[時期]を過ごす.
●jusqu'à la fin de mes *jours* 私が死ぬまで.
❸ (a) 昼, 日中.
●En été il fait *jour* tôt. 夏には早く夜が明ける.
(b) 日の光; 照明.
●Le *jour* entre par la fenêtre. 陽が窓から差し込む.
(c) ものの見方.
●jeter un *jour* nouveau sur la question 問題に新しい光を当てる.
(d) 明かり取り, 窓; (刺繍・レースの)透かし.
à jour きちんと; 最新に. ●mettre ses comptes *à jour* 毎日きちんと帳簿をつける. ●mise *à jour* d'un logiciel あるソフトウェアのアップデート.
au grand jour 真っ昼間に; 公明正大に.
au jour le jour その日その日に; 規則正しく. ●vivre *au jour le jour* その日暮らしをする.
au petit jour 夜明けに.
ce jour-là その日.
ces jours-ci このごろ(は); 最近, 今にも.
de jour 日中, 昼間.
de jour en jour 日増しに.
de nos jours 現代では.
du jour 今日の, 現代の.
●plat *du jour* (レストランの)本日のおすすめ料理.
●goût *du jour* 昨今の流行.
du jour au lendemain 一夜にして, すぐに.
d'un jour à l'autre 明日にも, 今にも.
huit jours 1週間.
jour après jour 来る日も来る日も.
jour et nuit 昼も夜も, 絶えず.
jour pour jour 同じ日に. ●Ils se sont revus un an après, *jour pour jour*. 彼らは1年後の同じ日に再会した.
l'autre jour 先日.
par jour 1日に(つき).
tous les jours 毎日.
tout le jour 一日中.
un de ces jours そのうちに. 会話 À *un de ces jours*! (別れ際に)いずれ近いうちに.
un (beau) jour (過去の)ある日; (未来の)いつか.
voir le jour 陽の目を見る, 生まれる.

J

le **journal** /ʒurnal ジュルナル/ 男 (複 journaux) (英 newspaper, journal) ❶ 新聞; 新聞社.
• *journal* d'information 一般報道紙.
• *journal* officiel 官報.
• J'ai lu cela dans le *journal*. 私はそれを新聞で読んだ.
❷ ニュース番組.
• le *journal* télévisé テレビのニュース番組.
• le *journal* de vingt heures 午後8時のニュース.
❸ 日記, 日誌 (=〜 intime).
• tenir un *journal* 日記をつける.
journal de bord 航海日誌;〔情報〕ログ.

journalier(ère) /ジュルナリエ(ール)/ 形 日々の, 毎日の.
— le(la) **journalier(ère)** 名 (農村の)日雇[季節]労働者.

le **journalisme** /ジュルナリスム/ 男 ジャーナリズム.

le(la) **journaliste** /ジュルナリスト/ 名 (英 journalist) 記者, ジャーナリスト.

la **journée** /ジュルネ/ 女 (英 day)
❶ 昼間, 1日. → 朝から夕方までを指す.
• toute la *journée* 1日中.
会話 Bonne *journée*! よい1日を!
• passer sa *journée* à 不定詞 1日を…して過ごす.
❷ 1日の仕事 (=〜 de travail).
❸ 歴史的な日, …デー.
• la *journée* internationale des femmes 国際女性デー.

le **joyau** /ジョワイヨ/ 男 (複 joyaux) 宝石(のアクセサリ); 至宝.

joyeusement /ジョワイユズマン/ 副 喜んで; 愉快に, 楽しく.

joyeux(se) /ジョワイユ(ーズ)/ 形 (英 merry, joyful) うれしい, 楽しい, 陽気な; めでたい, 喜ばしい.
• être d'humeur *joyeuse* 上機嫌である.
会話 *Joyeux* anniversaire! 誕生日おめでとう.
会話 *Joyeux* Noël! メリークリスマス.

le **jubilé** /ジュビレ/ 男 在位[在職]50年記念; 金婚式.

jubiler /ジュビレ/ 自 大喜びする.

Judas /ジュダ/ 男 〔聖〕ユダ. → キリストを裏切った使徒.
— le **judas** 男 (ドアの)のぞき穴;《文》裏切り者.

judiciaire /ジュディスィエール/ 形 司法の; 裁判の.

judicieux(se) /ジュディスィユ(ーズ)/ 形 分別のある, 適切な.

le **juge** /ジュージュ/ 男 (英 judge) ❶ 裁判官, 判事. ❷ 判断を下す人; 審査員; 審判.
être à la fois juge et partie 当事者と裁定者が同じである, 公正な判断を下せない.

le **jugement** /ジュジュマン/ 男 ❶ 裁判; 判決. • le *Jugement* dernier〔キ教〕最後の審判. • prononcer [rendre] un *jugement* 判決を下す.
❷ 判断; 判断力. • manquer de *jugement* 判断力がない.

juger /ジュジェ/ 他 40 (英 judge) ❶ を裁判する, 裁く. • *être jugé* pour meurtre 殺人罪で裁判にかけられる. • *juger* une affaire criminelle 刑事事件を裁く.
❷ (a) について判断する.
(b)〈juger A B〉AをBと考える, 思う.
• J'*ai jugé* raisonnable d'accepter. 承諾するのが妥当だと私は考えた.
(c)〈juger que 直〉…と考える, 思う.
→ 否定文・疑問文では 接続法 になることが多い.
• Il *a jugé que* c'était un piège. 彼はこれを罠(わな)だと思った.
(d)〈juger si 直〉…であるかどうか判断する.
— 自 裁く, 判決を下す. • Le tribunal *jugera*. 裁判所が判決を下すだろう.
en juger par... …から判断する.
juger de... …について判断[評価]する;《主に命令形で》…を想像する. • *Jugez de* ma surprise! どれだけびっくりしたと思う.
— **se juger** 代動 ❶ 自分を判じる; 自分を…と思う. ❷ 評価される.

juif(ve) /ジュイフ(ーヴ)/ 形 (英 Jewish) ユダヤ(人)の.
— le(la) **Juif(ve)** 名 ユダヤ人; ユダヤ教徒.

le **juillet** /ジュイエ/ 男 (英 July) 7月.
en [au mois de] juillet 7月に.
le 14 (quatorze) Juillet (フランス)革命記念日.

le **juin** /ジュアン/ 男 (英 June) 6月.
en [au mois de] juin 6月に.

jumeau(elle) /ジュモ(メル)/ 形 (男複 ju-

meaux) (英 twin) 双子の, 双生児の; 対になった.
lits jumeaux ツインベッド.
— le(la) **jumeau(*elle*)** 名 双生児.
vrais* [*faux*] *jumeaux 一[二]卵性双生児.

la **jument** /ジュマン/ 女 雌馬.

la **jungle** /ジャングル/ 女 (<英) ジャングル.

la **jupe** /ジュプ/ 女 (英 skirt) スカート.
●*jupe* droite タイトスカート.
●mini-*jupe* ミニスカート.

le **jupon** /ジュポン/ 男 ペチコート.
coureur de jupons 《話》女好き, 女たらし.

le **Jura** /ジュラ/ 男 ❶ (le ～) ジュラ山脈. →フランス・スイス国境沿いの山脈. ❷ ジュラ県. →フランス東部.

jurer /ジュレ/ 他 ❶ (英 swear) (a) 〖à, に〗を誓う, 約束する. ●Il *lui jura* un amour éternel. 彼は彼(女)に永遠の愛を誓った.
(b) 〈jurer à A de 不定詞〉 Aに…することを誓う. ●faire *jurer à* 人 *de* garder le secret (人)に秘密を守ると誓わせる.
(c) 〈jurer à A que 直〉 Aに…であることを誓う.
❷ 〈jurer que 直〉 …だと断言する, …であることを保証する.
— 自 ❶ (a) 〖*par, sur*, にかけて〗誓う. ●*jurer sur* l'honneur 名誉にかけて誓う.
(b) 〖*de*, について〗断言する.
❷ 〖*contre, après*, のことを〗ののしる; 〖*avec*, と〗調和しない.
会話 ***Je vous* [*te*] *jure!*** 断言します, 本当です; 《憤慨・驚き》まったく! ●Ce n'est pas ma faute, *je te jure*. これは私のミスではありません, ほんとに.
ne jurer plus que par... …を盲信する. ●On *ne jure plus que par* ce nouveau remède. 今や誰もが新しい治療薬を信じきっている.
— **se jurer** 代動 心に誓う; 互いに誓う.

juridique /ジュリディク/ 形 法律(上)の; 裁判上の.

le **juron** /ジュロン/ 男 悪態.

le **jury** /ジュリ/ 男 (<英) 〔法〕陪審団; 審査委員会; 《集合的》試験官.

le **jus** /ジュ/ 男 (英 juice) ❶ (a) 果汁, ジュース. ●*jus* d'orange [de pomme] オレンジ[アップル]ジュース. (b) 肉汁 (=～ de viande).
❷ 《話》電流. ●couper [mettre] le *jus* 電源を切る[入れる].
tenir 人 ***au jus*** 《話》(人)に情報を知らせ続ける.

jusqu'à →jusque

jusque /ジュスク/ 前 (英 till, as far as)
❶ 《à を伴って》(場所・時間・程度が)…まで, …ほどに.
●*jusqu'à* nouvel ordre 新たな指示があるまで.
●*jusqu'aux* genoux 膝(ひざ)まで.
●*jusqu'à* présent / *jusqu'à* maintenant 今まで.
❷ 《à 以外の前置詞・副詞を伴って》…まで.
●*jusque* chez lui 彼の家まで.
●*jusqu'*alors その時まで.
aller jusqu'à 不定詞 …するまでになる. ●Il *est allé jusqu'à* m'insulter. 彼はついに私を侮辱するに至った.
jusqu'à ce que 接続法 …するまで. ●J'attendrai *jusqu'à ce qu'*il revienne. 彼が戻るまで待ちましょう.
jusqu'au bout 最後まで, 徹底的に.
jusqu'au moment où 直 …(のとき)まで.
jusque-là そこまで. 会話 J'en ai *jusque-là*! もううんざりだ.
jusqu'ici ここまで; 今まで.
会話 ***Jusqu'où?*** どこまで.

juste /ジュスト/ 形 ❶ (英 exact) 正確な; 適切な. ●C'est *juste*./Très *juste*! そのとおりだ.
❷ (英 just, fair) 公正[公平]な, 正義にかなった; 正当な. 会話 Ce n'est pas *juste*! 公平じゃないよ, 間違っているよ.
❸ 《trop, un peu などの副詞と共に》(衣類などが)きつい; (量が)ぎりぎりの. ●Elle n'a pas raté son train, mais c'était *juste*. 彼女は列車に間に合ったが, ぎりぎりのところだった.
à juste titre 正当に. ●Il en est fier, et *à juste titre*. 彼はそれを誇っているが, もっともなことだ.
— 副 ❶ まさに, 正確に, ちょうど. ●Il est trois heures *juste*. ちょうど3時だ.
❷ ぎりぎりに, かろうじて; …だけ. ●J'arrive *juste*. 時間ぎりぎりに着いた. ●J'ai *juste* trop bu. ちょっと飲みすぎた

だけです.

C'est tout juste si... かろうじて…する. ●*C'est tout juste s'*il ne m'a pas frappé. 彼は私をたたきかねないところだった.

tomber juste (計算などが)ぴったり合う.

— le **juste** 男 正しさ, 正確さ.

au juste 正確に. ●Que veut-il *au juste*? いったい彼は何を望んでいるの.

comme de juste 《話》当然のように; やはり.

justement /ジュストマン/ 副 ❶(英 exactly) ちょうど, まさに. ●On parlait *justement* de vous. ちょうどあなたのことを話していたんですよ.

❷ 公正に, 正当に.

J

la **justesse** /ジュステス/ 女 正しさ, 正確さ; 的確.

de justesse かろうじて.

la **justice** /ジュスティス/ 女 (英 justice)

❶ 正義; 公正, 公平.

❷ 司法, 裁判; 司法警察 (=police judiciaire). ●Palais de *justice* 裁判所.

❸ 公正な判断.

会話 ***Ce n'est que justice.*** それは当然だよ.

en toute justice 公平に見て; 当然のこととして.

obtenir justice 自分の正しさを認めさせる.

passer en justice 出廷する, 裁判にかけられる.

rendre justice à... …を正当に評価する.

rendre la justice 裁判をする.

se faire justice 復讐(しゅう)する; (償いとして)自殺する.

la **justification** /ジュスティフィカスィヨン/ 女 正当化, 弁明; 証明(書).

justifier /ジュスティフィエ/ (英 justify) 他

❶ の無罪を証明する, を弁護する. ●Il *a été justifié* de son crime. 彼は無罪を証明された.

❷ の根拠を示す; を正当化する.

— 自 〖*de*, を〗証明する. ●*justifier de* son domicile 住居証明をする.

— se justifier 代動 自分の正しさ[無罪]を証明する, 弁明する; 正当化される.

juvénile /ジュヴェニル/ 形 若い, 若者の.

juxtaposer /ジュクスタポゼ/ 他 を並置[並列]する.

K k

le **K, k** /カ/ 男 フランス字母の第11字.

le **kaki**[1] /カキ/ 男 (<日本) 柿(の実).

le **kaki**[2] /カキ/ 男 (<英) カーキ色.
— 形 《不変》カーキ色の.

le **kangourou** /カングルー/ 男 〔動〕カンガルー.

le **képi** /ケピ/ 男 ケピ. → 将校などの庇(ひさし)がついた円筒形の帽子.

kifer, kiffer /キフェ/ 他 《話》が大好きだ.

kif-kif /キフキフ/ 形 《不変》(<アラビア)《話》同じ.

le **kilo** /キロ/ 男 キログラム.

le **kilogramme** /キログラム/ 男 キログラム.

le **kilomètre** /kilɔmɛtr キロメトル/ 男 キロメートル. ● 180 *kilomètres* à l'heure 時速180キロメートル. → km/h と略す.

kilométrique /キロメトリク/ 形 キロメートルの.

le **kiosque** /キヨスク/ 男 (<トルコ) ❶ キオスク (=～ à journaux). → 新聞・花などの売店.
❷ (庭の)東屋(あずまや); (公園などの)野外音楽堂 (=～ à musique).

le **kirsch** /キルシュ/ 男 (<ドイツ) キルシュ. → サクランボの蒸留酒.

le **klaxon** /クラクソン/ 男 クラクション, 警笛.

km /キロメトル/ キロメートル (=kilomètre(s)). → /キロ/ と略して言うと, 通常 kg を指す.

L l

le **L, l**[1] /エル/ 男 ❶フランス字母の第12字.
❷(L) ローマ数字の50. →読みは cinquante.
l[2] 《略》(litre) リットル.
la[1] /ラ/ 冠 《定冠詞; 女性単数. 母音または無音の h の前で l' となる》→**le**[1]
la[2] /ラ/ 代 《人称代名詞; 3人称単数女性・直接目的語; 母音または無音の h の前で l'》(英 her, it, that) →巻末文法: 代名詞
❶彼女を. ●Je *la* présente à mes parents. 私は彼女を両親に紹介する.
❷《女性名詞を指して》それを. 会話 Où as-tu acheté cette écharpe? —Je *l'*ai achetée aux Galeries Lafayette あなたはこのマフラーをどこで買いましたか. —それはギャラリー・ラファイエットで買いました.
le **la**[3] /ラ/ 男 《不変》〔楽〕(音階の)ラ, イ[A]音.
là /ラ/ 副 (英 there) ❶そこ, あそこ; ここ. ●Je le vois *là*, sur la table. それならあそこ, テーブルの上にあります. ●C'est *là* que je suis né. そこが私の生まれた場所です. ●Attendez-moi *là*, je reviens. ここで待っていてください, すぐ戻ります.
❷その時; その点で[に]; 《en とともに》そこまで, そんな状態に. ●en arriver *là* そこまで行く[来る], そんな羽目に陥る. ●C'est *là* qu'il a compris que... そのとき, まさに彼は…ということを悟った.
❸《強調》それこそ; いったい. ●Que faites-vous *là*? 一体何をしているのですか.
ce ... -là / cette ... -là その[あの]…. ●*ce* jour-*là* その日. ●*ces* gens-*là* あの人たち.
de là そこから; それゆえ.
d'ici là 今からその時まで.
par là そこを通って.
— 間 (慰めたり, なだめたりして)さあさあ, まあまあ. 会話 *Oh! là! là!* おやおや, やれやれ.

là-bas /laba ラバ/ 副 (英 over there) あそこに[で], 向こうに[で].
●Regardez *là-bas*! あそこを見てごらん.
●Une fois arrivé *là-bas*, je vous téléphonerai. 向こうに着いたら, あなたに電話します.
de là-bas あそこから. ●Il est revenu *de là-bas*. 彼はそこから帰って来た.
le **laboratoire** /ラボラトワール/ 男 (英 laboratory) 実験室; 研究所; (写真の)現像所 (=〜 de photo). ●*laboratoire* de langues 語学ラボ, LL 教室.
laborieux(se) /ラボリユ(ーズ)/ 形 ❶骨の折れる, つらい; もたもたした; 《話》手間のかかる. ❷勤勉な; 勤労の.
le **labour** /ラブール/ 男 耕作; 《複》耕作地.
labourer /ラブレ/ 他 (英 plow) ❶を耕す. ❷を掘る.
le **labyrinthe** /ラビラーント/ 男 迷宮, 迷路; 《比喩的》複雑さ.
le **lac** /ラク/ 男 (英 lake) 湖.
会話 ***Il n'y a pas le feu au lac!*** 急ぐことはない.
lacer /ラセ/ 他 52 をひもで結ぶ.
le **lacet** /ラセ/ 男 ❶(衣服・靴の)ひも. ❷(道路などの)ジグザグ. ●en *lacets* (道路が)ジグザグの.
lâche /ラシュ/ 形 (英 loose) ❶臆病な. ❷卑怯(ひきょう)な, 卑劣な. ❸ゆるい, たるんだ.
— le(la) **lâche** 名 臆病者; 卑怯者.
lâchement /ラシュマン/ 副 臆病にも; 卑劣にも.
lâcher /ラシェ/ 他 (英 loosen, release)
❶(もの)を放す, 落とす; (動物)を放す.
❷をうっかり言う. ●*lâcher* un secret 秘密をもらす.
❸をゆるめる.
❹《話》(ものごと)を放棄する.
❺(競走相手)を引き離す.
❻《多く否定で》(感情・苦痛・《話》人が)を離す, 解放する.
lâcher prise (つかんでいたものを)離す;

あきらめる.
les lâcher 《話》渋々お金を出す.
— 自 切れる, ゆるむ, 壊れる.
— le **lâcher** 男 放つこと; 逃がすこと.

la **lâcheté** /ラシュテ/ 女 ❶ 臆病. ❷ 卑怯(ひきょう), 卑劣(な行為).

lacté(e) /ラクテ/ 形 乳の(ような), ミルクを含んだ.
Voie lactée 天の川.

la **lacune** /ラキュヌ/ 女 欠落, 不備. ●Elle a de grosses *lacunes* en histoire. 彼女の歴史の知識には大きな欠落がある.

là-dedans /ラドゥダン/ 副 その中に.

là-dessous /ラドゥス/ 副 その下に; その背後に. 会話 Il y a quelque chose *là-dessous*. 何か怪しいな.

là-dessus /ラドゥスュ/ 副 その上に; その点について; そこで.

là-haut /ラオ/ 副 この上に[で], あの高い所に; あの世に.

la **laïcité** /ライスィテ/ 女 ❶ 非宗教性, 世俗性. ❷ 政教分離.

laid(e) /レ(ド)/ 形 (英 ugly) ❶ 醜い, 醜悪な. ❷ (行為が)恥ずべき.

la **laideur** /レドゥール/ 女 醜さ; 下劣さ.

le **lainage** /レナージュ/ 男 ウールの服; 毛織物, ウール地.

la **laine** /レヌ/ 女 (英 wool) ❶ 羊毛, ウール; 毛糸. ❷ 《話》(セーターなど)暖かい衣類; ウールの服.
laine de verre ガラス繊維.
se laisser manger la laine sur le dos 《話》餌食(えじき)にされる.

laïque /ライク/ 形 《男性形は時に laïc》 聖職者でない; 宗教から独立した, 世俗の. ●école *laïque* 公立学校. → フランスの公立学校では宗教色を排した教育が原則.
— le(la) **laïque** 名 《男性に対して多く laïc》 非聖職者, 俗人.

la **laisse** /レス/ 女 (犬・馬を引く)綱, リード. ●tenir ... en *laisse* …をひもにつないでおく.

laisser

/lese レセ/ 他 (英 leave, let)

❶ を残す, 残しておく.
●*Laisse*-lui du gâteau. 彼(女)にケーキをとっておいてね.
❷ を置いておく; 置き忘れる.
●*Laissons* la voiture ici. 車はここに置いて行こう.
●J'*ai laissé* mon parapluie dans le train. 私は傘を電車の中に忘れてきた.
❸ (a) を放っておく.
会話 *Laissez* donc ces détails! そんな細かいことは放っておきなさいよ.
(b) 〈laisser A B〉 AをBのままにしておく.
●*laisser* la porte ouverte ドアを開けておく.
❹ と別れる; をやめる.
●Il *a laissé* sa femme. 彼は妻を見捨てた.
●*laisser* le patinage pour le ski スケートをやめてスキーをする.
❺ 〈laisser ... à 人〉 (人)に…を預ける; 任せる.
●*laisser* sa clé au voisin 鍵を隣人に預ける.
●*Laissez*, je vais le faire. 任せてください, 私がやりますから.
❻ 〈laisser 人 不定詞〉 (人)に…させておく.
●J'*ai laissé* gagner ma fille [ma fille gagner]. 私は娘を勝たせてやった.
●*Laissez*-moi réfléchir jusqu'à demain. 明日まで考えさせてください.

POINT 不定詞が他動詞の場合, laisser 不定詞 à [par] 人 の形になる場合もある. J'ai laissé Marie faire la vaisselle. = J'ai laissé faire la vaisselle à Marie. 私はマリーに食器を洗わせておいた.

Bien faire et laisser dire. 《ことわざ》すべきことをして, 言いたい者には言わせておけ.
会話 ***Je vous laisse.*** さようなら.
laisser tomber ... …を落とす; あきらめる. 会話 *Laisse* tomber! やめておけ, 放っておけ.

— **se laisser** 代動 〈se laisser 不定詞〉
❶ …されるがままになる, してもらう.
●*se laisser* tromper みすみすだまされる.
❷ …するがままでいる.
●*se laisser* faire されるがままになる.
❸ 《話》(ものが)けっこう…できる.
●Ce vin se *laisse* boire. このワインはけっこう飲める.
se laisser aller 投げやりになる; 成り行きに任せる. ●Cet étudiant *se laisse aller*. その学生は投げやりだ.

L

se laisser aller à… …に身を委ねる. ● *se laisser aller aux* pleurs 涙が流れるにまかせる.
se laisser tenter par… …に気をそそられる.

le **laisser-aller** /レセアレ/ 男 《不変》だらしなさ, いいかげんさ; 無頓着.

le **laissez-passer** /レセパセ/ 男 《不変》通行許可証; フリーパス.

le **lait** /lɛ レ/ 男 (英 milk)
❶ ミルク, 牛乳.
● boire du *lait* ミルクを飲む.
● une brique de *lait* 牛乳パック.
❷ 母乳.
● *lait* maternel 母乳.
❸ 乳(状)液.
● *lait* solaire 日焼け止め乳液.
boire du petit lait 《話》悦に入る, 喜ぶ.
café au lait カフェオレ.
***lait concentré* 〔*condensé*〕** 練乳, コンデンスミルク.
lait de coco ココナッツミルク.
lait de soja 豆乳.
lait en poudre 粉ミルク.

le **laitage** /レタージュ/ 男 乳製品.

la **laiterie** /レトリ/ 女 酪農場, 乳製品工場; 酪農業.

laitier(ère) /レティエ(ール)/ 形 牛乳の; 乳製品の, 酪農の.
— le(la) **laitier(ère)** 名 牛乳屋; 牛乳配達人.
— la **laitière** 女 乳牛 (=vache ～).

la **laitue** /レテュ/ 女 〔植〕レタス.

le **lambeau** /ランボ/ 男 (複 **lambeaux**) (布・紙・肉の)切れ端; (知識・作品などの)断片.
en lambeaux ぼろぼろの.

la **lame** /ラム/ 女 (英 blade) ❶ (ナイフなどの)刃. ❷ (金属などの)薄片. ❸ 大波.
lame de fond 高波; (世論の)うねり.

lamentable /ラマンタブル/ 形 哀れな, ひどい; 無残な; 《文》痛ましい.

se lamenter /ラマンテ/ 代動 〖*sur*, を〗嘆く.

la **lampe** /ランプ/ 女 (英 lamp) ❶ 電灯; 電球. ❷ (照明用・熱するための)ランプ. ● *lampe* de poche 懐中電灯.

la **lance** /ランス/ 女 ❶ 槍(やり). ❷ (散水ホースなどの)ノズル.

le **lancement** /ランスマン/ 男 (英 launching) ❶ 投げること. ❷ (ロケットなどの)打ち上げ; (船の)進水. ❸ (商品・スターの)売り出し; (事業などの)開始.

lancer /ランセ/ 他 52 (英 throw, launch)
❶ を投げる, 放つ. ● *lancer* le poids 〔スポーツ〕砲丸を投げる.
❷ (声・言葉・光・煙)を発する, 出す. ● *lancer* un cri 叫び声を発する.
❸ (視線)を投げる. ● Elle lui *a lancé* un coup d'œil furieux. 彼女は怒りのまなざしを彼(女)に向けた.
❹ (商品・スター)を売り出す; (事業・活動)を開始する. ● C'est ce film qui l'*a lancé*. この映画で彼は広く知れ渡った.
❺ (乗り物など)を疾走させる; (機械)を動かす.
❻ 〔情報〕(プログラム)を実行する.
— **se lancer** 代動 ❶ 突進する; 飛びかかる. ❷ 〖*dans*, に〗身を投じる.
— le **lancer** 男 〔スポーツ〕投てき競技; スローイング.

la **lande** /ランド/ 女 (低木しか生えないような)荒地.

le **langage** /ランガージュ/ 男 (英 language) ❶ 言語(の使用); 言語活動. ❷ 表現; (ある集団・個人の)言葉遣い.

la **langouste** /ラングスト/ 女 〔動〕イセエビ.

la **langue** /ラング/ 女 (英 tongue) ❶ 舌. ● *langue* de bœuf 牛タン. 会話 Je l'ai sur le bout de la *langue*. 舌の先まで出かかっているんだ.
❷ (英 language) (ある国民・民族の)言語, 国語. ● *langue* étrangère 外国語. ● *langue* maternelle 母語. ● *langue* morte 死語.
❸ (ある個人・社会・分野に特有の)言葉; 文体.
avaler sa langue 《話》(よく話す人が)黙る.
avoir la langue bien pendue ぺらぺらとよくしゃべる.
donner sa langue au chat 《話》降参する, お手上げする.
mauvaise langue 毒舌家.
tenir sa langue 口をつぐむ, 秘密を守る.
tirer la langue à… (舌を出して)…をばかにする.

la **langueur** /ラングール/ 女 《文》物憂さ, けだるさ; 悩ましさ.

languir /ランギール/ 自 33 ❶ 活気がなくなる. ❷〘après, を〙待ち焦がれる.
● faire *languir* 人 (人)をじらす.

la **lanterne** /ランテルヌ/ 女 ❶ ランタン, カンテラ; (自動車の)スモールランプ. ❷ 映写機, プロジェクター.
éclairer la lanterne de 人 (人に)わからせる, 事情を説明する.

le **Laos** /ラオス/ 男 ラオス. → 東南アジアの共和国.

le(la) **lapin(e)** /ラパン(ピヌ)/ 名 (英 rabbit) ❶〔動〕ウサギ(兎). ❷ ウサギの肉.
mon lapin 《親しい呼びかけ》坊や, お嬢ちゃん.
poser un lapin à 人 《話》(人)に待ちぼうけを食わせる, すっぽかす.

la **laque** /ラク/ 女 漆; ラッカー; ヘアスプレー, マニキュア.

laquelle /ラケル/ 代 《疑問代名詞》代 《関係代名詞》形 《関係形容詞》lequel の女性単数形. → **lequel**

laquer /ラケ/ 他 に漆[ラッカー]を塗る; マニキュアをする; ヘアスプレーをかける.

le **lard** /ラール/ 男 (豚などの)脂肪; 脂身.
(***se***) ***faire du lard*** 《話》ぶくぶくと太る.
ne pas savoir si c'est du lard ou du cochon どういうことなのかわからない.

large /larʒ ラルジュ/ 形 (英 wide, broad)
❶ (**a**) 幅の広い; 大きい.
● avoir les épaules *larges* 肩幅が広い.
● Ce jardin est très *large*. この庭は非常に広い.
(**b**) 〈**large de ...**〉 …が広い, …の幅がある.
● Il est *large* d'épaules. 彼は肩幅が広い.
● *large de* 5 mètres 幅5メートルで.
❷ (衣服・靴が)ゆったりした.
● pantalon trop *large* だぶだぶのズボン.
❸ (程度が)大きな.
● une *large* portion de frites 山盛りのフライドポテト.
❹ 気前のよい, ぜいたくな.
● vie *large* ゆったりとした[裕福な]暮らし.
❺ (心・見方が)広い, 寛大な.
● Il a les idées *larges*. 彼は偏見のない考えをする.
● au sens *large* du terme 言葉の広い意味で.

— 副 ❶ 広く, 大きく. ❷ ゆったりと, 大まかに. ● calculer *large* 余裕をもって計算する. ● voir *large* 多めに見る; 大きく考える.

— le **large** 男 ❶ 幅; 横. ● cinq mètres de *large* 幅5メートル. ❷ 沖, 外海.
au large de ... …の沖合で.
de long en large 行ったり来たりして.
en long et en large 縦横に; あらゆる面から.
être au large ゆったりしている; 裕福である. ● On est *au large* dans cette pièce. この部屋ならゆったりできる.
prendre le large 沖に出る; 《話》消え去る.

largement /ラルジュマン/ 副 ❶ 広く, 大きく. ❷ たっぷりと.

la **largesse** /ラルジェス/ 女 《文》気前のよさ; 《多く複数》贈り物.

la **largeur** /ラルジュール/ 女 (英 width, breadth) ❶ 幅, 横幅. ❷ (心・考え方の)広さ, 寛大さ (=～ d'esprit).

la **larme** /ラルム/ 女 (英 tears) ❶ 涙. ● être en *larmes* 泣いている. ● fondre en *larmes* 泣き崩れる. ● rire aux *larmes* 涙が出るほど笑う. ❷ 《話》(液体の)ごく少量.
pleurer à chaudes larmes さめざめと泣く.

las(se) /ラ(ース)/ 形 疲れた; 〘*de*, (するの)に〙うんざりした.

lasse → **las** の女性形.

lasser /ラセ/ 他 (英 weary, tire) をうんざりさせる; 疲れさせる.
— **se lasser** 代動 〈**se lasser de** 名 [**de** 不定詞]〉 …(するの)に飽きる.

la **lassitude** /ラシテュド/ 女 ❶ 疲労(感). ❷ 倦(けん)怠(感), 無気力.

latent(e) /ラタン(ト)/ 形 潜在[潜伏]する, 隠れた.

latéral(ale) /ラテラル/ 形 (男複 latéraux) 側面の; 横の.

latin(e) /ラタン(ティヌ)/ 形 (英 Latin) ❶ 古代ローマの, ラテンの. ❷ ラテン語の; ラテン民族の.
Quartier latin カルチエ・ラタン. → パリの学生街.
— le **latin** 男 ラテン語.
y perdre son latin 《話》さっぱりわけがわからない.

L

la **latitude** /ラティテュド/ 女 ❶ 緯度. ❷ 気候. ❸ (行動の)自由.

le(la) **lauréat(e)** /ロレア(ト)/ 名 受賞者; 合格者.

le **laurier** /ロリエ/ 男 〔植〕 ❶ ゲッケイジュ(月桂樹). ❷ ローリエ. → 月桂樹の葉; 香辛料.

s'endormir [***se reposer***] ***sur ses lauriers*** 過去の栄光にあぐらをかく.

le **lavabo** /ラヴァボ/ 男 (<ラテン) 洗面台; 《複》(公衆)便所.

le **lavage** /ラヴァージュ/ 男 (英 washing) 洗濯, 洗浄. ● *Lavage* à la main 手洗いのみ. ● *Lavage* en machine 洗濯機で洗えます.

lavage de cerveau 洗脳.

la **lavande** /ラヴァンド/ 女 〔植〕ラベンダー.

laver /ラヴェ/ 他 (英 wash, bathe)

❶ を洗う, 洗濯する.

❷ (汚名)をそそぐ; の疑いを晴らす. ● *laver* 人 d'une accusation (人)の疑いを晴らす.

— **se laver** 代動 ❶ 自分の体(の一部)を洗う. ● *se laver* la figure [les mains] 顔[手]を洗う.

❷ 洗濯ができる. ● Ça *se lave* à la main. これは手洗いをする. ● Ça *se lave* en machine. これは洗濯機で洗える.

se laver les mains de 名 …から手を引く.

la **laverie** /ラヴリ/ 女 コインランドリー.

le[1] /l(ə) ル/ 冠 《定冠詞》(英 the)

	単数	複数
男性	le /ル/ *(l')	**les /レ/
女性	la /ラ/ *(l')	

*le, la は母音または無音の h の前で l' となる. 例: l'arbre

**母音または無音の h の前ではリエゾンする.

POINT à+le=au, à+les=aux; de+le=du, de+les=des.

❶ 《特定化》 ● *le* propriétaire de la bicyclette その自転車の持ち主.

● Il est parti *le* 15 janvier. 彼は1月15日に出発した.

POINT 曜日+le+日+月+年: Mardi le 27 mars 2018 2018年3月27日火曜日.

❷ 《配分》…ごとに, …につき.

● 40 euros *le* litre 1リットルあたり40ユーロ.

● deux fois *l'*an 年2回.

❸ 《分数》…分の1.

● *le* quart de la population 人口の4分の1.

● *les* deux tiers de… …の3分の2.

❹ 《総称》…というもの.

● Elle aime *la* musique. 彼女は音楽が好きだ.

参考
単数か複数かでニュアンスが異なる場合がある.
▸J'aime les moutons. 私は羊が好きだ《1匹, 2匹と数えられる》.
▸J'aime le mouton. 私は羊肉が好物だ《肉という「量」で数えられない》.

❺ 《体の一部》

● se laver *les* mains 手を洗う.

● avoir mal à *la* tête 頭が痛い.

POINT main, jambe など体の部分を表す名詞には, 一般に定冠詞をつける.

❻ 〈les 姓〉 …一家.

le[2] /l(ə) ル/ 代 《人称代名詞; 3人称単数男性・直接目的語; 母音字または無音の h の前では l'》→巻末文法: 代名詞 (英 him; it)

❶ 彼(女)を.

● Tu connais Paul?—Non, Je ne *le* connais pas. 君はポールを知っているかい. —いいえ私は彼を知りません. → 動詞あるいは助動詞の前に置かれる.

❷ それを.

会話 Vous avez votre parapluie? —Non, je ne *l'*ai pas. 傘は持っていますか. —いいえ, 持っていません.

le[3] /l(ə) ル/ 代 《中性代名詞; 母音字または無音の h の前では l'》→巻末文法: 代名詞 (英 it, that) 《不定詞・節・属詞の代理として》そのことを, そう.

会話 Il est en colère.—Je *le* sais. 彼は怒っているよ. —それは分っている.

lécher /レシェ/ 他 57 ❶ をなめる; (炎が)をなめるように広がる.

❷ (文章など)を入念に仕上げる, 凝りすぎる.

lécher les bottes à 人 (人)におべっかを使う.

la **leçon** /l(ə)sɔ̃ ルソン/ 女 (英 lesson) ❶ 授業, レッスン.
● prendre des *leçons* de piano ピアノのレッスンを受ける.
● *leçons* de conduite 運転免許実習.
● *leçons* particulières 個人教授.
❷ (生徒・児童の)学習課題.
● préparer sa *leçon* 予習をする.
❸ (教科書の)課.
● manuel de français en 12 *leçons* 12課からなるフランス語教科書.
❹ 教訓.
● Cela m'a servi de *leçon*. それは私にはいい勉強になった.
donner des leçons à 人 (人)に授業をする. ● Elle te *donnera* peut-être *des leçons* de ski. 彼女は君にスキーのレッスンをしてくれるかもしれない.
donner une bonne leçon à 人 (人)によい教訓となる. ● Cela lui *donnera une bonne leçon*. それは彼(女)にはいい教訓になるだろう.
réciter sa leçon 課題を暗唱する; 人から言われたことをオウム返しにする.

le(la) **lecteur**(**trice**) /レクトゥール(トリス)/ 名 (英 reader) ❶ 読者. ❷ 外国人語学教師.
— le **lecteur** 男 ❶ (オーディオの)プレーヤー. ● *lecteur* de CD CD プレイヤー.
❷〔情報〕読み取り装置, リーダー.

la **lecture** /レクテュール/ 女 (英 reading) ❶ 読むこと; 読書; 読み物. 会話 Apportez-moi de la *lecture*. 何か読むものを持ってきてください. ❷ 朗読.
● faire la *lecture* à 人 (人)に本を読んでやる. ❸ (録音の)再生;〔情報〕読み取り.

légal(**ale**) /レガル/ 形 (男複 **légaux**) 法律上の, 法定の; 合法的な.

légalement /レガルマン/ 副 法律上; 合法的に.

légaliser /レガリゼ/ 他 ❶ を合法化する, 法律で認める. ❷ (証書の署名の真正)を証明する.

la **légalité** /レガリテ/ 女 合法性, 適法性.

la **légende** /レジャンド/ 女 ❶ 伝説, 言い伝え. ❷ (挿絵などの)説明文, キャプション; (図面・地図の)凡例.

léger(**ère**) /leʒe, -ɛr レジェ(ール)/ 形 (英 light, slight) ❶ 軽い.
● un sac *léger* 軽いかばん.
● huile *légère* 軽油.
❷ 薄い.
● porter un vêtement *léger* 薄手の服を着る.
❸ (味などが)あっさりした.
● cuisine *légère* あっさりした料理.
● café *léger* 薄いコーヒー.
❹ 軽度の, ちょっとした.
● avoir un *léger* accent 軽いなまりがある.
● avoir le sommeil *léger* 眠りが浅い.
❺ 軽やかな.
● musique *légère* 軽音楽.
● marcher d'un pas *léger* 軽い足取りで歩く.
❻ 軽薄な.
à la légère 軽々しく, 軽率に. ● parler *à la légère* 軽率なことを言う.
会話 ***C'est un peu léger.*** 少々もの足りない.
prendre à la légère 事態を軽く見る.
— 副 軽く. ● manger *léger* 軽く食事する.

légèrement /レジェルマン/ 副 (英 lightly, slightly) ❶ 軽く; 軽快に.
❷ わずかに.
❸ 軽率に.

la **légèreté** /レジェルテ/ 女 ❶ 軽さ; 薄さ. ❷ 軽やかさ, 軽快さ. ❸ 軽率さ.

la **légion** /レジヨン/ 女 ❶ (古代ローマの)軍団; 外人部隊 (=L- étrangère).
❷ 多数, 大勢. ● être *légion* 大勢である.
● une *légion* de... 多数の….
Légion d'honneur レジオンドヌール(勲章).

législatif(**ve**) /レジスラティフ(ヴ)/ 形 立法の, 立法(府)に関する.

la **législation** /レジスラスィヨン/ 女 法, 法律(全体).

légitime /レジティム/ 形 合法的な; 正当な, 当然の. ● *légitime* défense 正当防衛.

le **legs** /レ(グ)/ 男〔法〕遺贈(物); 遺産.

léguer /レゲ/ 他 57 を遺贈する; 後世に伝える, 残す.

le **légume** /レギューム/ 男 (英 vegetable) 野菜.
légumes secs 豆類.
légumes verts 青物.

L

— la **légume** 女 ***une grosse légume*** 《話》大物, 実力者.

le **lendemain** /ランドマン/ 男 (英 next day) ❶ **(le ～)** 翌日. ● le *lendemain* matin 翌朝. ❷(近い)将来.

sans lendemain 長続きしない.

lent(e) /ラン(ト)/ 形 (英 slow) 遅い, ゆっくりした.

être lent à 不定詞 …するのが遅い.

lentement /ラントマン/ 副 (英 slowly) ゆっくりと.

la **lenteur** /ラントゥール/ 女 遅さ; 《複》のろのろしたやり方.

la **lentille** /ランティユ/ 女 ❶ レンズ; コンタクトレンズ (=～s de contact). ❷〔植〕レンズマメ.

la **lèpre** /レープル/ 女 ハンセン病, 癩(らい)病.

lequel /ルケル/ 代 (英 which)

	単数	複数
男性	lequel /ルケル/	lesquels /レケル/
女性	laquelle /ラケル/	lesquelles /レケル/

POINT à＋lequel＝auquel, à＋lesquels＝auxquels; de＋lequel＝duquel, de + lesquels = desquels, de + lesquelles＝desquelles.

❶《疑問代名詞》どれ, どの人.

● De ces deux chapeaux, *lequel* préférez-vous? 2つの帽子のうちどちらが好きですか.

❷《関係代名詞》…であるところの.

● C'est un problème *auquel* on n'avait pas pensé. それは考えていなかった問題です.

les /レ/ ❶ 冠 《定冠詞の複数形》→**le**[1] ❷ 代 《人称代名詞; 3人称複数・直接目的語》→巻末文法: 代名詞 (英 them) 彼らを, 彼女たちを; それらを.

la **lesbienne** /レスビエヌ/ 女 同性愛の女性, レスビアン.

léser /レゼ/ 他 57 (利益・権利)を侵害する.

la **lésion** /レズィヨン/ 女 〔医〕外傷; 損傷.

la **lessive** /レスィヴ/ 女 洗剤; 洗濯(物).

● faire la *lessive* 洗濯をする.

leste /レスト/ 形 ❶ 敏捷(しょう)な, 機敏な. ❷(言葉が性的に)きわどい.

la **lettre** /lɛtr レトル/ 女 (英 letter)

❶ 手紙.

● *lettre* d'amour ラブレター.

● *lettre* de recommandation 推薦状.

● *lettre* d'invitation 招待状.

● envoyer une *lettre* 手紙を出す.

● écrire une *lettre* à 人 (人)に手紙を書く.

❷ 文字.

● mot de six *lettres* 6字から成る単語.

❸《複》文学.

● faculté des *lettres* 文学部.

● *lettres* classiques 古典語, 古典文学.

● *lettres* modernes 近代語, 近代文学.

à la lettre 文字どおりに; 正確に. ● interpréter un texte *à la lettre* テキストを厳密に解釈する.

en toutes lettres 完全に, 省略せずに.

prendre ... au pied de la lettre …を文字どおり受け取る. ● Il *prend* tout *au pied de la lettre*. 彼はすべて額面どおりに受け取る.

leur[1] /lœr ルール/ 代 《人称代名詞; 3人称複数・間接目的語》→巻末文法: 代名詞 彼らに, 彼女らに, それらに.

● Je le *leur* dirais. 彼ら[彼女たち]にそう言っておきましょう.

leur[2] /lœr ルール/ 形 (複 **leurs**) 《所有》(英 their, theirs) 彼ら[彼女たち]の; それらの.

● les parents et *leurs* enfants 両親とその子供たち.

leur[3] /lœr ルール/ 代 《所有代名詞》→巻末文法: 代名詞 《定冠詞とともに》 ❶ 彼ら[彼女たち]のもの; それらのもの.

● Ma fille et *la leur* 私の娘と彼らの娘.

❷ **(les leurs)** 彼ら[彼女たち]の家族[仲間].

y mettre du leur 尽力する.

le **levain** /ルヴァン/ 男 パン種; 酵母.

la **levée** /ルヴェ/ 女 ❶(郵便物の)収集; (トランプで)勝った札を集めること. ❷ 取り消し. ❸ 堤防.

levée de séance 閉会.

lever /l(ə)ve ルヴェ/ 他 1 (英 raise, lift)

❶ を上げる, 持ち上げる.

● *lever* la main 手を挙げる.

● *lever* la tête 顔を上げる.

● *lever* l'ancre 錨(いかり)を上げる.

● *lever* les yeux 見上げる.

• *lever* le rideau (芝居の)幕を上げる.
❷ (人)を起こす; (横になっているもの)を立てる.
• *lever* un enfant 寝ている子を起き上がらせる.
• *lever* une échelle はしごを立てかける.
❸ を取り除く; 解除する; 終える.
• *lever* les obstacles 障害を取り除く.
• *lever* la séance 閉会する.
❹ を集める.
• *lever* les lettres 郵便物を収集する.
❺ (図面)を描く; (獲物)を狩り出す.
lever son verre à la santé de ... …の健康のために乾杯する.
— 自 (植物が)生える; (発酵して)ふくらむ.
— **se lever** 代動 ❶ 起きる, 起床する.
会話 *Levez-vous!* 起きなさい.
• *se lever* tôt 早く起きる.
❷ 立ち上がる.
• *se lever* de sa chaise 椅子から立ち上がる.
❸ 上がる; (日・月が)昇る.
• Le rideau *s'est levé* sur le premier acte. 第1幕の幕が上がった.
• Le soleil *se lève* tôt en été. 夏には早く日が昇る.
❹ (風が)起きる; (天気が)よくなる.
• Le vent *se lève*. 風が吹きはじめる.
Ça se lève. 空が晴れ上がった.
se lever de bonne heure 朝早く起きる.
se lever de table 食卓を離れる.
— le **lever** 男 ❶ 昇る[上がる]こと. • *lever* du soleil 日の出. • *lever* du jour 夜明け. ❷ 起床. ❸ 測量(図).
au lever 寝起きに. • Prenez trois comprimés *au lever*. 《注意書》起床時に3錠服用すること.
lever de rideau 〔劇〕開幕; 前座.

le **levier** /ルヴィエ/ 男 ❶ レバー, てこ.
• *levier* de vitesses (自動車の)変速レバー. ❷ ものを動かす力.

la **lèvre** /レーヴル/ 女 (英 lip) 唇.
• avoir le sourire aux *lèvres* 口元に微笑をうかべている.
du bout des lèvres 口先だけで; いやいや.
être suspendu aux lèvres de 人 (人)の言葉にじっと聞き入る.
se mordre les lèvres (感情を抑えるために)唇をかむ.

le **lexique** /レクスィク/ 男 ❶ (特定の領域・作家の使用する)語彙; 用語集. ❷ 小辞典.

le **lézard** /レザール/ 男 〔動〕トカゲ.

la **liaison** /リエゾン/ 女 ❶ 連絡.
❷ (**a**) (人・ものの)関係, 関連. (**b**) 愛人関係. • avoir une *liaison* avec ... …と交際している.
❸ 〔文法〕リエゾン. • faire la *liaison* リエゾンを起こす.
être [entrer] en liaison avec ... …と連携している.

la **libellule** /リベリュル/ 女 〔虫〕トンボ.

libéral(ale) /リベラル/ 形 (男複 **libéraux**) ❶ 自由な; 自由主義の. • économie *libérale* 自由主義経済. ❷ 寛大な, 物わかりのいい.

le **libéralisme** /リベラリスム/ 男 自由主義.

la **libération** /リベラスィヨン/ 女 ❶ 解放; (**L-**) (第2次大戦での)フランスの解放.
• le mouvement de *libération* des femmes 女性解放運動. → 略 MLF.
❷ 釈放.

libérer /リベレ/ 他 57 (英 free, liberate)
❶ 〖*de*, から〗を解放する, 自由にする.
❷ を釈放する. ❸ (障害物)を取り除く. ❹ 〔物・化〕を放出する.
— **se libérer** 代動 〖*de*, から〗解放される, 自由になる.

la **liberté** /リベルテ/ 女 (英 liberty, freedom) ❶ 自由. • *liberté* de la presse 報道・出版の自由. • *liberté* d'expression 表現の自由. • en toute *liberté* 自由に. ❷ 奔放. ❸ 自主独立; 《複》自治権.
Liberté, Égalité, Fraternité 自由・平等・友愛. → フランス共和国の標語.
mettre [remettre] ... en liberté …を釈放する.
prendre des libertés avec ... (人)になれなれしくする; (原文)を勝手にいじくる.
prendre la liberté de 不定詞 失礼を顧みず…する.

le(la) **libraire** /リブレール/ 名 本屋, 書店主.

la **librairie** /リブレリ/ 女 本屋; 書籍販売業.

libre /libr リーブル/ 形 (英 free)
❶ 自由な, 制約されていない.
• homme *libre* 自由人.
• prix *libre* 自由価格.
• Je suis assez *libre* dans mon travail. 私は自分の仕事でかなり自由がきく.
❷ (場所・時間が)空いている; 暇な.

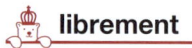

●Tu es *libre* demain soir? 明日の晩は暇ですか.

会話 Avez-vous une chambre *libre*? 空き部屋はありますか.

❸ 無料の.

●Entrée *libre* 入場無料.

❹ 打ちとけた.

●Il est un peu trop *libre* avec son professeur. 彼は先生に少しなれなれしすぎる.

❺ (衣服などが)ゆったりした.

❻〔スポーツ〕フリー(スタイル)の.

●nage *libre* (水泳の)自由型.

à l'air libre 外で.

être libre comme l'air まったく自由である.

heure* (*de*) *libre (学校の)自由時間.

libre à toi* [*à vous*] *de 不定詞 …するのは君の[あなたの]自由だ.

libre de 不定詞 自由に…できる. ●Tu es *libre de* partir ou de rester. 君は行ってもいいし残っていてもいい.

libre de 名 …のない. ●esprit *libre de* préjugés 偏見のない精神(の持ち主).

librement /リブルマン/ 副 ❶ 自由に. ❷ 打ちとけて, 率直に.

le **libre-service** /リブルセルヴィス/ 男 (複 libres-services) (英 self-service) セルフサービス(の店).

la **licence** /リサンス/ 女 ❶ 学士号. ●*licence* ès lettres [en droit] 文[法]学士. ❷ 許可, 認可; (スポーツなどの)ライセンス.

le(la) **licencié(e)** /リサンスィエ/ 名 ❶ 学士. ❷ ライセンス所持者, 登録選手.

le **licenciement** /リサンスィマン/ 男 解雇.

licencier /リサンスィエ/ 他 (英 dismiss) を解雇する, 罷免する.

la **lie** /リ/ 女 (ワインの)澱(おり); (酒)かす; くず.

le **liège** /リエジュ/ 男 コルク.

le **lien** /リヤン/ 男 (英 bond, tie) ❶ ひも, 綱. ❷ (ものの)関連; (人の)絆, つながり. ●*lien* de parenté 血縁[親戚]関係. ❸〔情報〕リンク.

lier /リエ/ 他 (英 bind, tie) ❶ を縛る, 束ねる, 結ぶ. ❷ (人・事柄)を結びつける, 関連づける. ❸ を拘束する.

lier amitié 友情を結ぶ.

lier conversation avec 人 (人)と話し始める.

— se lier 代動 〔*avec*, と〕親しくなる. ●*se lier* (d'amitié) *avec* 人 (人)と友情で結ばれる.

le **lierre** /リエール/ 男 〔植〕キヅタ(木蔦).

le **lieu** /リユ/ 男(複 lieux) (英 place, scene) ❶ 場所, 所. ●*lieu* de naissance 出生地. ●en *lieu* sûr 安全な場所に. ❷《複》現地; (事件の)現場; 住居. ●sur les *lieux* (d'un crime) (犯罪の)現場で. ❸ 理由.

au lieu de 名 [***de*** 不定詞] …の代わりに; …せずに. ●Tu devrais téléphoner *au lieu d*'écrire. 手紙より電話の方がいいよ.

avoir lieu 行われる, 起こる. ●La cérémonie *aura lieu* demain. 式は明日行われる.

avoir lieu de 不定詞 …する理由がある.

donner lieu à ... …を生じさせる.

en dernier lieu 最後に.

en premier lieu 最初に.

haut lieu de ... …で有名な場所.

lieu commun 決まり文句.

tenir lieu de ... …の代わりになる.

la **lieue** /リユ/ 女 里(り). → 昔の距離の単位で約4キロ.

être à cent* [*mille*] *lieues de ... …どころではない, かけ離れている.

le **lieutenant** /リユトナン/ 男 (陸・空軍)中尉.

le **lièvre** /リエヴル/ 男 (英 hare) 〔動〕ノウサギ(野兎); ノウサギの肉.

courir deux lièvres à la fois 同時に2兎を追いかける; 2つの目的を追求する.

la **ligne** /リーニュ/ 女 (英 line) ❶ 線. ●tirer une *ligne* 線を引く. ●*ligne* de départ スタートライン.

❷ 輪郭; 体の線; (ドレスなどの)ライン. ●avoir la *ligne* スタイルがいい, 体の線がきれいである.

❸ (人・ものの)列; (文字の)行. ●aller à la *ligne* 改行する.

❹ (交通機関)路線. ●*ligne* aérienne 航空路線.

❺ (行動・政策の)方針.

❻ 電話線, 電線; 〔情報〕回線.

❼〔軍〕戦線.

❽ 家系, 血統.

❾〔スポーツ〕ライン. ❿ 釣り糸.

en ligne 電話がつながっている;〔情報〕オンラインの.
entrer en ligne de compte 考慮に入れられる.
grandes lignes 大筋;(鉄道の)幹線.
hors ligne 並はずれた;〔情報〕オフラインの.
lire entre les lignes 行間を読み取る.
pêcher à la ligne 釣りをする.
sur toute la ligne 完全に,まったく.

la **ligue** /リグ/ 女 連盟,同盟.

le **lilas** /リラ/ 男 〔植〕リラ(の花),ライラック.
— 形 《不変》ライラック色の.

la **limace** /リマス/ 女 〔動〕ナメクジ;《話》のろま.

la **lime**[1] /リム/ 女 やすり.

la **lime**[2] /リム/ 女 〔植〕ライム(の実).

limer /リメ/ 他 にやすりをかける,磨く.

la **limitation** /リミタスィヨン/ 女 制限. ●*limitation* de vitesse 速度制限.

la **limite** /リミト/ 女 (英 limit) 境界(線);限界,限度. ●*limite* d'âge 年齢制限. 会話 Ma patience a des *limites*! 私の我慢にもほどがある. ●sans *limite*(*s*) 限りなく.
à la limite 極限的に;差し迫った場合には.
— 形 境界の;限界の;制限の. ●date *limite* de consommation (食品などの)消費期限. → 略 DLC.

limiter /リミテ/ 他 (英 limit) を区切る;制限する,限定する. ●*limiter* les dépenses 出費を制限する.
— **se limiter** 代動 〘à, に〙とどめる.

la **limonade** /リモナド/ 女 (レモン風味の)ソーダ水,レモネード.

limpide /ランピド/ 形 澄み切った;明快な,平明な.

le **lin** /ラン/ 男 〔植〕アマ(亜麻);〔織〕リネン,亜麻布.

linéaire /リネエール/ 形 線の,線状の.

le **linge** /ランジュ/ 男 (英 linen) ❶(家庭用の)布製品,布類. → シーツ・タオル・テーブルクロス・ナプキン・布巾など. ❷肌着,下着 (=～ de corps). ❸洗濯物. ❹布切れ.
blanc [***pâle***] ***comme un linge*** (顔が)真っ青な.

la **lingerie** /ランジュリ/ 女 ❶(特に女性用の)肌着類,ランジェリー. ❷(寄宿舎・大邸宅の)リネン室.

le **lingot** /ランゴ/ 男 鋳塊(ちゅうかい);地金 (=～ d'or).

le(la) **linguiste** /ランギュイスト/ 名 言語学者.

la **linguistique** /ランギュイスティク/ 女 言語学.
— 形 言語の;言語学の.

le(la) **lion**(***ne***) /リヨン(ヌ)/ 名 ❶〔動〕ライオン,獅子(しし). ❷勇敢な人.
— le **Lion** 男 〔天〕獅子座.

la **liqueur** /リクール/ 女 リキュール.

la **liquidation** /リキダスィヨン/ 女 ❶清算,整理;決算. ❷バーゲンセール. ❸《話》除去;粛清.

liquide /リキド/ 形 (英 liquid) ❶液状の,液体の. ❷すぐ使える;(負債などが)確定した.
argent liquide 現金.
— le **liquide** 男 ❶液体;体液. ❷現金. ❸流動食.
en liquide 現金で. ●payer ... *en liquide* …を現金で払う.

liquider /リキデ/ 他 (英 liquidate) ❶を清算する;決算する. ❷の棚卸しをする. ❸《話》を厄介払いする,殺す.

lir ... →**lire**[1] 39

lire[1] /lir リール/ 他 39 (英 read)

je	lis	nous	lisons
tu	lis	vous	lisez
il	lit	ils	lisent
現分	lisant	過分	lu

❶を読む;(読んで)を理解する.
●Il *lit* un livre. 彼は本を読んでいる.
●J'*ai lu* quelque part qu'il était mort. 私はどこかで彼が死んだということを読んだ.
❷(声に出して)を読み上げる.
●Elle *lit* un conte à ses enfants. 彼女は子供たちにお話を読んで聞かせる.
❸を察知する;〔情報〕を読み取る.
●Mon petit-fils sait *lire* l'heure. 孫は時計がわかる.
— 自 (文字を)読む;読書する;〘*dans*, を〙読み取る.
●Il aime *lire*. 彼は読書が好きだ.
— **se lire** 代動 (本などが)読める;(表情などが)読み取れる.

L

● Ce roman *se lit* facilement. この小説は読みやすい.

la **lire**[2] /リール/ 女 リラ. → ユーロ導入以前のイタリアの通貨単位.

le **lis**[1], **lys** /リス/ 男 〔植〕ユリ(百合). ● fleur de *lys* 白百合. → フランス王家の紋章.

lis[2](...) → **lire**[1] 39

lisible /リズィブル/ 形 ❶(文字が)判断できる; (本が)読みやすい. ❷(感情などが)読み取れる.

la **lisière** /リズィエール/ 女 ❶(織物の)へり, 耳. ❷(森・畑などの)境, はずれ.

lisse /リス/ 形 (英 smooth) 滑らかな, すべすべした.

L

la **liste** /リスト/ 女 (英 list) リスト, 一覧表; 名簿. ● faire [dresser] une *liste* リストを作成する. ● *liste* noire ブラックリスト.

lit[1] → **lire**[1] 39

le **lit**[2] /li リ/ 男 (英 bed)

❶ ベッド; 寝床.
● sortir du *lit* ベッドから出る, 起きる.
● s'allonger sur le *lit* ベッドで寝そべる.
❷(夫婦の)寝床, 夫婦[男女]関係.
❸ 川床; (わら・砂の)層.

aller au lit 床につく, ベッドに入る.
会話 ***Au lit, les enfants!*** (子供たちに)もう寝なさい.
être au lit 寝ている, ベッドの中にいる.
faire son lit ベッドを整える.
garder le lit (病気で)寝込んでいる.
lits jumeaux ツインベッド.
se mettre au lit 床につく.

la **litière** /リティエール/ 女 (家畜の)敷きわら; (ペット用の)砂.

le **litige** /リティジュ/ 男 〔法〕訴訟, 係争.

le **litre** /リトル/ 男 (英 liter) ❶ リットル. ❷ 1リットルの容器.

littéraire /リテレール/ 形 文学の; 文学的な; 文科系の; 真実味に欠ける. ● œuvre *littéraire* 文学作品. ● faire des études *littéraires* 文学を勉強[研究]する.

— le(la) **littéraire** 名 文科系の人.

littéral(ale) /リテラル/ 形 (男複 **littéraux**) 文字の; 文字[字義]どおりの; 逐語的な.

la **littérature** /リテラテュール/ 女 (英 literature) ❶ 文学, 文芸; 文学(研究)書. ❷ 作り事, 絵空事.

livide /リヴィド/ 形 蒼白(そうはく)の, 鉛色の.

la **livraison** /リヴレゾン/ 女 (商品の)配達; (配達された)商品.

le **livre**[1] /livr リーヴル/ 男 (英 book)

❶ 本, 書物.
● *livre* de cuisine 料理本.
● *livre* de poche 文庫本.
● *livre* d'occasion 古本.
● *livre* numérique 電子書籍.
● Il lit un *livre*. 彼は本を読んでいる.
● commencer un *livre* 本を読み[書き]始める.
❷(書物の)巻, 部.
● le *Livre* de Job (旧約聖書の)ヨブ記.
❸ 帳簿, 台帳.

la **livre**[2] /リーヴル/ 女 ❶ 500グラム.
● Une *livre* de tomates, s'il vous plaît. トマトを半キロください.
❷ ポンド. → 英国などの通貨単位.

livrer /リヴレ/ 他 (英 deliver) ❶(商品)を配達する, 届ける. ● Nous *livrons* à domicile《掲示》宅配いたします.
❷ を引き渡す.
❸ を密告する; (秘密)を漏らす.
❹《文》をゆだねる.

livrer bataille 戦闘を始める.
livrer passage à 人 (人)に道をゆずる, 通す.

— **se livrer** 代動 ❶〔à, に〕没頭する, 身をゆだねる; 心を打ち明ける. ❷ 降伏する, 自首する.

le **livret** /リヴレ/ 男 ❶(公的の)手帳, 通帳. ● *livret* de caisse d'épargne 貯金通帳. ● *livret* scolaire (学校の)通信簿. ❷(美術館などの)カタログ; (オペラの)台本.

local(ale) /ロカル/ 形 (男複 **locaux**)
❶ 地方の, 地域的な.
❷ 局地的な.

— le **local** 男 (建物内の特定の)場所, 部屋.

localement /ロカルマン/ 副 局地的に; 局部的に.

la **localisation** /ロカリザスィヨン/ 女 ❶ 位置決定; 位置測定. ❷ 局地化.

localiser /ロカリゼ/ 他 ❶の位置をつきとめる. ❷が広がるのを防ぐ.

la **localité** /ロカリテ/ 女 小さな町[村].

le(la) **locataire** /ロカテール/ 名 (英 tenant) 借家人, 下宿人.

la **location** /ロカスィヨン/ 女 (英 renting) ❶賃貸借, リース. ● *location* de voitures カーレンタル. ● donner [prendre]... en *location* …を貸す[借りる]. ❷賃貸料, レンタル料金. ❸(劇場・乗り物の)予約; 前売り券売場.

locaux →**local** の複数形.

la **locomotive** /ロコモティヴ/ 女 機関車.

la **locution** /ロキュスィヨン/ 女 (英 phrase) 句, 成句, 熟語, 言い回し.

la **loge** /ロジュ/ 女 ❶管理人室, 守衛室. ❷(劇場の)ボックス席; 楽屋.

être aux premières loges (何かを観察するのに)絶好の場所にいる.

le **logement** /ロジュマン/ 男 (英 housing) 住居; 居住.

loger /ロジェ/ 自 40 (英 lodge) 泊まる, 住む. ● *loger* dans un hôtel ホテルに泊まる.

— 他 ❶を泊める, 住まわせる. ❷(もの)を置く, 収容する.

— **se loger** 代動 泊まる, 住む. ● trouver à *se loger* 住む所を見つける.

logiciel(le) /ロジスィエル/ 形 〔情報〕ソフトウエアの.

— le **logiciel** 男 ソフト, ソフトウエア.

la **logique** /ロジク/ 女 (英 logic) 論理, 筋道; 論理学. ● en toute *logique* 論理的に.

— 形 論理的な; 当然の.

Il est logique de 不定詞 [***que*** 接続法] …(する)のは当然だ.

logiquement /ロジクマン/ 副 論理的に; 理屈だけで言えば. ● *Logiquement*, il devrait faire beau. 本来なら天気はよくなるはずだが.

le **logis** /ロジ/ 男 《文》住まい, 家; 宿.

le **logo** /ロゴ/ 男 ロゴ.

la **loi** /ロワ/ 女 (英 law) ❶法, 法律.
● respecter la *loi* 法を守る.
● violer la *loi* 法を犯す.
❷法則.
❸《複》規則.
❹定め, 掟(おきて).
❺〔宗〕戒律; (神の)教え.

faire [***dicter***] ***sa loi*** (***à*** 人) (人を)支配する; わがもの顔にふるまう.

sans foi ni loi 信仰も法もなく; 何も顧みない.

loin /lwɛ̃ ロワン/ 副 (英 far)
❶《空間》遠く, 離れて.
● C'est *loin* d'ici? そこはここから遠いですか.
● voyager très *loin* 遠くへ旅する.
❷《時間》遠い昔[未来]に.
● Le printemps n'est plus *loin*. 春はもう遠くない.

aller loin 重大な結果を及ぼす; 《未来形で》将来性がある.

aller trop loin 度を越す, やりすぎる.

au loin 遠くに[へ].

de loin 遠くから; ずっと前から; 断然.

de loin en loin 間隔をおいて; 時々.

être loin de 不定詞 …するどころではない. ● *J'étais loin de* penser cela. 私はそんなことは思ってもいなかった.

loin de... …から遠くに; 《否定形で》ほとんど…だ. ● Paris est très *loin du* Japon. パリは日本から大変遠い. ● On n'est pas *loin de* l'été. もうほとんど夏だ.

会話 ***Loin de là!*** とんでもない.

voir loin 先を見通す.

lointain(e) /ロワンタン(テヌ)/ 形 (英 distant) ❶《時間・空間》はるかな, 遠くの. ❷(関係が)遠い, 間接的な.

— le **lointain** 男 《文》遠方. ● au [dans le] *lointain* はるか遠くに.

le **loisir** /ロワズィール/ 男 (英 leisure) ❶暇, 余暇, 自由な時間. ● pendant mes heures de *loisir* 私の暇な時間に. ❷《複》レジャー, レクリエーション.

à loisir たっぷりと, 心ゆくまで.

avoir le loisir de 不定詞 …する時間がある.

Londres /ローンドル/ (英 London) 《固有》ロンドン.

long(ue) /lɔ̃, lɔ̃g ロン(グ)/ 形 (英 long)
❶《空間》長い.
● Cette rue est *longue*. この通りは長い.
● *long* nez 高い鼻.
❷丈の長い; (縦に)長い.
● robe *longue* ロングドレス.
❸《時間》長い.

L

●Il est parti pour un *long* voyage. 彼は長旅に出かけた.
❹ 古い, 昔からの.
●*longue* habitude 古い習慣.
à la longue いつかは.
être long à 不定詞 …するのに時間がかかる. ●Il *est long à* comprendre. 彼は理解が遅い.
long de... 長さが…の. ●un pont *long d'*un kilomètre 長さ1キロメートルの橋.
— 副 ❶ 長々と; 詳しく. ❷ 長い服で, 長めに.
en dire long sur... …を物語る.
en savoir long (sur...) (…を)詳しく知っている.
— le **long** 男 長さ, 距離; 縦.
(tout) au long 詳しく, 全部.
... de long 長さ….
de long en large 縦横に; (同じ所を)行ったり来たり.
en long et en large あらゆる面から.
(tout) le long de... …に沿って; …の間中. ●Je me suis promené *le long de* la rivière. 私は川に沿って散歩した. ●tout *le long du* jour 1日中.

longer /ロンジェ/ 他 40 に沿って行く; (道が)に沿っている.

la **longitude** /ロンジテュド/ 女 経度. ●à [par] 50°de *longitude* ouest 西経50度に(ある).

longtemps

/lɔ̃tɑ̃ ロンタン/ 副 (英 for a long time) 長い間, 久しく.
会話 Ça fait *longtemps*. 久しぶりです.
●Vous restez *longtemps*? 長い間滞在されますか.
— le **longtemps** 男 長い時間.
aussi longtemps que 直 …である限り. ●Restez ici *aussi longtemps que* vous voudrez. 好きなだけここにいてください.
depuis longtemps ずっと以前から.
Il y a [ça fait/voici/voilà] longtemps ずっと以前に.
Il y a [ça fait/ voici/ voilà] longtemps que 直 …してずいぶんになる. ●*Il y a longtemps que* j'ai quitté la France. 私がフランスを去ってから久しい.
pendant longtemps / pour longtemps 長い間.

longue →long の女性形.

longuement /ロングマン/ 副 長い間; 長々と.

la **longueur** /ロングール/ 女 (英 length) ❶ 長さ, 遅さ; 縦. ●avoir une *longueur* de.../avoir [faire]... de *longueur* …の長さがある.
❷《複》冗長なところ.
❸〔スポーツ〕馬身, 艇(てい)身.
à longueur d'année [de journée] 1年中[1日中].
avoir une longueur d'avance (sur...) (…より)ずっと先を行っている[先んじている].

la **longue-vue** /ロングヴュ/ 女 (複 longues-vues) 望遠鏡.

le **loquet** /ロケ/ 男 (扉の)かけがね, 掛錠.

la **lorgnette** /ロルニェト/ 女 オペラグラス, 小型双眼鏡.
regarder [voir] par le petit bout de la lorgnette さまつな面ばかり見る, 視野が狭い.

lors /ロール/ 副 そのとき.
depuis lors そのとき以来.
dès lors それ以来; それゆえ.
dès lors que 直 …のときから; …であるからには.
lors de... …のときに.
lors même que... たとえ…だとしても.
pour lors その場合には; そうすれば.

lorsque /ロルスク/ 接 (英 when) …のときに. →quand より改まった表現.

le **lot** /ロ/ 男 ❶ (くじの)賞金, 賞品; (財産などの)分け前. ❷ (商品の)ひと組, ひと山.
❸《文》運命, 宿命.
gros lot (宝くじなどの)1等賞, 大当たり.

la **loterie** /ロトリ/ 女 宝くじ, 福引き. ●gagner à la *loterie* 宝くじを当てる.

la **lotion** /ロスィヨン/ 女 ローション, 化粧水.

le **loto** /ロト/ 男 ❶ ロト. →国営の宝くじ.
❷ ロト遊び(のセット). →ゲーム.

louche[1] /ルシュ/ 形 いかがわしい, 怪しい; 混濁.

la **louche**[2] /ルシュ/ 女 ❶ レードル, おたま. →スープを注ぐときに使う. ❷《話》手.
à la louche 《話》たっぷりと; 大雑把に.

loucher /ルシェ/ 自 ❶ やぶにらみ[斜視]である; (ふざけて)寄り目をする. ❷《話》

L

〖*sur, vers*, を〗物欲しそうに見る.

louer[1] /ルエ/ 他 (英 rent) ❶ を賃貸しする; 賃借りする. ●*louer* un appartement à un jeune couple 若いカップルにアパルトマンを貸す. ●*louer* une voiture 車を借りる. ❷ (席)を予約する.

— se louer 代動 賃貸しされる.

louer[2] /ルエ/ 他 を称賛する, ほめる.

会話 ***Dieu soit loué!*** ああ助かった, やれやれ.

louer 人 ***de ...*** (人)を…のことでほめる.

— se louer 代動 〖*de*, に〗満足する.

le **loup** /ル/ 男 (英 wolf) ❶〔動〕オオカミ(狼). ❷〔魚〕スズキ, オオカミウオ (=〜 de mer). → 地中海岸での呼び名. ❸ (仮面舞踏会の)ビロードの半仮面.

la **loupe** /ルプ/ 女 ルーペ, 拡大鏡, 虫めがね. ●examiner ... à la *loupe* …を虫めがねで調べる; 詳細に調べる.

louper /ルペ/ 他 《話》に失敗する; を逃す. ●*louper* son coup へまをする.

— 自 《話》やり損なう.

Ça n'a pas loupé! 思ったとおりだ.

— se louper 代動 《話》行き違いになる.

lourd(e) /lur, -urd ルール(ルルド)/ 形 (英 heavy)

❶ (**a**) (ものが)重い.

●Ma valise est *lourde*. 私のスーツケースは重い.

(**b**) (体が)重い.

●J'ai les jambes *lourdes*. 足がだるい.

(**c**) 重苦しい.

●chaleur *lourde* むっとする暑さ.

会話 Il fait *lourd*. うっとうしい天気だ.

❷ (食べ物が)もたれる; (香り・味が)強い.

●plat *lourd* 胃にもたれる料理.

●vin *lourd* 濃厚なワイン.

❸ 《主に名詞の前》重大な.

●*lourde* faute 重大な失敗.

❹ (動き・頭の働きが)鈍い.

●J'ai la tête *lourde*. 頭がすっきりしない.

lourd de ... …でいっぱいの. ●Les pommiers sont *lourds de* fruits. リンゴの木は実がいっぱいついている.

— 副 重く.

ne ... pas lourd 《話》大して…ない. ●Il *ne* gagne *pas lourd*. 彼はたいして稼いでいない.

peser lourd 重要である.

lourdement /ルルドゥマン/ 副 重く; 鈍重に, 不器用に; ひどく.

la **lourdeur** /ルルドゥール/ 女 ❶ 重さ; 重苦しさ; うっとうしさ. ❷ (頭の)鈍さ.

la **louve** /ルヴ/ 女 雌オオカミ.

loyal(ale) /ロワイヤル/ 形 (男複 loyaux) 誠実な, 忠実な; 公正な.

à la loyale 《話》正々堂々と.

loyalement /ロワイヤルマン/ 副 誠実に, 正々堂々と.

la **loyauté** /ロワイヨテ/ 女 誠実, 正直さ, 忠誠.

loyaux →loyal の複数形.

le **loyer** /ロワイエ/ 男 (英 rent) 家賃, 部屋代.

lu(e) →lire[1] 39

la **lucarne** /リュカルヌ/ 女 天窓, 小窓.

lucide /リュスィド/ 形 明晰(せき)な; 意識がはっきりしている.

la **lueur** /リュウール/ 女 ❶ ほのかな光. ❷ (目の)輝き; ひらめき.

la **luge** /リュージュ/ 女 そり; リュージュ(競技).

lugubre /リュギュブル/ 形 悲痛な; 不気味な; 《文》死を思わせる, 喪を表す.

lui[1] /lɥi リュイ/ 代 《人称代名詞; 3人称単数・間接目的語》→巻末文法: 代名詞 彼に, 彼女に; それに.

●Je *lui* ai demandé s'il [si elle] allait. 行くのかどうか彼[彼女]に聞いてみた.

lui[2] /lɥi リュイ/ 代 《人称代名詞; 3人称単数男性・強勢形》→巻末文法: 代名詞 彼.

●Elle pense à *lui*. 彼女は彼のことを思っている.

●Tu es d'accord avec *lui*? 君は彼に賛成か.

à lui seul 彼ひとりで; それだけで.

lui[3] →luire 15

lui-même /リュイメム/ 代 《人称代名詞》(複 eux-mêmes) (英 himself, themselves) 彼自身, 彼ら自身; それ自体.

de lui-même 自分から進んで; ひとりで に.

luire /リュイール/ 自 15 光る, 輝く.

luisant(e) /リュイザン(ト)/ 形 光った, 輝いた.

lûmes →lire[1] 39

la **lumière** /リュミエール/ 女 (英 light) ❶ 光. ●*lumière* du jour 日光.

L

❷ 明かり, 照明. ●Il y a de la *lumière* dans sa chambre. 彼(女)の部屋には明かりがついている.
❸《複》知識, 知性.
à la lumière de ... …の光に照らして, …を手がかりに.
faire toute la lumière sur ... …を明らかにする.
mettre ... en lumière …に光を当てる, 注意をうながす.

lumineux(*se*) /リュミヌ(ーズ)/ 形 ❶ 光る; 輝く; 光の. ●enseigne *lumineuse* ネオンサイン. ❷ 明晰(せき)な, 明解な.

lunaire /リュネール/ 形 月の; 月のような.

le(la) **lunatique** /リュナティク/ 名 気の変わりやすい人, 気まぐれな人.
— 形 気まぐれな.

le **lundi** /lœ̃di ランディ/ 男 (英 Monday) 月曜日.

la **lune** /lyn リュヌ/ 女 (英 moon) 月.
●pleine *lune* 満月.
●croissant de *lune* 三日月.
●nouvelle *lune* 新月.
●au clair de (la) *lune* 月明かりの下で.
●Il fait une *lune* superbe ce soir. 今夜は素晴らしい月夜だ.
être dans la lune 頭がぼうっとしている, うわの空である.
lune de miel ハネムーン; 新婚生活.

la **lunette** /リュネト/ 女 (英 glasses)
❶《複》めがね.
❷ 望遠鏡.
❸ (トイレの)便座.
lunettes de soleil サングラス.

lurent, lus, luss ... →**lire**[1] 39

le **lustre** /リュストル/ 男 ❶ シャンデリア.
❷ つや, 光沢;《文》光彩.

lut, lût(es) →**lire**[1] 39

le **luth** /リュト/ 男 リュート. → 中世の弦楽器.

la **lutte** /リュト/ 女 (英 struggle, fight)
❶ 闘争, 戦い; 対立. ●*lutte* pour la vie 生存競争; 種の自然淘汰(とうた). ●être en *lutte* 戦っている, 闘争中である.
❷ 抵抗, 運動.
❸ レスリング.

lutter /リュテ/ 自 〚contre, に対して; pour, のために〛 戦う, 闘う. ●*lutter* pour l'indépendance 独立のために戦う.

le **luxe** /リュクス/ 男 ぜいたく; 豪華; 過剰.
会話 ***Ce n'est pas un* [*du*] *luxe.*** それはぜいたくではない, 必要なことだ.
de luxe 豪華な, ぜいたくな.
s'offrir* [*se payer*] *le luxe de 不定詞 思いきって…する.
un luxe de ... たくさんの…, 無駄な….

le **Luxembourg** /リュクサンブール/ 男 ❶ ルクセンブルク(大公)国. ❷ パリのリュクサンブール公園 (=jardin du ～).

luxueux(*se*) /リュクスュ(ーズ)/ 形 (英 luxurious) ぜいたくな; 豪華な.

le **lycée** /リセ/ 男 リセ. → フランスの中等教育の後期課程の3年間; 日本の高校に当たる. ●*lycée* professionnel 職業リセ.

le(la) **lycéen(*ne*)** /リセアン(エヌ)/ 名 リセの生徒.
— 形 リセの.

le **lynx** /ランクス/ 男 〔動〕オオヤマネコ.
avoir des yeux de lynx 鋭い目つきをしている.

lyrique /リリク/ 形 叙情的な; 〔楽〕歌の.
art lyrique オペラ, 歌劇.

M m

le **M**[1], **m**[1] /エム/ 男 ❶ フランス字母の第13字. ❷ ローマ数字の千.

M[2], **m**[2] 《略》 ❶ **(M)** (Méga-) 〔物〕 メガ. ❷ **(m)** (mètre) メートル; (minute) 分; (masculin) 〔文法〕 男性(の).

m' 代 《人称代名詞》 →**me** の縮約形.

ma /マ/ 形 《所有形容詞》《女性形》 (英 my) 私の. →**mon**

le **macaron** /マカロン/ 男 ❶ 〔菓〕 マカロン. → 丸い形のお菓子. ❷ 編んだ髪を耳の上で巻く髪形. ❸ 《話》 円形のバッジ.

le **macaroni** /マカロニ/ 男 (<イタリア) マカロニ. → 管状や貝殻などの形のパスタ.

mâcher /マシェ/ 他 ❶ (英 chew) を噛(か)む, 咀嚼(そしゃく)する. ❷ のお膳立てをしてやる. • *mâcher* le travail à 人 (人) に仕事の段取りをつけてやる.

ne pas mâcher ses mots 自分の考えを遠慮なく言う.

le **machin** /マシャン/ 男 それ, あれ, 何とかいう物[人].

machinal(***ale***) /マシナル/ 形 (男複 **machinaux**) 機械的な, 無意識的な.

machinalement /マシナルマン/ 副 機械的に, 無意識(的)に.

la **machine** /マシヌ/ 女 ❶ (英 machine) 機械. • *machine* à coudre ミシン. • *machine* à laver 洗濯機.
❷ 機関車.
❸ (機械のように動く)機構, 仕組み.
❹ 機械のような人間, ロボット.

faire machine arrière 引き下がる; 前言を翻(ひるがえ)す.

le **macho** /マチョ/ 男 (<スペイン) 男性優位主義の男.

la **mâchoire** /マショワール/ 女 ❶ 顎(あご), 下顎. ❷ 機械の歯.

le **maçon**(***ne***) /マソン(ヌ)/ 男 石工, 煉瓦(れんが)工.

la **maçonnerie** /マソヌリ/ 女 左官仕事; 石[煉瓦(れんが)]造り.

la **madame** /madam マダム/ 女 (複 **mesdames**) (英 Mrs., madam) ❶ 《既婚女性に対する敬称》 → 略 Mme.
• *Madame* Legrand ルグラン夫人.
❷ 《女性への呼びかけ》
• Merci, *madame* ありがとうございます, 奥様.
• Bonjour, *madame*! こんにちは.
❸ 《結婚に関係なく, 職務についている女性に対する敬称》
• *Madame* la directrice 所長.
❹ 《家庭の主婦をさして》 奥様.
• Allô, *madame* est là? 《電話で》 もしもし, 奥さんいらっしゃいますか.

la **mademoiselle** /madmwazɛl マドモワゼル/ 女 (複 **mesdemoiselles**) (英 Miss) ❶ 《未婚女性に対する敬称; 既婚でなくても成年女性には多く madame を使う》 → 略 Mlle.
• *Mademoiselle* Durand デュランさん.
❷ 《若い女性への呼びかけ》 お嬢さん.
会話 Bonjour, *mademoiselle*! こんにちは(お嬢さん).
• *Mademoiselle*, vous avez oublié quelque chose. お嬢さん, なにかお忘れですよ.

le **magasin** /magazɛ̃ マガザン/ 男 (英 shop, store)
❶ 店, 商店.
• *magasin* d'alimentation 食料品店.
• tenir un *magasin* 店を開いている, 商売をしている.
❷ 倉庫.
• marchandises en *magasin* 在庫品.
• avoir ... en *magasin* …の在庫がある.

faire* [*courir*] *les magasins ショッピングをする.

grand magasin デパート.

le **magazine** /マガズィヌ/ 男 ❶ (写真や挿絵の入った)雑誌. → 写真のない雑誌は revue.
❷ (ラジオ・テレビの)情報番組.

le(la) **magicien**(***ne***) /マジスィヤン(エヌ)/ 名 魔法使い; 奇術師.

la **magie** /マジ/ 女 魔法, 奇術, マジック.

M

●comme par *magie* 魔法のように.
●faire de la *magie* 手品をする.

magique /マジク/ 形 (英 magic) 魔法の.

le(la) **magistrat(e)** /マジストラ(ト)/ 名 ❶ 司法官. → 裁判官・検事など. ❷ 行政官, 役人.

la **magistrature** /マジストラテュール/ 女 司法官の職[任期];《集合的》司法官; (権威のある)官職.

magnétique /マニェティク/ 形 ❶ 磁力の, 磁気を帯びた. ❷ 魅惑的な, とらえて離さない.

le **magnétisme** /マニェティスム/ 男 ❶ 磁気(学), 磁性. ❷ 魅力, 強い暗示.

le **magnétophone** /マニェトフォヌ/ 男 テープレコーダー.

le **magnétoscope** /マニェトスコプ/ 男 ビデオデッキ; ビデオテープ.

magnifique /マニフィク/ 形 (英 magnificent) すばらしい, 見事な; 壮麗[華麗]な.

M

le **mai** /mɛ メ/ 男 (英 May) 5月.

en* [*au mois de*] *mai 5月に.

***premier mai* (le 〜)** メーデー.

maigre /メーグル/ 形 ❶ (英 thin, lean) 痩(や)せた; (食物が)脂肪分のない; 肉抜きの.
❷《多く名詞の前》わずかな, 貧弱な; 物足りない.

maigre comme un clou がりがりに痩せている.

— le(la) **maigre** 名 痩せた人.

maigrir /メグリール/ 自 33 痩(や)せる. ●Il *a maigri* de 5 kg. 彼は5キロ痩せた.
— 他 (人)を痩せさせる; (ものが人)を痩せて見せる.

le **mail** /メル/ 男〔情報〕メール.

la **maille** /マーイユ/ 女 ❶ 編み目, ニット地. ❷ (網などの)目; (鎖の)環.

le **maillot** /マイヨ/ 男 (英 undershirt) (体にぴったりした)シャツ, タイツ; ジャージー, ユニフォーム; 水着 (=〜 de bain).

maillot jaune マイヨ・ジョーヌ. → ツールドフランスでトップの選手が着るシャツ.

la **main** /mɛ̃ マン/ 女
❶ (英 hand) 手.
●battre des *mains* 手をたたく, 拍手する.
●faire un signe de la *main* 手で合図する. ●ligne de la *main* 手相.
❷《成句中で》手助け, 援助.
❸ 手中, 所有者; 支配力.
●La maison a changé de *mains*. その家は所有者が変わった.
❹ 技能, 手法; 腕前.
●perdre la *main* 腕前が落ちる.

à la main 手に[で], 手製の. ●écrit *à la main* 手書きの. ●fait *à la main* 手作りの.

à pleines mains 手一杯に, 大量に; しっかりと.

avoir ... en main …を掌握している.
●Nous *avons* la situation *en main*. 我々は状況をつかんでいる.

coup de main 手助け, 助力;〔軍〕奇襲.
●Donne-moi un *coup de main*. ちょっと助けて.

demander la main de ... (娘の親に)…との結婚を申し込む.

de première main 仲介なしに[の].

de seconde main 間接的に[な].

donner la main à 人 (人)に手を貸す.

en main(s) propre(s) 直接本人の手に.
●Cette lettre est à remettre *en main propre*. この手紙は直接本人に渡さなければならない.

être entre les mains de 人 (人)の手中にある, (人)に委ねられている. ●La ville est *entre les mains des* terroristes. 街はテロリストの手中にある.

forcer la main à 人 (人)に無理やり言うことをきかせる.

Haut les mains!/Les mains en l'air! 手を上げろ!

la main dans la main 手に手を取って; 提携して.

mettre la main sur ... …を見つける.

prendre ... en main(s) …を引き受ける.

serrer la main à 人 (人)と握手をする.

se serrer la main (互いに)握手し合う; 手をつなぐ.

sous la main 手もとに.

tendre la main à 人 (人)に手を差しのべる.

tomber sous la main 偶然手に入る.

la **main-d'œuvre** /マンドゥヴル/ 女 (英 labor) 人手;《集合的》労働者, 労働力.

maint(e) /マン(ト)/ 形《文》多くの.
●à *maintes* reprises 何度も, 繰り返して.
●*maintes* fois しばしば.

mainten ... →**maintenir** 75

maintenant[1] /mɛ̃tnɑ̃ マントナン/ 副
❶（英 now）今，今では；さあ，それでは．
●Il doit être arrivé *maintenant*. 今頃はもう彼は着いているはずだ．
●Va te coucher *maintenant*. さあもう寝なさい．
会話 Non, pas *maintenant*. いや，今はだめ．
❷《近接未来とともに》今から，今後．
●Qu'est-ce qu'on va faire *maintenant*? さてこれからどうしよう．
❸《文頭で》ところで；しかし，でも．
à partir de maintenant 今後は，これからは．●*À partir de maintenant*, je ne bois plus. 今後お酒は飲みません．●les jeunes *de maintenant* 現代の若者たち．
dès maintenant 今から(早速)，今後．●Nous avons peu de temps, commençons *dès maintenant*. 時間がないのですぐ始めよう．
maintenant que 直 …をした今となっては．●*Maintenant qu*'il va mieux, il peut reprendre le travail. 彼は体調がよくなったので，また仕事を始められる．

maintenant[2] →**maintenir** 75

maintenir /マントニール/ 他 75 ❶（英 maintain, keep）を支える，押さえる．❷を維持する，保つ．●*maintenir* l'ordre 秩序を保つ．❸を断固主張する；〈maintenir que ...〉あくまで…だと主張する．
— se maintenir 代動 維持される．
会話 Ça *se maintient*. 《あいさつなどで》変わりないですね．

maintenu(e) →**maintenir** 75

le **maintien** /マンティヤン/ 男（英 maintenance）❶維持．●assurer le *maintien* de l'ordre 治安を維持する．❷態度．

maintien ..., mainti[î]n ... →**maintenir** 75

le **maire** /メール/ 男（英 mayor）市[町，村]長；(パリなど大都市の)区長．→女性の場合は madame le maire.

la **mairie** /メリ/ 女（英 city hall）市[区]役所，町[村]役場；市[区，町，村]の行政；市[区，町，村]長の職．

mais /mɛ メ/ 接（英 but）
❶しかし，だが，けれども．
●lentement *mais* sûrement ゆっくりではあるが確実に．
●Il fait beau, *mais* il y a du vent. 天気はいいが，風がある．
❷(否定文の後で)…ではなく…だ．
●Ce n'est pas ma faute, *mais* la vôtre. 私のせいではなくて，あなたのせいです．
❸《文頭で》でも；ところで．
●*Mais* d'où tu sors? (ところ)で，どこに行っていたの．
non seulement A, mais aussi [***encore***] ***B*** 単にAだけでなくB．●*Non seulement* il ne fait rien, *mais encore* il gêne les autres. あいつは何もしないだけでなく人の迷惑になる．
— 副 ❶(返事を強調して)もちろん，まさに；全然．
●*Mais* absolument! / *Mais* certainement!/*Mais* oui! もちろんですとも．
●*Mais* non! もちろんそうじゃない；とんでもない．
●*Mais* si! 《否定疑問に対する肯定を強めて》いいえ；そんなことはない．
❷(驚き・いらだち)一体，おいおい．
●*Mais* enfin! まったく．
❸(同じ言葉の反復で)まったく．
Non mais! とんでもない；何てことだ．
— le **mais** 男 異論，反対．

le **maïs** /マイス/ 男 トウモロコシ．

la **maison** /mɛzɔ̃ メゾン/ 女
❶（英 house）家，家屋．
●*maison* à louer 貸家．
●C'est la quatrième *maison* après le café. それは喫茶店から4軒目の建物です．
●*maison* de campagne 別荘．
●*maison* individuelle 一戸建ての家．
❷家族，一家．
●Venez me voir à la *maison*. うちに遊びにいらっしゃい．
●maîtresse de *maison* 一家の主婦．
❸公共の施設．
●*maison* d'arrêt 留置所．
●*maison* de retraite 老人ホーム．
❹商店，会社．
●*maison* d'édition 出版社．
●*maison* mère 本社，本店．
à la maison 家に．●M. Durand est *à la maison*? デュランさんはご在宅ですか．

— 形 《不変》自家製の, その店特製の; 独特の; 《話》見事な.
●tartes *maison* 自家製のタルト, 特製タルト.
●Est-ce que c'est fait *maison*? これは自家製ですか.

la **maisonnette** /メゾネト/ 女 小さな家.

le(la) **maître(sse)** /メトル(メトレス)/ 名
❶ (英 master) 主人, 支配者; 所有者, 持ち主, 飼い主. ●*maître* de maison 一家の主人.
❷ (学校や習い事の)先生, 教師. ●*maître* d'école 小学校の先生.
❸ 《男性形のみ》師, 名人, 巨匠.
❹ 《男性形のみ》(役職名などで)…長, 主任; 親方; (弁護士などの敬称)…先生. → 略 Me. ●*maître* de conférences 准教授.
être maître de soi 自制を保つ; 誰にも制約を受けない.
— 形 ❶ 主人にふさわしい. ❷ 筆頭の; 主要な.
— la **maîtresse** 女 愛人, 情婦.

M

la **maîtrise** /メトリーズ/ 女 ❶ 抑制, 自制心 (=〜 de soi).
❷ 支配, 制御; 自在に操ること.
❸ 修士号; 教職.
❹ 《総称的》(教会の)聖歌隊(員); 聖歌隊員の養成所.

maîtriser /メトリゼ/ 他 ❶ を制御する; 会得する. ●*maîtriser* une langue étrangère 外国語をマスターする.
❷ を抑制する.
— **se maîtriser** 代動 自制する.

la **majesté** /マジェステ/ 女 ❶ 威厳, 壮麗さ.
❷ (世襲制君主の尊称)陛下.

majestueux(se) /マジェステュウ(ーズ)/ 形 威厳のある, 荘厳な.

majeur(e) /マジュール/ 形 ❶ (英 major) より大きい[多い]; 極めて重大な, 主要な.
❷ 成年に達した; 《話》一人前の. ●Il n'est pas encore *majeur*. 彼はまだ未成年だ.
❸ 〔楽〕長調の.
la majeure partie de ... …の大半.
— le(la) **majeur(e)** 名 成年者, 成人.
— le **majeur** 男 ❶ 中指. ❷ 〔楽〕長調.

la **majoration** /マジョラスィヨン/ 女 値上がり.

la **majorité** /マジョリテ/ 女 ❶ (英 majority) (投票による)多数, 過半数; 多数派, 与党. ●*majorité* absolue 絶対多数. ●la *majorité* et l'opposition 与党と野党.
❷ 大多数. ●dans la *majorité* des cas 多くの場合は. ●en (grande) *majorité* 大多数は.
❸ 成年. → フランスでは18歳.

la **majuscule** /マジュスキュル/ 女 大文字.
— 形 大文字の. ●A *majuscule* 大文字のA.

le **mal**[1] /mal マル/ 男 (複) **maux** /モ/
❶ (英 evil) (**a**) 悪, 罪.
●*mal* nécessaire 必要悪.
(**b**) 害.
●Il n'y a pas de *mal* à cela. それは別に不都合なことではない.
❷ (英 trouble) (**a**) 不幸, 災い.
●supporter des *maux* cruels 苛(か)酷な試練に耐える.
(**b**) 痛み, 苦しみ, 病気.
●J'ai le *mal* des transports. 乗り物に酔っている.
●le *mal* de gorge のどの痛み.
●le *mal* de l'air 飛行機酔い.
●le *mal* de mer 船酔い.
●le *mal* du pays ホームシック.
(**c**) 困難, 苦労.
●sans *mal* 苦労せずに.
avoir du mal à 不定詞 …するのに苦労する. ●*J'ai du mal à* comprendre. 私はよくわからない.
avoir mal à ... …が痛い. ●*J'ai* très *mal à* la tête. 私は頭がとても痛い. 会話 Où est-ce que tu *as mal*? どこが痛いの.
avoir mal au cœur 吐き気がする.
会話 ***Ça me ferait mal!*** とんでもない, 冗談じゃない.
dire du mal de 人 (人)の悪口を言う.
donner du mal à 人 (人)に苦労をかける.
en mal de ... …が足りずに困る. ●écrivain *en mal de* sujet 題材がなくて困っている作家.
faire (du) mal (à 人***)*** (人に)苦痛を与える; (人の)心を傷つける. ●Oh, pardon, je *vous ai fait mal*? あ, すみません, 痛かったですか. → 車中で人の足を踏んだ時など.
●Ça *me fait mal* de voir ça. それは見ただけで胸が悪くなる.
se donner du mal (pour 不定詞***)*** (…する

ためにがんばる. ●Elle *s'est donné* bien *du mal pour* élever ses enfants. 彼女は子供を育てるのに大へん苦労した.

***se faire mal* (*à*...)** (…に)けがをする.

会話 ***Tu t'es fait mal?*** けがをしたのかい.

mal[2] /マ ル/ 副 ❶(英 badly, wrongly) 悪く; 下手に.

●être *mal* payé 給料が悪い.

●Il parle *mal* l'anglais. 彼は英語が下手だ.

❷《否定に近い意味で》 ●Je connais *mal* ce monsieur. 私はあの男の人をよく知らない.

aller mal 体調が悪い; うまく行かない.

●Ça *va mal*. うまく行かない.

●Sa mère *va* très *mal*. 彼(女)の母の容体は大変悪い.

de mal en pis ますます悪く.

être au plus mal (病人が)重体である.

mal tourner 悪化する.

pas mal なかなかいい; かなり. ●Ce roman n'est *pas mal*. この小説は悪くない. ●J'ai *pas mal* voyagé. 私はかなり旅をした.

pas mal de 名 《無冠詞》《話》かなりたくさんの…. ●Vous avez déjà appris *pas mal de* choses. あなたはもうたくさんの事を学びました.

prendre mal... (人の言葉など)を悪くとる.

se sentir mal 気分が悪い.

tant bien que mal どうにかこうにか, まずまず.

— 形 《不変》《次の表現で》

Il est* [*C'est*] *mal de 不定詞 …するのはよくない.

malade /malad マラド/ 形 (英 ill, sick)

❶ 病気の; 気分が悪い.

●Il était *malade* hier. 彼は昨日病気だった.

●se sentir *malade* 気分が悪い.

●être *malade* du cœur [des reins] 心臓[腎臓]が悪い.

●tomber *malade* 病気になる.

❷(精神的に)参った; 頭がおかしい.

●Il en est *malade*. そのことで彼は参っている.

●Il est complètement *malade*! あいつは完全にいかれている.

❸(世の中が)病んだ; (産業などが)不振の.

●société *malade* 病んだ社会.

❹《話》(物が)傷んだ.

— le(la) **malade** 名 病人, 患者.

●guérir un *malade* 病人を治す.

●comme un *malade* 狂ったように.

●*malade* mental 精神病患者.

la **maladie** /マラディ/ 女

❶(英 illness, disease) 病気, …病.

●*maladie* de la vache folle 狂牛病.

●*maladie* professionnelle 職業病.

❷ 病癖.

en faire une maladie 《話》苦にする.

maladif(ve) /マラディフ(ーヴ)/ 形 病弱な, 病気がちの; 病的な.

la **maladresse** /マラドレス/ 女 不手際; へま.

maladroit(e) /マラドロワ(ト)/ 形 (英 clumsy) 下手な; 不器用な, 軽率な.

— le(la) **maladroit(e)** 名 不器用な人.

maladroitement /マラドロワトマン/ 副 不器用に.

le **malaise** /マレーズ/ 男 気分の悪さ; 不快感, 居心地の悪さ; (社会的な)不安, 不満.

●avoir un *malaise* 気分が悪くなる.

malaisé(e) /マレゼ/ 形 《文》困難な.

la **Malaisie** /マレズィ/ 女 マレーシア.

la **malchance** /マルシャンス/ 女 不運, 不幸. ●par *malchance* 不運にも.

jouer de malchance ついていない.

le **mâle** /マール/ 男 (英 male) 雄; 《話・軽蔑的》絶倫の男.

— 形 ❶ 雄の, 男の. ❷ 雄々しい, 力強い.

❸(部品が)差込み用の.

la **malédiction** /マレディクスィヨン/ 女 《文》呪い(の言葉); 宿命的な不運[不幸].

le **malentendu** /マランタンデュ/ 男 誤解; (感情などの)行き違い.

malfaisant(e) /マルフザン(ト)/ 形 有害な; 悪意のある.

le **malfaiteur** /マルフェトゥール/ 男 犯罪者, 悪人.

malgré /マルグレ/ (英 in spite of) 前

❶ …にもかかわらず, …を無視して.

❷ …の意に逆らって.

malgré coi 嫌々; 思わず.

malgré tout 是非とも; いずれにせよ.

le **malheur** /マルール/ 男 (英 misfortune)

❶ 不幸, 災難; 困ったこと.

❷ 不運.
avoir le malheur de 不定詞 運悪く…する.
faire un malheur 不祥事を起こす; 《話》(芝居などが)大当りする.
Malheur à 人***!*** (人)に災いあれ!
par malheur 不幸にして.
porter malheur à 人 (人)に不幸をもたらす.
Un malheur est si vite arrivé. 《ことわざ》災難はいつ起きても不思議ではない.

malheureusement /マルルズマン/ 副 (英 unfortunately) 運悪く, 残念ながら.

malheureux(se) /マルル(ーズ)/ 形 ❶(英 unfortunate, unhappy) 不幸な, 気の毒な; 悲しい.
● une vie *malheureuse* 不幸な一生.
● Je suis très *malheureux* de votre départ. あなたの出発はとても残念です.
❷ 不運な; (行為・言葉が)まずい; 失敗した.
● amour *malheureux* 失恋.
❸《名詞の前で》無価値の, つまらない.
— le(la) **malheureux(se)** 名 不幸な[貧しい]人; ろくでなし.

malhonnête /マロネト/ 形 不正直な, 誠実さを欠く.

la **malice** /マリス/ 女 茶目っ気.
sans malice 悪意のない; 純朴な.

malicieux(se) /マリスィユ(ーズ)/ 形 からかい好きの, 茶目っ気のある.

maligne →**malin** の女性形.

malin(gne) /マラン(リーニュ)/ 形 → くだけた語法では女性形に maline も用いる.
❶(英 smart) 利口な, 抜け目のない. ❷ 悪意のある, 有害な.
会話 ***C'est malin!*** 《反語》何てばかなんだ.
— le(la) **malin(gne)** 名 抜け目のない人.
faire le malin 利口ぶる.

la **malle** /マル/ 女 大型トランク.
se faire la malle 《話》ずらかる.

malpropre /マルプロプル/ 形 汚い, 不潔な; 恥知らずの.
— le(la) **malpropre** 名 汚い人.

malsain(e) /マルサン(セヌ)/ 形 体に悪い, 不健康な; 不健全な.

maltraiter /マルトレテ/ 他 を虐待する, いじめる; こきおろす.

la **malveillance** /マルヴェイヤンス/ 女 悪意, 敵意; 犯意.

le(la) **malveillant(e)** /マルヴェイヤン(ト)/ 名 悪意[敵意]を抱いた人.
— 形 悪意[敵意]を抱いた.

la **maman** /ママン/ 女 (英 mom) ママ, お母さん; **(la 〜)** 母親.
● *Maman* m'a dit que... お母さんは…と私に言った.
● Ta *maman* est dans la cuisine. 君のお母さんはキッチンにいるよ.
POINT 自分の母親を指すときは無冠詞, 他人の母親の場合は所有形容詞をつける.
jouer au papa et à la maman おままごとをする.

la **mamelle** /マメル/ 女 ❶(哺乳動物の)乳房. ❷《古》(女性の)乳房, おっぱい. ❸(精神的, 物質的)糧(かて).

le **mamelon** /マムロン/ 男 乳首.

le **mammifère** /マミフェール/ 男 哺乳動物; 《複》哺乳類.

la **manche**[1] /マンシュ/ 女 ❶(英 sleeve) 袖(そで). ● *manches* courtes [longues] 半袖[長袖]. ● sans *manches* ノースリーブの.
❷(ゲーム・競技の)回戦, セット. ● la première *manche* 第1回戦.
en manches de chemise (上着を脱いで)ワイシャツ姿で.
faire [taper] la manche 《話》物乞いをする.

le **manche**[2] /マンシュ/ 男 ❶(英 handle) (道具の)柄(え), 取っ手. ❷(弦楽器の)棹(さお). ❸《話》役立たず.

la **Manche** /マンシュ/ 女 ❶ **(la 〜)** イギリス海峡, 英仏海峡. ❷ マンシュ県. → フランス北西部.

le **manchot** /マンショ/ 男 〔鳥〕ペンギン.

le **mandat** /マンダ/ 男 ❶ 為替.
❷ 委任, 委託; (委ねられた)任務.
❸(議員の)権限, 職務; 任期.
❹《法》令状. ● *mandat* d'arrêt 逮捕状.

le **manège** /マネジュ/ 男 ❶ 馬場, 調馬場; 馬術; 屋内調教場, 覆馬場 (=〜 couvert).
❷ メリーゴーラウンド.
❸ 小細工; 手管.

le **manga** /マンガ/ 男 (<日本) 漫画, アニメ.

mangeable /マンジャブル/ 形 食用になる, 何とか食べられる.

la **mangeoire** /マンジョワール/ 女 (家禽(きん)用)えさ箱.

manger /mɑ̃ʒe マンジェ/ 他 40

je	mange	nous	mangeons
tu	manges	vous	mangez
il	mange	ils	mangent
現分	mangeant	過分	mangé

❶ (英 eat) (a) を食べる.
● Au Japon, on *mange* du riz. 日本では米を食べる.
● *manger* de la soupe スープを飲む.
(b) 《目的語なしで》 食事をする.
● *manger* en ville 外で食事をする.
● On *mange* bien [mal] ici. ここの食事はおいしい[まずい].
❷ を消費する, 消耗する.
● Ce moteur *mange* beaucoup d'huile. このエンジンはたくさんの油を食う.
manger ses mots もぐもぐ言う.
— **se manger** 代動 ❶ 食べられる.
● Cela *se mange* très chaud. これはよく温めて食べます.
❷ 食い合う.
❸ 自分の…を噛む.
● *se manger* les ongles 爪をかむ.
— le **manger** 男 《話》 食事, 食物.
après manger 食後に.

le(la) **mangeur(se)** /マンジュール(ズ)/ 名 〘*de*, を〙 食べる人. ● grand [gros] *mangeur* 大食家.

maniable /マニヤブル/ 形 扱いやすい, 操作[操縦]しやすい; 便利な; (人が)温順な.

maniaque /マニヤク/ 形 偏執的な, マニアックな; 細かいことにうるさい.
— le(la) **maniaque** 名 偏執狂; マニア, …狂い.

la **manie** /マニ/ 女 (英 mania) ❶ 偏執, 偏愛; 癖. ❷ 〔医〕 躁病.
avoir la manie de 名 [***de*** 不定詞] …の[…する]癖がある; …[…すること]に夢中である.
Chacun a ses petites manies. 《ことわざ》 なくて七癖.

le **maniement** /マニマン/ 男 取り扱い, 使い方.

manier /マニエ/ 他 ❶ (英 handle) (道具・機械)を取り扱う, 操作[運転]する.
● Cette télécommande est facile à *manier*. このリモコンの操作は簡単だ.
❷ (お金)を取り扱う, 運用する. ❸ (言葉・論理)を使いこなす; (人)を操る.

la **manière** /マニエール/ 女 ❶ (英 way) 仕方, 方法. ● *manière* de voir (les choses) ものの見方.
❷ (英 manners) 《複》 態度, 行儀; 気取り. ● avoir de bonnes *manières* 礼儀正しい.
à la manière 形 [***de*** 名] …のように; …風に.
de cette manière こんな風に.
de manière à 不定詞 …するように.
de telle manière que ... 《直説法を伴って》 …したために; 《接続法を伴って》 …するように.
de toute manière いずれにせよ.
d'une manière générale 一般に.
faire des manières 気取る.

le(la) **manifestant(e)** /マニフェスタン(ト)/ 名 デモの参加者.

la **manifestation** /マニフェスタスィヨン/ 女 ❶ デモ, 示威行動; 《複》 行事, 催し. ❷ (英 expression) (感情・意志の)表明, 表れ.

manifeste /マニフェスト/ 形 明白な, 目に見える.
— le **manifeste** 男 声明(書).

manifester /マニフェステ/ 他 (英 show, demonstrate) を表明する; (感情)をあらわにする.
— 自 デモをする.
— **se manifester** 代動 現れる, 明らかになる; 自己の存在を示す.

la **manipulation** /マニピュラスィヨン/ 女 ❶ 取り扱い; (機器の)操作. ❷ 《複》 (理科などの)実験. ❸ (世論などの)操作; (データの)改竄(ざん).

manipuler /マニピュレ/ 他 ❶ を手で扱う, 操作する. ❷ (荷物)を取り扱う. ❸ (世論など)を操る; (データ)を改竄(ざん)する.

la **manivelle** /マニヴェル/ 女 クランクハンドル.
premier tour de manivelle (le ～) 〔映〕 クランクイン.

le **mannequin** /マヌカン/ 男 ❶ マネキン人形. ❷ ファッションモデル.

la **manœuvre**¹ /マヌーヴル/ (英 operation) 女 ❶ (機器の)操作; (乗物などの)操縦 ❷ 《多く複数》 策略. ❸ 〔軍〕 演習.

le **manœuvre**² /マヌーヴル/ (英 laborer) 男 (熟練を必要としない)労務者.

M

manœuvrer /マヌヴレ/ 他 ❶(機械など)を操作する; (乗物など)を操縦する. ❷(人心・世論)を操る.

— 自 ❶船[車]を動かす. ❷〔軍〕演習を行う. ❸策を弄(ろう)する.

le **manque** /マンク/ 男 ❶(英 lack of) 不足, 欠如; 《複》欠陥, 欠点. ● *manque* de sommeil 睡眠不足. ● *manque* de chance [bol/pot] ついてない. ❷(麻薬中毒患者の)禁断症状.

par manque de 名 《無冠詞》 …がないので.

manquer /マンケ/ (英 lack, miss) 他 ❶(乗物)に乗り遅れる; (人)に会い損なう; (機会)を逸する.

❷を失敗する, しくじる.

❸を欠席する.

— 自 ❶不足している, 欠けている; 欠席している. ● L'argent [Le temps] me *manque*. 私にはお金[時間]が足りない.

❷(**a**)〈**manquer à** 人〉 (主語)がいなくて[なくて](人)は寂しい. 会話 Tu *me manques*. 君がいなくて私は寂しい. (**b**)〈**manquer à ...**〉 …に背く, …をおろそかにする. ● *manquer à* sa parole 約束を破る. (**c**)〈**manquer à** 人〉 (人)に対して礼儀を欠く.

❸《物が主語》失敗に終わる.

Il manque ... 《非人称構文》…が不足して[欠けて]いる. ● *Il manque* quelqu'un. 誰か来ていない. ● *Il* me *manque* 20 euros. あと20ユーロ足りない.

manquer de ... 《名詞を伴って》…が足りない, …を欠いている; 《不定詞を伴って》すんでの所で…する; 《否定形で》…することを忘れない. ● Ils ne *manquent de* rien. 彼らは何一つ不自由していない. ● *manquer de* tact デリカシーに欠けている. ● Il *a manqué de* se noyer. 彼はあわや溺れ死ぬところだった. ● Ne *manquez* pas *de* lui dire. 彼(女)に必ず伝えてください.

— **se manquer** 代動 互いに会い損なう.

la **mansarde** /マンサルド/ 女 ❶屋根裏部屋. ❷〔建〕マンサード屋根. → 途中で勾配が変わる屋根.

le **manteau** /マント/ 男 (複 manteaux) (英 coat) コート, オーバー.

manteau de cheminée マントルピース.

manuel[1](**le**) /マニュエル/ 形 (英 manual) 手の; (仕事などが)手[体]を使う.

— le(la) **manuel**(**le**) 名 手仕事に向いた人, 肉体労働者.

le **manuel**[2] /マニュエル/ 男 教科書, 手引き, マニュアル. ● *manuel* scolaire 教科書.

la **manufacture** /マニュファクテュール/ 女 (工芸品などの)製造所.

manuscrit(**e**) /マニュスクリ(ト)/ 形 手書きの, 自筆の.

— le **manuscrit** 男 自筆原稿; 写本.

le **maquereau** /マクロ/ 男 (複 maquereaux) 〔魚〕鯖(さば).

la **maquette** /マケト/ 女 模型, 下絵; 〔印〕レイアウト.

le **maquillage** /マキヤージュ/ 男 メイク, 化粧(品); 偽装; 〔写〕修整.

maquiller /マキエ/ 他 (英 make up) ❶にメイク[化粧]を施す. ❷を偽装[偽造]する, ごまかす.

— **se maquiller** 代動 メイクする, 化粧する.

le **maquis** /マキ/ 男 ❶(コルシカ島, 地中海沿岸の)灌(かん)木地帯. ❷マキ. → 第2次大戦の抗独レジスタンス(隠れ家).

le **marais** /マレ/ 男 沼沢(地), 低湿地; (**le M-**) パリのマレ地区.

le **marbre** /マルブル/ 男 (英 marble) 大理石.

être [rester] de marbre 平然としている.

le **marc** /マール/ 男 ❶(果実の)搾りかす; (コーヒー・茶の)出し殻. ❷マール. → ブドウの搾りかすから造った蒸留酒.

le(la) **marchand**(**e**) /マルシャン(ド)/ 名 (英 merchant, shopkeeper) 〘*de*, の〙 商人, 販売業者. ● *marchand* de biens 不動産業者. ● *marchand* de poisson 魚屋.

— 形 商業の; 売買の.

marchander /マルシャンデ/ 他 を値切る.

la **marchandise** /マルシャンディーズ/ 女 (英 goods) 商品, 品物; 〔鉄〕貨物.

la **marche** /マルシュ/ 女 ❶(英 walking) 歩み, 歩行; 行進. ● *marche* à pied ウォーキング.

❷運行, 進行; 経過; (機械の)調子. ● en *marche* arrière バックで. ● être en état de *marche* (機械などが)ちゃんと作動する.

❸(階段の)段, ステップ, 段差.

❹〔楽〕行進曲, マーチ.

en marche 作動している, 進行中の. ●mettre ... *en marche* …を始動させる.
faire marche arrière 後退する, 引き下がる.
marche à suivre 必要な手続き.

le **marché** /マルシェ/ 男 ❶ (英 market) 市場(いちば); (定期)市(いち). ●*marché* aux puces 蚤(のみ)の市.
❷ 市場(しじょう).
❸ 売買契約, 取り引き. ●conclure un *marché* avec 人 (人)と売買契約を結ぶ.
(*à*) ***bon marché*** 安い[安く].
faire son marché 市場に買い出しに行く.
par-dessus le marché おまけに, その上.

marcher /marʃe マルシェ/ 自 (英 walk, work)
❶ (**a**) 歩く. ●*marcher* dans la rue 通りを歩く.
(**b**) 〘*dans, sur,* に〙 足を踏み入れる. ●Il *a marché dans* une flaque d'eau. 彼は水たまりに足を踏み入れた.
❷ 〘*à, vers, sur, contre,* に向かって〙 進む. ●*marcher vers* la ville 街に向かう.
❸ (機械などが)動く, 機能[作動]する; (乗物が)走る. ●Ça *marche* à l'électricité. これは電気で動く. ●Le train *marche* à 200 km à l'heure. 列車は時速200キロで走っている.
❹ (物事が)うまく運ぶ; (人の)調子がよい. ●Son affaire *marche* bien. 彼のビジネスは順調だ.
会話 ***Ça marche!*** OK!
faire marcher 人 (人)を担ぐ.
marcher sur des œufs 慎重に[おっかなびっくり]行動する.
marcher sur les pieds de 人 (人)の足を踏む; (人)を踏みつけにする.

le **mardi** /mardi マルディ/ 男 (英 Tuesday) 火曜日.
mardi gras マルディ・グラ; 告解火曜日. → 謝肉祭の最終日.

la **mare** /マール/ 女 水たまり, 小さな池, 沼.

le **marécage** /マレカージュ/ 男 沼地, 湿地.

le **maréchal** /マレシャル/ 男 (複 maréchaux) 元帥 (=〜 de France).

la **marée** /マレ/ 女 ❶ 潮, 潮汐(ちょうせき). ●(*à*) *marée* haute [basse] 満潮[干潮](時に). ❷ (群衆・感情など)押し寄せるもの, 波; 大群.

la **marge** /マルジュ/ 女 ❶ 余白; 欄外. ❷ (時間・空間などの)余裕; (選択の)幅, 余地; 誤差, 差異. ❸〔経〕利鞘(りざや), マージン (=〜 bénéficiaire).
en marge (***de ...***) (…の)外に, (…から)孤立して. ●vivre *en marge de* la société 社会から離れて生きる.

marginal(ale) /マルジナル/ 形 (男複 marginaux) ❶ 欄外の, 余白の. ❷ 副次的な, 中心からはずれた, 周辺的な.
— le(la) **marginal(ale)** 名 はみだし者, アウトサイダー.

la **marguerite** /マルグリト/ 女 〔植〕マーガレット, ヒナギク.

le **mari** /mari マリ/ 男 (英 husband) 夫.

le **mariage** /マリヤージュ/ 男 (英 marriage) ❶ 結婚, 婚姻; 結婚式; 結婚生活. ●*mariage* d'amour 恋愛結婚. ●*mariage* religieux 宗教婚. → 教会で行われる.
❷ 結合, 調和; 合体, 合併.

marié(e) /マリエ/ 形 (英 married) 結婚した, 既婚の.
— le(la) **marié(e)** 名 新郎, 新婦; 既婚者; 《複》夫婦.

marier /マリエ/ 他 (英 marry) 〘*à, avec,* と〙 を結婚させる; (司祭や市長が)の結婚式を執り行う. ●Ils *ont marié* leur fille *à* un avocat. 彼らは娘を弁護士と結婚させた.
— **se marier** 代動 ❶ 〘*avec,* と〙 結婚する. ●Paul *s'est marié avec* une amie d'enfance. ポールは幼友達と結婚した.
❷ 組み合わされる, 調和する.

marin(e) /マラン(リヌ)/ 形 ❶ (英 sea, marine) 海の; 海に生息する, 海でとれる. ❷ 航海の; 船乗りの; 海が好きな.
— le **marin** 男 (英 sailor) ❶ 船乗り, 船員; 水兵. ❷ (男児用の)セーラー服.

la **marine** /マリヌ/ 女 (英 nautical, navy) ❶ 海軍 (=〜 militaire [de guerre]). ❷ 《集合的》(船舶の)乗組員; (保有する)船舶, 海運力. ❸ 海事, 航海(術).
— 形 《不変》マリンブルーの. ●bleu *marine* マリンブルー.

la **marionnette** /マリヨネト/ 女 操り人形,

M

マリオネット.

maritime /マリティム/ 形 ❶ 海に面した, 海辺の. ❷ 海上の.

le **mark** /マルク/ 男 マルク. → ユーロ導入以前のドイツ・フィンランドの通貨単位.

la **marmelade** /マルムラド/ 女 マーマレード. ● *marmelade* d'oranges オレンジマーマレード.

en marmelade ジャム状の; 形の崩れた.

la **marmite** /マルミト/ 女 (英 pot) (取っ手2つの)深鍋; 鍋[煮込み]料理.

faire bouillir la marmite 生計を立てる.

le **Maroc** /マロク/ 男 モロッコ.

marocain(*e*) /マロカン(ケヌ)/ 形 モロッコの.

— le(la) **Marocain(*e*)** 名 モロッコ人.

la **marque** /マルク/ 女 ❶ (英 mark) 印(しるし), 目印, マーク; 検印.
❷ 商標, ブランド, 有名メーカー. ● de *marque* 有名ブランドの.
❸ 跡, 痕跡; あざ.
❹〔スポーツ〕スコア, 得点.
❺ 証拠, 特徴; (位階などを示す)標章;〔言〕標識.

À vos marques, Prêts? Partez! 位置について, 用意, ドン!

marquer /マルケ/ 他 (英 mark) ❶ に印をつける; を示す, 表す. ● *marquer* au crayon les passages à photocopier コピーすべき文章に鉛筆で印をつける.
❷《話》を書きつける, 記録する.
❸ に痕跡を残す; (人物・事件などが)に大きな影響を残す. ● Ça m'a beaucoup *marqué*. そのことは私に強い印象を残した.
❹ を強調する, 際立たせる.
❺〔スポーツ〕(得点)をあげる; (相手)をマークする. ● *marquer* les points 得点をあげる.

marquer le coup 出来事を記念して祝う, 事の重要性を強調する.

le **marquis** /マルキ/ 男 侯爵.

la **marquise** /マルキーズ/ 女 ❶ 侯爵夫人. ❷ (建物の入り口の)ガラス張りの庇(ひさし).

la **marraine** /マレーヌ/ 女〔カトリック〕代母;〔プロテスタント〕教母.

marrant(*e*) /マラン(ト)/ 形《話》面白い, おかしい. 会話 C'est *marrant*, non? 面白いでしょ.

marre /マール/ 副《次の表現で》

en avoir marre (***de...***)《話》(…に)うんざりする. 会話 *J'en ai marre de* ces conneries! こんなばかげたことはうんざりだ.

le **marron** /マロン/ 男 栗の実; 栗色(のもの).

marron d'Inde マロニエの実.

— 形《不変》栗色の, 茶色の.

le **marronnier** /マロニエ/ 男〔植〕マロニエ[トチの木] (=〜 d'Inde);〔農〕栗の木の一種.

le **mars** /mars マルス/ 男 (英 March) 3月.

en [***au mois de***] ***mars*** 3月に.

marseillais(*e*) /マルセイエ(ーズ)/ 形 マルセイユの.

— le(la) **Marseillais(*e*)** 名 マルセイユの人.

— la **Marseillaise** 女 ラ・マルセイエーズ. → フランス国歌.

Marseille /マルセイユ/《固有》マルセイユ. → Bouches-du-Rhône 県の県庁所在地.

le **marteau** /マルト/ 男 (複 **marteaux**) (英 hammer) 金槌(づち), ハンマー. ● lancement du *marteau*〔スポーツ〕ハンマー投げ.

— 形《話》気がふれている.

le(la) **martyr(*e*[1])** /マルティール/ 名 殉教者.

le **martyre**[2] /マルティール/ 男 殉教; 大きな苦痛.

le **marxisme** /マルクスィスム/ 男 マルクス主義.

le(la) **marxiste** /マルクスィスト/ 名 マルクス主義の人.

— 形 マルクス主義の.

masculin(*e*) /マスキュラン(リヌ)/ 形 ❶ (英 male, masculine) 男の, 男性の; (女性が)男のような. ❷〔文法〕男性(形)の.

— le **masculin** 男〔文法〕男性(形).

le **masque** /マスク/ 男 (英 mask) 仮面, 覆面; マスク; 防護マスク; 美容パック (=〜 de beauté). ● *masque* de plongée 潜水マスク.

masquer /マスケ/ 他 を包み隠す, さえぎる, 見えなくする; (匂い・味)を消す.

— **se masquer** 代動 仮面をつける; 本性を隠す.

le **massacre** /マサクル/ 男 ❶ (大量)虐殺, 殺戮(りく); 大量破壊. ❷ 台無しにすること; 手荒な仕事; まずい演奏[演技].

massacrer /マサクレ/ 他 ❶ を虐殺する，殺戮(りく)する．❷ を破損する；めちゃくちゃにする．

le **massage** /マサージュ/ 男 マッサージ，あんま．

la **masse**[1] /マス/ 女 ❶ (英 mass) (物や液体・気体の)大きな塊；総体，全体；総量．●*masse* d'air 気団．●venir en *masse* 大挙して押し寄せる．❷ 大衆；人の群れ；《複》民衆，庶民．❸〔物〕質量．

会話 ***Pas des masses.*** それほどでもない．

une masse de 名《無冠詞》《話》たくさんの….

la **masse**[2] /マス/ 女 大槌(づち)，大ハンマー．

masser /マセ/ 他 をマッサージする．

massif(ve) /マスィフ(ーヴ)/ 形 ❶ 同質の塊の，めっきでない．❷ どっしりした，頑丈な；ずんぐりした．❸ 大量の，大勢の．

— le **massif** 男 ❶ 花壇，植え込み．❷ 山塊．●le *Massif* central マスィフ・サントラル．→ フランス中央山塊．

le **master** /マステール/ 男 (＜英) 修士．

mat(e) /マト/ 形 くすんだ，つやのない；(音が)鈍い，響かない．

le **mât** /マ/ 男 (英 mast) ❶ マスト，帆柱．❷ 旗竿(ざお)，支柱．

le **match** /マチ/ 男 (複 **match(e)s**) (＜英)〔スポーツ〕試合，競技．

faire match nul 引き分ける．

le **matelas** /マトラ/ 男 (英 mattress) マットレス．●*matelas* pneumatique エアマットレス．

le **matelot** /マトロ/ 男 水夫，船員．

le **matérialisme** /マテリヤリスム/ 男〔哲〕唯物論；物質[実利]主義．

les **matériaux** /マテリオ/ 男 複 素材；〔土木〕材料，資材；(研究などの)資料．

matériel(le) /マテリエル/ 形 ❶ 有形の，物理的な；具体的な，実際上の．❷ 物質的な；金銭的な．

— le **matériel** 男 ❶ 設備，機材，用品．●*matériel* de bureau 事務機器．❷〔情報〕ハードウェア．

matériellement /マテリエルマン/ 副 実際上，物理的に；金銭的に．

maternel(le) /マテルネル/ 形 (英 maternal) 母の；母性的な，母親のような；母方の．●langue *maternelle* 母語．

— la **maternelle** 女《話》幼稚園．

la **maternité** /マテルニテ/ 女 ❶ 妊娠，出産．●congé de *maternité* 出産休暇．❷ 母親であること，母性．❸ 産院，産科．

la **mathématique** /マテマティク/ 女 (英 mathematics)《多く複数》数学．

— 形 (英 mathematical) ❶ 数学の，数学的な；(数学のように)厳密な．❷《話》必然的な，間違いない．

les **maths** /マト/ 女 複《話》数学 (＝mathématiques).

la **matière** /マティエール/ 女 ❶ (英 matter) 物質，物体；〔哲〕質料．❷ (英 material) 原料，材料，素材；〔美〕マチエール．●*matières* premières 原料．❸ (演説・作品などの)題材，主題；内容；(学校の)科目，教科．●table des *matières* 目次．❹《複》糞(ふん)便．

en la matière その分野に関しては．

en matière 形〔***de*** 名《無冠詞》〕…に関して．

matière grise (脳髄の)灰白質；頭脳．

le **matin** /matɛ̃ マタン/ 男 (英 morning)

❶ 朝．

●ce *matin* 今朝．

●Il se lève tôt le *matin*. 彼は朝早く起きる．

●tous les lundis *matin(s)* 月曜日の朝ごとに．

❷ 午前．

●deux heures du *matin* 午前2時，夜中の2時．

朝，午前

matin は soir「夕方，夜」や après-midi「午後」という別の時間帯に対して「朝，午前」．soirée, matinée は時間的な長さとしての「夕方，夜」「午前中」．

au petit matin 夜明けに．

de bon [grand] matin 朝早く．

du matin au soir 朝から晩まで．

être du matin 早起きである．

matinal(ale) /マティナル/ 形 (男複 matinaux) 朝の；早起きの．

la **matinée** /マティネ/ 女 (英 morning) ❶ 午前中，朝(の間)．●dans la *matinée* 午前中に，●en fin de *matinée* 昼前に．❷ (芝居などの)昼興行，マチネ．

faire la grasse matinée (意図的に)朝寝坊をする．→ 寝過ごした時には使わない．

la **maturité** /マテュリテ/ 女 ❶ (果実や穀物の)成熟; (肉体の)成熟, 盛り. ❷ (精神・才能の)円熟; 分別.

arriver à maturité 成熟する.

maudire /モディール/ 他 《不定詞 maudire, 過去分詞 maudit(*e*) 以外は活用 33》を呪う.

maudit(*e*) /モディ(ト)/ 形 呪われた; 禁じられた; 《名詞の前で》嫌な, いまいましい.

maussade /モサド/ 形 無愛想な, 機嫌が悪い; うっとうしい, 陰気な.

mauvais(*e*) /mɔ[o]vɛ, -ɛz モヴェ(ーズ)/ 形 → 優等比較級は plus mauvais と pire の2つの形があるが前者の方が一般的.
《多くは名詞の前》(英 bad)
❶ (質が)悪い, 粗悪な.
●avoir *mauvaise* caractère 性格が悪い.
●produit de *mauvaise* qualité 粗悪品.
❷ 間違った, 適切でない.
●parler un *mauvais* français 正しくないフランス語を話す.
●choisir la *mauvaise* méthode 誤った方法を選ぶ.
❸ (人が)能力の劣った.
●*mauvais* élève 出来の悪い生徒.
❹ 不愉快な; (味が)まずい; つらい.
●*mauvais* restaurant まずいレストラン.
●*mauvaise* odeur 悪臭.
●*mauvaise* nouvelle 悪い知らせ.
❺ (体調が)すぐれない; (天候が)悪い.
●être en *mauvaise* santé 健康状態がよくない.
●Il fait *mauvais*. 天気が悪い.
●avoir *mauvaise* mine 顔色が悪い.
❻ (人が)意地悪な.
●avoir un rire *mauvais* 意地の悪い笑いを浮べる.
❼ (収穫・収入などが)乏しい.
●La récolte a été *mauvaise*. 凶作だった.

être mauvais en 名 《無冠詞》…が苦手である. ●Il est *mauvais en* maths. 彼は数学ができない.

— 副 悪く.
●sentir *mauvais* 悪臭がする.

— le **mauvais** 男 悪; 欠点.

la **mauve** /モーヴ/ 女 〔植〕アオイ(葵).

— le **mauve** 男 薄紫色, モーヴ色.

— 形 モーヴ色の.

maux →**mal** の複数形.

maxima →**maximum** の複数形.

maximal(*ale*) /マクスィマル/ 形 (男複 maximaux) 最大[最高]の.

la **maxime** /マクスィム/ 女 格言, 警句; 《複》箴言(しんげん)[格言]集.

le **maximum** /マクスィモム/ 男 (複 maximums, maxima) (<ラテン) 最大限, 最高, 極限. ●*maximum* de vitesse 最高速度. ●à six heures *maximum* 遅くても6時に. ●faire son *maximum* できる限りのことをする.

au maximum 最大限; せいぜい.

— 形 最大[最高]の. →女性形不変, 時に maxima. 複数形は男女とも maximums または maxima.

la **mayonnaise** /マヨネーズ/ 女 マヨネーズ.

le **mazout** /マズート/ 男 (<ロシア) (船や機関車の)燃料油, 重油.

me /m(ə) ム/ 代 《人称代名詞; 1人称単数・目的語. 母音または無音の h の前では m'》→巻末文法: 代名詞 (英 me)
❶ 《直接目的語》私を.
●Ne *me* regarde pas. 私を見ないで.
❷ 《間接目的語》私に.
●Il *m'*a acheté un bouquet. 彼は私に花束を買ってくれた.
❸ 《代名動詞の再帰代名詞・目的語》自分を[に].
●Je *me* suis réveillé à cinq heures. 私は5時に目が覚めた.
●Je *me* lave les mains. 私は手を洗う.

Me voici. 私はここにいます.

le **mec** /メク/ 男 《話》男, やつ; 《所有形容詞とともに》恋人, 彼氏.

le(la) **mécanicien(*ne*)** /メカニスィヤン(エヌ)/ 名 (英 mechanic) ❶ (機械・車の)修理工, 整備士. ❷〔鉄・海〕機関士, 運転士. ❸ 機械技師.

mécanique /メカニク/ 形 (英 mechanical) ❶ 機械の; 機械で動く. ●avoir des ennuis *mécaniques* 機械のトラブルに見舞われる. ❷ 力学の, 力学的な. ❸ (動作などが)機械的な, 無意識の.

— la **mécanique** 女 ❶ 力学; 機械工学. ❷ 機械, 機械仕掛け; 機構. ❸ 《複》肩, 身体.

rouler les mécaniques 《話》肩をいから

せて歩く.

mécaniquement /メカニクマン/ 副 機械によって, 機械的に.

le **mécanisme** /メカニスム/ 男 ❶ 機械仕掛け[装置], 仕組み, メカニズム. ❷ (社会・人体などの)構造, 仕組み.

méchamment /メシャマン/ 副 意地悪く; 《話》ものすごく.

la **méchanceté** /メシャンステ/ 女 意地悪さ, 悪意; 《複》とげのある言葉.

méchant(e) /メシャン(ト)/ 形 ❶ (英 nasty, wicked) 意地悪な, 悪意のある; (表現が)辛辣な. ●Tu es très *méchant* avec moi. 君は私に対してとても意地悪だ.

❷ (子供が)聞き分けのない, いたずらな; (犬などが)かみつく. ●Chien *méchant* 《掲示》猛犬に注意.

❸ 《名詞の前で》厄介な, 危険な, 有害な; 《話・反語》すごい; 《文》価値のない.

— le(la) **méchant(e)** 名 《文》意地悪な人, 悪人.

la **mèche**[1] /メシュ/ 女 ❶ (ろうそく・ランプの)しん, 灯心; 導火線. ❷ (部分的に形・色が異なる)髪の房; (布などの)房, メッシュ. ❸ 錐(きり); ドリル.

vendre la mèche 秘密をばらす.

le(la) **mèche**[2] /メシュ/ 名 《不変》《次の表現で》

être de mèche avec 人 《話》(人)とぐるになっている, 通じている.

méconn ... →**méconnaître** 16

méconnaissable /メコネサブル/ 形 見違えるほどに変った, 見分けられない.

méconnaître /メコネトル/ 他 16 《文》を認めない; 正しく評価しない, 軽視する.

mécontent(e) /メコンタン(ト)/ 形 (英 discontented) 《否定文で用いることが多い》〖*de*, に〗不満な; 〈**être mécontent que** 接続法〉 …に不満である.

— le(la) **mécontent(e)** 名 不満分子.

le **mécontentement** /メコンタントマン/ 男 不平, 不満.

la **médaille** /メダイユ/ 女 (英 medal) メダル, 賞牌(はい); 記章, バッジ; (聖人像などを刻んだ)お守りのメダル.

le **médaillon** /メダイヨン/ 男 ❶ 大きなメダル, メダイヨン. → 楕円の枠に入れた肖像画・彫刻. ❷ ロケット. → 写真などを入れて首から下げるアクセサリー.

le **médecin** /med(ə)sɛ̃ メドゥサン/ 男 (英 doctor) 医者, 医師.
●appeler le *médecin* 医者を呼ぶ.
●*médecin* généraliste 一般医.
●*médecin* spécialiste 専門医.

la **médecine** /メドゥスィヌ/ 女 (英 medicine) 医学; 医業. ●étudiant en *médecine* 医学生.

le **média** /メディヤ/ 男 (複 **media, médias**) マスメディア, メディア.

médiatique /メディアティク/ 形 マスメディアの; メディア受けする.

médical(ale) /メディカル/ 形 (男複 **médicaux**) 医学の; 医者の, 医師による.

passer une visite médicale 検診を受ける.

médicalement /メディカルマン/ 副 医学上.

le **médicament** /メディカマン/ 男 (英 medicine) 薬, 薬剤, 医薬.

médicaux →**médical** の複数形.

médiéval(ale) /メディエヴァル/ 形 (男複 **médiévaux**) 中世の.

médiocre /メディヨクル/ 形 ❶ 平凡な, ぱっとしない; 並以下の; (人が)凡庸な. ❷ わずかな, そこそこの.

— le(la) **médiocre** 名 凡人, 無能な人.

la **médiocrité** /メディヨクリテ/ 女 凡庸, つまらなさ; 無能な人.

médir (...) →**médire** 37

médire /メディール/ 自 37 〖*de*, を〗悪く言う, けなす.

médis (...) →**médire** 37

la **médisance** /メディザーンス/ 女 悪口を言うこと; 誹謗(ひぼう), 中傷.

médit (...) →**médire** 37

la **méditation** /メディタスィヨン/ 女 瞑(めい)想, 黙想; 《複》瞑想録.

méditer /メディテ/ 他 についてじっくり考える; (計画など)を練る; 〈**méditer de** 不定詞〉 …しようともくろむ.

— 自 〖*sur*, について〗熟考する, 瞑(めい)想する.

la **Méditerranée** /メディテラネ/ 女 地中海.

la **méduse** /メデューズ/ 女 〔動〕クラゲ.

le **méfait** /メフェ/ 男 悪事, 非行; 害, 被害.

la **méfiance** /メフィヤンス/ 女 不信, 疑念, 警戒心.

M

se méfier /メフィエ/ 代動 (英 suspect) 〖*de*, を〗信用しない, 警戒する, 気をつける. ●Je *me méfie de* ce qu'il dit. 彼の言うことは疑わしい.

la **mégarde** /メガルド/ 女 《次の表現で》
par mégarde 不注意から, ついうっかり.

meilleur(e) /メイユール/ 形 ❶《bon の優等比較級》(英 better) よりよい, より好ましい. ●un monde *meilleur* よりよい世界.
❷《定冠詞・所有形容詞を付して bon の優等最上級》(英 best) 最もよい, 最も優れた. ●Paul est *le meilleur* élève de la classe. ポールはクラス一の優等生だ.
Meilleurs vœux pour l'année nouvelle. 新年おめでとうございます.
— 副 よりよく. ●sentir *meilleur* よりよい匂いがする.
— le(la) **meilleur(e)** 名 《定冠詞をつけて》最良の人[存在, もの]. ●*le meilleur* des deux 二つ[二人]のうちでよりよいもの[人].
— le **meilleur** 男 《定冠詞をつけて》最良の部分, 一番よいこと.
●garder *le meilleur* pour la fin 一番よい所を最後に取っておく.
— la **meilleure** 女 《話》びっくりするような話[こと]. 会話 C'est *la meilleure*! これには驚いた.

la **mélancolie** /メランコリ/ 女 (英 melancholy) 憂鬱(ゆううつ), 愁い, メランコリー.

mélancolique /メランコリク/ 形 (英 melancholy) 憂鬱(ゆううつ)な, もの悲しい.

le **mélange** /メランジュ/ 男 ❶(英 mixing, mixture) 混合, 混ぜること; 混合物. ●sans *mélange* 混じり気のない. ❷《複》雑録; 論文集.

mélanger /メランジェ/ 他 40 (英 mix, blend) ❶を混ぜる, 混ぜ合わせる. ❷《話》をごたまぜにする, 混同する.
— **se mélanger** 代動 混ざる.

mêlé(e) /メレ/ 形 混ざった, 雑多な; 〖*de*, の〗入り混じった. ●joie *mêlée de* remords 良心の呵責(かしゃく)の入り混じった喜び.

mêler /メレ/ 他 (英 mix, blend) ❶を混ぜる, 混ぜ合わせる; ごちゃまぜにする. ●*mêler* la réalité et le rêve 現実と夢想を混ぜる. ❷〈**mêler** 人 **à ...**〉(人)を…に巻き込む.
mêler A à* [*avec*] *B AをBと混ぜる, AとBを兼ね備える. ●*mêler* du jaune *avec* du rouge 黄と赤を混ぜる.
mêler A de B AにBを混ぜる[挿入する]. ●*mêler d'*eau un vin ワインを水で割る.
— **se mêler** 代動 ❶混ざり合う. ❷〖*à*, *dans*, に〗混じる, 加わる; 〖*de*, に〗干渉する. ●*De* quoi je *me mêle*! 《話》口出しするな.
se mêler de 不定詞 …する気になる.

la **mélodie** /メロディ/ 女 旋律, メロディー.

mélodieux(se) /メロディユ(ーズ)/ 形 旋律の美しい, 音楽的な.

le **melon** /ムロン/ 男 ❶メロン. ❷山高帽.

la **membrane** /マンブラヌ/ 女 (動植物の)膜; 薄い膜.

le **membre** /マンブル/ 男 (英 member) ❶メンバー, 一員, 会員; 加盟国. ●devenir *membre* d'un club クラブの会員になる.
❷手足, 四肢. ●*membres* supérieurs [inférieurs] 上肢[下肢].
❸〔言〕(文の)要素, 肋(ろく)材.

même /メーム/ 形 (英 same, even)
❶《名詞の前》同じ, 同一の, 同種の. ●en *même* temps que... …と同時に. ●Il lit le *même* livre que moi. 彼は私と同じ本を読んでいる. ●Ils ont le *même* âge. 彼らは同い年です.
❷《(代)名詞のあと》…でさえ; まさにその, …そのもの. ●le jour *même* de mon arrivée 私が到着したまさにその日に.
❸《人称代名詞の強勢形のあとにつけて》…自身(で, が, も). ●de *lui-même* [*moi-même*, ...] 自ら進んで.
— 代 《不定代名詞》《定冠詞の後》同じもの[こと], 同じ人. ●Ce sont toujours les *mêmes* qui gagnent. 勝つのはいつも同じ人達だ.
— 副 ❶…すら, …までも; いやむしろ. ●Elle ne va *même* plus au cinéma. 彼女は映画にさえ行かなくなった.
❷まさに, ちょうど. ●C'est ici *même* que le corps a été retrouvé. 遺体が見つかったのはちょうどここだ.
à même じかに. ●boire *à même* la bouteille びんからラッパ飲みする.
être à même de 不定詞 …できる状態に

ある.

Il en va* [*est*] *de même pour... …にとっても事情は同じである.

même quand... …の時でも.

même si... たとえ…でも.

quand même それでも, やはり; まったく; いくらなんでも. ●Je ne suis pas tout à fait d'accord, mais j'accepte *quand même*. 全面的に賛成というわけではないが, それでも承諾しましょう. ●C'est *quand même* exagéré! それは何と言ったって大げさだ.

tout de même それでも; 何と言っても.

la **mémoire**[1] /メモワール/ 女 (英 memory) ❶記憶, 記憶力. ●avoir bonne [mauvaise] *mémoire* 記憶力がよい[悪い]. ❷(死後の)名声; (亡き人の)思い出, 追憶. ❸〔情報〕記憶装置, メモ.

à la mémoire de... …の記念に.

avoir une mémoire d'éléphant 《話》記憶力がとてもよい.

de mémoire 記憶によって, そらで.

Si j'ai bonne mémoire 私の記憶が確かなら.

le **mémoire**[2] /メモワール/ 男 研究報告, 論文; 《複》(**Mémoires**) 回想録.

mémorable /メモラブル/ 形 記念すべき; 忘れがたい.

la **menace** /ムナス/ 女 (英 threat) ❶脅し, 威嚇, 脅迫. ❷脅威, 危険. ●*menace* de guerre 戦争の脅威.

sous la menace 脅されて.

menacer /ムナセ/ 他 52 (英 threaten) ❶を脅す, 脅迫する. ❷〈menacer 人 de 不定詞 [de 名]〉(人)に…するぞとおどす. ●*menacer* 人 *de* mort (人)を殺すぞと脅迫する. ❸《物が主語》に危険が迫る; 〈menacer de 不定詞〉今にも…するおそれがある. ●La pluie *menace*. 今にも雨が降り出しそうだ.

le **ménage** /メナージュ/ 男 ❶(英 housekeeping) 家事, 掃除. ●faire le *ménage* (家事)掃除をする. ❷(英 couple) 夫婦; 世帯. ●se mettre en *ménage* 所帯を持つ.

faire bon ménage (***avec...***) (…と)うまく行く.

ménager[1] /メナジェ/ 他 40 ❶(人)をいたわる; に留意する. ●*ménager* sa santé 健康に気を遣う. ❷を大事に使う, 節約する. ●*ménager* ses forces 力をセーブする. ❸を準備する, のお膳立てをする. ❹を作る, しつらえる.

— se ménager 代動 自分の身体を大切にする.

ménager[2](***ère***) /メナジェ(ール)/ 形 家事の, 家庭の.

— la **ménagère** 女 主婦.

le(la) **mendiant**(***e***) /マンディヤン(ト)/ 名 (英 beggar) 乞食(こじき), 物乞い.

mendier /マンディエ/ 自 物乞いをする.

— 他 を乞う, せがむ.

mener /ムネ/ 他 1 (英 take, lead) ❶《多くは目的語なしで》(乗物・道などが)運んで行く, 通じる, 至る. ●Cette route *mène* à Chartres. この道はシャルトルまで通じている. ❷を連れて行く; 〈mener A 不定詞〉Aを…しに連れて行く. ❸を導く. ●Cela ne *mène* à rien. そんなことをしても何にもならない. ❹(人)を動かす, 思うようにする. ❺(生活)を送る; (活動など)を繰り広げる. ●*mener* une vie médiocre みすぼらしい生活を送る. ❻〔スポーツ〕《目的語なしで》リードする.

mener... par le bout du nez …を手玉に取る.

mens →**mentir** 48

le **mensonge** /マンソンジュ/ 男 (英 lie) うそ. ●dire des *mensonges* うそをつく.

mensuel(***le***) /マンスュエル/ 形 (英 monthly) 月一度の, 毎月の.

— le **mensuel** 男 月刊誌.

ment(...) →**mentir** 48

ment*al*(***ale***) /マンタル/ 形 (男複 **mentaux**) ❶精神の, 心の. ❷頭[心]の中での. ●calcul *mental* 暗算.

— le **mental** 男 《話》精神面.

mentalement /マンタルマン/ 副 精神的に; 頭[心]の中で.

la **mentalité** /マンタリテ/ 女 (英 mentality) (特に集団の)メンタリティー; 考え方; 《話・皮肉》品性.

le(la) **menteur**(***se***) /マントゥール(ズ)/ 名 (英 liar) うそつき.

— 形 うそばかり言う, 偽りの

la **menthe** /マント/ 女 〔植〕ハッカ, ミント; ハッカシロップ. ●à la [de] *menthe* ミント味の.

M

la **mention** /マンスィヨン/ 女 ❶言及; 記載事項. ●faire *mention* de... …に言及する. ❷成績, 評価. ●avec la *mention* très bien [bien, assez bien, passable] 秀[優, 良, 可]の成績で.

mentionner /マンスィヨネ/ 他 を記載する, に言及する.

mentir /マンティール/ 自 48 (英 lie) うそをつく. ●Il a *menti* à ses parents. 彼は両親にうそをついた.

le **menton** /マントン/ 男 (英 jaw) あご.

le **menu**[1] /ムニュ/ (英 menu) 男 ❶献立(表); 定食, コース料理. 会話 Qu'y a-t-il au *menu*? 献立は何ですか; どんな予定ですか.
❷〔情報〕メニュー.

menu[2]**(e)** /ムニュ/ 形 ❶小さい, 細かい; 小柄な. ❷取るに足らない, ささいな.
— 副 細かく. ●hacher *menu* みじん切りにする.

M

le **menuisier** /ムニュイズィエ/ 男 指物師, 建具屋, 木工職人.

le **mépris** /メプリ/ 男 ❶〖*pour*, に対する〗軽蔑, 侮蔑. ●avoir du *mépris pour*... …をばかにする. ❷〖*de*, の〗軽視, 無視.
●au *mépris des* lois 法を無視して.

méprisable /メプリザブル/ 形 軽蔑すべき, 見下げ果てた.

la **méprise** /メプリーズ/ 女 取り違え, 勘違い.

mépriser /メプリゼ/ 他 を軽蔑する; 無視する, 軽んじる.

la **mer** /mɛr メール/ 女 (英 sea) ❶海.
●passer les vacances à la *mer* バカンスを海岸で過ごす.
●nager dans la *mer* 海で泳ぐ.
●aller en France par *mer* 船でフランスへ行く.
❷(特定の)海, …海.
●la *mer* du Japon 日本海.
●la *mer* du Nord 北海.
●la *mer* Noire 黒海.
●la *mer* Rouge 紅海.
❸潮.
●La *mer* est haute [basse]. 満潮[干潮]だ.
❹《比喩的に》海.
●*mer* de sang 血の海.
Ce n'est pas la mer à boire. それは不可能なことではない.
en mer 海で.
prendre la mer 出航する.

la **mercerie** /メルスリ/ 女 小間物商[店].

le **merci** /mɛrsi メルスィ/ 男 (英 thank you)
❶(a) ありがとう.
●*Merci* mille fois. 本当にありがとう.
●*Merci* beaucoup. どうもありがとう.
(b)〈Merci de [pour] 名〉 ●*Merci de* [*pour*] votre cadeau. プレゼントをありがとう.
●*Merci pour* tout. 色々とありがとう.
(c)〈Merci de 不定詞〉 ●*Merci de* m'avoir accompagné à la gare. 駅まで送ってくれてありがとう.
❷《辞退》いいえ, 結構です. ●Non *merci*. いいえ結構です.
dire merci à 人 (人)に礼を言う. ●*Dis merci à* ta mère. お母さんにありがとうと言いなさい.
Merci de 不定詞 …をお願いします.
●*Merci de* ne pas fumer 《掲示》禁煙願います.
— la **merci** 女 《文》慈悲.
à la merci de... …のなすがままに.
sans merci 情け容赦のない.

le(la) **mercier(ère)** /メルスィエ(ール)/ 名 小間物商人.

le **mercredi** /mɛrkrədi メルクルディ/ 男 (英 Wednesday) 水曜日.
mercredi des Cendres 灰の水曜日. →四旬節 (carême) の第1日.

le **mercure** /メルキュール/ 男 〔化〕水銀.

le **Mercure** /メルキュール/ 男 ❶〔ロ神〕メルクリウス, マーキュリー. →商業・旅行者の神. ❷〔天〕水星.

la **merde** /メルド/ 女 《話》糞(くそ); 下らないもの, ろくでもないやつ[もの]; 窮地.
●C'est de la *merde*!/C'est une *merde*! くだらない.
de merde 《話》むかつく, いまいましい.
être dans la merde どうにもならない, にっちもさっちもいかない.
ne pas se prendre pour de la [***pour une***] (***petite***) ***merde*** いっぱしのつもりでいる.
— 間 《話》❶くそっ, しまった, ちくしょう. →憤慨・落胆. ❷ほう, すごい.

la **mère** /mɛr メール/ 女 ❶ (英 mother) 母, 母親; 母代わりの女性.
●tendre *mère* やさしい母.
●Elle va bientôt être *mère*. 彼女は間もなく母親になる.
●*mère* adoptive 養母.
●*mère* célibataire 未婚の母.
●*mère* porteuse 代理母.
❷ マザー. → 上級修道女の尊称.
●*Mère* Teresa マザー・テレサ.
❸ 《話・古風》おばさん.
●la *mère* Dupont デュポンおばさん.
❹ 発祥地, 源.
●la Grèce, *mère* des arts 諸芸術の発祥地, ギリシア.
la fête des Mères 母の日.
mère de famille 一家の主婦.
— 形 主な; もとになる. ●maison *mère* 本店.

méridional(ale) /メリディヨナル/ 形 (男複 **méridionaux**) 南の; 南仏の.
— le(la) **Méridional(ale)** 名 南仏人.

le **mérite** /メリト/ 男 (英 merit) ❶ 功績, 手柄. ❷ 長所, 取り柄; 才能.
avoir du mérite à 不定詞 …するのは称賛に値する.

mériter /メリテ/ 他 (英 deserve)
❶ に値する, の資格がある; にふさわしい.
●Cela *mérite* réflexion. それは一考に値する.
❷〈mériter de 不定詞 [que 接続法]〉…するに値する, …して当然である.
●Cela *mérite* d'être discuté. それは論議される値打ちがある.
l'avoir bien mérité 当然の報いだ; 自業自得だ.

le **merle** /メルル/ 男 〔鳥〕ツグミ, クロウタドリ.

la **merveille** /メルヴェイユ/ 女 (英 wonder, marvel) すばらしいもの[人], 驚嘆すべきもの.
à merveille 見事に.
faire des merveilles 大成功をおさめる.

merveilleusement /メルヴェイユズマン/ 副 驚くほど, 見事に.

merveilleux(se) /メルヴェイユ(ーズ)/ 形 (英 wonderful)
❶ すばらしい, 見事な.
❷ 不思議な; 魔法の.

mes /メ/ 形 《所有》→ 1人称単数の所有形容詞複数形. 私の. → **mon**

la **mésaventure** /メザヴァンテュール/ 女 不運, 災難.

les **mesdames** /メダム/ 女 複 → 略 Mmes. → **madame**

les **mesdemoiselles** /メドモワゼル/ 女 複 → 略 Mlles. → **mademoiselle**

mesquin(e) /メスカン(キヌ)/ 形 けちな, しみったれた.

le **message** /メサージュ/ 男 ❶ 伝言, ことづけ. ●laisser un *message* à 人 (人)に伝言を残す. ❷ (作家などの)主張, メッセージ. ●*message* publicitaire コマーシャル. ❸〔情報〕メッセージ.

le(la) **messager(ère)** /メサジェ(ール)/ 名 使者, メッセンジャー.

la **messagerie** /メサジュリ/ 女 《多く複数》(貨物・旅客の)輸送業務, 運輸業[会社].
messagerie électronique 〔情報〕電子メール.

la **messe** /メス/ 女 (英 mass) 〔宗〕ミサ.

les **messieurs** /メスィユー/ 男 複 → 略 MM.. → **monsieur**

la **mesure** /ムズュール/ 女 ❶ (英 measure) 測定; 《多く複数》寸法. ●prendre les *mesures* de ... …の寸法を測る. ●appareil de *mesure* 測定器. ❷ (測定の)単位. ❸ 節度; 《成句中で》程度. ❹ 《多く複数》措置, 対策. ●prendre des *mesures* 対策を講じる. ❺〔楽〕拍子. ●en *mesure* 拍子に合わせて.
à mesure que 直 …につれて, 応じて.
au fur et à mesure 徐々に, それに応じて.
C'est sans commune mesure. これは比較にならない.
dans la mesure du possible 可能な範囲で.
dans la mesure où 直 …の程度において.
dans une certaine mesure ある程度.
être à la mesure de ... …に見合った.
être en mesure de 不定詞 …できる.
outre mesure 法外に.
sur mesure オーダーメードの; おあつらえ向きの.

mesurer /ムズュレ/ 他 (英 measure) ❶ を測定する, 測る. ❷ を見積もる, 推測する. ❸ を控えめにする.

M

— 自 《数量表現を伴って》長さが…ある; 身長が…である. ● Combien *mesurez*-vous? 身長はどれだけありますか.

— se mesurer 代動 測られる.

se mesurer avec [***à***] 人 (人)と力くらべをする.

se mesurer des yeux じろじろと見つめ合う.

met →**mettre** 41

le **métal** /メタル/ 男 (複 **métaux**) (英 metal) 金属. ● *métaux* précieux 貴金属.

métallique /メタリク/ 形 金属(製)の; 金属のような.

la **métallurgie** /メタリュルジ/ 女 冶金; 金属工業.

la **métamorphose** /メタモルフォーズ/ 女 変身, 変形; 激変; 〔生〕変態.

la **métaphysique** /メタフィズィク/ 女 形而上学.

— 形 形而上学的な.

M

métaux →**métal** の複数形.

la **météo** /メテオ/ 女 《話》天気予報 (=météorologie).

— 形 《不変》《話》気象の, 天候の (=météorologique).

la **météorologie** /メテオロロジ/ 女 気象学.

météorologique /メテオロロジク/ 形 気象の, 天候の.

la **méthode** /メトド/ 女 ❶ (英 method) 方法; やり方. ❷ 入門書, 教則本.

méthodique /メトディク/ 形 理路整然とした; 系統立った, 首尾一貫した.

le **métier** /メティエ/ 男 ❶ (英 job) 職業, 仕事. ● de son *métier* 本職の, 専門の. ❷ 熟練, 技量. ● avoir du *métier* 腕がいい. ❸ 織機.

être du métier その道の専門家[プロ]である.

le **mètre**[1] /mɛtr メトル/ 男 (英 meter) ❶ メートル.

● un mur de trois *mètres* de hauteur 高さ3メートルの塀.

● Ce ruban coûte deux euros le *mètre*. このリボンは1メートルにつき2ユーロする.

❷ メートル尺.

❸ 〔スポーツ〕…メートル競走.

● courir un cent *mètres* 100メートル走を走る.

mètre carré 平方メートル.

mètre cube 立方メートル.

le **mètre**[2] /メトル/ 男 〔詩〕韻律; (ギリシア, ラテン詩の)歩格.

métrique /メトリク/ 形 メートル法の.

le **métro**[1] /metro メトロ/ 男 (英 subway) 地下鉄, メトロ (=métropolitain).

● prendre le *métro* 地下鉄に乗る.

● aller en *métro* 地下鉄で行く.

● station de *métro* 地下鉄の駅.

le(la) **métro**[2] /メトロ/ 名 《話》(海外領土から見て)フランス本国の人.

— 形 《話》フランス本国の.

la **métropole** /メトロポル/ 女 ❶ 主要[中心]都市. ❷ (海外領土に対して)本国, 内地.

métropolitain(*e*) /メトロポリタン(テヌ)/ 形 ❶ 首都の; 大都市の. ❷ 本国の, 内地の. ● la France *métropolitaine* (海外県・海外領土に対して)フランス本国.

le **mets**[1] /メ/ 男 (食事を構成する一つ一つの)料理. → 日常的には plat と言う.

mets[2], **mett ...** →**mettre** 41

le **metteur** /メトゥール/ 男 専門家.

metteur en ondes (放送の)ディレクター.

metteur en scène 監督; 演出家.

mettre /mɛtr メトル/ 他 41

je	mets	nous	mettons
tu	mets	vous	mettez
il	met	ils	mettent
現分	mettant	過分	mis

❶ (英 put) (物)を置く, 入れる; 預ける.

● *Mettez* ça ici. それをここに置いてください.

● *mettre* son argent à la banque 銀行に金を預ける.

❷ をつける, 加える; 設置する.

● *mettre* un timbre sur la lettre 手紙に切手を貼る.

● faire *mettre* l'électricité 電気を引く.

❸ (人)を連れて行く.

● Le taxi nous *a mis* à la gare. タクシーは我々を駅へ運んだ.

❹ (a) (衣服など)を着る; (アクセサリーなど)を身につける.

● Je *mets* mon manteau. 私はコートを着る.

● *mettre* du parfum 香水をつける.
(**b**)〈**mettre ... à** 人〉(人)に…を着せる.
● *mettre* un manteau *à* un enfant 子供にコートを着せる.
❺ (**a**) (情熱・注意)を注ぐ; (お金・時間)をかける.
● *mettre* 50 euros dans un casque audio ヘッドフォンに50ユーロかける.
(**b**)〈**mettre** お金・時間 **pour** [**à**] 不定詞〉…するのに(お金・時間)をかける.
● J'*ai mis* deux heures *à* le faire. それをするのに2時間かかった.
❻〖*en, dans*〗(ある状態に)を置く, する.
● *mettre* un texte *en* français 原文をフランス語に直す.
● *mettre* du vin *en* bouteilles ワインをびんに詰める.
❼ (錠)をかける; (電化製品など)を作動させる.
● *mettre* le chauffage 暖房を入れる.
❽ を書く, 記入する.
● *mettre* l'adresse sur l'enveloppe 封筒に宛名を書く.
❾〈**mettre A à** 不定詞〉Aを…させる.
● *mettre* du café *à* chauffer. コーヒーを温める.

mettre ... debout …をまっすぐ立たせる.
mettre ... dehors …を外へ出す.
mettre 人 ***en colère*** (人)を怒らせる.
mettre la table [***le couvert***] 食卓の準備をする.
mettre longtemps à 不定詞 …をするのに長い時間をかける.

— se mettre 代動 ❶ (ある場所・状態に)身を置く, なる. ● *se mettre* au lit ベッドに入る. ● *se mettre* en colère 怒り出す.
❷〖*en*, を〗身につける, 着る. ● *se mettre en* maillot de bain 水着を着る.
● Elle *se met* du rouge à lèvres. 彼女は口紅をつける.
❸ (**a**)〈**se mettre à ...**〉…に着手する.
● *se mettre au* travail 仕事に取りかかる.
(**b**)〈**se mettre à** 不定詞〉…し始める.
● Tout le monde *s'est mis à* courir. みんな走り出した.

ne plus savoir où se mettre 身の置きどころがない, 穴があれば入りたい.
s'y mettre (仕事に)取りかかる; 参加する.
● Il va falloir *s'y mettre*. 仕事に取りかからねばならない.

le **meuble** /ムーブル/ 男 (英 furniture) 家具, 備品; 〔法〕動産.
— 形 〔法〕動産の. ● *meubles* de bureau 事務用の備品.

meublé(*e*) /ムブレ/ 形 (貸家が)家具つきの.
— le **meublé** 男 家具つきマンション.

meubler /ムブレ/ 他 ❶ (部屋・家)に家具を備えつける. ❷《比喩的》を満たす, 詰め込む.
meubler la conversation 会話が途切れないようにする.
— se meubler 代動 家具をそろえる.

la **meule**¹ /ムール/ 女 グラインダー; ひき臼(うす).
la **meule**² /ムール/ 女 (干し草などの)堆積.
le(la) **meunier(*ère*)** /ムニエ(ール)/ 名 製粉業者; 粉ひき.
— 形 製粉(業)の.
— la **meunière** 女 〔料〕ムニエル.
● truite (à la) *meunière* マスのムニエル.

meur ... →**mourir** 43

le **meurtre** /ムルトル/ 男 殺人.

meurtrier(*ère*) /ムルトリィエ(ール)/ 形 (戦闘・事故などが)多数の死者を出す; 凶暴な.
— le(la) **meurtrier(*ère*)** 名 殺人者, 人殺し.

meurtrir /ムルトリール/ 他 33 に打ち傷[あざ]つける; (果物・野菜)を傷める.

meus, meut, meuve (...) →**mouvoir** 27

le **Mexique** /メクスィク/ 男 メキシコ.

mi- /ミ/ 接頭 《不変》《名詞を伴って; 性は女性》半ば, 半分. ● à *mi*-chemin 途中で. ● à la *mi*-juin 6月半ばに.

miauler /ミヨレ/ 自 (猫が)にゃーおと鳴く.

la **miche** /ミシュ/ 女 (大型の)丸パン (=～ de pain).

le **micro**¹ /ミクロ/ 男 マイク (=microphone).
le **micro**² /ミクロ/ 男 《話》パソコン (=micro-ordinateur).

le **microbe** /ミクロブ/ 男 微生物; (特に)細菌, 病原菌.

le **micro-ondes** /ミクロオンド/ 男 《不変》電子レンジ (=four à ～).

le **microscope** /ミクロスコプ/ 男 顕微鏡.

le **midi** /midi ミディ/ 男 (英 noon) ❶ 正午, 真昼; 昼食時.
● Le train part à *midi*. 列車は正午に出る.
● à *midi* et demi 12時半に.
● À *midi*, il mange un sandwich. 彼は昼にサンドイッチを食べる.
❷ 南.
● chambre exposée au *midi* 南向きの部屋.
❸ **(le M-)** 南フランス.

le **miel** /ミエル/ 男 (英 honey) 蜂蜜, 蜜.

mien(*ne*) /ミヤン(エヌ)/ 代《所有代名詞》→巻末文法: 代名詞 (英 mine)《定冠詞とともに》私のもの.
会話 ***J'y mets du mien.*** 私もそれなりのことはしよう.
— les **miens** 男 私の身内[仲間].
— 形《所有代名詞》《文》私の.

la **miette** /ミエト/ 女 パンくず; かけら; 破片;《話》ごくわずかな部分. ● mettre ... en *miettes* …を粉々にする.
une miette de ... ほんの少しの….

mieux /ミュ/ 副 (英 better, best) ❶《bien の比較級》よりよく, もっとうまく.
● Il travaille *mieux*. 彼の方がよく働く.
❷ **(le ～)**《bien の最上級》最もよく, 一番上手に. ● Il est *le mieux* payé du service. 部署の中で彼が一番の高給取りだ.
POINT 動詞を修飾するとき, 定冠詞は常に le.
aimer mieux ... …の方を好む.
aller mieux (病気・事態が)好転する, 快方へ向かう.
de mieux en mieux ますますよく.
faire mieux de 不定詞 …した方がよい.
● Vous *feriez mieux de* vous taire. 黙っていた方がいいよ.
Il vaut mieux 不定詞; ***Mieux vaut*** 不定詞 …する方がよい.
le mieux qu'on peut できる限りうまく; よかった; しめた.
— 形《不変》よりよい; より具合のよい; より好ましい. ● Elle est *mieux* avec les cheveux longs. 彼女は髪が長い方が素敵だ. ● C'est *mieux* que rien. 何もないよりいい.
— le **mieux** 男《比較級》よりよいこと[もの]; 改善, 回復; **(le ～)**《最上級》最もよいこと[もの]; 最善.
au mieux 最もよく, 最高に.
de son mieux 最善を尽くして. ● Je fais *de mon mieux*. 最善を尽くします.
faute de mieux 仕方なしに.
Il y a un [du] mieux. (症状などの)改善が見られる.
le mieux est de ... 一番よいのは…することだ.
pour le mieux ベストを尽くして; うまく行けば.

mignon(*ne*) /ミニョン(ニョヌ)/ 形 ❶ (英 cute, sweet) かわいらしい, 愛くるしい; しゃれている. ❷《話》親切な, 愛想のいい.

la **migraine** /ミグレヌ/ 女 頭痛, 偏頭痛.

la **migration** /ミグラスィヨン/ 女 ❶ 人口移動, 移住. ❷ (動物の)渡り; 回遊.

mil[1] /ミル/ 形《不変》千の. → 年号を表す時のみ使う. →**mille**[1]

le **mil**[2] /ミル/ 男 アワ(粟)の類.

le **milieu** /ミリユー/ 男 (複 milieux)
❶ (英 middle) (空間・時間の)真ん中, 中央; (両極端の)中間, 中庸. ● Je prends celui du *milieu*. 真ん中のをください.
❷ 環境, 境遇; 階層; **(le ～)** 暗黒街, やくざ社会. ● Il vient d'un *milieu* très modeste. 彼は貧しい階層の出身だ.
❸《複》… 界. ● *milieux* politiques 政界.
au beau [en plein] milieu de ... …の真最中に; …のちょうど真ん中に.
au milieu de ... …の真ん中で; …の最中に.

militaire /ミリテール/ 形 ❶ (英 military) 軍事的な. ❷ 軍隊による, 軍事力による.
— le **militaire** 男 軍人.

le(la) **militant(*e*)** /ミリタン(ト)/ 名 闘士, 活動家.

mille[1] /ミル/ 形《不変》❶ (英 thousand) 1000の; 1000番目の. ● cent *mille* 10万(の). ● dix *mille* 1万(の).
❷ 無数の, たくさんの.
mille fois 千回, 千倍; 何回も, 何倍も.
— le **mille** 男《不変》1000; 1000個; 1000と記された的の中央. ● *mille* un 1001. ● trois *mille* 3000. ● l'an deux *mille* vingt 西暦2020年.
mettre dans le mille 的に命中する; 目標

を達成する.

le **mille**[2] /ミル/ 男 (英 mile) (<英) ❶ マイル (=～ anglais). → 約1609m. ❷ 海里 (=～ marin). → 約1852m.

millénaire /ミレネール/ 形 1000年(以上)の.

— le **millénaire** 男 千年紀.

le **milliard** /ミリヤール/ 男 10億; 無数, 多数. ● dix *milliards* d'euros 100億ユーロ.

millième /ミリエム/ 形 1000番目の; 1000分の1の.

— le(la) **millième** 名 1000番目.

— le **millième** 男 1000分の1.

le **millier** /ミリエ/ 男 (英 thousand) ❶ 約1000, 1000あまり.
❷ 《複》多数. ● un *millier* d'euros およそ1000ユーロ.

des milliers de 名 《無冠詞》多数の….

par milliers 幾千となく, 非常にたくさん.

le **millimètre** /ミリメトル/ 男 ミリメートル.

le **million** /ミリヨン/ 男 (英 million) 100万; 多数, 無数. ● deux *millions* d'euros 200万ユーロ. ● des *millions* d'étoiles 無数の星.

millionnaire /ミリヨネール/ 形 大金持ちの.

— le(la) **millionnaire** 名 百万長者, 富豪.

minable /ミナブル/ 形 《話》哀れな, みじめな, だめな.

— le(la) **minable** 名 情けないやつ.

mince /マンス/ 形 (英 thin, slender) ❶ 薄い; 細い, すらりとした. ● Elle a la taille *mince*. 彼女はほっそりしている.
❷ ささいな, 取るに足りない; わずかな.

— 間 《話》ちぇっ; わぁ. → 驚き・落胆など. ● *Mince* alors! しまった!

la **mine**[1] /ミヌ/ 女 ❶ (英 look, expression) 顔色; 顔つき.
❷ 外見; 様子.
❸ 《複》態度; 気取った様子.

avoir bonne mine 顔色がよい; (料理が)おいしそうである.

faire grise mine そっけない態度をとる.

faire mine de 不定詞 …するふりをする.

mine de rien 《話》そ知らぬ顔をして.

ne pas payer de mine 見た目がぱっとしない.

la **mine**[2] /ミヌ/ 女 ❶ (英 mine) 鉱山; 炭鉱. ● *mine* de charbon 炭鉱. ❷ 宝庫, 宝の山. ❸ (鉛筆・シャープペンシルの)芯(しん).

la **mine**[3] /ミヌ/ 女 地雷, 機雷.

miner /ミネ/ 他 ❶ に地雷を敷設する. ❷ を侵食[浸食]する; むしばむ; 消耗させる.

le **minerai** /ミヌレ/ 男 鉱石.

minéral(ale) /ミネラル/ 形 (男複 **minéraux**) 鉱物の, 鉱物質[ミネラル]を含む; 無機質の.

— le **minéral** 男 鉱物, 無機物.

minéraux →**minéral** の複数形.

le **mineur**[1] /ミヌール/ 男 坑夫, 炭坑夫.

mineur[2]**(se)** /ミヌール(ズ)/ 形 (英 minor) ❶ より小さい; 大して重要でない, マイナーな. ❷ 未成年の. ❸〔楽〕短調の.

— le(la) **mineur(se)** 名 未成年者.

— le **mineur** 男 〔楽〕短調.

la **miniature** /ミニアテュール/ 女 ミニチュア; ミニチュア模型; 細密画(法); 《同格で》ミニチュアの, 模型の. ● en *miniature* ミニチュア版の.

la **minijupe** /ミニジュプ/ 女 ミニスカート.

minimal(ale) /ミニマル/ 形 (男複 **minimaux**) 最小の, 最低の.

le **minimum** /ミニモム/ 男 (複 **minimums, minima**) (<ラテン) 最小限, 最低限; 〔数〕極小(値).

au minimum 最小[最低]限に; 少なくとも.

— 形 最小[最少]の, 最低(限)の. → 女性形不変, 時に minima. 複数形は男女とも minimums または minima.

minimum vital 必要最低限の生活費[栄養].

le **ministère** /ミニステール/ 男 ❶ (英 ministry) 内閣; 《集合的》閣僚. ❷ (中央官庁の)省庁; 省庁舎; 大臣の職.

ministériel(le) /ミニステリエル/ 形 ❶ 内閣の. ❷ 省の.

le **ministre** /ミニストル/ 男 (英 minister) 大臣. ● *ministre* des Affaires étrangères 外務大臣. ● premier *ministre* 首相.

la **minorité** /ミノリテ/ 女 (英 minority) ❶ 少数; 少数派; 少数民族. ● être en *minorité* 少数派である. ❷ 未成年.

le **minuit** /minɥi ミニュイ/ 男 (英 midnight) 真夜中; 夜中の12時.

M

● rentrer à *minuit* 真夜中に帰宅する.

minuscule /ミニュスキュル/ 形 ごく小さい, 微小な; 小文字の.

— la **minuscule** 女 小文字.

la **minute** /minyt ミニュト/ 女 ❶（英 minute）《時間の単位》分. → 略 min. または mn.
● une *minute* de silence 1分間の黙祷(とう).
❷（英 moment）瞬間, 短い時間.
会話 Attendez-moi une *minute*. 少し待ってください.
会話 Vous avez une *minute*? ちょっとお時間がありますか.
❸《同格的に》即席の.
● cocotte-*minute*《商標》圧力鍋.
à la minute 即座に; たった今.
dans une minute すぐに. ● J'arrive *dans une minute*. すぐ行きます.
d'une minute à l'autre 間もなく; すぐに.
Minute!《話をさえぎって》ちょっと待って, そんなに急がないで.

minutieux(se) /ミニュスィユ(ーズ)/ 形 綿密な, 入念な; 細かいことにこだわる.

le **miracle** /ミラクル/ 男 奇跡; 奇跡的なこと. ● croire aux *miracles* 奇跡を信じる. ● par *miracle* 奇跡的に.

miraculeux(se) /ミラキュル(ーズ)/ 形（英 miraculous）奇跡的な, 奇跡による.

le **mirage** /ミラージュ/ 男 蜃気楼(しんきろう).

mirent → **mettre** 41

le **miroir** /ミロワール/ 男 鏡; 鏡面状のもの.

mis[1] → **mettre** 41

mis[2]**(e**[1]**)** /ミ(ーズ)/ 形（< mettre の過去分詞）置かれた; 整えられた.
bien mis 立派な服装をした.

la **mise**[2] /ミーズ/ 女 ❶（英 putting, setting）（ある場所・状態などに）置くこと; 実施, 適用.
❷ 服装, 身なり.
❸ 賭(か)け金, お金を賭けること.
POINT 動詞 mettre の名詞形としてさまざまな意味で用いる.
mise à mort 殺害.
mise à pied 停職処分, 解雇.
mise en plis 髪のセット.
mise en scène 上演, 演出.

miser /ミゼ/ 他（お金）を賭(か)ける.
— 自〖*sur*, に〗賭ける;《話》〖*sur*, を〗当てにする.

misérable /ミゼラブル/ 形 ❶ 悲惨な, ひどく貧乏な; 哀れな. ❷《名詞の前》下らない, つまらない;《古風》浅ましい.

— le(la) **misérable** 名 悪党; 不幸な人.

la **misère** /ミゼール/ 女 ❶（英 misery）極貧, 窮乏. ● être dans la *misère* 極貧生活をしている. ❷《多く複数》悲惨; 災難, 苦難. ❸《文》不幸. 会話 *Misère*!《間投詞的に》何たることだ.
faire des misères à 人（人)に嫌がらせをする.

la **miséricorde** /ミゼリコルド/ 女《文》慈悲, 赦(ゆる)し, 憐れみ.

miss ... → **mettre** 41

le **missile** /ミスィル/ 男（< 英）ミサイル.

la **mission** /ミスィヨン/ 女 ❶ 使命, 任務. ❷ 使節団, 派遣団. ❸〔宗〕伝道, 布教.

le(la) **missionnaire** /ミスィヨネール/ 名 宣教師.

la **missive** /ミスィヴ/ 女《文またはふざけて》書簡.

le **mistral** /ミストラル/ 男 ミストラル. → 冬に南仏ローヌ川流域・地中海沿岸で吹く強風.

mit, mît(es) → **mettre** 41

la **mite** /ミト/ 女（衣類を食い荒らす)衣魚(しみ), 衣蛾(いが).

la **mi-temps** /ミタン/ 女《不変》(サッカー・ラグビーなどの)ハーフタイム.

— le **mi-temps** 男《不変》パートタイムの仕事. ● à *mi-temps* パートタイムで.

la **mitraille** /ミトライーユ/ 女 一斉射撃, 砲弾の雨;《話》小銭.

la **mitre** /ミトル/ 女〔カト〕僧帽, 司教冠, ミトラ.

mixte /ミクスト/ 形（英 mixed）男女共学[混合]の; 混成の, さまざまな要素からなる. ● école *mixte* 男女共学校.

Mlle《略》→ **mademoiselle**

Mlles《略》→ **mesdemoiselles**

MM.《略》→ **messieurs**

Mme《略》→ **madame**

Mmes《略》→ **mesdames**

mobile /モビル/ 形 ❶ 動く, 可動性の; 移動する, 変動性の. ❷ 機敏な;〔軍〕機動力のある.

— le **mobile** 男 ❶ 携帯電話. ❷（犯罪などの)動機. ❸〔美〕モビール.

M

mobilier(ère) /モビリエ(ール)/ 形 動産の.

— le **mobilier** 男 《集合的》家具調度類.

la **mobilisation** /モビリザスィヨン/ 女 動員, 召集; 結集.

mobiliser /モビリゼ/ 他 を動員[召集]する; (力など)を結集する; 呼びかける.

— **se mobiliser** 代動 動員される; 行動に立ちあがる.

la **mobilité** /モビリテ/ 女 可動性; 機動性; 流動性, 変わりやすさ.

moche /モシュ/ 形 《話》醜い, みっともない; 卑劣な.

la **mode**[1] /モド/ 女 (英 fashion) 流行; ファッション, モード.

à la mode 流行の. ●*à la* dernière *mode* 最新流行の.

à la mode de ... …風の[に].

le **mode**[2] /モド/ 男 ❶ (英 style) 様式, 形式; 方法. ●*mode* de vie 生活様式.

❷〔文法〕(動詞の)法, 叙法.

mode d'emploi 使用法.

le **modèle** /モデル/ 男 ❶ (英 model) 模範, 手本; 見本, 典型. ●prendre ... pour *modèle* …を手本とする.

❷ (絵画や文学の)モデル, 題材.

❸ (商品の)型, タイプ; ひな型, 模型.

❹ (学問における)理論モデル.

— 形 模範的な, 見本[手本]となる.

modeler /モドレ/ 他 ⑪ (粘土などで)の形[型]を作る, を造形する.

— **se modeler** 代動 〘*sur*, を〙見習う.

le **modem** /モデム/ 男〔情報〕モデム.

la **modération** /モデラスィヨン/ 女 節度, 中庸. ●avec *modération* 控えめに.

modéré(e) /モデレ/ 形 ❶ 節度のある, 控え目な; ほどよい. ❷ 穏健派の, 中道の.

modérer /モデレ/ 他 ⑤⑦ を抑える, 和らげる; 鎮める.

— **se modérer** 代動 自制する.

moderne /モデルヌ/ 形 (英 modern)

❶ 現代の; 現代[近代]的な, モダンな; (考えなどが)進歩的な.

❷ (古代に対して)近代の.

moderniser /モデルニゼ/ 他 を近代[現代]化する; (設備など)を新しくする.

— **se moderniser** 代動 近代化される.

modeste /モデスト/ 形 ❶ (英 modest) 謙虚な, 控え目な. ❷ 質素な, 地味な; ぱっとしない. ❸ (金額が)ささやかな, わずかな.

la **modestie** /モデスティ/ 女 謙虚, 謙遜; 質素.

la **modicité** /モディスィテ/ 女 安さ; (金額の)少なさ; 貧弱さ.

la **modification** /モディフィカスィヨン/ 女 修正, 変更; 変化;〔文法〕修飾. ●apporter des *modifications* à ... …に修正を加える.

modifier /モディフィエ/ 他 (英 modify) ❶ を修正[変更]する; 変化させる. ❷〔文法〕(副詞が)を修飾する, 限定する.

— **se modifier** 代動 変わる, 変化する.

modique /モディク/ 形 (金額が)わずかな, 少ない.

la **moelle** /モワル/ 女 髄, 骨髄 (=〜 osseuse).

moelleux(se) /モワル(ーズ)/ 形 柔らかな, ふんわりとした; 心地よい, 柔らかい印象を与える.

les **mœurs** /ムール(ス)/ 女 複 ❶ (英 customs) 風習, 風俗; 慣習. ❷ 品行, 品性; 素行. ❸ 生活習慣, 暮らしぶり; (動物の)習性.

C'est entré dans les mœurs. それはもう習慣として定着している.

moi

/mwa モワ/ 代 《人称代名詞; 1人称単数・強勢形》→巻末文法: 代名詞 (英 me) 私.

❶ 《主語 je・目的語 me を強調》 ●*Moi* non plus, je n'en sais rien. 私だって何も知らない. 会話 Je l'ai vu hier.—*Moi* aussi. 私は昨日彼を見た. —僕もだ. ●Il me l'a dit, à *moi*. 彼はそう言ったんだ, この私に.

❷ 《前置詞および比較の que の後で》 ●chez *moi* 私の家. ●plus âgé que *moi* 私より年上の. ●Tu viens avec *moi*? 一緒に来るかい.

❸ 《属詞》 会話 Qui est là? —C'est *moi*. どなたですか?—私ですよ. ●C'est *moi* qui lui ai dit de venir. 彼(女)に来るように言ったのは私です.

❹ 《肯定命令文で》 ●Donnez-le-*moi*. それを私にください.

❺ 《ほかの名詞と併置》 ●Mon mari et *moi* (nous) pensons que c'est une bonne idée. 夫と私は, それをなかなかいい考えだと思っている.

M

❻《単独で》 ●Qui a fait cela?—*Moi.* 誰がやったんだ?—私です.

— le **moi** 男《不変》我, 自我.

moi-même /モワメム/ 代《人称代名詞》(英 myself) 私自身. →**même**

moindre /モワンドル/ 形 →petit の比較級. 多くは抽象的なものに用いられる. 具体的な大小には plus petit を使う.

❶(英 less, lower) より小さい[少ない], 劣っている. ●C'est un *moindre* mal. これはまだましな方だ.

❷《定冠詞・所有形容詞を伴って》最も小さい, ごくわずかな;《否定形で》なんらの(…もない). ●*les moindres* détails 非常に細かいこと. ●sans *la moindre* difficulté 何の問題もなく.

— le(la) **moindre** 名《定冠詞を伴って》最も小さいもの, 何でもないこと.

会話 ***C'est la moindre des choses.*** (礼に対して)当然のことをしたまでです.

M

le **moine** /モワヌ/ 男 修道士; 僧.

le **moineau** /モワノー/ 男 (複 **moineaux**) (英 sparrow)〔鳥〕スズメ(雀).

moins /モワン/ 副 ❶《peu の比較級》(英 less) (**a**)〈**moins** 形・副 **que** ...〉…より少なく…. ●Il est *moins* vieux *que* ton frère. 彼は君の兄[弟]さんよりも若い. ●Il vient *moins* souvent *que* Pierre. 彼はピエールほどには頻繁に顔を出さない.

(**b**)〈動 **moins que** ...〉…より少なく…する. ●Il travaille *moins que* vous. 彼はあなたほど働かない. ●J'ai *moins* de livres *que* Paul. 私はポールほど本をたくさん持っていない.

(**c**)〈**moins de** 名《無冠詞》〉もっと少ない…. ●*moins de* gens よりわずかな人々.

(**d**)〈**moins de** ...〉…以下(の). ●*moins de* dix 10以下. ●les enfants de *moins de* quatre ans 4歳未満の子供.

❷《劣等最上級》(英 least) (**a**)〈**le** [**la**/**les**] **moins** 形・副〉最も少なく…. ●Il est *le moins* fort. 彼は一番弱い.

(**b**)〈動 **le moins**〉最も…しない. ●C'est lui qui travaille *le moins*. 一番勉強しないのは彼だ.

POINT 動詞を修飾するとき, 定冠詞は常に le.

(**c**)〈**le moins de** 名《無冠詞》〉最も少ない….

— 前 ❶(負数・引き算の)マイナス; …を引いた. ●Il fait *moins* vingt. 氷点下20度だ. ●Dix *moins* huit font deux. 10−8=2.

❷(時刻)…分前. ●Il est quatre heures *moins* cinq. 4時5分前だ.

— le **moins** 男 最小限のこと; マイナス記号.

à moins de 名 [***de*** 不定詞] …でなければ. ●*à moins d*'être malade 病気でなければ.

à moins que (***ne***) 接続法 …でなければ. ●*à moins qu*'il ne vienne 彼が来ないのであれば.

au [***pour le***] ***moins*** 少なくとも, せめて.

de moins en moins ますます少なく.

du moins それでも, とにかく.

en moins de ... …以内で. ●*en moins de* rien あっという間に. ●achever son travail *en moins d*'une heure 1時間以内に仕事を仕上げる.

le moins possible できるだけ少なく.

moins ..., moins ... 少なく…するほどより少なく…. ●*Moins* il mange, *moins* il travaille. 彼の食事の量が減るにしたがって, 仕事の効率も落ちている.

pas le moins du monde 少しも…でない.

le **mois** /mwa モワ/ 男 (英 month) ❶(暦の)月.

●au *mois* de janvier 1月に.

❷(時間の単位としての)1か月.

●un bébé de six *mois* 生後6か月の子供.

●trois *mois* de loyer 3か月分の家賃.

POINT

janvier 1月. février 2月. mars 3月. avril 4月. mai 5月. juin 6月. juillet 7月. août 8月. septembre 9月. octobre 10月. novembre 11月. décembre 12月.

moisi(e) /モワズィ/ 形 かびの生えた; かび臭い.

— le **moisi** 男 かびの生えたもの.

moisir /モワズィール/ 自 33 かびが生える;《話》長居する; ぐずぐずしている.

la **moisson** /モワソン/ 女 ❶(英 harvest)(穀物, 特に小麦の)刈入れ, 収穫; 収穫期;

刈入れた穀物. ●faire la *moisson* [les *moissons*] 刈入れをする. ❷ 多量の取得物.

une moisson de... 数々の….

moissonner /モワソネ/ 他 (英 harvest) (小麦など)を刈入れる; 収穫する.

le(la) **moissonneur(se)** /モワソヌール(ズ)/ 名 刈入れをする人.

— la **moissonneuse** 女 刈取り機.

la **moitié** /モワティエ/ 女 (英 half) ❶ 半分, 2分の1; 半ば. ●à *moitié* prix 半額で. ●manger la *moitié* d'une pomme リンゴを半分を食べる. ●partager un gâteau en deux *moitiés* 菓子を半分に分ける.

❷ 大半, 大部分.

❸ 《話・ふざけて》 伴侶, かみさん.

à la moitié de... …の途中で.

à moitié 半ば, ほとんど. ●à *moitié* vide 半分空(から)の.

de moitié 半分だけ.

faire... à moitié …を中途半端にする.

moitié-moitié 半分半分. ●faire *moitié-moitié* 折半する.

la **molaire** /モレール/ 女 臼歯(きゅうし).

la **molécule** /モレキュル/ 女 〔化〕 分子.

molester /モレステ/ 他 に暴力を振るう.

molle →**mou** の女性形.

mollement /モルマン/ 副 ❶ 無気力に. ❷ 柔らかく.

la **mollesse** /モレス/ 女 ❶ 柔らかさ, 張りのなさ; 曖昧(あいまい)さ. ❷ 無気力, 軟弱さ.

mollet[1]**(te)** /モレ(ト)/ 形 少し柔らかい, ふんわりした.

le **mollet**[2] /モレ/ 男 ふくらはぎ.

mollir /モリール/ 自 33 力を失う, 萎える; 弱気になる; 《話》 尻込みする.

le **moment** /モマン/ 男 (英 moment, time) ❶ 短い時間; 瞬間, 一瞬. 会話 Attendez un *moment*. ちょっと待ってください. ●Je n'en ai que pour un petit *moment*. 用事はすぐ済みますから.

❷ 時, 時間, 時期. → かなり長い時期を示すこともある.

❸ 時機, 機会; 好機.

à ce moment-là その頃[時].

à tout moment いつも.

au dernier moment いざという時になって.

au moment de 不定詞 ちょうど…の時に.

au moment où 直 ちょうど…する時に.

à un moment donné ある時不意に.

avoir de bons moments avec 人 (人)と楽しい時を過ごす.

C'est le moment ou jamais. 今が絶好のチャンスだ.

dans un moment すぐに.

du moment que 直 …である以上は.

d'un moment à l'autre もうじき.

en ce moment 現在.

ne pas avoir un moment à soi 自分の時間がまったくない.

par moments 時々.

pour le moment 今のところ, 差し当たり.

sur le moment とっさに.

momentané(e) /モマンタネ/ 形 一時的な, 瞬間の.

mon

/mɔ̃ モン/ 形 《所有形容詞》 (英 my)

	単数	複数
男性	mon /モン/	mes /メ/
女性	ma /マ/ *mon /モン/	

*母音または無音の h で始まる語の前では mon.

❶ 私の.

●*mon* fils et *ma* fille 私の息子と娘.

●*ma* jeunesse わが青春.

❷ 《動作名詞の意味上の主語として》 私が.

●à [après] *mon* arrivée 私が着いたら[着いた後で].

la **monarchie** /モナルシ/ 女 君主政治; 君主制国家.

le **monarque** /モナルク/ 男 君主, 帝王.

le **monastère** /モナステール/ 男 修道院.

mondain(e) /モンダン(デヌ)/ 形 社交界の, 上流社会の; 社交界好きの.

— le(la) **mondain(e)** 名 社交界人士; 社交家.

le monde

/mɔ̃d モンド/ 男

❶ (英 world) 世界, 地球; 宇宙.

●faire le tour du *monde* 世界を1周する.

●championnat du *monde* 世界選手権.

●le *monde* entier 全世界.

❷ 人々, 群衆.

●Il y a du *monde*. たくさんの人がいる.

●Il y a beaucoup de *monde* dans les rues. 通りにたくさんの人がいる.
●peu de *monde* わずかな人々.
●Ce week-end nous avons du *monde*. 今週末に人を招いている.
❸ 世の中, 世間.
●avènement d'un *monde* meilleur よりよい社会の到来.
❹《形容詞, 補語を伴って》…の社会, …界.
●le *monde* moderne 現代社会.
le* [*la*] *plus... au* [*du*] *monde 《最上級を強調して》世界中で一番…. ●*le meilleur* athlète *du monde* 世界最高の陸上選手.
mettre* (*un enfant*) *au monde 子供を産む.
tout le monde 全員; みんな. ●*Tout le monde* est là? みんないますか.
POINT tout le monde は単数扱い.
venir au monde 生まれる.

mondial(*ale*) /モンディヤル/ 形 (男複 mondiaux) 世界の, 世界的な.

monétaire /モネテール/ 形 貨幣の, 通貨の.

la **Mongolie** /モンゴリ/ 女 モンゴル.

le(la) **moniteur(*trice*)** /モニトゥール(トリス)/ 名 (スポーツや実習の)インストラクター, コーチ; (林間・臨海学校の)指導員.

la **monnaie** /モネ/ 女
❶ (英 currency) 貨幣, 通貨.
❷ (英 coin) 硬貨, コイン.
❸ 小銭; 釣り銭. ●avoir la *monnaie* de 20 euros 20ユーロの小銭がある. ●rendre la *monnaie* à 人 (人)にお釣りを渡す.
faire* (*de*) *la monnaie お金をくずす.
garder la monnaie お釣りをとっておく. 会話 *Garde la monnaie.* 釣りはいらないよ.

monnayer /モネイエ/ 他 49 50 をお金に換える, 現金化する.

le **monologue** /モノログ/ 男 独り言, 独白; (相手を無視した)長広舌; 〔劇〕モノローグ.

le **monopole** /モノポル/ 男 独占(権), 専売(権); 独り占め, 専売特許.

monotone /モノトヌ/ 形 単調な, 変化に乏しい.

la **monotonie** /モノトニ/ 女 単調さ, 退屈さ.

le **monseigneur** /モンセニュール/ 男 (複 messeigneurs, nosseigneurs)
❶ 猊(げい)下, 閣下. → 高位聖職者の尊称.
❷ 殿下. → 王族の尊称; 略 Mgr.

le **monsieur** /məsjø ムスィュー/ 男 (複 **messieurs**)
❶ (英 Mr., Sir) 《男性の姓名や職名につける敬称》→ 略 M.
●*Monsieur* X X氏.
●*Monsieur* le Ministre n'est pas là. 大臣は留守です.
❷ ●Bonjour, *monsieur*. (男性に対する呼びかけ)こんにちは. → 複数の人に対しては Bonjour, messieurs.
●Merci, *monsieur*. ありがとうございます.
❸《限定詞を伴って》男性, 男の方.
●Qui est ce *monsieur*? この方はどなたですか.

le **monstre** /モンストル/ 男 ❶ 怪物, 化け物; (実在の)巨大生物. ❷ ひどく醜い人[物]; (性格・行動が)化け物じみた人; 〔医〕奇形.
— 形 《話》巨大な, 途方もない.

monstrueux(*se*) /モンストリュ(ーズ)/ 形
❶ 化け物のような; 〔医〕奇形の.
❷ 巨大な, 常軌を逸した.
❸ 凶悪な, 極悪非道の.

le **mont** /モン/ 男 《固有名詞を伴って》…山.
***mont Blanc* (le 〜)** モンブラン. → アルプス山脈最高峰.

le **montage** /モンタージュ/ 男 (機械などの)組み立て; 〔映〕フィルムの編集; 〔写〕モンタージュ (=〜 photographique).

montagnard(*e*) /モンタニャール(ド)/ 形 山地の, 山地に住む.
— le(la) **montagnard(*e*)** 名 山地の住民.

la **montagne** /モンタニュ/ 女 (英 mountain) 山; 山地, 山岳地帯; 堆積. ●à la *montagne* 山地で.
montagnes russes ジェットコースター.
se faire une montagne de... …を重大に[難しく]考える.
une montagne de... 大量の…, …の山.

montagneux(*se*) /モンタニュ(ーズ)/ 形 山の多い.

montant(*e*) /モンタン(ト)/ 形 上がる, 登る; 上昇する.
— le **montant** 男 ❶ 総額, 合計. ●chèque d'un *montant* de 500 euros 総額500ユーロの小切手.

❷ (家具・機械の)縦材.

le **Mont-Blanc** /モンブラン/ 男 (**le ～**) モンブラン(山塊).

la **montée** /モンテ/ 女 ❶ 登ること, 上り; 上り坂. ❷ 上昇.

monter /mɔ̃te モンテ/ 自 《助動詞は être; 数量・値段などの増大を表す場合は avoir》

❶《人・動物が主語》(**a**) 登る, 上がる.

• *monter* au sommet du mont Blanc モンブラン山頂に登る.

(**b**) (乗り物に)乗る.

• *monter* en voiture 自動車に乗る.

• *monter* dans un train 電車に乗る.

(**c**) 昇進する, 進級する; 台頭する.

• vedette qui *monte* 人気上昇中のスター.

(**d**) 北上する; 上京する.

• *monter* à Paris パリへ上る.

❷《ものごとが主語》(**a**) 昇る, 上がる; 湧き上がる.

• Le soleil *monte* à l'horizon. 太陽が地平線に昇る.

• Une odeur *montait* de la cave. 悪臭が地下室から立ち込めてきた.

(**b**) (道が)上り坂になっている.

• Le sentier *monte* et descend. 山道が上り, また下り坂になる.

(**c**) (値段・数量・温度などが)上がる; (高さなどが)伸びる; 〚à, に〛達する.

• La rivière *a monté*. 川の水かさが増した.

• La dépense *a monté* à mille euros. 出費は1000ユーロに達した.

— 他 ❶ (階段など)を登る.

• *monter* l'escalier en courant 階段を駆け上がる.

❷ (馬など)に乗る.

• *monter* un cheval 馬に乗る.

❸ を運び上げる, 高くする.

• *monter* le volume de la radio ラジオの音を大きくする.

❹ を組み立てる; 準備する.

• *monter* une tente テントを張る.

• *monter* une entreprise 会社をつくる.

monter la tête à 人 (人)をのぼせ上がらせる.

— **se monter** 代動 ❶〚à, に〛(金額などが)達する. ❷〚*en*, を〛(自分のために)備える.

la **montre** /mɔ̃tr モントル/ 女 (英 watch) 腕時計, 懐中時計.

course contre la montre 〔スポーツ〕タイムトライアル; 急ぎの仕事.

montre en main 正確に.

montrer /モントレ/ 他 (英 show) ❶〈montrer ... (à 人)〉…を(人に)見せる, 提示する. • *Montrez-moi* vos papiers. 身分証明書を見せてください. • jupe qui *montre* les genoux 膝(ひざ)の見えるスカート.

❷ (道順・やり方など)を教える; 明らかにする, 指摘する. • *montrer* l'exemple 手本を示す. • Il *a montré* qu'il avait raison. 彼は自分が正しいことを証明した.

❸ (態度・感情・能力)を表に出す. • *montrer* des signes de fatigue 疲れている様子を見せる.

montrer à 人 ***à*** 不定詞 (人)に…する方法を教える.

montrer ... du doigt …を指差す.

— **se montrer** 代動 ❶ 姿を現す, 現れる. • Le soleil *se montre* à l'horizon. 太陽が地平線に現われる.

❷《属詞を伴って》…であることを示す.

le **monument** /モニュマン/ 男 (歴史的・公共的な)大建造物; 記念建造物, 記念碑.

• *monument* historique 歴史的建造物.

monumental(*ale*) /モニュマンタル/ 形 (男複 **monumentaux**) ❶ 巨大な, 不朽の; 途方もない. ❷ 有名な建造物の.

se moquer /モケ/ 代動 ❶ (英 mock) 〚*de*, を〛ばかにする, 嘲笑する; 軽んじる. 会話 Ne *vous moquez* pas! ばかにするな, 笑うな. ❷〚*de*, を〛気にとめない, 無視する. 会話 Je *m'en moque*. 私の知ったことか.

la **moquerie** /モクリ/ 女 嘲(あざけ)り, からかい, 揶揄(やゆ).

moqueur(*se*) /モクール(ズ)/ 形 嘲笑的な, 皮肉っぽい; 冷やかし好きの.

moral[1](*ale*[1]) /モラル/ 形 (男複 **moraux**) (英 moral) ❶ 道徳の, 道徳に関する; 道徳的[教訓的]な. ❷ 精神的な, 形而上の.

personne morale 〔法〕法人.

le **moral**[2] /モラル/ 男 (英 spirit, morale) 気力, 士気; 精神状態. • avoir bon *moral* [avoir le *moral*] 気力が充実してい

M

る, 元気だ.

avoir le moral à zéro. ひどく落ち込んでいる.

***remonter le moral à* [*de*]** 人 (人)を励ます.

la**morale**[2] /モラル/ 女 (英 morality) 道徳, モラル; (寓(ぐう)話などの)教訓.

faire la morale à 人 (人)にお説教をする.

la**moralité** /モラリテ/ 女 道徳心; (寓(ぐう)話などの)教訓.

moraux →**moral** の複数形.

le**morceau** /モルソ/ 男 (複 morceaux)

❶ (英 piece) (食べ物の)一切れ, 一片; (食肉の)部分, 部位. ●un *morceau* de pain パン一切れ.

❷ 断片, 一部分.

❸ (音楽の)曲; (文学作品の)断章, 抜粋.

manger* [*cracher, lâcher*] *le morceau 《話》口を割る, 白状する.

mordre /モルドル/ 他 51 ❶ (英 bite) を噛(か)む, に噛みつく; (鳥が)をついばむ. ●Un chien lui *a mordu* la jambe 犬が彼の足を噛んだ.

❷ (刃物が)を削る; (道具が)を噛む, 挟む; (酸などが)を腐食させる.

❸ (寒さ・暑さが)をひりひりと刺す; (感情などが心)を苦しめる.

— 自 ❶ 噛みつく, 噛む癖がある.

❷〚*dans*, *à*, に〛かじりつく; (道具が)食い込む. ●*mordre à* l'appât (魚が)釣り餌に食いつく.

❸〚*à*, に〛興味を示す.

❹〚*sur*, を〛はみ出す, 越える.

— **se mordre** 代動 自分の…を噛む; (犬などが)咬(か)み合う.

mordu(**e**) /モルデュ/ 形 噛まれた; 《話》〚*de*, に〛熱中した; 〚*pour*, に〛惚(ほ)れている.

— le(la) **mordu**(**e**) 名 《話》〚*de*, の〛熱狂的ファン. ●*mordu de* foot サッカーファン.

la**morgue**[1] /モルグ/ 女 尊大な態度.

la**morgue**[2] /モルグ/ 女 (病院の)霊安室.

moribond(**e**) /モリボン(ド)/ 形 危篤の, 瀕死の; 滅亡寸前の.

— le(la) **moribond**(**e**) 名 危篤[瀕死]の人.

morne /モルヌ/ 形 陰鬱(うっ)な, どんよりした, 気がめいる.

morose /モロズ/ 形 陰気な, 不機嫌な.

la**morphine** /モルフィヌ/ 女 〔化〕モルヒネ.

la**morphologie** /モルフォロジ/ 女 形態, 構造; 〔言〕形態論.

la**morsure** /モルスュール/ 女 噛むこと; 噛み傷.

la**mort**[1] /モール/ 女 (英 death) 死; 終焉(えん), 破滅; (**la M-**) 死神. ●*mort* naturelle 自然死. ●*mort* violente (事故などによる)変死.

à mort 死ぬほど. ●en vouloir *à mort* à 人 (人)を死ぬほど憎む.

la mort dans l'âme 嫌々.

se donner la mort 自殺する.

mort[2](**e**) /モール(ト)/ 形 (英 dead)

❶ 死んだ; (植物が)枯れた; (機械・道具が)壊れた.

❷ 死んだような, 活気のない; 疲れ果てた.

être mort de 名《無冠詞》死ぬほど…である. ●Je *suis mort de* fatigue 死ぬほど疲れた.

langue morte 死語.

— le(la) **mort**(**e**) 名 死者, 死人; 故人.

faire le mort 死んだふりをする.

— le **mort** 男 〔トランプ〕(ブリッジで)ダミー.

la**mortalité** /モルタリテ/ 女 死亡率.

mortel(***le***) /モルテル/ 形 ❶ 死すべき. ❷ 致命的な, 死ぬほどの, 極度の. ❸《名詞の前》《話》ひどく退屈な.

— le(la) **mortel**(***le***) 名 人間.

mortellement /モルテルマン/ 副 致命的に; 死ぬほどに.

la**morue** /モリュ/ 女 〔魚〕タラ.

morveux(***se***) /モルヴ(ーズ)/ 形 はなをたらしている.

— le(la) **morveux**(***se***) 名 《話》はなたれ小僧; 青二才.

la**mosaïque** /モザイク/ 女 モザイク, 寄せ木細工.

Moscou /モスク/ 《固有》モスクワ. →ロシアの首都.

la**mosquée** /モスケ/ 女 モスク, イスラム寺院.

le**mot** /mo モ/ 男 (英 word)

❶ 語, 単語.

●chercher un *mot* dans le dictionnaire. 辞書である単語を引く.

●le sens d'un *mot* ある言葉の意味.

❷ 言葉, 表現.

●trouver le *mot* juste 適切な言葉を見つ

M

ける.
● chercher ses *mots* (言葉を探しながら)たどたどしく話す.
❸ ひと言, 短い手紙.
● J'ai un *mot* à vous dire. あなたにちょっと話があります.
● sans un *mot* de remerciement ひと言のお礼も言わないで.
avoir le dernier mot (議論で)決定的な発言をする.
avoir son mot à dire 自分の意見を言う権利がある.
en un mot ひと言でいって; 簡潔に.
grand mot 大げさな言葉.
gros mot 汚い言葉.
mot à mot/ mot pour mot 一語一語, 原文どおりに.
mot de passe 合言葉;〔情報〕パスワード.
mot d'ordre 指令; 合言葉.
mots croisés クロスワードパズル.
ne pas mâcher ses mots ずけずけ言う.
prendre 人 ***au mot*** (人)の提案を即座に受け入れる.

le **moteur**[1] /モトゥール/ 男 ❶ (英 engine, motor) エンジン, 発動機, モーター.
❷ (事業などの)推進者.
❸〔情報〕エンジン, ドライバー. ● *moteur* de recherche 検索エンジン.
à moteur 動力駆動の, エンジンつきの.
● bateau à *moteur* モーターボート.

moteur[2]**(*trice*)** /モトゥール(トリス)/ 形 動かす, 動力を与える.

le **motif** /モティフ/ 男 (英 motive) ❶ 動機, 理由. ● sans *motif* 理由なしに.
❷〔デザイン〕モチーフ, 模様;〔美〕〔楽〕主題, モチーフ. ● tissu à *motifs* 柄のある布地.

la **motion** /モスィヨン/ 女 動議, 発議.
motion de censure 不信任案.

la **motivation** /モティヴァスィヨン/ 女 動機, モチベーション. ● lettre de *motivation* 理由状. → 応募の動機や理由を書いたもの.

motiver /モティヴェ/ 他 ❶ の原因[動機]となる, をやる気にさせる. ❷ に理由をつける.

la **moto** /モト/ 女 オートバイ, バイク. ● Je viendrai à [en] *moto*. 僕はバイクで行くよ.

le(la) **motocycliste** /モトスィクリスト/ 名 オートバイ乗り.

motrice →**moteur**[2] の女性形.

mou[1] /ム/ 形 (英 soft)

	単数	複数
男性	mou /ム/ *mol /モル/	mous /ム/
女性	molle /モル/	molles /モル/

*母音または無音の h で始まる男性単数名詞の前では mol.

❶ 柔らかい, 張りのない. ● pain *mou* 柔らかいパン. ● Ce lit est trop *mou*. このベッドは柔らかすぎる.
❷ だらけた, 生気のない. ● Elle est *molle*, cette fille! あの娘ははつらつとしたところがないなあ.
❸ 穏やかな; 微かな. ❹ 弱々しい.
avoir les jambes molles 足がへとへとである.
— le **mou** 男 《話》軟弱な人; (綱などの)緩み, たるみ. ● avoir du *mou* (綱などが)たるみがある.
— 副 《話》そっと; だらだらと.

le **mou**[2] /ム/ 男 (牛などの)肺臓.
bourrer le mou à 人 《話》(人)をだます, 洗脳する.

la **mouche** /ムシュ/ 女 ❶ (英 fly)〔虫〕ハエ(蝿). ❷〔釣〕毛針, フライ.
faire mouche 的を射る; 目的を達成する.
prendre la mouche かっとなる.
会話 ***Quelle mouche t'a piqué?*** なんでそんなに怒っているんだい.

moucher /ムシェ/ 他 ❶ のはなをかむ.
● *moucher* un enfant 子供のはなをかんでやる. ● *Mouche* ton nez. はなをかみなさい. ❷ (人)を叱る.
— **se moucher** 代動 自分のはなをかむ. ● *Mouche-toi*. はなをかみなさい.

le **mouchoir** /ムショワール/ 男 (英 handkerchief) ハンカチ; ティッシュ.
● *mouchoir* en papier テッシュペーパー. ● Vous avez un *mouchoir*? ハンカチ[ティッシュ]を持っていませんか.

moud (...) →**moudre** 42

moudre /ムードル/ 他 42 を挽(ひ)く, 粉にする.

la **moue** /ムー/ 女 仏頂面, 口をとがらすこと. ● faire la *moue* 顔をしかめる.

la **mouette** /ムエト/ 女〔鳥〕カモメ.

mouillé(e) /ムイエ/ 形 (英 wet) 濡れた, 湿った;〔文法〕湿音の.

M

mouiller /ムイエ/ 他 (英 wet) ❶ を濡らす, 湿らせる. ●se faire *mouiller* par la pluie 雨に濡れる. ❷〔海〕(錨(いかり)など)を水中に投げ込む.
— 自 投錨(びょう)[停泊]する.
— se mouiller 代動 ❶ 濡れる, 湿る. ❷《話》(危険なことに)足を突っ込む. 類義 **oser**

moul ... →**moudre** 42

le **moulage** /ムラージュ/ 男 鋳造, 鋳造物.

le **moule**[1] /ムル/ 男 鋳型, 型枠; (菓子などの)型.

la **moule**[2] /ムル/ 女 ムール貝.

mouler /ムレ/ 他 を鋳造する, の型を取る; (体形や輪郭)を浮き彫りにする.

le **moulin** /ムラン/ 男 (英 mill) ❶ 製粉機; 風車[水車]小屋. ●*moulin* à eau 水車. ●*moulin* à vent 風車. ❷ 粉ひき器. ●*moulin* à café コーヒーミル.

mour ... →**mourir** 43

mourant(e) /ムラン(ト)/ 形 ❶ 死にかけている, 瀕死の. ❷《文》物憂げな; 絶え入りそうな.
— le(la) **mourant(e)** 名 瀕(ひん)死の人.

mourir /ムリール/ 自 43 《助動 être》(英 die)

je	meurs	nous	mourons
tu	meurs	vous	mourez
il	meurt	ils	meurent
現分	mourant	過分	mort

❶ 死ぬ; 《誇張》死にそうである. ●Sa mère *est morte* d'un cancer. 彼(女)の母は癌(がん)で死んだ.
❷ (植物が)枯れる.
❸ 消える, 滅亡する.
à mourir 死ぬほど.
***mourir de froid* [*faim, soif*]** 寒くて[腹が減って, のどが渇いて]死にそうである.
mourir d'envie de 不定詞 …したくてたまらない.
mourir de rire 笑い転げる.

la **mousse** /ムス/ 女 ❶ (英 moss)〔植〕コケ(苔). ❷ 泡, あぶく;〔料〕ムース.

mousser /ムセ/ 自 泡立つ.
faire mousser 《話》ほめそやす.
se faire mousser ひけらかす, 大いに自慢する.

mousseux(se) /ムスー(ズ)/ 形 泡の立つ, 発泡性の.

la **moustache** /ムスタシュ/ 女 (英 mustache) 口ひげ; (猫などの)ひげ. ●avoir de la *moustache* 口ひげを生やしている.

le **moustique** /ムスティク/ 男 (英 mosquito)〔虫〕カ(蚊).

la **moutarde** /ムタルド/ 女 (英 mustard) ❶ マスタード, からし. ❷〔植〕カラシナ.
La moutarde lui monte au nez. 《話》彼(女)はかっとなっている.
— 形 《不変》からし色の.

le **mouton** /ムトン/ 男 ❶ (英 sheep) 羊; (食用の)去勢した雄羊. → 去勢していない雄羊は bélier, 雌羊は brebis, 子羊は agneau.
❷ (英 mutton) 羊の肉, マトン; 羊の毛皮.
❸ (羊のように)従順な人; だまされやすい人.
❹《複》(羊毛を思わせる)白い波; ちぎれ雲; 綿ぼこり.
Revenons à nos moutons. 本題に戻ろう.

mouv ... →**mouvoir** 27

mouvant(e) /ムヴァン(ト)/ 形 流動的な, 不安定な.

le **mouvement** /ムヴマン/ (英 movement) 男 ❶ (物体の)動き; (体の)動作. ●*mouvement* d'une balançoire ブランコの揺れる動き.
❷ (人・車などの)移動, 往来; 活気. ●*mouvement* des marchandises 商品の流通.
❸ 衝動, 反応.
❹ (社会・芸術上の)運動; 組織. ●*mouvement* syndical 組合運動.
❺ 変動, 変化.
❻ (芸術作品の)躍動感, 生彩;〔楽〕テンポ, 楽章.
❼ (土地などの)起伏, カーブ.
se mettre en mouvement 動き始める.

mouvoir /ムヴォワル/ 他 27 《文》を動かす.
— se mouvoir 代動 動く.

moyen[1]**(ne)** /モワイヤン(エヌ)/ 形 ❶ (英 middle) 中くらいの, 中間に位置する; 並の. ●Il est de taille *moyenne*. 彼は中くらいの背丈だ.
❷ (英 average) 平均的な, 標準的な; 平均した. ●chiffre *moyen* 平均値.
— la **moyenne** 女 ❶ 平均, 中間; 普通.

●avoir la *moyenne* (試験で)及第点をとる. ❷ 平均値; 平均速度.
en moyenne 平均して.

le **moyen**[2] /モワイヤン/ 男 ❶(英 means, way) 手段, 方法; 方策. ●*moyen* d'expression 表現手段. 会話 C'est l'unique *moyen* de s'en sortir. 切り抜けるにはそれしかない.
❷《複》財力, 資力; 才能. ●avoir les *moyens* 裕福である. ●avoir les *moyens* de 不定詞 …する財力がある.
au moyen de... …によって.
employer les grands moyens 非常手段に出る.
Il y a moyen [***Il n'y a pas moyen***] ***de*** 不定詞 …できる[できない].
par tous les moyens あらゆる方法で.
会話 ***Pas moyen!*** どうにもならない.
trouver moyen de 不定詞 《皮肉で》…するのに成功する.

le **moyeu** /モワイユ/ 男 (複 moyeux) 轂(こしき); ハブ. → 車輪の中心部.

mû(***mue***) →**mouvoir** 27

muet(***te***) /ミュエ(ト)/ 形 ❶(英 dumb, mute) 口のきけない, 声が出ない. ●*muet* de peur 恐怖のあまり口がきけない. ❷ 無言の, 黙り込んだ. ❸ 無声の; 文字の記されていない; 〔言〕 発音されない.
— le(la) **muet**(***te***) 名 口のきけない人.

mugir /ミュジール/ 自 33 (牛が)鳴く; とどろく.

le **muguet** /ミュゲ/ 男 〔植〕 スズラン(鈴蘭).

la **mule**[1] /ミュル/ 女 雌ラバ. → 雄は mulet.
tête de mule 《話》 頑固者, 石頭.

la **mule**[2] /ミュル/ 女 ミュール. → 婦人用のサンダル.

le **mulet** /ミュレ/ 男 雄ラバ. → 雌は mule.

multicolore /ミュルティコロール/ 形 多色の.

multiple /ミュルティプル/ 形 《複数名詞とともに》 さまざまな, 多数の.
— le **multiple** 男 〔数〕 倍数.

la **multiplication** /ミュルティプリカスィヨン/ 女 ❶ 増加. ❷〔数〕 乗法.

multiplier /ミュルティプリエ/ 他 ❶(英 multiply) を増やす; (何度も)を繰り返す. ❷〔数〕 をかける. ●X *multiplié* par Y égale Z. X×Y=Z.
— **se multiplier** 代動 増加する; 繰り返される.

la **multitude** /ミュルティテュド/ 女 《文》 群衆. ●une *multitude* de... 多数の….

municipal(***ale***) /ミュニスィパル/ 形 (男複 **municipaux**) 市[町, 村]の; 地方自治体の.

la **municipalité** /ミュニスィパリテ/ 女 市[町, 村]当局, 市[町, 村].

municipaux →**municipal** の複数形.

munir /ミュニール/ 他 33 〈**munir A de B**〉 AにBを備えさせる[持たせる].
— **se munir** 代動 〘*de*, を〙 備える, 身につける. ●*Munissez-vous d'*une pièce d'identité. 何か身分を証明する書類を携行しなさい.

les **munitions** /ミュニスィヨン/ 女 複 弾薬.

le **mur** /ミュール/ 男 ❶(英 wall) 壁; 塀; 《複》 城壁; 町. ●*mur* antibruit 防音壁. ❷ 障害物, 障壁. ●*mur* du son 音速の壁.
faire le mur 無断で抜け出す.
Les murs ont des oreilles. 《ことわざ》 壁に耳あり.
raser les murs (人目を避けて)壁沿いに歩く.

mûr(***e***[1]) /ミュール/ 形 ❶(英 ripe, mature) (果実・穀物が)熟した, 実った. ❷(人が)成熟した, 円熟した. ❸ 機が熟した, 練り上げられた. ●après *mûre* réflexion じっくりと考えてから.

la **muraille** /ミュライーユ/ 女 城壁.
Grande Muraille de Chine (**la** ～) (中国の)万里の長城.

la **mûre**[2] /ミュール/ 女 クロイチゴ(の実); クワ(桑)の実.

murent →**mouvoir** 27

mûrir /ミュリール/ 自 33 ❶(英 ripen, mature) (果実などが)熟す. ❷(人が)成熟する.
— 他 を熟させる.

le **murmure** /ミュルミュール/ 男 ささやき, つぶやき.

murmurer /ミュルミュレ/ 他 (英 whisper) をささやく, つぶやく.

mus(**s**)(...) →**mouvoir** 27

le **muscat** /ミュスカ/ 男 〔植物〕 マスカット.
— 形 マスカットの.

le **muscle** /ミュスクル/ 男 筋肉; 筋力.

la **musculature** /ミュスキュラテュール/ 女 《集合的》 筋肉, 筋組織.

la **muse** /ミューズ/ 女 (**M-**) 〔ギ神〕 ミュー

M

ズ. → ゼウスの娘で学問・芸術を司る9人姉妹の女神.

le **museau** /ミュゾ/ 男 (複 **museaux**) (哺乳類・魚の)鼻面(づら); 《話》(人の)面(つら).

le **musée** /myze ミュゼ/ 男 (英 museum) 美術館, 博物館.
le musée d'Histoire naturelle 自然博物館.
le musée du Louvre ルーブル美術館.

la **muselière** /ミュズリエール/ 女 (動物の)口輪.

musical(*ale*) /ミュズィカル/ 形 (男複 **musicaux**) 音楽の; 音楽的な.
avoir l'oreille musicale 音楽がわかる.

le(la) **musicien(*ne*)** /ミュズィスィヤン(エヌ)/ 名 音楽家; (楽団・バンドの)メンバー; 音楽愛好家.
— 形 音楽のわかる; 音楽好きの.

la **musique** /myzik ミュズィク/ 女 (英 music)
❶ 音楽.
● écouter de la *musique* 音楽を聴く.
● faire de la *musique* 音楽を演奏する, 歌う, 作曲する.
● danser en *musique* 音楽に合わせて踊る.
● *musique* classique クラシック音楽.
● *musique* de chambre 室内楽.
● *musique* de film 映画音楽.
❷ 楽曲; (歌詞に対して)曲.
● composer de la *musique* 作曲する.
● mettre un poème en *musique* 曲に詩をつける.
❸ 楽譜.
● lire la *musique* 楽譜を読む.
❹ 楽団.
connaître la musique 《話》事情に通じている.

musulman(*e*) /ミュズュルマン(マヌ)/ 形 イスラム教徒の, イスラムの.
— le(la) **musulman(*e*)** 名 イスラム教徒.

la **mutation** /ミュタスィヨン/ 女 ❶ 急激な変化, 変動. ❷ 人事異動; (公務員の)配置転換; (スポーツ選手の)移籍. ❸〔生〕突然変異.

le(la) **mutilé(*e*)** /ミュティレ/ 名 手足を失った人.

mutiler /ミュティレ/ 他 ❶ の手足を切断する, に重傷を負わせる. ❷ (芸術作品)を毀損(きそん)する.

le **mutisme** /ミュティスム/ 男 沈黙, 無言.

mutuel(*le*) /ミュテュエル/ 形 相互の, 双方の.
— la **mutuelle** 女 共済組合; 相互保険会社.

myope /ミヨプ/ 形 近視の; 近視眼的な.
— le(la) **myope** 名 近視の人.

la **myopie** /ミヨピ/ 女 近視.

le **myosotis** /ミヨゾティス/ 男〔植〕ワスレナグサ(勿忘草).

le **mystère** /ミステール/ 男 (英 mystery)
❶ 神秘; 謎, 不可思議.
❷ 秘密, 隠し立て. ● faire des *mystères* de... …を秘密にする.

mystérieux(*se*) /ミステリユ(ーズ)/ 形
❶ (英 mysterious) 謎めいた, 不可思議な.
❷ 秘密ありげな, 隠し立てする.

la **mystification** /ミスティフィカスィヨン/ 女 人を煙に巻くこと, 担ぐこと.

mystifier /ミスティフィエ/ 他 を担ぐ, に一杯食わせる.

mystique /ミスティク/ 形 ❶ 神秘的な, 神秘主義の. ❷ 狂信的な.

le **mythe** /ミト/ 男 ❶ 神話, 伝説. ❷ 絵空事, 作り話.

mythique /ミティク/ 形 神話の; 架空の.

M

N n

le **N, n** /エヌ/ 男 ❶フランス字母の第14字. ❷《略》(Nord) 北; (route nationale) 国道.

n' 副 →**ne** の縮約形.

la **nacre** /ナクル/ 女 真珠層, 螺鈿(らでん).

la **nage** /ナージュ/ 女 泳ぐこと, 泳法.

à la nage 泳いで.

en nage 汗びっしょりで.

nage papillon バタフライ.

nager /ナジェ/ 自 40 ❶(英 swim) 泳ぐ. ●Il *nage* bien. 彼は泳ぎがうまい.
❷浮かぶ; つかる.
❸《話》困惑する, 途方に暮れる.
❹たぶたぶの服を着る. ●Il *nage* dans son costume. 彼はだぼだぼのスーツを着ている.

savoir nager 泳げる; 《話》世渡りがうまい, うまくやる.

— 他 (ある型の泳ぎや距離)を泳ぐ.

le(la) **nageur(se)** /ナジュール(ズ)/ 名 泳ぐ人, 水泳選手.

naïf(ve) /ナイフ(ーヴ)/ 形 (英 naive) ❶お人よしの, 世間知らずの. ❷素朴な, 無邪気な.

— le(la) **naïf(ve)** 名 お人よし, 世間知らず.

le(la) **nain(e)** /ナン(ネヌ)/ 名 小人, 背の低い人.

— 形 とても小さい.

nais, naiss ... →**naître** 44

la **naissance** /ネサンス/ 女 (英 birth)
❶誕生, 出生. ●date de *naissance* 生年月日.
❷《文》始まり, 発生, 起源.
❸起点; (身体部分などの)つけ根.

de naissance 生まれつき(の).

donner naissance à ... (子供)を産む; …を引き起こす.

prendre naissance 生じる, 起こる.

naît, naîtr ... →**naître** 44

naître /ネートル/ 自 44 (英 be born) 《助動 être》 ❶生まれる, 誕生する. ●Il *est né* en 2001 [le 10 janvier]. 彼は2001年[1月10日]に生まれた.
❷生じる; 現れる; 始まる. ●*naître* de ... …から生じる.
❸(葉・芽が)出る.

naïve →**naïf** の女性形.

la **naïveté** /ナイヴテ/ 女 ばか正直; お人よし; 素朴さ, 無邪気.

la **nana** /ナナ/ 女 《話》女.

la **nappe** /ナプ/ 女 ❶(英 tablecloth) テーブルクロス. ❷(液体・気体などの)広がり, 層.

naqui[î] ... →**naître** 44

la **narine** /ナリヌ/ 女 鼻の穴, 鼻孔.

le(la) **narrateur(trice)** /ナラトゥール(トリス)/ 名 語り手, ナレーター, 話者.

la **narration** /ナラスィヨン/ 女 ❶語り, 叙述. ❷課題作文.

narrer /ナレ/ 他 《文》を物語る, 叙述する.

nasal(ale) /ナザル/ 形 (男複 nasaux) 鼻の; 〔音声〕鼻音の.

natal(ale) /ナタル/ 形 (男複 natals) 生まれた所の.

la **natalité** /ナタリテ/ 女 出生率.

la **natation** /ナタスィヨン/ 女 (英 swimming) 水泳, 競泳.

natif(ve) /ナティフ(ーヴ)/ 形 〚de, の〛生まれ[出身]の.

la **nation** /ナスィヨン/ 女 (英 nation) 国, 国家; 国民.

Nations Unies (les ～) 国連.

national(ale) /ナスィヨナル/ 形 (英 national) (男複 nationaux) ❶国[国家]の; 国立の. ●hymne *national* 国歌.
❷国民の.
❸全国的な.

— la **nationale** 女 国道.

la **nationalisation** /ナスィヨナリザスィヨン/ 女 国有化.

nationaliser /ナスィヨナリゼ/ 他 を国有化する.

le **nationalisme** /ナスィヨナリスム/ 男 ナショナリズム.

la **nationalité** /ナスィヨナリテ/ 女 (英 nationality) 国籍. ●*nationalité* française

N

フランス国籍.

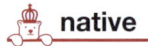

native →natif の女性形.

la **natte** /ナト/ 女 ござ; (髪の毛の)三つ編み, お下げ髪.

la **naturalisation** /ナテュラリザスィヨン/ 女 帰化.

naturaliser /ナテュラリゼ/ 他 ❶ を帰化させる. ❷ を剥(はく)製にする.

le(la) **naturaliste** /ナテュラリスト/ 名 博物学者.

la **nature** /ナテュール/ 女 (英 nature) ❶ 自然. ●protection de la *nature* 自然の保護. ●se promener dans la *nature* 野外を散策する.
❷ 性質, 本性. ●la *nature* humaine 人間性.
❸ 種類; …な性格・体質の人.
❹〔美〕実物; モデル.
de nature à 不定詞 …する性質の.
en nature 現物で.
par nature 本来, 生まれつき.
— 形《不変》❶ (飲食物が)何も加えていない; プレーンな.
❷《話》率直[素直]な.

naturel(*le*) /ナテュレル/ 形 (英 natural)
❶ 自然(界)の, 天然の, 自然のままの.
❷ 生まれつきの, 生来の, 生理的な.
❸ 当然の; 〈**Il est naturel de** 不定詞 [**que** 接続法]〉《非人称》…は当たり前だ. 会話 C'est tout *naturel*. 当然のことです. ●*Il est naturel qu*'il n'ait pas réussi. 彼が成功しなかったのは当たり前だ.
❹ (人・態度などが)自然な, 気取らない, 飾らない.
— le **naturel** 男 ❶ 生来の性格, 気質.
❷ 気取りのなさ, 自然さ.
au naturel (食物が)生のままの, 味つけしていない.

naturellement /ナテュレルマン/ 副 (英 naturally) ❶ 自然に, 生まれつき; 気取らずに.
❷ (会話で)当然, もちろん.

le **naufrage** /ノフラージュ/ 男 難破, 難船. ●faire *naufrage* 難破する.

le(la) **naufragé(e)** /ノフラジェ/ 名 難船[難破]した人.
— 形 難船[難破]した.

nauséabond(e) /ノゼアボン(ド)/ 形 吐き気を催させる.

la **nausée** /ノゼ/ 女 ❶ 吐き気. ●avoir la *nausée* 吐き気がする.
❷ 嫌悪感. ●donner la *nausée* à 人 (人)を不快にする.

naval(*ale*) /ナヴァル/ 形 (男複 navals) 船の; 海軍の.

le **navet** /ナヴェ/ 男 ❶〔植〕カブ(蕪). ❷ (映画の)駄作.

la **navette** /ナヴェト/ 女 ❶ (近距離の)シャトル便. ❷〔織〕杼(ひ).
faire la navette entre... …の間を往復する.
navette spatiale スペースシャトル.

navigable /ナヴィガブル/ 形 (河川・海が)航行可能な.

la **navigation** /ナヴィガスィヨン/ 女 ❶ 航行, 航海. ●*navigation* spatiale 宇宙飛行.
❷ 航空. ❸〔情報〕ブラウジング.

naviguer /ナヴィゲ/ 自 ❶ 航海する, 航行する. ❷ (船・飛行機を)操縦する.
naviguer sur Internet 〔情報〕ネットサーフィンする.
savoir naviguer (問題などを)うまく切り抜ける.

le **navire** /ナヴィル/ 男 (英 ship) (大型の)船, 船舶. ●*navire* de guerre 軍艦.

ne /n(ə) ヌ/ (英 not) 副
❶《通常は pas を伴って》…ない.
●Je *ne* sais *pas*. 知りません. →ne と pas で動詞を挟む.
●Elle *n*'a *pas* dormi. 彼女は眠らなかった. →動詞が複合形の場合, 助動詞 (avoir, être) を挟む.
会話 Je (*ne*) comprends pas. 私には理解できない. →口語では ne を省略できる.
❷《虚辞の ne》→否定の意味はなく, 口語ではよく省略される.
●Je crains qu'il *ne* soit vexé. 彼が気を悪くしているのではないか心配です.
❸《文》《ne 単独で否定を表す》
●Il *ne* cesse de parler. 彼はいつまでも話している. →多く cesser, pouvoir, savoir などとともに.
ne ... guère ほとんど…ない. ●Je *ne* vais *guère* au théâtre. 私はほとんど芝居には行かない.
ne ... jamais 決して…ない. ●Il *n*'a *jamais* fait de ski. 彼は1度もスキーをしたことがない.
ne ... ni ... ni ... …も…も…ない. ●Il *n*'est *ni* beau *ni* laid. 彼は美しくも醜くもな

い.

ne ... pas encore まだ…ない. ●Il *n'*a *pas encore* fini ses devoirs. 彼はまだ宿題を終わっていない.

ne ... plus もう…ない. ●Elle *ne* fume *plus*. 彼女はもうたばこは吸っていない.

ne ... que ... …しか…ない. ●Il *n'*aime *que* le jazz. 彼はジャズしか好きでない.

ne ... rien [personne] 何[だれ]も…ない. ●Je *n'*en sais *rien*. 私はその事は何も知らない.

●*Personne n'*est venu ici. 誰もここに来なかった.

POINT Rien ne ... / Personne ne ... に pas はつけない.

né(e) /ネ/ 形 (英 born) ❶生まれた. ●Madame Durand, *née* Dupont デュラン夫人, 旧姓デュポン.

❷《名詞の後に》生まれながらの…. ●acteur-*né* 生まれながらの俳優.

néanmoins /ネアンモワン/ 副 (英 nevertheless) 《文》しかしながら, にもかかわらず.

le **néant** /ネアン/ 男 ❶(虚)無. ❷なし. → 書類で該当事項のない時に記す. ●signes particuliers: *néant* 身体的特徴: なし.

nécessaire /nesesɛr ネセセール/ 形 (英 necessary) 必要な, 不可欠な, なくてはならない.

●Si c'est vraiment *nécessaire*, j'irai le voir. もし本当に必要があるのなら私は彼に会いに行きます.

●C'est un homme *nécessaire* en cette circonstance. 彼はこんな場合に欠かせない男だ.

Il est nécessaire de 不定詞 [***que*** 接続法] …することが必要だ. ●*Il est nécessaire de* vérifier la pression des pneus. タイヤの空気圧を点検する必要がある.

nécessaire à [pour] 名 …にとって必要な. ●Le repos est *nécessaire au* malade. 病人には休養が必要だ.

nécessaire pour 不定詞 …するために必要な. ●l'argent *nécessaire pour* financer ce projet その計画の資金に必要なお金.

— le **nécessaire** 男 ❶《集合的》必需品; 必要なもの[こと]. ●faire le *nécessaire* pour ... …のための必要な手続きをする.

❷(必要な品を一式入れる)道具箱, 小物入れ.

nécessairement /ネセセルマン/ 副 (英 necessarily) どうしても, ぜひとも; 必ず.

pas nécessairement 必ずしもそうではない.

la **nécessité** /ネセスィテ/ 女 (英 necessity) 必要(性), 必要なもの[こと]. 会話 Je n'en vois pas la *nécessité*. その必要はないと思う.

de première nécessité (生活する上で)欠かせない.

être dans la nécessité de 不定詞 …する必要に迫られている.

par nécessité 必要に迫られて; やむなく.

nécessiter /ネセスィテ/ 他 (ものが)を必要とする, 要する.

néerlandais(e) /ネエルランデ(ーズ)/ 形 ネーデルランド[オランダ]の.

— le(la) **Néerlandais(e)** 名 オランダ人.

— le **néerlandais** 男 オランダ語.

la **nef** /ネフ/ 女 (教会堂の)外陣; (昔の)大帆船(はんせん).

néfaste /ネファスト/ 形 有害な; 《文》不吉な.

négatif(ve) /ネガティフ(ーヴ)/ 形 (英 negative) ❶否定の, 否定的な; 拒否の; 消極的な. ❷〔数〕〔物〕負の, マイナスの; 陰の; 〔医〕陰性の.

— la **négative** 女 否定; 拒否. ●répondre par la *négative* 「いいえ」と答える.

— le **négatif** 男 〔写〕ネガ.

la **négation** /ネガスィヨン/ 女 否定; 否定語[表現].

négligeable /ネグリジャブル/ 形 無視できる, 取るに足りない.

non négligeable 無視できないほどの.

la **négligence** /ネグリジャーンス/ 女 怠慢, 不注意. ●par *négligence* 不注意から.

négligent(e) /ネグリジャン(ト)/ 形 怠慢な, だらしない, 投げやりな.

négliger /ネグリジェ/ 他 40 (英 neglect) をおろそかにする, 怠る, 放っておく.

●*négliger* sa santé 健康に留意しない.

négliger de 不定詞 …するのを怠る[忘れる].

N

— **se négliger** 代動 身なりをかまわない.

le(la) **négociant(e)** /ネゴスィヤン(ト)/ 名 卸売業者.

la **négociation** /ネゴスィヤスィヨン/ 女 (英 negociation) 交渉; 折衝.

négocier /ネゴスィエ/ 他 の交渉をする, 折衝する.

négocier un virage (高速で)巧みにカーブを切る.

le(la) **nègre(*négresse*)** /ネグル(ネグレス)/ 名 ❶《古風》《軽蔑的》(**a**)ニグロ. → Noir が普通の言い方. (**b**)黒人奴隷. ❷ ゴーストライター.

— 形 → 女性形も nègre. 《軽蔑的》黒人の.

la **neige** /ネージュ/ 女 (英 snow) 雪; 雪状のもの. ●bonhomme de *neige* 雪だるま.

aller à la neige 雪山(スキー)に行く.

battre en neige 〔料〕(卵, 特に卵白を)泡立てる.

blanc comme neige 真っ白な; 潔白な.

neiger /ネジェ/ 非人称 40 (英 snow) 雪が降る. ●Il *neige*. 雪が降っている.

le **néologisme** /ネオロジスム/ 男 新語, 新語義.

le **nerf** /ネール/ 男 (英 nerve) ❶ 神経. ❷ 靭帯(じんたい), 腱(けん). ❸ 活力, 元気. 会話 Allons, *du nerfs*! さあ, 元気を出して.

avoir les nerfs à vif 神経がぴりぴりしている.

avoir ses nerfs 《話》いらいらしている.

être à bout de nerfs 我慢の限界である.

être sur les nerfs 気力で持ちこたえている.

nerveux(*se*) /ネルヴ(ーズ)/ 形 (英 nervous) ❶ 神経の. ❷ 神経質な. ❸ 筋肉質の. ❹ 活力のある, 力強い.

— le(la) **nerveux(*se*)** 名 神経質な人.

n'est-ce pas /ネスパ/ 副 《文末または単独で》ね, そうでしょう. ●Tu viendras, *n'est-ce pas*? 君は来るだろうね.

net(*te*) /ネト/ 形 (英 clear, neat) ❶ はっきりした, 明瞭な. ●image *nette* 鮮明な映像. ❷ 清潔な, きれいな. ❸ 正味の, かけ値なしの. ●salaire *net* 手取りの給料.

faire place nette じゃまなものを片づける.

net d'impôt 免税の.

— 副 突然; きっぱりと. ●refuser *net* きっぱりと断る.

nettement /ネトマン/ 副 (英 clearly) はっきりと, 明瞭に, 明らかに.

nettement mieux 明らかによりよい.

la **netteté** /ネトテ/ 女 明瞭さ, 鮮明さ; 清潔さ.

le **nettoyage** /ネトワイヤージュ/ 男 (英 cleaning) 掃除; 洗濯, クリーニング.

nettoyer /ネトワイエ/ 他 45 (英 clean) ❶ をきれいにする, 掃除する, 洗濯する. ●*nettoyer* une plaie 傷口を洗う. ❷ (敵など)を追い払う, 一掃する.

nettoyer à sec ドライクリーニングをする.

— **se nettoyer** 代動 (自分の体[服]を)きれいにする.

neuf[1] /nœf ヌフ/ 形 《不変》(英 nine) 9つの; 9人の; 9番目の.

— le **neuf** 男 《不変》9(の数字); 9日; 9番地.

neuf[2]**(*ve*)** /ヌフ(ーヴ)/ 形 《不変》(英 new) 新品の, 新しい, 斬新な. ●Sa nouvelle voiture n'est pas *neuve*. 彼(女)の今度の車は新車ではない. →**nouveau**

会話 Quoi de *neuf*? 何か変わったことありますか.

flambant [tout] neuf 真新しい.

— le **neuf** 男 新しいもの[こと], 新品.

à neuf 新しい状態に.

la **neutralité** /ヌトラリテ/ 女 中立, 中立であること.

neutre /ヌートル/ (英 neutral) 形 ❶ 中立の, 公平な. ❷ 中間的な, 特徴[精彩]のない. ❸〔文法〕中性の.

— le **neutre** 男 〔文法〕中性.

neuve →**neuf**[2] の女性形.

neuvième /ヌヴィエム/ 形 (英 ninth) 9番目の; 9分の1の.

— le(la) **neuvième** 名 9番目の人[もの].

— le **neuvième** 男 9分の1; (パリなどの)9区.

— la **neuvième** 女 〔楽〕9度(音程).

le **neveu** /ヌヴ/ 男 (複 **neveux**) (英 nephew) 甥(おい).

la **névralgie** /ネヴラルジ/ 女 神経痛.

la **névrose** /ネヴローズ/ 女 神経症, ノイローゼ.

le **nez** /ネ/ 男 (英 nose) ❶ 鼻. ●Tu as le *nez* qui coule, mouche-toi. はなが出てるよ, かみなさい. ●saigner du *nez* 鼻血を出す. ●avoir le *nez* bouché 鼻が詰まっている.
❷ 顔(の全体).
❸ 嗅覚; 勘, 直感.
❹ 船首, 舳先(へさき), 機首.
❺ (動物の)鼻面(づら). → 犬, きつねなど鼻が利く動物のみ.
au nez de 人 (人)のすぐ目の前で.
avoir 人 ***dans le nez*** (人)を毛嫌いする.
avoir du nez [***le nez fin, le nez creux***] 鼻が利く, 勘が鋭い.
avoir un coup [***verre***] ***dans le nez*** 《話》ほろ酔い気分である.
fermer la porte au nez de 人 (人)を門前払いする.
mettre le nez à la fenêtre 窓越しに顔をのぞかせる.
mettre le nez dehors 《話》外出する.
会話 ***Où est mon sac?—Sous ton nez!*** 僕のカバンどこだっけ. —君のすぐそばにあるよ.
se trouver nez à nez avec 人 (人)とばったり会う.

ni /ニ/ 接 (英 nor) ❶《ne とともに》…もまた…ない. ●Je *n'*ai rien vu *ni* personne. 何ひとつ誰ひとり見なかった.
❷《省略節で》…もまた…ない. ●Elle ne veut pas aller, *ni* moi non plus. 彼女は行きたがらないし, 私も同じです.
❸《併置された付加形容詞の否定》…でも…でもない. ●homme *ni* gros, *ni* maigre 太っても痩(や)せてもいない男.
❹《sans の後で》…も…もなしで[なくて]. ●*sans* pull *ni* écharpe セーターもマフラーも身につけずに.
ne ... ni A ni B AもBも…ない. ●Je *n'*ai *ni* femme *ni* enfant. 私には妻も子もない.
ne ... pas A ni B Aも…ないしBも…ない. ●Il *n'*a *pas* de frères *ni* de sœurs. 彼には兄弟も姉妹もない.
ni A ni B ne ... AもBも…ない.
ni l'un ni l'autre どちらも…でない. ●Je *ne* les aime *ni l'un ni l'autre*. 私は彼らのどちらも好きではない.

niais(e) /ニエ(ーズ)/ 形 間抜けな.
— le(la) **niais(e)** 名 愚か者, 間抜け.

la **niche**[1] /ニシュ/ 女 ❶ 壁龕(へきがん). → 彫刻などを飾る壁面につくったくぼみ. ❷ 犬小屋. ●À la *niche*! (犬に)小屋にお入り.
❸〔経〕ニッチ, 市場のすき間.

la **niche**[2] /ニシュ/ 女 《話》いたずら.

le **nickel** /ニケル/ 男 ニッケル.
— 形 《不変》《話》ぴかぴかの, 清潔な, 完璧な.

le **nid** /ニ/ 男 (英 nest) 巣, 住みか.

la **nièce** /ニエス/ 女 (英 niece) 姪(めい).

nier /ニエ/ 他 (英 deny) ❶ を否定[否認]する. ❷〈nier 不定詞《複合形》〉…したことを否定する. ●Il *nie* les avoir vus. 彼は彼らと会ったことを否認した.

le **niveau** /ニヴォ/ 男 (複 **niveaux**) (英 level) ❶ 高さ, 水位.
❷ 水準, レベル. ●*niveau* de langue 言語レベル. → 話し言葉, 書き言葉, 俗語など.
❸ 階.
❹ 水準器.
au-dessus du niveau de la mer 海抜.
au niveau 形 …のレベル[次元, 分野]では. ●*au niveau* européen ヨーロッパレベルで.
au niveau de ... …の高さに[で], …の段階[レベル, 次元]に.

niveler /ニヴレ/ 他 4 ❶ を平らにする, ならす. ❷ を均等にする.

noble /ノブル/ (英 noble) 形 貴族の, 高貴な, 威厳のある. ●métaux *nobles* 貴金属.
— le(la) **noble** 名 貴族.

la **noblesse** /ノブレス/ 女 ❶《集合的》貴族(階級). ❷ 高貴さ, 気高さ.

la **noce** /ノス/ 女 ❶ 結婚式, 婚礼. ❷《複》結婚. ❸《話》どんちゃん騒ぎ.
noces d'argent 銀婚式.
noces d'or 金婚式.

nocif(ve) /ノスィフ(ーヴ)/ 形 有害な.

nocturne /ノクテュルヌ/ 形 ❶ 夜の. ❷〔動〕夜行性の;〔植〕(花が)夜間に開く.
— le **nocturne** 男〔音〕夜想曲.
— la **nocturne** 女 (商店の)夜間営業.
●ouvert en *nocturne* 夜間営業している.

le **Noël** /ノエル/ 男 (英 Christmas) クリスマス. 会話 Joyeux *Noël*! メリークリスマス.
croire au père Noël サンタクロースがい

N

ると信じる; 純朴である.

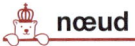

le **nœud** /ヌ/ 男 (英 knot) ❶ 結び(目), 飾り結び. •faire son *nœud* de cravate ネクタイを結ぶ. ❷ (事件・問題などの)核心, 要点; (交通の)要所. ❸ (木・竹の)節. ❹〔海〕ノット.

noir(e) /nwar ノワール/ 形 (英 black)
❶ 黒い.
•chat *noir* 黒猫.
•café *noir* ブラックコーヒー.
❷ 黒人の.
•l'Afrique *noire* ブラックアフリカ.
❸ 暗い.
•Il fait *noir* 暗くなる, 暗い.
❹〖*de*, で〗黒く汚れた.
❺ 陰気な; 邪悪な.

C'est écrit noir sur blanc. そのことははっきりと書かれている.
roman noir 暗黒小説.

— le(la) **Noir(e)** 名 黒人.

— le **noir** 男 ❶ 黒(色); 黒い服, 喪服, 黒いもの. •être habillé de *noir* 黒い服を着る, 喪服を着る.
❷ 暗闇.

au noir 闇で, もぐりで. •travailler *au noir* 非合法に働く.
broyer du noir 《話》落ち込む.
dans le noir 暗闇で.
en noir et blanc 白黒の. •film (*en*) *noir et blanc* モノクロ映画.
être dans le noir (***le plus complet***) さっぱりわからない.
humour noir ブラックユーモア.
voir tout en noir すべてを悲観的に考える.

noirâtre /ノワラートル/ 形 黒っぽい.

noircir /ノワルシール/ 他 33 ❶ を黒くする. •*noircir* du papier 《話》書きまくる. ❷ を悲観的に見る.

la **noisette** /ノワゼト/ 女 ハシバミの実, ヘーゼルナッツ.
— 形 《不変》淡褐色の.

la **noix** /ノワ/ 女 ❶ クルミの実; 木の実, ナッツ. •*noix* de coco ココナッツ. ❷ (クルミ大の)塊.

à la noix 《話》どうしようもない, くだらない.

le **nom** /nɔ̃ ノン/ 男 (英 name)
❶ (a) (人の)名前; 姓.

会話 Quel est votre *nom*?—Mon *nom* est Chaumont, Roger Chaumont. お名前は何とおっしゃいますか. —私はショモンといいます, ロジェ・ショモンです.

•*nom* et prénom 姓名.
(b) (ものの)名前; 名称, 肩書き.
•Tu connais le *nom* de cette rue? この通りの名前を知ってますか.
•*nom* de produit 製品名.
•*nom* commercial 商号, 屋号, 会社名.
❷ 名声.
•laisser son *nom* 後世に名を残す.
❸〔文法〕名詞.
•*nom* commun 普通名詞.

au nom de... …の名において; …の代わりに. •*au nom de* la loi 法の名において.
de nom 名前だけ. •Je le connais *de nom*. 彼を名前だけ知っている.
en son nom 彼(女)の代わりに. •J'ai parlé *en leur nom*. 私は彼らの代理として話した.
faux nom 偽名.
nom de famille 姓, 苗字.
nom de jeune fille 旧姓.

nomade /ノマド/ 形 遊牧の; 放浪の.
— le(la) **nomade** 名 遊牧民; 放浪者.

le **nombre** /ノーンブル/ 男 (英 number) 数, 数量; 〔文法〕数. •un certain *nombre* de... いくつかの….

au nombre de... …の数のなかに.
nombre impair[***pair***] 奇数[偶数].
sans nombre 無数の.
venir en nombre 大挙して来る.

nombreux(se) /ノンブル(ーズ)/ 形 (英 numerous) ❶ 《複数名詞の前で/属詞として》多くの, たくさんの. •Les victimes sont *nombreuses*. 犠牲者は多数いる.
❷ 《単数名詞の前後で》多(人)数からなる.
•famille *nombreuse* 大家族.

nominal(ale) /ノミナル/ 形 (男複 nominaux) ❶ 名前の. ❷〔文法〕名詞の.

la **nomination** /ノミナスィヨン/ 女 任命, 指名.

nommé(e) /ノメ/ 形 ❶ …という名の. ❷ 指名された.

à point nommé 折よく.

nommer /ノメ/ 他 (英 name) ❶ に名前をつける. •*nommer* un enfant Olivier

子供にオリヴィエと名づける. ❷ を任命する. ❸ の名前を挙げる.

— **se nommer** 代動 (…という)名前である.

non /nɔ̃ ノン/ 副 ❶ (英 no) (**a**)《肯定疑問に対して》いいえ, いや.
会話 Avez-vous des frères et sœurs? —*Non*, je n'en ai pas. 兄弟はいますか. —いいえ, いません.
(**b**)《否定疑問に対して》はい, ええ.
会話 Vous ne fumez pas?—*Non*, je ne fume pas. たばこは吸いませんか. —ええ, 吸いません.
POINT 相手の問い方にかかわらず,「…ではない」という否定の返答には non を用いる.
❷ (英 not) そうではない, …か否か.
● Je crois que *non*. 私はそうではないと思う.
● Il se demandait s'il irait ou *non*. 彼は行こうか行くまいか悩んでいた.
❸《付加疑問》…ではないですか, …ですよね.
● C'est une bonne idée, *non*? いい考えでしょ, ね.
❹《後に続く形容詞などを否定して》
● Service *non* compris. サービス料別.
● *non* alcoolisé ノンアルコールの.
● *non* loin d'ici ここから遠くない.
会話 ***Mais non!*** もちろん違います; 断じて違います.
moi non 私は違います.
non (***pas***) ***A mais B*** A ではなく B である.
会話 ***Non mais!*** とんでもない.
non plus …もまた(…でない).
● Je n'aime pas le saké. —Moi *non plus*. 日本酒は嫌いだ. —私も.
non seulement A mais (***aussi***) ***B*** A だけでなく B も(また).

— le **non** 男《不変》いいえ(という言葉), 拒否, 否定.
pour un oui ou pour un non ささいなことで.

nonchalant(**e**) /ノンシャラン(ト)/ 形 無頓着な, のんきな; 投げやりな.

le **nord** /nɔr ノール/ 男 (英 north) ❶ 北, 北部.
❷ 北国; (**le N-**) 北フランス.
● Il fera beau dans le *Nord*. (フランス)北部は晴れるだろう.
Afrique du Nord (**l'～**) 北アフリカ.
au nord (***de...***) (…の)北に. ● régions *au nord de* la Loire ロワール川以北の地方.
dans le nord (***de...***) (…の)北部に.
● Lille est *dans le nord de* la France. リール市はフランス北部にある.
— 形《不変》北の.
Grand Nord 北極圏.
pôle Nord (**le ～**) 北極.

le **nord-est** /ノレスト/ 男 北東, 北東部(地方).
— 形《不変》北東の.

le **nord-ouest** /ノルウェスト/ 男 北西, 北西部(地方).
— 形《不変》北西の.

normal(***ale***) /ノルマル/ 形 (男複 **normaux**) (英 normal) ❶ 正常な, 普通の.
● en temps *normal* 普通の時は. ● Ce n'est pas *normal*. なんか変だな.
❷ (**a**) 当然の. 会話 C'est *normal*! 当然だよ.
(**b**)〈**Il est normal de** 不定詞 [**que** 接続法]〉《非人称》…するのは当然だ.
École normale 師範学校.
— la **normale** 女 正常な状態, 標準.

normalement /ノルマルマン/ 副 (英 normally) 正常に, 普通に, 普段なら.

normand(**e**) /ノルマン(ド)/ 形 ノルマンディーの.
— le(la) **Normand**(**e**) 名 ノルマンディーの人;〔史〕ノルマン人.

la **Normandie** /ノルマンディ/ 女 ノルマンディー. → フランス北西部; 旧地方名.

normaux →**normal** の複数形.

la **Norvège** /ノルヴェジュ/ 女 ノルウェー.

norvégien(***ne***) /ノルヴェジヤン(エヌ)/ 形 ノルウェーの.
— le(la) **Norvégien**(***ne***) ノルウェー人.
— le **norvégien** 男 ノルウェー語.

nos /ノ/ 形《複》《所有形容詞; notre の複数形》(英 our) 私たちの.

la **nostalgie** /ノスタルジ/ 女 懐かしさ, 郷愁; ホームシック. ● avoir la *nostalgie* de... …にノスタルジーを感じる.

notable /ノタブル/ 形 注目に値する, めざましい.
— le **notable** 男 名士, 有力者.

le(la) **notaire** /ノテール/ 名 公証人.

notamment /ノタマン/ 副 とりわけ, 特に.

N

la **notation** /ノタスィヨン/ 女 ❶ 表記法. ❷ 採点, 評価.

la **note** /ノト/ 女 (英 note) ❶ ノート, メモ, 控え. ●prendre ... en *note* …を書き留める.
❷ 注, 注釈. ●*note* de bas de page 脚注.
❸ 点数, 成績. ●avoir une bonne [mauvaise] *note* 良い[悪い]成績である.
❹ 文書; 通達.
❺ 勘定書; 伝票; 支払金額, 料金.
❻ 音符, 音.
fausse note 調子はずれ(の音).
prendre* (*bonne*) *note de ... …を(よく)覚えておく, 心に留める.

noter /ノテ/ 他 ❶ (英 note) を書き留める, メモする. ●*noter* un numéro de téléphone dans son agenda 手帳に電話番号を書き留める. ❷ に注意する, 気づく. ❸ を採点する, の(成績)評価をする.

la **notice** /ノティス/ 女 (器具などの)(使用)説明書; 略述, 解説.

notifier /ノティフィエ/ 他 (正式に)を通知[通告]する.

la **notion** /ノスィヨン/ 女 観念, 概念; 《複》基礎知識. ●perdre la *notion* du temps 時間がわからなくなる.

notoire /ノトワール/ 形 周知の, 札つきの.

la **notoriété** /ノトリエテ/ 女 周知, 有名, 名声, 評判; 有名人.
être de notoriété publique 広く知れ渡っている.

notre /nɔtr ノトル/ 形 《所有形容詞; 1人称複数》(複 **nos**) (英 our) ❶ 私たちの.
●*notre* école 私たちの学校.
❷ 《同情・共感》 ●Comment va *notre* malade? ご病人はいかがですか.
❸ 《共通の関心を表して》例の, あの.
●Voilà *notre* homme. ほら, 例の男が来たよ.

nôtre /ノートル/ 代 《所有代名詞; 1人称複数》→巻末文法: 代名詞 ❶ 《定冠詞とともに》(英 ours) 私たちのもの. ●vos enfants et les *nôtres* お宅のお子さんとうちの子たち.
❷ 《複》私たちの家族[仲間]. ●Il est des *nôtres*. 彼は我々の仲間だ.
会話 ***Serez-vous des nôtres demain?*** 明日ご一緒にいかがですか.

nouer /ヌエ/ 他 ❶ (もの)を結ぶ, 縛る; (人間関係など)を結ぶ. ❷ (強い感情が)を締めつける.
— se nouer 代動 仕組まれる.

la **nouille** /ヌイユ/ 女 ❶ 〔料〕《複》ヌードル, パスタ, めん類. ❷ 《話》ばか, 腰抜け.
会話 Quelle *nouille*! なんという間抜けだ!

la **nourrice** /ヌリス/ 女 乳母; (自宅で子供を預かる)保母. ●mettre un enfant en *nourrice* 子供を乳母[保母]に預ける.

nourrir /ヌリール/ 他 33 (英 feed) ❶ に食物を与える; 授乳する; を養う; 《目的語なしで》栄養になる. ●*nourrir* un enfant au sein [au biberon] 子供を母乳[ミルク]で育てる.
❷ (精神的に)へ糧(かて)を与える, を培う.
❸ を維持する; 豊かにする.
❹ (感情など)を抱く.
— se nourrir 代動 〖*de*, を〗摂取する, 食べる.

nourrissant(*e*) /ヌリサン(ト)/ 形 栄養価の高い, 栄養のある.

le **nourrisson** /ヌリソン/ 男 乳飲み子, 乳児.

la **nourriture** /ヌリテュール/ 女 (英 food) 食物; 食事.

nous /nu ヌー/ 代 《人称代名詞; 1人称複数》→巻末文法: 代名詞 (英 we, us)
❶ 《主語》私たち.
●*Nous* allons au cinéma. 私たちは映画に行く.
❷ 《目的語》(**a**) 《直接目的語》私たちを.
●Il *nous* aime. 彼は私たちを愛している.
(**b**) 《間接目的語》私たちに.
●Il *nous* a fait un cadeau. 彼は私たちにプレゼントをくれた.
❸ 《再帰代名詞》→**se**
●Nous *nous* connaissons. 私たちは互いに知り合いだ.
●Dépêchons-*nous*. 急ぎましょう.
❹ 《強勢形》私たち.
●*Nous*, on s'aime. 私たちは愛し合っている.
●Qui est là?—C'est *nous*. どなたですか. —私たちです.

nous-mêmes /ヌメム/ 代 《人称代名詞》(英 ourselves) 私たち自身. →nous の強調形. →**lui-même**

nouveau /nuvo ヌヴォ/ 形 (英 new)

	単数	複数
男性	nouveau /ヌヴォ/ *nouvel /ヌヴェル/	nouveaux /ヌヴォ/
女性	nouvelle /ヌヴェル/	nouvelles /ヌヴェル/

*母音または無音の h で始まる男性単数名詞の前では nouvel.

❶《名詞の前で》新しい, 今度の.
●*nouvel* an 新年.
●*nouveau* venu 新参者.
●*nouveaux* mariés 新婚夫婦.
●son *nouveau* mari 彼女の今度の夫.
❷《多くは名詞のあとで》最新の, 最近出た.
●vin *nouveau* 新酒.
●beaujolais *nouveau* ボジョレー•ヌーヴォー.
●ère *nouvelle* 新時代.
●Il est *nouveau* dans le métier. 彼はまだ新米だ.
art nouveau アールヌーヴォー. →1890年代パリを中心に流行した装飾主義的美術様式.

新しい

nouveau は「以前のものに取って代わる」新しさ, neuf は「新品の」「まだ使われていない」新しさを表す.
▶mon nouvel aspirateur 私の今度の掃除機《中古も可》. un aspirateur neuf 新品の掃除機.

— le(la) **nouveau(*nouvelle*)** 名 新人; 新入生.
— le **nouveau** 男 新しいこと; 新事実.
à nouveau 改めて; 新たに.
de nouveau 再び. ●On a sonné *de nouveau*. ベルがまた鳴った.

le(la) **nouveau-né(e)** /ヌヴォネ/ 名 新生児.
— 形 生まれたばかりの.

la **nouveauté** /ヌヴォテ/ 女 (英 novelty) ❶新しさ, 新しいこと[もの]. ❷新製品; 新作; 新刊書.

nouvel /ヌヴェル/ 形《男》→**nouveau**

la **nouvelle**[1] /ヌヴェル/ 女 (英 news) 知らせ; 情報;《複》消息, 便り;《複》ニュース, 報道. ●Avez-vous des *nouvelles* de Paul? ポールから便りがありますか.
Pas de nouvelles, bonnes nouvelles.《ことわざ》便りのないのはよい便り.

la **nouvelle**[2] /ヌヴェル/ 女 中編[短編]小説.

la **nouvelle**[3] /ヌヴェル/ 形 女 →**nouveau**

la **Nouvelle-Zélande** /ヌヴェルゼラーンド/ 女 ニュージーランド.

le **novembre** /ノヴァーンブル/ 男 (英 November) 11月.
en[***au mois de***] ***novembre*** 11月に.

novice /ノヴィス/ 形 経験の浅い, 新米の.
— le(la) **novice** 名 初心者.

le **noyau** /ノワイヨ/ 男 (複 noyaux) ❶(桃•サクランボなどの)種(たね); 核. ❷(集団•組織の)中核; 中心グループ, 主要メンバー. ❸〔物〕(原子)核. ❹〔生〕細胞核.

noyer[1] /ノワイエ/ 他 45 (英 drown)
❶を溺れさせる.
❷を水浸しにする. ●La basse terre *a été noyée* sous les eaux du fleuve. 低地は川の水で水浸しになった.
❸《多く受動態で》〘*dans*, (の中)に〙を埋没させる; 紛らす.
noyer son chagrin dans l'alcool 悲しみを酒で紛らわす.
— **se noyer** 代動 ❶溺れる; 溺死する.
●Elle a manqué (de) *se noyer*. 彼女は危うく溺れるところだった.
❷〘*dans*, (の中)に〙紛れ込む; 自分を見失う.
se noyer dans les détails 細部に捕らわれて肝心な点を見失う.
se noyer dans un verre d'eau 何でもない事に音をあげる.

le **noyer**[2] /ノワイエ/ 男〔植〕クルミ(の木); クルミ材.

nu(e) /ニュ/ 形 (英 nude) 裸の; むき出しの, 飾りのない. ●tête *nue* 帽子をかぶらずに. ●tout *nu* 素っ裸の.
— le **nu** 男 裸体; 裸体画[像].
mettre ... à nu …をむき出しにする.

le **nuage** /nɥaʒ ニュアージュ/ 男 (英 cloud) ❶雲.
●Il n'y a pas un *nuage* dans le ciel. 空には雲ひとつない.
❷暗雲; 疑惑.
●bonheur sans *nuages* 曇りなき幸福.
être dans les nuages ぼんやりしている.

N

être sur un petit nuage 有頂天になる.
un nuage de... 少量の…. ● thé avec *un nuage de* lait ミルクをほんの少し入れた紅茶.

nuageux(*se*) /ニュアジュ(-ズ)/ 形 曇った, 雲のかかった.

la **nuance** /ニュアーンス/ 女 (英 shade) 色合い; 濃淡; (音・香り・味・感情・表現などの)微妙な違い, ニュアンス.

nucléaire /ニュクレエール/ 形 ❶ (原子)核の. ● armes *nucléaires* 核兵器. ❷ (細胞の)核の.
famille nucléaire 核家族.
— le **nucléaire** 男 核エネルギー, 原子力.

la **nudité** /ニュディテ/ 女 ❶ 裸, 裸体. ❷ 飾りけのなさ, むき出し.

nue →**nu** の女性形.

nuir... →**nuire** 15

nuire /ニュイール/ 自 15 (英 harm) 〖à, を〗害する, 傷つける.
— **se nuire** 代動 自分を損なう; 互いに妨げ合う.

nuis(...) →**nuire** 15

nuisible /ニュイズィブル/ 形 〖à, に〗有害な.

nuit[1] →**nuire** 15

la **nuit**[2] /nɥi ニュイ/ 女 (英 night)
❶ 夜, 夜間.
● La *nuit* tombe. 夜になる, 日が暮れる.
● Ne sortez pas la *nuit*. 夜遅く外出してはいけません.
● toute la *nuit* 一晩中.
● toutes les *nuits* 毎晩.
❷ 睡眠(時間).
● faire une *nuit* complète 熟睡する.
❸ (ホテルでの)宿泊.
● payer sa *nuit* (1泊の)ホテル代を払う.
❹ 暗がり, 夜の闇.
会話 ***Bonne nuit!*** おやすみ.
cette nuit 今晩.
de nuit 夜間の, 夜の. ● boîte *de nuit* キャバレー, ナイトクラブ.
Il fait nuit (noire). 日が暮れる.
jour et nuit/ nuit et jour 昼夜, 絶え間なく.
nuit blanche 不眠の夜, 徹夜; 白夜.
nuit de noces 初夜.
nuit de Noël クリスマスイブ.

nul(*le*) /ニュル/ 形 無の, ゼロの, 存在しない; 無価値の, 無能な; 無効の; 引き分けの.
● être *nul* en maths 数学がまったくできない.
会話 C'est *nul*! くだらない.
● faire match *nul* 引き分ける.
— 形 《不定形容詞》《文》いかなる…も…ない.
nul autre que vous ほかの誰でもないあなた.
nulle part どこにも(…ない).
sans nul doute きっと.
— 代 《不定代名詞》《文》誰も…(で)ない.
● *Nul* ne vint. 誰も来なかった.
— le(la) **nul(*le*)** 名 《話》ダメな人, 無能な人.

nullement /ニュルマン/ 副 (英 not at all) 《文》少しも, いささかも; 全然. ● Je vous dérange?—*Nullement*. おじゃまですか. —全然.

la **nullité** /ニュ(ル)リテ/ 女 無価値; 無能, 無能な人; 〔法〕無効.

numéral(*ale*) /ニュメラル/ 形 (男複 **numéraux**) 数の, 数を表す.
— le **numéral** 男 〔文法〕数詞. ● *numéraux* cardinaux [ordinaux] 基[序]数詞.

numérique /ニュメリク/ 形 数の, 数の上の; デジタルの.

le **numéro** /ニュメロ/ 男 (英 number)
❶ 番号; 電話番号; 第…番[番地, 号室].
● *numéro* de compte 口座番号.
● *numéro* de téléphone 電話番号.
● composer [faire] un *numéro* 電話をかける.
● faire un faux *numéro* (電話で)番号を間違える.
● J'habite au *numéro* 6. 私は6番地に住んでいる.
❷ (新聞・雑誌などの)号.
❸ (ショーなどの)出し物, 演目.
❹ (商品の)品番, 型.
❺ 《話》変わり者.

numéroter /ニュメロテ/ 他 に番号をつける.

nuptial(*ale*) /ニュプスィヤル/ 形 (男複 **nuptiaux**) 婚礼の, 結婚の.

la **nuque** /ニュク/ 女 (英 nape) うなじ, 襟首.

le **nylon** /ニロン/ 男 ナイロン.

N

O o

le **O**[1], **o** /オ/ 男 フランス字母の第15字.

O[2] 《略》**(O)** (ouest) 西.

obéir /オベイール/ 自 33 (英 obey) ❶〖à, に〗従う, 服従する; 屈する. ●*obéir à* sa conscience 良心に従う. ●Elle *obéit à* ses parents. 彼女は両親の言うことをよく聞く. ●se faire *obéir* de 人 (人)を服従させる.
❷(動物・器具が)正しく作動する. ●Les freins n'*obéissent* plus. ブレーキがきかなくなった.

l' **obéissance** /オベイサーンス/ 女 従うこと, 服従.

obéissant(e) /オベイサン(ト)/ 形 従順な, 言うことをよく聞く.

l' **obèse** /オベーズ/ 名 異常に太った人, 太りすぎの人.
— 形 異常に太った; 肥満の. ●enfant *obèse* 肥満児.

objecter /オブジェクテ/ 他 (英 object) に反論する; 〈**objecter A à B**〉 Aを理由にBに反論する, Aを口実にBの要求を退ける; 〈**objecter à A que** 直〉 Aに…であると反論する.

objectif(ve) /オブジェクティフ(ーヴ)/ 形 (英 objective) ❶客観的な. ❷公平な, 偏(かたよ)りのない.
— l'**objectif** 男 ❶〔光〕対物レンズ; (カメラの)レンズ. ❷目標, 目的.

l' **objection** /オブジェクスィヨン/ 女 反論; 異議.

objectivement /オブジェクティヴマン/ 副 客観的に, 公平に.

l' **objectivité** /オブジェクティヴィテ/ 女 客観性. ●considérer une affaire avec *objectivité* ある事件を客観的に考察する.

l' **objet** /オブジェ/ (英 object) 男 ❶物(体), 品物. ●*objet* d'art 美術品. ●*objet* de valeur 貴重品. ●*objets* trouvés 落とし物. ❷対象, 目的; 〔文法〕目的語. ●sans *objet* 対象[根拠]のない. ●Cette réunion a pour *objet* de 不定詞 この会議の目的は…することです.
faire [***être***] ***l'objet de...*** …の対象になる.

l' **obligation** /オブリガスィヨン/ 女 義務, 責務; 債券.
être dans l'obligation de 不定詞 …することを余儀なくされている.
sans obligation d'achat 購買義務なしの.
se faire une obligation de 不定詞 …するのを自分の義務と考える.

obligatoire /オブリガトワール/ 形 (英 obligatory) 義務的な, 強制的な; 《話》避けられない, 当然の.

obligatoirement /オブリガトワルマン/ 副 義務的に, 強制的に; 《話》必ず.

obligé(e) /オブリジェ/ 形 (英 forced) 避けられない, 必然的な.
être obligé à 人 ***de...*** …について(人)に恩義がある.
être obligé de 不定詞 …せざるを得ない, 会話 Je *suis obligé de* vous laisser. おいとましなければなりません.
— l'**obligé(e)** 名 恩義を受けた人.

l' **obligeance** /オブリジャーンス/ 女 《文》親切, 好意.
avoir l'obligeance de 不定詞 親切にも…する. ●*Auriez-vous l'obligeance de* fermer la porte? 扉を閉めてくださいませんでしょうか.

obligeant(e) /オブリジャン(ト)/ 形 《文》親切な, 好意ある.

obliger /オブリジェ/ 他 40 (英 oblige) ❶〈**obliger A à** 不定詞 [**à B**]〉 Aに…することを[Bを]余儀なくさせる, 強制する. ●Je ne *t'oblige* pas. 君に強制するつもりはありません. ●Rien ne *vous oblige* à accepter. あなたが承諾する義務は何もありませんよ. ❷《文》に恩を施す.
— **s'obliger** 代動 〈**s'obliger à** 不定詞〉 …する義務を負う; …すると約束する. ●Il *s'oblige* à ne plus fumer. 彼は禁煙せざるを得ない.

oblique /オブリク/ 形 (英 oblique) 傾いた, 斜めの.
— l'**oblique** 女 斜線. ●en *oblique* 斜めに.

O

obscène /オプセヌ/ 形 わいせつな, 淫(みだ)らな.

obscur(e) /オプスキュール/ 形 (英 dark) 形 ❶ 暗い. ❷ わかりにくい; はっきりしない. ❸ よく知られていない, 無名の.

obscurcir /オプスキュルスィール/ 他 33 を暗くする; (視界など)を曇らせる.

— **s'obscurcir** 代動 暗くなる; はっきりしなくなる.

l' **obscurité** /オプスキュリテ/ 女 (英 darkness) ❶ 暗さ, 闇. ●dans l'*obscurité* 暗闇で. ❷ わかりにくいこと; 不明瞭な点.

obséder /オプセデ/ 他 57 (人)に絶えずつきまとう, の意識から離れない.

les **obsèques** /オプセク/ 女 複 (英 funeral) 葬儀, 葬式.

l' **observateur(*trice*)** /オプセルヴァトゥール(トリス)/ 名 ❶ 観察する人; 観測者. ❷ (会議・会合などの)傍聴者, 立ち会い人, オブザーバー.

— 形 観察力のある.

l' **observation** /オプセルヴァスィヨン/ 女 (英 observation) ❶ 注意深く見守ること; 監視. ❷ 観察, 観測. ❸《多く複数》観察記録; 考察; 所見. ❹ 批判, 指摘. ❺ (規則などの)遵(じゅん)守.

en observation (病院で)観察下に.

l' **observatoire** /オプセルヴァトワール/ 男 天文台, 観測所, 気象台; 展望所.

observer /オプセルヴェ/ 他 (英 observe) ❶ を観察する, 観測する; (人)を監視する. ❷ に気づく; を指摘する. ●J'*ai observé* qu'il avait mauvaise mine. 彼の顔色がよくないことに私は気づいた. ❸ (規則など)を守る, 遵(じゅん)守する. ●*observer* le code de la route 交通法規を守る.

faire observer ... à 人 (人)に…を指摘する. ●Je *vous ferai observer* qu'il est déjà tard. あの, もう遅いのですが.

— **s'observer** 代動 言動に注意する; 観察される.

l' **obsession** /オプセスィヨン/ 女 妄想, 強迫観念.

l' **obstacle** /オプスタクル/ 男 (英 obstacle) 障害(物); 妨げ. ●faire *obstacle* à ... …を妨害する.

l' **obstination** /オプスティナスィヨン/ 女 頑固, 強情; 執拗(しつよう)さ, 粘り強さ.

obstiné(e) /オプスティネ/ 形 (英 stubborn) 頑固な, 強情な; 執拗(しつよう)な; 粘り強い.

s'obstiner /オプスティネ/ 代動 〖dans, に〗固執する; 〈s'obstiner à 不定詞〉あくまで…しようとする. ●Il *s'obstine* à mentir. 彼はうそを貫き通すつもりだ.

obstruer /オプストリュエ/ 他 を詰まらせる, ふさぐ, 妨げる.

obtenai ..., obtenez, obteni ... →obtenir 75

obtenir /オプトニール/ 他 75 (英 get, obtain) を得る, 手に入れる.

obtenir de 不定詞 …する許可を得る.

obtenir de 人 ***que*** 接続法 (人)から…という約束を取りつける, (人)に…してもらう.

obten ..., obtien ..., obti[î]n ... →obtenir 75

l' **obus** /オビュ/ 男 砲弾.

l' **occasion** /オカズィヨン/ 女 (英 opportunity, occasion) ❶ 機会, 好機, 場合; きっかけ. ●avoir l'*occasion* de 不定詞 …する機会がある. ●rater une *occasion* de 不定詞 …する機会を逃す. ●saisir l'*occasion* de 不定詞 …する機会をつかむ. ❷ 中古品.

à la première occasion 機会があり次第.

à l'occasion 機会があれば.

à l'occasion de ... …のときに.

d'occasion 中古の; 買い得(の品). ●livre *d'occasion* 古本.

occasionner /オカズィヨネ/ 他 (困ったこと)を引き起こす, 招く.

l' **occident** /オクスィダン/ 男 **(l'O-)** (英 the West) 西洋, 西欧; 西側諸国; 《文》西.

occidental(*ale*) /オクスィダンタル/ 形 (男複 **occidentaux**) (英 western) 西洋の, 西欧の; 西の.

— l'**Occidental(*ale*)** 名 西洋人.

occulte /オキュルト/ 形 ❶ 神秘の. ❷ 秘密の.

sciences occultes 神秘学, オカルト.

occupant(e) /オキュパン(ト)/ 形 占領[占有]する.

— l'**occupant(e)** 名 居住者, 占有者.

— l'**occupant** 男 占領軍.

l' **occupation** /オキュパスィヨン/ 女 ❶ (a) 占領, 占有. (b) **(l'O-)** ドイツ軍占領時代. →1940〜44年. ❷ 仕事 (=〜s professionnelles); 活動, すること.

occupé(e) /オキュペ/ 形 (英 busy) 忙しい; (場所などが)ふさがった; 占領された. ● C'est *occupé*. 使用中です; (電話が)話し中です.

occuper /オキュペ/ 他 (英 occupy)
❶ (場所・地位)を占める; に住む, を占拠する. ● Les bureaux de cette société *occupent* tout le premier étage. この会社のオフィスは2階を全部使っている.
❷ (人)に仕事を与える.
❸ (仕事などが人)を忙殺する; 〈occuper A à B [à 不定詞]〉 Bに[…することに]A(時間)を費やす. ● *occuper* ses loisirs *à* lire 余暇を読書に費やす.

— s'occuper 代動 ❶ 時間をつぶす. ❷ 〈s'occuper de 名 [de 不定詞]〉 …(すること)に従事する, …(すること)を引き受ける. ● Je *m'occuperai de* vous trouver une place. 私が席を探してあげましょう.

会話 ***Est-ce qu'on s'occupe de vous, Madame?*** (女性に)御用を承りましたか.

会話 ***T'occupe (pas)!*** 余計なお世話だ.

l' **océan** /オセアン/ 男 (英 ocean) 大洋, 大海, 海洋. ● l'*océan* Atlantique 大西洋. ● l'*océan* Pacifique 太平洋.

l' **Océanie** /オセアニ/ 女 オセアニア, 大洋州.

l' **octobre** /ɔktɔbr オクトブル/ 男 (英 October) 10月.
en [au mois d'] octobre 10月に.

octroyer /オクトロワイエ/ 他 45 (恩恵など)を与える.

— s'octroyer 代動 無断で…をとる.

l' **oculiste** /オキュリスト/ 名 眼科医.
— 形 眼科の.

l' **odeur** /オドゥール/ 女 (英 smell) 匂い, 香り, 臭気. ● avoir une bonne [mauvaise] *odeur* いい匂い[悪臭]がする. ● sans *odeur* 無臭の.

odieux(se) /オディユ(ーズ)/ 形 憎むべき, 忌まわしい; 不愉快な, 耐えがたい.

odorant(e) /オドラン(ト)/ 形 芳香を放つ, 匂いのする.

l' **odorat** /オドラ/ 男 嗅覚.

l' **œil** /ウイユ/ 男 (複 yeux) ❶ (英 eye) 目, 眼球. ● Regarde-moi dans les *yeux*. 私の目をよく見なさい. ● Je l'ai vu de mes *yeux*. この目で確かに見たんだ.
❷ 視線, まなざし; 見方, 判断.
à l'œil 《話》ただで.
à l'œil nu 肉眼で.
avoir de bons yeux 見る目がある.
baisser [lever] les yeux 目を伏せる[上げる].
clin d'œil ウインク.
faire les gros yeux à 人 (人)をにらみつける.
fermer les yeux sur ... …に目をつぶる, …を黙認する.
jeter un coup d'œil sur 名 …を一瞥(べつ)する.
会話 ***Mon œil!*** まさか, 怪しいね.
ne pas en croire ses yeux 自分の目を疑う.
Œil pour œil, dent pour dent. 《ことわざ》目には目を, 歯には歯を.
ouvrir l'œil 油断しない, 目を光らせる.
sauter aux yeux 明白だ.
sous les yeux de ... …の目の前で[に].

l' **œillet** /ウイエ/ 男 ❶〔植〕カーネーション; ナデシコ. ❷ (靴やベルトなどの)ひもを通す穴.

l' **œuf** /ウフ/ 男 (複 œufs /ウー/) (英 egg) ❶ 卵. ❷ 卵形のもの. ❸〔生〕卵子.
dans l'œuf 未然に.
œuf à la coque 半熟卵.
œuf poché ポーチドエッグ, 落し卵.
œufs au [sur le] plat 目玉焼き.
œufs brouillés スクランブルエッグ.

l' **œuvre**[1] /ウーヴル/ 女 (英 work) ❶ 作品, 著作. ● *œuvre* d'art 芸術作品. ❷ 仕事, 活動. ❸ 業績, 成果, 仕業(しわざ). ❹ 《多く複数》慈善団体 (=〜 de bienfaisance).
être à l'œuvre 作業中である.
mettre en œuvre 活用する; (法律を)発効させる.
se mettre à l'œuvre 仕事に取りかかる.

l' **œuvre**[2] /ウーヴル/ 男 《集合的》(芸術家の)全作品.
À l'œuvre on connaît l'ouvrier [l'artisan]. 《ことわざ》仕事を見れば作り手がわかる.

l' **offense** /オファーンス/ 女 侮辱.

offenser /オファンセ/ 他 ❶ を侮辱する; に不快感を与える. ❷ (規則など)に反する.

— s'offenser 代動 〚de, に〛腹を立てる, 気を悪くする.

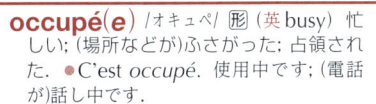

offensif(ve) /オファンスィフ(ーヴ)/ 形 (英

offensive) 攻撃的な, 攻撃の.
— l'offensive 女 攻撃, 攻勢. ●prendre l'*offensive* 攻勢に出る.
offert(e) →**offrir** 46
l'office /オフィス/ 男 (英 office) ❶ 職務, 役目. ●faire *office* de… …の役を務める. ●remplir son *office* 効力を発揮する; 役目を果たす. ❷ (公的機関の)局, 庁, 公社; (民間の)事業所; 公職. ❸〔カト〕ミサ; 祭式.
d'office 規定により; 自動的に.
officiel(le) /オフィスィエル/ 形 (英 official) ❶ 公的な, 公式の. ❷ 公務に携わる.
— l'officiel 男 公務員, 当局者.
officiellement /オフィスィエルマン/ 副 公式に, 正式に.
l'officier /オフィスィエ/ 男 (英 officer) ❶〔軍〕士官, 将校. ❷ 公務員. ●*officier* de police 警官.
officieux(se) /オフィスィユ(ーズ)/ 形 (英 unofficial) 非公式の.
offr… →**offrir** 46
l'offrande /オフラーンド/ 女 (神への)奉納, ささげ物; 寄付.
l'offre /オフル/ 女 (英 offer) ❶〔経〕供給. ●*offre* spéciale 特別セール[価格]. ❷ 申し出, 提案. ●*offre* d'emploi 求人.
offrir /オフリール/ 他 46 (英 offer, present) ❶ (**a**) 〈offrir A à B〉 AにBを贈る, 提供する. ●Il a *offert* une montre à son fils pour son anniversaire. 彼は息子の誕生日に腕時計を贈った. 会話 C'est moi qui *offre*! 今回は私のおごりだ.
(**b**) を申し出る. ●*offrir* son aide 援助を申し出る.
(**c**)〘à, に〙(金額)を提示する. ●Combien *m'offrez*-vous pour ce travail? この仕事にいくら出してくれますか.
❷ (ものごとが)を示す, 含む. ●Ce projet *offre* plusieurs avantages. この計画にはいくつもの利点がある.
— s'offrir 代動 ❶ …を自分のために奮発する. ●*s'offrir* un bon repas 奮発してごちそうを食べる.
❷ (ものが)現れる, 起こる.
s'offrir aux regards 視線にさらされる.
l'ogive /オジーヴ/ 女 ❶〔建〕オジーヴ, 交差アーチ. ❷ (砲弾の)弾頭(部). ●*ogive* nucléaire 核弾頭.
oh /オー/ 間 (英 oh) おお; ああ. →驚き, 喜び, 憤慨など. ●*Oh*! là! là! あらあら, おやまあ.
l'oie /オワ/ 女〔鳥〕ガチョウ, ガン. →雌雄を含めた呼称.
l'oignon /オニョン/ 男 ❶ (英 onion) タマネギ. ❷ 球根.
会話 ***Mêle-toi de tes oignons!*** 余計な口を出すな.
l'oiseau /wazo オワゾ/ 男 (複 oiseaux) ❶ (英 bird) 鳥. ●Cet *oiseau* vole bas. この鳥は低いところを飛ぶ. ●plumes d'*oiseau* 鳥の羽毛.
❷《話》やつ, 人物.
à vol d'oiseau 直線距離で.
oisif(ve) /オワズィフ(ーヴ)/ 形 何もしない, 無為の, 暇な.
— l'oisif(ve) 名 暇人, 有閑階級の人.
l'oisiveté /オワズィヴテ/ 女 無為, 暇, 怠惰.
l'olive /オリーヴ/ 女 (英 olive) オリーブの実.
— 形《不変》オリーブ色[暗緑色]の.
l'olivier /オリヴィエ/ 男〔植〕オリーブの木.
olympique /オランピク/ 形 オリンピックの.
les Jeux olympiques オリンピック大会. →略 les JO.
l'ombrage /オンブラージュ/ 男 (日陰になる)枝葉; 木陰.
prendre ombrage de… …に気を悪くする.
l'ombre /オーンブル/ 女 (英 shade, shadow) ❶ 陰, 日陰; 陰影, 暗部. ●à l'*ombre* 日陰で. ●à l'*ombre* de… …の陰で.
❷ 影; 人影.
ombre à paupières アイシャドー.
rester dans l'ombre 世に埋もれている.
sans l'ombre d'une hésitation 少しのためらいもなく.
l'ombrelle /オンブレル/ 女 日傘; (婦人用の)小型パラソル.
l'omelette /オムレト/ 女 オムレツ.
On ne fait pas d'omelette sans casser des œufs. 《ことわざ》卵を割らずにはオムレツはできない; 目的を成し遂げるには苦労と犠牲はつきもの.
omettre /オメトル/ 他 41 を省く, 省略す

O

る; 言い[書き]落とす.

omettre de 不定詞 …するのを省く[忘れる].

omettre que 直 …ということを省く[忘れる].

omi[î]... →**omettre** 41

l' **omission** /オミスィヨン/ 女 省略; 抜け, 欠落. ●par *omission* 省略して.

l' **omnibus** /オムニビュス/ 男 (英 local train) 普通列車 (=train ～).

— 形 《不変》各駅停車の.

on /オン/ 代 《不定代名詞》(英 (some)one, you, one, we, people) ❶《不特定の人を表す》(**a**) 人は, 人々は.

●*On* n'a pas le droit de fumer ici. ここでの喫煙は許されていません.

●Au Japon, *on* mange avec des baguettes. 日本では, 箸でご飯を食べる.

(**b**) だれかが.

●*On* frappe à la porte. 誰かがドアをノックしている.

❷《話》私(たち)は; あなた(たち)は; 彼ら[彼女たち]は. → 日常会話では nous よりも on を用いる方が多い.

●*On* est parti. 我々は出発した.

会話 *On* s'en va. さあ行こう.

●*On* peut téléphoner? 電話をかけていいですか.

●Qu'est-ce qu'*on* fait aujourd'hui? 今日は何をしようか.

●*On* m'a écrit enfin. とうとうあれが便りをよこしたよ.

ポイント

▶常に主語として用いられ, 動詞は3人称単数.

▶文章語では et, ou, que, si などの後や文頭で l'on とも書く.

▶on が女性や複数を表すときは属詞は意味に応じて一致: On est contents [contentes]. みな満足している.

On dit que... …といううわさだ.

l' **oncle** /オンクル/ 男 (英 uncle) 伯父, 叔父.

l' **onde** /オンド/ 女 ❶波紋; 《文》波. ❷〔物〕波動; 《複》電波.

être sur la même longueur d'onde 《話》波長が合う.

sur les ondes ラジオで, 放送で.

ondé(e) /オンデ/ 形 《文》波打った, 波形(模様)の.

l' **on-dit** /オンディ/ 男 《不変》うわさ.

l' **ondulation** /オンデュラスィヨン/ 女 波打つこと, うねり; (土地の)起伏; (髪の)ウェーブ.

ondulé(e) /オンデュレ/ 形 波状の, 波打った.

onduler /オンデュレ/ 自 波打つ, うねる; (髪が)ウェーブしている.

— 他 (髪)にウェーブをかける.

l' **ongle** /オングル/ 男 (英 nail) (人間の)爪.

se faire les ongles (自分の)爪を切る.

l' **onguent** /オンガン/ 男 軟こう.

ont →**avoir** 8

l' **ONU** /オニュ/ (英 UN) 《略》国際連合, 国連 (= Organisation des Nations Unies).

onze /ɔ̃z オンズ/ 形 《不変》(英 eleven) 11の; 11人の; 11番目の.

— le **onze** 男 ❶ 11(の数字); 11日; 11番地.

POINT 原則としてエリジヨンを行わない: le onze novembre 11月11日.

❷〔サッカー〕イレブン. ●le *onze* de France フランス代表イレブン.

onzième /オンズィエム/ 形 11番目の; 11分の1の.

— le(la) **onzième** 名 11番目の人[もの].

— le **onzième** 男 11分の1; (パリなどの)11区.

opaque /オパク/ 形 ❶不透明な, 光を通さない. ❷わかりにくい.

l' **opéra** /オペラ/ 男 (＜イタリア) (英 opera) オペラ, 歌劇; オペラ劇場.

l' **opérateur(trice)** /オペラトゥール(トリス)/ 名 (機械の)操作員; (映画・テレビの)カメラマン, 撮影技師.

— l'**opérateur** 男 ❶通信会社. ❷証券業者.

l' **opération** /オペラスィヨン/ 女 ❶(英 operation) 手術. ❷作業, 活動, 操作; 演算. ❸〔軍〕軍事行動, 作戦. ❹取引, 売買. ●*opération* de Bourse 株取引.

opérer /オペレ/ 他 57 (英 operate) ❶(効果・成功)をもたらす. ❷を実行する. ●*opérer* un calcul 計算する. ❸(部位・人)の手術をする.

O

— 自 ❶作用する, 効く. ●Ce médicament *a opéré* très vite. その薬は非常に早く効いた. ❷行う, 振る舞う. ❸手術する. ●se faire *opérer* 手術を受ける.

— s'opérer 代動 行われる; 生じる. ●Il *s'est opéré* une transformation dans le système bancaire. 《非人称》金融システムに変化が起こった.

opiniâtre /オピニヤートル/ 形 執拗(しつよう)な, 粘り強い.

l' **opiniâtreté** /オピニヤトルテ/ 女 執拗(しつよう)さ, 根強さ.

l' **opinion** /オピニヨン/ 女 (英 opinion) 意見, 見解; 世論 (=～ publique).

avoir une bonne [mauvaise] opinion de 人 (人)をよく[悪く]思う.

opportun(e) /オポルタン(テュヌ)/ 形 (行動などが)タイミングが良い; (時が)好都合な.

l' **opportunité** /オポルテュニテ/ 女 タイミングが良いこと; 好機.

opposé(e) /オポゼ/ 形 (英 opposite) ❶向かいの, 反対側の. ❷対立する, 相反する. ❸〖à, に〗反対の.

— l'opposé 男 反対, 逆. ●*à l'opposé de ...* …とは反対に.

opposer /オポゼ/ 他 (英 oppose) ❶〖à, に〗を対置する; 引き合いに出して反論する. ●Je n'ai rien à *opposer* à votre proposition. ご提案には何の異議もありません. ❷〖à, に〗を対決[対立]させる. ●Le match de dimanche *opposera* la France et [à] l'Italie. 日曜日の試合ではフランスとイタリアが対戦する. ❸を対照[対比]させる.

— s'opposer 代動 ❶(a)〖à, に〗反対する. ●Les parents *s'opposent à* son mariage. 両親は彼(女)の結婚に反対している. (b)〈**s'opposer à ce que** 接続法〉…ことに反対する. ●Je *m'oppose à ce qu'*il parte. 私は彼が出かけることには反対だ. ❷互いに対照をなす.

l' **opposition** /オポズィスィヨン/ 女 ❶対立; 反対, 異議; 反対派, 野党. ●faire *opposition* à ... …に反対する. ●*en opposition* avec 名 …と矛盾している, …と意見が合わない. ❷対照, コントラスト.

par opposition à 名 …とは対照的に; …とは反対に.

oppresser /オプレセ/ 他 の胸を圧迫する, 息苦しくさせる.

l' **oppression** /オプレスィヨン/ 女 ❶抑圧. ❷圧迫感, 息苦しさ.

opprimer /オプリメ/ 他 (英 oppress) を抑圧する; 弾圧する; の胸を締めつける.

opter /オプテ/ 自 《文》〖*pour*, を〗選択する.

l' **opticien(ne)** /オプティスィヤン(エヌ)/ 名 めがね屋; 光学機器業者.

l' **optimisme** /オプティミスム/ 男 楽観主義, 楽観論.

optimiste /オプティミスト/ 形 (英 optimist) 楽観的な, 楽観主義の.

— l'optimiste 名 楽天家, 楽観主義者.

l' **option** /オプスィヨン/ 女 ❶選択, 選択物[科目]. ❷〔商〕オプション; (選択できる)付属品.

à option 選択できる. ●matière *à option* (試験などの)選択科目.

optique /オプティク/ 形 視覚の, 目の; 光学の.

— l'optique 女 ❶光学. ❷ものの見(え)方, 観点.

dans l'optique de ... …の観点で[から].

l' **or**[1] /オール/ 男 (英 gold) ❶金(きん), 黄金. ❷(金のように)価値があるもの, 素晴らしいもの. ❸金色.

à prix d'or 非常に高い値段で.

会話 ***C'est de l'or en barre.*** 間違いなくもうかる話だ.

cheveux d'or 金髪.

en or 金製の.

or massif 純金.

pour tout l'or du monde (どんなにお金を積まれても)絶対に(…しない).

or[2] /オール/ 接 (英 now, well) さて, ところで, ところが.

l' **orage** /オラージュ/ 男 (英 thunderstorm) 雷雨; (雷を伴う)にわか雨, 嵐; 波乱, 動乱, 爆発.

会話 ***Il y a de l'orage dans l'air.*** 一波乱ありそうだ.

orageux(se) /オラジュ(ーズ)/ 形 雷雨になりそうな, 雷雨の; 動乱に満ちた.

oral(ale) /オラル/ 形 (男複 oraux) 口頭の, 口伝えの; 口の.

— l'oral 男 口述試験, 口頭試問.

l' **orange** /ɔrɑ̃ʒ オラーンジュ/ 女 (英 orange) オレンジ.

●jus d'*orange* オレンジジュース.
●*orange* pressée (搾った)オレンジジュース.

— l'**orange** 男 オレンジ色.
●Le feu était à l'*orange*. 信号が黄色だった.

— 形 《不変》 オレンジ色の.

l' **oranger** /オランジェ/ 男 〔植〕オレンジの木.

l' **orateur(*trice*)** /オラトゥール(トリス)/ 名 演説者, 発言者.

oraux →**oral** の複数形.

l' **orchestre** /オルケストル/ 男 (英 orchestra) オーケストラ, 管弦楽団; (劇場の)1階席. ●*orchestre* de chambre 室内管弦楽団.

ordinaire /オルディネール/ 形 (英 ordinary) ❶ 普通; 通常の; (品質が)並の. ❷ 《軽蔑的》 平凡な, ありふれた. ●un personnage peu *ordinaire* 普通でない人.

— l'**ordinaire** 男 普通の水準, 月並み.
●à l'*ordinaire*/d'*ordinaire* 普通, 一般に. 会話 Ça sort de l'*ordinaire*. それは群を抜いている.

ordinairement /オルディネルマン/ 副 普通, 一般に; 概して.

ordinal(*ale*) /オルディナル/ 形 (男複 **ordinaux**) 順序を示す. ●nombre *ordinal* 序数.

l' **ordinateur** /オルディナトゥール/ 男 (英 computer) コンピューター. ●*ordinateur* personnel パソコン.

l' **ordonnance** /オルドナーンス/ 女 (英 prescription) ❶ 配置, 配列. ❷ 行政命令, 法令. ❸ (医者の)処方(箋(せん)).

ordonné(e) /オルドネ/ 形 (英 tidy) よく整頓されている; (人が)きちょうめんな.

ordonner /オルドネ/ 他 (英 order) ❶ を整理する, 秩序立てる. ❷ を命じる; 〈**ordonner à** 人 **de** 不定詞 [**que** 接続法]〉 (人)に…する[である]ように命令する.
●*ordonner* le silence *aux* élèves 生徒に静かにするように言う. ❸ を処方する.

— **s'ordonner** 代動 整理される; 秩序立つ.

l' **ordre** /オルドル/ 男 (英 order) ❶ 順序, 順番. ●par *ordre* alphabétique [chronologique] アルファベット[年代]順で.
❷ 種類, 領域; 階級, 身分. ●de premier *ordre* 一流の.
❸ 秩序, 治安. ●Tout est rentré dans l'*ordre*. 万事が秩序を取り戻した.
❹ 整頓, 整理; きちょうめんさ.
❺ 命令, 指令.

O

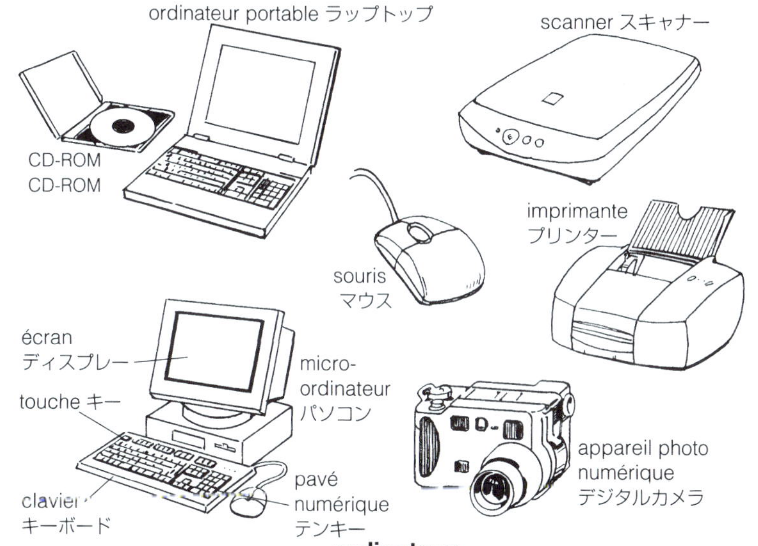

ordinateur

❻(弁護士・医師などの)職業団体.
de l'ordre de ... およそ…(数字)の. ●un chiffre *de l'ordre de* 2 millions 総計およそ2百万.
d'ordre privé 私的な.
en ordre 整頓された.
mettre ... en ordre / mettre de l'ordre dans ... …を整理する.

l' **ordure** /オルデュール/ 女 (英 garbage) 《多く複数》ごみ; (動物の)ふん.

l' **oreille** /オレイユ/ 女 (英 ear) 耳; 聴覚, 聴力. ●dire ... à l'*oreille* de 人 (人)の耳元で…を伝える.
avoir l'oreille fine 耳がいい.
casser les oreilles à 人 《話》(人)の耳をがんがんさせるほどうるさい.
être dur d'oreille 耳が遠い.
prêter l'oreille à ... …に耳を貸す.
tirer les oreilles à 人 (人)を叱りつける.

l' **oreiller** /オレイエ/ 男 (英 pillow) 枕.

l' **orfèvre** /オルフェーヴル/ 男 金銀細工師, 彫金師.

l' **organe** /オルガヌ/ 男 (英 organ) ❶器官. ●*organes* génitaux 生殖器. ❷装置. ●*organes* de commande 制御装置. ❸声. ●Cette chanteuse a un bel *organe*. この歌手はいい声をしている. ❹中枢. ●*organes* essentiels de la ville 町の中枢機関.

organique /オルガニク/ 形 ❶器官の. ❷有機体の; 有機質の; 有機的な. →有機食品には bio を使う. ❸組織上の.

l' **organisateur(*trice*)** /オルガニザトゥール(トリス)/ 名 組織する人, 主催者.

l' **organisation** /オルガニザスィヨン/ 女 (英 organization) 組織(化); 計画(性); 機関, 団体.
avoir le sens de l'organisation 組織運営力がある.
Organisation des Nations Unies (l'〜) 国際連合. →略 l'ONU.
manquer d'organisation 計画性がない.
organisation non gouvernementale 非政府組織, NGO. →略 ONG.

organisé(e) /オルガニゼ/ 形 段取りの整った, 計画された; (人が)手際のよい.

organiser /オルガニゼ/ 他 (英 organize) ❶を企画準備する, の計画を立てる. ●*organiser* un voyage 旅行の企画を立てる. ❷を組織する; (時間など)を調整する.
— s'organiser 代動 ❶段取りをつける. ❷(ものが)組織される. ●La fête *s'est organisée* dans la précipitation. その催しは慌てて準備された.

l' **organisme** /オルガニスム/ 男 ❶人体; 〔生〕有機体; 生物. ❷組織.

l' **orge** /オルジュ/ 女 〔植〕大麦.

l' **orgue** /オルグ/ 男 (英 organ) パイプオルガン; オルガン; 手回しオルガン (=〜 de Barbarie).

l' **orgueil** /オルグイユ/ 男 (英 arrogance) 高慢, 思い上がり; 誇り, 自慢(の種).

orgueilleux(*se*) /オルグイユ(ーズ)/ 形 (英 arrogant) 高慢な, 思い上がった.
— l'orgueilleux(*se*) 名 高慢な[思い上がった]人.

l' **orient** /オリヤン/ 男 (O-) 東洋; (特に)中近東諸国; 《文》東(方).

orient*al*(*ale*) /オリヤンタル/ 形 (男複 orientaux) 東洋の, 中近東諸国の; 東の.
— l'Orient*al*(*ale*) 名 東洋人.

l' **orientation** /オリヤンタスィヨン/ 女 ❶方向の決定; (進路)指導, オリエンテーション. ❷(建物などの)向き.
avoir le sens de l'orientation 方向感覚がある.

orientaux →**oriental** の複数形.

orienté(e) /オリヤンテ/ 形 ❶〖à, vers, に〗向いた. ❷(思想の面で)ある傾向をもった.
bien [***mal***] ***orienté*** 向きのいい[悪い].

orienter /オリヤンテ/ 他 (英 position) 〖à, vers, に〗を向ける, 方向づける; 〖vers, の方向に〗を導く, 指導する.
— s'orienter 代動 〖à, vers, の方向に〗向かう.

originaire /オリジネール/ 形 ❶〖de, の〗生まれの. ❷生まれつきの.

origin*al*(*ale*) /オリジナル/ 形 (男複 originaux) (英 original) ❶(文献, 絵画などが)もとの, オリジナルの. ❷個性的な; 風変わりな.
— l'origin*al*(*ale*) 名 普通とは異なる人, 変わり者.
— l'original 男 オリジナル, 原型.

l' **originalité** /オリジナリテ/ 女 独創性; 新鮮味.

originaux →**original** の複数形.

l' **origine** /オリジヌ/ 女 (英 origin) ❶始ま

り，起源，由来．●mot d'*origine* étrangère 外来語．❷出身，生まれ．●pays d'*origine* 出身国; 原産国．❸(出来事の)原因．
à l'origine 初めは，そもそもは．
dès l'origine 初めから．
être à l'origine de ... …の発端[原因]である．

originel(le) /オリジネル/ 形 原初の，もとの．

l' **orme** /オルム/ 男 〔植〕ニレ(楡); ニレ材．

l' **ornement** /オルヌマン/ 男 装飾，飾り．

orner /オルネ/ 他 (英 decorate) 〘*de*, で〙を飾る．

l' **ornière** /オルニエール/ 女 轍(わだち)，溝; 因習．

l' **orphelin(e)** /オルフラン(リヌ)/ 名 (英 orphan) 孤児，(片)親のない子．
orphelin de père [mère] 父親[母親]のいない子．
— 形 孤児の，(片)親のない．

l' **orphelinat** /オルフリナ/ 男 孤児院．

l' **orteil** /オルテイユ/ 男 足指．
gros orteil 足の親指．

orthodoxe /オルトドクス/ 形 正統の; 伝統的な;〔キ教〕正統派の．●pas très *orthodoxe* (方法が)まっとうでない．
— l' **orthodoxe** 名〔キ教〕正統派．

l' **orthographe** /オルトグラフ/ 女 (語の)つづり，スペル，正書法．

orthographique /オルトグラフィク/ 形 つづり字の，正書法の．

l' **os** /オス/ 男 (複 os /オー/) (英 bone) 骨;《複》骸骨，遺骨．
jusqu'à l'os 《話》徹底的に．
tomber sur un os 思わぬ困難にぶつかる．

osciller /オスィレ/ 自 (ものが)振動する;〘*entre*〙(人が２つの間で)揺れ動く，ためらう．

osé(e) /オゼ/ 形 大胆な，ずうずうしい; あからさまな．

oser /オゼ/ 他 (英 dare) 〈**oser** 不定詞〉思い切って[あえて]…する; ずうずうしくも…する．●Je n'*ose* (pas) essayer. 私にはやってみる勇気はない．
J'ose espérer que 直 《時に威嚇》僭(せん)越ながら…を期待いたします．
si j'ose dire あえて言うなら．

l' **osier** /オズィエ/ 男 〔植〕柳，柳の(細)枝．

osseux(se) /オス(ーズ)/ 形 骨の; 骨ばった，痩せこけた．

l' **otage** /オタージュ/ 男 人質．●prendre 人 en *otage* (人)を人質にとる．

ôter /オテ/ 他 (英 take off, remove) を取り除く，どける; (身につけているもの)を脱ぐ，はずす．●5 *ôté* de 8 égale 3. 8−5=3.
ôter A de [à] B BからAを取り去る．

l' **otite** /オティト/ 女 〔医〕(中)耳炎．

ou /u ウ/ 接 (英 or) ❶あるいは，または．
●Il arrivera demain *ou* après-demain. 彼は明日か明後日に着くだろう．
❷《概数》…ないし…．
●Je l'ai rencontré deux *ou* trois fois. 私は彼に2, 3回出会ったことがある．
❸《言い換え》すなわち．
●un VTT *ou* vélo tout-terrain VTT すなわちマウンテンバイク．
❹《命令文の後で》さもないと．
●Arrête de boire, *ou* tu vas être malade. 飲むのを止めなさい，でないと病気になるよ．

où /u ウ/ 副 (英 where) 《疑問副詞》❶《直接疑問》どこに，どこへ．
●*Où* vas-tu? どこ行くの．
❷《間接疑問》どこに，どこへ．
●Demandez-lui d'*où* il vient. どこの出身か彼に聞いてごらん．
d'ou どこから．●*D'où* viens-tu? どこから来たの; 出身はどこ．
D'où vient(-il) que 直 どうして…なのか．●*D'où vient qu*'il est fâché? どうして彼は腹を立てているのか．
jusqu'où どこまで．
n'importe où どこでも．
par où どこを通って．
— 副《関係副詞》❶《先行詞は場所》そこで…する(ところの)…．
●la ville d'*où* il vient 彼の出身の街．
❷《先行詞は時間》…するとき．
●le jour *où* je l'ai rencontré 私が彼と会った日．
❸《先行詞は状態》…しているところの．
●Le malade ne peut pas sortir dans l'état *où* il est. 病人は今の状態では外出できない．
❹《先行詞なしで》…するところ．
●C'est *où* il se trompe. そこが彼の間違

っている点だ.
●Va *où* tu veux. どこでも行きたいところに行きなさい.
d'où 以上から. ●*D'où* on conclut que… 以上から…という結論を下します.
où que vous alliez あなたがどこへ行こうとも.

ouais /ウェ/ 間 (英 yeah) 《話》 ああ. → oui の口語形. ●*Ouais*! やった!

l' **ouate** /ワト/ 女 脱脂綿; 綿, 真綿.

l' **oubli** /ウブリ/ 男 忘却, 忘れること; 記憶力・注意力の; 欠落. ●tomber dans l'*oubli* 忘れ去られる.

oublier /ウブリエ/ 他 (英 forget) ❶ (a) を(うっかり)忘れる. ●J'*ai oublié* son nom. 私は彼(女)の名前を忘れた. ●J'*ai oublié* mon parapluie dans le bus. 私はバスに傘を忘れた.
(b) 〈**oublier de** 不定詞 [**que** 直]〉 …する[である]ことを忘れる. ●N'*oubliez* pas *de* me téléphoner. 忘れずに電話をください.
❷ を許す, 忘れてやる.
se faire oublier ほとぼりが冷めるのを待つ.

O

l' **ouest** /wɛst ウェスト/ 男 (英 west) ❶ 西; 西部.
❷ (**l'O-**) フランス西部(地方); 西側諸国. ●Il est originaire de *l'Ouest*. 彼は西部出身だ.
à l'ouest (***de…***) (…の)西に. ●Le soleil se couche *à l'ouest*. 太陽は西に沈む.
dans l'ouest de… …の西部に.
— 形 《不変》 西の. ●la côte *ouest* des États-Unis アメリカ西海岸.

ouf /ウフ/ 間 《擬音》 ふう, やれやれ.

oui /wi ウィ/ 副 (英 yes) ❶ 《肯定の答え》 はい, ええ.
会話 Avez-vous bien dormi?—*Oui*. よく眠れましたか. —はい.

oui, non, si
▶肯定疑問(…ですか?) に肯定で答える場合は oui, 否定疑問(…ではありませんか?) に肯定で答える場合は si.
▶否定で答える場合は相手の問い方にかかわらず non.
Est-ce que tu aimes les tomates? 君はトマトが好き?
—Oui, j'aime bien. うん, 好きだよ.
—Non, je n'aime pas. いや, 好きではないよ.
Tu n'aimes pas les tomates? 君はトマトが好きではないよね?
—Si, j'aime bien. いや, 好きだよ.
—Non, je n'aime pas. うん, 好きではないよ.

❷ 《強調して》 もちろんです. → bien sûr の意.
会話 On débouche une bonne bouteille?—Oh *oui*! いいワインをあけようか. —うん, もちろん.
❸ 《返事》 はい.
会話 S'il vous plaît, madame! —*Oui*, monsieur. ちょっとお願いします. —はい, 何でしょうか.
Ah oui? 本当?, えっ, そうなの?
Je pense que oui. そう(だと)思う.
会話 ***Mais oui!*** もちろん. ●Vous le savez?—*Mais oui*! そのことをご存知ですか. —もちろんですとも.
Oui et non どちらとも言えない.
会話 ***Oui ou non?*** どっちなの.
— le **oui** 男 《不変》 肯定, 承諾.
POINT リエゾンもエリジヨンもしない.
●Son *oui* n'est pas net. 彼(女)の承諾ははっきりしない.
pour un oui pour un non 何かにつけて.

l' **ouï-dire** /ウィディール/ 男 《不変》 うわさ. ●par *ouï-dire* うわさで.

l' **ouïe** /ウィ/ 女 ❶ 聴覚. ●avoir l'*ouïe* fine 耳がいい. ❷ 《複》 (魚の)えら.

l' **ouragan** /ウラガン/ 男 暴風雨, 嵐, ハリケーン.

l' **ours** /ウルス/ 男 ❶ 〔動〕 クマ. ●*ours* blanc [polaire] シロクマ. ●*ours* brun ヒグマ. ❷ 人づき合いの悪い人.

l' **outil** /ウティ/ 男 (英 tool) 道具, 工具; 《話》 (必須の)もの.

l' **outillage** /ウティヤージュ/ 男 道具一式; 機械設備.

l' **outrage** /ウトラージュ/ 男 ❶ ひどい侮辱. ❷ 〔法〕 侮辱罪. ●*outrage* à magistrat 法廷侮辱罪.

outrager /ウトラジェ/ 他 40 (人)をひどく侮辱する.

l' **outrance** /ウトランス/ 女 過度, 行きすぎ. ●à *outrance* 過度に.

l' **outre**[1] /ウトル/ 女 (液体を入れる)革袋.

outre[2] /ウトル/ 前 (英 besides) …に加え

て，…以外に．
outre mesure 非常に．
— 副 もっと遠くへ．
en outre そのうえ，さらに．
passer outre à ... (反対・規則など)を無視する．

outré(e) /ウトレ/ 形 度のすぎた，極端な; 〘*de*，に〙憤慨した．

outre-mer /ウトルメール/ 副 (フランスからみて)海外に．
d'outre-mer 海外の． ●départements *d'outre-mer* 海外県．

ouvert(e) /uvɛr, -ɛrt ウヴェール(ヴェルト)/ 形 (英 open) ❶ 開いている，ひらいた．
●fenêtre *ouverte* 開いた窓．
❷ 公開中の，営業中の;〘*à*，に〙ひらかれた．
●Ce magasin est *ouvert* de 9h à 21h. この店は9時から21時まで営業している．
●bibliothèque *ouverte au* public 公共図書館．
❸ 開放的な; (考え方が)柔軟な．
●être *ouvert* à toute suggestion どんな提案でも素直に聞く耳を持っている．
grand ouvert 大きく開いた．

ouvertement /ウヴェルトマン/ 副 率直に，隠さずに．

l' **ouverture** /ウヴェルテュール/ 女 (英 opening) ❶ 開けること，ひらくこと; 始めること，開始． ●*ouverture* de la chasse 狩猟解禁． ●cérémonie d'*ouverture* 開会式． ❷〔楽〕序曲． ❸ 開き，すき間，穴; (角度の)開き． ❹《複》交渉の開始．

ouvrable /ウヴラーブル/ 形 就業するべき． ●heures *ouvrables* 就業時間．
●jour *ouvrable* 就業日，平日．

l' **ouvrage** /ウヴラージュ/ 男 (英 work) ❶ 作品; 著作，書物． ●*ouvrage* de référence 参考図書． ❷ 仕事． ❸ 手芸(品); 工芸品．

ouvrai ..., ouvre (...) →ouvrir 46

l' **ouvre-boîtes** /ウヴルボワト/ 男《不変》(英 can opener) 缶切り．

l' **ouvrier(ère)** /ウヴリエ(ール)/ 名 (英 worker) 労働者，工員;《文》職人． ●*ouvrier* qualifié 熟練工．
— 形 労働者の． ●classe *ouvrière* 労働者階級．

ouvrîmes →ouvrir 46

ouvrir

/uvrir ウヴリール/ 他 46 (英 open, begin)

j'	ouvre	nous	ouvrons
tu	ouvres	vous	ouvrez
il	ouvre	ils	ouvrent
現分	ouvrant	過分	ouvert

❶ を開ける，ひらく．
●*ouvrir* la porte ドアをひらく．
●*ouvrir* une lettre 手紙を開封する．
❷ を広げる，切りひらく．
●*ouvrir* des huîtres カキの殻を開ける．
❸ を開店する，開設する; 開始する．
●Elle *ouvre* sa boutique à neuf heures. 彼女は9時に店を開ける．
●*ouvrir* un site Internet ウェブサイトを開設する．
❹ (電気器具など)をつける．
●*ouvrir* le chauffage 暖房を入れる．
l'ouvrir 《話》口をひらく，話し出す．
ouvrir l'appétit à 人 (人)の食欲を刺激する．
ouvrir le feu 射撃を始める; 火ぶたを切る．
ouvrir l'œil 注意深く見守る．
— 自 ❶ (戸などが)開く，ひらく．
●Cette fenêtre n'*ouvre* jamais. この窓はどうしても開かない．
❷ (店などが)営業する，始まる．
●Ce restaurant *ouvre* à midi. このレストランは正午に開く．
❸〘*sur*，に〙通じる．
●La porte *ouvre sur* la cour. ドアは中庭に通じている．
— **s'ouvrir** 代動 ❶ (花やドアなどが)開く．
●Cette fenêtre *s'ouvre* mal. この窓は開きにくい．
●La fleur *s'ouvre*. 花がひらく．
❷ (会議などが)始まる．

ouvrirent, ouvris(s) (...), ouvri[î]t ..., ouvrons →ouvrir 46

l' **ovale** /オヴァル/ 男 卵形，楕(だ)円形．
— 形 卵形の，楕円形の．

l' **oxygène** /オクスィジェヌ/ 男 酸素;《話》きれいな空気 ●ballon d'*oxygène* 酸素ボンベ[吸入器]．

l' **ozone** /オゾヌ/ 男 〔化〕オゾン．
●couche d'*ozone* オゾン層．

P p

le **P, p** /ペ/ 男 《不変》 ❶ フランス字母の第16字. ❷《略》**(p.)** ページ. → page; 複数は pp..

pacifier /パスィフィエ/ 他 を平和にする, 平定する.

pacifique /パスィフィク/ 形 (英 pacific) 穏健(おんけん)な; 平和的な.

— le **Pacifique** 男 太平洋 (= l'Océan P-).

le **pacte** /パクト/ 男 条約(文書), 協定.

la **pagaie** /パゲ/ 女 (カヌー・丸木舟の)櫂(かい), パドル.

le **paganisme** /パガニスム/ 男 (キリスト教から見ての)異教.

la **page** /パージュ/ 女 (英 page) ❶ ページ; (ページの裏表の) 1 枚. ● Ouvrez votre manuel à la *page* douze. 教科書の 12 ページを開きなさい. ● la *page* des sports (新聞などの)スポーツ面.
❷ (作品の)一節; (歴史上の)ひとこま.
être à la page 最新事情に通じている.
note de bas de page 脚注.
(*en*) *page ...* …ページに.
***page d'accueil* [*personnelle*]** 〔情報〕ホームページ.
tourner la page 心機一転する.

la **paie** /ペ/ 女 → **paye**

le **paiement** /ペマン/ 男 (英 payment) 支払い(金[金額]). ● *paiement* à la livraison 着払い.

le(la) **païen(*ne*)** /パイヤン(エヌ)/ 名 (キリスト教から見ての)異教徒.
— 形 異教(徒)の.

la **paille** /パイユ/ 女 (英 straw) ❶ (麦)藁(わら); (一本の)藁; ストロー. ● boire avec une *paille* ストローで飲む. ❷《話》わずかなもの[こと].
être sur la paille 貧窮生活を送る.

le **pain** /pɛ̃ パン/ 男 (英 bread) ❶ パン, 菓子パン.
● *pain* de mie 食パン.
● *pain* grillé トースト.
❷ 食糧, 生活の糧(かて).
avoir du pain sur la planche 《話》やるべきことがたくさんある.
gagner son pain 自分の食い扶持(ぶち)を稼ぐ.
se vendre comme des petits pains 飛ぶように売れる.

le **pair**[1] /ペール/ 男 《複》仲間, 同輩.
aller de pair avec ... …と両立する.
au pair オーペアの, 住み込みの. → 無給だが食住つきで家事を手伝う.
hors pair 比類ない, この上ない.

pair[2](**e**[1]) /ペール/ 形 (英 even) 偶数の.
● jours *pairs* 偶数日.

la **paire**[2] /ペール/ 女 (英 pair) (靴などの) 1 対(つい), 組; (動物の)つがい. ● une *paire* de chaussettes 1 組の靴下.

paisible /ペズィブル/ 形 (英 peaceful) (人が)温和な; 静かな, 穏やかな.

paisiblement /ペズィブルマン/ 副 穏やかに, 静かに.

paiss ..., paît (...) → **paître** 16

paître /ペトル/ 他 16 (牧草)を食べる.
— 自 牧草を食べる.

la **paix** /ペ/ 女 (英 peace) ❶ 平和.
❷ 講和(条約).
❸ 治安.
❹ 平穏.
avoir la paix 安らぎを得る.
en paix 仲よく, 静かに.
faire la paix avec 人 (人)と仲直りする.
会話 ***Fiche-moi la paix!*** ほっといてくれ.

le **Pakistan** /パキスタン/ 男 パキスタン.

le **palais**[1] /パレ/ 男 (英 palace) 宮殿; (公共の)大建築物, 官邸.
***palais de l'Élysée* (le 〜)** エリゼ宮. → 大統領官邸.
***palais du Louvre* (le 〜)** ルーヴル宮.

le **palais**[2] /パレ/ 男 〔解〕口蓋(こうがい), 上あご; 味覚. ● avoir le *palais* fin 味覚が鋭い.

pâle /パール/ 形 (英 pale) ❶ (顔色が)青白い. ❷ (色が)薄い. ❸ 精彩のない, さえない.
pâle comme un linge 血の気の失せた.

la **pâleur** /パルール/ 女 (顔色の)青白さ.

le **palier** /パリエ/ 男 ❶ (階段の)踊り場. ❷ 安定期, 横ばい状態.

pâlir /パリール/ 自 33 (英 turn pale) ❶ 青ざめる. ❷ (色が)薄くなる.

la **palme** /パルム/ 女 ❶ ヤシの葉; シュロの葉. → 勝利・栄誉の象徴. ❷ (潜水用の)足びれ.

le **palmier** /パルミエ/ 男 〔植〕ヤシ(科の植物)の木; シュロ.

la **palpitation** /パルピタスィヨン/ 女 《多く複数》動悸(どうき).

palpiter /パルピテ/ 自 (心臓・脈が)動悸(どうき)を打つ, どきどきいう.

le **pamplemousse** /パンプルムス/ 男 グレープフルーツ.

le **panache** /パナシュ/ 男 (軍帽などの)羽根飾り.

avoir du panache 堂々としている.

panaché(*e*) /パナシェ/ 形 混ぜ合わされた.

— le **panaché** 男 パナシェ. → 炭酸飲料で割ったビール.

la **pancarte** /パンカルト/ 女 掲示板, プラカード.

le **panier** /パニエ/ 男 (英 basket) ❶ かご, バスケット; かごの内容[分量]. ❷ (バスケットボールの)ゴール; シュート. ● marquer un *panier* シュートを決める.

mettre ... au panier …をくずかごに捨てる.

la **panique** /パニク/ 女 (英 panic) 恐慌, パニック. 会話 Pas de *panique*! うろたえるな.

— 形 突然の.

paniquer /パニケ/ 他 をうろたえさせる.

— 自 パニックになる.

la **panne** /パヌ/ 女 (英 breakdown) 故障; (事故による)停止; 《話》中断. ● *panne* de courant [d'électricité] 停電.

en panne 故障している; (計画などが)中断している, 先に進まない. ● tomber en *panne* 故障する.

le **panneau** /パノ/ 男 (複 panneaux) (英 notice) ❶ 掲示板, 標識, 看板. ● *panneau* d'affichage 掲示板. ● *panneau* [indicateur] de signalisation 道路標識. ❷ 羽目板, ボード, パネル.

tomber dans le panneau 《話》だまされる.

le **panorama** /パノラマ/ 男 (＜英) 見晴らし, 眺望; パノラマ.

le **pansement** /パンスマン/ 男 (英 bandage) ❶ 絆創膏(ばんそうこう). ❷ 包帯; (傷口などの)手当て(用品).

panser /パンセ/ 他 (英 bandage) (傷・人)に包帯[手当て]をする; (馬)にブラシをかける.

le **pantalon** /pɑ̃talɔ̃ パンタロン/ 男 (英 pants, trousers) ズボン, スラックス, パンタロン.
● mettre son *pantalon* ズボンを履く.

le **panthéon** /パンテオン/ 男 パンテオン, 万神殿.

Panthéon de Paris (le ～) パリのパンテオン. → ルソー, ユゴーなど偉人の霊廟(びょう).

la **panthère** /パンテール/ 女 〔動〕豹(ひょう)(の毛皮).

la **pantomime** /パントミム/ 女 パントマイム.

la **pantoufle** /パントゥフル/ 女 (英 slipper) スリッパ, 室内履き.

le **paon** /パン/ 男 〔鳥〕孔雀(くじゃく).

le **papa** /パパ/ 男 (英 dad) パパ, お父さん, 父親.

POINT 自分の父親を指すときは無冠詞, 他人の父親の場合は所有形容詞をつける.

le **pape** /パプ/ 男 (英 pope) (ローマ)教皇[法王]; 第一人者, 大御所.

la **paperasse** /パプラス/ 女 無用な書類, 反故(ほご).

la **papeterie** /パペトリ/ 女 (英 stationery store) 文房具[店]; 製紙(工場).

le **papier** /papje パピエ/ 男 (英 paper) ❶ 紙.
● *papier* à lettres 便箋.
● *papier* hygiénique [de toilette] トイレットペーパー.
● *papier* peint 壁紙.
❷ (a) 《多く複数》書類, 文書.
(b) 《複》身分証明書. → パスポートなど.

être dans les petits papiers de 人 (人)のお気に入りである.

le **papillon** /パピヨン/ 男 (英 butterfly) ❶ 〔虫〕チョウ(蝶) (=～ de jour); ガ(蛾) (=～ de nuit). ❷ 《話》駐車違反通告書[票]. ❸ (水泳の)バタフライ (=brasse ～).

nœud papillon 蝶(ちょう)ネクタイ.

le **paquebot** /パクボ/ 男 (大型)客船.

P

Pâques /パーク/ 男 (英 Easter)《無冠詞で単数扱い》復活祭(の(祝)日).
le lundi de Pâques 復活祭後の月曜日.
vacances de Pâques **(les 〜)** イースター祭休暇.
— 女《複》《無冠詞で》復活祭, イースター. ●Joyeuses *Pâques*! 楽しいイースターを.

le **paquet** /パケ/ 男 (英 parcel, pack)
❶ 小包, 包み.
❷ (商品の)箱, 袋, パック.
mettre le paquet 《話》ありったけの力を尽くす.
paquet-cadeau プレゼント用包装.
un paquet de ... 大量の…, …の塊.

par /par パール/ 前 (英 by, through)
❶《動作主》…によって.
●*par* soi-même 自分で.
❷《手段・方法》…で, …を用いて.
●*par* Internet [fax] インターネット[ファックス]で.
●*par* avion 飛行機で; 航空便(で).
❸《通過》…を通って, …から.
●entrer [sortir] *par* la fenêtre 窓から入る[出る].
❹《場所》…(のあたり)に, …で.
●être assis *par* terre 地べたに座っている.
❺《天候・時間》…の時に, …の中を.
●*par* ce froid こんな寒い中を.
❻《動機・原因》…から, …のために.
●agir *par* intérêt 利害心から行動する.
❼《配分・反復》…につき, …ずつ, …ごとに.
●trois fois *par* jour 1日3回.
... par ... …ずつ. ●marcher deux *par* deux 2人ずつ並んで歩く.
par accident 偶然.
par bonheur 幸せにも.
par exemple 例えば.
par ici ここ[この道]を通って; この辺に.
par là あそこを; その辺りに.

le **parachute** /パラシュト/ 男 パラシュート, 落下傘.

le(la) **parachutiste** /パラシュティスト/ 名 スカイダイバー, 落下傘兵.

la **parade** /パラド/ 女 ❶ (攻撃を)かわすこと; 防御, 対応(策). ❷ (軍事)パレード, 閲兵(式); (サーカスなどの)客寄せ芝居.
de parade 儀式用の.

le **paradis** /パラディ/ 男 (英 paradise) ❶ 天国; (この世の)楽園. ❷ (劇場の)天井桟敷(さじき).

le **paradoxe** /パラドクス/ 男 逆説, パラドックス.

le **paragraphe** /パラグラフ/ 男 パラグラフ; (文章の)節, 段落; 〔印〕パラグラフ記号《§》.

parai[î] ... →**paraître** 47

paraître /パレートル/ 自 47 (英 appear)
❶〖à, に〗現れる, 姿を見せる. ●Il n'a pas *paru* à son bureau. 彼は会社に姿を見せなかった.
❷〈paraître 属詞 [不定詞]〉 …のように見える, 思える. ●Elle *paraît* (avoir) vingt ans. 彼女は20歳くらいに見える.
❸ (本が)出る, 刊行[発売]される.
Il paraît 形 ***de*** 不定詞 [***que*** 直/ ***que*** 接続法] …と思われる. ●*Il* me *paraît* évident *qu*'il est innocent. 彼が無実だということは私には明白と思える.
Il paraît [***paraîtrait***] ***que*** 直 …らしい, …といううわさだ. ●*Il paraît qu*'on va faire grève. ストがあるそうだ.
paraît-il/ à ce qu'il paraît (挿入句で)…らしい.

parallèle /パラレル/ 形 (英 parallel)
❶〖à, と〗平行な. ❷ 対応した, 類似の.
❸ 非合法の, 非正規の.
— le **parallèle** 男 ❶ 対比, 比較.
●mettre ... en *parallèle* …を比較する.
❷〔地〕緯線.
— la **parallèle** 女 平行線.

parallèlement /パラレルマン/ 副 平行に; 〖à, に〗平行して.

le **parallélisme** /パラレリスム/ 男 平行状態; (2つのものの)類似, 一致.

paralyser /パラリゼ/ 他 (英 paralyze) を麻痺(まひ)させる, 不随にする; (活動・人)を停滞させる, 動けなくする.

la **paralysie** /パラリズィ/ 女 ❶〔医〕麻痺(まひ)(状態), 不随. ❷ 機能停止.

le **paramètre** /パラメトル/ 男 パラメータ; 要因.

le **parapet** /パラペ/ 男 (橋の)欄干(らんかん), 手すり; (道路の)ガードレール. → 階段の手すりは rampe.

la **paraphrase** /パラフラーズ/ 女 パラフレーズ, 言い換え(による説明), 注釈.

le **parapluie** /パラプリュイ/ 男 (英 umbrel-

P

la）雨傘. ● *parapluie* pliant 折りたたみ傘.

le **parasite** /パラズィト/ 男 ❶ 寄生生物, 寄生虫; (他人・社会に)寄生している人. ❷《多く複数》(テレビ・ラジオの)雑音, ノイズ.

— 形 寄生する.

le **parasol** /パラソル/ 男 (大型の)パラソル.

le **paratonnerre** /パラトネール/ 男 避雷針.

le **paravent** /パラヴァン/ 男 ついたて, 屏風(びょうぶ).

le **parc** /パルク/ 男 (英 park) ❶ (広い)公園; (城, 宮殿などの)(大)庭園.

❷ 養殖場.

❸ ベビーサークル.

❹ 駐車場.

la **parcelle** /パルセル/ 女 小片; (農地・土地の)小区画.

parce que /パルスク/ 接 (英 because)

❶《原因・理由》なぜなら, …なので, …だから.

理由を表す表現

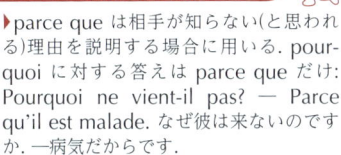

▶parce que は相手が知らない(と思われる)理由を説明する場合に用いる. pourquoi に対する答えは parce que だけ: Pourquoi ne vient-il pas? — Parce qu'il est malade. なぜ彼は来ないのですか. —病気だからです.

▶puisque は相手が既に知っている, あるいは万人にとって自明だと思われる理由を述べる場合に用いる: Puisqu'il neige, nous resterons à la maison. 雪が降っているから家にいよう.

▶car は主節の後に置かれる. 主節で述べた判断の理由・根拠を説明する: Il est peut-être malade, car il ne vient pas. 彼は病気かもしれない. 何しろ来ないのだから.

▶comme は文頭で用いられる. 主節で述べる判断の理由を強調して示す: Comme ma voiture est en panne, je dois y aller à pied. 車が故障しているので, 私はそこに歩いて行かなければならない.

❷《話》《単独で》どうしても. → 説明の拒絶.

C'est parce que ... que ... …なのは…だからだ. ● Ce n'est pas *parce que* tu m'aimes que je t'aime. 私が君を好きなのは君が私を好いてくれているからではない.

le **parchemin** /パルシュマン/ 男 羊皮(紙); (羊皮紙に書かれた)文書; 《話》卒業証書.

par-ci, par-là /パルスィパルラ/ 副 あち(ら)こち(ら)に, 時おり.

parcour ... → **parcourir** 18

parcourir /パルクリール/ 他 18 (英 go all over) ❶ を歩き[走り]回る. ❷ を走破する. ● *parcourir* cinq cents kilomètres dans la journée [en une journée] 1日で500km 走破する. ❸ にざっと目を通す, を一読する. ● *parcourir* le journal ざっと新聞に目を通す.

le **parcours** /パルクール/ 男 《不変》(英 course) ❶ 行程, 道のり. ❷ (人・組織の行動の)経路. ❸ (競走・ゴルフ等の)コース.

parcouru → **parcourir** 18

par(-)delà /パルドゥラ/ 前 …の向こうに.

par(-)derrière /パルデリエール/ 前 …の背後から.

— 副 後から, 背後で.

par-dessous /パルドゥス/ 前 …の下を[で, に], …の下から.

— 副 下を[で, に].

le **pardessus** /パルドゥスュ/ 男 (男性用の)オーバー(コート), 外套.

par-dessus /パルドスュ/ 前 (英 over) …の上を[に, の], …の上から.

en avoir par-dessus la tête de ... 《話》…にうんざりしている.

par-dessus tout とりわけ.

— 副 上を[に].

par-devant /パルドゥヴァン/ 前 …の前を[で, に].

— 副 前を[に, から].

le **pardon** /pardɔ̃ パルドン/ (英 pardon) 男

❶ 許し.

● demander *pardon* à 人 d'avoir fait ... (人)に…したことを謝罪する.

❷《間投詞的に》《話》すみません; 《聞き返して》えっ, 何ですか; 《反論/訂正》いいえ…ですが; 《感嘆》いやはや.

● *Pardon*, je n'ai pas bien compris. 失礼ですがよくわかりませんでした.

pardonner /パルドネ/ 他 (英 forgive) を許す, 大目にみる; 〈**pardonner ... à** 人/

pardonner à 人 de 〈不定詞〉(人)に…(すること)を許す. ●*Pardonnez* ma franchise. 率直に言うのを許してください. ●Je ne *lui pardonnerai* jamais ses mensonges. 私は彼(女)の嘘は絶対に許せない. ●*Pardonnez-moi* de vous déranger. おじゃましてすみません.

— 自 〖*à*〗(人を)許す. ●Il faut *pardonner à* ses ennemis. 敵を許してやらなければならない.

ne pas pardonner 致命的な結果を招く.

— **se pardonner** 代動 許される; (自己の過ちなどを)責めない; 許し合う.

le **pare-brise** /パルブリーズ/ 男 《不変》(自動車・飛行機の)フロントガラス.

le **pare-chocs** /パルショク/ 男 《不変》(特に自動車の)バンパー.

pareil(*le*) /パレイユ/ 形 (英 similar, such) ❶ 同じ; 〖*à*, *que*, と〗よく似た. ●C'est *pareil*. それは同じことだ. ●Ces jumeaux ne sont pas *pareils*. この双生児は似ていない.

❷ この[その]ような.

en pareil cas そのような場合には.

— le(la) **pareil(*le*)** 名 同様の人[もの].

rendre la pareille à 人 (人)にお返しをする.

sans pareil 比類ない.

pareillement /パレイユマン/ 副 同じように.

le(la) **parent(*e*)** /パラン(ト)/ 名 (英 parent) ❶ 《複》両親.

❷ 親戚の人, 親類.

❸〔生〕(動物の)親.

— 形 〖*avec*, と〗親戚の.

la **parenté** /パランテ/ 女 ❶ 血縁[親戚]関係; 《集合的》親族. ❷ 類似性.

la **parenthèse** /パランテーズ/ 女 ❶ (挿入用の)丸かっこ, パーレン. ❷ 挿入句[文], 余談.

entre parenthèses ついでながら, 余談として.

parer[1] /パレ/ 他 〖*de*, で〗を飾る.

— **se parer** 代動 着飾る.

parer[2] /パレ/ 他 (攻撃など)をかわす.

— 自 〖*à*, に〗備える.

parer au plus pressé 緊急措置をとる.

— **se parer** 代動 〖*de*, *contre*, に〗備える.

la **paresse** /パレス/ 女 (英 laziness) ❶ 怠惰, 不精.

❷ 緩慢さ.

paresseux(*se*) /パレス(ーズ)/ 形 (英 lazy) 怠惰な, 不精な.

— le(la) **paresseux(*se*)** 名 怠け者.

— le **paresseux** 男 〔動〕(ミツユビ)ナマケモノ.

parfait(*e*) /パルフェ(ト)/ 形 (英 perfect) ❶ 完璧な, 完全な. ●C'est *parfait*. すばらしい.

❷ 《主に名詞の前で》全くの, この上ない.

❸ 《間投詞的に》結構, よろしい.

— le **parfait** 男 ❶〔文法〕完了(形).

❷〔菓〕パフェ. → アイスクリームに生クリームや果物ほかを添えた冷菓.

parfaitement /パルフェトマン/ 副 (英 perfectly) ❶ 完璧に. ●J'ai *parfaitement* compris. 大変よく分かりました.

❷ 全く.

❸ 《話》《oui の強調》そうですとも, そのとおり.

parfois /パルフォワ/ 副 (英 sometimes) 時には, 時々. ●Il est *parfois* gentil, *parfois* méchant. 彼はときに親切でときに意地悪だ.

le **parfum** /パルファン/ 男 (英 perfume)

❶ 香り.

❷ 香水; 風味.

au parfum de… 《話》…の事情に通じて.

parfumer /パルフュメ/ 他 を香りで満たす; (人・物)に香水をつける.

— **se parfumer** 代動 (自分の体に)香水をつける.

le **pari** /パリ/ 男 賭(か)け, 賭け事, ギャンブル. ●gagner [perdre] son *pari* 賭けに勝つ[負ける].

parier /パリエ/ 他 (英 bet) ❶ を賭(か)ける. ●*parier* A à [sur] B AにBを賭ける.

❷ 〈parier que 直〉きっと…だと思う.

Paris /パリ/ 男 《固有》パリ. → フランスの首都; 市であるとともに県に準じる.

parisien(*ne*) /パリズィヤン(エヌ)/ 形 パリの.

— le(la) **Parisien(*ne*)** 名 パリの人, パリジャン, パリジェンヌ.

la **parité** /パリテ/ 女 ❶ 同じであること; (特に賃金の)平等.

❷〔経〕(2国間の為替相場の)等価, 平価.

❸ パリテ法. → 選挙の候補者を男女同数とすることを課す.

P

le **parking** /パルキング/ 男 (<英) 駐車; 駐車場.

parlant(e) /パルラン(ト)/ 形 ❶(ものが)雄弁に物語る. ❷声の出る.
cinéma parlant (le ～) トーキー映画.

le **parlement** /パルルマン/ 男 (英 parliament) (P-) 国会; 議会.

parlementaire /パルルマンテール/ 形 議会の; 議員の.
— le(la) **parlementaire** 名 国会議員.

parler

/parle パルレ/ 自 (英 talk, speak)

❶(a) 話す, しゃべる.
• Il *parle* très vite. 彼は大変早くしゃべる.
(b)〈parler de ...〉…について話す.
• De qui *parlez*-vous? あなたは誰のことを話しているのですか.
• On *parle* beaucoup *de* cet événement dans les médias. この事件は今マスコミで大変話題になっている.
❷(言葉以外で)表現する; (ものごとが)物語る, 示す.
à proprement parler 正確に言えば.
parler à 人 (人)に話す, 話しかける.
parler de 不定詞 …するつもりだと話す.
• Il *parle de* se marier. 彼は結婚すると言っている.
parler de 名《無冠詞》…という言葉を口にする.
sans parler de ... …は言うまでもなく.
会話 ***Tu parles!*** 《同意》まったくだ;《不信》よく言うよ.
— 他 (言語)を話す; の話をする.
• *parler* français フランス語を話す.
• *parler* politique [affaires] 政治[仕事]の話をする.
— **se parler** 代動 ❶話し合う, 言葉を交わす.
❷(言語が)話される.
• Le français *se parle* en Suisse romande. フランス語はスイスのロマンド地域で話されている.

le **parmesan** /パルムザン/ 男 パルメザンチーズ.

parmi /パルミ/ 前 (英 among) 《複数名詞・集合名詞の前》…の間に, …の中で.
POINT 3つ以上のものに使う; 2つの場合は entre.
• C'est une solution *parmi* (tant) d'autres. これはほかにいくらでもある解決法の1つだ.

la **parodie** /パロディ/ 女 パロディー; 滑稽(こっけい)な模倣, 見せかけ.

la **paroi** /パロワ/ 女 (建物の)仕切り壁; 岩壁, 絶壁.

la **paroisse** /パロワス/ 女 (司祭・牧師の管轄する)小教区.

la **parole** /パロル/ 女 (英 word)
❶話すこと; 言葉.
• prendre la *parole* 発言する.
❷約束; 話す権利.
❸《複》歌詞.
❹話す能力; 話しぶり.
❺(個人の)発話.
adresser la parole à 人 (人)に話しかける.
couper la parole à 人 (人)の話をさえぎる.
会話 ***Ma parole!*** まったく!; 何てこった!
paroles en l'air 空約束.

parquer /パルケ/ 他 ❶(家畜)を囲いに入れる. ❷(車)を駐車場に入れる.

le **parquet** /パルケ/ 男 (英 floor) ❶寄せ木張り[フローリング]の床. ❷《集合的》検事, 検察側, 検察官.

le **parrain** /パラン/ 男 ❶(洗礼に立ち会う)代父; 名づけ親.
❷(会などへの)紹介者, 保証人.
❸(マフィアの)ゴッドファーザー.

le **parricide** /パリスィド/ 男 親殺し; 〔法〕尊属殺人.
— le(la) **parricide** 名 親殺し[尊属殺人]の犯人.

pars →partir 48

parsemer /パルスメ/ 他 1 ❶をまき散らす, ちりばめる.
❷に点在[散在]する.

part[1] →partir 48

la **part**[2] /パール/ 女 (英 share, portion)
❶部分. • perdre une grande *part* de sa fortune 財産の大部分を失う.
❷分け前, 割り当て. • Elle a fait huit *parts* de gâteau. 彼女はケーキを8つに切り分けた.
❸分担(金); 役割, 協力.
à part 別に, わきにのけて. • mettre de l'argent *à part* お金を別にとっておく.
• C'est un homme *à part*. 彼は変わった人だ.

P

à part... …を別にして.
autre part ほかの所に.
de la part de... …から; …の代理で. 会話 C'est *de la part de* qui? 《電話で》どちら様でしょうか. ● Voulez-vous lui remettre ce cadeau *de ma part*? 私からだと言ってこの贈り物を彼(女)に渡してくれませんか.
de part et d'autre 両側で; どちら側にも.
de toutes parts 至る所に.
d'une part..., d'autre part... 一方では…, 他方では….
faire part à 人 ***de...*** (人)に…を知らせる.
nulle part どこにも(…ない).
pour ma part 私としては.
prendre part à... …に参加する.
quelque part どこかに.

le **partage** /パルタージュ/ 男 (英 division, sharing) 分割, 分配.

partager /パルタジェ/ 他 40 ❶ (英 divide) を分ける, 分割する. ● *partager...* en deux …を二分する.
❷ (英 share) を分け合う; 共有する; 〚avec, と〛を分担する. ● Nous *partageons* vos idées. 我々はあなたと考えをともにしています.

P

— **se partager** 代動 (人が…を)分け合う; (ものが)分割[分配]される. ● Ils *se partagent* les bénéfices. 彼らは利益を分け合う.

partant, parte (...) →**partir** 48

le(la) **partenaire** /パルトネール/ 名 ❶ (競技・ダンス・仕事の)パートナー, 相手, 相棒; 性的関係にある人. ❷ 同盟国; (貿易の)相手国.

le **parterre** /パルテール/ 男 花壇; (劇場の) 1 階後部席(の客).

parti[1] **(...)** →**partir** 48

le **parti**[2] /パルティ/ 男 (英 party) ❶ 党; 党派. ❷ 方針.
parti pris 偏見.
prendre le parti de 不定詞 …する決心をする.
prendre parti 立場を決める.
prendre parti pour 人 (人)に味方をする.
prendre son parti de... …をあきらめて受け入れる.
tirer parti de... …を利用する.

parti[3]**(e)** /パルティ/ 形 ❶ 出発した, 立ち去った. ❷ 《話》 始まった.

partial(*ale*) /パルスィヤル/ 形 (男複 partiaux) 不公平な, 偏った.

participant(*e*) /パルティスィパン(ト)/ 形 参加する, 加入する.
— le(la) **participant(*e*)** 名 〚à, への〛参加者, 加入者.

la **participation** /パルティスィパスィヨン/ 女 参加; (利益への)関与.

le **participe** /パルティスィプ/ 男 〔文法〕分詞. ● *participe* passé [présent] 過去[現在]分詞.

participer /パルティスィペ/ 自 ❶ 〚à, に〛参加する. ● *participer à* une grève ストライキに加わる.
❷ 〚à〛(費用を)分担する. ● *participer aux* frais d'un voyage 旅行の費用を分担する.

la **particularité** /パルティキュラリテ/ 女 特性, 特色.

la **particule** /パルティキュル/ 女 ❶ 粒; 〔物〕粒子. ❷ 姓の前につく de. ● nom à *particule* 貴族の de がついた姓.

particulier(*ère*) /パルティキュリエ(ール)/ 形 (英 particular) ❶ 特殊な, 特別の; 〚à, に〛独特の, 固有の.
❷ 個人的な.
en particulier 特に; 個別に, 個人的に.
— le(la) **particulier(*ère*)** 名 私人, 一個人.

particulièrement /パルティキュリエルマン/ 副 (英 particularly) 特に, とりわけ; 個人的に. ● Il aime les fleurs, (tout) *particulièrement* les roses. 彼は花が, とりわけバラが好きだ.

la **partie** /パルティ/ 女 (英 part, game)
❶ 部分, 一部. ● la majeure *partie* du pays 国土の大半.
❷ (専門)分野, 専門.
❸ 〔法〕当事者.
❹ パーティー.
❺ 勝負, 試合.
en grande [majeure] partie 大部分は.
en partie 部分的に.
faire partie de... …の一部をなす.
prendre 人 ***à partie*** (人)を攻撃する.

partiel(*le*) /パルスィエル/ 形 部分的な, 不完全な.
— le **partiel** 男 (学期途中の)(中間)テスト.

partiellement /パルスィエルマン/ 副 部

分的に.

partir /partir パルティール/ 自 48 (英 leave, go) 《助動 être》

je	pars	nous	partons
tu	pars	vous	partez
il	part	ils	partent
現分	partant	過分	parti

❶ (a) 出発する; 出かける; 立ち去る.
• Nous *partons* demain matin. 私たちは明日の朝, 出発します.
(b) 〖*pour*, に向けて〗出発する.
• Il *est parti pour* la France. 彼はフランスに出かけた.
(c) 〖*en*, に〗出かける.
• *partir en* voyage 旅に出かける.
• *partir en* vacances バカンスに出かける.
(d) 〖*de*, から〗出発する; (を)出る.
• Le train *part de* Tokyo à 15 heures. 列車は東京を15時に発車する.
(e) 〈**partir** 不定詞〉 …しに出かける.
• Il *est parti* acheter du pain. 彼はパンを買いに出かけた.
❷ (a) 〖*de*, から〗始まる.
• faire *partir* un moteur エンジンを始動させる.
• Ces routes *partent de* Paris. これらの道路はパリを起点にしている.
(b) 〈**partir pour** 不定詞〉 …し始める.
• Il *est parti pour* parler longtemps. 彼は長々としゃべり始めた.
❸ 飛び出す.
• Le bouchon de champagne *est parti*. シャンパンの栓がとんだ.
❹ (染み・痛みなどが)消える, 取れる.
à partir de... 《時間・場所》 …から. • à *partir d'*aujourd'hui 今日から.
être bien* [*mal*] *parti 《話》出だしがいい[悪い].

partisan(e) /パルティザン(ヌ)/ 形 先入観のある.
— le(la) **partisan(e)** 名 (党・主義などの)支持者, 信奉者.

partit →**partir** 48
partons →**partir** 48

partout /パルトゥ/ 副 (英 everywhere) いたる所で, どこでも.
un peu partout あちこちに[で], 方々に[で].

paru[û](...) →**paraître** 47

la **parure** /パリュール/ 女 ❶ 装い. ❷ (アクセサリー・女性用下着などの)一揃(そろ)い.

parvenir /パルヴニール/ 自 75 《助動 être》 (英 reach) ❶ 〖à, に〗たどり着く, 届く.
❷ 〈**parvenir à** 不定詞〉 ようやく…できる.
faire parvenir ... à 人 (人)に…を届ける.

le(la) **parvenu(e)** /パルヴニュ/ 名 成り上がり者.

parvi[î]n... →**parvenir** 75

le **pas**[1] /パ/ 男 ❶ (英 step) 歩(ほ), 歩み; 足音; 足跡. • avancer d'un *pas* 1歩進む.
❷ (英 pace) 歩調, 歩き方. • d'un *pas* rapide 足早に.
❸ 歩幅. • marcher à grands [petits] *pas* 大[小]またで歩く.
à deux pas ごく近くに.
faire le(s) premier(s) pas (和解などで)自分から歩み寄る.
faire les cent pas (待ちきれずに)同じ所を行ったり来たりする.
pas à pas 1歩ずつ.

pas[2] /pɑ パ/ 副 (英 not, no) ❶ (a) 《ne ... pas の形で否定を作る》 …ない. • Je *ne* sais *pas*. 私は知らない.
• Il *n'*est *pas* venu. 彼は来なかった.
(b) 《不定詞の否定》〈**ne pas** 不定詞〉
• Je vous conseille de *ne pas* y aller tout de suite. すぐにそこに行かない方がいいですよ.
❷ 《話》《話しことばでは ne を省略して pas のみで否定を表す》 …ない.
• Je sais *pas*. 知らないよ.
• C'est *pas* vrai. まさか.
❸ 《話》《後の形容詞を打ち消す》
• un livre *pas* intéressant 面白くない本.
❹ 《対立》
• Il aime le vin, *pas* la bière. 彼はワインが好きでビールは嫌いだ.
• Tu viens ou *pas*? 君は来るのか, それとも来ないのか.
Absolument pas! 《受け答えで》絶対ない[違う].
ne ... pas que ... ただ…だけではない.
• Il *n'*y a *pas que* le travail dans la vie. 世の中にあるのは仕事ばかりではない.
(***ne***) ***pas de ...*** …は全然ない. 会話 *Pas de* chance! ついてない. 会話 *Pas de*

P

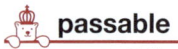

blagues! 冗談はよせ. 会話 *Pas de problème!* 問題ありません.
pas du tout まったく…ない.
pas encore まだ…ない.
会話 ***Pas mal!*** なかなかいい.
pas mal de... 多くの….
pas un(e)... 1つ[1人]も…ない. ●*Pas un* n'a réussi. 1人として成功しなかった.

passable /パサブル/ 形 まあまあの; (評価が)可の.

le **passage** /パサージュ/ 男 (英 passage) ❶通過, 通行; 航海, 渡航. ❷通り道, 通路. ❸(文学・音楽作品などの)一部分, 一節.
au passage 通りがかったとき; ついでに.
de passage 短期滞在の; 一時の.
passage à niveau 踏み切り.
passage clouté [(***pour***) ***piétons***] 横断歩道.
passage souterrain 地下道.

passager(ère) /パサジェ(ール)/ 形 一時的な, つかの間の.
— le(la) **passager(ère)** 名 (英 passenger) 乗客.

passant(e) /パサン(ト)/ 形 (人・車の)通行の多い.
— le(la) **passant(e)** 名 通行人, 通りがかりの人.
— le **passant** 男 (ズボンの)ベルト通し[ループ].

la **passe**[1] /パス/ 女 ❶(ボールの)パス. ●faire une *passe* à 人 (人)にボールをパスする. ❷時期, 状況. ❸(暗礁の間などの)細い水路.
être dans une bonne [***mauvaise***] ***passe*** 好調[不調]である.
être en passe de 不定詞 …する見込みがある.
mot de passe 合言葉; パスワード.

le **passe**[2] /パス/ 男 (英 master key) 《話》合い鍵.

passé(e) /パセ/ 形 (英 past) ❶過去の. ●la semaine *passée* 先週.
❷(時間や年齢が)…過ぎの. ●Il est trois heures *passées*. 3時過ぎだ.
❸色あせた, 盛りを過ぎた.
— le **passé** 男 ❶過去. ●dans le *passé* かつては. ●C'est du *passé*. それはもう昔のことだ.
❷〔文法〕過去(時制). ●*passé* composé〔文法〕複合過去. ●*passé* simple〔文法〕単純過去.
— 前 (時間・空間を)過ぎて.

le **passe-partout** /パスパルトゥ/ 男 《不変》マスターキー, 合い鍵.
— 形 《不変》広く通用する.

le **passe-passe** /パスパース/ 男 《不変》 ●tour de *passe-passe* (ものを消失・移動させる)手品, 奇術; いかさま, ごまかし.

le **passeport** /パスポール/ 男 (英 passport) パスポート, 旅券.

passer /パセ/ 自 (英 pass) 《助動詞は普通 être》 ❶通る, 通過する. ●La voiture *est passée* devant nous. 車は我々の前を通り過ぎた.
❷(人が)立ち寄る; (電車・バスが)停まる; 《不定詞と》…しに立ち寄る. ●Il *est passé* chez moi ce matin. 彼は今朝私の家へ立ち寄った.
❸〘*à, en*, に〙移る; 行く; (敵方などへ)走る. 会話 Si nous *passions* au salon? 居間へ移りましょうか.
❹承認される.
❺出演する; 上映[上演]される. ●Cette chanteuse *passe* à l'Olympia. その女性シンガーはオランピア劇場に出る.
❻(時が)過ぎる.
en passant 通りすがりに.
laisser passer 通す; 見逃す, 見落とす. ●*laisser passer* une coquille 誤植を1つ見逃す.
passer avant... …に優先する; …より勝る. ●Le travail *passe avant* tout. 仕事が何より大事である.
passer par... (場所など)を通る, 経由する; (人)を通す, 仲介にする; (つらいこと)を経験する.
passer pour... …とみなされる, …で通る. ●*passer pour* un Allemand ドイツ人といって通用する.
passer sur... 大目に見る, 無視する.
y passer (辛いことを)経験する; 《話》死ぬ, くたばる.
— 他 ❶を越える; 渡る; 追い越す. ●*passer* la frontière 越境する.
❷〘*à, en*, へ[に]〙を移す, 移動させる, 手渡す, 伝える; (ボール)をパスする; (風邪)を移す; (人)を電話口に出す. ●*Passez-moi* le sel, s'il vous plaît. 塩を取ってくださ

い.

❸ (試験)を受ける. ●*passer* un examen avec succès 試験に受かる.

❹ (時)を過ごす. ●Il a *passé* deux semaines à Paris. 彼はパリで2週間過ごした.

❺ (映画など)を上映[上演]する; (CD など)をかける. ●On *passe* un bon film cette semaine. 今週はいい映画をやっている.

❻ をさっと動かす; (塗料など)を塗る; (雑巾・掃除機)をかける; (服)をさっと着る, 羽織る.

❼ (順番・詳細)を抜かす, とばす. ●*passer* une ligne 1行とばす.

❽ (怒りなど)を鎮める.

— se passer 代動 ❶ (事件などが)起こる, 行われる. ●Tout *s'est bien passé.* 全てが順調に運んだ.

❷ (時が)過ぎる.

❸ 自分の…を動かす; 自分の体に…をつける.

se passer de... …なしで済ませる. ●Je *me passerai de* boire ce soir. 今晩は酒を飲まずにおこう.

la **passerelle** /パスレル/ 女 ❶ 歩道橋. ❷ (船・飛行機の)タラップ, 乗降用ブリッジ.

le **passe-temps** /パスタン/ 男 《不変》 暇潰し, 趣味, 娯楽.

passif(ve) /パスィフ(ーヴ)/ 形 (英 passive) 消極的な, 受け身の; 〔文法〕受動態の.

— le **passif** 男 〔文法〕受動態.

la **passion** /パスィヨン/ 女 (英 passion) 情熱; 〖*de*, への〗熱狂, 熱中. ●Il a la *passion des* timbres. 彼は切手マニアだ.

passionnant(e) /パスィヨナン(ト)/ 形 夢中にさせる, 非常に面白い.

passionné(e) /パスィヨネ/ 形 (英 passionate) ❶ 情熱的な, 熱烈な. ❷〖*de*, に〗夢中になった. ●Il est *passionné de* cinéma japonais. 彼は熱烈な日本映画ファンだ.

— le(la) **passionné(e)** 名 熱烈なファン.

passionner /パスィヨネ/ 他 を熱中させる.

— se passionner 代動 〖*pour*, に〗夢中になる, 熱中する. ●*se passionner pour* la peinture 絵画に熱中する.

passive →passif の女性形.

passivement /パスィヴマン/ 副 抵抗せずに, 受け身で.

le **pastel** /パステル/ 男 〔美〕パステル; パステル画. **—** 形 《不変》パステルの.

la **pastèque** /パステク/ 女 〔植〕スイカ(西瓜).

le **pasteur** /パストゥール/ 男 (プロテスタントの)牧師.

pasteuriser /パストゥリゼ/ 他 (牛乳など)を低温殺菌する.

la **patate** /パタト/ 女 ❶ サツマイモ (=～ douce). ❷《話》ジャガイモ (=～ de terre). ❸《俗》ばか, まぬけ.

la **pâte** /パート/ 女 (英 pastry) ❶《複》パスタ, めん類. ❷ (小麦粉を練った)生地; ペースト状のもの. ●*pâte* à pain パン生地.

le **pâté** /パテ/ 男 ❶〔料〕(肉・魚の)パテ. ❷《話》インクの染み.

pâté de sable 砂山(遊び).

pâté impérial 春巻き.

paternel(le) /パテルネル/ 形 (英 paternal) 父の; 父方の.

la **paternité** /パテルニテ/ 女 ❶ 父親であること, 父性. ❷ 作者[発案者]の資格.

pâteux(se) /パトゥ(ーズ)/ 形 どろどろの, べたべたした.

pathétique /パテティク/ 形 悲壮な, 感動させる.

la **pathologie** /パトロジ/ 女 病理学.

patiemment /パスィヤマン/ 副 我慢強く, 根気よく.

la **patience** /パスィヤンス/ 女 (英 patience)

❶ 忍耐, 我慢, 辛抱.

●avoir de la *patience* 我慢強い.

●avec *patience* 辛抱強く.

会話 *Patience*, j'arrive! ちょっと待ってください, 今行きますから.

❷〔トランプ〕ペイシェンス. →トランプを使った一人遊び.

prendre [***perdre***] ***patience*** 辛抱する[しきれない].

prendre son mal en patience 不幸[病気, 苦痛]にじっと耐える.

patient(e) /パスィヤン(ト)/ 形 我慢強い, 忍耐を要する.

— le(la) **patient(e)** 名 (とくに手術の)患者.

patienter /パスィヤンテ/ 自 (辛抱強く)待

P

つ. ●Veuillez *patienter*. お待ちください.

le **patin** /パタン/ 男 スケート靴. ●*patins* à glace (アイス)スケート靴.

faire du patin スケートをする.

le **patinage** /パティナージュ/ 男 スケート.

patinage artistique フィギュアスケート.

patiner /パティネ/ 自 スケートをする; (車輪などが)滑る.

le(la) **patineur(se)** /パティヌール(ズ)/ 名 スケートをする人, スケート選手.

la **pâtisserie** /パティスリ/ 女 (英 cake, pastry) ❶ケーキ, 菓子.
❷ケーキ屋.
❸ケーキ作り.

le(la) **pâtissier(ère)** /パティスィエ(ール)/ 名 ケーキ職人, パティシエ.

la **patrie** /パトリ/ 女 (英 homeland) 祖国; 生まれ故郷.

le **patrimoine** /パトリモワヌ/ 男 世襲財産, 遺産; 文化遺産. ●*patrimoine* mondial 世界遺産.

le(la) **patriote** /パトリヨト/ 名 愛国者.
— 形 愛国心に燃えた.

patriotique /パトリヨティク/ 形 愛国的な.

P

le **patriotisme** /パトリヨティスム/ 男 愛国心, 祖国愛.

le(la) **patron[1](ne)** /パトロン(ロヌ)/ 名 (英 owner, boss) ❶経営者, 雇用者.
❷(教区・都市などの)守護聖人.
❸上司; (職場の)長; 指導教授.

le **patron[2]** /パトロン/ 男 (服などの)型紙.

le **patronage** /パトロナージュ/ 男 ❶後援, 協賛. ❷(聖人による)守護.

la **patrouille** /パトルイユ/ 女 (警察の)パトロール(隊); (軍隊の)偵察(隊).

la **patte** /パト/ 女 (英 paw, foot) ❶(動物の)脚, 足. ●*pattes* de derrière [devant] 後[前]脚.
❷《話》(人間の)足; 手.
❸《複》短い頬(ほお)ひげ.
❹(財布などを留める細長い舌状の)ふた.

retomber sur ses pattes 首尾よく窮地を脱する.

le **pâturage** /パテュラージュ/ 男 牧草地, 放牧場.

la **paume** /ポーム/ 女 手のひら.

la **paupière** /ポピエール/ 女 まぶた.

la **pause** /ポーズ/ 女 休憩; (話の途中の)間(ま). ●faire une *pause* 休憩する.

la **pause-café** /ポーズカフェ/ 女 (複 pauses-café) 《話》コーヒーブレイク, 小休止.

pauvre /povr ポーヴル/ 形 (英 poor)

❶貧しい, 貧乏な; 粗末な.
●famille *pauvre* 貧しい家庭.
❷《名詞の前で》(**a**) かわいそうな, 気の毒な.
●*pauvre* homme かわいそうな人.
(**b**)《呼びかけ》哀れな, みじめな.
●Mon *pauvre* petit. ああ哀れなおまえ.
●*Pauvre* Jean! かわいそうなジャン.
❸(土地が)痩(や)せた; 〘*en*, に〙乏しい.
●terre *pauvre* 痩せた土地.
●pays *pauvre* en céréales 穀物の乏しい地方.
❹貧弱な, 貧相な.
●sujet *pauvre* つまらない主題.

— le(la) **pauvre** 名 貧しい人, 貧乏人.

会話 ***Le pauvre!/La pauvre!*** かわいそうに.

pauvrement /ポヴルマン/ 副 貧しく, みすぼらしく.

la **pauvreté** /ポヴルテ/ 女 (英 poverty) (物質的・精神的な)貧しさ.

le **pavé** /パヴェ/ 男 ❶(舗装用の)敷石, 舗石; 舗装道路. ❷《話》分厚い本.

être sur le pavé (職も住む所もなく)路頭に迷う.

tenir le haut du pavé (社会的に)高い地位を占める.

paver /パヴェ/ 他 (道路や建造物の床)に敷石を張る, を舗装する.

le **pavillon** /パヴィヨン/ 男 ❶一戸建ての家. ❷(船の)旗. ❸(金管楽器・スピーカーの)口.

pavillon de l'oreille 〔解〕耳介(じかい), 耳殻(じかく).

pavoiser /パヴォワゼ/ 他 (船・建物)を旗で飾る,
— 自 《話》大喜びする.

payable /ペイヤーブル/ 形 支払うことができる, 支払われるべき.

payant(e) /ペイヤン(ト)/ 形 ❶有料の. ❷採算がとれる, 効果がある.

la **paye** /ペイユ/ 女 (英 pay) 給料(の支払い).
●feuille de *paye* 給料明細書.

le **payement** /ペイユマン/ 男 →**paiement**

payer /ペイエ/ 他 49 50 (英 pay) ❶(お金)を払う, 支払う; (人)にお金を払う. 会話 Combien *avez*-vous *payé* votre ordinateur?—Je l'*ai payé* six cents euros. そのパソコンにいくら払いましたか.—600ユーロです. ●*payer* un commerçant 商人にお金を払う.
❷〖*à*, に〗を買って[おごって]やる. ●Ses parents lui *payent* son billet d'avion. 彼(女)の飛行機代は親が出してくれる.
❸〈**payer** 人 **de ...**〉 …について(人)に報いる. ●Ce succès m'*a payé de* mes peines. その成功が私の苦労に報いてくれた.
❹(**a**)の代償を払う, 報いを受ける. ●*payer* cher sa victoire 大きな犠牲を払って勝利を得る.
(**b**)〈**payer A de B**〉 Aの代償をBで支払う. ●*payer* une imprudence de sa vie 無謀なことをして命を失う.
— 自 ❶(ものごとが)利益をもたらす, お金になる. ●efforts qui *paient* やりがいのある努力.
❷(代金を)払う.
payer de sa personne 体を張る, 努力を惜しまない.
payer de sa poche 自分で支払う, 身銭を切る.
— **se payer** 代動 ❶《話》自分に…を奮発する.
❷支払われる.
s'en payer 楽しい時を過ごす.

le **pays** /pei ペイ/ 男 (英 country)
❶国, 国家.
●visiter les *pays* européens ヨーロッパ諸国を訪問する.
●*pays* en voie de développement 発展途上国.
❷祖国, 故郷.
●*pays* natal 祖国, 生まれ故郷.
●mourir pour son *pays* 祖国のために死ぬ.
❸地方, 地域; (小さな)町, 村.
●le *Pays* Basque バスク地方.
●*pays* tempéré 温暖な地方.
être du pays 土地の者である.
mal du pays ホームシック.

le **paysage** /ペイザージュ/ 男 (英 landscape) ❶景色; 風景画. ❷情勢.

le(la) **paysan(*ne*)** /ペイザン(ヌ)/ 名 (英 farmer) 農民.
— 形 農民の.

le **Pays-Bas** /ペイバ/ 男 《複》オランダ.

le **PC** /ペセ/ 男 《略》(<英) パソコン.

le(la) **P.-D.G.** /ペデジェ/ 名 《略》社長 (=président-directeur général).

le **péage** /ペアージュ/ 男 (橋・高速道路の)通行料, 料金所.

la **peau** /ポ/ 女 (複 peaux) (英 skin)
❶皮膚, 肌.
❷皮革; (動物・果物の)皮.
❸(液体の表面にできる)薄い膜.
❹《話》生命.
être bien [***mal***] ***dans sa peau*** 好調[不調]である.
faire peau neuve やり方[意見]を完全に変える.

la **pêche**[1] /ペシュ/ 女 ❶(英 peach) モモ(桃); モモの実. ❷《話》平手打ち.
avoir la pêche 《話》エネルギッシュである.

la **pêche**[2] /ペシュ/ 女 ❶(英 fishing) (魚)釣り, 漁業. ❷《集合的》獲れた魚.
pêche à la ligne 釣り.

le **péché** /ペシェ/ 男 ❶(宗教上の)罪. ●*péché* originel 〔キ教〕原罪. ●sept *péchés* capitaux 〔キ教〕7つの大罪. ❷過ち, 欠点. ●*péché* de jeunesse 若気の過ち.

pécher /ペシェ/ 自 57 ❶罪[過ち]を犯す. ●*pécher* contre les bonnes manières 礼儀作法に反する. ❷〖*par*, *sur*, という〗欠点がある.

le **pêcher**[1] /ペシェ/ 男 〔植〕モモ(桃)の木.

pêcher[2] /ペシェ/ 他 (英 fish) ❶(魚)を釣る. ●*pêcher* la truite マスを釣る. ❷《話》を探し出す, 見つける. ●Où *as*-tu *pêché* ce chapeau ridicule? どこでそのおかしな帽子を見つけたの.

le(la) **pécheur(*eresse*)** /ペシュール(レス)/ 名 (宗教上の)罪人.

le(la) **pêcheur(*se*)** /ペシュール(ズ)/ 名 釣り人, 漁師.

la **pédagogie** /ペダゴジ/ 女 教育学[法]; 教育者としての資質.

pédagogique /ペダゴジク/ 形 教育学の, 教育的な.

le(la) **pédagogue** /ペダゴグ/ 名 教育者, 教育学者.

P

— 形 教え上手な.

la **pédale** /ペダル/ 女 (自転車などの)ペダル; (ピアノなど楽器の)ペダル.
perdre les pédales 《話》あたふたする.

le(la) **pédant(e)** /ペダン(ト)/ 名 学者ぶる人.
— 形 学者ぶった, ペダンチックな.

la **pègre** /ペグル/ 女 泥棒[強盗・詐欺]仲間.

peign ..., peignant → **peindre** 19 → **peigner**

le **peigne**[1] /ペニュ/ 男 (英 comb) 櫛(くし); (羊毛・麻の)すき櫛. ●se donner un coup de *peigne* 櫛で髪をとかす.
passer ... au peigne fin …を入念に調べる.

peigne[2](...), **peigni[î] ...** → **peindre** 19 → **peigner**

peigner /ペニェ/ 他 (英 comb) (櫛(くし)で髪)をとかす; (羊毛・麻)をすく.
— **se peigner** 代動 自分の髪をとかす.

peindr ... → **peindre** 19

peindre /パンドル/ 他 19 (英 paint) ❶ (壁など)に色を塗る, を塗装する. ●*peindre* ... en jaune …を黄色に塗る.
❷ (絵)を描く; (絵に)を描く; (文章で)を描写する.

la **peine** /ペヌ/ 女 (英 pain, punishment)
❶ 刑罰, 刑.
●*peine* capitale [de mort] 死刑.
❷ (精神的な)苦痛, 心痛; 苦労, 骨折り.
●Ça me fait de la *peine* de te voir partir. 君が行ってしまうなんてつらい.
à peine ほとんど…ない, 《数詞とともに》せいぜい. ●C'est *à peine* si on se parle. 我々はほとんど口を聞かない. ●Ce livre coûte *à peine* cinq euros. この本はせいぜい5ユーロだ.
à peine ... que 直 …するや否や. ●Il était *à peine* rentré qu'il a dû ressortir. 彼は帰るとすぐに再び出かけなければならなかった.
avoir de la peine 心を痛める.
avoir de la peine à 不定詞 …するのが困難だ.
Ce n'est pas la peine de 不定詞 [*que* 接続法] それには[…するには]及ばない.
faire de la peine à 人 (人)を悲しませる.
pour la [*sa*] *peine* その代わりに.
prendre la peine de 不定詞/ *se donner de la peine pour* 不定詞 苦労して…する.
sans peine 楽々と.
sous peine de ... …を罰として.
valoir la peine de 不定詞 [*que* 接続法] …する価値がある. ●Ce livre vaut *la peine* d'être lu. この本は一読に値する.

peins, peint → **peindre** 19

le(la) **peintre** /パーントル/ 名 (英 painter)
❶ 画家. ●une *peintre* russe ロシア人の女性画家.
❷ ペンキ屋, 塗装職人.

la **peinture** /パンテュール/ 女 (英 painting, paint) ❶ 絵. ●faire de la *peinture* à l'huile [à l'eau] 油絵[水彩画]を描く.
❷ ペンキ, 塗料; 塗装. ●*Peinture* fraîche 《掲示》ペンキ塗りたて.
❸ (言葉による)描写.

péjoratif(ve) /ペジョラティフ(ーヴ)/ 形 軽蔑的な.

Pékin /ペカン/ 《固有》北京. → 中国の首都.

pêle-mêle /ペルメル/ 副 乱雑に, ごちゃごちゃに.

peler /プレ/ 他 1 (果物など)の皮をむく.
— 自 (日焼けなどで)皮膚がむける.

le **pèlerin** /ペルラン/ 男 巡礼者.

le **pèlerinage** /ペルリナージュ/ 男 巡礼(の旅), 巡礼地. ●faire un *pèlerinage* à Lourdes ルルドを巡礼する.

la **pelle** /ペル/ 女 (英 shovel) シャベル, スコップ; ちり取り (=〜 à poussière).
à la pelle 《話》たっぷり.

la **pellicule** /ペリキュル/ 女 ❶ (頭の)ふけ. ❷ 皮膜, 薄皮. ❸ (写真用)フィルム.

la **pelote** /プロト/ 女 (毛糸など)玉; (裁縫の)針山.

le **peloton** /プロトン/ 男 (競走中の)選手の一団; (軍隊などの)小隊, 班.

la **pelouse** /プルーズ/ 女 芝生, 芝. ●*Pelouse* interdite 《掲示》芝生に入るな.

la **peluche** /プリュシュ/ 女 ❶ (動物の)ぬいぐるみ. ❷ 綿ぼこり, 糸くず.

la **pelure** /プリュール/ 女 (果物・野菜をむいた)皮.

pénal(ale) /ペナル/ 形 (男複 **pénaux**) 刑(罰)の, 刑法(上)の.

pénaliser /ペナリゼ/ 他 〔スポーツ〕にペナルティーを課する; 罰則を課する.

la **pénalité** /ペナリテ/ 女 ペナルティー, 刑罰; 罰金; (税金の)追徴金.
coup de pied de pénalité (サッカー・ラ

グビーの)ペナルティーキック.

le **penchant** /パンシャン/ 男 ❶〖à, pour, へ. の〗傾向, 性癖. ❷《文》〖à, pour, へ, の〗好意.

pencher /パンシェ/ 他 (英 lean) を傾ける. ●*pencher* le corps à gauche 体を左へ傾ける.

— 自 《助動 être》傾いている.

pencher pour... …に気持ちが傾く, ひかれる. ●Je *penche* plutôt pour cette proposition. 私はむしろその提案に賛成である.

— **se pencher** 代動 ❶(人が)身をかがめる. ❷〖sur, に〗強い関心を寄せる, 検討する.

pendant[1] /pɑ̃dɑ̃ パンダン/ 前 (英 during, for) 《時間・空間》…の間(に).

●*pendant* trois jours 3日間.

●J'ai décidé de lire cent livres *pendant* les vacances d'été. 私は夏季休暇中に本を100冊読むことにした.

pendant ce temps-là その間.

pendant que 直 …する間; …しているのに. ●Je l'observais *pendant qu'*elle parlait. 彼女がしゃべっている間私は彼女を観察していた. ●Tu t'amuses *pendant que* je travaille! 私が働いているのに君は遊んでいるのか.

pendant que j'y pense あっそうだ, そうそう [←そのことを考えているうちに].

pendant que vous y êtes / pendant que j'y suis / pendant qu'on y est やりかけたついでに, 事のついでに, いっそのこと.

le **pendant**[2] /パンダン/ 男 対をなすもの.

pendant d'oreilles (飾りの下がった)イヤリング.

pendant[3]**(e)** 形 ❶垂れ下がった. ❷(問題が)未解決の.

pendre /パンドル/ 他 28 (英 hang) ❶をかける, つるす. ●*pendre* un tableau au mur 壁に絵をかける. ❷を絞首刑にする.

— 自 ぶら下がる; 垂れ下がる. ●Sa jupe *pend* par derrière. 彼女のスカートは後ろが少し下がっている.

— **se pendre** 代動 ❶〖à, に〗(人が)ぶら下がる, しがみつく. ●*se pendre* par les mains à une branche 枝に両手でぶら下がる. ❷首つり自殺する.

le **pendule**[1] /パンデュル/ 男 振り子.

la **pendule**[2] /パンデュル/ 女 (英 clock) 置き[かけ]時計, 振り子時計.

la **pendulette** /パンデュレット/ 女 (携帯用の)小型の置き時計.

pénétrant(e) /ペネトラン(ト)/ 形 ❶染み込む, 浸透する; 心に染みる, 強烈な. ❷洞察力のある.

pénétrer /ペネトレ/ 自 57 (英 enter, penetrate)〖dans, の中に〗入り込む, 侵入する; 浸透する. ●La drogue et la violence *pénètrent* dans notre société. 麻薬と暴力はわが国の社会に深く浸透している.

— 他 ❶に染み込む, 浸透する. ●L'eau *pénètre* le sol. 水が地面に染み込む. ●faire *pénétrer* une crème クリームを塗り込む. ❷(意図・秘密)を見抜く.

pénible /ペニブル/ 形 (英 hard, painful)
❶痛ましい, 悲しい.
❷骨の折れる, つらい.
❸《話》(人が)我慢のならない.

péniblement /ペニブルマン/ 副 苦労して; つらい思いで; かろうじて.

la **péniche** /ペニシュ/ 女 (運搬用の)川船, 平底船.

la **pénicilline** /ペニスィリヌ/ 女〔薬〕ペニシリン.

la **péninsule** /ペナンスュル/ 女 半島.

le **pénis** /ペニス/ 男〔解〕ペニス, 陰茎.

la **pénitence** /ペニターンス/ 女 ❶〔カト〕悔悛(かいしゅん)(の秘跡), 贖罪(しょくざい). ❷罰.

la **pensée**[1] /パンセ/ 女 (英 thought) ❶考え;《多く複数》思い. ❷思考; 思想; 考察.

à la pensée de 不定詞 …することを考えると.

par la [en] pensée 頭の中で.

la **pensée**[2] /パンセ/ 女〔植〕パンジー, 三色スミレ.

penser /pɑ̃se パンセ/ 自 (英 think) ❶考える, 思う.

●*Pensez* un peu sur ce sujet. この問題について少し考えなさい.

●Je *pense* comme toi. 君と同意見だ.

❷〖à, のことを〗考える, 思う.

●Il *pense* toujours à Marie. 彼はいつもマリーのことを考えている.

❸〈penser à 不定詞〉…しようと考える; 忘れずに…する.

●Je *pense* à déménager. 私は引っ越そ

P

うと思っている.

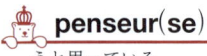

faire penser à... …を思い起こさせる. ●L'odeur de la lavande me *fait penser à* l'été. ラベンダーの香りは私に夏を連想させる.

会話 ***Penses-tu!/Pensez-vous!*** とんでもない.

— 他 ❶〈penser que 直〉…だと思う. → 主節が否定または疑問の場合は 接続法. ●Je *pense qu'*il a raison. 彼の言うとおりだと思う. ●Je ne *pense* pas *que* ce soit possible. それが可能だとは思いません.

会話 Je le *pense* aussi. 私もそう思う.

❷〈penser 不定詞〉…するつもりだ; …だと思う. ●Je *pense* aller en France cet été. この夏, フランスに行こうと思っています.

❸ (**a**)〈penser ... de A〉Aを…だと思う.

会話 Qu'est-ce que tu *en penses*? それをどう思いますか.

(**b**)〈penser A B〉AをBだと思う. ●Personne ne le *pensait* si peu honnête. 誰も彼がそれほどひどい人間だとは思っていなかった.

P

penser du bien [du mal] de... …のことをよく[悪く]思う.

le(la) **penseur(se)** /パンスール(ズ)/ 名 考えにふける人, 思想家.

pensif(ve) /パンスィフ(ーヴ)/ 形 物思いにふけった, 考え込んだ.

la **pension** /パンスィヨン/ 女 ❶ 寄宿学校; 食事つき宿泊, 下宿; 寄宿費. ❷ (英 pension) 年金, 恩給, 手当. ●*pension* alimentaire (離婚後の)養育費.

le(la) **pensionnaire** /パンスィヨネール/ 名 寄宿生; 下宿人.

le **pensionnat** /パンスィヨナ/ 男 (私立の)寄宿学校.

le **pentagone** /パンタゴン/ 男 〔数〕5角形.

la **pente** /パント/ 女 (英 slope) ❶ 傾斜; 斜面; (特に下り坂の)坂道. ❷ (人の)傾向, 性向. → 悪いものについて言う.

en pente 傾斜している.

être sur une mauvaise pente 悪い方へ向かう.

la **Pentecôte** /パントコト/ 女 (**la 〜**) 〔キ教〕聖霊降臨の主日. → 復活祭後7度目の日曜日.

le **pépin**[1] /ペパン/ 男 ❶ (リンゴ・ナシ・ブドウなどの)種. ❷《話》面倒なこと.

le **pépin**[2] /ペパン/ 男 《話》雨傘.

perçant(e) /ペルサン(ト)/ 形 刺すような, 鋭い; (目が)利く.

perceptible /ペルセプティブル/ 形 知覚できる, 気づき得る.

la **perception** /ペルセプスィヨン/ 女 ❶ 知覚(能力). ❷ (税・罰金などの)徴収; 税務署.

percer /ペルセ/ 他 52 (英 pierce) ❶ に穴をあける; 突き通す. ●Un clou a *percé* le pneu. 釘がタイヤに突き刺った.

❷ (道・トンネルなど)を通す.

❸ (謎・秘密)を見抜く.

— 自 ❶ 突き破って現れる; (乳児の歯が)生える; (出来物が)潰れる. ●Le soleil *perce* à travers les nuages. 陽が雲間からもれ始める. ●avoir une dent qui *perce* 乳歯が生え始める.

❷ (人が)頭角を現す, 有名になる.

percev... →**percevoir** 63

percevoir /ペルスヴォワール/ 他 63 ❶ を知覚する, 感じ取る. ❷ (利子・家賃)を受け取る; (税金)を徴収する.

la **perche**[1] /ペルシュ/ 女 〔魚〕パーチ. → スズキ目の淡水魚.

la **perche**[2] /ペルシュ/ 女 (長い)棒, 竿(さお); 〔スポーツ〕(棒高跳びの)棒.

tendre la perche à 人 (人)に救いの手を差し伸べる.

percher /ペルシェ/ 自 (鳥が枝に)とまる.

— **se percher** 代動 (枝などに鳥が)とまる; (人が高い所に)のぼる.

le **perchoir** /ペルショワール/ 男 ❶ (鳥の)とまり木. ❷《話》(国民議会の)議長席.

perçoi..., perçu(...), perçû → **percevoir** 63

la **percussion** /ペルキュスィヨン/ 女 衝突, 衝撃; 〔楽〕《集合的》打楽器, パーカッション.

perdant(e) /ペルダン(ト)/ 形 (賭(かけ)などで)負けた.

— le(la) **perdant(e)** 名 敗者, 損をした人.

perdre /ペルドル/ 他 51 (英 lose) ❶ を失う, なくす, 落とす; 見失う. ●J'*ai perdu* mon porte-monnaie. 私は財布をなくした[落とした]. ●*perdre* son chemin 道に迷う.

❷ (時間など)を浪費する; ロスする; (機会

など)を逃す. ●*perdre* son temps 時間を無駄にする.
❸ に負ける. ●*perdre* un match 試合に負ける.
❹ (植物が葉や花)を落とす; (衣服など)が脱げる. ●Il *perd* son pantalon. 彼のズボンがずり落ちる.
❺ (人)を亡くす.
perdre ... de vue …と会わなくなる; …を気にかけない.
perdre la tête 正気を失う.
— 自 負ける. ●*perdre* en finale 決勝戦で敗れる.
— **se perdre** 代動 ❶ 道に迷う.
❷ 姿を消す, 消える; 失われる, なくなる.
❸ 傷む, 腐る.
se perdre dans les détails 細部にこだわって要点を見失う.

perdu(*e*) /ペルデュ/ 形 (英 lost) ❶ 失われた, なくなった.
❷ 道に迷った.
❸ 無駄[駄目]になった, 見込みのない.
❹ 辺鄙(へんぴ)な.

le **père** /pɛr ペール/ 男 (英 father)
❶ 父, 父親.
●Il est (le) *père* de trois enfants. 彼は3児の父親だ.
❷ 父親のような人.
●Vous êtes un *père* pour moi. あなたは私にとって父親のような存在です.
❸ 創始者, 元祖.
❹ 神父.
❺《人名の前につけて親しみをこめる》…じいさん, …おやじ.
●le *père* Martin マルタンじいさん.
père de famille 一家の父, 主人.
***père Noël* (le 〜)** サンタクロース.
Tel père, tel fils. 《ことわざ》この父にしてこの子あり.

la **perfection** /ペルフェクスィヨン/ 女 ❶ 完全, 完璧. ❷ 申し分のない人[物].
à la perfection 完璧に, 申し分なく.

le **perfectionnement** /ペルフェクスィヨヌマン/ 男 改良, 改善.

perfectionner /ペルフェクスィヨネ/ 他 を改良する, 改善する.
— **se perfectionner** 代動 〘*en*, *dans*, に〙上達する.

perfide /ペルフィド/ 形 《文》 ❶ 不実の[な]. ❷ (見かけによらず)危険な.

perforer /ペルフォレ/ 他 に小さな穴をあける.

le **péril** /ペリル/ 男 (英 peril) 危険; 《文》脅威. ●mettre ... en *péril* …を危険にさらす.
au péril de sa vie 命を賭(か)けて.

périlleux(*se*) /ペリユ(ーズ)/ 形 《文》危険な.

la **période** /ペリヨド/ 女 (英 period) ❶ 期間, 時期, 時代. ●traverser une *période* difficile つらい時期を体験する. ❷〔物〕〔化〕周期; 〔天〕(惑星などの)公転周期.

périodique /ペリヨディク/ 形 定期的な, 周期的な.
— le **périodique** 男 定期刊行物.

la **périphérie** /ペリフェリ/ 女 ❶ 都市の周辺部, 近郊. ❷ 周囲.

périphérique /ペリフェリク/ 形 周辺の.
— le **périphérique** 男 (パリなどの)外環状道路 (=boulevard 〜).

périr /ペリール/ 自 33 (英 perish) 《文》命を落とす, 死ぬ; 滅びる. ●*périr* noyé 溺死(できし)する. ●Son nom ne *périra* jamais. 彼(女)の名は決して滅びないだろう.

la **perle** /ペルル/ 女 (英 pearl) ❶ 真珠, パール; ビーズ, 飾り玉. ❷ 申し分のない人物. ❸《話》へま.

la **permanence** /ペルマナーンス/ 女 ❶ 恒久性; 終日業務, 常設窓口. ●en *permanence* 恒久的に. ❷ (学校の)自習室.

permanent(*e*) /ペルマナン(ト)/ 形 (英 permanent) ❶ 永続的な, 絶え間のない, 連続的な; 変わることのない. ❷ 常設の, 常任の.
— la **permanente** 女 パーマ.

perméable /ペルメアブル/ 形 (液体などを)よく通す; 〘à, に〙(影響などを)受けやすい.

permets, permet, permett ...
→**permettre** 41

permettre /ペルメトル/ 他 41 (英 allow, permit) ❶ (人に)を許す, 認める; (ものが)を可能にする. ●La loi ne *permet* pas l'usage des drogues. 法律は麻薬使用を認めない.
❷ (a) 〈permettre à 人 de 不定詞〉(人)に…することを許す. ●Le médecin lui *a permis* un peu de vin. 医者は彼(女)に少しなら酒を飲んでもいいと言った.

P

(**b**)〈permettre que 接続法〉…を許可する; 可能にする.
Il est permis à A de 不定詞 Aが…できる; Aが…することを認められている.
会話 ***Vous permettez?*** かまいませんか. →許可を求める.
— se permettre 代動 あえて…する.
Je me permettrai de 不定詞 失礼ですが…させていただきます. ●*Je me permettrai de* vous contredire. 失礼ですがちょっと反論させていただきます.

permîmes, permirent, permis(s) (…), permi[î]t … →**permettre** 41

permis(e) /ペルミ(ーズ)/ 形 (英 permitted) 許可された.
se croire tout permis 何をしてもよいと思う.
— le **permis** 男 許可証; 運転免許証 (= ～ de conduire).

la **permission** /ペルミスィヨン/ 女 (英 permission) 許可, 許し; (軍人の短期の)休暇, 外出許可.
demander la permission de 不定詞 …する許可を求める.

perpendiculaire /ペルパンディキュレール/ 形 〖à, に〗垂直な, 直角である.
— la **perpendiculaire** 女 〔数〕垂線.

perpétuel(le) /ペルペテュエル/ 形 永久の, 永続的な; 絶え間のない; 終身の.

perpétuer /ペルペテュエ/ 他 を永続させる.
— se perpétuer 代動 長く続く.

la **perpétuité** /ペルペテュイテ/ 女 《文》永続(性).
à perpétuité 永久に[の]; 終身の.

perplexe /ペルプレクス/ 形 当惑した, 困惑した.

la **perquisition** /ペルキズィスィヨン/ 女 〔法〕家宅捜索.

le **perron** /ペロン/ 男 (玄関前などの)階段, ステップ.

le **perroquet** /ペロケ/ 男 〔鳥〕オウム; 《話》おうむ返しに復唱する人.

la **perruque** /ペリュク/ 女 かつら, ウィッグ, ヘアピース.

persécuter /ペルセキュテ/ 他 を迫害する; うるさくつきまとう, 責め立てる.

la **persécution** /ペルセキュスィヨン/ 女 迫害, いじめ.

la **persévérance** /ペルセヴェランス/ 女 根気, 忍耐(力); 固執.

persévérer /ペルセヴェレ/ 自 57 〖dans, において〗根気よく続ける, 固執する.

la **persienne** /ペルスィエヌ/ 女 (窓の外側の)よろい戸.

le **persil** /ペルスィ(ル)/ 男 〔植〕パセリ.

persister /ペルスィステ/ 自 ❶〖dans, に〗固執する. ❷長引く, 持続する.
persister à 不定詞 あくまでも…し続ける.

le **personnage** /ペルソナージュ/ 男 ❶(社会的に重要な)人物, 著名人. ❷(小説・劇の)登場人物. ❸《多く軽蔑的に》やつ.

la **personnalité** /ペルソナリテ/ 女 ❶個性; 人格, パーソナリティー. ❷重要人物.

la **personne**[1] /pɛrsɔn ペルソヌ/ 女 (英 person)

❶人, 人間.
●Certaines *personnes* n'aiment pas le fromage. チーズの嫌いな人もいます.
❷人柄, 人格.
●respecter la *personne* humaine 人格を尊重する.
❸身体, 容姿.
●soigner sa *personne* 身なりに気を配る.
❹〔文法〕人称.
●à la première *personne* 1人称で.
en personne 自分で.
grande personne 《子供のことばで》大人.
par personne 一人あたり.
personne âgée 高齢者.
tierce personne 第三者.

personne[2] /pɛrsɔn ペルソヌ/ 代 《不定代名詞》《不変》(英 no one, nobody)

❶《ne とともに》(**a**) 誰も…ない.
●*Personne* ne viendra. 誰も来ないだろう.
●Il n'y a *personne*. 誰もいない.
●Je n'ai vu *personne*. 私は誰も見かけなかった.
●Je n'ai besoin de *personne*. 私は誰の助けもいらない.
(**b**)〈personne de 形〉…な人は誰もない.
●Il n'y a *personne de* blessé. 怪我をした人は誰もいない.

P

POINT 形容詞や過去分詞をつける場合は男性単数形扱いで, de を間にはさむ.

❷《ne を省略して》誰も.
● Quelqu'un a appelé?—*Personne*. 誰かから電話があった?—誰も.

❸《否定の意を含む文で》誰か.
● Il est parti sans dire au revoir à *personne*. 彼は誰にもさよならを言わずに行ってしまった.

❹《比較級とともに》〈... que personne〉誰よりも….
● Elle le sait mieux *que personne*. 彼女はそれについては誰よりもよく知っている.

comme personne 誰よりも. ● Elle sait faire les crêpes *comme personne*. 彼女はクレープ作りでは他人に負けない.

personnel(*le*) /ペルソネル/ 形 (英 personal) ❶ 個人の, 私的な; 個性的な. ❷〔文法〕人称の.

— le **personnel** 男《集合的》従業員, 人員.

personnellement /ペルソネルマン/ 副 (英 personally) 個人的に(は); 自分自身で.

personnifier /ペルソニフィエ/ 他 を擬人化する; 具現する, 体現する.

la **perspective** /ペルスペクティヴ/ 女 ❶ 遠近法. ❷ 眺望, 見晴らし; 見通し, 展望; 視野, 観点. ● dans une *perspective* historique 歴史的見地で.

à la perspective de ... …を思うと.

en perspective 将来的に; 見通して.

persuader /ペルスュアデ/ 他 (英 persuade) を説得する, 納得させる; 〈persuader A de 名 [que 直]〉 A に…を納得させる. ● Il m'*a persuadé de* sa compétence. 彼はその実力を私に確信させた. ● Je les *ai persuadés qu'*il était innocent. 私は彼らに彼が潔白である事を納得させた.

— **se persuader** 代動 信じ込む; 互いに納得させ合う.

la **persuasion** /ペルスュアズィヨン/ 女《文》説得, 確信.

la **perte** /ペルト/ 女 (英 losing, loss)
❶ 失うこと, 紛失. ● *perte* de vitesse (飛行機の)失速.
❷ 損失;《複》(戦争・災害での)損失; 死傷者.
❸ 無駄, 浪費.
❹ 敗北.

à perte 損をして.

à perte de vue 見渡す限り.

en pure perte 無駄に.

pertinent(e) /ペルティナン(ト)/ 形 適切な, 正当な, 妥当な.

la **perturbation** /ペルテュルバスィヨン/ 女 混乱, 支障.

perturber /ペルテュルベ/ 他 を混乱させる; (人)を動揺させる.

pervers(e) /ペルヴェール(ス)/ 形 (性的に)倒錯した, 変態の.

— le(la) **pervers(e)** 名 (性)倒錯者.

pervertir /ペルヴェルティール/ 他 33 を堕落させる, 退廃させる.

pesant(e) /プザン(ト)/ 形 重い; 重たげな, 重苦しい.

— le **pesant** 男《次の表現で》

valoir son pesant d'or 大変な価値がある.

la **pesanteur** /プザントゥール/ 女 ❶〔物〕重力; 重さ. ❷ 重苦しさ; 鈍重さ.

peser /プゼ/ 他 1 (英 weigh) ❶ の重さを量る. ❷ を注意深く検討する.

peser le pour et le contre 損得をてんびんにかける.

tout bien pesé よく考慮した上で.

— 自 重さがある. ● *peser* lourd 重い. ● Je *pèse* soixante kilos. 私の体重は60キロだ.

peser à 人 (ものが)(人)にとって(精神的)負担を与える. ● Sa compagnie me *pèse*. 彼(女)と一緒にいるのは気が重い.

peser sur ... (人が)…に体重をかけて押す; (ものが)(人)に重くのしかかる, プレッシャーになる.

peser sur l'estomac 胃にもたれる.

— **se peser** 代動 自分の体重を量る.

le **pessimisme** /ペスィミスム/ 男 悲観主義.

pessimiste /ペスィミスト/ 形 悲観的な.

— le(la) **pessimiste** 名 悲観的な人.

la **peste** /ペスト/ 女 ❶ ペスト. ❷ 嫌な人.

craindre [fuir] ... comme la peste …をひどく恐れる, 忌み嫌って避ける.

le **pétale** /ペタル/ 男〔植〕花びら.

la **pétanque** /ペタンク/ 女 ペタンク. → 金属の球を的球の近くに投げるゲーム.

pétiller /ペティエ/ 自 ❶ ぱちぱちはねる;

(液体が)泡立つ. ❷〖de, で〗きらめく.

petit(e) /p(ə)ti, -it プティ(ト)/ 形 (英 small, little) →多くは名詞の前で用いられる.
❶ 小さい, 背が低い.
● chaussures trop *petites* 小さすぎる靴.
● *petite* femme 小柄な女.
❷ 幼い, 年少の.
● *petit* garçon 少年.
● *petit* frère 弟.
● *petite* sœur 妹.
❸ (数量・程度が)小さい, 少ない.
● une *petite* quantité de sel 少量の塩.
● boire un *petit* café ちょっとコーヒーを飲む.
● *petites* et moyennes entreprises 中小企業.
❹ ちょっとした, ささいな.
● faire un *petit* tour ちょっと外出する.
● C'est une *petite* chose. それは大したことではない.
● *petit* cadeau ちょっとした贈り物.
❺《多く所有形容詞とともに》かわいい, いとしい.
● mon *petit* chéri/ma *petite* chérie いとしい人.
❻ 地位の低い; 貧しい.
en petit 小規模に. ● Voilà le monde *en petit*. これこそ世界の縮図だ.
petit(e) ami(e) ボーイフレンド[ガールフレンド], 恋人.
petit à petit 少しずつ. ● La salle se remplit *petit à petit*. 会場は徐々に一杯になっていった.
se faire tout petit 目立たないように小さくなる.
un petit (tout) peu de... ほんの少しの…. ● ajouter *un tout petit peu de* sucre 砂糖をほんの少し加える.
— le(la) **petit(e)** 名 ❶ 子供.
● les *petites* Durand デュランの娘たち.
❷ 低学年の子供, 下級生.
❸《呼びかけで》君, おまえ.
● Bonjour mon *petit*. やあ, こんにちは.
— le **petit** 男 ❶《複》(動物の)子. ❷ 弱者.
— 副 小さく.

petit(e)-bourgeois(e) /プティブルジョワ, プティトブルジョワーズ/ 形 小市民的な.
— le(la) **petit(e)-bourgeois(e)** 名 小市民.

le **petit(-)déjeuner** /プティデジュネ/ 男 (複 **petits(-)déjeuners**) (英 breakfast) 朝食. ● prendre le *petit déjeuner* 朝食を食べる.
— 自《話》朝食をとる.

la **petite-fille** /プティトフィーユ/ 女 (複 **petites-filles**) (英 granddaughter) 孫娘.

la **petitesse** /プティテス/ 女 (英 smallness) 小ささ, 少なさ; 卑小さ.

le **petit-fils** /プティフィス/ 男 (英 grandson) (複 **petits-fils**) (男の)孫.

les **petits-enfants** /プティザンファン/ 男複 (英 grandchildren) 孫たち.

pétrir /ペトリール/ 他 33 ❶ (粉など)をこねる. ❷ をもむ, もみくちゃにする.

le **pétrole** /ペトロル/ 男 (英 oil) 石油.

pétrolier(ère) /ペトロリエ(ール)/ 形 石油の.
— le **pétrolier** 男 石油タンカー.

peu /pø プー/ 副 ❶《肯定》(英 a little, a few) 〈**un peu**〉 (**a**) 少し, ちょっと.
● dormir *un peu* 少し眠る.
● Chantez *un peu* plus fort. もう少し大声で歌いなさい.
(**b**) 〈**un peu de** 名《無冠詞》〉 少しの….
● J'ai *un peu d'*argent. 私は少しはお金を持っている.
会話 *Un peu de* silence, s'il vous plaît! 少し静かにしてもらえませんか.
(**c**)《反語》あまりにも.
● C'est *un peu* fort! そいつはあんまりだ.
❷《否定》(英 little, few) (**a**)《動詞を修飾して》ほとんど…ない.
● Il travaille *peu*. 彼はあまり働かない.
(**b**)《形容詞・副詞の前で》あまり…でない.
● film *peu* intéressant あまり面白くない映画.
(**c**) 〈**peu de** 名《無冠詞》〉 ごくわずかな…しかない.
● J'ai *peu d'*argent. 私にはあまりお金がない.
(**d**) わずかなもの; ごくわずかな人.
● *Peu* sont venus. ほんのわずかな人しか来なかった.
● Il se contente de *peu*. 彼はわずかなもので満足する.

à peu près ほとんど, およそ.
de peu わずかの差で. ●J'ai manqué *de peu* le dernier train. 私はもうちょっとのところで終電車に乗り遅れた.
depuis peu 最近. ●Il a déménagé *depuis peu*. 彼は最近引っ越した.
encore un peu もう少し.
peu à peu 少しずつ.
peu de chose 取るに足りないこと.
pour un peu もう少しで, 危うく(…するところだった).
sous peu 間もなく.
un (***tout***) ***petit peu*** ほんのわずか.
un peu partout あちこちを.

le **peuple** /プープル/ 男 (英 people)
❶ 民族, 国民.
❷ 民衆.
❸《話》たくさんの人, 群衆.

peuplé(e) /ププレ/ 形 人の住んでいる. ●très [peu] *peuplé* 人口の密集した[まばらな].

peupler /ププレ/ 他 (英 populate)
❶ (ある場所に人[動物])を住まわせる; に植林する.
❷ (集団で)に住みつく.

le **peuplier** /ププリエ/ 男 〔植〕ポプラ.

la **peur** /プール/ 女 (英 fear) ❶ 恐怖, 恐れ; 心配, 不安.
会話 N'ayez pas *peur*. 怖がらないでください, 心配しないでください.
❷ (a)〈**avoir peur de** 名 [**de** 不定詞]〉…(すること)を恐れる.
●Cet enfant *a peur des* chiens. この子は犬を怖がる.
(b)〈**avoir peur que** (**ne**) 接続法〉…であることを恐れる, 心配する.
●J'*ai peur qu'*il ne vienne pas. 彼が来ないのではないかと思う.
avoir peur pour 人 (人)を心配する.
avoir plus de peur que de mal 怖い思いをするだけですむ.
faire peur à 人 (人)を怖がらせる. ●Tu *m'as fait peur*! ああ驚いた, 驚かさないでよ.
mourir de peur 死ぬほど怖い.
prendre peur おびえる.

peureux(se) /プル(ーズ)/ 形 臆病な, 怖がりの.
— le(la) **peureux(se)** 名 臆病者, 怖がり.

peut →**pouvoir**[1] 56

peut-être /pøtɛtr プテートル/ 副 (英 perhaps, maybe) ❶ もしかすると, かもしれない.
●Il pleuvra *peut-être* demain. 明日はあるいは雨かもしれない.
POINT peut-être は可能性があることを示す; peut-être＜sans doute「おそらく」＜probablement「きっと, たぶん」.
❷〈**peut-être** (**bien**) **que** 直〉…かもしれない.
●*Peut-être qu'*ils ne viendront pas. 彼らは来ないかもしれない.
❸〈**peut-être bien**〉きっと, おそらく.
●Il le sait *peut-être bien*. 彼はきっとそのことを知っているだろう.

peuvent, peux →**pouvoir**[1] 56

le **phare** /ファール/ 男 (英 lighthouse)
❶ 灯台; (自動車の)ヘッドライト. ❷《接尾辞的》輝かしい. ●une industrie-*phare* 模範的な産業.

la **pharmacie** /ファルマスィ/ 女 (英 pharmacy) 薬学; 薬局; 薬棚.

le(la) **pharmacien(*ne*)** /ファルマスィヤン(エヌ)/ 名 (英 pharmacist) 薬剤師.

la **phase** /ファーズ/ 女 (発達・変化の)段階, 局面; 位相.
être en phase avec 人 (人)と波長が合う.

le **phénomène** /フェノメヌ/ 男 (英 phenomenon) ❶ 現象, 事象. ❷ 驚くべきこと. ❸《話》変わったやつ.

les **Philippines** /フィリピヌ/ 女 複 フィリピン(諸島).

le(la) **philosophe** /フィロゾフ/ 名 哲学者.
— 形 (人生を)達観した.

la **philosophie** /フィロゾフィ/ 女 ❶ 哲学.
❷ 人生観, ものの考え方; 達観, 諦(てい)観.

philosophique /フィロゾフィク/ 形 哲学の, 哲学的な.

phonétique /フォネティク/ 形 音声(学)の.
— la **phonétique** 女 音声学.
派生 **phonétiquement** 副

le **phoque** /フォク/ 男 〔動〕アザラシ(の毛皮).

la **photo** /fɔto フォト/ 女 (英 picture)
❶ 写真.
●prendre des *photos* 写真を撮る.

P

●*photo* d'identité 証明写真.
●C'est une *photo* de Françoise à vingt ans. それは20歳のときのフランソワーズの写真だ.
❷ 写真撮影.
●faire de la *photo* 写真をやる.
appareil (***de***) ***photo*** カメラ.
en photo 写真で. ●Je vous ai vue *en photo*. 写真であなたを見ました.
prendre ... en photo/faire [***prendre***] ***une photo de ...*** …を写真に写す. ●*Prends une photo de* nous. 私たちの写真を撮って.

la **photocopie** /フォトコピ/ 女 コピー, (写真)複写.

photocopier /フォトコピエ/ 他 をコピーする.

le(la) **photographe** /フォトグラフ/ 名 (英 photographer) カメラマン, 写真家; 写真屋.

la **photographie** /フォトグラフィ/ 女 写真撮影, 写真(術).

photographier /フォトグラフィエ/ 他 (英 photograph) の写真を撮る. ●*photographier* un enfant 子供の写真を撮る. ●C'est bien *photographié*. なかなかよく撮れている.
se faire photographier (自分の)写真を撮ってもらう.

photographique /フォトグラフィク/ 形 (英 photographic) 写真(用)の.

la **phrase** /フラーズ/ 女 (英 sentence) 文章, 文; 言葉.
faire des phrases 気取った[空疎な]言葉を並べる.

le(la) **physicien(*ne*)** /フィズィスィヤン(エヌ)/ 名 物理学者.

la **physiologie** /フィズィヨロジ/ 女 生理学.

physiologique /フィズィヨロジク/ 形 生理学の, 生理的な.

la **physionomie** /フィズィヨノミ/ 女 顔つき, 容貌; (町などの)様相, 外観.

la **physique**[1] /フィズィク/ 女 (英 physics) 物理学.
— 形 ❶ 物質の, 自然(界)の. ❷ 物理(学)的な.

le **physique**[2] /フィズィク/ 男 (英 physique) ❶ 肉体, 身体. ❷ 容姿.
avoir le physique de l'emploi 役柄[職業]にふさわしい容姿である.
— 形 肉体の, 身体の.

le(la) **pianiste** /ピヤニスト/ 名 ピアニスト.

le **piano**[1] /pjano ピヤノ/ 男 ピアノ.
●jouer du *piano* ピアノを演奏する.
●se mettre au *piano* ピアノに向かう.
piano à queue グランドピアノ.
piano droit アップライトピアノ.

piano[2] /ピヤノ/ 副 (<イタリア) ❶〔楽〕ピアノで, 弱音で. ❷《話》そっと, 静かに.

le **pic** /ピク/ 男 ❶ つるはし. ❷ 尖(せん)峰; 山頂; (グラフの曲線の)頂点. ●*pic* d'audience 視聴率のピーク.
à pic 垂直に, 切り立った; ちょうどいいときに. ●arriver *à pic* いいところにやって来る. ●Ça tombe *à pic*. それはおあつらえ向きだ.

le **pickpocket** /ピクポケト/ 男 (<英) すり.

la **pièce** /ピエス/ 女 ❶ (英 piece) 1個; (機械などの)部品, 部分; かけら, 破片.
●une *pièce* de pâtisserie ケーキひと切れ. ●les *pièces* d'un verre ガラスの破片. ●trois euros *pièce* 1個3ユーロ. ●acheter [vendre] ... à la *pièce* ばらで…を買う[売る]. ●mettre ... en *pièces* …を粉々にする, ずたずたにする. ●en *pièces* détachées ばらばらの.
❷ (英 room) 部屋. ●un appartemant de deux *pièces* 2部屋のアパルトマン.
❸ 戯曲 (=〜 de théâtre); (文学・音楽の)作品.
❹ 硬貨 (=〜 de monnaie).
❺ 書類, 証明書. ●*pièce* d'identité 身分証明書. → パスポートや免許証など.
❻ (継ぎ用の)当て布, 布切れ.
créer [***inventer***] ***... de toutes pièces*** …を完全に作り上げる.
deux pièces 〔服〕ツーピース.
pièce d'eau (庭園の)泉水.

le **pied** /pje ピエ/ 男 (英 foot)
❶ (**a**) 足.
●se tordre le *pied* 足をくじく.
●sentir des *pieds* 足が臭い.
(**b**) (家具・グラスの)脚.
●table à trois *pieds* 3本脚のテーブル.
❷ (山の)麓(ふもと); (柱・壁の)最下部.
❸ (作物の)株.
●un *pied* de vigne 1株のブドウの木.
❹ フィート. → 長さの単位; 約30.5センチ.

P

❺ (ギリシア・ラテン詩の)脚; (フランス詩の)音節.

à pied 徒歩で. ●Ils vont à l'école *à pied*. 彼らは歩いて学校に行く.

au pied de... …の下で. ●s'asseoir *au pied* d'un arbre 木の根元に座る.

au pied levé 即座に, 準備なしに.

avoir les pieds sur terre 地に足がついている, 堅実である.

avoir* [*perdre*] *pied (水の中で)背が立つ[立たない].

casser les pieds à 人 (人)をいらいらさせる.

会話 ***C'est le pied!*** 《話》最高に楽しい.

comme un pied ひどく下手に.

coup de pied 蹴り, キック. ●donner un *coup de pied* à ... …を蹴る.

de la tête aux pieds/des pieds à la tête 頭の上からつま先まで, 全身.

***être pieds nus* [*nu-pieds*]** 裸足でいる.

être sur pied 起きている, 立っている. ●À cinq heures, il *était* déjà *sur pied*. 5時に彼はもう起きていた, 用意ができていた.

mettre... sur pied …を立ち上げる. ●*mettre sur pied* un projet 計画を立てる.

le(la) **pied-noir** /ピエノワール/ 名 (複 pieds-noirs) (独立以前の)アルジェリア生まれ[在住]のフランス人.

— 形 (独立以前の)アルジェリア生まれ[在住]のフランス人の.

le **piège** /ピエージュ/ 男 (英 trap) ❶ (動物用の)罠(わな). ❷ 策略; (試験などの)落とし穴.

prendre au piège 罠で捕らえる.

tendre un piège 罠をかける.

piéger /ピエジェ/ 他 40 57 (動物)を罠(わな)でとる; (人)を罠にかける.

la **pierre** /ピエール/ 女 (英 stone) 石, 石ころ; 宝石. ●maison en *pierre* 石造りの家.

faire d'une pierre deux coups 一石二鳥になる.

Pierre qui roule n'amasse pas mousse. 《ことわざ》転石苔むさず.

poser la première pierre 礎石を置く; 基盤を築く.

le **pierrot** /ピエロ/ 男 ピエロ, 道化役.

la **piété** /ピエテ/ 女 (英 piety) 信心, 敬虔(けいけん).

piétiner /ピエティネ/ 自 足踏みする, もたつく.

— 他 を踏みつける; (地面)を踏み固める.

le(la) **piéton(*ne*)** /ピエトン(トヌ)/ 名 (英 pedestrian) 歩行者.

— 形 歩行者専用の.

piétonnier(*ère*) /ピエトニエ(ール)/ 形 歩行者専用の.

la **pieuvre** /ピユーヴル/ 女 〔動〕タコ.

pieux(*se*) /ピユ(ーズ)/ 形 (英 pious) 信心深い, 敬虔(けいけん)な.

le **pigeon** /ピジョン/ 男 ❶ ハト(鳩). ❷ 《話》だまされやすい人, かも.

le **pignon**[1] /ピニョン/ 男 〔建〕切り妻(壁).

le **pignon**[2] /ピニョン/ 男 〔機〕小歯車, ピニオン.

le **pignon**[3] /ピニョン/ 男 〔植〕松の実.

la **pile**[1] /ピル/ 女 (貨幣の)裏面. ●*Pile* ou face? (コイン投げで)裏か表か.

— 副 《話》ぴたっと, ちょうどよく. ●à six heures *pile* 6時ちょうどに. ●tomber *pile* いいタイミングで出くわす.

la **pile**[2] /ピル/ 女 ❶ 堆積, 積み重ね; 〚*de*, の〛山. ❷ 橋脚. ❸ (英 battery) 電池.

le **pilier** /ピリエ/ 男 ❶ 柱, 支柱; 大黒柱; 中心人物. ❷ 《話》(カフェなどの)常連.

le **pillage** /ピヤージュ/ 男 略奪, 横領.

piller /ピエ/ 他 ❶ を略奪する, 強奪する. ❷ を横領する.

le **pilote** /ピロト/ 男 (英 pilot) ❶ 操縦士[者]; パイロット, オートレーサー. ●*pilote* de ligne 定期航路のパイロット. ●*pilote* automatique 自動操縦装置. ❷ 案内人. ❸ 《名詞の後で同格的に》実験的な, モデルとなる.

piloter /ピロテ/ 他 ❶ (飛行機・車など)を操縦[運転]する. ❷ (人)を案内する.

la **pilule** /ピリュル/ 女 (英 pill) 丸薬; 《話》経口避妊薬, ピル.

avaler la pilule 嫌なことを黙って我慢する.

dorer la pilule à 人 (人)を丸め込む.

le **piment** /ピマン/ 男 ❶ 〔植〕トウガラシ. ●*piment* rouge 赤トウガラシ. → 日本語のピーマンは poivron. ❷ (言葉や作品の)ぴりっとした味.

le **pin** /パン/ 男 〔植〕マツ.

la **pince** /パンス/ 女 (英 pliers) ❶ (ペンチ, ピンセットなどの)はさむ道具. ●*pince* (à épiler) 毛抜き. ●*pince* à linge 洗濯

P

ばさみ. ❷(エビ・カニの)はさみ. ❸〔服〕ダーツ.

serrer la pince à 人 (人)と握手する.

le **pinceau** /パンソ/ 男 (複 **pinceaux**) (英 brush) 筆, はけ, ブラシ; 筆さばき.

pincer /パンセ/ 他 52 (英 pinch) ❶をつまむ, つねる, 締めつける. ❷(弦楽器)を指で弾く. ❸(寒さなどが)に痛みを感じさせる. ❹《話》(人)を捕まえる.

— 自〘de〙(弦楽器などを)爪(つま)弾く.

en pincer pour 人 (人)に熱を上げる.

— **se pincer** 代動 はさまれる.

la **pincette** /パンセト/ 女 ピンセット; 《複》火ばさみ.

le **pingouin** /パングワン/ 男〔鳥〕オオウミガラス類; 《誤用で》ペンギン. →**manchot**

la **pintade** /パンタド/ 女〔鳥〕ホロホロチョウ. → 食用の家禽(かきん).

la **pioche** /ピヨシュ/ 女 (英 pick) ❶つるはし. ❷(ドミノやトランプ遊びの)積み札.

piocher /ピヨシェ/ 他 ❶をつるはしで掘る. ❷(ドミノやトランプで山から札)を取る.

— 自〘*dans*, の山を〙あさる, 探し出す.

la **pipe** /ピプ/ 女 パイプ. ●fumer la *pipe* パイプをくゆらす[愛用する].

casser sa pipe 《話》死ぬ, くたばる.

le **pipi** /ピピ/ 男 《話》《幼児語》おしっこ.
●faire *pipi* おしっこする.

会話 ***C'est du pipi de chat.*** それは下らない.

piquant(e) /ピカン(ト)/ 形 (英 prickly) ❶ちくちくする; 肌を刺す. ❷(味が)辛い, ぴりっとする. ❸《文》辛辣な.

— le **piquant** 男 (バラ・ウニなどの)とげ.

la **pique**[1] /ピク/ 女 ❶槍(やり). ❷辛辣な言葉.

le **pique**[2] /ピク/ 男 (トランプの)スペード(の札).

le **pique-nique** /ピクニク/ 男 ピクニック, 野外での食事; お弁当.

piquer /ピケ/ 他 (英 stick, prick)
❶を突き刺す; 注射する; (蚊などが)を刺す. ●être *piqué* [se faire *piquer*] par un moustique 蚊に刺される.
❷(ものが)の感覚を刺激する. ●La fumée me *pique* les yeux. 煙が目に染みる. ●Ça me *pique*. ちくちくする.
❸《話》〘*à*, から〙を盗む. ●On m'a *piqué* mon vélo. 自転車を盗られてしまった.
❹《話》突然…する. ●*piquer* une colère 急に怒り出す.
❺をミシンで縫う.
❻(虫が)に穴をあける.

— 自 ❶(ワインなどが)舌を刺す. ●moutarde qui *pique* つんとくるからし. ❷(飛行機が)急降下する;〘*dans*, にめがけて〙(人・動物・乗り物が)突っ込む.

— **se piquer** 代動 ❶(自分の…を)刺す. ●Elle *s'est piqué* le doigt avec une aiguille. 彼女は針で指を刺してしまった. ❷自分で注射を打つ. ❸《文》〘*de*, を〙自慢する, 誇る.

le **piquet** /ピケ/ 男 杭(くい).

la **piqûre** /ピキュール/ 女 ❶(虫などが)刺すこと; 刺し傷. ❷注射. ●faire une *piqûre* à 人 (人)に注射をする. ❸縫い目.

le **pirate** /ピラト/ 男 海賊;〔情報〕ハッカー; 詐欺師.

pirate de l'air ハイジャック犯.

pire /ピール/ 形 (英 worse, worst) ❶《mauvais の比較級》より悪い. ❷《定冠詞・所有形容詞とともに》《mauvais の最上級》最悪の.

— le **pire** 男 最悪のこと. ●au *pire* 最悪の場合は.

de pire en pire ますます悪く.

le **pis**[1] /ピ/ 男 (牛・ヤギ・羊などの)乳房.

pis[2] /ピ/ 副 (英 worse) 《mal の比較級》《文》より悪く.

de mal en pis だんだん悪く.

de pis en pis ますます悪く.

tant pis 仕方がない, 残念だ.

— 形 《不変》《文》もっと悪い.

— 男 《無冠詞で》もっと悪いこと; 《文》**(le 〜)** 最も悪いこと.

la **piscine** /ピスィヌ/ 女 (英 swimming pool) (水泳)プール. ●*piscine* couverte 屋内プール.

la **piste** /ピスト/ 女 (英 track) ❶(動物・犯人の)足跡. ●brouiller les *pistes* 足跡をくらます. ●être sur la *piste* de 人 (人)の手がかりを得ている.
❷(森・未開地の)未舗装の道.
❸(飛行機の)滑走路; (陸上競技などの)トラック; (スキーの)ゲレンデ.
❹(フィルムなどの)録音帯.
❺(円形の)競技場.

piste de danse ダンスフロアー.

P

le **pistolet** /ピストレ/ 男 (英 pistol, gun) ❶ ピストル, 拳銃. ❷ (塗料などの)吹きつけ器, スプレーガン.

le **piston** /ピストン/ 男 ❶ (機械の)ピストン; (金管楽器の)音栓. ❷《話》(就職・昇進の)コネ.

la **pitié** /ピティエ/ 女 (英 pity) 哀れみ, 同情; みじめさ.

avoir pitié de 人 (人)に同情する.

par pitié お願いだから.

prendre 人 ***en pitié*** (人)を哀れむ.

sans pitié 無情にも; 無情な.

pitoyable /ピトワヤブル/ 形 哀れな, 同情を誘う.

pittoresque /ピトレスク/ 形 (英 picturesque) ❶ 絵になる. ❷ (表現などが)精彩に富む; (外観が)人目を引く, 一風変わった.

le **pivot** /ピヴォ/ 男 ❶ 軸, 心棒, ピボット. ❷ 中心(人物), かなめ.

le **placard** /プラカール/ 男 (英 closet) ❶ (作りつけの)戸棚, 押し入れ. ❷ はり紙, ビラ, ポスター.

mettre ... au placard (人)をのけ者にする; (問題など)を棚上げにする.

la **place** /plas プラス/ 女

❶ (**a**) (英 place) 場所, 位置.

• Il se gare toujours à la même *place*. 彼はいつも同じ所に駐車する.

(**b**) 空間, スペース.

• *place* de parking 駐車スペース.

• faire de la *place* 場所をあける.

• Cette table prend trop de *place*. このテーブルは場所ふさぎだ.

❷ (英 seat) 座席.

会話 Cette *place* est libre?—Non, elle est occupée. この席は空いていますか. —いいえ, 空いてません.

❸ 広場.

• la *place* de la Concorde (パリの)コンコルド広場.

• *place* du marché (市場の立つ)広場.

❹ (社会的な)地位; 職, 働き口.

• perdre sa *place* 職を失う.

❺ 順位, 席次.

• Jacques a eu la première *place* en composition. ジャックは作文で1番になった.

à la place その代わりに.

à la place de ... …の代わりに; …の立場だったら. • Je viens à *la place de* mon père. 私は父の代わりに来ました. • Qu'est-ce que tu ferais à *sa place*? もし彼(女)の立場だったら君はどうする.

en place しかるべき場所に. • remettre les chaises *en place* 椅子を元の場所に戻す.

faire place à ... …に道を譲る; …に代わる. • La machine à écrire *a fait place* à l'ordinateur. タイプライターはパソコンに取って代わられた.

mettre ... en place …を設置する.

prendre la place de 人 (人)の代わりをする.

prendre place 着席する.

remettre 人 ***à sa place*** (人)に身のほどを知らせる.

sur place その場で, 現場で. • recruté *sur place* 現地で採用した.

tenir sa place 重要な役割を果たす.

le **placement** /プラスマン/ 男 ❶ 投資. ❷ 就職のあっせん.

placer /プラセ/ 他 52 (英 place) ❶ (あるべき場所に)を置く, 据える. • Il *a placé* son lit près de la fenêtre. 彼はベッドを窓際に置いた. • *placer* ses invités 招待客をそれぞれの席につかせる.
❷ (言葉など)を差しはさむ. • Il ne m'a pas laissé *placer* un (seul) mot. 彼は私に一言も口をはさませなかった.
❸ (部署・職に人)をつかせる, 配置する.
❹ (お金)を投資する.
❺ (商品など)を売り込む.

être bien [***mal***] ***placé*** (***pour*** 不定詞) (…するのに)好都合[不都合]な立場にいる.

— se placer 代動 ❶ 席につく, 身を置く; 位置づけられる, 置かれる. • *Placez-vous* où vous voulez. どこでも好きなところに座ってください. • cheval qui *s'est placé* premier 1着になった馬.
❷ 雇われる.

le **plafond** /プラフォン/ 男 (英 ceiling) ❶ 天井. ❷ 上限.

plafond nuageux 〔気〕雲底(うんてい)高度.

la **plage** /プラージュ/ 女 (英 beach) 浜辺, 海岸; (遊泳可能な)川岸, 湖岸. • *plage* de sable 砂浜.

plaider /プレデ/ 他 (英 plead) (法廷で)を弁護する; 主張する.

plaider coupable [***non coupable***] 起訴

P

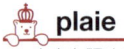

事実を認める[無罪を主張する].

plaider la cause de 人 (人)を弁護する. ●Son avocat a *plaidé sa cause* avec éloquence. 彼(女)の弁護士は彼(女)の事件を雄弁に弁護した.

— 自 ❶(法廷で)弁護する. ●*plaider* pour son client (弁護士が)依頼人のために弁護する. ❷〖*contre*, に対して〗訴訟を起こす.

plaider pour〔***en faveur de***〕人 (人)を弁護する, 有利に働く. ●Son passé *plaide* en sa faveur. 彼の過去は彼にとって有利に働く.

la **plaie** /プレ/ 女 (英 wound, cut) ❶傷, 傷口;《文》(心の)痛手. ❷《話》嫌なこと[やつ].

plaign ... →**plaindre** 19

plaignant(e) /プレニャン(ト)/ 形〔法〕告訴する.

— le(la) **plaignant(e)** 名 原告, 告訴人.

plaindr ... →**plaindre** 19

plaindre /プランドル/ 他 19 (英 pity) 〈**plaindre** 人 **de** 名 [**de** 不定詞]〉(人)を…の[する]ことで気の毒に思う, 同情する. ●Je le *plains d'*avoir une femme pareille. あんな奥さんをもって彼も気の毒だ.

être à plaindre 同情に値する.

— **se plaindre** 代動 (英 complain) 苦痛を訴える. ●supporter la douleur sans *se plaindre* うめき声を立てずに苦痛に耐える.

se plaindre de 名 [***de*** 不定詞/***que ...***] …(であること)に不平を言う; …について嘆く. ●Il *s'est plaint d'*avoir mal à la tête. 彼は頭が痛いと訴えた.

la **plaine** /プレヌ/ 女 (英 plain) 平野, 平原.

plains[t] →**plaindre** 19

la **plainte** /プラント/ 女 (英 moan, complaint) ❶うめき声, 嘆き. ❷不平, 不満;〔法〕告訴.

porter plainte contre 人 (人)を告訴する.

plaintif(ve) /プランティフ(ーヴ)/ 形 (声などが)うめくような.

plaire /プレール/ 自 53 (英 please)

je	plais	nous	plaisons
tu	plais	vous	plaisez
il	plaît	ils	plaisent
現分	plaisant	過分	plu

❶〖*à*〗(人の)気に入る; (に)好かれる. ●Cette robe *me plaît* beaucoup. このドレスはとても気に入ってます.

❷〈**Il plaît à** 人 **de** 不定詞 [**que** 接続法]〉《非人称》…(すること)は(人)の気に入る.

Ça vous〔***te***〕***plairait de*** 不定詞***?***《勧誘》…してみませんか.

comme il vous plaira お好きなように.

s'il vous〔***te***〕***plaît*** (英 please) どうぞ, お願いします, すみません. → SVP と略して書くことがある. ●Un café, *s'il vous plaît*. コーヒーを1つ頼みます. ●Monsieur, *s'il vous plaît*!《呼びかけ》ちょっと, すみません. ●L'addition, *s'il vous plaît*. 勘定をしてください.

— **se plaire** 代動 互いに気に入る; (自分が…なのが)気に入る, 好む;〈**se plaire à** 名 [**à** 不定詞]〉…が[するのが]好きである.

plais (...) →**plaire** 53

plaisant(e) /プレザン(ト)/ 形 ❶快適な, 気持ちよい. ❷面白い, 愉快な.

plaisanter /プレザンテ/ 自 (英 joke) 冗談を言う, ふざける. ●Je ne *plaisante* pas. まじめに言っているんですよ. 会話 Tu *plaisantes*!/Vous *plaisantez*! 冗談でしょ.

— 他 (人)をからかう. ●Ils l'*ont plaisanté* sur son nouveau costume. 彼らは彼の新調のスーツを冷かした.

ne pas plaisanter avec〔***sur***〕***...*** …をまじめに扱う.

la **plaisanterie** /プレザントリ/ 女 (英 joke) 冗談; いたずら, からかい. 会話 C'est une *plaisanterie*! 冗談でしょ.

le **plaisir** /plezir プレズィール/ 男 (英 pleasure)

❶喜び, 楽しみ; 快楽.

●*plaisir* de lire 読書の楽しみ.

❷《多く複数》(具体的な)楽しみごと, 娯楽.

●Le golf est un *plaisir* coûteux. ゴルフはお金のかかる遊びだ.

●mener une vie de *plaisirs* 享楽的な生活を送る.

Avec plaisir. 喜んで. 会話 Serez-vous des nôtres?—Mais *avec* grand *plaisir*. あなたも加わってくれますか.—ええ喜んで.

P

***avoir* [*prendre*] (*du*) *plaisir à* 名 [*à* 不定詞]** …を[すること]を楽しむ. ●*J'ai eu plaisir à* la revoir. 彼女と再会できて楽しかった.

***faire plaisir* (*à* 人)** (人を)喜ばせる. ●*Ça me fait plaisir.* それはうれしいな.

par plaisir*/*pour le plaisir 楽しみで. ●J'écris des romans *par plaisir.* 私は楽しみで小説を書いている.

***se faire un plaisir de* 不定詞** …することを喜んでする. ●*Je me ferai un plaisir de* vous guider. 喜んでご案内いたします.

plaît →**plaire** 53

plan[1](e) /プラン(ヌ)/ 形 平らな, 平面の.

— le plan 男 ❶ 平面, 面.
❷ (絵画・舞台・写真の)景; (映画の)ショット.

au premier plan 最重要な位置に.

laisser... en plan 《話》…を置き去りにする; 見捨てる.

sur le même plan 同じ次元で.

***sur le plan* 形** …の面で, …の領域で. ●*sur le plan* affectif 感情の面で.

le plan[2] /プラン/ 男 ❶ (英 map) 地図; 図面, 設計図.
❷ 計画, 政策; (作品の)筋書き, 構想.

la planche /プランシュ/ 女 (英 board)
❶ 板, 板材; ボード; スキーの板. ●*planche* à neige スノーボード. ●*planche* à repasser アイロン台. ●*planche* à roulettes スケートボード.
❷ (本の)図版.
❸ 《複》舞台.

faire la planche (水上で)浮身をする.

monter sur les planches 舞台に立つ, 役者になる.

le plancher /プランシェ/ 男 (英 floor)
❶ 床(ゆか). ❷ 最低基準, 下限. ●prix *plancher* 最低価格.

débarrasser le plancher 《話》出て行く, 立ち去る.

planer /プラネ/ 自 ❶ (鳥が)飛ぶ; (飛行機が)滑空する; (煙・においなどが)漂う.
❷ (謎・疑惑が)浮かび上がる; (危険が)迫る.
❸ 空想にふける; ぼんやりする.

planétaire /プラネテール/ 形 ❶ 惑星の.
❷ 世界的規模の, 地球全体の.

la planète /プラネト/ 女 惑星.

le planeur /プラヌール/ 男 グライダー.

la plantation /プランタスィヨン/ 女
❶ 植えつけ.
❷ 農園.
❸ 《集合的》農作物.
❹ (熱帯地方などの)プランテーション.
❺ (髪の)生え方, 生え際.

la plante[1] /プラント/ 女 (英 plant) 植物; 草花. ●*plantes* vertes 観葉植物.

la plante[2] /プラント/ 女 足の裏, 足底.

planter /プランテ/ 他 (英 plant) ❶ (木・野菜)を植える; (植物を場所)に植えつける.
❷ (釘(くぎ)など)を打ち込む; (テント・旗など)を立てる.

planter là ... …を放棄する; (人)を置き去りにする.

— se planter 代動 ❶ 植えられる; 突き刺さる.
❷ 動かなくなる, 固まる.
❸ 《話》間違う, 失敗する.

la plaque /プラク/ 女 (英 plate) ❶ 板; (ネーム)プレート, 標示板. ●*plaque* d'immatriculation (自動車の)ナンバープレート. ●*plaque* à induction IH 調理器.
❷ 〔地〕プレート.

être à côté de la plaque 《話》間違っている, 的はずれである.

P

plaquer /プラケ/ 他 ❶ をめっきする. ❷ 〖*contre, sur,* に〗を押しつける; (髪)をなでつける. ❸ 《話》を突然捨てる.

plastique /プラスティク/ 形 (英 plastic)
❶ プラスチック(製)の; 可塑(かそ)性の, 柔軟な.
❷ 造形の; 〔医〕形成の. ●chirurgie *plastique* 形成外科.

— le plastique 男 プラスチック(材, 製品); ビニール. ●en *plastique* プラスチック製の.

— la plastique 女 造形, 彫刻; 体形(美).

plat[1](e) /プラ(ト)/ 形 (英 flat)
❶ 平らな, 平たい.
❷ 平板な, 凡庸な.
❸ (人・態度が)卑屈な.

eau plate (炭酸の入らない)普通の水.

— le plat 男 ❶ 平らな部分.
❷ 〔水泳〕水平飛び込み.

à plat 平らに; 《話》(疲れて)ぐったりして.

le plat[2] /プラ/ 男 (英 dish) 大皿; 料理, 主菜. ●*plat* du jour (レストランの)本日のおすすめ料理.

faire tout un plat de ... …を大げさに騒ぎ立てる.

le**platane** /プラタヌ/ 男 〔植〕プラタナス.

le**plateau** /プラト/ 男 (複 **plateaux**) (英 tray) ❶ 盆, トレー; 秤(はかり)皿.
❷ 高原, 台地.
❸ 舞台; (映画・テレビの)(スタジオ)セット.
apporter A à B sur plateau BにAをお膳立てしてやる.
plateau de fromages チーズ盛り合わせ.

la**plate-forme, plateforme** /プラトフォルム/ 女 (複 **plates-formes**) 高くなった水平面[床], プラットホーム.

la**platine**[1] /プラティヌ/ 女 (AV 機器の)プレイヤー.

P

le**platine**[2] /プラティヌ/ 男 プラチナ, 白金.
— 形 《不変》白金[プラチナ]色の.

la**platitude** /プラティテュド/ 女 平板さ, 凡庸, 陳腐な言葉.

platonique /プラトニク/ 形 純精神的な, 観念的な. ●amour *platonique* プラトニックラブ.

le**plâtre** /プラートル/ 男 (英 plaster) 石膏(せっこう), 漆喰(しっくい); 石膏像; 〔医〕ギプス.

plein(e) /プラン(レヌ)/ 形 (英 full) ❶ 〚*de*, で〛いっぱいの; 満員の; 満たされた.
❷ 完全な, 最大限の.
❸ すき間のない; (動物が)はらんだ.
à plein(e)(s) ... …いっぱいに.
en plein ... …の最中に, 真ん中に.
en plein air 野外で.
en plein jour 白昼に, 公然と.
en plein milieu ど真ん中で.
— 前 …にいっぱいの, …だらけの. ●Elle avait des larmes *plein* les yeux. 彼女は目にいっぱい涙を浮かべていた.
— 副 いっぱいに.
plein de ... たくさんの….
— le **plein** 男 最大限; いっぱい(に詰まっていること). 会話 Le *plein*, s'il vous plaît. ガソリン満タンで.
en plein dans [***sur***] ***...*** …の真ん中に.
faire le plein ガソリンを満タンにする.

pleinement /プレヌマン/ 副 (英 fully) まったく, 完全に, 十分に.

la**plénitude** /プレニテュード/ 女 《文》完全さ, 絶頂.

pleurer /plœre プルレ/ 自 (英 weep) 泣く, 涙を流す.
●Ce film m'a fait *pleurer*. あの映画には泣かされた.
●Pourquoi tu *pleures*? なぜ君は泣いてるんだ.
pleurer après ... 《話》…をしつこくせがむ. ●*pleurer après* une augmentation de salaire 昇給をうるさくせがむ.
pleurer comme une Madeleine 《話》おいおい泣く.
pleurer de rire 涙が出るほど笑う.
pleurer sur ... …を嘆く, 悲しむ.
— 他 《文》を嘆く, 悔やむ; (涙)を流す.
●*pleurer* ses fautes 過失を悔いる.
●*pleurer* des larmes de joie 喜びの涙を流す.

pleut, pleuv ... →**pleuvoir** 54

pleuvoir /pløvwar プルヴォワール/ 非人称 54 (英 rain)

il	pleut		
現分	pleuvant	過分	plu

❶ 雨が降る.
●Il *pleut* depuis trois jours. 3日前から雨が降り続いている.
●Il *pleuvait* légèrement. 小雨が降っていた.
❷〈**Il pleut de ...**〉…の雨が降りそそぐ.
●*Il pleut de* grosses gouttes. 大粒の雨が降る.
Il pleut à torrents [***à verse/des cordes***]***.*** 雨がざあざあ降っている.
— 自 (ものが)降りかかる, 押し寄せる.

le**pli** /プリ/ 男 (英 fold) ❶ (衣服や紙の)折り目, プリーツ; しわ, ひだ. ●repasser [faire] le *pli* d'un pantalon アイロンでズボンに折り目をつける.
❷ (土地の)起伏.
❸ (人の)癖, 習慣; (服や髪などの)形.
●prendre un *pli* 習慣になる, 癖になる.

●mise en *plis* 髪のセット.
❹ 手紙.

pliant(e) /プリヤン(ト)/ 形 折りたたみ式の.
— le pliant 男 折りたたみ椅子.

plier /プリエ/ 他 (英 fold) ❶(布・紙)を折る, 折りたたむ. ●*plier* une feuille de papier en deux 1枚の紙を2つに折る. ❷を曲げる. ❸〖à, に〗を服従させる, 適応させる.
— 自 ❶曲がる, たわむ. ❷服従する, 屈服する.
être plié (en deux) / être plié de rire 《話》笑い転げる.
plier bagage 荷造りをする.
— se plier 代動 ❶曲がる, 折りたたまれる. ❷〖à, に〗従う, 適応する.

plisser /プリセ/ 他 にひだをつける; (額)にしわを寄せる.
— 自 ひだがつく, しわになる.
— se plisser 代動 ひだがつく, しわになる.

le plomb /プロン/ 男 (英 lead) ❶鉛.
❷〔電〕ヒューズ. ●Les *plombs* ont sauté. ヒューズが飛んだ.
❸(猟銃用)弾丸, 散弾.
❹(釣糸や漁網の)おもり.
à plomb 垂直に.

le(la) plombier(ère) /プロンビエ(ール)/ 名 (ガス・水道などの)配管工, 修理工.

la plombières /プロンビエール/ 女 〔菓〕プロンビエール. → 果物の砂糖漬け入りのバニラアイスクリーム.

le plongeon /プロンジョン/ 男 (水泳の)飛び込み, ダイビング.
faire le plongeon 《話》大損をする.

plonger /プロンジェ/ 自 40 ❶(英 dive) (水に)飛び込む, 潜水する; (サッカーでゴールキーパーが)ダイビングキャッチする.
●*plonger* d'un rocher dans la rivière 岩から川に飛び込む.
❷〖*sur*, に向けて〗(飛行機・鳥が)急降下する.
❸(視線が)見下ろす.
— 他 ❶を突っ込む, 突きさす; (液体に)をつける. ●*plonger* sa tête dans l'eau 水に頭をつける. ●*plonger* son regard dans... …をじっと見つめる. ❷〖*dans*〗(ある状態に)(人)を陥れる.
— se plonger 代動 〖*dans*, に〗浸る, 潜る, 飛び込む, 没頭する. ●*se plonger* dans son travail 仕事に没頭する.

plu →**plaire** 53 →**pleuvoir** 54

la pluie /plɥi プリュイ/ 女 (英 rain) 雨, 雨が降ること.
●La *pluie* tombe doucement. 雨が静かに降っている.
●Le temps est à la *pluie*. 雨になりそうだ.
Après la pluie, le beau temps. 《ことわざ》雨のち晴, 苦あれば楽あり.
pluie(s) acide(s) 酸性雨.
pluie battante 土砂降りの雨.
pluie fine 霧雨.
sous la pluie 雨の中で. ●marcher *sous la pluie* 雨の中を歩く.
une pluie de... 《比喩》…の雨. ●*une pluie de* baisers キスの雨.

la plume /プリュム/ 女 (英 feather) ❶羽, 羽毛. ❷ペン先, ペン; 筆, 文体.
voler dans les plumes 《話》突然襲いかかる.
y laisser des plumes 《話》損をする.

plumer /プリュメ/ 他 (鳥)の羽をむしる; 《話》のお金を巻き上げる.

plûmes →**plaire** 53

la plupart /プリュパール/ 女 **(la ～)** 《複数扱い》大部分, 大多数.
la plupart de... (英 most of) 大部分[大多数]の…. ●*La plupart d'*entre eux vont partir. 彼らの大部分は出発する. ●dans *la plupart des* cas たいていの場合.
la plupart du temps たいてい, ほとんどいつも.
pour la plupart 大部分は.

plurent →**plaire** 53

pluriel(le) /プリュリエル/ 形 複数(形)の.
— le pluriel 男 〔文法〕複数(形). ●au *pluriel* 複数形で.

plus[1] /ply, plys プリュ(ス)/ 副 (英 more, most) ❶《比較級を作る》(**a**)〈**plus** 形・副 (**que ...**)〉(…より) もっと…, さらに….
●Il est (beaucoup) *plus* grand *que* vous. 彼はあなたより(ずっと)大きい.
●Elle court *plus* vite *que* moi. 彼女は私より速く走る.
(**b**)《beaucoup の比較級として》より多く….
●Mon frère gagne *plus* que moi. 私の

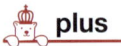

兄[弟]は私より多く稼ぐ.
●Il a *plus* de patience que moi. 彼は私より辛抱強い.
❷《最上級を作る》(**a**)〈**le** [**la**/**les**] **plus** 形 (**de** ...)〉(…の中で)最も….
●Il est *le plus* âgé *de* la classe. 彼はクラスの中で最年長だ.
●*le plus* beau film que j'aie jamais vu 私がこれまでに見た中で1番すばらしい映画. → 関係節の中の動詞は 接続法.

二者の比較

2つのものを比べる場合は最上級を用いる: De ces deux appareils, celui-ci est le plus pratique. この2つの器具のうちでは, こちらの方がより便利だ.

(**b**)〈**le plus** 副 (**de** ...)〉(…の中で)最も….
●C'est elle qui court *le plus* vite *de* la classe. クラスで1番速く走るのは彼女だ.
(**c**)《beaucoup の最上級として》〈**le plus**〉最も多く;〈**le plus de** 名《無冠詞》〉最も多くの.
●travailler *le plus* 一番よく働く.
●C'est lui qui a mangé *le plus de* gâteaux. 1番たくさんケーキを食べたのは彼だ.
***À plus* (*tard*)!** 《話》じゃあ, あとで.
de plus そのうえ. ●Ce professeur est ennuyeux et *de plus*, sévère. あの教師は退屈な上に厳しい.
... de plus …だけ多く. ●Il a deux ans *de plus* que moi. 彼は私より2歳だけ年上だ.
de plus en plus ますます, 次第に.
en plus そのうえ. ●Il est bête et *en plus*, il est méchant. 彼は愚かで, おまけに意地が悪い.
en plus de ... …に加えて, …のほかに. ●Mais *en plus de* prier, il faut faire des efforts. 祈ることに加えて, 努力しなければならない.
ni plus ni moins まさしく, ちょうど.
plus de ... より多くの…, …以上(の). ●Elle a *plus de* vingt ans. 彼女は20歳をこえている.
plus ou moins 多かれ少なかれ, ほぼ.
plus ..., plus ... …すればするほど, ますます…. ●*Plus* vous parlez, *plus* vous êtes confus. あなたは話せば話すほど混乱してくる.
sans plus もはや…せずに; ただそれだけ.
— 前 → 発音は /プリュス/. …を加えて, …のほかに.
●Trois *plus* trois font six. 3+3=6.
— 男 → 発音は /プリュス/. ❶ より多いもの; (定冠詞をつけて)最も多いもの.
❷ プラス記号.
❸ プラスになること; 追加.
(***tout***) ***au plus*** せいぜい, どんなに多くても.

plus² /ply プリュ/ 副 ❶《ne とともに否定表現で》(英 no more, no longer) もう…ない.
●Elle *ne* le voit *plus*. 彼女はもう彼とは会っていない.
POINT 会話では ne がしばしば省略される: Je veux plus travailler. もう勉強[仕事]したくない.
❷《単独で否定を表して》もう(それ以上)…ない.
●*Plus* un mot! それ以上一言も言うな.
ne ... plus du tout もうまったく…ない. ●Il *ne* sort *plus du tout*. 彼はもうまったく外出しない.
ne ... plus que もう…しか…ない. ●Je *n'*ai *plus que* dix euros. もう10ユーロしかない.
non plus …もまた(…でない). 会話 Elle n'aime pas les carottes. —Moi *non plus*. 彼女はニンジンは好きじゃない—私も.
non plus A, mais B もうAではなくBだ.
on ne peut plus ... この上なく…. ●Elle me reçut *on ne peut plus* aimablement. 彼女はこの上なく愛想よく私を迎え入れた.

plus³(...) →**plaire** 53

plusieurs /プリュズユール/ 形 複 《不定形容詞》(英 several) いくつもの, 何人もの.
— 代 複 《不定代名詞》〔*de*, の中の〕いくつも, 何人も. ●*Plusieurs* ont déjà essayé. 何人もの人が既にそれを試みた.
à plusieurs 数人がかりで.

le **plus-que-parfait** /プリュスクパルフェ/ 男 〔文法〕大過去.

plut, plût →**plaire** 53 →**pleuvoir** 54

plûtes →**plaire** 53

plutôt /プリュトー/ 副 (英 rather) ❶ むしろ, どちらかといえば. ●Ses attentions étaient *plutôt* ennuyeuses pour moi. 彼(女)の親切は私にはむしろわずらわしかった.
❷ かなり, まあまあ; 《話》 まったく, とても. ●Il est *plutôt* naïf. 彼はかなりおめでたい.
plutôt que ... [***de*** 不定詞] …(する)よりはむしろ. ●esprit *plutôt* littéraire *que* scientifique 理系よりむしろ文系向きの頭[人間].

pluvieux(se) /プリュヴィユ(ーズ)/ 形 雨の多い.

le **pneu** /プヌ/ 男 (複 pneus) (英 tire) 《略》 タイヤ (=pneumatique).
pneu clouté スパイクタイヤ.

pneumatique /プヌマティク/ 形 空気の, 圧搾(あっさく)空気による.
— le **pneumatique** 男 タイヤ.

la **pneumonie** /プヌモニ/ 女 〔医〕 肺炎.

la **poche** /ポシュ/ 女 (英 pocket) ❶ ポケット; (かばんなどの)中仕切り.
❷ (衣服・目の下の)たるみ.
argent de poche 小遣い.
会話 ***C'est dans la poche!*** それはもう確実だ.
connaître ... comme sa poche …を知り尽くしている.
... de poche 小型の…, ポケットサイズの….
faire les poches de 人 《話》 (人)のポケットを調べる.
— le **poche** 男 《話》 ペーパーバック, 文庫本 (=livre de ～).

la **poêle**[1] /ポワル/ 女 (英 frying pan) フライパン. ●*poêle* à frire (揚げ物用)フライパン.

le **poêle**[2] /ポワル/ 男 (英 stove) ストーブ.

le **poème** /ポエム/ 男 (英 poem) (1編の)詩, 詩作品.

la **poésie** /ポエズィ/ 女 (英 poetry) (文学ジャンルとしての)詩; 詩情, 詩趣; (1編の)詩.

le **poète** /ポエト/ 男 (英 poet) ❶ 詩人. → 女性にも男性名詞を使用. ❷ 詩情豊かな人.

poétique /ポエティク/ 形 詩の, 詩に関する, 詩的な.

le **poids** /ポワ/ 男 (英 weight) ❶ 重さ, 重量; 体重. ●vendre au *poids* 量り売りをする. ●prendre [perdre] du *poids* 体重が増える[減る]. ●*poids* net 正味重量, 純量.
❷ おもり.
❸ 重圧, 重荷, 負担.
❹ 重要性. ●avoir du *poids* 影響力がある. ●donner du *poids* à ... …に重みを与える.
❺ 〔スポーツ〕 (体重別の)級.
❻ 〔スポーツ〕 砲丸(投げ); (重量挙げのバーベルの)ウエイト.
poids lourd 大型トラック.

le **poignard** /ポワニャール/ 男 短刀.

la **poignée** /ポワニェ/ 女 (英 handful) ❶ ひと握り, ひとつかみ; 少数, 少量. ❷ 取っ手, 握り.

le **poignet** /ポワニェ/ 男 (英 wrist) 手首; 袖(そで)口, カフス.

le **poil** /ポワル/ 男 (英 hair) ❶ (人間の)体毛; (動物の)毛; 《集合的》 毛並み. ❷ (ブラシ・じゅうたんの)毛.
à poil 《話》 真っ裸の. ●se mettre *à poil* 真っ裸になる.
au (***quart de***) ***poil*** すばらしい; 完全に.
de tout poil あらゆる種類の.
être de bon [***mauvais***] ***poil*** 《話》 機嫌がよい[悪い].

le **poinçon** /ポワンソン/ 男 錐(きり), 千枚通し.

poinçonner /ポワンソネ/ 他 (切符)にパンチを入れる.

le **poing** /ポワン/ 男 (英 fist) 握りこぶし, げんこつ.
coup de poing パンチ, げんこつ.
taper du poing sur la table テーブルをたたく; 自分の意見を押しつける.

le **point**[1] /ポワン/ 男 (英 point) ❶ 点; 地点; 終止符, ピリオド (=～ final).
●*point* d'exclamation 感嘆符 《!》.
●*point* d'interrogation 疑問符 《?》.
●*points* de suspension 中断符 《...》.
会話 Un *point* c'est tout. 以上, 話はおしまい.
❷ 点数, 得点. ●marquer un *point* 〔スポーツ〕 得点する.
❸ 問題点, 論点, ポイント.
❹ 段階, 程度. ●à ce *point* これほどまでに.
❺ 縫い目, 編み目, ステッチ.
❻ (船, 飛行機などの)現在位置.

❼ (活字の)ポイント.
à point (料理が)ほどよく焼けた, ミディアムの. ●Vous voulez votre bifteck saignant, *à point* ou bien cuit? ビフテキの焼き加減はどういたしましょうか, レア, ミディアム, それともウェルダンですか.
à point (nommé) ちょうどよい時に.
au point 焦点の合った; 整備された. ●mettre *au point* ピントを合わせる; 調整する, 手直しをする.
au point de 不定詞 [***que ...***] …するほどまでに.
être sur le point de 不定詞 まさに…しようとしている.
faire le point (船や飛行機の)現在位置を測定する; 現状を分析する.
points cardinaux 基本方位. → 東西南北.
point de vue 観点, 立場; 見晴らし.
sur ce point この点については.

point^2 /ポワン/ 副 (英 not) 《文》 ❶《ne とともに》…ない; 少しも…でない. ❷《単独で》少しも, 全然. ●Vous êtes satisfait?—*Point* du tout. 満足ですか. — 全然.

la **pointe** /ポワント/ 女 (英 point) ❶ 先端, 突端, 最先端; つま先.
❷ ピーク; 最高[最大]値.
❸ 毒舌.
à la pointe de ... …の先端で.
de pointe 最先端の; ピークの. ●heure *de pointe* ラッシュアワー.
en pointe 先のとがった; 最高で.
faire des pointes 〔舞〕つま先立ち[ポワント]で踊る.
une pointe de ... 少量の….

pointer /ポワンテ/ 他 ❶ に印をつける, をチェックする. ❷ (目的物に)を向ける, の狙いをつける; 〚*vers*, に〛(指)を向ける.
❸ (動物が耳)をぴんと立てる.
— 自 ❶ (ペタンクで)的球の近くに投げる.
❷ (ものが)そびえる.
— **se pointer** 代動 《話》やって来る, 姿を現す.

pointilleux(se) /ポワンティユ(ーズ)/ 形 〚*sur*〛(細かいことに)口うるさい.

pointu(e) /ポワンテュ/ 形 (英 pointed)
❶ (先の)とがった; (声などが)かん高い.
❷ 高度な, 最先端の.
— 副 ***parler pointu*** (南仏の人から見て)パリなまりで話す.

la **pointure** /ポワンテュール/ 女 (手袋・靴・帽子の)サイズ. 会話 Quelle est votre *pointure*? サイズはおいくつですか.

la **poire** /ポワール/ 女 (英 pear) ❶ 洋梨; 洋梨形の器具類. ❷《話》間抜け, お人よし. ❸《話》顔.
couper la poire en deux 折り合いをつける.

le **poireau** /ポワロ/ 男 (複 **poireaux**) 〔植〕ポロネギ, ポワロ.

le **poirier** /ポワリエ/ 男 〔植〕洋梨の木.
faire le poirier 《話》(頭をつけて)3点倒立をする.

le **pois** /ポワ/ 男 (英 pea) エンドウ(豆).
à pois 水玉模様の.
petits pois グリーンピース.
pois de senteur スイートピー.

le **poison** /ポワゾン/ 男 毒, 毒薬; 有害なもの.
— le(la) **poison** 名 《話》厄介者.

le **poisson** /pwasɔ̃ ポワソン/ 男 (英 fish) ❶ 魚.
●*poisson* rouge 金魚.
❷《集合的》魚肉.
●manger du *poisson* 魚を食べる.
❸ **((les) Poissons)** 〔天〕うお座.
poisson d'avril エープリルフール. → 紙で作った魚を他人の背中にこっそり貼って, からかう習慣がある.

la **poissonnerie** /ポワソヌリ/ 女 魚屋; 魚売場.

le(la) **poissonnier(ère)** /ポワソニエ(ール)/ 名 魚屋.

la **poitrine** /ポワトリヌ/ 女 (英 chest, bust)
❶ 胸, 胸部.
❷ (女性の)胸, 乳房.
❸ (牛・羊・豚などの)胸部肉, ブリスケ.

le **poivre** /ポワーヴル/ 男 (英 pepper) コショウ, ペッパー. ●*poivre* en grains 粒コショウ.
poivre et sel (髪が)ごま塩の.

poivrer /ポワヴレ/ 他 にコショウを加える.

la **poivrière** /ポワヴリエール/ 女 コショウ入れ.

le **poivron** /ポワヴロン/ 男 〔植〕ピーマン.

la **poix** /ポワ/ 女 木(もく)タール; ピッチ.

polaire /ポレール/ 形 極の, 極地の.
— la **Polaire** 女 北極星 (=l'étoile P-).
— le **polaire** 男 フリース.

le **pôle** /ポール/ 男 ❶ (天球・地球の)極; (特に)北極; 極地. ● *pôle* Nord 北極. ● *pôle* Sud 南極. ❷ 電極, 磁極. ❸ (意見・性格などの)対極. ❹ (活動・関心などの)中心, 焦点.

la **polémique** /ポレミク/ 女 論争, 論戦.
— 形 論争の.

poli(e) /ポリ/ 形 ❶ (英 polite) 礼儀正しい, 丁寧な. ● peu [mal] *poli* 失礼な. ❷ 磨かれた, 光沢のある.

la **police**[1] /ポリス/ 女 (英 police) ❶ 警察. ● agent de *police* 警官. ❷ 公安, 治安, 取り締まり; 秩序(維持). ● faire la *police* 治安を維持する, 取り締まる.

la **police**[2] /ポリス/ 女 ❶〔法〕(保険などの)証書, 証券. ❷〔印〕フォント.

policier(ère) /ポリスィエ(ール)/ 形 警察の; 犯罪捜査を扱った. ● roman *policier* 推理[探偵]小説.
— le(la) **policier(ère)** 名 警察官.
— le **policier** 男 《話》(小説・映画の)推理もの, 刑事[探偵]もの.

poliment /ポリマン/ 副 礼儀正しく, 丁寧に.

polir /ポリール/ 他 33 の表面を磨く.

le(la) **polisson(ne)** /ポリソン(ソヌ)/ 名 嫌らしい人; わんぱくな子供, いたずら好きの子供.
— 形 嫌らしい; わんぱくな.

la **politesse** /ポリテス/ 女 (英 politeness) ❶ 礼儀; 礼儀正しさ. ❷ 挨拶.
par politesse 儀礼上.

le(la) **politicien(ne)** /ポリティスィヤン(エヌ)/ 名 《しばしば軽蔑的》政治屋.

politique /ポリティク/ 形 (英 political) 政治の, 政治的な. ● homme *politique* 政治家.
— la **politique** 女 ❶ (英 politics) 政治. ● faire de la *politique* 政治をやる. ● *politique* étrangère 対外政策. ❷ (英 policy) 政策; 方策; 戦略.
— le **politique** 男 ❶ 政治家. ❷ (le 〜) 政治的なこと, 政治問題.

la **polka** /ポルカ/ 女 (<ポーランド) 〔楽・舞〕ポルカ(舞踏).

polluer /ポリュエ/ 他 を汚染する.

la **pollution** /ポリュスィヨン/ 女 汚染; 公害. ● *pollution* sonore 騒音公害.

la **Pologne** /ポローニュ/ 女 ポーランド.

polonais(e) /ポロネ(ーズ)/ 形 ポーランドの.
— le(la) **Polonais(e)** 名 ポーランド人.
— le **polonais** 男 ポーランド語.

poltron(ne) /ポルトロン(ロヌ)/ 形 臆病な.
— le(la) **poltron(ne)** 名 臆病者.

le(la) **polyglotte** /ポリグロト/ 名 数か国語を話す人.
— 形 数か国語を話す.

le **polygone** /ポリゴヌ/ 男 〔数〕多角形.

la **Polynésie** /ポリネズィ/ 女 ポリネシア. → 南太平洋東部にある島々.

la **pommade** /ポマード/ 女 軟膏(なんこう); 《古》ポマード; (唇などの)クリーム.

la **pomme** /pɔm ポム/ 女
❶ (英 apple) リンゴ.
● jus de *pomme* リンゴジュース.
● tarte aux *pommes* リンゴのタルト.
❷ (英 potato) ジャガイモ (= 〜 de terre).
● éplucher des *pommes de terre* ジャガイモの皮をむく.
❸ 《話》お人よし; 頭.
pomme d'Adam のどぼとけ.
(pommes) frites フライドポテト.
tomber dans les pommes 《話》気絶する.

la **pomme de terre** /ポムドゥテール/ 女 (複 pommes de terre) ジャガイモ.

le **pommier** /ポミエ/ 男 〔植〕リンゴの木.

la **pompe**[1] /ポンプ/ 女 (英 pomp) ❶ ポンプ. ● *pompe* à essence 給油ポンプ. ❷ 《話》《複》靴. ❸ 《複》腕立て伏せ.
à toute pompe 《話》全速力で.
avoir un coup de pompe 《話》へばっている.

la **pompe**[2] /ポンプ/ 女 《文》華美, 壮麗, 荘重. ● en grande *pompe* 盛大に.
pompes funèbres 葬儀(屋).

le **pompier** /ポンピエ/ 男 (英 fireman) 消防士. ● appeler les *pompiers* 消防を呼ぶ.

la **ponctuation** /ポンクテュアスィヨン/ 女 句読法. ● signe de *ponctuation* 句読点.

ponctuel(le) /ポンクテュエル/ 形 ❶ 時間を厳守する. ❷ 限定された; 一時的な.

ponctuer /ポンクテュエ/ 他 に句読点を打つ; 〖de, で〗を区切る.

pondre /ポンドル/ 他 61 ❶ (卵)を産む, 産卵する. ❷ 《話》(子供・作品など)を次々に

P

産み出す.

le **pont** /ポン/ 男 (英 bridge, link) ❶ 橋; 橋渡し, かけ橋.
●*pont* suspendu 吊り橋.
❷ 甲板, デッキ; 上甲板.
❸ (休日間の平日を休みにした)連休.
●faire le *pont* 連休にする.
couper les ponts avec 人 (人)との関係を断つ.

populaire /ポピュレール/ 形 (英 popular) 庶民の, 人気のある; 大衆的な; 人民の.

la **popularité** /ポピュラリテ/ 女 人気, 知名度.

la **population** /ポピュラスィヨン/ 女 ❶ 人口. ●*population* active 労働人口. ●*population* scolaire 就学人口. ❷〔統計〕母集団.

le **porc** /ポール/ 男 (英 pig, pork) ❶ 豚; 豚肉, ポーク; 豚皮[革].
❷《話》豚野郎. → 大食い・好色・下品な人にいう.

la **porcelaine** /ポルスレヌ/ 女 磁器.

le **porche** /ポルシュ/ 男 (建物の)ポーチ; (屋根つきの)玄関口, 車寄せ.

le **port**[1] /ポール/ 男 (英 port, harbor) 港; 港町. ●*port* de pêche 漁港.
arriver à bon port 目的地へ無事に到着する.

P

le **port**[2] /ポール/ 男 (英 wearing) ❶ (郵)送料. ❷ 着用, 携帯. ❸ (人の)姿勢.
franco de port 送料支払済みで.

portable /ポルターブル/ 形 ❶ 持ち運びできる. ❷ (衣服が)着られる.
— le **portable** 男 ポータブル機器; 携帯電話; ノートパソコン.

le **portail** /ポルタイユ/ 男 ❶ (教会の)正面玄関, 正門. ❷〔情報〕ポータル.

portant(e) /ポルタン(ト)/ 形《次の表現で》
à bout portant 至近距離で.
être bien [***mal***] ***portant*** 体調がよい[悪い].

portatif(ve) /ポルタティフ(ーヴ)/ 形 携帯用の; 持ち運びできる.

la **porte** /ポルト/ 女 (英 door, gate) ❶ ドア, 扉, 戸. ●une (voiture à) 5 *portes* ファイブ・ドアの自動車. ●écouter aux *portes* (ドア越しに)盗み聞きする.
❷ 出入り口, 戸口, 門; (都市の)門. ●*porte* d'entrée 入り口. ●*porte* de secours 非常口. ●*porte* de sortie 出口.
❸〔スキー〕(回転競技の)旗門.
à la porte 戸外に, 外に. ●mettre 人 *à la porte* (人)を追い出す; 首にする.
claquer [***fermer***] ***la porte au nez de*** 人 (人)を門前払いする.

le **porte-avions** /ポルタヴィヨン/ 男《不変》空母.

le **porte-bagages** /ポルトバガージュ/ 男《不変》(自転車などの)荷台; (電車・バスの)荷物棚.

le **porte-bonheur** /ポルトボヌール/ 男《不変》お守り.

le **porte-cartes** /ポルトカルト/ 男《不変》身分証明書[名刺, 定期]入れ.

le **porte-clefs, porte-clés** /ポルトクレ/ 男《不変》キーホルダー.

le **porte-documents** /ポルトドキュマン/ 男《不変》(薄手の)書類かばん; ブリーフケース.

le **porte-drapeau** /ポルトドラポ/ 男 (複 porte-drapeau(x)) 旗手.

la **portée** /ポルテ/ 女 (英 range) ❶ 射程距離; (声などが及ぶ)範囲. ❷ 影響力, 重要性. ❸ 一腹の子. ❹〔楽〕五線.
à (***la***) ***portée de...*** …の届くところに; …に理解できる. ●*à portée de* main [voix, vue] 手[声, 目]の届くところに.
hors de la portée de... …の及ばない.

la **porte-fenêtre** /ポルトフネートル/ 女 (複 portes-fenêtres) フランス窓. → 両開きのガラスのドア.

le **portefeuille** /ポルトフイユ/ 男 (英 wallet) ❶ 財布. ❷ 有価証券類(一覧表), ポートフォリオ. ❸ 大臣の職.

le **portemanteau** /ポルトマント/ 男 (複 portemanteaux) ハンガー.

le **porte-monnaie** /ポルトモネ/ 男《不変》(英 purse) 小銭入れ.

le **porte-parole** /ポルトパロル/ 男《不変》スポークスマン.

porter /ポルテ/ 他 (英 carry, wear)
❶ (荷物など)を持つ; (責任など)を負う; (物が)を支える. ●Elle *porte* son bébé dans ses bras. 彼女は赤ん坊を腕に抱いている.
❷ を運ぶ. ●Je te *porterai* ça demain. 明日それを君に届けてやるよ.
❸ (衣服など)を身につけている; (名前など)をもつ; (日付など)の記載がある.

● *porter* le même nom de famille 同姓である.
❹〈porter A à 名〉 Aを…に至らせる, 到達させる.
❺〔*sur*, *vers*, に〕(視線・注意)を向ける; (感情など)を抱く.
❻をもたらす, 与える. ● *porter* bonheur [malheur] 幸運[不運]をもたらす.
❼〔*sur*, *à*, に〕を記入する, 書き込む. ● *porter* un nom *sur* un registre 名簿に名前を記入する.
❽ (体の部分)を…の状態にする; (年齢などが)に見える. ● *porter* les cheveux courts 短い髪をしている. ● *porter* son âge 年相応に見える.
❾ (子)を宿す.
— 自 ❶〔*sur*, を〕対象とする. ● L'accent *porte sur* la dernière syllabe. アクセントは最後の音節にかかる.
❷〔*sur*, に〕重みがかかる, 支えられている. ● Tout le poids de l'édifice *porte sur* ces colonnes. 建物の重み全部がこれらの柱にかかっている.
❸ (弾丸・音などが)到達する, 達する; (指摘などが)効果をあげる. ● Il a une voix qui *porte*. 彼はよく通る声をしている.
— **se porter** 代動 ❶ 体の調子が…である. ● *se porter* bien [mal] 身体の調子がいい[悪い].
❷ (衣服が)着用される, 流行する.
❸〔*sur*, *vers*, に〕(視線・感情が)向けられる.
❹〔*à*, *vers*, に〕行く, 赴く. ● *se porter* à la rencontre de 人 (人)を出迎えに行く.

le(la) **porteur**(*se*) /ポルトゥール(ズ)/ 名 (英 porter) ❶ 運ぶ人; (駅や登山での)ポーター. ❷ (知らせなどを)伝える人. ❸〔*de*, を〕持っている人, 所持者, 保有者; 〔医〕保菌者.
— 形 ❶ 有望な. ❷ 運ぶ, 伝える.
mère porteuse 代理母.
thème porteur 重要概念.

le **porte-voix** /ポルトヴォワ/ 男 《不変》 メガホン.

la **portière** /ポルティエール/ 女 (自動車・列車の)ドア, 扉, 昇降口.

la **portion** /ポルスィヨン/ 女 部分; 分け前; 1人分の食事.

le **porto** /ポルト/ 男 ポルト. → ポルトガルのポルト産甘口ワイン.

le **portrait** /ポルトレ/ 男 ❶ 肖像画[写真], ポートレート; (言葉による)(人物)描写. ● *portrait* en buste [pied] 半[全]身像.
❷ 生き写しの人; 《話》 顔. ● être tout le *portrait* de ... まさに…の生き写しである.

portugais(*e*) /ポルテュゲ(ーズ)/ 形 ポルトガルの.
— le(la) **Portugais**(*e*) 名 ポルトガル人.
— le **portugais** 男 ポルトガル語.

le **Portugal** /ポルテュガル/ 男 ポルトガル.

la **pose** /ポーズ/ 女 ❶ 取りつけ, 設置.
❷ 姿勢, ポーズ. ● prendre la *pose* ポーズを取る.
❸ (写真の)露出. ● film (de) 36 *poses* 36枚撮りのフィルム.

poser /ポゼ/ 他 ❶ (英 put, set) を置く; 設置する. ● Elle m'a *posé* la main sur l'épaule. 彼女は私の肩の上に手を置いた.
❷ (原理など)を立てる; 〈poser que ...〉 …と仮定する.
❸ (英 ask) (質問)をする; (問題など)を提起する. ● *poser* une question 質問する. ● Cela ne *pose* aucun problème. それで何の問題も起こりはしない.
poser sa candidature 立候補する.
— 自 ❶〔*sur*, の上に〕載っている, 根拠を置く.
❷ ポーズをとる.
— **se poser** 代動 (鳥・飛行機が)とまる, 着陸する; 置かれる; (問題などが)提起される. ● Ici une grande question *se pose*. ここで一大問題が生じる.
se poser comme [***en***] ***...*** (人が)…として振る舞う, …を気取る.

positif(*ve*) /ポズィティフ(ーヴ)/ 形 (英 positive) ❶ 確実な, 明確な.
❷ 現実的な; 実証的な.
❸ 肯定の.
❹〔数〕〔物〕正の; 〔医〕陽性の; 〔写〕陽画の, ポジの.

la **position** /ポズィスィヨン/ 女 (英 position) ❶ 姿勢, 態勢; 位置. ❷ 順位. ● arriver en première *position* 一位になる, 一番に着く. ❸ (社会的な)地位. ❹ 立場; 見解, 態度.
En position! 《号令》 構えて.
prendre position 見解を明らかにする.

P

prise de position 態度決定.
rester sur ses positions 立場を固持する.

positive →**positif** の女性形.

positivement /ポズィティヴマン/ 副 確実に; 実際に; 肯定的に, 積極的に.

le **positivisme** /ポズィティヴィスム/ 男 実証主義(哲学). → オーギュスト・コントが提唱; 感覚や経験を重視.

posséder /ポセデ/ 他 57 (英 possess)
❶ を所有している, 持っている.
● Il *possède* une voiture. 彼は車を持っている.
❷ に精通している.
❸《話》(人)をだます, 担ぐ.
❹ (感情などが人)を支配する.
● La peur le *possédait*. 彼は恐怖にとりつかれていた.

le **possesseur** /ポセスール/ 男 持ち主, 所有者.

possessif(ve) /ポセスィフ(ーヴ)/ 形
❶〔文法〕所有の.
❷ (人が)独占欲の強い.
— le **possessif** 男〔文法〕所有詞.

la **possession** /ポセスィヨン/ 女 ❶ 所有; 所有物. ● avoir ... en sa *possession* / être en *possession* de ... …を所有している. ● prendre *possession* de ... …を手に入れる, 占領する. ❷ 把握; 制御; 憑依(ひょうい).
possession de soi 自制心.

possessive →**possessif** の女性.

la **possibilité** /ポスィビリテ/ 女 (英 possibility) 可能性; 可能なこと; 手段; 《複》能力.

possible /pɔsibl ポスィーブル/ 形 (英 possible)
❶ 可能な; あり得る.
● Une réparation n'est pas *possible*. 修理は不可能だ.
● Venez ce soir si (c'est) *possible*. できれば今夜いらっしゃい.
会話 C'est (bien) *possible*. それはあり得る.
❷ 可能な限りの, できるだけの.
● Il a fait tous les efforts *possibles*. 彼はできる限りの努力をした.
❸《話》まずまずの, 我慢できる.
● repas tout juste *possible* なんとか我慢できる食事.
aussi bien que possible できるだけうまく.
会話 ***C'est pas possible!*** まさか.
dès que [***aussitôt que***] ***possible*** できるだけ早く.
Il est possible de 不定詞 …することは可能だ. ● *Il est possible de* refuser. 断ることは可能だ.
Il est possible que 接続法 …かもしれない. ● *Il est possible qu'*il pleuve cet après-midi. 午後は雨かもしれない.
le plus ... possible できる限り….
● Viens *le plus* tôt *possible*. できるだけ早く来なさい.
— le **possible** 男 可能なこと; 《複》起こり得ること.
au possible 極端に.

postal(ale) /ポスタル/ 形 (男複 postaux) (英 mail) 郵便の.

la **poste**[1] /pɔst ポスト/ 女 (英 post) ❶ 郵便(業務).
● envoyer un colis par la *poste* 小包を郵便で送る.
● *poste* aérienne 航空便.
❷ 郵便局 (=bureau de ～).
会話 Où est la *poste*? 郵便局はどこでしょうか.
● mettre une lettre à la *poste* 手紙を投函(かん)する.

le **poste**[2] /pɔst ポスト/ 男 (英 post) ❶ 地位, 職, ポスト.
● *poste* vacant 空いているポスト.
● occuper un *poste* important 要職を占める.
● journaliste en *poste* à Londres ロンドン駐在の記者.
❷ (警察などの)派出所, 分署.
● *poste* de contrôle 検問所.
❸ 設置場所; 設置された装置.
● *poste* d'eau 給水栓, 給水所.
● *poste* pilotage コックピット.
❹ (テレビ・ラジオの)受信機.
❺ (軍隊の)部署, 持ち場; (配置された)兵士.

poster[1] /ポステ/ 他 を部署につかせる, 配置する. ● *poster* un garde à l'entrée 入り口にガードマンを立てる.
— **se poster** 代動 (見張りなどの)配置につく.

poster[2] /ポステ/ 他 を投函(かん)する.

● *poster* un message メッセージを投稿する.

le **poster**[3] /ポステール/ 男 (<英) ポスター.

postérieur(*e*) /ポステリユール/ 形 〔à, より〕 ❶《時間的に》後の, 以後の. ❷《空間的に》後ろの, 後部の.

postérieurement /ポステリユルマン/ 副 〔à, より〕後に.

la **postérité** /ポステリテ/ 女 後世(の人々); 後継者. ● passer à la *postérité* 後世に伝わる.

posthume /ポステュム/ 形 ❶ 死後の. ❷ (父の)死後に生まれた.

postuler /ポステュレ/ 他 ❶ (職・地位)を志望する, 志願する. ● *postuler* à [pour] un emploi 職を志望する. ❷ を前提とみなす.

la **posture** /ポステュール/ 女 (不自然な)姿勢.

être* [*se trouver*] *en mauvaise posture 不利な立場にいる.

le **pot** /ポ/ 男 (英 pot, jar) ❶ 壺(つぼ), びん; 壺[びん]の中のもの; 尿(し)びん. ❷《話》(飲み物の) 1 杯; 飲み会. ● boire [prendre] un *pot* 《話》1 杯飲む. ● *pot* d'adieu お別れパーティー. ❸《話》運, つき.

pot à confiture ジャムのびん.

pot d'échappement (エンジンの)マフラー.

tourner autour du pot 《話》まわりくどく言う.

potable /ポタブル/ 形 ❶ (英 drinkable) 飲める. ● eau *potable* 飲料水. ❷《話》まずまずの.

le **potage** /ポタージュ/ 男 ポタージュ. ● *potage* aux légumes 野菜のポタージュ.

potager(*ère*) /ポタジェ(ール)/ 形 (植物が)食用の; 野菜の.

— le **potager** 男 菜園, 野菜畑.

le **pot-au-feu** /ポトフ/ 男 《不変》〔料〕ポトフ. → 牛肉と野菜の煮込み料理.

le **pote** /ポト/ 男 《話》友達.

le **poteau** /ポト/ 男 (複 **poteaux**) 柱; 〔スポーツ〕ゴールポスト (=~ de but).

poteau indicateur 道路標識.

potentiel(*le*) /ポタンスィエル/ 形 潜在的な, 可能性のある.

— le **potentiel** 男 潜在力, 可能性.

la **poterie** /ポトリ/ 女 陶器(造り).

la **potion** /ポスィヨン/ 女 水薬.

le **pou** /プ/ 男 (複 **poux**) シラミ.

la **poubelle** /プベル/ 女 (英 garbage can) ごみ箱. ● mettre ... à la *poubelle* …をごみ箱に捨てる.

le **pouce** /プス/ 男 (英 thumb) (主に手の)親指.

manger sur le pouce 《話》大急ぎで食べる.

ne pas bouger* [*céder*] *d'un pouce 1歩も動かない[譲らない].

la **poudre** /プドル/ 女 (英 powder) 粉, 粉末; おしろい, パウダー.

en poudre 粉末の. ● lessive *en poudre* 粉末洗剤.

jeter de la poudre aux yeux 目くらましをくらわせる.

poudre à canon 黒色火薬.

poudrer /プドレ/ 他 におしろいをつける; 粉をまぶす.

— **se poudrer** 代動 (自分の顔に)おしろいをつける.

le **poulailler** /プライエ/ 男 ❶ 鶏小屋. ❷《話》天井桟敷.

le **poulain** /プラン/ 男 ❶ (生後30か月までの)子馬. ❷ 新人.

la **poule**[1] /プル/ 女 (英 hen) ❶ めんどり(雌鶏).
❷ (**ma ~**) (女性へ愛情を込めて)おまえ.

avoir la chair de poule 鳥肌が立つ.

poule mouillée 意気地なし.

la **poule**[2] /プル/ 女 〔スポーツ〕総当たり戦; (予選リーグの)組.

le **poulet** /プレ/ 男 (英 chicken) ❶ ひな鶏, 若鶏; 鶏肉. ● *poulet* rôti ローストチキン.
❷ (**mon ~**) (子供・女性に愛情を込めて)おまえ.
❸《話》警官, でか.

le **pouls** /プ/ 男 脈, 脈拍. ● prendre le *pouls* de 人 (人)の脈をとる.

le **poumon** /プモン/ 男 (英 lung) 肺; 酸素の供給源.
● respirer à pleins *poumons* 胸いっぱいに吸い込む.

la **poupée** /プペ/ 女 (英 doll) ❶ 人形. ● jouer à la *poupée* 人形遊びをする.
❷《話》かわいい娘.

P

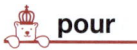

pour /pur プール/ 前 (英 for, (in order) to)
❶《目的》(a) …のために[の].
• Je suis venu *pour* vous voir. あなたに会いに来ました.
(b)〈**pour que** 接続法〉…するために.
• Cache cette photo *pour que* les enfants ne la voient pas. 子供の目につかないようにその写真は隠しなさい.
(c)〈**pour (ne) pas que** 接続法〉…しないように.
• *pour pas que* les gens soient malheureux 人々が不幸にならないように.
❷《対象・用途》…のために; …あての, …用の.
• C'est bon *pour* la santé. それは体によい.
• sirop *pour* la toux せき止めシロップ.
❸《方向》…に向かって.
• partir *pour* Paris パリへ出発する.
❹《時期・期間》…の間, …の予定で.
• *pour* une heure 1時間の予定で.
• Il a pris rendez-vous *pour* mardi. 彼は火曜日に会う約束をした.
❺《主題》…について.
• *Pour* cela, non. それに関してはだめです.
❻《賛成・味方》…に賛成して, …の味方をして.
• Je suis *pour* ce projet. 私はこの案に賛成だ.
❼《交換》…と引き換えに, …を支払って.
• changer sa voiture *pour* une nouvelle 車を新車と買い換える.
• acheter *pour* un euro de carottes ニンジンを1ユーロ分買う.
❽《代理》…に代わって.
• *Pour* toute réponse, elle a souri. 返事をする代わりに彼女はほほえんだ.
❾《機会》…にあたって.
• *Pour* Noël, j'ai eu une bague. クリスマスに私は指輪を買ってもらった.
❿《視点》…としては.
• *Pour* moi, il n'y a pas de problème. 私の方はそれで問題はありません.
⓫《比較・対比・割合》…の割に, …にしては; …につき.
• Il fait froid *pour* la saison. この季節にしては寒い.
• *Pour* cent morts, il y a dix cancéreux. 100人の死者のうち癌(がん)で死ぬ者が10人いる.
⓬《原因・理由》…のゆえに.
• Elle a refusé *pour* raisons de santé. 彼女は健康上の理由で断った.
⓭《因果関係》〈**trop [assez] A pour B**〉BにはあまりにA[十分に]A; あまりに[十分に]AなのでB.
• Je suis *trop* fatigué *pour* courir. 私は疲れすぎてとても走れない.
⓮《結果》…であることに.
• *Pour* son malheur, il a perdu son unique fils. 不幸にも彼はひとり息子を亡くした.
⓯《譲歩・対立》…ではあるが.
• *Pour* être petit, il n'en est pas moins courageux. 身体こそ小さいが彼はなかなか勇敢だ.
⓰《判断の理由》…するとは(…に違いない). → devoir, falloir の後, あるいは疑問文で.
• Il faut être bien naïf *pour* le croire. 彼を信じるとは, よほどの世間知らずに違いない.
⓱《資格》…として.
• prendre Paul *pour* époux ポールを夫とする.
• Il passe *pour* riche 彼は金持ちとして通っている.

être pour 不定詞 …するのに賛成だ; まさに…しようとする. • Je *suis pour* cesser le travail. 私は仕事を止めるのに賛成だ. • J'*étais pour* sortir. 私は出かけようとしていた.

être pour beaucoup dans ... …に大いに関係がある. • Il *y est pour beaucoup*. 彼はそれに大いに関係がある.

pour ce qui est de ... …に関しては.
• *Pour ce qui est des* problèmes techniques, je m'en charge. 技術的な問題については私が引き受けます.

— le **pour** 男《不変》賛成; よい面, 利点.
le pour et le contre 賛成と反対, 賛否.

le **pourboire** /プルボワール/ 男 (英 tip) チップ, 心づけ.

le **pourcentage** /プルサンタージュ/ 男 (英 percentage) パーセンテージ, 百分率; 歩合(給).

les **pourparlers** /プルパルレ/ 男 複 折衝, 交渉. • être en *pourparlers* (avec ...)

(…と)交渉中である.

pourpre /プルプル/ 形 深紅の, 緋(ひ)色の.

— le **pourpre** 男 深紅色, 紫がかった紅.

— la **pourpre** 女 緋色染料; 緋色, 真紅.

pourquoi /purkwa プルコワ/ 副 《疑問副詞》(英 why) ❶ なぜ, どうして, 何のために.

(**a**)《直接疑問》

● *Pourquoi* tu es en colère? 君はどうして怒っているの.

(**b**)《間接疑問》

● Savez-vous *pourquoi* il est absent? 彼がどうして欠席しているのか知っていますか.

❷《不定詞と》…して何になるのだろうか.

● *Pourquoi* tant travailler? 何のためにそんなに働くのだ.

C'est pourquoi ... そういうわけで.

● J'avais du travail; *c'est pourquoi* je ne suis pas parti avec eux. 私には仕事があったので, それで彼らと一緒に出かけなかったのだ.

Pourquoi pas? いいじゃないですか, もちろん. 会話 Êtes-vous d'accord? —Et *pourquoi pas*? 賛成ですか?—当然でしょう.

voici* [*voilà*] *pourquoi ... 以下[以上]の理由で. ● *Voilà pourquoi* je ne puis accepter votre proposition. こうしたわけで私はあなたの提案をお受けできないのです.

— le **pourquoi** 男 《不変》 ❶ 原因, 理由. ❷ なぜという質問.

pourr ... →**pouvoir**[1] 56

pourri(e) /プリ/ 形 ❶ 腐った. ● poisson *pourri* 腐った魚.

❷ (気候が)じめじめした.

❸ 堕落した; だめな. 会話 C'est *pourri*. 下らん.

❹ 甘やかされた.

pourri de ... 《話》…が腐るほどある.

— le **pourri** 男 腐敗(部分).

pourrir /プリール/ 他 33 ❶ を腐らせる.

❷ (人)を堕落させる; (子供)を甘やかしてだめにする.

— 自 (英 go bad, rot) ❶ 腐る. ❷ (状況などが)悪化する; (人が)悪い状況のままでいる.

la **pourriture** /プリテュール/ 女 腐りきっていること; 腐敗(物), 堕落; 腐りきった人間.

pourrons, pourront →**pouvoir**[1] 56

poursui ... →**poursuivre** 71

la **poursuite** /プルスュイト/ 女 (英 chase)

❶ 追跡. ● se lancer à la *poursuite* de ... …を追跡する.

❷ 続行.

❸《多く複数》〔法〕訴追, 起訴.

❹〚*de*, の〛追求.

poursuivre /プルスュイーヴル/ 他 71 (英 pursue) ❶ を追跡する; (目的・理想)を追い求める. ● Cette célébrité *est* constamment *poursuivie* par les journalistes. この有名人は絶えずジャーナリストたちに追い回されている.

❷〔法〕(人)を起訴する, 訴追する.

❸ (仕事・行動)を続行する. ● On a décidé de *poursuivre* la grève. ストライキを続行することに決まった.

❹ (ものごとが)につきまとう. ● Cette scène la *poursuivit* quelques jours. この光景は数日彼女につきまとって離れなかった.

— **se poursuivre** 代動 続く.

pourtant /プルタン/ 副 (英 yet, nevertheless) それでも, しかし, それにもかかわらず.

pourvoir /プルヴォワール/ 他 55 (英 provide) 〈**pourvoir A de B**〉 AにBを与える, 持たせる; 備えつける. ● *pourvoir* une maison *du* confort moderne 家に近代設備を備える.

— 自 〚*à*, に〛必要なものを供給する.

— **se pourvoir** 代動 〚*de*, を〛備える, 用意する; 〔法〕上訴[上告]する.

pourvu[1]**(e)** /プルヴュ/ 形 ❶〚*de*, を〛備えた, 持っている. ❷《文》金持ちの.

pourvu que 接続法 (英 provided that) …でありさえすれば; 《独立節で》…ならいいのに.

pourvu[2][**û**](**...**) →**pourvoir** 55

la **pousse** /プス/ 女 (植物・歯などが)生えること; 新芽, 若枝. ● *pousses* de bambou たけのこ. ● *pousses* de soja もやし.

poussé(e) /プセ/ 形 押された; 高度な.

pousser /プセ/ 他 ❶ (英 push) を押す, 押しやる.

● *pousser* un chariot カートを押す.

❷ (英 urge) (**a**) (人)を駆り立てる; (ある段階まで)を至らせる.

(b)〈**pousser** 人 **à...**[**à** 不定詞]〉(人)を…へ駆り立てる, (人)を…するように仕向ける. ● La publicité *pousse* les gens *à* la consommation. コマーシャルは人びとを消費に駆り立てる.
❸ (出力など)を高める.
❹ (声など)を発する.
❺ (仕事など)を押し進める.
— 自 ❶〖*jusqu'a*, まで〗足を伸ばす, 行く. ● Après le déjeuner, nous *pousserons jusqu'à* la ville voisine. 昼食を終えたら隣の町まで行こう.
❷ (植物・髪・歯が)生える, 伸びる; (子供が)成長する, 大きくなる. ● faire *pousser*... …を栽培する. ● se laisser *pousser* la barbe ひげを伸ばす.
❸《話》誇張する, やりすぎる.
— se pousser 代動 席を詰める. 会話 *Pousse-toi* de là, tu gênes. そこをどいて, じゃまだから.

la **poussière** /プスィエール/ 女 (英 dust) ほこり, ちり.
et des poussières《話》…と少々.
mordre la poussière《文》地面に倒れる; 敗北する.
une poussière de... 無数の….

P

poussiéreux(se) /プスィエル(ーズ)/ 形 ほこりまみれの.

le **poussin** /プサン/ 男 (鳥の)ひな, ひよこ.
mon poussin《話》おちびさん. → 幼児に対する愛称.

la **poutre** /プトル/ 女 (建物の)梁(はり), 桁.

pouvoir[1]

/puvwar プヴォワール/ 他 56 → 直説法現在1人称単数の倒置形は puis-je. 〈**pouvoir** 不定詞〉

je	peux (puis)	nous	pouvons
tu	peux	vous	pouvez
il	peut	ils	peuvent
現分	pouvant	過分	pu

❶ (英 can)《可能》…することができる.
● Ce bébé *peut* déjà marcher. この赤ん坊はもう歩ける.
● Elle n'a pas *pu* venir. 彼女は来られなかった.
❷ (英 may)《許可》…してもよい.
● Tu *peux* venir. 君は来てもいい.
● *Puis*-je fermer la fenêtre? 窓を閉めてもいいですか.
● Je *peux* avoir un verre d'eau? お水を1杯もらってもいいですか.
❸ (英 could)《要求》…してくれませんか.
● *Pourriez*-vous m'indiquer le chemin de la gare? 駅へ行く道を教えてくださいませんか. → 条件法は丁寧な依頼.
❹ (英 might)《推測・可能性》…かもしれない.
● Il *peut* pleuvoir. 雨が降るかもしれない.
❺《提案》…しましょうか.
● Je *peux* vous aider? お手伝いしましょうか.
❻《不定詞を伴わずに》できる.
● Que *puis*-je pour vous? 何かお役に立てますか.
Je n'en peux plus. 疲れてへとへとだ; もう我慢ならない.
Je n'y peux rien. どうにもできないな.
On ne peut mieux. この上なくよく.
on ne peut plus... この上なく….
y pouvoir... …ができる. ● On n'y *peut* rien. どうすることもできない, 仕方がない.
— se pouvoir 代動《非人称》〈**Il se peut que** 接続法〉…かもしれない, …はあり得る.
● Il *se peut qu'*il vienne. 彼は来るかもしれない.
Ça se peut. それはあり得る.

le pouvoir[2]

/puvwar プヴォワール/ 男 (英 power)
❶ 力, 能力.
● Cela dépasse son *pouvoir*. それは彼(女)の能力を越える.
● avoir des *pouvoirs* surnaturels 超能力を持つ.
❷ 影響力, 支配力; 権力.
● prendre le *pouvoir* 政権をとる.
● avoir un grand *pouvoir* sur... …に対して大きな支配力を持っている.
❸《多く複数》権利, 権限.
être en son pouvoir …の権限[能力]のうちにある.
pouvoir d'achat 購買力.
pouvoir judiciaire 司法権.
pouvoirs publics 公権力, 当局.
quatrième pouvoir メディア, マスコミ.

le **pragmatisme** /プラグマティスム/ 男〔哲〕

プラグマティズム，実用主義.

la **prairie** /プレリ/ 女 草原，牧草地.

praticable /プラティカブル/ 形 (道が)通行可能な; (計画が)実現できる.

le(la) **pratiquant(e)** /プラティカン(ト)/ 名 宗教の掟(おきて)を実践する人.

— 形 宗教の掟を実践する.

pratique[1] /プラティク/ 形 ❶(英 practical) 実際的な; 実用的な. ●travaux *pratiques* 実習; (講義に対して)演習. →略 TP.

❷(英 handy) 便利な，使いやすい.

la **pratique**[2] /プラティク/ 女 (英 practice)

❶実践，実行. ●mettre ... en *pratique* …を実行する.

❷(仕事などの)経験.

❸慣行，やり口; 信仰の実践.

dans la pratique 実際上，現実に.

pratiquement /プラティクマン/ 副 (英 in practice) ❶実際上，現実に(は)，実用的に. ❷ほとんど.

pratiquer /プラティケ/ 他 (英 practice) ❶(仕事・スポーツなど)を行う，実行する; (方法など)を実践する. ●*pratiquer* une langue étrangère 外国語を実際に使う. ●*pratiquer* la pêche 釣りをする.

❷(窓・通路・穴など)を作る. ●*pratiquer* une fenêtre dans un mur 壁に窓を開ける.

— 自 (宗教上の)勤めを果たす.

— **se pratiquer** 代動 行われる.

le **pré** /プレ/ 男 (英 meadow) (小)牧場，野原.

préalable /プレアラブル/ 形 〔à, に〕先行する.

sans avis préalable 予告なしに.

— le **préalable** 男 前提条件.

au préalable 前もって.

le **préambule** /プレアンビュル/ 男 序言，前置き，前文. ●sans *préambule* 前置きもなく.

précaire /プレケール/ 形 一時的な，不安定な; 〔法〕仮の.

la **précaution** /プレコスィヨン/ 女 用心，慎重さ. ●avec *précaution* 慎重に. ●par *précaution* 念のために. ●prendre des [ses] *précautions* あらかじめ備えておく.

précédemment /プレセダマン/ 副 以前に; 以前は.

précédent(e) /プレセダン(ト)/ 形 (英 previous) (すぐ)前の.

— le(la) **précédent(e)** 名 《前出の名詞を受けて》前の人[もの].

— le **précédent** 男 先例，前例. ●le jour *précédent* 前日. ●sans *précédent* 先例のない.

précéder /プレセデ/ 他 57 (英 precede) に先行する. ●Il m'a *précédé* de cinq minutes. 彼は私より5分早く着いた.

prêcher /プレシェ/ 他 ❶(神の教え)を説く. ❷〔à, に〕を忠告する，説く.

précieusement /プレスュズマン/ 副 大切に.

précieux(se) /プレスィユ(ーズ)/ 形 ❶高価な; 貴重な，大切な. ❷《文》(態度・言葉遣いが)気取った.

précipitamment /プレスィピタマン/ 副 大急ぎで，慌ただしく.

la **précipitation** /プレスィピタスィヨン/ 女 ❶大急ぎ; 性急さ. ❷《複》〔気〕降水(量).

précipiter /プレスィピテ/ 他 (英 push off) ❶〔*dans*, に〕を突き落とす.

●Cette nouvelle l'a *précipité dans* le désespoir. この知らせは彼を絶望の淵(ふち)に投げ込んだ.

❷(事態)を早める.

❸を投げつける，ぶつける.

●Un camion l'a *précipité* contre le mur. 彼はトラックにはねられて壁にたたきつけられた.

— **se précipiter** 代動 ❶身を投げる，飛び込む.

❷(人が)突進する; 急ぐ.

●Ne *vous précipitez* pas. 慌てないでください.

❸(出来事・水などが)速くなる.

précis(e) /プレスィ(ーズ)/ 形 (英 precise) ❶正確な; 明確な; ちょうどの. ●à 4 heures *précises* 4時きっかりに. ❷(人が)時間に正確な，きちょうめんな.

précisément /プレスィゼマン/ 副 (英 precisely) ❶正確に; まさしく. ❷《話》《返事》そのとおりです.

préciser /プレスィゼ/ 他 (英 state) を正確に言う; 〈**préciser que ...**〉 …だとはっきり述べる. ●*Précisez* vos intentions. あなたの意図をはっきりと教えてください.

— **se préciser** 代動 明確になる，はっ

きりする. ●Le danger *se précise*. 危険がはっきりしてくる.

la **précision** /プレスィズィヨン/ 女 正確さ; 《多く複数》詳細.

précoce /プレコス/ 形 (英 early) ❶(植物が)早く育つ; (人が)早熟な. ❷普通より早い.

la **précocité** /プレコスィテ/ 女 早咲き; 早熟; 普通より早いこと.

préconiser /プレコニゼ/ 他 を強く勧める; 〈**préconiser de** 不定詞/ **préconiser que ...**〉 …することを推奨する.

le **prédécesseur** /プレデセスール/ 男 ❶前任者. → 女性についても男性形を使用. ❷《複》先人, 先駆者.

prédi[î] ... →**prédire** 37

la **prédiction** /プレディクスィヨン/ 女 予言; 予報.

la **prédilection** /プレディレクスィヨン/ 女 偏愛, ひいき. ●avoir une *prédilection* pour ... …をひいきする. ●de *prédilection* お気に入りの.

prédire /プレディール/ 他 37 を予言する, 予想する.

prédit →**prédire** 37

préfabriqué(e) /プレファブリケ/ 形 (建築物が)プレハブの, 組み立て式の.

— le **préfabriqué** 男 プレハブ(部)材.

la **préface** /プレファス/ 女 序文.

la **préfecture** /プレフェクテュール/ 女 ❶県庁所在地; 県庁. ❷(**la P-**) 警視庁 (=~ de police).

préférable /プレフェラブル/ 形 〘à, より〙 好ましい.

Il est préférable de 不定詞 [***que*** 接続法] …する方がよい.

la **préférence** /プレフェラーンス/ 女 好み; 偏愛.

de préférence なるべく.

de préférence à ... …よりはむしろ.

préférer /プレフェレ/ 他 57 (英 prefer)

je	préfère	nous	préférons
tu	préfères	vous	préférez
il	préfère	ils	préfèrent
現分	préférant	過分	préféré

❶(**a**) をより好む. ●Le basilic *préfère* les climats chauds. バジルは暑い気候を好む.

(**b**) 〈**préférer A à B**〉 BよりもAの方が好きである. ●Je *préfère* le vin *à* la bière. 私はビールよりワインの方が好きだ.

❷〈**préférer** 不定詞 [**que** 接続法]〉 …する[…である]方がよい. ●Je *préfère que* vous veniez plutôt dimanche prochain. できれば今度の日曜日に来て欲しいのですがね.

si vous préférez もしその方がよろしければ.

le **préfet** /プレフェ/ 男 知事. → 女性にも用いる.

le **préfixe** /プレフィクス/ 男 〔言〕接頭辞.

préhistorique /プレイストリク/ 形 有史以前の.

le **préjudice** /プレジュディス/ 男 損害. ●porter *préjudice* à ... …に損害を与える.

le **préjugé** /プレジュジェ/ 男 (英 prejudice) 〘*contre*, に対する〙 偏見, 先入観. ●sans *préjugé* 先入観なしで.

prélever /プレルヴェ/ 他 1 ❶〘*sur*, から〙 を徴収する. ❷を採取する. ●*prélever* du sang 採血する.

préliminaire /プレリミネール/ 形 予備の.

— le **préliminaire** 男 《複》下準備.

le **prélude** /プレリュド/ 男 ❶〔楽〕前奏曲, プレリュード. ❷発端.

prématuré(e) /プレマテュレ/ 形 早すぎる, 時期尚早の.

— le(la) **prématuré(e)** 名 未熟児.

prématurément /プレマテュレマン/ 副 時期尚早に.

préméditer /プレメディテ/ 他 をあらかじめ熟慮[計画]する.

premier(ère) /prəmje, -ɛr プルミエ(ール)/ 形 → 略 男 1er, 女 1ère/1re.

❶(英 first) 最初の, 第1の, 1番目の; 初期の.

●C'est la *première* fois qu'elle va au théâtre. 彼女が芝居に行くのはこれが初めてだ.

●en *première* page (新聞の)第1面で.

❷基本的な; 根本の.

●matières *premières* 原料, 素材.

❸(英 top) 級の, 最高の, 首席の.

●sortir *premier* 主席で卒業する.

— le(la) **premier(ère)** 名 ❶最初の人[もの], 1番目の人[もの].

❷ 前者.
❸ (英国の)首相.
parler [***sortir***] ***le premier*** 最初に話し出す[出発する].
— le **premier** 男 ❶ (月の) 1 日(ついたち).
• le *premier* octobre 10月1日. ❷ (パリなどの) 1 区. ❸ (日本の) 2 階.
en premier まず第一に.
premier de l'an (**le** ～) 元旦.
— la **première** 女 ❶ (芝居などの)初日; (映画の)封切り. ❷《話》(ある分野での)初めての成功[達成]. ❸ (乗り物の) 1 等.
• voyager en *première* ファーストクラスで旅行する. ❹ (リセの)第 1 学級. → 後期中等教育の第 2 年目; 16から17歳に相当. ❺ (自動車のギアの)ロー.
premièrement /プルミエルマン/ 副 第一に, まず.
pren ... →**prendre** 60

prendre

/prɑ̃dr プラーンドル/ 他 60 (英 take, get, catch)

je	prends	nous	prenons
tu	prends	vous	prenez
il	prend	ils	prennent
現分	prenant	過分	pris

❶ (**a**) を手に取る, つかむ.
• *prendre* un crayon 鉛筆を手に取る.
(**b**) 〈**prendre A dans B**〉 BからAを取り出す.
• Elle *prend* un verre *dans* le buffet. 彼女は食器棚からグラスを取り出す.
❷ (**a**) を持って行く; 連れて行く.
• *Prends* ton parapluie, il va pleuvoir. 傘を持って行きなさい, 雨になるよ.
(**b**) を迎えに行く, 呼びに行く.
• Un taxi viendra vous *prendre* à trois heures. タクシーが3時にお迎えに参ります.
❸ (乗り物)に乗る.
• *Prenons* un taxi. タクシーに乗ろう.
• Il *prend* sa voiture pour aller au bureau. 彼は会社には車で行く.
❹ を身につける, 着る.
• *prendre* son manteau コートを着る.
❺ を選ぶ. (**a**) を得る; 買う.
• Ce pull me plaît, je le *prends*. このセーターいいな, これをいただきます.
(**b**) を選び取る.
• Quel dessert *prends*-tu? どのデザートにするの.
(**c**) (道)を行く.
• *Prenez* la deuxième rue à gauche. 2番目の道を左に行きなさい.
(**d**) (人)を引き受ける.
• Pouvez-vous me *prendre*?《理髪店などで》やってもらえますか;《病院などで》診察してもらえますか;《タクシーをつかまえて》乗れますか.
(**e**) 〈**prendre A pour** [**comme/en/à**] **B**〉 BとしてAを雇う, 選ぶ.
• *prendre ... pour* exemple …を模範にする.
❻ 〚à, から〛を奪う, 取り上げる.
• Qui *a pris* mon stylo? 誰だ私のペンを持って行ったのは.
• *prendre* un passage *à* un auteur ある作者の1節を取ってくる.
❼ (食事)を取る, 食べる, 飲む.
• Vous *prendrez* quelque chose? 何か食べますか[飲みますか].
• *prendre* le petit déjeuner 朝食を取る.
❽ (風呂)に入る; (空気など)を吸う.
• *prendre* une douche シャワーを浴びる.
• *prendre* le frais 涼む.
❾ を受け取る; 理解する.
• *prendre* des leçons de piano ピアノのレッスンを受ける.
• *prendre* les choses comme elles sont. 物事をあるがままに受け取る.
❿ (**a**) (時間)をとる, がかかる.
• Il *prend* deux heures pour déjeuner. 彼は昼食に2時間かける.
(**b**) (場所・席など)を占める.
• Ce meuble *prend* trop de place. この家具は場所ふさぎだ.
⓫ (手段・行動)をとる.
• *prendre* le départ 出発する.
⓬ 〚à, に〛(感情)がわく.
• *prendre* peur 恐怖を覚える.
• *prendre* plaisir *à* lire 読書に喜びがわく.
⓭ (休暇・予約)をとる.
• *prendre* trois jours de congé 3日間の休暇を取る.
⓮ を捕まえる; 〈**prendre** 人 **à** 不定詞〉(人)が…しているところを押さえる.
• La pluie nous *a pris* en route. 我々は

途中で雨にあった.
● *prendre* A à voler Aが盗みをしている現場を押さえる.
⓯ (写真など)を撮る; (寸法など)をとる; (体温など)を計る.
⓰ (習慣など)を身につける; (年齢・体重など)を増やす; (病気)にかかる. ● *prendre* froid 風邪を引く.
⓱ (金銭)を取る, 請求する. ● *prendre* 5 euros de l'heure 1時間5ユーロとる.
⓲ (情報など)を手に入れる, 知る. ● *prendre* des nouvelles de 人 (人)の近況を聞き知る. ⓳ 〚*par*, によって〛(人の心)をとらえる. ⓴ を取り上げる, 考察する, 仮定する. ● *prendre* un exemple (一)例を挙げる.
à tout prendre すべてを考慮すると, 全体として, 結局.
C'est à prendre ou à laisser. 取るか取らないか君次第だ, 嫌ならやめなさい.
prendre bien* [*mal*]*... …を冷静に[悪く]受け取る.
prendre* 人 *par le bras (人)の腕をつかむ.
prendre* 人 *par surprise (人)の不意を襲う.
prendre A pour B AをBとみなす.
prendre sur soi 責任を引き受ける; 我慢する. ● J'*ai pris sur moi* la faute de mon fils. 私は息子の過ちの責任をとった.
prendre sur soi de 不定詞 …することを引き受ける. ● J'*ai pris sur moi de* lui en parler. 私は彼(女)にその話をすることを引き受けた.
会話 ***Qu'est-ce qui te prend?*** 一体どうしたの.
— 自 ❶ (液体などが)固まる; 凍る.
● La mayonnaise commence à *prendre*. マヨネーズが固まってきた.
❷ (火が)つく; (樹木が)根づく.
● Le feu *a pris* au troisième étage. 火は4階から出た.
❸ 通用する, 効果がある, 成功する.
● Cette mode *a* vite *pris*. この流行はたちまち広がった.
❹ 〚*à*, に〛(道[方向]を)とる.
● *Prenez* à gauche. 左に曲がりなさい.
❺ (道・線などが)始まる.
● La grand-rue *prend* devant la gare. その大通りは駅前から始まっている.
❻ 〈**prendre à ... de** 不定詞〉(考えが人に)浮かぶ, とりつく.
● L'envie *lui a pris d'*aller voir ses parents. ふと彼(女)は両親に会いに行きたくなった.
❼ 《話》ひどい目にあう, 叱られる.
— se prendre 代動
❶ 持たれる, 捕らえられる.
● Cela *se prend* par le manche. それは取っ手を持つのです.
❷ (薬が)服用される.
● Ce médicament doit *se prendre* après les repas. この薬は食後に飲まなければならない.
❸ (服・身体の一部が)引っかかる, はさまれる.
● *se prendre* le doigt dans une porte ドアに指をはさまれる.
❹ 〚*pour*, であると〛自分をみなす.
● Il *se prend pour* un génie. 彼は自分を天才だと思っている.
❺ (互いに)つかみ合う; 抱き合う.
❻ 固まる, 凍る.
s'en prendre à... …を非難する, 責める.
● Ne *t'en prends* qu'à toi-même. 自分だけを責めなさい, 悪いのは君自身だ.
s'y prendre 取りかかる; 行動する. ● *s'y prendre* bien [mal] うまく[下手に]やる.

prennent →**prendre** 60

le **prénom** /プレノン/ 男 (英 first name) 名, ファーストネーム.

prenons →**prendre** 60

la **préoccupation** /プレオキュパスィヨン/ 女 気がかり, 心配事; 関心事.

préoccupé(e) /プレオキュペ/ 形 〚*de*, に〛気を取られた; 心配そうな.

préoccuper /プレオキュペ/ 他 を心配させる. ● Sa santé me *préoccupe*. 彼(女)の健康が私には気がかりだ.
— se préoccuper 代動 〚*de*, を〛心配する, 気にかける.

les **préparatifs** /プレパラティフ/ 男複 準備, 支度.

la **préparation** /プレパラスィヨン/ 女 ❶ 準備, 用意; (食べ物の)調理, 下ごしらえ. ❷ (薬の)調合. ❸ 準備させること. ● *préparation* des élèves au baccalauréat 生徒へのバカロレアの受験指導.

préparatoire /プレパラトワール/ 形 準備

の，予備の. ●classe *préparatoire* (aux grandes écoles) 特別進学クラス. →一部の高校に併設されたグランドゼコール進学準備コース.

préparer /prepare プレパレ/ 他 (英 prepare)
❶ を準備する，用意する.
●Elle est en train de *préparer* le dîner. 彼女は夕食の支度をしているところだ.
●*préparer* du café コーヒーを入れる.
●*préparer* un examen 試験勉強をする.
●*préparer* son voyage 旅行の支度をする.
❷ を調理する，の下ごしらえをする；(薬)を調合する.
●*préparer* du poisson 魚の調理[下ごしらえ]をする.
●plat *préparé* 調理済の食品.
❸ (計画など)を立てる，練る.
●*préparer* un plan 計画を練る.
❹〈**préparer ... à** 人〉(人)に…を用意しておく.
●On *lui a préparé* une petite surprise. 彼(女)にちょっとしたサプライズを用意した.
❺〈**préparer** 人 **à ...**〉(人)に…の準備をさせる，心がまえをさせる.
●*préparer* des habitants *à* une mauvaise nouvelle 住民たちに悪い知らせに対する覚悟をさせる.

— se préparer 代動 ❶〚*à*, *pour*, のために〛準備をする，身支度をする，心がまえをする.
●Finis vite de *te préparer*, on va partir. 早く支度を済ませなさい，もう出かけるよ.
●Je *me suis préparé* au départ. 私は出発の準備はできた.
❷ 自分に用意する.
●*se préparer* un café 自分のためにコーヒーを入れる.
❸ 準備される；起こりそうである.
●Le dîner *se préparait* dans la cuisine. 夕食は台所で準備されていた.

la **préposition** /プレポズィスィヨン/ 女〔文法〕前置詞.

près /prɛ プレ/ 副 (英 near) ❶ (**a**)〈**près de** 名〉《空間・時間的に》…の近くに，そばに.
●Approchez plus *près* de moi. もっと私のそばへいらっしゃい.
●Le film était *près* de la fin. 映画は終わりに近かった.
(**b**) 近くに，すぐ.
●Il habite tout *près*. 彼はすぐ近くに住んでいる.
●Les vacances sont tout *près*. バカンスはもうすぐだ.
❷〈**près de** 数量表現〉…近く，およそ，約.
●Il a perdu *près de* dix kilos. 彼は10キロ近く痩(や)せてしまった.
❸〈**près de** 不定詞〉(今にも)…するところである.
●Il est *près de* partir. 彼は出発するところである.

à ... près …を除いて；わずか…の差で.
●Elle ressemble *à* sa mère, *à* la taille *près*. 彼女は母に似ている，身長は別にして. ●J'ai manqué mon train *à* deux minutes *près*. わずか2分のことで列車に乗り遅れた.
à beaucoup près 《否定文で》はるかに(及ばない).
à peu près/à peu de chose(s) près おおよそ，ほとんど.
de près 間近で；細かく. ●J'ai regardé ce tableau *de* tout *près*. 私はその絵をすぐそばから見た. ●Je le connais *de* très *près*. 彼なら大変よく知っています.

P

prescri ... →prescrire 26

la **prescription** /プレスクリプスィヨン/ 女 ❶〔医〕処方. ❷ (詳細な)指示. ❸〔法〕時効.

prescrire /プレスクリール/ 他 26 ❶ (医者が)を処方する；(規則・法律が)を規定する.
❷〔法〕を時効にする.

la **présence** /プレザンス/ 女 (英 presence)
❶ 存在；出席.
❷ 身近なもの[人].
❸ 影響力；(俳優などの)存在感.
en présence 面前に；対決して.
en présence de 名 …と向かい合って，の面前に.
présence d'esprit 冷静；機転.

présent[1]**(e)** /プレザン(ト)/ 形 (英 present) ❶ (人が)いる；(ものごとが)存在する，ある；出席している. ●Dupont! —*Présent*! デュポン. —はい. →点呼の返事は女性でも多く男性形を用いる.
❷ (心などに)残る.
❸ 現在の，今の.

— le **présent** 男 ❶現在，今．●jusqu'à *présent* 今までは．
❷〔文法〕現在(形)．●au *présent* 現在形の．
à présent 今では．
à présent que 直 今…なので．●*À présent que* le bébé s'est endormi, elle va faire le ménage. やっと赤ん坊が眠ったので，彼女はこれから家事にとりかかる．

le **présent**[2] /プレザン/ 男 《文》プレゼント．

la **présentation** /プレザンタスィヨン/ 女 ❶《複》(人の)紹介．●faire les *présentations* 初対面の人同士を紹介する．
❷(作品などの)発表，紹介．
❸《話》(人の)外見．
❹(証明書などの)提示；(意見・論証の)展開の仕方．
❺(商品などの)展示．

présenter /プレザンテ/ 他 ❶を展示する；提示する；述べる．
❷(英 introduce)〈**présenter A à B**〉AをBに紹介する．●Elle *a présenté* son fiancé à ses parents. 彼女は婚約者を両親に紹介した．
❸(作品など)を発表する．●Son film *sera présenté* au festival de Cannes. 彼(女)の作品がカンヌ映画祭で上映される．
❹(候補者など)を立てる；(人・もの)を推薦する．●Chaque parti *présente* ses candidats. 各党は候補者を立てる．
❺(様相)を呈する．
— 自《bien, mal を伴って》《話》(人が)見かけがよい[悪い]．
— **se présenter** 代動 ❶自己紹介する．●Permettez-moi de *me présenter*. 自己紹介させて頂きます．
❷現れる．
❸〘à, に〙受験する，立候補する．●*se présenter à* un concours コンクールを受ける．
❹起こる，生じる．●Il *se présente* des difficultés. 《非人称》困ったことが起こる．
se présenter bien [***mal***] うまく行きそうである[失敗しそうである]．

le **préservatif** /プレゼルヴァティフ/ 男 コンドーム．

préserver /プレゼルヴェ/ 他 〘*de*, から〙を守る，保護する．
— **se préserver** 代動 〘*de*, から〙身を守る．

la **présidence** /プレズィダンス/ 女 ❶大統領の職[任期]．❷議長，会長の職[任期]．
❸(会議の)議長，司会．

le(la) **président(e)** /プレズィダン(ト)/ 名 (英 president) ❶大統領．●*président* de la République (フランス)共和国大統領．
❷会長，議長，委員長；裁判長．
●*président*-directeur général 取締役社長．→略 P.-D.G..

présider /プレズィデ/ 他 の議長を務める；を主宰する．
— 自〘à, を〙取り仕切る．

presque /プレスク/ 副 (英 almost) ほとんど，ほぼ；《形容詞的に》ほとんどの．→語末の e はエリジョンしない．●*presque* jamais めったにない．●*presque* personne [rien] ほとんど誰も[なにも]．

la **presqu'île** /プレスキル/ 女 (小さな)半島．

pressant(e) /プレサン(ト)/ 形 ❶緊急の．
❷しつこい．

la **presse** /プレス/ 女 (英 press) ❶定期刊行物；報道，新聞，ジャーナリズム．●agence de *presse* 通信社．●liberté de la *presse* 出版・報道の自由．●*presse* hebdomadaire 週刊誌．
❷プレス加工機；印刷機．
❸(商売の)繁忙，盛況．
avoir bonne [***mauvaise***] ***presse*** 評判がよい[悪い]．

pressé(e) /プレセ/ 形 ❶(英 hurried) 急いでいる，急ぎの．❷(英 squeezed) (果物などを)搾った．●citron *pressé* (生搾りの)レモンジュース．
— le **pressé** 男 《次の表現で》
aller au plus pressé 最も緊急なことを真っ先にやる．

pressen... →**pressentir** 48

le **pressentiment** /プレサンティマン/ 男 予感，虫の知らせ．

pressentir /プレサンティール/ 他 48 (英 sense) ❶を予感する，察する．❷(人)の意向を打診する．

presser /プレセ/ 他
❶(英 press) を押す．
❷(人)を押しつける，抱きしめる；(手など)を握りしめる．●Les voyageurs *étaient pressés* les uns contre les autres. 乗客は押し合いへし合いしていた．

❸ (英 squeeze) (果物・スポンジなど)を搾る.

❹ (**a**) (テンポ)を速める. ● *presser* le pas 足を速める.

(**b**) 〈**presser A de** 不定詞〉 Aに…するようせき立てる. ● Il *m'a pressé de* partir. 彼は私が出かけるようせき立てた.

— 自 急を要する.

Le temps presse. 時間が押している.

Rien ne presse. 何も急ぐことはない.

— **se presser** 代動 ❶ (大勢の人が)ひしめく; 自分の体を押しつける. ❷ 急ぐ. ● *Pressez*-vous! 急ぎなさい.

la **pression** /プレスィヨン/ 女 (英 pressure) ❶ 押すこと. ❷ 圧力; プレッシャー; 影響力. ● *pression* artérielle 血圧. ● *pression* atmosphérique 気圧. ● être sous *pression* (人が)ぴりぴりしている. ● faire *pression* sur ... …に圧力をかける. ❸ 生ビール.

le **prestige** /プレスティジュ/ 男 威信, 威光, 名声.

de prestige 威信をかけた; 高級な.

présumer /プレズュメ/ 他 を推定する; 〈**présumer que ...**〉 …だと思う, 推測する.

— 自 〘*de*, を〙 過信する.

prêt[1]**(e)** /プレ(ト)/ 形 (英 ready) 用意[支度]のできた.

être prêt à 名 [***à*** 不定詞] (人が)…の心づもりができている; (ものが)…できる状態にある.

le **prêt**[2] /プレ/ 男 貸すこと; 貸付金. ● *prêt* immobilier 住宅ローン.

le **prêt-à-porter** /プレタポルテ/ 男 (複 prêts-à-porter) プレタポルテ. → 高級既製服およびその業界.

prétendre /プレタンドル/ 他 28 (英 claim) ❶ 〈**prétendre** 不定詞 [**que** 直]〉 …(する)と主張する, 言い張る. ● Il *prétend* avoir raison. 彼は自分が正しいと主張する. ● Ils *prétendent que* ce n'est pas vrai. 彼らはそれが本当でないと言い張る. ● à ce qu'il *prétend* 彼の言うところによると.

❷ 〈**prétendre** 不定詞〉 …することを望む, 要求する. ● Je ne *prétends* pas avoir raison. 私は自分が正しいと言うつもりはない.

❸ 〈**prétendre A B**〉 AをBだと主張する. ● On le *prétend* hypocrite. 彼は偽善者だと言われている.

— 自 《文》〈**prétendre à** 名 [**à** 不定詞]〉 …(すること)を切望する, 要求する.

— **se prétendre** 代動 自分が…であると主張する. ● *se prétendre* acteur 役者であると言い張る.

prétendu(e) /プレタンデュ/ 形 自称の; いわゆる.

le(la) **prétentieux(se)** /プレタンスィユ(ーズ)/ 名 うぬぼれの強い人; 気取った人.

— 形 うぬぼれの強い; 気取った.

la **prétention** /プレタンスィヨン/ 女 (英 claim) ❶ 《時に複数》 権利の主張, 要求. ❷ 自負; うぬぼれ, 気取り. ● sans *prétention* 控えめな.

prêter /プレテ/ 他 (英 lend) ❶ 〘*à*, に〙 を貸す; 提供する. ● Pouvez-vous me *prêter* ce livre? この本を貸してくれますか. ● *prêter* attention à ... …に注意を払う.

貸す, 借りる

prêter は無料で物品を貸したり, 金銭を貸す場合に用いる. 家賃をもらって部屋を貸すなどの「賃貸しする」は louer.「借りる」は emprunter,「賃借りする」は「賃貸しする」と同じく louer.

❷ 〈**prêter A à B**〉 A(発言・行動)をB(人)のせいにする, AをBに帰する. ● On *lui prête* de nombreux défauts. 彼(女)にはたくさん欠点があると言われている.

prêter l'oreille 耳を貸す[傾ける].

— 自 〘*à*, を〙 引き起こす. ● Ses propos *prêtent à* discussion. 彼(女)の言葉は議論を呼ぶ.

— **se prêter** 代動 ❶ 〘*à*, に〙 (人が)応じる.

❷ 〘*à*, に〙 (ものが)向く, 適する.

le **prétexte** /プレテクスト/ 男 (英 pretext) 口実, 言いわけ; きっかけ.

sous aucun prétexte どんな事情があっても.

sous prétexte de 名 [***de*** 不定詞]/ ***sous prétexte que*** 直 …を口実に. ● Il est sorti *sous prétexte d'*aller à la supérette. コンビニに行く口実で彼は外に出た.

le **prêtre** /プレトル/ 男 (英 priest) 〔カト〕 司祭, 神父.

P

la **preuve** /プルーヴ/ 女 (英 proof) ❶ 証拠, あかし. ❷ 検算.
faire preuve de 名 …を示す.
faire ses preuves 真価を発揮する.

préven ... →**prévenir** 75

la **prévenance** /プレヴナンス/ 女 心づかい, 思いやり; 《複》 親切(な行為).

prévenant(*e*) /プレヴナン(ト)/ 形 思いやりのある.

prévenir /プレヴニール/ 他 75 ❶ (英 inform) (不幸・事故など)を通報する, 知らせる. ● *prévenir* la police 警察に知らせる.
❷ (人の欲求など)を察知してかなえる.
❸ (英 prevent) を予防する, 未然に防ぐ. ● *prévenir* une maladie 病気を予防する.
❹ (英 warn) 〈prévenir 人 de 名 [que 直]〉 (人)に…する[…である]ことを前もって知らせる, 警告する. ● Je *vous préviens qu'*on paie à l'avance. 前払いだということをあらかじめお知らせしておきます.

préventif(*ve*) /プレヴァンティフ(ーヴ)/ 形 予防の, 防止する.

la **prévention** /プレヴァンスィヨン/ 女 ❶ 予防(措置), 防止(対策). ❷ 先入観, 偏見.

prévenu(e) /プレヴニュ/ 形 ❶ 先入観を持った. ❷〔法〕〖*de*, の〗罪に問われた.
— le(la) **prévenu(*e*)** 名 〔法〕被疑者.

prévien ..., prévi[î]n ... →**prévenir** 75

prévirent, prévîmes, prévis(s)(...) →**prévoir** 59

la **prévision** /プレヴィズィヨン/ 女 予想, 予測. ● en *prévision* de ... …を見越して.

prévit, prévît (...) →**prévoir** 59

prévoir /プレヴォワール/ 他 59 ❶ (英 foresee) を予想する, 予測する. ❷ (英 plan) を予定する, 計画する; 準備する. ● Il vaut mieux *prévoir* quelques bouteilles de plus. もう少しお酒を用意した方がよい.

prévoir ..., prévois, prévoit, prévoy ... →**prévoir** 59

la **prévoyance** /プレヴォワイヤンス/ 女 先見の明; 用心.

prévoyant(*e*) /プレヴォワイヤン(ト)/ 形 先見の明のある.

prévu(*e*) /プレヴュ/ 形 予想された; 用意された. ● comme *prévu* 予定どおりに. ● plus tôt que *prévu* 予定より早く.

prier /プリエ/ 他 (英 pray) ❶ (神)に祈る. ❷ 〈prier A de 不定詞〉 Aに…するよう頼む, お願いする. ● Je *vous prie de* sortir. お願いだから出て行ってください.
Je vous en prie./ Je t'en prie. 《勧め》どうぞ; 《返事》どういたしまして.
● Merci beaucoup, Monsieur.—*Je vous en prie*. どうもありがとう. —どういたしまして.
● Puis-je enlever ma veste? —Mais *je vous en prie*. 上着を脱いでもいいですか. —どうぞ, どうぞ.
● Asseyez-vous, *je vous en prie*. どうぞおかけください.
se faire prier なかなか応じない.
Vous êtes priés de 不定詞. 《通知などで》どうか…なさってください. ● *Vous êtes prié d'*assister à la réunion. どうか会にご出席くださいますようご案内申し上げます.

la **prière** /プリエール/ 女 (英 prayer) 祈り(の言葉); 懇願.
Prière de 不定詞 《掲示・通知》どうか…してください. ● *Prière de* frapper avant d'entrer. 入室の際にノックをしてください.

primaire /プリメール/ 形 ❶ 初等教育の; 最初の, 第1次の. ● école *primaire* 小学校. ● élection *primaire* 予備選挙. ❷ 《軽蔑的》幼稚な, 単純な.

la **prime** /プリム/ 女 特別手当, ボーナス.
de prime abord まず最初に.
en prime おまけに, さらに.

prîmes →**prendre** 60

la **primeur** /プリムール/ 女 《複》はしりの野菜[果物], 初物.

la **primevère** /プリムヴェール/ 女 〔植〕サクラソウ(桜草).

primitif(*ve*) /プリミティフ(ーヴ)/ 形 (英 primitive) ❶ 最初の, もとの. ❷ 未開の; 原始的な.
— le(la) **primitif(*ve*)** 名 未開人.

primitivement /プリミティヴマン/ 副 最初は, 元来は.

primordial(*ale*) /プリモルディヤル/ 形 (男複 primordiaux) 最も重要な.

le **prince** /プランス/ 男 ❶ 王子, 皇子. ❷ 大公, 公.

P

Prince charmant (おとぎ話の)王子様; 理想の男性.

prince héritier 皇太子.

la **princesse** /プランセス/ 女 (英 princess) ❶ 王女, 皇女, お姫様. ❷ 大公妃.

principal(*ale*) /プランスィパル/ 形 (男複 principaux) (英 main) 主要な, 主な.

— le(la) **principal(*ale*)** 名 ❶ (中学 (collège) の)校長. ❷ 主要な人物.

— le **principal** 男 重要なこと.

— la **principale** 女 〔文法〕主節.

principalement /プランスィパルマン/ 副 主に, 何よりも.

le **principe** /プランスィプ/ 男 (英 principle) ❶ 原理; 原則. ❷《多く複数》主義, 信念; 方針. ❸《複》基礎知識, 初歩. ❹ (物質の)構成要素, 成分.

avoir pour principe de 不定詞 …するのを信条とする.

de principe 原則的な.

en principe 原則として.

par principe 主義として.

pour le principe 建前上.

printanier(*ère*) /プランタニエ(ール)/ 形 春の, 春らしい.

le **printemps** /prɛ̃tɑ̃ プランタン/ 男 (英 spring)

❶ 春.

❷《文》青春, 若さ; (政治上の)雪どけ.

au printemps 春に. → **saison** ●Les cerisiers fleurissent *au printemps*. 桜は春に花が咲く.

la **priorité** /プリヨリテ/ 女 優先(権), 優先課題.

en priorité 優先的に.

Priorité à droite (道路で)右側優先.

prirent, pris (...) →**prendre** 60

pris(e) /プリ(ーズ)/ 形 ❶ (人が)用事がある; (場所・時間が)ふさがっている. ●avoir les mains *prises* 手がふさがっている. ❷ (のど・鼻が)炎症を起こした. ❸ 固まった; 凍った. ●crème bien *prise* (泡立てすぎて)すっかり固くなったクリーム.

la **prise** /プリーズ/ 女 (英 catch) ❶ とること, つかむこと, 奪うこと.
❷〚*de*, を〛とること. ●*prise de* sang 採血. ●*prise de* son 録音. ●*prise de* contact avec ... …との接触.
❸ (空気・水の)取り入れ口; (電気の)コンセント, プラグ. ●*prise* d'eau 蛇口.
❹ 固まること.
❺ (柔道・レスリングの)組み手; (登山などの)足場.

avoir prise sur ... …に影響力を持つ.

être aux prises avec ... …と争っている.

lâcher prise 放す.

la **prison** /プリゾン/ 女 (英 prison) ❶ 刑務所. ❷ 禁固(きんこ), 懲役.

mettre 人 ***en prison*** (人)を投獄する.

le(la) **prisonnier(*ère*)** /プリゾニエ(ール)/ 名 (英 prisoner) 囚人; 捕虜.

— 形〚*de*, に〛捕らわれた; 自由を奪われた.

priss ... →**prendre** 60

prit, prît(*es*) →**prendre** 60

la **privation** /プリヴァスィヨン/ 女《多く複数》(必需品の)欠乏, 窮乏.

la **privatisation** /プリヴァティザスィヨン/ 女 (公共事業の)民営化.

privé(*e*)¹ /プリヴェ/ 形 (英 private)
❶ 民間の, 私立の.
❷ 私的な.

— le **privé** 男《話》❶ 民間企業.
❷ 私立探偵.

dans le privé 私生活で.

en privé 私的に, 個人的に.

privé(*e*)² /プリヴェ/ 形〚*de*, を〛奪われた.

priver /プリヴェ/ 他 (英 deprive)〈**priver** A **de** B〉 AからBを奪う. ●L'accident l'*a privé d'*un œil. 事故で彼は片目を失った.

— **se priver** 代動 ❶〚*de*, を〛断つ, 我慢する. ●*se priver de* vin [de boire] 禁酒する. ❷ 切り詰めた生活をする.

ne pas se priver de 不定詞 遠慮なく…する. ●Il *ne se prive pas de* dire ce qu'il pense. 彼は思ったことをずばずば言う.

le **privilège** /プリヴィレージュ/ 男 特権; 特典, 恩恵.

le(la) **privilégié(*e*)** /プリヴィレジエ/ 名 特権を受けた人; 恵まれた人.

— 形 特権を受けた.

le **prix** /pri プリ/ 男

❶ (英 price, cost) 値段, 価格.

●Quel est le *prix* de ce fauteuil? このひじかけ椅子はいくらですか.

P

●Le *prix* du pétrole a baissé. 石油の値段が下がった.
❷《複》物価.
●hausse [baisse] des *prix* 物価の上昇[下落].
❸ (**a**) 賞, 賞品, 賞金.
●obtenir un *prix* 賞を受賞する.
(**b**) 受賞者.
●C'est un *prix* Nobel. あの人はノーベル賞の受賞者だ.
❹ 価値, 代価.
●payer le *prix* du succès 成功の代償を払う.
à aucun prix 《否定文で》絶対に. ●Ne parlez de cela *à aucun prix*. どんなことがあってもそのことをしゃべらぬように.
à bas prix 安く.
à moitié prix 半値で.
à prix d'or 非常な高価で.
à tout prix どんな対価を払っても.
au prix de... …と引きかえに. ●Le projet a vu le jour *au prix de* grands efforts. 大変な努力を払ってようやく計画は日の目を見た.
faire un prix (d'ami) à 人 (人)にまけてやる.
Grand Prix グランプリ.
hors de prix ひどく高い.
prix d'ami 特価.
prix fixe 定価.

la **probabilité** /プロバビリテ/ 女 確からしさ, 蓋然(がいぜん)性; 〔数〕確率.
selon toute probabilité 恐らく, 十中八九.

probable /プロバーブル/ 形 ありそうな.
Il est peu probable que 接続法. 《非人称》…はありそうにない. ●*Il est peu probable qu*'il vienne. 彼は来そうにない.
Il est probable que 直. 《非人称》おそらく…だろう.

probablement /プロバブルマン/ 副 (英 probably) おそらく, たぶん, きっと.

problématique /プロブレマティク/ 形 (解決・結果が)疑わしい, 不確かな.
— la **problématique** 女 (学問分野での)諸問題, 問題提起, 問題性.

le **problème** /プロブレム/ 男 (英 problem) 問題, 難題; 《多く複数》悩み事. 会話 (Il n'y a) pas de *problème*! 何の問題もないです, たやすいことです.
poser un problème 問題を生じる.
sans problème 難なく.

le **procédé** /プロセデ/ 男 (英 process) ❶ 方法, 手順. ❷ (人に対する)態度, 振る舞い.

procéder /プロセデ/ 自 57 (英 proceed)
❶〖à, に〗取りかかる. ●On a *procédé au* vote. 票決に入った.
❷《文》〖*de*, から〗生じる.
❸ 行う; 振る舞う. ●Il faut *procéder* avec méthode. ちゃんとしたやり方で行わなければならない.

la **procédure** /プロセデュール/ 女 手続き; 〔法〕訴訟(手続き).

le **procès** /プロセ/ 男 (英 proceedings) 訴訟, 裁判.
faire le procès de... …を非難する.

la **procession** /プロセスィヨン/ 女 (人・車の)(行)列. ●en *procession* 行列をつくって.

le **processus** /プロセスュス/ 男 (<ラテン) (英 process) 過程; 経過, 進展.

le **procès-verbal** /プロセヴェルバル/ 男 (複 procès-verbaux) ❶ 調書; 交通違反調書. ❷ (会議の)議事録.

prochain(e) /prɔʃɛ̃, -ɛn プロシャン(シェヌ)/

形 (英 next)
❶ この次の, 今度の.
(**a**) 《時間》
●Je reviendrai jeudi *prochain*. 次の木曜日にまた来ます.
●la semaine *prochaine* 来週.
●dans un avenir *prochain* 近い将来に.
会話 À la *prochaine* (fois)! じゃあまた今度.
(**b**) 《空間》
●Je descends à la *prochaine* station. 私は次の駅で降ります.
❷ 間近に迫った.
— le **prochain** 男 《文》《単数のみ》隣人.
— la **prochaine** 女 ❶《話》次の駅[停留所].
❷《話》次回, 今度.
会話 À la *prochaine*! じゃあまた今度.

prochainement /プロシェヌマン/ 副 近いうちに, まもなく.

P

proche /プロシュ/ 形 (英 near) ❶〘*de*, に〙近い. (**a**)《空間的》
● La mairie est toute *proche de* l'école. 役場は学校のすぐそばにある.
(**b**)《時間的》
● dans un *proche* avenir 近い将来に.
❷ 似通った.
❸ 親しい; 近い関係の.
— le(la) **proche** 名《複》近親者.

la **proclamation** /プロクラマスィヨン/ 女 宣言(文), 公表.

proclamer /プロクラメ/ 他 ❶ を公表する. ❷ を明言する, 主張する.

procurer /プロキュレ/ 他 (英 obtain) ❶〈procurer A à B〉 BにAを手に入れさせる, 与える. ●Il *a procuré* un emploi à son fils. 彼は息子に職を見つけてやった. ❷(ものが)をもたらす.
— **se procurer** 代動 手に入れる.

le **procureur** /プロキュルール/ 男 検事.

prodigieux(*se*) /プロディジユ(ーズ)/ 形 驚くべき, 桁はずれの.

prodigue /プロディグ/ 形 浪費する, 気前のいい.
être prodigue de ... …を惜しまない.

prodiguer /プロディゲ/ 他 ❶(お金など)を浪費する. ❷ を惜しげなく与える.
prodiguer des soins à 人 (人)を献身的に介護する.

producteur(*trice*) /プロデュクトゥール(トリス)/ 形〘*de*, を〙生産する. ●pays *producteur de* pétrole 石油産出国.
— le(la) **producteur**(*trice*) 名 ❶(映画などの)製作会社, プロデューサー. ❷ 生産者.

productif(*ve*) /プロデュクティフ(ーヴ)/ 形 生産的な.

la **production** /プロデュクスィヨン/ 女 (英 production, products) ❶ 生み出すこと, 生産; 生産物. ●coût de *production* 生産コスト. ❷ 発生. ❸ 作品; (映画の)製作. ●*production* littéraire 文学作品.

productrice →**producteur** の女性形.

produi ... →**produire** 15

produire /プロデュイール/ 他 15 (英 produce) ❶ を生産する. ●La France *a produit* beaucoup de grands artistes. フランスは多くの偉大な芸術家を生み出した.
❷ を引き起こす, 生じさせる.
❸(映画・番組)を製作する; (作品)を生み出す.
❹(書類・証人)を提出する.
— **se produire** 代動 ❶ 起こる, 生じる. ●Ce phénomène *se produit* souvent. その現象はよく起こる. ❷(俳優などが)出演する.

le **produit**[1] /プロデュイ/ 男 (英 product) ❶ 生産物, 製品; 結果. ●*produits* alimentaires 食料品. ❷ 収益, 収入. ❸〔数〕(かけ算の)積.
produit intérieur brut 国内総生産, GDP.
produit national brut 国民総生産, GNP.

produit[2] →**produire** 15

le(la) **prof** /プロフ/ 名《略》《話》先生, 教授(=professeur).

profane /プロファヌ/ 形 ❶ 世俗の. ❷ 素人の.
— le(la) **profane** 名 ❶ 俗人. ❷ 素人.

professer /プロフェセ/ 他《文》を公言する, 表明する.

le(la) professeur(e)

/prɔfɛsœr プロフェスール/ 名 (英 professor) 先生; 教師; 教授. → 伝統的には女性にも男性形を用いる. une professeur とつづることもある.
● *professeur* de français フランス語の先生.

la **profession** /プロフェスィヨン/ 女 (英 occupation, profession) ❶ 職業. ●de *profession* プロの.
❷(宗教・信条などの)表明, 公言. ●faire *profession* de ... …を表明する.
profession de foi 信仰告白; (政治的)信条表明.

professionnel(*le*) /プロフェスィヨネル/ 形 (英 professional) ❶ 職業の, 職業上の. ❷ プロの.
— le(la) **professionnel**(*le*) 名 プロ, 専門家; プロスポーツ選手.

le **profil** /プロフィル/ 男 ❶ 横顔. ❷ 輪郭, 外形. ❸(職業などの)適性.
de profil 横からの; 横向きの.

le **profit** /プロフィ/ 男 (英 profit) 利益, 利潤; 利点.
au profit de ... …のために.
mettre ... à profit …を最大限利用する.
tirer profit de ... …を役立てる.

P

profitable /プロフィタブル/ 形 〖à, にとって〗有益な, ためになる.

profiter /プロフィテ/ 自 〖de, を〗利用する, 活用する; 〖à, の〗役に立つ.
●Ce stage *lui* a bien *profité*. この研修を受けて彼(女)は大いに得るところがあった.
profiter de A pour 不定詞 Aを利用して…する. ●Je *profite de* l'occasion *pour* vous présenter ma femme. ちょうどいい機会ですから妻を紹介させていただきます.

profond(e) /プロフォン(ド)/ 形 (英 deep)
❶ 深い, 奥行きのある; 〈profond de ...〉 …の深さの. ●*profond de* 3 mètres 3メートルの深さの.
❷ (程度の)甚だしい; 深刻な.
❸ 深遠な.
❹ (色・音が)深みのある.
peu profond 浅い.
— 副 深く.

profondément /プロフォンデマン/ 副 (英 deeply) 深く; 心の底から. ●être *profondément* endormi ぐっすりと眠っている.

la **profondeur** /プロフォンドゥール/ 女 (英 depth) ❶ 深さ; 奥行き; 深遠さ, 深み. ●à 10 mètres de *profondeur* 10メートル深さの. ❷《多く複数》深い所.
en profondeur 深く.

la **profusion** /プロフュズィヨン/ 女 豊富; 過剰. ●à *profusion* たくさん.

le **programme** /プログラム/ 男 (英 program) ❶ 授業計画; (試験・授業の)科目.
❷ (テレビ・ラジオの)番組(表); (演劇・コンサートなどの)プログラム.
❸ 予定, 計画.
❹〔情報〕プログラム.
会話 ***C'est tout un programme!*** あとは推して知るべしだ.

programmer /プログラメ/ 他 を番組に組み入れる; のプログラムを組む, 計画を立てる.

le **progrès** /プログレ/ 男 (英 progress)
❶ 進歩; 《多く複数》上達. ●être en *progrès* 進歩しつつある. ●faire des *progrès* 上達する.
❷《多く複数》拡大, 増加.

progresser /プログレセ/ 自 ❶ 前進する; (事態が)進展する. ❷ 進歩する, 向上する.

progressif(ve) /プログレスィフ(ーヴ)/ 形 漸(ぜん)進的な, 段階的な.

la **progression** /プログレスィヨン/ 女 前進; 進展, 進行. ●être en *progression* 進展しつつある.

progressivement /プログレスィヴマン/ 副 徐々に, 次第に.

prohiber /プロイベ/ 他 (法的に)を禁止する.

la **prohibition** /プロイビスィヨン/ 女 (法的な)禁止.

la **proie** /プロワ/ 女 餌食(えじき), 獲物.
être en proie à ... …に苦しめられている.
être la proie de ... …の犠牲となる.
oiseau de proie 猛禽(きん).

le **projecteur** /プロジェクトゥール/ 男 投光機; 映写機.

le **projectile** /プロジェクティル/ 男 砲弾, 弾丸; 発射物.

la **projection** /プロジェクスィヨン/ 女 ❶ 発射, 噴出; 《多く複数》発射[噴出]物. ❷ 投影; 映写.

le **projet** /プロジェ/ 男 (英 project)
❶ 計画, プラン, 予定.
❷ 草案. ●*projet* de loi 法案.

projeter /プロジュテ/ 他 4 (英 plan)
❶ を投げ出す; 噴出する.
❷ (光・影など)を映写する; (図形)を投影する. ●*projeter* une ombre 影を投げかける. ●*projeter* un film 映画を映す.
❸ を計画する. ●*projeter* un voyage 旅行を企画する.
projeter de 不定詞 …する計画を立てる.
●Nous *projetons de* refaire notre appartement. 我々はアパルトマンの改装を計画している.

le **prologue** /プロログ/ 男 序章, プロローグ.

la **prolongation** /プロロンガスィヨン/ 女 (時間的な)延長; 〔スポーツ〕延長戦.

le **prolongement** /プロロンジュマン/ 男 ❶ (空間的な)延長, 延長部分. ❷《複》結果, 反響.
être dans le prolongement de ... …の先にある.

prolonger /プロロンジェ/ 他 40 (英 prolong) ❶ (時間的・空間的に)を延ばす, 延長する. ❷ に続く.
— **se prolonger** 代動 (時間的に)長引く, 延長される; (空間的に)続く.

P

la **promenade** /プロムナード/ 女 (英 walk) 散歩; 遊歩道, プロムナード. ●faire une *promenade* 散歩する.

promener /プロムネ/ 他 1 ❶ を散歩させる, 連れ歩く; (人)を案内して歩く. ●Il a *promené* son ami à travers la ville. 彼は友人を連れて町中を歩き回った.
❷ (指・視線など)を移動させる, さまよわせる.
promener son regard sur ... …へ視線を走らせる.
— **se promener** 代動 散歩する. ●Nous allons *nous promener* dans le parc. 我々は公園に散歩に行く.

le(la) **promeneur**(**se**) /プロムヌール(ズ)/ 名 散歩する人, 散策者.

la **promesse** /プロメス/ 女 (英 promise) ❶ 約束; 契約.
❷《複》《文》見込み.
faire une promesse 約束をする.
manquer à sa promesse 約束を破る.
promesses en l'air 空約束.
tenir sa promesse 約束を守る.

promet(...) →**promettre** 41

promettre /プロメトル/ 他 41 (英 promise) ❶ (**a**) を約束する. ●Je *lui ai promis* un cadeau. 彼にプレゼントの約束をした.
(**b**) 〈promettre (à 人) de 不定詞 [que ...]〉(人に)…する[という]ことを約束する.
❷ (ものが)を予想させる; 見込みがある.
会話 ***Ça promet!*** 《皮肉》先が思いやられるよ.
— **se promettre** 代動 ❶ 期待する.
❷ 〈se promettre de 不定詞〉 …する決心をする. ●Il *s'est* bien promis *de* se taire à l'avenir. これからは黙っていようと彼は決心した.

promi[î] ... →**promettre** 41

le(la) **promoteur**(***trice***) /プロモトゥール(トリス)/ 名 《文》発案者, 主唱者.

la **promotion** /プロモスィヨン/ 女 (英 promotion) ❶ 昇進. ❷ 販売促進, プロモーション. ●en *promotion* キャンペーン中の. ❸ (グランドゼコールの)同期入学生

promouvoir /プロムヴォワール/ 他 27 ❶ を奨励する; 販売促進する. ❷ を昇進させる. ●Il a été *promu* directeur. 彼は部長に昇進した.

prompt(**e**) /プロン(ト)/ 形 《文》速やかな, 迅速な.
prompt à ... すぐ…する.

la **promptitude** /プロンティテュド/ 女 《文》すばやさ.

le **pronom** /プロノン/ 男 〔文法〕代名詞. ●*pronom* personnel [possessif, relatif] 人称[所有, 関係]代名詞.

pronominal(***ale***) /プロノミナル/ (男複 pronominaux) 形 〔文法〕代名詞的な.
verbe pronominal 代名動詞.

prononcer /プロノンセ/ 他 52 (英 pronounce) ❶ を発音する. ●mot difficile à *prononcer* 発音しにくい言葉. ❷ (言葉)を発する, 述べる. ●*prononcer* un discours スピーチをする. ❸〔法〕を宣告する. ●*prononcer* un arrêt 判決を言い渡す.
— **se prononcer** 代動 ❶ 発音される. ●Comment ce mot *se* prononce-t-il? この単語はどう発音されますか. ❷ 意見を述べる.

la **prononciation** /プロノンスィヤスィヨン/ 女 (英 pronunciation) 発音.

la **propagande** /プロパガンド/ 女 (英 propaganda) 宣伝(活動), プロパガンダ.

la **propagation** /プロパガスィヨン/ 女 広がること; (音・光などが)伝わること.

propager /プロパジェ/ 他 40 を広める.
— **se propager** 代動 広まる; (光・音などが)伝わる.

le **prophète** /プロフェト/ 男 預言者, 予言者; (**le P-**) マホメット.

propice /プロピス/ 形 〖à, に〗好都合な.

la **proportion** /プロポルスィヨン/ 女 ❶ 釣り合い, プロポーション. ❷ 比率, 割合. ❸《多く複数》規模.
en proportion それ相応に.
hors de (***toute***) ***proportion*** (***avec ...***) (…と)全く不釣り合いの.

proportionné(**e**) /プロポルスィヨネ/ 形 〖à, と〗釣り合った. ●bien *proportionné* 均整のとれた.

proportionnellement /プロポルスィヨネルマン/ 副 〖à, に〗比例して, 応じて.

le **propos** /プロポ/ 男 ❶《複》(英 talk) 発言, 話, 言葉. ❷《文》意図.
à ce propos これに関して.

P

à propos ところで; 都合よく.
à propos de ... …のことで.
hors de propos 見当違いに.

proposer /プロポゼ/ 他 (英 propose)
❶ を提案する, 提示する; 〈**proposer à** 人 **de** 不定詞 [**que ...**]〉 (人)に…しようと申し出る; (人)に…するように勧める. ●Je *vous propose de* passer me voir. 私のところに立ち寄ってください.
❷〖*à, pour*〗(地位・職業などに)を推薦する. ●Il *a été proposé pour* ce poste. 彼はこの地位に推薦された.

— **se proposer** 代動 ❶〈**se proposer de** 不定詞〉…するつもりである. ●On *se propose de* construire une station spatiale. 宇宙ステーションの建設計画が持ち上っている. ❷〈**se proposer pour** 不定詞 [**pour** 名]〉…しようと申し出る. ●Il *s'est proposé pour* (faire) ce travail. 彼はその仕事をやってもよいと申し出てくれた.

la **proposition** /プロポズィスィヨン/ 女 ❶ (英 proposal) 提案, 申し出. ❷〔文法〕節.

propre[1] /プロプル/ 形 (英 clean) ❶ 清潔な; 潔白な. ●Tu as les mains *propres*? 手はきれいか.
❷ きちんとした. ●travail *propre* きちんとした仕事.

propre[2] /プロプル/ 形 (英 proper) ❶ 自分自身の; 〖*à*, に〗固有の, 本来の. ●mon *propre* argent 私自身のお金. ●nom *propre* 固有名詞. ●remettre ... en main(s) *propre(s)* …を本人に直接手渡す.
❷ 適切な; 〖*à*, に〗適した. ●mot *propre* 適切な言葉.

— le **propre** 男 特性. ●La parole est le *propre* de l'homme. 言葉は人間に固有のものだ.

avoir ... en propre …を私有している.

proprement /プロプルマン/ 副 (英 properly) ❶ きれいに, 清潔に. ❷ 本来; 文字どおり.

à proprement parler 厳密に言えば.
proprement dit 本来の意味で, まさしく.

la **propreté** /プロプルテ/ 女 清潔であること.

le(la) **propriétaire** /プロプリエテール/ 名 (英 owner) 持ち主; 家主.

la **propriété** /プロプリエテ/ 女 (英 ownership) ❶ 所有権. ●*propriété* intellectuelle 知的所有権. ●*propriété* littéraire 著作権. ❷ 所有物, 所有地; 大邸宅. ❸ 特性, 属性.

prosaïque /プロザイク/ 形 平凡な.

proscri ... →**proscrire** 26

proscrire /プロスクリール/ 他 26 (公に)を禁止する; 《文》を追放する.

la **prose** /プローズ/ 女 散文. ●en *prose* 散文で.

le **prospectus** /プロスペクテュス/ 男 (宣伝用の)パンフレット.

prospère /プロスペール/ 形 繁栄している; 元気な.

la **prospérité** /プロスペリテ/ 女 繁栄, 好況.

prostitué(*e*) /プロスティテュエ/ 形 売春する, 身を売った, 堕落した.

— le **prostitué** 男 男娼(しょう).

— la **prostituée** 女 売春婦.

la **prostitution** /プロスティテュスィヨン/ 女 売春.

le(la) **protecteur(*trice*)** /プロテクトゥール(トリス)/ 名 保護者, 庇護(ひご)者.

— 形 保護する.

la **protection** /プロテクスィヨン/ 女 保護; 保護となるもの.

de protection (製品が)保護用の.
prendre 人 ***sous sa protection*** 人を自分の庇護(ひご)下に置く.

protégé(*e*) /プロテジェ/ 形 保護された.

— le(la) **protégé(*e*)** 名 《話》お気に入り.

protéger /プロテジェ/ 他 40 57 (英 protect) ❶〖*contre, de*, から〗を保護する, 守る; 〔情報〕をプロテクトする. ●*Protégeons* les animaux. 動物を愛護しよう.
❷ (人など)の後ろ盾になる, を擁護する. ●*protéger* les lettres 文芸を擁護する.

— **se protéger** 代動 〖*contre, de*, から〗自分の身を守る. ●*se protéger du* froid 寒さから身を守る.

le(la) **protestant(*e*)** /プロテスタン(ト)/ 名 (英 Protestant) プロテスタント, 新教徒.

— 形 プロテスタントの, 新教徒の.

le **protestantisme** /プロテスタンティスム/ 男 新教; 《集合的》プロテスタント教会.

la **protestation** /プロテスタスィヨン/ 女 (英 protest) 抗議, 異議.

protester /プロテステ/ 自 (英 protest) ❶〖*contre*, に〗抗議する, 反対する. ●Je

proteste contre cette injustice. 私はこの不正に抗議する.
❷《文》〖*de*, を〗主張する, 公言する. ●Il *a protesté de* son innocence. 彼は自分の無罪を主張した.

le **protocole** /プロトコル/ 男 ❶ (公式の)儀礼; 礼儀作法, しきたり. ❷ (国際会議などの)議定書.

la **proue** /プル/ 女 船首, 舳先(へさき).

prouver /プルヴェ/ 他 (英 prove) を証明する; (態度・言葉で)を示す; (ものが)の証拠となる. ●Cela ne *prouve* rien. それは何の証拠にもならない. ●Il *a prouvé* qu'il n'était pas sorti ce soir-là. 彼はその晩は外出しなかったことを立証した.

— **se prouver** 代動 自らに証明する.

proven... →**provenir** 75

la **provenance** /プロヴナンス/ 女 出所(でどころ), 出発地, 産地.
en provenance de... …から来た; …発の.

provençal(***ale***) /プロヴァンサル/ 形 (男複 **provençaux**) プロヴァンス地方の.
— le(la) **Provençal**(***ale***) 名 プロヴァンス地方の人.
— le **provençal** 男 プロヴァンス語[方言].

la **Provence** /プロヴァンス/ 女 プロヴァンス. → フランス南東部の旧地方名.

provenir /プロヴニール/ 自 75 《助動 être》(英 come from)〖*de*, から〗来る, 由来[起因]する. ●D'où *proviennent* ces fruits? この果物はどこから来たものですか.

provenu →**provenir** 75

le **proverbe** /プロヴェルブ/ 男 諺(ことわざ), 格言.

la **providence** /プロヴィダンス/ 女 ❶ (神の)摂理; (**la P-**) 神. ❷ 救いの神, 僥倖(ぎょうこう).

providentiel(***le***) /プロヴィダンスィエル/ 形 (神の)摂理による; 思いがけない, 運のいい.

provien..., provi[î]n... → **provenir** 75

la **province** /プロヴァンス/ 女 (英 province) ❶ (フランス革命以前の)州. ❷ (固有の習慣・伝統をもつ)地方; 《集合的》(パリに対して)地方, 田舎.

provincial(***ale***) /プロヴァンスィヤル/ 形 (男複 **provinciaux**) 地方の, 田舎の.
— le(la) **provincial**(***ale***) 名 地方(出身)の人.

le(la) **proviseur**(***e***) /プロヴィズール/ 名 高校(lycée)の校長.

la **provision** /プロヴィズィヨン/ 女 (英 stock) ❶ 蓄え, 備蓄; 《複》(食料・日用品の)買い物, 蓄え. ❷ (銀行・企業の)引当金.
faire des provisions (食料品の)買い物をする.
faire provision de... …を蓄える.
une provision de... たくさんの….

provisoire /プロヴィゾワール/ 形 (英 provisional) 仮の, 一時的な.

provisoirement /プロヴィゾワルマン/ 副 仮に, 一時的に.

provocant(***e***) /プロヴォカン(ト)/ 形 挑発的な; 扇情的な, 色っぽい.

provoquer /プロヴォケ/ 他 (英 provoke) ❶ 〈provoquer 人 à 名 [à 不定詞]〉 (人)を…するようにそそのかす, 仕向ける. ●*provoquer* la population à l'insurrection 住民を扇動して蜂起(ほうき)させる. ❷ (人)を欲情させる, 挑発する. ❸ を引き起こす, 生じさせる. ●Les déclarations du président *ont provoqué* une vague de protestations. 議長の言葉は激しい抗議を呼び起こした.

la **proximité** /プロクスィミテ/ 女 (距離的・時間的に)近いこと, 近接.
à proximité de... …のすぐ近くに.
de proximité 近くの.

prudemment /プリュダマン/ 副 慎重に, 用心深く.

la **prudence** /プリュダンス/ 女 慎重さ, 用心深さ.

le(la) **prudent**(***e***) /プリュダン(ト)/ 形 (英 prudent) 名 慎重な(人), 用心深い(人).

la **prune** /プリュヌ/ 女 (英 plum) ❶ プラム. ❷ 罰金.
pour des prunes 《話》無駄に, 無益に.
— 形 《不変》プラム色の, 濃い紫の.

le **pruneau** /プリュノ/ 男 (複 **pruneaux**) 干しスモモ, プルーン.

la **prunelle**[1] /プリュネル/ 女 瞳(ひとみ); 目, まなざし.
tenir à... comme à la prunelle …をとても大切にする.

la **prunelle**[2] /プリュネル/ 女 リンボクの実.

le **prunier** /プリュニエ/ 男 〔植〕プラムの木.

la **Prusse** /プリュス/ 女 プロイセン, プロシア. → 旧ドイツ帝国の主要な王国.

prussien(*ne*) /プリュスィヤン(エヌ)/ 形 プロイセンの, プロシアの.

— le(la) **Prussien(*ne*)** 名 プロイセン人, プロシアの人.

le **pseudonyme** /プスドニム/ 男 偽名, 仮名; ペンネーム; 芸名.

la **psychanalyse** /プスィカナリズ/ 女 精神分析学[療法].

le(la) **psychiatre** /プスィキヤトル/ 名 精神科医.

psychique /プスィシク/ 形 精神の, 心的な.

la **psychologie** /プスィコロジ/ 女 (英 psychology) ❶ 心理学. ❷ 心理(状態), 心性; 人間心理の洞察. ❸ (文学作品などの)心理描写, 心理分析.

psychologique /プスィコロジク/ 形 (英 psychological) 心理の, 心理的な; 心理学の.

psychologiquement /プスィコロジクマン/ 副 心理(学)的に, 精神的に.

le(la) **psychologue** /プスィコログ/ 名 心理学者, (応用)心理学の専門家, 心理カウンセラー.

— 形 心理に通じている.

pu →**pouvoir**[1] 56 →**paître** 16

puant(*e*) /ピュアン(ト)/ 形 臭い, 悪臭を放つ; 《話》鼻持ちならない.

la **puanteur** /ピュアントゥール/ 女 悪臭.

la **pub** /ピュブ/ 女 《話》《略》広告, 宣伝. → **publicité**

public(*que*) /ピュブリク/ (英 public) 形 ❶ 公開された; 公然の, 周知の. ❷ 公の; 公立の, 公共の; 公的な, 国家の.

— le **public** 男 ❶ 公衆, 大衆. ● grand *public* 一般大衆. ❷ 観客, 聴衆, 読者; 視聴者.

en public 人前で, 公衆の面前で.

être bon public 《話》(何にでも)感動する観客である.

la **publication** /ピュブリカスィヨン/ 女 ❶ 出版, 刊行, 発行; 出版物; (特に定期の)刊行物. ❷ 公告, 公布, 発表.

publicitaire /ピュブリスィテール/ 形 広告の, 宣伝の.

la **publicité** /ピュブリスィテ/ 女 ❶ 広告, 宣伝; コマーシャル, チラシ. ● faire de la *publicité* pour ... …の宣伝をする. ❷ 公開, 公示.

publier /ピュブリエ/ 他 (英 publish) を出版する, 刊行する; 発表する, 公表する. ● *publier* un roman 小説を出版する.

publiquement /ピュブリクマン/ 副 公然と, 公に, 公衆の面前で.

la **puce** /ピュス/ 女 ❶ (英 flea) ノミ(蚤); 蚤の市 (=marché aux ～s). ❷〔電〕(集積回路の)チップ. ● carte à *puce* IC カード. ❸ 《話》ちび. → 少女への呼びかけ.

mettre la puce à l'oreille de 人 (人)に警戒心を抱かせる.

la **pudeur** /ピュドゥール/ 女 ❶ (特に性的なことに対する)羞恥心, 恥じらい. ❷ 慎み, 遠慮.

pudique /ピュディク/ 形 つつましやかな, 内気な; (動作・感情が)慎み深い.

puer /ピュエ/ 他 の嫌なにおいがする.

— 自 悪臭を発する.

puéril(*e*) /ピュエリル/ 形 子供っぽい; 幼稚な.

puis[1] →**pouvoir**[1] 56

puis[2] /ピュイ/ 副 (英 then) それから, 次に. ● Il s'est levé, *puis* il a fait sa toilette. 彼は起き, それから顔を洗った.

et puis 《理由を続けて》その上. ● On mange mal ici, le service est mauvais et *puis* c'est cher. この店はまずくてサービスは悪く, おまけに高い.

会話 ***Et puis quoi*** [***après***]***?*** それがどうした.

puiser /ピュイゼ/ 他 ❶ (液体)を汲(く)み出す. ❷〘*dans*, から〙を取り出す. ❸〘*dans*, から〙を取る, 借りる.

puisque /ピュイスク/ 接 (英 since) ❶ …なのだから, …である以上. ● *Puisque* vous êtes innocent, vous n'avez rien à craindre. あなたは無実なのだから何も心配することはありませんよ.

POINT il(s), elle(s), on, en, un(e) の前では puisqu' となる.

❷ 《独立節で》だから. → いらだち・憤慨を示す. 会話 *Puisque* je te le dis! だから言ったでしょう.

puiss ... →**pouvoir**[1] 56

puissamment /ピュイサマン/ 副 強力に; 《話》大いに, 非常に.

la **puissance** /ピュイサンス/ 女 (英 power) ❶ 力, 強さ; たくましさ; 能力.

P

❷ 権力, 勢力; 権力者.
❸ 強国, 大国.
❹ (機械の)出力, 動力; (音・光の)強さ.
❺〔数〕べき, 累乗. ● 10 *puissance* 4 10の4乗.
en puissance 潜在的な.

puissant(e) /ピュイサン(ト)/ 形 (英 powerful) ❶ 強い, 力がある. ❷ (機械が)強力な; 影響力がある.

le **puits** /ピュイ/ 男 (英 well) ❶ 井戸. ❷ (鉱山の)立坑(たてこう).
puits de pétrole 油井(ゆせい).
puits de sciences 博識な人.

le **pull** /ピュル/ 男 《話》《略》セーター (= pull-over).

le **pull-over** /ピュロヴェール/ 男 (＜英) (頭からかぶって着る)セーター.

pulvériser /ピュルヴェリゼ/ 他 ❶ を粉末にする; 粉砕する, 粉々にする. ❷ を霧状にして散布する.
pulvériser un record 《話》記録を軽く破る.

pûmes →**pouvoir**[1] 56

la **punaise** /ピュネーズ/ 女 ❶〔虫〕トコジラミ, ナンキンムシ (=〜 des lits). ❷ 画びょう.

punir /ピュニール/ 他 33 (英 punish) ❶ (人)を罰する; (罪など)を非難する. ● *punir* un élève 生徒を罰する.
❷ (**a**) 〈**punir A de** [**pour**] **B**/**punir A de** 不定詞 《複合形》〉 Bの[…した]理由でAを罰する.
(**b**) 〈**punir A de B**〉 AにBの罰を科する. ● *punir* un assassin *de* mort 殺人犯に死刑を科する.

la **punition** /ピュニスィヨン/ 女 (英 punishment) 罰すること; (処)罰.

la **pupille** /ピュピユ/ 女 瞳孔(どうこう), 瞳(ひとみ).

le **pupitre** /ピュピトル/ 男 ❶ (傾斜した)書見台, 譜面台; 教室机. ❷〔情報〕制御卓, コンソール.

pur(e) /ピュール/ 形 (英 pure) ❶ 純粋な; 澄んだ.
❷ 《名詞の前》全くの, 単なる; (芸術・科学が)純然たる.
❸ けがれのない; (性的に)清純な.
en pur perte 無駄に.
pur et dur 原則どおりの.
pur et simple 無条件の, 純然たる.

la **purée** /ピュレ/ 女〔料〕ピュレ; マッシュポテト.

purement /ピュルマン/ 副 全く, 単に, もっぱら.
purement et simplement ただ単に, きっぱりと.

purent →**pouvoir**[1] 56

la **pureté** /ピュルテ/ 女 (英 purity)
❶ 純粋さ; 清らかさ.
❷ 《文》潔白, 純真さ.
❸ 純正さ, 正確さ.

purger /ピュルジェ/ 他 40 ❶ (人)に下剤をかける.
❷ (管など)を空にする; (国・団体など)を一掃する.
❸ を粛清する.
❹ (刑)に服する.
— **se purger** 代動 下剤を服用する.

purifier /ピュリフィエ/ 他 を浄化する, 純化する; 《文》(心など)を清める.

le(la) **puritain(e)** /ピュリタン(テヌ)/ 名 ❶ 清教徒, ピューリタン. ❷ 厳格な人.
— 形 清教徒の, ピューリタンの; 厳格な.

le **pur-sang** /ピュルサン/ 男 《不変》サラブレッド. → 純血種の馬.

la **purulence** /ピュリュランス/ 女〔医〕化膿(のう).

pus(...), put, pût, pûtes →**pouvoir**[1] 56

la **putain** /ピュタン/ 女 《話》売春婦.
Putain! 《怒り・驚きなど》ちえっ, くそ.

le **pyjama** /ピジャマ/ 男 (＜英) パジャマ.

la **pyramide** /ピラミド/ 女 ピラミッド; ピラミッド状のもの; ピラミッド状のグラフ.

les **Pyrénées** /ピレネ/ 女 複 ピレネー山脈 [地方].

P

Q q

le **Q, q** /キュ/ 男 フランス字母の第17字.
le **QI** /キュイ/ 男 《略》(英 IQ) 知能指数 (= quotient intellectuel).
le **quadrilatère** /カ[クワ]ドリラテール/ 男 4辺形.
le **quadrillage** /カドリヤージュ/ 男 碁盤縞(じま); 格子状のもの.
quadrillé(e) /カドリエ/ 形 碁盤縞(じま)の, 方眼の. ●papier *quadrillé* 方眼紙.
quadruple /カ[クワ]ドリュプル/ 形 4倍の, 4重の.
— le **quadruple** 男 4倍.
le **quai** /ケ/ 男 (英 platform) ❶ プラットホーム.
❷ 波止場; 桟橋; 河岸(通).
être à quai (列車が)ホームに停まっている; (船が)波止場に停泊している.
Quai d'Orsay (le ～) フランス外務省.
qualificatif(ve) /カリフィカティフ(ーヴ)/ 形 〔スポーツ〕出場資格を与える.
adjectif qualificatif 〔文法〕品質形容詞.
— le **qualificatif** 男 形容句[語].
la **qualification** /カリフィカスィヨン/ 女 (職や技能の)資格; 〔スポーツ〕(出場)資格.
●épreuves de *qualification* 〔スポーツ〕予選. ●*qualification* professionnelle 職能資格.
qualifié(e) /カリフィエ/ 形 (出場)資格のある.
non qualifié 未熟練の.
qualifier /カリフィエ/ 他 ❶ を形容する, 名づける; 〈**qualifier A de B**〉 AをBと呼ぶ.
❷ 〈**qualifier A pour B** [**pour** 不定詞]〉 AにBへの[…する](出場)資格を与える.
— **se qualifier** 代動 『*pour*, への』出場権を得る.
la **qualité** /カリテ/ 女 (英 quality)
❶ 質(のよさ), 品質; 長所.
●de bonne [mauvaise] *qualité* 良質の[粗悪な].
●de première *qualité* 最高級の.
●de *qualité* 良質の, 高級の.
❷ 身分, 資格.
●en *qualité* de ... …の資格で, として.

quand

/kɑ̃ カン/ 副 《疑問副詞》 →quand の d は /t/ でリエゾンする. (英 when)
❶ いつ.
●*Quand* est-ce que vous partez? いつ出発なさいますか.
●Tu pars *quand*? いつ出発するんだい.
❷ 《前置詞とともに》
●C'est pour *quand*? それはいつの予定なの.
depuis quand いつから. ●*Depuis quand* êtes-vous à Paris? あなたはいつからパリにいるのですか.
de quand いつの. 会話 Il est *de quand*, ce journal? この新聞はいつのですか.
jusqu'à quand いつまで. ●*Jusqu'à quand* la bibliothèque restera-t-elle fermée? 図書館はいつまで閉まっているのだろうか.
n'importe quand いつでも. ●Venez *n'importe quand*. いつでもいらっしゃい.
— 接 ❶ 《時間》 …するときに; …するたびに.
●*Quand* je l'ai rencontrée, elle était encore étudiante. 私が出会った時, 彼女はまだ学生だった.
●En France, on se serre la main *quand* on se rencontre. フランスでは出会うときはいつも握手する.
❷ 《名詞節を導いて》《話》 …のとき.
●Je n'aime pas *quand* elle pleure. 私は彼女が泣く時は嫌いだ.
❸ 《対立》 …にもかかわらず.
❹ 《譲歩》 たとえ…でも. (**a**) 〈**même quand** 直〉
●Il ne sort plus *même quand* il fait beau. 天気がよくてももう彼は外へは出ない.
(**b**) 〈**quand (bien) même ...** 直 [条]〉
●*Quand bien même* la croissance repartirait, les salaires n'augmente-

raient pas. 景気が上向いても給料は上がるまい.

quand même それでも, やはり; 《感嘆文》本当に, まったく. ●Bien que ce soit difficile, on va *quand même* essayer. 難しいがとにかくやってみよう. ●*Quand même*! Il pourrait nous écrire. いくら何でも, 彼はわたしたちに手紙ぐらい書けるだろうに.

quant à /カンタ/ 前 (英 as for) 《主題を導入する》…に関しては.

la **quantité** /カンティテ/ 女 (英 quantity) 量, 数量.

en (grande) quantité たくさん, 多量に.

(une) quantité de 名《無冠詞》多くの….

la **quarantaine** /カランテヌ/ 女 ❶(約)40, 40歳(代). ❷検疫期間. → かつては40日間であった.

mettre 人 ***en quarantaine*** (人)を仲間はずれにする.

quarante

/karɑ̃t カラント/ 形《不変》(英 forty) 40の; 40番目の. ●taille 40 (服の)サイズ40. → 11号に相当.

— le **quarante** 男《不変》40; 40番(地).

quarantième /カランティエム/ 形 (英 fortieth) 40番目の; 40分の1の.

— le(la) **quarantième** 名 40番目の人[もの].

— le **quarantième** 男 40分の1.

le **quart** /カール/ 男 (英 quarter) ❶4分の1. ●un *quart* de gâteau 4分の1のケーキ.

❷15分 (=～ d'heure). ●Il est dix heures et *quart*. 10時15分です. ●Il est le *quart* [moins le *quart*]. 15分過ぎ[15分前]です.

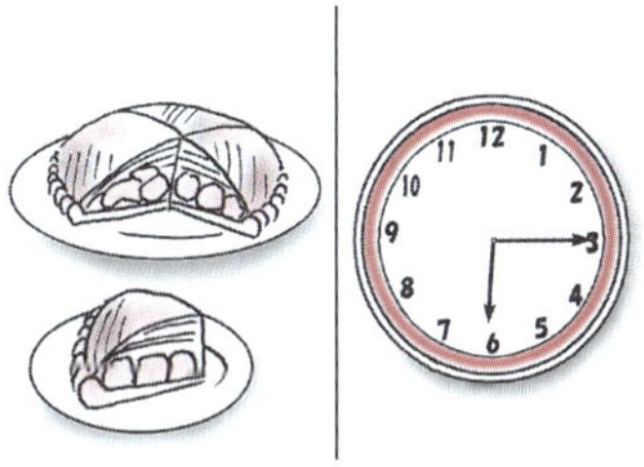

❸4分の1リットル(入りの小びん).

le **quartier** /カルティエ/ 男 (英 district, area) ❶(都市の)地区, 街; 界隈(わい). ●*Quartier* latin (パリの)カルティエ・ラタン. → セーヌ左岸の学生街.

❷〔軍〕宿営地.

❸4分の1; 1片.

❹月の弦. ●premier [dernier] *quartier* 上[下]弦.

avoir quartier libre 兵営からの外出を許されている; 行動の自由がある.

ne pas faire de quartier 誰も容赦しない.

quasi /カズィ/ 副 (<ラテン) ほぼ, …も同然; 《quasi- 名詞》ほぼ…. ●*quasi*-totalité ほぼ全体.

quasiment /カジマン/ 副《話》ほとんど.

quatorze

/katɔrz カトルズ/ 形《不変》(英 fourteen) 14の; 14人の; 14番目の.

— le **quatorze** 男《不変》14(の数字); 14日; 14番地.

le quatorze juillet (7月14日の)革命記念日.

quatorzième /カトルズィエム/ 形 14番目の; 14分の1の.

— le(la) **quatorzième** 14番目の人[もの].

— le **quatorzième** 男 14分の1; (パリなどの)14区.

quatre

/katr カトル/ 形《不変》(英 four) ❶4の; 4人の; 4番目の. ❷わずかな, いくつかの.

entre quatre yeux [***quatre z'yeux***] 差し向かいで, 二人きりで. → quat'z'yeux とも書く.

un de ces quatre (matins) 近いうちに.

— le **quatre** 男《不変》4(の数字), 4日; 4番地.

comme quatre 並はずれて.

se mettre en quatre pour... …のために懸命になる.

quatre-vingt(s)

/katrəvɛ̃ カトルヴァン/ 形《不変》(英 eighty) 《s をつけて》80の, 80人の; 《s をつけずに》80番目の.

●*quatre-vingts* 80.

●page *quatre-vingt* 80ページ(目).

POINT ほかの数字を伴うときは vingt に s をつけない: *quatre-vingt*-deux 82.

— le **quatre-vingts** 男 《不変》80(の数字); 80番地.

quatre-vingt-dix

/katrəvɛ̃dis カトルヴァンディス/ 形 《不変》(英 ninety) 90の; 90人の; 90番目の.

— le **quatre-vingt-dix** 男 《不変》90(の数字); 90番地.

quatre-vingt-dixième /カトルヴァンディズィエム/ 形 (英 ninetieth) 90番目の; 90分の1の.

— le(la) **quatre-vingt-dixième** 名 90番目の人[もの].

— le **quatre-vingt-dixième** 男 90分の1.

quatre-vingtième /カトルヴァンティエム/ 形 (英 eightieth) 80番目の; 80分の1の.

— le(la) **quatre-vingtième** 名 80番目の人[もの].

— le **quatre-vingtième** 男 80分の1.

quatrième /カトリエム/ 形 (英 fourth) 4番目の, 第4の.

— le(la) **quatrième** 名 4番目の人[もの].

— le **quatrième** 男 (パリなどの)4区.

— la **quatrième** 女 ❶第4学級. → 中等教育の第3学年; 13から14歳に相当. ❷トップギヤ, 第4速.

que[1]

/k(ə) ク/ 《母音・無音の h の前では qu'》 接 ❶(英 that) (**a**)《名詞節を導く》…ということ.

● Je crois *que* vous avez raison. おっしゃるとおりだと思います.

● Je ne crois pas *qu*'il vienne. 彼は来ないと思う.

(**b**)《名詞の同格》

● J'ai le sentiment *qu*'elle ne m'aime plus. 彼女はもう私を愛していない気がする.

(**c**)《非人称構文の意味的主語》

● Il faut *que* j'aille à la poste. 私は郵便局へ行かなければなりません.

(**d**)《形容詞の補語》

● Je suis très heureux *que* vous soyez parmi nous. おいで下さってとてもうれしく思います.

❷《比較の表現を作る》…より; …と.

● Je suis plus âgé *que* lui. 私は彼より年上だ.

● Elle est aussi jolie *que* ses sœurs. 彼女は姉妹と同じくらい美しい.

❸〈ne ... que ...〉(英 only) …しか…ない.

● Je *n*'ai *que* deux euros. 2ユーロしか持っていません.

❹《願望・命令; 接続法とともに》…だったらなあ.

● *Qu*'il vienne tout de suite! 彼が直ちに来るように.

C'est ... que ... 《強調構文》…なのは…だ. → 主語以外を強調. ● *C'est* à toi *que* je pense. 私の考えているのは君のことなんだ.

Il n'y a qu'à 不定詞 …しさえすればいい. ● *Il n'y a qu'à* attendre. まあ待っていよう.

que[2]

/k(ə) ク/ 代 《疑問代名詞》(英 what) ❶《直接目的語》何を.

● *Que* cherchez-vous? 何を探しているんですか.

● *Qu*'est-ce que tu as? どうしたんだい.

que と qu'est-ce que

単純形 (que): 主語と動詞を倒置.
複合形 (qu'est-ce que): 倒置しない.
▸Que fais-tu? / Qu'est-ce que tu fais? 何をしているの.

❷《属詞》何, どんな.

● *Qu*'est-ce que c'est? それは何か.

参考 間接疑問文では ce que を用いる. →**que**[4]
▸Dis-moi ce que tu cherches. 何を探しているのか教えて.
▸J'ignore ce que c'est. 私はそれが何かは知らない.

est-ce que …か? →**est-ce que**

qu'est-ce que [***qu'est-ce qui***] 何を[が]. →**qu'est-ce que, qu'est-ce qui**

que[3]

/k(ə) ク/ 副 《感嘆》(英 how) なんと.

会話 (*Qu'est-ce*) *que* c'est beau! なんてきれいなんだ.

● *Qu*'elle est belle! 何て彼女は美しいんだろう.

que[4]

/k(ə) ク/ 代 《関係代名詞; 性数は不変》(英 that) …(ところ)

の.

● C'est la table *que* j'ai achetée aux puces. これは私が蚤(のみ)の市で買ったテーブルです.

● un jour *que* le soleil brillait 太陽が照りつけていたある日のこと.

ce que... (英 what) …である(ところの)もの; 《間接疑問》何を. ● Il n'est plus *ce qu*'il était autrefois. 彼は昔の彼ではない. ● Dites-moi *ce que* vous voulez. 何が欲しいのか言いなさい.

québécois(e) /ケベコワ(ーズ)/ 形 ケベックの.

— le(la) **Québécois(e)** 名 ケベック人.

— le **québécois** 男 (フランス語の)ケベック方言.

quel(le) /kεl ケル/ 形 《疑問形容詞》(英 what, which)

	単数	複数
男性	quel /ケル/	*quels /ケル/
女性	quelle /ケル/	*quelles /ケル/

*リエゾンする場合がある.

❶《性質・種類》何, どんな, 誰, どの.

● *Quel* est cet oiseau?—C'est un rossignol. あれは何という鳥ですか. —ナイチンゲールです.

● *Quel* est votre nom? 名前は何とおっしゃいますか.

● De *quelle* couleur est sa voiture? 彼(女)の自動車は何色ですか.

● *Quels* sports aimez-vous? どんなスポーツが好きですか.

❷《数・量・程度》どれくらいの.

● *Quelle* est la hauteur du mont Blanc? モンブランの標高はどれだけですか.

● *Quelle* heure est-il? 今何時ですか.

● Tu as *quel* âge? 君はいくつですか.

je ne sais [on ne sait, Dieu sait] quel 名 (よくわからないが)何かの. ● Il est mort de *je ne sais* [d'*on ne sait*] *quelle* maladie. 何の病気でだか知らないが彼は死んだ.

n'importe quel 名 どんな…でもよい. → **importer**[2]

quel que... 《être の接続法とともに》…がどんなであろうと. ● *quel qu*'il soit それが何であろうと.

— 形〈quel(le) 形 名〉《感嘆》何という, 何たる.

● *Quel* beau temps! 何ていい天気なんだろう.

quelconque /ケルコンク/ 形 《不定形容詞》何らかの, 任意の. ● pour une raison *quelconque* 何らかの理由で.

— 形 取るに足りない, つまらない.

quelque /ケルク/ 形 《不定形容詞》(英 some, any) ❶《複》いくつかの, 何人かの, 少しの. ● J'ai *quelques* lettres à écrire. 書くべき手紙がいくつかある.

❷《非可算名詞の前で》いくらかの, 少しの. ● à *quelque* distance de là そこから少し離れた所に. ● *quelque* temps しばらくの間.

❸ ある, 何らかの.

et quelque 《数詞の後》…と少々. ● 40 euros *et quelque* 40ユーロと少し.

quelque part どこかに[で].

quelque... que 接続法 《文》どんな…でも.

— 副 《数詞の前で》《文》およそ, 約. ● Il y a *quelque* 20 ans. およそ20年になる.

quelque peu 少し, 幾分.

quelque chose /ケルクショーズ/ 代 《不定代名詞》(英 something) ❶ (**a**) 何か, あるもの, あること. ● Donnez-moi *quelque chose* à boire. 何か飲みものをください.

(**b**)〈**quelque chose de** 形〉何か…なこと. ● *quelque chose d*'autre 何かほかのこと.

❷ 大した人物[こと]; 《反語》ひどいこと.

faire quelque chose à 人 (人)に感銘を与える.

quelquefois /ケルクフォワ/ 副 (英 sometimes) 時々, 時には.

quelqu'un(e) /kεlkœ̃, -yn ケルカン(キュヌ)/ 代 《不定代名詞》(英 someone, somebody)

	単数	複数
男性	quelqu'un /ケルカン/	quelques-uns /ケルクザン/
女性	quelqu'une /ケルキュヌ/	quelques-unes /ケルクズュヌ/

❶《男性単数形で》ある人, 誰か.

● *Quelqu'un* vous appelle. 誰かがあなたを呼んでいます.

● Est-ce qu'il y a *quelqu'un*? 誰かいま

Q

すか.

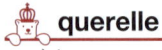

●*quelqu'un* de bien いい人, 立派な人.
❷《男性単数形で》大した人物; 《話》ひどいこと.
❸《quelques-uns, quelques-unes の形で》〖de, のうち〗何人か, いくつか.
●Je connais *quelques-uns de* vos amis. 私はあなたの友人の何人かを知っています.

la **querelle** /クレル/ 女 (英 quarrel) けんか; 口論.
chercher querelle à 人 (人)にけんかを売る.

se quereller /スクレレ/ 代動 〖avec, と〗けんかする.

qu'est-ce que /ケスク/ 代 (英 what) 《疑問代名詞; 母音, 無音の h の前では qu'est-ce qu'》何を; 何が; 何; どれだけ. ●*Qu'est-ce que* tu fais? 何をしているのですか. ●*Qu'est-ce que* c'est? これは何ですか. ●*Qu'est-ce qu'*il y a? どうしましたか.
— 副 《話》《感嘆》なんと. ●*Qu'est-ce qu'*il joue bien! なんて上手に彼はプレーするんだ.

qu'est-ce qui /ケスキ/ 代 (英 what) 《疑問代名詞》何が. ●*Qu'est-ce qui* se passe? 何が起こったんですか.

Q

la **question** /kɛstjɔ̃ ケスティヨン/ 女 ❶ 質問, 疑問.
●Répondez oui ou non à ma *question*. 私の質問にイエス・ノーで答えなさい.
●Y a-t-il des *questions*? 質問はありますか.
❷ 問題.
●*questions* sociales [économiques] 社会[経済]問題.
●C'est une *question* de temps. それは時間の問題だ.
C'est hors de question! そんなのは論外だ.
en question 問題の, 話題になっている.
●Ce qui est *en question*, c'est l'avenir économique du pays. 問われているのは国の経済の先行きである. ●la personne *en question* 問題の人物, 当の本人.
Il est question de ... …が問題になっている.
mettre* [*remettre*] *... en question …を問題にする[再検討する]. ●*mettre* un point *en question* ある点を問題にする[検討する].
***pas question* (*de ...*)** 《話》(…することは)問題ではない, 論外だ. ●*Pas question d'*accepter. 承諾するなんて問題外だ.
poser une question à 人 (人)に質問をする.

le **questionnaire** /ケスティヨネール/ 男 (アンケートなどの)質問事項, 質問表.

questionner /ケスティヨネ/ 他 (人)に質問する, を尋問する. ●*questionner* les experts sur le Japon 日本について専門家に質問する.
— **se questionner** 代動 質問し合う.

la **quête** /ケト/ 女 募金. ●faire la *quête* 募金をする.
en quête de ... …を探して.

quêter /ケテ/ 自 募金をする.

la **queue** /ク/ 女 ❶ (英 tail) 尾, しっぽ; 尾状のもの.
❷ (英 line) (順番を待つ)行列. ●faire la *queue* 行列を作る.
❸ (列・列車の)最後尾; 末尾.
❹ 取っ手, 柄; (花・葉などの)茎, 軸.
à la queue leu leu (縦に)一列に並んで.
sans queue ni tête 支離滅裂な.

qui[1] /ki キ/ 代 《疑問代名詞》(英 who, whom) ❶《主語》誰が.
●*Qui* est là?—C'est moi. どなた?—私です.
❷《直接目的語》誰を.
●*Qui* cherchez-vous? / *Qui* est-ce que vous cherchez? 誰を探しているのですか.
会話 Tu as vu *qui*? 誰に会ったんだ.
❸《属詞》誰.
●*Qui* est-ce? / *Qui* est ce monsieur? —C'est M. Dubois. あれ[あの男の人]は誰ですか. —デュボワさんです.
●*Qui* est M. Dubois?—C'est un avocat. デュボワさんってどういう人ですか. —弁護士です.
❹《前置詞とともに》誰に[の, を].
●C'est à *qui*? これは誰のもの.
●De *qui* parlez-vous? 誰の話をしているのですか.
●Il sort avec *qui*? 彼は誰と外出するのですか.
n'importe qui 誰でも. →**importer**[2]

会話 ***Qui est-ce? / C'est qui?*** 誰ですか?;《電話で》どなたでしょうか?

qui est-ce que 誰を. →**qui est-ce que**

qui est-ce qui 誰が. →**qui est-ce qui**

qui que 接続法 誰が…しようとも.

● *qui que* ce soit 誰であろうと.

qui[2] /ki キ/ 代 《関係代名詞》《性数無変化》(英 who, that, which)

❶《関係詞節の動詞の主語として》…(するところ)の.

POINT 先行詞は人でもものでもよい.

● chemin *qui* va à la gare 駅に行く道.

● Regardez les gens *qui* sont là. あそこにいる人たちをご覧なさい.

● Il y en a *qui* disent que… …と言う人もいる. → 先行詞が代名詞の場合, qui と離れることがある.

❷〈前置詞＋**qui**〉 ● la personne *à qui* je parle 今私が話している人.

前置詞＋関係代名詞

先行詞が人の場合は「前置詞＋qui」, ものの場合は「前置詞＋lequel」を用いるのが原則.

ce qui… …する人[もの]. ● Donnez-moi *ce qui* est dans le sac. 袋の中にあるものをください. ● Dites-moi *ce qui* s'est passé. 何が起こったのか言ってください.

C'est… qui… 《強調構文》…なのは…だ. → 主語を強調. ● *C'est* mon père *qui* a dit cela. それを言ったのは私の父だ.

la **quiche** /キシュ/ 女 キッシュ. → ベーコン, ハム入りのパイ. ● *quiche* lorraine ロレーヌ地方風のキッシュ.

quiconque /キコンク/ 代 《関係代名詞》…する者は誰でも.

— 代 《不定代名詞》誰, どの人. ● Je le sais mieux que *quiconque*. 私はそれについては誰よりもよく知っている.

qui est-ce que /キエスク/ 代 《疑問代名詞》《母音・無音の h の前では qui est-ce qu'》誰を. ● *Qui est-ce que* vous cherchez? 誰を探しているのですか.

qui est-ce qui /キエスキ/ 代 《疑問代名詞》誰が. ● *Qui est-ce qui* t'a dit ça? 誰がそんなことをおまえに言ったんだ.

la **quiétude** /キエテュド/ 女 《文》平穏, 平安.

la **quille**[1] /キユ/ 女 ❶(九柱戯・ボウリングの)ピン. ❷《話》脚.

la **quille**[2] /キユ/ 女 (船の)キール, 龍骨.

la **quincaillerie** /カンカイユリ/ 女 金物(屋).

quintuple /カンテュプル/ 形 5倍の.

— le **quintuple** 男 5倍.

la **quinzaine** /カンゼヌ/ 女 ❶(約)15. ❷2週間(=〜 de jours); 2週間分の給料.

quinze /kɛ̃z カンズ/ 形 《不変》(英 fifteen) 15の; 15人の; 15番目の. ● *quinze* jours 2週間.

— le **quinze** 男 《不変》❶ 15(の数字); 2週間; 15日; 15番地.

❷〔テニス〕フィフティーン;〔ラグビー〕(15人の)チーム.

quinzième /カンズィエム/ 形 (英 fifteenth) 15番目の; 15分の1の.

— le(la) **quinzième** 名 15番目の人[もの].

— le **quinzième** 男 15分の1; (パリなどの)15区.

la **quittance** /キタンス/ 女 受領証, 領収書.

quitte /キト/ 形 ❶借りのない; 借金を返した. ❷〚*de*, を〛免れた, 解放された.

en être quitte pour… …だけで済む.

jouer à quitte ou double 一か八かやってみる.

quitte à 不定詞 …してもかまわないので; …することになるかもしれないが.

quitter /キテ/ 他 (英 leave) ❶(人のもと)を去る, (人)と別れる. ● Sa femme l'a *quitté*. 妻は彼を捨てた.

❷(活動, 仕事など)をやめる; (場所)を離れる. ● *quitter* son pays 祖国[故郷]を去る.

❸(衣服など)を脱ぐ, 取る.

ne pas quitter… des yeux …を厳しく監視する, …から目を離さない.

会話 ***Ne quittez pas!*** (電話で)そのままお待ちください.

— **se quitter** 代動 (互いに)別れる.

quoi[1] /コワ/ 代 《疑問代名詞》(英 what)

❶〈前置詞＋**quoi**〉 何. ● *De quoi* tu parles? 何のことを話しているの.

❷《直接目的語・属詞として》何を. ● Je ne sais pas *quoi* dire. 何を言ったらいいかわからない. ● La liberté, pour vous, c'est *quoi*? あなたにとって自由とは何ですか.

À quoi bon? 《話》それが何になるの.

… ou quoi? 《話》…なのか. ● T'es con

ou quoi? おまえ, ばかじゃないか.

Quoi de neuf? 何か変わったことはありますか.

Quoi faire? 何をしましょうか; どうしよう.

— 間 ❶ 何だって. ●*Quoi*! tu pars déjà? 何だ, もう帰るのか.

❷《話》要するに, ということさ. →主張を強調する. ●Je suis allé au Quartier. —Où?—Au Quartier latin, *quoi*! 僕はカルティエに行ったよ. —どこだって. —つまりカルティエ・ラタンさ.

quoi[2] /コワ/ 代 《関係代名詞; 前置詞とともに用いる》(英 what) ❶ …(するところ)のこと. ●C'est (ce) à *quoi* je me suis intéressé. それは興味があったことです.

❷《前の文[節]を受けて》そのこと.

après quoi その後で.

de quoi... …するのに十分[必要]なもの; …する価値[理由]. ●Apportez-moi *de quoi* boire. 何か飲みものをもって来てください.

会話 ***Il n'y a pas de quoi.*** 《Merci! に対して》どういたしまして.

quoi que 接続法 たとえ…だろうと. ●*quoi qu*'il arrive たとえ何が起ころうと.

sans [***faute de***] ***quoi*** さもないと.

quoique /コワク/ 接 (英 although, though) 《il(s), elle(s), on, en, un(e) の前では quoiqu'》 ❶《接続法とともに》…ではあるが, …にもかかわらず.

❷《直説法・条件法とともに》(…ではあるが)しかし, とはいえ.

le **quota** /コタ/ 男 (＜英) 割り当て; 規定数量.

quotidien(*ne*) /コティディヤン(エヌ)/ 形 (英 daily) 日々の, 毎日の. ●vie *quotidienne* 日常生活.

— le **quotidien** 男 毎日の生活; 日刊紙.

au quotidien 日常的に.

le **quotient** /コスィヤン/ 男 〔数〕(割り算の)商.

quotient intellectuel 知能指数, IQ.

R r

le **R, r** /エール/ 男 フランス字母の第18字.
mois en R **(les 〜)** r をつづりに含む月.
→9月から4月でカキ(牡蠣)を食べても危険がないとされる.

le **rabais** /ラベ/ 男 値引き, 割引. ●au *rabais* 値引きして, 安い値段で.

rabaisser /ラベセ/ 他 ❶を下げる, 低くする. ❷の価値を低くする, をけなす.
— se rabaisser 代動 謙遜する.

rabat(s), rabatt... →rabattre 9

rabattre /ラバトル/ 他 9 ❶を下ろす, 下げる. ❷を折りたたむ; 閉める. ❸(ある値段・割合)を値引きする. ❹(傲慢(ごうまん)さなど)をくじく. ❺〚*vers*, の方へ〛を向かわせる.
— se rabattre 代動 ❶折りたたまれる. ❷(人・動物が)急に方向を変える. ❸〚*sur*, で〛間に合わせる.

raboter /ラボテ/ 他 にかんなをかける.

la **racaille** /ラカイユ/ 女 《集合的》最下層民, 社会のくず.

raccommoder /ラコモデ/ 他 (英 mend) を修繕する; 繕う.
— se raccommoder 代動 仲直りする.

raccompagner /ラコンパニェ/ 他 (人)を送って行く, 見送る.

le **raccord** /ラコール/ 男 ❶(2つの部分を)つなぎ合わせること; 接合(部);〔映〕(場面の)つなぎ(のカット). ❷継ぎ手.

raccorder /ラコルデ/ 他 〚*à*, に〛を接続する; (2つのもの)をつなぎ合わせる.
— se raccorder 代動 〚*à*, に〛つながる, 接続する.
派生 le **raccordement** 男

raccourci(e) /ラクルスィ/ 形 縮めた.
— le **raccourci** 男 近道.

raccourcir /ラクルスィール/ 他 33 (英 shorten) を短くする, 縮める.
— 自 短くなる, 縮む.
— se raccourcir 代動 短くなる, 縮む.

raccrocher /ラクロシェ/ 他 を再びかける, かけ直す.
— 自 電話を切る, 受話器を置く.
raccrocher au nez de 人 (人)との電話をガチャンと切る.
— se raccrocher 代動 〚*à*, に〛しがみつく, すがりつく.

la **race** /ラス/ 女 (英 race) ❶人種. ❷(動物の)(品)種. ❸《話》(振る舞い・嗜好(しこう)などが)同じ仲間.
de race 純血種の.

le **rachat** /ラシャ/ 男 ❶買い戻すこと. ❷(罪の)償い.

racheter /ラシュテ/ 他 1 ❶を買い直す, 新しく買う, 買い足す. ❷を買い戻す, 買い取る. ❸(罪など)を償う.
— se racheter 代動 (過ち・失敗の)償いをする.

racial(ale) /ラスィヤル/ 形 (男複 raciaux) 人種の.

la **racine** /ラスィヌ/ 女 (英 root) ❶根; 根もと, つけ根. ❷根本, 根源. ❸〔言〕語根;〔数〕根(こん).
prendre racine 根を張る; (客が)長居する.

le **racisme** /ラスィスム/ 男 人種差別.

raciste /ラスィスト/ 形 人種差別をする.
— le(la) **raciste** 名 人種差別主義者.

racler /ラクレ/ 他 を削り取る; こする.
racler les [fonds de] tiroirs 有り金を残らずかき集める.
— se racler 代動 《次の表現で》
se racler la gorge (たんをとるため)せき払いをする.

raconter /ラコンテ/ 他 (英 tell, say) ❶を語る, 話す. ●La grand-mère *raconte* des histoires à ses petits-enfants. おばあさんが孫たちにお話を聞かせる.
❷〈raconter que 直 [不定詞]〉…だと言う.
❸(いいかげんなこと)を言いふらす, しゃべる.
raconter sa vie à 人 (人)に余計な話を長々とする.
— se raconter 代動 自分のことを話す; 語り合う.

R

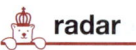

le **radar** /ラダール/ 男 (<英) レーダー.
　au radar 《話》(自動操縦のように)無意識的に; 勘を頼りに.

la **rade** /ラド/ 女 (<英) 停泊地.
　en rade 停泊中の; 《話》故障した, 立ち往生している.
　laisser... en rade …を見捨てる.

le **radeau** /ラド/ 男 (複 **radeaux**) いかだ.
　● *radeau* de sauvetage 救命ボート.

le **radiateur** /ラディヤトゥール/ 男 暖房器, 放熱器; (自動車などの)冷却装置, ラジエーター. ● *radiateur* électrique 電気ストーブ.

la **radiation** /ラディアスィヨン/ 女 放射(線).

radical(*ale*) /ラディカル/ 形 (男複 **radicaux**) (英 radical) ❶ 根本的な; 徹底的な. ❷〔政〕急進派の.
　— le **radical** 男 〔文法〕語幹.

radieux(*se*) /ラディユ(ーズ)/ 形 ❶ (太陽が)光り輝く. ❷ (喜びなどに)あふれた, 輝くばかりの.

le(la) **radin(*e*)** /ラダン(ディヌ)/ 名 《話》けちな人. → 女性を指す場合でも性を一致させず, 男性形を用いることも多い.
　— 形 《話》けちな.

la **radio** /ラディヨ/ 女 (英 radio) ❶ ラジオ(放送). ● allumer [éteindre] la *radio* ラジオをつける[消す].
　❷ X線撮影[写真].
　— le(la) **radio** 名 無線士.

radioactif(*ve*) /ラディヨアクティフ(ーヴ)/ 形 放射性の. ● déchets faiblement [hautement] *radioactifs* 低[高]レベル放射性廃棄物.

la **radioactivité** /ラディヨアクティヴィテ/ 女 放射能.

radiographier /ラディヨグラフィエ/ 他 のX線写真を撮る.

radiophonique /ラディヨフォニク/ 形 ラジオ放送の.

le **radis** /ラディ/ 男 ハツカダイコン, ラディッシュ.
　ne pas [plus] avoir un radis 《話》(もう)一銭もない.

se radoucir /ラドゥスィール/ 代動 33 (気候・性質が)穏やかになる, 温暖になる.

la **rafale** /ラファル/ 女 ❶ 突風. ❷ (機関銃の)連射.

le **raffinage** /ラフィナージュ/ 男 精製.

raffiné(*e*) /ラフィネ/ 形 洗練された, 精製された.

le **raffinement** /ラフィヌマン/ 男 洗練; 凝ること.

raffiner /ラフィネ/ 他 ❶ を精製する. ❷ (言葉づかい・物腰)を洗練する, 磨く.
　— 自 〔*sur*, に〕凝る.

la **raffinerie** /ラフィヌリ/ 女 製油所 (=〜 de pétrole); 精製工場.

rafraîchir /ラフレシール/ 他 33 (英 cool, freshen) ❶ を冷やす, 涼しくする. ❷ (人)を爽やかな気分にする. ❸ をよみがえらせる. ● *rafraîchir* la mémoire à 人 《話》(人)の記憶を呼び覚ます.
　— 自 冷える.
　— **se rafraîchir** 代動 ❶ (人が)さっぱりする, 冷たい飲み物を飲む. ❷ 涼しくなる, 冷える.

rafraîchissant(*e*) /ラフレシサン(ト)/ 形 涼しくする, さわやかな.

le **rafraîchissement** /ラフレシスマン/ 男 ❶ 涼しくなる[冷やす]こと. ❷ 修復, 手直し. ❸ 《複》冷たいもの; 清涼飲料.

la **rage** /ラージュ/ 女 ❶ 激怒. ❷ 狂犬病.
　faire rage 猛威をふるう.

le **ragoût** /ラグ/ 男 (肉・野菜の)シチュー, 煮込み.

raide /レド/ 形 (英 stiff) ❶ こわばった, 硬直した; 硬い, ぴんと張った.
　❷ (坂・斜面などが)急な, 険しい.
　❸ (態度などが)固苦しい.
　❹ 《話》認めがたい, 信じがたい.
　tomber raide mort 即死する.
　— 副 急に; 急な勾配(こうばい)で.

la **raideur** /レドゥル/ 女 ❶ 硬直; (坂などが)急なこと. ❷ ぎこちなさ.

raidir /レディール/ 他 33 をぴんと張る; こわばらせる.
　— **se raidir** 代動 こわばる, 固くなる.

la **raie** /レ/ 女 (英 stripe) ❶ (毛皮などの)縞; ストライプ. ❷ (髪の)分け目. ❸〔魚〕エイ.
　raie des fesses (尻の)割れ目.

le **rail** /ライユ/ 男 (<英) ❶ レール. ❷ 鉄道(輸送).
　mettre [remettre] sur les rails (事業などを)[再び]軌道に乗せる.

railler /ライエ/ 他 を冷やかす, からかう.

la **raillerie** /ライユリ/ 女 冷やかし, からかい.

le **raisin** /レザン/ 男 (英 grape) ブドウ(の

実);《話》血. ●*raisins* secs 干しブドウ.

la **raison** /rɛzɔ̃ レゾン/ 女 (英 reason) ❶ 理性, 正気; 分別.
●perdre la *raison* 理性を失う, ばかなことをする.
❷ 理由, 言い分.
●Pour quelle *raison* n'est-il pas venu? 彼はどういう訳で来なかったのか.
●écouter les *raisons* de 人 (人)の言い分を聞く.
❸ 比率, 割合.
●à *raison* de ... …の割合で.

à plus forte raison (***si*** [***quand***] ***...***) (…なら)なおさらだ.

avec (***juste***) ***raison*** 当然のことながら; 正当な理由があって. ●J'ai refusé, et (c'est) *avec raison*. 私は断った, 当然のことながら.

avoir raison (***de*** 不定詞) (…するのは)正しい. ●Tu *as raison*. 君の言うとおりだ. ●Vous *avez raison d*'avoir porté plainte. あなたが告訴したのはもっともです.

donner raison à 人 (人)を正しいと認める.

en raison de... …の理由で; …に応じて. ●*En raison du* mauvais temps, le vol 403 a été annulé. 天候不順のために403便は欠航となった. ●L'impôt augmente *en raison du* revenu. 税金は収入に比例して増える.

non sans raison ちゃんとした訳(わけ)があって.

pour raison de 名《無冠詞》…の理由で. ●s'absenter *pour raison de* santé 健康上の理由で休む.

raison de plus (***si...*** [***pour*** 不定詞]) なおさら(…した方がいい). ●Il pleut.—*Raison de plus pour* rester à la maison. 雨が降ってる.—なおさらのこと家にいよう.

raison d'être 存在理由; 生きがい.

sans raison 訳(わけ)もなく.

se faire une raison あきらめる.

raisonnable /レゾナブル/ 形 (英 reasonable) ❶ 理性的な; 分別のある. ❷ 妥当な, 穏当な, 適当な.

raisonnablement /レゾナブルマン/ 副 分別をもって; 適度に.

le **raisonnement** /レゾヌマン/ 男 (英 reasoning) 推論, 論証.

raisonner /レゾネ/ 自 (英 reason) ❶ 推論する; (論理的に)思考する. ❷ 議論する.
— 他 (人)を諭(さと)す, に言い聞かせる.
— **se raisonner** 代動 理性的になる, 冷静になる.

rajeunir /ラジュニール/ 他 33 (人)を若返らせる; 若く見せる; (実際の年齢より)を若く見る.
— 自 若返る.
— **se rajeunir** 代動 (実際より)若く見せる.

rajuster /ラジュステ/ 他 (服装など)をきちんと直す.
— **se rajuster** 代動 身なりを整える.

le **ralenti** /ラランティ/ 男 ❶〔映〕スローモーション. ❷ (エンジンの)アイドリング.
au ralenti ゆっくりと, スローモーションで.

ralentir /ラランティール/ 他 33 (英 slow down) (速度)を遅くする, のスピードを緩める.
— 自 (人・車が)スピードを落とす.
Ralentir 《掲示》徐行せよ.
— **se ralentir** 代動 (速度が)遅くなる; 勢いを失う, 鈍くなる.

râler /ラレ/ 自 (英 groan) ❶ ぜいぜいとあえぐ. ❷《話》ぶつぶつ文句を言う.

rallier /ラリエ/ 他 ❶ (兵・部隊)を再結集させる. ❷ を賛同させる, 味方につける. ❸ (部隊など)に戻る.
— **se rallier** 代動 ❶ 集結する. ❷〖à, に〗賛同する.

la **rallonge** /ラロンジュ/ 女 ❶ 継ぎ足し部分; 延長コード. ❷《話》追加予算.

rallonger /ラロンジェ/ 他 40 を長くする.
— 自 長くなる.

rallumer /ラリュメ/ 他 に火[明かり]をまたつける; (情熱・争い)を再熱させる.
— **se rallumer** 代動 再燃する.

ramasser /ラマセ/ 他 (英 pick up, gather) ❶ を(寄せ)集める; 拾い集める.
●Je *ramasse* les copies dans une demi-heure. 半時間後に答案を集めます.
❷ (落としたもの)を拾う.
❸ (人)を連行する.
❹ をひとつにまとめる.
ramasser ses forces 全力を集中する.
ramasser une bûche [***un gadin, ga-***

R

melle, gaufre, pelle〕《話》転ぶ; しくじる.

se faire ramasser 《話》(警察に)しょっ引かれる; 厳しく叱られる.

— se ramasser 代動 ❶ 体を丸くする. ❷《話》転ぶ, 失敗する; (試験に)落ちる.

la **rame**[1] /ラム/ 女 (英 oar) オール, 櫂(かい).

ne pas en ficher 〔***foutre***〕 ***une rame*** 《話》何もしない.

rame[2] /ラム/ (地下鉄などの)列車; 車両.

le **rameau** /ラモ/ 男 (複 **rameaux**) 小枝, 細枝.

ramener /ラムネ/ 他 ① (英 bring back) ❶ を連れ戻す; 送り届ける. 会話 On vous *ramène*?—Ce n'est pas la peine, je prendrai un taxi. お送りしましょうか. —結構です, タクシーを拾います. ❷《話》をもとの所に戻す, 返す. ❸〔*à*, もとの状態に〕を戻す. ❹ をもう一度連れて行く[来る]; 連れて帰る, 持ち帰る.

ramener sa fraise 〔***poire***〕/ ***la ramener*** 《話》しゃしゃり出てくる.

— se ramener 代動 ❶〔*à*, に〕帰着する. ❷《話》来る, 戻る.

ramer /ラメ/ 自 こぐ; 《話》ひどく苦労する.

le(la) **rameur(se)** /ラムール(ズ)/ 名 こぐ人, こぎ手.

la **ramification** /ラミフィカスィヨン/ 女 枝分かれ; 下部組織.

ramollir /ラモリール/ 他 33 を柔らかくする.

— se ramollir 代動 柔らかくなる.

la **rampe** /ランプ/ 女 ❶ (階段の)手すり, 欄干(らんかん). ❷ 傾斜した出入り口; 傾斜路. ❸〔劇〕フットライト.

rampe de lancement 発射台.

ramper /ランペ/ 自 (英 crawl) はう, 腹ばいに進む; はいつくばる; へつらう.

rance /ランス/ 形 酸敗したにおいのする.

— le **rance** 男 すえた悪臭; 酸味.

la **rançon** /ランソン/ 女 (英 ransom) 身代金; 代価, 代償.

la **rancune** /ランキュヌ/ 女 恨み. ●garder *rancune* à 人 (人)に恨みを抱く. 会話 Sans *rancune*! 恨みっこなしだよ.

la **randonnée** /ランドネ/ 女 遠出, 遠足. ●*randonnée* à vélo サイクリング.

le **rang** /ラン/ 男 ❶ (英 row, line) (横の)列. ●au troisième *rang* 前から3列目に. ❷ (英 rank) 順位, ランク; 階級, 地位. ❸《複》仲間.

grossir les rangs de ... …の一員になる.

ranger /ランジェ/ 他 40 (英 arrange) ❶ をきちんと並べる; 片づける, 整理する. ●Tout est bien *rangé* chez lui. 彼の家では何でもよく整頓されている. ❷〈**ranger A parmi B**〉AをBの中のひとつに数える.

— se ranger 代動 並ぶ, 脇に寄る; 整理される; 素行がよくなる. ●Où *se rangent* les tasses? コーヒーカップはどこにしまうの.

ranimer /ラニメ/ 他 を蘇生させる; の生気を取り戻させる, を活気づける.

rapatrier /ラパトリエ/ 他 を本国に送還する.

la **râpe** /ラープ/ 女 おろし金, おろし器; やすり.

râpé(e) /ラペ/ 形 ❶ (おろし金で)おろした. ❷ (衣服などが)すり切れた.

会話 ***C'est râpé!*** (一巻の)終わりだ.

râper /ラペ/ 他 ❶ (おろし金で)をおろす; にやすりをかける. ❷ をひりひりさせる.

rapide /ラピド/ 形 (英 quick, rapid) ❶ 速い, 高速の; すばやい; 迅速な. ●*rapide* comme une flèche 〔l'éclair〕 矢〔稲妻〕のように速い. ❷ 即座の; 手短な; テンポの速い. ●faire un *rapide* calcul すばやく概算する.

— le **rapide** 男 ❶《多く複数》急流. ❷ 特急列車 (=train ～).

rapidement /ラピドマン/ 副 (英 fast) 急いで, 迅速に; 急速に.

la **rapidité** /ラピディテ/ 女 (英 speed) 速さ, スピード; すばやさ.

rapiécer /ラピエセ/ 他 52 57 につぎを当てて繕う.

le **rappel** /ラペル/ 男 ❶ 呼び戻すこと, 召還; (劇場での)アンコール. ❷ 思い出すこと; (注意などの)喚起. ❸ 追給, 追加支払い. ❹〔登山〕懸垂下降, アプザイレン.

rappel à l'ordre (議長の)静粛の命令.

rappeler /ラプレ/ 他 4 ❶ (英 recall) を呼び戻す, 召還する. ❷ (英 call back) に電話をかけ直す. ●Il est occupé maintenant, *rappelez*-le plus tard. 彼は今手が離せませんので, あ

R

とでもう一度お電話ください.
❸ (英 remind) を思い出させる; 思わせる. ●Ce paysage me *rappelle* mon pays. この景色は私の故郷をしのばせる.
— **se rappeler** 代動 〈se rappeler 名 [不定詞/que 直]〉 …を覚えている, 思い出す. ●Je *me rappelle* bien cet événement. 私はその出来事をよく覚えている.

le **rapport** /ラポール/ 男 ❶ (英 relation) 関係, 関連; 共通点. ●Il n'y a aucun *rapport* entre ces deux phénomènes. この2つの現象間には何の関連もない.
❷ 《複》 人間関係; 性的関係; (国家間などの)交流. ●se mettre en *rapport* avec 人 (人)と関わりをもつ, 交際する.
❸ 比, 比率.
❹ (英 report) 報告(書).
❺ 収益, 収入.
avoir rapport à... …と関連がある.
en rapport avec... …と釣り合った; …とつき合いがある.
par rapport à... …と比べて; …に応じて; …に対して. ●La situation s'est améliorée *par rapport à* l'année dernière. 状況は昨年と比べ改善した.
rapport à... 《話》 …のことで; …のせいで.
sous tous rapports あらゆる点で.

rapporter /ラポルテ/ 他 (英 bring back) ❶ (もとの場所に)を戻す, 返す, 持ち帰る. ●*Rapporte* de la viande pour le dîner. 夕食の肉を買って帰ってきて. ❷ (利益)をもたらす, 生む. ❸ を報告する; 伝える, 語る.
— **se rapporter** 代動 ❶〚à, と〛関係がある, かかわる. ❷ 〈s'en rapporter à...〉 …に任せる, 頼る.

le(la) **rapporteur**[1] (**se**) /ラポルトゥール(ズ)/ 名 告げ口をする人; (法廷・議会の)報告者.
— 形 告げ口をする.

le **rapporteur**[2] /ラポルトゥール/ 男 〔数〕分度器.

le **rapprochement** /ラプロシュマン/ 男 ❶ 近づくこと; 和解, 歩み寄り. ❷ 比較, 関連づけ.

rapprocher /ラプロシェ/ 他 ❶ を近づける, 接近させる. ●*Rapproche* ta chaise de la table. 椅子をテーブルに近づけなさい.
❷ (人)を結びつける, 和解させる; (離れたもの)をくっつける.
❸ を比較する, 対照する.
— **se rapprocher** 代動 ❶〚de, に〛接近する.
❷ 近くなる; 和解する.
❸〚de, に〛似る.

le **rapt** /ラプト/ 男 誘拐.

la **raquette** /ラケト/ 女 ❶ ラケット. ❷ (雪道で用いる)かんじき.

rare /ラール/ 形 (英 rare) ❶ まれな, 珍しい. ●oiseau *rare* 珍しい鳥.
❷ めったにない; 《話》 驚くべき.
❸ 《多く複数》 数の少ない; (髪などが)薄い.
Il est* [*C'est*] *rare de 不定詞 [***que*** 接続法] …することは珍しい.
se faire rare (人が)姿を見せなくなる.

rarement /ラルマン/ 副 (英 rarely) まれに; めったに…ない.

la **rareté** /ラルテ/ 女 珍しさ; まれなこと.

ras(**e**) /ラ(ーズ)/ 形 ❶ 短く刈った; 毛足の短い; (植物が)丈の低い. ●chien à poil *ras* 毛足の短い犬. ❷ すれすれの.
à ras ごく短く; すれすれに.
à ras bords なみなみと.
à* [*au*] *ras de... …すれすれに; …に密着した.
ras du cou 丸首の.
rase campagne 平地.
— 副 非常に短く.

raser /ラゼ/ 他 ❶ (英 shave) を剃(そ)る, 短く刈る. ●mousse à *raser* シェービングフォーム. ❷ 《話》 (人)をうんざりさせる. ❸ を取り壊す. ❹ をかすめる, のすれすれを通る.
Ça me rase de 不定詞 …するのはうんざりだ.
— **se raser** 代動 ❶ (自分の…を)剃(そ)る. ❷ 《話》 うんざりする.

le **rasoir** /ラゾワール/ 男 (英 razor) かみそり.
— 形 《不変》《話》 うんざりさせる.

rassasier /ラサズィエ/ 他 を満腹させる.

le **rassemblement** /ラサンブルマン/ 男 ❶ 集まること, 集合; 人だかり, 集会; 収集.
❷ (特に政治的な)結集, 連合.

rassembler /ラサンブレ/ 他 (英 gather, rally) (人)を集める; (もの)をまとめる.
— **se rassembler** 代動 集まる, 集合

する.

rasseoir /ラソワール/ 他 7 をまた座らせる.

— se rasseoir 代動 再び座る.

rassey ..., rassî ... →rasseoir 7

rassis(e) /ラスィ(ーズ)/ 形 (パン・菓子が)少し固くなった. → 口語では女性形に rassie も使われる.

rassoi ..., rassoy ... →rasseoir 7

rassurer /ラスュレ/ 他 (英 reassure) を安心させる.

— se rassurer 代動 安心する.
● *Rassurez-vous*, ce n'est pas si grave. 安心しなさい, 大したことじゃないから.

le **rat** /ラ/ 男 (英 rat) ❶〔動〕ネズミ(鼠). ❷《話》けちな(人).
être fait comme un rat 《話》わなにかかる.
s'ennuyer [***s'emmerder***] ***comme un rat mort*** 《話》退屈しきる.

la **rate** /ラト/ 女〔解〕脾臓(ひぞう).

le **râteau** /ラト/ 男 (複 râteaux) 熊手.
se prendre un râteau 拒絶される. ● Il a voulu l'inviter au cinéma, mais il *s'est pris un râteau*. 彼女を映画に誘おうとしたが, 彼は振られてしまった.

rater /ラテ/ 自 (英 miss) (計画などが)失敗する; (銃などが)不発に終わる.
会話 ***Ça n'a pas raté.*** 思ったとおりだ.
会話 ***Ça ne rate jamais!*** まず間違いない.
— 他 (英 miss) を撃ち損なう; 失敗する, に乗り[会い]損なう. ● *rater* son train 列車に乗り損なう.
rater son coup しくじる.
— se rater 代動 行き違いになる; 《話》自殺に失敗する.

R

ratifier /ラティフィエ/ 他 を批准する.

la **ration** /ラスィヨン/ 女 (1日分の)食糧, 配給(量); 《話》《皮肉》分け前.

rationnel(le) /ラスィヨネル/ 形 合理的な, 理性的な.

rationner /ラスィヨネ/ 他 を配給制にする.

rattacher /ラタシェ/ 他 ❶を結び直す, つなぐ. ❷〖à, に〗を併合する.

— se rattacher 代動〖à, に〗結びつく, 関係がある.

rattraper /ラトラペ/ 他 ❶を(また)捕まえる. ❷(遅れなど)を挽回する, 取り戻す, 追いつく. ● *rattraper* son retard 遅れを取り戻す. ❸(落ちそうな人・もの)をつかむ, 支える.

— se rattraper 代動 ❶〖à, に〗つかまる, すがる. ❷(遅れ・損失などを)取り戻す.

le **ravage** /ラヴァージュ/ 男 《多く複数》被害, 大損害; (精神的・肉体的な)荒廃.
● faire des *ravages* 猛威を振るう.

ravager /ラヴァジェ/ 他 40 ❶(場所など)を荒らす, に大損害を与える. ❷(心身)を荒廃させる.

ravi(e) /ラヴィ/ 形 (英 delighted) 非常にうれしい, 大喜びの.
être ravi de 不定詞 [***que*** 接続法] …で[あることが]とてもうれしい. ● Je *suis ravi de* vous connaître. お会いできて光栄です.

le **ravin** /ラヴァン/ 男 (英 gully) 峡谷.

ravir /ラヴィール/ 他 33 ❶(人)をうっとりさせる, 魅了する. ❷《文》〖à, から〗を奪う.
à ravir うっとりするほど.

ravissant(e) /ラヴィサン(ト)/ 形 うっとりするような; 見事な.

le **ravissement** /ラヴィスマン/ 男 うっとりすること, 恍惚(こうこつ).

le **ravitaillement** /ラヴィタイユマン/ 男 (食糧・物資の)補給; 食糧.

ravitailler /ラヴィタイエ/ 他 に食糧[物資]を補給する. ● *ravitailler* un avion 飛行機に給油する.

raviver /ラヴィヴェ/ 他 ❶を活気づける; よみがえらせる. ❷(色)を鮮やかにする.

rayé(e) /レイエ/ 形 線[すじ]が入った, 縞のある; すり傷がついた.

rayer /レイエ/ 他 49 ❶(英 rule) に線を引く, すり傷をつける. ❷に線を引いて消す; 〖de, から〗を抹消する. ● *rayer* la mention inutile 《掲示》(申込用紙などで)不要な項目は線で消してください.

le **rayon**[1] /レイヨン/ 男 ❶(英 ray) 光線, 光の筋. ● *rayon* laser レーザー光線.
❷《複》輻(ふく)射線, 放射線.
❸(英 radius) 半径; (ある点からの)範囲.
● dans un *rayon* de ... 半径…の範囲内で.
❹(車輪の)輻(や), スポーク.

le **rayon**[2] /レイヨン/ 男 (英 shelf) ❶棚.
❷〈rayon 名《無冠詞》〉(デパートなど

の)売り場. ●*rayon* parfumerie 化粧品コーナー. ❸ 持ち場, 領分.

en connaître un rayon そのことに非常に詳しい.

le **rayonnement** /レイヨヌマン/ 男 ❶ 放射(線), 輻(ふく)射(線). ❷ 威光, 影響力. ❸ (表情の)輝き.

rayonner /レイヨネ/ 自 ❶ 放射状に広がる. ❷ 影響を及ぼす; (ある点を拠点として)動き回る. ❸ 光を放つ; (表情が)輝く.

le **raz(-)de(-)marée** /ラドマレ/ 男 《不変》 ❶ 津波. ❷《比喩的に》 津波; (精神的・社会的)激動. ●*raz de marée* écologiste エコロジストの大躍進.

le **réacteur** /レアクトゥール/ 男 ❶ ジェットエンジン. ❷ 原子炉 (=〜 nucléaire).

la **réaction** /レアクスィヨン/ 女 (英 reaction) ❶ 反応, 反響. ❷ 反動. ❸〔物〕 反作用; 〔化〕 反応.

en réaction contre ... …に反発して.

le(la) **réactionnaire** /レアクスィヨネール/ 名 反動的な人.

— 形 反動的な.

réagir /レアジール/ 自 33 (英 react) ❶〖*à*, に〗 反応する. ●*réagir à* un stimulus 刺激に反応する. ❷〖*contre*, に〗 逆らう, 抵抗する. ❸〖*sur*, に〗 影響を及ぼす.

réalisable /レアリザブル/ 形 ❶ 実現可能な. ❷ 換金できる.

le(la) **réalisateur(trice)** /レアリザトゥール(トリス)/ 名 映画監督, ディレクター.

la **réalisation** /レアリザスィヨン/ 女 ❶ 実現. ❷ 成果, 作品, 製品. ❸ (映画・番組の)制作, 監督, 演出. ❹ (証券・資産などの)現金化.

réaliser /レアリゼ/ 他 (英 realize) ❶ を実現する, 体現する. ●*réaliser* son rêve 夢を実現させる. ❷ (映画・番組)を監督[制作]する. ❸ を実感する; に気づく. ❹ を現金化する.

— **se réaliser** 代動 実現する.

le **réalisme** /レアリスム/ 男 写実主義, リアリズム; 現実感覚.

réaliste /レアリスト/ 形 (英 realistic) 写実主義の; 現実主義の.

— le(la) **réaliste** 名 写実主義者; 現実主義者.

la **réalité** /レアリテ/ 女 (英 reality) 現実; 《多く複数》 現実のものごと, 実情, 現実性; 実在.

en réalité 実際のところは.

La réalité dépasse la fiction. 《ことわざ》 事実は小説よりも奇なり.

rebelle /ルベル/ 形 ❶ 反乱した, 反逆した. ❷〖*à*, に〗 逆らう; (を)受けつけない. ❸ 扱いにくい.

— le(la) **rebelle** 名 反逆者.

se rebeller /ルベレ/ 代動 〖*contre*, に〗 反逆する, 逆らう.

la **rébellion** /レベリヨン/ 女 反逆, 謀反; 反抗; 《集合的》 反逆者.

rebondir /ルボンディール/ 自 33 ❶ (ボールなどが)はね返る, 弾む. ❷ 新展開を示す. ❸ (人が苦労の末)もとの地位[場所]に戻る.

rebours /ルブール/ 《次の表現で》

à rebours 逆向きに, 逆さまに. ●compte *à rebours* カウントダウン.

rebrousser /ルブルセ/ 他 (髪・毛など)を逆立たせる.

rebrousser chemin 引き返す.

le **rebut** /ルビュ/ 男 くず.

mettre [jeter] ... au rebut …をお払い箱にする.

rebuter /ルビュテ/ 他 (人)のやる気を失わせる; (人)を不愉快にする.

la **récapitulation** /レカピテュラスィヨン/ 女 要約.

récemment /レサマン/ 副 (英 recently) 最近(…した). ●*Récemment*, j'ai commencé à étudier le français. 最近私はフランス語を勉強し始めた. → 動詞は過去形. Récemment, j'étudie ... としない.

le **recensement** /ルサンスマン/ 男 人口[国勢]調査.

récent(e) /レサン(ト)/ 形 最近の; できたばかりの. ●nouvelle toute *récente* 最新ニュース.

le **récépissé** /レセピセ/ 男 受領証.

le **récepteur** /レセプトゥール/ 男 (ラジオ・テレビの)受信機; 受話器.

la **réception** /レセプスィヨン/ 女 ❶ (英 receipt) 受け取ること, 受領. ❷ もてなし, 応接; レセプション. ❸ フロント, 受付. ●heures de *réception* 受付時間. ❹〔スポーツ〕 着地; レシーブ.

faire une bonne réception de 人 (人)を歓迎する.

la **recette** /ルセト/ 女 (英 recipe) ❶ (料理の)作り方, レシピ.

R

❷ 秘訣, こつ.
❸ 収入, 売上高; 徴税事務所.
faire recette 大好評を博す.

recev ... →**recevoir** 63

le(la) **receveur(se)** /ルスヴール(ズ)/ 名 ❶ (公金の)受取人. ❷ (血液・臓器の)被提供者.
receveur des postes 郵便局長.

recevoir /rəs(ə)vwar ルスヴォワール/ 他 63

je	reçois	nous	recevons
tu	reçois	vous	recevez
il	reçoit	ils	reçoivent
現分	recevant	過分	reçu

❶ (英 receive) を受け取る, もらう.
●J'*ai reçu* une lettre de mon fils. 私は息子から手紙を受け取った.
●*recevoir* un coup de téléphone 電話をもらう.
❷ を招く; 面会する; もてなす.
●*recevoir* 人 à dîner (人)を夕食に招く.
●On l'*a reçu* dans le salon. 彼はサロンに迎え入れられた.
●Ce médecin *reçoit* de 15 à 18 heures. この医者は午後3時から6時まで診察する.
❸ をこうむる.
●*recevoir* un coup げんこつをくらう.
●*recevoir* la pluie 雨に降られる.
❹ を合格させる; の入学[入会]を認める.
●Elle *a été reçue* première au concours. 彼女は選抜試験[コンクール]に1位で合格した.
❺ を収容する.
— **se recevoir** 代動 (スポーツなどで)着地する.

le **rechange** /ルシャーンジュ/ 男 予備, 交換用のもの.
de rechange スペアの, 替えの.

le **réchaud** /レショー/ 男 こんろ.

le **réchauffement** /レショフマン/ 男 (気候などが)暖かくなること, 温暖化. ●le *réchauffement* climatique 地球温暖化.

réchauffer /レショフェ/ 他 (英 reheat) ❶ を温め直す; (体)を温める. ❷ (熱意など)を奮い立たせる.
— **se réchauffer** 代動 ❶ 自分の体を温める, 体が温まる. ❷ 暖かくなる; (料理が)再び温まる.

la **recherche** /ルシェルシュ/ 女 (英 search, research) ❶ 探し求めること; 捜索; 探究; 〔情報〕 検索.
❷ 《多く複数》 研究. ●faire de la *recherche* 研究をする.
❸ (服装・文体などが)凝っていること.
à la recherche de... …を探して, …を求めて. ●*À la recherche du* temps perdu 失われた時を求めて. →マルセル・プルーストによる長編小説.

recherché(e) /ルシェルシェ/ 形 ❶ 貴重な; 追い求められている. ❷ (文体・服装が)凝った.

rechercher /ルシェルシェ/ 他 (英 search) ❶ を探し求める; 〔情報〕を検索する. ●*rechercher* un objet perdu なくしたものを探す.
❷ を調査する, 探究する.
❸ (幸福・理想など)を追い求める.
❹ を迎えに来る[行く].

la **rechute** /ルシュト/ 女 (病気・罪・悪癖に)再び陥ること.

le **récipient** /レスィピヤン/ 男 (英 container) 容器, 入れ物.

réciproque /レスィプロク/ 形 (英 reciprocal) ❶ 相互の. ●C'est *réciproque*. それはお互いさまだ. ❷ 〔文法〕 相互的; 〔数学〕 逆の.
— la **réciproque** 女 逆; 仕返し.

réciproquement /レスィプロクマン/ 副 互いに, 相互に. ●et *réciproquement* 逆もまた同じだ.

le **récit** /レスィ/ 男 (英 story) 話, 物語.

le **récital** /レスィタル/ 男 (複 **récitals**) リサイタル; 《多く皮肉》 ひとり舞台.

la **récitation** /レスィタスィヨン/ 女 暗唱, 暗唱用教材.

réciter /レスィテ/ 他 を暗唱する.

la **réclamation** /レクラマスィヨン/ 女 ❶ (正当な権利の)要求. ❷ 苦情, クレーム.

la **réclame** /レクラム/ 女 《古風》 広告, 宣伝. ●en *réclame* 特売中の.

réclamer /レクラメ/ 他 (英 claim) ❶ (人・助けなど)を強く求める. ●*réclamer* le silence 静粛を求める.
❷ (ものが)を必要とする.
❸ 〈**réclamer à** 人〉 (正当な権利として人に)を要求する.
— 自 〖*contre*, に〗 抗議する.

le **recoin** /ルコワン/ 男 片隅.

R

reçois, reçoit, reçoiv ... →**recevoir** 63

la **récolte** /レコルト/ 女 (英 harvest) 収穫, 取り入れ; 収穫物[量].

récolter /レコルテ/ 他 (英 harvest) を収穫する; 手に入れる.

la **recommandation** /ルコマンダスィヨン/ 女 推薦(状); 忠告. ●faire des *recommandations* à 人 (人)に忠告する.

recommandé(e) /ルコマンデ/ 形 (<recommander の過去分詞) ❶推薦された, すすめられた. ❷書留の.

— le **recommandé** 男 書留(郵便).

envoyer ... en recommandé …を書留で送る.

recommander /ルコマンデ/ 他 (英 recommend) ❶を推薦する, 推奨する. ●On m'a *recommandé* ce médecin. 私はその医者をすすめられた.

❷〈**recommander à A de** 不定詞 [**que** 接続法]〉 Aに…するよう忠告する; 強くすすめる. ●Je *lui ai recommandé de* garder le secret. 私は彼(女)に秘密を守るよう忠告した.

❸(郵便物)を書留にする.

recommander son âme à Dieu (臨終に際して)神に魂をゆだねる.

recommencer /ルコマンセ/ 他 52 (英 start again) を再び始める, 再開する; やり直す. ●Tout est à *recommencer*. 初めからやり直しだ.

— 自 再び始まる.

la **récompense** /レコンパンス/ 女 (英 reward) 褒美, 報酬. ●en *récompense* de ... …の報酬として.

récompenser /レコンパンセ/ 他 (英 reward) 〘*de, pour*, のことで〙に報いる, 褒美を与える. ●Pour me *récompenser*, maman m'a acheté un jeu vidéo. ご褒美にママはビデオゲームを買ってくれた.

la **réconciliation** /レコンスィリヤスィヨン/ 女 和解, 仲直り.

réconcilier /レコンスィリエ/ 他 (英 reconcile) を和解させる, 仲直りさせる.

— **se réconcilier** 代動 和解する; 〘*avec*〙(人と)仲直りする.

reconduire /ルコンデュイール/ 他 15 ❶を送って行く. ❷(契約など)を延長する, 継続する.

le **réconfort** /レコンフォール/ 男 励まし; 慰め.

réconforter /レコンフォルテ/ 他 を励ます; 元気づける.

reconnaissable /ルコネサブル/ 形 それとわかる, 識別できる.

la **reconnaissance** /ルコネサンス/ 女 ❶(英 gratitude) 感謝. ●exprimer sa *reconnaissance* à 人 (人)に謝意を表する. ❷(英 recognition) それとわかること, 識別. ●*reconnaissance* vocale 音声認識. ❸〔軍〕偵察.

reconnaissant(e) /ルコネサン(ト)/ 形 ❶感謝. ●être *reconnaissant* à 人 de ... …(してくれること)に関して(人)に感謝している. ❷それとわかること; 正式に認めること.

reconnaître /ルコネトル/ 他 16 (英 recognize) ❶を覚えている, それとわかる; 〘*à*, で〙を見分ける. ●Je l'*ai reconnu à* sa voix. 声で彼だとわかった.

❷を認める; 承認する. ●*reconnaître* ses torts 過ちを認める.

❸(場所)を踏査する.

— **se reconnaître** 代動 ❶自分がどこにいるのかわかる.

❷〘*dans*, の中に〙自分の姿を認める; 自分を…と認める.

❸互いに誰であるかわかる; 〘*à*, で〙それとわかる.

reconstituer /ルコンスティテュエ/ 他 を編成し直す, 再建する; 復元する.

la **reconstruction** /ルコンストリュクスィヨン/ 女 再建, 復興; 復元.

reconstruire /ルコンストリュイル/ 他 15 を再建する, 復興する; 復元する.

le **record** /ルコール/ 男 (英 record) 記録.

battre tous les records 前代未聞である.

— 形 記録的な.

en un temps record 記録的な早さで.

recoudre /ルクードル/ 他 17 を縫い直す, 縫う; 縫合する.

recourir /ルクリール/ 自 18 (英 appeal) 〘*à*, に〙助けを求める, 頼る.

le **recours** /ルクール/ 男 ❶〘*à*, に〙助けを求めること, 頼ること. ❷最後の手段. ❸〔法〕上訴.

avoir recours à ... …に訴える, …に頼る.

recouvrir /ルクヴリール/ 他 46 (英 cover) ❶〘*de*, で〙を覆う, に蓋(ふた)をする; (屋根

など)を張り替える. ❷〖*de*, で〗を覆いつくす, 覆い隠す.

la **récréation** /レクレアスィヨン/ 女 (学校の)休み時間.

recruter /ルクリュテ/ 他 (英 recruit) ❶を募集する; 採用する. ❷を徴兵する.

— **se recruter** 代動 採用される; 〖*parmi, dans*, の中から〗集められる.

le **rectangle** /レクタングル/ 男 長方形.

— 形 直角の.

rectangulaire /レクタンギュレール/ 形 長方形の.

le **recteur** /レクトゥール/ 男 大学区長.

la **rectification** /レクティフィカスィヨン/ 女 訂正, 修正.

rectifier /レクティフィエ/ 他 を訂正する, 修正する.

rectifier le tir 軌道修正する.

le **recto** /レクト/ 男 (<ラテン) (紙の)表. → **verso**

le(la) **reçu(*e*)** /ルスュ/ 名 合格者.

— le **reçu** 男 領収証, 受取証.

reçû ... →**recevoir** 63

le **recueil** /ルクイユ/ 男 選集, 文集.

recueillir /ルクイール/ 他 22 (英 gather, collect) ❶を集める, 収集する; たくわえる, 収める. ●*recueillir* des informations 情報を集める.
❷(人・動物)を引き取る.
❸(利益など)を手に入れる, 得る; (遺産)を受ける.

— **se recueillir** 代動 思いを凝らす, 瞑(めい)想する.

le **recul** /ルキュル/ 男 ❶後退; 低下. ❷(空間・時間的な)距離, 隔たり.

avec du [le] recul 距離を置いてみれば; 時が過ぎれば.

avoir [prendre] du recul 後ろに下がる; 距離をおいて見てみる.

reculé(*e*) /ルキュレ/ 形 人里離れた; 遠い昔の.

reculer /ルキュレ/ 自 ❶(英 move back) 後退する, 後ろへ下がる. ❷〖*dans*, に〗たじろぐ, 躊躇(ちゅうちょ)する. ❸低下する.

reculons /ルキュロン/ 《次の表現で》

à reculons 後ずさりして.

récupérer /レキュペレ/ 他 57 (英 get back) ❶を取り戻す; 回復する. ●*récupérer* ses forces 体力を回復する.
❷(休みなど)を埋め合わせる; (遅れ)を取り戻す.
❸を回収する, 再利用する.
❹(反対派など)を懐柔する.
❺(学校などに子供)を迎えに行く.

recycler /ルスィクレ/ 他 ❶を再教育する. ❷を再利用する, リサイクルする.

— **se recycler** 代動 新しいことを身につける.

le(la) **rédacteur(*trice*)** /レダクトゥール(トリス)/ 名 編集者, 記者; 執筆者. ●*rédacteur* en chef 編集長.

la **rédaction** /レダクスィヨン/ 女 ❶(文書の)作成, 執筆; 編集(部). ❷(学校の)作文.

redescendre /ルデサンドル/ 自 28 《助動 être》再び降りる.

— 他 を再び下に降ろす; (階段など)を再び降りる.

redevenir /ルドヴニール/ 自 《助動 être》 75 再び…になる.

rédiger /レディジェ/ 他 40 (文章)を書く, 作成する.

redire /ルディール/ 他 24 を何度も言う, 繰り返す.

avoir [trouver] à redire à ... …に文句をつける.

redoubler /ルドゥブレ/ 他 ❶を繰り返す; いっそう強める. ❷で落第する.

— 自 ❶〖*de*, を〗倍化する. ●Le vent *redoubla de* fureur. 風がいっそう強まった. ❷落第[留年]する.

redoutable /ルドゥタブル/ 形 恐るべき, 手ごわい.

redouter /ルドゥテ/ 他 (英 fear) を恐れる, 心配する.

redouter de 不定詞 [***que*** 接続法] …する[である]ことを恐れる.

redresser /ルドレセ/ 他 を立て直す; まっすぐにする; のゆがみを直す.

redresser la tête 頭を上げる; 毅然(きぜん)とした態度を取る.

— **se redresser** 代動 身を起こす; 立ち直る.

la **réduction** /レデュクスィヨン/ 女 ❶削減, 減少; 値引き, 割引. ❷縮小, 縮写.

réduire /レデュイル/ 他 15 (英 reduce)
❶を減らす; 縮小する.
❷〈**réduire** 人 **à [en]...**〉(人)を…に追い込む, 陥らせる.
❸〈**réduire A à B**〉 AをBに単純化する. ●*réduire* ... *à* néant [rien] …を無に

R

帰せしめる.
❹〈réduire A en B〉 AをBに細かくする.
en être réduit à 不定詞 …するほどにまで落ちぶれる.
— 自 煮詰まる. ●faire [laisser] *réduire* la sauce ソースを煮詰める.
— **se réduire** 代動 ❶生活を切り詰める. ❷〔à, に〕帰着する, 帰する. ❸〔en, に〕変わる.
réduis, réduit →**réduire** 15
la **rééducation** /レエデュカスィヨン/ 女 リハビリ.
réel(*le*) /レエル/ 形 (英 real) ❶現実の, 実在する. ❷本当の; 実質的な; 明らかな.
— le **réel** 男 現実, 現実の世界.
réellement /レエルマン/ 副 (英 really) 現実に, 実際に; 本当に.
refaire /ルフェール/ 他 31 ❶(英 do again, redo) を再びする, 繰り返す; やり直す. ●*refaire* un travail 仕事をやり直す. ❷を作り直す; 修理[修繕]する.
— **se refaire** 代動 性格を変える. ●On ne *se refait* pas! 人の性格は変えられないものだ.
refais(...), refait, refass... →**refaire** 31
la **réfection** /レフェクスィヨン/ 女 修理, 改修.
le **réfectoire** /レフェクトワール/ 男 (学校などの)食堂.
refera(...) →**refaire** 31
la **référence** /レフェランス/ 女 ❶参照, 参考; 出典. ❷(実力・人柄の)保証; 《複》人物紹介状, 身元保証書. ❸参照番号.
faire référence à... …を参照する; …に依拠する.
le **référendum** /レフェランドム/ 男 国民投票.
se référer /レフェレ/ 自 57 代動 〔à, に〕従う; (を)参照する.
referez, referi..., referon... →**refaire** 31
réfléchi(*e*) /レフレシ/ 形 思慮深い; よく考え抜かれた; 〔文法〕再帰的.
C'est tout réfléchi. もう決めたことだ.
tout bien réfléchi あれこれ考えた末に.
réfléchir /レフレシール/ 他 33 (英 reflect) (光や音)を反射する; 映す.
— 自 〔à, について〕よく考える. ●Avez-vous bien *réfléchi*? よく考えてみましたか.
— **se réfléchir** 代動 反射する, 映る.
le **reflet** /ルフレ/ 男 (英 reflexion) ❶《多く複数》反射(光). ❷(映った)姿, 影.
refléter /ルフレテ/ 他 57 を映す, 反映する, 表す.
— **se refléter** 代動 反射する; 映し出される.
le **réflexe** /レフレクス/ 男 反射作用, 反射神経; すばやい反応.
la **réflexion** /レフレクスィヨン/ 女 ❶(英 reflextion) (光や音の)反射. ❷(英 thought) 熟考, 考察. ❸文句, 批判.
à la réflexion よく考えて見れば.
réflexion faite 熟慮の末に.
le **reflux** /ルフリュ/ 男 引き潮.
refont →**refaire** 31
la **réforme** /レフォルム/ 女 (英 reform) 改革, 改善; (**la R-**) 宗教改革.
réformer /レフォルメ/ 他 (英 reform) を改革する.
refouler /ルフレ/ 他 ❶を押し返す, 撃退する. ❷(感情)を抑える; (性欲)を抑圧する. ❸(液体)を逆流させる.
le **refrain** /ルフラン/ 男 (詩・歌の)リフレイン; 同じ文句の繰り返し.
C'est toujours le même refrain. またいつもの話だ.
le **réfrigérateur** /レフリジェラトゥール/ 男 (英 refrigerator) 冷蔵庫.
refroidir /ルフロワディール/ 他 33 (英 cool) ❶を冷やす. ❷(気持ち・興味など)を冷ます, そぐ; 《話》(人)を殺す.
— 自 冷える, 冷める. ●À table! Ça va *refroidir*. 食事ですよ, 冷めますよ.
— **se refroidir** 代動 冷える.
le **refroidissement** /ルフロワディスマン/ 男 ❶冷える[冷やす]こと. ❷寒け; 悪寒.
le **refuge** /ルフュージュ/ 男 (英 refuge) 避難所; 〔登山〕避難小屋; (車道中央の)安全地帯.
le(la) **réfugié(*e*)** /レフュジエ/ 名 亡命者; 難民.
se réfugier /レフュジエ/ 代動 亡命する; 避難する. ●*se réfugier* à l'étranger 国外に亡命する.
le **refus** /ルフュ/ 男 (英 refusal) 拒絶, 拒否.
Ce n'est pas de refus. (贈り物などを)喜んでお受けします.

R

refuser /ルフュゼ/ 他 ❶(英 refuse) を拒否する, 断る; 〈**refuser** 不定詞 [**que** 接続法]〉 …することを認めない, 許さない. ●*refuser* une offre 申し出を断る.
❷ を不合格にする.
refuser ... à 人 …を(人)に拒む; 《文》(人)の(長所など)を認めない.
— se refuser 代動 ❶〚à, を〛拒む.
❷ 断られる.

regagner /ルガニェ/ 他 を取り戻す; (もとの場所)に戻る.

régaler /レガレ/ 他 にごちそうする.
会話 C'est moi qui *régale*! 私のおごりだ.
— se régaler 代動 ごちそうを食べる.

le **regard** /ルガール/ 男 (英 look, glance) 視線, まなざし; 目つき.
au premier regard 一見したところでは.
au regard de ... …に照らして.

regarder /r(ə)garde ルガルデ/ 他 (英 look, watch)
❶ (a) 〈**regarder**〉 を見る; 調べる.
●*regarder* la télévision テレビを見る.
●*regarder* ... dans le dictionnaire 辞書で…を調べる.
(b) 〈**regarder A** 不定詞〉 Aが…するのを見る.
●*regarder* les trains passer 列車が通るのを見る.

見る
▸regarder は「意識的に注意して見る」.
▸voir は「自然に目に入る, 見える」. ただし映画やスポーツの試合を見るときは voir.

❷ を考える, 考慮に入れる.
●Il ne *regarde* que ses intérêts. 彼は自分の利益しか考えない.
❸ (建物などが)に面している.
❹ (ものが)(人)にかかわる, 関係する.
会話 Ça ne te *regarde* pas. おまえには関係のないことだ.
regarder A comme B AをBとみなす.
●On *regarde* cela *comme* un honneur. それは名誉とみなされている.
regarder ... en face …を正面からに見つめる.
Regarde voir (***si***)***...*** …を[…かどうか]よく確かめなさい.
会話 ***Vous ne m'avez pas regardé.*** / ***Tu ne m'as pas regardé.*** 《皮肉・拒絶》甘く見るな, 見損なうな.
— 自 ❶〚à, に〛注意を払う.
●*regarder* à la dépense (金の)出し惜しみをする.
❷〚*vers*, *à*, に〛面している.
●La villa *regarde vers* le midi. 別荘は南向きだ.
y regarder à deux fois (行動を起こす前に)よく考える.
y regarder de près 細かく検討する.
— se regarder 代動 ❶ 自分の姿を見る. ●*se regarder* dans la glace 鏡に姿を映して見る.
❷ 互いに見つめ合う; (ものが)向かい合っている. ●Ils *se regardaient* sans rien dire. 彼らは何も言わずに見つめ合っていた.
Il ne s'est pas regardé! 彼は自分のことを棚に上げている.

le **régime** /レジム/ 男 ❶(英 system) 政体, 体制; 制度, 規則. ●Ancien *Régime* (**l'〜**)〔史〕アンシャン・レジーム. ❷(英 diet) 食餌療法, ダイエット. ●faire [suivre] un *régime* ダイエットをする.
❸ (エンジンの)回転数. ●à plein *régime* エンジン全開で. ❹ (バナナなどの)房.

le **régiment** /レジマン/ 男 ❶ 連隊; 《話》兵役. ❷《話》多数, 多量.

la **région** /レジヨン/ 女 (英 region) ❶ 地方, 地域; 近郊.
❷ 地域圏.
❸ (体の)部位.

régional(***ale***) /レジョナル/ 形 (男複 **régionaux**) 地方の.

le **registre** /ルジストル/ 男 ❶ 登録簿, 帳簿記録. ●*registre* de l'état civil 登記簿.
●*registre* d'un hôtel (ホテルの)宿泊者名簿. ❷ 声域, 音域; (作品などの)調子.

le **réglage** /レグラージュ/ 男 調整, 調節.

la **règle** /レーグル/ 女 (英 rule) ❶ 定規, ものさし. ❷ 規則, ルール; 規律; (修道院などの)戒律. ❸《複》月経, 生理.
C'est la règle. それがしきたりだ.
dans les règles (***de l'art***) 規則に従って, しかるべき手続きを踏んで.
en règle 規則どおりの, 正規の.
en règle générale たいていの場合.
être de règle 慣例である.

le **règlement** /レグルマン/ 男 (英 regulation) ❶ 解決, 決着. ❷ 決済. ❸ 規定, 法規, 条例; (グループ内の)規則. ●*règlement* intérieur 校則; 内規.

régler /レグレ/ 他 57 (英 settle) ❶ を取り決める. ❷ を解決する. ❸ を決済する, 支払う. ●*régler* en espèces [par chèque, par carte] 現金で[小切手で, カードで]支払う. ❹ (機械など)を調整する, 調節する.

J'ai un compte à régler avec lui. あいつとは決着をつけなければならない.

régler son compte à 人 (人)に復讐する.

le **règne** /レニュ/ 男 ❶ 君臨, 統治; 支配. ●sous le *règne* de... …の治世下に. ●Que ton *règne* vienne. 《主の祈り》み国の来たらんことを.
❷〔生〕界. ●*règne* animal [végétal] 動物[植物]界.

régner /レニェ/ 自 57 ❶ (王が)統治する. ●Louis XV *régna* de 1715 à 1774. ルイ15世は1715年から1774年まで在位した. ❷ (風潮などが)続く; (雰囲気などが)漂う. ●opinion qui *règne* dans les milieux d'affaires 実業界に広がっている考え.

la **régression** /レグレスィヨン/ 女 後退; 減少, 退行.

le **regret** /ルグレ/ 男 ❶ 後悔, 悔い; 気の毒, 遺憾. ❷ 惜しむこと; 未練.

à mon grand regret 誠に残念なことに.

à regret 嫌々ながら.

sans regret 何の未練もなく.

regrettable /ルグレタブル/ 形 残念な, 遺憾な.

Il est regrettable que 接続法 …なのは残念なことだ.

regretter /ルグレテ/ 他 (英 regret) ❶ を後悔する, 残念に思う; 〈**regretter de** 不定詞〉 …することを後悔する; 〈**regretter que** 接続法〉 …を残念に思う. ●Je ne *regrette* rien. 私は何も後悔しない.
❷ を惜しむ, 懐かしむ.

Je regrette. 申し訳ありません; お言葉ですが.

Vous le regretterez./ Tu le regretteras. 後悔しても知らないよ.

regrouper /ルグルペ/ 他 を再び集める; (ばらばらのもの)を1つにまとめる.

— se regrouper 代動 再び集まる.

régulariser /レギュラリゼ/ 他 ❶ を正規のものにする, 正式[正常]化する. ❷ を調整する, 調節する.

régulariser sa situation 正規に結婚する.

la **régularité** /レギュラリテ/ 女 ❶ 規則正しさ. ❷ 適法性, 合法性.

régulier(ère) /レギュリエ(ール)/ 形 (英 regular) ❶ 規則正しい, 一定の; 定期的な. ●à intervalles *réguliers* 一定の間隔を置いて. ❷ 正規の, 合法的な; 規則にかなった. ❸ 均整のとれた, 整った. ❹ 修道会に属する.

régulièrement /レギュリエルマン/ 副 (英 regularly) ❶ 規則正しく; 定期的に. ❷ 合法的に.

rehausser /ルオセ/ 他 をさらに高くする; 引き立たせる; 飾る.

le **rein** /ラン/ 男 (英 kidney, waist) 腎臓; 《複》腰.

avoir les reins solides 財政的にしっかりしている.

la **reine** /レヌ/ 女 (英 queen) 王妃; 女王; (チェスの)クイーン; 女王バチ.

rejaillir /ルジャイール/ 自 33 (液体が)跳ねる; 〖sur, に〗及ぶ, 波及する.

rejeter /ルジュテ/ 他 4 ❶ (英 throw back) を投げ返す; 追い返す, 締め出す; 吐き出す, 排出する. ❷ (体の部分)を急に動かす; 移す. ❸ (英 reject) を拒絶する; 除外する. ❹〖sur, に〗(責任など)をなすりつける.

rejoign ..., rejoindr ... →**rejoindre** 38

rejoindre /ルジョワンドル/ 他 38 ❶ (人)と合流する, 再び一緒になる; (人)に追いつく. ●Partez sans m'attendre; je vous *rejoindrai* plus tard. 私を待たずに先に行ってください, 後で追いつきますから.
❷ に戻る.
❸ (道などが)につながる; 通じる.
❹ と似通う.

— se rejoindre 代動 (人が)再び一緒になる; つながる, 似通う.

rejoins, rejoint →**rejoindre** 38

réjouir /レジュイール/ 他 33 (英 delight) を喜ばせる.

— se réjouir 代動 喜ぶ, 楽しむ.

se réjouir que 接続法 …を喜ぶ.

la **réjouissance** /レジュイサーンス/ 女 ❶ (集団的な)喜び. ❷《複》祝い事, 祭.

R

la **relâche** /ルラシュ/ 女 《文》休止; (劇場の)休演.
sans relâche 休みなく.

le **relâchement** /ルラシュマン/ 男 緩み, たるみ.

relâcher /ルラシェ/ 他 (緊張など)を緩める; (人)を釈放する.
— 自 寄港する.
— **se relâcher** 代動 緩む, たるむ; だらける.

le **relais** /ルレ/ 男 ❶ 交代; 仲介; (テレビなどの)中継. ❷ リレー(競走) (=course de ～).
prendre le relais de... …を引き継ぐ; …と交代する.
relais de télévision テレビの中継所.

relater /ルラテ/ 他 を詳しく語る.

relatif(ve) /ルラティフ(ーヴ)/ 形 (英 relative) ❶ 相対的な; 相関的な. ❷〔à, に〕関係のある, ついての. ❸ まあまあの; 不完全な.
pronom relatif 〔文法〕関係代名詞.
— le **relatif** 男 関係詞.

la **relation** /ルラスィヨン/ 女 (英 relation)
❶ 関係, 関連; 《多く複数》(人との)つき合い, 交際. ●entrer [se mettre] en *relation(s)* avec 人 (人)と交際し始める.
❷ 知人, 知り合い.
❸ 《複》(国家間の)関係, 交流.
❹ 報告. ●*relations* publiques 広報, PR.
avoir des relations コネがある, 顔が広い.
mettre A en relation avec B AとBを引き合わせる.

relativement /ルラティヴマン/ 副 比較的, 割合に.

relax(e) /ルラクス/ 形 (<英) 《話》リラックスした, くつろげる; (服が)カジュアルな.

se relaxer /ルラクセ/ 代動 リラックスする.

relayer /ルレイエ/ 他 49 50 ❶ (人)と交代する. ❷ (放送)を中継する.
— **se relayer** 代動 互いに交代する.

reléguer /ルレゲ/ 他 57 を追放する; 片づける.

le **relevé** /ルルヴェ/ 男 明細書, 計算書.
faire un relevé de... …のリストを作成する.
relevé de compte (銀行口座の)出入金明細票.

la **relève** /ルレヴ/ 女 交代; 交代要員.
prendre la relève de 人 (人)と交代する.

relever /ルルヴェ/ 他 1 ❶ (英 stand up, raise) (倒れた人・もの)を起こす; (国・経済など)を立て直す, 再建する. ●*Relevez* le dossier de votre siège. (飛行機で)座席の背もたれをもとの位置にお戻しください.
❷ を高める, 上げる.
❸ を回収する.
❹ 《特に受動態で》の味を引き立てる, 風味を強くする.
❺ を指摘する, 見つける; 書き留める.
❻〔de, から〕を解放する.
❼ を交代させる[する].
relever le moral de 人 (人)を励ます.
— 自〔de, に〕属する; (の)管轄である.
— **se relever** 代動 起き上がる;〔de, から〕立ち直る.

le **relief** /ルリエフ/ 男 ❶ 凹凸(おうとつ), 起伏; 地形. ❷ 立体感.
en relief 立体的な; 浮彫りになった.
mettre en relief 目立たせる.

relier /ルリエ/ 他 ❶ (英 join)〔à, と〕を結ぶ, 連絡する; 関連づける. ❷ を製本する.

religieux(se) /ルリジュ(ーズ)/ 形 (英 religious) 宗教(上)の; 信心深い; 厳粛な.
— le(la) **religieux(se)** 名 修道士, 修道女.

la **religion** /ルリジョン/ 女 (英 religion) 宗教; 信仰.
entrer en religion 修道士[修道女]になる.

la **relique** /ルリク/ 女 聖遺物; 思い出の品, 形見.

relire /ルリール/ 他 39 を再読する, 読み返す.
— **se relire** 代動 (自分の書いたものを)読み直す.

relis (...) →**relire** 39

la **reliure** /ルリユール/ 女 製本(技術); 装丁; (装丁された)表紙.

relu(e) →**relire** 39

relui →**reluire** 15

reluire /ルリュイール/ 自 15 輝く, 光る.

remanier /ルマニエ/ 他 を手直しする, 修正する, 改造する.

remarquable /ルマルカブル/ 形 (英 remarkable) 注目すべき, 傑出した, 目立つ; すばらしい.

remarquablement /ルマルカブルマン/ 副 すばらしく, 見事に, 著しく.

la **remarque** /ルマルク/ 女 (英 remark) 指摘; 注意; 注記, 備考; 考察.

faire la remarque de ... …について指摘[注意]する.

faire une remarque à 人 (人)に小言を言う.

remarquer /ルマルケ/ 他 (英 remark)
❶ に気づく. ●Vous n'*avez* rien *remarqué*? 何も気づきませんでしたか.
❷ に注目する.

faire remarquer 注意を促す, 教えてやる; 目立たせる.

se faire remarquer 目立つ.

— **se remarquer** 代動 目立つ, 人目を引く.

le **remboursement** /ランブルスマン/ 男 返済, 払い戻し.

rembourser /ランブルセ/ 他 (英 pay back) (借りたお金)を返す, 払い戻す.
●Je vous *rembourserai* plus tard. 後でお返しします.

le **remède** /ルメード/ 男 (英 remedy) 薬, 治療法; 救済策.

Aux grands maux les grands remèdes. 《ことわざ》大病には思い切った治療が必要.

remédier /ルメディエ/ 自 〖à, を〗改善する, 直す.

le **remerciement** /ルメルスィマン/ 男 《多く複数》感謝, お礼(の言葉). ●lettre de *remerciement* 礼状.

Avec tous mes remerciements. 《手紙の結びで》本当にありがとうございました.

remercier /ルメルスィエ/ 他 (英 thank)
❶ に感謝する, 礼を言う.
❷ を解雇する.

Je vous remercie. ありがとうございます; (断るときに)いえ結構です.

remercier 人 ***de*** [***pour***] ***...*** / ***remercier*** 人 ***de*** 不定詞 (人)に…(すること)について礼を言う. ●Je *vous remercie de* [*pour*] votre lettre. お手紙ありがとうございました. ●Je *l'ai remercié d'*être venu. 私は彼に来てくれてありがとうと礼を言った.

remettre /ルメトル/ 他 41 ❶ (英 put back) (もとに)を戻す; (再び)を…の状態にする. ●*remettre* ... en [à sa] place …をもとの場所に戻す.
❷ (さらに)を加える.
❸ (人に)を手渡す, 届ける.
❹ (決定・判決)を延期する.
❺ (人)に元気を取り戻させる.
❻ を再びはく[着る].
❼ を免除する.
❽ を思い出す.

en remettre (***une couche***) 《話》やり過ぎる, 余計なことを言う[する].

Il ne faut jamais remettre au lendemain ce qu'on peut faire le jour même. 《ことわざ》今日できることを明日に延ばすな.

remettre ça 《話》もう一度やる; もう一杯飲む.

— **se remettre** 代動 ❶ (元に)戻る.
❷ 〈se remettre à 不定詞〉 再び…し始める. ●Il *s'est remis à* travailler 彼はまた仕事を始めた.
❸ 〖de, から〗回復する, 立ち直る.
❹ 〖avec〗(人と)和解する, 仲直りする.
●Ils *se sont remis* ensemble. 2人はよりを戻した.
❺ 〈s'en remettre à ...〉 …に任せる; …を信頼する.

会話 ***Remettez-vous!*** しっかりしろ.

remirent, remis →**remettre** 41

la **remise** /ルミーズ/ 女 ❶ 〖en, à〗(もとの場所・状態に)戻すこと. ❷ 手渡すこと; 授与. ❸ 割引, 値引; (刑などの)軽減. ❹ 車庫; 物置.

remise des prix 授賞式.

remonter /ルモンテ/ 自 《助動 être》(英 go up again) ❶ (上へ)再び戻る, 再び上がる[登る]. ●*remonter* à Paris en voiture 車でパリに戻る.
❷ (乗り物に)再び乗る.
❸ (数量が)再び増える. ●Les prix *ont remonté* en flèche. 物価がまた急に上がった.
❹ さかのぼる. ●*remonter* à la source [cause] 出所[原因]にまでさかのぼって調べる.

remonter à la surface 再浮上する; 信頼を回復する.

— 他 ❶ (階段など)を再び登る[上がる]; (流

R

れ・時間など)をさかのぼる. ● *remonter* le temps 時間を過去にさかのぼる. ● Le bateau *remonte* le fleuve. 船は川を上る.
❷ (荷物など)を再び上げる; (衣服)をたくしし上げる; (襟)を立てる.
❸ を追い上げる, 追い抜く.
❹ (人)を元気づける. ● *remonter* le moral à [de] 人 (人)の士気を高める; 自信を取り戻させる.
❺ のねじを巻く.
❻ を再び組み立てる.
— se remonter 代動 元気を取り戻す.

le **remords** /ルモール/ 男 (英 remorse) 悔恨, 後悔. ● avoir des *remords* 後悔する.

la **remorque** /ルモルク/ 女 (車の)牽引(けんいん); トレーラー; 引き綱.
être à la remorque de 人 (人)の後ろをついて行く; 言いなりになる.

remorquer /ルモルケ/ 他 を曳航する, 牽引(けんいん)する.

le **remorqueur** /ルモルクール/ 男 引き船, タグボート.

le **remous** /ルムー/ 男 渦; 動揺.

le **rempart** /ランパル/ 男 城壁, 城砦(さい).
le dernier rempart contre ... …に対する最後の砦(とりで).

le(la) **remplaçant(e)** /ランプラサン(ト)/ 名 代理人, 代わりの人, 補欠.

R

le **remplacement** /ランプラスマン/ 男 取り替え; 代わり, 代理.
en remplacement de ... …の代わりに.

remplacer /ランプラセ/ 他 52 (英 replace) ❶〈remplacer A (par B)〉 A を(B と)取り替える.
❷ の代わり[代理]をする; に取って代わる.
● Il *a remplacé* son père à la tête de l'entreprise. 彼は父のあとを継いで経営者になった.

rempli →remplir 33

remplir /ランプリール/ 他 33 ❶ (英 fill) 〖*de*, で〗を満たす, いっぱいにする.
● *remplir* une tasse de lait カップにミルクをいっぱい入れる.
❷ (時間)を埋める; (空欄など)に記入する.
❸ (義務・約束など)を果たす; (条件)を満たす.
— se remplir 代動 〖*de*, で〗いっぱいになる, 満ちる.

le **remplissage** /ランプリサージュ/ 男 満たすこと; (文章の)冗漫な部分.

remporter /ランポルテ/ 他 (英 take away) を持ち帰る; 獲得する, 勝ち取る.
● *remporter* un match de tennis テニスの試合に勝つ.

remuer /ルミュエ/ 他 ❶ (英 move) (もの)を移動させる. ❷ (体の一部)を動かす.
● *remuer* la queue 尻尾を振る. ❸ (英 stir) をかき回す. ❹ の心を動かす, を感動させる.
remuer ciel et terre pour ... …のためにあらゆる手を使う.
— 自 動く, 動き回る; 揺れる.
— se remuer 代動 体を動かす; 《話》努力する, 奔走する.

la **rémunération** /レミュネラスィヨン/ 女 報酬; 謝礼.

rémunérer /レミュネレ/ 他 57 (金銭で) (人)に報いる, 報酬を与える.

la **renaissance** /ルネサーンス/ 女 再生, 復活; **(la R-)** ルネサンス.

renaître /ルネトル/ 自 44 ❶ 再生する, よみがえる. ❷ 〖à, を〗取り戻す.

le **renard** /ルナール/ 男 (英 fox) 〔動〕キツネ(狐); キツネの毛皮.

renchérir /ランシェリール/ 自 33 ❶ 値上がりする. ❷ 〖*sur*〗以上のことをする[言う].

la **rencontre** /ランコントル/ 女 (英 encounter, meeting) ❶ 出会い.
❷ (スポーツの)対戦, 試合; (線・川などの)合流.
à la rencontre de 人 (人)を出迎えに, (人)の方へ.
faire la rencontre de 人 (人)と出会う.
point de rencontre 合流点; 集合場所.

rencontrer /ランコントレ/ 他 ❶ (英 meet) に出会う, 会う; 会見[面会]する.
❷ と対戦する; (困難など)にぶつかる.
— se rencontrer 代動 出会う; 知り合う; ぶつかる. ● Ils *se sont rencontrés* en France. 彼らはフランスで出会った.

le **rendement** /ランドマン/ 男 生産高; 収益; 能率, 効率.

le **rendez-vous** /ランデヴ/ 男 《不変》 (英 appointment) ❶ 会う約束, 会合.
❷ 会う約束の場所.
donner rendez-vous à ... / prendre

rendez-vous avec... (医者)に診療の予約をする; (人)と会う約束をする.
sur rendez-vous 予約制の.

rendormir /ランドルミール/ 他 49 を再び眠らせる.
— se rendormir 代動 再び眠る.

rendre /ランドル/ 他 28 ❶(英 give back) を返す, 戻す. ● Tiens, je te *rends* ton livre. ほら, 君に本を返すよ. ● *rendre* son devoir 宿題を提出する.
❷(英 make) 《形容詞を伴って》(ある状態に人)をする. ● *rendre* 人 heureux (人)を幸せにする.
❸ を表現する, 訳す.
❹(音・液など)を出す; (意見・決定など)を表明する, 下す.
❺《話》を吐く.
rendre visite à... …を訪ねる.
— 自 利益をもたらす.
— se rendre 代動 ❶行く, 赴く. ● Il *se rendra* demain à Lyon. 明日彼はリヨンに行く.
❷ 屈服する, 降伏する.
❸《形容詞を伴って》…になる. ● *se rendre* malade en mangeant trop 食べすぎて気分が悪くなる[病気になる].
se rendre compte de... …がわかる; …に気づく.

la **rêne** /レヌ/ 女 手綱.
tenir les rênes de... …を牛耳る.

renfermer /ランフェルメ/ 他 (英 contain) を収納する; 含む.
— se renfermer 代動 閉じこもる.

renforcer /ランフォルセ/ 他 52 を強化[補強]する; (音・表現・信念など)をより強める.
— se renforcer 代動 さらに強まる, 強化される.

le **renfort** /ランフォル/ 男 援軍; 救援物資; 補強(材).
à grand renfort de... …をたくさん用いて.

le **reniement** /ルニマン/ 男 否認; 放棄.

renier /ルニエ/ 他 を否認する; (信仰など)を捨てる.

renifler /ルニフレ/ 自 鼻を鳴らす, 鼻をぐずぐずいわせる.
— 他 を嗅ぎつける.

le **renne** /レヌ/ 男 〔動〕トナカイ.

le **renom** /ルノン/ 男 名声; (よい)評判.

renommé(e) /ルノメ/ 形 有名な, 評判の.

la **renommée** /ルノメ/ 女 名声; (よい)評判; 《文》世評.

renoncer /ルノンセ/ 自 52 (英 give up, renounce) ❶《à, を》あきらめる, 断念する. ● Je *renonce* à le persuader. 私は彼を説得することを断念する. ❷(習慣を)やめる.

renouveler /ルヌヴレ/ 他 4 (英 renew) ❶ を新しくする, 入れ替える. ❷ を繰り返す, やり直す. ❸(契約など)を更新する.
— se renouveler 代動 ❶(芸術家の作風などが)新しくなる. ❷ 繰り返される.

le **renouvellement** /ルヌヴェルマン/ 男 新しくすること, 入れ替え; 更新; 刷新.

la **rénovation** /レノヴァスィヨン/ 女 ❶ 改修, 改築; (都市などの)再開発. ❷ 革新.

rénover /レノヴェ/ 他 ❶ を改修する. ❷ を改革する, 刷新する.

le **renseignement** /ランセニュマン/ 男 (英 information) 情報; 《多く複数》案内所; 情報活動. 会話 Je peux vous demander un *renseignement*? ちょっとお尋ねしてもいいですか. ● bureau des *renseignements* 案内所.
prendre des renseignements sur... …について調査する[問い合わせる].

renseigner /ランセニェ/ 他 (英 inform) 〚*sur*, について〛に教える, 情報を与える.
être bien [mal] renseigné 事情によく通じている[うとい].
— se renseigner 代動 〚*sur*, について〛問い合わせる, 情報を得る. ● *se renseigner* auprès de... …に問い合わせる.

rentable /ランタブル/ 形 収益性のある; 《話》報われる, 成果が上がる.

la **rente** /ラント/ 女 (英 pension) 金利; 年金; 国債. ● vivre de ses *rentes* 金利で暮らす.

le(la) **rentier(ère)** /ランティエ(ール)/ 名 金利[年金]生活者.

la **rentrée** /ラントレ/ 女 (英 return) ❶ 新学年, 新学期 (=〜 scolaire); (夏休み明けの)社会活動の再開. ● à la *rentrée* (夏)休み明けに. ❷ 入金.

rentrer /rɑ̃tre ラントレ/ 自 《助動 être》 ❶(英 go back, return) 戻る; 帰る, 帰宅する.
● Il *est rentré* tard chez lui. 彼は遅く帰宅した.

R

❷ 新学期[新年度]が始まる, 再び始まる.
● Les écoles *rentrent* au mois de septembre. 学校は9月に新年度を迎える.
❸ 入る; 収まる.
● Plus rien ne *rentre* dans la valise. もう何もスーツケースに入らない.
❹〘*dans*, に〙属する, 含まれる.
● Cela ne *rentre* pas *dans* ses attributions. それは彼の権限外のことだ.
❺〘*dans*, に〙《話》ぶつかる.
● La voiture *est rentrée dans* un arbre. 車は木に衝突した.
***faire rentrer ... dans la tête de* 人** …を(人)の頭の中にたたき込む.
***rentrer dans* [*en*] ...** (以前の状態)に戻る; …を取り戻す. ● *rentrer en* fonctions 復職する. ● *rentrer dans* ses frais 出費を取り戻す.
— 他 《助動 avoir》 ❶ を入れる, しまう, 引っ込める.
● J'*ai rentré* ma voiture (au garage). 私は車をガレージに入れた.
❷ (感情など)を抑える.
● *rentrer* ses larmes [sa colère] 涙[怒り]を抑える[隠す].

renverr ... →**renvoyer** 29

renverser /ランヴェルセ/ 他 ❶ (英 knock over; run over) をひっくり返す, 倒す; (車が)(人)をはねる. ● *renverser* un verre グラスをひっくり返す.
❷ (英 spill) をこぼす.
❸ (政府・秩序など)を倒す, 覆(くつがえ)す.
❹ (上体・頭)をのけぞらせる.
❺ (順序など)を逆にする.
❻《話》をびっくりさせる.
— se renverser 代動 身を反らせる; ひっくり返る, 倒れる.

le **renvoi** /ランヴォワ/ 男 ❶ 解雇; 退学処分. ❷ (ほかの箇所への)送り, 参照記号. ❸ げっぷ.

renvoi ..., renvoy ... →**renvoyer** 29

renvoyer /ランヴォワイエ/ 他 29 (英 send back, return) ❶ を送り返す; 戻す, 帰す.
● *renvoyer* une lettre à l'expéditeur 手紙を発信人へ返送する.
❷ (人)を解雇する, 退学させる; 追い払う.
● *renvoyer* un employé 従業員を解雇する.
❸〘*à*〙(注などを人)に参照させる.
❹ を延期する.

répandre /レパンドル/ 他 28 ❶ (英 spill) をまき散らす. ❷ (英 spread) (光・においなど)を放つ, 発散する; (うわさ・思想など)を広める, 普及させる.
— se répandre 代動 こぼれる; 広がる, 普及する.

répandu(e) /レパンデュ/ 形 広がった, 広まった; こぼれた, 散らばった.

réparable /レパラブル/ 形 修理できる; 償うことができる.

le(la) **réparateur(trice)** /レパラトゥール(トリス)/ 名 修理人.
— 形 体力を回復させる.

la **réparation** /レパラスィヨン/ 女 (英 repair) ❶ 修理, 修繕. ❷ 賠償, 償い.

réparer /レパレ/ 他 (英 repair) ❶ を修理する; 償う, 埋め合わせする.
❷ (健康など)を回復する.

reparler /ルパルレ/ 自〘*de*, について〙再び話す. 会話 Nous *en reparlerons*. そのことはまたあとで話そう.

repars (...), repart (...), reparti ... →**repartir** 48

repartir /ルパルティール/ 自 48 《助動 être》 ❶ 再出発する; 帰る, 戻る.
❷ 再び始める.
repartir à zéro 一からやり直す.

la **répartition** /レパルティスィヨン/ 女 分配, 配分, 割り振り; 分布; 分類.

le **repas** /r(ə)pɑ ルパ/ 男 (英 meal) 食事.
● faire trois *repas* par jour 一日3食とる.
● préparer le *repas* 食事を作る.
● *repas* d'affaires 仕事上の会食.
● *repas* léger 軽食.

le **repassage** /ルパサージュ/ 男 アイロンがけ; 研ぐこと.

repasser /ルパセ/ 自 ❶《助動 être》再び通る; 再び立ち寄る. 会話 Je *repasserai* demain. 明日また寄ります. ❷ 再上映[上演]される; (料理などが)また回ってくる.
— 他 ❶ にアイロンをかける. ● *repasser* une chemise シャツにアイロンをかける. ❷ (試験など)を再度受ける. ❸ を再度与える; (皿)を再び回す.
— se repasser 代動 アイロンがかけられる.

repens, repent (...) →**repentir** 48

R

se repentir /ルパンティール/ 代動 48 (英 repent) 〖*de*, (したこと)を〗悔いる, 後悔する. 会話 Tu *t'en repentiras*! 今に後悔するぞ.

— le **repentir** 男 悔い改め.

la **répercussion** /レペルキュスィヨン/ 女 反響; 影響, はね返り.

le **repère** /ルペール/ 男 目印; 指標; 基準; 指針.

repérer /ルペレ/ 他 57 ❶ の位置をつきとめる. ❷《話》を見つける.

— **se repérer** 代動 《話》自分の位置がわかる; 見つかる.

le **répertoire** /レペルトワール/ 男 目録, 一覧表; 名簿; (劇場などの)演目.

répéter /レペテ/ 他 57 (英 repeat) ❶ を繰り返して言う; 口外する. ●Je vous *répète* que c'est impossible. 何度も言うが, それはだめだ.

❷ を復習する; 繰り返し練習する, の稽古をする.

— **se répéter** 代動 繰り返される; 同じことを繰り返して言う[する].

la **répétition** /レペティスィヨン/ 女 ❶ 繰り返し, 反復. ❷ 稽古, リハーサル.

le **répit** /レピ/ 男 休息; 猶予. ●sans *répit* 休みなく.

le **repli** /ルプリ/ 男 ❶ ひだ, 折り目. ❷〔軍〕撤退. ❸ (心の)奥底.

replier /ルプリエ/ 他 を折り畳む; 折り返す.

— **se replier** 代動 ❶ 折れ曲がる; 身を丸める. ❷〔軍〕退却する.

la **réplique** /レプリク/ 女 ❶ 応答; (すばやい)言い返し; 反駁(ばく). ❷〔劇〕せりふ. ❸〔美〕複製, レプリカ. ❹ 余震.

répliquer /レプリケ/ 他 (英 reply) (すばやく)と言い返す, 応答する.

— 自 〖*à*, に〗反撃する.

le **répondeur** /レポンドゥール/ 男 留守番電話.

répondre /repɔ̃dr レポーンドル/ 自 61 (英 answer, reply) 〖*à*, に〗❶ 答える, 返事をする[書く].

●*Répondez à* cette question. この質問に答えなさい

●Ça ne *répond* pas. (電話で)応答がない.

❷ 口答えする.

●enfant qui *répond à* ses parents 親に口答えする子供.

❸ 応じる.

●*répondre à* une invitation 招待に応じる.

❹ (ものが)対応する, 一致する; 反応する.

répondre à l'attente [***aux espérances***] ***de*** 人 (人)の期待に応える.

répondre de ... …を保証する; …の責任を負う. ●Je ne *réponds de* rien. 私は何にも責任は持ちません. 会話 Je vous *en réponds*. それは私が請け合います.

— 他 ❶ (**a**)〈**répondre A (à B)**〉(Bに)Aと答える.

●Il *a répondu* non à ma demande. 彼は私の要求に否と答えた.

(**b**)〈**répondre que** 直〉…だと答える.

●Il *a répondu qu*'il n'en savait rien. 彼はそんなことは何も知らないと答えた.

❷〈**répondre de** 不定詞〉…するようにと答える.

●Il m'*a répondu de* me taire. 彼は私に黙れと言い返した.

— **se répondre** 代動 呼応し合う; 対称をなす.

la **réponse** /レポンス/ 女 ❶ (英 answer, reply) (**a**) 答え, 返事.

(**b**) 解答, 解決策.

(**c**) 反論, 反駁(ばく).

❷ (英 response) 応答; 反応.

avoir réponse à tout 何にでも答えられる, 機転が利く.

le **report** /ルポール/ 男 延期; (選挙での票の)繰り上げ.

le **reportage** /ルポルタージュ/ 男 (英 report) ルポルタージュ(の仕事); 現地報告.

●faire un *reportage* sur ... …のルポルタージュを書く.

reporter[1] /ルポルテ/ 他 (英 take back) ❶ を延期する. ❷ (もとの場所)に戻す; (ほかの場所)に移す. ❸ (過去に人)を連れ戻す. ❹〖*sur*〗(ほかの対象に)を移す, 振り向ける.

— **se reporter** 代動 〖*à*, を〗参照する.

le(la) **reporter**[2] /ルポルテール/ 名 (＜英) 現地報道員, 特報記者.

le **repos** /ルポ/ 男 (英 rest) ❶ 休憩, 休息; 休み.

❷ 安らぎ, 平穏.

❸ (活動・機械の)停止, 静止(状態).

R

au repos 静止[休止]している.
de tout repos 安全な, 確かな; (仕事などが)楽な.
Repos! 《号令》 休め.

reposer[1] /ルポゼ/ 他 (英 rest) を休ませる, 休める; もたせかける.
— 自 ❶〖*sur*, に〗基づく; (の上に)建っている; 根拠を置く.
❷《文》休息している; 眠る. ● Ici *repose* ... 《墓碑銘》…ここに眠る.
— **se reposer** 代動 ❶ 休息する. ● Il est allé *se reposer* à la campagne. 彼は田舎へ休息に行った.
❷〖*sur*, に〗頼る, 任せる.

reposer[2] /ルポゼ/ 他 を再び置く; (もとの場所)に戻す.

repousser /ルプセ/ 他 ❶ を押し戻す; 押しやる; 拒絶する, 退ける. ❷ を延期する.
— 自 (髪・芽などが)再び生える. ● laisser *repousser* sa barbe ひげを生やす.

repren ... →reprendre 60

reprendre /ルプランドル/ 他 60
❶ (英 take back) を再び取る, 再び雇う; 引き取る, 下取りする; 買い戻す. ● Ils m'*ont repris* ma vieille télé. 古いテレビを引き取ってもらった.
❷ を持って帰る; 連れて帰る. ● aller *reprendre* son manteau chez le teinturier クリーニングに出したコートを取りに行く.
❸ (英 regain) を取り戻す, 回復する.
● *reprendre* confiance [courage] 自信[勇気]を取り戻す.
❹ (企業など)を引き継ぐ; 継承する.
❺ を再び始める, 再び続ける; 繰り返す.
● *reprendre* la route (休んだあとに)また歩き[走り]出す.
❻ を直す, 修理する.
❼ をもっと食べる[飲む].
❽《挿入節で》と言葉を続ける; 答える.
● Et ainsi, *reprit*-il, ... というわけで, …と彼は話を続けた.
会話 ***On ne m'y reprendra plus.*** もうその手には乗らないぞ.
reprendre sa place 席に戻る; 復職する.
— 自 ❶ 勢いを取り戻す; (病人が)回復する. ❷ 再び始まる.
— **se reprendre** 代動 ❶ 言い直す.
❷ 気を取り直す, 自分を取り戻す.
se reprendre à 不定詞 また…し始める.
s'y reprendre à deux [***plusieurs***] ***fois*** 2度[何度も]やり直す.

les **représailles** /ルプレザイユ/ 女 複 (国家間の)報復; (個人の)仕返し. ● par *représailles* 報復として.

le(la) **représentant(e)** /ルプレザンタン(ト)/ 名 (英 representative) ❶ 代表者, 代理人. ❷ セールスマン. ❸ 代表, 典型.

représentatif(ve) /ルプレザンタティフ(ーヴ)/ 形 〖*de*, を〗代表する; 代表的な; 代議制の.

la **représentation** /ルプレザンタスィヨン/ 女 ❶ 表現. ❷《集合的》代表者, 代理. ❸ (劇の)上演, 公演.

représenter /ルプレザンテ/ 他 (英 represent) ❶ を表す, 示す; 象徴する. ● *représenter* les résultats par un graphique 成績をグラフで表す. ● Le soleil *représente* la gloire. 太陽は栄光を象徴する.
❷ を上演する, 演じる.
❸ を代表する; 代理をする.
❹ に相当する.
— **se représenter** 代動 ❶ 想像する, 思い描く. ❷ (人が)再び志願[出頭]する; (ものが)再び生じる. ● Si l'occasion *se représente* もしまた機会があれば.

la **répression** /レプレスィヨン/ 女 弾圧; 抑止; 〔心〕抑圧.

repri[î] ... →reprendre 60

la **réprimande** /レプリマンド/ 女 叱責, 懲戒.

réprimer /レプリメ/ 他 ❶ (感情)を抑圧する, 抑える. ❷ を鎮圧する; 処罰する.

la **reprise** /ルプリーズ/ 女 ❶ 再開; 再演, 繰り返し; 〔楽〕反復. ● à plusieurs *reprises* 何回にもわたって.
❷ 取り戻すこと; (景気などの)立ち直り, 回復.
❸ (商品の)下取り; (企業などの)買い取り.
❹ (自動車の)加速.
❺ (ボクシングの)ラウンド.

le **reproche** /ルプロシュ/ 男 (英 reproach) 非難; 批判. ● faire des *reproches* à 人 (人)を非難する. ● sans *reproche* 非の打ちどころのない.

reprocher /ルプロシェ/ 他 を非難する, とがめる.
reprocher ... à 人 …について(人)をとがめ

R

る. ● Son patron *lui reproche* ses absences fréquentes. 雇い主は彼がよく休むとどがめる.

reprocher à 人 ***de*** 不定詞 (人)が…することを非難する. ● Je *lui ai reproché de* n'être pas venu plus tôt. 私は彼がもっと早く来なかったことをとがめた.

— **se reprocher** 代動 〖*de*, について〗自分を責める.

reproduc*teur*(*trice*) /ルプロデュクトゥール(トリス)/ 形 生殖用の.

— le **reproducteur** 男 繁殖用の家畜.

la **reproduction** /ルプロデュクスィヨン/ 女 ❶ 生殖, 繁殖. ❷ 再生産; 再現; 複製, 模写, コピー.

reprodui ... →**reproduire** 15

reproduire /ルプロデュイール/ 他 15 (英 reproduce) ❶ を再現する; 転載する. ❷ の複製を作る, を複写する.

— **se reproduire** 代動 ❶ 繁殖する. ❷ 再生される; 再び起こる. ● Je ne veux plus que ce genre de chose *se reproduise*. このようなことがもう二度と起こってほしくない.

républicain(e) /レピュブリカン(ケヌ)/ 形 (英 republican) 共和国の; 共和主義の.

— le(la) **républicain(e)** 名 共和主義者.

la **république** /レピュブリク/ 女 (英 republic) 共和国; 共和制. ● la *République* française フランス共和国.

Cinquième République (la ～) 第5共和制. → 1958年以降.

On est en république! ここは共和国だぞ! → 強権的な措置に対する抗議.

la **répugnance** /レピュニャンス/ 女 嫌悪感, 反感; 嫌気. ● avoir de la *répugnance* pour ... …に嫌悪を抱く.

répugner /レピュニェ/ 自 ❶〖*à*, に〗嫌悪感を抱かせる. ❷〖*à*, することを〗嫌がる.

la **répulsion** /レピュルスィヨン/ 女 激しい反感, 嫌悪.

la **réputation** /レピュタスィヨン/ 女 評判; 名声. ● avoir une *réputation* de ... …だという評判である. ● connaître ... de *réputation* …の話だけは聞いている.

requér ... →**requérir** 2

requérir /ルケリール/ 他 2 ❶ を要請する; 〔法〕を求刑する. ❷ (ものが)を必要とする.

requerr ... →**requérir** 2

la **requête** /ルケト/ 女 嘆願(書), 懇願.

requi[î] ... →**requérir** 2

le **requin** /ルカン/ 男 ❶〔魚〕サメ(鮫). ❷ (商売などに)強欲な人.

requis(e) /ルキ(ーズ)/ 形 必要な; 徴用された.

la **réquisition** /レキジスィヨン/ 女 (法による)要請; 徴用, 徴発.

réquisitionner /レキズィスィヨネ/ 他 を徴用する, 徴発する.

requit →**requérir** 2

le **RER** /エールウエール/ 男 《略》首都圏高速交通網 (=Réseau express régional). → パリと郊外を結ぶ地下鉄.

le **réseau** /レゾ/ 男 (複 **réseaux**) (英 net) 網; (交通・通信などの)組織網; 〔情報〕ネットワーク. ● *réseau* ferroviaire [routier] 鉄道[道路]網.

la **réservation** /レゼルヴァスィヨン/ 女 (部屋・座席・レストランなどの)予約.

la **réserve** /レゼルヴ/ 女 (英 stock) ❶ 貯え, 備蓄; (天然資源などの)埋蔵量. ❷ (北米先住民の)指定居住地; (動植物の)保護地域. ● *réserve* de pêche [chasse] 禁漁[猟]区. ❸ 慎重さ; 留保, 条件.

de réserve 予備の.

en réserve 予備に; 保存用に.

sans réserve 無条件に, 全面的に.

sous réserve de ... [***que ...***] …という条件で, …である限り.

réserver /レゼルヴェ/ 他 (英 reserve) ❶ を残しておく, 取っておく. ❷ を予約する. ● *réserver* une chambre à l'hôtel ホテルに部屋を予約する. ❸ 〈**réserver A à B**〉 AをBの専用にする.

— **se réserver** 代動 ❶ 自分のために取っておく. ❷〖*pour*, のために〗自制する, セーブする.

le **réservoir** /レゼルヴォワール/ 男 タンク; 貯水槽[池].

la **résidence** /レズィダンス/ 女 居住(地); 住居; 邸宅, 高級マンション.

résider /レズィデ/ 自 居住する; ある, 存する.

la **résignation** /レズィニャスィヨン/ 女 甘受, 忍従; あきらめ.

résigner /レズィニェ/ 他 (英 resign) を辞職する.

— se résigner 代動 〘à, (すること)を〙甘受する; (補語なしで)あきらめる.

la **résine** /レズィヌ/ 女 樹脂.

la **résistance** /レズィスタンス/ 女 (英 resistance) ❶ 抵抗, 反抗; 耐久力. ❷〔電〕抵抗. ❸《多く R-》レジスタンス. →第２次大戦中のドイツへの抵抗運動・組織.

opposer une résistance 抵抗する.

résister /レズィステ/ 自 (英 resist) 〘à, に〙 ❶ 抵抗する, 逆らう. ❷ 耐える. ●Cette vaisselle *résiste au* feu. この食器は耐熱性だ.

résol ... →**résoudre** 62

résolu(e) /レゾリュ/ 形 断固たる, 決然とした. ●être bien *résolu* à ... 断固として…する決意だ.

résolument /レゾリュマン/ 副 断固として; 果敢に.

la **résolution** /レゾリュスィヨン/ 女 ❶ (英 decision) 決心, 決意. ●prendre la *résolution* de 不定詞 …しようと決心する. ❷ (英 resolution) (問題などの)解決, 解消.

résonner /レゾネ/ 自 ❶ (音などが)鳴り響く. ❷〘*de*〙(音などで)響きわたる.

résou ... →**résoudre** 62

résoudre /レズドル/ 他 62 (英 resolve) ❶ を解く, 解決する. ●*résoudre* un problème 問題を解く[解決する]. ❷〈**résoudre** 名 [**de** 不定詞/**que** 直]〉…(すること)を決心する; 〈**résoudre** 人 **à** 不定詞〉(人)に…することを決心させる.

— se résoudre 代動 〈**se résoudre à ...** [**à** 不定詞]〉…の[…する]決心をする.

le **respect** /レスペ/ 男 ❶ (英 respect) 尊敬, 敬意; 尊重. ●avoir du *respect* pour ... …を尊敬している. ●manquer de *respect* à ... …に失礼な態度をとる. ❷《複》《挨拶で》敬意のしるし. ●Présentez mes *respects* à ... …によろしくお伝えください.

respectable /レスペクタブル/ 形 ❶ 尊敬すべき. ❷ かなりの, 相当な.

respecter /レスペクテ/ 他 (英 respect) ❶ を尊敬する. ❷ (規則など)に従う; を尊重する, 大切にする.

respecter une minute de silence １分間の黙祷(とう)をささげる.

respectez les pelouses 《掲示》芝生の中に入らないでください.

— se respecter 代動 体面を重んじる, 尊厳を失わない.

respectif(ve) /レスペクティフ(ーヴ)/ 形 それぞれの, 各自の.

respectivement /レスペクティヴマン/ 副 それぞれ, 各自が.

respectueux(se) /レスペクテュウ(ーズ)/ 形 敬意のこもった, 丁重な.

être respectueux de ... …を尊重する, …に配慮した.

être respectueux envers [***pour***] 人 (人)に対して敬意を抱いている.

la **respiration** /レスピラスィヨン/ 女 (英 breath) 呼吸, 息.

respirer /レスピレ/ 自 (英 breathe) 呼吸する, 息をする. ●*respirer* profondément 深呼吸する.

— 他 ❶ (空気)を吸う; (におい)を嗅ぐ. ❷ (感情・状態)を表す, 発散する.

resplendir /レスプランディール/ 自 33 輝く, 光る. ●*resplendir* de joie 喜びに輝く.

la **responsabilité** /レスポンサビリテ/ 女 (英 responsibility) 責任, 責務. ●La maison décline toute *responsabilité* en cas de ... 《掲示》当店では…の責任は一切負いかねます.

prendre la responsabilité de ... …の責任をとる.

responsable /レスポンサブル/ 形 (英 responsible) ❶〘*de*, に〙責任がある; (ものが…の)原因となる. ❷ 思慮深い, 責任感のある.

— le(la) **responsable** 名 責任者, 代表.

se ressaisir /ルセズィール/ 代動 33 落ち着きを取り戻す; 立ち直る, 巻き返す.

la **ressemblance** /ルサンブランス/ 女 (英 resemblance) 似ていること, 類似; 《複》類似点.

ressembler /ルサンブレ/ 自 (英 resemble) 〘à, に〙 ❶ 似ている. ❷ 似つかわしい, ふさわしい. ●Cela *ressemble* à A de 不定詞 …するなんてAらしい.

会話 ***À quoi ça ressemble?*** どうしてそんなことをするんだ.

会話 ***À quoi ressemble-t-il?*** 彼は見た感じどんな風ですか.

ne ressembler à rien 見たこともない; 奇怪だ.

R

— se ressembler 代動 互いに似ている.
Qui se ressemble s'assemble. 《ことわざ》類は友を呼ぶ.
se ressembler comme deux gouttes d'eau 瓜二つである.

ressemeler /ルスムレ/ 他 4 (靴)の底を張り替える.

ressens, ressent (...) →**ressentir** 48

le **ressentiment** /ルサンティマン/ 男 恨み, 怨恨.

ressentir /ルサンティール/ 他 48 (英 feel) (感覚・感情)を強く感じる, 抱く.
— se ressentir 代動 〘de, の痛みなどの〙感じが残る; (ものの)影響が感じられる.
s'en ressentir pour ... 《話》…が欲しい, …がしたい.

resserrer /ルセレ/ 他 (英 tighten up) を締め直す, 引き締める; (関係など)を強める.
— se resserrer 代動 引き締まる, 収縮する; 狭まる.

ressors, ressort (...) →**ressortir**[1] 48

le **ressort**[1] /ルソール/ 男 ❶ばね, ぜんまい. ❷気力. ● avoir du [manquer de] *ressort* 気力がある[無気力だ].

le **ressort**[2] /ルソール/ 男 〔法〕権限(の及ぶ範囲).
en dernier ressort 最終審で; 最終的に.
être du ressort de 人 (人)の権限[領分]である.

ressortir[1] /ルソルティール/ 自 《助動 être》 48 ❶(入ってすぐ)出る. ❷〘sur, に〙浮き出る, 目立つ. ❸〘de, から〙生じる.
faire ressortir ... …を強調する.
— 他 《助動 avoir》《話》❶を再び取り出す; 復刊する, 再上映する. ❷を繰り返す, 蒸し返す.

ressortir[2] /ルソルティール/ 自 33 〘à, の〙管轄[領域]に属する.

la **ressource** /ルスルス/ 女 (英 means, resource) ❶《複》資金, 資産; 資源. ● *ressources* naturelles 天然資源. ❷(困難を切り抜ける)手段, 方策.
avoir de la ressource まだ余力がある.

ressusciter /レスュスィテ/ 他 を生き返らせる.
— 自 《助動 être》生き返る.

restant(e) /レスタン(ト)/ 形 残りの, 残った.
— le **restant** 男 残り; 残額.

le **restaurant** /rɛstɔrɑ̃ レストラン/ 男 (英 restaurant) レストラン.
● déjeuner au *restaurant* レストランで昼食をとる.
restaurant rapide ファーストフード店.
restaurant universitaire 学生食堂.

la **restauration** /レストラスィヨン/ 女 ❶修復, 復元. ❷復興; (特に)王政復古. ❸レストラン業.

restaurer /レストレ/ 他 ❶を修復[復元]する. ❷を復興する, 復活させる.
— se restaurer 代動 食事をとる.

le **reste** /レスト/ 男 (英 rest) ❶残り, 余り; その他. 会話 Je m'occupe du *reste*. あとのことは私がやります. ● le *reste* de sa vie 余命.
❷《複》残り物, 残飯.
❸《複》遺骸, 遺骨.
du reste それに; いずれにせよ.
et (tout) le reste その他いろいろ.
le reste du temps 残り時間; 《副詞的に》それ以外のときは.
partir sans demander son reste 四の五の言わずに立ち去る.
pour le reste その他のこと(について)は.

rester /rɛste レステ/ 自 《助動詞 être》(英 stay, remain) ❶
(**a**) 〘à〙(ある場所に)とどまる, 滞在する.
● *rester* au lit ベッドで過ごす.
● Il *est resté* six jours à Paris. 彼はパリに6日間いた.
(**b**) 〈**rester à [pour]** 不定詞〉(…するために)とどまる; 残る.
● *rester* (*pour*) garder la maison (居残って)留守番をしている.
❷ (**a**) 〈**rester ...**〉(ある状態に)とどまる, …のままでいる.
● *rester* immobile 動かないでいる.
● Il *restait* sans répondre aux lettres. 彼は手紙にいつまでも返事を書かなかった.
(**b**) 〈**rester à** 不定詞〉…し続ける.
● Ils *restent* des heures entières à discuter. 彼らは何時間も議論をし続ける.

R

❸ (a) 〈rester A (de B)〉 (Bのうち)Aが残っている.
● Il *est resté* seul *de* sa famille. 一族[一家]のうち彼だけ生き残った.
(b) 〈Il reste ...〉《非人称》…が残っている.
● *Il reste* encore de la neige. まだ雪が残っている.
● *Il* ne me *reste* que toi. 私にはおまえしかいない.
(c) 〈Il reste (à 人) à 不定詞〉《非人称》(人に)あと…することが残っている.
● *Il reste* beaucoup à faire. することがまだたくさんある.
Ça me reste sur l'estomac. それが胃にもたれる.
en rester à... …にとどまる; …まででやめる. ● J'avais commencé à lire ce roman, mais j'*en suis resté au* chapitre 2. この小説を読み始めたが, まだやっと2章だ. ● *Restons-en* là pour aujourd'hui. 今日はここまでにしておこう.
Il n'en reste pas moins que... それでも…であることに変わりはない.
Il ne reste plus qu'à 不定詞 あとは…するだけだ.
Reste à savoir si... …かどうかはまだわかっていない[今後を待たねばならない].
rester debout 立ったままでいる, 起きている.
rester sur... …に残る[とどまる]. ● Sa remarque m'*est restée* sur le cœur. 彼の言葉が私の心から離れなかった.
rester sur sa faim まだおなかがすいている; もの足りない.
y rester 死ぬ.

restituer /レスティテュエ/ 他 ❶〖à, に〗(不当に得たもの)を返す, 返還する. ❷ を復元する, 再現する.

la **restitution** /レスティテュスィヨン/ 女 返還; 復元.

restreign ..., restrein ... → **restreindre** 19

restreindre /レストランドル/ 他 19 を制限する; 切り詰める.
— se restreindre 代動 生活を切り詰める.

restreint(e) /レストラン(ト)/ 形 限られた, 限定された.

la **restriction** /レストリクスィヨン/ 女 ❶ 制限, 制約, 留保; 削減. ● sans *restriction* 無条件に. ❷《複》物資統制, 配給制.
faire [émettre] des restrictions 疑問を差しはさむ.

le **résultat** /レズュルタ/ 男 (英 result)
❶ 結果.
❷《複》成果; 成績; 試合結果.
❸ (問題の)答え, 解答.

résulter /レズュルテ/ 自 (英 result)《助動 être または avoir》〖*de*, から〗生じる; (の)結果である.
Il en résulte que 直 その結果…ということになる.
Il résulte A de B 《非人称》BからAが生じる.

le **résumé** /レズュメ/ 男 要約, レジュメ.
● en *résumé* 要するに.

résumer /レズュメ/ 他 (英 summarize) を要約する, まとめる.

la **résurrection** /レズュレクスィヨン/ 女 よみがえること; 蘇生; 復活.

rétablir /レタブリール/ 他 33 (英 restore) ❶ を元の状態に戻す; (電話・交通など)を復旧する; (秩序など)を回復させる. ● *rétablir* la situation 態勢を立て直す. ❷ (健康)を取り戻す.
— se rétablir 代動 健康を取り戻す; 元に戻る. ● Elle *s'est rétablie* au bout de deux mois. 2か月後には彼女は元気になった.

le **rétablissement** /レタブリスマン/ 男 立て直し, 回復; 健康の回復.
Bon rétablissement! お大事に.

le **retard** /ルタール/ 男 (英 delay) ❶ 遅れ, 遅滞; 遅刻. ● être en *retard* 遅れて. ● Je suis désolé d'arriver en *retard*. 遅刻してすみません.
❷《同格的に》(薬剤などが)遅効性の.
avoir du retard 遅れている; (話題に)乗り遅れている. ● Ce train *a* une heure de *retard*. この列車は1時間遅れている.
sans retard 直ちに.

le(la) **retardataire** /ルタルダテール/ 名 遅れた人, 遅刻した人. — 形 遅れた.

retarder /ルタルデ/ 他 (英 delay) を遅らせる; 延期する.
— 自 (時計が)遅れている;〖*sur*, に対して〗遅れる;《話》世情に疎い. 会話 Je *retarde* (de 10 minutes). 私の時計は(10分)遅れている.

R

— se retarder 代動 遅れる.

retenai ..., retenant →retenir 75

retenir /ルトニール/ 他 75 (英 keep, hold)
❶ (倒れ[落ち]ないように)を捕まえる, 支える, 固定する, 留める.
❷ (人)を引き止める; 制止する, 思いとどまらせる. ● Je ne vous *retiens* pas. 引き止めはしませんよ.
❸ を覚える. ● Tu as *retenu* son numéro de téléphone? 彼(女)の電話番号を覚えているかい.
❹ (怒り・涙など)をこらえる. ● *retenir* un sourire [ses larmes] 笑い[涙]をこらえる.
❺ を予約する.
❻ (金額など)を差し引く, 天引きする.

retenir 人 ***de*** 不定詞 (人)が…するのを止める.

retenir l'attention de... …の注意を引く.

— se retenir 代動 ❶〖à, に〗つかまる, しがみつく. ❷〖de, (するの)を〗我慢する; 《話》尿[便]意を我慢する. ❸ 覚えられる.

retenons →retenir 75

retentir /ルタンティール/ 自 33 ❶ 響きわたる; 《文》〖de, の音で〗鳴り響く. ❷〖sur, に〗影響する.

retenu(e[1]**)** →retenir 75

la **retenue**[2] /ルトゥニュ/ 女 ❶ 天引き, 控除. ❷ 節度, 自制; 慎み深さ. ❸〔数〕くり上げの数. ❹〔学校〕居残り.

sans retenue 遠慮なく; 手放しで.

la **réticence** /レティサンス/ 女 ためらい.
● avec *réticence* ためらいがちに.
● sans *réticence* 忌憚(きたん)なく.

retien ..., reti[î]n ... →retenir 75

retiré(e) /ルティレ/ 形 引退した, 引きこもった; (場所が)人里離れた, 辺鄙(へんぴ)な.

retirer /ルティレ/ 他 ❶ (英 withdraw)〖de, から〗を取り出す, 引き出す; (利益など)を得る. ● *retirer* mille euros de son compte 自分の口座から1000ユーロ引き出す.
❷ (英 take off) を脱ぐ, はずす.
❸ を引っ込める, 取り下げる.
❹ を再び撃つ; (写真)を焼き増しする.

retirer ... à 人 (人)から…を取り上げる; (人)の(服など)を脱がせる. ● On *lui a retiré* son permis de conduire. 彼(女)は運転免許証を取り上げられた.

— se retirer 代動 ❶ 立ち去る; 引き下がる.
❷ 身を引く, 引退する, 下りる.
❸ (潮・洪水などが)引く.

retomber /ルトンベ/ 自 《助動 être》
❶ 着地する; 再び倒れる; 再び落ちる.
❷〖dans〗(悪い状態に)再び陥る.
❸ 落ちてくる; 垂れ下がる.
❹〖sur, に〗(責任などが)降りかかる.

Ça lui est retombé sur le nez. 彼にもバチが当たったんだ.

la **retouche** /ルトゥシュ/ 女 手直し, 修正; (服の)寸法直し.

le **retour** /ルトゥール/ 男 (英 return) ❶ 帰ること, 戻ること; 帰宅. ● *Retour* à l'expéditeur [l'envoyeur] 《掲示》差出人に返送.
❷ 回帰; 再発, 再来.
❸〔情報〕リターンキー.

à son retour 帰ったら.

(***être***) ***de retour*** 帰っている[くる].

en retour その代わりに.

être sur le retour 老年に近づいている.

par retour du courrier 折り返し.

retour en arrière 回顧, 回想.

retourner /ルトゥルネ/ 他 (英 return)
❶ を裏返す, ひっくり返す; 《話》(人)の意見を変えさせる.
❷ 《話》(部屋・家)をひっかき回す; (人)を動転させる. ● en être tout *retourné* すっかり動転する.
❸ を返送する, 返品する.

retourner 人 ***comme une crêpe*** 《話》(人)の意見をいとも簡単に変えさせる.

— 自 《助動 être》 戻る, 帰る; 再び行く.
● *retourner* en arrière 引き返す. ● Il *est retourné* récemment en France. 彼は最近フランスに戻った.

savoir de quoi il retourne 《非人称》《話》何が問題なのかわかっている.

— se retourner 代動 ❶ ひっくり返る; 振り返る; 寝返りを打つ.
❷〖contre, と〗敵対する.
❸ 〈s'en retourner〉 (もとの場所に)戻る.

retracer /ルトラセ/ 他 52 (人生・過去の出来事など)を生き生きと物語る, たどる.

le **retrait** /ルトレ/ 男 ❶ 取り消し; 辞退. ❷ (預金の)引き出し. ❸ 撤退.

en retrait 引っ込んでいる; 後退した.

R

●rester *en retrait* 表舞台に出てこない.

la**retraite** /ルトレト/ 女 (英 retirement)
❶退職, 引退; 退職年金, 恩給. ●être à la [en] *retraite* 退職している.
❷〔軍〕退却.
battre en retraite 引き下がる.
retraite aux flambeaux (祝祭の)ちょうちん行列.

retraité(*e*) /ルトレテ/ 形 退職者; 年金生活者.

retrancher /ルトランシェ/ 他 ❶〖*de*, から〗を削除する. ❷〖*de*, から〗を差し引く.
—se retrancher 代動 〖*derrière*, のかげに〗身を守る; 立てこもる.

rétrécir /レトレスィール/ 他 33 (英 shrink) を狭くする, 縮める.
— 自 狭くなる, 縮む.
—se rétrécir 代動 狭くなる, 縮む.

rétrograder /レトログラデ/ 自 ❶後戻りする. ❷ギアを落とす.
— 他 を降格処分にする.

retrousser /ルトルセ/ 他 をまくり上げる, 折り返す.
—se retrousser 代動 (自分の)服のすそをまくり上げる; 反り返る.

retrouver /ルトルヴェ/ 他 (英 find again, regain) ❶(なくしたもの)を再び見つける; (健康など)を取り戻す. ●On les a *retrouvés* vivants. 彼らは無事発見された.
❷に再会する; 〖*dans*, の中に〗(面影・特徴)を認める.
❸を思い出す.
retrouver son chemin 進むべき方向を見出す.
—se retrouver 代動 ❶再会する, 落ち合う. ●On *se retrouve* à la sortie. 出口で落ち合おう.
❷(ある状態・場所に)戻る, 陥る.
❸(場所・状況が)わかる.
s'y retrouver 見当がつく; 《話》出費を取り戻す, 利益を上げる.

le**rétroviseur** /レトロヴィズール/ 男 バックミラー.

la**réunion** /レユニヨン/ 女 (英 meeting) 集めること; 集まり, 集会; 会合, 会議.
réunion sportive 競技会.

réunir /レユニール/ 他 33 (英 get together) を集める, ひとつにまとめる; (会議・人)を招集する.
—se réunir 代動 ❶(人が)集まる; (会議が)招集される. ❷(道・川が)合流する.

réussi(*e*) /レユスィ/ 形 (<réussir の過去分詞) 成功した, 見事な; 《話》《皮肉で》お見事.

réussir /レユスィール/ 自 33 (英 succeed) 成功する, うまくいく; 出世する; (試験などに)合格する.
réussir à ... [***à*** 不定詞] …に[すること]に成功する; (人)によい結果をもたらす. ●Il *a réussi à* son examen. 彼は試験に合格した. ●Ils *ont réussi à* la convaincre. 彼らはうまく彼女を説得した.
— 他 に成功する, をうまくやる; (試験)に受かる.
réussir son coup 見事にやってのける.

la**réussite** /レユスィト/ 女 ❶成功, 合格; 成功作. ❷〔トランプ〕ペイシェンス. → ひとり占い.

la**revanche** /ルヴァンシュ/ 女 (英 revenge) ❶復讐, 報復, 仕返し. ●prendre sa *revanche* sur 人 (人)に復讐する. ❷リターンマッチ.
en revanche その代わり; それに対して.

le**rêve** /レーヴ/ 男 (英 dream) 夢; 理想; 夢想; 《話》すばらしいもの. 会話 Ça, c'est le *rêve*. そうなったら理想的だ.
de rêve 夢の, 憧れの.
en rêve 夢の中で.
Faites de beaux rêves! (寝る前に)よい夢を.

revécu(...), revécû ... → **revivre** 76

le**réveil** /レヴェイユ/ 男 ❶目覚め.
❷目覚まし時計. ●mettre le *réveil* à huit heures 目覚ましを8時にセットする.
❸活動の再開.
au [***à son***] ***réveil*** 目が覚めると.

réveiller /レヴェイエ/ 他 (英 wake (up))
❶を目覚めさせる, 起こす.
❷(能力・感覚など)を呼び覚ます, よみがえらせる.
—se réveiller 代動 ❶目を覚ます, 起きる. ●*Réveille-toi*, il est huit heures passées. 起きなさい, 8時過ぎだよ.
❷意識を取り戻す.
❸(感情などが)よみがえる.

la**révélation** /レヴェラスィヨン/ 女 ❶(秘密

を)明かすこと.
❷ 新事実, 新発見.
❸ (突然頭角を現した)新人, 新星.
❹ 天啓, 啓示; **(la R-)** 〔宗〕神の天啓.

révéler /レヴェレ/ 他 57 (英 reveal) (未知の事実)を明かす, 暴露する; (ものが)を示す, 表す.
— se révéler 代動 (隠れていたもの・才能などが)現われる; 〈**se révéler** 形〉 …ということが明らかになる.

reven ... →**revenir** 75

le(la) **revenant(e)** /ルヴナン(ト)/ 名 幽霊.

la **revendication** /ルヴァンディカスィヨン/ 女 (英 claiming) (社会的)要求; (テロの)犯行声明.

revendiquer /ルヴァンディケ/ 他 ❶ を要求する, 主張する. ❷ (責任)を負う; の犯行声明を出す.

revendre /ルヴァンドル/ 他 28 を売り払う; 転売する.
avoir 物 ***à revendre*** (物)があふれるほどある.

revenir /rəvnir ルヴニール/ 自 75 (英 come back) 《助動 être》 ❶ **(a)** 戻って来る, 帰って来る.
● Pouvez-vous *revenir* plus tard? あとでまた来てもらえますか.
● Je *reviens* dans un instant. すぐ戻ります.
(b) 〈**revenir** 不定詞〉 …しに戻って来る.
● Je *reviendrai* vous chercher ce soir. 夕方にまたお迎えに来ます.
❷ 再び[繰り返し]現れる.
● Le médecin *reviendra* demain. 医者は明日また来る.
● Cela me *revient* souvent à la mémoire. そのことはしばしば私の記憶によみがえる.
❸ 〖*à*〗 (もとの状態・話題などに)戻る, 復帰する.
● La situation *est revenue* à la normale. 状況は正常に復した.
❹ 〖*de*, から〗 立ち直る; (に)飽きる.
● *revenir* d'une maladie 病気が治る.
❺ 〖*à*, に〗 帰着する, 費用がかかる.
❻ 〖*à*, に〗 帰属する, 権利[義務]となる.
❼ 〖*sur*, について〗 再考する, 撤回する.
Cela revient à dire ... それは結局…ということになる.
Cela revient au même それは結局同じことだ.
en revenant de ... …からの帰り道に.
en revenir 助かる; 迷いから覚める.
● C'est une maladie très grave; il n'*en reviendra* pas. 非常な重病だ, 彼は治るまい.
en revenir à ... …に戻る. ● J'*en reviens* toujours là. 私の考えはいつもそこに戻る; 私はあくまでそう考える.
ne pas en revenir 《話》いまだに信じられない; 開いた口がふさがらない.
revenir à la vie 生き返る.
revenir sur ses pas 意見を変える.

le **revenu** /ルヴニュ/ 男 (英 revenue) 所得, 収入; 歳入. ● avoir de gros *revenus* 莫大な収入がある.

rêver /レヴェ/ 自 (英 dream) ❶ 夢を見る. ● J'*ai rêvé* de toi cette nuit. 昨夜君の夢を見た.
❷ 憧れる. ● Il *rêve* de devenir pianiste. 彼はピアニストになることを夢見ている.
❸ ぼんやり考える; 途方もないことを考える.
— 他 を夢で見る.
ne rêver que de 不定詞 …することを熱望する.

le **réverbère** /レヴェルベール/ 男 街灯.

la **rêverie** /レヴリ/ 女 夢想, 物思い.

le **revers** /ルヴェール/ 男 ❶ 裏; 裏面, 裏側.
❷ (テニス・卓球の)バックハンド.
❸ (衣服の)折り返し.
❹ 不運; 失敗.
revers de la médaille メダルの裏側; ものごとの悪い面.

revêt(...) →**revêtir** 64

revêtir /ルヴェティール/ 他 64 ❶ (礼服など)を着用する. ❷ 〖*de*, で〗 を覆い隠す, 飾る.

rêveur(se) /レヴール(ズ)/ 形 夢見がちな, 空想にふける.
Ça me laisse rêveur. それは私の理解を越えている.
— le(la) **rêveur(se)** 名 夢想家, 空想家.

revien ... →**revenir** 75

le **revient** /ルヴィヤン/ 男 《次の表現で》
prix de revient 原価.

revîmes →**revoir** 77

revi[î]n ... →**revenir** 75

revirent, revis →**revoir** 77

R

réviser /レヴィゼ/ 他 ❶ を復習する.
❷ を見直す, 再検討する; 修正[改正]する.
❸ を点検する.

la **révision** /レヴィズィヨン/ 女 ❶ 見直し, 再検討; 修正. ❷ 復習. ❸ 点検, 検査; 校閲.

reviss ..., revît(es), revit → revoir 77

revivre /ルヴィーヴル/ 自 76 生き返る; 元気を取り戻す.
— 他 を再び体験する; まざまざと思い出す.

revoie(...) →revoir 77

revoir /ルヴォワール/ 他 77 (英 see again)
❶ に再び会う; (映画など)を再び見る; (場所)を再び訪れる.
❷ を復習する; 再検討する.
❸ を思い出す, 思い浮かべる.
— **se revoir** 代動 ❶ 再会する.
❷ 自分の姿を思い出す.
— le **revoir** 男 再会.
Au revoir 《間投詞的に》ではまた, さようなら.
Ce n'est qu'un au revoir. またすぐ会えるよ.

revois, revoit →revoir 77

la **révolte** /レヴォルト/ 女 (英 revolt) 反乱, 暴動; 反抗. ● être en *révolte* contre ... …に反発する.

révolter /レヴォルテ/ 他 (英 revolt) を憤慨させる.

R

la **révolution** /レヴォリュスィヨン/ 女
❶ (英 revolution) 革命.
❷ 《話》混乱, 大騒ぎ.
❸ 〔天〕公転.
Révolution (française) **(la ～)** フランス革命. → 1789～99; バスティーユ襲撃からナポレオン統領政府まで.

révolutionnaire /レヴォリュスィヨネール/ 形 革命の; 革新的な, 画期的な.

le **revolver** /レヴォルヴェール/ 男 (<英) ピストル.

revoy ... →revoir 77

la **revue** /ルヴュ/ 女 (英 magazine, review) ❶ 雑誌. ● *revue* scientifique 科学誌.
❷ 点検; 〔軍〕閲兵(式). ● passer ... en *revue* …をひとつずつ点検[検討]する.
❸ レビュー.

le **rez-de-chaussée** /レドゥショセ/ 男 《不変》(英 first floor) (建物の) 1 階, 地上階.
POINT premier étage は日本の 2 階に相当する.

la **rhétorique** /レトリク/ 女 修辞(学), レトリック; 《軽蔑的》美辞麗句.
— 形 修辞(学)の.

le **Rhin** /ラン/ **(le ～)** 男 ライン川.

le **rhinocéros** /リノセロス/ 男 〔動〕サイ(犀).

le **Rhône** /ローヌ/ 男 ❶ **(le ～)** ローヌ川.
❷ ローヌ県. → フランス南東部.

la **rhubarbe** /リュバルブ/ 女 〔植〕ダイオウ(大黄); ルバーブ.

le **rhum** /ロム/ 男 ラム(酒).

le **rhumatisme** /リュマティスム/ 男 〔医〕リューマチ.

le **rhume** /リュム/ 男 風邪, 感冒. ● attraper un *rhume* 風邪を引く.
rhume des foins 花粉症.

ri(e), riai ... →rire 65

ricaner /リカネ/ 自 あざ笑う; にやにや笑う.

riche /riʃ リシュ/ 形 (英 rich)
❶ 金持ちの, 裕福な.
● Si j'étais *riche*, j'achèterais une maison en France もし私が金持ちならフランスに家を買うだろうに.
● quartier *riche* 高級住宅街.
❷ 豊富な; 〘*de*, *en*, に〙富んだ.
● aliment *riche* en vitamines ビタミンの豊富な食べ物.
❸ 高価な, 豪華な.
会話 ***Ça fait riche.*** それは豪勢だ.
会話 ***C'est une riche idée.*** それは名案だ.
— le **riche** 男 《多く複数》金持ち.
nouveau riche 成金.

richement /リシュマン/ 副 ぜいたくに, 華美に.

la **richesse** /リシェス/ 女 (英 wealth, richness) ❶ 富, 裕福; 豊かさ.
❷ 豪華, 高価.
❸ 《複》財産, 富.
❹ 《複》(一国の)資源, 財源. ● *richesses naturelles* 天然資源.

la **ride** /リド/ 女 (英 wrinkle) ❶ しわ(皺).
❷ さざ波.
ne pas avoir pris une ride (人が)しわ一つない; (作品などが)新鮮さを失っていない.

le **rideau** /リド/ 男 (複 rideaux) (英 curtain) カーテン; 幕; シャッター.

rider /リデ/ 他 にしわを作る.
— **se rider** 代動 しわが寄る.

ridicule /リディキュル/ 形 (英 ridiculous) ❶ 滑稽(こっけい)な; ばかげた. ❷ 取るに足りない, わずかな.
— le **ridicule** 男 滑稽さ, 物笑いの種.
tourner 人 ***en ridicule/couvrir*** 人 ***de ridicule*** (人)を笑いものにする.

ridiculiser /リディキュリゼ/ 他 を笑い者にする, ちゃかす.
— **se ridiculiser** 代動 笑い者になる.

rie(s) →rire 65

rien

/rjɛ̃ リヤン/ 代 《不定代名詞》(英 nothing, anything) ❶《ne とともに》(**a**) 何も…ない.
● Je *ne* dis *rien*. 私は何も言っていない.
(**b**)〈n'avoir rien à 不定詞〉…するものは何もない.
● Il *n'y a rien à* manger. 食べるものが何もない.
(**c**)〈n'avoir rien de ...〉…なものは何もない.
● Cela *n'a rien d'*étrange. それには少しも奇妙なところはない.

ポイント
▶複合時制で rien が動詞の直接目的語になる場合は, 過去分詞の前: Je n'ai rien trouvé. 私は何も見つけなかった.
▶rien が不定詞の直接目的語になる場合は, 不定詞の前: Tu promets de ne rien dire à mon père? 僕のお父さんに何も話さないって君は約束するかい.

❷《ne なしで》何も.
会話 Que fais-tu?—*Rien*. 何をしているの. —何も.
❸ 無; (点数)ゼロ.
● se réduire à *rien* 無に帰する.
Ça ne fait rien. 大したことではありません.
Ce n'est pas rien. それは大変なことだ.
Ce n'est rien. 何でもありません.
C'est mieux que rien. 何もないよりはましだ.
会話 ***De rien!*** 《お礼に対して》どういたしまして; 《謝罪に対して》お気になさらず.
n'avoir rien 何でもない; 《病気などで》心配ない. 会話 Ça va, tu *n'as rien*? 大丈夫かい, 何ともないかい.
n'avoir rien contre ... …に異議[恨み]がない.
On n'a rien sans rien. 努力なくしては何も得られない.
pour rien 理由なく; ただ同然で. ● Ce n'est pas *pour rien* que ... …なのにはちゃんと訳がある.
rien à faire お手上げだ, どうしようもない; 《強い拒否》とんでもない.
rien d'autre ほかには何も…ない.
rien de neuf[***nouveau***] 新しい[変わった]ことは何もない.
rien de plus それ以上は何も…ない.
rien de[***à***] ***rien*** まったく何も…ない.
rien du tout 全然…ない; 取るに足りない.
● Je sais *rien du tout*. 私は全然知らない. ● cadeau de *rien du tout* ごくつまらない贈り物.
rien que ... …だけ. ● *Rien qu'*à le voir, j'ai deviné. 彼の顔を見ただけで私にはわかった.
sans rien dire 黙ったまま.
— le **rien** 男 (**un ～**) ごくわずかなもの[こと]; 《副詞的に》少しだけ. ● *Un rien* la fait rire. 彼女は何でもないことでもおかしがる.
un rien de ... わずかの…. ● en *un rien de* temps あっという間に.

riez →rire 65

rigide /リジド/ 形 固い, 柔軟性のない; 厳格な. ● livre à couverture *rigide* ハードカバーの本.

la **rigidité** /リジディテ/ 女 硬さ; 硬直(性); 厳しさ; 頑固さ.

rigoler /リゴレ/ 自 《話》笑う, ふざける.
● On a bien *rigolé*. とっても楽しかった.
Il ne faut pas rigoler avec ... …は軽々しく扱えない.
pour rigoler ふざけて.
会話 ***Tu rigoles!*** 冗談だろ.

rigolo(te) /リゴロ(ト)/ 形 《話》面白い.
— le(la) **rigolo(te)** 名 面白い人.

rigoureusement /リグルズマン/ 副 厳しく.

rigoureux(se) /リグル(ーズ)/ 形 厳格な;

R

(気候などが)厳しい; 正確な, 厳密な.
●hiver *rigoureux* 厳冬.

la **rigueur** /リグール/ 女 (英 rigor) 厳しさ; 厳格さ; 厳密さ, 正確さ.
à la rigueur どうしても必要なら; 最大限譲歩して.
de rigueur (規則・慣習により)是非とも必要な.
tenir rigueur de ... à 人 …のことで(人)に恨みを抱く.

riiez, riions →**rire** 65

la **rime** /リム/ 女 脚韻, 韻.

rîmes →**rire** 65

rincer /ランセ/ 他 52 (英 rinse) を洗う, すすぐ.
— se rincer 代動 洗う, ゆすぐ.
se rincer la dalle 《話》一杯やる.

la **riposte** /リポスト/ 女 反論; 反撃.

riposter /リポステ/ 自 〖*à*, に〗言い返す, 反撃する.

rir ... →**rire** 65

rire /リール/ 自 65 (英 laugh)

je	ris	nous	rions
tu	ris	vous	riez
il	rit	ils	rient
現分	riant	過分	ri

❶ 笑う. ●*rire* aux larmes 涙が出るほど笑う. ●*rire* aux éclats 爆笑する.
❷ 楽しむ; 冗談を言う, ふざける.
❸ 《文》〖*de*, を〗問題にしない, ばかにする.
C'est à mourir [***crever***] ***de rire.*** 抱腹絶倒である.
pour rire ふざけて.
Rira bien qui rira le dernier. 《ことわざ》最後に笑う者がよく笑う.
rire au nez de 人 (人)を面と向かってあざ笑う.
rire dans sa barbe ほくそえむ.
sans rire 冗談抜きで.
Vous me faites rire! ばかばかしい, 笑わせちゃいけません.
— se rire 代動 〖*de*, を〗問題にしない.
— le rire 男 笑い(声).
avoir le fou rire 笑いをどうにも抑えられない.

ris →**rire** 65

le **risque** /リスク/ 男 (英 risk) 危険; (保険などの対象の)災害.
à risque 危険度の高い.
au risque de ... …する危険を冒して.
C'est un risque à courir. 一か八かだ.
courir le risque de ... …する危険を冒す; …する危険がある.
prendre le risque de 不定詞 あえて…する.

risquer /リスケ/ 他 (英 risk) ❶ (**a**) を危険にさらす. ●Ça ne *risque* rien. 何の心配もない. ●Qui ne *risque* rien n'a rien. 《ことわざ》虎穴に入らずんば虎児を得ず.
(**b**) 〈risquer de 名 [de 不定詞/ que 接続法]〉 …の[する]危険を冒す, …の[する]恐れがある.
❷ を思い切ってする[言う].
— se risquer 代動 危険に身をさらす; 〈se risquer à 不定詞〉 思い切って…する.

riss ..., rît(es) →**rire** 65

le **rite** /リト/ 男 儀式, 祭式; 慣習.

le **rivage** /リヴァージュ/ 男 海岸, 浜辺.

le(la) **rival(ale)** /リヴァル/ 名 (男複 rivaux) (英 rival) 競争相手, ライバル; 恋敵.

la **rivalité** /リヴァリテ/ 女 敵対関係; 競合, 対抗意識.

la **rive** /リヴ/ 女 (英 bank) 川岸, 湖岸, 海岸.

le(la) **riverain(e)** /リヴラン(レヌ)/ 名 沿岸の住民, 沿道の住民.
— 形 沿岸の, 沿道の.

la **rivière** /リヴィエール/ 女 (英 river) (ほかの大きな河に注ぐ)川.

le **riz** /リ/ 男 (英 rice) 米, 米飯; イネ(稲).

la **rizière** /リズィエール/ 女 稲田; 《特に》水田.

la **robe** /rɔb ロブ/ 女 ❶ (英 dress) ドレス, ワンピース.
●*robe* de soie 絹のドレス.
●*robe* de chambre ガウン, 部屋着.
●*robe* de mariée ウェディングドレス.
●*robe* de soirée イブニングドレス.
❷ (裁判官・弁護士の)法服; (聖職者の)法衣.
❸ (動物の)毛色; (ワインの)色調.
pommes de terre en robe des champs ベークドポテト.

le **robinet** /ロビネ/ 男 (英 faucet) (水道の)蛇口; (ガスなどの)栓, コック.
couper [***fermer***] ***le robinet de ...*** …の供給を止める.

le **robot** /ロボ/ 男 ❶ロボット. ❷フードプロセッサー.

robuste /ロビュスト/ 形 (英 robust, firm) 頑丈な, 丈夫な.

le **roc** /ロク/ 男 《文》岩, 岩石.

la **rocaille** /ロカイユ/ 女 小石, 石ころ, 砂利; ロカイユ. → 小石や貝殻の装飾岩.

— le **rocaille** 男 〔美〕ロカイユ様式.

la **roche** /ロシュ/ 女 岩, 岩石.

le **rocher** /ロシェ/ 男 (英 rock) 岩山, 岩壁; 岩礁.

faire du rocher ロッククライミングをする.

rocheux(se) /ロシュー(ズ)/ 形 岩の多い, 岩石でできた.

le **rock** /ロク/ 男 《不変》(＜英) ロック; ロックンロール (=rock and roll).

— 形 《不変》ロックの.

roder /ロデ/ 他 をならし運転する; 《話》を慣らす.

rôder /ロデ/ 自 うろつく, 徘徊(はいかい)する.

le **roi** /ロワ/ 男 (英 king) 王, 国王; 大実業家; (トランプ・チェスの)キング.

galette des rois ガレット・デ・ロワ. → 公現祭のケーキ. 中に隠してある人形を当てた人が王様になる. →**fève**

roi des animaux 百獣の王. → ライオン.

***Rois mages* (les ～)** 〔キ教〕(キリスト降臨の際に訪れた)東方の三博士.

tirer les rois 公現祭のケーキを切り分けて王様を決める.

le **rôle** /ロル/ 男 (英 role, part)

❶役; せりふ.

❷役割, 機能.

à tour de rôle 順番に.

premier* [*petit*] *rôle 主役[端役].

romain(e) /ロマン(メヌ)/ 形 (古代)ローマの; ローマカトリック教会の.

— le(la) **Romain(e)** 名 (古代)ローマ人.

— le **romain** 男 〔印〕ローマン(字)体.

le **roman**[1] /ロマン/ 男 (英 novel) ❶(長編)小説. ●*roman* d'amour 恋愛小説. ●*roman* policier 推理小説.

❷小説みたいな出来事; 作り話. ●Ça n'arrive que dans les *romans*. それは現実にはありそうもない話だ.

roman[2]**(e)** /ロマン(ヌ)/ 形 ロマンス語の; 〔美〕ロマネスク様式の.

— le **roman** 男 ロマンス語; ロマネスク様式.

la **romance** /ロマンス/ 女 恋歌; 〔楽〕ロマンス.

le(la) **romancier(ère)** /ロマンスィエ(ール)/ 名 小説家.

romanesque /ロマネスク/ 形 小説的な, 奇想天外な; 夢見がちな.

romantique /ロマンティク/ 形 ❶ロマン主義の; ロマン派の. ❷ロマンチックな, 夢想的な.

— le(la) **romantique** 名 ロマン派作家[芸術家].

le **romantisme** /ロマンティスム/ 男 ロマン主義; ロマンチックな性格.

Rome /ロム/ 《固有》ローマ.

romp ... →**rompre** 66

rompre /ロンプル/ 他 66 (英 break) ❶(関係)を断つ. ❷(状態・動き)を中断する, 破る; (秩序など)を乱す. ●*rompre* l'équilibre 均衡を破る.

❸を折る, 壊す.

Rompez* (*les rangs*)*! 《号令》解散!

— 自 〘*avec*, と〙別れる, 絶交する; (フェンシング, ボクシングで)後退する. ●Elle *a rompu avec* son fiancé. 彼女は婚約者と別れた.

à tout rompre 割れんばかりに.

— **se rompre** 代動 折れる, 砕ける.

rond(e) /ロン(ド)/ 形 (英 round)

❶丸い, 円形の, 球形の; 丸みを帯びた; ずんぐりした.

❷端数のない.

❸率直な.

❹《話》酔っ払った.

avaler ... tout rond …を丸呑みする.

faire un compte rond 概算する.

— 副 《次の表現で》

tourner rond (機械が)正常に動く; 《話》(ものごとが)うまく運ぶ; 《否定形で》(人が)ちょっとおかしい.

— le **rond** 男 ❶円, 輪; 輪状のもの; 輪切り.

❷《話》お金, 小銭.

en rond 輪になって. ●tourner *en rond* ぐるぐる回る; 堂々巡りをする.

la **ronde** /ロ－ンド/ 女 ❶輪舞(曲), ロンド. ❷巡回, 見回り. ❸〔楽〕全音符.

à la ronde 四方に; 輪になって順番に.

le **rond-point** /ロンポワン/ 男 (複 ronds-points) (道路が放射状に集まる)円形交

R

差点, ロータリー.

ronfler /ロンフレ/ 自 ❶(英 snore) いびきをかく. ❷ うなりをあげる.

ronger /ロンジェ/ 他 40 ❶(英 gnaw) をかじる. ❷(ものが)をむしばむ, 侵食する; (人)を苦しめる, さいなむ.

— **se ronger** 代動 ❶〖de, に〗苦しむ, 悩む. ❷ 自分の…をかむ. ●*se ronger* les ongles 爪をかむ.

ronronner /ロンロネ/ 自 ❶(猫が)ごろごろとのどを鳴らす. ❷(機械が)鈍い音をたてる.

la **rose** /roz ローズ/ 女 (英 rose, pink) ❶〔植〕バラ(の花). ❷〔建〕(教会の)ばら窓.

à l'eau de rose 甘ったるい, センチメンタルな. ●roman *à l'eau de rose* 甘ったるいおセンチな小説.

bois de rose ローズウッド, 紫檀(したん).

rose de(s) sable(s) 砂のバラ. →砂漠でできるバラ形の石膏(せっこう)結晶.

rose des vents 《羅針盤の》方位図.

— 形 ❶ バラ色の, ピンクの.

●sacs *rose* pâle 淡いピンクのバッグ.

❷ エロティックな.

Tout n'est pas rose! 人生楽じゃない.

— le **rose** 男 バラ色, ピンク色.

●Elle s'habille en *rose*. 彼女はバラ色の服を着ている.

rose saumon サーモンピンク.

voir la vie en rose 人生を楽観する.

rosé(e) /ロゼ/ 形 淡いバラ色の.

— le **rosé** 男 ロゼワイン (=vin 〜).

le **roseau** /ロゾ/ 男 (複 **roseaux**) (英 reed) 〔植〕アシ(葦); ヨシ.

la **rosée** /ロゼ/ 女 露.

la **roseraie** /ロズレ/ 女 バラ園.

le **rosier** /ロズィエ/ 男 〔植〕バラ(の木).

le **rossignol** /ロスィニョル/ 男 (英 nightingale) 〔鳥〕ナイチンゲール.

rôti(e) /ロティ/ 形 (英 roast) 〔料〕ローストした. ●poulet *rôti* ローストチキン.

— le **rôti** 男 ロースト肉.

rôtir /ロティール/ 他 33 (英 roast) を焼く, ローストする.

— 自 (肉などが)焼ける.

— **se rôtir** 代動 《話》(人が)日焼けする.

la **rotule** /ロテュル/ 女 〔解〕膝蓋(しつがい)骨.

la **roue** /ル/ 女 (英 wheel) 車輪; 車輪状のもの.

en roue libre (自転車をこがずに)惰性で; 《話》気ままに.

faire la roue 側転をする; (クジャクなどが)尾羽を広げる.

grande roue 観覧車.

le(la) **roué(e)** /ルエ/ 名 ずる賢い人.

— 形 ずる賢い.

rouge /ruʒ ルージュ/ 形 (英 red) ❶ 赤い; (顔などが)赤くなった; (高温で)真っ赤になった.

●feu *rouge* 赤信号.

●être *rouge* de colère [de honte] 怒りで[恥ずかしくて]赤くなった.

❷ 左翼の.

— le **rouge** 男 ❶ 赤(色); 赤信号; 《話》赤ワイン.

●Un *rouge*, s'il vous plaît. 赤ワインを1杯ください.

●passer au *rouge* (信号が)赤に変わる; 赤信号を渡る.

❷ 口紅 (=〜 à lèvres); 頬(ほお)紅.

●se mettre du *rouge* 口紅をつける.

— 副 《次の表現で》

se fâcher tout rouge 真っ赤になって怒る.

voir rouge かっとなる.

— le(la) **rouge** 名 左翼, 共産主義者.

la **rougeur** /ルジュール/ 女 赤み; (顔の)紅潮; (皮膚の)赤斑.

rougir /ルジール/ 自 33 (英 turn red) 赤くなる; (人が)顔を赤らめる; 〖de, を〗恥ずかしく思う. ●Je n'ai pas à *rougir de* cela. 私はそれが恥ずかしいことだとは思わない.

la **rouille** /ルイユ/ 女 錆(さび); 〔農〕サビ病.

rouiller /ルイエ/ 他 ❶ を錆びさせる. ❷ (人・能力)を衰えさせる, 鈍らせる.

— 自 錆びる.

— **se rouiller** 代動 錆びる; 《話》衰える.

le **rouleau** /ルロ/ 男 (複 **rouleaux**) (英 roll, roller) ❶ 円筒形のもの, 麺(めん)棒 (=〜 à pâtisserie); ローラー. ●peindre au *rouleau* ローラーでペンキを塗る. ❷ 円筒状に巻いたもの, 巻き物, ロール. ❸ 巻き毛; ヘアカーラー.

rouleau de pellicule 写真のフィルム.

le **roulement** /ルルマン/ 男 ❶ 回転; (資金の)運用. ❷ 車の走る音; 響く音. ❸ 交代. ●travailler par *roulement* 交代で働く.

R

rouler /ルレ/ 他 (英 roll) ❶ を転がす; (転がして)巻く. ●*rouler* une cigarette たばこを巻く.
❷ を平らにする, ローラーをかける.
❸〖*dans*, で〗をくるむ.
❹《話》(人)を丸め込む, だます.
— 自 ❶ 転がり落ちる; 転がる.
❷ (車などが)走る; (人が)車で走る. ●En France, on *roule* à droite. フランスでは車は右側通行だ.
❸ (人が)渡り歩く, 転々とする.
❹〖*sur*〗(会話などが…を話題に)展開される.
❺ (船が)横揺れする.
会話 ***Ça roule.*** 順調だ.
— **se rouler** 代動 ❶ 転げ回る.
❷〖*dans*, に〗くるまる.
se rouler les pouces 手持ち無沙汰だ.

la **roulette** /ルレト/ 女 ❶ (英 caster) キャスター, 小さな車輪. ❷ (歯科医が使う)バー. ❸ (裁縫用の)ルーレット. →点線をつけるのに使う歯車. ❹ (ゲームの)ルーレット.
aller [***marcher***] ***comme sur des roulettes*** ことがすらすらと運ぶ.

roumain(e) /ルマン(メヌ)/ 形 ルーマニアの.
— le(la) **Roumain(e)** 名 ルーマニア人.
— le **roumain** 男 ルーマニア語.

la **Roumanie** /ルマニ/ 女 ルーマニア.

rousse →**roux** の女性形.

la **rousseur** /ルスール/ 女 赤褐色.

la **route** /ルト/ 女 ❶ (英 road) 道路, 街道. ●*route* nationale 国道.
❷ (英 way) (たどるべき)道, 道筋; (人生の)進路. 会話 Je t'emmène, c'est (sur) ma *route*. 乗っけて行ってやるよ, 通り道だから. ●demander sa *route* 道を尋ねる. ●se tromper de *route* 道を間違える.
❸ (英 travel) 旅行; 航路; 軌道.
Bonne route! (これから出発する人に)行ってらっしゃい, よい旅を.
en route 途中, 途上で. ●avoir plusieurs projets *en route* 進行中の計画がいくつもある.
会話 ***En route!*** さあ出発しよう.
être sur la bonne route 正しい道にいる; 順調である.
faire de la route 《話》車でさんざん走り回る.
faire fausse route 道を誤る.
faire route vers ... …に向かって進む.
mettre ... en route (機械などを)始動させる; (事業などを)軌道に乗せる.
prendre [***se mettre***] ***la route*** 出発する.
route à suivre (**la** 〜) 順路.
route barrée 《掲示》通行止め.
route de la soie (**la** 〜) シルクロード.

routier(ère) /ルティエ(ール)/ 形 道路の.
— le **routier** 男 長距離トラックの運転手.
— la **routière** 女 ツーリングカー.

la **routine** /ルティヌ/ 女 ❶ 型にはまった行動[思考パターン]. ❷〔情報〕ルーチン.
de routine 定例の.
par routine 機械的に, 習慣的に.

rouvert →**rouvrir** 46

rouvrir /ルヴリール/ 他 46 を再び開く; 再開する.

roux(sse) /ル(ース)/ 形 (英 red, auburn) 赤茶色の; 赤毛の.
— le(la) **roux(sse)** 名 赤毛の人.
— le **roux** 男 ❶ 赤褐色, 赤茶色. ❷〔料〕ルー.

royal(ale) /ロワイヤル/ 形 (男複 **royaux**) (英 royal) ❶ 王の. ❷ 豪華な, 立派な.

le(la) **royaliste** /ロワイヤリスト/ 名 王党派.
— 形 王党派の.

le **royaume** /ロワイヨム/ 男 王国.

royaux →**royal** の複数形.

RSVP /エールエスヴェペ/ 《略》(Répondez s'il vous plaît) 折り返しご返事ください.

le **ruban** /リュバン/ 男 (英 ribbon) リボン; テープ.

le **rubis** /リュビ/ 男 ルビー.
payer rubis sur l'ongle 即金で全額支払う.

la **rubrique** /リュブリク/ 女 (新聞の)欄; (分類の)項目; 見出し. ●*rubrique* sportive [littéraire] スポーツ[文芸]欄.

la **ruche** /リュシュ/ 女 (ミツバチの)巣(箱); 《集合的》(1つの巣の)ミツバチ.

rude /リュド/ 形 ❶ (英 rough) (手触りが)粗い, ざらざらした.
❷ (英 hard) (仕事・気候などが)激しい, 厳しい, つらい.
❸ (人が)荒っぽい, 粗野な.
❹《話》ものすごい; 手ごわい.
C'est un peu rude. 《話》その話はちょっ

R

と信じがたい.

rudement /リュドマン/ 副 手荒く;《話》非常に, すごく.

la **rudesse** /リュデス/ 女 粗さ; 荒々しさ; 厳しさ.

la **rue** /ry リュ/ 女 ❶(英 street) 通り; 街.
- Je l'ai croisée dans la *rue*. 私は通りで彼女とすれ違った.
- Il habite 15, *rue* Saint-Jacques. 彼はサンジャック街15番地に住んでいる.
- traverser la *rue* 通りを横切る.

❷《集合的》通りの人々; 通行人; 大衆.

courir les rues (うわさが)あちこちに広まる;《話》ありふれている.

descendre dans la rue (デモなどのために)街頭に繰り出す.

être à la rue 路頭に迷う.

rue à sens unique 一方通行路.

rue commerçante 商店街.

rue piétonne 歩道.

la **ruée** /リュエ/ 女 (大勢の人が)押し寄せること; 殺到.

la **ruelle** /リュエル/ 女 路地, 小路.

ruer /リュエ/ 自 (馬が)後脚で蹴る.

— **se ruer** 代動〚*sur*, に〛飛びかかる, 押し寄せる.

le **rugby** /リュグビ/ 男 (<英) ラグビー.

rugir /リュジール/ 自 33 (ライオンなどが)ほえる; (人が)わめく.

le **rugissement** /リュジスマン/ 男 ほえ声; わめき声; うなり.

rugueux(*se*) /リュグ(ーズ)/ 形 ざらざらした, ごつごつした.

la **ruine** /リュイヌ/ 女 (英 ruin) ❶《複》廃墟, 遺跡.

❷(建物の)崩壊, 荒廃.

❸(国などの)滅亡, 崩壊; 失墜; 落ちぶれた人.

❹破産(の原因), 倒産.

courir [***aller***] ***à sa ruine*** 破滅の道をたどる.

tomber en ruines 崩壊[破滅]する.

ruiner /リュイネ/ 他 (英 ruin, bankrupt) ❶を破産[破滅]させる. ❷(健康・信用など)を失わせる.

— **se ruiner** 代動 破産する; 莫大な出費をする.

le **ruisseau** /リュイソ/ (複 ruisseaux) 男 (英 stream) 小川.

Les petits ruisseaux font les grandes rivières. 《ことわざ》小川が集まって大河となる; 塵も積もれば山となる.

ruisseler /リュイスレ/ 自 4 ❶(涙・雨水が)流れる. ❷〚*de*, で〛びっしょり濡れる; あふれる.

la **rumeur** /リュムール/ 女 うわさ; ざわめき, 不満の声.

ruminer /リュミネ/ 他 を反芻(はんすう)する; 思い巡らす.

— 自 食べたものを反芻する.

la **rupture** /リュプテュール/ 女 ❶切断, 折(れ)ること; 決壊. ❷断絶, 絶交, 別れ; (契約の)破棄, 解消. ●être en *rupture* avec ... …と接触を絶っている. ●être en *rupture* de stock 在庫を切らしている.

rural(*ale*) /リュラル/ 形 (男複 ruraux) (英 rural) 田舎の, 農村の.

la **ruse** /リューズ/ 女 《多く複数》悪知恵; 策略, わな.

le(la) **rusé(*e*)** /リュゼ/ 名 ずる賢い人, 狡猾(こうかつ)な人.

— 形 ずる賢い, 狡猾な.

russe /リュス/ 形 (英 Russian) ロシアの.

— le(la) **Russe** 名 ロシア人.

— le **russe** 男 ロシア語.

la **Russie** /リュスィ/ 女 (英 Russia) ロシア.

rustique /リュスティク/ 形 ❶田舎(風)の; 素朴な, 粗野な. ❷(動植物が)丈夫な, 抵抗力がある.

— le **rustique** 男 田舎風, 民芸調.

le **rythme** /リトム/ 男 (英 rythm) リズム, 拍子; 規則的な動き; (活動の)テンポ, 速さ.
- *rythme* cardiaque 心臓の鼓動.

au rythme de... …のリズムに合わせて; …のペースで.

avoir le sens du rythme リズム感がいい.

manquer de rythme めりはりがない, テンポが遅い.

rythmique /リトミク/ 形 韻律のある.

R

S s

le **S, s**[1] /エス/ 男 ❶ フランス字母の第19字. ❷ S字型, ジグザグ.

s[2] 《略》 ❶ **(S)** (sud) 南. ❷ **(s)** (seconde) 秒.

s' se または si の省略形.

sa /サ/ 形 《女性形》《所有形容詞: 3人称単数》(英 his, her, its) 彼[彼女]の; その. →**son**

le **sable** /サーブル/ 男 (英 sand) 砂; 《複》砂地; 砂漠.
bâtir sur le sable 砂上に楼閣を築く.
être sur le sable 《話》お金がない, 仕事にあぶれている.
— 形 《不変》砂色[薄いベージュ色]の.

le **sablier** /サブリエ/ 男 砂時計.

sablonneux(se) /サブロヌ(ーズ)/ 形 砂で覆われた, 砂地の.

le **sabot** /サボ/ 男 木靴; (馬・牛の)ひづめ.
dormir comme un sabot ぐっすり眠る.
travailler [jouer] comme un sabot 仕事[演奏, 演技]が下手である.
voir [entendre] venir 人 ***avec ses gros sabots*** 《話》(人)の狙いは見え見えである.

le **sabotage** /サボタージュ/ 男 破壊活動, 妨害; サボタージュ; 手抜き仕事をすること.

le **sabre** /サーブル/ 男 サーベル, 刀.

le **sac** /sak サク/ 男 ❶ (英 bag) 袋, 袋状のもの; バッグ, かばん; ハンドバッグ (=~ à main).
❷ 〔de, の〕一袋分の量.
● cent *sacs de* blé 小麦100袋.
会話 ***L'affaire est dans le sac.*** 成功は間違いない.
sac à dos リュックサック.
sac de couchage 寝袋.
sac de voyage 旅行かばん.
sac en papier 紙袋.
sac (en) plastique (スーパーなどの)ビニール袋.

la **saccade** /リカド/ 女 ぎくしゃくした動き.

saccadé(e) /サカデ/ 形 ぎくしゃくした.

saccager /サカジェ/ 他 40 を略奪する, 荒らす; (部屋など)を散らかす.

sach ... →**savoir** 67

le **sachet** /サシェ/ 男 小さな袋. ● Vous voulez un *sachet*? 袋は要りますか.

la **sacoche** /サコシュ/ 女 (車掌・集金人などの)肩かけかばん.

sacré(e) /サクレ/ 形 ❶ (英 sacred, holy) 《名詞の後》神聖な; 宗教的な. ● livres *sacrés* 聖典, 聖書. ❷ 侵すべからざる. ❸ 《話》《名詞の前》とんでもない; ものすごい. ● C'est un *sacré* menteur. こいつはとんでもないうそつきだ.
会話 ***Sacré nom de Dieu [un chien]!*** こんちくしょう!

le **sacrement** /サクルマン/ 男 〔カト〕秘跡.

le **sacrifice** /サクリフィス/ 男 ❶ 犠牲, 供え物; いけにえ. ❷ 《複》出費.
faire des sacrifices 多額の出費をする.

sacrifier /サクリフィエ/ 他 ❶ 〔à, *pour*, のために〕を犠牲にする, 捧げる; なげうつ. ❷ 〔à, に〕をいけにえとして捧げる.
— 自 《文》〔à, に〕従う, 迎合する.
— **se sacrifier** 代動 〔à, *pour*, のために〕自己を犠牲にする.

la **sacristie** /サクリスティ/ 女 (教会の)聖具室.

la **sagacité** /サガシテ/ 女 鋭敏さ.

sage /サージュ/ 形 (英 wise) ❶ 賢明な, 節度ある. ❷ 貞淑な, 身持ちのよい. ❸ (子供が)おとなしい, 言うことを聞く.
Il serait plus sage de 不定詞 …する方が賢明だろう.
— le **sage** 男 賢者.

la **sage-femme** /サジュファム/ 女 《複 sages-femmes》産婆, 助産士.

sagement /サジュマン/ 副 賢明に; おとなしく.

la **sagesse** /サジェス/ 女 ❶ (英 wisdom) 賢明さ, 良識. ❷ 《文》英知, 知恵. ❸ (子供の)従順さ, 聞き分けのよさ.

saignant(e) /セニャン(ト)/ 形 ❶ (肉が)レアの, 血の滴るような. ❷ (傷口が)出血している. ❸ 《話》手厳しい.

S

saigner /セニェ/ 自 (英 bleed) 出血する. ●*saigner* du nez 鼻血が出る.
— 他 (動物)の血を抜いて殺す.
— se saigner 代動 多額の出費をする.
se saigner aux quatre veines 《話》(人のために)有り金をはたく; 何もかも犠牲にする.

saill ... →**saillir** 22

saillant(e) /サイヤン(ト)/ 形 ❶突き出た, 張り出した. ❷目立つ.

saillir /サイール/ 自 22 《活用は不定詞と3人称のみ》張り出す, 浮き出る; 目立つ.
— 他 (雌)と交尾する.

sain(e) /サン(セヌ)/ 形 ❶(英 healthy) 健康な; 傷んでいない. ❷体によい, 健康的な. ❸健全な.
sain et sauf 無事に.

le **saindoux** /サンドゥ/ 男 〔料〕ラード. → 豚の脂.

saint(e) /サン(ト)/ 形 ❶(英 holy, saint) 聖なる; 《祝日・地名と共に》聖…. ●la *Sainte* Vierge 聖母(マリア). ●la *Saint-Valentin* 聖バレンタインデー. ❷聖人のような.
toute la sainte journée 《話》一日中.
— le(la) **saint(e)** 名 ❶聖人[女], 聖者; 聖人[女]像. ❷聖者のような人.

la **sainteté** /サントテ/ 女 ❶神聖さ.
❷**(Sa S-)** 教皇聖下, 法王台下. →ローマ教皇に対する尊称.

le **Saint-Siège** /サンスィエージュ/ 男 ローマ教皇庁.

S

sais →**savoir** 67

la **saisie** /セズィ/ 女 ❶差し押さえ; 押収.
❷〔情報〕データ入力.

saisir /セズィール/ 他 33 ❶(英 seize) をつかむ, 握る; 捕まえる. ●*saisir* un ballon au vol 飛んできたボールをキャッチする.
❷を理解する; の特徴をとらえる.
会話 Tu *saisis*? わかったかい.
❸(感情・感覚が人)を襲う. ●Il *a été saisi* par le froid. 彼は寒気に襲われた.
❹〔法〕を差し押さえる.
❺〔情報〕(データ)を入力する; 〔料〕(肉など)を強火で焼く.
— se saisir 代動 〚*de*, を〛つかむ, 取り押さえる; 奪う.

le **saisissement** /セズィスマン/ 男 ぞくっとする寒さ; 強い衝撃.

la **saison** /sɛzɔ̃ セゾン/ 女 (英 season)
❶季節; (猟[漁]や収穫の)時期, 旬.
●la *saison* des vendanges ブドウの収穫期.
●Il fait froid pour la *saison*. 季節としては寒い.
❷シーズン.
●la *saison* des prix littéraires 文学賞発表のシーズン.

les quatre saisons 四季
au printemps 春に. en été 夏に.
en automne 秋に. en hiver 冬に.

basse saison シーズンオフ.
de saison 食べ頃である; 適切である.
●Les huîtres sont *de saison*. 牡蠣(かき)は今が食べごろだ.
haute saison 最盛期.
hors de saison 不適切である. ●Vos conseils sont *hors de saison*. あなたの忠告は見当はずれだ.
saison sèche [des pluies] 乾期[雨期].

saisonnier(ère) /セゾニエ(ール)/ 形 季節に特有の, 季節限定の.
— le(la) **saisonnier(ère)** 名 (農場や観光地で働く)季節労働者.

sait →**savoir** 67

la **salade** /サラド/ 女 ❶(英 salad) サラダ; (サラダ菜やレタスなど)サラダに用いる野菜.
❷《話》ごたまぜ; 《複》でたらめな話.
●Arrête tes *salades*! でたらめな話はやめろ!
en salade サラダ風の; 寄せ集めの.
salade de fruits フルーツポンチ.

le **saladier** /サラディエ/ 男 サラダボール.

le **salaire** /サレール/ 男 (英 salary) 給料, 賃金.
salaire brut [net] 税込み[手取り]給与.

salarié(e) /サラリエ/ 形 (英 salaried) 賃金を支払われる.
— le(la) **salarié(e)** 名 サラリーマン, 給与生活者.

le **salaud** /サロ/ 男 《話》卑怯(ひきょう)者, くそ野郎.
— 形 《男性形のみ》《話》根性の汚い, 卑劣な.

sale /サル/ 形 ❶(英 dirty) 汚い, 不潔な.
●avoir les mains *sales* 手が汚れている.

❷ がさつな; 下品な.
❸《名詞の前で》《話》不愉快な, 軽蔑すべき. ●*sale* temps いやな天気.

salé(e) /サレ/ 形 ❶(英 salty) 塩味をつけた, 塩辛い; 塩分を含む. ❷ きわどい; 辛辣な; 《話》(値段・量が)法外な.
— le **salé** 男 塩漬けの豚肉.

saler /サレ/ 他 (英 salt) に塩をふる.

la **saleté** /サルテ/ 女 ❶(英 dirtiness, dirt) 汚れ, 不潔; 《複》汚物. ❷ ろくでもない物.

la **salière** /サリエール/ 女 (食卓用)塩入れ.

salir /サリール/ 他 33 (英 dirty) ❶ を汚す. ●*salir* ses mains 手を汚す. ❷ を中傷する, に泥を塗る.
— **se salir** 代動 汚れる; 評判を落とす.

salissant(e) /サリサン(ト)/ 形 (仕事などが)体の汚れる; (服などが)汚れやすい.

la **salive** /サリーヴ/ 女 唾液, つば, よだれ.
avaler sa salive 言葉を飲み込む, 黙り込む.
perdre sa salive 《話》無駄なおしゃべりをする.

la **salle** /sal サル/ 女
❶(英 room) (特定の用途にあてられた)部屋.
●*salle* à manger 食堂.
●*salle* d'attente 待合室.
●*salle* d'eau 洗面所.
●*salle* de bains 浴室.
●*salle* de classe 教室.
●*salle* de séjour 居間.
●Il y a vingt-deux élèves dans cette *salle*. この教室には生徒が22人います.
❷(英 hall) (公共施設などの)…室, ホール; 劇場, 映画館 (=～ de cinéma); コンサートホール (=～ de concert).
❸ 客席; 《集合的》観客.
faire salle comble 客席を満員にする, 大当たりする.

le **salon** /サロン/ 男 (英 lounge) ❶ 応接間. ❷ (喫茶店や美容院などの)店; 《複》社交界, サロン. ●*salon* de coiffure 美容院, 理髪店. ●*salon* de thé ティールーム. → お茶やケーキ, 軽食を出す飲食店.
❸ 展覧会; (商品の)見本市.

la **salope** /サロプ/ 女 《話》あばずれ.

salubre /サリュブル/ 形 体によい.

saluer /サリュエ/ 他 ❶(英 greet, salute) に挨拶する, 敬意を表する; 〔軍〕に敬礼する. 会話 *Saluez*-la de ma part. 彼女によろしく.
❷ を歓迎する.
— **se saluer** 代動 挨拶を交わす.

le **salut** /saly サリュ/ 男 ❶《間投詞的に》《話》やあ; じゃあまた.
●*Salut*, tout le monde! やあ[じゃまた], みんな.
❷(英 greeting, salute) 挨拶; 敬礼.
●faire [rendre] un *salut* à 人 (人)に挨拶する.
❸ 助かること; (宗教的な)救い.

la **salutation** /サリュタスィヨン/ 女 《多く複数》挨拶.
mes salutations distinguées [***dévouées, respectueuses***] 《手紙の結びで》敬具.

le **samedi** /samdi サムディ/ 男 (英 Saturday) 土曜日.
●Il est occupé le *samedi*. 彼は毎週土曜日は忙しい.

le **SAMU** /サミュ/ 男 《略》救急医療サービス (= Service d'aide médicale d'urgence).

la **sanction** /サンクスィヨン/ 女 ❶ 制裁. ❷ 承認; 〔法〕批准.

sanctionner /サンクスィヨネ/ 他 ❶ を処罰する, に制裁を加える. ❷ を承認する; 批准する.

le **sanctuaire** /サンクテュエール/ 男 ❶ 聖地, 聖域. ❷ (動植物の)保護区域.

la **sandale** /サンダル/ 女 サンダル.

le **sandwich** /サンドウィチ/ 男 (複 sandwich(e)s) (<英) サンドイッチ.
être pris en sandwich 板ばさみになる.

le **sang** /サン/ 男 ❶(英 blood) 血, 血液.
❷ 流血.
❸ 血筋.
avoir... dans le sang 《話》生まれつき…の素質がある.
会話 ***Bon sang!*** ちくしょう!
être en sang 血まみれである.
se faire du mauvais sang 気をもむ.

le **sang-froid** /サンフロワ/ 男 《不変》冷静, 落ち着き.
de sang-froid 平然と.

sanglant(e) /サングラン(ト)/ 形 ❶ 血まみれの; むごたらしい. ❷ 情け容赦ない, 手加減しない.

S

le **sanglier** /サングリエ/ 男 〔動〕イノシシ(の肉).

le **sanglot** /サングロ/ 男 すすり泣き, 嗚咽(おえつ).

éclater en sanglots 泣きじゃくる.

sangloter /サングロテ/ 自 泣きじゃくる, むせび泣く.

sanguin(e) /サンガン(ギヌ)/ 形 血液の.

sanitaire /サニテール/ 形 ❶衛生(上)の, 保健の. ❷(住宅内の)給排水に関する.

— les **sanitaires** 男 複 給排水設備.

sans /サン/ 前 ❶(英 without) (**a**) …なしに[で], …抜きの. ●On va commencer *sans* elle. 彼女抜きで始めましょう. (**b**)《仮定》もし…がなければ[いなければ]. ●*Sans* elle, il aurait raté sa vie. 彼女がいなかったなら彼は人生をしくじっただろう.

❷〈sans que 接続法〉…することなく. ●Il est entré *sans qu*'on s'en aperçoive. 彼は人に気づかれずに入った.

non sans... かなりの…を伴って. ●*non sans* peine [mal] かなり苦労して.

sans plus ただそれだけ.

sans quoi [***cela, ça***] さもないと.

— 副 それなしで.

le(la) **sans-abri** /サンザブリ/ 名《不変》ホームレス.

la **santé** /サンテ/ 女 (英 health) ❶健康; 健康状態, 体調; (経済などの)健全さ. ❷保健衛生.

avoir la santé《話》健康である; タフである.

会話 ***Santé!/À votre santé!*** 乾杯!

le **saphir** /サフィール/ 男 〔鉱〕サファイア.

le **sapin** /サパン/ 男 ❶〔植〕モミ(樅); モミ材. ❷《話》棺桶.

sapin de Noël クリスマスツリー.

le **sarcasme** /サルカスム/ 男 痛烈な皮肉.

sarcler /サルクレ/ 他 (雑草)を抜く.

la **sardine** /サルディーヌ/ 女 〔魚〕イワシ(鰯).

être serrés comme des sardines《話》ぎゅうぎゅう詰めである.

le **sarrasin** /サラザン/ 男 〔植〕ソバ(蕎麦), そば粉.

le **satellite** /サテリト/ 男 ❶〔天〕衛星; 人工衛星 (=〜 artificiel). ●*satellite* météorologique 気象衛星. ❷(空港の)サテライトビル. ❸衛星国.

la **satiété** /サスィエテ/ 女 満足.

à satiété 心ゆくまで; 飽き飽きするほど.

le **satin** /サタン/ 男 〔織〕サテン, 繻子(しゅす).

la **satire** /サティール/ 女 風刺.

faire la satire de... …を風刺する.

la **satisfaction** /サティスファクスィヨン/ (英 satisfaction) 女 満足(感), 充足; 喜び, 楽しみ.

donner satisfaction à 人 (人)を満足させる; (人)の要求に応える.

satisfaire /サティスフェール/ 他 31 (英 satisfy) を満足させる, 満たす. ●Il n'est pas facile de *satisfaire* tout le monde. みなを満足させることは容易ではない.

— 自 〖*à*, の〗要求に応える; 条件を満たす.

— **se satisfaire** 代動 〖*de*, で〗満足する, 甘んじる.

satisfaisant(e) /サティスフザン(ト)/ 形 (<satisfaire の現在分詞) 満足できる, 納得のゆく.

satisfait(e) /サティスフェ(ト)/ 形 (英 satisfied) 〖*de*, に〗満足した, 満たされた.

saturé(e) /サテュレ/ 形 〖*de*, で〗満ちあふれた; うんざりした.

la **sauce** /ソース/ 女 (英 sauce) ❶〔料〕ソース. ●*sauce* blanche ホワイトソース. ❷《話》にわか雨.

mettre [***employer***] 人 ***à toutes les sauces***《話》(人)にあらゆる仕事をやらせる.

la **saucière** /ソスィエール/ 女 (舟形の)卓上ソース入れ.

la **saucisse** /ソスィス/ 女 (英 sausage) (主に加熱調理用の)ソーセージ.

le **saucisson** /ソスィソン/ 男 (英 sausage) (加熱せずに食べる)ソーセージ.

saucisson sec サラミソーセージ.

sauf[1] /ソフ/ 前 (英 except) ❶…を除いて, …は別として. ●Tout le monde était là *sauf* lui. 彼を除けばみんながいた. ❷《無冠詞名詞を伴って》…でない限り. ●*sauf* erreur ou omission 間違いや脱落がなければ.

sauf à 不定詞《文》後で…することもあり得るが.

sauf que 直 …ということを除けば. ●Tout s'est bien passé, *sauf qu*'il a plu tout le temps. ずっと雨が降り通しだったことを別とすれば万事都合よく運んだ.

sauf si 直 …でない限り.

sauf[2]**(ve)** /ソフ(ブ)/ 形 無事な, 助かった. ●avoir la vie *sauve* 命拾いする.

sain et sauf 無事に.

le **saule** /ソール/ 男 〔植〕ヤナギ(柳).

le **saumon** /ソモン/ 男 (英 salmon) 〔魚〕サケ(鮭), サーモン.

— 形 《不変》サーモンピンクの.

saur... →**savoir** 67

le **saut** /ソ/ 男 (英 jump) ❶ 跳躍, ジャンプ. ●*saut* à la corde 縄跳び. ●*saut* en hauteur [longueur] 走り高[幅]跳び. ❷ 急な動き, ひと飛び[走り]; (話や論理の)飛躍. ●faire un *saut*... …にちょっと立ち寄る.

au saut du lit 飛び起きるなり; 起き抜けに.

faire le saut 一大決心をする.

sauter /ソテ/ 自 ❶ (英 jump) 跳ぶ; 飛び降りる, 飛び込む. ❷〘*sur, à*, に〙飛びかかる, 飛び乗る. ❸ (話・論理が)飛躍する; (文章・字が)抜け落ちる; 〔情報〕スキップする. ❹ 爆発する. ❺ 首になる. ❻ ソテーにする.

会話 ***Et que ça saute!*** さっさとやれ.

sauter au cou de 人 (喜びのあまり)(人)の首にしがみつく.

— 他 を飛び越す; 飛ばす, 抜かす.

la sauter 《話》食事を抜く; 空腹である.

sauter le pas 一か八かやってみる.

la **sauterelle** /ソトレル/ 女 〔虫〕バッタ, イナゴ.

sautiller /ソティエ/ 自 跳びはねる.

sauvage /ソヴァージュ/ 形 (英 wild)

❶ 野生の; (植物が)自生の.

❷ 人跡未踏の, 原始の.

❸ (人が)非社交的な; 《時に名詞の前で》野蛮な.

— le(la) **sauvage** 名 非社交的な人; 粗野な人.

sauve →**sauf**[2] の女性形.

la **sauvegarde** /ソヴガルド/ 女 ❶ (権力による)保護; 保証. ❷〔情報〕バックアップ, 保存.

sauver /ソヴェ/ 他 (英 save) を救う, 助ける; (名誉・体面)を守る. ●*sauver* un enfant qui se noie 溺れる子供を助ける.

Sauve qui peut! 各自退避せよ.

sauver la face 面目を保つ.

sauver les meubles 《話》(破産などから)大事なものだけは守る.

sauver sa peau 《話》命拾いをする.

— **se sauver** 代動 逃げ出す; 《話》(急いで)立ち去る.

sauvetage /ソヴタージュ/ 救助活動; (経済的・精神的)救済.

gilet de sauvetage 救命胴衣.

la **savane** /サヴァヌ/ 女 サバンナ.

savant(e) /サヴァン(ト)/ 形 (英 learned) ❶ 学問のある, 博識の;〘*en, sur*, に〙精通した. ❷ 学問的な, 難解な. ❸ 巧みな.

— le **savant** 男 学者. →女性にも男性形を用いる.

savent →**savoir** 67

la **saveur** /サヴール/ 女 味, 風味; 味わい.

la **Savoie** /サヴォワ/ 女 サヴォワ(県). →フランス東南部.

savoir /savwar サヴォワール/ 他 67 (英 know)

je	sais	nous	savons
tu	sais	vous	savez
il	sait	ils	savent
現分	sachant	過分	su

❶ (**a**) 〈savoir que 直〉 …であることを知っている.

●Je *sais que* c'est difficile. それが難しいのはわかっています.

(**b**) 〈savoir＋間接疑問〉 …かを知っている.

●Je ne *sais* pas s'ils viendront. 彼らがやって来るかどうか私は知らない.

(**c**) 《中性[不定]代名詞とともに》を知っている.

●Je *le sais* bien, mais... それは十分わかっていますがでも….

●Je n'*en sais* rien. さあわかりません.

(**d**) (情報など)を知っている; (学習して)をわかっている.

●Je *sais* son adresse. 私は彼(女)の住所を知っている.

●*savoir* l'anglais 英語を知っている, 英語ができる.

POINT 人名や地名を目的語にとる場合は connaître を使う: Je connais Paul. 私はポールを知っている.

(**e**) 〈savoir A B〉 AがBであることを知っている.

●Je la *savais* malade./Je *savais* qu'elle était malade. 彼女が病気なのは知っていた.

❷ 〈savoir 不定詞〉 …することができる.

S

●*Sais*-tu *conduire*? 運転できますか.
à savoir... 《列挙の前で》すなわち….
en savoir long sur... …について詳しく知る.
faire savoir à 人 ***...*** (人)に…を知らせる. ●*Faites-moi savoir* l'heure de votre départ. あなたの出発時刻を知らせてください.
Je ne sais 疑問詞 …だかわからない. ●Il est parti *je ne sais où*. 彼はどこかへ行ってしまった.
On ne sait jamais. 万一ということもある.
pour autant que je sache 私の知る限りでは.
que je sache 私の知る限りでは. ●pas *que je sache* 私の知る限りそうではない.
会話 ***Qui sait?*** ありえないことではないよ.
sans le savoir 知らず知らず, ついうっかり.
savoir A par B Bを通じてAのことを知っている.
会話 ***Tu*** (***ne***) ***peux pas savoir.*** 君は何もわかっていないね.
会話 ***tu sais*** [***vous savez***] ね, ほら. → 相手に念を押す. ●Et puis, *vous savez*, nous ne sommes pas si riches. それに, ねえ, 我々はそんなに金持ちじゃないんですよ.

S

— se savoir 代動 ❶〈se savoir 属詞〉自分が…であることを知る. ●Il *se savait* très malade. 彼は自分で重病だとわかっている.
❷ 知られる, わかる. ●Ça finira bien par *se savoir*. 最後にははっきりわかるだろう.
— le savoir 男 知識, 学識.

le **savoir-faire** /サヴォワルフェール/ 男 《不変》技量; こつ, ノウハウ.

le **savoir-vivre** /サヴォワルヴィーヴル/ 男 《不変》マナー.

le **savon** /サヴォン/ 男 (英 soap) 石けん.
passer un savon à 人 (人)をきつく叱る.

savonner /サヴォネ/ 他 を石けんで洗う.

savoureux(se) /サヴル(ーズ)/ 形 美味な, 風味のある; (話が)味わい深い.

le **scandale** /スカンダル/ 男 (英 scandal) ❶ 恥知らずな行為; ひんしゅく. ❷ 醜聞, 汚職; スキャンダル. ❸ 騒動.
faire scandale 物議をかもす.

scandaleux(se) /スカンダル(ーズ)/ 形 ❶ (英 scandalous) 破廉恥な, ひんしゅくを買う. ❷《話》途方もない, むちゃな.

scandaliser /スカンダリゼ/ 他 のひんしゅくを買う.
— se scandaliser 代動 〔*de*, に〕憤慨する.

le **scaphandre** /スカファンドル/ 男 潜水服, 宇宙服.

le **scaphandrier** /スカファンドリエ/ 男 (潜水服を着た)潜水夫.

le **sceau** /ソー/ 男 (複 sceaux) ❶ 官印, 公式印. ❷ 封印. ❸《文》刻印, しるし, あかし.
sous le sceau du secret 秘密厳守の条件で.

sceller /セレ/ 他 ❶ に調印する; 〔法〕を封印を施す. ❷ を固く閉ざす, 密閉する; 〔建〕(漆喰・セメントで)を固定する.

le **scénario** /セナリオ/ 男 (複 scénarios) シナリオ, 脚本; 筋書.

la **scène** /セヌ/ 女 ❶ (英 stage) 舞台, ステージ; 舞台装置. ●entrer en [sortir de] *scène* 登場[退場]する.
❷ (英 scene) (戯曲の)場; (映画や小説の)場面, シーン. ●acte II, *scène* 1 第2幕第1場.
❸ (実生活の)光景, 場面.
❹ 大騒ぎ, けんか.
metteur en scène 演出家, 映画監督.
mettre en scène 演出[監督]する.
mise en scène 上演, 演出.
quitter la scène 引退する.

sceptique /セプティク/ 形 疑い深い; 〔哲〕懐疑論の.
— le(la) sceptique 名 疑い深い人; 〔哲〕懐疑論者.

le **schéma** /シェマ/ 男 ❶ (英 diagram) 図表, 図式. ❷ 概要, あらまし.

la **scie** /スィ/ 女 (英 saw) のこぎり.
en dents de scie ギザギザの; むらのある.

sciemment /スィヤマン/ 副 承知のうえで, 故意に.

la **science** /スィヤンス/ 女 (英 science) ❶ 科学; 《多く複数》(特定の)科学分野. ●*sciences* humaines 人文科学.
❷ 学問.

❸《複》自然科学.

scientifique /スィヤンティフィク/ 形 (英 scientific) ❶ 科学的な, 厳密な, 客観的な. ❷ 学問の, 学術的な. ●nom *scientifique* 学名.

— le(la) **scientifique** 名 (英 scientist) 科学者.

scier /スィエ/ 他 (英 saw) をのこぎりでひく;《話》をびっくりさせる.

la **scierie** /スィリ/ 女 製材所.

scintiller /サンティエ/ 自 きらめく, ちかちか光る.

scolaire /スコレール/ 形 (英 school) ❶ 学校の, 学校教育の. ❷《軽蔑的》教科書どおりの.

le **scooter** /スクトゥール, スクテール/ 男 (<英) スクーター.

scooter des mers 水上バイク.

le **scrupule** /スクリュピュル/ 男 ❶ 良心の呵責(かしゃく), ためらい. ●avoir (un) *scrupule* [des *scrupules*] à 不定詞 …することを躊躇(ちゅうちょ)する. ●sans *scrupules* 臆面もなく. ❷ 細心, きちょうめん.

scrupuleux(se) /スクリュピュル(ーズ)/ 形 ❶ きまじめな, 律義な. ❷ 配慮の行き届いた.

scruter /スクリュテ/ 他 を探る, じっと観察する; 詮索(せんさく)する.

le **scrutin** /スクリュタン/ 男 投票.

sculpter /スキュルテ/ 他 (英 sculpture) に彫刻する, を彫る.

le(la) **sculpteur(*trice*)** /スキュルトゥール(トリス)/ 名 彫刻家.

la **sculpture** /スキュルテュール/ 女 彫刻, 彫刻作品.

le(la) **SDF** /エスデエフ/ 名《略》ホームレス (= sans domicile fixe).

se /s(ə) ス/ 代《人称代名詞》→3 人称再帰代名詞. (英 himself, herself, itself, themselves)

❶《再帰的》自分を[に].

●*se* regarder dans le miroir 鏡に映った自分の姿を見る.

●Il *se* lave les mains. 彼は手を洗う.

❷《相互的》互いを[に].

●Ils *s'*aimaient. 彼らは愛し合っていた.

❸《受動的》

●Ça *se* vend bien. これはよく売れている.

la **séance** /セアンス/ 女 (英 session) ❶ 会議, 審議; 会期. ❷ (一回の)上映, 上演. ❸ 一回分の仕事; 一回の時間[授業].

être en séance (会議が)開会中である.

séance tenante 即座に.

le **seau** /ソ/ 男 (複 seaux) (英 bucket) バケツ.

Il pleut à seaux.《話》バケツをひっくり返したような雨だ.

sec(*sèche*) /セク(セシュ)/ 形

❶ (英 dry) 乾いた; 干した. ●poisson *sec* 魚の干物.

❷ 痩(や)せた, 干からびた; (音などが)乾いた.

❸ 潤いのない, 無味乾燥な; 飾り気のない; 冷淡な.

❹ 何も加えない; 水気のない.

❺ (ワインなどが)辛口の.

à pied sec 足をぬらさずに.

avoir [garder] les yeux secs 涙を見せない; 心を動かされない.

d'un coup sec すばやく, 一撃で.

d'un [sur un] ton sec そっけなく.

en cinq sec《話》大急ぎで.

panne sèche ガス欠.

rester sec《話》《学生言葉で》質問に答えられない.

— le **sec** 男 乾燥(した場所).

à sec 干からびた; 乾いた状態の; お金がない; アイデアの浮かばない. ●nettoyage *à sec* ドライクリーニング.

— 副 手荒く, いきなり; そっけなく.

aussi sec《話》さっさと.

boire sec ストレートで飲む;《話》大酒を飲む.

sèche →**sec** の女性形.

sèchement /セシュマン/ 副 そっけなく, 無愛想に.

sécher /セシェ/ 他 57 ❶ (英 dry) を乾かす, 乾燥させる. ●*sécher* ses vêtements mouillés 濡(ぬ)れた服を乾かす. ❷《話》(講義)をさぼる.

— 自 ❶ 乾く, 乾燥する. ❷《話》(授業で)答えに詰まる.

— **se sécher** 代動 自分の体[服]を乾かす.

la **sécheresse** /セシュレス/ 女 ❶ 乾燥; 日照り, 旱魃(かんばつ). ❷ 無愛想.

le **séchoir** /セショワール/ 男 (洗濯の)乾燥機; ヘアドライヤー.

second(e[1]) /スゴン(ド)/ 形 (英 second)

S

❶ 第2の, 2番目の.
❷ 2等の, 劣った.
en second lieu 第2に; 他方では.
être dans un état second 《話》(人が)いつもと様子が違う.
— le(la) **second(e)** 名 第2番目の人[もの].
— le **second** 男 ❶ 助手, 補佐役.
❷ 3階.
en second 副の; 責任者に代わって.
— la **seconde** 女 ❶ (乗物の)2等席.
❷ (リセの)第2学年. → 15〜16歳に相当.
❸ 〔車〕セカンドギア.

secondaire /スゴンデール/ 形 (英 secondary) ❶ 二次的な, 二流の; あまり重要でない. ● effets *secondaires* 副作用.
❷ 第2期の; 第2次の.
— le **secondaire** 男 中等教育; 〔地〕中生代.

la **seconde**[2] /スゴンド/ 女 ❶ 秒; 一瞬.
❷ 〔数〕秒. → 角度の単位; 記号は ″.
à la seconde 即刻.
d'une seconde à l'autre すぐにも.
会話 ***Une seconde!*** ちょっと待って!

seconder /スゴンデ/ 他 を補佐する.

secouer /スクエ/ 他 (英 shake) ❶ を揺さぶる, 強く動かす. ❷ を払いのける.
❸ を動揺させる, にショックを与える. ❹ 《話》を叱る; 奮起させる.
secouer la tête うなずく; (疑い・拒絶のしるしに)首を振る.
— **se secouer** 代動 《話》元気を出す.

secourir /スクリール/ 他 18 (英 help) を救助[救出]する; (苦境にある人)を援助する.

le **secours** /スクール/ 男 ❶ (英 help, aid) 救助, 救援. ● aller au *secours* de 人 (人)を助けに行く. ● appeler au *secours* 助けを呼ぶ. ❷ (物質的な)援助; 救助隊.
❸ 応急手当て, 救急処置; 救護.
会話 ***Au secours!*** 助けて!
de secours 非常[緊急]用の.
être d'un grand secours à 人 (人)にとって大きな助けになる.
porter secours à 人 (人)を救う.

la **secousse** /スクス/ 女 衝撃, 振動, 揺れ.

secret(ète) /スクレ(ト)/ 形 ❶ (英 secret) 秘密の, 内緒の. ● garder [tenir] ... *secret* …を秘密にしておく.
❷ 隠された, 目立たない; 内に秘めた.
— le **secret** 男 ❶ 秘密, 機密; 隠し事; 秘密の保持. ● *secret* professionnel 職業上の守秘義務.
❷ 秘訣(ひけつ), こつ.
❸ 心の内奥; (事件などの)真相.
en [dans le] secret ひそかに.
mettre 人 ***dans le secret*** (人)に秘密を打ち明ける.

le(la) **secrétaire** /スクレテール/ 名 (英 secretary) 秘書; 書記, 事務局員; (大使館の)書記官.
secrétaire d'État (米国の)国務長官.
secrétaire général 事務総長, 書記長, 幹事長.
— le **secrétaire** 男 ライティングビューロー. → ふたを下ろすと書き物机になる.

le **secrétariat** /スクレタリヤ/ 男 (英 secretary) ❶ 秘書課, 事務局, 官房. ❷ 秘書[書記]の職.

secrète →**secret** の女性形.

la **secte** /セクト/ 女 ❶ 宗派; セクト.
❷ (教祖が絶対的権力を持つ)宗教団体, カルト.

le **secteur** /セクトゥール/ 男 ❶ (英 sector, district) 地区, 区域. ❷ (学問・産業などの)分野, 部門. ❸ (水道, 電気, ガスなどの)供給区域, 配電区. ● *secteur* primaire [secondaire, tertiaire] 第1次[2次, 3次]産業.

la **section** /セクスィヨン/ 女 (英 section)
❶ (官公庁・企業などの)部, 課; 支部; 学科.
❷ (行政の)区分; (道路などの)区間; (バス・市電などの)料金区間. ❸ (書物の)節. ❹ 切断, 断面(図).

la **sécurité** /セキュリテ/ 女 (英 security, safety) 安全, 安心; 安全保障; 〔情報〕セキュリティ.
Conseil de sécurité (国連の)安全保障理事会.
de sécurité 安全のための. ● ceinture *de sécurité* シートベルト.
être en sécurité 安全である.

la **séduction** /セデュクスィヨン/ 女 誘惑; 魅力, 魅了.

sédui... →**séduire** 15

séduire /セデュイール/ 他 15 (英 charm) (人の心)を引きつける, そそる, 魅惑する; 誘惑する.

séduisant(e) /セデュイザン(ト)/ 形 魅力的な, 心をひく.

S

le **segment** /セグマン/ 男 ❶〔数〕部分. ❷〔解〕(器官の)一部, 体節;〔機〕部品. ❸〔言〕分節.

la **seiche** /セシュ/ 女〔動物〕イカ.

le **seigle** /セグル/ 男〔植〕ライムギ.

le **seigneur** /セニュール/ 男 ❶(英 lord) 領主, 貴族. ❷…様, 閣下. ❸ (le S-) 主(しゅ). → キリスト教・ユダヤ教の神. ● Notre-*Seigneur* われらが主イエス・キリスト.

en grand seigneur ぜいたくに; 気品をもって.

le **sein** /サン/ 男 ❶(英 breast) (女性の)乳房; 胸;《文》懐. ● donner le *sein* à un bébé 赤ん坊に乳をやる. ❷《文》内奥, 中心部.

au sein de … …の真ん中で.

la **Seine** /セーヌ/ 女 ❶ (la ～) セーヌ川. ❷ セーヌ県. → 1964年以降パリ市とその周囲3県に分割された.

seize /sɛz セーズ/ 形《不変》(英 sixteen) 16の; 16人の; 16番目の.

— le **seize** 男《不変》16(の数字); 16日, 16番地.

seizième /セズィエム/ 形 (英 sixteenth) 16番目の.

— le(la) **seizième** 名 16番目の人[もの].

— le **seizième** 男 ❶ 16分の1. ❷(パリなどの)16区. → 高級住宅地.

le **séjour** /セジュール/ 男 (英 stay) ❶ 滞在; 滞在期間.

❷《文》住みか, 居室.

carte de séjour 滞在許可証.

salle de séjour リビングルーム.

séjourner /セジュルネ/ 自 ❶ 滞在する. ❷(水などが)たまる.

le **sel** /セル/ 男 (英 salt) ❶ 塩, 食塩. ● *sel* de table 食卓塩.

❷ ぴりっとしたもの; 機知; 辛辣さ. ● ne pas manquer de *sel* なかなか機知に富んでいる.

❸〔化〕塩(えん).

❹《複》気つけ薬. → 炭酸アンモニウムのこと.

sel de la terre (le ～)〔聖〕地の塩. → 社会の模範となる人.

la **sélection** /セレクスィヨン/ 女 ❶ 選択, 選考, 選抜. ❷ 選ばれた人[もの]; (作家の)選集. ❸〔生〕淘汰(とうた). ● *sélection* naturelle 自然淘汰.

sélectionner /セレクスィヨネ/ 他 を選び出す, 選抜[選考]する.

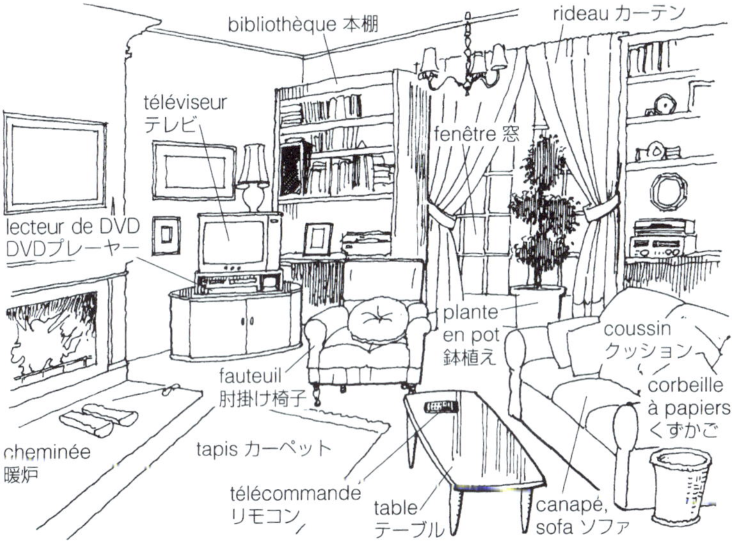

salle de séjour

S

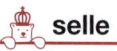

la **selle** /セル/ 女 ❶(英 saddle) 鞍(くら); (自転車などの)サドル. ❷ 便器. ●aller à la *selle* 便所へ行く.

mettre* 人 *en selle (人)が事業を始めるのを手助けしてやる.

selon /スロン/ 前 (英 according to)

❶(人の意見・情報など)によると; …の言うところでは. ●*selon* moi 私に言わせれば.

❷ …に従って, …に応じて. ●*selon* les circonstances 状況に応じて. ●*selon* ses moyens 分相応に.

会話 ***C'est selon.*** それは場合による.

selon que 直 …であるかどうかによって.

la **semaine** /s(ə)mɛn スメヌ/ 女 (英 week)

❶ 週, 1週間; (催しなどの)…週間.

●Je vais à Kyoto cette *semaine*. 今週, 京都に行きます.

●une fois par *semaine* 週に1回.

●*semaine* du livre 読書週間.

曜日

lundi 月曜日, mardi 火曜日, mercredi 水曜日, jeudi 木曜日, vendredi 金曜日, samedi 土曜日, dimanche 日曜日.

❷ 平日; 就労日.

à la petite semaine 先の見通しもなく; その場しのぎで.

à la semaine 週決め[週単位]で.

en* [*pendant la*] *semaine 平日に. ●Le service d'autobus n'est assuré qu'*en semaine*. バスの便は平日にしかない.

la semaine dernière 先週.

la semaine prochaine 来週.

la **sémantique** /セマンティク/ 女 〔言〕意味論.

— 形 意味論の.

semblable /サンブラブル/ 形 ❶(英 similar) 〔à, と〕同様の; 似たような, 類似の. ❷《複》互いによく似た; 〔数〕相似の. ❸《名詞の前》《文》そんな, こんな.

— le **semblable** 男 同類, 仲間.

le **semblant** /サンブラン/ 男 見せかけ, 外観.

faire semblant de... …の[する]ふりをする. ●Elle *faisait semblant de* pleurer. 彼女は泣くふりをしていた.

ne faire semblant de rien 《話》何でもないふりをする, とぼける.

un semblant de... 見せかけの….

sembler /サンブレ/ 自 (英 seem) (…の ように)思われる; (…らしく)見える. ●Ce fruit *semble* mûr. この果物は熟しているようだ.

POINT sembler は主観的に「そう思われる」, paraître は客観的に「そういう外観を呈する」.

comme bon vous semble お好きなように.

Il semble* (*à* 人) *que... 《非人称》(人に)…であるように思われる. ●*Il me semble que* oui [non]. 私はそう思います[思いません]. ●*Il* ne *semble* pas *que* vous ayez raison. あなたが正しいとは思われない.

la **semelle** /スメル/ 女 (英 sole) 靴底; (靴の)底敷き; 《話》固い肉. 会話 C'est de la vraie *semelle*. (固い肉のことを)こりゃまさに靴の底だ.

ne pas quitter* 人 *d'une semelle (人)につきまとう.

la **semence** /スマンス/ 女 ❶ 種; 精液. ❷ 鋲(びょう).

semer /スメ/ 他 ① ❶(英 sow) (種)をまく; 《話》をまき散らす, ばらまく; (トラブルなど)の種をまく. ❷《話》(人)をまく.

le **semestre** /スメストル/ 男 (英 semester) 半年, 半期; (2期制の)学期.

semestriel(*le*) /スメストリエル/ 形 半期[半年]ごとの.

le **séminaire** /セミネール/ 男 ❶ セミナー, ゼミ; 研究会. ❷ 神学校.

la **sémiologie** /セミオロジ/ 女 記号学; 〔医〕症候学.

le **sénat** /セナ/ 男 (英 senate) **(le S-)** 元老院. →フランスの上院.

le(la) **sénateur(*trice*)** /セナトゥール(トリス)/ 名 (英 senator) (フランスの)元老院議員; 上院議員.

le **sens**[1] /サンス/ 男 ❶(英 sense) 感覚, 認識力; センス. ●reprendre ses *sens* 意識を取り戻す. ●avoir le *sens* de... …のセンスがある.

❷ 分別; 考え方, 観点. ●bon *sens* 良識, 分別. ●*sens* commun 常識.

❸《複》《文》官能, 肉体的欲望.

❹(英 meaning) 意味; 存在理由, 意義. ●au *sens* strict [large] du terme 語の厳密な[広い]意味で. ●Ça n'a pas de *sens*. そんなのは意味がない.

S

à mon sens 私の考えでは.
en* [*dans*] *un sens ある意味では.
***sixième sens* (le 〜)** 第六感, 直感.
tomber sous le sens 明白である, 当たり前である.

le **sens**[2] /サンス/ 男 (英 direction) 方向; 進行方向.
à sens unique 一方通行の.
dans ce sens この方針に沿って.
dans le bon* [*mauvais*] *sens まっすぐ[斜め]に; 正しい方向[逆方向]に.
dans tous les sens あらゆる方向に, 四方八方に.
sens dessus dessous 上下逆に; ごちゃごちゃに; 動転して.
sens devant derrière 前後逆に.
sens interdit 進入禁止(路).

sens[3] →sentir 48

la **sensation** /サンサスィヨン/ 女 ❶ (英 sensation) 感じ; 印象. ❷ 興奮, センセーション.
à sensation センセーショナルな.
avoir la sensation de 不定詞 [***que*** 直] …のような感じがする.
faire sensation 大評判になる, センセーションを巻き起こす.

sensationnel(*le*) /サンサスィヨネル/ 形 (英 sensational) センセーショナルな; 《話》すごい.

sensé(*e*) /サンセ/ 形 良識のある; 理にかなった.

la **sensibilité** /サンスィビリテ/ 女 ❶ 感性, 感受性. ❷ 感覚, 知覚能力. ❸ (計器の)感度; (フィルムの)感光度.

sensible /サンスィブル/ 形 ❶ (英 sensitive) 感じやすい, 感受性の強い; 敏感な.
❷ 感知できる; 顕著な. •*sensible* à la vue 目に見える. •*sensible* à l'ouïe 耳に聞こえる.
❸ 傷つきやすい; デリケートな. •*sensible* au chaud [froid] 暑さ[寒さ]に弱い.
❹ (計器などが)感度の高い.

sensiblement /サンスィブルマン/ 副 ❶ 目立って, めっきりと. ❷ 《話》ほとんど.

sensuel(*le*) /サンスュエル/ 形 (英 sensual) 肉体的な; 官能的な.

sent (...), sentant →sentir 48

la **sentence** /サンタンス/ 女 判定; 〔法〕判決, 宣告.

le **sentier** /サンティエ/ 男 (英 path) 小道, 山道.

le **sentiment** /サンティマン/ 男 (英 feeling)
❶ 意識; 印象.
❷ 感情, 気持ち; 《複》好意.
❸ 《文》意見, 見解.
faire du sentiment 《話》感情に溺れる.
***Veuillez agréer, Monsieur* [*Madame*], *l'expression de mes sentiments distingués* [*cordiaux*].** 《手紙の結びで》敬具.

sentiment*al*(*ale*) /サンティマンタル/ 形 (男複 sentimentaux) 感情の, 愛情の; センチメンタルな, 涙もろい.

la **sentinelle** /サンティネル/ 女 見張り番; 〔軍〕歩哨(しょう).

sentir /サンティール/ 他 48 ❶ (英 feel) を感じる, に気づく; 〈sentir A 不定詞〉 A が…するのを感じる. •Je *sens* le froid. 私は寒さを感じる.
❷ を感じ取る, がわかる. •Je *sens* que c'est faux. それはうそだと私は思う.
❸ のにおいをかぐ; においがする. •Ça *sent* le gaz. ガス臭い.
❹ の気配[におい]がする. •Ça *sent* le piège. これはどうも罠(わな)だ. •Ça *sent* le printemps. 春の気配がする.
faire sentir ... à 人 (人)に…をほのめかす[わからせる].
ne pas pouvoir sentir ... 《話》(人が)我慢ならない.
ne pas sentir ... …に気乗りがしない.
se faire sentir (効果・影響が)表れる, 感じられる.
— 自 におう; 悪臭がする.
***sentir bon* [*mauvais*]** いい[嫌な]においがする. 会話 Ça *sent bon*. いいにおいがする.
— **se sentir** 代動 ❶ (a) 〈se sentir 属詞〉 自分が…だと感じる. •*se sentir bien* [*mal*] 気分がよい[悪い].
(b) 〈se sentir 不定詞〉 自分が…するのを感じる.
(c) 〈se sentir 名〉 自分に…があると感じる. •ne pas *se sentir* le courage de ... …する勇気がない.
❷ 《ものが主語》わかる, 感じられる.
***ne plus se sentir* (*pisser*)** 《話》得意の絶頂である; 我を忘れる.

S

la **séparation** /セパラスィヨン/ 女 ❶ (英 separation) 分離; 別れ, 別離. ● *séparation* de l'Église et de l'État 政教分離. ❷ 仕切るもの.

séparément /セパレマン/ 副 個別に; 離れ離れに.

séparer /セパレ/ 他 (英 separate) 〘*de*, から〙 ❶ を分ける, 隔てる; 区別する. ❷ を離れ離れにする, 別れさせる. ● *séparer* un enfant *de* sa mère 子供を母親から引き離す.

— **se séparer** 代動 ❶ 〘*de*, と〙 別れる, 離別する; (を)手放す. ● Ne vous *séparez* jamais *de* votre passeport. パスポートは肌身離さず持っていてください. ❷ 分かれる; 解散する.

sept /sɛt セト/ 形 《不変》 (英 seven) 7の; 7人の; 7番目の.

Sept Merveilles du monde (les ～) 世界の七不思議.

sept péchés capitaux (les ～) 〔キ教〕 七つの大罪.

— le **sept** 男 《不変》 7(の数字); 7日; 7番地.

le **septembre** /セプタンブル/ 男 (英 September) 9月.

en [***au mois de***] ***septembre*** 9月に.

septentrional(*ale*) /セプタントリヨナル/ 形 (男複 septentrionaux) 《文》 北の.

septième /sɛtjɛm セティエム/ 形 (英 seventh) 7番目の, 第7の.

être au septième ciel 喜びの絶頂にいる.

— le(la) **septième** 名 7番目の人[もの].

— le **septième** 男 7分の1; (パリなどの)7区.

la **séquence** /セカンス/ 女 〔映〕 シークエンス.

sera, serai (...), **seras** →être 25

serein(*e*) /スラン(レヌ)/ 形 落ち着いた, 心静かな; 晴れ晴れとした.

la **sérénité** /セレニテ/ 女 平穏; 冷静. ● avec *sérénité* 落ち着いて.

serez →être 25

le **sergent** /セルジャン/ 男 (英 sergeant) 〔軍〕 軍曹.

la **série** /セリ/ 女 ❶ (英 series, set) ひと続き, 連続; 一揃(そろ)い. ● numéro de *série* 通し番号. ❷ シリーズ; 叢(そう)書; (テレビなどの)連続もの. ● *série* télévisée テレビの連続ドラマ. ❸ (大量生産の)規格品. ❹ (分類の同じ)級; 〔映〕 ランク. ❺ 〔スポーツ〕 予選; カテゴリー, 階級.

de série 大量生産の.

de série B B級の. ● film *de série B* B級映画.

en série 量産方式で; 連続して. ● tueur *en série* 連続殺人犯.

hors série 特製の; 並はずれた; (雑誌などが)臨時増刊の.

sérieusement /セリユズマン/ 副 ❶ (英 seriously) 本気で, 真剣に. ❷ (病気などが)重く, ひどく.

sérieux(*se*) /セリユ(ーズ)/ 形 (英 serious) ❶ まじめな; 真剣な. ● Passons aux choses *sérieuses*. まじめな話に移ろう. ❷ 重大な, 深刻な. ❸ 堅実な, 信頼の置ける. ❹ 《名詞の前》 かなりの, 相当な.

会話 ***Ce n'est pas sérieux.*** 冗談じゃない.

faire sérieux (行為・様子などが人を)まじめそうに見せる.

— le **sérieux** 男 まじめさ, 真剣な態度; 手堅さ; (事態の)重大性. ● prendre ... au *sérieux* …を真に受ける, …を重大に考える.

garder son sérieux 笑いをこらえる.

se prendre au sérieux 自分のことを過大評価する.

seriez, serions →être 25

le **serment** /セルマン/ 男 宣誓, 誓約; 固い約束.

le **sermon** /セルモン/ 男 〔宗〕 説教; 《話》 お説教; 退屈な話.

serons, seront →être 25

le **serpent** /セルパン/ 男 (英 snake) 〔動〕 ヘビ(蛇); 狡猾(こうかつ)な人, 誘惑者.

serpenter /セルパンテ/ 自 蛇行する.

la **serre** /セール/ 女 (英 greenhouse) ❶ 温室. ● faire pousser en *serre* 温室で栽培する. ❷ 《多く複数》 (猛禽類の)爪.

serré(*e*) /セレ/ 形 (英 tight) ❶ 締めつけられた; 詰まった; 窮屈な; 密集した. ● avoir le cœur *serré* (悲しみなどで)胸が締めつけられる. ❷ (服が)体に張りついた; (結び目・ねじが)締まった. ❸ (試合が)

接戦の; (予算などを)切り詰めた; (コーヒーなどが)濃い.
avoir la gorge serrée (緊張・興奮で)のどが詰まる.
être serrés comme des sardines 《話》すし詰めになっている.

serrer /セレ/ 他 (英 tighten) ❶ を握りしめる, 抱きしめる; (身体の一部)にぐっと力を入れる. ●*serrer* la main à [de] 人 (人)と握手する. ●*serrer* les lèvres 口をぎゅっと結ぶ.
❷ を締める; 束ねる.
❸ (服などが)を締めつける; (感情が心)を締めつける. ●Ma jupe me *serre* à la taille. スカートのウエストがきつくなった.
❹ の間隔を詰める; を追い詰める; (車などが)のすれすれに寄る. ●*serrer* à droite [gauche]/*serrer* sur sa droite [gauche] (車が)右[左]に寄る.
❺ (価格・コスト)を切り詰める. ●*serrer* les prix 値下げする.
— **se serrer** 代動 身をすり寄せる; (場所を空けるために)詰め合う.
会話 *Serrez-vous* un peu. 少し詰めてください.
se serrer la ceinture 生活を切り詰める.
se serrer la main 握手する.

la **serrure** /セリュール/ 女 (英 lock) 錠, 錠前. ●trou de la *serrure* 鍵穴.

le **serrurier** /セリュリエ/ 男 錠前屋.

sers, sert →servir 69

le **sérum** /セロム/ 男 (<ラテン) 血清 (=〜 sanguin).

serv... →servir 69

le(la) **serveur(se)** /セルヴール(ズ)/ 名 ❶ (英 waiter, waitress) ウエーター, ウエートレス; 給仕人. ❷〔スポーツ〕サーバー;〔トランプ〕ディーラー.
— le **serveur** 男〔情報〕サーバー.

servi →servir 69

le **service** /セルヴィス/ 男 (英 help, service) ❶ 手助け, 手伝い; 世話.
●Je suis à votre *service*. 何なりとお申しつけください.
❷ (客への)サービス, 給仕; サービス料; 《複》〔経〕サービス業, 第3次産業.
●*service* après-vente アフターサービス.
●*service* compris [non compris] サービス料込みで[別で].
●*service* en ligne オンラインサービス.
●*service* public 公共事業.
❸ 職務, 仕事.
❹ (機械の)使える状態.
❺ (**a**) (国家に対する)義務, 奉仕.
(**b**) (特に)兵役 (=〜 militaire [national]). → フランスでは1996年に廃止.
❻ (電気・水道・通信などの)公共サービス機関[業務]; (企業・役所・病院の)部局, 部, 課.
❼ (交通機関の)運行, 便. ●Un *service* d'autocars dessert ces localités. これらの地域には長距離バスが運行している.
❽ (定期刊行物の)配布, 配達.
❾ (食器などの)セット. ●*service* à café [thé] コーヒー[紅茶]セット.
❿〔宗〕神に仕えること; お勤め.
⓫ 人に仕えること; (召使いの)奉公.
●porte de *service* 勝手口.
⓬〔スポーツ〕サーブ.
au service de... …の役に立つ; …に奉仕する.
entrer en service 営業を開始する, 利用可能になる.
être de service 勤務中である.
être en service 運転[営業]中である.
hors (de) service 使えない, 故障中の.
mettre ... en service …を就航[運行]させる; 利用できるようにする.
rendre service à 人 (人)に役立つ.

la **serviette** /セルヴィエト/ 女 (英 napkin, towel) ❶ (テーブル用)ナプキン (=〜 de table); タオル (=〜 de toilette). ●*serviette* de bain バスタオル. ❷ 書類かばん.

S

servile /セルヴィル/ 形 卑屈な; 盲従的な.

servir /セルヴィール/ 他 69 ❶ (英 serve) (食事や飲物)を出す, 振る舞う; (人)に給仕する. ●Tu me *sers* du vin, s'il te plaît? すまないけどワインを注いでくれる. ●*Servir* frais 《表示》冷やしてお召し上がりください.
❷ (商人が客)の応対をする; (食料品など)を売る.
❸ に仕える; (人)の手助けをする, 役に立つ.
❹ (定期的に)を供給[給付]する; (トランプ)を配る;〔スポーツ〕(ボール)をサーブする.
— 自 ❶〚à, の〛役に立つ. ●Ce dictionnaire me *sert* beaucoup. この辞書は大いに私の役に立つ.

● Ça ne *sert à* rien (de 不定詞) (…しても)何にもならない.

❷〖à, (するの)に〗役立つ, 用いられる.

● *À* quoi *sert* cet outil? この道具は何をするためのものですか.

servir à 人 ***de ...*** 《無冠詞》(人)に…の役目を果たす[代わりになる]. ● Je *lui ai servi d'*interprète. 私は彼(女)の通訳を務めた.

— se servir 代動 ❶〖*de*, を〗使う, 利用する. ● *se servir de* sa voiture 自分の車を使う.

❷ (料理を)自分で取る; (商品を)自分で選ぶ. ● *Servez-vous*. どうぞお取りください.

❸ 買う, 調達する.

❹ (食事・飲物が)出される.

le **serviteur** /セルヴィトゥール/ 男 《文》奉仕者; 《文・古》召使い.

la **servitude** /セルヴィテュド/ 女 《文》従属, 隷属; 束縛.

ses /セ/ 形 《所有形容詞》(英 his, her, its) 彼の, 彼女の, その. →**son**

le **sésame** /セザム/ 男 〔植〕ゴマ(胡麻).

Sésame, ouvre-toi! 開け, ゴマ! → アラビアンナイトから.

la **session** /セスィヨン/ 女 (<英) (議会などの)会期; (大学などの)試験期間.

ouvrir une [***fermer la***] ***session*** 〔情報〕ログイン[ログアウト]する.

le **seuil** /スイユ/ 男 ❶ 敷居; 戸口, 入り口. ❷ 始まり. ❸ 限界(値).

au seuil de la mort 死の間際に.

S

seul(e) /スル/ 形 ❶ (英 only) 《名詞の前》唯一の, ただ[ひとり]の; ただ…だけの. ● C'est la *seule* solution. それが唯一の解決策だ.

❷ (英 alone) 《名詞の後・属詞》ひとりきりの, 単独の; 孤独な; …だけの. ● se sentir *seul* ひとりぼっちだと感じる. ● Elle est partie *seule* pour la France. 彼女はひとりでフランスに発った.

❸ 《文頭または名詞・代名詞の直後で》ただ…だけ. ● Lui *seul* en est capable. 彼だけがそれをすることができる. ● à lui *seul* 彼だけで, ひとりで.

comme un seul homme 満場一致で; 一斉に.

tout seul 独力で, ひとりだけで; ひとりでに. ● Ça va tout *seul*. (ひとりでに)うまくいく.

— le(la) **seul(e)** 名 ひとり[ひとつ]だけ; 《定冠詞と共に》唯一の人[もの]. ● Tu es *le seul* à pouvoir le faire. それができるのは君だけだ.

pas un seul ひとり[ひとつ]として(…ない).

seulement /スルマン/ 副 (英 only)

❶ …だけ, もっぱら; たった, わずか.

● Il boit *seulement* de l'eau. 彼は水しか飲まない.

会話 Il me reste vingt euros. —*Seulement*? 残り20ユーロだ. —たったそれだけかい.

❷ 《時間的》やっと, たった今; まだ.

● J'ai *seulement* commencé hier. 昨日始めたばかりです.

❸ 《節の冒頭で対立・制限を導いて》ただし, でも.

❹ 《話》《命令文で命令を強めて》とにかく, 何はともあれ.

ne pas seulement …さえ…ない.

non seulement A, mais (***aussi*** [***encore***]) ***B*** AだけではなくBも(また). ● Ce n'est *pas seulement* une question d'argent, *mais aussi* de temps. 単にお金だけでなく時間が問題だ.

sans seulement 不定詞 …さえせずに.

Si seulement ... せめて…ならば.

la **sève** /セーヴ/ 女 樹液; 生命力.

sévère /セヴェール/ 形 (英 severe) ❶ 厳しい, 厳重な; 厳格な, 容赦のない. ● être *sévère* avec [envers, pour]... …に対して厳しい. ❷ 《文》堅苦しい, 飾り気のない. ❸ 深刻な, 重大な.

la **sévérité** /セヴェリテ/ 女 ❶ 厳しさ, 厳格さ. ❷ 《文》(建物などの)飾りのなさ.

sévir /セヴィール/ 自 33 ❶〖*contre*, に対して〗厳重に取り締まる. ❷ (伝染病が)猛威をふるう.

le **sexe** /セクス/ 男 (英 sex) ❶ 性, 性別; 《集合的》男性, 女性. ● *sexe* fort [faible] 男性[女性]. ❷ 性器. ❸ 《話》セックス.

sexuel(le) /セクスュエル/ 形 性の, 性的な. ● harcèlement *sexuel* セクシャルハラスメント.

le **shampooing, shampoing** /シャンポワン/ 男 (<英) シャンプー; 髪を洗うこと.

le **short** /ショルト/ 男 (<英) ショートパンツ, ショーツ.

si[1] /si スィ/ 接 《il, ils の前では s' となる》(英 if) ❶ (a) もし…なら.
● *Si* tu vas au café, je viens avec toi. 君がカフェに行くなら，一緒に行くよ.
(b)〈Si 主語 動《直説法半過去》, 主語 動《条件法現在》.〉《現在の事実に反する仮定》もしも…ならば…するのに.
● *Si* j'étais riche, j'achèterais cette maison. もし私が金持ちだったらこの家を買うのに.
(c)〈Si 主語 動《直説法大過去》, 主語 動《条件法過去》.〉《過去の事実に反する仮定》もしも…であったならば…したのに.
● *Si* j'avais eu le temps, j'aurais voyagé en Europe. もし私に時間があったらヨーロッパを旅行したのだが.
❷《間接疑問節を導いて》…かどうか; どれほど，…ということ.
● J'ignore *s'*il viendra. 私は彼が来るのかどうか知らない.
❸《譲歩・対立》…ではあるが; …であるにしても.
❹〈si 直《半過去》〉《提案・勧誘》…したらどうだろう.
● *Si* tu lui téléphonais? 彼に電話してみたら.
● Et *si* on allait prendre un verre? 1杯飲みに行かないか.
❺ …するときはいつも.
comme si... あたかも…のように. →**comme** の成句
même si [***si même***]***...*** たとえ…でも.
● *Même si* on doublait mon salaire, je ne resterais pas dans cette boîte. 仮に給料を倍にしてやるといわれても私はこの会社には残らないだろう.
si ce n'est... …でないならば; …を別にしても.
si c'est ça 《話》もしそういうことなら.
si..., c'est (***parce***) ***que...*** …なのは…だからだ.
S'il vous [***te***] ***plaît.*** どうぞ，お願いします; すみません. →**plaire** の成句
si oui もしそうなら.
si possible もし可能なら，できれば.
si seulement... …でさえあるならば，せめて…なら.
si tant est que... 仮に…ということがあっても.
— le **si** 男《不変》もし，仮定.

si[2] /si スィ/ 副 (英 yes)《否定疑問に対する肯定の答え》いいえ;《相手の否定的発言に対して》いや，そんなことはない. →**oui, non**
会話 Tu n'y vas pas?—*Si* [Mais *si*]! 行かないの?—行くよ[もちろん行くよ].
● Elle n'a pas voulu, moi *si*. 彼女はしたがらなかったけど私はしたかったの.
会話 Il n'est pas japonais? — *Si*, il est japonais. 彼は日本人じゃありませんよね. —いいえ，日本人ですよ.

si[3] /si スィ/ 副 (英 so)
❶ とても，それほど.
● Elle est *si* jolie! 彼女は本当にかわいい.
❷《譲歩》たとえ，どんなに(…でも).
❸《否定文で》…ほど(…でない).
● Ce *n'*est *pas si* simple. それほど単純ではない.
si bien que 直 そういうわけで….
si... que... とても…なので…だ;《否定語とともに》…ほど…ではない;《譲歩》どんなに…でも…. ● Il était *si* fatigué *qu'*il a dormi toute la journée. 彼はとても疲れていたので1日中寝ていた. ● *si* peu *que* ce soit どれほど少なくても.

le **si**[4] /スィ/ 男《不変》〔楽〕(音階の)シ，ロ音.

la **Sibérie** /スィベリ/ 《固有》シベリア.

la **Sicile** /スィスィル/ 女 シチリア(島).

le **sida** /スィダ/ 男 エイズ.

la **sidérurgie** /スィデリュルジ/ 女 鉄鋼業; 製鉄術.

le **siècle** /スィエクル/ 男 ❶ (英 century) 世紀，100年. ● au troisième *siècle* avant J.C. 紀元前3世紀に.
❷ 時代;《多く複数》《話》長い年月.
être de son siècle 時代に乗り遅れない.

le **siège** /スィエージュ/ 男 ❶ (英 seat) 腰かけ，椅子. 会話 Prenez un *siège*. お座りください. ● *siège* avant [arrière] 前部[後部]座席. ❷ 議席. ❸ (英 headquarters) (企業・団体などの)本拠(地)，本部. ❹《文》(思考や感覚の)中枢. ❺ 尻. ❻ (都市などの)包囲(網)，攻囲.
état de siège 戒厳令.

siéger /スィエジェ/ 自 40 57 ❶ (党・議員が)議席を占める. ❷ (会議・裁判が)開かれる. ❸ (企業・機関が)本部を置く.

sien(*ne*) /スィヤン(エヌ)/ 代《所有代名詞》(英 his, hers, its) →定冠詞とともに.

彼(女)のもの，自分のもの．会話 C'est ton parapluie?—Non, c'est *le sien*. これは君の傘かい．—いや彼(女)のだ．

— le **sien** 男 自分の持ち物[財産]；《複》自分の家族；仲間，身内の者．

y mettre du sien 貢献する，犠牲を払う．

— des **siennes** 女《複》《次の表現で》

faire des siennes 《話》いつものへまをやらかす；困ったことになる．

— 形《所有形容詞》《文》彼(女)の，その．

la **sieste** /スィエスト/ 女（＜スペイン）昼食後の休憩；昼寝．

siffler /スィフレ/ 自 ❶(英 whistle) 口笛[ホイッスル]を吹く；汽笛を鳴らす；(鳥が)鋭く鳴く．❷ 風が鳴る．

— 他 ❶(メロディー)を口笛で吹く；口笛で呼ぶ；(芝居やスポーツ観戦で)を口笛でやじる．❷〔スポーツ〕をホイッスルで合図する．❸《話》を一気に飲み干す．

le **sifflet** /スィフレ/ 男 ❶ ホイッスル，汽笛．❷《複》口笛によるブーイング．

couper le sifflet à 人（人)の話をさえぎる．

le **signal** /スィニャル/ 男（複 signaux）❶(英 signal) 合図，サイン；きざし．❷ 信号(機)，標識．

donner le signal de... …の合図をする；口火を切る．

signal d'alarme 警報．

le **signalement** /スィニャルマン/ 男（たずね人・迷い犬などの)身体的特徴，人相書き．

signaler /スィニャレ/ 他 ❶(英 signal)(信号・標識などで)を合図する，知らせる．❷(英 point out) を指摘する，への注意を促す．

Rien à signaler 《掲示》特記事項なし；異常なし．

— **se signaler** 代動〔*par*，で〕注目される．

le(la) **signataire** /スィニャテール/ 名 署名者，調印者．

la **signature** /スィニャテュール/ 女 署名，サイン．

signaux →**signal** の複数形．

le **signe** /スィニュ/ 男（英 sign）❶ しるし，兆候；特徴．

❷ 合図，サイン；身振り．● langage des *signes* 手話．● *signe* de vie 消息；音信．

❸ 記号．

❹(ホロスコープの)星座．● De quel *signe* êtes-vous? あなたは何座ですか．

en signe de... …のしるしに．

faire signe à... …に連絡する，合図する．

sous le signe de... …の星の下に．

signer /スィニェ/ 他（英 sign）に署名[サイン]する，調印する；(作品など)に署名を入れる．● Il a *signé* avec le club italien. 彼はイタリアのクラブチームと契約した．

C'est signé. 誰の仕業か一目でわかる．

— **se signer** 代動 十字を切る．

significatif(ve) /スィニフィカティフ(ーヴ)/ 形 意味[意図]のはっきりした．

la **signification** /スィニフィカスィヨン/ 女 意味；(言葉や記号の)意味するところ，意義．

signifier /スィニフィエ/ 他 ❶(英 signify) を意味する；示す．● Que *signifie* ce mot? この語はどういう意味か．

会話 Qu'est-ce que ça *signifie*? 一体どういうことなんだ．❷ を通達する．

le **silence** /スィランス/ 男（英 silence）❶ 沈黙，無言；黙秘；音信不通．● garder le *silence* 沈黙を守る．❷ 静寂，静けさ．

en silence 黙って；ひそかに．

passer... sous silence …について話すのを避ける．

会話 ***Silence!*** 静かに．

silencieux(se) /スィランスィユ(ーズ)/ 形（英 silent）音[声]を立てない，静かな；無言の，無口な．

— le **silencieux** 男 消音器，マフラー．

la **silhouette** /スィルエト/ 女 ❶ シルエット；輪郭．❷ 体つき，ボディーライン．

le **sillon** /スィヨン/ 男 畝(うね)溝；溝．

sillonner /スィヨネ/ 他 を縦横に走る．

s'il te plaît, s'il vous plaît （英 please）→**plaire** の成句

similaire /スィミレール/ 形 類似した，同種の．

la **similitude** /スィミリテュド/ 女 類似；〔数〕相似．

simple /サンプル/ 形（英 simple）❶ 単純な，簡単な．● C'est bien [tout] *simple*. それなら話は簡単だ．

❷ 素朴な，気取らない；質素な，シンプルな．

❸ 短絡的な；愚直な．

❹《名詞の前》単なる，ただの．

❺ 単一の，一重の．

pur et simple 全くの；純然たる．

— le(la) **simple** 名 単純な人，愚かな人；

質素[素朴]な人.

— le **simple** 男 (テニス・卓球の)シングルス.

du simple au double 2倍の.

simplement /サンプルマン/ 副 (英 simply) 単純に, 率直に; ただ単に. ●Je voulais *simplement* vous le dire. ただちょっとそのことをあなたに言っておきたかっただけです.

la **simplicité** /サンプリスィテ/ 女 (英 simplicity) ❶ 単純さ, わかりやすさ. ❷ 素朴さ, 質素.

en toute simplicité 肩肘張らずに; ごく率直に.

simplifier /サンプリフィエ/ 他 (英 simplify) を単純化する, 簡略化する.

simuler /スィミュレ/ 他 ❶ のように見せかける. ❷ のシミュレーションを行う.

simultané(e) /スィミュルタネ/ 形 同時の.

la **simultanéité** /スィミュルタネイテ/ 女 同時性.

simultanément /スィミュルタネマン/ 副 同時に, 一度に.

sincère /サンセール/ 形 (英 sincere) 誠実な, 率直な, 本心からの; 《手紙の結びで》心からの.

mes sincères salutations 《手紙の結びで》敬具.

sincèrement /サンセルマン/ 副 心から, 誠意をもって; 《文頭で》率直に言って.

Sincèrement vôtre 《手紙の結びで》敬具.

la **sincérité** /サンセリテ/ 女 誠意, 公正さ; 率直さ.

en toute sincérité 心から.

le **singe** /サンジュ/ 男 ❶ (英 monkey, ape) サル(猿). ❷ 他人のまねする人.

faire le singe おどけてみせる.

la **singularité** /サンギュラリテ/ 女 奇抜さ, 特異性.

singulier(ère) /サンギュリエ(ル)/ 形 (英 singular) ❶ 一風変わった, 奇抜な; 特異な. ❷〔文法〕単数の.

— le **singulier** 男〔文法〕単数.

singulièrement /サンギュリエルマン/ 副 ❶ きわめて, とても. ❷《文》奇妙に, おかしな風に.

sinistre[1] /スィニストル/ 形 ❶ 不吉な; 陰鬱(うつ)な, もの悲しい. ❷ 陰険な.

le **sinistre**[2] /スィニストル/ 男 災害, 惨事.

sinistré(e) /スィニストレ/ 形 災害に襲われた, 罹災(りさい)した.

— le(la) **sinistré(e)** 名 被災者.

sinon /スィノン/ 接 (英 otherwise) ❶ (**a**) そうしないと, さもなければ. ●Prenons un taxi, *sinon* nous arriverons en retard. タクシーに乗ろう, そうしないと遅れるだろう. (**b**)《話題を変えて》ところで. ●*Sinon*, ta femme va bien? ところで奥さんは元気かい.

❷《疑問・否定文の後で》…を別にして, …以外に; …でないならば. ●Je ne sais pas grand-chose, *sinon* qu'il a démissionné. 彼が辞任したという以外はよくわからない.

❸《譲歩》…でないにしても; 《断定を和らげて》…でさえあるかもしれない.

le **sire** /スィール/ 男 陛下.

la **sirène** /スィレヌ/ 女 ❶ サイレン, 警笛. ❷〔ギ神〕セイレン, 人魚.

le **sirop** /スィロ/ 男 (英 syrup) シロップ. ●*sirop* d'érable メープルシロップ.

会話 ***C'est du sirop!*** (音楽や映画などが)甘ったるい.

le **site** /スィト/ 男 ❶ 景色, 景観, 風景. ❷ 用地. ●*site* touristique 観光名所. ❸〔情報〕ウェブサイト.

sitôt /スィト/ 副 …するとすぐに.

ne ... pas de sitôt そんなに早くは…しない.

sitôt (après) que ... …するとすぐに.

la **situation** /スィテュアスィヨン/ 女 (英 situation) ❶ 立場, 状態, 境遇. ●*situation* de famille (履歴書などで)配偶者, 子供の有無.

❷ (国・社会などの)情勢, 状況. ●*situation* politique 政治情勢.

❸ 社会的地位, 職, ポスト. ●avoir une belle *situation* 立派な仕事についている.

❹ (地理的な)位置, 立地条件.

❺ (小説や芝居の)場面, シチュエーション.

en situation 本物に近い状況で.

être en situation de 不定詞 …できる状態[立場]にある.

situé(e) /スィテュエ/ 形 位置した. ●maison *située* au midi 南向きの家.

situer /スィテュエ/ 他 (英 situate) を位置づける. ●On ne le *situe* pas bien. あの人がどういう人なのかよくわからない.

— **se situer** 代動 位置づけられる; 位置する. ● Il *se situe* à gauche. 彼は左寄りの立場だ.

six /sis スィス/ 形 (英 six) 《不変》6の; 6人の; 6番目の.
● Je me lève à *six* heures en hiver. 冬の間私は6時に起きる.
POINT 単独で発音する場合には /sis スィス/ であるが, 子音の前では /si スィ/, 母音または無音の h の前では /siz スィズ/ と発音する.

— le **six** 男 《不変》6(の数字); 6日; 6番地.

sixième /スィズィエム/ 形 (英 sixth) 6番目の, 第6の.
— le(la) **sixième** 名 6番目の人[もの].
— le **sixième** 男 6分の1; (パリなどの) 6区.
— la **sixième** 女 〔教育〕第6学級. → 中等教育の第1学年で11〜12歳に相当.

le **ski** /ski スキ/ 男 (英 ski) スキー; スキー板, スキー用具.
● faire du *ski* スキーする.
● aller à [en] *ski* スキーを履いて行く.
● station de *ski* スキー場.
ski nautique 水上スキー.

skier /スキエ/ 自 スキーをする.

le(la) **skieur(se)** /スキユール(ズ)/ 名 スキーヤー.

slave /スラヴ/ 形 スラブ人[語]の.
— le(la) **Slave** 名 スラブ人.
— le **slave** 男 スラブ語.

le **slip** /スリプ/ 男 (<英) パンティー, ショーツ; ブリーフ.
slip de bain 水泳パンツ.

le **slogan** /スロガン/ 男 (<英) キャッチフレーズ; スローガン, 標語.

le **smoking** /スモキング/ 男 (<英) タキシード.

le **SMS** /エスエムエス/ 男 (<英) (携帯電話の) ショートメッセージサービス.

la **SNCF** /エスエヌセエフ/ 女 《略》フランス国有鉄道 (=Société nationale des chemins de fer français).

le(la) **snob** /スノブ/ 名 (<英) スノッブ, 上流気取りの人.
— 形 お高くとまった, きざな.

sobre /ソブル/ 形 (英 sober) ❶ 酒を控えた; (飲食を)節制した. ❷ 簡素な; 控え目な.

sobrement /ソブルマン/ 副 控え目に; 質素に.

la **sobriété** /ソブリエテ/ 女 ❶ 節制, 節[禁]酒. ❷ 節度; 簡潔さ.

sociable /ソスィヤブル/ 形 社交的な, 愛想のよい.

social(ale) /ソスィヤル/ 形 (男複 sociaux) (英 social) ❶ 社会の.
❷ 社会福祉の, 社会問題に関する. ● aide *sociale* 社会福祉. ● Sécurité *sociale* 社会保障.
❸ (生物が)社会を形成する.
❹ 会社に関する.

le **socialisme** /ソスィヤリスム/ 男 (英 socialism) 社会主義.

socialiste /ソスィヤリスト/ 形 (英 socialist) 社会主義(者)の, 社会党の.
— le(la) **socialiste** 名 社会主義者; 社会党員.

sociaux →**social** の複数形.

la **société** /ソスィエテ/ 女 (英 society)
❶ 社会; (生物の)集団, 群.
❷ 協会, 団体.
❸ (英 company) 会社, 法人.
❹ 交際; 社交界.
❺ グループ.
société anonyme 株式会社.

la **sociologie** /ソスィヨロジ/ 女 社会学.

le(la) **sociologue** /ソスィヨログ/ 名 社会学者.

le **socle** /ソクル/ 男 (彫像・円柱の)台座, 台石.

la **sœur** /スール/ 女 (英 sister) ❶ 姉妹; 姉, 妹. ● *sœur* aînée/grande *sœur* 姉.
● *sœur* cadette/petite *sœur* 妹.
❷〔カト〕修道女, シスター.

le **sofa** /ソファ/ 男 ソファー.

soi /ソワ/ 代 《人称代名詞》(英 oneself, himself, herself, itself) 《3人称再帰代名詞 se の強勢形; 性数不変》自分, 自分自身.
à part soi 心の中で.
chez soi 自宅[自国]で.
en soi それ自体, 自らのうちに; 〔哲〕即自.
prendre sur soi 自制する; 責任を取る.
— le **soi** 男 《不変》自己, 自我.

soi-disant /ソワディザン/ 形 《不変》(人について)自称の; (ものについて)いわゆる.
● *soi-disant* poète 自称詩人.
— 副 (…と)称して, 表向きは.

S

la **soie** /ソワ/ 女 (英 silk) 絹; 絹糸; 絹布.

soient →être 25

la **soif** /swaf ソワフ/ 女 (英 thirst)

❶ のどの渇き.

● avoir *soif* のどが渇いている.

● donner *soif* のどを渇かせる.

❷〖*de*, への〗渇望.

● avoir *soif de*... …に飢えている.

● la *soif de* l'argent 金銭への渇望.

boire à sa soif 欲しいだけ飲む.

jusqu'à plus soif 《話》嫌というほど.

rester sur sa soif 満たされない気持ちが残る.

soigner /ソワニェ/ 他 ❶ (英 look after) の世話をする, 手入れをする. ● *soigner* ses fleurs 花の手入れをする.

❷ の手当てをする, を看護[介護]する.

❸ を念入りにする, に凝(こ)る.

会話 ***Il faut te faire soigner.*** 頭がおかしいんじゃないのか.

— **se soigner** 代動 ❶ 健康に気をつける; (病気が)治る. ● *Soignez-vous* bien. お大事に.

❷ 身なりに気を配る.

会話 ***Ça se soigne.*** どうしようもない, 医者に見てもらうほかない.

soigneux(se) /ソワニュ(ーズ)/ 形 (英 careful) ❶ (人が)注意深い; 〖*de*, に〗気を使う. ❷ 《文》(仕事などが)入念な.

soi-même /ソワメム/ 代 《人称代名詞》(英 oneself) 自分自身, それ自体.

le **soin** /ソワン/ 男 (英 care) ❶ 心遣い, 注意.

❷ 《複》治療, 手当て; 看護, 介護. ● premiers *soins* 応急処置.

❸ 世話; 《複》配慮. ● confier [laisser] à 人 le *soin* de... (人)に…の世話を頼む.

avec [***sans***] ***soin*** 念入り[ぞんざい]に.

avoir [***prendre***] ***soin de...*** …するように気をつける; …を大事にする.

être aux petits soins pour [***avec***]... 《話》…に何かと気を配る.

le **soir** /swar ソワール/ 男 ❶ (英 evening) (**a**) 夕方, 晩, 夜. → 就寝時までをさす.

● À ce *soir*! ではまた今晩.

● Il est onze heures du *soir*. 夜の[午後] 11時だ.

● du matin au *soir* 朝から晩まで, 1日中.

(**b**) 《副詞的に》晩[夕方, 夜]に.

● Il rentre très tard le *soir*. 彼は毎晩大変遅く帰る.

● hier [demain] *soir* 昨晩[明晩].

● tous les mardis *soir*(*s*) [le mardi *soir*] 毎週火曜の晩に.

夕方, 夜

▶ soir「夕方, 夜」は matin「朝, 午前」や après-midi「午後」に対して用いられる.
▶ 継続する時間を表す場合は soirée「晩」.

❷ 《文》晩年.

être du soir 夜更かししている.

la **soirée** /ソワレ/ 女 (英 evening) ❶ 晩, 宵, 夕べ. → 日没から就寝まで. ● J'ai passé une bonne *soirée*. 私は楽しい晩を過ごした.

❷ 夜のパーティー, 夜会; (芝居などの)夜の公演, 夜の部.

Bonne soirée. (別れる時に)では, 楽しい晩を.

sois, soit[1] →être 25

soit[2] /ソワ/ 接 ❶ 〈soit A, soit B〉 A かまたはBか; AにせよBにせよ. ● *soit* lundi, *soit* mardi 月曜日か火曜日.

❷ (証明問題などで)仮に…だとしよう. ● *soit* un rectangle ABCD 長方形ABCD があるとしよう.

❸ つまり, すなわち.

— 副 /ソワト/ まあいいだろう, よろしい.

la **soixantaine** /ソワサンテヌ/ 女 (約)60; 60歳(代).

soixante /swasɑ̃t ソワサント/ 形 《不変》(英 sixty) 60の; 60人の; 60番目の.

— le **soixante** 男 《不変》60(の数字); 60番地.

soixante-dix /swasɑ̃tdi(s) ソワサントディ(ス)/ 形 《不変》(英 seventy) 70の; 70人の; 70番目の.

— le **soixante-dix** 男 《不変》70(の数字); 70番地.

soixante-dixième /ソワサントディズィエム/ 形 (英 seventieth) 70番目の; 70分の1の.

— le(la) **soixante-dixième** 名 70番目の人[もの].

— le **soixante-dixième** 男 70分の1.

soixantième /ソワサンティエム/ 形 (英 sixtieth) 60番目の.
— le(la) **soixantième** 名 60番目の人[もの].
— le **soixantième** 男 60分の1.

le **soja** /ソジャ/ 男 〔植〕ダイズ(大豆).
sauce de soja しょうゆ.

le **sol**[1] /ソル/ 男 (英 ground, soil) ❶ 地面; 床(ゆか). ●poser ... à même le *sol* …を地面[床]にじかに置く. ❷ 土地; 土壌. ❸《文》領土, 国土. ●*sol* natal 母国.

le **sol**[2] /ソル/ 男《不変》〔楽〕ソ, ト音, G 音.

solaire /ソレール/ 形 ❶ 太陽の; 太陽光[熱]による. ●système *solaire* 太陽系. ❷ 日光から守る; 日焼け止めの.

le **soldat** /ソルダ/ 男 (英 soldier) 兵士.

le **solde**[1] /ソルド/ 男 (英 sale) ❶ バーゲン, セール;《多く複数》特売品. ●acheter un pull en *solde* バーゲンでセーターを買う. ❷ (口座の)貸借の差引残高. ❸ 未払い金, 残金.

la **solde**[2] /ソルド/ 女 (軍人の)俸給.

solder /ソルデ/ 他 ❶ のバーゲンセールをする. ❷ (未払金)を清算する.
— **se solder** 代動〘*par*, という〙結果になる.

la **sole** /ソル/ 女〔魚〕シタビラメ.

le **soleil** /sɔlɛj ソレイユ/ 男 (英 sun) ❶ 太陽.
●lever [coucher] du *soleil* 日の出[日没].
●*soleil* levant [couchant] 朝日[夕日].
●le pays du *soleil* levant《日本を指して》日の出ずる国.
❷ 日光, 日差し; 日なた.
●se mettre au *soleil* 日に当たる.
●bain de *soleil* 日光浴.
❸ 太陽のごとき存在.
●Cet enfant était son (rayon de) *soleil*. その子は彼(女)の太陽だった.
❹〔植〕ヒマワリ.
avoir des biens [***du bien***] ***au soleil*** 不動産を所有している.
en plein soleil 炎天下に.
Il fait (***du***) ***soleil.*** 日が照っている.
Le soleil luit pour tout le monde.《ことわざ》太陽は万人のために輝く, 共存共栄.
piquer un soleil《話》赤面する.

solennel(***le***) /ソラネル/ 形 (英 solemn) ❶ 厳粛な, 盛大な. ❷ 正式の.

la **solennité** /ソラニテ/ 女 ❶ 厳粛さ; 盛大な儀式. ❷ 仰々しさ.

solidaire /ソリデール/ 形 ❶〘*de*, と〙連帯[団結]している. ❷ (物事が)関連した. ❸〔法〕連帯責任のある.

la **solidarité** /ソリダリテ/ 女 ❶ 連帯, 団結; 連帯感. ❷ 相互関係. ❸〔法〕連帯(責任).

solide /ソリド/ 形 (英 solid) ❶ 丈夫な, 頑丈な. ●être *solide* comme un roc 岩のように頑丈な.
❷ 確固たる, 揺るぎない; 堅実な.
❸ (人が)タフな; がっしりした.
❹《名詞の前》《話》大きな, 強烈な.
❺ 固体の;〔数〕立体の.
être solide sur ses jambes しっかりと立つ.
— le **solide** 男 ❶ 固体;〔数〕立体. ❷ 堅固なもの. 会話 C'est du *solide*. これは頑丈だ.

solidement /ソリドマン/ 副 しっかりと; 揺るぎなく.

la **solidité** /ソリディテ/ 女 固さ, 丈夫さ; 確かさ.

solitaire /ソリテール/ 形 ❶ (英 solitary) 孤独な, 孤独を好む. ❷ (場所が)人里離れた. ❸〔動〕群居しない.
— le(la) **solitaire** 名 孤独な人.
en solitaire 単独で.

la **solitude** /ソリテュド/ 女 ❶ 孤独; 独居. ❷ 人けのなさ, 寂しさ.

solliciter /ソリスィテ/ 他 ❶ (**a**) を願い出る, 懇願する. ●Il est très *sollicité*. 彼は引っ張りだこである. (**b**)〈**solliciter** 人 **de** 不定詞〉(人)に…するよう要請する. ❷ の注意を引く, 心をそそる.

le **solo** /ソロ/ 男 (複 **solos, soli**) (＜イタリア)《楽・舞》ソロ, 独奏(曲), 独唱(曲); 単独, ひとりきり.
en solo 単独で.

le **solstice** /ソルスティス/ 男〔天〕至点.
●*solstice* d'été [d'hiver] 夏至[冬至].

soluble /ソリュブル/ 形 ❶ 溶解性の. ❷ (問題が)解決可能な.

la **solution** /ソリュスィヨン/ 女 ❶ 解答, 解決; 解決法. ❷ 溶解; 溶液.
sans solution de continuité 絶え間なく.

sombre /ソンブル/ 形 (英 dark)
❶ 薄暗い.
❷ (色が)黒っぽい, くすんだ.
❸ 陰気な.
❹《名詞の前》《話》ひどい, どうしようも

ない.

Il fait sombre. 曇っている, 薄暗い.

sombrer /ソンブレ/ 自 (船が)沈む; 〖*dans*, に〗陥る, 溺れる.

sommaire /ソメール/ 形 簡単な, 手軽な, 略式の.

— le **sommaire** 男 概要, 目次.

la **somme**[1] /ソム/ 女 ❶(英 sum) 金額, 総額.

❷合計; 総量, 総和;〔数〕和. ●une *somme* de travail énorme 大変な量の仕事.

en somme / somme toute 要するに, 結局.

le **somme**[2] /ソム/ 男 《話》ひと眠り.

le **sommeil** /sɔmɛj ソメイユ/ 男 (英 sleep)

❶眠り, 睡眠; 眠け.

●avoir *sommeil* 眠い.

●donner *sommeil* 眠くさせる.

❷休止, 中断; 休眠状態.

dormir du sommeil du juste 枕を高くして寝る.

tomber de sommeil 眠くてたまらない.

sommeiller /ソメイエ/ 自 うとうとする, まどろむ.

sommes →être 25

le **sommet** /ソメ/ 男 ❶(英 summit) 頂(いただき), 頂上, 山頂;〔数〕頂点. ❷絶頂. ❸首脳会談, サミット(=conférence au ~).

le **sommier** /ソミエ/ 男 (ベッドの)マットレス台.

somnoler /ソムノレ/ 自 うとうとする, まどろむ.

somptueux(*se*) /ソンプテュ(ーズ)/ 形 豪華な, ぜいたくな.

son[1] /sɔ̃ ソン/ 形 《所有形容詞》(英 his, her; its)

	単数	複数
男性	son /ソン/	ses /セ/
女性	sa /サ/ *son /ソン/	

*母音または無音の h で始まる語の前では son.

❶彼の, 彼女の, それの; 自分の.

●Son visage était pâle. 彼(女)の顔は青かった. → 後ろに続く名詞の性数に一致. 英語の his face/her face のどちらも指し得る.

●La ville a perdu *son* charme. この街の魅力もすっかり薄れてしまった.

❷《敬称と用いる》●*Sa* Majesté 陛下.

le **son**[2] /sɔ̃ ソン/ 男 ❶(英 sound) 音, 音響, 響き.

❷〔言〕音声, 音(おん).

au son de... …の音に合わせて.

le **son**[3] /ソン/ 男 ふすま, 糠(ぬか); (詰め物用の)おがくず.

taches de son そばかす.

le **sondage** /ソンダージュ/ 男 ❶調査, アンケート. ●*sondage* d'opinion 世論調査. ❷(地質, 水深などの)測定; ボーリング調査.

sonder /ソンデ/ 他 ❶を測定する, 探査する, 調査する. ❷(人の意向)を調べる, 探る.

sonder le terrain 情勢を詳しく探る.

le **songe** /ソンジュ/ 男 《文》夢; 空想.

songer /ソンジェ/ 自 (英 think) 40 〖*à*, を〗考える, 思い浮かべる; 〈**songer à** 不定詞〉…するつもりである.

会話 *Songez-y* bien! よく考えてみることだ.

sans songer à mal 悪気なしに.

— 他 を考えに入れる, 忘れずにいる.

sonner /ソネ/ 自 (英 ring) ❶(鐘・ベル・時計などが)鳴る, 鳴り響く; (…の時が)告げられる. ●Ce matin, mon réveil n'a pas *sonné*. 今朝, 私の目覚ましは鳴らなかった.

❷呼び鈴を鳴らす, 鐘を鳴らす; 〖*de*〗(金管楽器を)鳴らす.

sonner bien 響きがよい.

sonner faux 調子はずれの音を出す; わざとらしく聞こえる.

— 他 ❶(鐘や管楽器)を鳴らす; (呼び鈴[ベル]を鳴らして)を呼ぶ. ●*sonner* une cloche 鐘を鳴らす.

❷(鐘などが)の時を告げる.

❸《話》(人)を殴りつける.

sonner les cloches à 人 《話》(人)をこっぴどく叱る.

la **sonnerie** /ソヌリ/ 女 ❶(鐘やベルの)鳴る音; (電話の)呼び出し音. ❷(時計の)アラーム; 警報装置.

le **sonnet** /ソネ/ 男 〔詩〕ソネット. → 14行詩.

la **sonnette** /ソネト/ 女 (英 bell) 呼び鈴,

S

ベル, ブザー; 鈴. ●*sonnette* d'alarme 非常ベル.

sonore /ソノール/ 形 (英 resonant) ❶ よく響く, 響き渡る. ❷ 音の; 音を発する. ❸〔言〕有声の.

— la **sonore** 女 〔言〕有声(子)音.

sont →**être** 25

la **sorcellerie** /ソルセルリ/ 女 魔法, 妖術.

le(la) **sorcier(ère)** /ソルスィエ(ール)/ 名 魔法使い; (未開部族の)呪術師.

— 形 《話》難しい.

sors, sort[1](...) →**sortir** 48

le **sort**[2] /ソール/ 男 ❶ (英 fate) 運命, 運; 身の上, 境遇. ❷ くじ, 抽選. ●tirer au *sort* くじ引きをする; 抽選する. ❸ 呪い.

faire un sort à ... 《話》…を平らげる, 片づける.

Le sort en est jeté. 賽(さい)は投げられた.

sortant(e) /ソルタン(ト)/ 形 ❶ (くじなどが)当たりの. ●numéros *sortants* 当せん番号. ❷ 任期満了を迎えた.

la **sorte** /ソルト/ 女 (英 sort) 種類, 類(たぐい); やり方. ●toutes *sortes* de ... あらゆる種類の…. ●une *sorte* de ... 一種の…; …のようなもの.

de la sorte そんな風に.

de (telle) [en] sorte que ... 《直説法とともに》その結果; 《接続法とともに》…するように.

en quelque sorte 言うなれば.

faire en sorte de 不定詞 [***que*** 接続法] …するようにする.

la **sortie** /ソルティ/ 女 ❶ 外へ出ること, 外出; 退出.

❷ (英 exit) 出口. ●*sortie* de secours 非常口.

❸ (新)発売; 刊行; 封切り.

❹ 罵倒.

❺ 出荷; 支出.

❻〔情報〕アウトプット.

à la sortie de ... …を出るところで; …の終わりに.

sortir /sɔrtir ソルティール/ 自 48 (英 go out) 《助動 être》

je	sors	nous	sortons
tu	sors	vous	sortez
il	sort	ils	sortent
現分	sortant	過分	sorti

❶ 出る, 外出する; 〈sortir 不定詞〉 …しに行く; 〈**sortir de ...**〉 …から外へ出て行く[来る]; 〈**sortir en ...**〉 …へ繰り出す.

●*sortir* par la fenêtre 窓から出る.

●Les étudiants *sortent* le jeudi soir. 木曜日の夜に学生たちは遊びに出かける.

●Il *sort de* chez lui. 彼は家から出る.

❷〖*de*, の〗出身である; (を)卒業する.

●*sortir de* l'école de musique 音楽学校を出る.

❸ 発売[出版]される, 封切られる.

●un roman qui vient de *sortir* 最近出たばかりの小説.

❹〖*de*〗(困難などを)脱する.

●*sortir de* maladie 病気が治る.

❺〖*de*〗(話題などから)離れる.

●*sortir du* sujet 話題[主題]からはずれる.

❻〖*de*, から〗(植物が)出て[生えて]くる, はみ出す; (香り・液体・音が)流れ出る.

●Les blés commencent à *sortir* 麦の芽が出はじめた.

D'où il sort? 《無教養・無作法な人を》あいつはどこの生まれだ.

ne pas en sortir 《話》うまく対処できない.

sortir avec 人 (人)とデートする.

sortir de la tête [de l'esprit] 《話》記憶から抜け落ちる.

sortir de l'ordinaire 並はずれている.

sortir de table (食事が終わって)食卓を離れる.

sortir du lit 起床する.

— 他 《助動詞は avoir》❶ を外へ連れ出す.

●Elle *sort* souvent ses enfants. 彼女はよく子供たちを外へ連れて行く.

❷〈sortir A de B〉 BからAを取り出す; 取り除く.

●*sortir* un mouchoir *de* sa poche ポケットからハンカチを取り出す.

❸ を世に送り出す; 出版する, 発売する.

●*sortir* un roman 小説を刊行する.

❹〖*de*〗(困難などから)を抜け出させる.

— **se sortir** 代動 〖*de*, から〗脱け出す.

●*se sortir d*'une situation difficile 困難な状況を脱け出す.

s'en sortir 《話》切り抜ける, しのぐ, 助かる.

— le **sortir** 男 《文》

au sortir de ... …から出るときに, …の終

わりに. ● *au sortir d'*une réunion 会議の最後に.

le **SOS** /エスオエス/ 男 救助信号, SOS; お金の無心. ● lancer [envoyer] un *SOS* SOS を発する.

sot(te) /ソ(ト)/ 形 (英 silly) 愚かな, ばかな.

— le(la) **sot(te)** 名 愚か者, 間抜け.

la **sottise** /ソティーズ/ 女 愚かさ; へま; いたずら. ● avoir la *sottise* de 不定詞 愚かにも…する.

le **sou** /ス/ 男 (英 money) ❶《複》《話》お金. ❷ スー. → 昔の通貨単位.

de quatre sous 《話》安物の. ● L'Opéra de quat'*sous*「三文オペラ」. → ベルトルト・ブレヒトの戯曲.

être près de ses sous 《話》ひどいけちである.

machine à sous スロットマシン.

ne pas avoir (pour) un sou de... 《話》…がまるでない.

ne pas avoir un [le] sou / être sans le sou 《話》一文なしである.

s'ennuyer [s'embêter] à cent sous de l'heure 《話》どうしようもなく退屈する.

sou à [par] sou (お金を)少しずつ.

la **souche** /スシュ/ 女 ❶ 切り株. ❷ 祖先; 起源. ● Français de *souche* 生粋(きっすい)のフランス人. ❸ (小切手・領収書などの)控え.

dormir comme une souche 《話》ぐっすり眠る.

le **souci**[1] /ススィ/ 男 (英 worry) 心配ごと, 気がかり; 苦労の種.

avoir le souci de... …を気にする.

C'est le dernier de mes soucis. 《話》私にとってはそれはどうでもいいことだ.

会話 ***Pas de souci!*** 心配しないで, 大丈夫.

sans souci 気楽に.

se faire du souci (pour...) (…のことを)心配する. ● Ne *te fais* pas *de souci*. 心配しないで.

le **souci**[2] /ススィ/ 男 〔植〕キンセンカ.

se soucier /ススィエ/ 代動 《多くは否定形》〖*de*, のことを〗気にかける, 心配する. ● Elle ne *se soucie de* rien. 彼女は何も気にしない.

soucieux(se) /ススィユ(ーズ)/ 形 心配そうな; 〖*de*, を〗気にかけている.

la **soucoupe** /スクプ/ 女 (コーヒーカップなどの)受け皿, ソーサー.

soucoupe volante 空飛ぶ円盤.

soudain(e) /スダン(デヌ)/ 形 (英 sudden) 突然の, 急な.

— 副 不意に, 急に.

souder /スデ/ 他 を溶接する, はんだづけする.

— **se souder** 代動 溶接[はんだづけ]される.

le **souffle** /スフル/ 男 ❶ (英 breath) 息, 息の長さ[強さ]; 呼吸. ❷ 風, そよぎ; (圧力差などによる)爆風. ❸〔医〕異常音.

avoir du souffle 息切れしない; 《話》度胸のある.

couper le souffle à 人 (人)を息が止まるほど驚かせる.

être à bout de souffle 息切れしている, ばてている.

trouver son second souffle 巻き返す, 元気を取り戻す.

souffler /スフレ/ 自 ❶ (英 blow) 息を吐く; 〖*sur*, に〗息を吹きかける.

● *souffler sur* sa soupe スープを吹いて冷ます.

❷ (風が)吹く.

● Le vent *souffle*. 風が吹く.

❸ あえぐ, 息が上がる, 息切れする.

❹ ひと息つく, 一休みする.

— 他 ❶ に息を送る; を吹き消す. ● *souffler* une bougie ろうそくを吹き消す.

❷ を吹き飛ばす.

❸ をささやく.

❹ 《話》をびっくりさせる.

ne pas souffler mot 何も言わない.

le **soufflet** /スフレ/ 男 ふいご, 蛇腹(じゃばら); 蛇腹式幌(ほろ); 《文》平手打ち.

souffrai ... → **souffrir** 46

la **souffrance** /スフランス/ 女 (英 suffering) 苦しみ, 苦悩; 苦痛.

en souffrance 未決の; (荷物が)引き取り手のない.

souffre(...), souffri[î] ... → **souffrir** 46

souffrir /スフリール/ 自 46 (英 suffer) 〖*de*, で〗苦しむ; (が)痛い; (の)被害を受ける. ● *souffrir de* la faim 飢えに苦しむ. ● *souffrir de* l'estomac 胃が悪い.

— 他 《文》を我慢する, こらえる; 容認する, 許す.

S

ne pas pouvoir souffrir ... …に我慢がならない; …を認めない.
— se souffrir 代動 互いに我慢し合う.
souffrons →**souffrir** 46
le **souhait** /スエ/ 男 願い, 望み.
à souhait 《文》思いどおりに.
À vos [tes] souhaits! 《くしゃみをした人に》願いがかないますように.
souhaitable /スエタブル/ 形 望ましい.
souhaiter /スエテ/ 他 (英 wish) ❶ を願う, 望む; 〈**souhaiter (de)** 不定詞〉 …したいと思う. ●Il *souhaite* continuer ses études. 彼は勉強を続けたいと思っている. ●anglais *souhaité* 《掲示》英語できる方希望.
❷(人に幸運など)を願う, 祈る. ●Je te *souhaite* un bon rétablissement. ご回復をお祈り申し上げます. ●Je vous *souhaite* une bonne année. よい新年を迎えられますように.
souhaiter ... à 人 (人)に…の挨拶[お祝い]を述べる.
souhaiter à 人 ***de*** 不定詞 (人)が…することを願う[祈る].
souhaiter que 接続法 …であって欲しいと思う.
souiller /スイエ/ 他 《文》を汚す.
soûl(*e*) /ス(ル)/ 形 (英 drunk) 《話》酔っ払った.
— le **soûl** 男 《次の表現で》
tout son soûl 思う存分, 飽きるほど.
le **soulagement** /スラジュマン/ 男 安堵(あんど).
soulager /スラジェ/ 他 40 (英 relieve) (人の気持ち)を楽にする; (苦痛・負担)を軽減する; 助ける. ●*soulager* une douleur 苦痛を和らげる.
— se soulager 代動 気が楽になる; 《話》便をする.
soulever /スルヴェ/ 他 1 ❶(英 lift, raise) を持ち上げる, 少し上げる. ●*soulever* le rideau カーテンを持ち上げる. ❷(ほこりなど)を舞い上げる; (反響)を巻き起こす. ●*soulever* l'enthousiasme 熱狂を呼び起こす. ❸(問題)を提起する. ❹を興奮させる, の怒りをあおる. ❺《話》を盗む.
soulever le cœur à 人 (人)に吐きけを催させる; 嫌悪感を起こさせる.
— se soulever 代動 ❶起き上がる, 立ち上がる. ❷反乱を起こす.
le **soulier** /スリエ/ 男 (英 shoe) 靴, 短靴.
être dans ses petits souliers 《話》居心地が悪い, 困った状態にある.
souligner /スリニェ/ 他 (英 underline) に下線を引く; を強調する, 目立たせる.
souligner ses yeux アイラインを入れる.
soumet(...) →**soumettre** 41
soumettre /スメトル/ 他 41 ❶(英 subject) を征服する, 支配下に置く; 《多く受動態で》(規則などに)を従わせる. ●Les rebelles *ont été soumis*. 反徒は屈服させられた. ❷(英 submit) (専門家などに意見を求めて)を提出する, ゆだねる. ❸(訓練・治療)を受けさせる; 分析・観察の対象にする.
— se soumettre 代動 降伏する; 〖à, に〗従う.
soumi[î] ... →**soumettre** 41
soumis(*e*) /スミ(ーズ)/ 形 〖à, に〗従順な; 言いなりの.
la **soumission** /スミスィヨン/ 女 服従, 従順さ; 降伏.
la **soupape** /スパプ/ 女 弁, バルブ.
le **soupçon** /スプソン/ 男 ❶(英 suspicion) 疑い, 嫌疑. ❷推測, 予感.
un soupçon de ... ほんのわずかの….
soupçonner /スプソネ/ 他 ❶(英 suspect) を疑う, 怪しむ; 〈**soupçonner** 人 **de** 名 [**de** 不定詞]〉 (人)に…の嫌疑をかける. ●Il *me soupçonne de* mensonge [*d'*avoir menti]. 彼は私がうそをついたのではないかと疑っている. ❷を感づく. ❸〈**soupçonner que ...**〉 (…ではないかと)予測する.
soupçonneux(*se*) /スプソヌ(ーズ)/ 形 疑い深い.
la **soupe** /スプ/ 女 ❶(英 soup) スープ; 《話》めし. ●*soupe* à l'oignon [de poisson] オニオン[魚の]スープ. ●À la *soupe*! めしだ.
❷べた雪.
être soupe au lait 気が短い.
le **souper** /スペ/ 男 (英 supper) (観劇・パーティーなどの後の)夜食.
— 自 夜食をとる.
en avoir soupé de ... 《話》…にはうんざりする.
la **soupière** /スピエール/ 女 スープ鉢.
le **soupir** /スピール/ 男 (英 sigh) ❶ため息.

S

●pousser un *soupir* ため息をつく. ❷〔楽〕4分休止(符).

rendre le dernier soupir 息を引き取る.

soupirer /スピレ/ 自 ため息をつく.

— 他 をため息まじりに言う.

souple /スプル/ 形 (英 supple, flexible) しなやかな; 柔軟な; 順応性のある, 融通のきく. ●horaires *souples* フレックスタイム.

la **souplesse** /スプレス/ 女 しなやかさ, 柔軟性; 如才なさ. ●manquer de *souplesse* 融通がきかない.

la **source** /スルス/ 女 ❶(英 spring) 泉; 水源. ❷(英 source) 源, 発生源; 出所. ●*source* d'énergie エネルギー源. ❸情報源; 《多く複数》原典, 出典. ●de bonne *source*/de *source* sûre 信頼できる筋から(の).

couler de source 自然に湧き出てくる; 当然の結果である.

le **sourcil** /スルスィ/ 男 (英 brow) 眉(毛). ●froncer les *sourcils* 眉をひそめる.

sourd(*e*) /スール(スルド)/ 形 ❶(英 deaf) 耳が聞こえない, 耳の遠い. ❷〔à, に〕耳を貸さない. ❸(音・痛みなどが)鈍い, はっきりしない; (感情などが)内に秘めた. ❹隠れた, ひそかな. ❺〔言〕無声の.

faire la sourde oreille 聞こえないふりをする.

— le(la) **sourd(e)** 名 耳が聞こえない人, 耳の不自由な人.

crier* [*frapper*] *comme un sourd 力の限り叫ぶ[打つ].

le(la) **sourd(*e*)-muet(*te*)** /スル(ド)ミュエ(ト)/ 名 (男複 sourds-muets, 女複 sourdes-muettes) 聾唖(ろうあ)者.

— 形 聾唖(ろうあ)の.

souri (...), sourî ... →**sourire** 65

souriant(*e*) /スリヤン(ト)/ (英 smiling) 形 にこやかな.

la **souricière** /スリスィエル/ 女 ネズミとり; (警察の)張り込み.

sourire /スリール/ 自 65 (英 smile) ❶ほほ笑む, にっこり笑う.

❷〔à, の〕気に入る. ●Tout *lui sourit*. 彼にとってすべてが順調に行っている.

— le **sourire** 男 微笑, 笑顔. ●avoir le *sourire* 満足げである. ●garder le *sourire* (逆境でも)笑顔を絶やさない.

la **souris** /スリ/ (英 mouse) 女 ❶〔動〕ハツカネズミ(二十日鼠). ❷〔情報〕マウス.

sournois(*e*) /スルノワ(ーズ)/ 形 陰険な.

— le(la) **sournois(*e*)** 名 腹黒い人.

sous /su ス/ 前

❶(英 under) 《位置》…の下に, …の中[内部]に.

●Il y a deux chats *sous* la table. テーブルの下に猫が二匹います.

●*sous* terre 地下に.

❷《時間》…の時代に; …の期間に.

●*sous* peu ほどなく.

●*sous* huitaine 1週間以内に.

❸《支配・条件・名目》…で; …のもとに.

●*sous* la protection de ... …の保護を受けて.

❹《作用・影響》…を受けて.

●être *sous* pression プレッシャーを受けている.

●agir *sous* le coup de la colère 怒りに駆られて行動する.

❺《観点》…から見て.

●*sous* ce rapport この点からみれば.

la **souscription** /ススクリプスィヨン/ 女 ❶(株・債券の)応募; (出版物の)予約申し込み. ❷予約金; 寄付金.

souscrir ... →**souscrire** 26

souscrire /ススクリール/ 自 26 〔à, に〕応募する; 同意する.

souscris, souscrit, souscriv ... →**souscrire** 26

sous-développé(*e*) /スデヴロペ/ 形 (国・経済が)発展の遅れた, 後進の.

sous-entendre /スザンタンドル/ 他 28 をほのめかす, 言外に暗示する.

sous-estimer /スゼスティメ/ 他 を過小評価する.

sous-marin(*e*) /スマラン(リヌ)/ 形 (英 submarine) 海中の, 海底の.

plongée sous-marine スキューバダイビング.

— le **sous-marin** 男 潜水艦.

le **sous-officier** /スゾフィスィエ/ 男 下士官.

le **sous-sol** /スソル/ 男 (英 basement) 地階; 地下(室). ●richesses du *sous-sol* 地下資源.

le **sous-titre** /スティトル/ 男 副題, サブタイトル; 〔映〕字幕.

la **soustraction** /ススストラクスィヨン/ 女 (英

subtraction) 引き算.

soustraire /スス트レール/ 他 72 ❶〘*de*, から〙を引く. ❷〘*à*, から〙を巻き上げる, だまし取る.

— se soustraire 代動 〘*à*, から〙逃れる, 免れる.

soustrait, soustray ... → **soustraire** 72

le **sous-vêtement** /スヴェトマン/ 男 下着.

souten ... →**soutenir** 75

soutenir /ストニール/ 他 75 (英 support, sustain) ❶を支える.
● *soutenir* un blessé 負傷者を支える.
❷を支援する, 擁護する; に味方する.
● *soutenir* un candidat 候補者を支持する.
❸を主張する.
❹を維持する.
❺に耐える, 持ちこたえる.

soutenir A contre B BよりもAの肩をもつ.

soutenir que 直 …であると主張する.

— se soutenir 代動 互いに助け合う.

soutenu(*e*) /ストニュ/ 形 (文体などが)格調高い; 変わることのない; (色などが)際立った.

souterrain(*e*) /ステラン(レヌ)/ 形 (英 underground) 地下の; 内密の.

— le **souterrain** 男 地下道.

le **soutien** /スティヤン/ 男 ❶支え; 支柱. ❷支持, 支援; 支持者; 〔情報〕サポート.
● apporter son *soutien* à ... …を支持する.

soutien ..., souti[î]n ... →**soutenir** 75

le **soutien-gorge** /スティヤンゴルジュ/ 男 (複 soutiens-gorge) ブラジャー.

souvenais, souvenait, souvenant, souveni ... → **souvenir** 75

se souvenir /スヴニール/ 代動 75 (英 remember) ❶〈se souvenir de ...〉…を思い出す, 覚えている, 忘れないでいる. ● Vous *vous souvenez de* moi? 私のことを覚えていますか. ❷〈se souvenir que ...〉…ということを覚えている. ● Je *me souviens qu'*il m'a dit cela. 彼がそう言ったのを私は覚えている.

autant que je m'en souvienne 私の覚えている限り.

— 非人称 《助動 être》〈Il me [te, lui, ...] souvient de ... [que ...]〉《文》…が私[君, 彼(女), …]の心に浮かぶ.

— le **souvenir** 男 ❶(英 memory) 思い出, 回想; 記憶; 《複》回想録.
❷(英 souvenir) 土産, 記念品, 思い出の品. ● boutique [magasin] de *souvenirs* 土産物店.

en souvenir (de ...) (…の)記念に.

photo souvenir 記念写真.

Rappelez-moi au bon souvenir de ... (人)によろしくお伝えください.

souvent

/suvɑ̃ スヴァン/ 副 (英 often) しばしば, よく; 多くの場合.
● Il pleut *souvent* en automne. 秋にはよく雨が降る.

le plus souvent たいていは, ほとんどの場合.

peu souvent たまに.

plus souvent qu'à son tour 普段よりも頻繁に.

souvenu →**souvenir** 75

souverain(*e*) /スヴラン(レヌ)/ 形 ❶主権を有する, 最高権限をもつ. ❷《文》至上の; 極端な. ❸(薬が)特効性の.

— le(la) **souverain(*e*)** 名 君主; 主権者.
● *souverain* absolu [constitutionnel] 絶対[立憲]君主.

la **souveraineté** /スヴレヌテ/ 女 主権.

souvien ..., souvi[î]n ... →**souvenir** 75

soviétique /ソヴィエティク/ 形 (旧)ソ連の.

— le(la) **Soviétique** 名 (旧)ソ連の人.

soyeux(*se*) /ソワイユ(ーズ)/ 形 絹のような, つややかな.

soyez, soyons →**être** 25

spacieux(*se*) /スパスィユ(ーズ)/ 形 《文》広々とした.

spatial(*ale*) /スパスィヤル/ 形 (男複 spatiaux) 宇宙の; 空間の.

le(la) **speaker(*ine*)** /スピクール(リーヌ)/ 名 (<英) アナウンサー.

spécial(*ale*) /スペスィヤル/ 形 (男複 spéciaux) ❶(英 special) 特別の.
● prix *spécial* 特価.
❷特殊な, 専門的な; 〘*à*, に〙特有の.

S

effets spéciaux 〔映〕特撮.

spécialement /スペスィヤルマン/ 副 (英 especially, particularly) 特別に, わざわざ; とりわけ.

pas spécialement... 《話》特に…というわけではない.

spécialiser /スペスィヤリゼ/ 他 を専門化する.

— **se spécialiser** 代動 〖*en, dans*, を〗専攻する, 専門とする.

le(la) **spécialiste** /スペスィヤリスト/ 名 (英 specialist) 専門家; 専門医.

la **spécialité** /スペスィヤリテ/ 女 ❶ (英 speciality) 専門, 専攻. ● *spécialité* médicale 医師の専門領域. ❷ 特産品; 名物料理. ● *spécialité* du chef シェフのおすすめ.

spéciaux →**spécial** の複数形.

spécifier /スペスィフィエ/ 他 を明示する, はっきり伝える.

spécifique /スペスィフィク/ 形 特有[固有]の, 特殊な; 独特な.

le **spécimen** /スペスィメヌ/ 男 (<ラテン) ❶ 見本; (本の)見本刷り. ❷ 典型.

le **spectacle** /スペクタクル/ 男 ❶ (英 sight) 光景, 情景. ❷ (英 show) (演劇, 舞踊, 映画などの)見世物, ショー; 興行.

à grand spectacle 大仕掛けな.

au spectacle de... …を見て.

donner... en spectacle …を見せ物にする.

industrie du spectacle ショービジネス.

spectaculaire /スペクタキュレール/ 形 劇的な, 華々しい.

le(la) **spectateur**(***trice***) /スペクタトゥール(トリス)/ 名 ❶ (英 spectator) 観客, 見物人. ❷ 目撃者.

le **spectre** /スペクトル/ 男 ❶ 幽霊. ❷ 恐れ, 脅威. ❸ 〔物〕スペクトル.

la **spéculation** /スペキュラスィヨン/ 女 ❶ 投機, 思惑買い. ❷ 《文》思弁; 空論.

la **sphère** /スフェール/ 女 ❶ 球; 球面. ● *sphère* céleste 天球. ❷ (活動・権限などの)範囲, 領域.

hautes sphères 上層部.

sphérique /スフェリク/ 形 球形の, 球状の.

spiral(***ale***) /スピラル/ 形 (男複 spiraux) 渦巻状の.

— la **spirale** 女 渦巻き状のもの; 渦巻き曲線. ● en *spirale* らせん形の, 渦を巻いて.

spirituel(***le***) /スピリテュエル/ 形 ❶ (英 witty) 機知に富んだ. ❷ (英 spiritual) 精神的な. ❸ 霊魂に関する; 宗教上の.

spiritueux(***se***) /スピリテュ(ーズ)/ 形 アルコール度の高い.

— le **spiritueux** 男 蒸留酒, スピリッツ.

la **splendeur** /スプランドゥール/ 女 栄華; 華やかさ; 見事なもの.

dans toute sa splendeur すばらしさを余すところなく示して; 《皮肉で》紛れもない, 極めつきの.

splendide /スプランディド/ 形 (英 splendid) 光り輝く, まばゆい; きらびやかな.

spontané(**e**) /スポンタネ/ 形 ❶ (英 spontaneous) 自発的な; 自然発生的な. ❷ 率直な.

spontanément /スポンタネマン/ 副 自発的に, ひとりでに; 思いつくままに.

le **sport** /spɔr スポール/ 男 (<英) スポーツ, 競技; 運動.

● *sport* en salle [de plein air] インドア[アウトドア]スポーツ.

● *sport* individuel [d'équipe] 個人[団体]競技.

● *sports* d'hiver ウィンタースポーツ.

C'est du sport. 《話》それは難しい[危険な]仕事だ.

会話 ***Il va y avoir du sport.*** これはひと騒動ありそうだ.

— 形 《不変》《話》(服装が)スポーティーな.

sportif(***ve***) /スポルティフ(ーヴ)/ 形 ❶ スポーツの; スポーツ好きな. ❷ フェアな.

● esprit *sportif* スポーツマンシップ.

— le(la) **sportif**(***ve***) 名 スポーツマン[ウーマン].

le **square** /スクワール/ 男 (<英) (鉄柵で囲まれた)小公園, 辻公園.

le **squelette** /スクレト/ 男 ❶ 骸(がい)骨, 骨格. ❷ (建造物の)骨組み; (作品・演説の)骨子.

stabiliser /スタビリゼ/ 他 を安定させる.

— **se stabiliser** 代動 安定する; 落ち着く.

la **stabilité** /スタビリテ/ 女 安定(性).

stable /スタブル/ 形 安定した, 確固とした; (椅子などが)ぐらぐらしない.

le **stade** /スタド/ 男 ❶ (英 stadium) 競技場, スタジアム. ❷ (発達・病気の)段階.

●*stade* oral 口唇期.

le**stage** /スタージュ/ 男 (英 study) 研修(期間), 実習(期間); 短期講習. ●*stage* pédagogique 教育実習.

stagiaire /スタジエール/ 形 研修中の.

— le(la) **stagiaire** 名 研修生, 実習生.

le**stand** /スタンド/ 男 (<英) ❶(展示会などの)出展コーナー, スタンド. ❷(カーレースの)ピット (=〜 de ravitaillement). ❸射撃場 (=〜 de tir).

le**standard** /スタンダール/ 男 (<英) ❶標準, 規格. ❷(内線の)電話交換台.

— 形 《不変》標準の, 規格どおりの; 型にはまった.

le(la) **standardiste** /スタンダルディスト/ 名 電話交換手.

la**station** /スタスィヨン/ 女 ❶(英 station, stop) (**a**)(地下鉄などの)駅; (鉄道の)小さな駅. → 通常の駅は gare.

(**b**)(バスの)停留所. → 待合施設のないものは arrêt.

❷(英 resort) リゾート, 保養地. ●*station* balnéaire 海水浴場. ●*station* thermale 温泉場.

❸放送局. ●*station* de télévision [radio] テレビ[ラジオ]局.

❹(レーダーなどの)基地; 観測所.

❺(浄水・給油などの)サービスステーション. ●*station* libre-service セルフサービスのガソリンスタンド.

❻姿勢; 立ち止まること. ●*station* debout 立ったままの姿勢.

stationnaire /スタスィヨネール/ 形 動かない, 変化しない; 停滞している.

le**stationnement** /スタスィヨヌマン/ 男 (英 parking) 駐車. ●*Stationnement* interdit 《掲示》駐車禁止.

stationner /スタスィヨネ/ 自 駐車する; 立ち止まる.

la**station-service** /スタスィヨンセルヴィス/ 女 (複 stations-service) ガソリンスタンド.

statique /スタティク/ 形 静止した.

la**statistique** /スタティスティク/ 女 統計(学); 《複》統計表.

— 形 統計上の, 統計学の.

la**statue** /スタテュ/ 女 (英 statue) 像, 彫像.

la**statuette** /スタテュエト/ 女 小像.

le**statut** /スタテュ/ 男 ❶(英 status) 身分(規定); 社会的地位. ❷《複》(団体・法人などの)規約, 定款.

le**steak** /ステク/ 男 (<英) ステーキ.

steak haché ハンバーグステーキ.

la**stéréophonie** /ステレオフォニ/ 女 〔音響〕ステレオ.

stérile /ステリル/ 形 ❶不毛な; 不作の. ❷不妊の, 生殖能力のない. ❸(行為が)無駄な, 不毛な. ❹無菌の.

stimuler /スティミュレ/ 他 ❶を刺激する. ❷(活動・機能など)を増進させる, 活発にする.

le**stock** /ストク/ 男 (<英) ❶在庫(品), ストック. ●avoir ... en *stock* …をストックしている. ❷《話》(大量の)蓄え.

stocker /ストケ/ 他 を貯蔵する, 備蓄する.

stoïque /ストイク/ 形 ストイックな, 禁欲的な; 動じない.

le**stop** /ストプ/ 男 (<英) ❶一時停止の標識. ❷《話》ヒッチハイク.

— 間 ❶止まれ, やめろ. ❷(電文の)区切り.

stopper /ストペ/ 他 ❶(乗り物・機械)を止める, 停止させる. ❷を阻止する, 食いとめる.

— 自 止まる.

le**store** /ストール/ 男 (巻き上げ式の)日よけ, オーニング; ブラインド.

le**strapontin** /ストラポンタン/ 男 (乗り物や劇場の)補助椅子.

la**stratégie** /ストラテジ/ 女 戦略, 作戦.

stratégique /ストラテジク/ 形 戦略(上)の; 非常に重要な.

le**stress** /ストレス/ 男 (<英) ストレス.

stressant(e) /ストレサン(ト)/ 形 ストレスのたまる.

stressé(e) /ストレセ/ 形 ストレスのたまった.

strict(e) /ストリクト/ 形 ❶厳密な, 厳正な. ❷厳格な, 厳しい. ❸最低限の, ぎりぎりの; 簡素な.

dans la plus stricte intimité ごく内輪で.

le strict nécessaire [minimum] 必要最低限のもの.

strictement /ストリクトマン/ 副 厳密に, 厳しく; きちんと.

strident(e) /ストリダン(ト)/ 形 (音・声が)鋭い, かん高い.

la**strophe** /ストロフ/ 女 〔詩〕詩節.

structural(ale) /ストリュクテュラル/ 形 (男複 structuraux) 構造(上)の, 構造を研究する.

le **structuralisme** /ストリュクテュラリスム/ 男 構造主義.

la **structure** /ストリュクテュール/ 女 構造, 構成; 組織.

studieux(se) /ステュディユ(ーズ)/ 形 (英 studious) 勉強熱心な, 勤勉な; 勉学に明け暮れた.

le **studio** /ステュディオ/ 男 (<英) ❶ワンルームマンション. ❷(テレビ・映画撮影の)スタジオ. ❸小劇場, ミニシアター.

la **stupéfaction** /ステュペファクスィヨン/ 女 茫(ぼう)然自失; 驚愕(がく).

stupéfait(e) /ステュペフェ(ト)/ 形 〖*de*, に〗あっけに取られた; 茫(ぼう)然となった.

stupéfiant(e) /ステュペフィヤン(ト)/ 形 あっと驚くような.

— le **stupéfiant** 男 麻薬.

la **stupeur** /ステュプール/ 女 ❶茫(ぼう)然自失. ❷〔医〕麻痺(まひ).

stupide /ステュピド/ 形 愚かな, ばかばかしい.

le **style** /スティル/ 男 ❶文体; 言葉遣い; 語法. ❷〔美〕様式. • *style* Louis XIII ルイ13世様式. ❸(その人なりの)やり方, 行動様式; 〔スポーツ〕フォーム. • *style* de vie ライフスタイル.

de style 時代ものの, 古風な様式の.

le **stylo** /スティロ/ 男 (英 fountain pen) ペン; 万年筆 (=〜à encre).

stylo-bille ボールペン.

su →**savoir** 67

subdiviser /スュブディヴィゼ/ 他 をさらに分ける, 再分割する.

subir /スュビール/ 他 33 ❶(英 suffer) (災難)を受ける, こうむる; (影響)をこうむる. • *subir* des violences 暴行を受ける. • *subir* une défaite 敗北を喫する. ❷(試験・治療・修正など)を受ける. • *subir* une opération chirurgicale 外科手術を受ける.

subit(e) /スュビ(ト)/ 形 急な, いきなりの.

subitement /スュビトマン/ 副 突然, 急に.

subjectif(ve) /スュブジェクティフ(ーヴ)/ 形 主観的な.

la **subjectivité** /スュブジェクティヴィテ/ 女 主観性.

subjonctif(ve) /スュブジョンクティフ(ーヴ)/ 形 〔文法〕接続法の.

— le **subjonctif** 男 接続法.

sublime /スュブリム/ 形 崇高な, 気高い.

— le **sublime** 男 《文》崇高さ, 気高さ.

submerger /スュブメルジェ/ 他 40 ❶を水没させる, 水浸しにする. ❷《多く受動態》を埋没させる, 飲み込む; (感情などが)の心を満たす. • *être submergé* de travail 仕事の山に埋もれている.

subordonné(e) /スュボルドネ/ 形 〖*à*, に〗従属している; 部下の. • proposition *subordonnée* 従属節.

— le(la) **subordonné(e)** 名 部下.

— la **subordonnée** 女 〔文法〕従属節.

subordonner /スュボルドネ/ 他 〈subordonner A à B〉 AをBに従属[依拠]させる; AをBの部下にする, AをBの下位におく.

être subordonné à ... …次第である; …に左右される.

— **se subordonner** 代動 〖*à*, に〗従属する; 従う.

subsister /スュブズィステ/ 自 ❶存続する, 残る. • *Il subsiste* un doute sur ... 《非人称》…については疑いが残る. ❷生計を立てる, 暮らしていく.

la **substance** /スュブスタンス/ 女 ❶物質. ❷内容; 要点. ❸〔哲〕実体, 本質.

en substance 要するに.

substantiel(le) /スュブスタンスィエル/ 形 ❶栄養たっぷりの, 充実した. ❷相当の. ❸主要な, 肝心な.

substituer /スュブスティテュエ/ 他 〈substituer A à B〉 BをAに置き換える; AをBの代わりに用いる.

— **se substituer** 代動 〖*à*, に〗取って代わる.

le **substitut** /スュブスティテュ/ 男 代理人, 代用物[品].

la **substitution** /スュブスティテュスィヨン/ 女 置き替え; 代用. • produit de *substitution* 代用品.

subtil(e) /スュブティル/ 形 ❶鋭敏な, 緻密な; 巧妙な. ❷かすかな, 捉えがたい. • C'est trop *subtil* pour moi. それは微妙すぎて私にはわからない.

la **subvention** /スュブヴァンスィヨン/ 女 補助金, 助成金.

S

le **suc** /スュク/ 男 ❶ 汁, 液; (動植物の)水分; 体液. ● *suc* gastrique 胃液. ❷《文》精髄.

succéder /スュクセデ/ 自 57 ❶ (英 succeed)〘à〙(人の)後を継ぐ, 後継者[後任]になる. ● Il *a succédé à* son père à la direction de la société. 彼は父の後を継いで会社の経営者の地位についた. ❷〘à, に〙続いて起こる.

— se succéder 代動 相次いで起きる.

le **succès** /スュクセ/ 男 ❶ (英 success) 成功, 好結果; 勝利.
❷ (芝居・小説・映画などの)大好評, ヒット(作). ● *succès* de librairie ベストセラー.
❸ 異性にもてること.
à succès ヒットした, 人気の.
avec succès 首尾よく.

le **successeur** /スュクセスール/ 男 後継者, 後任者; 相続人.

successif(ve) /スュクセスィフ(ーヴ)/ 形 相次ぐ, 続発する.

la **succession** /スュクセスィヨン/ 女 ❶ 続いて起こること, 継起. ❷ 後継, 継承. ● prendre la *succession* de ... …の後を継ぐ. ❸〔法〕相続(財産). ● droits de *succession* 相続税.

succinct(e) /スュクサン(ト)/ 形 ❶ 手短な, 言葉数の少ない. ❷《話》《ふざけて》(食事が)量の少ない.

succomber /スュコンベ/ 自 ❶ 死亡する, 息絶える. ❷〘à, に〙敗れる, 屈する;〘*sous*, に〙押し潰される.

la **succursale** /スュキュルサル/ 女 支店.

sucer /スュセ/ 他 52 (英 suck) を吸う; なめる, しゃぶる.

— se sucer 代動 自分の…を吸う.

le **sucre** /スュクル/ 男 ❶ (英 sugar) 砂糖. ● *sucre* en poudre [morceaux] 粉[角]砂糖.
❷〔生理〕〔化〕糖.
casser du sucre sur le dos de ...《話》…の陰口をたたく.
ne pas être en sucre (人が)やわではない.

sucré(e) /スュクレ/ 形 甘い, 砂糖入りの.

— le sucré 男 甘味; 甘いもの.

sucrer /スュクレ/ 他 ❶ (英 sugar) に砂糖を入れる; を甘くする. ❷《話》(一度与えた許可など)を取り消す, 没収する.

— se sucrer 代動 (コーヒーなどに)自分で砂糖を入れる;《話》ぼろもうけをする, うまい汁を吸う.

la **sucrerie** /スュクルリ/ 女 ❶《複》砂糖菓子, 甘いもの. ❷ 製糖工場.

sucrier(ère) /スュクリエ(ール)/ 形 砂糖のとれる; 製糖の.

— le(la) sucrier(ère) 名 製糖業者.

— le sucrier 男 砂糖入れ.

le **sud** /syd スュド/ 男 (英 south) 南; 南部.
● au *sud* de Paris パリの南に.
● maison orientée au *sud* 南向きの家.
● vent du *sud* 南風.
l'Amérique du sud 南アメリカ.
— 形《不変》南の. ● pôle *sud* 南極.

le **sud-est** /スュデスト/ 男 南東; 南東部[地方].
— 形《不変》南東の.

le **sud-ouest** /スュドウェスト/ 男 南西; 南西部(地方).
— 形《不変》南西の.

la **Suède** /スュエド/ 女 スウェーデン.

suédois(e) /スュエドワ(ーズ)/ 形 スウェーデンの.

— le(la) Suédois(e) 名 スウェーデン人.

— le suédois 男 スウェーデン語.

suer /スュエ/ 自 ❶ (英 sweat) 汗をかく;〘*sur*, に〙骨を折る, 非常に苦労する. ❷ 水分が出る; (壁などが)結露する.
faire suer 人《話》(人)をうんざりさせる.
se faire suer《話》退屈する.
— 他 (血や汗)をにじませる.
suer sang et eau 骨身を削る.

la **sueur** /スュウール/ 女 ❶ (英 sweat) 汗. ● être en *sueur* 汗をかいている. ❷《文》労苦.

suffi →**suffire** 70

suffire /スュフィール/ 自 70 ❶ (英 be sufficient)《ものが主語》〘à, に〙十分である, 足りる. ● Ça *me suffit*. 私にはそれで十分です. ● Une heure *suffira* pour qu'il soit prêt. 彼は1時間もあれば用意できるだろう.
❷《非人称》〈**Il suffit** (**à** A) **de** B [**de** 不定詞]〉(Aにとって)B[…する]だけで十分である.
会話 ***Ça suffit*** (***comme ça***)***!*** もうたくさんだ!, いいかげんにしろ!

— se suffire 代動 自分ひとりでやって

いく, 自給自足する.

suffis(...) →**suffire** 70

suffisamment /スュフィザマン/ 副 (英 sufficiently) 十分に.

suffisamment de 名《無冠詞》 十分なだけの….

suffisant(e) /スュフィザン(ト)/ 形 ❶(英 sufficient) 十分な, 満足のゆく. ❷うぬぼれた, 偉そうな.

suffit, suffît(es) →**suffire** 70

le **suffixe** /スュフィクス/ 男 〔言〕接尾辞.

suffoquer /スュフォケ/ 他 を窒息させる, の息を詰まらせる; (驚きや怒りで)に言葉を失わせる.

— 自 窒息する; 〘*de*, で〙息が詰まる.

le **suffrage** /スュフラージュ/ 男 ❶選挙(方法); 票, 投票. ● *suffrage* direct [indirect] 直接[間接]選挙. ● *suffrage* universel [restreint] 普通[制限]選挙. ❷《文》賛同; 好評.

recueillir tous les suffrages 大好評を博す.

suggérer /スュグジェレ/ 他 57 ❶(英 suggest) を提案[提示]する, すすめる; 示唆する, ほのめかす. ❷《ものが主語》を連想させる, 思わせる; 暗示する.

la **suggestion** /スュグジェスティヨン/ 女 ❶提案. ❷示唆; 〔心〕暗示法.

le **suicide** /スュイスィド/ 男 自殺; 自殺行為. ● tentative de *suicide* 自殺未遂.

se suicider /スュイスィデ/ 代動 (英 commit suicide) 自殺する.

suinter /スュアンテ/ 自 ❶(水分が)しみ出る. ❷(壁などが)水分をしみ出させる[にじませる].

— 他 (水分)をしみ出させる.

suis →**être** 25 →**suivre** 71

la **Suisse** /スュイス/ 女 スイス.

Suisse alémanique [***italienne, romande***] スイスのドイツ語[イタリア語, フランス語]圏.

suit →**suivre** 71

la **suite** /スュイト/ 女 ❶(英 sequence) 続き; 次に来るもの; (連続ドラマ・連載小説などの)続き, 続編. ● La *suite* au prochain numéro. (連載小説などで)以下次号. ● *suite* et fin 今回にて完結.
❷(英 result) 《多く複数》結果. ● mourir des *suites* d'un accident de cheval 落馬事故で死亡する.
❸一貫性, 脈絡.
❹(英 suite) 随行員.
❺スイートルーム.
❻〔楽〕組曲; 〔数〕数列.

à la suite 立て続けに, 次々と.

à la suite de... …に続いて; …の結果.

会話 ***À tout de suite*** じゃ後で.

avoir de la suite dans les idées 考え方が一貫している.

de suite 続けざまに, 連続して; すぐに.

donner suite à... (計画など)を実現させる; (要求など)に応える.

et ainsi de suite 以下同様に.

par la suite その後, あとで; …の結果.

prendre la suite de... …の後を継ぐ.

sans suite 脈絡のない; (事業などが)立ち消えになった.

Suite à... (公用文で)…へのご返事として.

tout de suite 直ちに, すぐ. ● Venez *tout de suite*. すぐ来なさい.

une suite de... …の連続, 一連の….

suiv ... →**suivre** 71

suivant[1] /スュイヴァン/ 前 (英 according to) …に応じて; …に従って; …によれば.

suivant que 直 …かどうかによって.

suivant[2](e) /スュイヴァン(ト)/ 形 (英 following) 次の, 以下の; 次に続く. ● l'année *suivante* 翌年. ● voir page *suivante* 次ページ参照.

— le(la) **suivant(e)** 名 次の人[もの].

会話 ***Au suivant!*** 次の方どうぞ.

suivi(e) /スュイヴィ/ 形 長く続いている; 〔商〕(生産が)続いている.

— le **suivi** 男 追跡調査; (一定期間継続した)検査, 監督.

suivre /スュイーヴル/ 他 71 (英 follow)
❶の後について行く[来る]; 後をつける[追う], につきまとう. ● *Suivez* le guide. ガイドの後についてきてください.
❷の次に来る[起こる]; に続く. ● Le printemps *suit* l'hiver. 冬の次に春が来る.
❸をたどる, に沿って行く; (計画など)に従う. ● La route *suit* la rivière. 道路は川沿いに走っている.
❹に従う, の例にならう; (流行など)を追う. ● *suivre* un conseil 忠告に従う.
❺を注意深く見守る, に常に気を配る; (番組など)を継続して見る. ● C'est une affaire à *suivre*. これは目が離せない問題だ.

S

❻ (授業, 治療など)を継続的に受ける; (話, 授業など)について行く, を理解する.
● *suivre* un cours de français フランス語の授業に出る. ● Vous me *suivez*? (念を押して)わかりますか.

— 自 ❶ 後に続く, 次に来る. ❷ 注意深く聞く; 授業について行く.
À suivre 《連載もので》(次号に)続く.
Faire suivre (郵便物の宛名書きで)転居の場合は要転送.
faire suivre son courrier 郵便物を転送してもらう.

— **se suivre** 代動 続いて行く, 相次ぐ; (番号や順番が)連続する.

le **sujet**[1] /スュジェ/ 男 ❶ (英 subject) 主題, 話題; テーマ; (小論文試験の)問題. ● C'est à quel *sujet*? 何についてのお話ですか. ❷ 原因, 理由. ❸〔医〕患者. ❹〔文法〕主語;〔哲〕主体, 主観.
au sujet de... …のことで, …に関して.
avoir sujet de 不定詞 …する理由がある.
hors (du) sujet 本題からはずれた, 脱線した.

sujet[2]**(te)** /スュジェ(ト)/ 形〘à, に〙陥りやすい, かかりやすい.
— le(la) **sujet(te)** 名 (封建制下の)臣民; (王政下の)国民.
mauvais sujet 素行の悪い人.

sûmes, surent →**savoir** 67

le **super** /スューペール/ 男《話》ハイオクガソリン (=supercarburant).
— 形《不変》《話》すごい, 最高.
— 副《話》すごく.

S

superbe /スュペルブ/ 形 とても美しい, 華麗な; すばらしい.
être superbe de... 見事なまでに…だ.
— la **superbe** 女《文》高慢.

la **superficie** /スュペルフィスィ/ 女 面積; 表面.

superficiel(le) /スュペルフィスィエル/ 形 ❶ (英 superficial) 表面的な, 浅薄な. ❷ 表面の; (傷などが)浅い.

superflu(e) /スュペルフリュ/ 形 余分な, 無用の.
— le **superflu** 男 余分, 余剰.

supérieur(e) /スュペリユール/ 形 ❶ (英 upper) 上の, 上部の; 上流の. ❷〘à, より〙大きい, 高い; まさる, 上回る. ● *supérieur* à la normale 平均以上の. ● Il se croit *supérieur* à tout le monde. 彼は自分が誰よりも優れていると思っている. ❸ 優れた, 高度な; 上級の, 高等な. ● enseignement *supérieur* 高等教育. ❹ (態度が)高慢な, 見下したような.
— le(la) **supérieur(e)** 名 目上の人; 上司, 上官;〔宗〕修道会[院]長.

la **supériorité** /スュペリヨリテ/ 女〘sur, に対する〙優越, 優位. ● sentiment de *supériorité* 優越感.

superlatif(ve) /スュペルラティフ(ーヴ)/ 形〔文法〕最上級の.
— le **superlatif** 男〔文法〕最上級; 大げさな表現; 最高度.

le **supermarché** /スュペルマルシェ/ 男 (英 supermarket) スーパーマーケット.

superposer /スュペルポゼ/ 他 を重ねる, 積み重ねる; (図形)を重ね合わせる.
lits superposés 二段ベッド.
— **se superposer** 代動 重なる.

supersonique /スュペルソニク/ 形 超音速の.
— le **supersonique** 男 超音速機 (= avion ～).

superstitieux(se) /スュペルスティスィユ(ーズ)/ 形 迷信を信じる, 縁起をかつぐ.

la **superstition** /スュペルスティスィヨン/ 女 迷信.

suppléant(e) /スュプレアン(ト)/ 形 代理の.
— le(la) **suppléant(e)** 名 代理[代行]人.

suppléer /スュプレエ/ 他《文》を補う; の代理をつとめる.
— 自〘à, の〙不足を補う; 代わりとなる.

le **supplément** /スュプレマン/ 男
❶ 追加, 補足.
❷ 追加[割増]料金; 別料金.
❸ (出版物の)付録, 補遺.
en supplément 追加の; 割増[別]料金で.
● Le vin est *en supplément*. 《掲示》ワインは別料金です.

supplémentaire /スュプレマンテール/ 形 追加の.
faire des heures supplémentaires 残業する.

le **supplice** /スュプリス/ 男 ❶ (鞭(むち)打ちなど身体への)刑罰; 拷問. ❷ 責め苦; 精神的苦しみ.
dernier supplice 死刑.
être au supplice ひどく苦しんでいる.

supplier /スュプリエ/ 他 (英 beg) に懇願する; 哀願する, 強く頼む. 会話 Je t'en *supplie*. 頼むよ.

supplier 人 ***de*** 不定詞 (人)に…するよう懇願する.

le **support** /スュポール/ 男 ❶台; 支え, 支柱. ❷画紙, 画布. ❸(広告などの)媒体, メディア; (テープやディスクなどの)記憶媒体. ●*support* publicitaire 広告媒体.

supporter /スュポルテ/ 他 ❶(英 support) を支える.
❷に耐える, 持ちこたえる; (他人の存在・行為)を我慢する, 大目に見る. ●Je ne peux pas *supporter* ce type. 私はあいつには我慢できない.
❸(高低温や衝撃など)に耐える, 抵抗力がある. ●verre qui *supporte* la chaleur 耐熱性のグラス.
❹を引き受ける.

supporter que 接続法 …であることを我慢する.

— se supporter 代動 耐えられる; 互いに我慢する.

supposer /スュポゼ/ 他 ❶(英 suppose) を仮定する; 〈**supposer que** 接続法〉…であると仮定する. ●*Supposez que* ce soit possible. それが可能だと仮定してみなさい.
❷だと思う; 推測する. ●Elle ne viendra pas, je *suppose*. 彼女は来ないだろうと思うよ.
❸を前提とする, 当然必要とする. ●Cela *suppose* de gros efforts. それには大変な努力が必要だ.

à supposer 〔***en supposant***〕 ***que*** 接続法 …であると仮定して.

la **supposition** /スュポズィスィヨン/ 女 ❶推測; 仮定. ❷〔法〕偽造; 詐称.

la **suppression** /スュプレスィヨン/ 女 削除, 削減; 廃止.

supprimer /スュプリメ/ 他 ❶(英 remove) を取り除く, 削除する, 抹消する; 大幅に減らす. ●*supprimer* un passage dans un discours 演説の1節を削除する.
❷を廃止する; 取り消す; 発行禁止にする. ●On lui *a supprimé* sa pension. 彼(女)は年金が支給されなくなった.
❸を抹殺する, 消す.

— se supprimer 代動 自殺する.

suprême /スュプレム/ 形 (英 supreme) (地位・程度などが)最高の, この上ない; 最後の. ●bonheur *suprême* 至福. ●instant 〔moment, heure〕 *suprême* 臨終, 最期.

sur[1] /syr スュル/ 前 (英 on, over) ❶《位置》…の上に, …の表面に; 《範囲》…に面して, …にわたって.
●monter *sur* une bicyclette 自転車に乗る.
●un pont *sur* la rivière 川に架かる橋.
●coller une affiche *sur* le mur 壁にポスターを貼る.
●Ma chambre donne *sur* la rue. 私の部屋は通りに面している.
❷《基礎・根拠》…に基づいて.
●*sur* sa recommandation 彼(女)の勧めで.
❸《主題》…について, …に関して; 《対象・方向》…に対して, …に向かって, …の方に.
●un livre *sur* la guerre 戦争に関する本.
●appuyer *sur* un bouton ボタンを押す.
❹《比率》…のうちで, …につき; …の中から.
●9 *sur* 20 20点満点で9点.
❺《時間》…のころ; …してすぐ.
●*sur* le soir 夜近くに.
❻《基準》…に合わせて, …に応じて.
●*sur* mesure 採寸して, あつらえで.
❼《様態》…の状態で.

sur soi 自分の身につけて. 会話 As-tu de l'argent *sur toi*? いまお金を持っているかい.

sur[2]**(e)** /スュル/ 形 酸っぱい.

sûr(e) /スュール/ 形 ❶(英 sure) (**a**) 〖*de*, を〗確信している, 自信を持っている; 信頼している.
●Je suis *sûr de* son succès. 彼(女)の成功を私は確信している.
(**b**)〈**être sûr que** 直〉…であることを確信している. → 主節が否定または疑問で従属節が不確実な意味を持つときは接続法.
●Je *suis sûr qu*'il est malade. 彼が病気なのは確かだと思う.
●*Êtes*-vous *sûr qu*'il soit malade? 彼が病気なのは確かなのですか.
❷確かな, 信頼できる; 安全な.

à coup sûr 確かに, 間違いなく.

bien sûr (***que…***) もちろん(…だ).

S

être sûr de soi 自信がある.
sûr et certain 確信のある.

la **surcharge** /スュルシャルジュ/ 女 ❶ 積みすぎ, 乗せすぎ. ❷ 余分な負担. ❸ 過剰, 装飾過多. ❹ 加筆, 書き加え.
en surcharge 定員[重量]超過の.

surchargé(e) /スュルシャルジェ/ 形 ❶ 積みすぎの; 装飾がごちゃごちゃした. ❷ 忙しすぎる, 仕事がびっしりの. ❸ 加筆のある.

surcharger /スュルシャルジェ/ 他 40 ❶ に荷を積みすぎる; の定員[重量]をオーバーさせる. ❷ 〘*de*, で〙 に負担をかけすぎる; 詰め込みすぎる. ❸ を加筆する.

surchauffer /スュルショフェ/ 他 を過熱する.

le **surcroît** /スュルクロワ/ 男 増加; 追加.
de [*par*] *surcroît* さらに, その上.

la **surdité** /スュルディテ/ 女 耳が聞こえないこと; 難聴.

surélever /スュレルヴェ/ 他 1 (建物など)をさらに高くする.

sûrement /スュルマン/ 副 ❶ (英 surely) 確実に, 間違いなく; 《返事で》もちろん.
会話 *Sûrement* pas! とんでもない!
❷ きっと, おそらく.

surestimer /スュレスティメ/ 他 を過大評価する.

la **sûreté** /スュルテ/ 女 ❶ (英 sureness) 確かさ, 的確さ; 狂いのなさ. ❷ (英 safety) 安全.
de sûreté 安全のための.
en sûreté 安全に.

surexcité(e) /スュレクスィテ/ 形 (英 overexcited) 極度に興奮した.

la **surface** /スュルファス/ 女 (英 surface) ❶ 表面; 地表, 水面. ❷ 面積. ●*surface* au sol 床面積. ❸ 外観, 表側, うわべ.
de surface うわべだけの.
en surface 表面的に.
faire surface (水面に)浮上する.
grande surface 大型スーパーマーケット.
refaire surface 《話》意識を取り戻す; (病気・ショックから)立ち直る.

surgir /スュルジール/ 自 33 (不意に)現れる, 浮かび上がる; (問題などが)生じる.

sur-le-champ /スュルルシャン/ 副 直ちに, すぐに.

le **surlendemain** /スュルランドマン/ 男 翌々日.

le **surmenage** /スュルムナージュ/ 男 過労; 酷使.

surmener /スュルムネ/ 他 1 を酷使する; へとへとになるまで働かせる.
— se surmener 代動 働きすぎる, 過労に陥る.

surmonter /スュルモンテ/ 他 (英 surmount) を克服する, 乗り越える; の上に載る. ●édifice *surmonté* d'un dôme 丸屋根の建物.

surnaturel(le) /スュルナチュレル/ 形 超自然的な, 不思議な; 〔宗〕信じる者のみが知る.
— le surnaturel 男 超自然的なもの.

le **surnom** /スュルノン/ 男 あだ名, 異名.

le **surnombre** /スュルノンブル/ 男 定員超過.
en surnombre 定員以上に[の], 余分に[の].

surpasser /スュルパセ/ 他 をしのぐ, 上回る.
— se surpasser 代動 いつも以上の力を出す.

le **surplus** /スュルプリュ/ 男 過剰, 余分; 《複》過剰生産品; 余剰在庫.
au surplus その上, しかも.

surpren ... →**surprendre** 60

surprenant(e) /スュルプルナン(ト)/ 形 (英 surprising) 驚くべき; 思いもよらない, 意外な.

surprendre /スュルプランドル/ 他 60
❶ (英 surprise) を驚かせる, の意表をつく. ●Cette nouvelle a *surpris* tout le monde. その知らせにみなは驚いた.
❷ を突然襲う, だしぬけに訪れる; (犯罪人など)をその場で捕まえる, の犯行現場を押さえる.
❸ 《文》を見破る.
— se surprendre 代動 〈se surprendre à 不定詞〉 思わず…する; 自分が…していることに気づく.

surpri[î] ... →**surprendre** 60

surpris(e) /スュルプリ(ーズ)/ 形 (英 surprised) ❶ 驚いた, 不意をつかれた.
❷ (**a**) 〈être surpris de 名 [de 不定詞]〉 …に[…して]驚く. ●Je suis très *surpris de* vous rencontrer ici. こんな所でお会いしてびっくりしました.
(**b**) 〈être surpris que 接続法〉 …ということに驚く.

— la **surprise** 女 ❶驚き, 思いがけないこと. ●à ma [sa] grande *surprise* 私[彼(女)]がひどく驚いたことに. ●par *surprise* 不意に.
❷(ひそかに用意した)贈り物; (思いがけない)喜び.

le **sursaut** /スュルソ/ 男 ❶(思わず)飛び上がること, びくっとすること. ❷(力や感情が)突然湧いてくること; 奮起.
en sursaut はっとなって.

sursauter /スュルソテ/ 自 思わず飛び上がる, びくっとする.

le **sursis** /スュルスィ/ 男 ❶猶予期間. ❷〔法〕執行猶予. ●six mois de prison avec *sursis* 懲役6か月執行猶予つき.
en sursis (執行)猶予中の.

surtout /スュルトゥ/ 副 ❶(英 especially) とりわけ, 何よりも. ●J'aime les fruits, *surtout* les oranges. 私は果物が, なかでもオレンジが好きだ.
❷(命令などを強調して)くれぐれも, 特に.
会話 ***Surtout pas!*** とんでもない.
surtout que 直 …なだけになおさら.

survécu (...), **survécû** ... → **survivre** 76

la **surveillance** /スュルヴェイヤンス/ 女 監視, 監督; 見張り.

le(la) **surveillant(*e*)** /スュルヴェイヤン(ト)/ 名 ❶監督者, 見張り; 看守. ❷生徒監督.

surveiller /スュルヴェイエ/ 他 ❶(英 supervise) を監督する, 見守る; 見張る, 監視する. ●La police *surveille* la maison. 警察がその家を監視している. ❷(言動や体調など)に注意する, 気をつける. ●*surveiller* son langage 言葉遣いに気をつける.
— **se surveiller** 代動 言動を慎む.

survenir /スュルヴニール/ 自 75 《助動 être》(英 occur) 突発する, 不意に起こる; 突然やって来る. ●*S'il survenait* quelque chose de nouveau, ... 《非人称》もし何か新しい動きがあったら….

la **survie** /シュルヴィ/ 女 ❶生存; サバイバル. ❷死後の生, 魂の不滅.

survien ..., **survi[î]n** ... → **survenir** 75

survivant(*e*) /スュルヴィヴァン(ト)/ 形 生き残った; 後に残された.
— le(la) **survivant(*e*)** 名 ❶生存者; (過去の時代の)生き残り. ❷遺族.

survivre /スュルヴィーヴル/ 自 76 ❶(英 survive)〔à, の後に〕生き残る; 生き続ける, 存続する. ●*survivre à* un accident 事故で命を取りとめる. ❷《補語なしで》生き延びる, 命脈を保つ.
— **se survivre** 代動 〔*dans*, の中で〕死後も生き続ける.

survoler /スュルヴォレ/ 他 ❶の上空を飛ぶ. ❷にざっと目を通す.

sus →**savoir** 67

la **susceptibilité** /スュセプティビリテ/ 女 怒りっぽさ, 傷つきやすさ.

susceptible /スュセプティブル/ 形 ❶傷つきやすい; 自尊心の強い. ❷(英 capable) (**a**)〔*de*, の〕余地がある. (**b**)〈**susceptible de** 不定詞〉…するかもしれない.

susciter /スュスィテ/ 他 (英 arouse) を呼びさます, かき立てる; 生じさせる.

suspect(*e*) /スュスペ(クト)/ 形 ❶怪しい, 疑わしい; 不審な. ❷〔*de*, の〕疑いがある, 嫌疑のかかった. ❸(食品, 製品が)品質の怪しい.
— le(la) **suspect(*e*)** 名 容疑者.

suspecter /スュスペクテ/ 他 を怪しむ, に疑いをかける.

suspendre /スュスパンドル/ 他 28 ❶(英 hang) をつるす, かける; ぶら下げる. ❷(英 suspend) を中断する, 一時停止する; 保留[延期]する; (公職にある人)を停職処分にする.
être suspendu aux lèvres de 人 (人)の言葉を聞きもらすまいと注意を傾ける.
— **se suspendre** 代動 〔*à*, に〕ぶら下がる.

suspendu(*e*) /スュスパンデュ/ 形 (<suspendre の過去分詞) ❶〔*à*, に〕つるされた, ぶら下がった; はりついたような. ❷中断された, 停職処分を受けた. ❸〔車〕サスペンションの効いた.

le **suspens** /スュスパン/ 男 《文》中断.
en suspens 《文》未解決の, 宙に浮いたままの.

le **suspense** /スュスペンス/ 男 (<英) (小説・映画などの)はらはらする場面.
film à suspense サスペンス映画.

la **suspension** /スュスパンスィヨン/ 女 ❶中断, 一時停止; 停職処分. ❷ぶら下げること, 宙ぶらりんにしておくこと. ❸〔車〕サスペンション. ❹(シャンデリアなどの)つ

S

り下げ式照明器具.

suss ..., sut, sût, sûtes →**savoir** 67

svelte /スヴェルト/ 形 すらりとした.

SVP 《略》(=s'il vous plaît). →**plaire** の成句

la **syllabe** /スィラブ/ 女 音節, シラブル.

le **symbole** /サンボル/ 男 ❶ (英 symbol) 象徴, 表象, シンボル; 象徴的な人[もの], 権化. ❷ 記号; 慣用的省略記号. → km (キロメートル)など.

symbolique /サンボリク/ 形 ❶ 象徴的な, 象徴する.
❷ 記号による, 記号で表す.
❸ 実質のない, 形ばかりの.

— la **symbolique** 女 (ある分野・時代に固有の)象徴体系.

— le **symbolique** 男 〔精医〕象徴的なもの.

symboliser /サンボリゼ/ 他 を象徴する.

le **symbolisme** /サンボリスム/ 男 〔美〕〔文学〕象徴主義.

la **symétrie** /スィメトリ/ 女 ❶ (英 symmetry) 左右対称, シンメトリー; 《文》均整, 釣り合い. ❷〔数〕対称.

symétrique /スィメトリク/ 形 ❶ 対をなす; 《文》釣り合いのとれた. ❷〔数〕対称の.

sympa /サンパ/ 形 《不変》《話》感じのいい; 楽しい (=sympathique).

la **sympathie** /サンパティ/ 女 ❶ (英 sympathy) (人に対する)好感, 親しみ; (意見や計画に対する)共感, 賛意. ●avoir de la *sympathie* pour 人 (人)に親しみを感じる. ❷《文》同情.

Croyez à toute ma sympathie. 心からお悔やみ申し上げます.

témoignages de sympathie 弔意.

sympathique /サンパティク/ 形 (英 nice) 感じのいい, 好感のもてる; 素敵な, 雰囲気のよい. ●Je le trouve très *sympathique*. 私は彼をとても感じがいいと思う.

— le **sympathique** 男 交感神経.

sympathiser /サンパティゼ/ 自 〚avec, と〛気が合う, 共鳴[共感]する.

la **symphonie** /サンフォニ/ 女 交響曲, シンフォニー.

le **symptôme** /サンプトム/ 男 ❶〔医〕症状. ❷ 前兆.

la **synagogue** /スィナゴグ/ 女 シナゴーグ, ユダヤ教の礼拝所.

syndical(ale) /サンディカル/ 形 (男複 syndicaux) 組合(運動)の. ●mouvement *syndical* 組合運動.

le **syndicat** /サンディカ/ 男 ❶ (英 union) 労働組合; 同業者組合. ❷ (共同利益のための)組合.

syndicat d'initiative (地方の)観光案内所.

syndicaux →**syndical** の複数形.

le **syndrome** /サンドローム/ 男 〔医〕症候群, シンドローム.

le **synonyme** /スィノニム/ 男 同義語, 類義語.

— 形 同義の, 類語の.

la **syntaxe** /サンタクス/ 女 〔言〕統辞論, 構文論, シンタックス.

la **synthèse** /サンテーズ/ 女 ❶ 総合, 統合; 総論. ❷〔哲〕(弁証法の)ジンテーゼ. ❸〔化〕(物質の)合成.

image de synthèse コンピューターグラフィクス, CG 画像.

synthétique /サンテティク/ 形 ❶ 総合的な; 総括する, 総論的な. ❷〔化〕合成の; 人工の.

la **Syrie** /スィリ/ 女 シリア.

syrien(ne) /スィリアン(エヌ)/ 形 シリアの.

— le(la) **Syrien(ne)** 名 シリアの人.

— le **syrien** 男 (アラビア語の)シリア方言.

systématique /スィステマティク/ 形 ❶ 体系的な; 組織的な. ❷ 一貫した; 融通のきかない, 型どおりの; 《話》いつもの.

le **système** /スィステム/ 男 (英 system) ❶ 方法, 方式; 《話》うまいやり方. ●nouveau *système* d'éclairage 新式の照明法.
❷ 装置, 機構, システム.
❸ 制度, 体制; 社会組織. ●*système* d'éducation 教育制度.
❹ (学問の)体系, 統一的理論; 学説; (言語などの)体系.
❺ (自然界の)系, 系統; 単位系, 計量法. ●*système* nerveux 神経系統.
❻〔情報〕システム.

courir [porter, taper] sur le système à 人 《話》(人)をいらだたせる.

système d'exploitation 〔情報〕OS, 基本ソフト.

S

T t

le **T, t** /テ/ 男 ❶ フランス字母の第20字. ❷ T 字形(のもの).

t' 人称代名詞 te, tu の縮約形.

ta /タ/ 形 《所有形容詞》→**ton**

le **tabac** /タバ/ 男 (英 tobacco) たばこ(の葉); たばこ屋.
 C'est toujours le même tabac. 《話》相変わらず同じことだ.
 — 形 《不変》たばこ色の.

la **table** /tabl ターブル/ 女 ❶ (英 table) (**a**) テーブル, 机.
 • *table* de chevet [de nuit] ナイトテーブル.
 • *table* de travail 作業台.
 • *table* ronde 円卓.
 (**b**) 食卓; 《集合的》食卓を囲む人たち; 食事.
 • être à *table* 食卓についている.
 • se mettre à *table* 食卓につく.
 ❷ (英 board) 盤; 板.
 ❸ 表, 一覧表.
 • *table* des matières 目次.
 会話 ***À table!*** ご飯ですよ.
 dresser [***mettre***] ***la table*** 食事の用意をする.
 sortir de table (食事後に)食卓を離れる.

le **tableau** /タブロ/ 男 (複 **tableaux**) (英 picture) ❶ 絵.
 ❷ 光景, 場面.
 ❸ 黒板; 掲示板; 〔情報〕コントロールパネル. • *tableau* noir 黒板. • *tableau* d'affichage 掲示板.
 ❹ 名簿; (一覧)表; 図表.
 ❺ (器具などをまとめて収めた)盤, ボード.
 • *tableau* de bord (車や飛行機の)計器盤, ダッシュボード.
 jouer sur les deux tableaux 両方に賭(か)ける, 二股をかける.

la **tablette** /タブレト/ 女 ❶ 棚板; 平板. ❷ 板状のもの; 錠剤.
 tablette tactile [***électronique***] 〔情報〕タブレット端末.

le **tablier** /タブリエ/ 男 (英 apron) エプロン, 前かけ.

tabou(e) /タブ/ 形 (＜英) 《時に不変》タブーの; 触れてはならない.
 — le **tabou** 男 タブー, 禁忌.

le **tabouret** /タブレ/ 男 スツール; (背もたれのない)腰かけ; 足のせ台.

la **tache** /タシュ/ 女 (英 stain) ❶ (衣服などの)しみ, 汚れ; 汚点. ❷ 斑点, 傷.
 faire tache 汚点をなす, 調和を乱す.
 faire tache d'huile 徐々に浸透する.
 tache de rousseur そばかす.

la **tâche** /タシュ/ 女 (英 task) 仕事, 任務, 務め.
 travailler à la tâche 出来高払いで働く.

tacher /タシェ/ 他 (英 stain) にしみをつける, を汚す.
 — 自 しみになる.
 — **se tacher** 代動 自分の服にしみをつける; しみがつく.

tâcher /タシェ/ 自 (英 try) 〈**tâcher de** 不定詞〉…しようと努める. 会話 *Tâche de* ne pas recommencer! 2度としないようにしなさい.
 — 他 〈**tâcher que** 接続法〉…になるように努める. • *Tâchez qu*'on n'en sache rien. そのことは絶対他人に知られないように.

tacite /タスィト/ 形 暗黙の, 言外の.

le(la) **taciturne** /タスィテュルヌ/ 名 無口な人; 口数の少ない人.
 — 形 無口な; 口数の少ない.

le **tact** /タクト/ 男 ❶ デリカシー, 気配り, 如才なさ. • avoir du *tact* 気配りができる. ❷ 《古》〔生理〕触覚.

la **tactique** /タクティク/ 女 戦術; 作戦, 策略.
 — 形 戦術(上)の.

la **taille** /タイユ/ 女 (英 height, size) ❶ 身長; (動物の)大きさ. • de petite *taille* 小柄な.
 ❷ (服や靴の)サイズ; (物の)大きさ. 会話 Ce n'est pas à ma *taille*. この服は私のサイズに合いません. • la *taille* au-dessus [au-dessous] 1つ上の[下の]サイズ.

T

❸ ウエスト, 胴. ●avoir la *taille* fine ウエストが細い.
❹ 切ること; カット.
de taille 重大な, 大きな.
être de taille à 不定詞 …する能力がある.

le **taille-crayon** /タイユクレヨン/ 男 (複 taille-crayon(s)) (小型の)鉛筆削り.

tailler /タイエ/ 他 ❶ (英 cut) (形を整えるために)を切る, 刈る.
❷ (服)を裁断する.
— 自 ❶ 切開する.
❷ (服が)…である. ●*tailler* petit [grand] (服が)小さい[大きい].
tailler dans le vif 思い切った[苦しい]決断をする.
— **se tailler** 代動 自分の…を切る, 刈る; …を獲得する, 手に入れる; 《話》ずらかる. ●*se tailler* un succès 大きな成功を収める.

le **tailleur** /タイユール/ 男 (英 tailor) ❶ 仕立屋, テーラー. ❷ 婦人用スーツ. ❸ 〖*de*, を〗切る[加工する]職人.
s'asseoir en tailleur あぐらをかく.

tair ... →taire 53

taire /テール/ 他 53 (英 keep quiet) を言わない.
faire taire 黙らせる.
— **se taire** 代動 黙る, 口を閉ざす; (声・音などが)静かになる.
会話 ***Taisez-vous!*** お黙りなさい.

tais (...), tait →taire 53

le **talent** /タラン/ 男 (英 talent) 才能; 才能のある人. ●un acteur de *talent* 才能豊かな俳優. ●avoir du *talent* 才能がある.

T

le **talon** /タロン/ 男 (英 heel) ❶ かかと; (靴の)ヒール. ●*talons* hauts ハイヒール.
❷ (トランプ・ドミノなどの)残りの札; (小切手などの)控え部分; (パン・チーズ・ハムなどの)端, 残った部分.
être* [*marcher*] *sur les talons de 人 (人)の後にぴったりついていく.
montrer* [*tourner*] *les talons 逃げ出す.
talon d'Achille アキレス腱; 弱点.

talonner /タロネ/ 他 (人)につきまとう.

le **talus** /タリュ/ 男 (道路・線路ぎわなどの)土手, 斜面.

le **tambour** /タンブール/ 男 ❶ 太鼓; 太鼓をたたく人. ❷ 円筒のもの; ドラム.
sans tambour ni trompette こっそりと.
tambour battant きびきびと.

le **tamis** /タミ/ 男 ❶ ふるい, こし器. ●passer au *tamis* ふるいにかける. ❷ 〔テニス〕(ラケットの)ガット面.

tamiser /タミゼ/ 他 をふるいにかける; (光)を和らげる.

le **tampon** /タンポン/ 男 ❶ 栓, 詰めもの. ❷ 止血栓; タンポン; (ガーゼなどの)パッド.
❸ スタンプ, 消印.
❹ 緩衝物. ●État *tampon* 緩衝国.

tamponner /タンポネ/ 他 ❶ をふく, ぬぐう, 止血する; (消毒液を染み込ませたガーゼなどで)をこする.
❷ にスタンプを押す.
❸ (車両などが)に衝突する.
— **se tamponner** 代動 ❶ (車が互いに)衝突する. ❷ 自分の…をふく[おさえる].
s'en tamponner (***le coquillard***) 《話》意に介さない, 無視する.

tandis que /タンディク/ 接 (英 while) ❶ 《同時性》…する間に. ●Il s'amuse *tandis que* nous travaillons. 彼は我々が働いている間中遊んでいる.
❷ 《対立》…であるのに, …の一方で. ●Les uns iront au paradis, *tandis que* les autres sont voués à l'enfer. ある者は天国に行くのに, 他の者は地獄に行くことになっている.

la **tanière** /タニエール/ 女 (野獣の)巣穴; 隠れ家.

tant

/tɑ̃ タン/ 副 (英 so much, so many) ❶ 《強意》(a) 《動詞を修飾して》それほど, そんなに; とても.
●Ça coûte *tant*. それは非常に高価だ.
(b) 〈**tant de** 名 《無冠詞》〉たくさんの…. ●*Tant de* choses restent encore à faire. まだたくさんしなければならないことが残っている.
(c) 〈**tant A que B**〉とてもAなのでBだ.
●Il a *tant* mangé *qu*'il est tombé malade. 彼は食べすぎて病気になった.
❷ 《名詞的に; 具体的な数字の代わりに》いくら, これこれ.
●à *tant* pour cent 何々パーセントで.
❸ 〈**tant A que B**〉AもBも.
en tant que 名 《無冠詞》…として. ●*en tant que* personne privée 個人として.
tant bien que mal どうにかこうにか.

tant et plus 非常に.
tant et si bien que... 非常に…なので…だ.
tant mieux それはよかった.
tant pis しかたがない.
tant qu'à 不定詞 どうせ…するなら.
tant que... …する限り, …だけ; どうせ…するなら. ●Mange *tant que* tu veux. 好きなだけ食べなさい. ●*Tant que* tu y es, achète aussi du pain. そこに行くなら, パンも買ってきて.

la **tante** /タント/ 女 (英 aunt) 伯母, 叔母.

tantôt /タントー/ 副 ❶〈tantôt ... tantôt ...〉ある時は…またある時は…. ●Elle est *tantôt* gaie, *tantôt* triste. 彼女はある時は陽気, またある時は陰気だ.
❷《話》(今日の)午後.

le **taon** /タン/ 男 〔虫〕アブ(虻).

le **tapage** /タパージュ/ 男 大騒ぎ, 物議, スキャンダル. ●faire du *tapage* 大騒ぎする.

la **tape** /タプ/ 女 手で軽くたたくこと.

taper /タペ/ 他 (英 slap, tap, type) ❶ をたたく, ぶつ. ●*taper* les tapis じゅうたんをたたく.
❷(キーボードで)を入力する, タイプする.
●*Tapez* votre mot de passe. 暗証番号を入力してください.
taper ses mains 手で拍子をとる.
— 自 ❶〘sur, dans, à, を〙たたく; キーボードをたたく, タイプで打つ. ●*taper sur* l'épaule 肩をたたく. ●*taper à* la porte ドアをたたく. ●Il ne *tape* pas vite 彼はタイプ[入力]が早くない.
❷《話》〘sur〙(人の)悪口を言う.
❸(陽が)照りつける. ●Le soleil *tape*. 太陽が照りつける. ●Ça *tape*, aujourd'hui! 今日はすごい日差しだ.
— **se taper** 代動 (辛い仕事を)やる; 飲む, 食べる.
s'en taper 《話》気にしない.

le **tapis** /タピ/ 男 (英 carpet) じゅうたん, カーペット, マット.
revenir sur le tapis 再び話題になる.
tapis roulant ベルトコンベア; 動く歩道.

tapisser /タピセ/ 他 ❶(部屋・壁に)をはる; 敷く. ❷を覆いつくす

la **tapisserie** /タピスリ/ 女 タペストリー.
faire tapisserie (ダンスパーティーで)壁の花になる, 誘ってもらえない.

le(la) **tapissier(ère)** /タピスィエ(ール)/ 名 室内装飾業者; 手織りじゅうたんの織工.

taquiner /タキネ/ 他 をからかう.

la **taquinerie** /タキヌリ/ 女 からかい.

tard
/tar タール/ 副 (英 late)
❶ 遅く, 後に.
●C'est trop *tard*. もう遅すぎる, 手遅れだ.
❷ 夜遅く, 遅い時期に.
●Il est rentré *tard*. 彼は夜遅く家へ帰った.
会話 ***À plus tard.*** またあとで.
au plus tard 遅くとも.
plus tard 後で; 将来. ●remettre ... à *plus tard* …を後に延ばす. ●deux ans *plus tard* …2年後に.
tôt ou tard 遅かれ早かれ, いずれはきっと.
— le **tard** 男 《次の表現で》
sur le tard 晩年になって; 夜遅くに.

tarder /タルデ/ 自 (英 delay) ❶ 遅れる; ぐずぐずする. ●Sa réponse *a* trop *tardé*. 彼の返事は遅すぎた.
❷〈tarder à 不定詞〉なかなか…しない.
●Ils *tardent à* revenir. 彼らはなかなか戻ってこない.
Il me tarde de 不定詞 [***que*** 接続法]. 《非人称》…するのが待ち遠しい. ●Il *me tarde de* les revoir. 一刻も早く彼らと再会したい.
ne pas tarder à 不定詞 まもなく…する.
●Nos invités *ne* vont *pas tarder à* arriver. 客はもうすぐ着くはずだ.
sans tarder すぐに.

tardif(ve) /タルディフ(ーヴ)/ 形 (時間が)遅い; (植物が)遅咲きの. ●à une heure *tardive* 遅い時間に.

le **tarif** /タリフ/ 男 (英 rate, fare) ❶ 料金, 価格; 料金表. ●plein *tarif* 普通料金.
●*tarif* réduit 割引料金.
❷(特に刑罰の)常識的な線.

tarir /タリール/ 他 33 をからす; 使い果たす.
— 自 かれる, 干上がる.
ne pas tarir sur... …についてとめどなくしゃべる.
— **se tarir** 代動 かれる, 干上がる.

le **tartare** /タルタール/ 男 タルタルステーキ.

la **tarte** /タルト/ 女 (英 tart) ❶〔菓〕タルト.

T

❷《話》平手打ち.
C'est pas de la tarte! そいつは面倒だ.
— 形《話》間抜けな.

la **tartine** /タルティヌ/ 女 ❶ タルティーヌ. →バターやジャムを塗ったパン. ❷《話》長ったらしい話[文章].

le **tas** /タ/ 男 (英 pile, heap) ❶ 山積み, 堆積; 建築現場. ●un *tas* d'ordures ゴミの山. ❷〈**un [des] tas de ...**〉たくさんの…. ●*un tas de* gens《話》たくさんの人.
dans le tas《話》たくさんの人の中に; 手当たり次第.
sur le tas 職場で, 仕事中に.

la **tasse** /タース/ 女 (英 cup) (取っ手のついた)カップ; 1杯分. ●prendre une *tasse* de chocolat 1杯ココアを飲む.
boire la tasse (溺れかけて)水を飲む; 損害をこうむる.
会話 ***Ce n'est pas ma tasse de thé.*** それはあまり好きではない.
tasse à café [***thé***] コーヒー[ティー]カップ.

tasser /タセ/ 他 を詰め込む, 押し固める.
— **se tasser** 代動 ❶ へこむ, 沈下する; 体が縮む. ❷《話》(事態が)おさまる, 平常に戻る. ❸《話》(食べ物を)詰め込む.

tâter /タテ/ 他 (英 feel) を手探りする; (人)に探りを入れる.
tâter le terrain 地形を調べる; 状況を探る.
— 自《話》〖*de*, を〗経験する.
— **se tâter** 代動《話》(決心する前に)考え込む, ためらう.

T

tâtonner /タトネ/ 自 手探りする; 模索する.

tâtons /タトン/《次の表現で》
à tâtons 手探りで; 試行錯誤して.

le **tatouage** /タトゥワージュ/ 男 入れ墨.

le **taudis** /トディ/ 男 あばら家; 荒れ放題の家.

la **taupe** /トープ/ 女 ❶ モグラ(の毛皮). ❷《話》スパイ.
être myope comme une taupe ひどい近視である.

la **taupinière** /トピニエール/ 女 モグラの巣穴.

le **taureau** /トロ/ 男 (複 **taureaux**) (英 bull) (去勢していない)雄牛; (**T-**) 〔天〕おうし座; 金牛宮.

le **taux** /ト/ 男 ❶ 率, 割合.
●*taux* d'audience 視聴率.
●*taux* de change 為替レート.
❷ 年利率 (=～ d'intérêt).
❸ 公定価格; (給与・税金などの)額.

la **taverne** /タヴェルヌ/ 女 (田舎風の)カフェレストラン.

la **taxe** /タクス/ 女 (英 tax) ❶ 税. ●Il y a une *taxe* sur l'alcool. 酒類には税金がかけられている. ●boutique hors *taxes* 免税店. ●prix hors *taxe* 税別価格. ●toutes *taxes* comprises 税込みの. ❷ 公定価格; (公共サービスの)料金.

taxer /タクセ/ 他 (英 tax) ❶ に課税する. ❷《話》を盗む. ❸〖*de*, のことで〗(人)を非難する.

le **taxi** /taksi タクスィ/ 男 (英 taxi) タクシー;《話》タクシー運転手 (= chauffeur de ～).
●prendre un *taxi* タクシーに乗る.

tchèque /チェク/ 形 チェコ(人)の.
— le(la) **Tchèque** 名 チェコ人.
— le **tchèque** 男 チェコ語.

te /t(ə) トゥ/ 代《人称代名詞; 2人称単数; 母音, 無音の h の前では t'》(英 you) →巻末文法: 代名詞
❶《直接目的語》君[おまえ]を;《間接目的語》君[おまえ]に.
●Je *t*'aime. 君を愛している.
●*Te* l'a-t-il dit? 彼は君にそれを言いましたか.

> **命令文**
> 肯定命令文で te は強勢形 toi となる: Dépêche-toi! 急げ.
> ただし en, y の前では t' となる: Va-t'en. 出て行け.

❷《再帰代名詞》
●Comment *te* sens-tu? 気分はどうですか.
●Va *te* laver les dents. 歯を磨いてきなさい.
●Tu *te* souviens de moi? きみは僕のことを覚えているかい.

le(la) **technicien(*ne*)** /テクニスィヤン(スィエヌ)/ 名 (英 technician) 技術者, 専門家.

la **technique** /テクニク/ 女 技術, 技法;《話》やり方, こつ.
— 形 技術的な; 専門的な; 技法上の.

la **technologie** /テクノロジ/ 女 工学; 科学

技術. ●haute *technologie* 高度先端技術, ハイテク.

teign... →**teindre** 19

teindre /タンドル/ 他 19 (英 dye) を染める. ●*teindre* une étoffe en bleu 布を青く染める.

— se teindre 代動 自分の髪を染める; (ものが)染まる.

le **teint**[1] /タン/ 男 (英 complexion) 顔色.

bon [***grand***] ***teint*** しっかり染まった.

bon teint 意志堅固な.

teint[2](**e**[1]) /タン(ト)/ 形 (髪が)染められた.

teint[3](**...**) →**teindre** 19

la **teinte**[2] /タント/ 女 色合い, 色調.

la **teinture** /タンテュール/ 女 ❶染色, 染料; 〔薬〕チンキ(剤). ❷生半可な知識.

la **teinturerie** /タンテュルリ/ 女 (染物もする)クリーニング店; 染色業.

le(la) **teinturier**(**ère**) /タンテュリエ(ール)/ 名 (染物もする)クリーニング屋; 染色業者.

tel(***le***) /テル/ 形 《不定形容詞》(英 such) ❶《不定冠詞とともに》そのような; それほどの. ●un *tel* homme そのような男. ●Je n'ai rien dit de *tel*. そんなことを言ってはいない. ●Je n'ai jamais vu une *telle* bêtise. 私はそれほどの愚かさをかつて見たことがない.

❷《文頭で》(前文を受けて)以上が. ●*Tel* est mon avis. 以上が私の意見です.

❸《属詞的に》そうである. ●Il n'est pas méchant, mais il passe pour *tel*. 彼は意地悪ではないが, そう見られている.

❹〈**tel que...**〉《比較・例示》…のような. ●les pays *tels que* la France フランスのような国々.

❺〈**tel**(**...**)**que...**〉《程度・結果》あまりに…なので…. ●Il a fait un *tel* bruit *qu*'il nous a tous réveillés. 彼がひどい音を立てたので我々はみんな目を覚ましてしまった.

❻《文》《冠詞の前で》…のような, …のように. ●Il a filé *telle* une flèche. 彼は矢のように去っていった.

❼《無冠詞で》(特定をしないで)ある, これこれの. ●Venez *tel* jour à *telle* heure. これこれの日のこれこれの時間に来てください.

de telle manière [***sorte***] ***que...*** 《直説法》その結果…である; 《接続法》…するために.

en tant que tel それ自体で.

tel et tel これこれの.

Tel père, tel fils. 《ことわざ》この父にしてこの子あり.

tel quel もとのままの. ●Laissez tous ces dossiers *tels quels*. 書類は全部そのままにしておいてください.

— 代 《不定代名詞》《不定冠詞とともに》某(ぼう); 《冠詞なしで》《文》ある人. ●*Tel* préfère le vin, *tel* autre la bière. ある人はワインを, 他の人はビールを好む.

la **télé** /テレ/ 女 《話》《略》テレビ (=télévision).

télécharger /テレシャルジェ/ 他 〔情報〕をダウンロードする.

la **télécommande** /テレコマンド/ 女 リモコン; 遠隔操作.

la **télécommunication** /テレコミュニカスィヨン/ 女 遠距離通信.

la **télécopie** /テレコピ/ 女 ファックス.

le **télégramme** /テレグラム/ 男 (英 telegram) 電報.

le **télégraphe** /テレグラフ/ 男 電信(機).

la **télégraphie** /テレグラフィ/ 女 電信技術.

téléguider /テレギデ/ 他 を遠隔操縦する; 《話》を遠くから陰で操る.

le **téléphérique** /テレフェリク/ 男 ロープウェイ.

le **téléphone** /telefɔn テレフォヌ/ 男 (英 telephone) 電話(機).

au téléphone 電話で; 通話中. ●parler avec 人 *au téléphone* (人)と電話で話す. ●être *au téléphone* 電話中である.

l'annuaire du téléphone 電話帳.

par téléphone 電話で.

passer un coup de téléphone à 人 (人)に電話する.

téléphone mobile [***portable***] 携帯電話.

téléphoner /telefɔne テレフォネ/ 自 (英 telephone, call) 〖à, に〗電話する.

●J'*ai téléphoné à* ma sœur. 私は姉[妹]に電話した.

— 他 〖à, に〗を電話で知らせる.

●Je *lui ai téléphoné* que j'arriverais tout de suite. 私はすぐ行くと彼(女)に電話した.

téléphoner à 人 ***de*** 不定詞 (人)に…する

T

ように電話をする. ●Il *m'a téléphoné de* venir ce soir. 彼は私に今晩来るように電話してきた.

téléphonique /テレフォニク/ 形 電話の; 電話による.

le **télescope** /テレスコプ/ 男 望遠鏡.

télescoper /テレスコペ/ 他 (<英) に激突する; (衝突して)めり込む.

— **se télescoper** 代動 (衝突して)互いにめり込む.

le(la) **téléspectateur(*trice*)** /テレスペクトゥール(トリス)/ 名 テレビ視聴者.

téléviser /テレヴィゼ/ 他 をテレビ放映する.

le **téléviseur** /テレヴィズール/ 男 テレビ受像機.

la **télévision** /televizjɔ̃ テレヴィズィヨン/ 女 (英 television) テレビ; 《話》テレビ受像機. → 略 télé.

●regarder la *télévision* [*télé*] テレビを見る.

●chaîne de *télévision* テレビのチャンネル.

●émission de *télévision* テレビ番組.

●*télévision* haute définition ハイビジョンテレビ.

●*télévision* par câble ケーブルテレビ.

●*télévision* par satellite 衛星テレビ.

telle →**tel** の女性形.

tellement /テルマン/ 副 (英 so; so much) ❶ 非常に, とても. ●Elle a *tellement* changé. 彼女はあまりにも変わってしまった.

❷ 〈tellement ... que ...〉 (英 so ... that ...) あまりに…なので…. ●Il y avait *tellement* de bruit *que* je n'ai pas pu dormir. 非常にやかましかったので眠れなかった.

❸ 《原因・理由を示して》それほど. ●Je ne comprends rien, *tellement* il parle vite. 僕は何も理解できない, それほど彼は早く話すのだ.

❹ 《比較級を強調》ずっと. ●Ce serait *tellement* mieux. その方がずっといいだろう.

pas tellement それほどでもない.

tellement de 名 《無冠詞》 非常に多くの….

telles, tels →**tel** の複数形.

T

le(la) **téméraire** /テメレール/ 名 無謀な人, 向こう見ずな人; 軽率な人.

— 形 無謀な.

le **témoignage** /テモワニャージュ/ 男 (英 testimony) 証言; 証拠, しるし; 記録.

en témoignage de ... …のしるしとして.

témoigner /テモワニェ/ 他 (英 testify) ❶ を証言する. ●Il *a témoigné* qu'il m'avait vu. 彼は私の姿を見たと証言した.

❷ (感情)を示す, 表す; 物語る. ●Elle ne me *témoigne* aucune sympathie. 彼女は私に共感のかけらも見せない.

— 自 ❶ 証言する. ●*témoigner* contre [en faveur de] 人 (人)に不利[有利]な証言をする.

❷ 〚*de*, を〛保証する.

le **témoin** /テモワン/ 男 (英 witness) ❶ 目撃者, 証人; 証拠となるもの. ●Elle a été le seul *témoin* de l'accident. 彼女は事故の唯一の目撃者だった.

❷ 《節の冒頭で》それが証拠に….

❸ 〔スポーツ〕バトン.

appartement témoin モデルルーム.

être témoin de 名 [***que*** 直] …を目撃する.

lampe témoin パイロットランプ.

prendre 人 ***à témoin de*** [***que***] ***...*** (人)に…を証言してもらう.

la **tempe** /タンプ/ 女 こめかみ.

le **tempérament** /タンペラマン/ 男 ❶ 気質, 体質. ❷〔楽〕平均律.

à tempérament 分割払いで.

avoir du tempérament 個性が強い.

la **température** /タンペラテュール/ 女 (英 temperature) 温度; 気温, 体温; 熱.

●Les *températures* sont en hausse. 気温は上がっている.

prendre sa température 体温をはかる.

tempéré(*e*) /タンペレ/ 形 温暖な, 穏やかな.

la **tempête** /タンペト/ 女 (英 storm) 嵐, 暴風雨; 大騒ぎ, 騒乱. ●*tempête* de neige 吹雪.

le **temple** /タンプル/ 男 (英 temple) 神殿, 聖堂; (プロテスタントの)教会堂.

temporaire /タンポレール/ 形 一時的な, 臨時の.

temporel(*le*) /タンポレル/ 形 つかの間の; 現世の.

le temps[1] /tɑ̃ タン/ 男 (英 time)
❶ 時, 時間; 《所有形容詞とともに》(自由になる)自分の時間.
● *temps* libre 自由な時間, 暇.
● Je n'ai pas le *temps* d'aller au ciné-ma. 私には映画を見に行く暇がない.
● Le *temps* adoucit les peines. 時がたてば悲しみが和らぐ.
● Je serai absent quelque *temps*. しばらくの間留守にします.
● Combien de *temps* reste-t-elle? どれくらい彼女は滞在するの.
● Il passe son *temps* à lire. 彼は本を読んで時を過ごす.
● Vous avez du *temps* cet après-midi? 今日の午後, お時間はありますか.
❷ (…をすべき)時機; 好機, チャンス.
● Il y a un *temps* pour tout. 何事にも時機がある.
❸ (特定の)時期, 時代; 《複》(不特定で多様な)時代.
● en *temps* de paix [guerre] 平時[戦時]に.
❹ 季節, シーズン.
● le *temps* de moissons 収穫の季節.
❺ 〔スポーツ〕記録, タイム.
❻ (作業などの)段階; (エンジンの)サイクル.
● moteur à 4 *temps* 4サイクルエンジン.
● dans un premier [deuxième] *temps* 第1[第2]段階で.
❼ 〔文法〕時, 時制.
● *temps* composé 複合時制.
❽ 〔楽〕拍, 拍子.
● mesure à quatre *temps* 4拍子.
❾ 〔情報〕タイム.
● *temps* réel (データ処理の)実時間, リアルタイム.
à mi-temps パートタイムで.
à plein temps フルタイムで.
à temps 時間どおりに.
au [du] temps où ... …の時に.
avec le temps 時がたつにつれて.
ces derniers temps/ ces temps-ci 最近は, このごろは.
dans le temps かつては.
de mon temps 私が若かった頃.
de temps en temps/ de temps à autre 時々.
emploi du temps. スケジュール, 時間割.
en ce temps-là あの時は.
en même temps 同時に.
en temps de 名 《無冠詞》 …の時に.
en temps normal 平時には, ふだんは.
en temps utile 適当な時に.
gagner du temps 時間を節約する.
Il est (grand) temps de 不定詞 [***que*** 接続法]. 今や…すべき時だ. ● *Il est grand temps de* partir. いよいよ出発する時だ.
Il était temps. 危ないところだった.
la plupart du temps ほとんどいつも.
Le temps, c'est de l'argent. 《ことわざ》時は金なり.
par les temps qui courent 今日では.
peu de temps avant [après] すぐ前[後]に.
prendre le temps de 不定詞 …する時間がかかる.
temps mort 〔スポーツ〕ロスタイム; 空いた時間.
tout le temps 絶えず, いつも.
tuer le temps 時間をつぶす.

le temps[2] /tɑ̃ タン/ 男 (英 weather) 天気, 天候.
● Il fait beau [mauvais] *temps*. いい天気[悪天候]です.
● Quel *temps* fait-il? どんな天気ですか.
temps de chien ひどい天気.

tenable /トゥナブル/ 形 《多くは否定形》耐えられる.

tenace /トゥナス/ 形 しつこい; 頑固な.

la ténacité /テナスィテ/ 女 しつこさ; 頑固さ.

la tenaille /トゥナイユ/ 女 《多く複数》やっとこ, くぎ抜き.

tenais, tenait →**tenir** 75

la tendance /タンダンス/ 女 (英 tendency) ❶ (人の)性向; 傾向; 風潮. ❷ (組織内部の)派閥, 流派.
avoir tendance à 不定詞 …する傾向がある. ● La population de ce pays *a tendance à* s'accroître. この国の人口は増加傾向にある.

le tendon /タンドン/ 男 〔解〕腱.
tendon d'Achille アキレス腱.

tendre[1] /タンドル/ 形 (英 soft) ❶ 柔らかい. ● viande très *tendre* とても柔らかい肉.

❷ 優しい, 愛情のこもった. ●Elle a le cœur *tendre*. 彼女は優しい心の持ち主だ. ●ne pas être *tendre* avec 人 (人)に対して厳しい.
❸ (年齢が)若い.
— le(la) **tendre** 名 優しい人.

tendre[2] /タンドル/ 他 28 ❶ (英 stretch) をぴんと張る; (壁紙など)を張る. ●*tendre* une corde ロープをぴんと張る.
❷ を差し出す. ●*tendre* la main à 人 (人)に手を差し出す; 和解する.
❸ を緊張させる.
tendre l'oreille 耳を傾ける.
— 自 ❶ 〈**tendre à** 不定詞〉 …する傾向がある. ●La situation *tend à* s'améliorer. 情勢は好転しかかっている. ❷ 〚*à*, *vers*, を〛目指す; (に)向かう.

tendrement /タンドルマン/ 副 優しく, 愛情を込めて.

la **tendresse** /タンドレス/ 女 (英 tenderness) 愛情, 優しさ; 《複》愛情表現.
●avec *tendresse* 愛情を込めて.
●avoir de la *tendresse* pour 人 (人)に愛情を抱く.
●*tendresse* maternelle 母性愛.

tendu(e) /タンデュ/ 形 (英 tight) 張り詰めた, 緊張した.

les **ténèbres** /テネブル/ 女 複 闇, 暗闇.

ténébreux(se) /テネブル(ーズ)/ 形 暗闇の; 不可解な; (人が)陰鬱(うっ)な.

la **teneur** /トゥヌール/ 女 含有量; (文書の正確な)内容.

tenez →**tenir** 75

T

tenir /トゥニール/ 他 75 (英 hold, keep) ❶ (手などに)を持っている, 握っている; (人)を引き止めておく; 掌握する. ●*tenir* un enfant par la main 子供の手を引いている.
❷ 〈**tenir A** 属詞〉 Aを…にしておく; Aを(ある状態)に保つ. ●*tenir* une porte ouverte ドアを開けたままにしておく.
❸ を経営する; (職務など)を受け持つ. ●*tenir* un hôtel ホテルを経営する.
❹ (場所)をとる.
❺ に対して持ちこたえる. ●Je ne *tiens* pas l'alcool. 私は酒が弱い.
❻ (約束など)を守る. ●*tenir* ses promesses 約束を守る.
❼ 〈**tenir A pour B**〉 AをBとみなす.
— 自 ❶ (物が)しっかりしている; (人が)じっとしている. ●Il ne *tient* plus sur ses jambes. 彼はもうじっと立っていられない.
❷ 頑張る, 持ちこたえる; 長続きする. ●*tenir* bon 頑張る, 持ちこたえる. 会話 Il fait trop chaud, on ne *tient* plus ici. 暑すぎるよ, ここにはもういられない.
❸ 〈**tenir à ...**〉 …に愛着を持っている, …に執着する, どうしても…したい. 会話 Tu veux aller au cinéma? —Je n'y *tiens* pas. 映画へ行こうか. —気が進まないな.
❹ 〈**tenir à ...**〉 …に原因がある, 由来する.
❺ 〈**tenir de ...**〉 …の血を引いている, …に似ている. ●fils qui *tient de* son père 父親に似た息子.
❻ (場所に)収まる, 入る.
Il tient à 人 ***de*** 不定詞 [***que ...***]. 《非人称》…は(人)次第だ. ●*Il* ne *tient* qu'*à* vous *d'*en décider. それを決めるのはあなた次第ですよ.
Il vaut mieux tenir que courir. 《ことわざ》明日の百より今日の五十.
ne pas tenir en place じっとしていられない.
Tenez!/Tiens! さあ, ほら.
— **se tenir** 代動 ❶ 互いに…を取り合う. ●*se tenir* par la main 手をつなぎ合う.
❷ (ある状態を)保つ; (ある場所に)いる. ●*se tenir* debout [tranquille] 立っている[静かにしている].
❸ (会などが)開かれる.
❹ (物が)しっかりしている; (話が)筋が通っている.
❺ 〚*à*, に〛つかまる.
s'en tenir à ... …にとどめておく; …で満足する.
se tenir bien [***mal***] 行儀がいい[悪い].
会話 ***Tenez-vous bien!*** 《悪い知らせの前に》気を確かにしてくださいね.
会話 ***Tenez-vous-le pour dit!*** 《注意するときに》2度と言いませんからね.

le **tennis** /tenis テニス/ 男 (<英) テニス; 《複》テニスシューズ.
●faire du *tennis* テニスをする.
●jouer au *tennis* テニスをする.
●match de *tennis* テニスの試合.
tennis de table 卓球. 類義 **ping-pong**

la **tension** /タンスィヨン/ 女 (英 tension)
❶ (ゴム・バネなどの)張り; 張り具合. ● *tension* d'un muscle 筋肉の緊張. ❷ 緊張; 緊迫. ❸ 血圧 (=～ artérielle); 電圧. ● avoir [faire] de la *tension* 《話》 高血圧である. ● haute [basse] *tension* 〔電〕高圧[低圧].

tentant(e) /タンタン(ト)/ 形 魅力的な, 気をそそる.

la **tentation** /タンタスィヨン/ 女 誘惑; 〖*de*, を〗したい気持ち.

la **tentative** /タンタティヴ/ 女 (英 attempt) 試み, 企て, 未遂. ● *tentative* d'homicide 殺人未遂.
faire une tentative auprès de 人 (人)に働きかける.

la **tente** /タント/ 女 (英 tent) テント.

tenter /タンテ/ 他 (英 try, attempt) ❶ (**a**) を試みる. ● *tenter* sa chance 運を試す. (**b**) 〈**tenter de** 不定詞〉 …しようと企てる.
❷ の気を引く, 心を惑わす. ● Ce gâteau me *tente*. この菓子はとてもおいしいそうだ.
être tenté de 不定詞 …したい気になる.

tenu →**tenir** 75

la **tenue** /トゥニュ/ 女 ❶ (英 keeping) 維持, 管理. ❷ (英 manners) 行儀, 態度; 品位. ● avoir de la *tenue* 行儀がよい. ❸ (英 dress) 服装, 身なり. ● être en petite *tenue* 《話》 軽装[下着姿]である.
en tenue 制服を着た.

le **terme** /テルム/ 男 (英 term) ❶ 期限; 出産予定日; 家賃. ● à court [moyen, long] *terme* 短期[中期, 長期]の. ● arriver à *terme* 期限が来る.
❷ (英 term) 言葉; (専門)用語; 《複》 言い回し. ● en d'autres *termes* 言い換えると.
❸ (人との)関係. ● être en bons [mauvais] *termes* avec ... (人)と仲がよい[悪い].
à terme 〔金融〕先物の.
mener ... à terme …を無事やり遂げる.
mettre un terme à ... …に終止符を打つ.
moyen terme 折衷案, 妥協策.

la **terminaison** /テルミネゾン/ 女 〔文法〕語尾, 語末.

terminal(ale) /テルミナル/ 形 (男複 terminaux) 最終の, 最後の; 末端の.
— le **terminal** 男 ❶ 〔情報〕端末. ❷ (空港直通の)バスターミナル.
— la **terminale** 女 (リセの)最終学年.

terminer /テルミネ/ 他 (英 finish, terminate) を終える; 〖*par*, で〗をおしまいにする. ● *terminer* un repas par des fruits 食事の終わりに果物をとる.
en avoir terminé avec ... …を何とか終わらせた.
pour terminer おしまいに.
— **se terminer** 代動 終わる. ● Les cours *se terminent* à 16 heures. 講義は16時に終わる.

la **terminologie** /テルミノロジ/ 女 《集合的》(専門)用語; 術語学.

le **terminus** /テルミニュス/ 男 終着駅, 終点.

terne /テルヌ/ 形 生彩のない; (人が)さえない.

ternir /テルニール/ 他 33 の輝きを失わせる, を曇らせる; (名誉など)をけがす.
— **se ternir** 代動 輝きを失う.

le **terrain** /テラン/ 男 (英 ground, field)
❶ 土地; 活動の場所, グラウンド; 戦場.
● *terrain* de camping キャンプ場.
● *terrain* de jeux 運動場.
❷ (議論などの)分野, 領域.
céder du terrain 退却する; 譲歩する.
homme de terrain 実践家, 実務家.
sur le terrain 現場で; 戦場で.
tout terrain オフロードの.

la **terrasse** /テラス/ 女 (英 terrace) ❶ テラス; ルーフバルコニー. ● s'asseoir à la *terrasse* d'un café カフェのテラスに座る. ❷ 段丘.

la **terre** /テール/ 女 (英 earth, land)
❶ (**la T-**) 地球. ● La Lune tourne autour de la *Terre*. 月は地球の周りを回る.
❷ 世界.
❸ 地面; 土地; 《多く複数》 地所. ● cultiver la *terre* 土地を耕す.
❹ 陸地.
❺ 土; 焼き物.
❻ (電気器具の)アース.
à terre (乗り物から)降りる.
mettre [porter] en terre 埋葬する.
par terre 地上に; 地面[床]に. ● s'asseoir *par terre* 地面[床]に腰をおろす.
sous terre 地下に.
terre ferme 陸地.

***Terre Sainte* (la ～)**〔聖〕聖地. →パレスチナ.

terrestre /テレストル/ 形 ❶ 地球の; 陸の. ❷ この世の.

la **terreur** /テルール/ 女 (英 terror) (激しい) 恐怖; 恐怖政治.

semer la terreur 恐怖に陥れる.

terrible /テリーブル/ 形 (英 terrible)
❶ 恐ろしい, すさまじい, ひどい. ● *terrible* accident 恐ろしい事故. ● Le plus *terrible*, c'est que ... 一番ひどいことは…だ.
❷ 我慢ならない.
❸《話》ものすごい. ● pas *terrible* 大したことない, 平凡な.
— 副《話》すごく.

terriblement /テリブルマン/ 副 (英 terribly) ひどく, ものすごく.

terrifier /テリフィエ/ 他 を怖がらせる, おびえさせる.

le **territoire** /テリトワール/ 男 (英 territory) 領土; 管轄区域; (動物の)テリトリー, 縄張り. ● *territoires* d'outre-mer (フランスの)海外領土.

le **terrorisme** /テロリスム/ 男 テロリズム.

le(la) **terroriste** /テロリスト/ 名 テロリスト.
— 形 テロリストの.

tes /テ/ 形《所有形容詞》→**ton**

le **test** /テスト/ 男 (＜英) 検査, 試験. ● faire passer un *test* à 人 (人)にテストを受けさせる. ● *test* d'aptitude 適性検査.

le **testament** /テスタマン/ 男 (英 will) 遺言(書); (作家などの)遺作.

Ancien Testament 旧約聖書.

Nouveau Testament 新約聖書.

tester /テステ/ 他 をテストする, 検査する.

la **tête** /tɛt テト/ 女 (英 head)
❶ 頭; 顔, 首.
● tourner la *tête* 頭を回す.
● J'ai mal à la *tête* 私は頭が痛い.
❷ 顔つき, 表情.
● avoir une bonne [sale] *tête* 人のよさそうな[嫌な]顔をしている.
❸ 頭脳, 頭の働き.
● calculer de *tête* 暗算する.
会話 C'est une *tête*. やつは頭がいい.
❹ 先頭, 冒頭; トップ; リーダー.
● *tête* de chapitre 章の冒頭部分.
● article de *tête* トップ記事, 社説.
● *tête* de liste 名簿のトップ.
● être à la *tête* d'une entreprise ある企業のトップにある.
❺ 性格;《特に》頑固さ.
❻ 命, 首.
❼ (人・家畜の)頭数.
● payer 50 euros par *tête* 1人50ユーロずつ払う.
❽ (サッカーの)ヘディング.
● faire une *tête* ヘディングする.
❾ 頭部, 先端, 上部.
● missile à *tête* chercheuse 誘導ミサイル.
● de la *tête* aux pieds 頭からつま先まで.

à la tête de ... …の先頭に.

avoir toute sa tête (老人などが)頭がしっかりしている.

en tête 先頭に; 内心では. ● *En tête* de cet article この論文の冒頭に. ● Qu'est-ce qu'il a *en tête* 彼は何を考えているのだろう.

faire la tête すねる, ふてくされる.

garder la tête froide 冷静さを保つ.

homme* [*femme*] *de tête しっかり者.

n'en faire qu'à sa tête 自分のやりたいようにやる.

perdre la tête 冷静さ[正気]を失う. ● Vous perdez la *tête*? 正気ですか.

tenir tête à 人 (人)に逆らう.

le **tête(-)à(-)tête** /テタテト/ 男《不変》差し向かい; 対談.

en tête-à-tête 2人きりで.

téter /テテ/ 他 57 (乳)を飲む;《話》をしゃぶる.
— 自 乳を飲む.

le(la) **têtu(e)** /テテュ/ 名 (英 stubborn) 頑固な人, 強情な人.

***têtu comme une mule* [*bourrique*]** やたらに頑固である.
— 形 頑固な.

le **texte** /テクスト/ 男 (英 text) ❶ 文章; (注に対して)本文; (写本に対して)原本; (翻訳に対して)原文. ● dans le *texte* (翻訳ではなく)原文で. ❷ 文献; 抜粋. ❸ 台本; せりふ.

textile /テクスティル/ 形 繊維の, 紡織の.
— le **textile** 男 繊維, 織物原料; 繊維業界. ● *textiles* synthétiques 合成繊維.

le **texto** /テクスト/ 男 メール, メッセージ. →**SMS**

T

la **texture** /テクスチュール/ 女 (物質の)構造; (作品などの)構成.

le **TGV** /テジェヴェ/ 男 《略》テジェヴェ (= train à grande vitesse). → フランスの新幹線, 超高速列車.

la **Thaïlande** /タイランド/ 女 タイ.

le **thé** /te テ/ 男 (英 tea) 茶, 紅茶; 茶の木[葉]; ティーパーティー.
● Vous voulez du *thé*? お茶はいかがですか.
prendre le thé (お菓子と一緒に)お茶にする. ● On *prend le thé* à quatre heures. 4時にお茶を飲む.
thé au citron レモンティー.
thé au lait ミルクティー.
thé en sachet ティーバッグ.
thé nature ストレート紅茶.
thé vert 緑茶.

théâtral(*ale*) /テアトラル/ 形 (男複 théâtraux) 演劇の, 芝居がかった.

le **théâtre** /テアートル/ 男 (英 theatre, drama) ❶ 演劇, 芝居; 劇団.
❷ 劇場.
❸ (事件などの)舞台.
coup de théâtre 突発事件, どんでん返し.

le **thème** /テム/ 男 (英 theme) ❶ 主題, テーマ. ❷ (母国語から外国語への)翻訳(練習), 作文. ❸ 〔楽〕主題, 主旋律.

la **théologie** /テオロジ/ 女 神学.

le(la) **théoricien(*ne*)** /テオリスィヤン(エヌ)/ 名 理論家.

la **théorie** /テオリ/ 女 (英 theory) 理論, 学説; 抽象論. ● en *théorie* 理論上は.

théorique /テオリク/ 形 理論の, 理論的な.

théoriquement /テオリクマン/ 副 理論的には.

thermal(*ale*) /テルマル/ 形 (男複 thermaux) 温泉の; 湯治の.
● faire une cure *thermale* 湯治する.

le **thermomètre** /テルモメトル/ 男 (英 thermometer) 温度計, 体温計.

le(la) **thermos** /テルモス/ 男, 女 魔法びん.

la **thèse** /テーズ/ 女 ❶ 主張, 命題. ❷ 博士論文 (=〜 de doctorat).

le **thon** /トン/ 男 〔魚〕マグロ.

le **ticket** /ティケ/ 男 (英 ticket) 切符, チケット. ● *ticket* de métro 地下鉄の切符.
avoir un ticket avec 人 《話》(人)に気に入られる.

tiède /ティエド/ 形 (英 lukewarm) 生暖かい, 生ぬるい; 熱意のない.
— 副 ***boire tiède*** 生ぬるい飲み物を飲む.
— le(la) **tiède** 名 熱意のない人.

la **tiédeur** /ティエドゥール/ 女 ぬるさ, 熱意のなさ.

tien(*ne*) /ティヤン(エヌ)/ 代 《所有》(英 yours) → 定冠詞とともに. →巻末文法: 代名詞 ❶ 君のもの. ● Prends ma voiture, si la *tienne* est en panne. 僕の車に乗りなよ, 君のが故障しているのなら.
❷ 《複》君の家族[仲間]; 君の所有物[財産].
À la tienne! 君に乾杯.

tiendr ... →**tenir** 75

tiens[1] /ティヤン/ 間 《驚きを示したり, 相手の注意を引く》おや, まあ, へえ.
● *Tiens*! *Tiens*! おやおや.
● *Tiens*, c'est vous! おや, あなたですか.

tiens[2] →**tenir** 75

tient →**tenir** 75

la **tierce**[1] /ティエルス/ 女 〔トランプ〕同じ種類の3枚続き; 〔楽〕3度.

tiers(*ce*[2]) /ティエール(ス)/ 形 (英 third) 3番目の, 第3の.
— le **tiers** 男 ❶ 3分の1. ❷ 第三者, 部外者 (=tierce personne).

la **tige** /ティージュ/ 女 (英 stalk) ❶ 茎; 幹. ❷ 軸.

le(la) **tigre(*sse*)** /ティグル(レス)/ 名 (英 tiger) 〔動〕トラ(虎).
jaloux comme un tigre 非常に嫉妬深い.

le **tilleul** /ティユル/ 男 〔植〕ボダイジュ(菩提樹); ボダイジュの花のハーブティー.

le **timbre** /タンブル/ 男 (英 stamp) ❶ 郵便切手; 印紙, 証紙; シール.
❷ 印, スタンプ, 消印.
timbre fiscal 収入印紙.

timbrer /タンブレ/ 他 に切手[シール]を貼る, 証印[消印]を押す.

timide /ティミド/ 形 (英 timid) 内気な, おとなしい, 遠慮がちな. ● enfant *timide* 内気な子供.
— le(la) **timide** 名 内気な人.

timidement /ティミドマン/ 副 遠慮がちに, はにかんで.

la **timidité** /ティミディテ/ 女 内気, 遠慮.
● avec *timidité* 遠慮がちに.

le **tintement** /タントマン/ 男 (鐘などの)音, 響き.
tintement d'oreilles 耳鳴り.

tinter /タンテ/ 自 (鐘が)鳴り響く; カチンと鳴る; 耳鳴りがする.

le **tir** /ティール/ 男 (英 shooting) ❶ 射撃; 発射; (弓を)射ること. ❷ 射撃場. ❸〔スポーツ〕シュート.
tir à l'arc 弓; アーチェリー.
tir au pigeon クレー射撃.

le **tirage** /ティラージュ/ 男 (英 draw, printing) ❶ 抽選, くじ引き (=～ au sort). ❷ 印刷部数. ●à grand *tirage* 発行部数の多い. ❸ (写真の)焼つけ; (版画の)本刷り. ❹ 引っ張ること.
Il y a du tirage. 《話》面倒がある.

le **tire-bouchon** /ティルブション/ 男 (ワインの)コルク抜き.
en tire-bouchon らせん状の[に].

la **tirelire** /ティルリール/ 女 貯金箱.

tirer /ティレ/ 他 ❶ (英 draw, pull) を引く, 引っ張る. ●*tirer* ... par la manche …の袖(そで)を引っ張る.
❷ を引いて開ける[閉める]. ●*Tirez* les rideaux, s'il vous plaît! カーテンを閉めてください.
❸〘*de*, から〙を引き出す, 取り出す, 抽出する. ●film *tiré d'*un roman 小説をもとにした映画. ●*tirer* une conclusion 結論を引き出す.
❹ (線・図面など)を引く; (くじ・カードなど)を引く. ●*tirer* une ligne 線を引く.
❺ (英 print) を印刷する, 刷る; (写真)を焼きつける.
❻ (英 shoot) を発射する, 撃つ. ●Il a *tiré* trois coups de feu sur le policier. 彼は警官に向けて3発撃った.
❼ (小切手・手形など)を振り出す.
❽ 《話》(つらい時間)を我慢して過ごす.
— 自 ❶〘*sur*, を〙引っ張る. ●*tirer sur* une corde ロープを引っ張る.
❷〘*sur*, を狙って〙発砲する. ●*Tirez!* 撃て.
❸〔スポーツ〕シュートする; (ペタンクで)相手の球に当てる.
❹〘*sur*〙(煙などを)吸う.
❺〘*sur*, に〙(色が)近づく.
❻ 発行される.
tirer à sa fin 終わり[死]が近づく.
— **se tirer** 代動 ❶〈se tirer de〉(病気・困難を)切り抜ける. ●*se tirer d'*un mauvais pas [d'affaire] 窮状を切り抜ける. ❷《話》去る; 逃げる.
s'en tirer 切り抜ける, どうにかやりくりする.

le **tiret** /ティレ/ 男 ダッシュ《—》.

le(la) **tireur(se)** /ティルール(ズ)/ 名 射(撃)手; 〔スポーツ〕シュートする人.
— la **tireuse** 女 (写真の)焼つけ機.

le **tiroir** /ティロワール/ 男 (英 drawer) 引き出し.
pièce [*roman*] *à tiroir* 挿話劇[小説]. → 本筋には関係のないエピソード.

la **tisane** /ティザヌ/ 女 ハーブティー, 煎じ薬.

le **tissage** /ティサージュ/ 男 機(はた)織り; 織物工場.

tisser /ティセ/ 他 を織る; 作り上げる.

le **tissu** /ティスュ/ 男 (英 tissue) ❶ 生地, 織物, 織り目. ●*tissu* de coton 綿の生地.
❷ 組織, 構造. ●*tissu* urbain 都市の空間構造.
un tissu de ... 一連の….

le **titre** /ティトル/ 男 (英 title) ❶ 題名; 見出し. ●le *titre* d'un livre 本の題名. ●en gros *titre* (新聞の)大見出しで.
❷ 肩書き, 役職名; (スポーツの)タイトル. ●obtenir le *titre* de notaire 公証人の資格を得る.
❸《文》《多く複数》〘*à*, に対する〙権利.
❹ 証書, 権利書; 有価証券, 株券. ●*titre* de propriété 不動産登記証書.
à ce titre この資格[理由]で.
à juste titre 正当に.
à titre de 名《無冠詞》/*à titre* 形 …の資格[理由]で, …として.
au même titre que ... …と同じ資格[理由]で.
en titre 正式の; 公認の.

titulaire /ティテュレール/ 形 (正式の)資格[肩書き]をもった.
— le(la) **titulaire** 名 正職員; (資格・肩書きの)保持者; 名義人.

le **toast** /トスト/ 男 (＜英) トースト(パン); 乾杯, 祝杯.
porter un toast à 人 (人)に乾杯をする.

toi /twa トワ/ 代 《人称代名詞; 2人称単数・強勢形》→巻末文法: 代名詞 (英 you) 君, おまえ.
●Assieds-*toi*! 座りなさい.
●*Toi*, tais-*toi*! おい君, 黙りなさい.
●À *toi* (de jouer)! おまえの番だ.
●Je viens avec *toi*. 君と一緒に行くよ.

T

la **toile** /トワル/ 女 (英 cloth, canvas)
❶ 布, 布地; 画布, カンバス. ❷《集合的》帆. ❸ **(la T-)**〔情報〕ウェブ.
toile d'araignée クモの巣.
toile de fond (舞台奥の)幕; (事件などの)背景.

la **toilette** /トワレト/ 女 ❶ (英 dressing) 身づくろい. ● produits de *toilette* 化粧品.
❷ (女性の)身なり, 装い, 服装. ● faire sa *toilette* 身づくろいをする.
❸ (英 toilet) 《複》洗面所, 化粧室. ● *toilettes* publiques 公衆トイレ. 会話 Où sont les *toilettes*? お手洗いはどこですか.

toi-même /トワメム/ 代 〖人称〗君[あなた]自身. →**même**

le **toit** /トワ/ 男 ❶ (英 roof) 屋根.
❷ 家.
vivre sous le même toit 同居する.

la **tôle** /トール/ 女 金属板, 鉄板.

la **tolérance** /トレランス/ 女 大目に見ること, 寛容, 寛大さ. ● faire preuve de *tolérance* 寛容さを示す.

tolérant(e) /トレラン(ト)/ 形 寛容な.

tolérer /トレレ/ 他 57 (英 tolerate) を大目に見る, 許容する; 我慢する.
tolérer que 接続法 …ということを大目に見る; …ということに耐える.

la **tomate** /トマト/ 女 (英 tomato) トマト.
● sauce *tomate* トマトソース.

la **tombe** /トンブ/ 女 (英 grave) 墓, 墓穴; 墓石. ● aller sur la *tombe* de 人 (人)の墓参りをする.
avoir un pied dans la tombe 《話》死にそうである.

le **tombeau** /トンボ/ 男 (複 **tombeaux**) 墓石, 墓碑.
à tombeau ouvert 《話》(事故死しかねないような)猛スピードで.

la **tombée** /トンベ/ 女 (日が)暮れること.
à la tombée du jour [***de la nuit***] 日暮れに.

tomber /トンベ/ 自 《助動 être》(英 fall)
❶ 倒れる; 崩れる.
● Je *suis tombé* dans l'escalier. 私は階段で転んだ.
● se laisser *tomber* dans un fauteuil 椅子に倒れ込む.
❷ 落ちる. ● *tomber* d'un arbre 木から落ちる.
❸ (雨などが)降る; (雷が)落ちる. ● La pluie *tombe*. 雨が降る. ● Le nuit *tombe*. 日が暮れる.
❹ (行事が…に)当たる. ● *tomber* le même jour 同じ日に当たる[重なる].
❺〖*sur*, に〗たまたま出会う; (話題などが)及ぶ. ● En allant à la poste, je *suis tombé sur* lui. 郵便局へ行く途中, 私はばったり彼に出くわした.
❻《属詞とともに》(ある状態に)なる.
● *tomber* amoureux 恋に落ちる.
● *tomber* malade 病気になる.
❼〖*dans*, *en*, の状態に〗陥る. ● *tomber dans* l'oubli 忘れ去られる.
❽ 失脚する; 死ぬ.
❾ 下がる, 下落する; 弱まる.
❿〖*sur*, に〗襲いかかる; (を)激しく非難する.
faire tomber 人 (人)を転ばせる.
laisser tomber 落とす; 放っておく; 見捨てる. 会話 Laisse *tomber*! やめておけ.
tomber bien [***mal***] いい[悪い]タイミングである.
tomber sous la main (偶然)手に入る.
— 他 《助動 avoir》(相手)を負かす; 《話》(女性)をものにする.

le **tome** /トム/ 男 (書物の)巻.

ton[1] /tɔ̃ トン/ 形 《所有形容詞》(英 your)

	単数	複数
男性	ton /トン/	tes /テ/
女性	ta /タ/ *ton /トン/	

*母音または無音の h で始まる語の前では ton.
❶ 君の, おまえの, あなたの.
● *ton* fils et *ta* fille 君の息子と娘.
❷ (神に対し)汝(なんじ)の.

le **ton**[2] /トン/ 男 (英 tone) ❶ 口調, 語気; 音調; 色調, 色合い; (表現の)調子.
❷ (声の)高さ; 〔楽〕楽音; 音程; 調; 〔言〕声調.
de bon ton 上品な.
donner le ton (行動の)範を示す.
hausser [***baisser***] ***le ton*** 声を上げる[落とす].
ton sur ton 同系色を重ねて.

la **tonalité** /トナリテ/ 女 ❶ 音質, 音色. ❷

T

色調. ❸ (電話の)発信音.

le(la) **tondeur(se)** /トンドゥール(ズ)/ 名 (動物の)毛を刈る人.

— la **tondeuse** 女 芝刈り機 (=～ à gazon); バリカン.

tondre /トンドル/ 他 51 ❶ (英 shear) を刈る, 刈り込む. ❷《話》(人)からお金を奪い取る. ● se laisser [faire] *tondre* すっからかんになる.

tonique /トニク/ 形 ❶ (心身に)活力を与える; (肌などを)引き締める. ❷〔音声〕強勢の(ある).

— le **tonique** 男 強壮剤.

— la **tonique** 女〔楽〕主音.

la **tonne** /トヌ/ 女 (英 ton) トン. → 重量の単位.

des tonnes de 名《無冠詞》《話》すごくたくさんの….

le **tonneau** /トノ/ 男 (複 **tonneaux**) (英 barrel) ❶ 樽; 樽 1 杯分(の量).

❷ (**a**) (自動車の)横転(事故). (**b**) (飛行機の)横回転. → 曲芸.

❸ (船の)容積トン.

faire un tonneau 横転する.

tonner /トネ/ 非人称 雷が鳴る.

— 自 轟音(ごうおん)を発する.

le **tonnerre** /トネール/ 男 (英 thunder) ❶ 雷鳴;《文》雷. 類義 **foudre** ❷ 大音響; 叫び.

coup de tonnerre 雷鳴; 突然の出来事.

du tonnerre《話》素晴らしい.

la **torche** /トルシュ/ 女 たいまつ, トーチ; 懐中電灯 (=～ électrique).

T

le **torchon** /トルション/ 男 (英 cloth, duster) ❶ 布巾(ふきん), 雑巾(ぞうきん). ● donner un coup de *torchon* 布巾でふく. ❷《話》(新聞・雑誌などの)くだらない文章.

tordre /トルドル/ 他 51 (英 twist, wring) をねじる, しぼる; (胸・腹など)を締めつける.

tordre le cou à... …を絞め殺す.

— **se tordre** 代動 (自分の手や足を)くじく, 身をよじる; ねじる, 曲がる.

se tordre de rire 笑い転げる.

la **torpille** /トルピーユ/ 女 魚雷;〔魚〕シビレエイ.

torpiller /トルピエ/ 他 に魚雷攻撃する; (計画など)を妨害する.

le **torrent** /トラン/ 男 急流; ほとばしり. ● verser des *torrents* de larmes とめどなく涙を流す.

Il pleut à torrents. 雨が土砂降りである.

torride /トリド/ 形 灼熱の;《話》官能的な.

le **torse** /トルス/ 男 (<イタリア) 上半身; 上半身像. ● se mettre *torse* nu 上半身裸になる.

la **torsion** /トルスィヨン/ 女 ねじること, ねじれ.

le **tort** /トール/ 男 ❶ (英 fault) 間違い, 誤り, 過ち.

❷ (英 wrong) 損害, 迷惑.

à tort 間違って, 不正に.

à tort et à travers よく考えもせずに.

à tort ou à raison 是非はともかく.

***avoir tort* (*de* 不定詞)** (…するのは)間違っている. ● C'est vous qui *avez tort*. 間違っているのはあなただ.

donner tort à 人 (人)を非難する; (人)の間違いを証明する.

être en tort/être dans son tort 間違っている.

faire* [*causer*] *du tort à 人 (人)に損害を与える.

la **tortue** /トルテュ/ 女 カメ(亀). ● *tortue* de mer ウミガメ.

à pas de tortue ゆっくりと.

tortueux(se) /トルテュウ(ーズ)/ 形 曲がりくねった; ひねくれた.

la **torture** /トルテュール/ 女 拷問; 耐え難い苦痛.

mettre 人 ***à la torture*** (人)を困らせる.

torturer /トルテュレ/ 他 ❶ を拷問する; ひどく苦しめる, 虐待する. ❷ をゆがめる, ねじ曲げる.

— **se torturer** 代動 自分を苦しめる.

***se torturer le cerveau* [*l'esprit*]** 必死になって考える.

tôt /to ト/ 副 (英 early, soon) (時間的に)早く; (特に)朝早く.

● Je me suis levé *tôt* ce matin. 私は今朝早く起きた.

● Il est un peu *tôt* pour aller au théâtre. 芝居を見に出かけるには少し(時刻が)早い.

au plus tôt どんなに早くとも; できるだけ早く. ● Ce sera terminé dans huit jours *au plus tôt*. それが終わるのは早くても 1 週間後だろう.

会話 ***Ce n'est pas trop tôt!*** やっとだね.

le plus tôt possible できるだけ早く.
tôt ou tard 遅かれ早かれ.

total(ale) /トタル/ 形 (男複 **totaux**) (英 total) 全体の, 全部の, 総計の.
— le **total** 男 合計, 総計.
au total 合計して; 結局.
Total, ... 《文頭で》《話》結局, 要するに.

totalement /トタルマン/ 副 完全に.

la **totalité** /トタリテ/ 女 全部, 全体; 総数.
en totalité 全体として, すっかり.
la totalité de ... 全ての….

totaux →**total** の複数形.

touchant(e) /トゥシャン(ト)/ 形 感動的な, ほろりとさせる. ●paroles *touchantes* 心にふれる言葉.

la **touche** /トゥシュ/ 女 ❶(ピアノ・パソコンなどの)キー.
❷(絵画の)タッチ; (作家の)文体.
❸(釣りで)当たり, 食い; 〔フェンシング〕突き; 〔ラグビー・サッカー〕タッチ(ライン).
être mis [rester] sur la touche 蚊帳の外である.
faire une touche (異性を)引っかける; (釣りで)当たりがある.

toucher /トゥシェ/ 他 (英 touch) ❶ を触る, に触れる. ●Il m'a *touché* l'épaule. 彼は私の肩に触れた.
❷(ものが)に当たる; (的)に当てる. ●*toucher* le but 的に当たる; 目的に近づく.
❸ を感動させる. ●Ses paroles m'*ont touché*. 彼(女)の言葉は私を感動させた.
❹(お金など)を受け取る. ●Il *touche* deux mille euros par mois. 彼は月に2000ユーロもらっている.
❺ にかかわる, 関係する.
❻(人)と連絡をとる.
— 自 〔à, に〕 ❶ 触れる, 触る. ●Ne *touchez* pas à ce tableau. この絵に触らないでください. ❷(お金・問題などに)手をつける. ❸ 近づく. ●*toucher à* sa fin 終わりに近づく.
会話 ***Pas touche!*** 触るな.
— **se toucher** 代動 隣接する; 似通っている.
— le **toucher** 男 ❶触覚; 手触り. ●doux au *toucher* 手触りの柔らかな.
❷(ピアニストなどの)タッチ; 〔医〕触診.

la **touffe** /トゥフ/ 女 茂み; (髪などの)房.

touffu(e) /トゥフュ/ 形 生い茂った; ぎっしり詰まった.

toujours /tuʒur トゥジュール/ 副 (英 always)
❶ いつも, 常に, 絶えず.
●Il est *toujours* en retard. 彼はいつも遅刻してくる.
❷ 相変わらず, まだ, 今なお.
●Est-il *toujours* à Paris? 彼は今でもパリにいるのか.
❸ とにかく.
●C'est *toujours* mieux que rien. とにかく何もないよりはましだ.
❹《否定文で》 (a)〈... **toujours pas**〉いまだ…ない. →❷
●Il n'est *toujours pas* arrivé. 彼は依然として[まだ]着いていない.
(b)〈... **pas toujours**〉《部分否定》いつも…とはかぎらない. →❶
●Ce n'est *pas toujours* vrai. それは常に真実とはかぎらない.
comme toujours いつものように.
depuis toujours ずっと前から.
de toujours 変わらない.
pour toujours 永遠に.
presque toujours ほとんどいつも.
toujours est-il que ... いずれにせよ…である. ●Certes, je n'ai pas réussi, *toujours est-il que* j'ai fait de mon mieux. なるほど成功はしなかったが, とにかく私は最善を尽した.

le **toupet** /トゥペ/ 男 ❶《話》厚かましさ.
❷(髪の)房; 前髪.

la **toupie** /トゥピ/ 女 独楽(こま).

la **tour**[1] /トゥール/ 女 (英 tower) ❶ 塔, 鐘楼; 高層建築. ●la *tour* Eiffel エッフェル塔.
❷〔チェス〕ルーク.
tour de contrôle (空港の)管制塔.
tour d'ivoire 象牙の塔. → 現実逃避して学問や創作に専念することを象徴.

le **tour**[2] /トゥール/ 男 ❶(英 turn) 回転.
●donner un *tour* de clé 鍵を回す.
❷(英 tour) 一周; 周囲.
●faire le *tour* de ... …を一周する; …を検討する.
●*tour* de taille 胴まわり.
●prendre son *tour* de taille ウエストのサイズを測る.
❸ 順番, 回.
●C'est à mon *tour*. 私の番だ.
会話 À qui le *tour*? 誰の番.

❹ わざ, 芸当.
●un *tour* de magie 手品, マジック.
❺ (ものごとの)なりゆき.
❻ 言い回し, 表現.
à tour de bras 力一杯に.
à tour de rôle 順番に.
C'est le tour de 人 ***de*** 不定詞 (人)が…する番だ.
Chacun à son tour. 各自順番に.
faire un tour ちょっと出かける.
tour à tour 交互に.
tour de France 《le ～》ツール・ド・フランス. → フランス一周自転車競走.

le **tour**[3] /トゥール/ 男 旋盤; ろくろ.

le **tourbillon** /トゥルビヨン/ 男 旋風 (=～ de vent); 渦巻; 急旋回; めまぐるしい動き.

la **tourelle** /トゥレル/ 女 小塔, 櫓(やぐら); (戦車などの)砲塔.

le **tourisme** /トゥリスム/ 男 (英 tourism) 観光, 観光事業. ●faire du *tourisme* 観光旅行をする.

le(la) **touriste** /トゥリスト/ 名 (英 tourist) 観光客. ●De nombreux *touristes* visitent ce musée. 多数の観光客がこの美術館を訪れる.

touristique /トゥリスティク/ 形 観光の. ●guide *touristique* 観光ガイド. ●ville *touristique* 観光都市.

le **tourment** /トゥルマン/ 男 悩み, 心配(の種).

tourmenter /トゥルマンテ/ 他 ❶ (肉体・精神的に)を苦しめる, 悩ませる. ❷ (欲望などが)につきまとう.

— se tourmenter 代動 心配する, 悩む.

le **tournage** /トゥルナージュ/ 男 撮影.

le **tournant**[1] /トゥルナン/ 男 ❶ (英 bend) 曲がり角, カーブ. ❷ (英 turning points) 分岐点, 転機.
attendre 人 ***au tournant*** (人)に仕返しする機会をうかがう.

tournant[2]**(e)** /トゥルナン(ト)/ 形 回転する, 迂(う)回する; 曲がりくねった.

le **tourne-disque** /トゥルヌディスク/ 男 レコードプレーヤー.

la **tournée** /トゥルネ/ 女 ❶ 出張; 巡回.
●faire la *tournée* de... (場所)を見てまわる.
❷ 《話》(酒場での)おごり.

tourner /turne トゥルネ/ (英 turn) 自
❶ 回る, 回転する, 周りを巡る.
●La Terre *tourne* autour du Soleil. 地球は太陽の周りを回る.
❷ 曲がる; 方向を変える.
●Le chemin *tourne* après le bosquet. 道は木立の向こうで曲がっている.
❸ 〈tourner à [en]...〉 …に変わる, …になる.
●Le temps *tourne au* froid. 天候が寒くなる.
❹ 操業する, 稼動する; 〔情報〕動作する.
●faire *tourner* le moteur エンジンをかける.
●Le moteur *tourne* bien. エンジンは調子よく動いている.
❺ 映画に出演する; 撮影する.
●Elle *a* déjà *tourné* dans plusieurs films. 彼女はもう何本も映画に出ている.
❻ (牛乳・ワインなどが)酸っぱくなる.
●Ce vin *a tourné*. このワインは酸っぱくなった.
avoir la tête qui tourne めまいがする.
会話 ***Ça ne tourne pas rond.*** 調子がよくない.
tourner à gauche [***droite***] 左[右]に曲がる. ●En *tournant à droite*, vous trouverez le cinéma. 右に曲がれば映画館が見えるでしょう.
tourner autour de 人 (人)につきまとう.
tourner bien [***mal***] 順調[不調]である; 素行がよい[悪い]. ●Tout *a* bien *tourné* pour nous. 万事我々に有利になった.
tourner en rond ぐるぐる回る; 暇である.

— 他 ❶ を回す, 回転させる; かき混ぜる, かき回す; めくる; 裏返す.
●*tourner* la clef dans la serrure 鍵穴に鍵を入れて回す.
●*tourner* la salade サラダをかき混ぜる.
●*tourner* les pages d'un livre 本のページをめくる.
●*Tournez*, s'il vous plaît. 裏面に続く.
❷ (ある方向へ)を向ける; の向きを変える.
●Il *a tourné* sa colère contre sa femme. 彼は怒りを妻に向けた.
●*tourner* le coin d'une rue 通りの角を曲がる.
●*tourner* le dos à... …に背を向ける, そっぽを向く.

T

❸ (障害物など)を避けて通る, 回避する.
● *tourner* la difficulté 困難を回避する.
❹ を撮影する.
● Ce jeune cinéaste *a tourné* plusieurs films. この若い映画監督は何本も映画を作っている.

— **se tourner** 代動 (ある方向を)向く; 〘*vers*, へ〙向かう, 目指す.

le **tournesol** /トゥルヌソル/ 男 〔植〕ヒマワリ.

le **tournevis** /トゥルヌヴィス/ 男 ねじ回し, ドライバー.

le **tourniquet** /トゥルニケ/ 男 ❶ 回転ドア. ❷ スプリンクラー.

le **tournoi** /トゥルノワ/ 男 トーナメント.

tournoyer /トゥルノワイエ/ 自 45 (英 whirl) くるくる回る, 旋回する.

la **tournure** /トゥルニュール/ 女 ❶ なりゆき, 展開. ❷ 言い回し, 表現. ❸ 考え方.
prendre tournure (計画などが)形をとる.
prendre une bonne [***mauvaise***] ***tournure*** (状況が)好転する[悪化する].

tous /トゥー(ス)/ 形 《男複》→**tout**
— 代 複 《不定代名詞》→**tout**

la **Toussaint** /トゥサン/ 女 〔カト〕諸聖人の大祝日, 万聖節. →11月1日; 墓参りの習慣がある.

tousser /トゥセ/ (英 cough) 自 せきをする; せき払いする.

tout

/tu トゥ/
形 《不定形容詞》(英 all)

	単数	複数
男性	tout /トゥ/	*tous /トゥ/
女性	toute /トゥト/	toutes /トゥト/

*代名詞のときは /トゥス/.

❶ **(tous [toutes] les ...)** すべての, 全部の; **(tout le .../toute la ...)** …全体, 全….
● Il a plu *toute* la journée. 一日中雨が降っていた.
● Ils sont venus *tous* les deux. 彼らは2人とも来た.
● Elle est aimée de *tout* le monde. 彼女はみんなに愛されている.
❷ **(tout un .../toute une ...)** …全体, 丸々….
● manger *tout* un pain パンを丸々一個食べる.
● J'ai passé *tout* un été dans ce petit village. 私は一夏いっぱいをこの村で過ごした.
❸ 《無冠詞名詞と》どんな…でも, すべての, あらゆる; このうえない.
● *Tout* homme est mortel. 人はみな死ぬ.
❹ **(tous [toutes] les ...)** …ごとに.
● *tous les* deux ans 2年毎に; 1年おきに.
会話 *Tous les* combien est-ce qu'il y a un train? 列車は何時間ごとにありますか.
❺ 《指示代名詞と》…のすべて.
● *tout* ceci [cela] これ[あれ]全部.
● *tout* ce que je sais 私の知っていること全部.
à toute heure 時間に関係なく; 昼夜を問わず.
à toute vitesse 全速力で.
de toute façon いずれにしても.
en tout cas [***dans tous les cas***] いずれにしても.
tout le monde みんな; 全員.

— 代 《不定代名詞》❶ **(tout)** すべて(のもの). ● Je pense que *tout* ira bien. 私は万事うまくゆくだろうと思っている.
POINT tout が直接目的語の場合は, 助動詞と過去分詞の間: J'ai tout mangé. 私はすべて食べた.
❷ **(tous, toutes)** (話題に上った)すべての人[物]; みんな, 全員. ● *tous* ensemble みんな一緒に. ● *Tous* étaient présents. 全員そこにいた.
après tout 要するに.
C'est tout. 以上, それで終わり. ● *Ce sera tout* madame?—Oui, *c'est tout.* ほかにございませんか.—ええ, それで結構.
en tout 全部で; 完全に.
Tout est bien qui finit bien. 《ことわざ》終わりよければすべてよし.

— le **tout** 男 ❶ 全体. ● Le *tout* est plus grand que la partie. 全体は部分よりも大きい. ❷ 肝心なこと. ● Le *tout* est de réussir. 肝心なのは成功することだ.
du tout au tout まったく, まるで. ● Il a changé *du tout au tout.* 彼はすっかり変わった.
pas du tout 全然…でない. ● Je ne comprends *pas du tout.* 僕にはさっぱりわ

からない.

— 副 《不変; ただし子音または有音の h で始まる女性形容詞の前では女性形 toute(s) となる》 ❶〈tout 形・副〉 全く; とても. ● Il est *tout* petit [Elle est *toute* petite]. 彼[彼女]はごく小さい. ● Il habite *tout* près de chez moi. 彼は私の家のすぐ近くに住んでいる.

❷〈tout 動《ジェロンディフ》〉 …しながら; …ではあるが. ● *tout* en mangeant [travaillant] 食べながら[仕事しながら]. ● Elles bavardaient *tout* en marchant. 歩きながら彼女らはおしゃべりしていた. ● *Tout* en étant sévère, il laisse une grande liberté à ses enfants. 彼は厳しいが, 子供には大幅に自由を与えている.

❸〈tout A que 直 [接続法]〉 Aではあるが; どんなにAでも. ● *Tout* riche *qu'*il est, il n'est pas heureux. 彼は金持ちだが幸せではない.

tout à coup 突然.

tout à fait そのとおり.

tout à l'heure ついさっき; 後ほど.

tout de même それでも; やはり.

tout de suite すぐに; 直ちに.

toutefois /トゥトフォワ/ 副 (英 however) しかしながら.

la **toux** /トゥー/ 女 咳(せき).

toxique /トクスィク/ 形 有毒の.

— le **toxique** 男 毒.

tracasser /トラカセ/ 他 を心配させる, 悩ます.

T

— **se tracasser** 代動 心配する.

la **tracasserie** /トラカスリ/ 女 《多く複数》 わずらわしさ.

la **trace** /トラース/ 女 (英 track, trace) ❶ 足跡; 跡. ● *traces* de pas 足跡. ❷(心に刻まれた)印象. ❸ 微量.

à la trace de... …の跡をたどって.

marcher sur [***suivre***] ***les traces de*** 人 (人)の例にならう.

traces de doigts 指紋.

tracer /トラセ/ 他 52 (英 trace) (線)を引く; (図形など)を描く. ● *tracer* une ligne droite 直線を引く.

— 自 《話》 急いで行く.

le **tract** /トラクト/ 男 (＜英) ビラ, ちらし.

tracteur(***trice***) /トラクトゥール(トリス)/ 形 牽引(けんいん)する.

— le **tracteur** 男 トラクター, 牽引車.

la **traction** /トラクスィヨン/ 女 ❶ 引っ張ること; 牽引(けんいん); (車の)駆動. ❷〔体操〕懸垂, 腕立て伏せ.

la **tradition** /トラディスィヨン/ 女 (英 tradition) 伝統, 慣習, 伝承.

traditionnel(***le***) /トラディスィヨネル/ 形 伝統的な; 慣例の.

le(la) **traducteur**(***trice***) /トラデュクトゥール(トリス)/ 名 翻訳家.

— le **traducteur** 男 〔情報〕変換プログラム.

la **traduction** /トラデュクスィヨン/ 女 (英 translation) 翻訳; 訳書. ● *traduction* simultanée 同時通訳.

tradui... →**traduire** 15

traduire /トラデュイール/ 他 15 (英 translate) ❶ を翻訳する, 通訳する. ● *traduire*... en français [anglais] …をフランス語[英語]に翻訳する. ❷ を表現する, 示す.

traduire 人 ***en justice*** 〔法〕(人)を告訴[召喚]する.

— **se traduire** 代動 訳される, 表れる.

traduit →**traduire** 15

le **trafic** /トラフィク/ 男 (英 traffic) ❶ 不正取引, 密売. ● *trafic* de stupéfiants [drogue] 麻薬の密売.

❷ 交通(量), 輸送(量).

trafiquer /トラフィケ/ 自 不正取引をする.

— 他 《話》 をひそかにする; ごまかす.

la **tragédie** /トラジェディ/ 女 (英 tragedy) 悲劇(作品); 悲劇的事件.

tragique /トラジク/ 形 (英 tragic) 悲劇の; 悲劇的な.

— le **tragique** 男 悲劇作家; 悲惨さ.

prendre... au tragique …を悲観的に取る.

trahir /トライール/ 他 33 (英 betray) ❶ を裏切る, に背く; を見捨てる. ● *trahir* un ami 友を裏切る. ● Ses forces l'*ont trahi*. 彼は力が尽きた[←彼の体力は彼を見捨てた]. ● *trahir* la confiance de 人 (人)の信頼を裏切る.

❷ を暴露する. ● *trahir* un secret 秘密を漏らす.

❸ (意味など)を曲げて伝える.

— **se trahir** 代動 (人が)本心を漏らす; (ものが)表れる.

la **trahison** /トライゾン/ 女 (英 betrayal) 裏

切り, 不貞; 歪(わい)曲.

traie(s), traient →traire 72

le **train** /trɛ̃ トラン/ 男 ❶(英 train) 列車, 電車.
● J'ai manqué le dernier *train*. 私は終電車に乗り遅れた.
● le *train* de Paris パリ行き[パリ発]の列車. →…行きは pour も使う.
● prendre le *train* de 8h05 8時5分発の列車に乗る.
❷ 列, 行列.
❸ (装置などの)一式, 一揃(そろ)い.
❹ 〈être en train de 不定詞〉…しているところである.
● Il *est en train de* travailler. 彼は仕事中である.
● Il *est en train de* partir. 彼はちょうど出かけるところだ.
en [***par***] ***train*** 電車で, ● Il va au bureau *en train*. 彼は電車で会社に行く.
être en train 元気である; 順調な. ● Les affaires *sont en train*. 仕事は順調にはかどっている.
train à grande vitesse (フランスの)新幹線. → 略 TGV.
train omnibus [***express, rapide***] 普通[急行, 特急]列車.

le **traîneau** /トレノ/ 男 (複 **traîneaux**) そり(橇).

traîner /トレネ/ 他 (英 drag) ❶を引っ張る; 引きずる. ● *traîner* la jambe [patte] 足を引きずる.
❷ (無理に)を連れて行く; (いつも)を連れ[持ち]歩く. ● Il m'a *traîné* dans tous les musées de Paris. 彼は私をパリ中の美術館に連れて行った.
❸ に耐える.
❹ を長引かせる.
— 自 ❶ 引きずる, 垂れる. ● Le bas de sa robe *traîne* par terre. 彼女のドレスの裾は地面に引きずっている.
❷ 散らばっている. ● Il laisse *traîner* ses affaires partout. 彼は身のまわりのものを散らかしっぱなしにする.
❸ ぐずぐずする, 遅れをとる. ● Ne *traînez* pas, le travail presse! ぐずぐずするな, 仕事は急ぐのだ.
— **se traîner** 代動 ❶ はう. ● *se traîner* par terre 地面[床]をはう. ❷ 嫌々行く; (痛みで)体を引きずる. ❸ 長引く.

traire /トレール/ 他 72 (牛の乳)を搾る.

trais, trait[1](...) →traire 72

le **trait**[2] /トレ/ 男 ❶(英 line) 線, 描線. ❷(英 features) 《複》顔立ち, 表情. ❸ 表現の仕方, 筆致; 《文》辛辣な言葉. ❹ 特徴, 特色.
à grands traits おおまかに.
avoir trait à ... …と関係がある.
d'un trait 一気に, 一息に.
tirer un trait sur ... …をあきらめる.
trait de génie 天才のひらめき.
trait d'union ハイフン.
trait pour trait 正確に, 寸分違わず.

la **traite** /トレト/ 女 ❶ 乳搾り. ❷ (奴隷などの)貿易. ❸ 手形.
d'une seule traite/ d'une traite 一気に, 休みなく.

le **traité** /トレテ/ 男 ❶(英 treaty) 条約.
● *traité* de paix 平和条約. ❷ 概論.

le **traitement** /トレトマン/ 男 (英 treatment) ❶ 待遇, 扱い. ❷ 治療; 処理, 加工. ● *traitement* de l'information 情報処理.

traiter /トレテ/ (英 treat) 他 ❶ (人)を扱う. ● *traiter* ... bien [mal, comme un chien] …を丁重に[ぞんざいに, ひどく]扱う.
❷ 〈traiter 人 de ...〉 (人)を…呼ばわりする. ● Il s'est fait *traiter d'*idiot. 彼はばか扱いされた.
❸ を治療する. ● *traiter* une maladie [un malade] 病気[病人]を治療する.
❹ (問題など)を取り上げる, 論じる.
❺ を処理する.
— 自 ❶ 〚*de*, を〛 論じる.
❷ 〚*avec*, と〛 交渉する.

traître(sse) /トレートル(トレス)/ 形 (英 treacherous) 〚*à*, を〛 裏切りの; 油断のならない.
ne pas dire un traître mot 一言も口を開かない.
— le(la) **traître(sse)** 名 裏切り者. → ふざけて使う以外は女性にも男性形.
prendre 人 ***en traître*** (人)に卑劣な手段を用いる.

la **trajectoire** /トラジェクトワール/ 女 軌道, 弾道.

le **trajet** /トラジェ/ 男 (英 route) 道のり.
● refaire le *trajet* en sens inverse 来た道を戻る.

le **tramway** /トラムウェ/ 男 (<英) 路面電車.

tranchant(e) /トランシャン(ト)/ 形 よく切れる; 断定的な.

— le **tranchant** 男 刃.

à double tranchant 両刃の.

la **tranche** /トランシュ/ 女 (英 slice) ❶ 薄切り (=〜 fine); 1切れ. ●couper en *tranches* 薄切りにする. ●Six *tranches* de jambon, s'il vous plaît. ハムを6切れください. ❷ 区切り, 区分. ●*tranche* horaire 時間帯. ●*tranche* d'âge 年齢区分. ❸ (本の裁断した)縁; 切断面.

s'en payer une tranche 《話》大いに楽しむ.

tranché(e) /トランシェ/ 形 はっきりした, 際立った.

trancher /トランシェ/ 他 ❶ (英 cut) を切る, 切断する. ❷ (問題など)を解決する.

— 自 ❶ 〚*sur, de*, について〛決断を下す. ●*trancher* la question 問題をきっぱりと解決する. ❷ 〚*sur, avec*, と〛対照をなす.

tranquille /トランキル/ 形 ❶ (英 quiet, tranquil) 静かな, 穏やかな; (人が)物静かな. ●Reste *tranquille*. おとなしくしていなさい. ●Il habite dans un quartier *tranquille*. 彼は静かな界隈(わい)に住んでいる.
❷ 安心した, 安らかな. ●Il dormait *tranquille*. 彼は安らかに眠っていた.

être tranquille que … 《話》…について確信している. ●Je *suis tranquille qu'*il reviendra. 大丈夫, 彼は戻って来るだろう.

laisser … tranquille …にかまわない, そっとしておく. 会話 Laissez-moi *tranquille*! 私にかまわないでください.

tranquillement /トランキルマン/ 副 静かに, 穏やかに; 安心して.

tranquilliser /トランキリゼ/ 他 を安心させる, の神経を鎮める.

— **se tranquilliser** 代動 安心する.

la **tranquillité** /トランキリテ/ 女 静けさ, 平穏; 安心, 安定.

en toute tranquillité すっかり安心して.

transcri … →**transcrire** 26

la **transcription** /トランスクリプスィヨン/ 女 転写, 書き写したもの; 〔法〕登記.

transcrire /トランスクリール/ 他 26 ❶ を書き写す, 転写する; 書き替える. ❷ (ほかの楽器用に)を編曲する. ❸ を登録する.

la **transe** /トランス/ 女 ❶ 《多く複数》(極度の)不安, 恐れ. ❷ 失神[トランス]状態.

être* [*entrer*] *en transe 大変興奮している[する]; トランス状態にある[なる].

transférer /トランスフェレ/ 他 57 を移す, 移転させる; の名義変更をする.

transfigurer /トランスフィギュレ/ 他 を変容させる.

la **transformation** /トランスフォルマスィヨン/ 女 変化, 変形; 改造.

transformer /トランスフォルメ/ 他 (英 transform) を変える. ●*transformer* A en B AをBに変える.

— **se transformer** 代動 〚*en*, に〛変わる.

la **transfusion** /トランスフュズィヨン/ 女 輸血 (=〜 sanguine).

le **transistor** /トランズィストール/ 男 (<英) トランジスター(ラジオ).

le **transit** /トランズィト/ 男 ❶ トランジット. → 目的地への途中で, ほかの(空)港への一時寄港.
❷ (免税)通過.
❸ 〔生理〕お通じ.

transitif(ve) /トランズィティフ(ーヴ)/ 形 〔文法〕他動的な.

— le **transitif** 男 他動詞.

la **transition** /トランズィスィヨン/ 女 推移, 移行; 変わり目.

sans transition いきなり.

transitive →**transitif** の女性形.

transitoire /トランズィトワール/ 形 過渡的な; つかの間の.

transmet(…) →**transmettre** 41

transmettre /トランスメトル/ 他 41 (英 transmit) ❶ を伝える; 渡す; 移す. ❷ 〈**transmettre A à B**〉 BにAを伝える; A(病気)をB(人)に移す. 会話 Veuillez *transmettre* mes amitiés à Paul. ポールによろしくお伝えください.

— **se transmettre** 代動 伝わる; 伝染する.

transmi[î] … →**transmettre** 41

la **transmission** /トランスミスィヨン/ 女 ❶ 伝えること, 伝達. ❷ 伝染, 遺伝; 放送.

transmission de pensée テレパシー.

la **transparence** /トランスパランス/ 女 透明さ, 透明性; 明白さ.

T

transparent(e) /トランスパラン(ト)/ 形
❶ 透明な, 透き通った. ❷ 明白な, わかりやすい.

la **transpiration** /トランスピラスィヨン/ 女
発汗; 汗.

transpirer /トランスピレ/ 自 ❶ 汗をかく; 《話》悪戦苦闘する. ❷ 《文》(秘密などが)発覚する.

transplanter /トランスプランテ/ 他 ❶ (植物)を植え替える; (臓器・組織)を移植する. ❷ (人)を移住させる.

— **se transplanter** 代動 移住する.

le **transport** /トランスポール/ 男 (英 transport) ❶ 輸送, 運送; 送料, 交通費.
● *transport* aérien 航空輸送.
❷ 《複》交通機関, 輸送手段.
● *transports* publics [en commun] 公共交通機関.

transporter /トランスポルテ/ 他 (英 carry, transport) ❶ を運ぶ, 輸送する. ❷ 《文》〖*de*, で〗を熱狂させる.

— **se transporter** 代動 赴く, 行く; (想像によってほかの場や時に)身を置く.

transvaser /トランスヴァゼ/ 他 を移し替える.

transversal(ale) /トランスヴェルサル/ 形 (男複 **transversaux**) 横切る; 分野を越えた.
rue [***route***] ***transversale*** (幹線道路への)交差道路.

— la **transversale** 女 都市間道路.

la **trappe** /トラプ/ 女 (床・天井の)揚げ戸, 揚げ蓋; (狩猟用の)落とし穴, 罠(わな).

trapu(e) /トラピュ/ 形 ❶ ずんぐりした. ❷ 《学生》(ある科目が)よくできる; (問題などが)難しい.

traquer /トラケ/ 他 (獲物・人)を追い回す, 追い詰める.

le **travail**[1] /travaj トラヴァイユ/ 男 (複 **travaux**) (英 work)
❶ 仕事, 労働; 勉強.
● se mettre au *travail* 仕事に取りかかる.
● être au *travail* 仕事中である.
● Tu as fini ton *travail* en anglais? 英語の勉強は終わったの?
❷ 職, 職業; 勤め口; 職場.
● chercher du *travail* 仕事を探す.
● trouver un *travail* 職を見つける.
● être sans *travail* 失業している.
● aller au *travail* 仕事に出かける.
❸ 労働; 《集合的》労働者.
● lieu de *travail* 職場.
● heures de *travail* 労働時間.
● *travail* à domicile 在宅勤務.
● *travail* temporaire 派遣労働.
❹ 《複》工事, 土木工事; (特定の領域での)作業, 仕事.
● *travaux* publics 公共工事.
❺ 《多く複数》研究(論文), 業績.
● les *travaux* de Mme Curie キュリー夫人の業績.
● *travaux* pratiques (学生の)実習.
❻ 《複》審議, 討議.
❼ 作品; 仕事ぶり.
❽ 作用; 機能, 働き; (物の)変形[変質].

le **travail**[2] /トラヴァイユ/ 男 (複 **travails**) (家畜につける)枠組み.

travailler /travaje トラヴァイエ/ 自 (英 work)
❶ 働く, 仕事をする; 勉強する; 勤めている, 勤務する.
● Je *travaille* de 10 heures à 19 heures. 私は10時から19時まで働きます.
● Il *travaille* bien à l'école. 彼は学校でよく勉強する.
❷ 〈**travailler à ...** [à 不定詞]〉 …(すること)に励む, 努力する.
● Il *travaille* à un dictionnaire. 彼は辞書の仕事に取り組んでいる.
❸ 動く, 作動する, 操業する.
● faire *travailler* une machine 機械を動かす.
❹ (物が)作用する, 活動する, 働く; 変質する.
● vin qui *travaille* 発酵しかけているワイン.
❺ 練習する, 訓練する.
travailler à [***chez, dans, en***] ***...*** …で働く. ● *travailler chez* Renault ルノーで働く. ● *travailler à* temps partiel パートタイムで働く.

— 他 ❶ を勉強; 練習する.
● *travailler* le chant [piano] 歌[ピアノ]を練習する.
● *travailler* son anglais 英語を勉強する.
❷ を加工する, 細工する.
● *travailler* la pâte 粉をよくこねる.
❸ (文章など)を練る, 推敲(すいこう)する.
● *travailler* son style 文章に手を加える.
❹ を悩ませる, 苦しませる; 《話》痛めつけ

る.

● Cette idée le *travaille*. そのことを考えて彼は苦しんでいる.

❺ (ボール)に変化をつける.

travailleur(se) /トラヴァイユール(ズ)/ 形 勤勉な, よく働く.

— le(la) **travailleur(se)** 名 ❶ (英 hard worker) 働き者, 勤勉な人. ❷ 労働者.

travaux →**travail** の複数形.

le **travers**[1] /トラヴェール/ 男 (英 across, through) 《次の表現で》

à travers... …を通り抜けて, …越しに.

● *à travers* les âges 時代を通して.

au travers (de...) (…を)通して, 通り抜けて.

de travers 斜めに; 間違って. ● marcher *de travers* 斜めに歩く.

en travers (de...) (…に対して)横方向に, (…を)横切って.

le **travers**[2] /トラヴェール/ 男 ちょっとした欠点.

traversable /トラヴェルサブル/ 形 渡れる, 横断できる.

la **traverse** /トラヴェルス/ 女 (鉄道の)枕木; (窓などの)横木.

chemin de traverse 近道, 抜け道.

la **traversée** /トラヴェルセ/ 女 (海・川などの)横断; 通過. ● faire la *traversée* de A à B AからBに通り抜ける.

traverser /トラヴェルセ/ 他 (英 cross, go through) ❶ (場所)を横切る, 通り抜ける; (ものが)を貫通する. ● *traverser* une rivière à la nage 泳いで川を渡る. ● La Seine *traverse* Paris. セーヌ川はパリを貫いて流れている.

❷ (時期・危機)を通り過ぎる; (時代)を生き延びる. ● *traverser* des temps difficiles 困難な時代を生きる.

❸ (考えが)の心をよぎる.

tray... →**traire** 72

trébucher /トレビュシェ/ 自 〚*contre*, *sur*, に〛つまずく, よろける; 《比喩的》(難しいところで)しくじる, つかえる.

le **trèfle** /トレフル/ 男 ❶ 〔植〕クローバー. ● *trèfle* à quatre feuilles 四葉のクローバー. ❷ 〔トランプ〕クラブ.

treize /trɛz トレーズ/ 形 《不変》 (英 thirteen) 13の; 13番目の.

— le **treize** 男 《不変》 13; 13日, 13番地.

treizième /トレズィエム/ 形 13番目の.

— le(la) **treizième** 名 13番目の人[もの].

— le **treizième** 男 ❶ 13分の1. ❷ (パリなどの)13区.

le **tréma** /トレマ/ 男 トレマ《¨》. → 例: Noël.

le **tremblement** /トランブルマン/ 男 (英 tremble) 震え, 震動; 揺れ.

et tout le tremblement 《話》その他もろもろ.

tremblement de terre 地震.

trembler /トランブレ/ 自 (英 tremble) ❶ 震える; 震動する, 揺れる. ● *trembler* de froid 寒さで震える.

❷ ひどく心配する, おびえる. ● Il *tremblait* d'être puni. 彼は罰せられないかとびくびくしていた.

la **trempe** /トランプ/ 女 ❶ (金属の)焼き入れ. ❷ 《話》めった打ち. ❸ (強い)性質, タイプ. ● Les gens de cette *trempe* sont rares. この種の毅然(きぜん)とした人々はまれだ.

tremper /トランペ/ 他 (英 soak) を浸す, つける; (びしょびしょに)を濡らす.

● *tremper* du linge dans l'eau (洗濯する)下着を水につける.

● chemise *trempée* de sueur 汗でぐっしょりのシャツ.

— 自 ❶ 〚*dans*, に〛つかる. ❷ (人が悪事に)加担する.

— **se tremper** 代動 さっと水につかる.

le **tremplin** /トランプラン/ 男 ❶ 踏み切り台, スプリングボード. ❷ (目的への)踏み台.

la **trentaine** /トランテヌ/ 女 (約)30; 30歳(代). ● avoir la *trentaine* 30代である.

trente /trɑ̃t トラント/ 形 《不変》 (英 thirty) 30の; 30番目の.

— le **trente** 男 《不変》 30; 30日; 30番地.

trentième /トランティエム/ 形 (英 thirtieth) 30番目の.

— le(la) **trentième** 名 30番目のもの.

— le **trentième** 男 30分の1.

le **trépied** /トレピエ/ 男 三脚(台).

très /trɛ トレ/ 副 (英 very, much) ❶ 非常に, とても, 大変.

- Je suis *très* occupé. 私はとても忙しい.
- J'ai *très* faim. 私はとてもおなかがすいている.

❷《否定文で》あまり…ではない.
- Il *ne* sort *pas très* souvent. 彼はあまり外出しない.

Très bien. 《受け答えで》わかりました; 大変結構です.

le **trésor** /トレゾール/ 男 (英 treasure) ❶ 宝, 財宝; 貴重な人[もの]. ❷《複》富, 大金. ❸ **(T-)** 国庫 (=T- public).
un [***des***] ***trésor***(***s***) ***de...*** 数多くの貴重な….

la **trésorerie** /トレゾルリ/ 女 ❶ 国庫, 国の財政. ❷ (企業の)財源, 経理.

le(la) **trésorier**(**ère**) /トレゾリエ(ール)/ 名 経理係, 会計係.

tressaill... →**tressaillir** 5

tressaillir /トレサイール/ 自 5 (喜び・恐怖などで)身震いする.

la **tresse** /トレス/ 女 三つ編み; 編みひも.

tresser /トレセ/ 他 を三つ編みにする; 編んで作る.

la **trêve** /トレーヴ/ 女 休戦, 停戦; 休止, 中断.
trêve de... …はもうたくさんだ.

le **tri** /トリ/ 男 選別, 区分け; 〔情報〕ソート.
faire le tri de... …をえり分ける.

le **triangle** /トリヤングル/ 男 三角形; 三角形のもの; 〔楽〕トライアングル. ● *triangle* rectangle 直角三角形.

triangulaire /トリヤンギュレール/ 形 三角形の.

le **tribord** /トリボール/ 男 (<オランダ) 〔海〕右舷. ● à *tribord* 右舷に.

la **tribu** /トリビュ/ 女 部族; 《話》大家族.

le **tribunal** /トリビュナル/ 男 (男複 **tribunaux**) (英 court) 裁判所, 法廷; 《集合的》裁判官; 《文》審判.
tribunal pour enfants 少年裁判所.

tribunaux →**tribunal** の複数形.

la **tribune** /トリビューヌ/ 女 ❶ 演壇; 討論会. ❷ 階段席, 傍聴席.

tributaire /トリビュテール/ 形 〖*de*, に〗 依存[従属]している.

tricher /トリシェ/ 自 (英 cheat) (賭(か)け事などで)いかさまをする; 〖*sur*, を〗ごまかす. ● *tricher* à l'examen 試験でカンニングをする.

tricolore /トリコロール/ 形 ３色の; 〔スポーツ〕フランスの.
drapeau tricolore 三色旗; **(le ～)** フランス国旗.

le **tricot** /トリコ/ 男 (英 knitting) 編み物; セーター; ニット(製品).

tricoter /トリコテ/ 他 を編む.
— 自 編み物をする.

le **tricycle** /トリスィクル/ 男 ３輪車.

trier /トリエ/ 他 (英 sort out) をより分ける; 選別する, 区分けする. ● *trier* le courrier 郵便を仕分ける.
trier sur le volet 厳選する.

le **trimestre** /トリメストル/ 男 (英 quarter) ３か月, 四半期; (フランスの)学期.
premier trimestre １学期. → 10月～クリスマス.
second trimestre ２学期. → クリスマス～復活祭.
troisième trimestre ３学期. → 復活祭～夏休み.

trimestriel(***le***) /トリメストリエル/ 形 ３か月間の; ３か月ごとの.

trinquer /トランケ/ (<ドイツ) 自 乾杯する; 《話》迷惑[被害]をこうむる. ● *trinquer* à la santé de 人 (人)の健康を祈って乾杯する.

triomphant(**e**) /トリヨンファン(ト)/ 形 勝ち誇った.

le **triomphe** /トリヨンフ/ 男 (英 triumph) 大勝利; 大成功; 拍手, 喝采. ● l'Arc de *Triomphe* 凱(がい)旋門.
porter 人 ***en triomphe*** (人)を肩車して歓声に応えさせる.

triompher /トリヨンフェ/ 自 ❶ 勝ち誇る, 得意になる; 勝利[成功]を収める. ❷ 〖*de*, に〗 打ち勝つ. ● *triompher* de ses adversaires 敵に打ち勝つ.

triple /トリプル/ 形 (英 triple) ❶ ３重の; ３倍の. ● faire ... en *triple* exemplaire …を３部用意する. ❷《話》最高の.
— le **triple** 男 ３倍.

tripoter /トリポテ/ 他 《話》をなで回す.
— 自 《話》いじくり回す.

le **triptyque** /トリプティク/ 男 ３折り(の書類); ３部作; ３連祭壇画.

triste

/trist トリスト/ 形 (英 sad) ❶ 悲しい, 悲しそうな.
- histoire *triste* 悲しい話.
- Il avait l'air *triste*. 彼は悲しげな様子をしていた.

T

❷ 陰気な, 寂しい.
● couleur *triste* 陰気な[くすんだ]色.
❸《名詞の前で》情けない, みじめな.
● *triste* histoire 嫌な話.
● faire *triste* mine [figure] 悲しげな表情をする.

tristement /トリストマン/ 副 悲しそうに; 残念ながら.

la **tristesse** /トリステス/ 女 (英 sadness) 悲しみ, 寂しさ; 陰気さ.

le **troc** /トロク/ 男 物々交換(制度).

trois /trwa トロワ/ 形《不変》(英 three) ❶ 3つの; 3人の; 3番目の.
❷ わずかな.
● J'arrive dans *trois* minutes. すぐ行きます.
Jamais deux sans trois. 《ことわざ》2度あることは3度ある.
— le **trois** 男《不変》3(の数字), 3日; 3番地.

troisième /トロワズィエム/ 形 (英 third) 3番目の, 第3の. ● la *Troisième* République 第三共和政.
troisième âge 老年期.
— le(la) **troisième** 名 3番目の人[もの].
— le **troisième** 男 (パリなどの)第3区.
— la **troisième** 女 ❶ 第3学級. → 中等教育の第4学年; 14から15歳に相当. ❷ (自動車の)サードギア (=〜 vitesse).

le **trombone** /トロンボヌ/ 男 ❶ トロンボーン. ❷ クリップ.

tromper /トロンペ/ 他 (英 deceive)
❶〈tromper 人 sur ...〉…のことで(人)をだます, 欺く.
● Ce boucher *trompe* ses clients *sur* le poids. この肉屋は客に目方をごまかしている.
❷ (浮気をすることで夫・妻)を裏切る.
● *tromper* sa femme 妻を裏切る[浮気をする].
❸ (判断など)を誤らせる.
❹ (空腹・退屈など)をまぎらわす.
— **se tromper** 代動 ❶ 間違う, 誤る.
● Tout le monde peut *se tromper* 誰にだって間違いはある.
❷〚*de*, を〛間違える.
● *se tromper de* bus 違うバスに乗る.
Ne t'y trompe pas. 外見にだまされるな.

la **trompette** /トロンペト/ 女 トランペット, ラッパ; ホラガイ.
en trompette 上を向いた, 反りかえった.
— le **trompette** 男 トランペット奏者.

le(la) **trompeur(se)** /トロンプール(ズ)/ 名 人を欺く人, 見せかけの人.
— 形 人を欺く.

le **tronc** /トロン/ 男 (英 trunk) ❶ (木の)幹; (人・動物の)胴体. ❷ (教会の)献金箱.
tronc commun 共通部分; (中等教育の)共通カリキュラム.

le **tronçon** /トロンソン/ 男 (木などの)輪切り(片); (道路・鉄道の)1区間.

le **trône** /トローヌ/ 男 王座, 王位. ● monter sur le *trône* 王位につく.

trop /tro[ɔ] トロ/ 副 (英 too, too much) ❶ あまりに, 過度に, …すぎる.
● C'est *trop* cher. それは高すぎる.
❷〈trop de 名《無冠詞》〉あまりに多くの….
● J'ai *trop de* choses à faire. 私はしなければならないこと[仕事]が多すぎる.
❸ (a)〈trop A pour B〉BにとってAすぎる.
● C'est *trop* cher *pour* moi. それは私には高すぎる.
(b)〈trop A pour 不定詞 [que 接続法]〉…するにはAすぎる.
● Il est *trop* timide *pour* parler en public. 彼は内気すぎて人前で話ができない.
● Il a *trop* menti *pour qu'*on lui fasse confiance. 彼はうそをつきすぎたので人から信用されなくなった.
de [en] trop 余分に; (人が)じゃまな; 《話》過度に. ● Ces trois euros sont *de trop*. この3ユーロは余分だ. ● Vous ne serez pas *de trop* pour nous aider. あなたはじゃまではありませんよ, お手伝いください. ● Tu manges *de trop*. 君は食いすぎだぞ.
en faire trop やりすぎる.
(ne) pas trop ... それほど[あまり]…ではない. ● Ce *n'*est *pas trop* cher. それはあまり高くない. ● Je *ne* sais *pas trop*. 私はよく知りません.
— le **trop** 男 過度, 多すぎること.
Le trop ne vaut rien. 《ことわざ》すぎたるは及ばざるがごとし.

le **trophée** /トロフェ/ 男 トロフィー, 戦利

T

品.

tropical(*ale*) /トロピカル/ 形 (男複 tropicaux) 熱帯(地方)の.

le **tropique** /トロピク/ 男 〔天〕回帰線; 《複》熱帯地方.

***tropique du Cancer* [*Capricorne*]** 北[南]回帰線.

le **trot** /トロ/ 男 (馬の)速歩, トロット.

au trot (馬が)速歩で; 《話》大急ぎで. 会話 Vas-y, et *au trot*! さあ行け, 急いで.

trotter /トロテ/ 自 ❶ (馬が)速歩で進む; (人が)小走りに行く. ❷ (考えなどが)行き来する.

— se trotter 代動 《話》逃げ出す.

la **trotteuse** /トロトゥーズ/ 女 (時計の)秒針.

le **trottoir** /トロトワール/ 男 (英 pavement) 歩道.

trottoir roulant 動く歩道.

le **trou** /トル/ 男 (英 hole) ❶ 穴, 破れ目. ●*trou* de serrure 鍵穴. ●*trou* noir 〔天〕ブラックホール. ●faire un *trou* dans le mur 壁に穴をあける.
❷ 欠落, 空白; 欠損. ●avoir un *trou* de mémoire 記憶に穴があいている.
❸ 《話》片田舎, 穴場.

boire comme un trou 底無しに酒を飲む.

faire son trou 出世する.

trou d'air エアポケット.

trouble[1] /トルブル/ 形 ❶ 濁った; 曇った, 不透明な. ●eau *trouble* 濁り水. ●avoir la vue *trouble* 目がかすんでいる.
❷ 怪しげな, 不純な.

le **trouble**[2] /トルブル/ 男 (英 trouble, turmoil) ❶ (心の)動揺, 不安; 狼狽(ろうばい).
❷ 《複》騒乱, 暴動.
❸ 《文》混乱, 不和. ●semer le *trouble* 騒動を巻き起こす.
❹ 《多く複数》〔医〕障害.

troubler /トルブレ/ 他 (英 disturb) ❶ を濁らせる, 曇らせる. ❷ を混乱させる; (人)を動揺させる; (理性など)を狂わせる. ●*troubler* l'ordre public 治安を乱す. ●être *troublé* par le charme de ... …の魅力に惑わされる.

— se troubler 代動 ❶ 濁る; 曇る. ❷ 動揺する, 当惑する. ●sans *se troubler* 落ち着いて.

trouer /トルエ/ 他 に穴をあける; (光が闇など)を貫く.

la **troupe** /トルプ/ 女 (英 troop) ❶ 部隊; 《複》軍隊; 《集合的》(士官に対して)兵隊.
❷ 集団, 劇団.

en troupe 群れをなして.

le **troupeau** /トルポ/ 男 (複 troupeaux) (英 herd) (動物の)群れ; 《軽蔑的》群衆.

la **trousse** /トルス/ 女 (携帯用の)用具入れ, 筆入れ.

aux trousses de 人 (人)につきまとって.

le **trousseau** /トルソ/ 男 (複 trousseaux) ❶ 鍵の束 (=〜 de clefs). ❷ 衣類一式.

la **trouvaille** /トルヴァイユ/ 女 掘り出し物; 思いがけない発見; 独創的な発想.

trouver

/truve トルヴェ/ 他 ❶ (英 find) (探していたもの)を見つける; に出会う; を手に入れる.
●Elle a *trouvé* un logement dans le centre de la ville. 彼女は町の中心に住居を見つけた.
●On n'a rien *trouvé*. 何も見つかっていない.
❷ (a) 〈**trouver que** 直〉 …であると思う. → 主節が否定または疑問の場合は 接続法.
●Je *trouve que* ce film est excellent. 私はこの映画は優れていると思う.
●Je ne *trouve* pas *qu*'il soit intelligent. 私は彼が賢いとは思わない.
(b) 〈**trouver A B**〉 AがBだと思う.
●Je *trouve* cela trop sucré. 私にはこれは甘すぎます.
会話 Vous *trouvez*? そう思いますか.
❸ を発見する, 思いつく.
会話 J'ai *trouvé*! わかったぞ.
●*trouver* la solution d'un problème 問題の解決法を思いつく.
●Où *avez-vous trouvé* ça? どこでそんなことを考えついたのですか.
❹ (a) 〈**trouver ... à** 人〉 (人)に(特徴など)を認める.
●Je lui *trouve* mauvaise mine. 彼(女)の顔色はよくないですね.
(b) 〈**trouver A B**〉 AをBの状態で見つける.
●On l'a *trouvé* mort. 彼は死んでいるのが見つかった.
❺ 〈**trouver à** 不定詞〉 …する機会[手段]

T

を見つける. ●Il *a trouvé* à coucher. 彼はなんとか泊まる場所を見つけた.

aller trouver 人 (人)に会いに行く.

ne pas trouver ses mots 言葉に詰まる.

trouver bon [mauvais] que 接続法 [***de*** 不定詞] …のことに同意[反対]する, …を許す[許さない]. ●*Trouvez bon que* je vous explique en détail la solution. 状況を詳しくあなたに説明させてください.

—se trouver 代動 ❶(ある場所・状態に)ある, いる.

●La maison *se trouve* au coin de la rue. その家は通りの角にある.

●*se trouver* dans une situation difficile. 困難な状況に陥る.

❷〈se trouver 属詞〉 自分が…と感じる, 思う.

●Il *se trouve* trop gros. 彼は自分を太りすぎだと思っている.

●*se trouver* mal 気分が悪い, 気を失う.

●Je *me trouve* bien d'avoir suivi vos conseils. あなたの忠告に従ってよかったと思います.

Il se trouve que 直. 《非人称》…ということがある[になる]; …ということがわかる. ●Il *se trouve que* nous étions voisins. たまたま私たちは隣人であることがわかった.

si ça se trouve. 《話》ひょっとしたら.

le **truc** /トリュク/ 男 (英 trick) ❶ こつ, 要領; 仕掛け, トリック. ●avoir le *truc* こつをつかむ.

❷《話》あれ, それ. 会話 C'est quoi, ce *truc*-là? それはいったい何だい.

❸ 特技. ●C'est pas mon *truc*. それは苦手だ.

truculent(e) /トリュキュラン(ト)/ 形 豪快な, 大胆な.

la **truffe** /トリュフ/ 女 ❶〔植〕トリュフ, 西洋松露(しょうろ). ●omelette aux *truffes* トリュフ入りオムレツ. ❷(犬の)鼻先; 《話》(人の)団子鼻.

la **truite** /トリュイト/ 女 (英 trout)〔魚〕マス(鱒).

truquer /トリュケ/ 他 を細工[偽造]する.

le **T-shirt** /ティシュルト/ 男 Tシャツ.

tu[1] /ty テュ/ 代 《人称代名詞; 2人称単数・主語》(英 you) →巻末文法: 代名詞 君は, おまえは.

POINT 親しい間柄で用い, それ以外は vous.

●*Tu* as tort. 君は間違っている.

dire tu à… 《tu を用いて人に》親しげな口をきく.

être à tu et à toi avec 人 (人)と親しい間柄である.

tu[2] →taire 53

le **tube** /テュブ/ 男 (英 tube) ❶ 管, パイプ. ●*tube* à essai 試験管. ❷ 筒; 容器. ❸《話》ヒット曲.

à pleins tubes エンジン全開で, ボリュームを一杯にして.

tuberculeux(se) /テュベルキュル(ーズ)/ 形 結核にかかった.

— le(la) **tuberculeux(se)** 名 結核患者.

la **tuberculose** /テュベルキュローズ/ 女〔医〕結核(症).

tue(s)… →taire 53 →tuer

tuer /テュエ/ 他 (英 kill)

❶ を殺す, 死なせる.

●*tuer* 人 à coups de couteau (人)を刺し殺す.

●*tuer* 人 d'une balle (人)を撃ち殺す.

●Une personne *a été tuée* dans cet accident. この事故で1名が死亡した.

❷ をへとへとにさせる, まいらせる.

●Cet enfant me *tuera*. この子にはお手上げだ.

❸ を消滅させる; 損なう.

tuer le temps 暇をつぶす.

—se tuer 代動 ❶ 自殺する; (事故などで)死ぬ. ●Il *s'est tué* en voiture. 彼は自動車事故で死んだ.

❷ 健康を害する. ●*se tuer* au travail 仕事で体を壊す.

se tuer à 不定詞 《話》必死に…する.

la **tuerie** /テュリ/ 女 殺戮(りく).

会話 ***C'est une tuerie!*** これはとってもおいしい.

tue-tête /テュテト/ 《次の表現で》

à tue-tête 声を限りに.

le(la) **tueur(se)** /テュウール(ズ)/ 名 殺人者; 食肉解体業者.

la **tuile** /テュイル/ 女 (英 tile) 瓦(かわら); 《話》災難.

la **tulipe** /テュリプ/ 女 (<トルコ)〔植〕チューリップ.

tûmes →taire 53

la **tumeur** /テュムル/ 女 〔医〕腫瘍(しゅよう).
tumeur bénigne [***maligne***] 良性[悪性]腫瘍.

le **tumulte** /テュミュルト/ 男 騒ぎ, 喧(けん)騒; (心の)乱れ.

le **tunnel** /テュネル/ 男 (<英) トンネル, 地下道; 苦境.
voir le bout du tunnel 難局を脱する, トンネルの出口が見える.

turbulent(*e*) /テュルブラン(ト)/ 形 ❶ 騒がしい. ❷ 乱流の.

turc(*que*) /テュルク/ 形 トルコ (Turquie) の.
— le(la) **Turc**(*que*) 名 トルコ人.
— le **turc** 男 トルコ語.

turent →**taire** 53

la **Turquie** /テュルキ/ 女 トルコ.

tus, tuss ..., tut, tût(**es**) → **taire** 53

la **tutelle** /テュテル/ 女 ❶ 保護; 監督. ❷〔法〕後見; (国連の)信託統治.

le(la) **tuteur**(*trice*) /テュトゥール(トリス)/ 名 ❶ 後見人; 保護者. ❷ (個人指導をする)チューター.
— le **tuteur** 男 支柱, 添え木.

tutoyer /テュトワイエ/ 他 45 (tu を用いて)に親しげな口をきく. →**vouvoyer**
— **se tutoyer** 代動 互いに親しげな口をきく.

le **tuyau** /テュイヨ/ 男 (複 **tuyaux**) ❶ (英 pipe) 管, パイプ; 筒, ホース. ●*tuyau* d'échappement 排気管. ❷《話》秘密情報.

la **TVA** /テヴェア/ 女 《略》付加価値税 (=taxe à la valeur ajoutée).

le **tympan** /タンパン/ 男 〔解〕鼓膜; 中耳.

le **type** /ティプ/ 男 ❶ (英 type) 型, タイプ; 典型. ●avoir le *type* nordique [asiatique] 北方系[アジア系]の顔だちである. ●C'est le *type* même de ... …の典型である.
❷ (英 fellow) 《話》やつ, 男. ●pauvre *type* 哀れな奴.

le **typhon** /ティフォン/ 男 台風.

typique /ティピク/ 形 典型的な, 代表的な; 『*de*, の』特徴を示す. ●architecture *typique de* la période romane ロマネスク様式時代の建築.

typiquement /ティピクマン/ 副 典型的に.

la **typologie** /ティポロジ/ 女 類型学, 分類(学).

le **tyran** /ティラン/ 男 専制君主, 暴君; 横暴な人.

la **tyrannie** /ティラニ/ 女 専制政治, 暴政; 横暴.

tyrannique /ティラニク/ 形 専制的な; 横暴な.

T

U u

le **U, u** /ユ/ 男 ❶ フランス字母の第21字. ●en *U* U 字型の. ❷《話》大学の. → **universitaire** ●resto *U* [restau *U*] 大学食堂.

l' **UE** /ユウ/ 《略》(英 EU) 欧州連合, ヨーロッパ連合 (=Union européenne).

l' **ulcère** /ユルセール/ 男 〔医〕潰瘍(かいよう).

ultérieur(e) /ユルテリユール/ 形 後の, その後の.

l' **ultimatum** /ユルティマトム/ 男 最後通牒(つうちょう); 最終的要求.

ultime /ユルティム/ 形 最後の, 最終の.

ultra- /ユルトラ/ 接頭 「超…」「極端な」の意. ●*ultra*-rapide 超高速の.

un /œ アン/ 冠 《不定冠詞》(英 a, one)

	単数	複数
男性	un /アン/	des /デ/
女性	une /ユヌ/	

❶《不特定》ある, 1つの.
●*un* chien 1匹の犬.
●*une* idée ある考え.
●J'ai *un* frère. 私には兄[弟]がひとりいる.

ポイント
直接目的語につく不定[部分]冠詞は否定文になると性数を問わず de になる.
▶Je n'ai pas de frères [de sœurs]. 私には兄弟[姉妹]はいない.

❷《総称的》…というものはどれも.
●*Une* autruche ne vole pas. ダチョウは飛べない.
❸《固有名詞とともに》(**a**)…の作品, …の製品.
●*un* Picasso ピカソの絵.
●acheter *une* Renault (= une voiture Renault) ルノーの車を買う.
(**b**)…とかいう名前の人.
●*Un* monsieur Durand vous demande. デュランさんとおっしゃる方が面会に見えています.
(**c**)…家の人.
●C'est *un*(*e*) Durand. あれはデュラン家の人だ.
(**d**)…のような人.
●*un* Mozart モーツァルトのような(優れた)音楽家.
❹〈**un de ces ...**〉《強調》すごい, 大変な.
●J'ai *une de ces* faims! 本当に腹ぺこだ.

— 形 《基数詞》
❶ 1つの, 1人の.
✔POINT 数を強調するときはエリジヨンしない.
●de *un* à cinq ans 1歳から5歳まで.
❷ 第一の, 一番目の. ●Acte I (*un*), scène 1 (*une*) 第一幕第一場.
❸ 唯一の, 統一された.
●La vérité est *une*. 真理は1つである.

— 副 《列挙して》第一に(は). ●*Un*, je suis fatigué, deux, je n'ai pas le temps. 第一には疲れているし, 第二にはそんな暇もない.

— l'**un** 男 《不変》❶ (数・数字の) 1.
●compter de *un* à cent 1から100まで数える.
❷ (**le un**) 1番, 1番地; (トランプの) 1のカード.

— la **une** 女 《不変》(新聞の)第1面; (テレビの)第1チャンネル.
●être à la *une* [faire la *une*] des journaux 新聞の第1面を飾る, トップ記事となる.

ne faire ni une ni deux ためらうことなく行動する.

— 代 《不定代名詞》
❶ 〈(**l'**)**un**(**e**) **de** [**des**] 名《複数》〉 …の1つ, 1人.
●C'est (l')*un des* plus beaux jardins de Paris. それはパリで最も美しい公園の1つだ.
❷《代名詞 en とともに》その1つ[1人].
●As-tu *un* stylo?—Oui, j'*en* ai *un*. ペン持ってるかい?—ああ, あるよ.
❸《話》《多く関係節をともなって》…する人.

●Il parle comme *un* qui sait tout. 彼はすべてを知っている人のような話し方をする.
❹ **(l'un(e))** 一方.
POINT l'autre とともに用いる. 複数は les uns, les unes で les autres に対応.
●L'*un* est riche et l'autre est pauvre. 一方は金持ちで他方は貧乏だ.
les uns les autres (複数が)お互いに.
l'un après l'autre 代わるがわる.
l'un et l'autre 両方とも.
l'un l'autre (2人が)お互いに. ●Ils s'aiment *l'un l'autre*. 彼らは互いに愛し合っている.
l'un..., l'autre あるものは…またあるものは. →❹
ni l'un ni l'autre どちらも(…で)ない. ●Je ne les aime *ni l'un ni l'autre*. 私は彼らのどちらも好きではない.
un(e) à un(e)/un(e) par un(e) 1つ[1人]ずつ. ●Les lampes s'éteignirent *une à une*. 明かりは1つずつ消えて行った.

unanime /ユナニム/ 形 (英 unanimous) 満場一致の, 全員そろった.

l' **unanimité** /ユナニミテ/ 女 全員一致, 満場一致. ●à l'*unanimité* 満場一致で.

une /ユヌ/ (英 a, one) 冠, 形, 女 →**un**

uni(e) /ユニ/ 形 (英 united) ❶ 平坦な, 滑らかな. ❷ 無地の, 単色の. ❸ 緊密な仲の; 結びついた; 統合された, 連合した.

unième /ユニエム/ 形 《ほかの数詞を伴って》1番目の. ●vingt et *unième* 21番目の.

l' **unification** /ユニフィカスィヨン/ 女 統一, 統合.

unifier /ユニフィエ/ 他 を統一[統合]する, 1つにする.

uniforme /ユニフォルム/ 形 (英 uniform) 同じ形の, 一様な; 変化のない, 単調な.
— l'**uniforme** 男 制服, ユニフォーム; 軍服.

uniformément /ユニフォルメマン/ 副 一様に, 一律に; 単調に, 何の変化もなく.

l' **uniformité** /ユニフォルミテ/ 女 画一性, 均一性; 単調さ.

unilatéral(ale) /ユニラテラル/ 形 (男複 unilatéraux) 片側だけの; 一方的な.

l' **union** /ユニヨン/ 女 ❶ 結合, 結びつき.
❷ 団結, 協力; 連合, 同盟, 組合.
union conjugale 婚姻関係.
Union européenne (l'~) ヨーロッパ連合. → 略 UE.

unique /ユニク/ 形 ❶ 唯一の, ただ1つ[1人]の. ●rue à sens *unique* 一方通行の道.
❷ 統合した. ●monnaie *unique* 統合通貨. → euro.
❸ 独自の, 優れた; 《話》奇抜な.
être fils [fille] unique 一人息子[娘]である.
Places: prix unique 8 euros 《掲示》座席: 均一料金8ユーロ.

uniquement /ユニクマン/ 副 (英 only, solely) もっぱら, ただ単に.

unir /ユニール/ 他 33 (英 unite) ❶ を1つにする, 結びつける; (交通機関が)を結ぶ; 結婚させる; 〈**unir A à B**〉 AをBと合わせる. ●*unir* ses forces 力を合わせる.
❷ を併せ持つ, 兼ね備える. ●Cette voiture *unit* le confort à la puissance. この車は快適さとパワーを兼ね備えている.
— **s'unir** 代動 1つに結びつく, 団結する.

unitaire /ユニテール/ 形 統一の; 単一の, 単位の.

l' **unité** /ユニテ/ 女 (英 unity)
❶ 統一; まとまり, 一貫性.
❷ 単位.
❸ 〔軍〕隊.
❹ 〔数〕1の位の数.
❺ (1個の)製品; 〔情報〕装置, ユニット. ●prix à l'*unité* 単価.

l' **univers** /ユニヴェール/ 男 ❶ 宇宙; 全世界, 世界中の人々. ❷ 領域, 場.

l' **universalité** /ユニヴェルサリテ/ 女 普遍性.

universel(le) /ユニヴェルセル/ 形 (英 universal) ❶ 全世界的な.
❷ 普遍的な, 一般的な.
❸ 万能の.

universitaire /ユニヴェルスィテール/ 形 大学の. ●restaurant *universitaire* 大学食堂.
— l'**universitaire** 名 大学教員.

l' **université** /ユニヴェルスィテ/ 女 (英 university) (総合)大学.

l' **uranium** /ユラニヨム/ 男 〔化〕ウラン.

urbain(e) /ユルバン(ベヌ)/ 形 (英 urban) 都市の, 都会の. ●la vie *urbaine* 都市の

生活.

l' **urbanisme** /ユルバニスム/ 男 都市計画.

l' **urgence** /ユルジャンス/ 女 緊急;〔医〕急患;《複》救急医療係[室].

d'urgence 緊急に[の]. ●proclamer l'état *d'urgence* 非常事態を宣言する.

Il y a urgence. 緊急事態である.

urgent(e) /ユルジャン(ト)/ 形 緊急の, 切迫した. ●avoir un besoin *urgent* de ... …が緊急に必要である.

l' **urine** /ユリーヌ/ 女 尿.

l' **urinoir** /ユリノワール/ 男 男性用公衆便所.

l' **urne** /ユルヌ/ 女 投票箱; 骨壺(つぼ).

aller [***se rendre***] ***aux urnes*** 投票に行く.

l' **URSS** /ユルス, ユエルエスエス/ 女《略》旧ソ連, ソビエト社会主義連邦共和国 (= Union des Républiques Socialistes Soviétiques).

l' **usage** /ユザージュ/ 男 (英 use, usage) ❶ 使用, 利用; 用途. ❷ 慣例, 慣習;《文》作法. ●C'est l'*usage*. それが慣例です.

à l'usage 使用の際に; 使っていくと.

à l'usage de... …向けの.

d'usage 慣例的な.

faire mauvais usage de... …を悪用する.

hors d'usage 使われなくなった; 使用できない.

l' **usager** /ユザジェ/ 男 (公共機関などの)利用者; (言語の)使用者.

usé(e) /ユゼ/ 形 (英 worn) ❶ すり切れた, 使い古された. ❷ 消耗した, 疲れきった, 衰弱した.

user /ユゼ/ 他 (英 wear out) を使い古す; すり減らす, 消費する.

— 自 (英 use)〘*de*, を〙使う, 用いる.

— **s'user** 代動 すり減る; (視力などが)弱くなる, 自分の…を損なう.

l' **usine** /ユズィヌ/ 女 (英 factory) 工場.

l' **ustensile** /ユスタンスィル/ 男 家庭用品, 器具, 用品. ●*ustensiles* de cuisine 台所用品.

usuel(*le*) /ユズュエル/ 形 日常使われる, 日用の.

l' **usure**[1] /ユズュール/ 女 すり減ること, 磨耗; 衰え, 消耗.

avoir... à l'usure 《話》(人)を参らせて目的を達する.

l' **usure**[2] /ユズュール/ 女 高利(で金を貸すこと).

l' **usurpation** /ユズュルパスィヨン/ 女 不当な取得, 横領.

usurper /ユズュルペ/ 他 を横領する; (不当に)を手に入れる.

utile /ユティル/ 形 (英 useful) 役に立つ;〘*à*, に〙有効な. 会話 Puis-je *vous* être *utile*? 何かお役に立てることがありますか.

en temps utile 適切な時に; 有効期間内に.

— l'**utile** 男 実益.

utilement /ユティルマン/ 副 有益に, 有効に.

utilisable /ユティリザブル/ 形 利用し得る.

le(la) **utilisateur(*trice*)** /ユティリザトゥール(トリス)/ 名 ユーザー, 利用者.

l' **utilisation** /ユティリザスィヨン/ 女 (英 use) 使用, 利用.

utiliser /ユティリゼ/ 他 (英 use) を使う, 利用する.

À utiliser avant le... 《注意書》(日付)前に使用のこと.

l' **utilité** /ユティリテ/ 女 (英 utility) ❶ 有用性; 実益. ●d'une grande *utilité* 大変有用な. ❷《複》(劇・映画の)端役.

l' **utopie** /ユトピ/ 女 ユートピア, 理想郷; 夢物語, 空想.

U

V v

le**V**[1], **v** /ヴェ/ 男 ❶フランス字母の第22字. ❷V字形(のもの). ●pull en *V* Vネックのセーター. ❸ローマ数字の5.

V[2] /ヴェ/ 《略》(**V**) (volt) ボルト.

va /ヴァ/ →**aller**

— 間 さあさあ, よし. →激励・脅しなど.

Va donc! 《ののしり言葉の前》この…; ばかを言え.

Va pour... 《話》…でいいよ. ●*Va pour* demain. 明日でいいよ.

la**vacance** /vakɑ̃s ヴァカンス/ 女 (英 vacation)

❶(**les vacances**) 《複》休暇, ヴァカンス; 休憩, 休養.

●être [partir] en *vacances* 休暇中である[ヴァカンスに出かける].

●grandes *vacances* 夏休み.

●*vacances* de Noël [d'hiver] クリスマス休暇[冬休み].

会話 Bonnes *vacances*! よい休暇を.

●Qu'est-ce que tu as fait pendant les *vacances*? 君は休暇中何をしましたか.

●Vous êtes fatigué, vous avez besoin de *vacances*. あなたは疲れています, 休養が必要です.

❷(**vacance**) 欠員, 空席; 不在, 空白(期間).

vacant(e) /ヴァカン(ト)/ 形 空いている, 空席の, 欠員の.

le**vacarme** /ヴァカルム/ 男 騒音; 喧(けん)騒.

le**vaccin** /ヴァクサン/ 男 (英 vaccine) ❶ワクチン, 痘苗(とうびょう); 種痘; 牛痘ウイルス. ❷〘*contre*, を〙予防するもの.

la**vaccination** /ヴァクスィナスィヨン/ 女 予防接種, ワクチン接種.

vacciner /ヴァクスィネ/ 他 (英 vaccinate) に予防[ワクチン]接種する.

être vacciné contre... 《話》…に対して免疫がある.

la**vache** /ヴァシュ/ 女 (英 cow) ❶雌ウシ(の肉); 牛革.

❷《話》意地悪な人.

maladie de la vache folle 《話》狂牛病.

vache laitière 乳牛.

— 形 《話》意地の悪い, 冷酷な; すごい.

vachement /ヴァシュマン/ 副 《話》非常に, すごく. 会話 C'est *vachement* bien. すごくいい.

la**vacherie** /ヴァシュリ/ 女 ❶牛小屋. ❷《話》意地悪, 嫌なこと.

vaciller /ヴァスィエ/ 自 よろめく; (光・炎が)揺らめく.

le**va-et-vient** /ヴァエヴィヤン/ 男 《不変》❶往復運動; (人の)往来. ❷〔電〕2[3]路配線, 複数の所から切り替えられるスイッチ.

vagabond(e) /ヴァガボン(ド)/ 形 放浪の; 移り気な.

— le(la) **vagabond(e)** 名 浮浪者; 放浪者.

la**vague**[1] /ヴァグ/ 女 (英 wave) 波.

faire des vagues 《話》波風を立てる, 評判になる.

une vague de... …の波, …の高まり.

vague[2] /ヴァグ/ 形 (英 vague) ❶漠然とした, 曖昧(あいまい)な. ❷(服が)だぶだぶの.

— le **vague** 男 ❶曖昧さ, どっちつかずの状態[態度]. ❷虚空(こくう). ●regarder dans le *vague* 虚空を見つめる.

vaguement /ヴァグマン/ 副 曖昧(あいまい)に, 漠然と.

vaillant(e) /ヴァイヤン(ト)/ 形 ❶《文》勇敢な. ❷健康な, 丈夫な.

vaille (...) →**valoir** 74

vain(e) /ヴァン(ヴェヌ)/ 形 (英 vain) 無駄な, 効果のない, むなしい; 無意味な.

en vain 無駄に; むなしく.

vaincre /ヴァンクル/ 他 73 (英 defeat, conquer) を打ち破る, 負かす; 克服する.

vaincu(e) /ヴァンキュ/ 形 負けた, 打ち破られた.

— le(la) **vaincu(e)** 名 敗者.

vainqu... →**vaincre** 73

le**vainqueur** /ヴァンクール/ 男 (英 conqueror) 勝者.

— 形 《男》勝利を得た; 勝ち誇った. →女性形には victorieuse を用いる.

vais →**aller** 3

V

le **vaisseau** /ヴェソ/ 男 (複 **vaisseaux**) ❶《文》大きな船. ❷〔解〕血管 (=〜 sanguin).

la **vaisselle** /ヴェセル/ 女 (英 dishes) ❶《集合的》食器. ❷(食後の)食器洗い. ●faire [laver] la *vaisselle* 食器洗いをする.

le **val** /ヴァル/ 男 (複 **vals, vaux**) 谷, 渓谷.

valable /ヴァラブル/ 形 (英 valid) ❶ 有効な. ●ticket *valable* trois mois 3か月有効の券. ❷ 正当な, 妥当な.

valai ..., valant, valent → **valoir** 74

le **valet** /ヴァレ/ 男 ❶ 召使, 下僕; (ホテルの)ルームボーイ. ❷〔トランプ〕ジャック.

la **valeur** /ヴァルール/ 女 (英 value)
❶ 価値, 価格; 重要性; (法的)効力.
●*valeur* ajoutée 付加価値.
❷《複》価値観.
❸ 能力, 資質.
❹《多く複数》有価証券.
❺ 値, 数値.

de* (*grande*) *valeur (大変)貴重な; (大変)有能な. ●objets *de valeur* 貴重品.

la valeur de ... およそ…の量. ●*la valeur d'*une petite cuillère d'huile 小さじ1杯ほど油を加える.

mettre en valeur (人・物などを)引き立たせる.

prendre de la valeur 値段が上がる.

taxe à la valeur ajoutée 付加価値税. → 略 TVA.

valide /ヴァリド/ 形 ❶(法的に)有効な. ❷ 健康な, 丈夫な.

la **validité** /ヴァリディテ/ 女 (法的)効力; 有効期間.

la **valise** /ヴァリーズ/ 女 (英 suitcase, bag) スーツケース.

faire sa valise [***ses valises***] 旅行の準備をする.

la **vallée** /ヴァレ/ 女 (英 valley) 谷; (山間部の)谷間; (大河の)流域.

le **vallon** /ヴァロン/ 男 小さな谷.

valoir /ヴァロワール/ 自 74 (英 be worth)

je	vaux	nous	valons
tu	vaux	vous	valez
il	vaut	ils	valent
現分	valant	過分	valu

❶(…の)値段である, 値打ち[価値]がある, 相当する; 力量[効力]がある. ●Ça *vaut* dix mille euros. 1万ユーロです. ●Que *vaut* ce remède? この薬は何に効くのですか.
❷《話》(…の)財産[収入]がある.
❸〘*pour*, に〙当てはまる, 有用である. ●Cette remarque *vaut pour* tout le monde. この指摘はみなの役に立つ.

— 他 〘*à*, に〙をもたらす, 得させる.

会話 ***Ça vaut mieux.*** その方がいい.

会話 ***Combien ça vaut?*** / ***Ça vaut combien?*** いくらですか, 値段はどのくらいですか.

faire valoir (長所などを)引き立たせる; (議論などを)主張する.

Il vaut mieux 不定詞 [***que*** 接続法] 《非人称》…する方がいい. ●*Il vaut mieux* ne pas insister. それ以上言わない方がよい. ●*Il vaut* [*vaudrait*] *mieux que* vous partiez tout de suite. すぐ発った方がいいですよ.

Rien ne vaut ... …ほどのものはない.

valoir cher ものすごい値打ちがある.

valoir la peine de 不定詞 [***que*** 接続法] …する価値はある.

— **se valoir** 代動 互角である.

会話 Ça *se vaut*. どっちもどっちだ.

valoriser /ヴァロリゼ/ 他 の価値[価格]を引き上げる; 評価を高める.

la **valse** /ヴァルス/ 女 ❶〔舞〕〔楽〕ワルツ, 円舞曲. ❷《話》(役職・物価などが)めまぐるしく変わること.

valser /ヴァルセ/ 自 ワルツを踊る.

valu[û] ... → **valoir** 74

la **valve** /ヴァルヴ/ 女 バルブ, 弁; 〔動〕(二枚貝の)殻.

la **vanille** /ヴァニーユ/ 女 バニラの実; バニラエッセンス. ●glace à la *vanille* バニラアイスクリーム.

la **vanité** /ヴァニテ/ 女 虚栄心; 慢心.

tirer vanité de ... …をひけらかす.

le(la) **vaniteux(se)** /ヴァニトゥ(ーズ)/ 名 うぬぼれ[虚栄心]の強い人.

— 形 うぬぼれ[虚栄心]の強い.

la **vannerie** /ヴァヌリ/ 女 かご編み作業; かご製品.

le(la) **vantard(e)** /ヴァンタル(ド)/ 名 自慢ばかりする人; はら吹きの人.

— 形 ほら吹きの.

vanter /ヴァンテ/ 他 をほめそやす.

V

— **se vanter** 代動 〖de, を〗自慢する.

la **vapeur**[1] /ヴァプール/ 女 (英 vapour) 蒸気, 水蒸気; 湯気 (=〜 d'eau); もや.
● locomotive à *vapeur* 蒸気機関車.
...(cuit à la) vapeur ふかした….

le **vapeur**[2] /ヴァプール/ 男 蒸気船.

le **vaporisateur** /ヴァポリザトゥール/ 男 スプレー, 霧吹き.

vaporiser /ヴァポリゼ/ 他 (霧状にして)を吹きかける; 蒸発させる.

variable /ヴァリヤブル/ 形 (英 variable) 変わりやすい, 不安定な; 変えることができる.
— la **variable** 女 〔数〕変数.

la **variante** /ヴァリヤント/ 女 異本, 異文; 〔言〕変異体.

la **variation** /ヴァリヤスィヨン/ 女 変化; 変動; 〔楽〕変奏(曲).

varié(e) /ヴァリエ/ 形 (英 varied) 変化に富んだ; 《複》さまざまな, 種々の.
hors(-)d'œuvre variés オードブル盛り合わせ.

varier /ヴァリエ/ 自 (英 vary) ❶ 変わる, 変化する, 異なる. ● Les tarifs *varient* selon les pays. 料金は国ごとにさまざまである. ❷ (人が) 意見[態度]を変える. ● Je n'*ai* jamais *varié* dans mes opinions. 私は自分の意見は一度も変えていない.
— 他 に変化をつける.

la **variété** /ヴァリエテ/ 女 (英 variety) ❶ 多様性, 変化に富むこと. ❷ 品種, 変種. ❸ 《複》バラエティーショー, 複合的な演芸.

la **variole** /ヴァリヨル/ 女 〔医〕天然痘.

vas →**aller** 3

le **vase**[1] /ヴァーズ/ 男 (英 vase) 花びん.
en vase clos 外部と接触を断って, 閉じこもって.

la **vase**[2] /ヴァーズ/ 女 (水底の)泥.

vaste /ヴァスト/ 形 (英 vast) ❶ 広大な, 広い. ❷ 広範囲に及ぶ.

le **Vatican** /ヴァティカン/ 男 ヴァチカン.
***État de la cité du Vatican* (l'〜)** ヴァチカン市国.

vaudr ..., vaut →**valoir** 74

le **vautour** /ヴォトゥール/ 男 〔鳥〕ハゲワシ; コンドル.

vaux →**valoir** 74

le **veau** /ヴォ/ 男 (複 **veaux**) (英 calf) 子牛; 子牛の肉[革].

vécu[û](...) →**vivre** 76

la **vedette** /ヴデト/ 女 (<イタリア) (英 star) ❶ スター, 花形. ❷ (ポスターなどに)大きく名前が載ること; 主役. ❸ モーターボート.
mettre ... en vedette …を目立たせる.

végétal(ale) /ヴェジェタル/ 形 (男複 **végétaux**) (英 vegetable, plant) 植物(性)の.
— le **végétal** 男 植物.

le(la) **végétarien(ne)** /ヴェジェタリヤン(エヌ)/ 名 菜食主義者, ヴェジタリアン.
— 形 菜食(主義)の.

la **végétation** /ヴェジェタスィヨン/ 女 ❶ 《集合的》(ある地域の)植物(群落). ❷ 《複》〔医〕増殖肥大; (特に)アデノイド.

végétaux →**végétal** の複数形.

véhément(e) /ヴェエマン(ト)/ 形 《文》激しい, 熱烈な.

le **véhicule** /ヴェイキュル/ 男 (英 vehicle) 乗り物, 車; 伝達手段. →次ページの図

la **veille** /ヴェイユ/ 女 ❶ (英 the day before) 前日. ❷ 目が覚めていること; 徹夜.
à la veille de ... …の直前に.
en veille 〔情報〕スリープモードで.
***veille de Noël* (la 〜)** クリスマスイブ.

la **veillée** /ヴェイエ/ 女 ❶ (夕食後から寝るまでの)宵, 夜; 夕食後の団欒(らん). ❷ 徹夜の看病. ❸ 通夜 (=〜 funèbre).

veiller /ヴェイエ/ 自 (英 stay up, sit up) ❶ 夜更かしする, 徹夜する; 寝ずの番をする. ❷ 〖à, …(するよう)に〗気を配る; 〖sur, を〗注意深く見守る.
— 他 (病人)を徹夜で看病する.

la **veine** /ヴェヌ/ 女 (英 vein) ❶ 〔解〕静脈. ❷ 木目(模様); 石目; 〔植〕葉脈; 〔鉱〕鉱脈. ❸ 《話》運, つき.
être en veine de ... …する気になっている.

le **vélo** /velo ヴェロ/ 男 (英 bike, cycle) 《話》自転車; サイクリング.
aller à [en] vélo 自転車で行く. ● J'y *vais à vélo*. 自転車でそこに行く.
faire du vélo サイクリングをする.

le **vélomoteur** /ヴェロモトゥール/ 男 モーターバイク. →50〜125cc.

le **velours** /ヴルール/ 男 (英 velvet) ビロード, ベルベット; (ビロードのように)柔らか

V

いもの.

faire patte de velours (猫が)爪を隠す; 猫をかぶる.

velouté(*e*) /ヴルテ/ 形 ビロードのような; 滑らかな; (口当たりの)まろやかな.

— le velouté 男 ❶柔らかさ, まろやかさ. ❷ヴルーテ. →卵黄と生クリームをつなぎにした濃いポタージュ.

velu(*e*) /ヴリュ/ 形 毛深い.

venai ... →**venir** 75

la **venaison** /ヴネゾン/ 女 獣肉. →シカ・イノシシなど.

vénal(*ale*) /ヴェナル/ 形 (男複 **vénaux**) お金で買える; 金銭ずくの.

valeur vénale 市価.

la **vendange** /ヴァンダンジュ/ 女 (ワイン用の)ブドウの収穫; (取り入れた)ブドウ; 《複》ブドウ収穫期.

le(la) **vendeur(*se*)** /ヴァンドゥール(ズ)/ 名 ❶売り子, 店員; 販売人. ❷売り主, 売り手.

vendre /vɑ̃dr ヴァーンドル/ 他 28 (英 sell)

❶を売る, 販売する.

●Cette boutique *vend* des vêtements pour femme. この店は女性用衣料を売っている.

●maison à *vendre* 売り家.

❷(友など)を裏切る; (良心など)を売り渡す. ●*vendre* son âme 魂を売り渡す.

À vendre 《掲示》売り物.

— se vendre 代動 ❶売れる, 売られる.

●Cette voiture allemande *se vend* bien en Europe. このドイツ車はヨーロッパでよく売れる.

❷(お金のために)身を売る.

le **vendredi** /vɑ̃drədi ヴァンドルディ/ 男 (英 Friday) 金曜日.

vendu(*e*) →**vendre** 28

vénéneux(*se*) /ヴェネヌ(ーズ)/ 形 (植物が)有毒の.

la **vénération** /ヴェネラスィヨン/ 女 崇拝, 敬虔(けいけん)な気持ち; 敬愛.

vénérer /ヴェネレ/ 他 57 を崇拝する; 尊敬する.

venez →**venir** 75

la **vengeance** /ヴァンジャンス/ 女 (英 revenge) 復讐, 報復, 仕返し.

venger /ヴァンジェ/ 他 40 (英 revenge) ❶(人)の復讐をする. ●*venger* sa famille 一家の恨みを晴らす. ❷(汚名など)をそそぐ, 挽回する. ●*venger* son

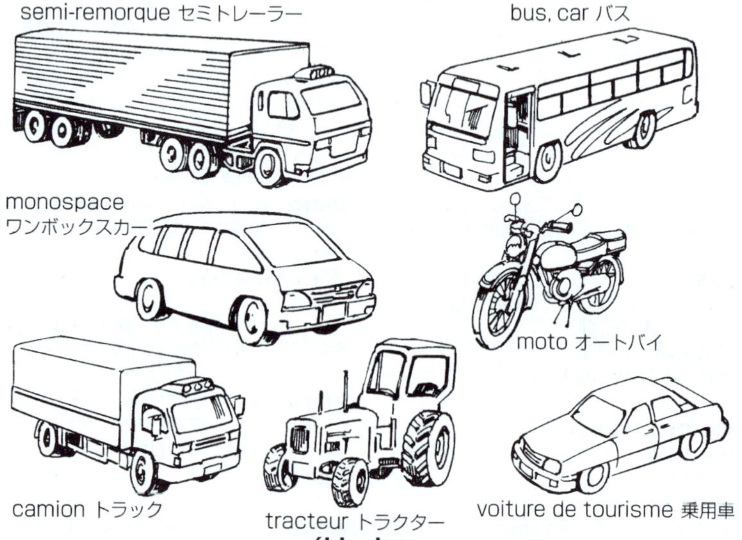

véhicules

V

honneur 名誉を回復する.
venger 人 ***de...*** (人)のために…の恨みを晴らす; (人)の…(失敗など)の埋め合わせとなる.

— se venger 代動 復讐される.
se venger de... (人)に復讐する; …の仕返しをする. ●*se venger de* ses ennemis 敵に復讐する. ●*se venger d'*une insulte 侮辱の仕返しをする.

le(la) **vengeur(*eresse*)** /ヴァンジュール(ジュレス)/ 名 復讐者; 報復する人.
— 形 仕返しの, 復讐の.

veniez →venir 75

venimeux(*se*) /ヴニム(ーズ)/ 形 (特に動物が)有毒の; 意地の悪い.

le **venin** /ヴナン/ 男 (動植物の)毒(液); 悪意.

venons →venir 75

venir

/v(ə)nir ヴニール/ 自 75 (英 come)

je	viens	nous	venons
tu	viens	vous	venez
il	vient	ils	viennent
現分	venant	過分	venu

❶ (**a**) (人が) 来る; (相手の方へ)行く.
●Je *viens*! (相手のところに)今行きます.
(**b**) 〈venir 不定詞〉 …しに来る.
●*Venez* me voir demain. 明日会いにいらっしゃい.
(**c**) 〈il vient ...〉《非人称構文》…が来る.
●*Il est venu* beaucoup de monde. たくさんの人が来た.

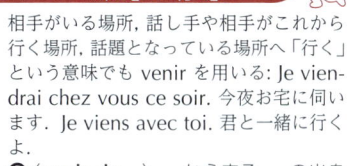

「来る」と「行く」
相手がいる場所, 話し手や相手がこれから行く場所, 話題となっている場所へ「行く」という意味でも venir を用いる: Je viendrai chez vous ce soir. 今夜お宅に伺います. Je viens avec toi. 君と一緒に行くよ.

❷ 〈venir de ...〉 …から来る, …の出身である; …産である; …に起因する.
●Ils *viennent de* Paris. 彼らはパリから来た; 彼らはパリ出身である.
❸ 〈venir de 不定詞〉 …したばかりである.
●Il *vient de* partir. 彼はさっき出発したところだ.
❹ (ものが)来る; (時が)到来する; (考えが)浮かぶ.
●Ça ne m'*est* jamais *venu* à l'idée. そんなことは考えもしなかった.
●Le moment du départ *est venu*. 出発のときがやって来た.
❺ 〈venir à ...〉 …に至る, 達する.
●L'eau me *venait aux* genoux. 水は私の膝(ひざ)まで来た.
❻ (物事が)生じる; (植物が)生長する.
❼ 〈venir à 不定詞〉 たまたま…する.
●S'il *venait à* mourir もし彼が死ぬようなことがあれば.
名 ***à venir*** 来るべき, 未来の. ●siècles *à venir* 来たるべき世紀.
会話 ***Ça vient.*** もうすぐです.
en venir à ... …(する)に至る. ●*Venons-en au* fait. 本題に入ろう. ●J'*en suis venu à* ne plus croire personne. ついにはもう誰も信じられなくなった.
la semaine qui vient 次の週.
Tout vient à point à qui sait attendre. 《ことわざ》待てば海路の日和(ひより)あり.

Venise /ヴニーズ/ 《固有》ヴェネチア, ヴェニス.

venons →venir 75

le **vent** /ヴァン/ 男 (英 wind) ❶ 風. ●Il y a du *vent*. 風がある.
❷ 形勢, 風向き, 風潮.
❸ 《複》管楽器, 吹奏楽器(のアンサンブル) (=instruments à ～).
avoir vent de ... …を風の便りに知る.
会話 ***Bon vent!*** やっと厄介払いできた; よい航海を.
coup de vent 突風.
dans le vent 流行(時流)の.

la **vente** /ヴァント/ 女 (英 sale) ❶ 販売, 売却. ●en *vente* 発売中の. ●*vente* au détail [en gros] 小[卸]売. ●*vente* par correspondance 通信販売. ❷ 売れ行き. ❸ 競売(会) (=～ aux enchères).

venter /ヴァンテ/ 非人称 風が吹く.

le **ventilateur** /ヴァンティラトゥール/ 男 扇風機, 送風機; 換気装置, 換気扇.

ventiler /ヴァンティレ/ 他 ❶ を換気する. ❷ を振り分ける, 分類する.

le **ventre** /ヴァントル/ 男 (英 stomach, belly) 腹, 腹部; 胃袋; 胎内.
à plat ventre 腹ばいに.
ventre à terre 全速力で.

venu(e) /ヴニュ/ 形 ***bien*** [***mal***] ***venu*** 発育のよい[悪い]; できのよい[悪い].

— le(la) **venu(*e*)** 名 来た人.
le dernier venu/la dernière venue 最後にやって来た人; どうでもいい人.
le premier venu/la première venue 最初にやって来た人; 誰でも.
un nouveau venu/une nouvelle venue 新参者.

le **ver** /ヴェール/ 男 (英 worm) ❶(ウジなどの)虫. → 細長くて柔らかい虫. ❷寄生虫. ❸ミミズ (=〜 de terre).
ver à soie カイコ(蚕).

la **véracité** /ヴェラスィテ/ 女 真実性.

verbal(*ale*) /ヴェルバル/ 形 (男複 verbaux) ❶口頭の; 言葉の. ❷〔文法〕動詞の.

verbalement /ヴェルバルマン/ 副 口頭で; 言葉で.

le **verbe** /ヴェルブ/ 男 (英 verb) ❶動詞. ●*verbe* pronominal 代名動詞. ❷口調, 語調. ❸《文》言葉.
avoir le verbe haut 高飛車に話す.

verdâtre /ヴェルダートル/ 形 くすんだ緑色の, 緑色がかった.

la **verdeur** /ヴェルドゥール/ 女 ❶(老人の)若々しさ. ❷(表現の)奔放さ, 大胆さ.

le **verdict** /ヴェルディクト/ 男 (<英) 〔法〕(陪審員の)評決.
rendre un verdict 評決を下す.

verdir /ヴェルディール/ 自 33 緑色になる; (恐怖などで顔が)青くなる.
— 他 を緑色にする.

verdoyer /ヴェルドワイエ/ 自 45 《文》緑に色づく, 緑に覆われる.

la **verdure** /ヴェルデュール/ 女 (草木の)緑; 緑の草木; (サラダなどに使う)生野菜.

véreux(*se*) /ヴェル(ーズ)/ 形 ❶虫に食われた. ❷性悪な; 腐り切った.

le **verger** /ヴェルジェ/ 男 果樹園.

le **verglas** /ヴェルグラ/ 男 雨氷. → 地面で氷結した雨.

véridique /ヴェリディク/ 形 真実の.

la **vérification** /ヴェリフィカスィヨン/ 女 検査, 点検; 検証, 確認. ●procéder à des *vérifications* / effectuer des *vérifications* 検査をする.

vérifier /ヴェリフィエ/ 他 (英 verify) を確認する; 点検[検査]する; の正しさを立証する.
vérifier que 直 …であることを確かめる.
vérifier si 直 …かどうか確かめる.
●*Vérifiez si* le train part bien à huit heures. 列車が確かに8時に出るかどうか確かめてください.
— **se vérifier** 代動 実証される; (正しさが)判明する.

véritable /ヴェリタブル/ 形 (英 true, real) 本当の, 実際の; 本物の, 真の; まったくの. ●du cuir *véritable* 本革の.

la **vérité** /ヴェリテ/ 女 (英 truth) ❶本当のこと, 事実; 真理, 真. ●dire la *vérité* 真相を話す.
❷実態, 現実; 迫真性.
❸誠実さ.
en vérité 本当は; 実際は.

vermeil(*le*) /ヴェルメイユ/ 形 鮮紅色の, 真っ赤な.
— le **vermeil** 男 金めっきした銀.

le **vermicelle** /ヴェルミセル/ 男 バーミセリ. → 極細のパスタ.

vernir /ヴェルニール/ 他 33 にニスを塗る; 釉(うわぐすり)[ワニス]をかける.

le **vernis** /ヴェルニ/ 男 ❶ニス, ワニス; (陶器用の)釉(うわぐすり); マニキュア液 (=〜 à ongles). ❷見てくれ, 外観.

verra, verrai, verras →**voir** 77

le **verre** /ヴェール/ 男 (英 glass) ❶ガラス. ❷グラス, コップ; グラス一杯分. ●un *verre* de vin グラス一杯のワイン. ●aller boire un *verre* 一杯飲みに行く.
❸レンズ; 《複》めがね.
verre à vin ワイングラス.

la **verrerie** /ヴェルリ/ 女 ガラス(製品)の製造; ガラス製品; ガラス工場.

verrez →**voir** 77

le **verrou** /ヴェル/ 男 (英 bolt) 差し錠; かんぬき.
mettre le verrou 差し錠をかける.
sous les verrous 監禁されて.

verrouiller /ヴェルイエ/ 他 ❶に差し錠をかける, をロックする. ❷を封鎖する, 閉じ込める.

le **vers**[1] /ヴェール/ 前 (英 toward; about) → あとに続く母音とリエゾンをしない.
❶《方向》…の方に. ●rouler *vers* Paris パリへ向けて車を走らせる.
❷《時間》…の頃に. ●*vers* la fin du mois 月末頃に.
❸《場所》…のあたり[近く]で. ●Elle habite *vers* l'Opéra. 彼女はオペラ座の近くに住んでいる.

V

le **vers**[2] /ヴェール/ 男 (英 verse) 詩句; (詩の)1行; 《複》詩, 韻文.

verse /ヴェルス/ 《次の表現で》

à verse 土砂降りに. ●Il pleut *à verse.* 土砂降りだ.

le **versement** /ヴェルスマン/ 男 払い込み; 支払い(額).

verser /ヴェルセ/ 他 (英 pour) ❶をそそぐ; つぐ. ●*verser* du café dans une tasse カップにコーヒーをつぐ. ❷をこぼす; 《文》(涙など)をあふれさせる. ❸を倒す, ひっくり返す. ❹(お金)を払い込む, 支払う. ●*verser* une somme sur un compte お金を口座に払い込む. ❺〘*dans, à,* に〙を添付する.

— 自 ❶〘*dans*〙(考え・態度などに)傾く, 陥る. ❷ひっくり返る.

la **versification** /ヴェルシフィカスィヨン/ 女 作詩法, 詩法.

versifier /ヴェルシフィエ/ 他 を詩にする, 韻文で書く.

la **version** /ヴェルスィヨン/ 女 ❶(外国語から自国語への)翻訳練習. ❷(映画・文学作品などの)版. ❸説明, 解釈.

film en version française フランス語(吹き替え)版の映画. → 略 v.f..

film en version originale 原語版の映画. → 略 v.o..

le **verso** /ヴェルソ/ 男 (<ラテン) (紙の)裏. ●Voir au *verso* 《掲示》裏面を見よ.

recto verso 表裏両面に.

vert(e) /vɛr, vɛrt ヴェール(ト)/ 形 (英 green)

❶緑の, 緑色の.

●feu *vert* 青信号.

❷自然の.

●tourisme *vert* グリーンツーリズム. → 休暇を農村に滞在する.

●classe *verte* 林間学校.

❸熟していない, 青い; 生(なま)の, 乾いていない.

●vin *vert* 未成熟のワイン.

●légumes *verts* 生野菜.

❹(老人などが)元気な, 若々しい.

●vieillard encore *vert* まだかくしゃくとしている老人.

Ils sont trop verts. 《ことわざ》それ(ブドウ)はまだ熟していない; どうせ食べられない. → 負け惜しみ; ラ・フォンテーヌの寓(ぐう)話から.

langue verte 隠語.

— le **vert** 男 ❶緑, 緑色.

●habillé de [en] *vert* 緑色の服を着ている.

●passer au *vert* (au feu) (信号が)青に変わる.

❷環境保護派の人; **(les Verts)** 緑の党.

se mettre au vert 田舎でのんびり過ごす.

vert bouteille 濃緑色.

vertébral(ale) /ヴェルテブラル/ 形 (男複 vertébraux) 〔解〕脊椎の, 椎骨(ついこつ)の.

vertical(ale) /ヴェルティカル/ 形 (男複 verticaux) (英 vertical) 垂直の.

— la **verticale** 女 垂直, 垂線.

à la verticale 垂直に(なった).

verticalement /ヴェルティカルマン/ 副 垂直に.

verticaux →**vertical** の複数形.

le **vertige** /ヴェルティージュ/ 男 めまい; 目がくらむこと.

vertigineux(se) /ヴェルティジヌ(ーズ)/ 形 目がくらむ(ほどの); ものすごい.

la **vertu** /ヴェルテュ/ 女 (英 virtue) ❶徳, 美徳. ❷《文》効力, 効果.

en vertu de... …によって. ●Les corps tombent *en vertu de* la pesanteur. 物体は重力によって落下する.

vertueux(se) /ヴェルテュウ(ーズ)/ 形 高潔な; (女性が)純潔な.

la **veste** /ヴェスト/ 女 (英 jacket) 上着, ジャケット.

retourner sa veste 《話》意見を急に変える.

le **vestiaire** /ヴェスティエール/ 男 ❶クローク, 携帯品預かり所; 《多く複数》更衣室, ロッカールーム. ❷《集合的》預けた携帯品[服].

le **vestibule** /ヴェスティビュル/ 男 玄関; 玄関のホール.

le **vestige** /ヴェスティージュ/ 男 《多く複数》遺跡; 名残り.

le **veston** /ヴェストン/ 男 (英 jacket) (スーツなどの)上着.

vêt(...) →**vêtir** 64

le **vêtement** /ヴェトマン/ 男 (英 clothes) 服, 衣類, 身にまとうもの. ●*vêtements* d'homme [de femme] 紳士[婦人]服.

vêtir /ヴェティール/ 他 64 に服を着せる.

— **se vêtir** 代動 服を着る.

vêtu(e) /ヴェテュ/ 形 〖*de*, の〗服を着た; 〖*de*, で〗覆われた. ●chaudement *vêtu* 暖かい服装をする. ●*vêtu de* bleu 青い服を着た.

le(la) **veuf(*ve*)** /ヴフ(ーヴ)/ 名 (英 widowed) やもめ, 配偶者を失った人, ひとり身の人.
— 形 やもめの, 配偶者を失った.

veuille, veuillez, veuillons, veulent, veut →**vouloir** 78

vexant(e) /ヴェクサン(ト)/ 形 不愉快な, いまいましい.

vexer /ヴェクセ/ 他 (英 offend) (人)の気を悪くさせる, 自尊心を傷つける.
— **se vexer** 代動 気を悪くする.

via /ヴィア/ 前 (<ラテン) …経由で.

la **viande** /vjɑ̃d ヴィアンド/ 女 (英 meat) 肉, 食肉; 《話》肉体.
●*viande* de bœuf 牛肉.
●*viande* de porc 豚肉.
viande froide 冷肉, ハム・ソーセージなど; 《話》死者, 死体.

la **vibration** /ヴィブラスィヨン/ 女 振動; 震え, 揺らめき.

vibrer /ヴィブレ/ 自 振動する; (声などが)震える; 感動する.

le **vicaire** /ヴィケール/ 男 助任司祭.

le **vice** /ヴィス/ 男 (英 vice) ❶悪徳; 悪癖; 背徳. ❷不備, 欠陥.

le(la) **vice-président(e)** /ヴィスプレズィダン(ト)/ 名 副大統領; 副議長; 副会長.

vice(-)versa /ヴィス[セ]ヴェルサ/ 副 (<ラテン) 逆に, 反対に.

vicieux(se) /ヴィスィユ(ーズ)/ 形 ❶不品行な; 変態の, 嫌らしい. ❷《話》(趣味・習慣が)風変わりな. ❸相手を欺く. ❹欠陥のある, 不備な. ❺(馬などが)言うことをきかない.
— le(la) **vicieux(se)** 名 背徳者, 倒錯者.

le **vicomte** /ヴィコーント/ 男 子爵.

la **victime** /ヴィクティム/ 女 (英 victim) 〖*de*, の〗犠牲者, 被害者; 死傷者.

la **victoire** /ヴィクトワール/ 女 (英 victory) 勝利; **(V-)** 勝利の女神(像).

victorieux(se) /ヴィクトリユ(ーズ)/ 形 勝利を得た.

vide /ヴィド/ 形 (英 empty) ❶空(から)の; (場所・時間が)空いている; 人のいない; 真空の. ❷空虚な.
vide de… …がない.
— le **vide** 男 ❶空間; すき間; 真空; (時間の)空き. ❷むなしさ, 空虚感.
à vide 空で; むなしく.
parler dans le vide ひとりごとを言う, 聞く人がいないのに話す.
regarder dans le vide うつろな目をする.

la **vidéo** /ヴィデオ/ 女 ビデオ.
— 形 《不変》ビデオの, 映像の.
jeu vidéo ビデオゲーム.

vider /ヴィデ/ 他 (英 empty) ❶を空(から)にする, 空ける; (容器の中身)を捨てる. ●*vider* son verre グラスを飲み干す. ●*vider* les lieux 立ち退く. ●*vider* l'eau d'une baignoire バスタブの水を抜く. ❷《話》(人)を追い払う, くびにする. ❸(魚・鳥など)のはらわたを抜く. ❹《話》(人)を疲れさせる, 消耗させる.
vider A de B A(場所・容器)からBを取り除く. ●*vider* un appartement *de* ses meubles アパルトマンから家具を運び出す.
vider son cœur [《話》***sac***] ***auprès de*** 人 (人)に心のうちをぶちまける.
— **se vider** 代動 ❶空になる; 〖*de*, が〗なくなる. ❷(汚水などが)排出される.

la **vie** /ヴィ/ 女 (英 life) ❶命, 生命. ●être entre la *vie* et la mort 生死の境をさまっている.
❷活気, 生気.
❸人生; 寿命.
❹生活; 生計. ●gagner sa *vie* 生計を立てる. ●*vie* privée 私生活.
à vie 終身の.
C'est la vie! 人生ってそんなものさ, 仕方ないよ.
pour la vie 生涯の.
refaire sa vie avec 人 (人)と人生をやり直す, 再婚する.
vie de chien みじめな生活.

vieil →**vieux** の男性第2形.

le **vieillard** /ヴィエヤール/ 男 (英 old man) 老人, 高齢者.

la **vieille** /ヴィエイユ/ 形 女 →**vieux**

la **vieillesse** /ヴィエイエス/ 女 (英 old age) 老年(期); 老化, 老衰; 《集合的》老人.
●mourir de *vieillesse* 老衰で亡くなる.

vieillir /ヴィエイール/ 自 33 ❶年をとる, 老ける. ❷《助動 avoir または être》古くなる, すたれる. ❸(ワインなどが)熟成

する.

— 他 ❶(人)を老けて見せる; (病気などが)を老けさせる. ❷を実際より年上に見る.

— **se vieillir** 代動 (自分の年齢を)実際より年上に見せる[言う].

viendr ... →venir 75

la **Vienne** /ヴィエヌ/ 女 《固有》 ❶ウィーン. →オーストリアの首都. ❷ヴィエンヌ. →イゼール県の都市. ❸(la ～) ヴィエンヌ川. →ロワール川の支流の一つ. ❹ヴィエンヌ県. →フランス中西部.

vienne(...), viens, vient →venir 75

vierge /ヴィエルジュ/ 形 (英 virgin) ❶性体験のない, 処女の, 童貞の. ❷未使用の; 未開拓の, まだ足を踏み入れていない.
● forêt *vierge* 原始林.

— la **vierge** 女 ❶処女, 生娘; (la V-) 聖母マリア(像). ❷(V-)〔天〕おとめ座.

vieux(vieille) /vjø, vjɛj ヴィユ(ヴィエイユ)/ 形 (英 old) 《母音または無音の h で始まる男性単数名詞の前では vieil》
❶年を取った, 高齢の, 老けた.
● Il est plus *vieux* que moi. 彼は私より年上だ.
❷年上の, 年長の.
❸古い, 昔の; 古びた, 使い古した.
● *vieille* maison 古い家.
❹昔からの, 長年の; 老練な.
● C'est le *vieux* problème. それは前から議論されてきた問題だ.
● *vieil* ami 旧友.
❺(酒などが)年代物の.
❻古色を帯びた; 色あせた.

petite vieille 《話》おばあちゃん.
petit vieux 《話》おじいちゃん.
vieux jeu 《話》時代遅れの.
vivre vieux 長生きする.

— le(la) **vieux(vieille)** 名 ❶老人, 年寄り.
❷《話》おやじ, おふくろ, 親.
mon vieux/ma vieille 《親愛を示す》ねえ君[おまえ].

— le **vieux** 男 古いもの.

vif(vive) /ヴィフ(ー ヴ)/ 形 (英 lively, keen) ❶生き生きした, 活発な; (頭の回転が)速い, 鋭敏な. ❷(感情などが)激しい; (寒さなどが)厳しい. ❸鮮やかな, 強烈な. ● rouge *vif* 鮮烈な赤.

Avec mes plus vifs remerciements 《手紙で》心から感謝いたします.
être brûlé [enterré] vif 火あぶりになる[生き埋めになる].

— le **vif** 男 生身; 生者; 核心.
à vif 肉が出た, むき出しの.
entrer dans le vif du sujet 問題の核心に入る.
sur le vif ありのままに; 現場で.

la **vigilance** /ヴィジランス/ 女 警戒, 用心.

vigilant(e) /ヴィジラン(ト)/ 形 警戒怠りない, 細心の, 用心深い.

la **vigne** /ヴィーニュ/ 女 (英 vine)〔植〕ブドウの木; ブドウ畑[園].

le(la) **vigneron(ne)** /ヴィニュロン(ヌ)/ 名 ブドウ栽培者.

le **vignoble** /ヴィニョブル/ 男 ブドウ畑, ブドウ園; 《集合的》ブドウ栽培地.

vigoureusement /ヴィグルズマン/ 副 力強く; 激しく.

vigoureux(se) /ヴィグル(ーズ)/ 形 (英 vigorous) たくましい, 頑健な; 力強い, 強烈な, 激しい.

la **vigueur** /ヴィグール/ 女 体力; (表現・精神などの)力強さ, 激しさ. ● avec *vigueur* 精力的に, 力強く.
en vigueur (法律が)発効している.

vil(e) /ヴィル/ 形 《文》卑しい, 下劣な.
à vil prix 捨て値で.

vilain(e) /ヴィラン(レヌ)/ 形 ❶見苦しい, 醜い. ● Elle n'est pas *vilaine*. 彼女はなかなかきれいだ. ❷(子供が)聞き分けのない. ❸(天気などが)嫌な, 不快な; 卑しい; たちの悪い.

— le(la) **vilain(e)** 名 聞き分けのない子.

— le **vilain** 男 《話》争い.
会話 ***Il va y avoir du vilain.*** これはまずいことになりそうだ.

la **villa** /ヴィラ/ 女 (<イタリア) (英 villa) 別荘; (庭つきの)邸宅.

le **village** /vilaʒ ヴィラージュ/ 男 (英 village) 村; 《集合的》村の人たち.
● au bout du *village* 村はずれに.

villageois(e) /ヴィラジョワ(ーズ)/ 形 村の; 村人の.

— le(la) **villageois(e)** 名 村人.

la **ville** /vil ヴィル/ 女 (英 city, town) ❶都市, 都会, 街; 都会生活.
● habiter dans le centre de la *ville*

[centre-*ville*] 町の中心に住む.
❷(行政上の)市, 町.
aller en ville 街に出る.
en ville/à la ville 街で[に].
hôtel de ville 市役所.
ville dortoir ベッドタウン.
ville nouvelle (郊外の)ニュータウン.

le **villégiature** /ヴィレジヤテュール/ 男 (田舎・海辺などでの)保養; 避暑.

vîmes →**voir** 77

le **vin** /vɛ̃ ヴァン/ 男 (英 wine) ワイン, ブドウ酒; (果実などの)発酵酒.
● Donnez-moi trois bouteilles de *vin*. ワインを3本ください.
avoir le vin gai [***triste***] 笑い[泣き]上戸だ.
mettre de l'eau dans son vin 態度[言葉]を和らげる.
Quand le vin est tiré, il faut le boire. 《ことわざ》ワインを抜いたからには飲まなければならない; 乗りかかった船.
vin chaud ホットワイン.
vin d'honneur 祝い酒; 祝賀会.
vin mousseux 発泡性ワイン.
vin nouveau 新酒.

le **vinaigre** /ヴィネーグル/ 男 (英 vinegar) 酢, ビネガー.
faire vinaigre 《話》急ぐ.
tourner au vinaigre 《話》(状況が)悪化する.

la **vinaigrette** /ヴィネグレト/ 女 フレンチドレッシング.

vingt /vɛ̃ ヴァン/ 形 《不変》(英 twenty) ❶20の; 20人の; 20番目の.
● *vingt* et un chiens 21匹の犬.
● *vingt* et une personnes 21人.
● *vingt*-deux 22.
● les années *vingt* 1920年代.
❷たくさんの.
会話 Je te l'ai dit *vingt* fois. もう何度も言ったでしょ.
— le **vingt** 男 《不変》20(の数字); 20日; 20番地; (試験の)20点満点.
● demeurer au *vingt* d'une rue 通りの20番地に住む.

la **vingtaine** /ヴァンテヌ/ 女 (約)20; 20歳(代). ● une *vingtaine* de ... 約20の….

vingtième /ヴァンティエム/ 形 (英 twentieth) 20番目の; 20分の1の.
— le(la) **vingtième** 名 20番目の人[もの].
— le **vingtième** 男 20分の1; (パリなどの)20区.

vînmes, vinrent, vins, vinss ..., vint, vînt(es) →**venir** 75

le **vinyle** /ヴィニル/ 男 ビニール.

le **viol** /ヴィヨル/ 男 強姦, レイプ; 不法侵入; 侵犯.

la **violation** /ヴィヨラスィヨン/ 女 違反; 不法侵入; 冒涜(ぼうとく).

violemment /ヴィヨラマン/ 副 激しく; 力強く.

la **violence** /ヴィヨランス/ 女 ❶暴力; 《複》暴行. ● L'enfant a subi des *violences*. その子は虐待を受けていた. ❷激しさ, 荒々しさ.
faire violence à ... …に強制する, 無理に抑えつける.

violent(e) /ヴィヨラン(ト)/ 形 (英 violent) 乱暴な; 激しい, 強烈な; すさまじい.
— le(la) **violent(e)** 名 乱暴な人.
mort violente (事故などによる)急死.

violer /ヴィヨレ/ 他 ❶(人)に性的暴行を加える. ● se faire *violer* (性的に)暴行される. ❷(場所)不法侵入する; (規則・約束など)を犯す, 破る; (秘密など)を暴く. ● *violer* la loi 法を犯す.

violet(te) /ヴィヨレ(ト)/ 形 紫色の.
— le **violet** 男 紫色.

la **violette** /ヴィヨレト/ 女 〔植〕スミレ(の花).

le **violon** /ヴィヨロン/ 男 バイオリン; (オーケストラの)バイオリン奏者.

le(la) **violoniste** /ヴィヨロニスト/ 名 バイオリン奏者, バイオリニスト.

la **vipère** /ヴィペール/ 女 〔動〕マムシ, クサリヘビ; 陰険な人.

le **virage** /ヴィラージュ/ 男 (英 turn) ❶(車などが)カーブすること, 方向転換. ❷(道路などの)カーブ, 曲がり角. ❸(方針・政策などの)急転換.
négocier un virage カーブをうまく曲がる.
virage en épingle à cheveux ヘアピンカーブ.

le **virement** /ヴィルマン/ 男 振替, 振り込み.
● *virement* bancaire [postal] 銀行[郵便]振替.

virent →**voir** 77 →**virer**

V

virer /ヴィレ/ 自 ❶曲がる, 方向転換する; 回る. ❷変色する.
virer à ... …に変わる; (意見・態度が)…に変質する.
virer à droite [***gauche***] 右折[左折]する; 〔政〕右傾化[左傾化]する.
— 他 ❶(お金)を振り替える, 振り込む. ●*virer* 200 euros sur un compte 200 ユーロを口座に振り込む. ❷《話》(人)を追い出す, 解雇する.

la **virginité** /ヴィルジニテ/ 女 処女性; 童貞.

la **virgule** /ヴィルギュル/ 女 (英 comma) コンマ《,》; 小数点. → フランスでは小数点に virgule《,》を用い, 3桁ごとに point《.》で区切る. ●6,34 (＝six *virgule* trente-quatre) 6.34.
mettre une virgule コンマを打つ.

viril(e) /ヴィリル/ 形 男の; 男性的な, 男らしい.

virtuel(le) /ヴィルテュエル/ 形 仮想の.
image virtuelle 虚像.
réalité virtuelle (英 virtual reality) 仮想現実.

virulent(e) /ヴィリュラン(ト)/ 形 辛辣な; (細菌が)毒性の強い.

le **virus** /ヴィリュス/ 男 (＜ラテン) 〔医〕ウイルス; 〔情報〕ウイルス.
attraper le virus de ... …に熱中する. ●*attraper le virus* du jazz ジャズ熱にとりつかれる.

la **vis**[1] /ヴィス/ 女 ねじくぎ.
escalier à vis らせん階段.
serrer la vis à ... (人)の締めつけを厳しくする.

vis[2] →**vivre** 76 →**voir** 77

le **visa** /ヴィザ/ 男 (＜ラテン) ビザ, 査証; 証印, 検印. ●*visa* touristique [de tourisme] 観光ビザ.

le **visage** /ヴィザージュ/ 男 (英 face) 顔; 顔つき, 顔色; 人; 様相.
à visage découvert 率直に, 公然と.
changer de visage 顔色を変える, 動揺する.
faire bon visage à 人 (人)に愛想のいい顔をする.

vis-à-vis /ヴィザヴィ/ 副 向き合って.
vis-à-vis de ... …と向かい合って; …に対して.
— le **vis-à-vis** 男 向かい合うこと; 向かいの人; 向かいにあるもの.
en vis-à-vis 向かい合って.

viser[1] /ヴィゼ/ 他 (英 aim) ❶をねらう; 対象とする. ●Cette mesure *vise* tout le monde. この措置は全員を対象にしている. ❷《話》を見る.
— 自 〖à, (すること)を〗ねらう.
viser haut 望みが高い.

viser[2] /ヴィゼ/ 他 を査証する.

le **viseur** /ヴィズール/ 男 (カメラなどの)ファインダー; 照準器.

visible /ヴィズィブル/ 形 (英 visible) ❶目に見える; 目につく, 明白な. ❷見(せ)るに耐えうる; 面会できる.

visiblement /ヴィズィブルマン/ 副 目に見えて, 明らかに.

la **visière** /ヴィズィエール/ 女 (帽子の)つば.

la **vision** /ヴィズィヨン/ 女 ❶視力, 視覚. ❷見たもの, 光景. ❸見通し. ❹幻影; 幻覚. ●avoir des *visions* 幻覚を見る.

la **visite** /ヴィズィト/ 女 (英 visit) ❶訪問(客); 見学, 見物, 参観. ●*visite* officielle 公式訪問.
❷検診, 往診; 検査. ●passer une *visite* médicale 健康診断を受ける.
avoir de la visite 《話》訪問客がある.
être en visite chez 人 (人)を訪問中である.
heures [***jour***] ***de visite*** 面会時間[日].
rendre visite à 人 (人)を訪問する.

visiter

/vizite ヴィズィテ/ 他 (英 visit) ❶(場所)を訪れる, 見物する; 検分する.
●J'*ai visité* Paris l'an dernier. 私は去年パリを訪れた.
●Il m'a fait *visiter* sa maison. 彼は私に家の中を見せてくれた.
❷〈visiter 人〉(人)を見舞う; 往診する.
●*visiter* les malades 病人を見舞う; 往診[回診]する.
❸を検査する, 調べる.

le(la) **visiteur(se)** /ヴィズィトゥール(ズ)/ 名 (英 visitor) ❶訪問者; 見舞い客. ❷検査官. ❸見学者; 観光客.

visqueux(se) /ヴィスク(ーズ)/ 形 ねばねば[ぬるぬる]した, 粘性の高い.

viss ... →**voir** 77 →**visser**

visser /ヴィセ/ 他 ❶をねじで留める; (蛇口など)を回して締める. ❷《話》(人)に厳しくする.

visuel(le) /ヴィズュエル/ 形 視覚の; 視覚

V

による.

— le **visuel** 男 〔情報〕ディスプレー装置 (=～ graphique).

vit →vivre 76 →voir 77

vît(es) →voir 77

vital(ale) /ヴィタル/ 形 (男複 vitaux) 生命の; 生命[生活]に不可欠な; 極度に重要な.

la **vitalité** /ヴィタリテ/ 女 活力, 生命力.

la **vitamine** /ヴィタミーヌ/ 女 (<英) ビタミン.

vite /vit ヴィト/ 副 (英 fast, quickly) ❶ 速く; すばやく, 急いで.

会話 Fais *vite*! 急いで.

❷ すぐに, まもなく.

au plus vite できるだけ速く.

vite fait 《話》さっさと, すぐに.

— 形 (特にスポーツで)速い.

la **vitesse** /ヴィテス/ 女 (英 speed) ❶ 速度; 速さ, スピード. • à petite *vitesse* ゆっくりのペースで. • à toute [pleine] *vitesse* 全速力で. • contravention pour excès de *vitesse* スピード違反. • L'avion prend de la *vitesse*. 飛行機はスピードを上げる.

❷ (車の)変速ギア.

à la vitesse grand V 《話》大急ぎで.

en perte de vitesse 失速状態の; 落ち目の.

en vitesse 大急ぎで, すぐに.

faire de la vitesse スピードを出す.

prendre ... de vitesse …を追越す.

le **vitrail** /ヴィトライユ/ 男 (複 vitraux) ステンドグラス.

la **vitre** /ヴィトル/ 女 (英 pane) (窓などの)ガラス, 板ガラス. • laver [faire] les *vitres* ガラスをふく.

V

la **vitrine** /ヴィトリヌ/ 女 ❶ (英 show window) ショーウインドー. ❷ (英 showcase) (陳列用の)ガラスケース.

en vitrine ショーウインドーに陳列してある.

lécher les vitrines 《話》ウィンドーショッピングをする.

vivace /ヴィヴァス/ 形 (植物などが)生命力の強い; (憎しみなどが)根強い, しつこい.

plante vivace 多年生植物.

la **vivacité** /ヴィヴァスィテ/ 女 ❶ 活発さ; すばやさ. ❷ (気性の)激しさ. ❸ (色彩などの)強烈さ, 鮮やかさ.

avec vivacité すばやく; 辛辣に.

vivai ... →vivre 76

vivant(e) /ヴィヴァン(ト)/ 形 (英 alive)

❶ 生きている, 生命のある.

❷ 生き生きとした; 活気のある.

❸ 生き写しの.

❹ (言葉が)現用の.

— le(la) **vivant(e)** 名 《多く複数》生きている人. • les *vivants* et les morts 生者と死者.

du vivant de 人 (人)の存命中に, 生前.

vive[1] /ヴィヴ/ 間 ばんざい. • *Vive* la France! フランスばんざい.

vive[2] →vivre 76 →vif の女性形.

vivement /ヴィヴマン/ 副 (英 quickly; sharply) ❶ すばやく. ❷ 激しく. ❸ 痛切に; 〈**Vivement** 名 [**que** 接続法]!〉 …が待ち遠しい, 早く…になれ. • *Vivement* les vacances! 早く休みが来ないかなあ. • *Vivement* que ce soit fini! 終わるのが待ち遠しい.

vivent, vives, vivi ... →vivre 76

vivre /ヴィーヴル/ 自 76 (英 live) ❶ 生きる, 生きている. • Ma chatte *a vécu* dix-huit ans. 私の雌猫は18年生きた.

❷ 暮らす, 生活する; 住む. • *vivre* de ses rentes 年金で暮らす. • se laisser *vivre* のんきに暮らす.

❸ 〖*de*, で〗生計を立てる.

avoir (***juste***) ***de quoi vivre*** 生活するだけのものはある.

être difficile [***facile***] ***à vivre*** つき合いにくい[やすい].

— 他 ❶ を生きる. • *vivre* des jours heureux 幸せな日々を送る. • *vivre* sa vie 自分のやりたいように生きる.

❷ を体験する.

— le **vivre** 男 《複》食糧.

couper les vivres à ... …の糧道を断つ, …に仕送りをやめる.

le **vocabulaire** /ヴォカビュレール/ 男 (英 vocabulary) ❶ 語彙, 用語. • *vocabulaire* juridique 法律用語. ❷ 基本語辞典; 専門用語集.

vocal(ale) /ヴォカル/ (男複 vocaux) 形 声の, 発声の.

ensemble vocal 合唱団.

la **vocation** /ヴォカスィヨン/ 女 ❶ (職業への)適性, 資質; 天職. ❷ 使命.

le **vœu** /ヴ/ 男 (複 vœux) (英 wish) ❶ 願い, 願望;《複》《挨拶の表現》祝いの言葉. ●faire un *vœu* 願いごとをする. ●Meilleurs *vœux* pour la nouvelle année! 新年おめでとうございます. ●Tous nos *vœux* de bonheur! ご多幸をお祈りします. ❷ 誓い; 決意.

la **vogue** /ヴォグ/ 女 流行, 人気. ●en *vogue* 流行している.

voici /vwasi ヴォワスィ/ 副 (英 here is [are]) ❶〈voici ...〉 ここに…がある, これが…である.
●*Voici* mon père et voilà ma mère. こちらが父でこちらが母です.
❷〈voici ... [que ...]〉 ほら…, もうすぐ…; さて….
●*Voici qu*'il se met à pleuvoir. ほら, 雨が降って来た.
❸〈Voici ...〉 以下が…だ.
●*Voici* comment il faut faire. 以下がやり方です.
Me* [*Nous*] *voici! 私(たち)はここにいます, さあ着いた, お待たせしました.
Nous y voici. やっと着いた; ついにやった; いよいよ本題だ.
... que voici ここにある[いる]; 以下の. ●l'homme *que voici* こちらにいる男性.

la **voie**[1] /ヴォワ/ 女 (英 way, road) ❶ 交通路, 交通手段; 道路. ●*voie* publique 公道. ❷ 車線; (鉄道の)線路 (=～ ferrée); (駅の)…番線. ❸ (人生などの)道. ●trouver sa *voie* 自分の進むべき道を見つける. ❹ 方法, 手段. ❺〔解〕管.
en voie de ... …の途中の; …しつつある. ●pays *en voie de* développement 発展途上国.
être en bonne voie 順調に進んでいる.
la Voie lactée 天の川, 銀河.
mettre* 人 *sur la voie (人)に手がかりを与える.

voie[2], **voient**, **voies** →voir 77

voilà /vwala ヴォワラ/ 副 (英 there is [are]) ❶〈voilà ...〉 そこに…がある, それが…である.
●*Voilà* ma fiancée. こちらが私のフィアンセです.
❷〈voilà 期間 que 直〉 …前から…である, …してから…になる.
●*Voilà* trois ans *que* je le connais. 彼と知り合いになって3年になります.
❸ ほら…, さて…, すると….
●*Voilà*, c'est prêt! さあ, 準備ができた.
❹《前に述べたことを受けて》以上が…だ; 以下が…だ.
●*Voilà* ce qu'il m'a dit. 以上[以下]が彼が私に言ったことです.
En voilà ...! 何て…, まったくひどい…. ●*En voilà* un imbécile! なんてばかなやつだ.
Et voilà! 《一段落して》というわけです.
Me voilà. 私はここにいます, お待たせしました.
Nous y voilà! さあ着いた; 問題はこれからだ.
会話 ***Voilà!*** 《ものを差し出して》はい; 《相手に対して》そのとおり; 《発言を締めくくって》以上.
Voilà tout. それだけのことです.

le **voile**[1] /ヴォワル/ 男 (英 veil) ヴェール; 覆い, 幕; 薄い布地.

la **voile**[2] /ヴォワル/ 女 (英 sail) 帆; 帆船, ヨット; 帆走.
***faire voile* (*vers ...*)** (…へ)帆走する.
mettre les voiles 《話》立ち去る.

voiler /ヴォワレ/ 他 ❶ にベールをかける; を覆い隠す. ❷ を曇らせる; ゆがめる, 歪(わい)曲させる.
―se voiler 代動 ❶ ヴェールをかぶる; 覆い隠される. ❷ ゆがむ.

le **voilier** /ヴォワリエ/ 男 ヨット, 帆船.

voir /vwar ヴォワール/ 他 77 (英 see)

je	vois	nous	voyons
tu	vois	vous	voyez
il	voit	ils	voient
現分	voyant	過分	vu

❶ (a) が見える, を見る.
●Vous *voyez* la cathédrale là-bas? 向

V

こうにカテドラルが見えるでしょ.
(**b**)〈**voir A** 不定詞〉 Aが…するのを見る. ●Je l'*ai vu* tomber. 彼が転ぶのを見た.
POINT regarder は「意識的に注意して見る」.
❷(人)に会う.
●Il la *voit* beaucoup. 彼は彼女とよく会っている.
●Je vais *voir* Emma. エマに会いに行く.
❸〈**voir A à** [**en, dans**] **B**〉 AをBに見いだす, 見てとる.
●*voir* la vie *en* rose 人生をバラ色に見る.
❹を理解する, に気づく, がわかる.
●Ah, oui, je *vois*! ああ, わかった.
●Vous *voyez* ce que je veux dire? 私が言わんとする所はおわかりでしょう.
●Tu *vois*, c'est pas compliqué. ほら, 簡単だろう. →会話では tu vois [vous voyez] を交えて話すことが多い.
❺《擬人的表現》を見る, 体験する.
●Cet aéroport *a vu* deux accidents l'année dernière. この空港では去年2度も事故が起こった.
●le pays qui *a vu* naître la démocratie. 民主主義の生まれた国(←民主主義が生まれるのを見た国).
avoir assez vu 人 (人)にうんざりする. ●Je l'*ai assez vu*(e). もうあいつ[あの女]の顔を見るのもうんざりだ.
bien [***mal***] ***vu de*** 人 (人)によく[悪く]思われる. ●Elle est *bien vue du* patron. 彼女は社長によく思われている.
faire voir ... à 人 …を(人)に見せる. ●Elle m'a *fait voir* son appartement. 彼女は私にアパルトマンを見せてくれた.
n'avoir rien à voir (***avec*** [***dans***] ***...***) (…とは)何の関係もない. ●Je *n'ai rien à voir dans* cette affaire. 私はこの事件とは無関係だ.
ni vu ni connu 《話》誰にも気づかれずに.
Nous verrons. (即答を避けて)考えておきましょう.
On verra (***bien***)***!*** 今にわかるさ.
passer voir 人 (人)に会いに立ち寄る.
voir bien [***mal***] 目がいい[悪い].
voir venir 人 (人)の意図がわかる. ●Je te *vois venir*, tu veux de l'argent. 君の考えはわかっているよ, お金が欲しいんだろう.
vous voyez ね, いいですか.
Voyons, ... 《たしなめて》まあまあ, さあさあ. ●*Voyons*, soyez sages! さあ, おとなしくして.

— se voir 代動 ❶(英 see each other) (互いに)会う.
●On *se voit* ce soir? 今晩会いませんか.
❷見てとれる, 目につく.
会話 Je suis très fatigué.—Ça *se voit*! とっても疲れているんだ. —顔を見ればわかるよ.
❸自分の姿を見る, 想像する. (英 see one's self)
●*se voir* dans une glace 鏡に映った自分を見る.
❹〈**se voir** 不定詞 [過分]〉 …される.
●Je *me suis vu* refuser la permission de sortir. 私は外出許可を拒まれた.
Cela ne s'est jamais vu! それは前代未聞のことだ.

voire /ヴォワール/ 副 《文》さらに, それどころか.

vois →**voir** 77

voisin(e) /ヴォワザン(ズィヌ)/ 形 (英 next, neighbor) ❶〖*de*, と〗近くの; 隣の, 近隣の. ●les pays *voisins de* la Suisse スイスの周辺諸国.
❷〖*de*, と〗類似の, よく似た.
— le(la) **voisin(e)** 名 ❶隣人, 近所の人.
❷隣国(人).

le **voisinage** /ヴォワズィナージュ/ 男 ❶近所, 近隣; 《集合的》近所の人々. ❷近所づきあい, 隣人関係.

voit →**voir** 77

la **voiture** /vwatyr ヴォワテュール/ 女 (英 car)

voiture

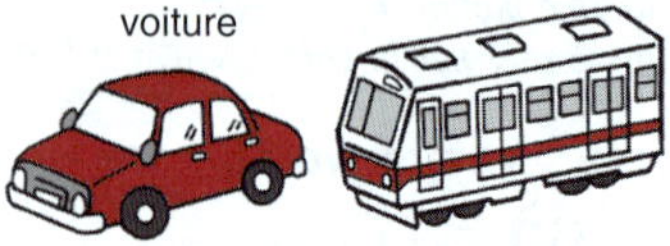

train

❶ 車, 自動車, 乗用車; 馬車.
● *voiture* de location レンタカー.
● *voiture* d'occasion 中古車.
● voyager en *voiture* 自動車で旅行をする.
❷ (列車の)車両, 客車.

la **voix** /ヴォワ/ 女 ❶ (英 voice) 声.
❷ 歌声, 声音部.
❸ 内心の声; 意見.
❹ (英 vote) (選挙の)票.
❺〔文法〕態. ● *voix* passive 受動態.
à haute voix 大声で; 声を出して.
à voix basse 小声で.
de vive voix (文書でなく)じかに口で, 口頭で.

le **vol**[1] /ヴォル/ 男 (英 flight) ❶ (鳥などが)飛ぶこと; 飛翔(ひしょう)する群れ.
❷ (飛行機の)飛行; 便, フライト. ● *vol* d'essai テスト飛行.
à vol d'oiseau 直線距離で.
en plein vol 飛行中に.

le **vol**[2] /ヴォル/ 男 (英 theft) ❶ 盗み, 窃盗.
● *vol* à l'étalage 万引き.
❷ 暴利, 詐取.

la **volaille** /ヴォライユ/ 女 《集合的》家禽(きん); 《特に》ニワトリ.

volant[1]**(e)** /ヴォラン(ト)/ 形 ❶ 飛ぶ, 飛べる. ❷ 固定されていない.
feuille volante ルーズリーフ.
personnel volant (航空会社の)搭乗員.

le **volant**[2] /ヴォラン/ 男 ❶ (英 steering wheel) (自動車の)ハンドル. ● prendre le *volant* ハンドルを握る, 運転する.
❷ (バドミントンの)羽根, シャトル; (スカートなどの)すそ飾り.
être au volant 運転している.

le **volcan** /ヴォルカン/ 男 (英 volcano) 火山. ● *volcan* actif [éteint] 活[死]火山.

volcanique /ヴォルカニク/ 形 火山の; 激しやすい.

la **volée** /ヴォレ/ 女 ❶ (飛ぶ鳥の)群れ.
❷ 連打; 《話》めった打ち.
❸ (テニス・サッカーなどの)ボレー.
❹ 《文》飛ぶこと; 飛ぶ距離.
à la volée 空中で.

voler[1] /ヴォレ/ 自 (英 fly) ❶ 飛ぶ, 飛行する; (空中に)舞う. ● Nous *volons* au-dessus des Alpes. 私たちはアルプス上空を飛んでいる.
❷ (人が)大急ぎで行く; (知らせなどが)急速に広がる. ● *voler* de village en village 村から村へと一気に伝わる.
会話 ***Ça ne vole pas haut!*** レベルの低い話だね.
voler de ses propres ailes 自分の翼で飛ぶ, 自立する.
voler en éclats 粉々に砕ける.

voler[2] /ヴォレ/ 他 (英 steal) ❶ 〈voler à 人 ...〉 (人)から…を盗む. ● On *m'a volé* mon sac. 私はバッグをとられた.
❷ 〈voler 人〉 (人)のものを盗む; (人)から暴利をむさぼる.
ne l'avoir pas volé 《話》当然の報いである.

le **volet** /ヴォレ/ 男 (英 shutter) ❶ 鎧(よろい)戸; 雨戸; シャッター. ❷ (折り畳み式の)面; (計画などの)段階.

le(la) **voleur(se)** /ヴォルール(ズ)/ 名 (英 thief) 泥棒; 暴利をむさぼる人. ● Au *voleur*! 泥棒だ!

volontaire /ヴォロンテール/ 形 (英 voluntary) ❶ 自発的な.
❷ 意志の強い, 頑固な.
❸ 故意の.
— le(la) **volontaire** 名 (英 volonteer) ボランティア, 志願者.

volontairement /ヴォロンテルマン/ 副 故意に, わざと.

la **volonté** /ヴォロンテ/ 女 (英 will)
❶ 意志, 意欲; 意向, 意思.
❷ 《複》わがまま, 気まぐれ.
avoir la volonté de 不定詞 …しようという気持ちがある. ● Elle n'a pas *la volonté de* se marier. 彼女には結婚しようという気がない.
à volonté 好きなだけ. ● Café *à volonté* 《掲示》コーヒー飲み放題.
bonne volonté 熱意, やる気.
dernières volontés 遺言, 故人の遺志.
faire les quatre volontés de 人 《話》(人)の言いなりになる.
mettre de la mauvaise volonté à 不定詞 嫌々…する.

volontiers /ヴォロンティエ/ 副 (英 willingly) 喜んで, 進んで, 快く. 会話 Voulez-vous dîner chez nous? —*Volontiers*. 私の家で夕食を食べませんか. —喜んで.

le **volt** /ヴォルト/ 男 ボルト. → 電圧の単位.

le **voltage** /ヴォルタージュ/ 男 電圧; ボルト

数.

voltiger /ヴォルティジェ/ 自 40 (鳥・昆虫が)飛び回る; (風に)ひらひらと舞う, はためく.

le**volume** /ヴォリュム/ 男 ❶(本の)巻, 冊. ❷体積; 容積; 全体量. ❸音量 (=〜 sonore).

volumineux(*se*) /ヴォリュミヌ(ーズ)/ 形 かさばる, 大きい.

la**volupté** /ヴォリュプテ/ 女 《文》(主に性的な)快感; (精神的・知的な)喜び.

voluptueux(*se*) /ヴォリュプテュウ(ーズ)/ 形 好色な; 官能的な, なまめかしい.

vomir /ヴォミール/ 他 33 (英 vomit) ❶を吐く, もどす; (煙など)を噴出する. ❷をひどく嫌う. ● C'est à *vomir* それは吐き気がする.

vont →**aller** 3

vorace /ヴォラス/ 形 がつがつ食べる; 貪欲(どんよく)な.

vos /ヴォ/ 形 《所有形容詞》あなた(がた)の, 君たちの. →**votre**

le**vote** /ヴォト/ 男 (<英) ❶投票; 票決; 票. ❷(議会などの)採決(方法).

bulletin de vote 投票用紙.
droit de vote 選挙権.
vote à main levée 挙手による採決.

voter /ヴォテ/ 自 (英 vote) 投票する. ● *voter* blanc 白票を投じる. ● Il *vote* (pour le parti) socialiste. 彼は社会党に投票する. ● *voter* à droite [gauche] 右派[左派]に投票する.
— 他 を投票によって決める; 可決する. ● *voter* une loi (投票で)法律を可決する.

votre /vɔtr ヴォトル/ 形 《所有形容詞; 2人称複数》(複 **vos**) (英 your) あなた(がた)の, 君たちの.
● *votre* école あなた(たち)の学校.
● *vos* amis あなた(たち)の友人たち.

vôtre /ヴォートル/ 代 《所有代名詞; 定冠詞とともに》(英 yours) ❶あなた(がた)[君たち]のもの. ● Amicalement *vôtre* 敬具. → 手紙の末尾で.
❷**(les vôtres)** あなた(がた)の家族[仲間]; **(du vôtre)** あなた(がた)のもの. → 財産・労力. ● Je ne pourrai être des *vôtres*. お仲間に加わることができません.
会話 ***À la vôtre!*** あなたの健康を祝って(乾杯)!
y mettre du vôtre (あなた(がた)[君たち]が)精一杯努力する; 譲歩する.

voudra, voudrai, voudrais, voudras, voudrez, voudrons[t] →**vouloir** 78

vouer /ヴエ/ 他 (英 vow) 〈**vouer A à B** [**à** 不定詞]〉 B(人)にA(感情など)を抱く; AをB[…すること]にささげる; AをB(状態)に運命づける.
— se vouer 代動 〖à, に〗身をささげる.

voul ... →**vouloir** 78

vouloir /vulwar ヴロワール/ 他 78 (英 want)

je	veux	nous	voulons
tu	veux	vous	voulez
il	veut	ils	veulent
現分	voulant	過分	voulu

❶を望む, 欲する.
● Je *voudrais* un kilo d'orange. オレンジを1キロください.
● Que *voulez*-vous? / Que *veux*-tu? 何がお望みですか; 仕方がないでしょう.
❷〈**vouloir** 不定詞〉…したい.
● *Voulez*-vous boire quelque chose? 何かお飲みになりますか.
会話 Je *voudrais* emprunter ces livres, s'il vous plaît. これらの本を借りたいのですが.
❸〈**vouloir que** 接続法〉(…することを)望む; 《依頼》…してほしい.
● Je *veux* que tu viennes. 君に来てもらいたい.
❹を期待[要求]する.
● *Voudriez*-vous fermer la fenêtre? 窓を閉めていただけませんか. → 同意・承認.
❺(**a**)〈**vouloir bien** (...)〉(…に)同意する; 《譲歩して》(…を)認める.
● Encore un peu de café? —Je *veux bien*. コーヒーをもう少しいかがですか? —いただきます.
(**b**)〈**vouloir bien** 不定詞〉…することに同意する, 認める.
● Tu *veux bien* leur dire que... …のことを彼らに話してください.
(**c**)〈**vouloir bien que** 接続法〉…でもかまわない, ぜひ…してもらいたい.
● Je *veux bien que* vous ayez raison, mais vous oubliez une chose importante. あなたが正しいのは認めてもいい

V

ですが，あなたは重要なことをひとつ忘れていますよ.

Comme vous voulez!/Comme tu veux! お好きなように.

J'en veux plus. もう結構です.

Je veux bien. 喜んで;《一応の同意》かまいませんけど;《受け答えで》お願いします. →❺

Je veux bien que... …でもかまわない; ぜひ…してもらいたい. →❺

qu'il le veuille ou non 彼が好むと好まざるとにかかわらず.

sans le vouloir 思わず，うっかりして.

si vous voulez/si tu veux よろしければ.

veuillez 不定詞 どうか…してください.

● *Veuillez* vous asseoir. おかけください.

Voulez-vous* [*Veux-tu*]*...?* / *Voudriez-vous* [*Voudrais-tu*]*...? …してくれませんか[…してくれない].

vouloir dire 意味する. ● Qu'est-ce que ça *veut dire*? それはどういう意味ですか.

— se vouloir 代動 自分が…であることを望む. ● La bande dessinée *se veut* un art. 漫画は芸術たらんと欲している.

s'en vouloir de... …を後悔する. ● Je *m'en veux de* l'avoir cru. 彼の言葉を信じたことが悔やまれる[信じて損をした].

— le vouloir 男 《文》意思，意欲.

● bon *vouloir* やる気，誠意.

● mauvais *vouloir* やる気のなさ.

voulu(*e*) →**vouloir** 78

vous /vu ヴー/ 代 《人称代名詞; 2人称複数》→巻末文法: 代名詞 (英 you) ❶《主語》あなたは，あなたがたは，君たちは.

● *Vous* avez raison. あなたは正しい.

● Bonsoir. *Vous* êtes combien? (レストランで)いらっしゃいませ. 何名様ですか.

❷ (**a**)《直接目的語》あなたを，あなたがたを，君たちを.

● Je *vous* aime. 私はあなたを愛しています.

(**b**)《間接目的語》あなたに，あなたがたに，君たちに.

● Je vais *vous* montrer ce dossier. あなたにこの書類を見せてあげましょう.

❸《再帰代名詞》

● Asseyez-*vous*. お座りください.

● Vous *vous* connaissez? あなた方は知り合いですか.

❹《強勢形》あなた，あなたがた，君たち.

● Tiens, c'est *vous*! おや，あなたですか.

(C'est) à vous de jouer. (ゲームで)あなたの番です;《比喩的に》さあ，あなたの出番ですよ.

de vous à moi あなたと私の間だけのことで，ここだけの話だが.

dire vous à 人 (人)と vous を用いて話す.

会話 ***Et vous?*** で，あなたは.

vous-même(s) /ヴメム/ 代 《人称代名詞》(英 yourself, yourselves) あなた(がた)自身，君たち自身. →**lui-même**

la **voûte** /ヴト/ 女 (英 vault) 〔建〕丸天井，ボールト; ドーム形のもの.

vouvoyer /ヴヴォワイエ/ 他 45 に vous を用いて話す，他人行儀な口をきく. ● Il *vouvoie* sa femme. 彼は妻に Vous で話しかける.

voy... →**voir** 77

le **voyage** /vwajaʒ ヴォワヤージュ/ 男 (英 travel, trip)

❶ 旅行，旅.

● Vous aimez les *voyages*? あなたは旅行好きですか.

● partir en *voyage* 旅行に出かける.

● Il est en *voyage* pour huit jours. 彼は1週間(の予定で)旅に出ている.

❷ (運搬のための)往復.

会話 ***Bon voyage!*** よいご旅行を.

voyage d'affaires 出張.

voyage de noces 新婚旅行.

voyage organisé 団体旅行.

voyager /vwajaʒe ヴォワヤジェ/ 自 40 (英 travel)

❶ 旅行する.

● *voyager* en bateau 船旅をする.

❷ (人が乗り物で)移動する; (荷物などが)運ばれる.

le(la) **voyageur(*se*)** /ヴォワヤジュール(ズ)/ 名 (英 traveler) ❶ 旅行者.

❷ 乗客，旅客.

❸ セールスマン (=～ de commerce).

la **voyelle** /ヴォワイエル/ 女 〔音声〕母音; 母音字.

voyons →**voir** 77

le **voyou** /ヴォワイユー/ 男 非行少年，不良.

vrac /ヴラク/ 《次の表現で》

en vrac ごちゃごちゃに, 乱雑に; (商品を)包まずに; 目方売りで.

vrai(e) /ヴレ/ 形 (英 true) ❶ 本当の, 真の; 本物の; 正真正銘の. ●Ce que tu dis est *vrai*. 君が言うことは本当だ.
会話 C'est pas *vrai*! まさか.
❷ 真に迫った, 真実味のある.
C'est [***Il est***] ***vrai que...*** …は本当です. ●*C'est vrai qu'*il a divorcé? 彼が離婚したって本当ですか.
— le **vrai** 男 真実; 事実.
à vrai dire/à dire vrai 実を言えば.
pour de vrai 《話》(冗談ではなく)本気で; 本当に.
— 副 本当に, 真実に.
dire vrai 真実を言う.

vraiment /ヴレマン/ 副 (英 really) 本当に, 実際に; 《強調で》まったく.
会話 *Vraiment*, il exagère! まったく彼はやりすぎだ.

vraisemblable /ヴレサンブラブル/ 形 (英 likely) 本当らしい, ありそうな.
Il est vraisemblable que... …はまず確かだ.

vraisemblablement /ヴレサンブラブルマン/ 副 たぶん.

la **vraisemblance** /ヴレサンブランス/ 女 本当らしさ.
selon toute vraisemblance たぶん, きっと.

vu[1] →voir 77

vu[2] /ヴュ/ 前 …から考えて, …のゆえに.
vu que 直 …ゆえに, …なのだから.

la **vue** /ヴュ/ 女 (英 sight, view) ❶ 視覚; 視力, 目. ●Sa *vue* baisse depuis longtemps. 彼(女)の視力はだいぶ前から衰えている. ●avoir une bonne [mauvaise] *vue* 目がいい[悪い].
❷ 視線; 〈vue de ...〉 …を見ること.
❸ 眺め, 見晴らし, 光景; (風景などの)写真, 絵. ●Cette villa offre une belle *vue*. この別荘は眺めがよい.
❹ 見解, 意見; 考え方. ●Il a une *vue* pessimiste du monde. 彼は悲観的な世界観を持っている.
❺ 《複》計画, 意図.
à la vue de... …を見て.
à perte de vue 見渡す限り. ●Il n'y a que ça *à perte de vue*. 見渡す限りこれしかない.
à première vue 一見したところ. ●Tout semble normal *à première vue*. 一見したところすべて普通のようだ.
à vue d'œil 目に見えて.
connaître 人 ***de vue*** (人)の顔を知っている. ●Je la *connais de vue*. 彼女の顔は知っている.
en vue 見える所に; 注目されている. ●Mettez ce vase bien *en vue*. この花びんを目立つ所に置きなさい.
en vue de... …を目指して. ●Elle économise *en vue de* son voyage. 彼女は旅費を稼ぐために貯金している.
perdre... de vue …と疎遠になる; …を見失う. ●Je l'*ai perdu de vue* dans le métro. 私は彼を地下鉄で見失った.

vulgaire /ヴュルゲール/ 形 (英 vulgar, commonplace) ❶ 下品な, 俗悪な.
❷ 一般に広まっている, 通俗の; 《名詞の前で》ありふれた.
nom vulgaire 通称.

la **vulgarisation** /ヴュルガリザスィヨン/ 女 (思想・科学の)通俗化, 大衆化.

vulgariser /ヴュルガリゼ/ 他 (思想や科学)を大衆化する, 普及させる.

la **vulgarité** /ヴュルガリテ/ 女 下品さ, 不作法; 卑俗な言葉.

vulnérable /ヴュルネラブル/ 形 傷つきやすい, もろい.

W w

le **W**[1]**, w** /ドゥブルヴェ/ [男] フランス字母の第23字.

W[2] 《略》(**W**) (watt) ワット.

le **wagon** /ヴァゴン/ [男] (<英) 車両, 貨車; 貨車1台分.

le **wagon-lit** /ヴァゴンリ/ [男] (㊜ **wagons-lits**) (個室式の)寝台車.

le **wagon-restaurant** /ヴァゴンレストラン/ [男] (㊜ **wagons-restaurants**) 食堂車.

wallon(*ne*) /ワロン(ヌ)/ [形] ワロン地方の.

— le(la) **Wallon(*ne*)** [名] ワロン地方の人.

— le **wallon** [男] ワロン語. →ベルギーで話されるフランス語.

waouh /ワウ/ [間] うわー, すごい.

le **watt** /ワト/ [男] 〔電〕ワット. →電力単位. →**W**[2]

les **W.-C.** /ヴェセ, ドゥブルヴェセ/ [男][複] (<英) トイレ, 便所. (<Water Closet)

● aller aux *W.-C.* 便所に行く.

le **Web, web** /ウェブ/ [男] 〔情報〕ウェブ.

● site *web* ウェブサイト.

● surfer sur le *web* ネットサーフィンする.

le **week-end** /ウィケンド/ (英 week-end) [男] 週末(の休み).

● Il passe le [son] *week-end* à la campagne. 彼は週末を田舎で過ごす.

会話 ***Bon week-end!*** よい週末を.

partir en week-end 週末旅行に出かける.

le **whisky** /ウィスキ/ (<英) (㊜ **whiskies**) [男] ウイスキー.

● *whisky* sec ウイスキーのストレート.

le **wifi, wi-fi** /ウィフィ/ (<英) [男] 《不変》〔情報〕ワイファイ.

X x

le **X, x** /イクス/ [男] ❶ フランス字母の第24字. ❷ X字型のもの; X脚の椅子. ❸ 未知のもの; 〔数〕未知数. ❹ /ディス/ ローマ数字の10.

rayons X X線.

le(la) **xénophobe** /クセ[グゼ]ノフォブ/ [名] 外国(人)嫌いの人.

— [形] 外国(人)嫌いの.

la **xénophobie** /クセ[グゼ]ノフォビ/ [女] 外国(人)嫌い.

le **xylophone** /クスィ[グズィ]ロフォヌ/ [男] 木琴, シロフォン.

X

Y y

le **Y, y** /イグレク/ 男 ❶ フランス字母の第25字. ❷ Y字型のもの.

axe des y (座標の) y 軸.

y /イ/ 代 《中性代名詞》→巻末文法: 代名詞 (英 there) ❶ 《間接目的語》 それに, それを.

POINT à＋名詞[不定詞/節]の代わりとして.

• N'*y* pensez plus. もうそのことは考えないで.

❷ 《副詞的用法》 そこに, そこで, そこへ.

POINT à＋場所の代わりとして.

• J'*y* vais demain. 明日そこへ行きます.

• J'*y* mange parfois. 私は時々そこで食べます.

Allez-y! [***Vas-y!***] どうぞ, さあ.

Allons-y! さあ(行こうか).

Ça y est! うまくいった, これでいい.

Il y a … …がある. →**avoir** の成句 **il y a**

y aller そこへ行く; 立ち去る. • J'*y* vais. 私はもう行きます. • Avez-vous vu le film?—J'*y* vais demain. その映画を見ましたか. —明日見に行きます.

y être わかる; 在宅している; 用意ができている. • Ah! J'*y suis*. ああわかった.

y être pour … …と関係がある.

le **yacht** /ヨト/ 男 (英 yacht) ヨット.

• *yacht* de croisière クルーザー用ヨット.

le **yaourt** /ヤウルト/ 男 ヨーグルト.

le **yen** /イエヌ/ 男 《不変》 (＜日本) 円. → 日本の通貨単位.

les **yeux** /イユ/ (英 eyes) 男 複 目, 両眼. → les yeux はリエゾンして /レズュ/ と発音. →**œil**

• J'ai très mal aux *yeux*. 私は(両)目がとても痛い.

• Il a les [des] *yeux* bleus. 彼は青い目をしている.

le **yoga** /ヨガ/ 男 ヨガ. • faire du *yoga* ヨガをする.

Z z

le **Z, z** /ゼド/ 男 フランス字母の第26字.

axe des z (座標の) z 軸.

le **zèbre** /ゼブル/ 男 シマウマ; 《話》 やつ.

• un drôle de *zèbre* 変なやつ.

le **zèle** /ゼル/ 男 熱意, 熱情.

faire du zèle 《話》 張り切りすぎる.

zélé(e) /ゼレ/ 形 熱心な, 献身的な.

le **zéro** /zero ゼロ/ 男 (英 zero) ゼロ; 零度; 0点; 《話》 無, 無価値なもの.

• repartir à [de] *zéro* もう一度ゼロから始める.

• trois (buts) à *zéro* 3対0(で).

… degrés au-dessous de zéro 零下…度.

— 形 《不変》 ゼロの; 《話》 価値のない.

• Il est *zéro* heure quinze 今は0時15分である.

zéro faute ノーミス.

le **zigzag** /ズィグザグ/ 男 ジグザグ. • en *zigzag* ジグザグに.

le **zinc** /ザング/ 男 ❶ 亜鉛.

❷ 《話》 (バーの)カウンター.

❸ 《話》 飛行機.

la **zone** /ゾーヌ/ 女 ❶ 地区, 区域; 領域, 地帯. • *zone* industrielle 工業地区.

❷ 〔地〕 帯, 圏. • *zone* euro ユーロ圏.

❸ 《話》 (パリなど大都市の)場末, 貧民街.

de troisième zone 三流の.

le **zoo** /ゾオ/ 男 動物園.

• aller au *zoo* 動物園に行く.

la **zoologie** /ゾオロジ/ 女 動物学.

zoologique /ゾオロジク/ 形 動物(学)の.

• jardin *zoologique* 動物園.

zut /ズュト/ 間 ちえっ, ちくしょう, ふん. → 不満・失望・いらだち・軽蔑など.

和仏辞典の使い方

1. 見出し語

1.1　見出し語は五十音順に配列しました．長音は直前の母音に置き換えて配列しました．

1.2　見出し語は日常よく使われる約5,400語，合成語約600語の計6,000語を選びました．そのうち，最重要の約200語は赤色で表示しました．

2. 訳語

2.1　訳語は基本的で代表的なものを載せました．

2.2　訳語が複数ある場合は，必要に応じて (　) で意味を限定しました．

2.3　名詞，形容詞のうちで，性•数によって変化するものについては，変わる部分をイタリック体で示しました．

3. 品詞

フランス語訳の名詞には 名 男 女 複 をつけました．

4. 用例•合成語

4.1　用例の開始は ● で示しました．用例の見出し語部分は～で省略しました．

4.2　2語以上の語からなる合成語の開始は，► で示しました．

4.3　用例のうち，話し言葉や会話例には 会話 を表示しました．

4.4　用例では主語が明確でない場合は，煩雑さを避けるために男性形だけで代表させました．

5. 記号

(　)	見出し語の意味限定	〘　〙	結びつく前置詞
	語の省略	→	参照
[　]	直前の語との交換可能	→	語に関する補足
《　》	語の説明	†	有音の h を表す
〔　〕	専門分野		

6. コラム•イラスト

6.1　フランス語で表現するために重要な情報はコラムで表示しました．

6.2　関連する語彙の増強に有用なイラストを掲載しました．

あ

あ行

アーチ arc 男; cintre 男; arche 女
アーモンド amande 女
あい［愛］amour 男;（愛情）affection 女
アイコン icone 男
あいさつ［挨拶］（対面・別れの）salut 男
●～する saluer; dire bonjour 〔*à*〕
►挨拶状（通知）faire-part 男《不変》;（新年などの）vœux 男 複, carte de vœux 女
あいじょう［愛情］affection 女; amour 男
あいず［合図］signa*l* 男（複 *-aux*）;（身振りによる）signe 男
アイスクリーム glace 女
あいだ［間］entre ●3時と5時の～ entre trois et cinq heures ●その～に entre(-)temps
あいて［相手］❶（一緒に物事をする人）compagnon(*gne*) 名;（パートナー）partenaire 名 ❷（敵）adversaire 名
アイティー［IT］informatique 女
あいにく［生憎］malheureusement, par malheur
アイロン fer (à repasser) 男
あう［会う］（人と会う）voir;（出会う）rencontrer;（再会する）revoir
あう［合う］aller (bien) 〔*à*〕; s'ajuster, s'adapter 〔*à*〕; convenir 〔*à*〕
あえる［和える］assaisonner
あお［青］bleu 男;（緑）vert 男
あおい［青い］bleu(*e*);（緑）vert(*e*)
あおる［煽る］agiter, exciter
あか［赤］rouge 男
あかい［赤い］rouge;（毛が）roux(*sse*)
●赤くなる rougir
あかじ［赤字］déficit 男;（損失）perte 女
あかちゃん［赤ちゃん］bébé 男
あからさま ●～な（露骨な）cru(*e*)
あかり［明かり］lumière 女;（電灯）lampe 女;（照明）éclairage 男
●～をつける allumer (la lumière)
あがる［上がる］（上昇する・昇る）monter; s'élever;（緊張する）avoir le trac
あかるい［明るい］（色などが）clair(*e*);（性格などが）gai(*e*)
あかんぼう［赤ん坊］bébé 男
あき［秋］automne 男
あきらか［明らかな］clair(*e*);（明白・明快）évident(*e*) ●～になる s'éclaircir
あきらめる［諦める］renoncer 〔*à*〕
あきる［飽きる］（退屈する）s'ennuyer 〔*de*〕;（うんざり）en avoir assez 〔*de*〕
あきれる［呆れる］être stupéfait(*e*) [stupéfié(*e*)] par [de, que 接続法]
あく［悪］mal 男（複 *maux*）;（悪徳）vice 男
あくしゅ［握手］poignée de main 女
●～する serrer la main 〔*à, de*〕
アクセサリー（宝飾品）bijou fantaisie 男（複 ～*x* ～）;（付属品）accessoire 男

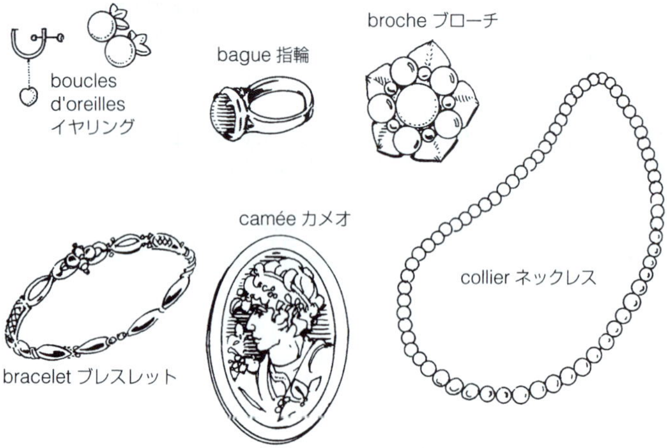

アクセサリー

アクセス accès 男
アクセント accent 男
あくび [欠伸] bâillement 男 ●〜をする bâiller
あくま [悪魔] démon 男, diable 男
あける [開ける] ouvrir ●穴を〜 percer
あげる (与える) donner 〖*à*〗
あげる [上げる] (高い所へ) élever; (増加・増大) augmenter; (手・顔を) lever
あげる [挙げる] (手を) lever ●例を〜 donner [citer] un exemple
あげる [揚げる] (油で) frire; faire frire
あご [顎] mâchoire 女
あこがれる [憧れる] (夢見る) rêver 〖*de*〗; (切望する) aspirer 〖*à*〗; (熱愛する) adorer ●憧れ aspiration 女
あさ [朝] matin 男; (午前中) matinée 女 ●〜に le matin ●〜から晩まで du matin au soir ●〜早く de bon matin
あさい [浅い] (深さが) peu profond(*e*); (水位が) bas(*se*)
あさって [明後日] après-demain; dans deux jours
あざやか [鮮やかな] (鮮明な) vif(*ve*); (くっきりした) net(*te*)
あし [足] (人の足(足首から下)) pied 男; (人の脚(足全体)) jambe 女; (動物・鳥・昆虫の) patte 女
►**足跡** traces de pas 女複; (通った跡) traces (de pas) 女複; (動物の) piste 女 **足音** bruit de pas 男 **足首** cheville 女 **足型** empreintes de pied(s) 女複
あじ [味] (味覚) goût 男; (風味) saveur 女 ●〜をみる goûter
アジア Asie 女 ●〜の asiatique
►**アジア人** Asiatique 名
あじわう [味わう] goûter; (鑑賞する) apprécier
あす [明日] demain; (翌日) le lendemain ●〜の朝[晩] demain matin [soir]
あずき [小豆] †haricot rouge 男
あずける [預ける] déposer; (ゆだねる) confier
アスパラガス asperge 女
あせ [汗] sueur 女; (発汗) transpiration 女 ●〜をかく suer, transpirer
あそこ ●〜に[で] là, là-bas
あそび [遊び] jeu 男 (複 〜*x*); (楽しみ) plaisir 男 ►**遊び相手** compag*non*(*gne*) de jeu 名, camarade de jeu 名

あそぶ

[遊ぶ] jouer; (楽しむ) s'amuser; (気晴らしをする) se divertir
あたえる [与える] (あげる) donner; 〖*à*〗; (権利などを) accorder; 〖*à*〗; (賞などを) décerner 〖*à*〗
あたたかい [暖かい・温かい] chaud(*e*); (気候が) doux(*ce*); (人が) chaleureux(*se*)
あたたまる [暖まる・温まる] chauffer, devenir chaud(*e*); (体が) se chauffer, se réchauffer
あたためる [暖める・温める] chauffer; (冷えたものを) réchauffer
アダプター adaptateur 男
あたま [頭] tête 女 ●〜がいい être intelligent ●〜が悪い être bête [stupide]

あたらしい

[新しい] ❶(最新の) nouveau(*elle*) →母音字, 無音の h で始まる男性単数名詞の前では nouvel
❷(新品の) neuf(*ve*)
❸(新鮮な) frais(*fraîche*)
あたり [当たり] (打撃) coup 男; (衝撃) choc 男; (興行などの成功) succès 男
あたり [辺り] environs 男複 ●この〜に près d'ici
あたりまえ [当たり前] ●〜の norm*al*(*ale*) (男複 -*aux*); (自然な) naturel(*le*)
あたる [当たる] (命中) frapper; (的中) se réaliser; (成功) réussir; (相当) correspondre 〖*à*〗
あちこち çà et là; par-ci par-là
あちら ●〜側(に, から) (de) l'autre côté

あつい

[熱い・暑い] chaud(*e*); (焼けるように) brûlant(*e*) 会話 今日は暑いね. Il fait chaud aujourd'hui.
あつい [厚い] épais(*se*); (人情が) chaleureux(*se*)
あつかう [扱う] (人を) traiter; (道具を) manier; (対象とする) s'occuper 〖*de*〗
あっさり (簡素に) simplement; (たやすく) facilement ●〜した simple; (味が) léger(*ère*)
あっせん [斡旋] (世話) bons offices 男複; (仲介) entremise 女
アップデート mise à jour 女
あつまる [集まる] se rassembler; (ある目的で) se réunir
あつめる [集める] rassembler; (ある目的で) réunir; (回収) ramasser; (収集) recueillir
あつりょく [圧力] pression 女; (押す力) poussée 女 ●〜をかける faire [exercer une] pression 〖*sur*〗

あ

あてな [宛名] adresse 女; (封筒に記入する宛名) suscription 女
あてはまる [当て嵌まる] (適用) s'appliquer 〔*à*〕; (適合) convenir 〔*à*〕
あてる [当てる] (命中させる) atteindre; (付ける) mettre; (押し当てる) appliquer; (推測する) deviner
あと [後] (後ろ) derrière; (のち) après
あと [跡] (形跡) trace 女; (痕跡) marque
アドバイス conseil 男 ●〜する donner conseil 〔*à*〕
あな [穴] trou 男; (地面などの) fosse 女
アナウンス annonce 女 ●〜する annoncer 〔*que*〕
あなた vous; (夫婦・恋人・親しい者同士では) tu
あなどる [侮る] sous-estimer; (軽視する) négliger
あに [兄] frère 男, frère aîné 男; 《話》 grand frère 男
アニメ(ーション) (技法) animation 女; (映画) dessin animé 男
あね [姉] sœur 女, sœur aînée 女; 《話》 grande sœur 女
あの ce(*cette*) (複 *ces*) →母音字および無音の h で始まる男性単数名詞の前では cet
アパート appartement 男; (建物全体) immeuble 男
あばれる [暴れる] se démener, s'agiter violemment
あびる [浴びる] ●シャワーを〜 prendre une douche ●日光を〜 prendre un bain de soleil

あぶない [危ない] dangereux(*se*)

あぶら [油] huile 女
あぶら [脂] graisse 女; (肉の脂身) gras 男
アフリカ Afrique 女 ●〜の africain(*e*)
►**アフリカ人** Africain(*e*) 名
あふれる [溢れる] déborder; (水浸しにする) inonder

あまい [甘い] (味が) doux(*ce*); (砂糖で) sucré(*e*); (評価が) indulgent(*e*)

あまえ [甘え] ●〜た gâté
あまえる [甘える] (子供が) se montrer câlin(*e*) auprès de; (女性が男性に) se montrer coquette auprès de
アマチュア amat*eur*(*trice*) 名 →女性にも男性形を用いることがある ●〜の amat*eur*(*trice*)
あまり [余り] (残り) reste 男; (余分) surplus 男
あまる [余る] (残る) rester; (余分) il y a ... de [en] trop
あみ [網] filet 男; (焼き網) gril 男
あみもの [編み物] tricot 男 ●〜をする faire du tricot
あむ [編む] tricoter
あめ [雨] pluie 女 ●〜が降る Il pleut.
あめ [飴] bonbon 男
アメリカ Amérique 女; (合衆国) les États-Unis (d'Amérique) 男 複
●〜の américain(*e*)
►**アメリカ人** Américain(*e*) 名
あやうく [危うく] ●〜…しそうになる manquer de 不定詞; faillir 不定詞
あやしい [怪しい] (疑わしい) douteux(*se*); (不審な) suspect(*e*)
あやまる [謝る] demander pardon
あらい [粗い] gros(*se*), rude
あらい [荒い] violent(*e*), brut*al*(*ale*) (男複 *-aux*)
あらう [洗う] laver; (すすぐ) rincer
あらし [嵐] tempête 女, ouragan 男
あらす [荒らす] ravager; (略奪) piller
あらすじ [あら筋] grandes lignes 女 複; (要約) résumé 男
あらそう [争う] se disputer 〔*avec*〕, quereller 〔*avec*〕
あらた [新たな] ●〜に à nouveau
あらたまる [改まる] changer; (直る) se corriger ●年が〜 La nouvelle année commence.
あらためる [改める] (全体) changer; (一部) modifier
アラブ ●〜の arabe, arabique
あらゆる tout(*toute*) (男複 *tous*, 女複 *toutes*)
あらわす [表す] exprimer; (気持ちなどを) montrer; (示す) représenter
あらわれる [現われる] apparaître; (姿を見せる) se montrer
アリ [蟻] fourmi 女
ありあり ●〜と clairement, distinctement
ありがたい [有り難い] bienveillant(*e*)
ありがとう [有り難う] 会話 Merci (beaucoup).
会話 いろいろと〜 Merci à vous pour tout.
会話 来てくれて〜 Merci d'être venu.
ありさま [有様] état (de choses) 男
ありそうな probable; (本当らしい) vrai-

semblable
ありふれた ［有りふれた］ ordinaire;（一般的な）commun(e)

ある
［在る・有る］（存在）être; exister; il y a;（ある場所に）se trouver
ある ［或る］ un(*e*); un(*e*) certain(*e*); ●～人 quelqu'un(*e*) ●～もの（こと） quelque chose
あるいは ［或いは］ ou

あるく
［歩く］ marcher ●歩いて行く aller à pied
アルコール alcool 男 ►**アルコール飲料** boisson alcoolisée 女
アルバム album 男
アルファベット alphabet 男
あれ ce,《話》ça, cela, celui-là(*celle-là*)
あれる ［荒れる］（人が）être fou(*folle*) de rage ●台風で荒れている Le typhon fait rage.
アロエ aloès 男
あわ ［泡］ bulle 女;（口からの）écume 女;（気泡）mousse 女
あわせる ［合わせる］ joindre〚à〛;（一体化）unir〚à〛;（適合）ajuster, accorder〚à〛
あわただしい ［慌ただしい］（急ぎ）précipité(*e*);（目まぐるしい）trépidant(*e*)
あわてる ［慌てる］ s'affoler;（急ぐ）se presser
あわれ ［哀れな］ pauvre
あん ［案］（提案）proposition 女;（考え）idée 女;（計画）projet 男
あんがい ［案外］ contrairement à ce qu'on attendait ...
あんき ［暗記する］ apprendre ［retenir］... par cœur
アンケート enquête 女, sondage 男
あんごう ［暗号］ chiffre 男, code secret 男
アンコール bis 男
あんさつ ［暗殺］ assassinat 男 ●～する assassiner
あんじ ［暗示］ suggestion 女;（ほのめかし）allusion 女
あんしょうばんごう ［暗証番号］ code secret ［confidentiel］ 男
あんしん ［安心］ ●～する se rassurer
あんぜん ［安全］ sécurité 女, sûreté 女 ●～な sûr(*e*)
あんな pareil(*le*); tel(*le*)
あんない ［案内］（導き）conduite 女;（知らせ）information 女 ●～する guider;（客を）introduire ►**案内書** guide 男;（観光の）guide touristique 男 **案内所** bureau de renseignements 男 **案内人** guide 男
い ［胃］ estomac 男;（腹）ventre 男 ●～が痛い avoir mal au ventre ［à l'estomac］
いい ［良い・善い］ bon(*ne*) →比較級 meilleur(*e*), 最上級 le meilleur, la meilleure; bien →比較級 mieux, 最上級 le mieux
いいえ non;《否定疑問に対して》si 会話 ～結構です Non merci.
いいかげん ［いい加減］ ●～な peu sûr(*e*);（でたらめな）fait(*e*) au hasard
会話 ～だ C'est fait à l'arrache.
イーユー ［EU］ UE, Union européenne 女
いいわけ ［言い訳］ excuse 女 ●～をする s'excuser〚*de*〛
いいん ［委員］ membre d'un comité 男;（代表）délégué(*e*) 名 ►**委員会** comité 男

いう
［言う］ dire;（話す）parler ●…は～までもない inutile de dire que ...
いえ ［家］（家屋）maison 女;（家庭）famille 女 ●友だちの～へ行く aller chez un ami
→p.542の図

> **住居**
> **appartement** 集合住宅内の1世帯用の住居. 普通は複数の部屋と台所や浴室からなる.
> **immeuble** マンションやアパートの建物全体.
> **studio** ワンルームマンション.
> **maison** 一戸建ての家.

いか ［以下］ moins〚*de*〛;（下記）ci-dessous ●～は…である Ce qui suit est ...
-いがい ［-以外］ sauf; excepté ●ということ～ sauf ［excepté］ que
いかが ［如何］
会話 今日はご気分は～ですか Aujourd'hui, comment vous sentez-vous?
会話 アイスクリームは～ Vous voulez une glace?
いがく ［医学］ médecine 女 ●～（上）の médical(*ale*)（男複 -*aux*）
いかり ［怒り］ colère 女;（激しい）rage 女, fureur 女
いかん ［遺憾］ regret 男, dommage 男 ●…は～である il est regrettable ［déplorable］ que 接続法; c'est bien dommage que 接続法
いき ［息］（吐く息）souffle 男; haleine 女; respiration 女 ●～が切れる avoir le

い

souffle court ●～を切らす perdre le souffle ●～が臭い avoir mauvaise haleine

いき [意気] moral 男 ●～消沈している être déprimé(e)

いき [粋] élégance 女, chic 男 ●～な chic《不変》; (洗練された) raffiné(e)

いぎ [意義] sens 男; (価値) valeur 女 ●～のある utile

いぎ [異議] contestation 女; objection 女 ●～を唱える élever une contestation, soulever une objection

いきいき [生き生き] ●～とした vif(ve); animé(e)

いきおい [勢い] force 女; (力強さ) vigueur 女

いきづまる [息詰まる] ●～ような沈黙 silence étouffant 男

いきなり (突然) brusquement, tout à coup

いきる [生きる] vivre

いく [行く] aller; (出発する) partir 〘pour〙 ●…しに～ aller 不定詞

会話 さあ, 行こうか On y va?

いくつ combien de; quel(le)

いくつか quelques, plusieurs

quelques と plusieurs

同じように可算名詞の少数を表す **quelques**(いくつかの)が「少なさ」を示すのに対し **plusieurs**(いくつもの)には「多め」のニュアンスがある: depuis quelques [plusieurs] mois 2, 3か月前から[何か月も前から].

いくら [幾ら] (値段が) combien; quel(le)

会話 ～ですか? Combien?

いけ [池] étang 男; (人工の) bassin 男

いけない (悪い) mauvais(e) ●…しては～ il ne faut pas 不定詞 [que 接続法]; ne pas devoir ●うそをついては～ Tu ne dois pas mentir. ●…すると～から de crainte [peur] de ...

いけばな [生け花] (華道) art floral 男, art de l'arrangement des fleurs

いけん [意見] avis 男; opinion 女 ●～を言う dire son avis 〘sur〙

いげん [威厳] dignité 女, majesté 女

いご [以後] depuis ●…～ après; (…以来今まで) depuis

いざかや [居酒屋] taverne 女; 《話》 bistro 男

いさましい [勇ましい] brave; (雄々しい)

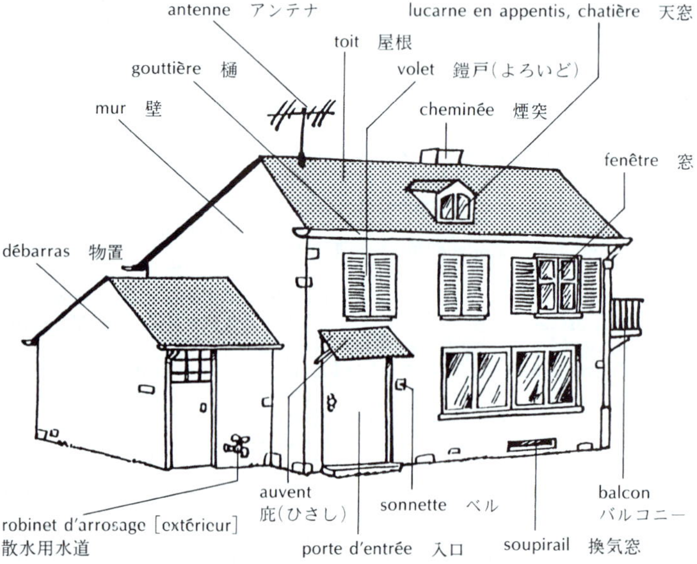

家

い

vaillant(*e*)
いさん [遺産] héritage 男; (世襲財産) patrimoine 男
► **遺産相続** succession 女, héritage 男 **世界遺産** patrimoine mondial 男 ●モンサンミシェルは世界遺産の登録地である Le Mont-Saint-Michel est un site inscrit au patrimoine mondial.
いし [石] pierre 女; (小石) caillou 男
いし [意志] volonté 女 ●～の強い volontaire
いし [医師] médecin 男 →女性にも男性形を用いる
いじ [意地] ●～の悪い méchant(*e*) ●～っ張りな têtu(*e*); obstiné(*e*)
いしき [意識] conscience 女 ●～的な conscient(*e*) ●～がある être conscient
► **意識不明** évanouissement 男, syncope 女
いじめる [苛める] taquiner, tourmenter; (虐待する) maltraiter
いじゅう [移住] migration 女; (他国への) émigration 女; (他国からの) immigration 女
いじょう [以上] plus de; (上述) ci-dessus ●12歳～の子どもたち les enfants âgés de plus de 12 ans
いじょう [異常な] anorma*l*(*ale*) (男複 -*aux*); (並でない) extraordinaire
いしょく [移植] transplantation 女; greffe 女 ●～する transplanter ●臓器を～する transplanter un organe
いす [椅子] chaise 女; (座席) siège 男; (スツール) tabouret 男
► **折りたたみ椅子** pliant 男 **車椅子** fauteuil roulant **補助椅子** strapontin 男
いずみ [泉] source 女; fontaine 女
いせき [遺跡] vestiges 男 複; ruines 女 複
いぜん [以前] avant; auparavant
いそいそ ●～と joyeusement, gaiement
いそがしい [忙しい] occupé(*e*) 〖*à*〗
いそぐ [急ぐ] se dépêcher; se presser
いぞく [遺族] famille d'un(*e*) défunt(*e*) 女
いぞん [依存] dépendance 女 ●～する dépendre 〖*de*〗
いた [板] (木の) planche 女

いたい [痛い] avoir mal

●頭が～ avoir mal à la tête
●頭が激しく痛む avoir un violent mal de tête
●手が～ avoir mal à la main
●靴のせいで足が～ Ces chaussures me font mal aux pieds.
いたい [遺体] corps 男, (形が残っていないもの) restes (mortels) 男 複
いたずら [悪戯] malice 女; bêtise 女
いただく [頂く] (もらう) recevoir

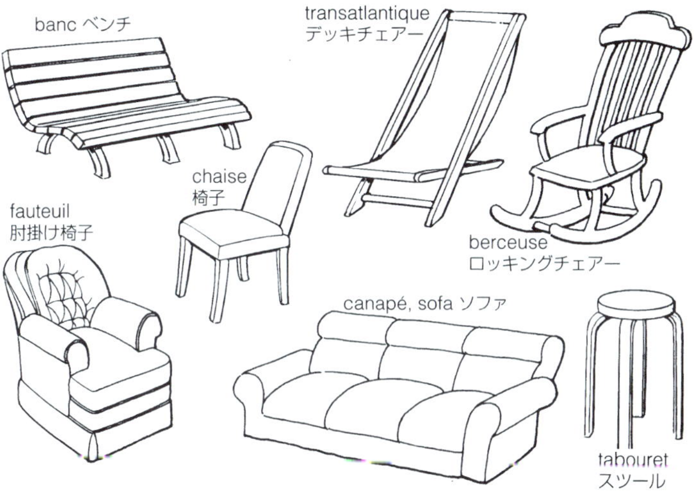

椅子

い

会話 プレゼントをいただきありがとう Merci pour votre cadeau!
会話 いただきます Bon appétit (à tous)!
いたむ [痛む] avoir mal à; faire mal à
いたむ [傷む] s'abîmer; (品物が) se détériorer
いためる [炒める] faire sauter
いためる [傷める] abîmer; (品物を) détériorer
いたるところ [至る所に] partout; (あらゆる所で) de toutes parts
いち [位置] position 女, situation 女
会話 ～について, 用意, ドン À vos marques, prêts, partez!
いちおう [一応] à titre provisoire; (さしあたり) pour le moment
いちがつ [一月] janvier 男
イチゴ [苺] fraise 女; (木) fraisier 男
いちど [一度] une fois ●～も…ない (ne) jamais ●～か二度 une ou deux fois
いちば [市場] marché 男
いちばん [一番] (順番) la première place; (人) le premier 男, la première 女
いちぶ [一部] (部分) une partie; (一冊) un exemplaire
いちめん [一面] un aspect; (そこらじゅう) tout autour
いちりゅう [一流の] de premier ordre [rang]
いつ [何時] quand; quand est-ce que
いつか (過去) l'autre jour; (未来) un jour
いっか [一家] (家族) famille 女; (家庭) foyer 男
いっかい [一階] rez-de-chaussée 男《不変》
いっしき [一式] (家具) ameublement 男, (食器) assortiment 男
いっしゅん [一瞬] un instant, une seconde
いっしょ [一緒に] ensemble ●Aと～に avec A ●～に[Aと～に]行く aller ensemble [avec A]
いっしょう [一生] vie 女 ●～の間 toute sa vie
いっしょうけんめい [一生懸命に] de toutes ses forces; (最善を尽くして) de son mieux
いっせい [一斉] ●～に simultanément
いっそう [一層] encore plus, davantage
いったい [一体] ●～(全体) donc
いっち [一致] concordance 女; (同意) accord 男 ●～する concorder 〔*avec*〕
いつつ [五つ] cinq 男
いつでも [何時でも] n'importe quand; (常に) toujours
いっとう [一等] première classe 女; (賞) premier prix 男; (第一位) la première place
いっぱい [一杯の] plein(*e*) ●水[ワイン]をグラス～飲む boire un verre d'eau [de vin]
いっぱん [一般の] généra*l*(*ale*) (男複 -*aux*)
●～に généralement; en général
●～的に言えば généralement parlant
●～化する généraliser
●…を～公開する ouvrir… au public
いっぽう [一方] (初めの一つ) l'un(*e*); (他方) l'autre; (片側) un côté ●～的な unilatéra*l*(*ale*) (男複 -*aux*)
►一方通行《標識》Sens unique
いつも
(常に) toujours; (ふだん) habituellement
●～のように comme toujours
●～…とは限らない pas toujours
いでん [遺伝] hérédité 女 ●～の héréditaire
いと [糸] fil 男; (釣り糸) ligne 女
いど [緯度] latitude 女
いどう [移動] déplacement 男, mouvement 男
いとこ [従兄弟・従姉妹] cousin(*e*) 名
いない [以内に] (時間) avant ●1週間～に avant une semaine ●ここから1キロ～に à moins d'un kilomètre d'ici
いなか [田舎] campagne 女; (地方) province 女 ►田舎者 campagnard(*e*) 名
いなずま [稲妻] éclair 男 ●～が走る Il y a des éclairs.
イヌ [犬] chien(*ne*) 名 ►犬小屋 niche 女
いね [稲] riz 男
いのち [命] vie 女 ●～を助ける sauver la vie 〔*de*〕 ●～を危険にさらす risquer sa vie ●～を投げ出す sacrifier sa vie 〔*pour*〕
いのり [祈り] prière 女
いのる [祈る] prier, souhaiter… à
いばる [威張る] prendre de grands airs; (自慢) être fie*r*(*ère*) 〔*de*〕
いはん [違反] violation 女; (不法行為) infraction 女
いほう [違法の] illéga*l*(*ale*) (男複 -*aux*)
いま
[今] maintenant; (目下) en ce moment, actuellement
●～の actuel(*le*); présent(*e*)
会話 ～行きます J'arrive!

いま［居間］living 男, salle de séjour 女

いましめる［戒める］donner un avertissement à

いみ［意味］sens 男, (意義) signification 女 ●〜する signifier; vouloir dire

いみん［移民］(他国からの) immigré(*e*) 名; immigrant(*e*) 名; (他国への) émigré(*e*) 名; émigrant(*e*) 名

イーメール［E メール］(e-)mail 男, courriel 男

イモ［芋］(ジャガイモ) pomme de terre 女; (サツマイモ) patate (douce) 女

いもうと［妹］sœur cadette 女, petite sœur 女

いやがる［嫌がる］répugner [rechigner] à

いやしい［卑しい］(卑屈) ignoble; (身分が) bas(*se*)

いやな［嫌な］mauvais(*e*); désagréable, déplaisant(*e*)

イヤホン écouteurs 男 複

いやみ［嫌味］sarcasme 男, fiel 男

イヤリング clips 男 複; (耳につけるアクセサリーの総称として) boucles d'oreilles 女 複

いよいよ［愈々］(ついに) enfin; (多く) de plus en plus; (少なく) de moins en moins

いよく［意欲］volonté 女 ●〜的な ambitieux(*se*)

いらい［依頼］demande 女

いらい［以来］depuis; (…して以来) depuis que ...

時間の起点「…以来」

depuis は過去や現在を起点とする場合に用いられる. 未来を起点とする場合は **à partir de** や **dès** を用いる.

イラスト illustration 女

いらっしゃい Soyez le bienvenu (la bienvenue) ! 会話 こっちへ〜 Venez par ici! 会話 〜ませ Bonjour.

いりぐち［入り口］entrée 女; (戸口) porte 女

いる

［居る］❶ (存在する) être; il y a

会話 誰かいますか Il y a quelqu'un?

●家には誰もいなかった Il n'y avait personne dans la maison.

❷ (場所・状態に) se trouver

いる［要る］il faut; être nécessaire; avoir besoin〔*de*〕

いるい［衣類］vêtements 男 複, habillement 男

いれもの［入れ物］(容器) récipient 男, contenant 男

いれる［入れる］mettre〔*dans, à*〕; faire [laisser] entrer〔*dans*〕 ●車を車庫に〜 mettre une voiture au garage

いろ［色］couleur 女

●その〜は君によく似合う Cette couleur te va bien.

●洗っても〜は落ちません La couleur ne part pas au lavage.

いろいろ［色々な］varié(*e*); (異なった) différent(*e*)

いわ［岩］roche 女

いわい［祝い］célébration 女; (祝祭) fête 女

いわう［祝う］fêter; (式・行事を) célébrer

いわば［言わば］pour ainsi dire, autant dire

いわゆる ce qu'on appelle; proprement dit

いんき［陰気な］(暗い) sombre; (活気のない) morne

インク encre 女

いんさつ［印刷］impression 女 ●〜する imprimer

► 印刷機 presse 女 印刷所 imprimerie 女 印刷物 imprimé 男

いんしょう［印象］impression 女

●…という〜を持つ avoir l'impression que ...

●いい[強い]〜を与える faire une bonne [forte] impression〔*sur*〕

●…の〜はどうですか Quelle est ton impression sur ...?

► 第一印象 première impression

インスタントの instantané(*e*)

インストール installation 女 ●〜する installer

いんたい［引退］retraite 女 ●〜する prendre sa retraite

インタビュー interview 女

インチ pouce 男

インフラ (社会的生産基盤) infrastructure 女

インフルエンザ grippe 女, influenza 女

インフレ inflation 女

いんぼう［陰謀］complot 男, conspiration 女

いんよう［引用］citation 女 ●〜する citer

いんりょう［飲料］boisson 女

► 飲料水 eau potable 女

いんりょく［引力］attraction 女, gravita-

う

tion 女
ウイスキー whisky 男 (複 -*ies*)
ウイルス virus 男
ウール laine 女
うえ [上] haut 男 ●〜の(方の) supérieur(e) ●〜に au-dessus ●の〜に[の, を]《表面に接した》sur;《接触していない》au-dessus de ●〜の方から de haut ●机の〜の花びん un vase sur la table ●1つ〜のサイズ la taille au-dessus
うえ [飢え] faim 女; (飢饉) famine 女
ウエイトレス serveuse 女
うえき [植木] arbre (de jardin) 男 ►植木鉢 pot à [de] fleurs 男 植木屋 jardinier(*ère*) 名
ウエスト taille 女
うえる [植える] planter; (栽培) cultiver
うお [魚] poisson 男 ►魚座 les Poissons 男 複
うかい [迂回] détour 男, déviation 女 ►迂回路 déviation 女
うがい [嗽] gargarisme 男 ●〜する se gargariser ►うがい薬 gargarisme 男
うかがう [伺う] (訪ねる) rendre visite 〚*à*〛; (尋ねる) demander
うかぶ [浮かぶ] (水上・空中に) flotter; (水面に) surnager
うかべる [浮かべる] (水に) faire flotter
うく [浮く] (水上・空中に) flotter; (水面に) surnager
うけいれる [受け入れる] recevoir; (受諾) accepter
うけつけ [受付] (ホテルなどの) réception 女; (窓口) guichet 男 ►受付係 réceptionniste 名
うけつける [受け付ける] recevoir; accepter
うけとる [受け取る] recevoir; (快く) accepter
うける [受ける] (得る) recevoir; (努力して) obtenir; (影響・被害を) subir; (試験などを) passer
うごかす [動かす] remuer
うごく [動く] bouger; (移動する) se déplacer; (機械が) marcher
ウサギ [兎] lapin 男
ウシ [牛] bœuf 男; (雌牛) vache 女; (まだ子を産んでいない若い雌牛) génisse 女
うしなう [失う] (なくす) perdre ●〜ものは何もない n'avoir rien à perdre
うしろ [後ろ] (後部) arrière 男; (背後) derrière 男; (背) dos 男 ●…の〜の席 un siège à l'arrière de ...
うず [渦] tourbillon 男
うすい [薄い] (厚さが) mince; (色が) clair(*e*); (濃度が) léger(*ère*)
うずめる [埋める] ●手に顔を〜 se cacher le visage dans ses mains
うそ [嘘] mensonge 男; (虚偽) faux 男 ●〜をつく mentir
うた [歌] chanson 女; (歌唱・歌曲) chant 男
うたう [歌う] chanter ●彼女は上手に〜 Elle chante bien.
うたがい [疑い] (疑念) doute 男; (嫌疑) soupçon 男 ●…は〜よう[〜の余地]がない Il ne fait aucun doute que ... ●〜なく sans aucun doute, à n'en pas douter
うたがう [疑う] douter 〚*de; que*〛; (嫌疑) soupçonner 〚*de*〛 ●私のことを疑っているのですか Doutez-vous de moi?
うち [内] (内部) dedans 男; intérieur 男 ●…の〜に dans
うち [家] maison 女; (家庭) foyer 男 ●〜へおいでよ Viens chez moi.
うちあける [打ち明ける] (人に) confier 〚*à*〛; (心情を) épancher
うちあわせ [打ち合わせ] arrangement préalable 男; (協議) concertation [consultation] préalable 女
うちゅう [宇宙] univers 男; (宇宙空間) espace 男 ►宇宙船 vaisseau spatial 男 宇宙飛行士 astronaute 名
うつ [打つ] frapper; battre
うっかりして (不注意から) par manque d'attention, avec négligence; (ぼんやりして) par étourderie
うつくしい [美しい] beau(*belle*) →母音または無音の h で始まる男性単数名詞の前では bel; (きれいな) joli(*e*) 会話 何て〜人だろう Comme elle est belle!
うつす [写す] (写真に) prendre une photo de; (書き写す) copier, recopier
うつす [映す] (鏡などに) refléter; (映画を) projeter
うつす [移す] (場所を) déplacer; (移転) transférer; (病気を) donner, passer 〚*à*〛
うったえ [訴え] (訴訟) action (en justice) 女; (告発) accusation 女; (嘆願) appel 男

うったえる［訴える］（訴訟）faire un procès à;（告訴）porter plainte contre

うっとり ●〜している être en extase ●〜させる ravir ●〜する s'extasier

うつむく［俯く］baisser la tête

うつる［移る］passer;（場所を変える）se déplacer

うつる［映る］（鏡に）se réfléchir〖*dans*, *sur*〗;（水面などに）se refléter〖*dans*, *sur*〗

うで［腕］bras 男;（技量）habileté 女
●A(人)の〜をつかむ prendre A dans ses bras
►**腕時計** montre 女; **腕輪** bracelet 男

うなずく［頷く］donner [faire] un signe de tête;（同意）faire oui d'un signe de la tête

うなる［唸る］（人がうめく）gémir;（動物が）gronder

うばう［奪う］（から）prendre〖*à*〗;（取り去る）enlever, ôter〖*à*〗;（権利などを）priver〖*de*〗

ウマ［馬］cheva*l* 男（複 *-aux*）

うまい［旨い］bon(*ne*), délicieux(*se*)

うまる［埋まる］être enseveli(*e*)〖*sous*, *dans*〗;（穴・損失が）être comblé(*e*)

うまれる
［生まれる］❶ naître
❷（出現）venir au monde

うみ［海］mer 女;（大洋）océan 男
●〜は穏やかだ[荒れている] La mer est calme [mauvaise].

うみ［膿］pus 男

うむ［生む・産む］❶（出産）accoucher〖*de*〗
❷（産出）produire

ウメ［梅］prune 女;（木）prunier 男

うめる［埋める］enfouir; enterrer

うら［裏］（裏側）envers 男, revers 男;（紙の）verso 男, dos 男 ●家は教会の〜です Ma maison est derrière l'église.

うらがえす［裏返す］retourner

うらぎり［裏切り］trahison 女

うらなう［占う］deviner [prédire] l'avenir de

うらみ［恨み］rancune 女; ressentiment 男

うらむ［恨む］avoir de la rancune [du ressentiment] contre

うらやましい［羨ましい］（妬む）envieux(*se*), jaloux(*se*);（羨望）enviable

うらやむ［羨む］envier ●Aが金持ちなのを〜 envier A pour sa richesse; envier A d'être riche

うりあげ［売り上げ］recette 女, ventes 女 複

うりきれ［売り切れ］●〜の[た] épuisé

うりば［売場］rayon 男

うる［売る］（販売）vendre ●高く〜 vendre cher ●彼に車を1000ユーロで売った Je lui ai vendu ma voiture 1000 euro.

うるさい［煩い］（騒々しい）bruyant(*e*);（しつこい）persistant(*e*)

うれしい
［嬉しい］être heureux(*se*) [content(*e*)] de [que 接続法]
会話 あなたが来られて〜です Je suis heureux [content] que vous puissiez venir.

うれる［売れる］se vendre ●よく〜 se vendre bien ●飛ぶように〜 se vendre comme des petits pains

うろたえる se troubler, se décontenancer

うわき［浮気］amourette 女

うわぎ［上着］（ジャケット）veste 女;（背広の）veston 男

うわさ［噂］bruit 男, rumeur 女

うん［運］chance 女, bonheur 男 ●〜がいい avoir de la chance

うんが［運河］cana*l* 男（複 *-aux*）

うんちん［運賃］frais de transport 男 複;（貨物の）fret 男

うんてん［運転］（車の）conduite 女;（機械の）manœuvre 女 ●〜する（車を）conduire;（機械を）faire fonctionner
►**運転手**（車の）conduc*teur*(*trice*) 名;（タクシー・トラックの）chauffeur 男
運転免許証 permis de conduire 男

うんどう［運動］❶（身体の）exercice 男（スポーツ）sport 男
●〜する faire de l'exercice
❷（社会的な）mouvement 男
►**運動靴** chaussures de sport 女 複 **運動会** réunion [fête] sportive 女 **運動場**（グラウンド）terrain 男;（学校の）cour d'une école [de récréation] 女,（屋根のある）préau 男（複 〜*x*）

うんめい［運命］destin 男;（個人の）destinée 女

え［絵］peinture 女;（カンバスに描いた）tableau 男;（鉛筆・クレヨンの）dessin 男
●〜を描く peindre; dessiner

エアコン climatiseur 男 ●〜のついた climatisé(*e*)

エアメール poste aérienne 女

えいえん [永遠] éternité 女 ●〜の éternel(*le*)

えいが [映画]《総称的に》cinéma 男;《個々の》film 男 ●〜(を見)に行く aller au cinéma ●〜を見る voir un film ►映画館 cinéma 男

えいきょう [影響] influence 女; (効果) effet 男 ●〜を与える exercer de l'influence〘*sur*〙●〜を受ける subir l'influence〘*de*〙►影響力 influence 女 ●〜力がある avoir de l'influence

えいぎょう [営業] commerce 男 ●〜中《掲示》Ouvert

えいご [英語] anglais 男

えいせい [衛星] satellite 男

えいせい [衛生] hygiène 女 ●〜的な hygiénique

えいゆう [英雄] †héros 男; héroïne 女

えいよう [栄養] nutrition 女 ●〜のある nourrissant(e);

えがお [笑顔] sourire 男

えがく [描く] (鉛筆・クレヨンで) dessiner; (絵の具で) peindre; (描写する) décrire

えき [駅] gare 女; (地下鉄の) station 女 ●〜で à la gare ►駅員 employé(*e*) de gare 名 駅長 chef de gare 男

えきたい [液体] liquide 男 ●〜の liquide

えさ [餌] pâture 女; (捕獲用の) appât 男

エスカレーター escalier roulant [mécanique] 男, escalator 男

えだ [枝] branche 女; (小枝) rameau 男

エチケット (作法) manières 女 複; (公的な) étiquette 女

エッセー essai 男

えつらん [閲覧] lecture 女 ●〜する consulter

エネルギー énergie 女

えはがき [絵葉書] carte postale 女 →フランスでは郵便用のカードには常に絵や写真が印刷されており，日本の郵便はがきにあたる無地のものはない．

エビ [海老] (ロブスター) †homard 男; (伊勢えび) langouste 女; (小えび) crevette 女

えほん [絵本] livre d'images 男

えもの [獲物] (狩猟の) gibier 男; (猛獣の餌食) proie 女

えらい [偉い] (偉大な) grand(e); (傑出した) remarquable; (有名な) célèbre

えらぶ [選ぶ] choisir; (選挙で) élire

えり [襟] col 男; (襟ぐり) décolleté 男

える [得る] obtenir; (取得) acquérir; (賞・勝利を) gagner

エレベーター ascenseur 男

えん [円] (円形) cercle 男; (丸) rond 男; (貨幣) †yen 男

えんがわ [縁側] véranda 女

えんかい [宴会] banquet 男; (豪華な) festin 男

えんがん [沿岸] côte 女, (沿岸地帯) littoral 男 (複 -*aux*)

えんき [延期] remise 女, renvoi 男

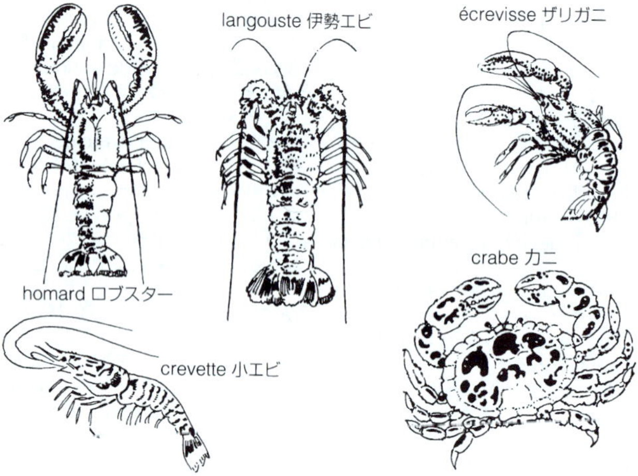

エビ

えんぎ［演技］ jeu 男
えんきょく［婉曲］ ●～な表現 détour 男
えんげい［園芸］ horticulture 女, jardinage 男 ► **園芸植物** plante jardinière 女
えんげき［演劇］ théâtre 男
えんしゅつ［演出］ mise en scène 女 ●～する mettre en scène ► **演出家** metteur en scène 男
えんじょ［援助］ aide 女;（扶助）assistance 女 ●～する aider ●～してもらう se faire aider〖*par*〗
エンジン moteur 男 ●～をかける faire démarrer le moteur
えんそう［演奏］ interprétation 女; jeu 男 ●～する interpréter; jouer ► **演奏会** concert 男;（独奏会）récital 男
えんちょう［延長］（距離）prolongement 男;（時間）prolongation 女
えんとつ［煙突］ cheminée 女;（ストーブの）tuyau 男
えんぴつ［鉛筆］ crayon 男 ●～を削る tailler un crayon
えんりょ［遠慮］ réserve 女 ●～なく sans réserve
お［尾］ queue 女
おい［甥］ neveu 男
おい［老い］ vieillesse 女
おいかける［追いかける］ courir après; poursuivre
おいこす［追い越す］ dépasser;（車が）doubler
おいしい［美味しい］ bon(*ne*), délicieux(*se*)
おいしげる［生い茂る］ pousser dru;（はびこる）envahir
おいだす［追い出す］ mettre dehors [à la porte];（追い払う）chasser
おいつく［追いつく］ rattraper;（人と合流する）rejoindre
おいる［老いる］ vieillir, prendre de l'âge ●老いた âgé(*e*)
オイル huile 女;（石油）pétrole 男
おう［王］ roi 男;（君主）monarque 男
おうえん［応援］ encouragement 男
おうしゅう［押収］ saisie 女, confiscation 女
おうせつ［応接］ ► **応接室** salle d'accueil 女 **応接間** salon 男
おうたい［応対］ accueil 男, réception 女
おうだん［横断］ traversée 女 ●～する traverser ► **横断歩道** passage clouté [protégé] 男
おうとう［応答］ réponse 女 ●～する répondre〖*à*〗
おうふく［往復］ aller et retour;（行き来）va-et-vient 男《不変》 ► **往復切符** billet aller-retour 男, aller et retour 男 **往復ビンタ**《話》un aller et retour 男
おうぼ［応募］ inscription 女 ●～する s'inscrire〖*à*〗 ► **応募者** inscrit(*e*) 名;（求職）postulant(*e*) 名
おうよう［応用］ application 女, mise en pratique 女 ●～する appliquer ► **応用問題** exercices d'application 男 複
おえる［終える］ finir;（遂げる）achever ●…し～ finir [achever] de 不定詞
おおい［多い］（多数）nombreux(*se*);（多量）abondant(*e*) ●友だちが～ avoir beaucoup [plein] d'amis
おおう［覆う］ couvrir〖*de, avec*〗
オオカミ［狼］ loup 男;（雌）louve 女
おおきい［大きい］（サイズ・形状が）grand(*e*);（容積が）gros(*se*);（幅が）large ●彼は私より10センチ～ Il fait dix centimètres de plus que moi.

大きい

grand は「(広さ・幅・長さなどが)大きい, (人間が)背が高い」, **gros** は「ボリュームのある, 厚い, (人間が)太った, (動物が)大きい」, **large** は「(幅が)広い」, **spacieux** は「(空間が)広い」, **vaste** は「(面積が)広大な, (建物などが)巨大な」, **volumineux** は「(体積が)大きい」.

おおきく［大きく］ ●～する agrandir ●～なる grandir
おおきさ［大きさ］ grandeur 女;（寸法）dimension 女;（容積）grosseur 女
おおく［多く］（たくさん）beaucoup;（大部分）la plupart
おおごえ［大声］ ●～で d'une voix forte; à plein gosier
おおぜい［大勢］（群集）foule 女;（集団）masse 女
オートバイ moto 女, motocyclette 女
オードブル hors-d'œuvre 男《不変》
オーバー（外套）manteau 男;（男物）pardessus ●～な exagéré(*e*) ► **オーバーホール** remise en état 女
オーブン four 男
おおみそか［大晦日］ le dernier jour de l'année 男; veille du jour de l'an 女; la

お

Saint-Sylvestre

おおめ [大目] ●〜に見る tolérer 〖*que* 接続法〗; être indulgent(*e*)

おおもじ [大文字] (lettre) majuscule 女, capitale 女

おおやけ [公の] public(*que*); (公式) officiel(*le*)

おおよろこび [大喜び] grande joie 女

おおらか [大らかな] large, généreux(*se*)

おか [丘] colline 女; (高台) hauteur 女

おかあさん [お母さん] mère 女, 《話》 maman 女

おかげ [お陰] ●…の〜で grâce 〖*à*〗
会話 成功したのはあなたの〜だ Je vous dois ma réussite.

おかず plat 男

おかしい (おもしろい) drôle; (奇妙な) bizarre ●〜ったらない Ça me fait tout drôle. ●…なのは〜 c'est bizarre que …

おがむ [拝む] (祈る) prier; (礼拝) adorer

おがわ [小川] ruisseau 男

おき [沖] large 男, haute mer 女

おぎなう [補う] suppléer; 〖*à*〗 (完全にする) compléter

おきる

[起きる] ❶ (起床) se lever
❷ (起き上がる) se relever
❸ (発生する) arriver

おく [置く] mettre; poser

おくがい [屋外の] en plein air

おくさん [奥さん] femme 女; (呼びかけ) madame 女 (複 *mesdames*)

おくじょう [屋上] terrasse 女

おくそく [憶測] conjecture 女, supposition 女

おくない [屋内の] d'intérieur ►屋内競技 sport en salle 男

おくびょう [臆病な] poltron(*ne*); (怖がり) peureux(*se*); (内気) timide

おくりもの [贈り物] cadeau 男

おくる [送る] (品物を) envoyer

おくる [贈る] offrir 〖*à*〗; faire cadeau de … 〖*à*〗

おくれる [遅れる] (時間に) être en retard; se retarder
会話 遅刻だよ! Tu es en retard!

おこす [起こす] ❶ (立ち[起き]上がらせる) relever
❷ (眠っている人を) réveiller
❸ (引き起こす) causer

おこたる [怠る] négliger … [de 不定詞]; (義務を) manquer 〖*à*〗

おこない [行い] (行動) action 女; (行為) acte 男

おこなう [行う] (する) faire; (実行・実践・実施する) effectuer

おこる [起こる] (発生する) arriver, se passer, (行われる) avoir lieu

おこる [怒る] se mettre en colère; (立腹) se fâcher

おさえる [押さえる] (手などで) tenir; (動かないようにしっかりと) maintenir

おさない [幼い] (小さい) petit(*e*); (子供っぽい) enfantin(*e*)

おさまる [収まる] (完全に中に入る) entrer [rentrer] 〖*dans*〗; tenir 〖*en, dans*〗

おさまる [治まる] être arrangé(*e*); (鎮まる) se calmer

おさめる [治める] (統治) gouverner; (鎮静) calmer; (君臨) régner

おさめる [納める] (金銭を) payer; (納品) fournir … 〖*à*〗

おさめる [収める] (入れる) mettre … dans

おじ [伯父・叔父] oncle 男

おしあげる [押し上げる] pousser vers le haut; (持ち上げる) soulever

おしい [惜しい] (残念な) regrettable; (貴重な) précieux(*se*)

おじいさん [お爺さん] (祖父) grand-père 男 (複 〜*s*-〜*s*); (老人) vieillard 男

おしえる

[教える]
❶ (教授する) enseigner [apprendre] … 〖*à*〗
❷ (示す) indiquer … 〖*à*〗
❸ (伝える) faire connaître, mettre au courant

おじぎ [お辞儀] inclination 女; (挨拶) salut 男

おしっこ ●〜する faire pipi

おしむ [惜しむ] (出し惜しむ) épargner; (残念に思う) regretter

おしゃべり [お喋り] 《時に無駄話の意味で》 bavardage 男; (人) bavard(*e*) 名

おしゃれ ●〜な coquet(*te*); (粋な) chic

おじょうさん [お嬢さん] demoiselle 女, jeune fille 女

おす [押す] (力を加える) pousser; presser; appuyer 〖*sur*〗

おす [雄] mâle 男 ●〜の mâle

おせじ [お世辞] (迎合的な) flatterie 女; (社交上の) compliment 男

おせっかい [お節介] (人) touche-à-tout 名 《不変》
●〜を焼く se mêler des affaires des au-

tres

おそい [遅い] ❶ (時間が) tardif(ve) ❷ (速度が) lent(e)

おそう [襲う] (襲撃する) attaquer; (不意に) surprendre

おそらく [恐らく] probablement, sans doute

おそれ [恐れ] (恐怖) peur 女; (心配・懸念) crainte 女

おそれる [恐れる] avoir peur de... [que ...]; craindre... [que ...]

おそろしい [恐ろしい] (怖い) terrible; (嫌悪) horrible; (凶暴) farouche

おそわる [教わる] apprendre... [à 不定詞], étudier

おだやか [穏やか] ●～な (穏和・快い) doux(ce); (静かな) calme; (平穏) paisible

おちつく [落ち着く] (静まる・和らぐ) se calmer; (気持ちが) se remettre; (場所に) s'installer

おちる [落ちる] (落下する) tomber; (低下する) baisser; (試験に) échouer 〘à〙

おっと [夫] mari 男, époux 男

おと [音] son 男; bruit 男

おとうさん [お父さん] père 男, papa 男

おとうと [弟] petit [jeune] frère 男; frère cadet 男

おとこ [男] homme 男 ●～の子 garçon

おどけた bouffon(ne)

おとしもの [落とし物] un objet perdu [trouvé]

おとす [落とす] (落下させる) faire tomber; laisser tomber; (低下) baisser; (遺失) perdre

おどす [脅す] menacer; (威圧) intimider

おととい [一昨日] avant-hier ●～の朝 avant-hier matin

おととし [一昨年に] il y a deux ans

おとな [大人] grande personne 女, adulte 名

おとなしい [大人しい] (静か) tranquille, câlin(e); (行儀がよい) sage

おどり [踊り] danse 女

おとる [劣る] être inférieur(e) 〘à〙; le céder 〘à〙

おどる [踊る] danser

おとろえる [衰える] faiblir, s'affaiblir

おどろかす [驚かす] étonner; (不意に) surprendre

おどろく [驚く] (びっくりする) s'étonner, être étonné(e); être surpris(e) 〘*de*, *que*〙; (驚嘆する) s'émerveiller 〘*de*, *que*〙

おなか [お腹] ventre 男 ●～がすいた J'ai faim.

おなじ [同じ] (同一) le (*la*) même (複 *les mêmes*); (同等) égal(*ale*) 〘à〙 (男複 *-aux*)

おに [鬼] (おとぎ話の) ogre(*sse*) 名; (鬼ごっこの) chat 男

おにいさん [お兄さん] →兄

おのおの [各々] chacun(e) ●～の chaque

おば [伯母・叔母] tante 女

おばあさん [お婆さん] grand-mère 女 (複 ～*s*-～*s*); (老女) vieille femme 女

おはよう 会話 おはよう(ございます) Bonjour!

おび [帯] ceinture 女, obi 女

おびえる [脅える・怯える] s'effrayer, être effrayé(e) 〘*de*〙; (怖がる) s'apeurer, être apeuré(*e*)

おぼえる [覚える]
❶ (記憶する) se souvenir 〘*de*〙
❷ (暗記する) apprendre par cœur
❸ (感じる) sentir

おぼれる [溺れる] se noyer

おまえ [お前] toi; (夫婦間で) mon amour; (子供に) mon petit, ma petite

おまわりさん [お巡りさん] agent 男; 《話》 flic 男 ●～! Police!

オムレツ omelette 女

おめでとう
会話 ご結婚～ Félicitations pour votre mariage.
会話 誕生日～ Bon anniversaire! | Joyeux anniversaire! | Heureux anniversaire!

おもい [重い] ❶ (重量・程度が) lourd(e) ❷ (病気が) grave

おもいがけない [思い掛けない] inattendu(e), imprévu(e)

おもいだす [思い出す] se rappeler A [不定詞, que 直説法]; se souvenir de A [(de) 不定詞, que 直説法]

おもいつく [思いつく] ●いい考えを思いついた Il m'est venu [J'ai trouvé] une bonne idée. | J'ai une idée!

おもいで [思い出] souvenir 男

おもいどおり [思い通り] ●～に à souhait; (勝手に) à sa guise

おもいやり [思いやり] (同情) compression

女; (親切) prévenance 女

おもう [思う] (思考) penser 〚*à, de, que*〛, croire 不定詞, croire que; (判断) juger

おもかげ [面影] image 女

おもしろい [面白い] intéressant(*e*); amusant(*e*)

おもちゃ [玩具] jouet 男

おもて [表] (表面・貨幣の表) face 女; côté face 男; (紙・布の表) endroit 男; (紙・印刷物の表ページ) recto 男

おもな [主な] principa*l*(*ale*) (男複 *-aux*); (重要な) important(*e*)

おもに [主に] principalement

おや [親] parents 男 複

おやすみ [お休み] (休暇) congé 男 ●〜(なさい) (あいさつ) Bonne nuit!

おやゆび [親指] (手・足の) pouce 男; (足の) gros orteil 男

およぐ [泳ぐ] nager; (水浴する) se baigner

オリーブ (実) olive 女; (木) olivier 男
 ►**オリーブ油** huile d'olive 女

おりる [下りる] (高所から) descendre

おりる [降りる] (乗り物から) descendre 〚*de*〛; (霜・露などが) tomber

オリンピック Jeux Olympiques 男 複

おる [折る] casser; (折りたたむ) plier

おれる [折れる] se casser; (曲がる) tourner

オレンジ (実) orange 女; (木) oranger 男

おろす [下ろす・降ろす]
 ❶ (高所から下ろす) descendre
 ❷ (取りのける) retirer
 ❸ (下げる) baisser; (下に置く) déposer

おわり [終わり] fin 女; (終末) bout 男

おわる [終わる] finir; se terminer

おん [恩] obligation 女, dette (de reconnaissance) 女

おんがく [音楽] musique 女 ●〜の musica*l*(*ale*) (男複 *-aux*)
 ►**音楽家** musicien(*ne*) 名 **音楽会** concert 男; (独奏会) récital 男

おんしつ [温室] serre (chaude) 女
 ►**温室効果** effet de serre 男

おんせん [温泉] eaux thermales 女 複, source thermale 女, sources chaudes 女 複

おんだん [温暖] ●温暖な doux(*ce*), tempéré(*e*)

おんど [温度] température 女
 ►**温度計** thermomètre 男

おんな [女] femme 女 ●〜の子 fille 女

オンライン ●〜の en ligne

おんわ [穏和な] (気候が) doux(*ce*); (性格が) gentil(*le*)

か行

か [課] (学課) leçon 女; (会社の) section 女, service 男

カ [蚊] moustique 男

カーテン rideau 男 ●〜を開ける[閉める] ouvrir [fermer] les rideaux

カード carte 女

カーブ (曲線) courbe 女; (道路の) tournant 男, virage 男

かい [会] ❶ (集会) réunion 女
 ●〜を開く[催す] faire un réunion
 ❷ (大会) assemblée 女
 ❸ (音楽などの) séance 女
 ❹ (団体) société 女, association 女

かい [階] étage 男 →数え方は日本とはひとつずれる
 ●1階 rez-de-chaussée 男
 ●2階 premier étage 男
 ●1階建ての家 maison de plain-pied 女
 ●2階建ての家 maison à un étage 女

かい [貝] coquillage 男

かい [回] (回数) fois 女; (競技の) manche 女

がい [害] mal 男 (複 *maux*) dommage 男
 ●害する nuire; faire du mal 〚*à*〛

かいが [絵画] peinture 女; (個々の) tableau 男

かいかい [開会] ouverture 女
 ►**開会式** cérémonie d'ouverture 女

かいがい [海外の] d'outre-mer; étranger(*ère*) ●〜で à l'étranger ●〜からの de l'étranger
 ►**海外旅行** voyage à l'étranger 男

かいかく [改革] réforme 女, rénovation 女 ●〜する réformer; rénover

かいがん [海岸] rivage 男; (岸) côte 女; (浜) plage 女

かいき [会期] session 女

かいぎ [会議]
 ❶ (集会) réunion 女; (定期的) assemblée 女 ●〜を開く faire une réunion
 ❷ (学術・外交の) congrès 男
 ❸ (評議会) conseil 男, conférence 女

かいきゅう [階級] classe 女; (位) rang 男, grade 男; (スポーツ) catégorie 女
かいきょう [海峡] détroit 男
かいぎょう [開業] ouverture 女 ●〜する ouvrir ►**開業医** médecin libéral 男
かいぐん [海軍] armée de mer 女; forces navales 女 複
かいけい [会計] compte 男, comptabilité 女; (勘定) addition 女 会話 〜をお願いします L'addition, s'il vous plaît.
かいけつ [解決] solution 女, résolution 女 ●〜する résoudre; arranger; régler
かいこ [解雇] licenciement 男, renvoi 男 ●〜する licencier; renvoyer
かいご [介護] soins 男 複 ●〜する soigner
かいごう [会合] réunion 女, assemblée 女
がいこう [外交] diplomatie 女 ●〜(上)の diplomatique
►**外交官** diplomate 男 →女性は femme diplomate

がいこく
[外国] (pays) étranger 男
●〜の étranger(ère)
●〜へ行く aller à l'étranger
►**外国語** langue étrangère 女 **外国人** étranger(ère) 名

かいさい [開催する] (会を) se tenir; (催す) donner; (開会) ouvrir ●〜される se tenir
かいさつぐち [改札口] (guichet d') accès aux quais 男
かいさん [解散] ●〜する se séparer ●議会の〜 dissolution de l'Assemblée nationale 女
がいさん [概算] approximation 女 ●〜する calculer approximativement
かいし [開始] commencement 男, début 男, ouverture 女 ●〜する commencer; se mettre 〚à〛; ouvrir
がいし [外資] capital étranger 男
がいして [概して] (一般に) en général, généralement; (通常) ordinairement

かいしゃ
[会社] entreprise 女; société 女; (大企業) firme 女; compagnie 女
●〜に勤める travailler dans une entreprise
►**会社員** employé(e) 名

かいしゃく [解釈] interprétation 女 ●〜する interpréter
がいしゅつ [外出] sortie 女
●〜する sortir
●〜中である ne pas être là
かいじょう [会場] (ホール) salle 女; (会合場所) lieu de réunion 男
がいじん [外人] étranger(ère) 名
かいすい [海水] eau de mer 女
►**海水着** maillot (de bain) 男 **海水浴** bain de mer 男
かいすう [回数] nombre de fois 男; (頻度) fréquence 女
►**回数券** carnet (de tickets) 男
かいせつ [解説] (注釈) commentaire 男; (説明) explication 女 ●〜する commenter; expliquer
►**解説者** commentateur(trice) 名
かいぜん [改善] amélioration 女 ●〜する améliorer; perfectionner
がいせんもん [凱旋門] arc de triomphe 男
かいそう [回想] mémoire 女, souvenir 男
●〜する se souvenir 〚*de, que*〛
かいそう [海草・海藻] plante [herbe] marine 女; algues (marines) 女 複
かいぞう [改造] transformation 女 (手直し) remaniement 男 ●〜する transformer
かいたく [開拓] (開墾) défrichement 男; (開発) exploitation 女 ●〜する défricher; exploiter
►**開拓者** défricheur(se) 名, exploitant(e) 名, pionnier 男
かいだん [会談] conférence 女, entretien 男 ●〜する (話し合う) conférer 〚*avec*〛; (会見) avoir une entrevue 〚*avec*〛
かいだん [階段] escalier 男; (玄関の) perron 男 ●〜を上る monter l'escalier [les marches] ●〜を降りる descendre l'escalier [les marches]
がいちゅう [害虫] insecte nuisible 男
かいてい [海底] fond de la mer 男 les fonds marins 男 複 ●〜の sous-marin(e)
かいてい [改訂] révision 女 ●〜する réviser
かいてき [快適な] agréable; confortable
●〜さ confort 男
ガイド (人) guide 名; (行為) guide 男
►**ガイドブック** guide (touristique) 男
かいとう [解答] réponse 女, solution 女
かいにゅう [介入] intervention 女
●〜する intervenir 〚*dans*〛; s'immiscer 〚*dans*〛; s'ingérer 〚*dans*〛
がいねん [概念] notion 女, conception 女
かいはつ [開発] exploitation 女; développement 男 ●〜する exploiter; (製品を) mettre au point

►開発途上国 pays en voie de développement 男

かいひ [会費] cotisation 女

かいひ [回避] ●〜する (避ける) éviter; (免れる・逃れる) échapper 〚à〛

かいふく [回復] rétablissement 男; (病気の) guérison 女 ●〜する se rétablir; (病気から) guérir

かいほう [介抱] soin 男

かいほう [解放] libération 女; émancipation 女; affranchissement 男

かいほう [開放] ●〜する ouvrir; laisser ouvert(*e*) ●〜的な ouvert(*e*)

かいぼう [解剖] ❶ dissection 女 ❷ (検死のための) autopsie 女 ●〜する disséquer; autopsier

かいまく [開幕] ●〜する lever le rideau; commencer

がいむ [外務] ►**外務省** ministère des Affaires étrangères 男

かいめい [解明] élucidation 女, éclaircissement 男 女 ●〜する élucider

かいもの [買い物] achat 男, courses 女 複 ●〜をする faire des achats; faire des [les] courses

かいやく [解約] annulation 女 ●〜する annuler; résilier; invalider

かいよう [海洋] océan 男, mer 女

かいらく [快楽] plaisir 男, volupté 女

かいりょう [改良] amélioration 女 ●〜する améliorer; perfectionner; rénover

かいわ [会話] conversation 女; (対話) dialogue 男 ●〜する faire la [avoir une] conversation avec ...

かう

[買う] acheter

●バゲットを買った J'ai acheté une baguette.

●このセーターいいな, これを買います Ce pull me plaît, je le prends.

かう [飼う] (飼っている) avoir; (飼育する) élever

カウンセラー conseill*er*(*ère*) 名

カウンセリング conseil 男

カウンター (銀行などの) caisse 女; (窓口) guichet 男; (カフェ・バーの) comptoir 男; (計器) compteur 男

かえす [返す] rendre A (à B) rapporter A (à B) (返金する) rembourser; (元の場所へ) remettre A (à B) (返還する) restituer A (à B)

かえって au contraire; (むしろ) plutôt

カエル [蛙] grenouille 女

かえる

[帰る] rentrer 〚à〛; revenir 〚à〛; retourner 〚à〛

●家に〜 rentrer chez soi

「戻る」「帰る」

revenir は話者がいる場所に戻ること: Elle est revenue à Tokyo. 彼女は東京に帰ってきた(話者は東京にいる).

retourner は元にいた場所に戻ること. その場所に話者はいない: Elle est retournée à Tokyo. 彼女は東京に帰った(話者は東京にいない).

rentrer は自宅や会社など生活や活動の本拠地に戻ること. 話者がいる場所はどこでもよい: Elle est rentrée à la maison. 彼女は家に戻った.

かえる [変える] changer A (en B); transformer A (en B); (変更する) changer A de B; changer de A; modifier A

●予定を〜 changer ses projets

●顔色を〜 changer de visage

かえる [代える・換える]

❶ (両替) changer A en B

❷ (交換) changer A contre [pour] B; échanger A contre B; remplacer A par B; substituer A à B

かお

[顔] ❶ (顔面) visage 男; 《話》 figure 女 →p.555の図

❷ (顔つき) visage 男, (表情) tête 女

●変な〜をする faire une drôle de tête

❸ (顔色) mine 女

●〜色がいい[悪い] avoir bonne [mauvaise] mine

●〜が広い avoir beaucoup de relations

がか [画家] peintre 男 →女性にも男性形を用いるが femme peintre ともいう

かかえる [抱える] tenir [porter]... dans *ses* bras ●4人の子供を抱えている avoir quatre enfants à nourrir

かかく [価格] prix 男

►**価格表** liste des prix 女

かがく [科学] science 女 ●〜の scientifique

►**科学技術** technique 女 **科学者** scientifique 名

かがく [化学] chimie 女

かがみ [鏡] glace 女, miroir 男 ●〜を見る se regarder dans une glace

かがむ [屈む] se courber, se baisser

かがやかしい [輝かしい] brillant(e), écla-

tant(*e*)
かがやく [輝く] briller, luire; reluire
かかり [係] (部署) service 男; (担当者) préposé(*e*) 名; (職員) employé(*e*) 名
かかる [掛かる・架かる] (時間が) prendre, Il faut; (費用が) coûter, Il faut
-にもかかわらず malgré, en dépit de, bien que 接続法
●それにも～ cependant; malgré cela
かかわる [係わる・関わる] ❶(関係する) concerner, regarder, avoir rapport 〚à〛 ❷(影響する) affecter
●それは生死に～問題だ C'est une question de vie ou de mort.
かき [柿] (実) kaki 男, plaquemine 男; (木) kaki 男, plaqueminier 男
カキ [牡蠣] huître 女
かき [下記] ●～の[に] mentionné(*e*) [indiqué(*e*)] ci-dessous; infra
かき [夏期・夏季] été 男
かぎ [鍵] ❶ clé, clef 女 ❷(錠) serrure 女
●ドアに～をかける fermer la porte à clé
かきいれる [書き入れる] inscrire, remplir
かきうつす [書き写す] copier, transcrire
かきとめ [書留] recommandé 男 ●Aを～で送る envoyer A en recommandé
かきね [垣根] (生け垣) † haie (vive) 女; (柵) clôture 女
かきまぜる [掻き混ぜる] ❶(かき回す) tourner, (泡立てる) fouetter, (卵を) battre ❷(混ぜ合わせる) mélanger, mêler
かきまわす [かき回す] remuer
かきみだす [かき乱す] ébranler, troubler
かぎる [限る] (制限) limiter A (à B) ●限られた limité(*e*); restreint(*e*)

かく

[書く] ❶(文字・文章を) écrire
●手紙を～ écrire une lettre
❷(詩・曲を) composer
❸(記事・原稿を) rédiger
かく [描く] (絵を絵の具で) peindre; (絵・図形を線で) dessiner
かく [核] noyau 男 ●～の nucléaire
► 核家族 noyau familial 男
かぐ [嗅ぐ] sentir
かぐ [家具] meuble 男 ●～つきの meublé(*e*) →p.556の図
かくう [架空の] (想像上の) imaginaire; (作り事の) fictif(*ve*); (虚偽の) faux(*sse*)
かくえき [各駅] ► 各駅停車 (train) omnibus
かくげん [格言] maxime 女
かくご [覚悟] ❶(決心) résolution 女 ❷(あきらめ) résignation 女
●～する (心構えをする) se préparer 〚à〛; (あきらめる) se résigner 〚à〛
かくじつ [確実な] certain(*e*); sûr(*e*); assuré(*e*); positif(*ve*)
●～に (間違いなく) certainement, sans faute
がくしゃ [学者] savant 男 →女性にも用いられる; intellectuel(*le*) 名

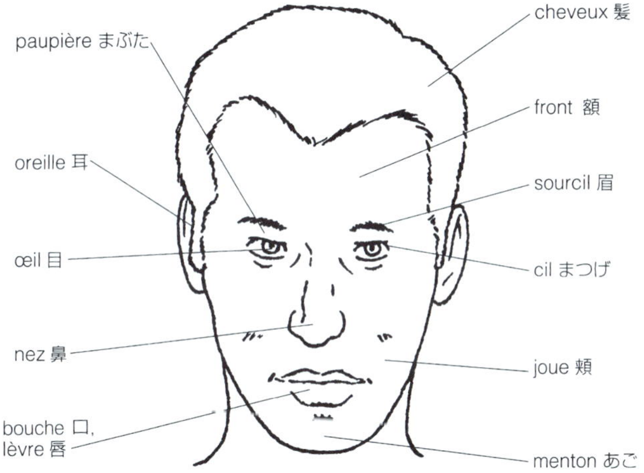

顔

がくしゅう［学習］ étude [女], trav*ail* [男] (複 *-aux*) ●～する étudier; apprendre
かくしん［確信］ conviction [女], certitude [女], assurance [女]
かくす［隠す］ cacher, dissimuler; couvrir, voiler ●隠された caché(*e*), dissimulé(*e*), secre*t*(*ète*)
がくせい［学生］ étudiant(*e*) [名]; (生徒) élève [名]
かくだい［拡大］ ●～する agrandir; étendre; (映像を) grossir
►拡大鏡 loupe [女]
カクテル cocktail [男]
かくど［角度］ angle [男]
かくとく［獲得］ ●～する acquérir, obtenir, gagner; (勝利を) remporter
かくにん［確認］ confirmation [女]; vérification [女]; constatation [女]
●～する confirmer; vérifier; constater
がくねん［学年］ année scolaire [女]
がくふ［楽譜］ musique [女] →p.557の図
かくめい［革命］ révolution [女] ●～の[的な] révolutionnaire
►フランス革命 la Révolution (française) [女]
がくもん［学問］ science [女] ●～的な scientifique; académique
がくれき［学歴］ carrière scolaire [女]
かくれる［隠れる］ disparaître, se cacher
かけ［賭け］ pari [男], jeu [男]
●～をする parier, jouer
かげ［影, 陰］ ombre [女]; silhouette [女] ●の～に[で] derrière, sous, dans l'ombre de
がけ［崖］ escarpement [男]; précipice [男]; (海岸の) falaise [女]
かけあし［駆け足］ ●～で en courant; (手短に) brièvement
かけつ［可決］ ●～する adopter

かける［掛ける・架ける］

❶(吊す) pendre, accrocher
❷(時間を) mettre
❸(費す) dépenser; consacrer
❹(数字を掛ける) multiplier ... 〘*par*〙
●水を～ verser de l'eau (sur A)

かける［欠ける］ (破損する) s'ébrécher; (不足する) manquer 〘*de*〙 ●月が～ La lune est dans son décroît.
かげん［加減］ ●～する régler, ajuster
●いい～な人 négligent(*e*) [名]
かこ［過去］ (temps) passé [男] ●～の passé(*e*); d'autrefois
かご［篭］ panier [男]; (鳥などの) cage [女]
かこい［囲い］ clôture [女], enclos [男]
かこう［加工］ ●～する façonner; transformer

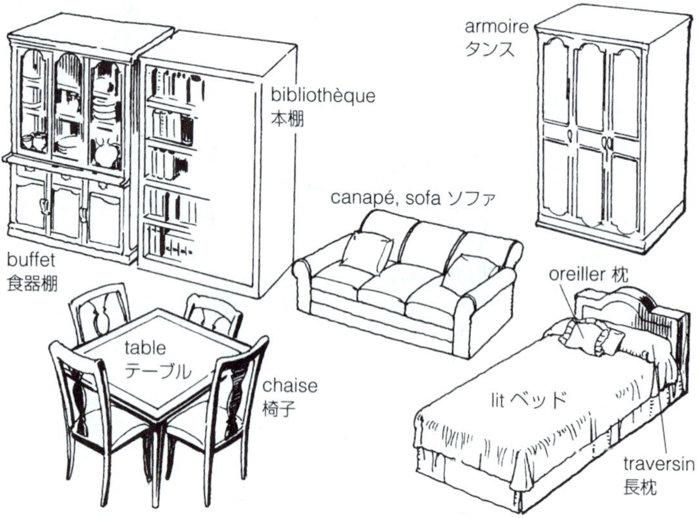

家具

かこむ［囲む］（取り巻く）entourer;（柵などで）clôturer, enclore;（縁を）encadrer
かさ［傘］parapluie 男
かさなる［重なる］se superposer; s'entasser;（かち合う）tomber
かさねる［重ねる］superposer〘*à*〙; entasser
●重ねて encore une fois
かざり［飾り］ornement 男, décoration 女
かざる［飾る］orner, décorer, parer;（陳列）étaler, exposer
かざん［火山］volcan 男

かし ［菓子］gâteau 男 複

菓子, ケーキ

pâtisserie 小麦粉を主成分とする生地をオーブンで焼いて作った菓子の総称, タルト, ケーキ, ビスケット, クッキーなど.
gâteau おもにケーキのことであるが, 保存性が高いビスケットやクッキーなどの焼き菓子も指す. pâtisserie の中に含まれる.
cake 干しぶどうや砂糖漬け果物が入ったパウンドケーキのこと.
confiserie または **friandise** 砂糖菓子の総称でキャンディー, ドロップ, ボンボンなどを含む.

かじ［火事］incendie 男, feu 男
かしこい［賢い］intelligent(*e*); sage
カジノ casino 男
かしゅ［歌手］chanteur(*se*) 名
かじゅ［果樹］arbre fruitier 男
► 果樹園 verger 男
カジュアル ► カジュアルウェア tenue de détente 女
かじょう［過剰］●～な excédentaire; surabondant(*e*)
かじる［齧る］（かむ）ronger; mordre〘*à*, *dans*〙;（少し知る）connaître un peu〘*de*〙
かす［貸す］❶（物・金を）prêter〘*à*〙
❷（賃貸）louer〘*à*〙
会話 お金を貸してくれないか Tu ne peux pas me prêter de l'argent?
かず［数］nombre 男;（数字）chiffre 男
●～に入れる mettre A au nombre de B
ガス gaz 男
●～をつける［消す］allumer［éteindre］le gaz
かすかな［幽かな・微かな］faible; léger(*ère*); vague
かぜ［風］vent 男
●～が吹いている Il y a du vent.
●～を通す aérer
●～通しのよい (bien) aéré(*e*)
かぜ［風邪］rhume 男, coup de froid 男;（インフルエンザ）grippe 女
●～をひく attraper un rhume
かせい［火星］Mars 男
かせき［化石］fossile 男
かせぐ［稼ぐ］gagner ●時間を～ gagner du temps
がぞう［画像］image 女

かぞえる ［数える］compter, faire le compte〘*de*〙

か

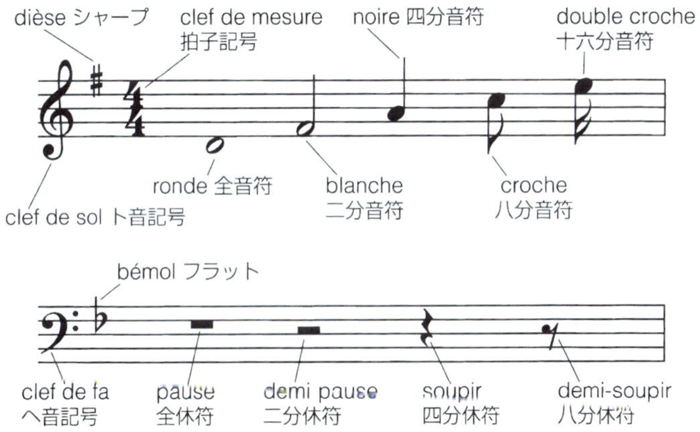

楽譜

か

かぞく ［家族］ famille 女 ●6人～です Dans ma famille nous sommes six.
ガソリン essence 女; (軽油) gazole 男 ●～を入れる prendre de l'essence
►**ガソリンスタンド** station service 女 ●いちばん近いガソリンスタンドはどこですか Où se trouve la station service la plus proche?
かた ［肩］ épaule 女
かた ［型］ moule 男; modèle 男, type 男 ●～にはまった conventionnel(*le*), stéréotypé(*e*)
かたい ［固い・堅い・硬い］ dur(*e*), ferme; (堅実な) solide, sûr(*e*); sérieux (*se*)
かたおもい ［片思い］ amour malheureux [non partagé] 男
かたがき ［肩書き］ titre 男
かたち ［形］ forme 女
かたづける ［片付ける］ ranger; mettre en ordre; (解決する) régler
かたな ［刀］ sabre 男
かたほう ［片方］ l'un(*e*) 名
かたまり ［塊・固まり］ bloc 男; masse 女
かたまる ［固まる］ (se) durcir; prendre, se figer; (凝固する) se solidifier ●決心が固まった Ma résolution s'est affermie.
かたむく ［傾く］ (斜めになる) pencher, s'incliner; (傾いている) être penché(*e*)
かたむける ［傾ける］ (斜めにする) pencher, incliner ●耳を～ prêter l'oreille
かたる ［語る］ dire, parler de, raconter
かち ［価値］ valeur 女, prix 男 ●～がある valoir
かちく ［家畜］《集合的》bétail 男
かちょう ［課長］ chef de bureau 男
かつ ［勝つ］ gagner, triompher 〖*à*〗; (相手に) l'emporter 〖*sur*〗, vaincre
がっか ［学科］ (科目) matière (d'étude) 女; (大学の) section 女
がっかりする (失望する) être déçu(*e*) 〖*de, que*〗; être désappointé(*e*) 〖*de*〗; être découragé(*e*)
かっき ［活気のある］ vif(*ve*); actif(*ve*); animé(*e*); vivant(*e*) ●～づく s'animer
がっき ［楽器］ instrument (de musique) 男
がっき ［学期］ (3学期制の) trimestre 男; (2学期制の) semestre 男
かつぐ ［担ぐ］ porter; (だます) faire marcher
かっこう ［格好］ (形) forme 女; (外見) apparence 女 ●～いい《話》cool《不変》

がっこう ［学校］ ❶(学校) école 女 ❷(授業) classe 女 ●～に通う aller à l'école ●～に入る entrer dans une école

かって ［勝手］ ●～な égoïste; arbitraire ●～に à sa guise; à son gré; (許可なく) sans permission
カット (削除・切断) coupure 女; (髪の) coupe 女 ●～する (削除する) supprimer; (削除・切除する) couper
かつどう ［活動］ activité 女; (行動) action 女 ●～的な actif(*ve*); énergique
かっぱつ ［活発な］ vif(*ve*); vivant(*e*); actif(*ve*); animé(*e*); énergique
かてい ［家庭］ famille 女; foyer 男 ●～を持つ fonder une famille
かてい ［過程］ processus 男
かてい ［仮定］ hypothèse 女, supposition 女 ●～する supposer [que 接続法]
かど ［角］ coude 男, coin 男, angle 男 ●～を左に曲がる tourner à gauche au coin de la rue
かなしい ［悲しい］ triste, affligé(*e*) ●～ことに c'est triste à dire; malheureusement
かなしみ ［悲しみ］ tristesse 女, chagrin 男

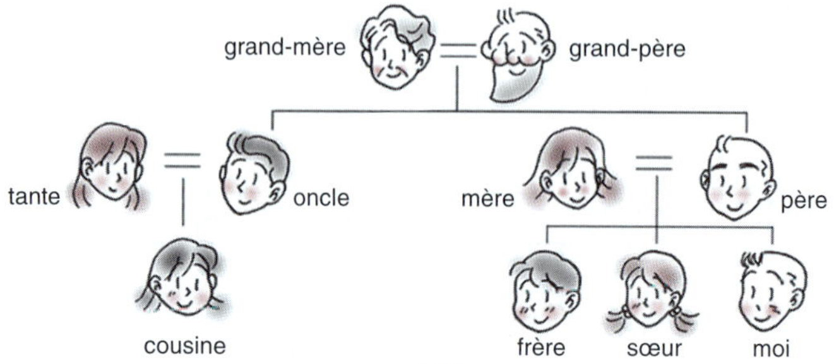

家族

かなしむ [悲しむ] éprouver de la tristesse, être triste 〚*de; que*〛
かなづち [金槌] marteau 男
かならず [必ず] sûrement, certainement, à coup sûr; nécessairement; sans faute ●〜しも…(で)ない pas nécessairement; pas toujours
かなり assez passablement; plutôt pas mal; sensiblement ●〜の assez de, pas mal de; sensible, considérable
カニ [蟹] crabe 男 ►蟹座 le Cancer
かにゅう [加入] adhésion 女 ●〜する adhérer 〚*à*〛; entrer 〚*dans*〛

かね
[金] argent 男; 《話》 fric 男; (小銭, 通貨) monnaie 女
●〜を儲ける gagner de l'argent
かね [鐘] cloche 女, carillon 男 ●〜が鳴る La cloche sonne.
かねもち [金持ち] riche 名
●〜持ちの riche; fortuné(e); opulent(e)
かのう [可能な] possible ●〜ならば si possible
かのじょ [彼女] (代名詞) elle; (恋人・愛人) (petite) amie 女, copine 女
カバー couverture 女; (衣服などの) †housse 女; (自動車などの) bâche 女
かばう [庇う] protéger, abriter; (庇護する) prendre sous sa protection
かばん [鞄] sac 男, (ブリーフケース) serviette 女
かび [黴] moisi 男, moisissure 女
かびん [花瓶] vase (à fleurs) 男
かぶ [株] ❶ (植物の) souche 女, pied 男 ❷ (株式) action 女, (株券) titre 男
カフェ café 男
►カフェオレ café au lait
かぶき [歌舞伎] kabuki 男
かぶせる [被せる] (上に置く) mettre 〚*sur*〛; (覆う) couvrir 〚*de, avec*〛
かぶる [被る] (身に付ける) mettre; (帽子を) se couvrir 〚*de*〛 (かぶっている) porter; (覆われる) être couvert(e) 〚*de*〛
かふん [花粉] pollen 男
►花粉症 pollinose 女, allergie au pollen 女, rhume des foins 男
かべ [壁] (建物の) mur 男
かへい [貨幣] monnaie 女
かま [釜] marmite 女; (オーブン) four 男
かまう [構う]
❶ (気遣う) se soucier de regarder 〚*à*〛
❷ (干渉する) se mêler 〚*de*〛
❸ (世話をする) prendre soin 〚*de*〛, s'occuper 〚*de*〛
会話 どうぞお構いなく Ne vous dérangez pas.
会話 どちらでも構わない Cela m'est égal.
がまん [我慢] patience 女, endurance 女; tolérance 女 ●〜する supporter A [de A, que] ●〜強い patient(e); endurant(e)
会話 もう〜できない Je n'y tiens plus.

かみ
[紙] papier 男
●〜1枚 une feuille de papier
►紙袋 sac en papier 男

かみ
[髪] cheveu 男; (頭髪全体) cheveux 男 複; chevelure 女 ●〜をとく se peigner les cheveux
►髪型 coiffure 女

queue de cheval ポニーテール

chignon シニョン

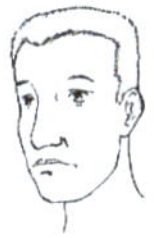
cheveux en brosse スポーツ刈り

couettes 束ね髪

nattes おさげ

perruques XVIIIe siècle 18世紀のかつら

髪型

かみ [神] dieu 男
●～の divin(*e*)
●～に祈る prier Dieu
かみそり [剃刀] rasoir 男 ►**電気かみそり** rasoir électrique 男
かみなり [雷] foudre 女; (雷鳴) tonnerre 男 ●～が鳴る Le tonnerre gronde. | 会話 Il y a du tonnerre.
かむ [噛む] (かみつく) mordre; (食べ物を) mâcher; (かじる) mordiller
かめ [亀] tortue 女
かめい [加盟] ●～する s'affilier 〚*à*〛; adhérer 〚*à*〛
かめい [仮名] pseudonyme 男
カメラ appareil (photo) 男; (映画・テレビの) caméra 女
►**カメラマン** (写真家) photographe 名; (映画・テレビの) cadreur(*se*) 名, camera*man* 男 (複 *-men*)
かもく [課目・科目] matière 女
かもつ [貨物] marchandises 女 複; fret 男; cargaison 女
かやく [火薬] poudre 女
かゆい [痒い] démanger 〚*à*〛
●背中が～ Le dos me démange.
●…がしたくて歯がゆい《話》Ça me démange de 不定詞.
かよう [通う] (場所に) aller à; (しばしば訪れる) fréquenter ●学校に～ aller à l'école
かようび [火曜日] mardi 男
から [殻] coquille 女; carapace 女
-から ❶(起点) de, depuis
❷(通過) par
●窓～飛び降りる se jeter par la fenêtre
❸(から始めて) à partir de
●明日～ à partir de demain
カラー ❶(襟) col 男 ❷(色) couleur 女
►**カラーテレビ** télévision en couleurs 女
カラープリンター imprimante couleur 女
からい [辛い] (ぴりっとした) piquant(*e*); (薬味の利いた) relevé(*e*), pimenté(*e*); (塩辛い) salé(*e*)
からかう plaisanter 〚*sur*〛, taquiner; (あざける) railler, se moquer 〚*de*〛
からし [辛子・芥子] moutarde 女
カラス [烏] corbeau 男; (小型の) corneille 女
ガラス [硝子] verre 男 ●～の en [de] verre ●1枚のガラス une plaque [feuille] de verre
からだ [体] (身体) corps 男; (肉体) physique; (健康) santé 女
●～によい[悪い] bon(*ne*) [mauvais(*e*)] pour la santé
●～を大事にする se soigner

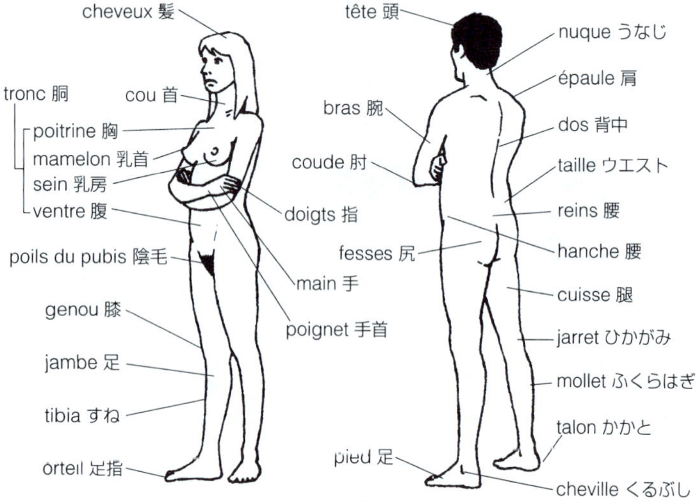

からだ

かり［仮の］（一時的な）provisoire, temporaire;（つかの間の）passag*er*(*ère*);（代理の）intérimaire
カリキュラム programme d'études 男
カリフラワー chou-fleur 男（複 ～*x*-～*s*）
かりる［借りる］（借用）emprunter〘*à*〙;（賃借）louer ●本を図書館から～ emprunter des livres à la bibliothèque
かる［刈る］couper, tondre; faucher

かるい ［軽い］
❶（軽量）lég*er*(*ère*)
❷（簡単）aisé(*e*), facile
●～食事 repas léger
●～足取りで d'un pas léger
●軽くする rendre lég*er*(*ère*);（軽減する）diminuer

カルシウム calcium 男
かれ［彼］（代名詞）il;（恋人）(petit) ami 男, copain 男
ガレージ garage 男
かれる［枯れる］se faner, se flétrir ●枯れた flétri(*e*)
カレンダー calendrier 男
がろう［画廊］galerie 女
かろうじて［辛うじて］à peine, péniblement, difficilement
かわ［川］rivière 女;（海に注ぐ大河）fleuve 男;（小川）ruisseau 男
かわ［皮］peau 女;（毛皮）fourrure 女;（樹皮・果実の厚い）écorce 女
かわ［革］cuir 男
がわ［側］côté 男, part 女

かわいい ［可愛い］
❶（愛らしい）mignon(*ne*) ❷（すてきな）gentil(*le*)《名詞の前で》 ❸（愛くるしい）adorable ❹（きれいな）joli(*e*)《名詞の前で》

かわいがる［可愛がる］aimer, chérir, cajoler
かわいそう［可哀想な］pauvre《名詞の前で》;（不幸な）malheureux(*se*);（哀れな）pitoyable;（悲しい）triste;（惨めな）misérable
かわかす［乾かす］sécher, dessécher
かわき［渇き］soif 女
かわく［渇く］（喉が）avoir soif
かわせ［為替］mandat 男, change 男
► **為替相場** cours (du change) 男 **為替レート** taux de change 男 **外国為替** mandat international 男 **郵便為替** mandat postal 男
かわり［代わり・替わり］remplacement 男;（人）remplaçant(*e*) 名;（代用品）substitut 男 ●…の～に au lieu de ...
●～をする remplacer
かわる［代わる］（代わりをする）remplacer, se substituer〘*à*〙;（交替する）relayer, prendre la place de;（後任）succéder〘*à*〙
●～がわる alternativement; tour à tour
かわる［変わる］（変化）changer;（姿・形が）se transformer〘*en*〙;（移行）tourner, passer〘*à*〙;（異なる）varier; différer
かん［缶］boîte 女
がん［癌］cancer 男 ●～にかかる être atteint(*e*) d'un cancer ●～で死ぬ mourir d'un cancer
がんかい［眼科医］ophtalmologiste 名 → 略 ophtalmo
かんがえ［考え］idée 女, pensée 女;（意見）idée, avis 男, opinion 女;（意図）intention 女;（考慮）considération 女
会話 それはいい～だ C'est une bonne idée.
●私の～では à mon avis; d'après moi
●～事をする réfléchir〘*sur, à*〙

かんがえる ［考える］
❶（思考）penser〘*à, de*〙
❷（熟考）réfléchir〘*sur, à*〙
❸（考慮）prendre en considération
●よく～ réfléchir bien

かんかく［感覚］sensation 女; sens 男; sensibilité 女
かんかく［間隔］intervalle 男;（空間）espace 男
かんきゃく［観客］specta*teur*(*trice*) 名;《集合的》public 男
► **観客席** salle de spectacle 女;（スタンド）gradins 男 複
かんきょう［環境］environnement 男, milieu 男 ●～に優しい éco-amic*al*(*ale*)（男複 -*aux*）
► **環境汚染** pollution de l'environnement 女
かんけい［関係］（関連）relation 女, rapport 男;（交際）relation 女;（結びつき）lien 男
かんげい［歓迎］(bon) accueil 男, bienvenue 女
●～する faire bon accueil〘*à*〙
► **歓迎会** réception (de bienvenue) 女
かんけつ［完結］●～する s'achever
かんけつな［簡潔な］concis(*e*); succinct(*e*); laconique; bref(*brève*)
かんご［看護］●～する soigner

か

► 看護師 infirmier(ère) 名

がんこ [頑固な] obstiné(e); opiniâtre; entêté(e); têtu(e)

かんこう [観光] tourisme 男
► 観光案内所 office du tourisme 男 観光客 touriste 名

き

かんさつ [観察] observation 女, examen attentif 男 ●～する observer; examiner attentivement

かんし [監視] surveillance 女, garde 女; (人) surveillant(e) 名

かんじ [感じ] sensation 女; impression 女; sentiment 男 ●～のよい sympathique; agréable; (魅力的な) charmant(e)

かんしゃ [感謝] gratitude 女 ●～する remercier A (de B); être reconnaissant(e) 〖à, de〗

かんじゃ [患者] patient(e) 名; client(e) 名

かんしょう [感傷] ●～的な sentimental(ale) (男複 -aux)

かんじょう [感情] sentiment 男; émotion 女 ●～を込めて avec émotion [sentiment] ●～的な émotionnel(le)

かんじょう [勘定] (計算) compte 男; (会計) addition 女 ●～を払う régler l'addition; payer la note

かんじる [感じる] sentir, éprouver

かんしん [関心] intérêt 男; (好奇心) curiosité 女 ●に～がある s'intéresser 〖à〗; prendre intérêt à

かんじん [肝心] ●～な important(e); capital(ale) (男複 -aux)

-にかんする [-に関する] sur; concernant
●私に～限り en ce qui me concerne

かんせい [完成] ●～させる achever; perfectionner
●完成する être achevé(e), s'achever
► 完成品 produit fini 男

かんぜい [関税] droit 男

かんせつ [関節] articulation 女

かんせつ [間接] ●～の indirect(e)

かんせん [感染] infection 女, contagion 女 ●～する attraper

かんぜん [完全] ●～な (完璧な) parfait(e); complet(ète)

かんそう [感想] impression 女

かんそう [乾燥] ●～した (空気など) sec(sèche); (土地・気候など) aride ●～する sécher

かんぞう [肝臓] foie 男

かんそく [観測] observation 女 ●～する observer 男
► 観測所 observatoire 男

かんだい [寛大] ●～な indulgent(e); tolérant(e); généreux(se)

かんたん [簡単な] (単純な) simple; (容易な) facile, aisé(e); (短い) bref(brève) ●～に simplement; facilement; brièvement
●～に言うと en bref; pour être bref

がんたん [元旦] jour de l'an 男

かんだんけい [寒暖計] thermomètre 男

かんちがい [勘違い] méprise 女; (混同) confusion 女; (誤解) malentendu 男 ●～する se méprendre sur ...; commettre une méprise; (AとBを混同する) faire une confusion entre A et B

かんづめ [缶詰] (食品) conserve 女; (容器) boîte de conserve 女

かんてい [鑑定] expertise 女

かんどう [感動] émotion 女; (感銘) impression 女 ●～する être ému(e) 〖de〗; ●～的な émouvant(e); touchant(e)

かんとく [監督] ❶ (管理) contrôle 男; (指導) direction 女; (映画・演劇の) mise en scène 女, réalisation 女
❷ (人) directeur(trice) 名, (監視する人) surveillant(e) 名; (映画監督) cinéaste 名; (スポーツの監督) entraîneur(se) 名
●～する (指揮) diriger; (監視) surveiller; (映画) mettre en scène

かんねん [観念] idée 女, notion 女; concept 男; (考え方) conception 女 ●～する se résigner

かんぱい [乾杯] toast 男; (音頭で) À votre santé!

がんばる [頑張る] (努力する) travailler dur; (辛抱する) tenir bon; (粘る) persister
会話 頑張れ! Courage!

かんばん [看板] enseigne 女, panonceau 男

かんびょう [看病] soins 男 複 ●～する soigner; s'occuper de

かんむり [冠] couronne 女

かんり [管理] contrôle 男; administration 女 ●～する contrôler; gérer, administrer
► 管理人 concierge 名

かんりょう [官僚] bureaucrate 名 ●～的な bureaucratique

かんりょう [完了] ●～する《人が主語》achever [de 不定詞]; 《物が主語》s'achever

き

[木・樹] arbre 男; (木材) bois 男 →p. 563の図 ●～を植える planter un arbre

●〜でできた en bois

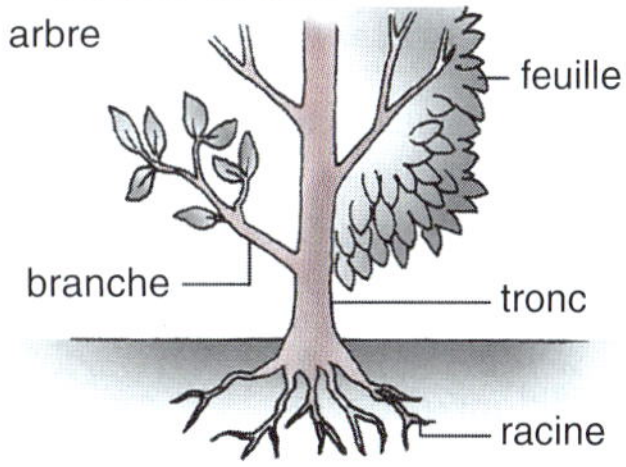

木

き [気] ❶ (気分) disposition 女 ❷ (意識・精神) conscience 女, énergie vitale 女 ❸ (気持ち) esprit 男 ❹ (意向) intention 女
●…に〜がつく remarquer 〘*que*〙, s'apercevoir 〘*de; que*〙
●〜に入る (人が主語) aimer; (物が主語) plaire 〘*à*〙
●〜にする se préoccuper 〘*de*〙, se soucier 〘*de*〙
●〜をつける faire attention à ... [(à ce) que 接続法]

きあつ [気圧] pression atmosphérique 女
► **気圧計** baromètre 男

キー ❶ (鍵) clé, clef 女 ❷ (ピアノ・タイプライターなどの) touche 女
► **キーボード** clavier 男 **キーワード** mot-clé 男

きいろ

[黄色] jaune 男
●〜い[の] jaune

ぎいん [議員] (国会の) parlementaire 名; (地方議会の) conseiller 男

きえる [消える] ❶ (火が) s'éteindre
❷ (姿が) disparaître, se perdre
❸ (汚れが) s'effacer
❹ (疑惑が) se dissiper

きおく [記憶] mémoire 女, souvenir 男
●〜している garder en mémoire
●〜する retenir; (暗記する) apprendre A par cœur
► **記憶力** mémoire 女

きおん [気温] température 女
► **最高[最低]気温** température maximale [minimale]

きかい [機会] occasion 女

きかい [機械] machine 女, appareil 男
●〜を動かす mettre une machine en marche
●〜的な machinal(*ale*) (男複 *-aux*)

きがい [危害] mal 男, atteinte 女 ●〜を加える faire du mal à ...

ぎかい [議会] parlement 男; (地方議会) conseil 男

きがえる [着替える] se changer; se rhabiller

きかく [企画] plan 男, planning 男, projet 男 ●〜を立てる dresser des plans

きかく [規格] normes 女 複

きがね [気兼ね] gêne 女 ●〜する se gêner

きがる [気軽] facilité 女, simplicité 女
●〜に sans cérémonies, sans façon, en toute simplicité

きかん [期間] (継続期間) durée 女; (時期) période 女; (猶予期間) délai 男

きかん [機関] (機械装置) machine 女; (政府などの) organe 男; (社会・教育の) établissement 男

きかん [器官] organe 男, appareil 男

きき [危機] crise 女, situation critique 女
●〜的な critique

ききめ [効き目・利き目] effet 男

きぎょう [企業] entreprise 女, industrie 女
► **大企業** grande entreprise

ぎきょく [戯曲] pièce (de théâtre) 女, drame 男

ききん [飢饉] famine 女, disette 女

きく

[聞く] ❶ (聞こえる) entendre
❷ (傾聴する) écouter
❸ (質問する) demander A (à B)
❹ (受諾する) obéir 〘*à*〙, accepter

きく [効く] (に) agir 〘*sur*〙; produire [faire] de l'effet

きぐ [器具] instrument 男, appareil 男; (道具) outil 男

きげき [喜劇] comédie 女; (笑劇) farce 女
●〜的な comique

きけん [危険] danger 男; péril 男; risque 男 ●〜な dangereux(*se*); périlleux(*se*)
► **危険信号** signal d'alarme 男

きけん [棄権] abstention 女; (競技での) abandon 男 ●〜する (投票で) s'abstenir; (競技で) abandonner

きげん [期限] terme 男; échéance 女; (提出期限) date limite 女 ●〜の切れた périmé(*e*)

きげん [機嫌] humeur 女, disposition 女
●〜がいい[悪い] être de bonne [mauvaise] humeur

きげん [起源] origine 女, source 女

きげん [紀元] après Jésus-Christ →略 A.D.; de notre ère ►**紀元前** avant

Jésus-Christ →略 av. J.-C.
きこう [気候] climat 男
きこう [機構] ❶(仕組み) mécanisme 男 ❷(組織・団体) organisation 女
きごう [記号] signe 男, marque 女
きこえる [聞こえる] 《人が主語》 entendre ...; 《物が主語》 s'entendre; (解釈される) sembler, paraître
会話 聞こえますか Vous m'entendez?
会話 あなたの声が聞こえません Je ne vous entends pas.
きこく [帰国] ●～する retourner [rentrer] dans son pays; regagner son pays
ぎこちない (不器用な) maladroit(*e*), gauche; (不自然な) contraint(*e*)
きこん [既婚の] marié(*e*)
きさく [気さく] ●～な ouvert(*e*), franc(*che*)
きざむ [刻む] (細かく切る) couper A en (petits) morceaux; (肉・野菜を) hacher; (心に) imprimer; (彫る) sculpter, graver
きし [岸] bord 男; (海岸) côte 女, plage 女; (海岸・湖岸) rivage 男; (川岸) rive 女
きじ [記事] article 男
ぎしき [儀式] cérémonie 女; (宗教的な) rites 男 複
きしゃ [記者] journaliste 名; (集合的) presse 女
きしゅくしゃ [寄宿舎] pension 女
ぎじゅつ [技術] (芸術・科学の) technique 女; (実践的な) art 男 ●～の technique
► 技術者 technicien(*ne*) 名; (エンジニア) ingénieur 男
きじゅん [基準] norme 女, standard 男 ●～となる servir de norme
きしょう [気象] phénomène atmosphérique 男; (天候) temps 男; (気候) climat 男
► 気象衛星 satellite météorologique 男 気象台 observatoire météorologique 男
キス baiser 男; (挨拶のキス) bise 女; 《話》 bisou 男 ●～をする embrasser
きず [傷・疵] blessure 女 ●～を負う se blesser
► 傷口 plaie 女
きすう [奇数] (nombre) impair 男
きずく [築く] bâtir, édifier ●富を～ amasser des richesses
きずつける [傷つける] blesser; offenser; endommager
きせい [規制] contrôle 男, régulation 女 ●～する contrôler; régler
きせい [既製の] tout(*e*) fait(*e*)
► 既製服 prêt-à-porter 男
ぎせい [犠牲] sacrifice 男 ●(…のために)～にする sacrifier 〘*à, pour*〙 ●～になる se sacrifier ●どんな～を払ってでも à tout prix; coûte que coûte
► 犠牲者 victime 女
きせき [奇跡] miracle 男
ぎせき [議席] siège 男
きせつ [季節] saison 女 ●～はずれの hors (de) saison
► 季節風 mousson 女
きせる [着せる] (服を) habiller A (de B); (罪・責任を) imputer A à B
きせん [汽船] (bateau à) vapeur 男
きそ [基礎] base 女, fondations 女 複; assises 女 複, fondement 男
●に～を置く baser 〘*sur*〙
●～的な fondamenta*l*(*ale*); élémentaire
► 基礎工事 fondations 女 複 基礎知識 connaissances de base 女 複
きそく [規則] (規定) règle 女; (法的) règlement 男 ●～的な régulie*r*(*ère*)
きぞく [貴族] noble 名, aristocrate 名
きた [北] nord 男
ギター guitare 女
きたい [期待] attente 女 ●～する espérer 不定詞 [que] attendre 〘*de*〙; (当てにする) compter 〘*sur*〙
きたい [気体] corps gazeux 男, gaz 男
きたえる [鍛える] (心身を) fortifier, entraîner; (金属を) forger, battre
きたく [帰宅] retour (chez *soi*) 男 ●～する rentrer chez *soi* [à la maison]
きだて [気立て] ●～のよい avoir bon cœur
きたない [汚い] sale; malpropre; (卑劣な) vilain(*e*) ●汚くする salir
きち [基地] base 女
きち [機知] esprit 男 ●～に富んだ spirituel(*le*)
きちょう [貴重な] précieux(*se*), de valeur; (はかり知れない) inestimable
► 貴重品 objet précieux [de valeur] 男
ぎちょう [議長] président(*e*) 名
きちんと (正確に) exactement; (規則的に) régulièrement
きつい (厳しい) dur(*e*); (厳格な) sévère; (窮屈な) serré(*e*)
きつえん [喫煙] ●～する fumer
► 喫煙者 fumeu*r*(*se*) 名 喫煙席 place fumeur 女
きづく [気付く] s'apercevoir 〘*de, que*〙; (目で見て) apercevoir

きっさてん [喫茶店] café 男
きって [切手] timbre 男
きっと (必ず) sûrement; (多分) sans doute; (間違いなく) sans faute
キツネ [狐] renard 男; (雌) renarde 女
きっぷ [切符] ticket 男; billet 男
► **切符売場** (駅の) guichet de la gare 男; (券売機) distributeur 男
きにゅう [記入する] inscrire; remplir; marquer
きぬ [絹] soie 女 ●～の de [en] soie
きねん [記念] commémoration 女; (思い出) souvenir 男 ●～すべき mémorable ●…を～して en souvenir de; en [à la] mémoire de
► **記念碑** monument (commémoratif) 男

きのう [昨日] hier
●～の朝 hier matin
●～の新聞 le journal d'hier

きのう [機能] fonction 女 ●～する fonctionner
キノコ [茸] champignon 男
きのどく [気の毒] ●～な (あわれな) pitoyable, misérable, pauvre 《名詞の前》; (不幸な) malheureux(*se*) ●人を～に思う plaindre ... 〚*de*〛; avoir pitié de
きばつ [奇抜] ●～な original(*ale*) (男複 -*aux*); singulier(*ère*); hardi(*e*)
きばらし [気晴らし] divertissement 男, distraction 女 ●～をする se divertir
きびしい [厳しい] ❶(人が) sévère ❷ dur(*e*), rude ●～冬 hiver rude ❸(厳密・厳格な) strict(*e*)
きふ [寄付] contribution 女, don 男 ●～する donner A comme [en] contribution; faire don de A à B
きぶん [気分] humeur 女, disposition 女
会話 ～はどうですか Comment vous sentez-vous?
●～がよい[悪い] se sentir bien [mal]
きぼう [希望] espoir 男; espérance 女 (望み) désir 男; (要求) demande 女 ●～する espérer 不定詞 [que]; souhaiter A [que]
きほん [基本] base 女, fondement 男; éléments 男 複 ●～的な fondamental(*ale*) (男複 -*aux*); de base; (初歩的な) élémentaire ► **基本料金** tarif de base 男
きまり [決まり] (規定) règle 女; (法的) règlement 男; (習慣) habitude 女
会話 それで話は～だ C'est décidé.
会話 お～になりましたでしょうか Vous avez déjà fait votre choix?
► **決まり文句** lieu commun 男, formules stéréotypées 女 複, cliché 男
きまる [決まる] se décider, être décidé(*e*); (日取り・価格などが) être fixé(*e*)
きみ [君] tu, toi ●ねえ, ～ (男性(女性)に) mon ami(*e*); (男性に) mon cher; (女性に) ma chère
きみょう [奇妙な] étrange, bizarre, singulier(*ère*)
ぎむ [義務] devoir 男; (責務) obligation 女 ●する～がある devoir 不定詞; être obligé(*e*) de 不定詞; se devoir de 不定詞
●～を果たす accomplir son devoir
●～づけられた obligatoire

きめる [決める]
❶(決断する) décider A [de A], se décider 〚*à, pour*〛, se déterminer 〚*à*〛, se résoudre 〚*à*〛, prendre la décision 〚*de*〛
❷(確定) déterminer, fixer
❸(合意) convenir 〚*de*〛

きもち [気持ち] (感情) sentiment 男, émotion 女, cœur 男; (意図) intention 女; (意見) avis 男, opinion 女; (気分) disposition 女, état d'âme 男 ●～のよい (心地よい) agréable; (感じのよい) sympathique
●～よく (心地よく) agréablement
きもの [着物] (衣服) vêtements 男 複, habits 男 複
ぎもん [疑問] (疑念) doute 男; (質問) question 女 ●～の余地はない Cela ne fait aucun doute.
きゃく [客] ❶(招待客) invité(*e*) 名, (訪問客) visiteur(*se*) 名; 《集合的》 visite 女
●～をもてなす recevoir [accueillir] les invités
❷(顧客) client(*e*) 名; 《集合的》 clientèle 女 ❸(乗客) voyageur(*se*) 名; passager(*ère*) 名 ❹(観客・聴衆) spectateur(*trice*) 名; (見物客) visiteur(*se*) 名
► **客室** (ホテルの) chambre (d'hôtel) 女; (飛行機・船の) cabine 女 **客室乗務員** hôtesse de l'air 女; steward 男; (男女の別のない一般的な名称として) PNC 男 → personnel navigant commercial の略
ぎゃく [逆] inverse 男, contraire 男, opposé 男; (正反対) contre-pied 男 ●～にする inverser; mettre A à l'envers
ぎゃくたい [虐待] mauvais traitements 男 複; sévices 男 複 ●～する maltraiter; exercer des sévices 〚*sur*〛

き

き

きゃくほん [脚本] pièce (de théâtre) 女; (映画・テレビの) scénario 男
► 脚本家 dramaturge 名, scénariste 名
きゃっかん [客観的な] objectif(*ve*)
キャッシュ (現金) espèces 女 複 ●～で支払う payer en espèces [liquide]
► キャッシュカード carte de paiement 女
キャプテン capitaine 男
キャベツ chou 男 (複 ～*x*)
キャンセル annulation 女
キャンディー bonbon 男
キャンパス campus 男, domaine universitaire 男
キャンプ camp 男, camping 男 ●～をする faire du camping; camper
キャンペーン campagne 女 ●選挙の～ campagne électorale 女
きゅう [急な] (突然) soudain(*e*), brusque; (緊急) urgent(*e*), pressant(*e*); (流れが) rapide; (傾斜が) raide
きゅうえん [救援] secours 男, sauvetage 男; (援助) aide 女
► 救援隊 équipe de sauvetage 女
きゅうか [休暇] vacances 女 複, congé 男 ●～をとる prendre un congé
きゅうかく [嗅覚] odorat 男, sens olfactif 男 ●～が鋭い avoir l'odorat fin
きゅうきゅう [救急の] de secours
► 救急車 ambulance 女
きゅうぎょう [休業] fermeture 女 ●～する fermer; (祝日などに) chômer
きゅうくつ [窮屈な] étroit(*e*), serré(*e*); (堅苦しい) strict(*e*)
きゅうけい [休憩] repos 男; pause 女 ●～する se reposer; prendre du repos
► 休憩室 salle de repos 女 休憩所 lieu de repos 男
きゅうこう [急行] ► 急行列車 (train) express 男 急行料金 supplément pour train express 男
きゅうじつ [休日] (祝祭日) jour férié 男, (仕事が休みの日) jour de congé 男
きゅうしゅう [吸収] absorption 女, assimilation 女 ●～する absorber; (自分のものにする) assimiler
きゅうじょ [救助] sauvetage 男, secours 男 ●～する sauver; secourir
きゅうそく [急速] ●～な rapide, brusque, prompt(*e*) ●～に rapidement
きゅうち [窮地] ●～に立たされる se retrouver dans l'embarras
きゅうでん [宮殿] palais 男
ぎゅうにく [牛肉] bœuf 男, viande de bœuf 女
ぎゅうにゅう [牛乳] lait (de vache) 男
きゅうゆ [給油] ●～する ravitailler en essence [carburant]
きゅうよう [休養] repos 男, délassement 男, détente 女
きゅうよう [急用] affaire urgente [pressante] 女
きゅうりょう [給料] salaire 男, paye 女
► 給料日 jour de paye 男
きよう [器用な] habile, adroit(*e*)

きょう [今日] aujourd'hui

●～の朝[午後, 夜] ce matin [cet après-midi, ce soir]
●～の新聞 journal d'aujourd'hui
●～から à partir d'aujourd'hui; dès aujourd'hui
ぎょう [行] (文章の) ligne 女
きょうい [驚異] merveille 女, prodige 男, miracle 男
きょういく [教育] éducation 女; (知的教育) instruction 女 ●～する instruire, enseigner; (しつける) éduquer; (養成する) former
きょうかい [協会] association 女, société 女
きょうかい [境界] limite 女, frontière 女
きょうかい [教会] église 女
ぎょうかい [業界] monde 男 milieux 男 複 ●モード～ monde de la mode
きょうかしょ [教科書] manuel scolaire 男
きょうかん [共感] sympathie 女 ●～する sympathiser 〔*avec*〕
きょうぎ [協議] concertation 女; (相談) consultation 女 ●AについてBに～する concerter B avec A; consulter B sur A
きょうぎ [競技] jeu (sportif) 男; (対戦試合) match 男 (複 ～*s*, ～*es*)
► 競技会 compétition [rencontre] sportive 女 競技場 stade 男
ぎょうぎ [行儀] tenue 女, manières 女 複 ●～よくする se tenir bien
きょうきゅう [供給] fourniture 女 ●AにBを～する fournir [approvisionner, alimenter, ravitailler] A en B ●需要と～ l'offre et la demande
きょうぐう [境遇] situation 女; (環境) milieu 男, condition 女
きょうざい [教材] matériel pédagogique 男

きょうし [教師] (教員一般) enseignant(*e*) [名], (コレージュ・リセ・大学などの) professeur [男]; (小学校の) institu*teur*(*trice*) [名]

ぎょうじ [行事] fête [女], cérémonie [女]

きょうしつ [教室] (部屋) (salle de) classe [女]; (講習) cours [男]

きょうじゅ [教授] ❶(教えること) enseignement [男] ❷(大学教員) professeur [男] →女性にも用いられる

きょうしゅく [恐縮] ●〜する être confus(*e*) 〔*de*〕

ぎょうしゅく [凝縮] condensation [女]

きょうせい [強制] contrainte [女], astreinte [女] ●Aに…するように〜する contraindre [astreindre] A à [不定詞]

ぎょうせい [行政] administration [女] ►行政権 droit administratif [男]

きょうそう [競争] concurrence [女], compétition [女], rivalité [女] ●〜する entrer [être] en concurrence 〔*avec*〕 ●AのことでBと〜する rivaliser de A avec B ►競争相手 riv*al*(*ale*) [名] ([男複] *-aux*); concurrent(*e*) [名]

きょうそう [競走] course [女]

きょうそん [共存する] coexister 〔*avec*〕

きょうだい

[兄弟] (男の) frère [男]; (女の) sœur [女]

会話 ご〜はいらっしゃいますか Vous avez des frères et sœurs?

きょうちょう [強調] insistance [女] ●〜する insister 〔*sur*〕

きょうちょう [協調] ●〜する s'entendre 〔*avec*〕 ●〜的な conciliant(*e*)

きょうつう [共通の] commun(*e*) ●〜する commun 〔*à*〕 ►共通点 point commun

きょうてい [協定] convention [女]; accord [男]; (条約) traité [男]

きょうどう [共同の] commun(*e*); collecti*f*(*ve*) ●〜で en collaboration 〔*avec*〕 ►共同作業 travail collectif [女] 共同声明 communiqué commun [男] 共同体 communauté [女]

きょうはく [脅迫する] faire du chantage, faire chanter; menacer

きょうふ [恐怖] peur [女]; horreur [女] ●〜を感じる avoir peur

きょうみ [興味] intérêt [男]; (好奇心) curiosité [女] ●〜を持つ《人が主語》s'intéresser 〔*à*〕; 《物が主語》intéresser ●〜深い intéressant(*e*); curieu*x*(*se*)

きょうよう [教養] culture [女]; éducation [女] ●〜のある cultivé(*e*)

きょうりょく [協力] collaboration [女], coopération [女]; (援助) aide [女] ●AのためにBと〜する collaborer à A avec B ●…に〜する coopérer 〔*à, avec*〕

ぎょうれつ [行列] (順番待ちの) queue [女], file [女]; (行進) défilé [男]

きょか [許可] permission [女]; autorisation [女]; (入会・入学などの) admission [女] ●Aに…することを〜する permettre à A de [不定詞]; (参加などを) admettre A à [不定詞] ●…する〜を求める demander la permission de [不定詞] 〔*à*〕 ►許可証 permis [男], licence [女]

ぎょぎょう [漁業] pêche [女]

きょく [曲] morceau [男], pièce [女]

きょくせん [曲線] (ligne) courbe [女] ●〜を描く dessiner une courbe

きょくたん [極端な] extrême; excessi*f*(*ve*)

きょくど [極度] ●〜の extrême; excessi*f*(*ve*); outré(*e*) ●〜に excessivement; extrêmement; à l'excès

ぎょせん [漁船] bateau de pêche [男]

きょだい [巨大な] gigantesque, colos*sal*(*ale*) ([男複] *-aux*), énorme

きょねん

[去年] l'année dernière [女], l'an dernier [男]; (1年前) il y a un an

きょひ [拒否] refus [男], rejet [男] ●〜する rejeter; refuser ►拒否反応 réaction de rejet [女]

きょり [距離] distance [女]; (間隔) intervalle [男] ●…と〜を置く (対人関係で) se tenir à distance 〔*de*〕

きらい

[嫌い] ●〜である ne pas aimer; (大嫌い) détester; avoir horreur 〔*de*〕; (憎む) †haïr

きらう [嫌う] répugner 〔*à*〕

きらきら ●〜光る scintiller; étinceler; briller

きらく [気楽な] (のんきな) sans souci, insouciant(*e*); (簡単な) aisé(*e*)

きり [霧] brouillard [男]; (もや) brume [女] ●〜がかかっている Il y a du brouillard.

きり [錐] poinçon [男], foret [男]

ぎり [義理] obligation [女], devoir [男] ●〜堅い être fidèle à ses obligations ●〜の母 belle-mère [女] ([複] 〜*s*-〜*s*)

キリスト (le) Christ, Jésus-Christ [男] ►キリスト教 religion chrétienne [女], chris-

tianisme 男 ●～教徒 chrétien(*ne*) 名
きりつ [規律] discipline 女, ordre 男
きりひらく [切り開く] défricher
きる [切る] couper; (切り分ける, 切り取る) découper; (薄切りにする) émincer; (刻む) hacher; (ばっさり切る) trancher; (切り倒す) abattre

きる [着る] s'habiller; mettre ●着ている être habillé(*e*), porter

服を着る

最も一般的に用いられる **s'habiller** は, 直接目的語をとらないが, 状況補語を伴って服装の様態を表すことができる: s'habiller à la dernière mode 最新流行の服を着る. 同義の **se vêtir** は改まった表現で書き言葉で使われる.
個々の服を「着る」あるいは帽子, 眼鏡, 靴などを「身につける」という動作を表すときは **mettre**, 「着ている」「身につけている」という状態を示すときは **porter** を用いる: mettre son manteau コートを着る. porter son chapeau 帽子をかぶっている.

きれ [布] toile 女
きれい [綺麗な] ❶(美しい) beau(*belle*) ❷(清潔な) propre ❸(きちんとした) correct(*e*) ●～にする nettoyer
きれる [切れる] ❶(刃物などが) couper bien, être tranchant(*e*) ❷(切断される) (se) rompre, casser ❸(尽きる) être à court 〚*de*〛
キロ (キログラム) kilogramme 男, kilo 男; (キロメートル) kilomètre 男
きろく [記録] (競技などの) record 男; (記入) enregistrement 男; (文書) document 男; (記録資料) archives 女 複 ●～する enregistrer, noter
ぎろん [議論] (討論) discussion 女; (公開の) débat 男 ●～する discuter 〚*sur*, *de*〛; débattre 〚*sur*, *de*〛
きわだつ [際立つ] se détacher (sur ...)
きん [金] or 男 ●～の en or, d'or
ぎん [銀] argent 男 ●～の en argent
きんえん [禁煙] 《掲示》 Défense de fumer ●～する arrêter de fumer
ぎんが [銀河] Voie lactée 女
きんがく [金額] somme (d'argent) 女
きんきゅう [緊急] urgence 女 ●～の urgent(*e*), d'urgence, pressant(*e*)
►緊急事態 état d'urgence 男
きんぎょ [金魚] poisson rouge 男
きんこ [金庫] coffre-fort 男 (複 ～*s*-～*s*)
きんこう [均衡] équilibre 男, balance 女 ●～を保つ garder l'équilibre, (Aの) tenir A en équilibre ●～をやぶる rompre l'équilibre
ぎんこう [銀行] banque 女
きんし [禁止] interdiction 女, défense 女; (法的な) prohibition 女 ●～された interdit(*e*), défendu(*e*), prohibé(*e*)
きんし [近視] myopie 女
きんじょ [近所] voisinage 男, proximité 女, environs 男 複 ●～の人 voisin(*e*) 名
きんせい [金星] Vénus 女
きんぞく [金属] méta*l* 男 (複 -*aux*) ●～の de [en] métal, métallique
きんだい [近代] temps modernes 男 複; époque moderne 女
きんちょう [緊張] tension 女; contraction 女; nervosité 女
●～する être tendu(*e*); (神経質になる) être nerveux(*se*); (あがる) avoir le trac; (緊迫する) se tendre
きんにく [筋肉] muscle 男; (集合的) musculature 女
きんぱつ [金髪] cheveux blonds [d'or, dorés] 男 複 ●～の女性 une blonde
きんべん [勤勉] application 女, assiduité 女 ●～な appliqué(*e*), assidu(*e*), travailleu*r*(*se*)
きんむ [勤務] trava*il* 男 (複 -*aux*), service 男 ●～する travailler, être employé(*e*)
きんゆう [金融] finance 女; (融資) crédit 男
きんようび [金曜日] vendredi 男
きんよく [禁欲] ascèse 女, abstinence 女 ●～的な stoïque
く [区] (都市の) arrondissement 男; (区域) circonscription 女, secteur 男
ぐあい [具合] (調子・状態) état 男 ●体の～がよい se porter bien
くい [杭] pieu 男, piquet 男
クイズ jeu de devinette 男, devinette 女
くいちがう [食い違う] différer, diverger; se contredire; être en contradiction
くう [食う] → **食べる**
くうかん [空間] espace 男; place 女
くうき [空気] air 男; (雰囲気) atmosphère 女 ●～を入れ替える aérer
くうこう [空港] aéroport 男
ぐうすう [偶数] (nombre) pair 男
ぐうぜん [偶然] † hasard 男; (偶然の出来

事) accident 男 ●～に par hasard, accidentellement ●～の fortuit(*e*), accidentel(*le*)
くうそう [空想] fantaisie 女; (想像) imagination 女; (夢想) rêverie 女, rêve 男 ●～する imaginer A [que 直説法]; rêver
クーデター coup d'État 男
クーポン bon 男, coupon 男
クーラー climatiseur 男
くがつ [九月] septembre 男 ●～に au mois de septembre, en septembre
くき [茎] tige 女; † hampe 女; chaume 男
くぎ [釘] clou 男 (複 ～*x*) ●～を打ち込む planter [enfoncer] un clou
くぎり [区切り] division 女; (切れ目) pause 女 ●区切る diviser, sectionner
くさ [草] herbe 女; (雑草) mauvaises herbes 女 複
くさい [臭い] (においがする) sentir mauvais; 《話》 puer; (臭いにおいの) puant(*e*), empesté(*e*)
会話 ガス～ Ça sent le gaz.
くさり [鎖] chaîne 女
くさる [腐る] (腐敗する) pourrir, se putréfier, se décomposer; (いたむ) se gâter ●腐った pourri(*e*), gâté(*e*)
くし [櫛] peigne 男
くじ [籤] sort 男; (宝くじ) loterie 女 ●～を引く tirer au sort
くしゃみ éternuement 男 ●～をする éternuer
クジラ [鯨] baleine 女
くしん [苦心] ●～する se donner du mal [beaucoup de peine]; faire de grands efforts
くず [屑] déchets 男 複; chiffon 男
ぐずぐず ●～する traîner
くすぐったい 会話 Ça me chatouille.
くすぐる [擽る] chatouiller
くずす [崩す] démolir, abattre, raser
くすり [薬] remède 男; (医薬品) médicament 男
► 薬屋 (店) pharmacie 女; (人) pharmacien(*ne*) 名
くすりゆび [薬指] annulaire 男
くずれる [崩れる] (崩壊する) crouler, s'effondrer; (形が) se déformer
くせ [癖] (習慣) habitude 女, pli 男; (性向) penchant 男 ●いつもの～で à son habitude, par habitude
ぐたい [具体的な] concret(*ète*); réel(*le*) ●～化する se concrétiser, se matérialiser
くだく [砕く] casser, briser, écraser
くだける [砕ける] se casser, se fracasser, se briser, s'écraser
くたびれる se fatiguer, être fatigué(*e*)

くだもの [果物] fruit 男

くだらない [下らない] (愚か) absurde, stupide; (無益) inutile, vain(*e*); (ささいな) insignifiant(*e*)
くだり [下り] descente 女
► 下り坂 descente 女; déclin 男
くだる [下る] (低い所へ) descendre; (命令などが) être donné(*e*); (判決が) être prononcé(*e*) [rendu(*e*)]

くち [口] ❶ (人間の) bouche 女

❷ (動物の) gueule 女
❸ (容器の) ouverture 女
●～がかたい (秘密を守る) être discret(*ète*)

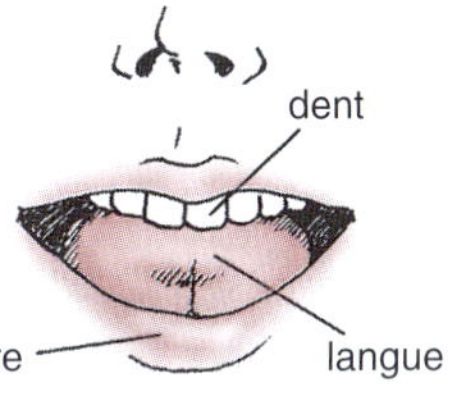

口

ぐち [愚痴] plainte 女 ●～を言う se plaindre 〚*de, que*〛, grommeler
くちびる [唇] lèvre 女 ●～を噛む se mordre les lèvres ► 上[下]唇 lèvre supérieure [inférieure] 女
くちべに [口紅] rouge (à lèvres) 男; bâton de rouge 男 ●～をつける se mettre du rouge aux lèvres

くつ [靴] chaussures 女 複; (短靴) soulier 男 →p.570の図

●～をはく se chausser, mettre *ses* chaussures
●～を脱ぐ se déchausser, enlever *ses* chaussures
くつう [苦痛] douleur 女, souffrance 女; (精神的な) chagrin 男
くつした [靴下] chaussettes 女 複; socquettes 女 複; (ハイソックス) chaussettes hautes 女 複
くつじょく [屈辱] humiliation 女 ●～的な

humiliant(*e*)

クッション coussin [男]

くっつく [くっ付く] (se) coller, adhérer 〘*à*〙; (べたつく) être collant(*e*)

くに [国] pays [男]; État [男], nation [女]
会話 お〜はどちらですか De quel pays êtes-vous?

くばる [配る] (物を) distribuer 〘*à*〙; (配達する) livrer

くび [首] cou [男]; (頭部) tête [女]; (うなじ) nuque [女]
●〜をしめる étrangler
●〜を縦に振る †hocher la tête, faire signe que oui
●〜を横に振る secouer la tête, faire signe que non

くふう [工夫] (アイデア) idée [女]; (考案) invention [女]; (創意) ingéniosité [女] ●〜する s'ingénier 〘*à*〙

くべつ [区別] distinction [女], différence [女]; (分離) séparation [女] ●(AとBを)〜する distinguer (A de B); faire la distinction (entre A et B); (分離) séparer (A et [de] B)

くま [熊] ours(*e*) [名]

くみ [組] ❶(集団) groupe [男]; équipe [女]; bande [女]
❷(学級) classe [女]
❸(一揃い) assortiment [男], service [男]
❹(対) paire [女]

くみあい [組合] syndicat [男], association [女]

くみあわせ [組み合わせ] combinaison [女]

くみあわせる [組み合わせる] combiner, assortir, associer

くみたてる [組み立てる] monter; assembler

くむ [汲む・酌む] (水・酒・意を) puiser

くも [雲] nuage [男]

くもり [曇り] (天候) temps couvert [nuageux] [男]

くもる [曇る] (空が) se couvrir; (ガラスなどが) se ternir
●曇った couvert(*e*), nuageux(*se*); (ガラスなどが) terni(*e*)

くやしい [悔しい] éprouver [avoir] du dépit

くやむ [悔やむ] se repentir, regretter 〘*de*〙

くらい [暗い] (薄暗い) sombre, obscur(*e*); (陰気な) sombre, triste, morose, noir(*e*)
●暗くなる s'assombrir, devenir sombre

グラウンド terrain (de sport) [男]

くらし [暮らし] vie [女], existence [女]
●〜を立てる gagner sa vie

クラス (学級) classe [女]; (等級) classe [女], catégorie [女], rang [男]
► **クラスメート** camarade de classe [名]

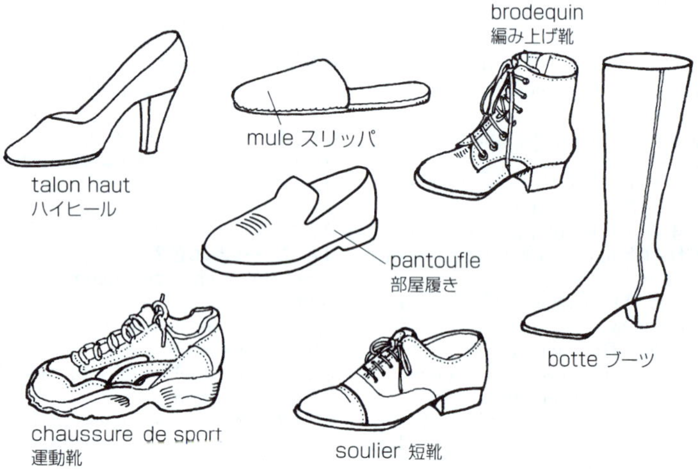

靴

くらす [暮らす] vivre, mener sa vie
● 幸せに～ vivre heureux(*se*)

クラッカー (菓子の) cracker 男, petits biscuits salés 男 複; (爆竹の) pétard 男

グラフ graphique 男, diagramme 男

クラブ ❶ (同好会) club 男, société 女, association 女
❷ (トランプのクローバー) trèfle 男
❸ (ゴルフの) club de golf 男

くらべる [比べる] comparer A et [avec, à] B ● …に～と comparé(*e*) à, en comparaison de [avec]

グラム gramme 男

くり [栗] (食用) marron 男; (木) châtaignier 男; (実) châtaigne 女

クリーニング nettoyage 男, blanchissage 男
► **クリーニング屋** (店) pressing 男

クリーム (食用) crème 女; (化粧品) crème (de beauté) 女

くりかえし [繰り返し] répétition 女

くりかえす [繰り返す] répéter; (言う) redire

クリスマス Noël 男 → 通常無冠詞
会話 メリー～ Joyeux Noël!
► **クリスマスイブ** la veille de Noël **クリスマスカード** carte de Noël 女

クリック ● ～する cliquer

くる [来る] ❶ venir
❷ (到着する) arriver
❸ (由来・起因する) venir 〘*de*〙, provenir 〘*de*〙, être dû 〘*à*〙
会話 日本から来ました Je viens du Japon.
会話 こっちに来なさい Viens ici.

くるう [狂う] (気が) devenir fou(*folle*); (調子が) se détraquer; (予定などが) être dérangé(*e*)

くるしい [苦しい] douloureux(*se*); (骨の折れる) pénible, rude; (困難な) dur(*e*), difficile

くるしみ [苦しみ] douleur 女, souffrance 女; angoisse 女; (精神的な) chagrin 男

くるしむ [苦しむ] souffrir 〘*de*〙, se tourmenter

くるま [車] ❶ voiture 女
● ～に乗る monter dans une voiture
● ～を運転する conduire une voiture
❷ (乗り物一般) véhicule 男
❸ (輪) roue 女

くれ [暮れ] (夕方) soir 男, soirée 女; (年末) fin de l'année 女

グレー gris 男

グレープフルーツ pamplemousse 男(女)

クレーム réclamation 女

クレジット crédit 男
► **クレジットカード** carte de crédit 女

くれる [暮れる] ● 日が～ Le soleil se couche.

くろ [黒] noir 男 ● 黒い noir(*e*); (日に焼けた) bronzé(*e*)

くろう [苦労] peine 女 ● ～する peiner sur A [à 不定詞]

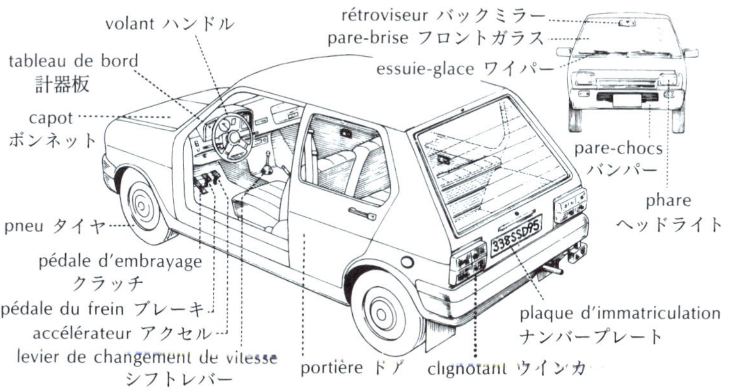

車

クロール ●～で泳ぐ nager le crawl, crawler
くろじ［黒字］excédent 男; (利益) bénéfice 男 ●～である (経理が) La balance se solde par un excédent.
くわえる［加える］(足す) additionner〖à, *de*〗, ajouter〖*à*〗
●危害を～ faire du mal〖à〗; blesser
●に加えて en plus de
くわしい［詳しい］(詳細な) détaillé(*e*); (入念な) minutieux(*se*); (熟知している) connaître à fond; s'y connaître en
くわだて［企て］entreprise 女; projet 男; (試み) tentative 女, essai 男
くわだてる［企てる］entreprendre A [de 不定詞]; tenter A [de 不定詞], essayer de 不定詞
くわわる［加わる］(参加する) participer, se mêler; (付け加わる) s'ajouter
くんしゅ［君主］monarque 男, souverain(*e*) 名
ぐんしゅう［群衆・群集］foule 女, cohue 女, affluence 女
ぐんしゅく［軍縮］désarmement 男
くんしょう［勲章］décoration 女, médaille 女
ぐんじん［軍人］militaire 男
ぐんたい［軍隊］armée 女; (部隊) troupe 女 ●～の militaire
ぐんび［軍備］armement 男
くんれん［訓練］exercice 男, entraînement 男 ●～する s'entraîner, s'exercer

け

［毛］❶(髪の毛) cheveu 男; (集合的) chevelure 女
❷(動物の) poil 男
❸(毛並み) pelage 男
けい［刑］(刑罰) peine 女, punition 女; (法的) pénalité 女
けいえい［経営］gestion 女, management 男 ●～する gérer; administrer; diriger
►経営者 patron(*ne*) 名
けいか［経過］cours 男; marche 女
●～する s'écouler; passer
けいかい［警戒］garde 女; vigilance 女
●～する être [se tenir] sur *ses* gardes; faire attention〖à〗, se méfier〖*de*〗
けいかく［計画］plan 男; projet 男; programme 男 ●～する projeter A [de 不定詞]; faire le projet de 不定詞 ●～的な (故意の) intentionnel(*le*); (前もって考えた) prémédité(*e*)
けいかん［警官］agent (de police) 男, policier 男
けいき［景気］situation économique 女, conjoncture (économique) 女 ●～がよい Les affaires marchent bien.
けいけん［経験］expérience 女 ●～する faire l'expérience〖*de*〗, connaître
けいこ［稽古］exercice 男; entraînement 男; leçon 女 ●～する faire des exercices, s'exercer à ...[不定詞]
けいこう［傾向］tendance 女; inclination 女 ●…の～がある avoir tendance à ...
けいこう［蛍光］►蛍光灯 lampe fluorescente 女 蛍光ペン feutre fluorescent 男
けいこく［警告］avertissement 男, cri d'alarme 男 ●AにBを[…だと]～する avertir A de B [que]
けいさい［掲載］insertion 女, publication 女 ●～する publier
けいざい［経済］économie 女; finance 女
●～の[的な] économique, financier(*ère*)
►経済学 économie, science économique 女
けいさつ［警察］police 女 ●～の policier(*ère*) ●～に通報する signaler à la police
►警察官 agent de police 男 警察署 commissariat de police 男
けいさん［計算］calcul 男; compte 男
●～する calculer; supputer
けいじ［掲示］affichage 男; (掲示物) affiche 女
●～する afficher; placarder
►掲示板 panneau d'affichage 男
けいしき［形式］forme 女; formalité 女
けいしゃ［傾斜］inclinaison 女; pente 女
●～した en pente, oblique, incliné(*e*)
げいじゅつ［芸術］art 男; (美術) beaux-arts 男 複 ●～の[的な] artistique
►芸術家 artiste 名 芸術作品 œuvre d'art 女
けいぞく［継続］continuation 女; (更新) renouvellement 男; (延長) prolongation 女 ●～する continuer, renouveler, prolonger
けいたい［携帯する］porter A sur *soi*; se munir〖*de*〗 ●～用の portatif(*ve*), portable ►携帯電話 téléphone portable [mobile] 男, portable 男
けいと［毛糸］laine (à tricoter) 女
げいのう［芸能］art 男
►芸能人 artiste de variétés 名

けいひ [経費] dépense 女, frais 男 複
けいべつ [軽蔑] mépris 男, dédain 男
●～する mépriser, dédaigner
●～すべき méprisable
けいほう [警報] alerte 女, alarme 女
けいむしょ [刑務所] prison 女
けいやく [契約] contrat 男; (雇用の) engagement 男; (協定) accord 男
●～する passer [conclure] un contrat
●～を取り消す rompre un contrat
► 契約書 contrat 男
けいゆ [経由] ●を～して via; en passant par
けいようし [形容詞] adjectif 男
けいれき [経歴] (過去) passé 男; (前歴) antécédents 男 複; (職歴) carrière 女; (履歴書) curriculum vitæ 男《不変》→ 略 CV
けいれん [痙攣] spasme 男; (顔面の) tic 男
ケーキ gâteau 男; (総称) pâtisserie 女
ケース ❶ (容器) caisse 女, boîte 女
❷ (場合・症例) cas 男 ●～バイ～で au cas par cas
ゲート porte 女
ケーブル câble 男
ゲーム jeu 男; (試合) match 男 (複 ～es, ～s); partie 女
けが [怪我] blessure 女 ●～をさせる blesser ●～をする se blesser, être blessé(*e*) ► けが人 blessé(*e*) 名
げか [外科] chirurgie 女
► 外科医 chirurgien(*ne*) 名
げき [劇] théâtre 男; (悲劇) tragédie 女; (喜劇) comédie 女 ●～的な dramatique
► 劇作家 dramaturge 名

けさ

[今朝] ce matin
けしき [景色] paysage 男; (眺め) vue 女; (展望) panorama 男
けしゴム [消しゴム] gomme 女
げしゅく [下宿] (食事付きの) pension 女
げじゅん [下旬に] vers la fin du mois
けしょう [化粧] maquillage 男; toilette 女
●～する se maquiller; faire sa toilette
► 化粧室 cabinet de toilette 男 化粧品 produits de beauté [toilette] 男 複, cosmétique 男
けす [消す] ❶ (電気などを) éteindre; fermer, couper
❷ (文字・しみ・記憶などを) effacer
❸ (削除する) supprimer
げすい [下水] eaux d'égout 女 複
► 下水道 égout 男
けずる [削る] (刃物で) tailler; (機械で) usiner; (削減する) réduire, diminuer; (削除する) supprimer
けだもの [獣] bête 女
けち ●～な avare; regardant(*e*); (低級な) bas(*se*)
けつあつ [血圧] tension [pression] artérielle 女
けつえき [血液] sang 男 ► 血液型 type de sang 男 血液検査 analyse du sang 女
けっか [結果] résultat 男; conséquence 女 → 多く複数; effet 男; suite 女
●…の～として par suite 〖*de*〗
●その～ donc, par conséquent
けっかく [結核] tuberculose 女
けっかん [欠陥] défaut 男; (主に身体的な) déficience 女; (技術的な) défectuosité 女
●構造上の～ défaut de structure 男
けつぎ [決議] décision 女, résolution 女
●～する prendre une décision [une résolution]
げっきゅう [月給] salaire mensuel 男, mensualité 女
けっきょく [結局] enfin, finalement, au bout [à la fin] du compte, après tout
けつごう [結合] union 女, combinaison 女 ●～する s'unir 〖*à*, *avec*〗
けっこう [結構] 会話 いえ, ～です Non, merci. 会話 ～混んでいる Il y a pas mal de monde.
けっこん [結婚] mariage 男 ●～する se marier 〖*avec*〗; épouser ●～している être marié(e) ●～を申し込む faire une demande en mariage
► 結婚式 cérémonie de mariage 女, noce 女 結婚披露宴 repas de noce(s) 男
けっさん [決算] règlement 男, liquidation 女
けっして [決して] (一度も) ne … jamais; (全然) nullement, pas du tout
●彼は～怒らない Il n'est jamais fâché.
けっしょう [決勝] finale 女
けっしん [決心] résolution 女, décision 女
●(すること)を～する se décider 〖*à*〗
けっせき [欠席] absence 女 ●～している [する] être absent(*e*), manquer, s'absenter
けってい [決定] décision 女; détermination 女; résolution 女; (設定) fixation 女
●…(することを)～する décider … [*de* 不定詞]; (日付・価格などを) fixer; (確定する) déterminer

け

けってん [欠点] défaut 男; (重大な) tare 女; (弱点) faiblesse 女
けつぼう [欠乏] manque 男, défaut 男
げつまつ [月末] fin du mois 女
げつようび [月曜日] lundi 男
けつろん [結論] conclusion 女
●…という～に達する arriver [aboutir] à la conclusion que…
けなす [貶す] dire du mal 〖*de*〗; (こきおろす) dénigrer; (非難する) critiquer, réprouver
げひん [下品] ●～な vulgaire, trivia*l*(*ale*) (男複 -*aux*); grossie*r*(*ère*)
けむい [煙い] enfumé(*e*)
けむり [煙] fumée 女
けもの [獣] anima*l* 男 (複 -*aux*), bête 女
げり [下痢] colique 女, diarrhée 女
けれども mais; (…にもかかわらず) cependant, pourtant, toutefois, malgré; (…とは言うものの) bien que 接続法
ける [蹴る] (足で) donner un coup de pied 〖*à*〗; (拒絶する) refuser
けわしい [険しい] (勾配が) raide, abrupt(*e*)
●～顔をする faire la grimace
けん [券] billet 男; ticket 男, bon 男
►入場券 (駅の) ticket de quai; (劇場などの) ticket [billet] d'entrée
けん [県] département 男, préfecture 女
けん [剣] sabre 男; (両刃の) épée 女
けんい [権威] autorité 女
げんいん [原因] cause 女; (発端) origine 女 ●…の～となる causer, être cause 〖*de*, *que*〗, donner lieu 〖*à*〗
けんお [嫌悪] dégoût 男, répugnance 女, aversion 女
けんか [喧嘩] querelle 女; bagarre 女; dispute 女 ●～する se quereller 〖*avec*〗; (殴り合い) se bagarrer 〖*avec*〗; (口論) se disputer 〖*avec*〗
げんかい [限界] limite 女, bornes 女複 ●～に達する[越える] atteindre [dépasser] la limite
けんがく [見学] visite 女 ●～する visiter, faire une visite de
げんかく [厳格な] sévère, strict(*e*)
げんかん [玄関] vestibule 男; (入り口) entrée 女

げんき

[元気] vitalité 女, énergie 女; moral 男
●～な (生き生きした) vi*f*(*ve*), plein(*e*) de vivacité; (精力的な) énergique
●～づける donner du courage 〖*à*〗, encourager
けんきゅう [研究] étude 女, recherches 女複 ●～する étudier; faire des recherches 〖*sur*, *en*〗 ►**研究室** salle d'études 女 **研究者** chercheu*r*(*se*) **研究所** centre de recherches 男
けんきょ [謙虚] ●～な modeste, réservé(*e*)
げんきん [現金] argent comptant [liquide] 男 ●～で支払う payer en liquide [espèces]; payer comptant [cash] ●小切手を～にかえる toucher un chèque
げんご [言語] langue 女; langage 男 ●二～の bilingue ●多～の multilingue
►**多言語話者** polyglotte 名
けんこう [健康] santé 女 ●～によい être bon(*ne*) pour la santé ●～を害する abîmer [ruiner] sa santé
►**健康診断** examen médical 男 visite médicale 女
げんこう [原稿] manuscrit 男; copie 女
けんさ [検査] examen 男, contrôle 男; fouille 女 ●～する examiner, contrôler; fouiller; analyser
げんざい [現在] présent 男, temps présent 男 ●～の présent(*e*), actuel(*le*) ●～まで jusqu'à présent, jusqu'ici
けんさく [検索] recherche 女 ●～する rechercher, consulter
げんし [原子] atome 男
►**原子爆弾** bombe atomique 女 **原子力** énergie nucléaire 女 **原子力発電所** centrale nucléaire 女
げんし [原始] ●～的な primiti*f*(*ve*)
►**原始時代** temps primitif 男, premiers temps 男複
げんじつ [現実] réalité 女, réel 男; (事実) fait 男; (真実) vérité 女 ●～の réel(*le*); (実際の) concre*t*(*ète*); vrai(*e*) ●～的な concre*t*(*ète*), réaliste
げんじゅう [厳重な] sévère, rigoureux(*se*), strict(*e*)
げんしょう [減少] diminution 女, décroissance 女; (低下) baisse 女 ●～する diminuer, baisser, décroître
げんしょう [現象] phénomène 男
けんせつ [建設] construction 女, bâtiment 男; établissement 男 ●～する construire, bâtir, établir ●～的な constructi*f*(*ve*), positi*f*(*ve*); (創造的な) créa*teur*(*trice*)

けんぜん ［健全な］ sain(*e*), salubre
げんそ ［元素］ élément 男
げんぞう ［現像］ développement 男 ●～する développer
げんそく ［原則］ principe 男 ●～として en principe, en règle générale
けんそん ［謙遜して］ modestement, avec modestie, humblement
げんだい ［現代］ l'époque contemporaine 女, notre temps 男 ●～の moderne, contemporain(*e*), actuel(*le*)
けんちく ［建築］ construction 女, architecture 女
►建築家 architecte 名
けんちょ ［顕著］ ●～な remarquable, frappant(*e*), notable, manifeste
げんてい ［限定］ limitation 女, restriction 女 ●～する limiter, restreindre
けんとう ［検討］ examen 男; étude 女 ●～する examiner, étudier, mettre à l'étude
げんば ［現場］ (工事の) chantier 男; (犯行の) lieu du crime (事故の) lieu de l'accident
げんばく ［原爆］ bombe atomique 女
けんびきょう ［顕微鏡］ microscope 男
けんぶつ ［見物］ visite 女 ●～する visiter
けんぽう ［憲法］ constitution 女 ●～の constitutionnel(*le*)
げんみつ ［厳密な］ strict(*e*), exact(*e*), rigoureux(*se*) ●～に strictement, rigoureusement
けんめい ［賢明な］ sage
けんやく ［倹約］ économie 女, épargne 女 ●～する économiser, épargner
けんり ［権利］ droit 男 ●の～がある avoir le droit, être en droit 〘*de*〙 ●～を主張する réclamer ses droits
げんり ［原理］ principe 男
げんりょう ［原料］ matière première 女
けんりょく ［権力］ pouvoir 男
げんろん ［言論］ opinion 女; presse 女 ●～の自由 liberté d'opinion 女
こ ［子］ enfant 名, petit(*e*) 名 ●一人っ～ enfant unique 名
ご ［語］ (単語) mot 男; (用語) terme 男; (言語) langue 女
-ご ［-後］

…後

après は過去や未来のある時点を起点にして「それから…後」という場合に用いる. 同義の表現に **plus tard** がある: Il est parti une semaine après [plus tard]. それから1週間後に彼は出発した.
現在を起点にする場合は **dans** を用いる: Je la verrai dans cinq jours. 5日後に彼女と会う予定です.

こい ［恋］ amour 男 ●…に～をする tomber amoureux(*se*) 〘*de*〙 ●～に破れる perdre l'amour
►恋人 amoureux(*se*) 名, (petit(*e*)) ami(*e*) 名
こい ［濃い］ (色が) foncé(*e*); (味が) fort(*e*), consistant(*e*); (強い, 辛い) relevé(*e*); (こくのある) corsé(*e*); (霧が) épais(*se*); (濃密な) dense; (ひげが) dur(*e*)
コイン pièce (de monnaie) 女 ►**コインロッカー** consigne automatique 女
こうい ［好意］ (親切) bienveillance 女, complaisance 女; (善意) bonté 女; (好感) sympathie 女 ●～的な bienveillant(*e*) 〘*avec, envers*〙, favorable 〘*à*〙
こうい ［行為］ acte 男, action 女; (ふるまい) conduite 女
ごういん ［強引］ ●～な forcé(*e*)
ごうう ［豪雨］ pluie diluvienne 女
こううん ［幸運］ bonheur 男, (bonne) chance 女, bonne fortune 女
●～な heureux(*se*); chanceux(*se*)
●～にも par bonheur, heureusement

こうえん ［公園］ parc 男, jardin (public) 男; (小公園) square 男

こうえん ［公演］ (演劇) représentation 女; (音楽) concert 男
こうえん ［講演］ conférence 女
こうえん ［後援する］ patronner, appuyer
こうか ［効果］ effet 男, efficacité 女 ●～がある faire de l'effet [son effet]
こうか ［硬貨］ pièce (de monnaie) 女
ごうか ［豪華な］ splendide, magnifique; luxueux(*se*)
►豪華版 édition de luxe 女
こうかい ［公開の］ public(*que*), ouvert(*e*) (au public) ●～する ouvrir au public
►公開講座 cours public 男
こうかい ［後悔］ regret 男, remords 男, repentir 男 ●～する regretter 〘*de*〙, avoir des remords; se repentir 〘*de*〙
こうかい ［航海］ navigation 女; (クルージング) croisière 女 ●～する naviguer
こうがい ［公害］ nuisances (publiques) 女 複; (汚染) pollution 女
ごうかく ［合格］ succès 男, admission 女 ●～する réussir 〘*à*〙; être admis(*e*) [re-

çu(*e*)]; passer (avec succès)
►合格者 candidat(*e*) reçu(*e*) 名
こうかん [交換] échange 男 ●～する (互いに) faire l'échange; (AとBを) échanger A contre B; (新しいものと) changer ●意見を～する échanger des opinions
►物々交換 troc 男
こうぎ [講義] cours 男 ●～をする donner un cours 〖*sur*〗
こうぎ [抗議] protestation 女, contestation 女 ●～する protester contre
こうきしん [好奇心] curiosité 女 ●～から par curiosité ●～の強い curieux(*se*)
こうきゅう [高級な] de premier ordre, haut de gamme
こうきょう [公共の] public(*que*), commun(*e*)
►公共施設 installation publique 女
こうぎょう [工業] industrie 女 ●～の industriel(*le*)
►軽[重]工業 industrie légère [lourde] 女
こうくう [航空] aviation 女
►航空機 avion 男 航空便 poste aérienne 女, courrier aérien 男 ●～で par avion
こうげい [工芸] arts mécaniques 男複, arts et métiers 男複
ごうけい [合計] somme 女, total 男 ●～する faire la somme de, faire le total
こうげき [攻撃] attaque 女, assaut 男
●～する attaquer, donner l'assaut 〖*à*〗
●～的な agressif(*ve*)
こうげん [高原] plateau 男
こうご [口語] langue parlée 女
こうご [交互に] alternativement, tour à tour
こうこう [高校] lycée 男
►高校生 lycéen(*ne*) 名
こうこく [広告] publicité 女; annonce 女
●～する faire de la publicité
こうさ [交差] croisement 男, intersection 女 ●～する se croiser
►交差点 carrefour 男, croisement 男; (ロータリー) rond-point 男 (複 ～*s*-～*s*)
こうざ [口座] compte 男 ●～に金を振り込む virer de l'argent sur un compte
こうざ [講座] cours 男
こうさい [交際] relations 女複, rapports 男複 ●～する avoir des relations [rapports] 〖*avec*〗; (頻繁に会う) fréquenter
こうさく [工作] (手作業) trav*ail* manuel 男 (複 *-aux* ～*s*); (日曜大工) bricolage 男; (スパイ) manœuvre politique 女
●～する travailler, manœuvrer
こうざん [鉱山] mine 女
こうし [講師] (講演者) conférenci*er*(*ère*) 名; (専任) maître assistant 男; (非常勤) chargé de cours 男; (語学の) lec*teur*(*trice*) 名
こうじ [工事] travaux 男複
こうじつ [口実] prétexte 男; (言い訳) excuse 女 ●を～にして sous prétexte 〖*de, que*〗
こうしゅう [公衆] public 男 ●～の public(*que*)
こうしょう [交渉] (話し合い) négociation 女; (会談) pourparlers 男複 ●～する négocier
こうじょう [工場] usine 女; (製造所) fabrique 女
こうしん [行進] marche 女, défilé 男 ●～する marcher; défiler
こうしんりょう [香辛料] épice 女
こうすい [香水] parfum 男
こうずい [洪水] inondation 女; (大洪水) déluge 男
こうせい [構成] composition 女, constitution 女, formation 女; (建築・作品の) construction 女
こうせい [厚生] (公衆衛生) santé publique 女; (福祉) bien-être 男 《不変》; (社会扶助) aide sociale 女
ごうせい [合成] synthèse 女, composition 女 ●～する synthétiser
►合成樹脂 résine synthétique 女
こうせき [功績] mérite 男; (貢献) contribution 女, services 男複
こうせん [光線] rayon 男
こうそう [構想] plan 男, conception 女
こうそく [高速] grande vitesse 女
►高速道路 autoroute 女
こうたい [交代・交替] remplacement 男; alternance 女; relais 男 ●～する remplacer; (交互に) alterner; (後を引き継ぐ) prendre le relais 〖*de*〗
こうたい [後退] recul 男, marche (en) arrière 女 ●～する reculer, faire marche arrière
こうたいし [皇太子] prince héritier 男
こうちゃ [紅茶] thé 男
こうちょう [校長] direc*teur*(*trice*) d'école 名; (リセの) proviseur 男
こうつう [交通] circulation 女, trafic 男
●～の便がいい être bien desservi(*e*)

►交通違反 contravention 女 交通機関 moyens de transport 男 複 交通事故 accident de la route 男
こうてい [肯定] affirmation 女 ●～する affirmer ●～的な affirmatif(*ve*), positif(*ve*)
こうとう [高等な] supérieur(*e*), haut(*e*)
こうどう [行動] action 女; comportement 男; conduite 女 ●～する agir, se comporter ●～的な actif(*ve*)
こうどう [講堂] salle de conférence 女; (公会堂) auditorium 男
ごうとう [強盗] (人) cambrioleur(*se*) 名, bandit 男; (行為) cambriolage 男
こうどく [購読] abonnement 男 ●～する s'abonner 〔*à*〕, être abonné(*e*) 〔*à*〕
►購読料 tarif d'abonnement 男 定期購読 abonnement 男
こうはん [後半] deuxième [seconde] partie 女; (サッカーなどの) deuxième mi-temps 女
こうばん [交番] poste de police 男
こうふく [幸福] bonheur 男 ●～な heureux(*se*) ●～に heureusement
こうふく [降伏] reddition 女, capitulation 女 ●～する capituler
こうぶつ [鉱物] minéral 男 (複 *-aux*)
こうふん [興奮] excitation 女, exaltation 女 ●～する s'exciter, s'exalter
►興奮剤 stimulant 男
こうへい [公平] ●～な impartial(*ale*) (男複 *-aux*), équitable, juste ●～に impartialement; avec justice
こうほ [候補] candidature 女; (候補者) candidat(*e*) 名
こうまん [高慢] fierté 女, orgueil 男, arrogance 女 ●～な fier(*ère*), orgueilleux(*se*), arrogant(*e*), hautain(*e*)
こうむ [公務] affaires publiques 女 複
►公務員 fonctionnaire 名
こうもく [項目] (辞書などの) article 男
こうよう [紅葉] couleurs de l'automne 女 複
コーラ (コカコーラ) coca-cola 男《不変》
→coca, coke ともつづる
こうり [小売り] détail 男
ごうり [合理的な] rationnel(*le*) ●～化する rationaliser
こうりゅう [交流] échanges 男 複; relations 女 複; (電気) courant alternatif 男
こうりょ [考慮] considération 女, égard 男; (熟考) réflexion 女

こえ [声] voix 女; (幼児の) babil 男; (動物) cri 男; (鳥の声) chant 男, gazouillement 男
こえる [越える・超える] franchir, passer; (横切る) traverser; (超過する) dépasser, excéder
コース (行程) itinéraire 男; (競走・ゴルフの) parcours 男; (課程) cours 男; (料理) menu 男
コーチ moniteur(*trice*) 名, entraîneur 男
→女性形 entraîneuse も可能
コート (オーバー) manteau 男; (男物の) pardessus 男; (球技の) court 男
コード (電気の) fil (électrique) 男; (記号の体系) code 男

コーヒー café 男

●～を入れる faire du café
こおり [氷] glace 女
こおる [凍る] geler, se glacer; (血が) se figer ●凍った gelé(*e*), glacé(*e*)
ゴール (スポーツの) arrivée 女; (球技の) but 男 ●～を決める marquer un but
ごかい [誤解] malentendu 男, méprise 女; (人違い) quiproquo 男
ごがく [語学] (言語学) linguistique 女; (外国語) langue étrangère 女
ごがつ [五月] mai 男 ●～に au mois de mai, en mai
こきゅう [呼吸] (息) respiration 女 ●～する respirer
こきょう [故郷] (国・地方) pays natal 男; (祖国) patrie 女
こぐ [漕ぐ] (オールで) ramer
ごく [極] très, fort, extrêmement
こくご [国語] langue nationale 女; (母語) langue maternelle 女; (日本語) japonais 男; (フランス語) français 男
こくさい [国際] ●～的な international(*ale*) (男複 *-aux*)
►国際化 internationalisation 女 国際関係 relations internationales 女 複
こくせき [国籍] nationalité 女 ●～不明の de nationalité inconnue
こくそ [告訴] plainte 女, accusation 女 ●～する accuser
こくどう [国道] route nationale 女
こくない [国内の] intérieur(*e*), domestique ►国内線 (飛行機の) lignes aériennes intérieures 女 複
こくはつ [告発] dénonciation 女, accusation 女 ●～する dénoncer

こくばん［黒板］tableau (noir) 男 ●～拭き éponge 女
こくぼう［国防］défense nationale 女
こくみん［国民］peuple 男; nation 女; (特に共和国の) citoyen(*ne*) 名
●～の national(*ale*) (男複 -*aux*)
►**国民感情** sentiment national 男 **国民総生産** Produit National Brut 男 →略 PNB
こくもつ［穀物］céréales 女複, grains 男複
こくゆう［国有の］national(*ale*)
こくりつ［国立の］national(*ale*) (男複 -*aux*), d'État
こくれん［国連］Organisation des Nations Unies 女 →略 ONU ►**国連安全保障理事会** Conseil de sécurité 男
ごくろう［ご苦労］会話 ～さま Merci.
コケ（苔）mousse 女; (地衣) lichen 男
こげる［焦げる］brûler, roussir

ここ

●～に[へ] ici ●～まで jusqu'ici ●～から d'ici
ごご［午後］après-midi 男《不変》
こごえる［凍える］geler
ここちよい［心地よい］agréable, plaisant(*e*), confortable

こころ

［心］cœur 男; (精神・思考) esprit 男; (魂) âme 女
●～のこもった sincère
●～の底から du fond du cœur
●～の中では au fond du cœur
こころぼそい［心細い］se sentir seul(*e*) [découragé(*e*), inquiet(*ète*)]
こころみる［試みる］(試す) essayer, tenter; (テストする) tester
こころよい［快い］agréable, plaisant(*e*); (人が) aimable; (五感に) doux(*ce*)
こし［腰］reins 男複, hanches 女複 ●～が痛い avoir mal aux reins
こしかけ［腰掛け］(椅子) chaise 女; (ベンチ) banc 男; (スツール) tabouret 男
こしかける［腰掛ける］s'asseoir
こじき［乞食］mendiant(*e*) 名; (浮浪者) clochard(*e*) 名; (ホームレス) sans-abri《不変》
こしょう［故障］panne 女, ennui mécanique 男; (変調) détraquement 男 ●～する avoir une panne, tomber en panne, se détraquer ●～中《掲示》hors service
コショウ（胡椒）poivre 男
こじん［個人］individu 男 ●～的な personnel(*le*), individuel(*le*); privé(*e*)
こす［越す］●冬を～ passer l'hiver ●…に越したことはない Il vaut mieux ...
コスト coût 男; frais 男複
こする［擦る］frotter, gratter
こせい［個性］personnalité 女, individualité 女; originalité 女
こぜに［小銭］(petite) monnaie 女
►**小銭入れ** porte-monnaie 男《不変》
ごぜん［午前］matin 男; (午前中) matinée 女 ●～(中)に dans la matinée
こたい［固体］(corps) solide 男 ●～の solide
こだい［古代］Antiquité 女, temps anciens 男複 ●～の antique, ancien(*ne*)
こたえ［答え］réponse 女; réponse 女

こたえる

［答える］répondre〔*à*〕
こだわる［拘る］s'attacher〔*à*〕; s'entêter〔*à, dans*〕
ごちそう［御馳走］régal 男; belle table 女 ●～する (招待する) inviter; (おごる) régaler 会話 ～さま Merci, c'était délicieux.
こちょう［誇張］exagération 女, emphase 女 ●～する exagérer

こちら

(場所・方向) ici, par ici; (これ, この人) ceci; celui-ci 男, celle-ci 女 (男複 *ceux-ci*, 女複 *celles-ci*) →cela, celui-là との対比で用いる
会話 どうぞ～へ Par ici, s'il vous plaît.
会話 ～こそ Moi de même.
こつ truc 男, secret 男
こっか［国家］État 男; pays 男; nation 女 ●～の national(*ale*) (男複 -*aux*); étatique
►**国家元首** chef d'État 男
こっか［国歌］hymne national 男
こっかい［国会］Parlement 男; (日本の) Diète 女; ●～を召集[解散]する convoquer [dissoudre] le parlement
►**国会議員** parlementaire 名
こづかい［小遣い］argent de poche 男
こっき［国旗］drapeau national 男
こっきょう［国境］frontière 女
コック cuisinier(*ère*) 名
こっけい［滑稽な］plaisant(*e*), drôle, marrant(*e*)
こつこつ ●～働く travailler assidûment
こっせつ［骨折］fracture 女 ●腕を～する se casser le bras
こっそり en cachette, secrètement

こづつみ [小包] colis 男, paquet 男
コップ verre 男; (大型の) gobelet 男
こてん [古典] classique 男 ●〜の[的な] classique

こと [事] ❶(事柄) chose 女 ❷(何か) quelque chose ❸(問題) affaire 女 ❹(事実) fait 男
会話 君に言いたい〜がある J'ai quelque chose à te dire.
会話 やる〜がたくさんある J'ai beaucoup (de choses) à faire.
●〜を起こす causer du trouble
-ごと [-毎に] ●10分〜に toutes les dix minutes
こどく [孤独] solitude 女; (孤立) isolement 女 ●〜な seul(*e*), solitaire, isolé(*e*)

ことし [今年] cette année 女
●〜の秋 cet automne
ことなる [異なる] différer 〘*de*〙, être différent(*e*) 〘*de*〙; diverger; varier ●異なった différent(*e*), autre; varié(*e*), divers(*e*)
ことば [言葉] ❶parole 女
❷(言語) langage 男, langue 女
❸(語) mot 男
●〜の verbal(*ale*) (男複 -*aux*); linguistique
●〜をかける adresser la parole 〘*à*〙
●〜では言い表せない indescriptible, inexprimable

こども [子供] enfant 名; (幼児) petit enfant; (男児) garçon 男; (女児) fille 女
●〜っぽい enfantin(*e*), puéril(*e*)
ことわざ [諺] proverbe 男
ことわる [断わる] refuser A [de 不定詞], rejeter; décliner
こな [粉] poudre 女, poussière 女
この ce(*cette*) (複 *ces*) →母音字および無音の h で始まる男性単数名詞の前では cet
このあいだ [この間] (先日) l'autre jour; (少し前に) il y a quelque [peu de] temps; (最近) récemment ●〜から depuis quelque temps
このごろ [この頃] ces derniers temps [jours], ces temps-ci, dernièrement
このましい [好ましい] préférable 〘*à*〙; agréable
このみ [好み] goût 男, préférence 女, penchant 男

ごはん [御飯]
❶(米) riz (cuit) 男
●〜を炊く faire cuire du riz
❷(食事) repas 男
会話 〜ですよ À table! | Le dîner est prêt!
コピー (写し) copie 女, double 男; (コピー機による) photocopie 女; 〔法律・行政〕 duplicata 男 《不変》
●〜する photocopier, copier
► **コピー機** photocopieur 男
こぶし [拳] poing 男
ごぼう [牛蒡] bardane 女
こぼす [零す] (液体などを) répandre, renverser
こぼれる [零れる] se répandre, couler; (溢れる) déborder
ごま [胡麻] sésame 男
► **ごま油** huile de sésame 女
コマーシャル publicité 女, réclame 女
こまかい [細かい] ❶(小さい) fin(*e*), petit(*e*), menu(*e*) ❷(詳細な) détaillé(*e*) ❸(金銭に) économe
ごまかす (だます) tricher 〘*sur*〙, tromper; (つくろう) dissimuler
こまる [困る] avoir des difficultés; être embarrassé(*e*), être confus(*e*); être ennuyé(*e*) ●金に〜 être dans le besoin
ごみ ordures 女複 ●〜だらけの couvert(*e*) [rempli(*e*)] d'ordures
こむ [混む] être plein(*e*) [bourré(*e*), bondé(*e*)] ●手の込んだ recherché(*e*), minutieux(*se*)
ゴム caoutchouc 男, gomme 女
► **輪ゴム** élastique 男
こむぎ [小麦] blé 男
► **小麦粉** farine de blé 女
こめ [米] riz 男
コメディアン comique 名; fantaisiste 名
ごめん [御免] 会話 〜ください Bonjour. | Excusez-moi. (辞去) Au revoir.
会話 〜なさい Pardon. | Excusez-moi.
コメント commentaire 男
こや [小屋] cabane 女; baraque 女
こゆう [固有の] particulier(*ère*) 〘*à*〙, propre 〘*à*〙, spécifique
こゆび [小指] (手の) petit doigt 男, auriculaire 男; (足の) petit orteil 男
こよう [雇用] emploi 男, embauche 女
●〜する employer
こよみ [暦] calendrier 男

こらえる［堪える］supporter, endurer;（抑える）retenir ●笑いを～ se retenir de rire
コラム（囲み記事）entrefilet 男
►**コラムニスト** chroniqueur(*se*) 名
こりる［懲りる］tenir compte de ses échecs
こる［凝る］●…に～（熱中する）se passionner pour… ●肩が～ avoir des courbatures aux épaules ●（技巧が）凝った raffiné(*e*), recherché(*e*)
これ ce,《話》ça, cela, ceci, celui-ci(*celle-ci*);（呼びかけ）Hé!
●～から（今後）désormais, à partir de maintenant;（将来）à l'avenir, dans le futur;（今から）dès maintenant
●～まで（今までに）jusqu'à maintenant, jusqu'ici, jusqu'à présent;（かつて）jamais
ころ［頃］temps 男, époque 女, moment 男, période 女 ●私が若かった～ dans ma jeunesse
ころがす［転がす］(faire) rouler
ころがる［転がる］rouler, bouler
ごろごろ ●～する rester désœuvré(*e*) [oisif(*ve*)] ●猫が～いう ronronner
ころす［殺す］tuer, donner la mort à, assassiner; massacrer
ころぶ［転ぶ］（転倒する）tomber;（ひっくり返る）culbuter
こわい［怖い・恐い］terrible, horrible; effrayant(*e*), terrifiant(*e*);（厳格な）sévère
こわす［壊す］（物を）casser, briser, détruire;（建造物などを）démolir
こわれる［壊れる］(se) casser, se détruire;（故障する）se détraquer, tomber en panne ●壊れた cassé(*e*) ●壊れやすい fragile
こん［紺］bleu foncé 男, azur 男 ●～の azuré(*e*), bleu foncé《不変》
こんきょ［根拠］base 女, fondement 男
●～のない sans fondement
コンクール concours 男
コンクリート béton 男
►**鉄筋コンクリート** béton armé 男
こんげつ［今月］ce mois, mois courant 男
●～中に dans le courant du mois, avant la fin de ce mois
こんご［今後］désormais;（これからすぐ）dès à présent;（将来）à l'avenir, dans le futur;（後で）plus tard
コンサート concert 男
こんざつ［混雑］encombrement 男 ●～した encombré(*e*)
コンサルタント conseil 男
こんしゅう［今週］cette semaine
こんちゅう［昆虫］insecte 男
コンセント prise (de courant) 女
コンタクト ►**コンタクトレンズ** verres de contact 男 複, lentilles de contact 女 複

こんど

［今度］❶（今回）cette fois(-ci), maintenant;（最近）récemment, dernièrement;（新しく）nouvellement
❷（次回）la prochaine fois
❸（近々）bientôt, prochainement
会話 ～は君の番だ Maintenant, c'est ton tour.
会話 ～は気をつけます Je ferai attention la prochaine fois.
こんどう［混同］confusion 女 ●～する confondre A avec [et] B, prendre A pour B
コンドーム préservatif 男,《話》capote 女
コントロール contrôle 男, maîtrise 女, réglementation 女
こんな ❶《名詞の前で》tel(*le*);《名詞の後で》pareil(*le*), semblable ❷（こんな風に）comme ça ●～時間に à une heure pareille ●～風に comme ça, de cette manière
こんなん［困難］difficulté 女; peine 女
●～な difficile, dur(*e*), pénible

こんにちは

［今日は］会話 Bonjour!
こんばん［今晩］ce soir

こんばんは

［今晩は］会話 Bonsoir!
コンピューター ordinateur 男
コンプレックス complexe 男;（劣等感）complexe d'infériorité 男
コンマ virgule 女
こんやく［婚約］fiançailles 女 複 ●～する se fiancer〘*avec*〙
►**婚約者** fiancé(*e*) 名 **婚約指輪** bague de fiançailles 女
こんらん［混乱］désordre 男; confusion 女; embrouillement 男

さ行

さ［差］différence 女;（隔たり）écart 男;（不均衡）inégalité 女 ●貧富の～ écart

entre les riches et les pauvres
サークル cercle 男; (同好会) club 男
さあ Allons. | Allez.
サーバー serveur 男
サービス service 男 ●〜する (値引きする) faire une réduction 会話 これは〜です C'est gratuit.
►**サービス料** frais de service 男 複 ●〜料込み service compris
さい [際] (時) moment 男; (機会) occasion 女 ●出発の〜に au moment du départ ●この〜 en cette occasion ●…に〜して à l'occasion de [lors de] …
さいかい [再会する] revoir; (お互いに) se revoir
さいかい [再開] réouverture 女, recommencement 男 ●〜する reprendre, recommencer
さいがい [災害] désastre 男; (大災害) catastrophe 女 ●〜に見舞われる subir un désastre
►**災害救助** secours aux sinistrés 男
ざいかい [財界] milieux des affaires 男 複
さいきん [最近] récemment, dernièrement; (近頃) ces derniers temps ●〜の récent(*e*), dernier(*ère*)
さいきん [細菌] bactérie 女; (微生物) microbe 男
サイクリング cyclisme 男 ●〜をする fair du velo
さいけつ [採決] vote 男 ●法案を〜する voter un projet de loi
さいげつ [歳月] (年月) années 女 複; (時) temps 男
さいけん [再建] (建て直し) reconstruction 女; (立て直し) rétablissement 男 ●〜する reconstruire, rétablir
さいげん [際限] ●〜のない sans limites [bornes], indéfini(*e*), infini(*e*) ●〜がない ne pas avoir de limites [bornes], être sans bornes [limites]

さいご
[最後] fin 女, bout 男
●〜の dernier(*ère*) 《名詞の前》
●〜に finalement
さいこう [最高] maximum 男 ●〜の (高さが) le(*la*) plus † haut(*e*); (大きさが) le(*la*) plus grand(*e*); (程度が) le(*la*) plus élevé(*e*); (品質が) le(*la*) meilleur(*e*)
さいこん [再婚] remariage 男
さいさん [採算] ●〜が合う être rentable ●〜の合う事業 affaire rentable 女
ざいさん [財産] fortune 女, bien 男 ●〜を築く faire fortune ►**財産家** homme riche [fortuné] 男
さいじつ [祭日] jour férié 男
さいしゅう [最終の] dernier(*ère*), final(*ale*) (男複 〜*s*) ●〜的な définitif(*ve*)
さいしゅう [採集する] faire collection 〖*de*〗; collectionner

さいしょ
[最初] commencement 男; début 男
●〜の premier(*ère*)
●(…の)〜に au début 〖*de*〗; (tout) d'abord
●〜から dès le début
●〜は au début, à l'origine
さいしょう [最小の] le(*la*) plus petit(*e*); le(*la*) moindre
さいしん [最新の] tout(*e*) nouveau(*elle*); (最近の) dernier(*ère*)
サイズ (服の) taille 女; (靴・手袋・帽子などの) pointure 女 ●〜をはかる mesurer
ざいせい [財政] administration financière 女, finances 女 複
さいそく [催促する] réclamer
さいだい [最大] maximum 男 (複 〜*s*, *maxima*) ●〜の le(*la*) plus grand(*e*), maxim*um*(*a*) (複 〜*s*, *maxima*)
さいだいげん [最大限] maximum 男 ●最大限の maximum (複 〜*s*, *maxima*) ●最大限に au maximum
さいちゅう [最中] ●の〜に au milieu de ●していく〜である être en train de 不定詞
さいてい [最低] ●〜の minimum (複 〜*s*, *minima*)
さいてん [採点] notation 女 ●〜する noter, mettre une note 〖*à*〗
さいのう [才能] talent 男; (天が与えた) don 男 ●〜のある de talent, doué(*e*) ●〜を発揮する faire preuve de son talent
さいばい [栽培] culture 女 ●〜する cultiver
さいばん [裁判] justice 女, jugement 男; (訴訟) procès 男 ●〜にかける mettre A en jugement, juger A ●〜に訴える recourir à la justice
►**裁判官** juge 男; (集合的) magistrat 男
さいばんしょ [裁判所] tribun*al* 男 (複 *-aux*); cour 女; (建物) Palais de Justice 男
さいふ [財布] portefeuille 男; (小銭入れ) porte-monnaie 男 《不変》

さ

さいほう [裁縫] couture 女 ●～をする coudre ►**裁縫道具** matériel [équipement] de couture 男
さいぼう [細胞] cellule 女 ●～の cellulaire
ざいもく [材木] bois 男
さいよう [採用する] (採択) adopter; (雇用) embaucher, engager
ざいりょう [材料] (素材) matière 女; (資材) matériaux 男 複; (食品などの) ingrédient 男; (資料) données 女 複
サイレン sirène 女
さいわい [幸い] bonheur 男; (幸運) (bonne) chance 女 ●～にも heureusement →文頭に置く ●雨が彼に～した La pluie vient à son secours.
サイン (合図) signe 男; (署名) signature 女; (有名人の) autographe 男 ●～する (書類などに) signer
サインペン feutre 男
-さえ même; (…さえすれば) si seulement ●子供で～それを知っている Même un enfant sait cela. ●彼は暇～あれば本を読んでいる Dès qu'il a un peu de temps libre, il le consacre à la lecture.
さえずる [囀る] gazouiller, chanter
さお [竿] (棒) perche 女; (釣竿) gaule 女; (旗の) †hampe 女 (ポール) mât 男
さか [坂] pente 女; (上り坂) montée 女, côte 女; (下り坂) descente 女
さかい [境] limite 女 ●～を接する être contigu(ë) à
さかさま [逆さま] ●～に à l'envers ●～にする renverser; (順序を) inverser
さがす [捜す・探す] chercher; (捜し求める) rechercher

さかな [魚] poisson 男

►**魚屋** (店) poissonnerie 女; (人) poissonnier(*ère*) 名
さがる [下がる] (低下) baisser; (減少) diminuer
さかん [盛ん] ●～な (繁盛している) prospère; (活発な) actif(*ve*); (精力的な) énergique ●～になる (繁盛する) prospérer; (人気が出る) devenir populaire
さき [先] (先端) pointe 女; (端) bout 男; (前方) plus loin, devant; (続き) suite 女 ●～に (最初に) d'abord; (前もって) à l'avance, d'avance
さぎ [詐欺] fraude 女, escroquerie 女 ►**詐欺師** escroc 男
さぎょう [作業] travail 男 (複 *-aux*) ►**作業服** vêtement de travail 男
さく [柵] barrière 女, clôture 女
さく [咲く] fleurir, s'épanouir; (咲いている) être en fleur(s)
さく [裂く] (引き裂く) déchirer; (縦に割る) fendre; (人の仲を) séparer, brouiller
さくいん [索引] index 男
さくじつ [昨日] →**昨日(きのう)**
さくしゃ [作者] auteur 男
さくじょ [削除] suppression 女 ●～する supprimer
さくせん [作戦] opération (militaire) 女 (戦術) tactique 女; (戦略) stratégie 女
さくねん [昨年] l'année dernière, l'an dernier
さくばん [昨晩] →**昨夜(さくや)**
さくひん [作品] œuvre 女; (著作) ouvrage 男; (戯曲・楽曲) pièce 女
さくぶん [作文] composition 女
さくや [昨夜] hier (au) soir, la nuit dernière
サクラ [桜] (木) cerisier 男; (花) fleurs de cerisier 女 複
さぐる [探る] fouiller (dans); (手探りする) tâtonner; (意向などを) sonder
サケ [鮭] saumon 男
さけ [酒] (酒類) alcool 男; (日本酒) saké 男 ●～を飲む boire
さけびごえ [叫び声] cri 男 ●～を上げる pousser [jeter] des cris
さけぶ [叫ぶ] crier
さける [避ける] éviter ●避けがたい inévitable
さける [裂ける] (地面などが) se fendre; (布などが) se déchirer
さげる [下げる] baisser; (数値・段階を) abaisser; (吊す) pendre; (後退させる) reculer
ささい [些細] ●～な (わずかな) minime; (取るに足らない) insignifiant(e)
ささえる [支える] soutenir; (重み・圧力を) supporter; (維持する) maintenir
ささげる [捧げる] consacrer, dédier
ささやく [囁く] chuchoter
ささる [刺さる] s'enfoncer
さじ [匙] cuiller 女 →cuillère ともつづる ●～を投げる laisser tomber
さしあげる [差し上げる] →**与える**
さしあたり [差し当たり] (当分の間) pour le moment; (今のところ) en ce moment
さしえ [挿絵] illustration 女

さしこむ [差し込む] (ものを) insérer; (光が) pénétrer ●鍵を〜 introduire une clé ●プラグを〜 brancher
さしだす [差し出す] tendre; présenter
さしみ [刺身] sashimi 男
さす [刺す] piquer, percer; (刃物で) poignarder ●〜ような痛み douleur aiguë [poignante] 女
さすが ●〜に (本当に) vraiment; (…に値する) (être) digne de ... ●〜の彼もその問題は解けないだろう Même lui ne pourrait pas résoudre ce problème.
ざせき [座席] place 女; (席一般) siège 男 ●〜につく gagner [s'asseoir à] sa place
ざせつ [挫折] échec 男; (計画などの) avortement 男 ●〜する (失敗する) échouer, tomber

さそう

[誘う] inviter à A [à 不定詞]
●…を食事に〜 inviter ... à manger
●その音楽は眠りを〜 Cette musique m'endort.
さつ [札] billet 男
► 札束 liasse de billets (de banque) 女
ざつ [雑な] peu soigné(*e*)
さつえい [撮影] photographie 女; (映画の) tournage 男 ●〜する (写真を) photographier, prendre une photo 〖*de*〗; (映画を) tourner un film
ざつおん [雑音] bruit 男; (ラジオなどのノイズ) parasites 男 複
さっか [作家] écrivain 男, auteur 男 →この2語は女性にも用いられる; (小説家) romancier(*ère*) 名
サッカー football 男, foot 男
さっき tout à l'heure, à l'instant; il y a quelques minutes
さっきょく [作曲] composition 女 ●〜する composer
► 作曲家 composit*eur*(*trice*) 名
ざっし [雑誌] revue 女; (絵や写真を主とした雑誌) magazine 男
さつじん [殺人] meurtre 男, homicide 男 ●〜を犯す commettre un meurtre ► 殺人犯 meurtri*er*(*ère*) 名; assassin 男
さっそく [早速] tout de suite, immédiatement, sans tarder
さっぱり 会話 英語は〜わからない Je suis nul en anglais. ●〜する se sentir frais(*fraîche*); (気が楽になる) se sentir soulagé(*e*)
●〜した物が食べたい Je veux manger quelque chose de léger.
●彼は〜した性格だ Il a un caractère simple et franc.
サツマイモ [薩摩芋] patate (douce) 女
さとう [砂糖] sucre 男
さばく [砂漠] désert 男 ●〜化 désertification 女
さばく [裁く] juger

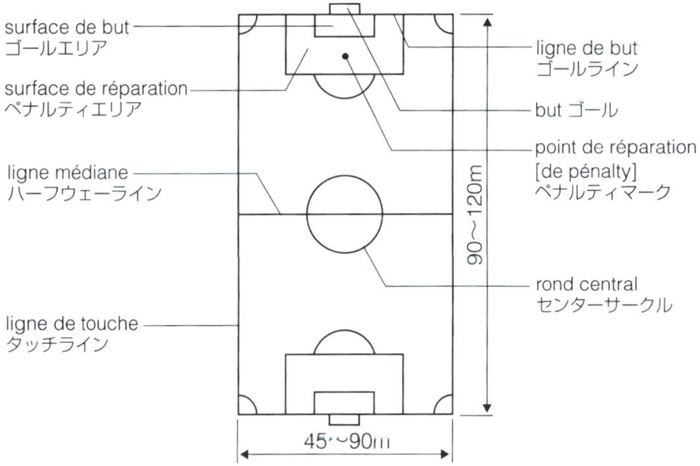

サッカー

さびしい ［寂しい］（悲しく沈んだ）triste;（孤独な）solitaire
●寂しく思う se sentir seul(*e*)
●君がいなくて〜 Tu me manques.
さびる ［錆びる］（se）rouiller, s'oxyder
さべつ ［差別］discrimination 女;（分離・隔離）ségrégation 女

サポーター ❶（関節を保護するバンド）bandes de contention 女 複, strapping 男 ❷（サッカーの）supporter 男
さま ［様］●彼女の着物姿は〜になっている Elle est très bien en kimono.
さまざま ［様々な］divers(*e*), varié(*e*)
さます ［覚ます］（目を）se réveiller;（人の迷いを）détromper, dégriser 会話（誤りから）目を覚ませ Détrompez-vous!
さます ［冷ます］refroidir;（冷めさせる）faire [laisser] refroidir
さまたげる ［妨げる］faire obstacle〘*à*〙, entraver;（妨害する）troubler

さむい ［寒い］froid(*e*);（凍てつく）glacial(*e*) 会話 今日は〜ね Il fait froid aujourd'hui.
さむけ ［寒気］●〜がする avoir des frissons, frissonner de froid
さめる ［覚める］（目が）se réveiller;（迷いが）se détromper, se désillusionner
さめる ［冷める］（se）refroidir
さもないと autrement, sans quoi [cela];（もし…でないなら）sinon
さゆう ［左右］●〜に à droite et à gauche ●〜する influencer ●一生を〜する大事件 événement qui décide de la vie de... 男 ●彼は人の言葉に〜されやすい Il est facilement influencé par les propos d'autrui.
さよう ［作用］（物理的・化学的）action 女;（効果）effet 男,（影響）influence 女
●〜する agir〘*sur*〙, influencer

さようなら au revoir;（親しい相手に）salut, tchao;（永遠の別れ）adieu
さら ［皿］assiette 女;（大皿）plat 男;《集合的》vaisselle 女 ●〜を洗う faire [laver] la vaisselle
さらいねん ［再来年］dans deux ans
さらさら ●小川が〜流れる Le ruisseau susurre. ●〜と書く écrire avec facilité
ざらざら ●〜の rude
サラダ salade 女
さらに ［更に］（もっと）plus, encore;（そのうえ）de [en] plus, en outre
サラミ salami 男
サラリーマン salarié(*e*) 名;《集合的》salariat 男
さる ［猿］（雄）singe 男;（雌）guenon 女
さる ［去る］（離れる）quitter;（立ち去る）partir, s'en aller;（過ぎ去る）passer
さわがしい ［騒がしい］bruyant(*e*)
さわぎ ［騒ぎ］bruit 男;（騒音）tapage 男, vacarme 男
さわぐ ［騒ぐ］faire du bruit;（要求を訴える）demander à cor et à cri;（お祭り騒ぎ）faire la fête [bombe]
さわる ［触る］toucher A [à A]
さん ［酸］acide 男 ●酸(性)の acide
さんか ［参加］participation 女;（政治・社会問題, 競技への）engagement 男 ●〜する participer〘*à*〙, s'engager〘*dans*〙
►参加者 participant(*e*) 名
さんかく ［三角］triangle 男 ●〜の triangulaire ►三角形 triangle 男
さんがつ ［三月］mars 男 ●〜に en mars, au mois de mars
さんぎょう ［産業］industrie 女 ●〜の industriel(*le*)
ざんぎょう ［残業］●〜する faire des heures supplémentaires
サングラス lunettes de soleil 女 複
さんこう ［参考］référence 女 ●〜にする se reporter〘*à*〙, consulter ●〜になる renseigner
►参考書 livre à consulter 男
ざんこく ［残酷な］cruel(*le*), féroce, atroce ●〜に cruellement, avec cruauté
ざんしん ［斬新］●〜な（新しい）nouveau(*elle*)（男複 -*eaux*）; neuf(*ve*);（独創的な）original(*ale*)（男複 -*aux*）
さんすう ［算数］mathématiques 女 複 → 略 math(s); arithmétique 女
さんせい ［賛成］（合意）accord 男;（是認）approbation 女;（支持）adhésion 女 ●〜する donner son accord〘*à*〙 ●〜である être d'accord〘*avec*〙
さんそ ［酸素］oxygène 男
サンタクロース le Père Noël 男
サンドイッチ sandwich 男（複 〜(*e*)*s*）

ざんねん ［残念］会話 それは〜だ C'est dommage. ●〜な regrettable;（期待はずれの）décevant(*e*) ●〜ながら malheureusement

サンプル échantillon 男, spécimen 男
さんぶん [散文] prose 女
さんぽ [散歩] promenade 女; (ひと巡り) tour 男 ●～する se promener, faire un tour
►**散歩道** promenade 女
さんみゃく [山脈] chaîne de montagnes 女
し [市] ville 女 ●～の municipal(ale) (男複 -aux)
►**パリ市** ville de Paris 女
し [死] mort 女; (死亡・逝去) décès 男 ●～の灰 retombées radioactives 女複
し [詩] poème 男; 《総称的》 poésie 女
じ [字] lettre 女, caractère 男; (筆跡) écriture 女 ●～が上手[下手]だ avoir une belle [mauvaise] écriture
-じ [-時] ●3～ちょうどに à trois heures juste [précises]
しあい [試合] match 男 (複 ～(e)s); partie 女 ●と～をする faire [disputer] un match 〖avec〗, jouer 〖contre〗
しあげる [仕上げる] finir; achever
しあわせ [幸せ] bonheur 男 ●～な heureux(se) ●～に暮らす vivre dans le bonheur
シーエム [CM] publicité 女 →略 pub
シーズン saison 女
►**シーズンオフ** basse saison 女
シーツ drap 男
シート (席) siège 男; (覆い) † housse 女, bâche 女
シートベルト ceinture de sécurité 女
シーフード fruits de mer 男複
シーン scène 女
じいん [寺院] temple 男
ジーンズ jean 男
シェア part de marché 女 ●～する (共有する) partager
シェービングクリーム crème à raser 女
ジェット ►**ジェット機** jet 男, avion à réaction 男 **ジェットコースター** montagnes russes 女複
シェフ chef 男
しお [塩] sel 男 ●～をふる saler ●～味の効いた salé(e) ●塩辛い salé(e), saumâtre
►**塩入れ** salière 女
しお [潮] marée 女 ●～が満ちる[引く] La marée monte [descend].
しおれる [萎れる] se flétrir, se faner
しか [鹿] (オス) cerf 男; (メス) biche 女; daim 男
しか [歯科] ►**歯科医** dentiste 名
しかい [司会する] (会議などで) présider; (ショーなどで) animer
►**司会者** président(e) 名; (ショーなどの) animateur(trice) 名
しかい [視界] (見通し・視度) visibilité 女; (視野) champ visuel 男
じかい [次回] la prochaine fois
しがいせん [紫外線] ultraviolet 男
しかく [資格] qualification 女; (免許) diplôme 男; (肩書き) titre 男
しかく [四角] (正方形) carré 男; (長方形) rectangle 男; (四辺形) quadrangle 男 ●～い carré(e)
しかく [視覚] vue 女, vision 女 ●～の visuel(le), optique
じかく [自覚] conscience (de soi) 女 ●～する prendre conscience 〖de, que〗
しかし mais, toutefois; (それにもかかわらず) cependant, pourtant
しかた [仕方] façon 女, manière 女; (方法) méthode 女
会話 ～がない Tant pis!
●～なく faute de mieux
しがつ [四月] avril 男
しかも de [en] plus, en outre
しかる [叱る] gronder; (叱責する) réprimander

じかん [時間] temps 男, moment 男; (時刻) heure 女
●この仕事は～がかかる Ce travail prend du temps.
●～がない Je n'ai pas le temps.

前置詞＋時間表現

dans＋時間表現 は「今から～後に」: J'arriverai dans deux heures. 私は2時間後に着くでしょう.
過去や未来のある時点を起点にして「2時間後に」は **deux heures après** [**plus tard**].
定冠詞がついた **dans les deux heures** は「2時間以内に」を意味する: Je finirai ce travail dans les deux heures. 私は2時間以内にこの仕事を終えるだろう.
avant deux heures は「2時間以内に」と「2時までに」の両方の意味があることに注意.
en＋時間表現 は「～かかって」(所要時間)を表す: Je finirai ce travail en deux heures. 私は2時間でこの仕事を終えるだろう.

しき [式] (儀式) cérémonie 女; (様式) style 男; (数式) expression 女, formule 女

しき [四季] quatre saisons 女 複
しき [指揮] direction 女 ●～する diriger
►**指揮者** chef d'orchestre 男
じき [時期] (時) moment 男, temps 男; (期間) période 女
●毎年この～に(は) chaque année à cette période
会話 ～が来たら話します Je vous en parlerai le moment venu.
じき [磁器] porcelaine 女
じきゅうじそく [自給自足] ●～する se suffire à soi-même
じぎょう [事業] affaire 女, entreprise 女
●～を起こす lancer une affaire, fonder une entreprise
●～に成功[失敗]する réussir [échouer] dans une affaire
しきり [仕切り] compartiment 男; (部屋などの) cloison 女; (家具などの) case 女
しきん [資金] fonds 男 複
しく [敷く] (広げる) étendre; (置く) mettre, poser
じく [軸] axe 男; (機械の) arbre 男
しけい [死刑] peine de mort 女
►**死刑囚** condamné(*e*) à mort 名
しげき [刺激] stimulation 女, excitation 女 ●～する stimuler, exciter ●～的な stimulant(*e*), excitant(*e*)
しげみ [茂み] buisson 男, feuillage 男
しげる [茂る] devenir touffu(*e*) [dru(*e*)]
しけん [試験] examen 男; (選抜試験) concours 男; (試験科目) épreuve 女
しげん [資源] ressources 女 複
じけん [事件] affaire 女; (大事件) événement 男; (小さな) incident 男
●～に巻き込まれる être impliqué(*e*) dans une affaire
じこ [事故] accident 男; (小さな) incident 男; (大事故) catastrophe 女
●～にあう avoir [subir] un accident
●～を起こす causer [provoquer] un accident
►**交通事故** accident de la route 男
じこ [自己] soi, soi-même ●～紹介をする se présenter
しこう [施行] ●～する appliquer, exécuter
じこく [時刻] heure 女
►**時刻表** horaires 男 複
じごく [地獄] enfer 男 ●～に落ちる aller [tomber] en enfer ●～の(ような) infernal(*ale*) (男複 -*aux*)

しごと

[仕事] ❶(広く労働・職) trava*il* 男 (複 -*aux*); 《話》 boulot 男
❷(任務) tâche 女 ❸(職・働き口) emploi 男 ❹(職業) métier 男
●～をする travailler
じさ [時差] décalage horaire 男 ●～ぼけになる souffrir du décalage horaire
じさつ [自殺] suicide 男 ●～する se suicider, se tuer
しじ [指示] indication 女 (上層部からの) directives 女 複 ●～する indiquer; (AにBを[…するよう]命令する) ordonner B à A [à A de 不定詞]
しじ [支持] appui 男, soutien 男 ●～する appuyer, soutenir
►**支持者** supporter 男; soutien 男; (味方) partisan(*e*) 名
じじつ [事実] fait 男; (真実) vérité 女; (実際に) de fait, effectivement, en effet
●～に基づいた basé(*e*) sur des faits
●～上の effecti*f*(*ve*)
ししゃ [死者] mort(*e*) 名
じしゃく [磁石] aimant 男
しじゅう [始終] toujours, tout le temps
じしゅう [自習] ●～する apprendre tout(*e*) seul(*e*) ►**自習室** salle d'étude 女
ししゅつ [支出] dépense 女, (出金) sortie 女; (支払) paiement 男
じしょ [辞書] dictionnaire 男
ししょう [支障] inconvénient 男
しじょう [市場] marché 男; (販路) débouché 男
じじょう [事情] circonstances 女 複; (個々の事態) situation 女 ●やむを得ぬ～で pour des raisons inévitables, par suite d'un empêchement majeur
じしょく [辞職] démission 女 ●～する démissionner, donner sa démission
じしん [自信] confiance (en *soi*) 女; assurance 女 ●～がある avoir confiance en *soi*, être sûr(*e*) de *soi*
じしん [地震] tremblement de terre 男; séisme 男

しずか

[静かな] calme, tranquille
●～に tranquillement, silencieusement; (そっと) doucement
しずく [滴・雫] goutte 女
システム système 男
しずまる [静まる] se calmer, s'apaiser
しずむ [沈む] (水に) couler; (船が) som-

brer; (水・泥・砂などに) (s')enfoncer; (太陽・月が) se coucher
しせい [姿勢] position 女; (態度・物腰) attitude 女
しせつ [施設] établissement 男
しせん [視線] regard 男, vue 女
しぜん [自然] nature 女 ●～の naturel(*le*); (加工していない) brut(*e*) ●～な naturel(*le*); (生来の) inné(*e*); (気どらない) sans affectation
じぜん [慈善] charité 女; (善行) bienfaisance 女 ●～の charitable
しそう [思想] idées 女 複; (体系的な) pensée 女
じぞく [持続する] continuer, durer ●～的な continu(*e*)
しそん [子孫] descendant(*e*) 名; 《集合的》 descendance 女, postérité 女

した [下] (…の下に) sous, au-dessous de, en bas de; (力・価値の劣る) inférieur(*e*) ●ネコはベッドの～にいる Le chat est sous le lit.
した [舌] langue 女 ●～がもつれる avoir la langue pâteuse
したい [死体] cadavre 男
しだい [次第] (…するとすぐに) dès… (que); (…により決まる) dépendre de… ●～に peu à peu, petit à petit
じたい [辞退] ●～する décliner
じだい [時代] époque 女, période 女; (大きな歴史的区分) âge 男; (元号などで区切られる時代) ère 女
したう [慕う] s'attacher 〖*à*〗
したがう [従う] suivre; (服従する) obéir 〖*à*〗, se soumettre 〖*à*〗 ●人の忠告に～ suivre le conseil 〖*de*〗
したがって [従って] donc; (そういうわけで) c'est pourquoi; (に応じて) au fur et à mesure que
したぎ [下着] sous-vêtement 男
したく [支度] préparatifs 男 複; (準備) préparation 女 ●～する préparer
したしい [親しい] (親密な) intime; (仲の良い) familier(*ère*)
しちがつ [七月] juillet 男 ●～に en juillet, au mois de juillet
しちゃく [試着] essayage 男 ●～する essayer
シチュー ragoût 男 ►**シチュー鍋** casserole 女
しちょう [市長] maire 男; (職) mairie 女
しつ [質] qualité 女 ●～の高い de haute [d'excellente] qualité
じつ [実] ●～に (本当に) vraiment; (非常に) très ●～は (実際は) en fait; (実を言うと) à vrai dire ●～の息子 son vrai fils ●名を捨てて～を取る sacrifier les honneurs

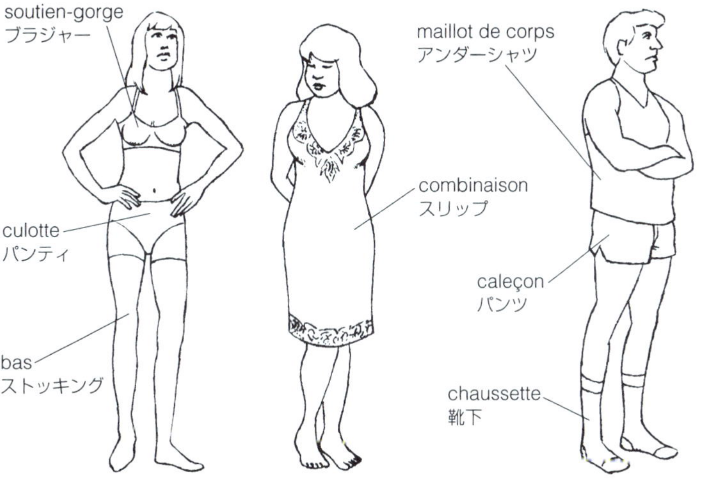

下着

à des avantages réels
しっかく [失格] ●〜する se disqualifier
しっかり (揺るぎなく) ferme, fermement; (堅固に) solidement; (きちんと) bien; (真剣に) sérieusement
しつぎょう [失業] chômage 男 ●〜している être en [au] chômage
►失業者 chômeur(*se*) 名
じつぎょう [実業] affaires 女 複
しつけ [躾] discipline 女, éducation 女
しっけ [湿気] humidité 女 ●〜のある humide
じっけん [実験] expérience 女, expérimentation 女 ●〜(を)する faire une expérience, expérimenter
じつげん [実現] réalisation 女; (達成) accomplissement 男 ●〜する se réaliser
しつこい tenace, insistant(*e*)
しっこう [執行する] exécuter
じっこう [実行] exécution 女, réalisation 女 ●〜する exécuter; (実現) réaliser
●彼は〜力がある C'est un homme d'action.
じっさい [実際] ●〜に de fait, effectivement; (本当に) réellement ●〜の effectif(*ve*); (本当の) réel(*le*) ●〜は en fait
じっし [実施] exécution 女; (実行) pratique 女 ●〜する exécuter, mettre A à exécution [en pratique]
じっしゅう [実習] travaux pratiques 男 複 (職業の) stage 男, apprentissage 男
►実習生 stagiaire 名, apprenti(*e*) 名
しっそ [質素な] simple, modeste ●〜に modestement, simplement
しっと [嫉妬] jalousie 女; (羨ましさ) envie 女 ●〜する être jaloux(*se*) 〚*de*〛
●〜深い jaloux(*se*)
しつど [湿度] humidité 女
じっと ●〜している rester [se tenir] immobile ●〜見る regarder fixement
しっとり ●〜した (湿った) humide, mouillé(*e*); (穏やかな) calme; (みずみずしい) frais(*fraîche*)
しつない [室内] intérieur 男
しっぱい [失敗] échec 男; (過ち) erreur 女
●〜する échouer 〚*à*, *dans*〛, rater
しっぽ [尻尾] queue 女 ●〜を振る remuer la queue ●〜を出す montrer le bout de l'oreille
しつぼう [失望] déception 女; (落胆) découragement 男 ●〜する être déçu(*e*) 〚*de A*, *que* 接続法〛; (落胆する) se décourager
しつもん [質問] question 女, interrogation 女; (質疑) interpellation 女 ●〜する poser une question 〚*à*〛
じつよう [実用] ●〜的な pratique ●…を〜化する mettre … en œuvre
じつりょく [実力] capacité 女, compétence 女 ●〜のある capable, compétent(*e*) ●〜を発揮する montrer ses capacités
しつれい [失礼] ●〜な impoli(*e*), indiscret(*ète*)
会話 〜ですが小島さんでしょうか Pardon, Monsieur, seriez-vous M. Kojima?
してい [指定する] désigner, indiquer
►指定席 place réservée 女
してき [指摘] remarque 女, observation 女 ●〜する signaler, faire remarquer
してき [私的な] privé(*e*), personnel(*le*)
じてん [辞典] dictionnaire 男
じてん [事典] dictionnaire 男
►百科事典 encyclopédie 女
じでん [自伝] autobiographie 女
じてんしゃ [自転車] vélo 男, bicyclette 女 →p.589の図
●〜に乗る monter à vélo
●〜で行く aller à vélo
しどう [指導] direction 女 ●〜する diriger; (教育する) instruire, orienter
じどう [自動] ●〜の automatique
●〜的に automatiquement
●〜化する automatiser
►自動販売機 distributeur automatique 男
じどうしゃ [自動車] voiture 女; 〔行政・技術〕 automobile 女
►自動車事故 accident de voiture 男 自動車修理工場 garage 男
しな [品] (商品) article 男, marchandise 女; (製品) produit 男
じにん [辞任] ●〜する démissionner
しぬ [死ぬ] mourir; (事故・戦争などで) être tué(*e*); (死去する) décéder
しば [芝] gazon 男; (芝生) pelouse 女
●〜を刈る tondre le gazon
しはい [支配] domination 女 ●〜する dominer, contrôler
しばい [芝居] théâtre 男; (戯曲) pièce (de théâtre) 女
しはいにん [支配人] direc*teur*(*trice*) 名,

administrat*eur*(*trice*) 名, gérant(*e*) 名
じはく［自白］aveu 男 ●～する avouer
しばしば souvent, fréquemment
しばふ［芝生］pelouse 女
しはらい［支払い］paiement 男;（決済）règlement 男 ●～済み《掲示》Payé; Acquitté
しはらう［支払う］payer
しばらく un certain temps,（pendant）quelque temps
●帰宅して～すると雨が降り始めた Il a commencé à pleuvoir un peu après mon retour.
会話 ～ぶりですね Il y a [Ça fait] longtemps que je ne vous ai pas vu.
しばる［縛る］lier;（つなぎとめる）attacher
じびき［字引］dictionnaire 男
しびれる［痺れる］s'engourdir
しぶい［渋い］（味が）âpre;（色・好みが控え目な）discre*t*(*ète*);（洗練された）raffiné(*e*)
しぶみ［渋み］（味）âpreté 女,（趣）raffinement discret 男
じぶん［自分］soi;（私）moi;（自分自身）soi-même ●～で（自分から）de soi-même;（本人が）en personne
しへい［紙幣］billet（de banque）男
しほう［司法］justice 女
しぼう［脂肪］graisse 女 ●～分の少ない maigre ●～分の多い gras(*se*)
しぼる［搾る］（ねじって）tordre;（押して）presser;（抽出する）extraire
しほん［資本］capita*l* 男（複 *-aux*）
►資本家 capitaliste 名 資本金 capital（social）資本主義 capitalisme 男
しま［島］île 女
しま［縞］rayure 女 ●～模様の à rayures
しまい［姉妹］sœurs 女 複
しまう［仕舞う］❶（終える）finir ... [de 不定詞] ❷（元の場所に戻す）remettre ❸（整理する）ranger
じまく［字幕］sous-titre 男
じまん［自慢］orgueil 男;（誇り）fierté 女;（見栄）vanité 女
しまつ［始末］règlement 男 ●～する（解決する）régler;（処分する）se débarrasser de ... 会話 あの子は～に負えない Cet enfant est intenable.
►始末書 lettre d'excuses 女
しまった Zut!
しまる［閉まる］fermer; se fermer
しまる［締まる］se tendre
じみ［地味］●～な sobre, discre*t*(*ète*)
しみる［染みる］pénétrer, imprégner;（ひりひりと）irriter
しみん［市民］citoyen(*ne*) 名 ●～の civil(e) ►市民権 citoyenneté 女
じむ［事務］●～的な administrati*f*(*ve*)
じむしょ［事務所］bureau 男
しめい［指名する］nommer, désigner
しめい［氏名］nom et prénom 男
しめい［使命］mission 女;（天職）vocation 女
しめきり［締め切り］délai 男, clôture 女
●～日 date limite 女
しめきる［締め切る］fermer, clôturer
しめきる［閉め切る］fermer, condamner
しめす［示す］désigner, indiquer;（見せる）montrer, faire voir
しめす［湿す］mouiller, imbiber
しめった［湿った］humide

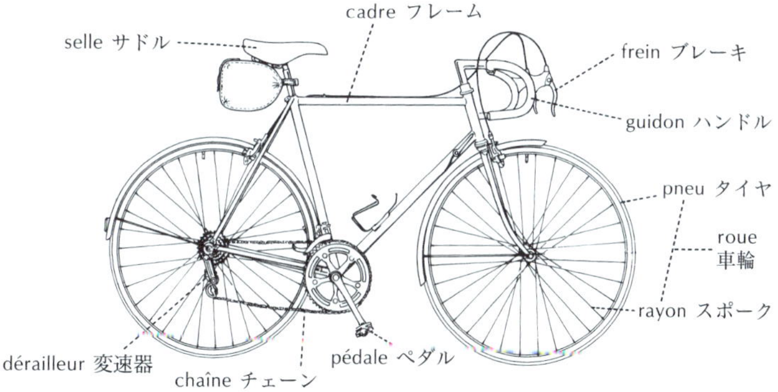

自転車

しめっぽい [湿っぽい] moite, humide; (陰気な) sombre

しめる [閉める] fermer
●蛇口を〜 fermer le robinet
●日曜は店を〜 fermer sa boutique le dimanche

しめる [締める] (緩んでいるものを) serrer, attacher (bien); (ネクタイを) nouer ●ベルトを〜 serrer [attacher, boucler] sa ceinture

しめる [占める] occuper

じめん [地面] sol 男; (大地) terre 女

しも [霜] gelée (blanche) 女 ●〜が降りる Il y a de la gelée.

しもん [指紋] empreintes digitales 女 複

しや [視野] champ visuel 男; (思考などの範囲) horizon 男

じゃあ eh bien, alors 会話 〜ね Salut!

シャープペンシル portemine 男

しゃいん [社員] employé(*e*) 名

しゃかい [社会] société 女; (世の中) monde 男 ●〜の socia*l*(*ale*) (男複 -*aux*)

ジャガイモ pomme de terre 女

しゃがむ s'accroupir

しやくしょ [市役所] mairie 女; (庁舎) Hôtel de ville 男

じゃくてん [弱点] point [côté] faible 男, faiblesse 女

しゃこ [車庫] garage 男

しゃこうてき [社交的な] sociable

しゃしょう [車掌] contrôleur(*se*) 名

しゃしん [写真] photo 女
●〜を撮る prendre une photo 〖*de*〗, photographier
●〜映えがいい photogénique

ジャスミン jasmin 男

しゃだん [遮断] ●〜する interrompre, intercepter

しゃちょう [社長] président-directeur général 男 (複 〜*s*-〜*s* -*aux*) → 略 PDG

シャツ chemise 女

じゃっかん [若干] (少量) un peu ●〜の… un peu de…, quelques…

しゃっきん [借金] dette 女, emprunt 男
●〜する faire des dettes, faire un emprunt

しゃっくり †hoquet 男 ●〜する avoir le hoquet

シャッター (鎧戸) volet 男; (カメラの) obturateur 男

しゃべる [喋る] bavarder, causer; (話す) parler

じゃま [邪魔] (迷惑・妨害) dérangement 男, (厄介) gêne 女, (障害) empêchement 男
●〜をする déranger; (妨害する) gêner
●仕事の〜をする déranger [gêner]… dans *son* travail

ジャム confiture 女

しゃれ [洒落] bon mot 男, (語呂合わせ) jeu de mots 男

しゃれた [洒落た] chic 《不変》; élégant(*e*)

シャワー douche 女 ●〜を浴びる prendre une douche

シャンパン champagne 男

しゆう [私有の] privé(*e*)
► **私有財産** biens privés 男 複

しゅう [週] semaine 女
●今〜 cette semaine
●先〜 la semaine dernière
●来〜 la semaine prochaine
●〜1回の hebdomadaire

じゆう [自由] liberté 女 ●〜な libre, affranchi(*e*) ●〜に librement; (好きなように) à sa guise

じゅう [十] dix 男 《不変》 ●〜番目の dixième ●〜分の1 un dixième

じゅう [銃] fusil 男; (ピストル) pistolet 男

しゅうい [周囲] tour 男; (周囲の人々) entourage 男; (環境) milieu 男 ●…の〜に autour de…

じゅうい [獣医] (médecin) vétérinaire 名

じゅういちがつ [十一月] novembre 男
●〜に en novembre, au mois de novembre

しゅうかい [集会] réunion 女

じゅうがつ [十月] octobre 男 ●〜に en octobre, au mois d'octobre

しゅうかん [習慣] (個人の) habitude 女; (慣習) coutume 女, pratique 女 ●〜的な habituel(*le*) ●〜で par habitude

しゅうかん [週刊の] hebdomadaire
► **週刊誌** hebdomadaire 男

しゅうき [周期] période 女, cycle 男 ●〜的な périodique, cyclique

じゅうきょ [住居] logement 男, domicile 男

しゅうきょう [宗教] religion 女 ●〜(上)の religieux(*se*)

じゅうぎょういん [従業員] employé(*e*) 名; 《集合的》 personnel 男

しゅうげき [襲撃] attaque 女; assaut 男; (テロ行為) attentat 男 ●〜する attaquer

しゅうごう [集合] rassemblement 男; (集

会) réunion 女; (数学で) ensemble 男 ●～する se rassembler, se réunir ►集合時間 heure de rassemblement [rendez-vous] 女 集合場所 lieu de rassemblement [rendez-vous] 男

しゅうし [収支] recettes et dépenses 女 複

しゅうじ [習字] calligraphie 女

じゅうし [重視] ●～する accorder [attacher] de l'importance à ...

じゅうじ [十字] croix 女 ►十字架 croix 女; (小さな) croisette 女 十字路 carrefour 男

じゅうじ [従事] ●～する s'occuper de ...; (職業を営む) exercer, pratiquer

しゅうじつ [終日] toute la journée

しゅうしふ [終止符] point (final) 男 ●～を打つ mettre un terme 〖à〗

しゅうしゅう [収集] collection 女 ●切手を～する collectionner des timbres ►収集家 collectionneu*r*(*se*) 名

じゅうじゅん [従順な] obéissant(*e*), soumis(*e*)

じゅうしょ [住所] adresse 女 会話 ～はどちらですか Quelle est votre adresse?

しゅうしょく [就職] ●～する obtenir un emploi [une place]

ジュース jus de fruit 男

しゅうせい [修正] modification 女; (法案などの) amendement 男; (作品などの手直し) retouche 女 ●～する modifier, corriger ►修正案 amendement 男

じゅうぞく [従属] subordination 女 ●～する se subordonner 〖à〗

じゅうたい [渋滞] (交通渋滞) embouteillage 男; bouchon 男

じゅうだい [重大な] grave; (重要な) important(*e*) ●～視する considérer A comme important

じゅうたく [住宅] logement 男, habitation 女

しゅうだん [集団] collectivité 女, groupe 男 ●～の collecti*f*(*ve*) ●～で行動する agir en collectivité [groupe]

じゅうたん [絨毯] tapis 男, moquette 女

しゅうちゅう [集中] concentration 女, centralisation 女 ●～する se concentrer; (一点に) converger

しゅうてん [終点] terminus 男

しゅうどう [修道] ►修道院 couvent 男, monastère 男 修道士 religieux 男 修道女 religieuse 女

じゅうどう [柔道] judo 男

じゅうなん [柔軟な] (もの・精神が) souple; (融通のきく) flexible

じゅうにがつ [十二月] décembre 男 ●～に en décembre, au mois de décembre

しゅうにゅう [収入] revenu 男; (事業などの) recette 女 ●～が多い[少ない] avoir de gros [faibles] revenus

しゅうとく [習得] ●～する apprendre

じゅうぶん

[十分な] suffisant(*e*), assez 〖*de*〗 ●～に assez, suffisamment

しゅうへん [周辺] alentours 男 複, environs 男 複 ●…の～に aux environs 〖*de*〗

しゅうまつ [週末] week-end 男

じゅうみん [住民] habitant(*e*) 名 ►住民税 impôts locaux 男 複 住民登録 déclaration de domicile (à la mairie) 女

じゅうやく [重役] direc*teur*(*trice*) 名; (取締役) administra*teur*(*trice*) 名

じゅうよう [重要な] important(*e*); (肝心な) essentiel(*le*)

しゅうり [修理] réparation 女; (故障の) dépannage 男 ●～する réparer, dépanner

しゅえい [守衛] gardien(*ne*) 名

しゅかんてき [主観的な] subjecti*f*(*ve*)

しゅぎ [主義] principe 男 →一般に複数形で使う; (教義) doctrine 女

じゅぎょう

[授業] classe 女; (講義) cours 男 ●～を受ける suivre la classe [le cours] ►授業時間 heures de cours [classe] 女 複

じゅくご [熟語] locution 女; (合成語) mot composé 男

しゅくじつ [祝日] jour de fête 男

しゅくしゃ [宿舎] logement 男; (寄宿舎) pension 女

しゅくだい [宿題] devoir 男 ●～をする faire son devoir

じゅくれん [熟練] maîtrise 女; (磨かれた技術) métier 男 ●～した expert(*e*); (経験を積んだ) expérimenté(*e*)

しゅけん [主権] souveraineté 女 ●～を有する être souverain(*e*)

じゅけん [受験] ●～する passer [se présenter à] un examen

しゅご [主語] sujet 男

しゅさい [主催する] organiser

しゅざい [取材] ●～する recueillir des renseignements

しゅじゅつ [手術] opération 女 ●～する

opérer ●～を受ける se faire opérer
►手術室 salle d'opération 女
しゅしょう［首相］Premier ministre 男
しゅじん［主人］maître(*sse*) 名 ►主人公 (男性) †héros 男; (女性) héroïne 女
しゅだい［主題］sujet 男, thème 男
しゅだん［手段］moyen 男; (対策) mesure 女
しゅちょう［主張］prétention 女, revendication 女 ●～する (言い張る) prétendre A［不定詞, que］; (権利などを) revendiquer; (意見・説などを) avancer
しゅつえん［出演］●テレビに～する passer à la télé ●映画に～する jouer dans un film
しゅっか［出荷］expédition de marchandises 女
しゅっきん［出勤］●～する aller travailler ［au travail］
しゅっけつ［出血］saignement 男;〔医〕hémorragie 女 ●～する saigner
しゅつげん［出現する］apparaître
しゅっこく［出国］sortie du pays 女 ●～する sortir du pays
しゅっさん［出産］accouchement 男 ●～する accoucher〖*de*〗
しゅつじょう［出場する］participer〖*à*〗
►出場者 participant(*e*) 名
しゅっしん［出身］●…の～である être (originaire)〖*de*〗; (学校) être sorti(*e*)［ancien(*ne*) élève］〖*de*〗
しゅっせ［出世する］réussir dans le monde; (昇進する) avoir de l'avancement
しゅっせい［出生］naissance 女
►出生率 natalité 女
しゅっせき［出席］présence 女; assistance 女 ●～する assister〖*à*〗, être présent(*e*)〖*à*〗
しゅっちょう［出張］déplacement 男, voyage d'affaires 男 ●～する faire un voyage d'affaires
►出張所 succursale 女
しゅっぱつ［出発］départ 男; (発車) démarrage 男 ●～する partir; (発車する) démarrer
►出発点 point de départ 男
しゅっぱん［出版］publication 女, édition 女; (発行) parution 女 ●～する publier, éditer; (発行する) faire paraître
►出版社 maison d'édition 女 出版物 publication 女

しゅと［首都］capitale 女
しゅふ［主婦］ménagère 女
しゅみ［趣味］(好み・センス) goût 男; (気晴らし) passe-temps (favori) 男《不変》; (ホビー) †hobby 男 (複 †*hobbies*); ●～がよい［悪い］avoir bon［mauvais］goût
じゅみょう［寿命］durée de la vie 女, (物の) durée 女
しゅやく［主役］(主な役) rôle principal 男; (中心的人物) protagoniste 名
しゅよう［主要な］principa*l*(*ale*) (男複 -*aux*); (重要な) capita*l*(*ale*) (男複 -*aux*)
►主要産業 industrie principale 女 主要人物 principaux personnages 男 複
じゅよう［需要］demande 女 ●～が多い［少ない］être très［peu］demandé(*e*) ●～と供給 l'offre et la demande
しゅるい［種類］espèce 女, sorte 女; (分野) genre 男; (範疇) catégorie 女
しゅわ［手話］langage des signes 男
じゅん［順］(順序) ordre 男; (順番) tour 男
●の～に par ordre de, à tour de rôle
●～を追って話す raconter en bon ordre
●～不同に par ordre de préférence
しゅんかん［瞬間］moment 男, instant 男
じゅんかん［循環］circulation 女, cycle 男
●～する circuler
じゅんさ［巡査］agent (de police) 男
じゅんじょ［順序］ordre 男; (順番) tour 男
●～よく en (bon) ordre ●～立てて avec ordre, méthodiquement
じゅんすい［純粋な］pur(*e*), fin(*e*)
じゅんちょう［順調］●～な bon(*ne*); (正常な) norma*l*(*ale*) (男複 -*aux*) ●～に bien, normalement 会話 ～な出だしだ C'est un bon［excellent］départ.
会話 万事～だ Tout va bien.
じゅんのう［順応］adaptation 女 ●～する s'adapter〖*à*〗, se conformer〖*à*〗
じゅんばん［順番］tour 男; (順序) ordre 男
●～に (次々に) à tour de rôle; (順序に従って) par ordre
じゅんび［準備］préparation 女; (支度) préparatifs 男 複 ●～する préparer, faire des préparatifs
しよう［使用］usage 男, utilisation 女
●～する employer; (ある目的のために) utiliser; (道具などを) se servir de
►使用中《掲示》Occupé
しょう［賞］prix 男
じょうえい［上映］séance 女
●～する jouer［donner, présenter］un

film

しょうエネ [省エネ] économie d'énergie 女

しょうか [消化] (食物の) digestion 女 ●〜する (食物・知識などを) digérer; (仕事などを) accomplir

しょうか [消火する] maîtriser [éteindre] l'incendie
►消火器 extincteur 男

しょうかい [紹介] présentation 女; (推薦) recommandation 女 ●〜する présenter, recommander
►紹介状 lettre de recommandation 女

しょうがい [生涯] vie 女 ●〜の友 ami(e) de toute la vie [pour la vie] 名

しょうがい [障害] obstacle 男; (身体の) †handicap 男

しょうがくせい [小学生] écolier(*ère*) 名

しょうがつ [正月] le nouvel an

しょうがっこう [小学校] école (primaire) 女

じょうき [蒸気] vapeur 女
►蒸気機関車 locomotive à vapeur 女

じょうぎ [定規] règle 女

じょうきゃく [乗客] (鉄道・バスなどの) voyageur(*se*) 名; (飛行機・船の) passager(*ère*) 名

しょうぎょう [商業] commerce 男

しょうきん [賞金] prix (en espèces) 男; (くじの) lot 男

しょうぐん [将軍] général 男 (複 *-aux*)

じょうけい [情景] spectacle 男, scène 女

しょうげき [衝撃] choc 男; (強い影響) impact 男

しょうけん [証券] titre 男; (有価証券) valeurs (mobilières) 女 複; (公社債) emprunt (public) 男
►証券アナリスト analyste financier 名 証券会社 maison de titres [courtage] 女 証券取引所 Bourse (des valeurs) 女

しょうげん [証言] témoignage 男 ●〜する témoigner, déposer

じょうけん [条件] condition 女 ●…という〜で à condition de 不定詞 [que 接続法] ●〜付きで承諾する accepter sous condition
►条件反射 réflexe conditionné 男

しょうこ [証拠] preuve 女 ●〜不十分で pour insuffisance de preuves

しょうご [正午] midi 男 ●〜に à midi

じょうざい [錠剤] comprimé 男

しょうさん [称賛・賞賛] louange 女, éloge 男 ●〜する louer, admirer

じょうし [上司] supérieur 男

しょうじき [正直] ●〜な honnête, franc(*che*) ●〜に honnêtement, franchement

じょうしき [常識] sens commun 男; (良識) bon sens 男
会話 それは常識だ C'est bien connu.

じょうしゃ [乗車] ●〜する monter 〖*en*〗
►乗車券 billet 男

しょうしゅう [招集・召集] (議会などの) convocation 女; (軍隊の) appel 男

じょうじゅん [上旬] la première décade du mois ●3月〜に au début de mars, début mars

しょうじょ [少女] petite fille 女; (小学生くらい) fillette 女 ●彼女の〜時代に dans son enfance

じょうしょう [上昇] montée 女; (価格・気温などの) †hausse 女, élévation 女 ●〜する s'élever, monter

しょうしん [昇進] promotion 女, avancement 男 ●〜する être promu(*e*)

じょうず

[上手な] (巧みな) habile; (器用な) adroit(*e*)
会話 あなたはフランス語の発音が〜ですね Vous prononcez bien le français.

しょうすう [小数] (fraction) décimale 女
►小数点 virgule décimale 女

しょうすう [少数の] un petit nombre de; (少数派の) minoritaire

しょうせつ [小説] roman 男; (中編) nouvelle 女; (短編) conte 男
►小説家 écrivain 男; romancier(*ère*) 名

しょうたい [招待] invitation 女 ●〜する inviter
►招待券 billet d'invitation 男 招待状 carte [lettre] d'invitation 女

じょうたい [状態] état 男; (状況) situation 女 ●現在の〜では dans la situation actuelle

しょうだく [承諾] acceptation 女; (同意) consentement 男, accord 男

じょうたつ [上達する] faire des progrès, se perfectionner

じょうだん [冗談] plaisanterie 女; blague 女; 《話》(軽口) badinage 男
会話 冗談じゃない Sans blague!

しょうち [承知] 会話 〜しました C'est entendu.

しょうちょう [象徴] symbole 男 ●〜的な

し

symbolique ●～する symboliser
しょうてん [商店] magasin 男, boutique 女
しょうどう [衝動] impulsion 女 ●～的な impulsif(*ve*)
じょうとう [上等な] bon(*ne*), de (bonne) qualité; (優れた) excellent(*e*)
しょうどく [消毒] désinfection 女 ●～する désinfecter
しょうとつ [衝突] collision 女; (車などの) †heurt 男 ●～する se heurter〚*contre*, *à*〛, percuter〚*contre*〛
しょうに [小児] bébé 男, (petit(*e*)) enfant 名 ►小児科 pédiatrie 女 小児科医 pédiatre 名
しょうにん [証人] témoin 男; ●～になる être témoin〚*de*, *que*〛●生き～ preuve vivante 女
►証人尋問 audition des témoins 女
じょうねつ [情熱] passion 女 ●～的な passionné(*e*)
しょうねん [少年] garçon 男
しょうばい [商売] commerce 男; (事業) affaires 女 複; (職業) métier 男 ●～をする faire du commerce
じょうはつ [蒸発] évaporation 女; (揮発) volatilisation 女 ●～する s'évaporer, se volatiliser
しょうひ [消費] consommation 女 ●～する consommer; (労力・時間を) dépenser
►消費者 consomma*teur*(*trice*) 名 消費税 taxe à la valeur ajoutée 女 →略 TVA
しょうひん [商品] article 男, marchandise 女 →多く複数で用いる
じょうひん [上品] (気品) distinction 女; (優美) élégance 女 ●～な élégant(*e*) ●～に élégamment
しょうぶ [勝負] partie 女; (試合) match 男 (複 ～(*e*)*s*)
じょうぶ [丈夫な] solide; (耐久性のある) résistant(*e*); (頑健な) vigoureux(*se*)
しょうぼう [消防] ►消防士 sapeur-pompier 男 (複 ～*s*-～*s*) 消防車 autopompe 女 消防署 caserne des sapeurs-pompiers 女
じょうほう [情報] information 女; (実用的な) renseignement 男; (最新の) nouvelles 女 複
じょうむいん [乗務員] (船の) équipage 男; (鉄道の) personnel roulant 男; (飛行機の) PNC 男 →personnel navigant commercial の略
しょうめい [照明] éclairage 男 ●～を当てる éclairer, illuminer
しょうめい [証明] preuve 女 ●～する prouver [démontrer, certifier] A [que]
►証明書 certificat 男, attestation 女
しょうめん [正面] face 女; (前面) front 男; (建物の) façade 女 ●～の de face
じょうやく [条約] traité 男, pacte 男
しょうゆ [醤油] sauce (de) soja 女
しょうらい [将来] avenir; (未来) futur 男
●～の d'avenir, futur(*e*)
●～性がある avoir de l'avenir
しょうり [勝利] victoire 女
►勝利者 vainqueur 男
しょうりゃく [省略] (欠落) omission 女; 〔文法〕 ellipse 女; (略記) abréviation 女
●～する omettre
じょうりゅう [上流] (川の) amont 男 ●の～に en amont de
じょおう [女王] reine 女
►女王蜂 reine (des abeilles) 女
ショート (電気の) court-circuit 男 (複 ～*s*-～*s*)
じょがい [除外する] excepter, exclure
しょき [初期] première période 女; (冒頭) début 男 ●～の premi*er*(*ère*)
じょきょ [除去] élimination 女, enlèvement 男 ●～する éliminer, enlever
ジョギング jogging 男 ●～する faire du jogging
しょく [職] (仕事) trava*il* 男 (複 -*aux*); (勤め口) emploi 男; (職業) métier 男, profession 女
しょくいん [職員] employé(*e*) 名, (集合的) personnel 男
しょくぎょう [職業] métier 男; profession 女 会話 ご～は何ですか Quelle est votre profession?

しょくじ

[食事] repas 男 ●～をする manger, prendre son repas
しょくたく [食卓] table (à manger) 女
●～につく se mettre à table
●～の用意をする mettre le couvert, préparer la table
しょくどう [食堂] salle à manger 女; (料理店) brasserie 女, bistro 男; (学校・職場などの) cantine 女
しょくどう [食道] œsophage 男
しょくにん [職人] artisan(*e*) 名
しょくぶつ [植物] plante 女; 《集合的》 végétation 女 ●～(性)の végét*al*(*ale*) (男複

-*aux*)
► 植物園 jardin botanique 男
しょくもつ［食物］nourriture 女
しょくよう［食用の］comestible
しょくよく［食欲］appétit 男 ●〜がある avoir de l'appétit
しょくりょう［食糧］（食糧・食料）vivres 男 複;（備蓄の）provisions (de bouche) 女 複;（食物）nourriture 女
じょげん［助言］conseil 男;（示唆）suggestion 女
しょさい［書斎］cabinet de travail 男, bureau 男
じょし［女子］petite fille 女
► 女子大学 université de [pour] jeunes filles 女
じょじょ［徐々に］petit à petit, graduellement;（ゆっくりと）lentement
じょせい［女性］femme 女, dame 女 ●〜の féminin(*e*)
しょち［処置］mesures 女 複;（治療）traitement 男 ●〜する traiter
しょっき［食器］ustensiles de table 男 複;《集合的》vaisselle 女
ショック choc 男 ●〜を与える［受ける］donner [recevoir] un choc
ショッピング achat 男
► ショッピングセンター centre commercial 男
しょてん［書店］librairie 女
しょとう［初等の］primaire, élémentaire
► 初等教育 enseignement primaire 男
しょどう［書道］calligraphie
しょとく［所得］revenu 男
► 所得税 impôts sur le revenu 男 複
じょぶん［序文］préface 女, avant-propos 男
しょほ［初歩］●〜的な élémentaire, rudimentaire
しょほう［処方］●薬を〜する ordonner [prescrire] un remède
► 処方箋 ordonnance 女
しょみん［庶民］peuple 男, masses 女 複
●〜的な populaire
しょめい［署名］signature 女 ●〜する signer ●〜入りの signé(*e*)
しょゆう［所有］possession 女 ●〜する posséder, avoir A en possession
► 所有者 possesseur 男, propriétaire 名
所有地[物] propriété 女
じょゆう［女優］actrice 男, comédienne 女
しょり［処理］traitement 男
●〜する traiter
しょるい［書類］papiers 男 複;（資料）documents 男 複
しらせ［知らせ］nouvelle 女;（通知・発表）annonce 女
しらせる［知らせる］●A(人)にBを〜 faire connaître [savoir] B à A;（実情を）mettre A au courant de B;（告げる）annoncer B à A;（通知する）informer [prévenir] A de B [que ...]
しらべる［調べる］enquêter sur;（検査する）examiner;（追求する）rechercher ●辞書を〜 consulter un dictionnaire
しり［尻］fesses 女 複;《話》derrière 男;（最後尾）queue 女
しりあい［知り合い］connaissance 女;（友人）ami(*e*) 名
●〜の de sa connaissance.
しりつ［私立の］privé(*e*)
じりつ［自立する］prendre son indépendance ●〜した indépendant(*e*)
しりょう［資料］document 男;（集合的）documentation 女;（素材）matériaux 男 複
しりょく［視力］vue 女

しる

［知る］❶ connaître, savoir, être au courant〘*de*〙
❷（知識・情報を得る）apprendre
❸（理解）comprendre
❹（気づく）se rendre compte〘*de*, *que*〙
しる［汁］（果物・肉の）jus 男;（植物・肉の）suc 男
しるし［印］marque 女;（記号）signe 男
●〜を付ける marquer
しろ［城］château 男
しろ［白］（色）blanc

しろい

［白い］blanc(*che*)
●〜眼で見る voir ... d'un œil mauvais
●私は壁を白く塗り替えた J'ai repeint les murs en blanc.
しろうと［素人］amat*eur*(*trice*) 名 →女性にも男性形を用いることがある;（門外漢）profane 名
しわ［皺］（皮膚の）ride 女;（布・紙などの）faux pli 男
しん［芯］❶（果物・野菜などの）cœur 男
❷（鉛筆の）mine 女
しんか［進化］évolution 女
●〜する évoluer
じんかく［人格］personnalité 女;（性格）

caractère 男
しんがっき [新学期] rentrée (des classes) 女
しんきょう [心境] état d'âme 男
シングル ●～の seul(*e*), simple ●～ルーム chambre à un lit 女
しんけい [神経] nerf 男 ●～の nerveux(*se*) ●～が太い avoir des nerfs d'acier ●～が細い avoir les nerfs fragiles
しんけいしつ [神経質な] nerveux(*se*)
しんけん [真剣な] sérieux(*se*) ●～に sérieusement
じんけん [人権] droits de l'homme 男 複
しんこう [信仰] foi 女; (ある対象への) croyance 女 ●～する croire en ... ●～の厚い pieux(*se*)
►信仰生活 vie religieuse [spirituelle] 女
しんごう [信号] signa*l* 男 (複 -*aux*); (交通信号灯) feux de circulation 男 複
じんこう [人口] population 女 ●～の多い町 ville peuplée 女
►人口密度 densité de la population 女
じんこう [人工の] artificiel(*le*)
►人工衛星 satellite artificiel 男 人工呼吸 respiration artificielle 女
しんこく [申告] déclaration 女 ●～する déclarer ►申告者 déclarant(*e*) 名
しんこん [新婚] ●～の夫婦 (nouveaux) mariés 男 複
►新婚旅行 voyage de noces 男
じんざい [人材] ressources humaines 女 複, talents 男 複
しんさつ [診察] consultation 女
●～する examiner
●～を受ける consulter un médecin
►診察券 carte de consultation 女
じんじ [人事] administration du personnel 女
►人事部長 direc*teur*(*trice*) des ressources humaines 名 →略 DRH
しんしつ [寝室] chambre 女
しんじつ [真実] vérité 女 ●～の vrai(*e*), véritable
しんじゃ [信者] croyant(*e*) 名, fidèle 名, adepte 名
じんじゃ [神社] temple shintô 男
しんじゅ [真珠] perle 女
じんしゅ [人種] race (humaine) 女
しんじょう [心情] sentiments 男 複
しんしょうしゃ [身障者] † handicapé(*e*) (physique) 名
しんじる [信じる] croire; (確信する) être sûr(*e*) [persuadé(*e*), convaincu(*e*)] 〘*de*, *que*〙; (信頼する) avoir confiance 〘*en*〙
しんせい [神聖な] sacré(*e*), saint(*e*)
じんせい [人生] vie 女 ●幸福な～をおくる mener une vie heureuse
しんせき [親戚] parent(*e*) 名; (親戚関係, 親戚一同) parenté 女

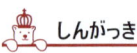

しんせつ

[親切] gentillesse 女 amabilité 女
●～な gentil(*le*), aimable
●～に gentiment, aimablement
しんせん [新鮮な] frais(*fraîche*); (新しい) nouve*au*(*elle*) (男複 ～*eaux*) ●～味がない Il n'y a rien de nouveau.
しんぜん [親善] relations amicales 女 複
しんぞう [心臓] cœur 男 ●～が強い avoir le cœur robuste; (ずうずうしい) être effronté(*e*), être culotté(*e*) ●～がどきどきする avoir le cœur battant
►心臓発作 attaque cardiaque 女 心臓麻痺 paralysie du cœur [cardiaque] 女
じんぞう [腎臓] rein 男
しんだい [寝台] lit 男
►寝台車 wagon-lit 男 (複 ～*s*-～*s*)
しんだん [診断] diagnostic 男 ●～を下す faire un diagnostic
►診断書 certificat médical 男
しんちょう [身長] taille 女 会話 ～はどのくらいですか Quelle est votre taille? ●～が1メートル80ある mesurer 1 m 80
しんちょう [慎重] prudence 女 ●～な prudent(*e*) ●～に avec prudence
しんどう [震動] tremblement 男; (衝撃による) ébranlement 男 ●～する trembler
じんどう [人道] ●～的な humain(*e*), humanitaire
►人道主義 humanisme 男
しんねん [新年] nouvelle année 女; (正月) nouvel an 男
会話 ～おめでとう Bonne (et heureuse) année! | Je vous souhaite une bonne (et heureuse) année.
しんぱい [心配] souci 男; (気がかり) préoccupation 女; (不安) inquiétude 女 ●～する s'inquiéter [être inquie*t*(*ète*)] 〘*de A* [不定詞], *que* [接続法]〙, avoir peur 〘*de A* [不定詞], *que* [接続法]〙 ●～をかける donner [causer] du souci 〘*à*〙
しんぱん [審判] (裁き) jugement 男; (スポーツの) arbitrage 男

► 審判員 arbitre 男, juge 男

しんぴ [神秘] mystère 男 ●～的な mystérieux(*se*)

しんぷ [神父] abbé 男, père 男

しんぷ [新婦] mariée 女

じんぶつ [人物] personne 女; (重要な) personnage 男

しんぶん [新聞] journ*al* 男 (複 *-aux*); 《総称》presse 女

●～に載る paraître dans le journal

●～で読む lire ... dans le journal

► 新聞記者 journaliste 名 新聞社 (bureau du) journal 男

しんぽ [進歩] progrès 男; (進展) avancement 男 ●～する progresser, se développer ●～的な progressiste

しんぼう [辛抱] ●～する (じっと待つ) patienter; (耐える) supporter, endurer ●～強い patient(*e*) ●～強く patiemment, avec patience [persévérance]

じんぼう [人望] crédit 男, prestige 男

シンポジウム symposium 男

シンボル symbole 男

しんや [深夜] minuit 男 ●～に en pleine nuit

しんゆう [親友] ami(*e*) intime 名; son(*sa*) meilleur(*e*) ami(*e*) 名

しんよう [信用] confiance 女; (取引上の) crédit 男; (評判) réputation 女 ●～する faire confiance 〖*à*〗, avoir confiance 〖*en*〗

しんらい [信頼] confiance 女, foi 女 ●～する faire confiance 〖*à*〗 ●～を裏切る trahir la confiance 〖*de*〗

しんり [心理] psychologie 女 ●～的な psychologique

► 心理学 psychologie 女

しんり [真理] vérité 女

しんりゃく [侵略] invasion 女, envahissement 男 ●～する envahir

しんりょう [診療] (治療) traitement 男

► 診療所 clinique 女

しんりん [森林] forêts 女 複; bois 男

しんるい [親類] parent(*e*) 名; (総称) parenté 女

► 親類縁者 parents et alliés 男 複

じんるい [人類] humanité 女 ●～の de l'humanité

しんろう [新郎] marié 男

► 新郎新婦 les mariés 名 複

しんわ [神話] mythe 男

す [巣] (鳥や虫の) nid 男; (クモの) toile d'araignée 女; (巣穴) terrier 男

す [酢] vinaigre 男

ず [図] figure 女; (図表) graphique 男; (絵図) image 女

すいえい [水泳] natation 女; (泳ぎ) nage 女

スイカ [西瓜] pastèque 女

すいさいが [水彩画] aquarelle 女

すいじ [炊事] cuisine 女 ●～する faire la cuisine

すいじゃく [衰弱] affaiblissement 男; (極度の) épuisement 男 ●～する s'affaiblir, s'épuiser

すいせい [水星] Mercure 男

すいせい [彗星] comète 女

すいせん [推薦] recommandation 女; (入会などの) parrainage 男 ●～する recommander; (会などに) parrainer

スイセン [水仙] narcisse 男; (黄水仙) jonquille 女

すいそ [水素] hydrogène 男

すいぞう [膵臓] pancréas 男

すいそく [推測] supposition 女, présomption 女 ●～する supposer, présumer

すいぞくかん [水族館] aquarium 男

すいちょく [垂直] aplomb 男 ●～な verti*cal*(*ale*) (男複 *-aux*)

スイッチ interrupteur 男; (スイッチボタン) bouton 男; (点火スイッチ) contact 男

●～を入れる (電灯の) allumer

●～を切る éteindre

すいどう [水道] (給水設備) eau (courante) 女; (海峡) détroit 男

► 水道管 conduite d'eau 女

ずいひつ [随筆] essai 男

すいぶん [水分] ●～の多い aqueux(*se*); (果汁の多い) juteux(*se*) ●～を補給する s'hydrater

ずいぶん [随分] très, beaucoup, bien; (かなり) assez

すいへい [水平] ●～の horizont*al*(*ale*) (男複 *-aux*) ●～に horizontalement

► 水平線 horizon 男

すいみん [睡眠] sommeil 男 ●6時間の～をとる prendre six heures de sommeil

すいようび [水曜日] mercredi 男

すいり [推理] raisonnement 男 ●～する raisonner 〖*sur*〗

すう [吸う] aspirer; (空気を) respirer; (吸収する) absorber

すうがく [数学] mathématiques 女 複

す

すうじ [数字] chiffre 男
ずうずうしい [図々しい] effronté(*e*)
スーツ (男物) complet 男, costume 男; (女物) (costume) tailleur 男
スーツケース valise 女
スーパーマーケット supermarché 男
すうはい [崇拝] culte 男, adoration 女, vénération 女
す
スープ soupe 女
すうりょう [数量] quantité 女
すえ [末] (終わり) fin 女; (将来) avenir 男
●よく考えた～ après avoir bien réfléchi
すえつける [据え付ける] installer
すえっこ [末っ子] cadet(*te*) 名, benjamin(*e*) 名
スカート jupe 女 ●～をはいている porter une jupe
スカーフ foulard 男
すがた [姿] (体・形) forme 女; (面影) image 女; (外見) apparence 女 ●～を現す apparaître ●～を消す disparaître

すき

[好き] ●～である aimer; (AよりBが) préférer B à A
●～な préféré(*e*), favori(*te*)
会話 お好きな映画は何ですか Quel est votre film préféré?

すき [隙] (油断) imprudence 女; (無警戒の時) moment d'inattention 男 ●～のない (用心深い) vigilant(*e*); (非の打ち所のない) inattaquable
スギ [杉] cyprès du Japon 男
-すぎ [-過ぎ] ●3時～だ Il est trois heures passées.
スキー ski 男 ●～をする skier, faire du ski
すきま [隙間] interstice 男; (割れ目) fente 女 ►**すきま風** courant d'air 男, vent coulis 男
スキャンダル scandale 男
すぎる (経過) passer; s'écouler; (通過) passer, dépasser ●時間が～ Le temps passe. ●彼は30歳を過ぎているでしょう Il doit avoir la trentaine passée.
すく [空く] être moins bondé(*e*); (腹が) avoir faim

すぐ

[直ぐ] tout de suite, immédiatement; (短時間で) en un moment
会話 郵便局は～そこです La poste est juste à côté.
●彼女は～怒る Elle se fâche facilement [pour un rien].

すくう [救う] sauver; (援助する) aider
すくう [掬う] ●手で水を～ puiser de l'eau dans ses mains
●足を～ faire un croc-en-jambe à ...
すくない [少ない] (数が) peu nombreux(*se*); (量が) peu abondant(*e*); (まれな) rare ●少なくする diminuer, réduire
すくなくとも [少なくとも] au [du] moins
スクリーン écran 男
すぐれた [優れた] excellent(*e*); (卓越した) éminent(*e*)
すぐれる [優れる] exceller 〖à, *dans*, *en*〗; (人より) surpasser ●気分が優れない ne pas se sentir bien ●優れた excellent(*e*); (卓越した) éminent(*e*)
スケート patinage 男 ●～をする patiner, faire du patinage [patin] ►**フィギュアスケート** patinage artistique 男
スケジュール (全体的な) programme 男; (時間割) emploi du temps 男
スケッチ croquis 男 ●～する faire le croquis 〖*de*〗, croquer
すごい [凄い] terrible; (並はずれた) extraordinaire; (素晴らしい) formidable

すこし

[少し] (数) quelques; (量) un (petit) peu de; (程度) un peu
●～あとで un peu plus tard
●～ずつ peu à peu; petit à petit

すごす [過ごす] passer
会話 いかがお過ごしですか Comment allez-vous?
すし [鮨] sushi 男
すじ [筋] (腱) nerf 男; (線) trait 男; (物語の) intrigue 女; (論理) logique 女
すず [鈴] clochette 女, grelot 男

すずしい

[涼しい] frais(*fraîche*)
会話 今日は～ Il fait frais aujourd'hui.

すすむ [進む] avancer, aller, marcher, progresser
スズメ [雀] moineau 男
すすめる [進める] (faire) avancer; (進展させる) faire progresser
すすめる [勧める] (A(人)にBを) recommander B à A; (奨励する) encourager A à 不定詞
すそ [裾] bas 男
スター vedette 女, étoile 女, star 女
スタート départ 男, démarrage 男 ●～する prendre le départ, démarrer

スタイリスト styliste 名
スタイル style 男; (体) corps 男
スタジアム stade 男
スタジオ studio 男
スタッフ personnel 男, équipe 女
スタンド ❶(観客席) tribune 女 ❷(売店) kiosque 男
-ずつ ●1つ[1人]〜 un(e) par un(e)
ずつう [頭痛] mal de tête 男 ●〜がする avoir mal à la tête, avoir la migraine
すっかり complètement, totalement
ずっと (はるかに) beaucoup, bien; (いつまでも) toujours; (前から) depuis longtemps; (その間ずっと) tout le temps ●〜以前に il y a très [bien] longtemps ●一日中〜 toute la journée
すっぱい [酸っぱい] acide; (未熟や変質のせいで) aigre ●酸っぱくなる (牛乳などが) tourner à l'aigre
ステーキ steak 男, bifteck 男
すてき [素敵な] chouette; (きれいな) joli(e); (魅力的な) charmant(e)
すでに [既に] déjà; (以前に) avant ●〜述べたように comme nous l'avons mentionné ci-dessus
すてる [捨てる] jeter, abandonner
ステンレス acier inoxydable 男 →略 inox
ストーブ poêle 男; (ヒーター) radiateur 男
ストッキング collant 男, bas 男
ストライキ grève 女 ●〜をする faire grève ●〜中である être en grève
ストレス stress 男
すな [砂] sable 男; (細砂) sablon 男 ►砂浜 plage (de sable) 女
すなお [素直] ●〜な docile, obéissant(e)
すなわち [即ち] c'est-à-dire, autrement dit; (例を挙げれば) à savoir
スニーカー basket 女
スパークリングワイン vin mousseux 男
スパイ espion(*ne*) 名, agent secret 男 ●〜をする espionner
スパイス épice 女
スパゲッティ spaghetti 男 複
すばやい [素早い] rapide; (迅速な) prompt(*e*) ●動作が〜 agir rapidement
すばらしい [素晴らしい] magnifique, merveilleux(*se*); (優れた) excellent(*e*)
スピーカー ❶(拡声器) † haut-parleur 男 ❷(ステレオ装置) enceinte acoustique 女
スピーチ discours 男, speech 男 (複 〜*es*); (要人の短い演説) allocution 女
スピード vitesse 女 ●〜を出す prendre de la vitesse ►**スピード違反** excès de vitesse 女
スプーン cuiller, cuillère 女
スプレー atomiseur 男, vaporisateur 男
スペア rechange 男 ►**スペアタイヤ** pneu de rechange 男
すべて [全て] tout ●〜の tout(e) (男複 *tous*)
すべりやすい [滑りやすい] glissant(e)
すべる [滑る] glisser; (横滑り) déraper
スポーツ sport 男 ●〜をする faire du sport ►**スポーツマン** sporti*f*(*ve*) 名
ズボン pantalon 男 ●〜をはく mettre [enfiler] son pantalon
スポンサー annonceur publicitaire 男
スポンジ éponge 女
すまい [住まい] maison 女; (住居) logement 男
すます [済ます] ❶(終える) finir, terminer ❷(…で満足する) se contenter de… [不定詞] ❸(…なしで) se passer de… [不定詞]
すみ [隅] coin 男 ●〜から〜まで捜す chercher A dans tous les recoins
すみません [済みません] ❶(わび) excusez-moi, pardon ❷(呼びかけ) s'il vous plaît, monsieur(*madame*)
会話 〜が…していただけませんか Excusez-moi, mais vous ne pourriez pas…

すむ

[住む] habiter; (生活する) vivre ●パリに〜 habiter à Paris
すもう [相撲] sumo 男
スライド (プレゼンなどで用いる) diapositive 女; (顕微鏡の) porte-objet 男 《不変》; (賃金などの) indexation 女
ずらす décaler, déplacer
すらすら ●〜問題を解く résoudre un problème sans difficulté ●この万年筆は〜書ける On écrit facilement avec ce stylo. ●事が〜と運ぶ aller comme sur des roulettes
スリ pickpocket 男, voleu*r*(*se*) à la tire 名
すりきれる [すり切れる] s'élimer, s'user
スリッパ pantoufle 女
スリップ (滑ること) dérapage 男, glissement 男; (婦人の下着) combinaison 女
スリム ●〜な élancé(*e*), svelte

する ❶ faire ●料理を～ faire la cuisine
❷(スポーツ・ゲームなどを) jouer 〖à〗, pratiquer
❸(AをBに) faire de A B, rendre A B → Bは形容詞
❹(身につける) mettre
する [刷る] imprimer, tirer
せ
ずるい [狡い・猾い] rusé(*e*); (抜け目のない) malin(*gne*); (不正な) injuste
すると (その時) alors; (それで) et
するどい [鋭い] aigu(*ë*); (刺すような) perçant(*e*); (鋭敏な) subtil(*e*) ●～質問 question subtile 女 ●鋭く sévèrement, vivement ●鋭さ acuité 女; (分析などの) subtilité 女; (感覚の) finesse 女
ずれる (位置が) se déplacer; (逸脱する) dévier 〖*de*〗; (かけ離れる) s'écarter 〖*de*〗
スローガン slogan 男

すわる [座る] s'asseoir; se mettre ●席に[食卓に]～ s'asseoir à sa place [à table] ●座らせる asseoir
すんだ [澄んだ] clair(*e*); (澄み切った) limpide; (清らかな) pur(*e*)
すんぽう [寸法] mesure 女, dimension 女; (服の) taille 女; (靴・帽子・手袋の) pointure 女
せ [背] dos 男; (身長) taille 女; (椅子などの) dossier 男 ●～が高い[低い] être grand(*e*) [petit(*e*)]
せい [性] sexe; (本性) nature; (文法の) genre 男 ●～的な sexuel(*le*)
せい ●…の～で (原因) à cause de; (落度) par la faute de
会話 それは誰の～でもない Ce n'est la faute de personne.
せいかく [性格] caractère 男; (生来の) nature 女; (気質) tempérament 男 ●～の不一致 discordance des caractères 女
せいかく [正確] ●～な exact(*e*), précis(*e*) ●～に言うと en termes plus précis
せいかつ [生活] vie 女, existence 女 ●～する vivre
ぜいかん [税関] douane 女
せいき [世紀] siècle 男
せいぎ [正義] justice 女
せいきゅう [請求] demande 女; (正当な権利の) réclamation 女 ●～する demander, réclamer
せいぎょ [制御] maîtrise 女, contrôle 男 ●～する maîtriser, contrôler
ぜいきん [税金] impôt 男, taxe 女
せいけい [生計] vie 女
せいけつ [清潔な] propre
せいけん [政権] pouvoir politique 男 ●～を握る prendre le pouvoir
せいげん [制限] limitation 女 ●スピードを～する limiter la vitesse ●～なく sans limitation
せいこう [成功] succès 男, réussite 女 ●～する réussir 〖à〗
せいさく [政策] politique 女
せいさん [生産] production 女; (製造) fabrication 女 ●～する produire, fabriquer ●～的な productif(*ve*)
►生産性 productivité 女 生産高 production 女, rendement 男
せいさん [清算] liquidation 女 ●～する liquider
せいじ [政治] politique 女; (政体) gouvernement 男 ●～的(な) politique faire de la politique
せいしき [正式] ●～な régulier(*ère*); (合法的な) légal(*ale*) (-*aux*); (形式に合った) en bonne et due forme ●～に régulièrement, légalement
せいしつ [性質] (生来・本来の) nature 女, (特性) caractéristique 女
せいじつ [誠実] sincérité 女, loyauté 女 ●～な sincère, loyal(*ale*) (男複 -*aux*)
せいじゅく [成熟] maturité 女 ●～する mûrir ●～した mûr(*e*)
せいしゅん [青春] jeunesse 女
せいしょ [聖書] la (Sainte) Bible 女
せいじょう [正常な] normal(*ale*) (男複 -*aux*) ●～化する normaliser
せいしん [精神] esprit 男 ●～的(な) mental(*ale*) (男複 -*aux*), moral(*ale*) (男複 -*aux*)
せいじん [成人] adulte 名; (成年) majorité 女 ●～する atteindre sa majorité
せいせき [成績] résultats 男複; (評点) notes 女複 ●～がよい[悪い] avoir de bonnes [mauvaises] notes
►成績表 carnets de notes 男複
せいぞう [製造] fabrication 女 ●～する fabriquer
►製造業 industrie manufacturière 女
せいぞん [生存] existence 女, (生き残ること) survie 女 ●～する exister; (生き残る) survivre
せいだい [盛大] ●～な magnifique; (厳かな) solennel(*le*)
ぜいたく [贅沢] luxe 男 ●～な lux-

ueux(*se*); (華美な) somptueux(*se*)
せいちょう [成長・生長] croissance 女; (発展) développement 男 ●～する grandir, se développer
せいと [生徒] élève 名
せいど [制度] système 男, institution 女 ●～化する institutionnaliser
せいとう [正当] ●～な légitime; (当然の) juste; (理にかなった) raisonnable ●～化する justifier
せいとん [整頓] rangement 男 ●～する ranger, mettre A en ordre
せいねん [青年] jeune homme 男, jeunes gens 男 複 ●～時代に dans sa jeunesse
せいねんがっぴ [生年月日] date de naissance 女
せいひん [製品] produit 男, article 男
せいふ [政府] gouvernement 男
せいふく [征服] conquête 女 ●～する conquérir; (山などを) vaincre
せいぶつ [生物] êtres vivants 男 複; (有機体) organisme 男
せいぶん [成分] composant 男; (混合物の) ingrédient 男
せいべつ [性別] sexe 男
せいほうけい [正方形] carré 男
せいみつ [精密な] précis(*e*), minutieux(*se*)
►**精密機械** machine de précision 女
せいめい [生命] vie 女 ●政治～ carrière politique 女
►**生命力** vitalité 女
せいめい [声明] déclaration 女, communiqué 男
せいよう [西洋] Occident 男 ●～の occidenta*l*(*ale*) (男複 -*aux*)
せいり [整理する] mettre A en ordre, ranger
せいり [生理] physiologie 女; (女性の) règles 女 複 ●～中である avoir ses règles, 《丁寧な言い方で》 être indisposée
●～的に (本能的に) instinctivement
►**生理用品** serviette périodique 女
せいりょく [勢力] influence 女; (力) force 女 ●～のある influent(*e*)
せいりょく [精力] énergie 女, vigueur 女 ●～的な énergique, dynamique
セーター pull 男; pull-over 男
セールスマン représentant de commerce 男
せおう [背負う] porter ... sur le dos
せかい [世界] monde 男 ●～的(な) mondia*l*(*ale*) (男複 -*aux*); (国際的な) internationa*l*(*ale*) (男複 -*aux*) ●～的に mondialement, à l'échelle mondiale ●～中(に, で) dans le monde entier
せき [席] (座席) place 女; (議席) siège 男; (会合) réunion 女, banquet 男
●～につく s'asseoir, prendre place
●～を譲る céder *sa* place 〘*à*〙
●～を予約する réserver [louer, retenir] une place
せき [咳] toux 女 ●～をする tousser
せきがいせん [赤外線] (rayons) infrarouges 男 複
せきたん [石炭] houille 女, charbon 男
せきどう [赤道] équateur 男
せきにん [責任] responsabilité 女; (義務) devoir 男, obligation 女 ●について～がある avoir la responsabilité 〘*de*〙; être responsable 〘*de*〙 ●～を取る prendre [assumer] la responsabilité 〘*de*〙
せきゆ [石油] pétrole 男
せけん [世間] monde 男 ●～知らずの naï*f*(*ve*) ●～並みの ordinaire
せだい [世代] génération 女
せっかく ●～の努力が水の泡だ Tous ces efforts n'ont servi à rien. 会話 ～ですがお断りします C'est très gentil de votre part, mais je ne peux accepter.
せっきょく [積極] ●～的な positi*f*(*ve*), acti*f*(*ve*) ●～的に positivement, activement
せっけい [設計] plan 男 ●～する faire un plan ►**設計図** plan 男, tracé 男
せっけん [石鹸] savon 男 ●～で洗う laver avec du savon
せっせ ●～と avec assiduité
せつぞく [接続] jonction 女, connexion 女, (交通機関の) correspondance 女 ●～する (列車などが) correspondre 〘*avec*〙

ぜったい

[絶対] absolument; (断固として) catégoriquement
●～の absolu(*e*), catégorique
会話 ～にだめ[違う] Absolument pas!
せつだん [切断] ●～する couper, trancher
セット (一揃い) série 女, assortiment 男; (テニスなどの) manche 女; (映画などの) plateau 男 ●髪を～してもらう se faire coiffer
せっとく [説得] persuasion 女 ●～する persuader [convaincre] 〘*de*〙 ●～力のある persuasi*f*(*ve*), convaincant(*e*)
せつび [設備] équipement 男, installation

女
ぜつぼう [絶望] désespoir 男 ●～する désespérer〘*de*〙 ●～的な désespéré(*e*)

せつめい
[説明] explication 女; (解説) commentaire 男
●～する expliquer
●～のつかない inexplicable

せ **ぜつめつ** [絶滅する] s'éteindre, disparaître
せつやく [節約] économie 女, épargne 女
●～する économiser A [sur A]
せつりつ [設立] fondation 女, création 女
●～する fonder, créer
せなか [背中] dos 男
ぜひ [是非] à tout prix, coûte que coûte
せびろ [背広] costume 男; (上着) veste 女
せまい [狭い] étroit(*e*), petit(*e*)
せまる [迫る] (近づく) (s') approcher〘*de*〙; (追い込む) acculer à ... [不定詞]; (人に…を要求する) exiger ... de ●必要に迫られて par nécessité ●出発の時間が迫っている L'heure du départ approche. ●試験が3日後に迫っている Il ne reste plus que trois jours avant l'examen.
セミ [蝉] cigale 女
ゼミナール (研究会) séminaire 男; (演習) travaux pratiques 男 複, T.D. →travaux dirigés の略
せめて au moins
せめる [責める] (A(人)をBのことで) reprocher B à A [à A de 不定詞]; blâmer A de [pour] B
セメント ciment 男
ゼリー gelée 女
せりふ [台詞] dialogue 男
セルフサービス libre-service 男《不変》
ゼロ zéro 男
セロテープ scotch 男, ruban adhésif 男
セロリ céleri 男
せろん [世論] opinion publique 女
► **世論調査** sondage d'opinion 男
せわ [世話] soin 男; (扶養) charge 女; (あっせん) entremise 女
せん [線] ligne 女, trait 男
せん [栓] bouchon 男; (ガス・水道の) robinet 男; (浴槽の) bonde 女 ●～を抜く (コルク栓) déboucher; (ビンの口金) décapsuler ► **栓抜き** (コルク栓) tire-bouchon 男, (口金) décapsuleur 男
ぜん [善] bien 男
せんい [繊維] fibre 女, textile 男
► **繊維製品** article textile 男
せんきょ [選挙] élection 女 ●～する élire ●～に勝つ[負ける] gagner [perdre] les élections ► **選挙権** droit de vote 男
せんげつ [先月] le mois dernier
せんげん [宣言] déclaration 女, proclamation 女 ●～する déclarer; (独立・即位を) proclamer
せんこう [専攻] spécialité 女; (学生の) discipline 女
ぜんこく [全国] ●～に dans [sur] tout le pays ●～的な nation*al*(*ale*) (男複 -*aux*)
► **全国中継** retransmission nationale 女
せんざい [洗剤] lessive 女
ぜんさい [前菜] †hors-d'œuvre 男《不変》
せんじつ [先日] l'autre jour
ぜんじつ [前日] la veille
せんしゅ [選手] joueu*r*(*se*) 名; (陸上の) athlète 名
せんしゅう [先週] la semaine dernière 女
●～の木曜日 jeudi dernier
せんじゅつ [戦術] tactique 女
せんじょう [戦場] champ de bataille 男
ぜんしん [前進] avance 女 ●～する avancer
せんしんこく [先進国] pays avancé [développé] 男
せんす [扇子] éventail 男
センス sens 男; (趣味) goût 男

せんせい
[先生] ❶(一般) enseignant(*e*) 名; (コレージュ・リセ・大学などの) professeur 男; (小学校の) institu*teur*(*trice*) 名
❷《呼びかけで》Monsieur(*Madame*) 名
せんせい [専制] despotisme 男, autocratie 女
せんぞ [先祖] ancêtre 男
ぜんぜん [全然] pas du tout, absolument pas; (少しの…もない) aucun(*e*)
せんそう [戦争] guerre 女 ●～をする faire la guerre〘*à*〙; (互いに) se faire la guerre ●～中である être en guerre
ぜんたい [全体] tout 男, ensemble 男
●～の généra*l*(*ale*) (男複 -*aux*); tota*l*(*ale*) (男複 -*aux*) ●～的に dans l'ensemble
せんたく [選択] choix 男, option 女 ●～する choisir; (選択肢の中から) opter〘*pour*〙
せんたく [洗濯] lessive 女 ●～する faire la lessive, laver le linge
► **洗濯機** machine à laver 女
せんたん [先端] pointe 女, extrémité 女

► 先端技術 technique de pointe 女
センチメートル centimètre 男
せんちょう［船長］ capitaine 男
せんでん［宣伝］ publicité 女 →略 pub ●～する faire de la publicité〖pour〗
せんとう［先頭］ tête 女 ●列の～に立つ prendre la tête du cortège
せんとう［戦闘］ combat 男, bataille 女 ●～的な belliqueux(se)
せんぱい［先輩］ ancien(ne) 名 ●このクラブでは私が彼より～だ Dans ce club, je suis plus ancien que lui.
ぜんはん［前半］ première moitié 女;（サッカーなどの）première mi-temps 女
ぜんぶ［全部］ tout 男; ensemble 男;（すっかり）totalement, complètement ●～でいくらになりますか Ça fait combien en tout [au total]?
せんぷうき［扇風機］ ventilateur 男
ぜんまい［発条］ ressort 男
ぜんめつ［全滅する］ être anéanti(e), être complètement détruit(e)
せんめん［洗面する］ se laver la figure
► 洗面器 cuvette 女 洗面所 cabinet de toilette 男
せんもん［専門］ spécialité 女 ●～の[的な] spécial(ale)（男複 -aux）
► 専門家 spécialiste 名 専門学校 école professionnelle 女
せんりゃく［戦略］ stratégie 女
せんりょう［占領］ occupation 女;（奪取）prise 女 ●～する occuper, prendre
ぜんりょく［全力］ ●～を尽くす faire tout son possible〖pour〗
せんろ［線路］ voie ferrée 女;（レール）rail 男

そう

そう ●～して ainsi, comme ça, de cette façon ●～いうわけで pour cette raison 会話 私も～思います C'est ce que je pense, moi aussi.
そう［沿う］ longer, border ●方針に沿って行動する se conduire suivant le plan fixé
ぞう［象］ éléphant 男
そうおん［騒音］ bruit 男, vacarme 男
ぞうか［増加］ augmentation 女; accroissement 男 ●～する augmenter, s'accroître
そうかい［総会］ assemblée générale [plénière] 女
そうがく［総額］ total 男（複 -aux), montant 男
そうかつ［総括］ synthèse 女;（要約）résumé 男, sommaire 男 ●～する synthétiser, résumer
ぞうきん［雑巾］ chiffon 男;（ゆか用の）serpillière 女
そうぐう［遭遇］ rencontre 女 ●～する rencontrer, tomber sur
ぞうげ［象牙］ ivoire 男
そうこ［倉庫］ entrepôt 男, dépôt 男
そうご［相互］ ●～の mutuel(le), réciproque ●～に l'un(e) l'autre, mutuellement, réciproquement
そうごう［総合］ synthèse 女 ●～する synthétiser, globaliser ●～的な synthétique;（包括的な）global(ale)（男複 -aux）
そうさ［捜査］ recherche 女, enquête 女 ●～する rechercher, enquêter〖sur〗
そうさ［操作］ manœuvre 女; manipulation 女 ●～する manier, manœuvrer
そうさく［捜索］ recherche 女;（捜査）enquête 女 ●～する rechercher
そうじ［掃除］ nettoyage 男, balayage 男 ●～する faire le ménage, nettoyer;（掃く）balayer
► 掃除機 aspirateur 男
そうしき［葬式］ enterrement 男; obsèques 女 複
そうじゅう［操縦する］ manœuvrer, piloter
► 操縦士 pilote 男
そうしょく［装飾］ décoration 女; ornementation 女
► 装飾品 ornement 男
そうぞう［想像］ imagination 女;（空想）fantaisie 女 ●～する imaginer A [que] ●～上の imaginaire ●～を絶する dépasser l'imagination
そうぞう［創造］ création 女 ●～する créer ●～的な créatif(ve)
► 創造性 créativité 女, originalité 女 創造力 force créative 女
そうぞうしい［騒々しい］ bruyant(e), tapageur(se)
そうぞく［相続］ succession 女, héritage 男 ●～する hériter〖de〗
そうたい［早退］ ●～する（学校を）quitter l'école avant la fin des cours;（会社を）quitter le bureau en avance
そうだん［相談］ consultation 女 ●～する consulter, demander conseil〖à〗
そうち［装置］（仕掛け）dispositif 男,（器具）appareil 男

そ

そ

そうとう [相当] ●…に～する être équivalent(e) à… ●～な considérable ●～に (かなり) assez; (だいぶ) bien; (とても) très
そうなん [遭難] accident 男; (船などの) naufrage 男 ●～する être victime d'un accident ► **遭難者** victime 女
そうにゅう [挿入] insertion 女 ●～する insérer, introduire
そうび [装備] équipement 男, (兵器の) armement 男 ●AにBを～する équiper A (de B)
そうり [総理] ► **総理大臣** Premier ministre 男
そうりつ [創立] fondation 女, création 女 ●～する fonder, créer ► **創立者** fonda*teur*(*trice*) 名, créa*teur*(*trice*) 名
そうりょう [送料] port 男, affranchissement 男
そえる [添える] (AをBに) accompagner B de A; (付け加える) ajouter A à B
ソース sauce 女
ソーセージ (加熱して食べる) saucisse 女; (そのまま食べる) saucisson 男
そがい [疎外] aliénation 女 ●～する aliéner, écarter
-そく [-足] ●靴1～ une paire de chaussures
そくしん [促進する] promouvoir; (速める) accélérer
ぞくする [属する] faire partie 〚*de*〛, appartenir 〚*à*〛; (管轄に) relever 〚*de*〛
そくせき [即席の] impromptu(*e*), improvisé(*e*)
そくたつ [速達] exprès 男 ●～で手紙を出す envoyer une lettre en exprès
そくど [速度] vitesse 女, rapidité 女 ► **速度制限** limitation de vitesse 女
そくばく [束縛] contrainte 女; restriction 女 ●～する contraindre, restreindre

そこ
là 会話 彼は～にいます Il est là. 会話 すぐ～です C'est tout près (d'ici). 会話 ～が問題なんだ C'est là le problème.

そこ [底] fond 男; (靴などの) semelle 女 ●～の浅い peu profond(*e*)
そこく [祖国] patrie 女
そこで donc; maintenant
そしき [組織] organisation 女; (生物の) tissu 男 ●～する organiser, former ●～的な systématique
そしつ [素質] étoffe 女, aptitude 女
そして et; (次に) (et) puis, (et) ensuite
そしょう [訴訟] procès 男, action 女
そそぐ [注ぐ] verser ●Aに愛情を～ prendre A en grande affection
そそのかす [唆す] inciter à… [不定詞]
そだつ [育つ] grandir; (育てられる) être élevé(*e*); (植物などが) pousser
そだてる [育てる] élever; (養う) nourrir; (栽培する) cultiver
そちら là →**そこ**
そつぎょう [卒業] fin d'études 女 ●～する terminer [finir] ses études ► **卒業式** cérémonie de remise des diplômes 女 **卒業証書** diplôme 男 **卒業生** ancien(*ne*) élève 名 **卒業論文** mémoire de licence 男
そっきょう [即興] ●～の impromptu(*e*), improvisé(*e*) ●～で演じる improviser
ソックス chaussettes 女 複
そっくり ●…に～である être tout le portrait de…
そっちょく [率直] franchise 女; sincérité 女 ●～な franc(*che*); (真摯な) sincère ●～に言って franchement
そっと doucement; (静かに) silencieusement
そで [袖] manche 女
そと [外] dehors 男; extérieur 男; (野外) plein air 男 ●の～で[に] en dehors [à l'extérieur] de, † hors de ●～の extérieur(e)
そなえる [備える] parer à…; (予防をする) prendre des précautions contre… ●老後に～ se préparer pour ses vieux jours
その ce(*cette*) (複 *ces*) →母音字および無音のhで始まる男性単数名詞の前では cet ●～間 pendant ce temps-là
そのうえ [その上] en [de] plus, en outre
そのうち (近いうちに) bientôt, un de ces jours; (いつか) un jour
そのとき [その時] alors, à ce moment(-là) ●彼が息を引き取ったちょうど～に à l'heure même de sa mort

そば
[側] voisinage 男, proximité 女 ●(の)～に[で] près (de), à côté (de) ●～の食料品屋 l'épicerie du coin 女

そびえる [聳える] se dresser [s'élever] (très † haut); (山が) culminer
そふ [祖父] grand-père 男 (複 ～*s*-～*s*)

ソファー sofa 男, canapé 男

ソフトな ❶(柔らかい) mou(*molle*) → 母音字および無音の h で始まる男性単数名詞の前では mol ❷(優しい) doux(*ce*)
► **ソフトウェア** logiciel 男 **ソフトクリーム** glace à l'italienne 女

そぼ [祖母] grand-mère 女 (複 ~*s*-~*s*)

そぼく [素朴な] simple, naïf(*ve*)

そまつ [粗末] ●~な pauvre, humble ●~な食事 maigre repas ●食べ物を~にする ne pas respecter la nourriture ●体を~にする négliger *sa* santé

そむく [背く] désobéir 〖*à*〗

そむける [背ける] ●顔を~ détourner le visage [la tête], se détourner

そめる [染める] (染料で) teindre, (色づけする) colorer

そら

[空] ciel 男 (複 *cieux*) ●~高く舞い上がる monter au plus †haut du ciel

そらす [逸らす] détourner

そり [橇] traîneau 男; (1人用の) luge 女

そる [剃る] ●ひげを~ se raser

それ ce, 《話》 ça, cela, celui-là(*celle-là*) ●~はさておき à part cela

それから

(et) puis, (et) ensuite

それぞれ chacun(*e*) ●~に à chacun, respectivement ●~の chaque, respectif(*ve*)

それで (だから) c'est pourquoi; (そして) et; (それから) (et) alors; (そんな感じで) comme ça
会話 それで? Et alors?

それでは 会話 ~出かけようか Alors, on y va?

それでも (しかし) cependant, pourtant; (しかしながら) toutefois; (それでもなお) quand même, tout de même

それとも ou (bien)

そろう [揃う] (完全になる) devenir complet(*ète*); (対になる) s'apparier, former une paire; (集まる) se rassembler, se réunir ●この店には品物が揃っている C'est un magasin bien assorti[équipé].

そろえる [揃える] (並べる) ranger; (集める) rassembler; (全部) compléter; (準備する) préparer; (均等にする) égaliser

そろそろ (ゆっくり) lentement; (そっと) doucement; (もうじき) bientôt

そろばん [算盤] boulier (compteur) 男

そん [損] (損失) perte 女; (不利) désavantage 男 ●~な désavantageux(*se*); (報われない) ingrat(*e*) ●~をする perdre, être perdant(*e*)

そんがい [損害] dommage 男; (被害) dégâts 男 複 ●~を与える endommager ●~を受ける subir des dommages
► **損害額** montant des dommages 男

そんけい [尊敬] respect 男; (敬意) estime 女 ●~する respecter, estimer

そんげん [尊厳] dignité 女

そんざい [存在] existence 女, être 男
●~する exister, être
●~感のある qui est présent(*e*), qui a de la présence [personnalité]
► **存在理由** raison d'être 女

そんちょう [尊重] respect 男 ●~する respecter

そんな pareil(*le*), semblable, comme ça, de ce genre
会話 ~ことだろうと思った Je m'en doutais.
会話 ~はずはない Ça m'étonnerait.

た行

た [田] rizière 女

ダース douzaine 女

だい [題] titre 男; (主題) sujet 男

たいいく [体育] éducation physique 女, (体操) gymnastique 女
► **体育館** gymnase 男, salle de sports [omnisports] 女

たいいん [退院] ●~する quitter [sortir de] l'hôpital

ダイエット régime 男, diète 女 ●~する faire un régime

たいがい [大概] généralement, en général

たいかく [体格] constitution (physique) 女, carrure 女

たいがく [退学する] quitter son école

だいがく [大学] (総合大学) université 女; (学部) faculté 女
► **大学生** étudiant(*e*) 名

たいき [大気] atmosphère 女
► **大気汚染** pollution atmosphérique 女

たいきゃく [退却] retraite 女; (軍隊の) repli 男 ●~する se replier

だいきん [代金] prix 男, coût 男

だいく [大工] charpentier 男

たいぐう [待遇] traitement 男, accueil 男

たいくつ [退屈] ennui 男; (単調) monoto-

た

nie 女 ●〜な ennuyeux(*se*)
たいけい［体系］ système 男
たいけん［体験］ expérience 女 ●〜する expérimenter
たいこ［太鼓］ tambour 男 ●〜をたたく jouer du tambour
だいこん［大根］ radis blanc 男
たいざい［滞在］ séjour 男 ●〜する séjourner
►**滞在期間** durée de séjour 女 **滞在地** lieu de séjour 男
たいさく［対策］ mesure 女, moyen 男
た
たいし［大使］ ambassa*deur*(*drice*) 名 → 女性にも男性形を用いることがある
►**大使館** ambassade 女 ●在仏日本〜館 ambassade du Japon en France 女
だいじ［大事な］（重要な）important(*e*);（重大な）grave ●〜にする prendre soin 〚*de*〛
たいした［大した］（重大な）grave ●あいつは〜やつだ C'est vraiment quelqu'un! ●〜ことはない Rien de grave. | Ce n'est pas grave.
たいしつ［体質］ tempérament 男
たいして［-に対して］（対抗）contre;（割合）par, pour
たいしゅう［大衆］ public 男, masses 女複 ●〜的な populaire
たいじゅう［体重］ poids 男 ●〜を計る peser ►**体重計** pèse-personne 男
たいしょう［対称］ symétrie 女 ●〜的な symétrique
たいしょう［対照］ contraste 男;（比較）comparaison 女
たいしょう［対象］ objet 男, but 男
たいじょう［退場］ sortie 女;（スポーツ）expulsion 女 ●〜する sortir de

だいじょうぶ ［大丈夫］

会話 〜? Ça va?
●…でも〜ですか Est-ce que ça va si ... ?
●病人はもう〜です Le patient est maintenant hors de danger.

たいしょく［退職］ retraite 女 ●〜する prendre sa retraite
だいじん［大臣］ ministre 男
だいず［大豆］ soja 男
たいする［対する］●…に〜 envers ...
たいせい［体制］ régime 男, système 男
たいせいよう［大西洋］ l'Océan Atlantique, l'Atlantique 男
たいせき［体積］ volume 男;（容積）capacité 女
たいせつ［大切］ ●〜な important(*e*);（貴重な）précieux(*se*), cher(*ère*) ●〜にする（愛着）tenir à;（注意）prendre soin de
たいそう［体操］ gymnastique 女, exercices (physiques) 男複 ●〜する faire des exercices
だいたい［大体］（およそ）environ, à peu près, en gros
だいたすう［大多数］ la majorité, la plupart
たいてい［大抵］ le plus souvent, la plupart du temps
たいど［態度］ attitude 女,（行動）comportement 男;（礼儀）manières 女複
だいとうりょう［大統領］ président 男
だいどころ［台所］ cuisine 女
→p.607の図
タイトル（題名）titre 男, intitulé 男
だいなし［台無し］ ●〜にする détruire, détériorer, gâcher, ruiner, gâter
たいはん［大半］ la plus grande partie, la plupart
だいひょう［代表］ représentation 女, délégation 女 ●〜的な représentati*f*(*ve*)
ダイビング plongée 女 ●〜をする faire de la plongée
タイプ（型）type 男, sorte 女
だいぶ［大分］（非常に）très;（かなり）bien
たいふう［台風］ typhon 男
だいぶぶん［大部分］ la plupart, la plus grande partie,
たいへいよう［太平洋］ l'océan Pacifique 男, le Pacifique 男
たいへん［大変］ très ●〜な（非常な）grand(*e*), gros(*se*), important(*e*), énorme
たいほ［逮捕］ arrestation 女
たいまん［怠慢］ négligence 女;（怠惰）paresse 女 ●〜な négligent(*e*)
だいめいし［代名詞］ pronom 男
だいもく［題目］ titre 男
タイヤ pneu 男
ダイヤ（ダイヤモンド）diamant 男;（トランプ）carreau 男
たいよう［太陽］ soleil 男
►**太陽系** système solaire 男
たいら［平らな］ plat(*e*)
だいり［代理］（代行）remplacement 男, suppléance 女
►**代理店** agence 女, bureau de représentation 男 **代理人** remplaçant(*e*) 名; agent 男

たいりく [大陸] continent 男 ►大陸性気候 climat continental 男 大陸棚 plateau continental 男 新[旧]大陸 Nouveau [Ancien] Continent 男
たいりつ [対立] opposition 女 ●～する s'opposer
たいりょく [体力] force (physique) 女, énergie 女
タイル carreau 男 ●～張りの carrelé(*e*)
たいわ [対話] dialogue 男, entretien 男
ダウン (鳥の綿毛) duvet 男 ●～する (ボクシングで) baisser, aller au tapis ►ダウンロード téléchargement 男 ●ダウンロードする télécharger
たえず [絶えず] continuellement, sans cesse
たえる [耐える] endurer, supporter
たおす [倒す] (転倒させる) renverser, abattre
タオル serviette(de toilette) 女, serviette-éponge 女 (複 ～*s*-～*s*)
たおれる [倒れる] tomber
タカ [鷹] faucon 男

たかい

[高い] †haut(*e*) →多く名詞の前で; élevé(*e*); (値段が) cher(*ère*)
たがい [互いに] réciproquement, l'un(*e*) l'autre
たがやす [耕す] cultiver, labourer
たから [宝] trésor 男
だから donc; (したがって) par conséquent; (それゆえ) aussi
たき [滝] chute (d'eau) 女
だきょう [妥協] compromis 男; (和解) conciliation 女 ●～する trouver un compromis [un modus vivendi]
たく [炊く] ●飯を～ préparer [faire] du riz
だく [抱く] porter [serrer] dans ses bras, embrasser

たくさん

[沢山] (数・量が) beaucoup; (十分) assez, suffisamment

「多くの…」「たくさんの…」

多くの数量を表す表現としては, 次の表現がある.
beaucoup de + 名 (無冠詞)
bien du [de la, des] + 名
énormément de + 名 (無冠詞)
de nombreux(*se*) + 名 (無冠詞複数)
(un bon) nombre de + 名 (無冠詞複数)
un grard nombre de + 名 (無冠詞複数)
(une) quantité de + 名 (無冠詞複数)
des quantités de + 名 (無冠詞複数)
会話 pas mal de + 名 (無冠詞)

タクシー taxi 男
たくす [託す] confier 〔*à*〕
たくみ [巧みな] adroit(*e*), habile
たくわえ [蓄え] réserve 女, provision 女
たけ [丈] (身長) taille 女 ●スカートの～を長くする rallonger une jupe

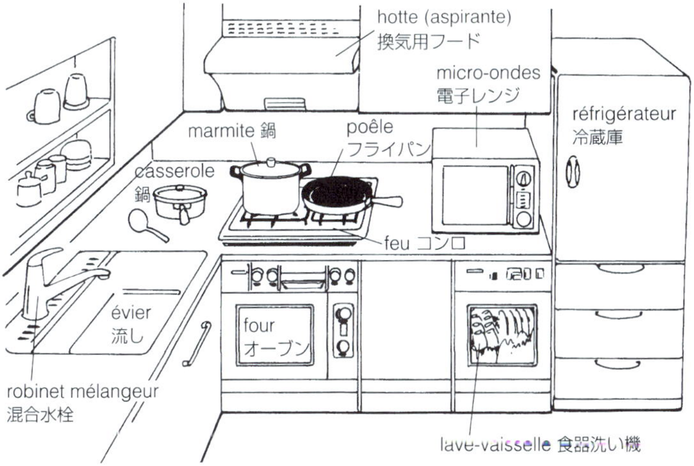

台所

タケ [竹] bambou 男
-だけ (…のみ) ne... que; (唯一) seulement, seul(*e*)
だげき [打撃] coup 男, choc 男
だけつ [妥結] accord 男, entente 女 ●～する arriver à s'entendre
たこ [蛸] pieuvre 女; poulpe 男
たこ [胼胝] durillon 男, cal 男
たこくせき [多国籍] ●～の multinational(*ale*) (男複 *-aux*) ►多国籍企業 (entreprise) multinationale 女
たしか [確か] ●～な sûr(*e*), certain(*e*) ●～に sûrement, certainement, assurément
たしかめる [確かめる] s'assurer 〖*de; que*〗, vérifier 〖*que, si*〗
たしざん [足し算] addition 女 ●～をする additionner A et B
たす [足す] ajouter 〖*à*〗; (不足を補う) suppléer
だす [出す] (外に) sortir 〖*de*〗, mettre dehors; (引き出す) tirer 〖*de*〗, retirer 〖*de*〗; (送る) envoyer, expédier
たすう [多数] (大部分) la plus grande partie; (過半数) la majorité
●～の la plupart de
►多数決 décision (prise) à la majorité 女
たすかる [助かる] être sauvé(*e*)
会話 おかげで助かりました Merci beaucoup pour votre aide.
たすけ [助け] (救助) aide 女; (援助) assistance 女
たすける [助ける] aider; (救助) sauver
会話 助けて！ Au secours!
たずねる [尋ねる] demander 〖*à*〗
たずねる [訪ねる] (場所を) visiter; (人を) aller voir; rendre visite 〖*à*〗
ただ [只の] (普通の) quelconque; (無料の) gratuit(*e*)
ただいま [只今] maintenant, actuellement
たたかい [戦い] lutte 女; (戦闘) bataille 女
たたかう [戦う] combattre; se battre 〖*contre, avec*〗
たたく [叩く] (打つ) frapper, taper
ただし [但し] cependant, seulement
ただしい [正しい] juste; (正確) exact(*e*), correct(*e*)
ただちに [直ちに] immédiatement, aussitôt
たたむ [畳む] plier, replier
ただよう [漂う] flotter; (船などが流される) dériver
たちあがる [立ち上がる] se lever, se mettre debout
たちどまる [立ち止まる] s'arrêter
たちば [立場] position 女, situation 女
たちまち [忽ち] (突然) tout d'un coup; (一瞬のうちに) en un moment [instant]
たちよる [立ち寄る] passer

たつ

[立つ] se lever, se mettre debout
たつ [経つ] passer, s'écouler ●時が～につれて avec le temps (qui passe)
たっきゅう [卓球] tennis de table 男, ping-pong 男《不変》
たっする [達する] atteindre, arriver 〖*à*〗
だつぜい [脱税] fraude fiscale 女 ●～する faire de la fraude fiscale
だっせん [脱線] déraillement 男; (話の) digression 女
たった seulement ●彼は～今出て行った Il vient juste de sortir.
だって (でも) mais; (強調) aussi
たて [縦] longueur 女 ●～に (長辺) en long; (垂直) verticalement
たてもの [建物] bâtiment 男; (大きな) immeuble 男
たてる [立てる] dresser, lever
たてる [建てる] construire, bâtir
だとう [妥当な] raisonnable, convenable
たとえ [例え] ●～何が起ころうと quoi qu'il arrive [advienne]
たとえば [例えば] par exemple, comme
たとえる [譬える] (AをBに) comparer [assimiler] A à B
たな [棚] étagère 女; (食器棚) buffet 男
たに [谷] vallée 女; (峡谷) gorge 女
たにん [他人] les autres
タヌキ [狸] sorte de blaireau japonais 女
→タヌキを指すフランス語はない
たね [種] (種子) semence 女; graine 女; noyau 男 (複 ～*x*)

たのしい

[楽しい] joyeux(*se*); (おもしろい) amusant(*e*)
たのしむ [楽しむ] ❶(遊ぶ) s'amuser 〖*à*〗 ❷(有意義にする) profiter ❸(味わう) goûter 〖*à*〗
たのむ [頼む] demander
たば [束] (花・野菜などの) botte 女, gerbe 女; (書類などの) liasse 女; (薪) fagot 男
たばこ [煙草] tabac 男; cigarette 女
たび [旅] voyage 男 ●～をする voyager
たびたび [度々] souvent, fréquemment

たぶん［多分］probablement; peut-être
たべもの［食べ物］aliment 男, nourriture 女
たべる［食べる］manger
●昼飯を～ prendre le déjeuner
たま［弾］balle 女, projectile 男
たまご［卵］œuf 男
たましい［魂］âme 女, esprit 男
だます［騙す］tromper
たまたま［偶々］par hasard
タマネギ［玉葱］oignon 男
たまる［溜まる］s'accumuler, s'amasser
だまる［黙る］se taire, garder le silence
ダム barrage 男
ため［…の為］pour ..., en faveur de ... ●～になる (教育的な) instructi*f*(*ve*)
だめ［駄目］●～にする endommager, abîmer ●～になる (失敗する) échouer; (いたむ) s'abîmer
ためいき［溜息］soupir 男 ●～をつく soupirer
ためす［試す］essayer; (実験する) expérimenter
ためらう［躊躇う］hésiter
ためる［溜める］●仕事を～ laisser le travail s'accumuler
たもつ［保つ］maintenir, garder
たより［便り］nouvelles 女 複; (手紙) lettre 女
たよる［頼る］compter〘*sur*〙, se reposer〘*sur*〙
だらく［堕落］corruption 女; (人間・社会の) pourriture 女 ●～する se corrompre
-だらけ ●間違い～である être plein(*e*) de fautes,《話》être truffé(*e*) de fautes
だらしない négligent(*e*), négligé(*e*)
たらす［垂らす］(液体を) laisser couler; (ぶら下げる) suspendre
たりる［足りる］suffire, être suffisant(*e*)
たる［樽］tonneau 男; (大樽) tonne 女
だれ［誰］qui; (誰か) quelqu'un
●～もいない Il n'y a personne.
たれる［垂れる］(下げる・下がる) pendre; (したたる) dégoutter
だん［段］(階段の) marche 女; (段階) degré 男
だんあつ［弾圧］oppression 女, répression 女 ●～する opprimer
たんい［単位］unité 女; (学課の) unité de valeur 女
たんか［担架］brancard 男, civière 女
タンカー pétrolier 男, tanker 男
だんかい［段階］degré 男, étape 女 ●～的な graduel(*le*)
たんき［短気］impatience 女, irritabilité 女 ●～な emporté(*e*)
タンク réservoir 男, citerne 女
たんけん［探検・探険］exploration 女, expédition 女
たんご［単語］mot 男
だんこ［断固］●～たる résolu(*e*), décidé(*e*) ●～として fermement
だんし［男子］garçon 男 ●～の masculin(*e*)
たんしゅく［短縮］raccourcissement 男, diminution 女
たんじゅん［単純］simplicité 女 ●～な simple
たんしょ［短所］défaut 男, faiblesse 女
たんじょう［誕生］naissance 女 ●～する naître
►誕生日 anniversaire 男; jour de naissance 男
たんす［箪笥］armoire 女
ダンス danse 女
►ダンスパーティー bal 男
たんすう［単数］singulier 男
●～の singuli*er*(*ère*)
だんせい［男性］sexe masculin 男, homme 男 ●～の mâle, viril(*e*)
だんたい［団体］association 女, organisation 女
►団体旅行 voyage organisé 男
だんだん［段段］de plus en plus; (少しずつ) peu à peu
たんちょう［短調］〔音楽〕mode mineur 男
たんとう［担当する］se charger〘*de*〙
►担当者 préposé(*e*) 名
たんなる［単なる］simple, pur(*e*) →ともに名詞の前
たんに［単に］simplement, seulement
たんぱく［蛋白］albumine 女
►蛋白質 protéine 女
たんぼ［田圃］rizière 女
だんぼう［暖房］chauffage 男
だんめん［断面］section 女, coupe 女
だんらく［段落］paragraphe 男
だんろ［暖炉］cheminée 女, foyer 男
ち［血］sang 男 ●～が出る saigner
ちあん［治安］ordre public 名, sécurité publique 女
ちい［地位］(身分) position 女; (役職) poste

男
ちいき [地域] région 女; (地区) zone 女 ●～の régional(ale) (男複 -aux)

ちいさい [小さい] petit(e), (細かい) fin(e); (幼い) petit(e)
チーズ fromage 男
チーム équipe 女
ちえ [知恵] intelligence 女, sagesse 女
チェス échecs 男 複 ●～をする jouer aux échecs
チェロ violoncelle 男
►**チェロ奏者** violoncelliste 名
ちか [地下] sous-sol 男
●～の souterrain(e)

ちかい [近い] proche, près 〖de〗
ちかい [誓い] serment 男, vœu 男
ちがい [違い] différence 女; (区別) distinction 女
ちがう [違う] être différent(e) 〖de〗; (間違っている) faux(sse) ●違って à la différence de, contrairement à
ちかく [知覚] perception 女, sens 男
ちかづく [近づく] (近づいてくる) approcher; (近寄る) (s')approcher, se rapprocher 〖de〗
ちかてつ [地下鉄] métro 名
ちかみち [近道] raccourci 男, chemin de traverse 男
ちかよる [近寄る] →**近づく**
ちから [力] force 女; (元気) énergie 女 ●～ずくで de [par] force
ちきゅう [地球] terre 女 →天文学的な意味では Terre; globe (terrestre) 男
►**地球温暖化** réchauffement du globe 男 **地球儀** globe (terrestre) 男
ちぎる [千切る] déchirer; (むしる) arracher
ちく [地区] zone 女; (界隈) quartier 男
チケット (切符の大きさの) ticket 男; (紙幣ぐらいの大きさの) billet 男
ちこく [遅刻] retard 男 ●～する arriver en retard
ちじ [知事] préfet 男; (アメリカの州知事) gouverneur 男
ちしき [知識] connaissances 女 複; 《集合的》 savoir 男
ちじょう [地上] surface de la terre 女 ●～の terrestre
ちず [地図] carte 女; (市街の) plan 男
►**地図帳** atlas 男
ちち [父] père 男 ●～(方)の paternel(le)
ちち [乳] (乳房) sein 男; (母乳) lait maternel 男
ちぢむ [縮む] (布などが) (se) rétrécir; (筋肉・金属が) se contracter
ちぢめる [縮める] (時間・期限を) abréger; (寸法・範囲などを) raccourcir
ちちゅうかい [地中海] la Méditerranée
ちつじょ [秩序] ordre 男; (規律) discipline 女
ちっそ [窒素] azote 男
ちっそく [窒息] suffocation 女, étouffement 男
ちっとも ●～…ない ne ... pas du tout; ne ... rien (du tout)
チップ ❶ (心づけ) pourboire 男; (サービス料) service 男 ❷ (半導体の) puce 女
ちてき [知的な] intellectuel(le)
ちのう [知能] intelligence 女
ちへいせん [地平線] horizon 男
ちほう [地方] région 女; province 女 ●～の régional(ale) (男複 -aux), local(ale) (男複 -aux)
ちゃ [茶] thé 男; (木) théier 男
ちゃいろ [茶色] marron 男, brun 男
ちゃく [着] ●背広1～ un complet
ちゃくしゅ [着手] ●～する commencer, mettre la main 〖à〗
ちゃくりく [着陸] atterrissage 男 ●～する atterrir
ちゃわん [茶碗] (ご飯の) bol à riz 男; (コーヒーなどの) tasse 女
チャンス chance 女, occasion 女
ちゃんと en ordre; (正確に) précisément, exactement
チャンネル chaîne (de télévision) 女
チャンピオン champion(ne) 名
ちゅう [中] moyenne 女
ちゅうい [注意] attention 女; (警戒) garde 女 ●～深い attentif(ve), soigneux(se)
ちゅうおう [中央] centre 男, milieu 男 ●～の central(ale) (複 -aux)
ちゅうがく [中学] ►**中学生** collégien(ne) 名 **中学校** collège 男
ちゅうかん [中間] milieu 男 ●～の intermédiaire; (中位の) moyen(ne)
ちゅうきゅう [中級] cours [niveau] moyen 男 ●～の moyen(ne)
ちゅうけい [中継] relais 男; (放送) retransmission 女
ちゅうこ [中古] ●～の d'occasion, de seconde main

ちゅうこく ［忠告］ conseil 男 ●～する conseiller 〘à〙
ちゅうごく ［中国］ Chine 女 ●～の chinois(e)
► 中国語 chinois 男 中国人 Chinois(e) 名
ちゅうさい ［仲裁］ arbitrage 男, médiation 女
► 仲裁人 arbitre 男, média*teur*(*trice*) 名
ちゅうし ［中止］ interruption 女; (一時的中断) suspension 女 ●～する arrêter; (一時的に) suspendre
ちゅうしゃ ［注射］ piqûre 女, injection 女
ちゅうしゃ ［駐車］ stationnement 男, parking 男
► 駐車場 parking 男
ちゅうしゃく ［注釈］ annotation 女, commentaire 男
ちゅうじゅん ［中旬］ ●6月～に au milieu du mois de juin, (à la) mi-juin
ちゅうしょう ［中傷］ calomnie 女; (名誉毀損) diffamation 女
ちゅうしょう ［抽象］ abstraction 女 ●～的な abstrait(e)
► 抽象画 peinture abstraite 女
ちゅうしょく ［昼食］ déjeuner 男 ●～をとる déjeuner, prendre le déjeuner
ちゅうしん ［中心］ centre 男, milieu 男; (核心) cœur 男
ちゅうせん ［抽選］ tirage (au sort) 男 ●～に当たる［はずれる］ tirer un bon ［mauvais］ numéro
ちゅうだん ［中断］ interruption 女; (一時的中断) suspension 女 ●～する interrompre
ちゅうちょ ［躊躇］ hésitation 女 ●～する hésiter (à 不定詞)
ちゅうどく ［中毒］ intoxication 女, empoisonnement 男
ちゅうねん ［中年］ âge moyen ［mûr］ 男
チューブ tube 男; (タイヤの) chambre à air 女
ちゅうもく ［注目する］ remarquer A ［que］ ●～すべき remarquable
ちゅうもん ［注文］ ordre 男; (オーダー) commande 女
ちゅうりつ ［中立］ neutralité 女 ●～の neutre
ちょう ［長］ chef 男, maître(*sse*) 名
チョウ ［蝶］ papillon 男
ちょうか ［超過］ excédent 男, excès 男
ちょうかく ［聴覚］ ouïe 女, sensation auditive 女
ちょうこう ［聴講］ ●～する assister à un cours
► 聴講生 audi*teur*(*trice*) libre 名
ちょうこく ［彫刻］ sculpture 女
ちょうさ ［調査］ enquête 女; (探索) investigation 女
ちょうし ［調子］ condition 女; (語調・口調) ton 男
ちょうしょ ［長所］ qualité 女; avantage 男
ちょうしゅう ［徴収］ perception 女, recouvrement 男
ちょうじょう ［頂上］ sommet 男, cime 女
ちょうしょく ［朝食］ petit déjeuner 男 ●～を取る prendre son petit déjeuner
ちょうせん ［挑戦］ défi 男, challenge 男
► 挑戦者 challengeu*r*(*se*) 名
ちょうだい ［頂戴］ ●～する recevoir

ちょうど

［丁度］ juste; (正確に) exactement
ちょうはつ ［挑発］ provocation 女, incitation 女 ●～的な provocant(e)
ちょうほうけい ［長方形］ rectangle 男 ●～の rectangulaire
ちょうみりょう ［調味料］ assaisonnement 男, condiment 男
ちょうわ ［調和］ harmonie 女, accord 男 ●～する s'harmoniser 〘*avec*〙
チョーク craie 女
ちょきん ［貯金］ épargne 女, économies 女 複 ► 貯金箱 tirelire 女
ちょくせつ ［直接］ directement ●～の direct(e)
ちょくせん ［直線］ ligne droite 女
チョコレート chocolat 男
ちょさく ［著作］ ouvrage 男, œuvre (littéraire) 女
► 著作権 droits d'auteur 男 複
ちょしゃ ［著者］ auteur 男 →女性にも用いる
ちょぞう ［貯蔵］ conservation 女; (貯え) provision 女
ちょっかく ［直角］ angle droit 男
ちょっかん ［直感］ intuition 女 ●～的な intuiti*f*(*ve*)
ちょっけい ［直径］ diamètre 男

ちょっと

(少し) un (petit) peu
会話 ～したものだ C'est quelque chose.
ちょめい ［著名］ ●～な célèbre, connu(e), renommé(e)

ちり [塵] poussière 女
ちりょう [治療] traitement 男, soins 男 複
► **治療費** frais médicaux 男 複
ちる [散る] se disperser; (花・葉などが) tomber
ちんつうざい [鎮痛剤] analgésique 男
ちんぼつ [沈没] submersion 女; (難破) naufrage 男 ●～する couler
ちんもく [沈黙] silence 男 ●～する se taire
ちんれつ [陳列] exposition 女, étalage 男
ツアー (団体旅行) voyage organisé 男

ついか [追加] supplément 男
► **追加料金** supplément (à payer) 男
ついきゅう [追求] poursuite 女 ●～する poursuivre
ついし [追試] examen de repêchage 男
ついしん [追伸] post-scriptum 男《不変》→略 P.S.
ついせき [追跡] poursuite 女; (調査) recherche 女
ついに [遂に] enfin, finalement
ついで [序で] ●話の～に à propos ●～に言っておきますが soit dit en passant
ついほう [追放] expulsion 女; (国外への) exil 男
ついらく [墜落] chute 女 ●～する tomber
ツイン ●～ルーム chambre à deux lits 女
つうか [通貨] monnaie courante 女 ●～の monétaire
つうか [通過] passage 男
つうがく [通学する] aller à l'école
つうきん [通勤する] aller à son [au] travail
► **通勤電車** train de banlieue 男
つうこう [通行] passage 男; (交通) circulation 女
► **通行料金** péage 男
つうじょう [通常] ordinairement, normalement ●～の ordinaire
つうじる [通じる] (乗り物が) desservir; (道などが…へ) mener à ...
つうしん [通信] communication 女; (手紙での) correspondance 女
つうち [通知] annonce 女; (公的な) avis 男 ► **通知表** carnet scolaire 男
つうやく [通訳] traduction 女; (人) interprète 名
つうろ [通路] passage 男
つうわ [通話] communication (téléphonique) 女
つえ [杖] bâton 男, canne 女
つかい [使い] (用件) course 女; (使者) envoyé(*e*) 名
つかいすて [使い捨ての] jetable
つかう [使う] se servir de; (利用・活用) utiliser; (金を) dépenser
つかまえる [捕まえる] attraper, prendre
つかまる [捕まる] (捕らえられる) être attrapé(*e*); (しがみつく) s'accrocher à
つかむ [掴む] saisir, prendre
つかれ [疲れ] fatigue 女 ●～た fatigué(*e*), las(*se*) ●～が取れる se remettre de la fatigue
つかれる [疲れる] se fatiguer, être fatigué(*e*); (疲れさせる) fatiguer, excéder
つき [月] (天体) lune 女; (暦の) mois 男 ●～に一度 une fois par mois

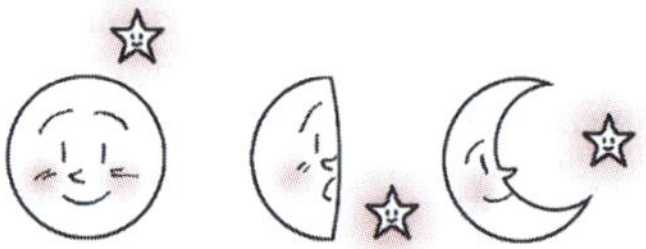

pleine lune　quartier de lune　croissant de lune

月

つぎ [次] ●～の prochain(*e*); (今度の) suivant(*e*)

prochain と suivant

prochain は今を基準として「次の」: dimanche prochain 次の日曜日に.
suivant はある基準から「次の」: La vente aura lieu mardi prochain et les jours suivants. 売立ては次の火曜とその後の数日に行います. au chapitre suivant 次の章に.

つきあい [付き合い] fréquentation 女, relation 女
つきあう [付き合う] fréquenter; (行動をともにする) accompagner
つきあたり [突き当たり] fond 男, bout 男
つきそう [付き添う] accompagner, escorter
つぎつぎ [次々] l'un(*e*) après l'autre; (続けざまに) successivement
つく [着く] arriver 〖à〗; (達する) atteindre
つく [突く] ●…で～ donner un coup de
つくえ [机] table 女; (事務机) bureau 男
つくす [尽くす] se dévouer 〖à〗, se donner 〖à〗

つぐなう [償う] (罪などを) expier, (埋め合わせする) compenser

つくる [作る] faire; (製造) fabriquer; (生産) produire; (創造) créer

つけたす [付け足す] ajouter, joindre 〔*à*〕; (補足する) suppléer

つける [点ける] ●明かりを〜 donner de la lumière

つごう [都合] (便宜・事情) convenances 女 複 ●〜のよい convenable ●〜の悪い incommode

つたえる [伝える] transmettre, communiquer 〔*à*〕

つたわる [伝わる] (受け継がれる) se transmettre; (音・熱・光が) se propager

つち [土] sol 男, terre 女

つつ [筒] tuyau 男

つづき [続き] (次のもの) suite 女; (連続) succession 女

つつく [突つく] picoter; (くちばしで) becqueter

つづく [続く] continuer; (持続する) durer; (後に続く) suivre

つづける [続ける] continuer 〔*à*〕, poursuivre

つっこむ [突っ込む] (AをBに) plonger A dans B; (突進する) s'élancer 〔*dans*〕

つつしみ [慎み] (控え目) discrétion 女; (謙遜) modestie 女 ●〜深い modeste

つつましい [慎ましい] modeste, réservé(*e*)

つつみ [包み] paquet 男; (小包) colis 男

つつむ [包む] envelopper 〔*avec*, *dans*〕; (くるむ) entourer 〔*de*〕

つづり [綴り] orthographe 女
会話 あなたの名前の〜を言って下さい Voulez-vous épeler votre nom?

つとめ [勤め] ●〜に出る aller au travail
►勤め先 lieu de travail 男, bureau 男

つとめる [勤める] travailler

つとめる [務める] ●主役を〜 jouer le rôle principal

つな [綱] corde 女; (太い) câble 男

つながる [繋がる] se lier, se rattacher 〔*à*〕

つなぐ [繋ぐ] (ひもなどで) attacher 〔*à*〕; (結合する) relier ●手を〜 se donner la main

つなみ [津波] raz de marée 男, tsunami 男

つね [常] ●〜に (いつも) toujours; (絶えず) sans cesse

つば [唾] salive 女; (吐き捨てた) crachat 男

つばさ [翼] aile 女

つぶ [粒] grain 男 ●〜揃いの d'un excellent niveau

つぶす [潰す] écraser, broyer

つぶやく [呟く] murmurer

つぶれる [潰れる] s'écraser ●会社が〜 L'entreprise a fait faillite.

つぼ [壺] (容器) pot 男; (美術品) vase 男

つぼみ [蕾] bouton 男; (花芽) bourgeon (de fleur) 男

つま [妻] femme 女, épouse 女

つまずく [躓く] trébucher, buter

つまむ [摘む] pincer; (つかむ) prendre

つまらない [詰まらない] (価値のない) peu important(*e*); (面白くない) peu intéressant(*e*), sans intérêt

つまり (結局) après tout, bref, en un mot; (すなわち) c'est-à-dire

つまる [詰まる] être bouché(*e*) [engorgé(*e*)]; (充満する) être plein(*e*) [comblé(*e*)] de ●息が〜 s'étouffer

つみ [罪] crime 男; (宗教上の) péché 男
●〜のない innocent(*e*)
●〜を犯した coupable

つむ [積む] entasser, amasser ●経験を〜 accumuler de l'expérience

つむ [摘む] cueillir; (園芸で) pincer

つめ [爪] ongle 男; (鳥獣の) griffe 女

つめたい [冷たい] froid(*e*); (心地よく) frais(*fraîche*)

つめる [詰める] (AにBを) remplir A de B; (詰め物をする) bourrer A de B
●席を〜 se serrer

つもり ●…する〜である avoir l'intention de 不定詞 ●彼は自分では利口な〜でいる Il se croit intelligent.

つもる [積もる] s'accumuler, s'entasser

つや [艶] poli 男, lustre 男 ●〜消しの dépoli(*e*), mat(*e*)

つゆ [露] rosée 女

つゆ [梅雨] saison des pluies 女

つよい [強い] fort(*e*); (強力な) puissant(*e*) ●…に〜 résistant(*e*) 〔*à*〕

つよめる [強める] renforcer, fortifier

つらい [辛い] dur(*e*), pénible

つり [釣り] pêche 女; (釣り銭) monnaie 女

つりあい [釣り合い] équilibre 男; (バランス) balance 女

つりあう [釣り合う] s'équilibrer; (調和す

る) s'harmoniser
つる [吊る] suspendre, pendre
つれていく [連れて行く] emmener ●生徒を遠足に～ emmener les élèves en excursion
つれてくる [連れて来る] amener

amener と emmener

amener 「目的地(人のもと, 場所)まで人を導く」の意.
emmener 「現地点から人をどこかへ連れて行く」の意.

て

て [手] ❶(人間・動物の) main 女 ❷(手段) moyen 男 ●～をつないで歩く marcher la main dans la main ●～を貸す donner un coup de main 〚à〛 ●～を抜く bâcler *son* travail ●それは私の～に負えない Cela dépasse mes capacités [forces]. ●この子には～を焼いている J'ai beaucoup de mal avec cet enfant.
-で (場所) à, en; (原因・理由) de, par
であう [出会う] rencontrer, tomber 〚*sur*〛
てあし [手足] membres 男 複
てあて [手当て] traitement 男; (賞与) prime 女
ていあん [提案] proposition 女; (申し出) offre 女
ていか [定価] prix fixe 男
ていか [低下] baisse 女
ていき [定期的な] réguli*er*(*ère*); (周期的な) périodique
►定期券 carte d'abonnement 女 定期検診 examen médical périodique 男 定期預金 dépôt à terme 男
ていきあつ [低気圧] dépression atmosphérique 女, cyclone 男
テイクアウト ●～の à emporter 男
ていこう [抵抗] résistance 女; (反対) opposition 女
ていさい [体裁] apparence 女 ●～を繕う sauver les apparences
ていしゅつ [提出] présentation 女 ●～する présenter, remettre
ていじ [提示] présentation 女 ●～する présenter
ディスプレイ étalage 男
ていせい [訂正] correction 女, rectification 女
ていでん [停電] (事故による) panne d'électricité 女; (工事などによる) coupure de courant 女
ていど [程度] (度合) degré 男 (レベル) niveau 男 ●ある～まで jusqu'à un certain point
ていねい [丁寧な] poli(*e*)
ていねん [定年] limite d'âge 女, l'âge de la retraite 男
ていぼう [堤防] digue 女
ていりゅうじょ [停留所] (バス停) arrêt 男
ていれ [手入れ] soin 男 ●～をする entretenir
データ donnée 女
►データ処理 traitement de données 男 データベース base de données 女
デート rendez-vous amoureux 男 《不変》 ●～する sortir 〚*avec*〛
テープ ❶(カセットテープ) cassette 女 ❷(セロハンテープ) ruban adhésif 男, scotch 男 →商標
テーブル table 女
テーマ thème 男, sujet 男
でかける [出かける] (出発する) partir; (外出する) sortir
てがみ [手紙] lettre 女; (郵便物) courrier 男
てき [敵] ennemi(*e*) 名; (対戦相手) adversaire 名
できあがる [出来上がる] se finir, s'achever
てきおう [適応] adaptation 女 ●～する s'adapter 〚à〛
できごと [出来事] événement 男; (小さな) incident 男
テキスト texte 男; (教科書) manuel scolaire 男
てきする [適する] convenir, être propre [approprié(*e*)] 〚à〛
てきせつ [適切な] adéquat(*e*)
てきとう [適当な] convenable, approprié(*e*) ●～に comme il convient
てきど [適度の] modéré(*e*), mesuré(*e*)
できる [出来る] ❶(可能) pouvoir 不定詞, savoir 不定詞, être capable 〚*de*〛 会話 あいつは～男だ C'est un homme capable. ❷(から作られる) être fait(*e*) 〚*avec*〛

「…できる」

savoir + 不定詞 は「…するすべを心得ている」の意で, 生まれつきの才能や習得した能力によってできるかどうかが問題となり, **pouvoir** + 不定詞 はある与えられた条件のもとで可能かどうかが問題となる: Il ne sait pas nager. 彼は金づちだ. Avec son entorse, il ne peut pas skier aujourd'hui. 彼は捻挫しているので今日はスキーができない.

でぐち [出口] sortie 女, issue 女

でくわす [出くわす] rencontrer, tomber sur

てこ [梃子] levier 男 ●〜でも動かない être têtu(*e*) comme un âne [une mule]

でこぼこ [凸凹] inégalité 女 ●〜の inéga*l*(*ale*) (男複 *-aux*)

デザート dessert 男

デザイン dessin 男, design 男 ●〜する dessiner

デザイナー dessina*teur*(*trice*) 名, styliste 名

デジタルの digita*l*(*ale*) (男複 *-aux*); numérique ►**デジタルカメラ** appareil photo numérique 男

テスト (学業の) examen 男, épreuve 女; (知能・適性の) test 男; (性能の) essai 男

でたらめ [出鱈目] mensonge 男 ●〜に au hasard

てちょう [手帳] carnet 男; (日付入りの) agenda 男

てつ [鉄] fer 男; (鋼鉄) acier 男

てつがく [哲学] philosophie 女 ►**哲学者** philosophe 名

てっきょう [鉄橋] pont de chemin de fer 男

デッサン dessin 男; (素描) esquisse 女

てつだう [手伝う] aider, assister 会話 すみません, 手伝ってくれませんか Pardon, pouvez-vous m'aider?

てつだい [手伝い] aide 女; (人) assistant(*e*) 名

てつづき [手続き] formalité 女; (法律上の) procédure 女

てつどう [鉄道] chemin de fer 男; (列車) train 男

てっぽう [鉄砲] fusil 男

てつや [徹夜] veille 女 ●〜する veiller toute la nuit

テニス tennis 男 ●〜をする faire du [jouer au] tennis

てぬぐい [手拭い] serviette 女, essuie-main(s) 男 《不変》

では eh bien, alors

デパート grand magasin 男

てはい [手配] arrangement 男 ●〜する arranger

てぶくろ [手袋] gant 男; (ミトン) moufle 女

てほん [手本] modèle 男, exemple 男

デマ faux bruit 男, démagogie 女

てまえ [手前] ●東京の1つ〜の駅で降りる descendre une gare avant Tokyo

デモ manifestation 女

-でも ●たとえ…〜 même si ...; n'importe ...

てら [寺] temple bouddhique 男

テラス terrasse 女, balcon 男

てらす [照らす] éclairer ●照らし合わせる confronter 《*avec*, *à*》

てる [照る] ●日が〜 Le soleil brille.

でる

[出る] (外に出る) sortir; (出て行く) partir ●テレビ[映画]に〜 paraître à la télévision [l'écran]

テレビ télévision 女; 《話》 télé 女; (受像機) téléviseur 男 ►**テレビゲーム** jeu vidéo 男

テロ attentat 男 ►**テロリスト** terroriste 名 **テロリズム** terrorisme 男

てん [点] point 男; (試験の) note 女; (スポーツの) but 男

てんいん [店員] employé(*e*) de commerce [magasin] 名

てんき [天気] temps 男 ●今日は〜がいい[悪い] Il fait beau [mauvais] aujourd'hui. ►**天気図** carte du temps [météorologique] 女 **天気予報** météo 女

でんき [電気] électricité 女; (電流) courant 男 ●〜の électrique

てんけい [典型] type 男, modèle 男 ●〜的な typique, modèle

てんけん [点検] contrôle 男 ●〜する contrôler

てんごく [天国] paradis 男, ciel 男 (複 *cieux*)

でんごん [伝言] message 男, petit mot 男

てんさい [天才] (人) génie 男; (才能) don 男 ●〜的な génia*l*(*ale*) (男複 *-aux*)

てんし [天使] ange 男 ●〜のような angélique

てんじ [展示] exposition 女 ●〜する exposer ►**展示会** exposition 女 **展示品** objet exposé 男

でんし [電子] électron 男 ●〜の électronique ►**電子工学** électronique 女 **電子レンジ** (four à) micro-ondes 男 **電子メール**

て

courrier électronique 男, e-mail 男, courriel 男
でんしゃ [電車] train 男
►**電車賃** tarif (du train) 男
てんじょう [天井] plafond 男
てんすう [点数] (試験) point 男; (成績) note 女
でんせつ [伝説] légende 女
●～的な légendaire
でんせん [伝染] contagion 女; (感染) infection 女 ●～する se transmettre
►**伝染病** maladie contagieuse [infectieuse] 女; (流行病) épidémie 女
でんち [電池] pile 女
てんてき [点滴] perfusion 女, goutte-à-goutte 男《不変》
テント tente 女 ●～を張る monter une tente
でんとう [伝統] tradition ●～的な traditionnel(*le*)
てんのう [天皇] empereur 男
►**天皇制** régime impérial 男
でんぱ [電波] ondes (électriques) 男 複
てんぷ [添付する] joindre, annexer
►**添付書類** pièces (ci-)jointes 女 複 **添付ファイル** fichier attaché 男
テンポ tempo 男; (物事の) rythme 男
でんぽう [電報] télégramme 男
てんもん [天文] ►**天文学** astronomie 女
●～学的な[上の] astronomique **天文台** observatoire 男
てんらんかい [展覧会] exposition 女; (定期的な美術展) salon 男
でんりゅう [電流] courant (électrique) 男
でんりょく [電力] électricité 女

でんわ [電話] téléphone 男
●～をかける téléphoner 〘à〙, appeler
●～を切る raccrocher
►**電話機** appareil téléphonique 男 **電話番号** numéro de téléphone 男 **携帯電話** portable 男
と [戸] porte 女; (よろい戸) volet 男
と [都] ►**都知事** gouverneur de Tokyo 男 **都庁** hôtel de ville de Tokyo 男
ど [度] ●～を越す dépasser les bornes [les limites]
ドア porte 女; (乗り物の) portière 女
とい [問い] question 女, interrogation 女
といあわせ [問い合わせ] demande de renseignements 女 ►**問い合わせ先** référence 女

トイレ toilettes 女 複
会話 ～はどこですか Où sont les toilettes?
トイレットペーパー papier hygiénique 男
とう [塔] tour 女; (尖塔) flèche 女
どう [銅] cuivre 男; (ブロンズ) bronze 男
とうあん [答案] copie 女
どうい [同意] consentement 男; (是認) approbation 女 ●～する consentir 〘à〙
どういたしまして 会話 Je vous en prie. | De rien. | Il n'y a pas de quoi!
とういつ [統一] unification 女 ●～する unifier
どうか ●本当か～彼に聞いてみよう Demandons-lui si c'est vrai.
とうき [陶器] faïence 女, poterie 女
とうぎ [討議] discussion 女, débat 男 ●～する discuter 〘*sur, de*〙
どうき [動機] motif 男, mobile 男 ●～づけ motivation 女
とうきゅう [等級] ordre 男, rang 男
どうぐ [道具] outil 男; (器具) instrument 男
とうけい [統計] statistique 女 ●～的な statistique
どうさ [動作] mouvement 男, geste 男
とうし [投資] investissement 男 ●～する investir [placer] de l'argent dans
►**投資家** investisseur(*se*) 名
とうじ [当時] alors, en ce temps-là
どうし [動詞] verbe 男
どうじ [同時] ●～に simultanément; en même temps
とうじき [陶磁器] poteries et porcelaines 女 複

どうして ❶(なぜ) pourquoi
❷(どのようにして) comment
►**どうしても** (ぜひ) à tout prix; (必然的に) forcément
とうじょう [搭乗] embarquement 男 ●～する s'embarquer
►**搭乗券** carte d'embarquement 女
どうじょう [同情] compassion 女, sympathie 女 ●～する plaindre
とうせん [当選する] être élu(*e*); (懸賞などに) remporter le prix
とうぜん [当然] naturellement ●～の naturel(*le*)

どうぞ 会話 Je vous en [t'en] prie.
会話 お先に～ Après vous.

会話 〜ご自由にお取りください（食事の際に）Servez-vous.
とうたつ［到達］ arrivée 女 ●〜する arriver〔à〕;（苦労して）parvenir〔à〕
とうちゃく［到着］ arrivée 女 ●〜する arriver〔à, *en*〕
►到着時刻 heure d'arrivée 女
とうてい［到底］ ●この結果には〜満足できない Ce résultat est loin d'être satisfaisant.
とうとう［到頭］ enfin ●彼女は〜泣き出した Elle a fini par pleurer.
どうどう［堂々たる］ imposant(e);（威厳のある）digne
どうとく［道徳］ morale 女 ●〜的な moral(*ale*)（男複 -*aux*）
►道徳観念 sens moral 男
とうなん［盗難］ vol 男
どうにか（かろうじて）à peine;（なんとか）tant bien que mal
とうにょうびょう［糖尿病］ diabète 男
とうばん［当番］ tour 男
とうひょう［投票］ vote 男;（票）voix 女 ●〜する voter
►投票率 taux de participation 男
とうふ［豆腐］ tofu 男
どうふう［同封する］ inclure dans une lettre ●〜の ci-joint, ci-inclus
どうぶつ［動物］ anima*l* 男（複 -*aux*）;（獣）bête 女
►動物園 zoo 男
とうぶん［当分］（しばらくの間）pour［pendant］quelque temps;（今のところ）pour le moment
とうめい［透明な］ transparent(*e*), clair(*e*)
どうも 会話 〜ありがとう Merci beaucoup. 会話 〜よくわからない Je ne comprends pas très bien.
とうもろこし［玉蜀黍］ maïs 男
とうよう［東洋］ Orient 男 ●〜の orienta*l*(*ale*)（複 -*aux*）
どうよう［動揺］（心の）agitation 女, trouble 男 ●〜する s'agiter, se troubler
どうよう［同様］ ●〜に de même ●〜の semblable〔à〕
どうりょう［同僚］ collègue 名
どうろ［道路］ route 女;（街路）rue 女
►道路地図 carte routière 女 道路標識 signal de route 男
とうろく［登録］ enregistrement 男;（名簿などへの）inscription 女 ●〜済《掲示》Déposé
とうろん［討論］ discussion 女, débat 男
どうわ［童話］ conte pour enfants 男;（お伽話）conte de fées 男

とおい

［遠い］ loin;（遠くの）éloigné(*e*)
とおざかる［遠ざかる］ s'éloigner〔*de*〕;（疎遠になる）se détacher〔*de*〕
とおす［通す］ faire［laisser］passer ●…を通して à travers ...
とおまわり［遠回り］ détour 男 ●〜する faire［prendre］un détour
とおり［通り］ rue 女;（大通り）avenue 女, boulevard;（人・車などの往来）circulation 女
とおる［通る］ passer;（通り抜ける）traverser
とかい［都会］ ville 女 ●〜の［的な］ urbain(*e*)
►都会人 citadin(*e*) 名 都会生活 vie urbaine 女
とかす［溶かす］ fondre;（液体の中に）dissoudre
とがった［尖った］ pointu(*e*);（鋭い）aigu(*ë*)
とがる［尖る］ ●尖った pointu(*e*);（鋭い）aigu(*ë*)
とき［時］（時間・時代）temps 男;（…する時）quand ... ●〜として par moments ●〜の首相 le premier ministre d'alors

ときどき

［時々］ de temps en temps;（時には）quelquefois
とく［得］ profit 男;（有利）avantage 男
とく［解く］ dénouer;（解決する）résoudre
とぐ［研ぐ］ aiguiser sur la pierre;（米を）laver du riz
どく［毒］（毒物）poison 男;（蛇などの）venin 男
とくい［得意］ ●…が〜である être fort(*e*)［bon(*ne*)］〔*à, en*〕→à はスポーツなど, en は教科など
どくさい［独裁］ dictature 女
どくしゃ［読者］ lect*eur*(*trice*) 名;（定期購読者）abonné(*e*) 名
とくしゅ［特殊な］ particuli*er*(*ère*), spécia*l*(*ale*)（男複 -*aux*）
どくしょ［読書］ lecture 女 ●〜する lire
►読書家 grand(*e*) lect*eur*(*trice*) 名 読書週間 semaine du livre 女
とくしょく［特色］ caractéristique 女 ●〜のある caractéristique
どくしん［独身］ célibat 男 ●〜の célibataire ►独身者 célibataire 名

と

どくせん [独占] monopole 男 ●～する monopoliser
とくちょう [特徴] caractéristique 女, particularité 女
どくとく [独特] ●～な (特徴的な) caractéristique; (特異な) particulier(*ère*)
とくに [特に] surtout, particulièrement
とくべつ [特別な] spécial(*ale*) (男複 *-aux*); particulier(*ère*)
どくりつ [独立] indépendance 女 ●～の[した] indépendant(*e*)
とげ [棘] épine 女, piquant 男
と
とけい [時計] horloge 女; (腕時計) montre 女 ●～[反～]回りに dans le sens [le sens inverse] des aiguilles d'une montre
►**時計店** horlogerie 女
とける [溶ける] (se) fondre; (液体に) se dissoudre ●砂糖は水に～ Le sucre est soluble dans l'eau.

どこ
où ●～か quelque part
会話 ～まで泳いできたの Jusqu'où as-tu nagé?
とこや [床屋] (人) coiffeur(*se*) 名; (店) salon de coiffure 男
ところ [所] endroit 男, lieu 男
ところが mais, cependant, pourtant
ところで or, au fait, à propos
とざん [登山] ascension 女, (スポーツ) alpinisme 男 ●～する pratiquer l'alpinisme
とし [年] an 男, année 女; (年齢) âge 男 ●～を取った vieux(*vieille*)
とし [都市] ville 女 ●～の urbain(*e*)
としこし [年越し] ●～する faire la veillée du Nouvel An
とじこめる [閉じ込める] enfermer
とじこもる [閉じこもる] s'enfermer, se cantonner
としょかん [図書館] bibliothèque 女
としより [年寄り] vieillard 男
とじる [閉じる] fermer, clore
としん [都心] centre [cœur] de la ville 男
どせい [土星] Saturne 男
とだな [戸棚] armoire 女, placard 男
とたん [途端] ●…した～に dès que ...
トタン ►**トタン板** tôle galvanisée 女
とち [土地] terre 女, terrain 男
とちゅう [途中で] sur le chemin de; (道中) en chemin; (ものごとの) à mi-chemin,
どちら lequel(*laquelle*) (複 *lesquel*(*le*)*s*)
とっきゅう [特急] (train) rapide 男
とっきょ [特許] brevet (d'invention) 男
とっくに ●～亡くなっている être mort depuis longtemps
とって [取っ手] (戸の) poignée 女; (引き出しの) bouton 男
とつぜん [突然] tout à [d'un] coup, soudain
トップ tête 女, chef 男

とても
❶《形容詞・副詞を修飾》très, bien
●彼は私に～親切だ Il est très gentil avec moi.
❷《動詞を修飾》beaucoup
●君がいなくて～さみしい Tu me manques beaucoup.
とどく [届く] arriver 〚*à*〛
とどける [届ける] (届け出る) déclarer; (配達する) livrer 〚*à, chez*〛
ととのえる [整える] (準備する) préparer; (きちんとする) arranger
とどまる [留まる] rester, demeurer
とどめる [止める] garder, laisser; (限る) limiter, se borner 〚*à*〛
となり [隣] ●の～に à côté de ●～の人 voisin(*e*) 名
どなる [怒鳴る] crier violemment, hurler
とにかく [兎に角] en tout cas

どの
quel(*le*)
会話 ～季節が好きですか Quelle saison préférez-vous?
会話 東京の～あたりに住んでいますか À Tokyo, de quel côté habitez-vous?
どのくらい [どの位] combien; (時間)combien de temps ●～待たないといけないですか Combien de temps dois-je attendre?
どのように comment 会話 ～すればよいか教えてください Voulez-vous m'apprendre comment faire?
とばす [飛ばす] faire voler; (ロケットなどを) lancer
とびあがる [跳び上がる] sauter; (驚きなどで) sursauter
とびこむ [飛び込む] ●海に～ se jeter [plonger] dans la mer
とびだす [飛び出す] sauter [se précipiter] dehors; (突然現れる) surgir
とびら [扉] porte 女

とぶ
[飛ぶ・跳ぶ] (空を) voler; (跳ぶ) sauter, faire un saut
とほ [徒歩で] à pied

とぼしい［乏しい］ manquer〘*de*〙
トマト tomate 女
とまる［止まる・停まる］ s'arrêter;（止む）cesser ●時計が止まった La montre s'est arrêtée.
とまる［泊まる］ loger〘*à*, *chez*〙
とみ［富］ richesse 女, fortune 女
とめる［止める・停める］ arrêter;（阻止）empêcher
とめる［泊める］ ●友人を一晩～ loger un ami pour la nuit
とも［友］ ami(*e*) 名, camarade 名
ともかく（どちらにしても）en tout cas;（…は別として）à part…
ともだち［友だち］ ami(*e*) 名;（仲間）copain(*ine*) 名
どようび［土曜日］ samedi 男
トラ［虎］ tigre 男;（雌）tigresse 女
ドライバー（運転者）automobiliste 名;（ねじ回し）tournevis 男
ドライブ（車の）randonnée en voiture 女,《話》balade en voiture ●～する faire une randonnée en voiture
ドライヤー sèche-cheveux 男《不変》
とらえる［捕える］ saisir, prendre
トラック（自動車の）camion 男;（陸上競技の）piste 女
トラブル ennuis 男 複, problèmes 男 複
トラベラーズチェック chèque de voyage 男
ドラマ drame 男;（テレビの連続ドラマ）série télévisée 女
トランク valise 女;（自動車の）coffre 男
トランジット transit 男
トランプ ●～をする jouer aux cartes
とり［鳥］ oiseau 男
とりあげる［取り上げる］（A（人）からBを）prendre A à B, priver A de B
とりあつかう［取り扱う］（人を）traiter,（物を）manier
とりかえる［取り替える］ changer A［de A］;（交換する）échanger〘*contre*〙
とりかかる［取りかかる］ commencer, se mettre〘*à*〙
とりけす［取り消す］ annuler;（前言などを）retirer
とりだす［取り出す］ tirer〘*de*〙, sortir〘*de*〙
とりつける［取り付ける］ fixer〘*à*〙; installer
とりのぞく［取り除く］ enlever, ôter
とりひき［取引］ commerce 男, affaire 女
どりょく［努力］ effort 男 ●～する faire des efforts
とる［取る］ prendre;（手に持つ）tenir;（つかむ）saisir;（獲得する）obtenir
会話 塩を取ってください Passez-moi le sel, s'il vous plaît.
ドル dollar 男
どれ lequel(*laquelle*)（複 *lesquel*(*le*)*s*)
トレーニング entraînement 男 ●～する s'entraîner〘*à*〙
ドレス robe 女
ドレッシング vinaigrette 女
とれる［取れる］（離れる・脱落する）se détacher;（痛みなどが）s'apaiser
どろ［泥］ boue 女
●～まみれの boueux(*se*)
どろぼう［泥棒］（人）voleur(*se*) 名;（行為）vol 男
どんどん ●病人は～良くなっている Le malade va de mieux en mieux.
どんな quel ●～風に comment
会話 ～ことでも聞いてください Demandez tout ce que vous voulez savoir.
トンネル tunnel 男

な行

な［名］ nom 男;（姓に対して）prénom 男
●～の知れた célèbre, connu(*e*) ●…の～のもとに sous prétexte de…
ない［無い］ ❶（存在しない）il n'y a pas, il n'existe pas, ne pas être
❷（欠如）ne pas avoir, manquer〘*à*〙; être sans
ないか［内科］ médecine des maladies internes 女
► 内科医 médecin généraliste 男
ないかく［内閣］ gouvernement 男, cabinet 男
► 内閣総理大臣 Premier ministre 男
ないしょ［内緒の］ secret(*ète*), caché(*e*), confidentiel(*le*)
ナイフ couteau 男, poignard 男
ないぶ［内部］ intérieur 男, dedans 男 ●～に à l'intérieur, au-dedans〘*de*〙; dans
●～の intérieur(*e*), interne
ないよう［内容］ contenu 男;（文書の）teneur 女;（要点）substance 女
ナイロン nylon 男

なお［尚］（いっそう）encore, davantage; (まだ) encore, toujours ●〜悪いことに… ce qui est pire ...
なおす［直す］réparer, dépanner; (修復する) restaurer; (訂正する) corriger
なおる［治る］(se) guérir; (回復する) se rétablir, retrouver sa santé; (傷が) se cicatriser
なか［中］intérieur 男, dedans ●の〜に［で, へ］dans, en, à l'intérieur de ●の〜で（範囲）de, parmi, entre ●雨の〜を sous la pluie
なか［仲］relations 女複, rapports 男複 ●〜がよい［悪い］s'entendre bien [mal], avoir de bons [mauvais] rapports 〘*avec*〙

な

ながい［長い］long(*ue*) ●〜間 longtemps, pendant longtemps; (ずっと前から) depuis longtemps
ながいす［長椅子］banquette 女; (ベンチ) banc 男; (ソファー) canapé 男, sofa 男
ながぐつ［長靴］bottes 女複
ながさ［長さ］longueur 女; (時間の) durée 女 ●〜1メートルの棒 bâton d'un mètre (de long) 男
ながし［流し］（流し台）évier 男
ながす［流す］(faire) couler, verser, déverser; (広める) répandre ●音楽を〜 passer de la musique
ながそで［長袖］manches longues 女複
なかでも［中でも］entre autres, en particulier
なかなおり［仲直り］réconciliation 女 ●〜する se réconcilier 〘*avec*〙
なかなか assez; (非常に) très, bien ●〜分からない Je n'arrive pas à comprendre.
ながびく［長引く］se prolonger; (だらだらと) s'éterniser
なかま［仲間］compag*non*(*gne*) 名, ami(*e*) 名; (同僚) collègue 名; (協力者) collabo*rateur*(*trice*) 名
会話 私も〜に入れてくれ Prenez-moi dans votre groupe [équipe].
ながめ［眺め］vue 女; (光景) paysage 男
ながめる［眺める］regarder; (観察する) observer
なかゆび［中指］（手の）majeur 男; (足の) troisième orteil 男
ながれ［流れ］cours 男, courant 男
ながれる［流れる］couler, s'écouler; (時間が) passer; (うわさが) courir, circuler

なく［泣く］pleurer, être en larmes; (涙を流す) verser des larmes
なく［鳴く］crier ●小鳥が〜 chanter ●猫が〜 miauler
なぐさめる［慰める］consoler; (元気づける) réconforter
なくす［無くす］perdre; (廃止する) abolir
なくなる［無くなる］（消える）disparaître; (尽きる) s'épuiser; (金・財産などが) se dissiper
なぐる［殴る］battre, frapper; (平手で) gifler
なげき［嘆き］plainte 女, lamentation 女; (悲しみ) tristesse 女
なげすてる［投げ捨てる］jeter
なげる［投げる］jeter, lancer; (放棄する) abandonner
なごやか［和やかな］paisible; (友好的な) amica*l*(*ale*) (男複 *-aux*)
なし［無し］●…〜の［で］sans ●〜で済ます se passer, se priver 〘*de*〙
なじみ［馴染み］●〜の famili*er*(*ère*)
なじむ［馴染む］se familiariser 〘*avec*〙
ナス［茄子］aubergine 女
なぜ［何故］pourquoi, pour quelle raison ●〜だか分からずに sans savoir pourquoi
なぞ［謎］énigme 女; (神秘) mystère 男 ●〜をかける proposer une énigme [devinette]; (ほのめかす) suggérer ●〜を解く résoudre une énigme ●〜めいた énigmatique
なぞなぞ［謎々］devinette 女
なだかい［名高い］célèbre, bien connu(*e*), renommé(*e*)
なだれ［雪崩］avalanche 女
なつ［夏］été 男 ●〜の盛りに en plein été ►**夏服** vêtement d'été 男 **夏休み** vacances d'été 女複
なつかしい［懐かしい］nostalgique
なづける［名付ける］（AをBと）nommer A B
なっとく［納得］consentement 男 ●〜する（了解する）comprendre; (説得されて) être convaincu(*e*)
なでる［撫でる］caresser; (そっと触れる) effleurer
など ❶（列挙して）et cætera →略 etc. ❷（…などのような）tel(*le*) que ..., comme ...

なな［七］ sept 男《不変》 ●～番目の septième ●～分の1 un septième

ななめ［斜め］ ●～の oblique, biais(*e*) ●～に en diagonale

なに［何］ que, quoi;（疑問）qu'est-ce que, quel(*le*)

会話 ～が欲しいの Que veux-tu? | Qu'est-ce que tu veux?

なにか［何か］ quelque chose
●～飲み物を下さい Donnez-moi quelque chose à boire.

ナプキン（テーブル用）serviette (de table) 女;（生理用）serviette périodique 女

なふだ［名札］ plaque d'identité 女;（荷物の）étiquette 女

なべ［鍋］（取っ手が2つの）marmite 女;（片手鍋）casserole 女

なま［生の］ cru(*e*);（新鮮な）frais(*fraîche*);（未処理の）brut(*e*)
►**生クリーム** crème fraîche 女 **生ビール** bière (à la) pression 女;（1杯）un demi **生放送** émission en direct 女

なまいき［生意気な］ impertinent(*e*);（横柄な）orgueilleux(*se*);（思い上がった）présomptueux(*se*)

なまえ［名前］ nom 男;（姓）nom (de famille) 男;（ファーストネーム）prénom 男
●～を伏せる garder l'anonymat

なまける［怠ける］ paresser, fainéanter;（怠る）négliger

なまり［訛り］ accent 男

なみ［波］ vague 女;（さざ波）ride 女 ●～が高い La mer est agitée.

なみき［並木］ rangée d'arbres 女 ►**並木道** allée 女, chemin bordé d'arbres 男

なみだ［涙］ larme 女 ●～を流す verser des larmes ●の～を誘う tirer des larmes〖à〗

なめらか［滑らかな］ lisse

なめる［舐める］ lécher;（しゃぶる）sucer;（見くびる）sous-estimer ●あめを～ sucer un bonbon

なやみ［悩み］ souci 男, ennui 男 ●～を打ち明ける confier ses ennuis

なやむ［悩む］ se tracasser, se tourmenter〖*pour*〗

ならう［習う］ apprendre A [à 不定詞];（学ぶ）étudier;（レッスンを受ける）prendre des leçons de

ならす［鳴らす］（鐘・ベルなどを）sonner;（指などを）(faire) claquer

ならぶ［並ぶ］（整列する）s'aligner, se mettre en rang;（列をつくる）faire la queue
●コンピューターの知識では彼に～者はいない Pour la connaissance de l'informatique, il n'a pas son pareil.

ならべる［並べる］（配置する）disposer;（整列させる）ranger;（陳列する）étaler, exposer

なりたち［成り立ち］（成立）formation 女

なる［成る・為る］ devenir;（変わる）se transformer〖*en*〗; tourner〖*à*, *en*〗;（達する）s'élever〖*à*〗 ●医者に～ devenir médecin ●有名に～ devenir [se rendre] célèbre

なる［鳴る］（鐘・ベルなどが）sonner;（鳴り響く）retentir, résonner

なるべく ●～早く le plus tôt possible

なるほど［成る程］ en effet

なれる［慣れる］ s'habituer, s'accoutumer〖*à*〗;（順応する）s'adapter〖*à*〗

なわ［縄］ corde 女, lien 男

なんきょく［南極］ pôle Sud 男
●～の antarctique

ナンセンス non-sens 男《不変》;（ばかげたこと）absurdité 女

なんでも［何でも］ n'importe quoi, quoi que ce soit;（すべて）tout

なんど［何度］ ●～も plusieurs fois

なんぱ［難破］ naufrage 男

ナンバー numéro 男 ►**ナンバープレート** plaque d'immatriculation 女

なんみん［難民］ réfugié(e) 名
►**難民キャンプ** camp de réfugiés 男

に［二］ deux 男《不変》
●～番目の deuxième, second(*e*)
●～分の1 un demi

-に ❶《時間》à, en
●10時に à dix heures
●2019年に en 2019
❷《場所》à, dans
●日本に au Japon
●箱の中に dans une boîte
❸《動作の対象》à, pour
●これを母にあげる Je donne ça à ma mère.

場所を表す à と dans

à は場所を点としてとらえる場合に, **dans** はある特定の空間の内部であることを明示する場合に用いられる: Il est à la maison. 彼は在宅だ(屋内でも屋外でもよい). Il est dans la maison. 彼は屋内にいる.

にあう [似合う] (人に) aller 〖à〗; (ものに) aller 〖*avec*〗, être assorti(*e*) 〖à〗 ●それは君に〜 Ça te va bien.
にえる [煮える] cuire
におい [臭い・匂い] odeur 女; (芳香) parfum 男, arôme 男 ●いい[嫌な]〜がする sentir bon [mauvais]
におう [臭う・匂う] sentir
にかい [二階] premier étage 男 →1階は rez-de-chaussée ●〜建ての家 maison à un étage 女
にがい [苦い] ❶(味覚) amer(*ère*) ❷(つらい) dur(*e*), pénible, rude ●〜思い出 souvenir amer 男
にがす [逃がす] (自由にする) lâcher, relâcher; (とり逃がす) laisser échapper

に

にがつ [二月] février 男 ●〜に en février, au mois de février

にがて [苦手] ●数学は〜だ Je suis faible en mathématiques. ●あの人はなんとなく〜だ Je ne me sens pas à l'aise avec lui.
にぎやか [賑やかな] animé(*e*); (陽気な) gai(*e*), joyeux(*se*)
にぎる [握る] prendre, tenir; (素早く) saisir; (強く) empoigner
にく [肉] (肉体) chair 女, corp 男; (食用の) viande 女; (魚の身) chair 女
にくい [憎い] ●私は彼が〜 Je le †hais.
-にくい [-難い] ●…し〜 être difficile à 不定詞
にくたい [肉体] corps 男, chair 女 ●〜の[的な] physique, charnel(*le*)
にくむ [憎む] †haïr, prendre [avoir]... en †haine
にくらしい [憎らしい] vexant(*e*)
にげる [逃げる] s'enfuir; (束縛を離れて) s'échapper; (危険を逃れて) se sauver
にごった [濁った] trouble, impur(*e*); (汚染された) pollué(*e*)
にこにこ ●〜する sourire
にごる [濁る] se troubler, se brouiller; (汚染される) se polluer
にし [西] ouest 男; occident 男 ●〜の ouest 《不変》; occidental(*ale*) (男複 -*aux*)
にじ [虹] arc-en-ciel 男 (複 〜*s*-〜-〜)
にじむ [滲む] baver
にじゅう [二重の] double
にせ [偽の] faux(*sse*), falsifié(*e*)
にちじょう [日常の] quotidien(*ne*); (ごく普通の) courant(*e*), ordinaire
にちようび [日曜日] dimanche 男
にっき [日記] journal 男 (複 -*aux*) ●〜をつける tenir un journal, écrire son journal
ニックネーム surnom 男
にっこう [日光] lumière solaire [de soleil] 女; rayons de soleil 男複 ●〜浴をする prendre un bain de soleil
にっちゅう [日中] journée 女
にぶい [鈍い] (動きが) lent(*e*); (音・光・痛みなどが) sourd(*e*); (無感覚な) insensible; (間抜けな) lourdaud(*e*)
にほん [日本] Japon 男 ●〜の japonais(*e*), nippon(*ne*)
►日本語 japonais 男; langue japonaise 女 日本人 Japonais(*e*) 名
にもつ [荷物] bagage 男; (負担) charge 女, fardeau 男
ニュアンス (微妙な差異) nuance 女; (繊細さ) subtilité 女
にゅういん [入院] hospitalisation 女 ●〜する être hospitalisé(*e*)
にゅうがく [入学] entrée 女 ●〜する entrer 〖*dans*, *à*〗
►入学試験 concours [examen] d'entrée 男
にゅうこく [入国] entrée dans un pays 女 ●〜する entrer dans un pays
にゅうし [入試] concours [examen] d'entrée 男
にゅうじ [乳児] nourrisson 男, bébé 男
にゅうじょう [入場] entrée 女 ●〜する entrer
►入場券 billet d'entrée 男; (駅の) ticket de quai 男 入場料 droit d'entrée 男
ニュース nouvelles 女複, informations 女複; (テレビの) journal télévisé 男
にゅうもん [入門する] se faire disciple 〖*de*〗 ►入門書 introduction 女
にゅうりょく [入力] input 男, entrée 女 ●データを〜する entrer des données
にらむ [睨む] regarder fixement, fixer
にる [似る] ressembler 〖à〗; tenir 〖*de*〗; (互いに) se ressembler
にる [煮る] faire cuire; (ゆでる) faire bouillir
にわ [庭] jardin 男; (中庭) cour 女; (庭園) parc 男 ●〜の手入れをする soigner son jardin
にわかに soudain, brusquement
にわとり [鶏] (雄) coq 男; (雌) poule 女; (若鶏) poulet 男
にんき [人気] popularité 女 ●〜のある

populaire ●〜が上がる acquérir de la popularité
► 人気者 idole 女, favori(*te*) 名

にんぎょ [人魚] sirène 女

にんぎょう [人形] poupée 女; (操り人形) marionnette à fils 女

にんげん [人間] homme 男, être humain 男 ●〜の[的な] humain(*e*)

にんしん [妊娠] ●〜している être enceinte, attendre un bébé, attendre un heureux événement

ニンジン [人参] carotte 女

にんずう [人数] nombre de personnes 男

にんたい [忍耐] patience 女; (我慢) endurance 女

ニンニク [大蒜] ail 男 (複 〜*s*)

にんむ [任務] charge 女, tâche 女; (使命) mission 女

にんめい [任命] nomination 女, désignation 女 ●〜する nommer, désigner

ぬう [縫う] coudre; (破れ目などを) recoudre

ぬく [抜く] arracher; (引き抜く) tirer, retirer; (除去する) enlever; (追い越す) dépasser, doubler

ぬぐ [脱ぐ] enlever, ôter; (服を脱ぐ) se déshabiller

ぬける [抜ける] tomber

ぬすみ [盗み] vol 男 ●〜を働く commettre un vol

ぬすむ [盗む] voler; (こっそり) dérober

ぬの [布] (織物) tissu 男; (生地) étoffe 女

ぬま [沼] marais 男

ぬる [塗る] (ペンキなどを) peindre; (薬を) appliquer

ぬるい [温い] tiède

ぬれる [濡れる] se mouiller ●濡れた mouillé(*e*), trempé(*e*)

ね [根] racine 女 ●〜に持つ en vouloir 〘*à*〙; avoir de la rancune 〘*contre*〙

ねあがり [値上がり] augmentation 女, †hausse 女
●〜する augmenter, †hausser

ねうち [値打ち] valeur 女 ●〜のある[ない] de [sans] valeur

ねがい [願い] souhait 男, vœux 男 複; (懇願) requête 女, supplication 女

ねがう

[願う] ❶ souhaiter (que 接続法), espérer (que ...)
❷ (欲する) vouloir (que 接続法)
会話 それは願ったり叶ったりだ Je ne peux pas espérer mieux.

ねかす [寝かす] (眠らせる) coucher, endormir; (横たえる) allonger

ネギ [葱] poireau 男

ねぎる [値切る] marchander, débattre le prix (de)

ネクタイ cravate 女

ねこ [猫] chat 男; (雌) chatte 女; (子猫) chaton 男

ねさがり [値下がり] baisse 女 ●〜する baisser

ねさげ [値下げ] abaissement du prix 男; (値引き) réduction 女 ●〜する baisser le prix (de)

ねじ (雄ねじ・ビス) vis 女; (雌ねじ・ナット) écrou 男
► ねじ回し tournevis 男

ねじる [捻る] tordre; (自分の手足などを) se tordre

ネズミ [鼠] rat 男, souris 女

ねたみ [妬み] jalousie 女

ねたむ [妬む] avoir de la jalousie 〘*envers*〙; être jaloux(*se*) 〘*de*〙

ねだん [値段] prix 男

「値段」「費用」

prix 個々の品物やサービスなどの値段, 価格.
tarif 郵便料金, 電気やガスの料金, 交通機関の運賃, カフェの飲食物の値段などの体系化された料金.
coût 広く費用や経費のこと.
frais 個別の費用・経費をさす一般的用語: frais de déplacement 交通費.

ねつ [熱] chaleur 女; (体温) température 女, fièvre 女; (熱意・熱狂) passion 女, enthousiasme 男 ●〜がある avoir de la fièvre

ねつい [熱意] ardeur 女, ferveur 女, empressement 男

ねっきょう [熱狂] enthousiasme 男; (興奮) exaltation 女 ●〜的な enthousiaste, fanatique ●〜する s'enthousiasmer

ねっしん [熱心な] enthousiaste, fervent(*e*); (勤勉な) assidu(*e*)

ねっする [熱する] (faire) chauffer; (熱中する) s'échauffer

ねったい [熱帯] tropiques 男 複 ●〜の tropic*al*(*ale*) (男複 *-aux*)

ねっちゅう [熱中] ●〜する s'enthousiasmer, se passionner 〘*pour*〙
► 熱中症 coup de chaleur 男

ネット filet 男; (インターネット) Internet

男, web 男
ねどこ [寝床] lit 男 ●〜に入る se mettre au lit
ねばり [粘り] viscosité 女; (辛抱強さ) persévérance 女 ●〜強い persévérant(*e*), patient(*e*)
ねばる [粘る] (根気よく) persévérer
ねぼう [寝坊する] se lever tard; (意図せずに)《話》panne d'oreiller; (時間を気にせずにゆっくり眠ること) faire la grasse matinée,
ねむい [眠い] avoir sommeil ●まだ〜 j'ai encore sommeil.
ねむる [眠る] dormir; (眠り込む) s'endormir ●ぐっすり〜 dormir profondément
ねらい [狙い] visée 女; (目的・意図) but 男, objectif 男 ●〜をつける avoir des visées 〚*sur*〛
ねらう [狙う] viser; (密かに) guigner; (野心を燃やす) ambitionner
ねる [寝る] ❶ dormir; (床に就く) se coucher, aller [se mettre] au lit; (眠りにつく) s'endormir
❷ (病気で) rester couché(*e*)
❸ (横になる) s'allonger
-ねん [-年] an 男, année 女
ねんきん [年金] pension 女
► **終身年金** rente viagère 女 **退職年金** pension de retraite 女
ねんざ [捻挫] entorse 女, foulure 女
ねんど [粘土] argile 女, glaise 女; (造形用) pâte [terre] à modeler 女
ねんりょう [燃料] combustible 男; (内燃機関の) carburant 男; (ガソリン) essence 女 ●〜を補給する ravitailler
ねんれい [年齢] âge 男
► **年齢制限** limite d'âge 女

-の ❶ (所有・所属) de, à
会話 これは私〜です C'est à moi.
❷ (についての) de, sur
❸ (のための) pour, à
❹ (状態・性質) de, en
●英語〜先生 professeur d'anglais 男
ノイローゼ névrose 女
のう [脳] cerveau 男; (脳みそ) cervelle 女
► **脳溢血** hémorragie cérébrale 女 **脳死** mort cérébrale 女
のうか [農家] ferme 女
のうぎょう [農業] agriculture 女
●〜の agricole
► **農産物** produits agricoles 男 複
のうじょう [農場] ferme 女, plantation 女
のうぜい [納税] paiement des impôts 男
のうそん [農村] village rural 男; (田園) campagne 女
のうりつ [能率] (生産性) rendement 男; (効率) efficacité 女 ●〜的な efficace
のうりょく [能力] capacité 女, faculté 女; (特定の分野の) compétence 女
●する〜がある être capable 〚*de*〛, avoir la faculté 〚*de*〛
ノート cahier 男; (メモ) note 女
のがれる [逃れる] (免れる) échapper 〚*à*〛; éluder; (逃げる) s'échapper 〚*de*〛
のこぎり [鋸] scie 女 ●〜でひく scier
のこす [残す] laisser; (保持する) mettre de côté, garder, réserver
のこり [残り] reste 男; (他の人・物) les autres ●〜少ない人生 vie qui touche à sa fin 女
► **残り物** restes 男 複
のこる [残る] rester; demeurer ●私にはまだ10万円残っている Il me reste encore cent mille yens.
のせる [乗せる] (乗り物に) embarquer 〚*dans, sur*〛; prendre 〚*dans*〛
のぞく [除く] enlever, supprimer ●を除いて sauf, excepté, à part
のぞむ [望む] vouloir, souhaiter; (期待) espérer ●それこそ〜ところだ C'est justement ce que j'attendais.
のち [後] après ●〜に après, plus tard
ノック coup 男 ●ドアを〜する frapper à la porte
-ので 《節を伴って》parce que, comme; 《名詞を伴って》à cause de, en raison de
のど [喉・咽] gorge 女; (咽喉) gosier 男 ●〜が渇く avoir soif ●〜が痛い avoir mal à la gorge
のどか ●〜な serein(*e*), calme
-のに malgré (que 接続法), bien que 接続法; (その一方) alors que, tandis que
ののしる [罵る] insulter, dire des injures 〚*à*〛
のばす [伸ばす] (長くする) allonger, rallonger; (引き伸ばす) étirer; (まっすぐにする) tendre ●髪を〜 se laisser pousser les cheveux
のはら [野原] campagne 女, champs 男 複; (草原) prairie 女
のびる [伸びる] ❶ (植物が) croître; (生える) pousser; (生育する) se développer ❷ (引っ張って) s'étirer ❸ (長々と) s'allon-

ger ❹(塗料などが) s'étaler
のびる［延びる］(延長される) être prolongé(e); (延期される) être remis(e) [reporté(e)]
のべる［述べる］dire, exprimer
のぼり［上り］►**上り坂** montée 女, chemin montant 男
のぼる［上る］monter; (上昇する) s'élever; (高い地位に) arriver〖à〗; (に達する) atteindre; s'élever〖à〗 ●川を〜 remonter une rivière
ノミ［蚤］puce 女
►**蚤の市** marché aux puces 男
のみこむ［飲み込む］avaler; (理解する) comprendre
のみもの［飲み物］boisson 女

のむ

［飲む］❶boire, prendre; (飲み込む) avaler
●コーヒーを〜 boire du café
❷(受け入れる) accepter

飲む

boire は液体を飲むという意味であるが，スープを飲む場合は例外的に **manger** を用いる．薬などを飲むときは **prendre** を使う: prendre un comprimé d'aspirine アスピリンを1錠飲む．飲み込むは **avaler**.

のり［糊］colle 女; (衣服用の) empois 男
のりかえ［乗り換え］●A 線は〜です correspondance ligne A
►**乗り換え駅** gare de correspondance 女
のりかえる［乗り換える］changer (de train) 会話 列車を乗り換えなければなりません Vous devez prendre une correspondance. 会話 どこで〜のですか À quelle gare change-t-on?
のりくみいん［乗組員］《集合的》équipage 男; (一員) membre de l'équipage 男
のりもの［乗り物］véhicule 男, voiture 女
のる［乗る］(乗り物に) monter〖*en*, *à*, *dans*〗; monter à bord〖*de*〗; (乗り物を利用する) prendre; (物の上に) monter〖*sur*〗
のる［載る］(置いてある) reposer〖*sur*〗; (掲載される) être mentionné(*e*), être inséré(*e*)〖*dans*〗; figurer〖*sur*〗
のろい［鈍い］lent(e)
のろのろ ●〜と lentement, comme un escargot
のんき［暢気］nonchalance 女, insouciance 女 ●〜な nonchalant(*e*), insouciant(*e*) ●〜に暮らす vivre dans l'insouciance, vivre à son aise

は行

は［葉］feuille 女
は［歯］dent 女 ●〜が痛い avoir mal aux dents
は［刃］lame 女, tranchant 男
ば［場］(場所) endroit 男, lieu 男; (状況) circonstance 女
バー (酒場) bar 男
ばあい［場合］cas 男; (状況) circonstance 女 ●の〜は en cas de
バーゲン solde 男
パーセント pourcentage 男
●100〜 cent pour cent
バーチャル ●〜な virtuel(*le*) ►**バーチャルリアリティー** réalité virtuelle 女
パーティー réunion 女, soirée 女
ハート cœur 男
パート (部分) partie 女
►**パートタイマー** travailleur(*se*) à temps partiel 名
ハードな dur(*e*) ►**ハードウェア** matériel 男 **ハードディスク** disque dur 男
ハードル †haie 女
►**ハードル競走** course de haies 女
ハーブ fines herbes 女 複
パーマ permanente 女 ●〜をかけてもらう se faire faire une permanente

はい

❶《質問への答え》(肯定疑問文への肯定の返事) Oui.; (否定疑問文への否定の返事) Non.
会話 よく眠れましたか―はい Avez-vous bien dormi?—Oui.
会話 タバコは吸いませんか―はい，吸いません Vous ne fumez pas?—Non, je ne fume pas.
❷《注意を引いて》voilà
会話 はい，コーヒー Voilà, ton café.

はい［灰］cendre 女
はい［肺］poumon 男 ●〜の pulmonaire
ばい［倍］double 男
はいいろ［灰色］gris 男 ●〜の gris(*e*)
バイオの biologique →略 bio
バイオリン violon 男
はいき［排気］échappement 男, (空気の) ventilation 女
►**排気ガス** gaz d'échappement 男
はいき［廃棄］rejet 男
►**廃棄物** déchets 男 複

ばいきん [黴菌] bacille 男
ハイキング excursion 女, randonnée (à pied) 女
はいく [俳句] †haïku 男
はいけい [背景] arrière-plan 男, fond 男
はいざら [灰皿] cendrier 男
はいし [廃止] abolition 女, suppression 女 ●～する supprimer, abolir
ハイジャック détournement d'avion 男, piraterie aérienne 女
ばいしゅう [買収] achat 男 ●～する acheter; (贈賄する) corrompre
ばいしゅん [売春] prostitution 女 ●～する se prostituer
►売春婦 prostituée 女
ばいしょう [賠償] indemnisation 女, dédommagement 男; (法律用語) réparation 女 ●～する indemniser
はいたつ [配達] (商品の) livraison 女; (郵便・新聞の) distribution 女
●～する livrer, distribuer
はいち [配置] disposition 女; (適切な) arrangement 男 ●～する arranger, disposer
ばいてん [売店] (新聞などの) kiosque 男; (飲食物の) buffet 男
パイナップル ananas 男
ハイビジョン ►ハイビジョンテレビ télévision à haute définition 女 →略 TVHD
はいふ [配布] distribution 女 ●～する distribuer
パイプ (管) tuyau 男; (タバコ用の) pipe 女
はいゆう [俳優] *acteur(trice)* 名

はいる [入る] ❶ entrer 〚*dans, à, en*〛
❷ (加入する) adhérer 〚*à*〛
❸ (収容できる) contenir
パイロット pilote 男
はう [這う] ramper
はえ [蝿] mouche 女
はえる [生える] pousser
はか [墓] tombe 女, tombeau 男
ばか [馬鹿] imbécile 名, idiot(e) 名; 《話》 con 名 ●～げた absurde, ridicule ●～なことを言う dire des bêtises ●～にする se moquer 〚*de*〛
はかい [破壊] destruction 女 ●～する détruire
はがき [葉書] carte postale 女 →フランスでは郵便用のカードには常に絵や写真が印刷されており, 日本の郵便はがきにあたる無地のものはない.
はかせ [博士] docteur 男 →女性にも用いる
はかり [秤] balance 女
はかる [測る・計る・量る] (大きさなどを) mesurer; (重さを) peser
バカンス vacances 女 複
はきけ [吐き気] nausée 女 ●～がする avoir la nausée
はく [吐く] (唾などを) cracher; (嘔吐する) vomir; (息を) expirer
はく [履く] mettre; (靴を) chausser
はぐ [剥ぐ] (樹皮などを) écorcer
はくがい [迫害] persécution 女 ●～する persécuter
ばくげき [爆撃] bombardement 男 ●～する bombarder
はくしゅ [拍手] applaudissement 男 ●～する applaudir
はくじょう [白状] aveu 男
●～する avouer
はくじん [白人] blanc(*che*) 名
ばくぜん [漠然と] vaguement
ばくだん [爆弾] bombe 女
はくちょう [白鳥] cygne 男
ばくはつ [爆発] explosion 女 ●～する exploser, éclater
►爆発物 explosif 男
はくぶつかん [博物館] musée 男; (自然科学の) muséum 男
ばくろ [暴露] révélation 女 ●～する révéler, divulguer
はげしい [激しい] violent(*e*), intense, vif(*ve*)
バケツ seau 男
はげます [励ます] encourager; (元気づける) remonter le moral 〚*à*〛
はげむ [励む] s'efforcer 〚*de*〛; (打ち込む) s'appliquer 〚*à*〛
はげる [禿げる] devenir chauve ●はげた chauve
はけん [派遣] envoi 男 ●～する envoyer
はこ [箱] boîte 女
はこぶ [運ぶ] porter; (輸送する) transporter
バザー bazar 男
はさみ [鋏] ciseaux 男 複
はさむ [挟む] coincer; (指や道具で) pincer; (AをBとCの間に置く) mettre A entre B et C
はさん [破産] ruine 女; (商店・企業の) faillite 女 ●～する se ruiner, faire [tomber en] faillite

はし［橋］ pont 男
はし［端］ bout 男; (縁) bord 男 ●～から～まで d'un bout à l'autre
はし［箸］ baguettes 女 複
はじ［恥］ honte 女; (不名誉) déshonneur 男 ●～をかく essuyer la honte
はしご［梯子］ échelle 女
はじまる［始まる］ commencer, débuter
はじめ［初め］ commencement 男, début 男; (起源) origine 女 ●～から depuis le début; (すぐに) dès le début
はじめて［初めて］ pour la première fois ●～の premier(ère)
会話 初めまして Enchanté.

はじめる

［始める］ commencer 〖*à*〗; se mettre 〖*à*〗

commencer à と se mettre à

予期していたことが始まるときは **commencer à＋** 不定詞, 予期していなかったことが始まるときは **se mettre à＋** 不定詞 を用いる.
●Il commence à pleuvoir. (とうとう)雨が降りだした.
●Il se mit à pleuvoir. (急に)雨が降りだした.

ばしょ［場所］ lieu 男; (lieu より狭い) endroit 男; (居場所・置き場所) place 女
はしら［柱］ pilier 男, poteau 男 (複 ～*x*)

はしる

［走る］ courir; (乗り物が) rouler

はす［蓮］ lotus 男
はず［筈］ ●そんな～はない Ce n'est pas possible.
バス autobus 男; (長距離バス) autocar 男
►**バスターミナル** gare routière 女
パス (球技で) passe 女; (通行許可証) laissez-passer 男《不変》
はずかしい［恥ずかしい］ honteux(*se*)
はずかしめる［辱める］ insulter, humilier
はずす［外す］ (取りはずす) enlever, défaire; (掛かっているものを) décrocher
パスポート passeport 男
はずむ［弾む］ rebondir
●話が～ La conversation s'anime.
●チップを～ donner un bon pourboire
はずれる［外れる］ (脱落する) se décrocher, se détacher; (それる) dévier 〖*de*〗
パスワード mot de passe 男
パセリ persil 男
パソコン ordinateur (personnel) 男
はた［旗］ drapeau 男
はだ［肌］ peau 女
●～が荒れている avoir la peau gercée
バター beurre 男
はだか［裸］ nudité 女, nu 男
●～の nu(*e*)
はたけ［畑］ champ 男, campagne 女
はだしで［裸足で］ pieds nus
はたち［二十歳］ vingt ans 男 複
はたらき［働き］ (仕事) trava*il* 男 (複 -*aux*); (機能) fonction 女 ●～盛りである être dans la force de l'âge
►**働きバチ［アリ］** abeille [fourmi] ouvrière 女
はたらく［働く］ travailler; (機能[作用]する) fonctionner
はち［八］ †huit 男《不変》 ●～番目の huitième ●～分の1 un huitième
はち［鉢］ (食べ物をいれる) bol 男; (植木鉢) pot 男
►**鉢植え** plante en pot 女
ハチ［蜂］ (ミツバチ) abeille 女; (スズメバチ) guêpe 女
●～の巣 nid d'abeilles 男
ばち［罰］ punition (divine) 女
はちがつ［八月］ août 男 ●～に en août, au mois d'août
ばつ［罰］ punition 女, peine 女
はついく［発育］ (成長) croissance 女; (発達) développement 男
はつおん［発音］ prononciation 女
はっき［発揮する］ déployer

はっきり

❶ (明白に) clairement, nettement ●～した clair(*e*); (明確な) précis(*e*)
❷ (率直に) franchement

ばっきん［罰金］ amende 女
バック (背景) fond 男, arrière-plan 男; (後援者) soutien 男, protec*teur*(*trice*) 名
►**バックミラー** rétroviseur 男
バッグ sac 男
はっくつ［発掘］ fouille 女, déterrement 男
●～する fouiller, déterrer
はっけっきゅう［白血球］ globule blanc 男
はっけん［発見］ découverte 女 ●～する découvrir
はっこう［発行］ publication 女, parution 女 ●～する publier, faire paraître
►**発行部数** tirage 男
はっしゃ［発射］ tir 男 ●～する tirer; (ミサイルなどを) lancer
はっしゃ［発車］ départ 男 ●～する partir; démarrer

はっせい［発生］apparition 女 ●～する apparaître; (起こる) arriver, se produire
はっそう［発送］envoi 男, expédition 女 ●～する envoyer, expédier
はったつ［発達］développement 男; (進展) évolution 女 ●～する se développer
はってん［発展］développement 男; (飛躍) essor 男 ●～する se développer
はつでんしょ［発電所］centrale électrique 女
はつばい［発売］mise en vente 女 ●…を～する mettre ... en vente
はっぴょう［発表］annonce 女; (印刷物での) publication 女; présentation 女 ●～する annoncer, publier
はつめい［発明］invention 女 ●～する inventer ►発明家 inven*teur*(*trice*) 名
はで［派手］●～な (人目を引く) voyant(*e*); (けばけばしい) tapageu*r*(*se*)
はと［鳩］pigeon(*ne*) 名, colombe 女
パトロール patrouille 女, ronde 女 ●～する patrouiller
はな［花］fleur 女 ►花屋 (人) fleuriste 名
はな［鼻］nez 男; (動物の) museau 男 ●～が高い (身体的特徴として) avoir un grand [long] nez; (自慢である) être fier(*ère*) 〚*de*〛
はな［洟］morve 女, goutte au nez 女
はなし［話］(物語) histoire 女, récit 男; (会話) conversation 女
はなしあい［話し合い］(協議) entretien 男, discussion 女
はなしあう［話し合う］parler avec; (協議) discuter [s'entretenir] avec

はなす
［話す］(A(人)とBについて) parler à [avec] A de B; (BをAに語る) raconter B à A
●フランス語を～ parler français

バナナ banane 女
はなび［花火］feu d'artifice 男
はなよめ［花嫁］(nouvelle) mariée 女
はなれる［離れる］quitter; (遠ざかる) s'écarter, s'éloigner 〚*de*〛
はね［羽］plume 女, aile 女
ばね ressort 男
はねる［跳ねる］sauter, bondir
はは［母］mère 女 ●～(方)の materne*l*(*le*)
はば［幅］largeur 女; (差) écart 男
はぶく［省く］omettre; (削除する) supprimer
はブラシ［歯ブラシ］brosse à dents 女
はま［浜］plage 女, bord de la mer 男
はみがき［歯みがき］(練り製の) dentifrice 男
ハム jambon 男
はめつ［破滅］ruine 女 ●～する aller à la ruine ●～させる entraîner A à la ruine
はめる［嵌める］(入れ込む) emboîter; (ぴったりと) ajuster; (身につける) mettre; (だます) tromper
ばめん［場面］scène 女

はやい
［早い・速い］
❶(早い) tôt
●夕飯には少し～ Il est un peu tôt pour dîner.
❷(速い) rapide
●～馬 cheval rapide
●彼は速くしゃべる Il parle vite.

はやおき［早起き］●～する se lever tôt [de bon matin]
はやし［林］bois 男, forêt 女
はやす［生やす］laisser pousser
はやめる［早める］†hâter, précipiter
はやる［流行る］être à la mode [en vogue]; (繁盛する) prospérer
はら［腹］ventre 男 ●～が痛い avoir mal au ventre ●～が減る avoir faim
ばら［薔薇］rose 女; (木) rosier 男
はらう［払う］payer
バラエティー variété 女
ばらばら ●～の en pièces, dispersé(*e*)
バランス équilibre 男, balance 女
パラリンピック les Jeux paralympiques
はり［針］aiguille 女
バリアフリー ●～の sans barrière
はりがね［針金］fil de fer 男
はりきる［張り切る］avoir de l'entrain
はる［春］printemps 男
はるか［遥か］●～な lointain(*e*) ●～に infiniment
はるばる［遥々］de [au] loin
はれ［晴れ］beau temps 男
バレーボール volley-ball 男
はれつ［破裂］explosion 女 ●～する éclater, exploser
はれる［腫れる］s'enfler, se gonfler ●腫れた enflé(*e*), gonflé(*e*)
バレンタインデー (fête de) la Saint-Valentin 女
はん［判］cachet 男, sceau 男; (紙・本の大

きさ) format 男
はん [半] demi(*e*) ●1時間～ une heure et demie ●～ダース demi-douzaine 女
ばん [晩] soir 男, soirée 女
パン pain 男
►**パン粉** chapelure 女 **パン屋** (店) boulangerie 女; (人) boulanger(*ère*) 名

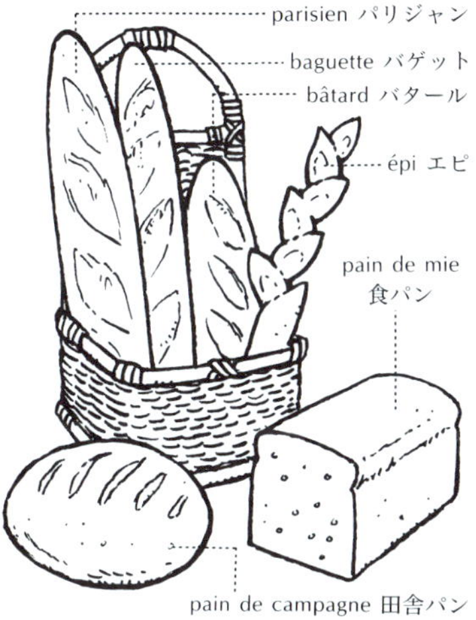

パン

はんい [範囲] étendue 女; (活動などの) champ 男; (勢力などの) sphère 女
はんえい [繁栄] prospérité 女 ●～する prospérer
はんえい [反映] reflet 男 ●～する refléter
ハンガー cintre 男, portemanteau 男
ハンカチ mouchoir 男
はんぎゃく [反逆] rébellion 女 ●～する se rebeller〔*contre*〕
はんきょう [反響] (音の) résonnance 女; (評判) retentissement 男
パンク crevaison 女 ●～する crever
ばんぐみ [番組] programme 男, émission 女
はんげき [反撃] contre-attaque 女 ●～する contre-attaquer
はんこ [判子] →判(はん)
はんこう [反抗] révolte 女; (抵抗) résistance 女 ●～する se révolter〔*contre*〕, résister〔*à*〕
ばんごう [番号] numéro 男
はんざい [犯罪] crime 男, délit 男 ●～を犯す commettre un crime
►犯罪者 criminel(*le*) 名
ばんざい [万歳] vivats 男 複; † hourra 男 →h は無音の時もある
●フランス～! Vive la France!
はんしゃ [反射] reflet 男; (物理) réflexion 女; (生物) réflexe 男
はんじょう [繁盛する] prospérer
はんしょく [繁殖] reproduction 女 ●～する se reproduire
はんせい [反省] ●～する réfléchir sur ce que l'on a fait, regretter
はんそく [反則] faute 女, pénalité 女
はんそで [半袖] ●～の à manches courtes
ばんち [番地] numéro 男

はんたい

[反対] ❶(逆) contraire 男, inverse 男 ●～の contraire, opposé(*e*)
❷(異議・抵抗) opposition 女 ●～の opposé(*e*)
►反対側 l'autre côté
はんだん [判断] jugement 男
●～する juger
パンツ ❶(ブリーフ) slip 男; (トランクス) caleçon 男
❷(ズボン) pantalon 男
はんとう [半島] péninsule 女, presqu'île 女
はんどう [反動] réaction 女, contrecoup 男 ●～的な réactionnaire
ハンドバッグ sac à main 男
ハンドル (自動車の) volant 男; (自転車の) guidon 男
はんにん [犯人] criminel(*le*) 名; (軽犯罪の) délinquant(*e*) 名
はんのう [反応] réaction 女 ●～する réagir〔*à*〕
ハンバーグ steak haché 男
パンフレット brochure 女
はんぶん [半分] demi 男, moitié 女 ●～減らす réduire de moitié

はんらん

[反乱] révolte 女; (反逆) rébellion 女
●～を起こす se révolter〔*contre*〕
はんらん [氾濫] débordement 男
はんろん [反論] réfutation 女 ●～する réfuter
ひ [火] feu 男; (炎) flammes 女 複 ●～を付ける mettre le feu à
ひ [日] (太陽) soleil 男; (日差し) jour 男; (日にち) jour 男
び [美] beauté 女

ひ

ピアス 《耳につけるアクセサリーの総称として》 boucles d'oreilles 女 複; piercing 男

ピアス

フランスでイヤリングといえば穴を開けた耳に使用するものが一般的なので, **boucles d'oreilles** という総称の語で日本でいうピアスを指す.
穴の要らないイヤリングを特別に指す場合は **clip(s)** という語を用いる.
また, **piercing** は耳以外(へそ・鼻など)の穴につけるものを指すことが多い.

ピアノ piano 男
ピーク pointe 女, sommet 男
ビーチ plage 女
ビール bière 女
ひえる [冷える] (寒くなる) fraîchir; (冷たくなる) (se) refroidir, devenir froid(*e*) ●冷えた frais(*fraîche*)
ひがい [被害] dégâts 男 複; (損害) dommage 男 ●～を受ける subir un dommage, être victime de
►被害者 victime 女
ひかく [比較] comparaison 女 ●～する comparer, mettre en comparaison ●～的 relativement
ひがし [東] est 男 ●～の est, oriental(*ale*) (男複 *-aux*)
ぴかぴか ●～光る briller; (きらめく) étinceler
ひかり [光] lumière 女
ひかる [光る] briller, luire; (きらめく・またたく) scintiller
ひきいる [率いる] mener; (統率する) diriger
ひきうける [引き受ける] (かかわる) s'occuper 〖*de*〗; (担当する) se charger 〖*de*〗; (責任などを) assumer
ひきさく [引き裂く] (紙・布などを) déchirer; (ずたずたに) déchiqueter; (仲を) séparer
ひきざん [引き算] soustraction 女 ●～する soustraire
ひきだし [引き出し] tiroir 男
ひきだす [引き出す] (利益・結論などを) tirer; (預金などを) retirer
ひきたたせる [引き立たせる] rehausser, faire ressortir
ひきつぐ [引き継ぐ] (A(人)からBを) reprendre B à A; (あとを継ぐ) succéder 〖*à*〗
ひきにげ [轢き逃げ] délit de fuite 男
ひきのばす [引き伸ばす] (話などを) allonger; (期間を) prolonger; (写真を) agrandir
ひきょう [卑怯な] lâche
ひきわける [引き分ける] faire match nul
ひきわたす [引き渡す] livrer, délivrer; (犯罪人を) extrader
ひく [引く] tirer; (数を) soustraire; (注意・関心を) attirer
ひく [弾く] (楽器を) jouer 〖*de*〗; (曲を) exécuter

ひくい

[低い] bas(*se*); (身長が) petit(*e*); (音が) grave ●低くする baisser, abaisser ●低くなる s'abaisser
ピクニック pique-nique 男
ひげ [髭] (あご・頬の) barbe 女; (口ひげ) moustache 女
ひげき [悲劇] tragédie 女, drame 男 ●～的な tragique
ひけつ [否決] rejet 男 ●～する rejeter
ひこう [飛行] vol 男
►飛行士 aviat*eur*(*trice*) 名
ひこうき [飛行機] avion 男
ひこく [被告] accusé(*e*) 名; (軽罪の) prévenu(*e*) 名
ひざ [膝] genou 男 (複 ～*x*)
ビザ visa 男
ピザ pizza 女
ひさいしゃ [被災者] sinistré(*e*) 名
ひさしぶり [久し振り] 会話 ～だね Ça fait longtemps qu'on ne s'est pas vu. 《話》 Ça fait longtemps.
ひじ [肘] coude 男
ビジネス affaires 女 複, 《話》 business 男
►ビジネスマン homme d'affaires 男
びじゅつ [美術] beaux-arts 男 複 ►美術館 musée 男 美術品 œuvre d'art 女
ひしょ [秘書] secrétaire 名
ひじょう [非常に] très →形容詞や副詞を修飾; beaucoup →動詞を修飾 →**とても**
►非常口 porte [issue] de secours 女
びしょう [微笑] sourire 男
ひじょうしき [非常識な] insensé(*e*); (常軌を逸した) extravagant(*e*)
ビスケット biscuit 男
ピストル pistolet 男; (弾倉回転式の) revolver 男
びせいぶつ [微生物] microbe 男, microorganisme 男
ひそか [密か] ●～な secret(*ète*) ●～に secrètement, clandestinement
ひたい [額] front 男

ひたす [浸す] tremper, plonger, baigner
ビタミン vitamine 女
ひだり [左] gauche 女 ●～の gauche, de gauche ●～に à gauche, sur la gauche
ひっき [筆記] ►**筆記試験** (examen) écrit 男 **筆記用具** de quoi écrire
びっくり ●～する être étonné(*e*) [surpris(*e*)] 〖*de*, *que* 接続法〗 ●～仰天する être stupéfié(*e*)
ひっくりかえす [引っ繰り返す] retourner; (倒す) renverser
ひづけ [日付] date 女
ひっこす [引っ越す] (引き払う) déménager; (越してくる) emménager
ひつじ [羊] mouton 男; (子羊) agneau 男
ひつぜん [必然的に] forcément
►**必然性** nécessité 女
ひっぱる [引っ張る] tirer
ヒップ †hanche 女; (サイズ・大きさ) tour de †hanches 男
ひつよう [必要な] nécessaire 〖*à*, *pour*〗 ●～に迫られて par nécessité
ビデ bidet 男
ひてい [否定] négation 女 ●～する nier, dénier, démentir
●～的な négatif(*ve*)
ビデオ vidéo 女
ひと [人] homme 男; être humain 男; (特定の人) personne 女; (人々) gens 男 複; 《集合的に》 monde 男
ひどい [酷い] terrible; (激しい) violent(*e*)
ひとがら [人柄] caractère 男; (生来の) nature 女
ひときれ [一切れ] un morceau de
ひとごみ [人込み] (群衆) foule 女; (混雑) bousculade 女
ひとしい [等しい] être égal(*ale*) 〖*à*〗 (男複 -*aux*); (等価値) être équivalent(*e*) 〖*à*〗
ひとじち [人質] otage 男
ひとつ [一つ] un(*e*) ●～になる s'unir ●～ずつ un(*e*) par un(*e*)
ひとで [人手] bras 男 複, main-d'œuvre 女
ひとなみ [人並み] ●～に comme tout le monde
ひとなみ [人波] ●～にもまれる être pris(*e*) dans la foule
ひとみ [瞳] prunelle 女, pupille 女
ひとり [一人] ●～で seul(*e*) ●～ずつ un(*e*) à un(*e*)
ひとりごと [独り言] monologue 男 ●～を言う monologuer
ひとりっこ [一人っ子] enfant unique 名
ひな [雛] (鶏の) poussin 男; (小鳥の) oisillon 男
ひなん [避難する] s'abriter; (災害などから) se réfugier
ひなん [非難] reproche 男; (批判) critique 女 ●～する reprocher 〖*à*〗
ビニール vinyle 男
►**ビニール袋** sac en plastique 男
ひにく [皮肉] ironie 女; (風刺) satire 女
ひねる [捻る] tourner; (ねじる) tordre
ひはん [批判] critique 女 ●～する critiquer
ひび (亀裂) fente 女; (ひび割れ) fêlure 女 ●～が入る se fendre
ひびき [響き] (音) son 男; (反響) résonance 女
ひびく [響く] résonner, sonner; (影響を及ぼす) influer 〖*sur*〗
ひひょう [批評] critique 女 ●～する critiquer, faire la critique de
ひふ [皮膚] peau 女
ひま [暇] temps (libre) 男 ●～な libre
ヒマワリ [向日葵] tournesol 男
ひまん [肥満] embonpoint 男; (肥満症) obésité 女 ●～した obèse
ひみつ [秘密] secret 男
●～の secret(*ète*); (不法の) clandestin(*e*)
●～にする faire (un) mystère de
ひめい [悲鳴] cri 男
ひも [紐] ficelle 女 ●～でくくる ficeler
ひやかす [冷やかす] se moquer de; (店を) lécher les vitrines
ひやく [飛躍] (発展) essor 男; (跳躍) élan 男, saut 男 ●～する sauter
ひゃく [百] cent 男 ●何～もの… des centaines de… ●～番目の centième ●～パーセント cent pour cent 男
ひやけ [日焼け] bronzage 男 ●～する bronzer
►**日焼け止めクリーム** crème solaire 女
ひやす [冷やす] rafraîchir; (冷ます) refroidir ●頭を～ retrouver son calme
ひよう [費用] frais 男 複, coût 男; (出費) dépense 女
ひょう [表] tableau 男, liste 女 ●～を作る dresser [établir] une liste
ひょう [票] voix 女; (投票) vote 男
びよう [美容] soins de beauté 男 複
►**美容院** salon de coiffure 男
びょう [秒] seconde 女
びょういん [病院] hôpit*al* 男 (複 -*aux*)

ひ

ひょうか ［評価］ estimation 女, évaluation 女
ひょうが ［氷河］ glacier 男
びょうき ［病気］ maladie 女 ●～の malade ●～になる tomber malade
ひょうげん ［表現］ expression 女;（記号や絵による）représentation 女 ●～する exprimer
ひょうし ［表紙］ couverture 女, plat 男
ひょうしき ［標識］ signa*l* 男（複 *-aux*);《集合的》signalisation 女
ひょうじゅん ［標準］ norme 女 ●～的な norma*l*(*ale*)
ひょうじょう ［表情］ expression 女;（顔つき）visage 男
びょうどう ［平等］ égalité 女 ●～な éga*l*(*ale*)（男複 *-aux*) ●～に avec impartialité
びょうにん ［病人］ malade 名;（患者）patient(*e*) 名
ひょうばん ［評判］ réputation 女 ●～の renommé(*e*) ●～になる faire du bruit
ひょうめん ［表面］ surface 女;（外見）apparence 女
ひょうろん ［評論］ critique 女;（新聞・雑誌のコラム）compte rendu 男（複 ～*s*-～*s*)
ひらく ［開く］ ouvrir, s'ouvrir
ひらたい ［平たい］ plat(*e*)
ひらめく ［閃く］ étinceler, luire
ピリオド point 男
ひりょう ［肥料］ engrais 男;（堆肥）fumier 男

ひる
［昼］ midi 男;（日中）jour 男
ビル immeuble 男
ひるま ［昼間］ jour 男, journée 女
ひれい ［比例］ proportion 女 ●～する être proportionnel(*le*)〔*à*〕
ひれつ ［卑劣な］ ignoble

ひろい
［広い］ large;（広大な）vaste ●心が～ être généreux(*se*), avoir l'esprit large
ヒロイン héroïne 女
ひろう ［拾う］ ramasser, recueillir;（見つける）trouver
ひろう ［疲労］ fatigue 女
ひろがる ［広がる］ s'étendre;（幅が）s'élargir
ひろげる ［広げる］ étendre;（幅を）élargir;（畳んであったものを）déployer
ひろば ［広場］ place 女
ひろまる ［広まる］ se répandre, se propager
ひん ［品］ dignité 女, élégance 女 ●～のある distingué(*e*) ●～のない vulgaire
ピン épingle 女;（ボウリングの）quille 女
びん ［瓶］ bouteille 女;（香水などの）flacon 男;（ビールなどの小びん）canette 女
ピンク rose 男 ●～色の rose
ひんこん ［貧困］ pauvreté 女;（貧窮）indigence 女
ひんしつ ［品質］ qualité 女
びんせん ［便箋］ papier à lettres 男
ヒント （手がかり）clef 女;（ほのめかし）allusion 女;（コツ・アイデア）astuce 女
ピント foyer 男 ●～を合わせる mettre au point
ひんぱん ［頻繁に］ fréquemment, souvent
びんぼう ［貧乏］ pauvreté 女 ●～な pauvre, indigent(*e*)
ピンポン ping-pong 男《不変》→ **卓球**

ふ ［府］ département 男;（中心）centre 男, capitale 女
ぶ ［部］（部分）partie 女;（部門）section 女;（書物などの単位）exemplaire 男
ファイル （紙の書類を保管する）classeur 男;（コンピューターの）fichier 男
ファックス fax 男 ●～する envoyer ... par fax, faxer
ファッション mode 女, vogue 女
ふあん ［不安］ anxiété 女, inquiétude 女 ●～な inquie*t*(*ète*), anxieu*x*(*se*) ●～にさせる inquiétant(*e*)
ファン admira*teur*(*trice*) 名;（熱狂的な）fanatique 名, fan 名
ふい ［不意］ ●～の inattendu(*e*), imprévu(*e*)
フィルム pellicule 女;（映画用）film 男
ふう ［封］ cachetage 男 ●～をする cacheter
ふうけい ［風景］ paysage 男, site 男
ふうさ ［封鎖］ blocus 男 ●～する bloquer
ふうし ［風刺］ satire 女, sarcasme 男 ●～的な satirique
ふうせん ［風船］ ballon 男
ブーツ botte 女 ►**ハーフブーツ** bottine 女
ふうとう ［封筒］ enveloppe 女
ふうふ ［夫婦］ couple 男
ブーム engouement 男, boom 男
プール piscine 女
ふえ ［笛］ flûte 女
フェア （催し）foire 女 ●～な（公正な）loya*l*(*ale*)（男複 *-aux*)

►フェアプレー fair-play 男《不変》; jeu loyal 男
ふえる［増える］（数・量が）augmenter;（数が）se multiplier
フォアグラ foie gras 男
フォーク fourchette 女
ふかい［深い］profond(*e*);（濃い，茂った）épais(*se*) ●深く profondément ●深くする approfondir
ふかけつ［不可欠］●〜な indispensable
ふかのう［不可能な］impossible
ぶき［武器］arme 女
ふきげん［不機嫌な］de mauvaise humeur, maussade, d'humeur maussade
ふきそく［不規則な］irrégulier(*ère*), inégal(*ale*)（男複 *-aux*）
ぶきみ［不気味な］sinistre, inquiétant(*e*)
ふきゅう［普及］diffusion 女, généralisation 女 ●〜する se généraliser
ふきょう［不況］dépression 女, récession 女;（不振）marasme 男
ぶきよう［不器用な］maladroit(*e*)
ふきん［付近］environs 男 複, alentours 男 複
ふく［服］vêtement 男, habit 男 ●〜を着る s'habiller
ふく［吹く］（風・息）souffler,（口笛）siffler
ふく［拭く］essuyer
ふくざつ［複雑な］compliqué(*e*), complexe
ふくさよう［副作用］effets secondaires 男 複
ふくし［福祉］bien-être (social) 男《不変》
ふくし［副詞］adverbe 男
ふくしゅう［復習］révision 女 ●〜する répéter
ふくしゅう［復讐］vengeance 女 ●〜する se venger〚*de*〛
ふくじゅう［服従］obéissance 女 ●〜する obéir〚*à*〛
ふくすう［複数の］plusieurs →複数形のみ ►複数形 pluriel 男
ふくそう［服装］tenue 女, mise 女
ふくつう［腹痛］colique 女, mal de ventre 男
ふくむ［含む］comprendre, inclure, contenir
ふくらます［膨らます］gonfler
ふくらむ［膨らむ］(se) gonfler;（膨張する）se dilater
ふくれる［膨れる］(se) gonfler, (s')enfler
ふくろ［袋］sac 男, paquet 男;（小袋）sachet 男
ふけいき［不景気］dépression 女; récession 女;（不振）marasme 男 ●〜な morose, sombre

服

ふ

ふこう [不幸] malheur 男; infortune 女
●～な malheureux(*se*)
●～にも malheureusement
ふこうへい [不公平な] partia*l*(*ale*) (男複 -*aux*); injuste
ふざい [不在] absence 女
ふさがる [塞がる] (管などが) se boucher; (使用中である) être occupé(*e*) [pris(*e*)]
ふさぐ [塞ぐ] boucher; (場所を) barrer, bloquer; (占拠する) encombrer
ふざける s'amuser; (冗談を言う) plaisanter
ぶさほう [無作法な] impoli(*e*)
ふさわしい [相応しい] convenable, approprié(*e*)
ふし [節] (木などの) nœud 男; (体の) articulation 女; (歌の) mélodie 女, air 男
ぶじ [無事] ●～に sans problème; (無傷で) sain(*e*) et sau*f*(*ve*)
ふ
ふしぎ [不思議] ●～な étrange; (神秘的な) mystérieux(*se*); (不可解な) inexplicable, énigmatique
ふじゆう [不自由] ●金に～している être à court d'argent
ふしょう [負傷] blessure 女 ●～する être blessé(*e*), se blesser
►負傷者 blessé(*e*) 名
ぶじょく [侮辱] insulte 女, humiliation 女
●～する insulter
ふじん [婦人] femme 女, dame 女
►婦人警官 femme-agent 女
ふじん [夫人] femme 女, épouse 女
ふせい [不正] injustice 女 ●～な injuste; (非合法の) illéga*l*(*ale*) (男複 -*aux*)
ふせいかく [不正確な] inexact(*e*), imprécis(*e*)
ふせぐ [防ぐ] défendre, protéger; (防止する) empêcher
ふせる [伏せる] retourner; (隠す) cacher
ぶそう [武装] armement 男 ●～した armé(*e*) ●～する s'armer
ふそく [不足] insuffisance 女; (欠乏) manque 男 ●～する《物が主語》manquer 〖à〗; 《人が主語》manquer 〖*de*〗
ふぞく [付属の] annexe, attaché(*e*)
►付属品 accessoire 男
ふた [蓋] couvercle 男; (びんの) capsule 女 ●～をする mettre [fermer] le couvercle
ふだ [札] étiquette 女
ブタ [豚] cochon 男, porc 男
ぶたい [舞台] ❶ scène 女, planches 女複 ❷ (活動の) champ 男
ふたたび [再び] de [à] nouveau
ふたつ [二つ] deux 男
●～とも tous(*toutes*) (les) deux, l'un(*e*) et l'autre
●～とない unique, sans pareil(*le*)
ふたり [二人] deux personnes 女複
ふだん [普段] ●～は d'habitude, d'ordinaire
►普段着 vêtement ordinaire [de tous les jours] 男
ふだん [不断] ●～の incessant(*e*), assidu(*e*)
ふち [縁] bord 男, rebord 男
ふつう [普通] ●～の ordinaire, (常態の) norma*l*(*ale*) (男複 -*aux*)
●～は en général
ふつか [二日] deux jours 男複 ●～目 le deuxième jour
►二日酔いになる avoir la gueule de bois
ふっかつ [復活] renaissance 女 ●～する renaître, ressusciter
►復活祭 Pâques 男
ぶつかる se †heurter 〖*contre*, *à*〗, se cogner 〖*contre*, *à*〗 ●彼は背が高すぎてバスに乗るときに頭をぶつけてしまった Il est trop grand, il s'est cogné la tête en montant dans le bus.
ぶっきょう [仏教] bouddhisme 男
ぶつける †heurter 〖*à*, *contre*〗
ふっこう [復興] reconstruction 女
●～する reconstruire
ぶっしつ [物質] matière 女, substance 女
●～的な matériel(*le*)
ぶったい [物体] corps 男, objet 男
ふっとう [沸騰] ébullition 女
●～する bouillir
ぶつり [物理] physique 女
ふで [筆] pinceau 男; (ペン) plume 女
ふと par hasard, par accident
ふとい [太い] gros(*se*); (厚みのある) épais(*se*)
ふとう [不当] injustice 女 ●～な injuste; (不法な) illéga*l*(*ale*) (男複 -*aux*)
ブドウ [葡萄] raisin 男; (木) vigne 女
ふどうさん [不動産] biens immobiliers 男複
ふともも [太股] cuisse 女
ふとる [太る] grossir, prendre du poids
●太った gros(*se*), corpulent(*e*)
ふね [船・舟] bateau 男; (大型の) navire 男

●～で行く aller en bateau
ふはい［腐敗］ pourriture 女, décomposition 女 ●～する (se) pourrir; (精神が) se corrompre ●～した pourri(*e*); (買収などによって) corruption
ふひつよう［不必要］ ●～な inutile
ぶひん［部品］ pièce 女
ふぶき［吹雪］ tempête de neige 女
ぶぶん［部分］ partie 女 ●～的に en partie
ふへい［不平］ mécontentement 男 ●～を言う se plaindre〘*de A, que* 接続法〙
ふべん［不便な］ incommode
ふへんてき［普遍的な］ universel(*le*), général(*ale*) (男複 *-aux*)
ふぼ［父母］ parents 男 複
ふまん［不満］ mécontentement 男; (社会的) malaise 男 ●～な mécontent(*e*)
ふむ［踏む］ marcher sur; (ペダルなどを) appuyer sur
ふめいよ［不名誉］ déshonneur 男 ●～な déshonorant(*e*)
ふもう［不毛］ ●～な stérile
ふやす［増やす］ augmenter, accroître
ふゆ［冬］ hiver 男
ふゆかい［不愉快］ ●～な désagréable, déplaisant(*e*); (嫌悪を催す) dégoûtant(*e*)
ふよう［扶養］ ●～する entretenir
ふよう［不用］ ●～な inutile
フライ (料理) friture 女
►**フライドポテト** frites 女 複
フライト vol 男
プライバシー vie privée 女 ●～を侵害する faire intrusion dans la vie privée de
フライパン poêle 女
プライベートな privé(*e*), personnel(*le*)
ブラウス chemisier 男, blouse 女
ぶらさがる［ぶら下がる］ pendre
ブラシ brosse 女 ●～をかける brosser
ブラジャー soutien-gorge 男 (複 ～*s*-～)
プラス plus 男
プラスチック plastique 男
プラチナ platine 男
プラットホーム quai 男
ぶらぶら ●～する flâner; (揺れ動く) balancer
ブランク blanc 男, vide 男
フランス France 女 ●～の français(*e*)
►**フランス語** français 男 **フランス人** Français(*e*) 名
ブランド marque 女
ブランデー eau-de-vie 女 (複 ～*x*-～-～); brandy 男
ふり［不利］ désavantage 男, inconvénient 男 ●～な désavantageux(*se*)
フリーの indépendant(*e*), free-lance《不変》
►**フリーダイヤル** numéro vert 男
ふりかえる［振り返る］ se retourner, tourner la tête
ふりむく［振り向く］ se retourner, se tourner vers
ふりょう［不良の］ mauvais(*e*), défectueux(*se*)
プリンター imprimante 女
プリント (印刷物) polycopié 男; (布地) imprimé 男
ふる［降る］ tomber
ふる［振る］ agiter, secouer; (大きく) balancer

ふるい

［古い］ vieux(*vieille*); (昔の) ancien(*ne*)
ブルーベリー myrtille 女
ふるえる［震える］ trembler, frémir
フルコース repas complet 男
ふるまい［振る舞い］ conduite 女, comportement 男,
ぶれい［無礼な］ impoli(*e*), insolent(*e*)
ブレーキ frein 男 ●～をかける freiner
プレーヤー (選手) joueu*r*(*se*) 名; (CD などの) lecteur 男, platine 女
ブレスレット bracelet 男
プレゼント cadeau 男 ●AをBに～する faire cadeau de A à B
ふれる［触れる］ toucher〘*à*〙
ふろ［風呂］ bain 男; (浴槽) baignoire 女 →p.636の図
●～に入る prendre son [un] bain
ブローチ broche 女
ふろく［付録］ appendice 男; (景品) prime 女
プログラム programme 男
ブロッコリー brocoli 男
プロフィール profil 男, portrait 男
プロペラ hélice 女
ふん［分］ minute 女
ぶん［文］ phrase 女; (書いたもの) écrit 男
ぶん［分］ (割り当て) part 女, portion 女
●～相応に暮らす vivre selon ses moyens
ふんいき［雰囲気］ atmosphère 女, ambiance 女
ふんか［噴火］ éruption (volcanique) 女
●～する entrer en éruption
ぶんか［文化］ culture 女

ふ

ふんがい [憤慨] indignation 女 ●〜する s'indigner
ぶんかい [分解] décomposition 女 ●〜する décomposer
ぶんがく [文学] littérature 女 ●〜の littéraire
ぶんかつ [分割] division 女 ●〜する diviser ►**分割払い** paiement par versements échelonnés 男
ぶんし [分子] (化学) molécule 女; (数学) numérateur 男
ぶんしょ [文書] écrit 男, document 男 ●〜で par écrit
ぶんしょう [文章] phrase 女; (文体) style 男 ●〜がうまい écrire bien
ふんすい [噴水] jet d'eau 男, fontaine 女
ふんそう [紛争] conflit 男, différend 男
ふんとう [奮闘] ●〜する se démener, combattre avec acharnement
ぶんぱい [分配] partage 男; distribution 女 ●〜する partager
ふんべつ [分別] discernement 男
ぶんぼ [分母] dénominateur 男
ぶんぽう [文法] grammaire 女
ぶんぼうぐ [文房具] articles de bureau 男 ⊛, papeterie 女 →p.637の図
ぶんめい [文明] civilisation 女
ぶんや [分野] domaine 男, champ 男
ぶんるい [分類] classification 女 ●〜する classifier
ヘア →髪(かみ)
►**ヘアスタイル** coiffure 女
へい [塀] mur 男, clôture 女
へいかい [閉会] fermeture 女, clôture 女 ►**閉会式** cérémonie de clôture 女
へいき [兵器] arme 女
へいきん [平均] moyenne 女 ●〜の moyen(*ne*) ●〜して en moyenne ►**平均寿命** espérance de vie 女
へいじつ [平日] jour ouvrable [de semaine] 男 ●〜に en semaine
へいたい [兵隊] soldat 男 →女性は soldate または femme soldat
へいてん [閉店] fermeture 女
へいほう [平方] ►**平方キロメートル** kilomètre carré 男
へいぼん [平凡] banalité 女 ●〜な banal(*e*) (男複 〜*s*)
へいや [平野] plaine 女
へいわ [平和] paix 女 ●〜な paisible, en paix
ベーコン lard (fumé) 男, bacon 男
ページ page 女 ●〜をめくる tourner la page
ベージュ beige 男
ヘクタール †hectare 男
ベスト ❶(よりよい) mieux 男 ❷(衣服の) gilet 男 ●〜を尽くす faire de son mieux

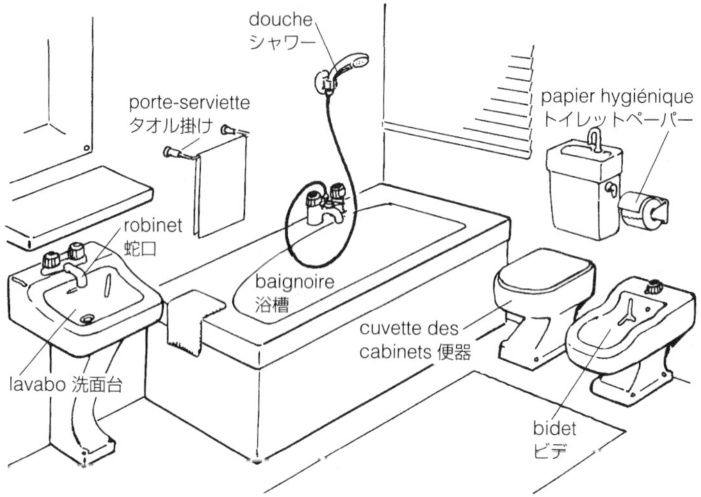

風呂

へた [下手な] maladroit(*e*)
ペダル pédale [女]
べつ [別] ●〜の autre; (異なった) différent(*e*) ●〜にする mettre de côté
べっそう [別荘] villa [女], maison de campagne [女]
ベッド lit [男]
ペット animal domestique [男], animal de compagnie [男]
べつべつ [別々] ●〜の séparé(*e*), respectif(*ve*) ●〜に séparément; (個別に) respectivement
へビ [蛇] serpent [男], (大蛇) boa [男]
ベビー ► **ベビーカー** poussette [女]; (フードのついた) landau [男] (複 〜*s*) **ベビーシッター** baby-sitter [名]

へや [部屋] pièce [女], salle [女]; (寝室) chambre [女]
へらす [減らす] diminuer, réduire
ベランダ balcon [男]
へる [減る] diminuer, baisser
ベル (鈴・呼び鈴) sonnette [女]; (電話の) sonnerie (de téléphone) [女]
ベルト ceinture [女]
► **ベルトコンベアー** transporteur à courroie [男]
ベレーぼう [ベレー帽] béret [男]
へん [変な] étrange, bizarre; (奇妙な) singulier(*ère*)
ペン plume [女], stylo [男]
へんか [変化] changement [男], transformation [女] ●〜する changer
べんぎ [便宜] facilités [女] [複] ●A(人)にBの〜を図る procurer à A les facilités pour B
ペンキ peinture [女]
へんきゃく [返却] renvoi [男]

べんきょう [勉強] trava*il* [男] (複 -*aux*); (学業) études [女] [複] → **学ぶ**
●〜する étudier, travailler
へんけん [偏見] préjugé [男]
べんご [弁護] défense [女]; (法廷で) plaidoirie [女]
へんこう [変更] changement [男] ●〜する changer
べんごし [弁護士] avocat(*e*) [名] → 女性にも男性形を用いる事が多い
へんじ [返事] réponse [女] ●〜をする répondre 〔*à*〕
へんしゅう [編集] rédaction [女]; (映画の) montage [男] ●〜する rédiger; (映画を) monter
► **編集者** rédac*teur*(*trice*) [名]
べんじょ [便所] toilettes [女] [複]
べんしょう [弁償] indemnisation [女] ●〜

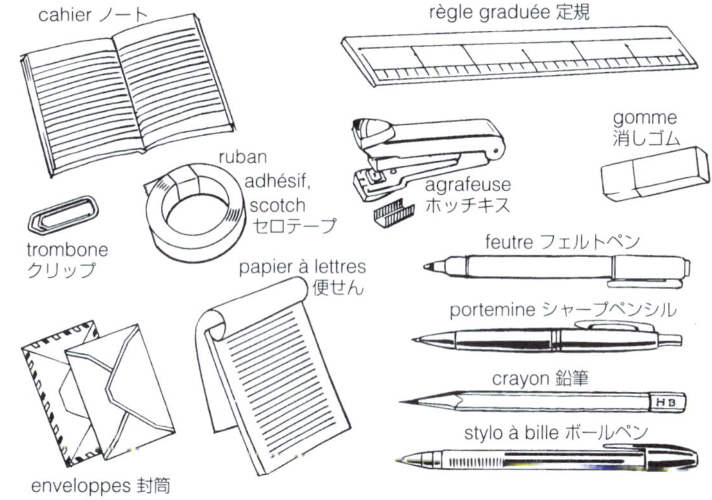

文房具

する indemniser

へんしん [変身] métamorphose 女 ●～する se métamorphoser〖en〗

へんしん [返信] (lettre de) réponse 女

へんせい [編成] formation 女, organisation 女 ●～する former, organiser

ペンチ pince 女, tenailles 女 複

ベンチ banc 男

べんとう [弁当] ❶(食事) panier-repas 男 (複 ～s-～); (日本式の) bento 男 ❷(弁当箱) boîte à bento 女

ペンネーム nom de plume 男

べんり [便利な] commode, pratique

ほ [帆] voile 女

ほう [方] ●南の～へ行く aller vers le sud ●大きい～を私に下さい Je prends le grand(*la grande*).
会話 君は家にいた～がいい Tu ferais mieux de rester à la maison.

ほ

ぼう [棒] bâton 男, barre 女

ほうい [包囲] siège 男 ●～する assiéger

ぼうえい [防衛] défense 女
●～する défendre

ぼうえき [貿易] commerce extérieur 男

ほうか [放火] incendie criminel 男 ●～する incendier

ぼうがい [妨害] obstacle 男
●～する gêner

ほうがく [方角] direction 女, sens 男

ほうき [箒] balai 男

ほうき [放棄] abandon 男
●～する renoncer〖à〗, abandonner

ほうけん [封建] ●～的な féoda*l*(*ale*)

ぼうけん [冒険] aventure 女 ●～する s'aventurer

ほうこう [方向] direction 女; (動きの向き) sens 男

ぼうこう [暴行] violences 女 複

ほうこく [報告] rapport 男
●～する rapporter

ぼうし [帽子] chapeau 女; (つば付き) casquette 女, (縁なし) bonnet 男

ほうしゃ [放射] radiation 女
●～状の radia*l*(*ale*) (男複 -*aux*)
●～性の radioacti*f*(*ve*)

ほうしゃのう [放射能] radioactivité 女
●～のある radioacti*f*(*ve*)

ほうしゅう [報酬] rémunération 女

ほうしん [方針] orientation 女

ほうせき [宝石] pierre précieuse 女; (アクセサリー) bijou 男 (複 ～*x*)

ぼうぜん [茫然] ●～と avec stupeur

ほうそう [放送] émission 女
●～する émettre, diffuser
►放送局 station de radio [de télé] 女

ほうそう [包装] emballage 男 ●～する emballer

ほうそく [法則] loi 女

ほうたい [包帯] pansement 男 ●～をする panser

ほうちょう [包丁] couteau 男

ほうてい [法廷] tribuna*l* 男 (複 -*aux*); cour (de justice) 女

ほうどう [報道] informations 女 複, journalisme 男

ぼうどう [暴動] émeute 女

ぼうはてい [防波堤] digue 女

ぼうはん [防犯] prévention criminelle 女

haut-de-forme シルクハット

cloche クロシュ

béret ベレー

bonnet de ski スキー帽

toque トーク

melon 山高帽

casquette ハンチング

帽子

ほうふ [豊富な] abondant(*e*), riche
ぼうふう [暴風] tempête 女
ほうほう [方法] moyen 男; (体系的な) méthode 女
ほうぼう [方々] ●～に de tous côtés
ぼうめい [亡命] exil (volontaire) 男 ●～する s'exiler
►亡命者 exilé(*e*) 名, réfugié(*e*) 名
ほうめん [方面] direction 女; (分野) domaine 男
ほうもん [訪問] visite 女 ●～する (人を) rendre visite 〚*à*〛, aller voir; (場所を) visiter
ぼうらく [暴落] ●～する s'effondrer
ほうりだす [放り出す] jeter dehors, chasser
ほうりつ [法律] loi 女
ぼうりょく [暴力] violence 女
●～を振るう commettre des violences
ボウリング bowling 男
ほうる [放る] lancer, jeter
ホウレンソウ épinard 男
ほえる [吠える] aboyer, rugir
ほお [頬] joue 女
ボート canot 男
ホームシック ●～にかかる avoir le mal du pays, avoir la nostalgie de son pays
ホームステイ séjour [hébergement] dans une famille 男
ホームページ page d'accueil 女; (ウェブサイト) site 男
ホール (会館・大広間) salle 女, †hall 男
ボール (テニスなどの) balle 女; (サッカーなどの) ballon 男; (食器の) bol 男
ボールペン stylo (à) bille 男
ほか [他] un(*e*) autre; (ほかのいくつか) d'autres; (ほかのすべて) les autres
ほがらか [朗らか] ●～な gai(*e*), joyeux(*se*)
ほきゅう [補給] ravitaillement 男
●～する (AにBを) ravitailler A en B
ぼきん [募金] quête 女
ぼくじょう [牧場] pâturage 男, prairie 女
ほけつ [補欠] remplaçant(*e*) 名, suppléant(*e*) 名
ポケット poche 女
ぼける [惚ける] devenir gâteux(*se*)
ほけん [保険] assurance 女 ●～に加入する s'assurer ●～をかける assurer
ほご [保護] protection 女 ●～する protéger ►保護者 protec*teur*(*trice*) 名; (両親) parents 男 複
ほこり [埃] poussière 女
ほこり [誇り] fierté 女; (自尊心) amour-propre 男 (複 ～*s*-～*s*) ●～高い fier(*ère*)
ほし [星] étoile 女; (天体) astre 男
ほしい [欲しい] désirer, vouloir
ほしゅ [保守] (機械の整備) maintenance 女
●～的な conserva*teur*(*trice*)
ほしゅう [補習] cours supplémentaire [de rattrapage] 男
ぼしゅう [募集] recrutement 男
●～する recruter
ほじょ [補助] aide 女, assistance 女
●～する aider
ほしょう [保証] garantie 女
●～する garantir
ほしょう [補償] indemnisation 女
●～する indemniser
►補償金 indemnité 女
ほす [干す・乾す] (faire) sécher
ポスター affiche 女, placard 男
ポスト (郵便) boîte (à lettre) 女; (地位・職) poste 男

ほそい [細い] ❶ fin(*e*) ❷ (体がほっそりした) mince

ほぞん [保存] conservation 女 ●～する conserver
ホタテガイ [帆立貝] coquille Saint-Jacques 女
ボタン bouton 男 ●～をかける[はずす] se boutonner [se déboutonner]
ホチキス agrafeuse 女
ほっきょく [北極] pôle Nord 男
●～の arctique
►北極星 (Étoile) Polaire 女
ホック agrafe 女; (スナップ) bouton-pression 男 (複 ～*s*-～)
ほっと ●～する respirer, se sentir soulagé(*e*)
ほっさ [発作] accès 男, attaque 女
ぼっしゅう [没収] ●～する confisquer
ぼっとう [没頭する] se plonger, s'absorber 〚*dans*〛
ぼつらく [没落] chute 女
ホテル hôtel 男
ほど [程] ●我慢するにも～がある La patience a ses limites.
ほどう [歩道] trottoir 男
ほどく [解く] dénouer; (縫い目を) découdre
ほとけ [仏] Bouddha 男
ほとんど (大体) presque, à peu près; (事実上) pratiquement, quasiment
ほね [骨] os 男; (魚の) arête 女 ●～を折る

(骨折する) se casser; (苦労する) se donner du mal 〖*pour*〗
ほのお [炎] flamme 囡
ほのめかす [仄めかす] laisser entendre que; (示唆する) suggérer A [que]
ほほえむ [微笑む] sourire
ほめる [褒める] féliciter; (称賛する) louer; (よく言う) parler en bien de
ボランティア (人) bénévole 名
ボリューム volume 男
●〜のある食事 repas copieux 男
ほる [掘る] creuser, fouiller
ほる [彫る] (彫刻) sculpter; (版画・工芸) graver
ほれる [惚れる] s'éprendre 〖*de*〗; (恋に落ちる) tomber amoureux(*se*) 〖*de*〗
ぼろ (布) chiffon 男; (ぼろ着) † haillons 男 複
ほろびる [滅びる] périr, s'éteindre

ほん

[本] livre 男, 《話》 bouquin 男
ぼん [盆] plateau 男
ほんしつ [本質] essence 囡
●〜的な essentiel(*le*)
ほんしゃ [本社] siège social 男, maison mère 囡
ほんだな [本棚] étagère à livres 囡

ほんとう

[本当] ●〜の vrai(*e*), véritable; (現実の) réel(*le*)
●〜に vraiment; (実際に) effectivement, en effet
●〜は en fait, en réalité
ほんにん [本人] propre personne 囡
ほんのう [本能] instinct 男
●〜的に instinctivement
ポンプ pompe 囡
ほんや [本屋] librairie 囡; (人) libraire 名
ほんやく [翻訳] (外国語への) traduction 囡; (母語への) version 囡
●〜する traduire
ぼんやり vaguement ●〜とした vague

ま行

ま [間] ●あっという〜に en un clin d'œil
●〜を持たせる occuper le temps ●〜が悪い時に au mauvais moment
まあ 会話 Oh! | Tiens! | Mon Dieu!
まい [枚] ●紙2〜 deux feuilles de papier 囡 複
まい- [毎-] chaque
まいあさ [毎朝] chaque matin
マイク micro 男 →microphone の略
まいご [迷子] enfant perdu(*e*) [égaré(*e*)] 名 ●〜になる se perdre
まいしゅう [毎週] chaque semaine, toutes les semaines
まいそう [埋葬] enterrement 男, inhumation 囡 ●〜する enterrer
まいつき [毎月] chaque mois, tous les mois
まいとし [毎年] chaque année
マイナス moins 男 ●気温は〜5度だ Il fait moins cinq (degrés).
会話 それは私にとって〜だ Ça va me faire du tort.
まいにち [毎日] tous les jours, chaque jour ●〜の quotidien(*ne*)
まいばん [毎晩] chaque soir
まいる [参る] 会話 参った！ J'abandonne! | Vous m'avez eu! 会話 部長はすぐ参ります Monsieur le directeur arrive dans un instant.
マウス souris 囡

まえ

[前] ●5年〜に il y a cinq ans ●…する〜に avant de [que] ●5年〜から depuis cinq ans

期間＋avant

期間＋avant は過去や未来のある時点を起点にして「それより…前」を表す. 同義の表現に **plus tôt**, **auparavant** がある: J'avais déménagé trois jours avant [plus tôt, auparavant]. 私はそれより3日前に引っ越ししていた.
現在を起点にする場合は **il y a＋期間** を用いる: Elle est arrivée il y a une heure. 彼女は1時間前に到着した.

まえうり [前売り] location 囡
► **前売り券** billet vendu à l'avance 男
まえばらい [前払い] paiement anticipé 男
まえむき [前向き] ●〜な positif(*ve*) ●〜に考える réfléchir positivement
まかせる [任せる] (AをBに) charger B de A, confier A à B
まがる [曲がる] se courber, (se) plier ●曲がった courbe, courbé(*e*)
●右へ〜 tourner à droite
まぎらわしい [紛らわしい] confus(*e*)
まく [幕] rideau 男; (覆い) voile 男; (芝居の) acte 男
まく [巻く] rouler, enrouler; (包む) enve-

lopper
まく [蒔く・播く] semer
マグマ magma 男
まくら [枕] oreiller 男
まけ [負け] défaite 女, perte 女
まける [負ける] perdre, être battu(*e*) [vaincu(*e*)]; (誘惑などに) céder, succomber 〖*à*〗
まげる [曲げる] courber, ployer; (改変する) altérer
まご [孫] (男) petit-fils 男 (複 ~*s*-~); (女) petite-fille 女 (複 ~*s*-~*s*)
まごつく être embarrassé(*e*)
まさか 会話 ~そんなはずはない Non, ce n'est pas possible. ●~の時には le cas échéant
まさに [正に] précisément, justement ● ~出発するところだ être sur le point de partir 会話 ~そのとおり Exactement.
まじめ [真面目] ●~な sérieux(*se*); (誠実な) sincère ●~に sérieusement, sincèrement
まじる [混じる] se mêler 〖*à*〗; (混ざり合う) se mélanger
まじわる [交わる] (交差する) croiser; (交際する) fréquenter, avoir des relations avec
ます [増す] augmenter
まず (最初に) d'abord, en premier lieu; (手始めに) pour commencer; (何より先に) avant tout
ますい [麻酔] anesthésie 女 ●~をかける anesthésier
►全身麻酔 anesthésie générale 女 部分麻酔 anesthésie locale 女

まずい

[不味い] mauvais(*e*), fade
マスカラ mascara 男
マスコミ média(s) 男 複, mass(-)média 男 複
まずしい [貧しい] pauvre, défavorisé(*e*); (非常に) indigent(*e*) ●~人々 les pauvres 男 複
ますます [益々] (より多く) de plus en plus, davantage; (より少なく) de moins en moins; (ますますよく) de mieux en mieux; (ますます悪く) de mal en pis
まぜる [混ぜる] mélanger, mêler 〖*et*, *avec*, *à*〗; (かき混ぜる) remuer
また [又] (再び) encore (une fois), de nouveau; (…もまた) aussi, également; (そのうえ) en plus, en outre
●これは~の機会にしよう Ce sera pour une autre fois.
会話 じゃあ~ね À bientôt.

まだ

[未だ] (今なお) encore, toujours; (やっと) à peine, seulement
またがる [跨る] enfourcher, être à cheval
またぐ [跨ぐ] enjamber; (越える) franchir
まだたく [瞬く] scintiller, clignoter ●~間に en un clin d'œil
または [又は] ●A~B A ou (bien) B, soit A soit B
まち [町・街] ville 女; (街頭) rue 女
●~中で dans la rue
●~へ出る aller en ville
まちあわせる [待ち合わせる] donner (un) rendez-vous 〖*à*〗
まちがい [間違い] faute 女, erreur 女
まちがえる [間違える] se tromper, commettre une faute [une erreur]; (取り違える) confondre 〖*avec*〗 ●間違って par erreur; (不当に) à tort; (勘違いして) par méprise ●間違った faux(*sse*), erroné(*e*)
会話 あなたは間違っています Vous vous trompez.
会話 すみません, 番号をまちがえました Pardon, je me suis trompé de numéro.
まちどおしい [待ち遠しい] attendre impatiemment [avec impatience]

まつ

[待つ] attendre A [de 不定詞, que 接続法]; (我慢強く) patienter 会話 少々お待ち下さい Un moment [Un instant], s'il vous plaît. (電話で) Ne quittez pas.
まっか [真っ赤] ●~な pourpre, tout(*e*) rouge
まっくら [真っ暗] ●~な tout(*e*) sombre
会話 お先~だ C'est sans espoir.
まっくろ [真っ黒] ●~な tout(*e*) noir(*e*)
まっさお [真っ青] ●~な (顔色が) tout(*e*) pâle, pâle comme un linge
マッシュルーム champignon (de Paris) 男

まっすぐ

[真っ直ぐ] ●~な droit(*e*); (正直な・誠実な) honnête ●~に droit; (垂直に) verticalement
まっしろ [真っ白] ●~な tout(*e*) blanc(*che*), blanc(*che*) comme neige
まったく [全く] tout à fait, totalement, complètement; (全然) ne ... pas du tout, nullement; (本当に) vraiment
●~の total(*ale*) (複 -*aux*), complet(*ète*)

マッチ allumette 女; (試合) match 男 (複 ~(*e*)*s*)
まつり [祭り] fête 女
まつる [祭る] déifier, vénérer
-まで à, jusque, avant

「…まで」と「…までに」

jusqu'à はある時点まで行為や動作が途切れずに続く場合に用いられる: Je travaillerai jusqu'à trois heures. 私は3時まで仕事をする.
avant はある時点までに行為や動作が行われる場合に用いられる: Je terminerai ce travail avant trois heures. 私は3時までに仕事を終わらせる.

まと [的] but 男, cible 女 ●~を射た opportun(*e*), qui porte [touche] juste ●~はずれな hors de propos; (場違いな) déplacé(*e*)
まど [窓] fenêtre 女 ●~側の席 place côté fenêtre 女
まとまる [纏まる] se rassembler, se réunir ●まとまった金 grosse somme 女 ●交渉がまとまった Les négociations ont abouti.
まとめる [纏める] (集める) rassembler, réunir; (整理する) mettre en ordre; (解決する) arranger ●考えを~ ordonner ses idées
まどわす [惑わす] égarer; (困惑させる) embarrasser
マナー manières 女 複, savoir-vivre 男 《不変》
まないた [まな板] planche à découper 女, tranchoir 男
まなざし [眼差し] regard 男
まなぶ [学ぶ] apprendre (à 不定詞), étudier, travailler

学ぶ

apprendre は「知らないことを初歩から学ぶ」というニュアンスがある.
étudier は, 多くの場合, 一定のレベルの学問を大学などの高等教育機関で「学ぶ」ことを表す: étudier la médecine 医学を学ぶ. 直接目的語がないときは faire des études と言う方が普通: faire des études à l'université 大学で学ぶ.
travailler は学ぶ対象を限定せずに「勉強する」と言う場合に用いられる: travailler à la bibliothèque 図書館で勉強する. travailler が直接目的語をとるときは「ある科目を勉強する」: travailler la physique 物理を勉強する.

まにあう [間に合う] être à temps [à l'heure] 〖*pour*〗; (乗り物に) attraper
まぬがれる [免れる] échapper 〖*à*〗; (免除される) être exempt(*e*) 〖*de*〗, se soustraire 〖*à*〗
まね [真似] imitation 女; (物まね) singerie 女; (身振りによる) mimique 女 ●~をする imiter
まねく [招く] inviter; (引き起こす) susciter, provoquer ●パーティーに招かれる être invité(*e*) à une soirée
まねる [真似る] (模倣する) imiter; (物まねをする) singer; (身振りを) mimer
まひ [麻痺] paralysie 女; (無感覚) insensibilité 女 ●~する être paralysé(*e*)
まぶしい [眩しい] éblouissant(*e*), aveuglant(*e*)
まほう [魔法] magie 女, sorcellerie 女 ●~を使う pratiquer la magie [sorcellerie]
まぼろし [幻] fantôme 男; (幻覚) vision 女
まめ [豆] légumes secs 男 複
まもなく [間も無く] bientôt, dans un instant
まもる [守る] défendre, protéger ●規則を~ respecter le règlement
まやく [麻薬] drogue 女, stupéfiant 男
まゆ [眉] sourcil 男 ●~をひそめる froncer les sourcils
►眉墨 crayon à sourcils 男
まよい [迷い] hésitation 女; (幻想) illusion 女
まよう [迷う] se perdre, s'égarer; (ためらう) hésiter 〖*sur*, *à*〗
まよなか [真夜中] minuit 男 ●~に à minuit
まる [丸] cercle 男
●~で囲む entourer… d'un cercle
●その仕事で~一日つぶれた Ce travail m'a fait perdre toute une journée.
まるい [丸い・円い] rond(*e*); (球形の) sphérique
まるで (全く) complètement, ne… pas du tout; (あたかも) on dirait, comme si →あとに続く節は半過去
まれ [稀] ●~な rare ●~に rarement
まわす [回す] (回転させる) (faire) tourner; (順に渡す) passer 〖*à*〗
まわり [周り] (周囲) pourtour 男; (近辺) environs 男 複, alentours 男 複
まわりくどい [回りくどい] détourné(*e*), indirect(*e*)
まわりみち [回り道] détour 男 ●~をする

faire un détour
まわる [回る] tourner, virer; (くるくると) tournoyer ●地球が太陽の回りを～ La Terre tourne autour du Soleil.
まん [万] (1万) dix mille 男 ●100～ million 男
まんいち [万一] si par hasard, si jamais ●～の場合は en cas d'imprévu, le cas échéant
まんいん [満員] ●～の bondé(*e*); (満席) complet(*ète*)
まんが [漫画] ❶(フランス語圏の) bande dessinée 女, (日本の) manga 男 ❷(アニメ) dessin animé 男
まんげつ [満月] pleine lune 女
マンゴー mangue 女
マンション appartement 男
まんせい [慢性の] chronique
まんぞく [満足] contentement 男, satisfaction 女 ●～させる satisfaire ●～する être content(*e*) 〚*de A*, *que* 接続法〛
まんてん [満点] vingt sur vingt 男 →フランスのテストは20点満点が一般的
まんなか [真ん中] milieu 男, centre 男, cœur 男 ●…の～に au (beau) milieu de, au cœur de
まんねんひつ [万年筆] stylo 男
み [実] (果実) fruit 男; (木の実) noix 女; (実質) substance 女
みあげる [見上げる] regarder en † haut, lever les yeux
みうしなう [見失う] perdre A de vue

みえる
[見える] ❶(ものが) être visible; (目が見える) voir ❷(…に見える) avoir l'air ... [de 不定詞] →air は形容詞または de 不定詞 で修飾, sembler, paraître ●それはもっともらしく～ Cela paraît vraisemblable.
みおくる [見送る] (人を) raccompagner; (延期する) remettre; (断念する) renoncer 〚à〛
みおろす [見下ろす] regarder en bas
みかい [未開の] (原始の) primitif(*ve*); (未踏の) inexploré(*e*)
みがく [磨く] polir, frotter; (練り上げる) perfectionner
みかた [見方] manière [façon] de voir 女; (観点) point de vue 男
みかづき [三日月] croissant 男
みかん [蜜柑] mandarine 女; (木) mandarinier 男
みき [幹] tronc 男, fût 男
みぎ [右] droite 女 ●～の droit(*e*) ●～に à droite, sur la droite
みくだす [見下す] mépriser, sous-estimer
みぐるしい [見苦しい] désagréable [pénible] à voir; (恥ずべき) déshonorant(*e*)
みごと [見事] ●～な beau(*belle*) →母音または無音の h で始まる男性単数名詞の前では bel; admirable, magnifique ●～に失敗する échouer bel et bien
みこみ [見込み] (可能性) possibilité 女, chance 女; (予想) prévision 女
みこん [未婚] ●～の célibataire, non marié(*e*)
ミサ messe 女
ミサイル missile 男 ●～を発射する lancer un missile
みさき [岬] cap 男

みじかい
[短い] (長さ) court(*e*); (簡潔な) bref(*brève*) ●短くする raccourcir, écourter ●気が～ (怒りっぽい) être coléreux(*se*); (せっかち) manquer de patience
みじゅく [未熟な] (果実が) vert(*e*); (人・技が) inexpérimenté(*e*), novice
みしらぬ [見知らぬ] étranger(*ère*), inconnu(*e*)
ミシン machine à coudre 女
みず [水] eau 女 ●～を飲む boire de l'eau
みずうみ [湖] lac 男
みずぎ [水着] maillot de bain 男; (海水パンツ) slip de bain 男
ミステリー (小説) roman policier 男
みすてる [見捨てる] abandonner, laisser tomber
ミスプリント coquille 女
みすぼらしい miteux(*se*), miséreux(*se*)
みずみずしい [瑞々しい] frais(*fraîche*)
みせ [店] magasin 男, boutique 女
みせいねん [未成年] ●～の mineur(*e*) ►未成年者 mineur(e) 名
みせびらかす [見せびらかす] étaler, exhiber

みせる
[見せる] montrer, faire voir, présenter ●彼は私に写真を見せた Il m'a montré une photo.
みぞ [溝] fossé 男, tranchée 女; (金属, 木材などに彫った) rainure 女
-みたい ●彼は怒っている～だ Il a l'air fâ-

ché.

みだし［見出し］（題名・タイトル）titre 男
►**見出し語** entrée 女

みたす［満たす］remplir;（望みなどを）satisfaire, combler

みだれる［乱れる］être en désordre, être perturbé(*e*) ●乱れた désordonné(*e*), dérangé(*e*), troublé(*e*)

みち［道］chemin 男; voie 女;（通り）rue 女;（街道）route

みち［未知の］inconnu(*e*), étrang*er*(*ère*)

みちびく［導く］（案内する）guider;（指導する）diriger

みつ［蜜］miel 男

みつける［見つける］trouver;（なくしていたものなどを）retrouver;（発見する）découvrir;（明るみに出す）déceler

みっつ［三つ］trois 男

みつど［密度］densité 女
►**人口密度** densité de la population

みっともない（見苦しい）désagréable [pénible] à voir;（恥ずべき）déshonorant(*e*);（なさけない）lamentable

む **みつめる**［見つめる］regarder fixement, fixer les yeux sur

みつゆ［密輸］contrebande 女 ●～する faire la contrebande de

みとおし［見通し］perspective 女 ●～のきかないカーブ virage sans visibilité 男

みとめる［認める］（見つける）apercevoir, remarquer;（承認）admettre, reconnaître

みどり

［緑］vert 男;（草木の）verdure 女 ●～の vert(*e*);（草木が）verdoyant(*e*)

みな［皆］（すべて）tout(*e*)（男複 *tous*);（全員）tous(*toutes*), tout le monde 男

みなおす［見直す］（再検討する）réviser;（再評価する）avoir une meilleure opinion 〘*de*〙

みなす［見なす］（AをBと）considérer [regarder] A comme B

みなと［港］port 男

みなみ［南］sud 男

みなれる［見慣れる］●見慣れた famili*er*(*ère*)

みにくい［醜い］laid(*e*), disgracieu*x*(*se*);《話》moche

みぬく［見抜く］deviner

ミネラル minéral 男
►**ミネラルウォーター** eau minérale 女

みのる［実る］donner [porter] des fruits

みはらし［見晴らし］vue 女, perspective 女

みはり［見張り］garde 女, surveillance 女;（人）garde 男

みぶり［身振り］geste 男

みぶん［身分］（地位）rang 男;（階級）classe 女 ►**身分証明書** carte d'identité 女

みぼうじん［未亡人］veuve 女

みほん［見本］（商品の）échantillon 男, spécimen 男;（手本）modèle 男

みまい［見舞い］●病院へ～に行く aller voir à l'hôpital

みまう［見舞う］●不幸に見舞われる être frappé(*e*) par un malheur

みみ

［耳］oreille 女
●彼は～がいい Il a l'oreille fine.
●母は～が遠い Ma mère entend mal.

みゃく［脈］pouls 男, pulsation 女
●～をとる prendre [tâter] le pouls de
●～がない（望みがない）être sans espoir

みやげ［土産］（手土産）cadeau 男;（旅の）souvenir 男

みょうじ［名字］nom de famille 男

みらい［未来］futur 男, avenir 男
●～の futur(*e*) ●～に dans l'avenir

ミリグラム milligramme 男

ミリメートル millimètre 男

みりょく［魅力］charme 男, attrait 男
●～的な charmant(*e*), attirant(*e*)

みる

［見る］❶ regarder, voir
●テレビを～ regarder la télévision
❷（…してみる）essayer, s'essayer 〘*à*〙
会話（店で）このドレスを試着してみていいですか Je peux essayer cette robe?

ミルク lait 男

みわたす［見渡す］parcourir ... des yeux

みんか［民家］maison (privée) 女

みんしゅ［民主］●～的な démocratique

みんぞく［民族］ethnie 女;（国民）nation 女 ●～の ethnique

む［無］rien 男;（虚無）néant 男
●～に帰する être réduit(*e*) à néant

むいしき［無意識］inconscience 女;（心理学で）inconscient 男
●～の inconscient(*e*)
●～のうちに machinalement

むいみ［無意味な］insignifiant(*e*)

むかい［向かい］●～の家 maison (d')en face 女

むがい［無害な］anodin(*e*);（攻撃的でない）inoffensi*f*(*ve*)

むかえ ［迎え］ ●〜に行く aller chercher
むかう ［向かう］（目指す）se diriger 〔*vers*〕;（出発する）partir 〔*pour*〕
むかえる ［迎える］ recevoir, accepter;（招く）inviter;（もてなす）accueillir
むかし ［昔］ ancien temps 男, le vieux temps ●〜の vieux(*vieille*), d'autrefois ●〜は autrefois;（以前は）avant
むかんしん ［無関心な］ indifférent(*e*) 〔*à*〕;（執着のない）détaché(*e*) 〔*de*〕
むき ［向き］ direction 女, orientation 女 ●〜を変える changer de direction ●南〜の部屋 pièce exposée au sud 女 ●…〜の pour ..., bon(*ne*) 〔*à, pour*〕 ●〜になる se monter la tête
ムギ ［麦］（小麦）blé 男;（大麦）orge 女
むく ［向く］ se tourner 〔*vers*〕;（面する）être orienté(*e*) [exposé(*e*)] 〔*à*〕, donner 〔*sur*〕;（適する）être bon(*ne*) [fait(*e*)] 〔*pour*〕 ●気が〜 avoir envie 〔*de A* [不定詞]〕
むくいる ［報いる］ récompenser
むくち ［無口な］ taciturne
むける ［向ける］ tourner 〔*à, vers*〕, diriger 〔*vers, sur*〕 ●注意を〜 prêter attention 〔*à*〕
むげん ［無限の］ infini(*e*), illimité(*e*)
むこ ［婿］（娘の夫）gendre 男 beau-fils 男（複 〜*x*-〜）
むこう ［向こう］ l'autre côté;（先方）l'autre partie ●市役所は教会の〜にある La mairie est au-delà de l'église.
むこう ［無効の］ nul(*le*);（期限切れの）périmé(*e*);（効力を持たない）non valable
むざい ［無罪］ innocence 女
むし ［虫］ insecte 男;（一般に虫・小動物）petite bête 女;（細長い虫）ver 男
むし ［無視する］ négliger, mépriser;（考慮に入れない）ne pas tenir compte 〔*de*〕
むしあつい ［蒸し暑い］ ●今日は〜 Il fait une chaleur étouffante aujourd'hui.
むしば ［虫歯］ dent gâtée 女, carie 女
むじゃき ［無邪気な］ innocent(*e*), naïf(*ve*)
むじゅん ［矛盾］ contradiction 女;（両立しない）incompatibilité 女 ●〜する être en contradiction 〔*avec*〕; être contradictoire 〔*à*〕
むすう ［無数の］ innombrable, incalculable
むずかしい ［難しい］ difficile, dur(*e*) ●…することは〜 Il est difficile de [不定詞] [que [接続法]] ●難しさ difficulté 女
むすこ ［息子］ fils 男
むすびつける ［結び付ける］ unir, lier, attacher 〔*à*〕
むすぶ ［結ぶ］ nouer, lier;（つなぐ）relier, réunir
むすめ ［娘］ fille 女;（若い女性）jeune fille 女;（女の子）petite fille 女
むせきにん ［無責任］ ●〜な irresponsable
むせん ［無線］ ●〜の sans fil;（無線による）radio ►無線電信 radiotélégraphie 女
むだ ［無駄な］ inutile; vain(*e*) ●時間を〜にする gaspiller son temps ●〜になる n'aboutir à rien, ne rien apporter
むち ［無知な］ ignorant(*e*);（無学な）inculte
むちゃ ［無茶］ ●〜を言う dire des absurdités
むちゅう ［夢中］ ●仕事に〜になる s'adonner à son travail, être à fond dans son travail ●彼女に〜だ Je suis fou d'elle.
むなしい ［空しい］ vide, creux(*se*);（無駄な）vain(*e*)
むね ［胸］（胸部）poitrine 女;（乳房）seins 男 複 ●〜を打たれる être ému(*e*) [touché(*e*)]
むやみ ［無闇］ ●〜に（考えなしに）à tort et à travers;（盲目的に）aveuglément;（過度に）avec excès
むら ［村］ village 男 ►村人 villageois(*e*) 名
むらさき ［紫］ violet 男
むり ［無理］ ●〜な（不可能な）impossible;（法外な）déraisonnable;（非現実的な）irréaliste
むりょう ［無料の］ gratuit(*e*)
むれ ［群れ］ troupe 女;（動物の）troupeau 男

め ［目］ ❶ œil 男（複 *yeux*） ❷（視力）vue 女 ❸（目つき・視線）regard 男
め ［芽］ bourgeon 男, germe 男;（若芽）pousse 女 ●〜を出す germer
めい ［姪］ nièce 女
めいかく ［明確な］ net(*te*), précis(*e*)
めいし ［名詞］ nom 男
めいしょ ［名所］ endroit [site] célèbre 男;（歴史的な）monuments historiques 男 複
めいしん ［迷信］ superstition 女

め

めいじん［名人］maître 男
めいせい［名声］réputation 女, renom 男
めいせき［明晰］●～な clair(*e*), lucide
めいはく［明白な］clair(*e*), évident(*e*)
めいめい［銘々］chacun(*e*) 名
めいよ［名誉］honneur 男; (栄誉) gloire 女
めいれい［命令］ordre 男, commandement 男; (指示) instructions 女 複
めいわく［迷惑］embarras 男, ennui 男 ●～な (面倒な) embarrassant(*e*); (わずらわしい) ennuyeux(*se*)
めうえ［目上］●～の人 (地位・階級が) supérieur(*e*) 名; (年齢が) personne plus âgée 女
メーター (計器) compteur 男
メートル mètre 男 ●100～走 course de cent mètres 女
めかた［目方］poids 男, pesanteur 女 ●～を計る peser
めがね［眼鏡］lunettes 女 複 ●～を掛けている porter des lunettes
めくる［捲る］●ページを～ tourner une page ●カレンダーを～ effeuiller un calendrier

も

めざす［目指す］viser〔*à*〕
めざましい［目覚ましい］remarquable; (並はずれた) extraordinaire, prodigieux(*se*)
めざめる［目覚める］se réveiller; (覚醒) s'éveiller〔*à*〕
めし［飯］(米飯) riz 男; (食事) repas 男 ●作家では～が食えない Le métier d'écrivain ne permet pas de vivre.
めした［目下］inférieur(*e*) 名
めす［雌］femelle 女 ●～の femelle
めずらしい［珍しい］rare, peu commun(*e*); (奇妙な) curieux(*se*); (異例の) exceptionnel(*le*)
めだつ［目立つ］se faire remarquer; (際たつ) ressortir ●目立った apparent(*e*), remarquable
めだま［目玉］œil 男 (複 *yeux*)
►**目玉焼き** œuf sur le plat 男
メダル médaille 女 ●金[銀, 銅]～ médaille d'or [d'argent, de bronze] 女
めった［滅多］●～に出かけない Je ne sors presque jamais. ●～に見られない現象 phénomène rare 男
めでたい［目出度い］(喜ばしい) heureux(*se*); (お人よしの) naïf(*ve*), simple
メニュー menu 男; (メニュー表) carte 女
めまい［目眩い］vertige 男 ●～がする avoir le vertige, avoir la tête qui tourne

メモ note 女 ●～する noter
►**メモ用紙** bloc 男
めもり［目盛り］graduation 女, échelle 女
メモリー mémoire 女
メロディー mélodie 女
メロン melon 男
めん［綿］coton 男 ●～のシャツ chemise en coton 女
めん［面］(顔) visage 男, figure 女; (仮面) masque 男; (ある方面) côté 男; (平面) surface 女 ●～と向かって en présence de, en face de
めんかい［面会］entrevue 女
►**面会時間** heure de réception 女
めんきょ［免許］permis 男; (資格) diplôme; (営業許可) licence 女
►**(運転)免許証** permis (de conduire) 男
めんじょ［免除］exemption 女, dispense 女 ●～する (AにBを) exempter [dispenser] A de B, remettre B à A
めんぜい［免税の］détaxé(*e*)
►**免税店** boutique d'articles détaxés 女, duty-free 男《不変》
めんせき［面積］superficie 女, surface 女
めんせつ［面接］entrevue 女
►**面接試験** oral 男 (複 *-aux*)
めんどう［面倒］ennui 男, embarras 男 ●～な ennuyeux(*se*), embarrassant(*e*), fâcheux(*se*)
メンバー membre 男; (スポーツチームの) équipier(*ère*) 名
めんるい［麺類］pâtes (alimentaires) 女 複; (ヌードル) nouilles 女 複
も［喪］deuil 男 ●～に服する porter le deuil
-も ●AもBも A et B; A ainsi que B; A de même que B
●彼はドイツ語も話せる Il sait parler l'allemand aussi.

もう ❶《否定で》plus ●～食べられない Je ne peux plus manger.
❷ (すでに) déjà
❸ (更に) encore, de plus
会話 お茶を～1杯いかがですか Voulez-vous encore une tasse de thé?
もうけ［儲け］profit 男, bénéfice 男
もうける［儲ける］gagner de l'argent
もうしこみ［申し込み］demande 女; (登録などの) inscription 女
►**申込書** formule de demande [d'inscription]

モーター moteur 男
► **モーターボート** canot automobile 男
もうちょう [盲腸] cæcum 男; (虫垂) appendice 男
もうふ [毛布] couverture 女
もうれつ [猛烈] ●〜な violent(*e*), furieux(*se*) ●〜に violemment, furieusement
もえる [燃える] brûler; (火がつく) s'allumer; (炎上する) flamber
モード (ファッション) mode 女; (パソコンなどの動作モード) mode 男
もくげき [目撃] ●事件を〜する assister à un événement
► **目撃者** témoin 男, specta*teur*(*trice*) 名
もくじ [目次] table des matières 女; (雑誌の) sommaire 男
もくせい [木星] Jupiter 男
もくてき [目的] but 男, fin 女; (目標) objectif 男 ●〜を達成する arriver à ses fins [son but]
► **目的地** destination 女
もくひょう [目標] but 男, objectif 男
もくようび [木曜日] jeudi 男
もぐる [潜る] (se) plonger; (隠れる) se cacher
もけい [模型] modèle (réduit) 男, maquette 女
もし si; (…の場合) au cas où →続く節は条件法; en cas de
●〜必要なら en cas de besoin
もじ [文字] lettre 女, caractère 男, écriture 女
もしもし 会話 〜, 坂本さんをお願いします Allô, je voudrais parler à Monsieur Sakamoto.
もたれる [凭れる] (寄りかかる) s'appuyer 〘*contre*, *sur*〙 ●この料理は胃に〜 Ce plat est lourd.
もち [餅] pâte de riz 女
もちあげる [持ち上げる] lever, soulever
もちいる [用いる] employer, se servir de
もちぬし [持ち主] propriétaire 名, possesseur 男
もちもの [持ち物] (所持品) ses affaires 女複; (不動産などの所有物) propriété 女
もちろん [勿論] bien sûr, bien entendu, naturellement

もつ [持つ]
❶ avoir, tenir
❷ (運ぶ) porter
❸ (所有する) posséder
❹ (負担する) prendre A en charge
❺ (維持できる・持続する) tenir

もったいない [勿体無い] (残念だ) C'est dommage de 不定詞 [que 接続法]; (無駄使いだ) C'est gaspillage.
●時間が〜 C'est une perte de temps.
もっていく [持って行く] apporter; emporter

apporter と emporter

apporter ものを「自分がいる場所へ持って来る」あるいは「相手がいる場所へ持って行く」こと.
emporter 人やものを「自分または相手がいる場所から別の場所へ運び去る」こと.

もってくる [持って来る] apporter

もっと
plus, encore, davantage

もっとも [尤も] (ただし) mais, toutefois, cependant ●〜な raisonnable, nor*mal*(*ale*) (男複 -*aux*)
もてあそぶ [弄ぶ] jouer, s'amuser 〘*avec*〙
もてなす accueillir, donner [offrir] l'hospitalité 〘*à*〙
モデル (作品などの) modèle 男; (ファッションモデル) mannequin 男
もと [元] ❶ (起源・源) origine 女, source 女 ❷ (原因) cause 女
●〜の (元…) ex-, précédent(*e*)
●〜は originairement, au début
●〜が取れる rentrer dans ses fonds
●〜も子もなくなる perdre tout
もどす [戻す] (もとの状態にする) remettre; (吐く) vomir, 《話》 rendre
もとづく [基づく] être basé(e), s'appuyer 〘*sur*〙 ●に基づいて sur la base de, d'après
もとめる [求める] demander, exiger; (捜す) chercher; (探し求める) rechercher
もどる [戻る] revenir; (引き返す) retourner; (生活の本拠地に) rentrer
もの [物] chose 女; (物体) objet 男; (品物) article 男
会話 どんな〜に興味がありますか À quoi est-ce que vous vous intéressez ?
ものおき [物置] débarras 男, resserre 女
ものがたり [物語] récit 男, histoire 女; (小説) roman 男; (寓(ぐう)話) fable 女
ものさし [物差し] règle 女
ものすごい [物凄い] terrible, horrible
ものたりない [物足りない] être peu satisfaisant(e), laisser à désirer
もはや [最早] ●〜これまでだ C'est fini! |

も

Je suis fait. | C'est cuit!
もほう [模倣] imitation 女, copie 女
●～する imiter, copier
モミジ [紅葉] (カエデ) érable 男
もむ [揉む] masser
もめん [木綿] coton 男
もも [股・腿] cuisse 女
モモ [桃] pêche 女; (木) pêcher 男
ももいろ [桃色] rose 男
●～の rose, rosé(*e*)
もや [靄] brouillard 男, brume 女
もやす [燃やす] brûler; (火を付ける) allumer
もよう [模様] ❶ (模様) dessin 男, motif 男 ❷ (様子) →様子(ようす) ●死者が出ている～だ Il y aurait des morts.
もよおし [催し] manifestation 女; (祭) fête 女; (式典) cérémonie 女

もらう

[貰う] ❶ (受け取る) recevoir; (得る) avoir, obtenir
❷ (…してもらう) se faire 不定詞
もらす [漏らす] (水・光・音を) laisser filtrer; (空気・言葉などを) laisser échapper ●小便を～ mouiller [faire dans] sa culotte
もり [森] bois 男; (広大で自然の) forêt 女
もる [盛る] entasser
●皿に料理を～ arranger un mets dans une assiette
もれる [漏れる] fuir, s'échapper, couler
もろい [脆い] fragile, cassant(*e*)
●彼女は涙～ Elle a la larme facile.
もん [門] porte 女; portail 男
もんく [文句] 女 (不平) plainte 女, murmures 男 複; (語句) paroles 女 複
●～を言う se plaindre 〖*de*〗
もんだい [問題] ❶ problème 男
❷ (検討の対象) question 女, problématique 女
❸ (不都合・トラブル) ennui 男

や行

や [矢] flèche 女
やあ Salut! | Hé! | Tiens!
会話 ～, ジャン Salut, Jean.
やおや [八百屋] (人) marchand(*e*) de légumes 名; (店) boutique de marchand de légumes 女
やがい [野外で] en plein air, au grand air
やがて (間もなく) tout à l'heure, (近いうちに) bientôt, (しばらくすれば) au bout d'un certain temps
やかましい [喧しい] bruyant(*e*); (人が) turbulent(*e*)
やかん [薬缶] bouilloire 女
やきつけ [焼き付け] tirage 男
やきにく [焼き肉] grillades 女 複; (韓国風) barbecue coréen 男
►焼き肉屋 grill 男, rôtisserie 女
やきゅう [野球] base-ball 男 ●～をする jouer au base-ball
►野球場 stade [terrain] de base-ball 男
やきもち [焼き餅] jalousie 女 ●～をやく être jaloux(*se*) 〖*de*〗
やきん [夜勤] travail [service] de nuit 男
やく [焼く] ❶ (燃やす) brûler ❷ (陶器を) cuire ❸ (調理で) cuire, rôtir; (網焼きにする) griller
やく [役] (地位・官職) fonction 女, poste 男; (芝居の) rôle 男
●～に立つ être utile
●～に立たない être inutile
やく [訳] traduction 女
やく [約] environ, à peu près
やくみ [薬味] épice 女, condiment 男
やくざい [薬剤] médicament 男
►薬剤師 pharmacien(*ne*) 名
やくしょ [役所] Administration 女, bureau du gouvernement 男
やくそく [約束] promesse 女 ●～する faire une promesse, promettre 〖*à*〗
●～を守る tenir sa promesse
やくだつ [役立つ] être utile, servir 〖*à*〗
やくめ [役目] rôle 男, charge 女, fonction 女
●～を果たす jouer le rôle 〖*de*〗, s'acquitter de ses fonctions
やくわり [役割] rôle 男, fonction 女
やけど [火傷] brûlure 女
やける [焼ける] brûler; (食べ物が) cuire

やさい ［野菜］ légumes 男 複

やさしい ［優しい］ ❶（愛情深い）tendre, doux(*ce*), affectueux(*se*)
❷（親切な）gentil(*le*)
●優しく tendrement, doucement
●優しさ tendresse 女, gentillesse 女

やさしい ［易しい］ facile, aisé(*e*), simple ●易しく facilement, aisément, simplement

やしなう ［養う］ nourrir, entretenir, élever

やしん ［野心］ ambition 女 ●～を抱く avoir de l'ambition; ambitionner 〖*de* 不定詞〗 ●～のある ambitieux(*se*)

やすい ［安い］ bon marché《不変》; pas cher(*ère*)

やすみ ［休み］ repos 男;（休憩）pause 女;（休暇）congé 男;（長期の）vacances 女 複

やすむ ［休む］ ❶（身体を休める）se reposer;（休憩）faire une pause
❷（学校・仕事を）être absent(*e*)〖*de*〗
❸（休暇を取る）prendre un congé

やせい ［野生の］ sauvage

やせる ［痩せる］ maigrir, s'amaigrir ●3キロ～ perdre trois kilos

やっかい ［厄介］（面倒）ennui 男, embarras 男 ●～な ennuyeux(*se*), embarrassant(*e*)

やっきょく ［薬局］ pharmacie 女

やっつける ［遣っ付ける］ abattre, battre;（処理）expédier

やってくる ［遣って来る］ arriver

やっと （ついに）enfin;（かろうじて）avec peine 会話 ～来たか Te voilà enfin.

やとう ［雇う］ employer, engager; embaucher

やぬし ［家主］ propriétaire 名

やね ［屋根］ toit 男

やはり ［矢張り］ ❶（…もまた）aussi, également ❷（否定文で）non plus
❸（結局）finalement, en fin de compte
❹（予想どおり）comme prévu, comme il fallait s'y attendre

やばん ［野蛮］ barbarie 女 ●～な barbare;（原始的な）sauvage

やぶる ［破る］ déchirer;（負かす）battre, vaincre

やぶれる ［破れる］ se déchirer;（すり切れる）s'user ●夢が破れた Mon rêve est brisé.

やぶれる ［敗れる］ être vaincu(*e*)
●決勝戦で～ être battu(*e*) à la finale

やま ［山］ montagne 女 ●…の～ pile de ...

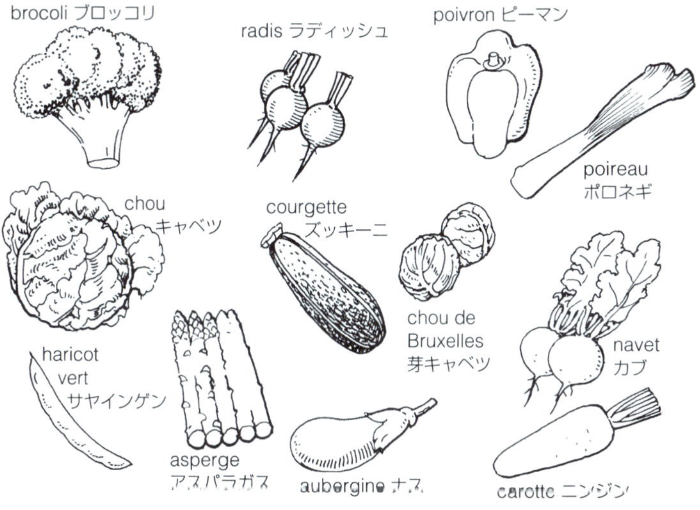

野菜

●～に登る monter en haut d'une montagne
やみ［闇］（暗黒）obscurité 女, ténèbres 女 複;（夜の）noir 男
やむ［止む］cesser ●雨がやんだ Il s'est arrêté de pleuvoir.
やめる［止める］arrêter A［de 不定詞］, cesser A［de 不定詞］
やりなおす［やり直す］refaire, recommencer
やる ❶（行かせる）envoyer ❷（与える）donner ❸（する）faire
会話 よくやった Bravo! | Bien joué!
やわらかい［柔らかい］（ぶよぶよ）mou (*molle*) →母音, 無音の h で始まる男性単数名詞の前では mol;（心地よい）tendre;（しなやかな）souple ●柔らかくなる devenir mou(*molle*)［tendre］
やわらげる［和らげる］adoucir, atténuer, calmer
ゆ［湯］eau chaude 女 ●～をわかす faire bouillir de l'eau
ゆいいつ［唯一の］seul, unique
ゆいごん［遺言］dernières volontés 女 複, testament 男
►遺言状 testament 男
ゆううつ［憂鬱な］mélancolique ●～になる tomber dans la mélancolie
ゆうえき［有益な］utile, profitable
ゆうえんち［遊園地］parc d'attractions 男
ゆうかい［誘拐］enlèvement 男;（子供の）kidnapping 男
ゆうがい［有害な］nuisible;（健康に悪い）malsain(*e*)
ゆうがた［夕方］soir 男; soirée 女
ゆうかん［勇敢な］courageux(*se*), brave
●～に courageusement, bravement
ゆうき［勇気］courage 男
●～づける encourager
●～のある courageux(*se*), brave
ゆうきゅう［有給］●～の salarié(*e*), appointé(*e*)
►有給休暇 congé payé 男
ゆうこう［友好］amitié 女
●～的な amical(*ale*)（男複 -*aux*）
►友好国 pays ami 男
ユーザー usager(*ère*) 名, utilisateur(*trice*) 名
ゆうざい［有罪］culpabilité 女 ●～の coupable
ゆうしゅう［優秀な］excellent(*e*), éminent(*e*)
ゆうじゅうふだん［優柔不断］●～な irrésolu(*e*), indécis(*e*)
ゆうしょう［優勝］●～する remporter le championnat
►優勝者 vainqueur 男, champion(*ne*) 名
ゆうじょう［友情］amitié 女
ゆうしょく［夕食］dîner 男
●～をとる dîner
ゆうじん［友人］ami(*e*) 名;（仲間）camarade 名
ゆうそう［郵送する］envoyer［expédier］... par la poste
►郵送料 frais de port 男 複
ユーターン［U ターン］demi-tour 男 ●～する faire demi-tour
ゆうたい［優待］►優待券 billet de faveur 男
ゆうだち［夕立］（にわか雨）averse 女;（雷雨を伴う）orage 男
ゆうどく［有毒な］toxique;（植物・食べ物が）vénéneux(*se*);（動物が）venimeux(*se*)
ゆうひ［夕日］soleil couchant 男, coucher de soleil 男
会話 なんて美しい～なんだ Quel beau coucher de soleil!
ゆうびん［郵便］poste 女;（郵便物）courrier 男 ●～を配達する distribuer le courrier
►郵便局 poste 女, bureau de poste 男 郵便番号 code postal 男 郵便ポスト boîte (aux lettres) 女
ゆうべ［昨夜］hier soir
ゆうめい［有名な］bien connu(*e*), célèbre
►有名人 célébrité 女
ユーモア humour 男
●～のある人 humoriste 名
ゆうやけ［夕焼け］(embrasement du) soleil couchant 男
ゆうり［有利な］avantageux(*se*);（好都合な）favorable
ゆうりょう［有料の］payant(*e*)
ゆうれい［幽霊］fantôme 男, revenant 男
ユーロ euro 男
ゆうわく［誘惑］tentation 女, séduction 女
●～する tenter, séduire
ゆか［床］plancher 男, sol 男
ゆかい［愉快な］joyeux(*se*);（陽気な）gai(*e*);（面白い）amusant(*e*)
ゆがむ［歪む］se déformer, gauchir, se tordre
ゆき［雪］neige 女 ●～が降る Il neige.

ゆげ［湯気］ vapeur 女
ゆけつ［輸血］ transfusion de sang 女, transfusion sanguine 女
●～する transfuser du sang〔*à*〕
ゆしゅつ［輸出］ exportation 女 ●～する exporter
ゆすぐ［濯ぐ］ rincer
ゆずる［譲る］（譲渡する）céder〔*à*〕;（譲歩する）concéder
ゆそう［輸送］ transport 男
ゆたか［豊かな］ riche, abondant(*e*)
●～な土地 terre fertile [féconde] 女
ゆだねる［委ねる］ confier, remettre〔*à*〕
ゆだん［油断］ inattention 女;（不用意）imprudence 女
●～するな Prenez garde.

ゆっくり
（動きが遅い）lentement;（少しずつ）petit à petit
会話 どうぞご～ Prenez votre temps.
ゆでる［茹でる］ faire cuire [bouillir] à l'eau
►**ゆで卵** œuf dur 男
ゆでん［油田］ gisement de pétrole 男
ゆにゅう［輸入］ importation 女 ●～する importer
►**輸入品** article d'importation 男
ゆび［指］ doigt 男;（足の）orteil 男

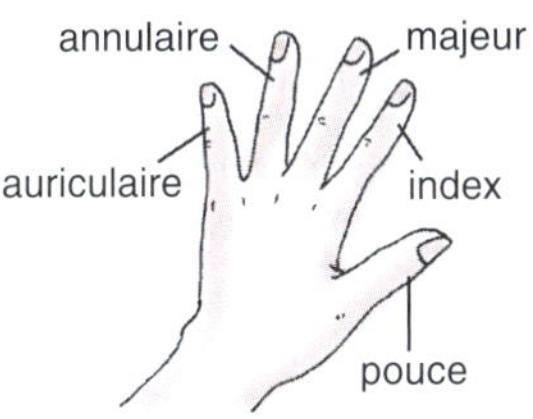

指

ゆびさす［指差す］ montrer du doigt
ゆびわ［指輪］ bague 女, anneau 男
ゆみ［弓］ arc 男;（弦楽器の）archet 男
ゆめ［夢］ rêve 男 ●～を見る rêver, faire un rêve
ゆらい［由来］ origine 女;（来歴）histoire 女
●…に～する provenir [dériver] de…, avoir son origine dans…
ユリ［百合］ lis 男
ゆるい［緩い］ lâche, mou(*molle*) →母音・無音の h で始まる男性単数名詞の前では mol
ゆるす［許す］ excuser, pardonner〔*à*〕;（許可する）permettre〔*à*〕
ゆるむ［緩む］ se relâcher;（紐・ねじなどが）se desserrer ●気が～ se détendre
ゆるめる［緩める］（紐・ねじなどを）desserrer;（緩和する）relâcher
ゆれる［揺れる］（小刻みに）trembler;（前後左右に）se balancer;（2つの間で）osciller
よ［夜］ nuit 女
●～が明ける Le jour se lève.
よあけ［夜明け］ aube 女, aurore 女
●～に au point du jour
●～前に avant le jour
よい［良い・善い］ bon(*ne*) →比較級 meilleur(*e*), 最上級 le(*la*) meilleur(*e*); bien →比較級 mieux, 最上級 le mieux
よい［酔い］ ivresse 女 ●船[車]～ mal de mer [de la route] 男

よう
［用］ ❶（用事）affaire 女
❷（する事）quelque chose à faire 女
会話 ご～は何でしょうか Que désirez-vous?
会話 おまえに～はない Je n'ai rien à voir avec toi.
よう［様］ ●…の～に comme…, ainsi que… ●いつもの～に comme d'habitude
よう［酔う］（酒などに）être ivre, s'enivrer,《話》se bourrer,《話》se soûler ●成功に～ s'enivrer [se griser] de son succès
ようい［用意］ préparation 女;（準備）préparatifs 男 複 ●～する préparer
ようい［容易な］ facile;（単純な）simple
ようき［陽気な］ gai(*e*), joyeux(*se*)
ようぎ［容疑］ inculpation 女, soupçon 男
●…の～で sous l'inculpation〔*de*〕
►**容疑者** suspect(*e*) 名, inculpé(*e*) 名
ようきゅう［要求］ exigence 女, demande 女;（権利として）revendication 女 ●～する exiger, demander, revendiquer
ようこそ 会話 ～いらっしゃいました Bienvenue! | Soyez le(*la*) bienvenu(*e*)!
ようし［用紙］ formule 女
ようし［養子］（男）fils adopté [adoptif] 男;（女）fille adoptée [adoptive] 女
ようじ［用事］ affaire 女;（する事）quelque chose à faire
ようじ［幼児］ petit(*e*) enfant 名 ●～の enfantin(*e*)
ようしき［様式］ style 男, genre 男
ようじん［用心］ attention 女, précaution 女 ●～する faire attention〔*à*〕;（信用しない）se méfier〔*de*〕
●～深い prudent(*e*)

よ

ようす [様子] état 男; (外見・模様) air 男
ようせい [妖精] fée 女
ようせき [容積] capacité 女, contenance 女, volume 男
ようそ [要素] élément 男
ようち [幼稚な] enfantin(*e*), puéril(*e*)
►**幼稚園** (école) maternelle 女, jardin d'enfants 男
ようてん [要点] (point) essentiel 男
ようと [用途] usage 男, emploi 男
ようび [曜日] jour de la semaine 男
会話 今日は何〜ですか Quel jour sommes-nous aujourd'hui?
ようふく [洋服] vêtement 男; (衣服) habit 男
ようやく [漸く] enfin; (苦労して) avec peine
ようりょう [要領] manière 女; (こつ) truc 男 ●あいつは〜がいい Il est malin.
ヨーロッパ Europe 女
●〜の européen(*ne*)
よか [余暇] loisirs 男 複, temps libre 男
ヨガ †yoga 男 ●〜をする faire du yoga
よかん [予感] pressentiment 男
よき [予期] attente 女; (予想) prévision 女
●〜する s'attendre 〘à〙
●〜しない inattendu(*e*)
よきん [預金] dépôt 男 ●〜する déposer de l'argent à la banque
►**預金通帳** livret de dépôt 男

よく

[良く・能く・善く] bien; (たくさん) beaucoup; (しばしば) souvent
会話 〜あることだ Ça arrive souvent.
よく [欲] désir 男 ●〜が深い avare
●〜のない désintéressé(*e*)
●〜を言えば dans l'idéal
よくしつ [浴室] salle de bain(s) 女
よくじつ [翌日] le lendemain, le jour suivant
よくせい [抑制] maîtrise 女
●〜する maîtriser
よくそう [浴槽] baignoire 女
よくばり [欲張り] ●〜な avide ●〜な人 rapace 名
よくぼう [欲望] désir 男, envie 女
よけい [余計な] superflu(*e*); (不要な) inutile ●〜なお世話だ Mêle-toi de tes affaires.
よける [避ける] éviter, se garder de
よげん [予言] prophétie 女
●〜する prophétiser
►**予言者** prophète(*étesse*) 名
よこ [横] (幅) largeur 女; (側面・わき) côté 男 ●の〜に à côté de
よこぎる [横切る] traverser
よごす [汚す] salir; (染みをつける) tacher
●手を〜 se salir les mains
よこたえる [横たえる] coucher, étendre
よごれる [汚れる] se salir, se tacher
よさん [予算] budget 男 ●〜を立てる dresser [établir] le budget
よしゅう [予習] préparation 女
よす [止す] cesser, arrêter
よせる [寄せる] (AをBに近づける) approcher [rapprocher] A de B
●身を〜 loger 〘*chez*〙
よせん [予選] série (éliminatoire) 女; éliminatoires 女 複
●〜を通過する franchir le cap des éliminatoires
よそ [余所・他所] ●〜に[で] ailleurs
よそう [予想] prévision 女, pronostics 男 複 ●〜する prévoir, pronostiquer
よつかど [四つ角] carrefour 男
よっきゅう [欲求] désir 男, besoin 男
►**欲求不満** frustration 女
よっぱらい [酔っぱらい] ivrogne 名
►**酔っぱらい運転** conduite en état d'ivresse 女
よてい [予定] projet 男, plan 男
●〜する prévoir
●…する〜である compter 不定詞
►**予定表** planning 男
よなか [夜中] nuit 女; (真夜中) minuit 男
よのなか [世の中] monde 男
よび [予備] réserve 女 ●〜の de réserve [rechange]
よぶ [呼ぶ] appeler; (来させる) faire venir
会話 タクシーを呼んでください Appelez-moi un taxi.
よぶん [余分な] superflu(*e*)
●〜に de [en] trop
よぼう [予防] prévention 女
●〜する prévenir

よむ

[読む] lire ●人の心を〜 lire dans le cœur des gens
よめ [嫁] (妻) femme 女; (息子の妻) belle-fille 女 (複 〜*s*-〜*s*)
よやく [予約] réservation 女 ●〜する réserver 会話 こちらは〜済みです C'est réservé.
よゆう [余裕] (余地) place 女; (落ち着き)

calme 男
●時間の～をみる *se* laisser une marge de temps
-より (場所・時間) de, depuis, à partir de; (…に基づいて) selon
●私～彼の方が若い Il est plus jeune que moi.
よりかかる [寄り掛かる] s'appuyer 〖à, *contre, sur*〗
よる [寄る] (近づく) (s')approcher; (立ち寄る) passer
よろい [鎧] armure 女
よろこび [喜び] joie 女; (楽しみ) plaisir 男
よろこぶ [喜ぶ] être content(e), se réjouir 〖*de*〗
●喜んで avec plaisir, volontiers
よろしい [宜しい] 会話 これで～ですか Ça va comme ça?
よろしく [宜しく]
会話 息子を～お願いします Je demande votre bienveillance pour mon fils.
会話 奥さんに～ Dis bonjour à ta femme.
よろん [世論] opinion (publique) 女
よわい [弱い] faible, fragile
●胃が～ avoir l'estomac fragile
●意志が～ manquer de volonté
●弱くなる s'affaiblir
よわめる [弱める] affaiblir, diminuer
よわる [弱る] (衰える) s'affaiblir; (困る) être ennuyé(e) [embarrassé(e)]
よん [四] quatre 男 《不変》
●～番目の quatrième
●～分の1 un quart

ら行

ラーメン nouilles chinoises 女 複
らいう [雷雨] orage 男
ライオン lion 男; (雌) lionne 女
らいげつ [来月] le mois prochain ●～の5日に au cinq du mois prochain
らいしゅう [来週] la semaine prochaine
●～の金曜日 vendredi de la semaine prochaine 男, vendredi en huit 男
ライター briquet 男; (執筆者) rédac*teur(trice)* 名, journaliste 名
らいねん [来年] l'année prochaine 女, l'an prochain 男 ●～の4月 avril de l'année prochaine 男
ライバル rival(*ale*) 名 (男複 *-aux*)
ライブ concert 男
●～で (生で) en direct
らく [楽な] confortable; (容易な) facile, aisé(*e*) ●～にしてください Mettez-vous à l'aise.
らくがき [落書き] (紙への) gribouillage 男; (壁などへの) graffiti 男
らくさつ [落札] ●～する obtenir l'adjudication de
らくだい [落第する] échouer; (留年する) redoubler
らくらい [落雷] chute de la foudre 女
-らしい (…のようだ) il me semble que, il paraît que, on dit que
●彼は近く結婚する～ On dit qu'il va bientôt se marier.
会話 それはいかにも彼～ C'est bien digne de lui.
ラジオ (放送) radio 女 →radiodiffusion の略; (受信機) poste (de radio) 男 ●～をつける[消す] ouvrir [fermer] la radio
らせん [螺旋] spirale 女 ●～状の en spirale, en colimaçon
らち [拉致] 《話》 rapt 男 ●～する enlever [emmener] de force
らっかん [楽観] ●～する être optimiste
ラッシュアワー heures d'affluence [de pointe] 女 複
ラテンの latin(*e*)
►**ラテンアメリカ** Amérique latine 女 **ラテン語** latin 男
ラベル étiquette 女, marque 女
らん [欄] (新聞などの) rubrique 女, cour-

rier 男; (書類の記入欄) case 女
ラン [蘭] orchidée 女
ランク rang 男, classement 男
らんとう [乱闘] bagarre 女, mêlée 女
ランプ lampe 女
らんぼう [乱暴な] violent(*e*), bruta*l*(*ale*) (男複 -*aux*) ●～する brutaliser
リアル ●～な描写 description réaliste 女
►**リアルタイムで** en temps réel
りえき [利益] bénéfice 男, profit 男 ●～を得る faire [réaliser] des bénéfices
りか [理科] sciences 女 複
りかい [理解] compréhension 女
●～する comprendre, saisir
りがい [利害] intérêt 男 ●～が一致する avoir les mêmes intérêts
りく [陸] terre 女 ●～の terrestre
りくじょうきょうぎ [陸上競技] athlétisme 男, jeux du stade 男 複
►**陸上競技選手** athlète 名
りくつ [理屈] raison 女; (論理) raisonnement 男
リクライニングシート siège à dossier réglable 男
りこう [利口な] intelligent(*e*); (賢明な) sage; (巧みな) habile
リコール révocation populaire 女; (欠陥商品の) rappel 男
りこん [離婚] divorce 男
●～する divorcer 〖*de*〗
リサイタル récital 男
りし [利子] intérêt 男
●～がつく rapporter des intérêts
リスク risque 男
●～の高い risqué(*e*), à risque
リスト liste 女
リズム rythme 男
りせい [理性] raison 女
●～的な raisonnable
りそう [理想] idéal 男 (複 -*aux*) ●～的な idéa*l*(*ale*) (男複 -*aux*)
リゾート station de tourisme 女
りそく [利息] intérêt 男
りつ [率] taux 男; (比率) proportion 女
りっこうほ [立候補] candidature 女 ●～する poser sa candidature 〖*à*〗
リットル litre 男
りっぱ [立派な] beau(*belle*) (男複 ～*x*); (賞賛に値する) admirable; (優れた) excellent(*e*)
りっぽう [立法] législation 女
►**立法権** pouvoir législatif 男
りっぽう [立方] ►**立方体** cube 男 **立方メートル** mètre cube 男
リハビリ rééducation 女
リビングルーム salle de séjour 女
リフト (スキーの) télésiège 男; (荷物用) monte-charge 男 《不変》
リモコン télécommande 女
りゃくご [略語] abréviation 女
りゃくだつ [略奪] pillage 男, saccage 男
●～する piller, saccager
りゆう [理由] raison 女; (原因) cause 女 ●の～で pour [en] raison de, à [pour] cause de
りゅうがく [留学] ●フランスに～する aller étudier en France; faire ses études en France
りゅうこう [流行] mode 女, vogue 女; (病気の) épidémie 女
●～する être à la mode [en vogue]; (広まる) se propager
●～遅れの démodé(*e*)
りゅうちょう [流暢] ●～に couramment, avec facilité
りゅうつう [流通] circulation 女; 〔商〕 distribution 女 ●～する circuler
りよう [利用] utilisation 女 ●～する utiliser
►**利用価値** utilité 女 **利用者** usage*r*(*ère*) 名
りょう [量] quantité 女, volume 男
りょういき [領域] domaine 男, champ 男
りょうかい [領海] eaux territoriales 女 複
りょうがえ [両替] change 男
りょうがわ [両側に] des deux côtés, de chaque côté
りょうきん [料金] prix 男; (運賃・入場料など) tarif 男; (費用) frais 男 複
►**料金所** péage 男
りょうし [漁師] pêcheu*r*(*se*) 名
りょうじ [領事] (職) consultat 男; (人) consul 男
►**領事館** consulat 男
りょうしき [良識] bon sens 男
りょうしゅうしょ [領収書] reçu 男, quittance 女
りょうしん [両親] parents 男 複
りょうしん [良心] conscience 女 ●～的な consciencieu*x*(*se*); (値段が) raisonnable
りょうど [領土] territoire 男
りょうほう [両方] ❶《肯定で》 tous(*toutes*) les deux, l'un(*e*) et l'autre
❷《否定で》 ni l'un(*e*) ni l'autre

りょうり [料理] cuisine 女; (皿に盛った) plat 男, assiette 女
●フランス〜 cuisine française
●〜する cuisiner, faire la cuisine
►料理人 cuisinier(ère) 名
りょかん [旅館] hôtel (de style japonais) 男
りょけん [旅券] passeport 男
りょこう [旅行] voyage 男
●〜する voyager
●インドを〜する faire un voyage en Inde
►旅行案内所 office du tourisme 男 旅行者 voyageur(se) 名; (観光客) touriste 名
りょひ [旅費] frais de voyage 男 複
リラックスする se relaxer
りりく [離陸] décollage 男 ●〜する décoller
りれき [履歴] antécédents 男 複; (電子機器の) historique 男
►履歴書 curriculum vitæ 男 《不変》→略 CV
りろん [理論] théorie 女 ●〜上 en théorie; théoriquement
りんかく [輪郭] contour 男; (概要) grandes lignes 女 複
リンゴ [林檎] pomme 女; (木) pommier 男
りんじ [臨時の] temporaire, provisoire
リンス après-shampooing 男
りんせつ [隣接] ●〜する toucher; voisiner 〖*avec*〗
るいけい [類型] type 男
るいじ [類似] ressemblance 女, similitude 女 ●〜の semblable, similaire
ルール règle 女, règlement 男
るす [留守] ●〜である être absent(*e*) [sorti(*e*)] ●〜中に pendant son absence; en l'absence de ●〜番をする garder la maison
れい [例] (実例) exemple 男; (先例) précédent 男
れい [礼] ●〜を言う remercier ●〜をする (あいさつ) saluer
れいがい [例外] exception 女
●〜なく sans exception
●〜的に exceptionnellement, par exception
れいぎ [礼儀] politesse 女, courtoisie 女
●〜正しい poli(*e*), courtois(*e*)
れいこく [冷酷な] dur(*e*), cruel(*le*)
れいせい [冷静な] calme, flegmatique
れいぞうこ [冷蔵庫] réfrigérateur 男, 《話》 frigo 男
れいとう [冷凍する] congeler
►冷凍食品 aliments surgelés 男 複
れいはい [礼拝] culte 男 ●〜する rendre un culte
►礼拝堂 chapelle 女
れいぼう [冷房] climatiseur 男 ●〜のきいた climatisé(*e*)
レインコート imperméable 男
レーザー laser 男
レース dentelle 女; (競争) course 女
レーダー radar 男
レール rail 男
れきし [歴史] histoire 女
●〜の[的な] historique
レコード disque 男, vinyle 男
►**レコードプレーヤー** tourne-disque 男
レジ caisse 女; (機械) caisse enregistreuse 女
►レジ係 caissier(ère) 名
レシート reçu 男
レシピ recette 女
レジャー loisirs 男 複
レストラン restaurant 男
れつ [列] ligne 女; (順番待ちの) queue 女; (横の) rang 男; (縦の) file 女
れっしゃ [列車] train 男 ●リヨン行きの〜 train pour Lyon
れっとうかん [劣等感] complexe d'infériorité 男
レベル niveau 男 ●〜の高い[低い] d'un niveau élevé [bas]
レポート rapport 男, compte rendu 男 (複 〜*s*-〜*s*); (小論文) dissertation 女
レモン [檸檬] citron 男; (木) citronnier 男
れんあい [恋愛] amour 男
れんが [煉瓦] brique 女
れんけい [連携] coopération 女, collaboration 女
れんこん [蓮根] rhizome de lotus 男
レンジ ►**ガスレンジ** cuisinière à gaz 女 **電子レンジ** four à micro-ondes 男

れんしゅう

[練習] exercice 男; (トレーニング) entraînement 男; (演劇・楽団などの) répétition 女
●〜する s'exercer, s'entraîner
►練習問題 exercices 男 複
レンズ lentille 女; (カメラの) objectif 男
れんそう [連想] évocation 女
●〜させる évoquer; faire … penser 〖*à*〗

れ

れんぞく [連続] continuité 女, succession 女 ●～する se succéder
れんたい [連帯] solidarité 女 ●～する se solidariser 〔*avec*〕
レンタカー voiture de location 女
レンタル location 女
レントゲン rayons X 男複 ●～の検査を受ける se faire radiographier
► **レントゲン写真** radiographie 女
れんぽう [連邦] fédération 女
●～の fédéra*l*(*ale*) (男複 *-aux*)
れんめい [連盟] union 女, fédération 女
れんらく [連絡] correspondance 女, communication 女
●～をとる correspondre, communiquer 〔*avec*〕; contacter
ろうか [廊下] couloir 男, corridor 男
ろうか [老化する] vieillir
ろうじん [老人] personne âgée 女; 《集合的》 vieux 男複
ろうそく [蝋燭] bougie 女
ろうどう [労働] trava*il* 男 (複 *-aux*)
ろうどく [朗読] lecture à haute voix 女
●～する lire à haute voix
ろうひ [浪費] gaspillage 男
●～する gaspiller
ロータリー rond-point 男 (複 ～*s*-～*s*)
ロープ corde 女
ろく [六] six 男 《不変》
●～番目の sixième
●～分の1 un sixième
ろくおん [録音] enregistrement 男 ●～する enregistrer
ろくが [録画] enregistrement des images 男
ろくがつ [六月] juin 男 ●～に en juin, au mois de juin
ロッカー casier 男, vestiaire 男
► **コインロッカー** consigne automatique 女
ロビー hall 男
ろんじる [論じる] traiter 〔*de*〕
ろんせつ [論説] éditori*al* 男 (複 *-aux*)
ろんそう [論争] débat 男, polémique 女
ろんぶん [論文] article 男, mémoire 男
ろんり [論理] logique 女, raisonnement 男 ●～的な logique

わ

わ行

わ [輪] boucle 女; (円) rond 男 ●～になって踊る danser en rond
ワイシャツ chemise 女
わいせつ [猥褻な] obscène
わいろ [賄賂] pot-de-vin 男 (複 ～*s*-～-～); dessous de table 男 ●～を贈る donner un pot-de-vin 〔*à*〕; corrompre
ワイン vin 男 ●赤 [白, ロゼ]～ vin rouge [blanc, rosé] 男
わかい [若い] jeune ●彼女は姉より2つ～ Elle a deux ans de moins que sa sœur.
わかい [和解] réconciliation 女 ●～する se réconcilier 〔*avec*〕
わかす [沸かす] faire bouillir; (興奮させる) enthousiasmer
わがまま [我が儘] ●～な égoïste, entêté(*e*); (気まぐれな) capricieux(*se*); (甘やかされた) gâté(*e*)
わかもの [若者] jeunes 名複, jeunesse 女; (青年) jeune homme 男

わかる [分かる] comprendre, voir; (知っている) savoir

会話 分かりますか Vous comprenez?
会話 分かりません Je ne comprends pas.
会話 分かってるよ Je sais.

わかれ [別れ] séparation 女, adieu 男
●～を告げる faire ses adieux 〔*à*〕
わかれる [別れる] quitter; se séparer 〔*de*〕; (互いに) se quitter,
わかれる [分かれる] (分岐する) se séparer, bifurquer; (分裂する) se diviser, être partagé(*e*)
わき [脇] côté 男; (わきの下) aisselle 女
わく [沸く] (煮えたつ) bouillir; (興奮する) s'enthousiasmer, s'exciter
●風呂が沸いた Le bain est prêt.
わく [湧く] jaillir; (感情が) naître
わく [枠] cadre 男; (制限) limite 女
わくせい [惑星] planète 女
ワクチン vaccin 男
わけ [訳] (意味) sens 男; (理由・原因) raison 女, cause 女
●そういう～で ainsi, comme ça
●～が分からない Je n'y comprends rien.
わける [分ける] (分割する) diviser; (分配する) partager, distribuer; (分類する) clas-

ser
わざわざ exprès, délibérément
わざと exprès, volontairement
●～らしい affecté(*e*), forcé(*e*)
ワシ [鷲] aigle 男
わずか [僅か] ●～な(数・量) peu de ...
わずらわしい [煩わしい] ennuyeux(*se*), embarrassant(*e*)
わすれもの [忘れ物] ●～をする oublier quelque chose
会話 ～はないの Tu n'oublies rien?

わすれる

[忘れる] oublier 〚*de, que*〛
●忘れられない inoubliable
●傘を～ oublier son parapluie
わた [綿] coton 男
わだい [話題] sujet (de conversation) 男
わたし [私] je; moi
●～の車 ma voiture
●彼は～にそう言った Il me l'a dit.
●彼らは～を待っている Ils m'attendent.
わたす [渡す] passer, remettre; (代わりに) transmettre
わたる [渡る・亘る] traverser, passer
●多くの分野に～ s'étendre à de nombreux domaines
わびる [詫びる] s'excuser 〚*de*〛
わら [藁] paille 女
わらい [笑い] rire 男; (微笑) sourire 男
●～をこらえる retenir son rire, se retenir de rire

わらう

[笑う] ❶ rire
●涙が出るほど～ rire aux larmes
❷ (ほほえむ) sourire
❸ (嘲笑する) se moquer 〚*de*〛
わりあい [割合] proportion 女, pourcentage 男, taux 男; (比較的) relativement
わりかん [割り勘] ●食事代を～にする payer chacun son écot
わりざん [割り算] division 女
わりびき [割引] réduction 女, rabais 男
●～する faire une réduction [un rabais]
わる [割る] ❶ (壊す) casser, briser
❷ (分ける) diviser, partager
❸ (水などで薄める) couper 〚*avec*〛, diluer ❹ (…以下になる) tomber au-dessous 〚*de*〛

わるい

[悪い] mauvais(*e*); (有害である) nuisible
わるくち [悪口] médisance 女, injure 女
●～を言う médire, dire du mal 〚*de*〛
ワルツ valse 女 ●～を踊る valser
わるもの [悪者] malfaiteur 男
われる [割れる] se casser, se briser; (粉々に) se fracasser 〚*contre*〛
われわれ [我々] nous
わん [湾] baie 女; (大きな) golfe 男
わん [椀・碗] bol 男
►ご飯茶碗 bol à riz 男
わんきょく [湾曲] courbure 女
●～した courbe
ワンピース robe 女

付録

目次

文法解説　　p.659

接尾辞表・動詞語尾表　　p.678

数字の表し方　　p.680

動詞活用表　　p.683

文法解説

目次

文の種類　p.660
平叙文　疑問文　倒置疑問文　est-ce que　疑問詞による疑問文　命令文　感嘆文　否定文　部分否定
名詞　p.661
名詞の性　固有名詞の性　名詞の数　名詞の可算・不可算
冠詞　p.663
定冠詞　不定冠詞　部分冠詞　前置詞と冠詞の縮約
形容詞　p.664
男性形・女性形・単数形・複数形　形容詞の一致　前置・後置　des と形容詞
副詞　p.664
形容詞　副詞　前置詞　動詞　文全体
比較級と最上級　p.665
比較級　語彙による比較　最上級　特殊な比較級の形容詞・副詞
代名詞　p.666
人称代名詞　中性代名詞　文中での並べ方
所有形　p.668
所有形容詞　所有代名詞
疑問詞　p.669
疑問代名詞　疑問副詞　疑問形容詞
関係詞　p.670
関係代名詞　関係副詞
動詞　p.671
代名動詞　助動詞　過去分詞　複合時制　形容詞的用法　現在分詞　ジェロンディフ　分詞構文　不定詞　態　能動態と受動態　時制と法　直説法　現在　複合過去　半過去　大過去　単純過去　単純未来　前未来　条件法　事実に反する仮定の帰結　語調緩和　過去における未来　接続法
文のかたち　p.675
品詞　基本文型　非人称構文　使役構文　知覚動詞構文

文の種類

平叙文

平叙文は基本的な文のかたちで、一般的にイントネーションが文末に向けて下がります。

- Tu es étudiant (↘). きみは学生です。
- Je suis allé au restaurant (↘). 私はレストランに行った。

疑問文

イントネーションによる疑問文

平叙文の末尾を上げれば疑問の意図を伝えることができます。

- Tu es étudiant (↘). きみは学生だ。
- Tu es étudiant (↗)? きみは学生ですか？

主語と動詞の倒置による疑問文

動詞と主語を倒置して疑問を表します。

- Es-tu étudiant (↗)? きみは学生ですか？

est-ce que を用いた疑問文

文頭に est-ce que を置き、主語と動詞を倒置させずに疑問を表します。

- Est-ce que tu es étudiant (↗)? きみは学生ですか？

疑問詞による疑問文

「何」「いつ」「どこ」などを尋ねる場合には疑問詞を用います。疑問詞を用いる場合にも3つのパターンがあります。「きみはどこにいますか？」の例で確認しましょう。

- Tu es où? 平叙文と同じ語順
  (cf. Tu es chez toi. きみは自分の家にいる。)
- Où es-tu? 主語と動詞の倒置
- Où est-ce que tu es? 疑問詞と est-ce que

命令文

話し手が相手に指示をする文。

動詞の命令法を用いた命令文

命令法は直説法現在をもとに作ります。-er 動詞の2人称単数形は直説法現在の2人称単数形の語尾から -s を取ったもの、-er 動詞の1人称複数形と2人称複数形、そのほかの動詞は直説法現在形と同じ形です。なお、命令文は話し手が話し相手に対して用いるため、1人称複数形と2人称単数形、複数形しかありません。

	parler (-er 動詞)	dormir (-er 動詞以外)
2人称単数	parle	dors
1人称複数	parlons	dormons
2人称複数	parlez	dormez

命令法は、主語なしで動詞から始めます。

- Fermez la porte, s'il vous plaît. ドアを閉めてください。
- Partons ensemble. 一緒に出かけよう。

命令法を用いない命令文

平叙文や不定詞を用いても命令の意図を表すことができます。

- Fermer la porte.　ドアを閉めること。(不定詞で)
- Tu vas faire la vaisselle.　君は洗い物をする(洗い物をしなさい)。(平叙文で)

また、pouvoir や vouloir を用いてニュアンスをやわらかくすることもできます。条件法を用いるとさらに丁寧な印象になります。

- Peux-tu venir ce soir?　今晩来てくれない？
- Pourriez-vous m'indiquer le chemin de la gare?
  駅へ行く道を教えてくださいませんか。

感嘆文

que や quel(le), qu'est-ce que などを用いて、話し手の驚きや関心を表します。書くときには「！」(point d'exclamation) を文末につけます。

- Que c'est bon!　これはなんて美味しいんだ。
- Quel beau jardin vous avez!　なんともすばらしい庭をお持ちですね。
- Qu'est-ce qu'elle est belle!　彼女はなんて美しいんだ。

否定文

否定辞 ne を用いた否定文

否定辞 ne と否定を表す副詞 (pas, plus, personne など)で動詞を挟み否定の意味を表します。動詞が不定詞の場合は ne pas, ne plus, ne personne など両方を動詞の前に置きます。

- Je n'aime pas les chiens.　私は犬が好きではない。
- Il n'aime personne.　彼はだれも愛さない。
- Attention de ne pas oublier votre parapluie.
  傘を忘れないように気をつけてください。

話しことばでは時に ne が省略されます。

- Je crois pas. (=Je ne crois pas.)　そう思わない。
- Je sais plus. (=Je ne sais plus.)　もう知らない。

部分否定

完全を意味する副詞 (absolument, complètement など)の前に pas が置かれると、部分否定(必ずしも…というわけではない)の意になります。

- Tu es d'accord avec elle? —Pas absolument.
  君は彼女に賛成か？—全面的に賛成というわけじゃない。(部分否定)
- Tu es d'accord avec elle? —Absolument pas.
  君は彼女に賛成か？—まったく賛成じゃない。(全体否定)

名詞

名詞の性(せい)

名詞はすべて男性名詞と女性名詞に分けられます。ものを表す名詞も性を持ちます。barbe (ひげ)が女性名詞であることから分かるように、男性名詞・女性名詞の区別は実際の性別から受ける印象とは関係がありません。

男性形から女性形をつくる方法

職業名や土地の住人、動物など、人や生き物を表す名詞の場合、基本形である男性形から女性形をつくります。作りかたはそれぞれの名詞の語尾によって異なります。

男性形語尾			女性形語尾		意味
-	Français	⇒	-e	Française	フランス人
-(i)er	boulanger	⇒	-(i)ère	boulangère	パン職人
-(i)en	Parisien	⇒	-(i)enne	Parisienne	パリの人
-eur	danseur	⇒	-euse	danseuse	舞踊家
-teur	acteur	⇒	-trice	actrice	俳優

男性名詞・女性名詞に特徴的な語尾

名詞の一部には、その語尾から男性名詞と女性名詞の区別ができることがあります。

男性名詞語尾		女性名詞語尾	
-ail	détail (詳細)	-ade	salade (サラダ)
-al	mal (悪)	-aille	bataille (戦い)
-as	cas (場合)	-ance	alliance (同盟)
-eil	appareil (機器)	-esse	délicatesse (繊細さ)
-euil	fauteuil (肘掛け椅子)	-ette	serviette (ナプキン)
-(i)er	papier (紙)	-euille	feuille (葉)
-in	jardin (庭)	-(i)ère	rivière (川)
-is	tapis (じゅうたん)	-ie	sortie (出口)
-isme	mécanisme (仕組み)	-ine	poitrine (胸)
-ment	mouvement (動き)	-ion	question (質問)
-oir	miroir (鏡)	-té	volonté (意志)
		-ure	nature (自然)

固有名詞の性

国、山、川の名前などの固有名詞にも男性と女性の区別があります。

国名		自然	
la France	フランス 女	la Loire	ロワール川 女
le Japon	日本 男	le Rhône	ローヌ川 男
la Chine	中国 女	les Alpes	アルプス山脈 女複
les Etats-Unis	アメリカ合衆国 男複		

名詞の数(すう)

付録

複数形の作りかた

基本的に単数形の語尾に -s をつけて作ります。単数形が -s, -x, -z で終わる語は単複同形です。それ以外のパターンの語については、この辞書では複数形が記載されています。

単数形語尾			複数形語尾		
-	nuage	⇒	-s	nuages	雲
-s	bois	⇒	-s	bois	木
-x	voix	⇒	-x	voix	声
-z	nez	⇒	-z	nez	鼻
-au	noyau	⇒	-aux	noyaux	種
-eau	gâteau	⇒	-eaux	gâteaux	菓子
-al	journal	⇒	-aux	journaux	新聞

名詞の可算・不可算

具体的な形を持ち、「1つ、2つ」と数えることができるものが可算名詞です。対して、具体的な形を持たない概念のようなもの、具体的な形は持つけれども、液体や気体、粒のような一般的には数えないものを表す名詞は不可算名詞です。

下記の café (コーヒー)や français (フランス語)の例のように、意味によって可算名詞にも不可算名詞にも扱われる名詞があります。

café	du café (不可算)	(液体としての)コーヒー
	un café (可算)	1杯のコーヒー
français	le français (不可算)	フランス語(という言語)
	un français clair (可算)	(様々な文体・話し方うちの)明瞭なフランス語

冠詞

名詞を用いるには冠詞を名詞の前に置きます。冠詞には定冠詞・不定冠詞・部分冠詞の3種類があります。

定冠詞

話し手と聞き手の間で共有されているようなもの(①)や、特定されているもの(②)、あるいはその名詞が表すカテゴリー全体(③)を表す場合に用います。

単数		複数
男性	女性	
le (l')	la (l')	les

- Ils ont un garçon et une fille. **Le** garçon a dix ans et **la** fille a huit ans.
  彼らには男の子と女の子がいる。男の子は10歳で女の子は8歳だ。(①の用法)
- **les** parents de Paul　ポールの両親(②の用法)
- J'aime **les** chats.　私は猫が好きだ。(③の用法)

不定冠詞

不定冠詞は「あるひとつの」や「(たくさんあるうちの)いくつか」という意味をもつ冠詞です。会話や文章ではじめてそのもの・ことについて言うときには多く不定冠詞を用います。

単数		複数
男性	女性	
un	une	des

- Il y a **des** stylos sur la table.　そのテーブルの上にペンがいくつかある。
- C'est **une** amie de mes parents.　彼女は私の両親の友人のひとりだ。

部分冠詞

部分冠詞は数えられないもの、ある分量、不特定のものを表します。

男性	女性
du (de l')	de la (de l')

- boire **de l'**eau　水を飲む
- avoir **de la** fièvre　熱がある

前置詞と冠詞の縮約

de, à のあとに定冠詞が続く場合、縮約します。

	le	la	les
de	du	de la	des
à	au	à la	aux

また、jusqu'à のような à を含む前置詞の場合も同様に縮約します。

	le	la	les
jusqu'à	jusqu'au	jusqu'à la	jusqu'aux

形容詞

男性形・女性形・単数形・複数形の作り方

形容詞は男性・女性と単数・複数の形を持ちます。男性単数形をもとにして、女性形には -e、複数形には -s をそれぞれ語尾につけます。それ以外の形容詞についてはこの辞書ではそれぞれ女性形と複数形を示してあります。

基本形

	単数形	複数形 (-s)
男性	petit	petits
女性 (-e)	petite	petites

その他 (例)

	単数形	複数形
男性	beau	beaux
女性	belle	belles

形容詞の用法

形容詞の一致

形容詞は修飾する名詞の性・数に合わせます。

- un petit garçon　小さい男の子
- Ils sont beaux.　彼らは美しい。
- une petite fille　小さい女の子
- Elles sont belles.　彼女らは美しい。

前置・後置

基本的には名詞の後ろに置きます。よく使われる短いものは、名詞の前に置きます。

- une question difficile　難しい問題
- un jeune acteur　若い俳優

また、名詞に前置する場合と後置する場合では意味の異なるものもあります。

- un homme pauvre　貧しい男
- un pauvre homme　哀れな男

複数不定冠詞 des と形容詞

不定冠詞 des は名詞に前置する形容詞の前の位置では de になります。

- des maisons ⇒ de grandes maisons
  家々　　大きな家々

副詞

副詞は、主に「形容詞・副詞・前置詞」の程度や様子についていう場合と「動詞・文全体」を修飾する場合とがあります。

形容詞・副詞・前置詞を修飾する場合

副詞は修飾する語の直前に置きます。例文中の太字が副詞で＿下線部が被修飾語です。

- Je suis **très** inquiet. 私はとても心配だ。(被修飾語は形容詞)
- Ne parle pas **si** fort. そんなに大きな声で話さないで。(被修飾語は副詞)
- **juste** devant nous ちょうど私たちの前に(被修飾語は前置詞)

動詞と文全体を修飾する場合

動詞を副詞で修飾する場合は基本的には単純活用形の動詞の直後に置きます。また、文全体を修飾する場合には、ふつう文の先頭や文の後ろに置きます。

- Elle rit **joyeusement**. 彼女は朗らかに笑う。(被修飾語は動詞)
- J'ai **beaucoup** travaillé. 私はよく勉強した。(被修飾語は動詞)
- Je l'ai vu(e) **hier**. きのう彼(女)と会った。(被修飾語は文全体)

比較級と最上級

比較級

比較級の基本的な形

比較級には3種類ありますがいずれも比較の対象になる語を que とともに示します。

・優等比較級：plus + 形容詞/副詞 + que ... (…より 形容詞/副詞 である)
- Adèle court plus vite que Manon. アデルはマノンよりも走るのが速い。

・同等比較級：aussi + 形容詞/副詞 + que ... (…と同じくらい 形容詞/副詞 である)
- Adèle court aussi vite que Manon.
  アデルはマノンと同じくらい走るのが速い。

・劣等比較級：moins + 形容詞/副詞 + que ... (…より 形容詞/副詞 でない)
- Adèle court moins vite que Manon.
  アデルはマノンほど走るのが速くない。

語彙による比較

plus, aussi, moins を用いずに supérieur, inférieur のような比較を表す語を用いる場合、比べられる対象となる語は前置詞 à とともに示します。

・supérieur(e) à ... …より優れている
- Il se croit supérieur à nous.
  彼は自分を私たちよりも優れていると思っている。

・inférieur(e) à ... …より劣っている
- Ce chiffre est inférieur à la moyenne. この数値は平均を下回る。

付録

最上級

優等最上級

最上級は優等比較級に定冠詞をつけて作ります。どの範囲で「もっとも」なのかを表す際には de や dans などの前置詞とともに示します。

・le/la/les + plus/moins + 形容詞 (+ de / dans ...) (…のなかで)最も 形容詞 だ
- Il est le plus grand de la classe. 彼はクラスで最も背が高い。

・le + plus/moins + 副詞 (+ de / dans ...) (…のなかで)最も 副詞
- C'est elle qui court le plus vite de la classe.
  クラスで1番はやく走るのは彼女だ。

劣等最上級

最上級は劣等比較級に定冠詞をつけて作ります。どの範囲で「もっとも」なのかを表す際には de や dans などの前置詞とともに示します。

・le/la/les + moins + 形容詞 (+ de / dans ...) (…のなかで)最も 形容詞 でない
- Il est le moins grand de la classe.　彼はクラスで最も背が低い。

・le + moins + 副詞 (+ de / dans ...) (…のなかで)最も 副詞 でない
- C'est elle qui court le moins vite de la classe.
  クラスで1番おそく走るのは彼女だ。

特殊な比較級の形容詞・副詞

比較級に特殊な語を用いる形容詞・副詞があります。これらの語を用いて比較級や最上級を作る際には、plus 形容詞/副詞 の部分を下の表の優等比較級の語に入れ替えます。

	bon(*ne*)	bien	beaucoup
優等比較級	meilleur(*e*)	mieux	plus
同等比較級	aussi bon(*ne*)	aussi bien	autant
劣等比較級	moins bon(*ne*)	moins bien	moins

代名詞

人称代名詞

<table>
<tr><td colspan="3"></td><td>主語</td><td>直接目的語</td><td>間接目的語</td><td>強勢形</td></tr>
<tr><td rowspan="4">単数</td><td colspan="2">1人称</td><td>je (j')</td><td colspan="2">me (m')</td><td>moi</td></tr>
<tr><td colspan="2">2人称</td><td>tu</td><td colspan="2">te (t')</td><td>toi</td></tr>
<tr><td rowspan="2">3人称</td><td>男性</td><td>il</td><td>le (l')</td><td rowspan="2">lui</td><td>lui</td></tr>
<tr><td>女性</td><td>elle</td><td>la (l')</td><td>elle</td></tr>
<tr><td rowspan="4">複数</td><td colspan="2">1人称</td><td colspan="4">nous</td></tr>
<tr><td colspan="2">2人称</td><td colspan="4">vous</td></tr>
<tr><td rowspan="2">3人称</td><td>男性</td><td>ils</td><td rowspan="2">les</td><td rowspan="2">leur</td><td>eux</td></tr>
<tr><td>女性</td><td>elles</td><td>elles</td></tr>
</table>

人称代名詞には主語形、直接目的語形、間接目的語形、強勢形の4種類の形があります。主語形、直接目的語形、間接目的語形の3つは動詞の前に置かれます。強勢形は、単独または、前置詞と一緒に用います。
- **Moi**, j'aime bien ça.　私はこれが好きだな。(単独での使用)
- J'ai fait une quiche pour **vous**.
  私はきみたちのためにキッシュを作った。(前置詞を伴った使用)

中性代名詞

性・数の変化をしない代名詞に中性代名詞 le, en, y があります。

・**le**：不定詞、節、文や属詞として現れる名詞、形容詞の代わりに用います。

- C'est très difficile.—Je **le** sais bien. (=Je sais bien que c'est très difficile.)
  とても難しいですよ。—知っていますよ。(節 que c'est très difficile の代わり)

・**en**：〈de ＋ 名詞・代名詞〉の代わりに用います。不定の名詞(不定冠詞 de, des ＋ 名詞)の代わりとなる場合と、前置詞 de を伴った名詞の代わりとなる場合があります。

- Tu veux encore de la soupe?—Oui, j'**en** veux bien.
  (=je veux bien de la soupe.)
  スープをもっと飲みますか？—ええ、いただきます。
- J'ai une valise, mais je n'**en** ai pas la clé.
  (=je n'ai pas la clé de la valise.)
  スーツケースはあるのに、そのカギがない。
- Il **en** est fier (=Il est fier de cela).　彼はそれが自慢だ。
- N'**en** parlons plus (=Ne parlons plus de cela).
  そのことはもう話さないようにしよう。(前置詞句 de cela の代わり)

・**y**：〈à ＋ 名詞・代名詞〉の代わりに用います。場所を表す表現の代わりに用いる場合、penser, renoncer, songer などに伴なう〈à ＋ 名詞・不定詞〉の代わりに用いる場合があります。

- Il est né à Paris et **y** a été élevé (=a été élevé à Paris).
  彼はパリで生まれて、そこで育てられた。

また、〈à ＋ 名詞・代名詞〉の名詞・代名詞が人の場合は、lui または〈à ＋ 人称代名詞強勢形〉を用います。

- N'**y** pensons plus (=Ne pensons plus à cela).
  そのことはもう考えないでおこう。
- Ne pensons plus **à lui** (=Ne pensons plus à Pierre).
  彼(ピエール)のことはもう考えないでおこう。

文中での並べ方

強勢形以外の人称代名詞は動詞の前に置かれます。1つの動詞に対して複数の人称代名詞を用いる場合は並べ方に順序があります。

・肯定文と否定文

Je Tu Il Elle Nous Vous Ils Elles	(ne)	me te nous vous	le la les	lui leur	y	en	動詞	(pas)

- *Je te le* dis depuis longtemps.　昔からそれをきみに言っているじゃない。
- *Il y en* a beaucoup qui n'aiment pas les insectes.
  昆虫が嫌いな人はたくさんいる。

・肯定命令文
命令文では動詞が文頭で用いられますので、人称代名詞の並び方が先ほどの例と異なります。また、1人称と2人称単数は強勢形を用います。

動詞	le la les	moi toi nous vous lui leur	en y

● Donne-le-moi. (le=le vin)　それ(そのワイン)を私にちょうだい。

moi, toi のあとで en や y を用いる場合、m', t' とエリジヨンします。また話しことばでは moi, toi と en, y のあいだに z を挟む場合があります。

● Donne-m'en.
会話 Donne-moi z'en. (en=du vin)
それ(ある程度の量のワイン)を私にちょうだい。

所有形

所有形容詞

「私のカバン」「あなたの姉」などというときの「私の」「あなたの」にあたる部分を所有形容詞といいます。所有している人・ものの人称と、所有されている人・もの(上の例の「カバン」、「姉」)の性と数によって形が異なります。

				所有される人・ものの性・数			
				単数		複数	
				男性	女性	男性	女性
所有している人の人称	単数	1人称		mon	ma (mon)	mes	
		2人称		ton	ta (ton)	tes	
		3人称	男	son	sa (son)	ses	
			女				
	複数	1人称		notre		nos	
		2人称		votre		vos	
		3人称	男	leur		leurs	
			女				

所有形容詞 ma, ta, sa はその後に続く名詞が母音、または無音の h から始まる場合、mon, ton, son になります。

● **mon** fils　私の息子(男性名詞)
● **ta** voiture　あなたの車(女性名詞)
● **son** enfance　彼(女)の幼年時代
(母音で始まる女性名詞)

所有代名詞

所有代名詞は「…のもの」といった所有しているものを表すときに用います。所有者の人称と数、所有されているものの性・数によって形が異なります。

				所有される人・ものの性・数			
				単数		複数	
				男性	女性	男性	女性
所有している人の人称	単数	1人称		le mien	la mienne	les miens	les miennes
		2人称		le tien	la tienne	les tiens	les tiennes
		3人称	男 / 女	le sien	la sienne	les siens	les siennes
	複数	1人称		le nôtre	la nôtre	les nôtres	
		2人称		le vôtre	la vôtre	les vôtres	
		3人称	男 / 女	le leur	la leur	les leurs	

- mes parents et **les siens**　私の両親と彼(女)の両親
- Votre père est moins âgé que **le nôtre**.
  お宅のお父さんはうちの父より年下です。

疑問詞

疑問代名詞　qui, que, quoi

疑問代名詞には qui, que, quoi の3種類があります。qui は人について問うとき、que, quoi はものについて問うときに用います。
que は動詞よりも前で用い、quoi は代名詞の強勢形と同様に、前置詞と一緒に用いたり、動詞の後ろや単独で用います。

- **Qui** es-tu?　きみはだれ？
- **Que** fais-tu?　何をしているの？
- **Qu'**est-ce que tu fais?　何をしているの？
- Tu fais **quoi**?　何をしているの？
- À **quoi** tu penses?　何を考えているの？

疑問副詞

疑問副詞は程度や場所、時間などの、平叙文では副詞で表現されるようなものについて問う際に用います。combien (どのくらい)、comment (どのように)、où (どこ)、pourquoi (なぜ)、quand (いつ)の5種類があります。

- Ça fait **combien**?　いくらですか？
- **Comment** on dit « pomme » en espagnol?
  「りんご」はスペイン語でなんと言いますか？
- Tu es **où**?　きみはどこにいるの？
- **Pourquoi** tu n'es pas venu hier?　どうしてきみは昨日来なかったの？
- **Quand** est-ce que tu es arrivé?　きみはいつ着いたの？

疑問形容詞

ある名詞についてその種類や量、それが何であるかを問う場合に用います。
疑問形容詞 quel は形容詞と同様に修飾する名詞の性・数にともなって変化します。

	男性	女性
単数	quel	quelle
複数	quels	quelles

- **Quelle** heure est-il?　何時ですか？
- De **quelle** nationalité êtes-vous?　国籍はどちらですか？

関係詞

ある名詞を文を用いて修飾する場合、その文を関係節といい、修飾される名詞を先行詞といいます。関係節のはじめには関係詞が置かれて、先行詞の関係節内での働きや先行詞の表す内容によって用いる関係詞が異なります。関係詞には qui, que, dont, lequel, quoi, où があります。

- J'ai un ami **qui** sait parler trois langues.
  私は3か国語話せる友達がいる。
  ←J'ai un ami. **Il** sait parler trois langues.
  私にはある友達がいる。彼は3か国語を話せる。

先行詞：un ami
関係詞：qui　qui は関係詞節の中で主語（=il）の働きをする。
関係節：qui sait parler trois langues

関係代名詞

関係代名詞には qui, que, dont, lequel, quoi があります。それぞれの使い分けは下の表の通りです。

	関係節内での働き	先行詞の表す内容
qui	主語	人/もの
que	目的語・属詞	人/もの
dont	de + 名詞	人/もの
前置詞 + qui	前置詞句	人
前置詞 + lequel/quoi	前置詞句	もの
前置詞 + quoi	前置詞句	ce, quelque chose, rien, chose

- C'est un événement **qui** a réellement eu lieu.
  それは実際に起こった事件だ。
- Je vais te montrer une photo **que** j'ai prise dans un champ de lavande.
  ラベンダー畑で撮った写真をきみに見せてあげる。
- Il a acheté le dictionnaire **dont** son professeur avait parlé.
  彼は先生が話していた辞書を買った。
- La fille **avec qui** il chante, c'est sa copine.
  彼が一緒に歌っている女の子、あれは彼の彼女だよ。
- C'est la raison **pour laquelle** il a abandonné ses études.
  それが理由で彼は勉学をあきらめた。
- C'est ce **à quoi** je pensais.　それは私の考えていたことだ。

関係副詞

関係副詞は où のみです。関係節内で場所、時間、状態を表す語が先行詞となる場合に où を用います。

- C'est la ville **où** j'ai passé mon enfance.
  これは私が子供時代をすごした街だ。(場所の例)
- Je me souviens très bien du jour **où** je l'ai rencontrée.
  私は彼女に会った日のことをとてもよく覚えている。(時間の例)

動詞

動詞のさまざまな形

代名動詞

代名動詞は動詞の前に常に目的語代名詞をともない、主語の人称にしたがって変化します。

再帰的用法

再帰的用法は、主語の行う動作の対象が動作を行う主語自身に向けられている場合に用いられます。

- Je **me lave**.　(自分の)身体を洗う。

相互的用法

この動詞で表す行為を複数の人が互いに行っている場合に用いられます。

- On **s'aime**.　私たちは(互いに)愛し合っている。
- Vous **vous connaissez**.　あなたたちは(互いに)知り合いである。

受動的用法

受動の意味を代名動詞で表します。

- Les huîtres **se mangent** avec du citron.
  牡蠣はレモンをかけて食べます(<牡蠣はレモンとともに食べられる)。
- Ce nouveau dictionnaire de français **se vend** très bien.
  この新しいフランス語の辞書はとてもよく売れる(<売られる)。

助動詞 être と avoir

être と avoir はそれぞれ「存在する、…である」と「…を持つ」という動詞本来の意味のほかに、他の動詞の助動詞として機能する場合があります。

過去分詞

過去分詞のつくり方

-er 動詞の場合は不定詞の語尾 -er を除いた動詞語幹に é をつけます。

parler : parl (動詞語幹) + er (不定詞語尾)　⇒　parl + é = parlé (過去分詞)

-ir 動詞の場合は不定詞から語尾の -r を除いた形が過去分詞です。

dormir : dormi -r　⇒　dormi (過去分詞)

そのほかの動詞の過去分詞の作り方は巻末『動詞活用表』を参照してください。

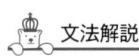

過去分詞の使い方
過去分詞は動詞の複合時制、受動態で用いるほかに、形容詞的用法や分詞構文でも用います。

・複合時制
複合時制とは、助動詞用法の être または avoir と動詞の過去分詞を組み合わせることで、完了や経験を表す形です。移動を表す自動詞は助動詞として être を用い、そのほかの自動詞と他動詞は avoir を用います。

- Je suis **allé** au musée d'Orsay.
  私はオルセー美術館に行った。(移動を表す自動詞)
- Je n'ai pas bien **dormi** hier soir.
  昨晩はよく寝られなかった。(そのほかの自動詞)
- J'ai **vu** Paul à la fac ce matin.
  今朝、大学でポールと会った。(他動詞)

・形容詞的用法
過去分詞は名詞の後ろに置かれて、「…された(人・もの)」「…した(人・もの)」のように形容詞のような役割をします。修飾される名詞に合わせて性・数の一致をします。

- une candidate **élue** à Lyon　リヨンで選出された女性候補者

現在分詞
現在分詞の作り方
現在時制1人称複数の活用形から -ons をとり、-ant をつけます。être (étant)、avoir (ayant)、savoir (sachant) を除くすべての動詞にこの方法が当てはまります。

dormir：nous dormons ⇒ dormant
aimer：nous aimons ⇒ aimant

現在分詞の使い方
・ジェロンディフ
ジェロンディフは〈en ＋ 現在分詞〉の形で、主節(文のメインの部分)との同時性や対立、理由、条件・仮定などを表し副詞的に機能します。

- Il conduit **en écoutant** de la musique.
  彼は音楽を聞きながら運転する。(同時性)
- Tout **en sachant** que ce n'est pas bon pour la santé, il n'arrive pas à arrêter de boire.
  身体によくないと知りながら、彼は酒をやめられずにいる。(対立)

・形容詞的用法
現在分詞は名詞の後ろに置かれて、「…する、している(人・もの)」という意味を付加します。過去分詞の形容詞的用法と違い、修飾される名詞との性・数の一致はありません。

- J'ai croisé Paul **revenant** de la fête ce matin.
  今朝、パーティーから戻ってくるポールにすれ違った。

・分詞構文
ジェロンディフと同じ使い方、意味で副詞的に機能します。どちらかというと現在分詞による分詞構文は文語的で、話しことばではジェロンディフを用います。

- **Étant** très occupé, je n'ai pas songé à le contacter.
  忙しくて彼に連絡をとるのを忘れた。

不定詞
動詞を日本語の「…すること」のように名詞として用いる形です。主に名詞として、命令など強い言い方をする際には、述語としても用います。

- Aimer, c'est préférer un autre à soi-même.
  愛すること、それは誰かを自分より好きになること。
- POUSSER （公共施設などの扉の貼り紙で）『押す』

態

能動態と受動態
能動態では、動作の主体(動作をする人)が主語で動作の受け手(動作によって影響を受けるもの)が目的語の位置に置かれます。これに対して、動作の受け手が主語位置におかれる文、つまり、「…される」といった表現を受動態といいます。

受動態の作り方
受動態の作り方は、もととなる能動態の文章から、目的語を主語位置に移動させ、動詞をêtre と過去分詞にし、能動態での主語を前置詞 par または de を伴って示します。受動態の主語(動作の受け手)と過去分詞は性・数の一致をします。

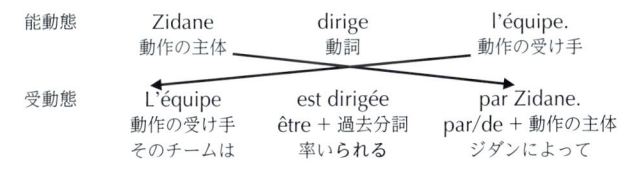

能動態	Zidane 動作の主体	dirige 動詞	l'équipe. 動作の受け手
受動態	L'équipe 動作の受け手 そのチームは	est dirigée être + 過去分詞 率いられる	par Zidane. par/de + 動作の主体 ジダンによって

能動態：ジダンがそのチームを率いる。
受動態：そのチームはジダンに率いられる。

時制と法

直説法

現在
現在行われていることを主に表す時制です。一過性の事柄や継続的に行われている習慣なども含め、広い時間枠を表すことができます。

- J'ai mal au ventre.　私はお腹が痛い。
- J'ai un cours de français le vendredi matin.
  私は毎週金曜の午前にフランス語の授業がある。

複合過去
(1) 過去の出来事を表します。

- J'ai mangé deux bananes hier soir.　昨晩、バナナを2本食べた。

(2) 過去から現在の間にある動作が行われ、現在その結果の状態が続いているという状態です。過去の出来事、完了、経験などを表します。

- Elle est partie.　彼女が行ってしまった。

※この場合、「彼女」が「出て行く」という出来事が発生し、その結果、彼女が今もいないことを示しています。

半過去

過去のある時点での状況の展開、継続(未完)あるいは習慣•反復を表します。過去のある時点を表す副詞句や前置詞句などと用いられることが多いです。

- Quand le téléphone a sonné, je **lisais** un livre.
  電話が鳴ったとき、私は本を読んでいた。
- Quand j'étais petit, je **pensais** devenir un héros.
  僕は小さかったとき、英雄になろうと思っていた。

大過去

過去のある時点ですでにその動作が行われていたことを表します。

- Il est revenu plus tôt qu'il ne l'**avait dit**.
  彼は言っていたよりも早く戻って来た。

単純過去

現在の状況とは切り離した過去について言うときに用います。口頭で用いることはほとんどなく、主に文語で用いられます。

- « Non » **ajouta**-t-il. 「いいや」と彼は付け加えた。

単純未来

発話時点(その文を書く/話すとき)よりも未来に起こることについて言うときに用います。必ず起こることや近い未来に起こることについては、現在形や近接未来形(見出し語 aller を参照)を用いることもありますが、予定や推測などを言うときには特にこの単純未来形を用います。

- Il **pleuvra** toute la journée sur la région parisienne.
  (天気予報で)パリ地方は日中いっぱい雨になるでしょう。

前未来

未来のある時点では、すでに完了しているであろう事柄について言うときに用います。

- Quand tu **auras fini**, tu m'aideras à faire le ménage?
  終わったら、家事を手伝ってくれる？

条件法

事実に反する仮定の帰結としての用法

条件法は、事実に反する仮定の帰結に用いられます。実際には起こりえない(起こりえなかった)ことに対して用いられます。

- Si j'étais toi, je me **fâcherais**.
  もし私が君だったら、私は怒るだろうね。(条件法現在)
- Si j'avais eu le temps, j'**aurais voyagé** en Europe.
  もし私に時間があったなら、ヨーロッパを旅行したのだが。(条件法過去)

語調緩和の用法

「…してくださいませんか」などの依頼の表現や「…かもしれない」のような断言をしない言い方をする際に、語気を弱めるために用います。

- **Pourriez**-vous venir avec moi?　私と一緒に来てくださいませんか？(依頼)
- Tu **pourrais** faire mieux.
  君はもっとうまくやれるはずだ。(断言を避ける言い方)

過去における未来

ある過去の時点から見たときに、その事象が未来に起こる場合にも条件法を用います。

● Je lui ai dit que je l'**attendrais** à la sortie.
私は彼(女)に出口で待っていると言った。

※「私が言った」という過去の事象が発生した後で、「私が待つ」という事象が発生するので、ここでは attendre (待つ)という動詞が条件法現在で用いられています。

接続法

特定の表現の従属節内 (que 以下に続く部分)では接続法が用いられる場合があります。事実かどうかの確認が取れない事態(①)、願望や義務などのこれから実現する事態を表す場合(②)などに接続法が用いられます。

● Je ne pense pas que ce **soit** possible.
それが可能だとは思いません。(①の用法)

● Il faut que tu **achètes** un dictionnaire.
君は辞書を買わなければならないよ。(②の用法)

文のかたち

品詞

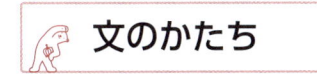

単語をその働きごとに分類したものが品詞です。それぞれの品詞が文の中でどのようなはたらきをするか示します。

代名詞　動詞　副詞　冠詞　名詞

Je suis étudiant. J'achète souvent des livres.
私は学生です。私は本をよく買います。

間投詞　名詞　接続詞　所有形容詞　形容詞　名詞　動詞　前置詞　冠詞　名詞

Tiens ! Monsieur Durand et son petit chien sont devant la boulangerie.
ほら！デュランさんと彼の小さな犬がパン屋の前にいるよ。

名詞：ものやことがらの名前。
代名詞：名詞を繰り返し使うことを避けるために、日本語の「それ」のように言い換えたり、話し手自身や聞き手(「私」や「あなた、君」)を表すのに用いることば。
冠詞：名詞の前につけることば。
動詞：動きや状態を表すことば。
形容詞：主語の様子を表したり、名詞を修飾することば。
所有形容詞：ある名詞について、それを所有している人を表すことば。
副詞：動詞・形容詞・副詞・文を修飾することば。程度・頻度・時・場所などを表します。
前置詞：名詞の前につけて、時・場所・様態などを表します。
接続詞：語と語、文と文をつなげることば。
間投詞：驚きを表したり、聞き手の注意を引きつけるためのことば。

付録

基本文型

基本的な文の形は下に挙げる6種類です。

①主語 + 動詞

Je dors.　私は眠る。

Je (主語) + dors (動詞 dormir)

②主語 + 動詞 + 属詞

Je suis étudiant.　私は学生です。

Je (主語) + suis (動詞 être) + étudiant (属詞)

③主語 + 動詞 + 直接目的語

J'achète un livre.　私は本を買う。

Je (主語) + achète (動詞 acheter) + un livre (直接目的語)

④主語 + 動詞 + 間接目的語

Je pense à toi.　私は君のことを思う。

Je (主語) + pense (動詞 penser) + à toi (間接目的語)

⑤主語 + 動詞 + 直接目的語 + 間接目的語

J'achète un livre à ma mère.　私はお母さんに本を買う。

Je (主語) + achète (動詞 acheter) + un livre (直接目的語) + à ma mère (間接目的語)

⑥主語 + 動詞 + 直接目的語 + 属詞

Je trouve ça magnifique.　私はこれをすばらしいと思う。

Je (主語) + trouve (動詞 trouver) + ça (直接目的語) + magnifique (属詞)

非人称構文

形式主語 il (「彼」の意味も「それ」という意味も持たず、形式上の主語)を用いた構文。その文の意味上の主語がほかの方法で示されたり、そもそも主語を示さないような文。

- Il est interdit de parler au chauffeur du bus.
  (=Parler au chauffeur du bus est interdit.)
  バスの運転手に話しかけるのは禁止されている。

il が形式的な主語として置かれており、意味上の主語 « de parler au chauffeur du bus » は文の後半部分に置かれています。

付録

使役構文

faire「…させる」、laisser「…させておく」という使役的な意味を表す構文。

使役動詞のあとに自動詞を用いる場合

使役動詞 + 不定詞 + 不定詞の主語

- Il a fait venir un taxi.　彼はタクシーを呼んだ。(<タクシーに来させた)
- J'ai laissé gagner ma fille. *
  私は娘を勝たせてやった。

使役動詞のあとに他動詞を用いる場合

[使役動詞] + [不定詞] + [不定詞の直接目的語] + 前置詞 à または par + [不定詞の主語]

- J'ai fait préparer le déjeuner par mon mari.
  私は夫に昼食の支度をさせた。
- J'ai laissé faire la vaisselle à Marie. *
  私はマリーに食器を洗わせておいた。

*laisser は以下の語順も可能です。

- J'ai laissé ma fille gagner.
- J'ai laissé Marie faire la vaisselle.

知覚動詞構文

voir (見える) regarder (見る) sentir (感じる、におう) écouter (聞く) entendre (聞こえる)などの知覚動詞を用いて「…が…するのを見る/聞く/感じる」という際には、基本構文とは異なる構文をとります。

知覚動詞のあとに自動詞を用いる場合

[知覚動詞] + [不定詞の主語] + [不定詞]

- J'ai vu un chat noir courir devant la gare.
  私は黒猫が駅の前を走っているのを見た。

[知覚動詞] + [不定詞] + [不定詞の主語]

- J'ai vu courir un chat noir devant la gare.
  私は黒猫が駅の前を走っているのを見た。

知覚動詞のあとに他動詞を用いる場合

[知覚動詞] + [不定詞の主語] + [不定詞] + [不定詞の直接目的語]

- J'ai entendu Yves chanter cette chanson.
  私はイヴがこの歌を歌っているのを聞いた。

[知覚動詞] + [不定詞] + [不定詞の直接目的語] + 前置詞 à または par + [不定詞の主語]

- J'ai entendu chanter cette chanson par Yves.
  私はイヴがこの歌を歌っているのを聞いた。

接尾辞表

接尾辞	品詞	意　味	収録語
-ade	女	名詞・動詞から名詞を作る.「集合・行為(の結果)」	promenade
-age	男	名詞・動詞から名詞を作る.「集合・行為(の結果)」	voyage
-aille	女	「集合」「軽蔑」	muraille
-ain, -aine	形	「…の」「…の人の」	africain
-ain, -aine	名	「…の人」	africain
-ais, -aise	形	「…の」「…人の」「…語の」	japonais
-ais, -aise	名	「…人」	japonais
-al, -ale, -aux	形	「…の性質の」	animal international
-an, -anne	名	「…の人」「…なもの」	paysan
-ant, ante	形	(動詞の)現在分詞に基づく形容詞	important
-ant, ante	名	(動詞の)現在分詞に基づく名詞	possible
-bilité	女	-ble の語尾をもつ形容詞の名詞形	possibilité
-ble	形	「…できる」	mangeable
-cole	形	「住む」「育てる」	agricole
-et, -ette	形	指小	mollet
-et, -ette	名	指小	fillette
-eur, -euse	形	動詞から形容詞をつくる.	rêveur
-eur, -euse	名	動詞から名詞をつくる.「…する人」「…するもの」	chanteur
-eux, -euse	形	名詞・動詞から形容詞をつくる.	heureux
-ie	女	「…の性質」「…を作るところ」「…の集団, 集合」	pâtisserie
-ien, -ienne	形	「…の」「…生まれの」	parisien
-ien, -ienne	名	「…生まれの人, に住む人」「…家(職業・専門)」	comédien musicien
-(i)er, -(i)ère	形	「…の性質」など	premier
-(i)er, -(i)ère	名	「…の職業」「木」「容器」など	pâtissier
-ique	形	「…の」	asiatique
-ique	女	「…学」など	informatique
-isme	男	「主義」「体系」「特性」「状態」	bouddhisme
-iste	形	「-isme の」「-isme する人の」	raciste
-iste	名	「-isme の人」「-isme をする人」	réaliste
-ite	名	「…の人」「炎症」	israélite
-ité	女	性質・状態などの抽象名詞	possibilité
-itude	女	性質・状態などの抽象名詞	habitude
-ment	副	形容詞(多くは女性形)に添え副詞をつくる.	lentement
-ment	男	動詞から名詞をつくる.「動作, 結果」など	abonnement
-oir	男	「道具」「場所」	miroir
-ois, -oise	形	「…の」「…人の」「…語の」	danois
-ois, -oise	名	「…人」「…語」	danois
-ot, -otte	名	指小	pierrot
-sion	女	抽象名詞	décision

接尾辞	品詞	意　味	収録語
-té	女	形容詞に添えて抽象名詞をつくる.	netteté
-teur, -trice	形	「…する人の」「…するものの」	amateur
-teur, -trice	名	「…する」「…する人」「…するもの」	acteur
-tion	女	動詞から名詞をつくる.「動作」「状態」など	information
-ueux, -ueuse	形	名詞に添えて形容詞をつくる.	respectueux
-ure	女	「集合」	confiture

動詞語尾表

語　尾	活用形	例
-aient	3人称複数・直説法半過去形	finissaient (不定詞 finir)
-ais	1・2人称単数・直説法半過去形	finissais (不定詞 finir)
-ait	3人称単数・直説法半過去形	finissait (不定詞 finir)
-ant	現在分詞	parlant (不定詞 parler)
-dre	不定詞	répondre, craindre
-ent	3人称複数・直説法現在形	finissent (不定詞 finir)
-er	不定詞の語尾	parler
-ez	2人称複数・命令法 / 直説法現在形	finissez (不定詞 finir)
-iez	2人称複数・直説法半過去形 / 接続法現在形	finissiez (不定詞 finir)
-ions	1人称複数・直説法半過去形 / 接続法現在形	finissions (不定詞 finir)
-ir	不定詞	finir, tenir
-ire	不定詞	lire, écrire
-is	1・2人称単数・直説法現在形	finis (不定詞 finir)
-it	3人称単数・直説法現在形	finit (不定詞 finir)
-oir	不定詞	falloir
-ons	1人称複数・命令法 / 直説法現在形	finissons (不定詞 finir)
-ra	3人称単数・直説法単純未来形	finira (不定詞 finir)
-rai	1人称単数・直説法単純未来形	finirai (不定詞 finir)
-raient	3人称複数・条件法現在形	finiraient (不定詞 finir)
-rais	1・2人称単数・条件法現在形	finirais (不定詞 finir)
-rait	3人称単数・条件法現在形	finirait (不定詞 finir)
-ras	2人称単数・直説法単純未来形	finira (不定詞 finir)
-riez	2人称複数・条件法現在形	finiriez (不定詞 finir)
-rions	1人称複数・条件法現在形	finirions (不定詞 finir)
-rons	3人称複数・直説法単純未来形	finirons (不定詞 finir)
-ront	3人称複数・直説法単純未来形	finiront (不定詞 finir)
-tre	不定詞	paraître
-ure	不定詞	conclure

数字の表し方

1. 形容詞 (adjectifs numéraux)

	基数形容詞 adjectifs numéraux cardinaux	序数形容詞 adjectifs numéraux ordinaux
1	un(e)	premier(ère)
2	deux	deuxième(second(e))
3	trois	troisième
4	quatre	quatrième
5	cinq	cinquième
6	six	sixième
7	sept	septième
8	huit	huitième
9	neuf	neuvième
10	dix	dixième
11	onze	onzième
12	douze	douzième
13	treize	treizième
14	quatorze	quatorzième
15	quinze	quinzième
16	seize	seizième
17	dix-sept	dix-septième
18	dix-huit	dix-huitième
19	dix-neuf	dix-neuvième
20	vingt	vingtième
21	vingt et un(e)	vingt et unième
22	vingt-deux	vingt-deuxième
23	vingt-trois	vingt-troisième
30	trente	trentième
31	trente et un(e)	trente et unième
32	trente-deux	trente-deuxième
40	quarante	quarantième
41	quarante et un(e)	quarante et unième
42	quarante-deux	quarante-deuxième
50	cinquante	cinquantième
51	cinquante et un(e)	cinquante et unième
52	cinquante-deux	cinquante-deuxième
60	soixante	soixantième
61	soixante et un(e)	soixante et unième
62	soixante-deux	soixante-deuxième
70	soixante-dix	soixante-dixième
71	soixante et onze	soixante et onzième
72	soixante-douze	soixante-douzième
80	quatre-vingts	quatre-vingtième
81	quatre-vingt-un(e)	quatre-vingt-unième

82	quatre-vingt-deux	quatre-vingt-deuxième
90	quatre-vingt-dix	quatre-vingt-dixième
91	quatre-vingt-onze	quatre-vingt-onzième
92	quatre-vingt-douze	quatre-vingt-douzième
100	cent	centième
101	cent un(e)	cent (et) unième
102	cent deux	cent deuxième
110	cent dix	cent dixième
120	cent vingt	cent vingtième
130	cent trente	cent trentième
140	cent quarante	cent quarantième
150	cent cinquante	cent cinquantième
160	cent soixante	cent soixantième
170	cent soixante-dix	cent soixante-dixième
180	cent quatre-vingts	cent quatre-vingtième
190	cent quatre-vingt-dix	cent quatre-vingt-dixième
200	deux cents	deux centième
201	deux cent un(e)	deux cent unième
202	deux cent deux	deux cent deuxième
300	trois cents	trois centième
301	trois cent un(e)	trois cent unième
302	trois cent deux	trois cent deuxième
400	quatre cents	quatre centième
401	quatre cent un(e)	quatre cent unième
402	quatre cent deux	quatre cent deuxième
500	cinq cents	cinq centième
501	cinq cent un(e)	cinq cent unième
502	cinq cent deux	cinq cent deuxième
600	six cents	six centième
601	six cent un(e)	six cent unième
602	six cent deux	six cent deuxième
700	sept cents	sept centième
701	sept cent un(e)	sept cent unième
702	sept cent deux	sept cent deuxième
800	huit cents	huit centième
801	huit cent un(e)	huit cent unième
802	huit cent deux	huit cent deuxième
900	neuf cents	neuf centième
901	neuf cent un(e)	neuf cent unième
902	neuf cent deux	neuf cent deuxième
1000	mille	millième

1001	mille un(e) (以上序列数形容詞は -ième をつければよい)
1002	mille deux
1100	mille cent または onze cents
1101	mille cent un(e) または onze cent un(e)

1200	mille deux cents または douze cents
2000	deux mille
2001	deux mille un(e)
2100	deux mille cent
3000	trois mille
3100	trois mille cent
10 000	dix mille
100 000	cent mille
200 000	deux cent mille
1 000 000	un million
2 000 000	deux millions
200 000 000	deux cents millions
1 000 000 000	un milliard
2 000 000 000	deux milliards
1 000 000 000 000	un billion
2 000 000 000 000	deux billions

(注) 以下のような場合には序列数形容詞のかわりに基本数形容詞を用いる.

a) 年号, 日付. ――1950年 (l'an) mil neuf cent cinquante [dix-neuf cent cinquante] (西暦年号のときは mille の代りに mil を用いることがある). 7月14日 le 14 juillet (1日の場合のみ序列数形容詞を用いる : 5月1日 le Ier mai)

b) 帝王名. ――ルイ14世 Louis XIV (1世の場合のみ序列数形容詞を用いる : ナポレオン1世 Napoléon Ier)

2. 分数 fraction

$\frac{1}{2}$ un demi; la moitié, $\frac{1}{3}$ un tiers, $\frac{1}{4}$ un quart, $\frac{3}{4}$ trois quarts,

$\frac{1}{5}$ un cinquième, $\frac{3}{7}$ trois septièmes, $2\frac{1}{3}$ deux un tiers,

(数字が大きいとき) $\frac{28}{60}$ vingt-huit sur soixante, $\frac{a}{b}$ *a* sur *b*

3. 小数 nombre décimal

24,32 vingt-quatre virgule trente-deux (小数点は. でなく, を打つ)

4. その他

付録

2+2=4	deux *et* [*plus*] deux (*font* [*fait*, *égale*(*nt*)]) quatre
5−2=3	cinq moins deux *font* [*égale*(*nt*)] trois
4×3=12	trois fois quatre font douze; quatre multiplié par trois *égale* [*donne*] douze
10÷5=2	dix divisé par cinq *égale* [*donne*] deux
20%	vingt pour cent

5. ローマ数字

I	1	VI	6	XI	11	LX	60
II	2	VII	7	XX	20	LXX	70
III	3	VIII	8	XXX	30	LXXX	80
IV	4	IX	9	XL	40	XC	90
V	5	X	10	L	50	C	100

動詞活用表

時制 temps と法 modes

時制 / 法	単純時制 temps simples	複合時制 temps composés
直説法 indicatif	現　在 présent	複合過去　passé composé (助動詞の直説法現在＋過去分詞)
	半過去 imparfait	大過去　plus-que-parfait (助動詞の直説法半過去＋過去分詞)
	単純過去 passé simple	前過去　passé antérieur (助動詞の直説法単純過去＋過去分詞)
	単純未来 futur simple	前未来　futur antérieur (助動詞の直説法単純未来＋過去分詞)
条件法 conditionnel	現　在 présent	過　去　passé (助動詞の条件法現在＋過去分詞)
接続法 subjonctif	現　在 présent	過　去　passé (助動詞の接続法現在＋過去分詞)
	半過去 imparfait	大過去　plus-que-parfait (助動詞の接続法半過去＋過去分詞)
命令法 impératif	単純形 simple	複合形　composé (助動詞の命令法単純形＋過去分詞)
不定詞 infinitif	単純形 simple	複合形　composé (助動詞の不定詞単純形＋過去分詞)
分　詞 participe	現　在 présent	複合形　composé (助動詞の現在分詞＋過去分詞)
	過　去 passé	

avoir

現在分詞 ayant　過去分詞 eu

直説法			
現在	複合過去	半過去	大過去
j' ai	j' ai eu	j' avais	j' avais eu
tu as	tu as eu	tu avais	tu avais eu
il a	il a eu	il avait	il avait eu
n. avons	n. avons eu	n. avions	n. avions eu
v. avez	v. avez eu	v. aviez	v. aviez eu
ils ont	ils ont eu	ils avaient	ils avaient eu
単純未来	前未来	単純過去	前過去
j' aurai	j' aurai eu	j' eus	j' eus eu
tu auras	tu auras eu	tu eus	tu eus eu
il aura	il aura eu	il eut	il eut eu
n. aurons	n. aurons eu	n. eûmes	n. eûmes eu
v. aurez	v. aurez eu	v. eûtes	v. eûtes eu
ils auront	ils auront eu	ils eurent	ils eurent eu

条件法		命令法	
現在	過去	単純形	複合形
j' aurais	j' aurais eu		
tu aurais	tu aurais eu	aie	aie eu
il aurait	il aurait eu		
n. aurions	n. aurions eu	ayons	ayons eu
v. auriez	v. auriez eu	ayez	ayez eu
ils auraient	ils auraient eu		

接続法			
現在	過去	半過去	大過去
j' aie	j' aie eu	j' eusse	j' eusse eu
tu aies	tu aies eu	tu eusses	tu eusses eu
il ait	il ait eu	il eût	il eût eu
n. ayons	n. ayons eu	n. eussions	n. eussions eu
v. ayez	v. ayez eu	v. eussiez	v. eussiez eu
ils aient	ils aient eu	ils eussent	ils eussent eu

être

現在分詞 étant　過去分詞 été

直説法			
現在	複合過去	半過去	大過去
je suis	j' ai été	j' étais	j' avais été
tu es	tu as été	tu étais	tu avais été
il est	il a été	il était	il avait été
n. sommes	n. avons été	n. étions	n. avions été
v. êtes	v. avez été	v. étiez	v. aviez été
ils sont	ils ont été	ils étaient	ils avaient été
単純未来	前未来	単純過去	前過去
je serai	j' aurai été	je fus	j' eus été
tu seras	tu auras été	tu fus	tu eus été
il sera	il aura été	il fut	il eut été
n. serons	n. aurons été	n. fûmes	n. eûmes été
v. serez	v. aurez été	v. fûtes	v. eûtes été
ils seront	ils auront été	ils furent	ils eurent été

条件法		命令法	
現在	過去	単純形	複合形
je serais	j' aurais été		
tu serais	tu aurais été	sois	aie été
il serait	il aurait été		
n. serions	n. aurions été	soyons	ayons été
v. seriez	v. auriez été	soyez	ayez été
ils seraient	ils auraient été		

接続法			
現在	過去	半過去	大過去
je sois	j' aie été	je fusse	j' eusse été
tu sois	tu aies été	tu fusses	tu eusses été
il soit	il ait été	il fût	il eût été
n. soyons	n. ayons été	n. fussions	n. eussions été
v. soyez	v. ayez été	v. fussiez	v. eussiez été
ils soient	ils aient été	ils fussent	ils eussent été

aimer

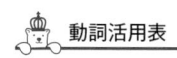

第1群規則動詞　現在分詞 aimant　過去分詞 aimé

直説法			
現在	複合過去	半過去	大過去
j' aime	j' ai aimé	j' aimais	j' avais aimé
tu aimes	tu as aimé	tu aimais	tu avais aimé
il aime	il a aimé	il aimait	il avait aimé
n. aimons	n. avons aimé	n. aimions	n. avions aimé
v. aimez	v. avez aimé	v. aimiez	v. aviez aimé
ils aiment	ils ont aimé	ils aimaient	ils avaient aimé
単純未来	前未来	単純過去	前過去
j' aimerai	j' aurai aimé	j' aimai	j' eus aimé
tu aimeras	tu auras aimé	tu aimas	tu eus aimé
il aimera	il aura aimé	il aima	il eut aimé
n. aimerons	n. aurons aimé	n. aimâmes	n. eûmes aimé
v. aimerez	v. aurez aimé	v. aimâtes	v. eûtes aimé
ils aimeront	ils auront aimé	ils aimèrent	ils eurent aimé

条件法		命令法	
現在	過去	単純形	複合形
j' aimerais	j' aurais aimé		
tu aimerais	tu aurais aimé	aime	aie aimé
il aimerait	il aurait aimé		
n. aimerions	n. aurions aimé	aimons	ayons aimé
v. aimeriez	v. auriez aimé	aimez	ayez aimé
ils aimeraient	ils auraient aimé		

接続法			
現在	過去	半過去	大過去
j' aime	j' aie aimé	j' aimasse	j' eusse aimé
tu aimes	tu aies aimé	tu aimasses	tu eusses aimé
il aime	il ait aimé	il aimât	il eût aimé
n. aimions	n. ayons aimé	n. aimassions	n. eussions aimé
v. aimiez	v. ayez aimé	v. aimassiez	v. eussiez aimé
ils aiment	ils aient aimé	ils aimassent	ils eussent aimé

finir

第2群規則動詞　現在分詞 finissant　過去分詞 fini

直　説　法

現　在	複合過去	半過去	大過去
je finis	j' ai fini	je finissais	j' avais fini
tu finis	tu as fini	tu finissais	tu avais fini
il finit	il a fini	il finissait	il avait fini
n. finissons	n. avons fini	n. finissions	n. avions fini
v. finissez	v. avez fini	v. finissiez	v. aviez fini
ils finissent	ils ont fini	ils finissaient	ils avaient fini
単純未来	**前未来**	**単純過去**	**前過去**
je finirai	j' aurai fini	je finis	j' eus fini
tu finiras	tu auras fini	tu finis	tu eus fini
il finira	il aura fini	il finit	il eut fini
n. finirons	n. aurons fini	n. finîmes	n. eûmes fini
v. finirez	v. aurez fini	v. finîtes	v. eûtes fini
ils finiront	ils auront fini	ils finirent	ils eurent fini

条　件　法		命　令　法	
現　在	過　去	単純形	複合形
je finirais	j' aurais fini		
tu finirais	tu aurais fini	finis	aie fini
il finirait	il aurait fini		
n. finirions	n. aurions fini	finissons	ayons fini
v. finiriez	v. auriez fini	finissez	ayez fini
ils finiraient	ils auraient fini		

接　続　法

現　在	過　去	半過去	大過去
je finisse	j' aie fini	je finisse	j' eusse fini
tu finisses	tu aies fini	tu finisses	tu eusses fini
il finisse	il ait fini	il finît	il eût fini
n. finissions	n. ayons fini	n. finissions	n. eussions fini
v. finissiez	v. ayez fini	v. finissiez	v. eussiez fini
ils finissent	ils aient fini	ils finissent	ils eussent fini

être aimé

受動態　現在分詞　étant aimé(e)(s)

直説法							
現在				複合過去			
je	suis	aimé(e)		j'	ai	été	aimé(e)
tu	es	aimé(e)		tu	as	été	aimé(e)
il	est	aimé		il	a	été	aimé
n.	sommes	aimé(e)s		n.	avons	été	aimé(e)s
v.	êtes	aimé(e)(s)		v.	avez	été	aimé(e)(s)
ils	sont	aimés		ils	ont	été	aimés
半過去				大過去			
j'	étais	aimé(e)		j'	avais	été	aimé(e)
tu	étais	aimé(e)		tu	avais	été	aimé(e)
il	était	aimé		il	avait	été	aimé
n.	étions	aimé(e)s		n.	avions	été	aimé(e)s
v.	étiez	aimé(e)(s)		v.	aviez	été	aimé(e)(s)
ils	étaient	aimés		ils	avaient	été	aimés
単純過去				前過去			
je	fus	aimé(e)		j'	eus	été	aimé(e)
tu	fus	aimé(e)		tu	eus	été	aimé(e)
il	fut	aimé		il	eut	été	aimé
n.	fûmes	aimé(e)s		n.	eûmes	été	aimé(e)s
v.	fûtes	aimé(e)(s)		v.	eûtes	été	aimé(e)(s)
ils	furent	aimés		ils	eurent	été	aimés
単純未来				前未来			
je	serai	aimé(e)		j'	aurai	été	aimé(e)
tu	seras	aimé(e)		tu	auras	été	aimé(e)
il	sera	aimé		il	aura	été	aimé
n.	serons	aimé(e)s		n.	aurons	été	aimé(e)s
v.	serez	aimé(e)(s)		v.	aurez	été	aimé(e)(s)
ils	seront	aimés		ils	auront	été	aimés

条件法						
現在			過去			
je	serais	aimé(e)	j'	aurais	été	aimé(e)
tu	serais	aimé(e)	tu	aurais	été	aimé(e)
il	serait	aimé	il	aurait	été	aimé
n.	serions	aimé(e)s	n.	aurions	été	aimé(e)s
v.	seriez	aimé(e)(s)	v.	auriez	été	aimé(e)(s)
ils	seraient	aimés	ils	auraient	été	aimés
命令法						
単純形			複合形			
	sois	aimé(e)		aie	été	aimé(e)
	soyons	aimé(e)s		ayons	été	aimé(e)s
	soyez	aimé(e)(s)		ayez	été	aimé(e)(s)
接続法						
現在			過去			
je	sois	aimé(e)	j'	aie	été	aimé(e)
tu	sois	aimé(e)	tu	aies	été	aimé(e)
il	soit	aimé	il	ait	été	aimé
n.	soyons	aimé(e)s	n.	ayons	été	aimé(e)s
v.	soyez	aimé(e)(s)	v.	ayez	été	aimé(e)(s)
ils	soient	aimés	ils	aient	été	aimés
半過去			大過去			
je	fusse	aimé(e)	j'	eusse	été	aimé(e)
tu	fusses	aimé(e)	tu	eusses	été	aimé(e)
il	fût	aimé	il	eût	été	aimé
n.	fussions	aimé(e)s	n.	eussions	été	aimé(e)s
v.	fussiez	aimé(e)(s)	v.	eussiez	été	aimé(e)(s)
ils	fussent	aimés	ils	eussent	été	aimés

se laver　代名動詞　現在分詞 se lavant　過去分詞 lavé

直説法	
現在	**複合過去**
je me lave	je me suis lavé(e)
tu te laves	tu t' es lavé(e)
il se lave	il s' est lavé
n. n. lavons	n. n. sommes lavé(e)s
v. v. lavez	v. v. êtes lavé(e)(s)
ils se lavent	ils se sont lavés
半過去	**大過去**
je me lavais	je m' étais lavé(e)
tu te lavais	tu t' étais lavé(e)
il se lavait	il s' était lavé
n. n. lavions	n. n. étions lavé(e)s
v. v. laviez	v. v. étiez lavé(e)(s)
ils se lavaient	ils s' étaient lavés
単純過去	**前過去**
je me lavai	je me fus lavé(e)
tu te lavas	tu te fus lavé(e)
il se lava	il se fut lavé
n. n. lavâmes	n. n. fûmes lavé(e)s
v. v. lavâtes	v. v. fûtes lavé(e)(s)
ils se lavèrent	ils se furent lavés
単純未来	**前未来**
je me laverai	je me serai lavé(e)
tu te laveras	tu te seras lavé(e)
il se lavera	il se sera lavé
n. n. laverons	n. n. serons lavé(e)s
v. v. laverez	v. v. serez lavé(e)(s)
ils se laveront	ils se seront lavés

条件法						
現在			過去			
je	me	laverais	je	me	serais	lavé(e)
tu	te	laverais	tu	te	serais	lavé(e)
il	se	laverait	il	se	serait	lavé
n.	n.	laverions	n.	n.	serions	lavé(e)s
v.	v.	laveriez	v.	v.	seriez	lavé(e)(s)
ils	se	laveraient	ils	se	seraient	lavés

命令法	
単純形	複合形
lave-toi lavons-nous lavez-vous	(なし)

接続法						
現在			過去			
je	me	lave	je	me	sois	lavé(e)
tu	te	laves	tu	te	sois	lavé(e)
il	se	lave	il	se	soit	lavé
n.	n.	lavions	n.	n.	soyons	lavé(e)s
v.	v.	laviez	v.	v.	soyez	lavé(e)(s)
ils	se	lavent	ils	se	soient	lavés
半過去			大過去			
je	me	lavasse	je	me	fusse	lavé(e)
tu	te	lavasses	tu	te	fusses	lavé(e)
il	se	lavât	il	se	fût	lavé
n.	n.	lavassions	n.	n.	fussions	lavé(e)s
v.	v.	lavassiez	v.	v.	fussiez	lavé(e)(s)
ils	se	lavassent	ils	se	fussent	lavés

不定詞 現在分詞 過去分詞		直説法			
		現　在	半過去	単純過去	単純未来
1	j'	achète	achetais	achetai	achèterai
acheter	tu	achètes	achetais	achetas	achèteras
	il	achète	achetait	acheta	achètera
achetant	n.	achetons	achetions	achetâmes	achèterons
acheté	v.	achetez	achetiez	achetâtes	achèterez
	ils	achètent	achetaient	achetèrent	achèteront
2	j'	acquiers	acquérais	acquis	acquerrai
acquérir	tu	acquiers	acquérais	acquis	acquerras
	il	acquiert	acquérait	acquit	acquerra
acquérant	n.	acquérons	acquérions	acquîmes	acquerrons
acquis	v.	acquérez	acquériez	acquîtes	acquerrez
	ils	acquièrent	acquéraient	acquirent	acquerront
3	j'/je	vais	allais	allai	irai
aller	tu	vas	allais	allas	iras
	il	va	allait	alla	ira
allant	n.	allons	allions	allâmes	irons
allé	v.	allez	alliez	allâtes	irez
	ils	vont	allaient	allèrent	iront
4	j'	appelle	appelais	appelai	appellerai
appeler	tu	appelles	appelais	appelas	appelleras
	il	appelle	appelait	appela	appellera
appelant	n.	appelons	appelions	appelâmes	appellerons
appelé	v.	appelez	appeliez	appelâtes	appellerez
	ils	appellent	appelaient	appelèrent	appelleront
5	j'	assaille	assaillais	assaillis	assaillirai
assaillir	tu	assailles	assaillais	assaillis	assailliras
	il	assaille	assaillait	assaillit	assaillira
assaillant	n.	assaillons	assaillions	assaillîmes	assaillirons
assailli	v.	assaillez	assailliez	assaillîtes	assaillirez
	ils	assaillent	assaillaient	assaillirent	assailliront

	条件法	接続法		命令法
	現　在	現　在	半過去	単純形
j'	achèterais	achète	achetasse	
tu	achèterais	achètes	achetasses	achète
il	achèterait	achète	achetât	
n.	achèterions	achetions	achetassions	achetons
v.	achèteriez	achetiez	achetassiez	achetez
ils	achèteraient	achètent	achetassent	
j'	acquerrais	acquière	acquisse	
tu	acquerrais	acquières	acquisses	acquiers
il	acquerrait	acquière	acquît	
n.	acquerrions	acquérions	acquissions	acquérons
v.	acquerriez	acquériez	acquissiez	acquérez
ils	acquerraient	acquièrent	acquissent	
j'	irais	aille	allasse	
tu	irais	ailles	allasses	va*
il	irait	aille	allât	* en, y の前で vas
n.	irions	allions	allassions	allons
v.	iriez	alliez	allassiez	allez
ils	iraient	aillent	allassent	
j'	appellerais	appelle	appelasse	
tu	appellerais	appelles	appelasses	appelle
il	appellerait	appelle	appelât	
n.	appellerions	appelions	appelassions	appelons
v.	appelleriez	appeliez	appelassiez	appelez
ils	appelleraient	appellent	appelassent	
j'	assaillirais	assaille	assaillisse	
tu	assaillirais	assailles	assaillisses	assaille
il	assaillirait	assaille	assaillît	
n.	assaillirions	assaillions	assaillissions	assaillons
v	assailliriez	assailliez	assaillissiez	assaillez
ils	assailliraient	assaillent	assaillissent	

付録

	条件法	接続法		命令法
	現　在	現　在	半過去	単純形
j'	assiérais	asseye	assisse	
tu	assiérais	asseyes	assisses	assieds
il	assiérait	asseye	assît	
n.	assiérions	asseyions	assissions	asseyons
v.	assiériez	asseyiez	assissiez	asseyez
ils	assiéraient	asseyent	assissent	
j'	assoirais	assoie	assisse	
tu	assoirais	assoies	assisses	assois
il	assoirait	assoie	assît	
n.	assoirions	assoyions	assissions	assoyons
v.	assoiriez	assoyiez	assissiez	assoyez
ils	assoiraient	assoient	assissent	
j'	aurais	aie	eusse	
tu	aurais	aies	eusses	aie
il	aurait	ait	eût	
n.	aurions	ayons	eussions	ayons
v.	auriez	ayez	eussiez	ayez
ils	auraient	aient	eussent	
je	battrais	batte	battisse	
tu	battrais	battes	battisses	bats
il	battrait	batte	battît	
n.	battrions	battions	battissions	battons
v.	battriez	battiez	battissiez	battez
ils	battraient	battent	battissent	
je	boirais	boive	busse	
tu	boirais	boives	busses	bois
il	boirait	boive	bût	
n.	boirions	buvions	bussions	buvons
v.	boiriez	buviez	bussiez	buvez
ils	boiraient	boivent	bussent	

	条件法	接続法		命令法
	現　在	現　在	半過去	単純形
je	bouillirais	bouille	bouillisse	
tu	bouillirais	bouilles	bouillisses	bous
il	bouillirait	bouille	bouillît	
n.	bouillirions	bouillions	bouillissions	bouillons
v.	bouilliriez	bouilliez	bouillissiez	bouillez
ils	bouilliraient	bouillent	bouillissent	
je				
tu				
il	bruirait	bruisse		
n.				
v.				
ils	bruiraient	bruissent		
je	clorais	close		
tu	clorais	closes		clos
il	clorait	close		
n.	clorions	closions		
v.	cloriez	closiez		
ils	cloraient	closent		
je	conclurais	conclue	conclusse	
tu	conclurais	conclues	conclusses	conclus
il	conclurait	conclue	conclût	
n.	conclurions	concluions	conclussions	concluons
v.	concluriez	concluiez	conclussiez	concluez
ils	concluraient	concluent	conclussent	
je	conduirais	conduise	conduisisse	
tu	conduirais	conduises	conduisisses	conduis
il	conduirait	conduise	conduisît	
n.	conduirions	conduisions	conduisissions	conduisons
v.	conduiriez	conduisiez	conduisissiez	conduisez
ils	conduiraient	conduisent	conduisissent	

不定詞 現在分詞 過去分詞		直説法			
		現　在	半過去	単純過去	単純未来
16	je	connais	connaissais	connus	connaîtrai
connaître	tu	connais	connaissais	connus	connaîtras
	il	connaît	connaissait	connut	connaîtra
connaissant	n.	connaissons	connaissions	connûmes	connaîtrons
connu	v.	connaissez	connaissiez	connûtes	connaîtrez
	ils	connaissent	connaissaient	connurent	connaîtront
17	je	couds	cousais	cousis	coudrai
coudre	tu	couds	cousais	cousis	coudras
	il	coud	cousait	cousit	coudra
cousant	n.	cousons	cousions	cousîmes	coudrons
cousu	v.	cousez	cousiez	cousîtes	coudrez
	ils	cousent	cousaient	cousirent	coudront
18	je	cours	courais	courus	courrai
courir	tu	cours	courais	courus	courras
	il	court	courait	courut	courra
courant	n.	courons	courions	courûmes	courrons
couru	v.	courez	couriez	courûtes	courrez
	ils	courent	couraient	coururent	courront
19	je	crains	craignais	craignis	craindrai
craindre	tu	crains	craignais	craignis	craindras
	il	craint	craignait	craignit	craindra
craignant	n.	craignons	craignions	craignîmes	craindrons
craint	v.	craignez	craigniez	craignîtes	craindrez
	ils	craignent	craignaient	craignirent	craindront
20	je	crois	croyais	crus	croirai
croire	tu	crois	croyais	crus	croiras
	il	croit	croyait	crut	croira
croyant	n.	croyons	croyions	crûmes	croirons
cru	v.	croyez	croyiez	crûtes	croirez
	ils	croient	croyaient	crurent	croiront

	条件法	接続法		命令法
	現　在	現　在	半過去	単純形
je	connaîtrais	connaisse	connusse	
tu	connaîtrais	connaisses	connusses	connais
il	connaîtrait	connaisse	connût	
n.	connaîtrions	connaissions	connussions	connaissons
v.	connaîtriez	connaissiez	connussiez	connaissez
ils	connaîtraient	connaissent	connussent	
je	coudrais	couse	cousisse	
tu	coudrais	couses	cousisses	couds
il	coudrait	couse	cousît	
n.	coudrions	cousions	cousissions	cousons
v.	coudriez	cousiez	cousissiez	cousez
ils	coudraient	cousent	cousissent	
je	courrais	coure	courusse	
tu	courrais	coures	courusses	cours
il	courrait	coure	courût	
n.	courrions	courions	courussions	courons
v.	courriez	couriez	courussiez	courez
ils	courraient	courent	courussent	
je	craindrais	craigne	craignisse	
tu	craindrais	craignes	craignisses	crains
il	craindrait	craigne	craignît	
n.	craindrions	craignions	craignissions	craignons
v.	craindriez	craigniez	craignissiez	craignez
ils	craindraient	craignent	craignissent	
je	croirais	croie	crusse	
tu	croirais	croies	crusses	crois
il	croirait	croie	crût	
n.	croirions	croyions	crussions	croyons
v.	croiriez	croyiez	crussiez	croyez
ils	croiraient	croient	crussent	

不定詞 現在分詞 過去分詞		直説法			
		現　在	半過去	単純過去	単純未来
21	je	croîs	croissais	crûs	croîtrai
croître	tu	croîs	croissais	crûs	croîtras
	il	croît	croissait	crût	croîtra
croissant	n.	croissons	croissions	crûmes	croîtrons
crû	v.	croissez	croissiez	crûtes	croîtrez
	ils	croissent	croissaient	crûrent	croîtront
22	je	cueille	cueillais	cueillis	cueillerai
cueillir	tu	cueilles	cueillais	cueillis	cueilleras
	il	cueille	cueillait	cueillit	cueillera
cueillant	n.	cueillons	cueillions	cueillîmes	cueillerons
cueilli	v.	cueillez	cueilliez	cueillîtes	cueillerez
	ils	cueillent	cueillaient	cueillirent	cueilleront
23	je	dois	devais	dus	devrai
devoir	tu	dois	devais	dus	devras
	il	doit	devait	dut	devra
devant	n.	devons	devions	dûmes	devrons
dû, due, dus, dues	v.	devez	deviez	dûtes	devrez
	ils	doivent	devaient	durent	devront
24	je	dis	disais	dis	dirai
dire	tu	dis	disais	dis	diras
	il	dit	disait	dit	dira
disant	n.	disons	disions	dîmes	dirons
dit	v.	dites	disiez	dîtes	direz
	ils	disent	disaient	dirent	diront
25	j'/je	suis	étais	fus	serai
être	tu	es	étais	fus	seras
	il	est	était	fut	sera
étant	n.	sommes	étions	fûmes	serons
été	v.	êtes	étiez	fûtes	serez
	ils	sont	étaient	furent	seront

	条件法	接続法		命令法
	現　在	現　在	半過去	単純形
je	croîtrais	croisse	crûsse	
tu	croîtrais	croisses	crûsses	croîs
il	croîtrait	croisse	crût	
n.	croîtrions	croissions	crûssions	croissons
v.	croîtriez	croissiez	crûssiez	croissez
ils	croîtraient	croissent	crûssent	
je	cueillerais	cueille	cueillisse	
tu	cueillerais	cueilles	cueillisses	cueille
il	cueillerait	cueille	cueillît	
n.	cueillerions	cueillions	cueillissions	cueillons
v.	cueilleriez	cueilliez	cueillissiez	cueillez
ils	cueilleraient	cueillent	cueillissent	
je	devrais	doive	dusse	
tu	devrais	doives	dusses	dois
il	devrait	doive	dût	
n.	devrions	devions	dussions	devons
v.	devriez	deviez	dussiez	devez
ils	devraient	doivent	dussent	
je	dirais	dise	disse	
tu	dirais	dises	disses	dis
il	dirait	dise	dît	
n.	dirions	disions	dissions	disons
v.	diriez	disiez	dissiez	dites
ils	diraient	disent	dissent	
je	serais	sois	fusse	
tu	serais	sois	fusses	sois
il	serait	soit	fût	
n.	serions	soyons	fussions	soyons
v.	seriez	soyez	fussiez	soyez
ils	seraient	soient	fussent	

不定詞 現在分詞 過去分詞		直説法			
		現　在	半過去	単純過去	単純未来
26	j'	écris	écrivais	écrivis	écrirai
écrire	tu	écris	écrivais	écrivis	écriras
	il	écrit	écrivait	écrivit	écrira
écrivant	n.	écrivons	écrivions	écrivîmes	écrirons
écrit	v.	écrivez	écriviez	écrivîtes	écrirez
	ils	écrivent	écrivaient	écrivirent	écriront
27	j'	émeus	émouvais	émus	émouvrai
émouvoir	tu	émeus	émouvais	émus	émouvras
	il	émeut	émouvait	émut	émouvra
émouvant	n.	émouvons	émouvions	émûmes	émouvrons
ému	v.	émouvez	émouviez	émûtes	émouvrez
	ils	émeuvent	émouvaient	émurent	émouvront
28	j'	entends	entendais	entendis	entendrai
entendre	tu	entends	entendais	entendis	entendras
	il	entend	entendait	entendit	entendra
entendant	n.	entendons	entendions	entendîmes	entendrons
entendu	v.	entendez	entendiez	entendîtes	entendrez
	ils	entendent	entendaient	entendirent	entendront
29	j'	envoie	envoyais	envoyai	enverrai
envoyer	tu	envoies	envoyais	envoyas	enverras
	il	envoie	envoyait	envoya	enverra
envoyant	n.	envoyons	envoyions	envoyâmes	enverrons
envoyé	v.	envoyez	envoyiez	envoyâtes	enverrez
	ils	envoient	envoyaient	envoyèrent	enverront
30	j'	essuie	essuyais	essuyai	essuierai
essuyer	tu	essuies	essuyais	essuyas	essuieras
	il	essuie	essuyait	essuya	essuiera
essuyant	n.	essuyons	essuyions	essuyâmes	essuierons
essuyé	v.	essuyez	essuyiez	essuyâtes	essuierez
	ils	essuient	essuyaient	essuyèrent	essuieront

	条件法	接続法		命令法
	現　在	現　在	半過去	単純形
j'	écrirais	écrive	écrivisse	
tu	écrirais	écrives	écrivisses	écris
il	écrirait	écrive	écrivît	
n.	écririons	écrivions	écrivissions	écrivons
v.	écririez	écriviez	écrivissiez	écrivez
ils	écriraient	écrivent	écrivissent	
j'	émouvrais	émeuve	émusse	
tu	émouvrais	émeuves	émusses	émeus
il	émouvrait	émeuve	émût	
n.	émouvrions	émouvions	émussions	émouvons
v.	émouvriez	émouviez	émussiez	émouvez
ils	émouvraient	émeuvent	émussent	
j'	entendrais	entende	entendisse	
tu	entendrais	entendes	entendisses	entends
il	entendrait	entende	entendît	
n.	entendrions	entendions	entendissions	entendons
v.	entendriez	entendiez	entendissiez	entendez
ils	entendraient	entendent	entendissent	
j'	enverrais	envoie	envoyasse	
tu	enverrais	envoies	envoyasses	envoie
il	enverrait	envoie	envoyât	
n.	enverrions	envoyions	envoyassions	envoyons
v.	enverriez	envoyiez	envoyassiez	envoyez
ils	enverraient	envoient	envoyassent	
j'	essuierais	essuie	essuyasse	
tu	essuierais	essuies	essuyasses	essuie
il	essuierait	essuie	essuyât	
n.	essuierions	essuyions	essuyassions	essuyons
v.	essuieriez	essuyiez	essuyassiez	essuyez
ils	essuieraient	essuient	essuyassent	

不定詞 現在分詞 過去分詞		直説法			
		現　在	半過去	単純過去	単純未来
31	je	fais	faisais	fis	ferai
faire	tu	fais	faisais	fis	feras
	il	fait	faisait	fit	fera
faisant	n.	faisons	faisions	fîmes	ferons
fait	v.	faites	faisiez	fîtes	ferez
	ils	font	faisaient	firent	feront
32	je				
falloir	tu				
	il	faut	fallait	fallut	faudra
	n.				
fallu	v.				
	ils				
33	je	finis	finissais	finis	finirai
finir	tu	finis	finissais	finis	finiras
	il	finit	finissait	finit	finira
finissant	n.	finissons	finissions	finîmes	finirons
fini	v.	finissez	finissiez	finîtes	finirez
	ils	finissent	finissaient	finirent	finiront
34	je	fris			frirai
frire	tu	fris			friras
	il	frit			frira
	n.				frirons
frit	v.				frirez
	ils				friront
35	je	fuis	fuyais	fuis	fuirai
fuir	tu	fuis	fuyais	fuis	fuiras
	il	fuit	fuyait	fuit	fuira
fuyant	n.	fuyons	fuyions	fuîmes	fuirons
fui	v.	fuyez	fuyiez	fuîtes	fuirez
	ils	fuient	fuyaient	fuirent	fuiront

	条件法	接続法		命令法
	現　在	現　在	半過去	単純形
je	ferais	fasse	fisse	
tu	ferais	fasses	fisses	fais
il	ferait	fasse	fît	
n.	ferions	fassions	fissions	faisons
v.	feriez	fassiez	fissiez	faites
ils	feraient	fassent	fissent	
je				
tu				
il	faudrait	faille	fallût	
n.				
v.				
ils				
je	finirais	finisse	finisse	
tu	finirais	finisses	finisses	finis
il	finirait	finisse	finît	
n.	finirions	finissions	finissions	finissons
v.	finiriez	finissiez	finissiez	finissez
ils	finiraient	finissent	finissent	
je	frirais			
tu	frirais			fris
il	frirait			
n.	fririons			
v.	fririez			
ils	friraient			
je	fuirais	fuie	fuisse	
tu	fuirais	fuies	fuisses	fuis
il	fuirait	fuie	fuît	
n.	fuirions	fuyions	fuissions	fuyons
v.	fuiriez	fuyiez	fuissiez	fuyez
ils	fuiraient	fuient	fuissent	

不定詞 現在分詞 過去分詞		直説法			
		現　在	半過去	単純過去	単純未来
36	je	hais	haïssais	haïs	haïrai
haïr	tu	hais	haïssais	haïs	haïras
	il	hait	haïssait	haït	haïra
haïssant	n.	haïssons	haïssions	haïmes	haïrons
haï	v.	haïssez	haïssiez	haïtes	haïrez
	ils	haïssent	haïssaient	haïrent	haïront
37	j'	interdis	interdisais	interdis	interdirai
interdire	tu	interdis	interdisais	interdis	interdiras
	il	interdit	interdisait	interdit	interdira
interdisant	n.	interdisons	interdisions	interdîmes	interdirons
interdit	v.	interdisez	interdisiez	interdîtes	interdirez
	ils	interdisent	interdisaient	interdirent	interdiront
38	je	joins	joignais	joignis	joindrai
joindre	tu	joins	joignais	joignis	joindras
	il	joint	joignait	joignit	joindra
joignant	n.	joignons	joignions	joignîmes	joindrons
joint	v.	joignez	joigniez	joignîtes	joindrez
	ils	joignent	joignaient	joignirent	joindront
39	je	lis	lisais	lus	lirai
lire	tu	lis	lisais	lus	liras
	il	lit	lisait	lut	lira
lisant	n.	lisons	lisions	lûmes	lirons
lu	v.	lisez	lisiez	lûtes	lirez
	ils	lisent	lisaient	lurent	liront
40	je	mange	mangeais	mangeai	mangerai
manger	tu	manges	mangeais	mangeas	mangeras
	il	mange	mangeait	mangea	mangera
mangeant	n.	mangeons	mangions	mangeâmes	mangerons
mangé	v.	mangez	mangiez	mangeâtes	mangerez
	ils	mangent	mangeaient	mangèrent	mangeront

	条件法	接続法		命令法
	現　在	現　在	半過去	単純形
je	haïrais	haïsse	haïsse	
tu	haïrais	haïsses	haïsses	haïs
il	haïrait	haïsse	haït	
n.	haïrions	haïssions	haïssions	haïssons
v.	haïriez	haïssiez	haïssiez	haïssez
ils	haïraient	haïssent	haïssent	
j'	interdirais	interdise	interdisse	
tu	interdirais	interdises	interdisses	interdis
il	interdirait	interdise	interdît	
n.	interdirions	interdisions	interdissions	interdisons
v.	interdiriez	interdisiez	interdissiez	interdisez
ils	interdiraient	interdisent	interdissent	
je	joindrais	joigne	joignisse	
tu	joindrais	joignes	joignisses	joins
il	joindrait	joigne	joignît	
n.	joindrions	joignions	joignissions	joignons
v.	joindriez	joigniez	joignissiez	joignez
ils	joindraient	joignent	joignissent	
je	lirais	lise	lusse	
tu	lirais	lises	lusses	lis
il	lirait	lise	lût	
n.	lirions	lisions	lussions	lisons
v.	liriez	lisiez	lussiez	lisez
ils	liraient	lisent	lussent	
je	mangerais	mange	mangeasse	
tu	mangerais	manges	mangeasses	mange
il	mangerait	mange	mangeât	
n.	mangerions	mangions	mangeassions	mangeons
v.	mangeriez	mangiez	mangeassiez	mangez
ils	mangeraient	mangent	mangeassent	

不定詞 現在分詞 過去分詞		直説法			
		現　在	半過去	単純過去	単純未来
41	je	mets	mettais	mis	mettrai
mettre	tu	mets	mettais	mis	mettras
	il	met	mettait	mit	mettra
mettant	n.	mettons	mettions	mîmes	mettrons
mis	v.	mettez	mettiez	mîtes	mettrez
	ils	mettent	mettaient	mirent	mettront
42	je	mouds	moulais	moulus	moudrai
moudre	tu	mouds	moulais	moulus	moudras
	il	moud	moulait	moulut	moudra
moulant	n.	moulons	moulions	moulûmes	moudrons
moulu	v.	moulez	mouliez	moulûtes	moudrez
	ils	moulent	moulaient	moulurent	moudront
43	je	meurs	mourais	mourus	mourrai
mourir	tu	meurs	mourais	mourus	mourras
	il	meurt	mourait	mourut	mourra
mourant	n.	mourons	mourions	mourûmes	mourrons
mort	v.	mourez	mouriez	mourûtes	mourrez
	ils	meurent	mouraient	moururent	mourront
44	je	nais	naissais	naquis	naîtrai
naître	tu	nais	naissais	naquis	naîtras
	il	naît	naissait	naquit	naîtra
naissant	n.	naissons	naissions	naquîmes	naîtrons
né	v.	naissez	naissiez	naquîtes	naîtrez
	ils	naissent	naissaient	naquirent	naîtront
45	je	nettoie	nettoyais	nettoyai	nettoierai
nettoyer	tu	nettoies	nettoyais	nettoyas	nettoieras
	il	nettoie	nettoyait	nettoya	nettoiera
nettoyant	n.	nettoyons	nettoyions	nettoyâmes	nettoierons
nettoyé	v.	nettoyez	nettoyiez	nettoyâtes	nettoierez
	ils	nettoient	nettoyaient	nettoyèrent	nettoieront

付録

	条件法	接続法		命令法
	現　在	現　在	半過去	単純形
je	mettrais	mette	misse	
tu	mettrais	mettes	misses	mets
il	mettrait	mette	mît	
n.	mettrions	mettions	missions	mettons
v.	mettriez	mettiez	missiez	mettez
ils	mettraient	mettent	missent	
je	moudrais	moule	moulusse	
tu	moudrais	moules	moulusses	mouds
il	moudrait	moule	moulût	
n.	moudrions	moulions	moulussions	moulons
v.	moudriez	mouliez	moulussiez	moulez
ils	moudraient	moulent	moulussent	
je	mourrais	meure	mourusse	
tu	mourrais	meures	mourusses	meurs
il	mourrait	meure	mourût	
n.	mourrions	mourions	mourussions	mourons
v.	mourriez	mouriez	mourussiez	mourez
ils	mourraient	meurent	mourussent	
je	naîtrais	naisse	naquisse	
tu	naîtrais	naisses	naquisses	nais
il	naîtrait	naisse	naquît	
n.	naîtrions	naissions	naquissions	naissons
v.	naîtriez	naissiez	naquissiez	naissez
ils	naîtraient	naissent	naquissent	
je	nettoierais	nettoie	nettoyasse	
tu	nettoierais	nettoies	nettoyasses	nettoie
il	nettoierait	nettoie	nettoyât	
n.	nettoierions	nettoyions	nettoyassions	nettoyons
v.	nettoieriez	nettoyiez	nettoyassiez	nettoyez
ils	nettoieraient	nettoient	nettoyassent	

不定詞 現在分詞 過去分詞		直説法 現　在	半過去	単純過去	単純未来
46	j'	ouvre	ouvrais	ouvris	ouvrirai
ouvrir	tu	ouvres	ouvrais	ouvris	ouvriras
	il	ouvre	ouvrait	ouvrit	ouvrira
ouvrant	n.	ouvrons	ouvrions	ouvrîmes	ouvrirons
ouvert	v.	ouvrez	ouvriez	ouvrîtes	ouvrirez
	ils	ouvrent	ouvraient	ouvrirent	ouvriront
47	je	parais	paraissais	parus	paraîtrai
paraître	tu	parais	paraissais	parus	paraîtras
	il	paraît	paraissait	parut	paraîtra
paraissant	n.	paraissons	paraissions	parûmes	paraîtrons
paru	v.	paraissez	paraissiez	parûtes	paraîtrez
	ils	paraissent	paraissaient	parurent	paraîtront
48	je	pars	partais	partis	partirai
partir	tu	pars	partais	partis	partiras
	il	part	partait	partit	partira
partant	n.	partons	partions	partîmes	partirons
parti	v.	partez	partiez	partîtes	partirez
	ils	partent	partaient	partirent	partiront
49	je	paie	payais	payai	paierai
payer	tu	paies	payais	payas	paieras
	il	paie	payait	paya	paiera
payant	n.	payons	payions	payâmes	paierons
payé	v.	payez	payiez	payâtes	paierez
	ils	paient	payaient	payèrent	paieront
50	je	paye	payais	payai	payerai
payer	tu	payes	payais	payas	payeras
	il	paye	payait	paya	payera
payant	n.	payons	payions	payâmes	payerons
payé	v.	payez	payiez	payâtes	payerez
	ils	payent	payaient	payèrent	payeront

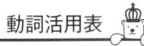

	条件法	接続法		命令法
	現　在	現　在	半過去	単純形
j'	ouvrirais	ouvre	ouvrisse	
tu	ouvrirais	ouvres	ouvrisses	ouvre
il	ouvrirait	ouvre	ouvrît	
n.	ouvririons	ouvrions	ouvrissions	ouvrons
v.	ouvririez	ouvriez	ouvrissiez	ouvrez
ils	ouvriraient	ouvrent	ouvrissent	
je	paraîtrais	paraisse	parusse	
tu	paraîtrais	paraisses	parusses	parais
il	paraîtrait	paraisse	parût	
n.	paraîtrions	paraissions	parussions	paraissons
v.	paraîtriez	paraissiez	parussiez	paraissez
ils	paraîtraient	paraissent	parussent	
je	partirais	parte	partisse	
tu	partirais	partes	partisses	pars
il	partirait	parte	partît	
n.	partirions	partions	partissions	partons
v.	partiriez	partiez	partissiez	partez
ils	partiraient	partent	partissent	
je	paierais	paie	payasse	
tu	paierais	paies	payasses	paie
il	paierait	paie	payât	
n.	paierions	payions	payassions	payons
v.	paieriez	payiez	payassiez	payez
ils	paieraient	paient	payassent	
je	payerais	paye	payasse	
tu	payerais	payes	payasses	paye
il	payerait	paye	payât	
n.	payerions	payions	payassions	payons
v.	payeriez	payiez	payassiez	payez
ils	payeraient	payent	payassent	

不定詞 現在分詞 過去分詞		直説法			
		現　在	半過去	単純過去	単純未来
51	je	perds	perdais	perdis	perdrai
perdre	tu	perds	perdais	perdis	perdras
	il	perd	perdait	perdit	perdra
perdant	n.	perdons	perdions	perdîmes	perdrons
perdu	v.	perdez	perdiez	perdîtes	perdrez
	ils	perdent	perdaient	perdirent	perdront
52	je	place	plaçais	plaçai	placerai
placer	tu	places	plaçais	plaças	placeras
	il	place	plaçait	plaça	placera
plaçant	n.	plaçons	placions	plaçâmes	placerons
placé	v.	placez	placiez	plaçâtes	placerez
	ils	placent	plaçaient	placèrent	placeront
53	je	plais	plaisais	plus	plairai
plaire	tu	plais	plaisais	plus	plairas
	il	plaît	plaisait	plut	plaira
plaisant	n.	plaisons	plaisions	plûmes	plairons
plu	v.	plaisez	plaisiez	plûtes	plairez
	ils	plaisent	plaisaient	plurent	plairont
54	je				
pleuvoir	tu				
	il	pleut	pleuvait	plut	pleuvra
pleuvant	n.				
plu	v.				
	ils	pleuvent	pleuvaient	plurent	pleuvront
55	je	pourvois	pourvoyais	pourvus	pourvoirai
pourvoir	tu	pourvois	pourvoyais	pourvus	pourvoiras
	il	pourvoit	pourvoyait	pourvut	pourvoira
pourvoyant	n.	pourvoyons	pourvoyions	pourvûmes	pourvoirons
pourvu	v.	pourvoyez	pourvoyiez	pourvûtes	pourvoirez
	ils	pourvoient	pourvoyaient	pourvurent	pourvoiront

	条件法	接続法		命令法
	現　在	現　在	半過去	単純形
je	perdrais	perde	perdisse	
tu	perdrais	perdes	perdisses	perds
il	perdrait	perde	perdît	
n.	perdrions	perdions	perdissions	perdons
v.	perdriez	perdiez	perdissiez	perdez
ils	perdraient	perdent	perdissent	
je	placerais	place	plaçasse	
tu	placerais	places	plaçasses	places
il	placerait	place	plaçât	
n.	placerions	placions	plaçassions	plaçons
v.	placeriez	placiez	plaçassiez	placez
ils	placeraient	placent	plaçassent	
je	plairais	plaise	plusse	
tu	plairais	plaises	plusses	plais
il	plairait	plaise	plût	
n.	plairions	plaisions	plussions	plaisons
v.	plairiez	plaisiez	plussiez	plaisez
ils	plairaient	plaisent	plussent	
je				
tu				
il	pleuvrait	pleuve	plût	
n.				
v.				
ils	pleuvraient	pleuvent	plussent	
je	pourvoirais	pourvoie	pourvusse	
tu	pourvoirais	pourvoies	pourvusses	pourvois
il	pourvoirait	pourvoie	pourvût	
n.	pourvoirions	pourvoyions	pourvussions	pourvoyons
v.	pourvoiriez	pourvoyiez	pourvussiez	pourvoyez
ils	pourvoiraient	pourvoient	pourvussent	

不定詞 現在分詞 過去分詞		直説法			
		現 在	半過去	単純過去	単純未来
56	je	peux [puis]	pouvais	pus	pourrai
pouvoir	tu	peux	pouvais	pus	pourras
	il	peut	pouvait	put	pourra
pouvant	n.	pouvons	pouvions	pûmes	pourrons
pu	v.	pouvez	pouviez	pûtes	pourrez
	ils	peuvent	pouvaient	purent	pourront
57	je	préfère	préférais	préférai	préférerai
préférer	tu	préfères	préférais	préféras	préféreras
	il	préfère	préférait	préféra	préférera
préférant	n.	préférons	préférions	préférâmes	préférerons
préféré	v.	préférez	préfériez	préférâtes	préférerez
	ils	préfèrent	préféraient	préférèrent	préféreront
58	je	prévaux	prévalais	prévalus	prévaudrai
prévaloir	tu	prévaux	prévalais	prévalus	prévaudras
	il	prévaut	prévalait	prévalut	prévaudra
prévalant	n.	prévalons	prévalions	prévalûmes	prévaudrons
prévalu	v.	prévalez	prévaliez	prévalûtes	prévaudrez
	ils	prévalent	prévalaient	prévalurent	prévaudront
59	je	prévois	prévoyais	prévis	prévoirai
prévoir	tu	prévois	prévoyais	prévis	prévoiras
	il	prévoit	prévoyait	prévit	prévoira
prévoyant	n.	prévoyons	prévoyions	prévîmes	prévoirons
prévu	v.	prévoyez	prévoyiez	prévîtes	prévoirez
	ils	prévoient	prévoyaient	prévirent	prévoiront
60	je	prends	prenais	pris	prendrai
prendre	tu	prends	prenais	pris	prendras
	il	prend	prenait	prit	prendra
prenant	n.	prenons	prenions	prîmes	prendrons
pris	v.	prenez	preniez	prîtes	prendrez
	ils	prennent	prenaient	prirent	prendront

	条件法	接続法		命令法
	現　在	現　在	半過去	単純形
je	pourrais	puisse	pusse	
tu	pourrais	puisses	pusses	
il	pourrait	puisse	pût	
n.	pourrions	puissions	pussions	
v.	pourriez	puissiez	pussiez	
ils	pourraient	puissent	pussent	
je	préférerais	préfère	préférasse	
tu	préférerais	préfères	préférasses	préfères
il	préférerait	préfère	préférât	
n.	préférerions	préférions	préférassions	préférons
v.	préféreriez	préfériez	préférassiez	préférez
ils	préféreraient	préfèrent	préférassent	
je	prévaudrais	prévale	prévalusse	
tu	prévaudrais	prévales	prévalusses	prévaux
il	prévaudrait	prévale	prévalût	
n.	prévaudrions	prévalions	prévalussions	prévalons
v.	prévaudriez	prévaliez	prévalussiez	prévalez
ils	prévaudraient	prévalent	prévalussent	
je	prévoirais	prévoie	prévisse	
tu	prévoirais	prévoies	prévisses	prévois
il	prévoirait	prévoie	prévît	
n.	prévoirions	prévoyions	prévissions	prévoyons
v.	prévoiriez	prévoyiez	prévissiez	prévoyez
ils	prévoiraient	prévoient	prévissent	
je	prendrais	prenne	prisse	
tu	prendrais	prennes	prisses	prends
il	prendrait	prenne	prît	
n.	prendrions	prenions	prissions	prenons
v.	prendriez	preniez	prissiez	prenez
ils	prendraient	prennent	prissent	

不定詞 現在分詞 過去分詞		直説法			
		現　在	半過去	単純過去	単純未来
61	je	réponds	répondais	répondis	répondrai
répondre	tu	réponds	répondais	répondis	répondras
	il	répond	répondait	répondit	répondra
répondant	n.	répondons	répondions	répondîmes	répondrons
répondu	v.	répondez	répondiez	répondîtes	répondrez
	ils	répondent	répondaient	répondirent	répondront
62	je	résous	résolvais	résolus	résoudrai
résoudre	tu	résous	résolvais	résolus	résoudras
	il	résout	résolvait	résolut	résoudra
résolvant	n.	résolvons	résolvions	résolûmes	résoudrons
(i) résolu	v.	résolvez	résolviez	résolûtes	résoudrez
(ii) résous(*te*)	ils	résolvent	résolvaient	résolurent	résoudront
63	je	reçois	recevais	reçus	recevrai
recevoir	tu	reçois	recevais	reçus	recevras
	il	reçoit	recevait	reçut	recevra
recevant	n.	recevons	recevions	reçûmes	recevrons
reçu	v.	recevez	receviez	reçûtes	recevrez
	ils	reçoivent	recevaient	reçurent	recevront
64	je	revêts	revêtais	revêtis	revêtirai
revêtir	tu	revêts	revêtais	revêtis	revêtiras
	il	revêt	revêtait	revêtit	revêtira
revêtant	n.	revêtons	revêtions	revêtîmes	revêtirons
revêtu	v.	revêtez	revêtiez	revêtîtes	revêtirez
	ils	revêtent	revêtaient	revêtirent	revêtiront
65	je	ris	riais	ris	rirai
rire	tu	ris	riais	ris	riras
	il	rit	riait	rit	rira
riant	n.	rions	riions	rîmes	rirons
ri	v.	riez	riiez	rîtes	rirez
	ils	rient	riaient	rirent	riront

	条件法	接続法		命令法
	現 在	現 在	半過去	単純形
je	répondrais	réponde	répondisse	
tu	répondrais	répondes	répondisses	réponds
il	répondrait	réponde	répondît	
n.	répondrions	répondions	répondissions	répondons
v.	répondriez	répondiez	répondissiez	répondez
ils	répondraient	répondent	répondissent	
je	résoudrais	résolve	résolusse	
tu	résoudrais	résolves	résolusses	résous
il	résoudrait	résolve	résolût	
n.	résoudrions	résolvions	résolussions	résolvons
v.	résoudriez	résolviez	résolussiez	résolvez
ils	résoudraient	résolvent	résolussent	
je	recevrais	reçoive	reçusse	
tu	recevrais	reçoives	reçusses	reçois
il	recevrait	reçoive	reçût	
n.	recevrions	recevions	reçussions	recevons
v.	recevriez	receviez	reçussiez	recevez
ils	recevraient	reçoivent	reçussent	
je	revêtirais	revête	revêtisse	
tu	revêtirais	revêtes	revêtisses	revêts
il	revêtirait	revête	revêtît	
n.	revêtirions	revêtions	revêtissions	revêtons
v.	revêtiriez	revêtiez	revêtissiez	revêtez
ils	revêtiraient	revêtent	revêtissent	
je	rirais	rie	risse	
tu	rirais	ries	risses	ris
il	rirait	rie	rît	
n.	ririons	riions	rissions	rions
v.	ririez	riiez	rissiez	riez
ils	riraient	rient	rissent	

不定詞 現在分詞 過去分詞		直説法			
		現　在	半過去	単純過去	単純未来
66	je	romps	rompais	rompis	romprai
rompre	tu	romps	rompais	rompis	rompras
	il	rompt	rompait	rompit	rompra
rompant	n.	rompons	rompions	rompîmes	romprons
rompu	v.	rompez	rompiez	rompîtes	romprez
	ils	rompent	rompaient	rompirent	rompront
67	je	sais	savais	sus	saurai
savoir	tu	sais	savais	sus	sauras
	il	sait	savait	sut	saura
sachant	n.	savons	savions	sûmes	saurons
su	v.	savez	saviez	sûtes	saurez
	ils	savent	savaient	surent	sauront
68	je				
seoir	tu				
	il	sied	seyait		siéra
séant, seyant	n.				
sis	v.				
	ils	siéent	seyaient		siéront
69	je	sers	servais	servis	servirai
servir	tu	sers	servais	servis	serviras
	il	sert	servait	servit	servira
servant	n.	servons	servions	servîmes	servirons
servi	v.	servez	serviez	servîtes	servirez
	ils	servent	servaient	servirent	serviront
70	je	suffis	suffisais	suffis	suffirai
suffire	tu	suffis	suffisais	suffis	suffiras
	il	suffit	suffisait	suffit	suffira
suffisant	n.	suffisons	suffisions	suffîmes	suffirons
suffi	v.	suffisez	suffisiez	suffîtes	suffirez
	ils	suffisent	suffisaient	suffirent	suffiront

	条件法	接続法		命令法
	現　在	現　在	半過去	単純形
je	romprais	rompe	rompisse	
tu	romprais	rompes	rompisses	romps
il	romprait	rompe	rompît	
n.	romprions	rompions	rompissions	rompons
v.	rompriez	rompiez	rompissiez	rompez
ils	rompraient	rompent	rompissent	
je	saurais	sache	susse	
tu	saurais	saches	susses	sache
il	saurait	sache	sût	
n.	saurions	sachions	sussions	sachons
v.	sauriez	sachiez	sussiez	sachez
ils	sauraient	sachent	sussent	
je				
tu				
il	siérait	siée		
n.				
v.				
ils	siéraient	siéent		
je	servirais	serve	servisse	
tu	servirais	serves	servisses	sers
il	servirait	serve	servît	
n.	servirions	servions	servissions	servons
v.	serviriez	serviez	servissiez	servez
ils	serviraient	servent	servissent	
je	suffirais	suffise	suffisse	
tu	suffirais	suffises	suffisses	suffis
il	suffirait	suffise	suffît	
n.	suffirions	suffisions	suffissions	suffisons
v.	suffiriez	suffisiez	suffissiez	suffisez
ils	suffiraient	suffisent	suffissent	

不定詞 現在分詞 過去分詞		直説法			
		現　在	半過去	単純過去	単純未来
71	je	suis	suivais	suivis	suivrai
suivre	tu	suis	suivais	suivis	suivras
	il	suit	suivait	suivit	suivra
suivant	n.	suivons	suivions	suivîmes	suivrons
suivi	v.	suivez	suiviez	suivîtes	suivrez
	ils	suivent	suivaient	suivirent	suivront
72	je	trais	trayais		trairai
traire	tu	trais	trayais		trairas
	il	trait	trayait		traira
trayant	n.	trayons	trayions		trairons
trait	v.	trayez	trayiez		trairez
	ils	traient	trayaient		trairont
73	je	vaincs	vainquais	vainquis	vaincrai
vaincre	tu	vaincs	vainquais	vainquis	vaincras
	il	vainc	vainquait	vainquit	vaincra
vainquant	n.	vainquons	vainquions	vainquîmes	vaincrons
vaincu	v.	vainquez	vainquiez	vainquîtes	vaincrez
	ils	vainquent	vainquaient	vainquirent	vaincront
74	je	vaux	valais	valus	vaudrai
valoir	tu	vaux	valais	valus	vaudras
	il	vaut	valait	valut	vaudra
valant	n.	valons	valions	valûmes	vaudrons
valu	v.	valez	valiez	valûtes	vaudrez
	ils	valent	valaient	valurent	vaudront
75	je	viens	venais	vins	viendrai
venir	tu	viens	venais	vins	viendras
	il	vient	venait	vint	viendra
venant	n.	venons	venions	vînmes	viendrons
venu	v.	venez	veniez	vîntes	viendrez
	ils	viennent	venaient	vinrent	viendront

	条件法	接続法		命令法
	現　在	現　在	半過去	単純形
je	suivrais	suive	suivisse	
tu	suivrais	suives	suivisses	suis
il	suivrait	suive	suivît	
n.	suivrions	suivions	suivissions	suivons
v.	suivriez	suiviez	suivissiez	suivez
ils	suivraient	suivent	suivissent	
je	trairais	traie		
tu	trairais	traies		trais
il	trairait	traie		
n.	trairions	trayions		trayons
v.	trairiez	trayiez		trayez
ils	trairaient	traient		
je	vaincrais	vainque	vainquisse	
tu	vaincrais	vainques	vainquisses	vaincs
il	vaincrait	vainque	vainquît	
n.	vaincrions	vainquions	vainquissions	vainquons
v.	vaincriez	vainquiez	vainquissiez	vainquez
ils	vaincraient	vainquent	vainquissent	
je	vaudrais	vaille	valusse	
tu	vaudrais	vailles	valusses	vaux
il	vaudrait	vaille	valût	
n.	vaudrions	valions	valussions	valons
v.	vaudriez	valiez	valussiez	valez
ils	vaudraient	vaillent	valussent	
je	viendrais	vienne	vinsse	
tu	viendrais	viennes	vinsses	viens
il	viendrait	vienne	vînt	
n.	viendrions	venions	vinssions	venons
v.	viendriez	veniez	vinssiez	venez
ils	viendraient	viennent	vinssent	

不定詞 現在分詞 過去分詞		直説法			
		現　在	半過去	単純過去	単純未来
76	je	vis	vivais	vécus	vivrai
vivre	tu	vis	vivais	vécus	vivras
	il	vit	vivait	vécut	vivra
vivant	n.	vivons	vivions	vécûmes	vivrons
vécu	v.	vivez	viviez	vécûtes	vivrez
	ils	vivent	vivaient	vécurent	vivront
77	je	vois	voyais	vis	verrai
voir	tu	vois	voyais	vis	verras
	il	voit	voyait	vit	verra
voyant	n.	voyons	voyions	vîmes	verrons
vu	v.	voyez	voyiez	vîtes	verrez
	ils	voient	voyaient	virent	verront
78	je	veux	voulais	voulus	voudrai
vouloir	tu	veux	voulais	voulus	voudras
	il	veut	voulait	voulut	voudra
voulant	n.	voulons	voulions	voulûmes	voudrons
voulu	v.	voulez	vouliez	voulûtes	voudrez
	ils	veulent	voulaient	voulurent	voudront

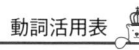

	条件法	接続法		命令法
	現　在	現　在	半過去	単純形
je	vivrais	vive	vécusse	
tu	vivrais	vives	vécusses	vis
il	vivrait	vive	vécût	
n.	vivrions	vivions	vécussions	vivons
v.	vivriez	viviez	vécussiez	vivez
ils	vivraient	vivent	vécussent	
je	verrais	voie	visse	
tu	verrais	voies	visses	vois
il	verrait	voie	vît	
n.	verrions	voyions	vissions	voyons
v.	verriez	voyiez	vissiez	voyez
ils	verraient	voient	vissent	
je	voudrais	veuille	voulusse	
tu	voudrais	veuilles	voulusses	veuille, veux
il	voudrait	veuille	voulût	
n.	voudrions	voulions	voulussions	veuillons, voulons
v.	voudriez	vouliez	voulussiez	veuillez, voulez
ils	voudraient	veuillent	voulussent	

2018年 4 月10日　初 版 発 行

ベーシッククラウン仏和・和仏辞典

2018年4月10日　第1刷発行

監　修　村　松　定　史（むらまつ・さだふみ）

編　者　三省堂編修所

発行者　株式会社 三省堂　代表者 北口克彦

印刷者　三省堂印刷株式会社

発行所　株式会社 三省堂
〒101-8371
東京都千代田区神田三崎町二丁目22番14号
電話　編集　(03) 3230-9411
営業　(03) 3230-9412
http://www.sanseido.co.jp/
商標登録番号　663091・663092

落丁本・乱丁本はお取り替えいたします。

ISBN 978-4-385-11966-3

〈ベーシッククラ仏・736pp.〉